# 北京东城年鉴

BEIJING DONGCHENG NIANJIAN

·2017·

（总第二十一卷）

北京市东城区地方志编纂委员会　编

北京日报出版社

**图书在版编目（CIP）数据**

北京东城年鉴. 2017 / 北京市东城区地方志编纂委员会编. — 北京：北京日报出版社, 2017.12
ISBN 978-7-5477-2613-6

Ⅰ. ①北… Ⅱ. ①北… Ⅲ. ①东城区—2017—年鉴 Ⅳ. ①Z521.3

中国版本图书馆CIP数据核字（2017）第277161号

**责任编辑：** 王小云　王　芳

**北京东城年鉴　2017**

---

出版发行：北京日报出版社
地　　址：北京市东城区东单三条8-16号东方广场东配楼四层
邮　　编：100005
电　　话：发行部：（010）65255876
　　　　　总编室：（010）65252135
印　　刷：廊坊市博林印务有限公司
经　　销：各地新华书店
版　　次：2017年12月第1版
印　　次：2017年12月第1次印刷
开　　本：889毫米×1194毫米　1/16
印　　张：37.5
印　　数：2000
字　　数：1350千字
定　　价：280.00元

---

# 东城区地方志编纂委员会

# 《北京东城年鉴》编辑部

# 编辑说明

一、《北京东城年鉴》是一部综合性资料性工具书，在中共北京市东城区委和北京市东城区人民政府的领导下，由区地方志编纂委员会主持编纂。自1996年开始，逐年编辑出版，2017年为总第二十一卷。

二、《北京东城年鉴》以马克思列宁主义、毛泽东思想、邓小平理论、“三个代表”重要思想、科学发展观、习近平新时代中国特色社会主义思想为指导，坚持实事求是的原则，与时俱进，开拓创新，科学地反映客观情况。

三、《北京东城年鉴》（2017）全面、系统地记载上一年度（2016年度）东城区在政治、经济、文化、社会等各个领域、各项事业发展变化的基本情况和发生的大事、要事、新事与有影响的事，记载取得的新成就、新进展、新经验，为各行各业、各方面人士了解东城、研究东城、建设东城提供信息和资料。

四、《北京东城年鉴》（2017）设有综述、大事记、特载、政党·团体、政权·政协、政法·军事、综合经济管理、工商·旅游·对外经济、财税·金融、城市建设、城市管理、科技·教育·文化、医药卫生·体育、社会生活、街道、人物、统计资料、附录共18个一级栏目。一级栏目下设二级栏目，二级栏目下设分目，分目下设条目。采用文章、条目、表格等体裁，以条目体为主。

五、《北京东城年鉴》（2017）收有东城区党、政、军、各民主党派、团体、街道和部分企业负责人名录，以及部分区域单位负责人名录。所列均以2016年内任职为限。还收有获得国家、国务院部委和市、区奖励与荣誉称号的单位和个人名单，获得高级职称的人员名单。

六、《北京东城年鉴》所选文章、条目，均由各部门、单位确定专人撰写或提供，并经主管负责人审核。统计资料由区统计局提供。照片由区委宣传部、区新闻中心及各有关单位提供。

# “两学一做”学习教育

3 月 17 日，强党性 守党纪 正党风知识竞赛总决赛

6 月 21 日，和平里医院“共产党员先锋日”启动仪式

6 月 24 日，区直机关党员捐款

6 月 30 日，“党员先锋日”活

7 月 30 日，天坛街道组织社区居民捐献衣物

7 月 10 日，永外街道组织医护人员进社区义诊

7 月 15 日，安定门街道党员志愿活动

# 城市疏解整治

4 月 5 日，红桥天乐市场整体拆除

5 月 27 日，拆除朝阳门街道前拐棒胡同 24 号违建 1200 平方米

6月24日晚，东华门夜市闭市

8月26日，拆堵结合打击违法行为

8月5日，封堵“开墙打洞”打造胡同新生活

胡同整治后对比

# 平房区物业管理服务

站岗值勤

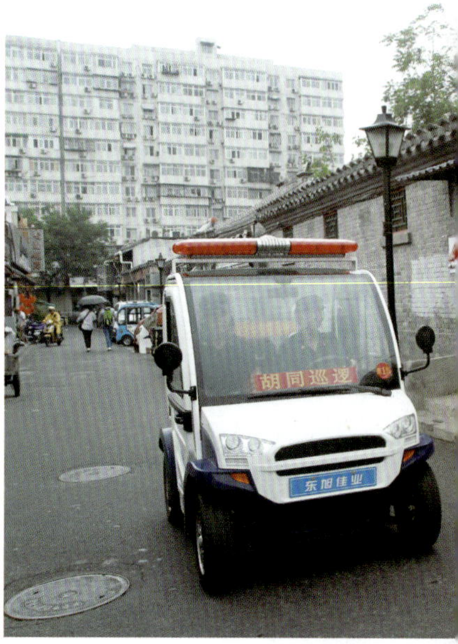


胡同巡逻

列队巡逻

规范停车

整治环境

清理垃圾

# 棚户区改造工程

1 月 19 日，两个重点项目预签全部生效

3 月 29 日，天坛周边简易楼拆除首批 4 栋楼

5 月 17 日，天坛周边简易楼居民开始选房

8 月 2 日，望坛棚户区启动征收程序

9 月 23 日，召开望坛棚户区改造项目征收动员大会

8 月 5 日，天坛简易楼 1690 户居民领取结算款

望坛棚户区改造效果图

# 推动京津冀协同发展

2月2日，东城区文艺工作者走进河北正定

3月17日，召开产业转移对接座谈会

4月1日，承德绿色产品亮相金街

6月16日，京津冀美术创意作品巡展

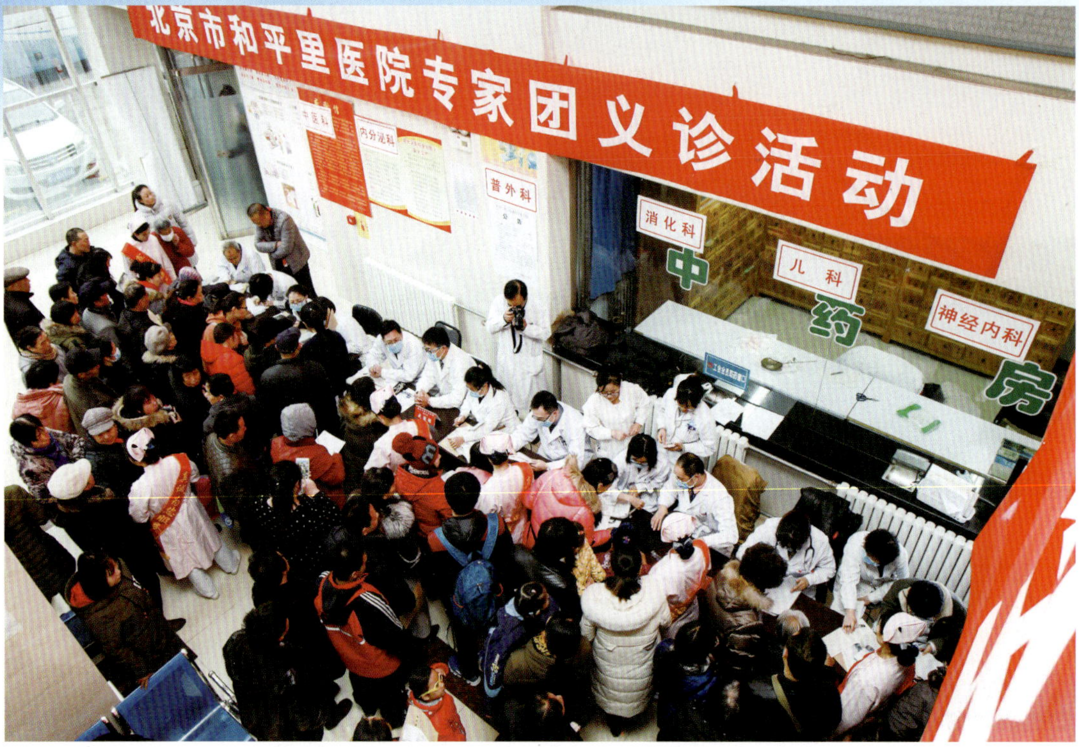


12 月 16 日，区内医院专家团到张家口义诊

12 月 29 日，惠民演出送到张家口崇礼

# 东城区行政区划地图

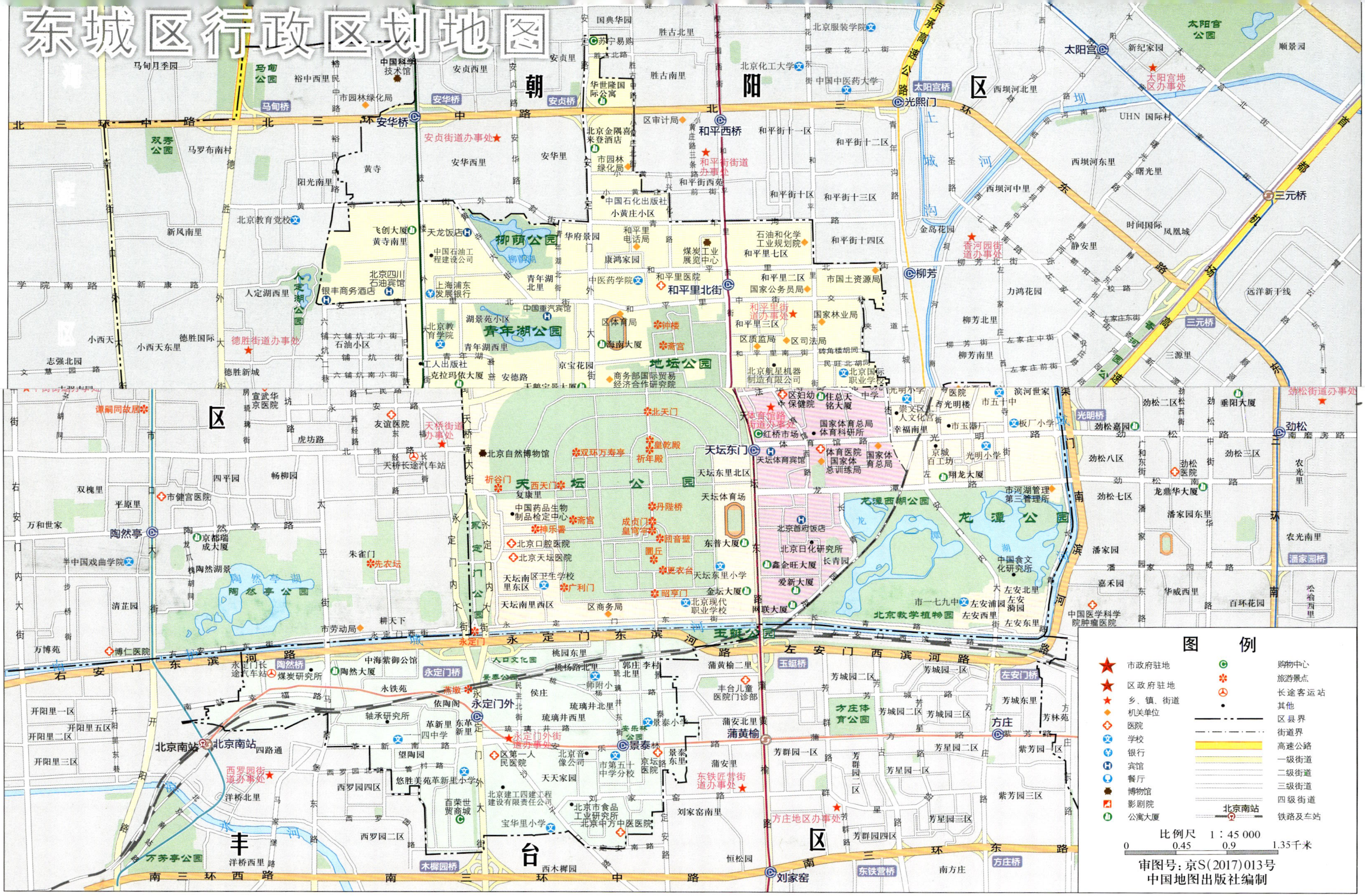
朝阳区
西城区
丰台区
天坛公园
龙潭公园
地坛公园
青年湖公园
柳荫公园
陶然亭公园
北京南站
天坛东门
和平里北街
和平西桥
光熙门
太阳宫
三元桥
柳芳
劲松
方庄
蒲黄榆
景泰
永定门外
陶然亭
安华桥
刘家窑
图例
市政府驻地
区政府驻地
乡、镇、街道
机关单位
医院
学校
银行
宾馆
餐厅
博物馆
影剧院
公寓大厦
购物中心
旅游景点
长途客运站
其他
区县界
街道界
高速公路
一级街道
二级街道
三级街道
四级街道
铁路及车站
比例尺 1：45 000
0 0.45 0.9 1.35千米
审图号：京S(2017)013号
中国地图出版社编制

# 目　录

## 综　述



## 大事记



## 特　载

### 文　件（节选）



### 专　文

# 政党·团体

## 中国共产党北京市东城区委员会

## 纪检监察



## 民主党派

## 团 体

# 政权·政协

## 北京市东城区人民代表大会常务委员会



## 东城区人民政府

## 中国人民政治协商会议北京市东城区委员会

# 法治·军事

## 政法委与综治工作



## 法治政府建设



## 公　　安

## 检　察



## 法　院



## 司法行政



## 军　事

# 综合经济管理

## 经济改革和社会发展



## 人力资源·社会保障·机构编制



## 统　计

## 产业和投资促进



## 工商行政管理



## 质量技术监督



## 审　计



## 烟草专卖



## 国有资产监督管理

## 集体经济管理

# 工商·旅游·对外经济

## 工业企业



## 商业·服务业

## 旅　　游

## 对外经济



# 财税·金融

## 财 政



## 税 务



## 金 融

# 城市建设

## 建设管理



## 建设工程



## 重大项目协调



## 地区建设管理

# 城市管理

## 网格化服务管理



## 城市综合管理

## 城市管理监察



## 北京站地区管理



## 环境卫生



## 环境保护



## 园林绿化

## 绿化中心



## 房屋管理



## 房屋征收事务中心

## 房屋土地经营管理



# 科技·教育·文化

## 科　　技



## 教　育

## 文　化



# 医药卫生·体育

## 卫生和计划生育

## 食品药品监督管理



## 体 育



# 社会生活

## 民 政



## 居民生活



## 老龄工作



# 街 道

## 东华门街道

## 景山街道



## 交道口街道



## 安定门街道



## 北新桥街道



## 东四街道



## 朝阳门街道



## 建国门街道

## 东直门街道



## 和平里街道



## 前门街道



## 崇文门外街道



## 东花市街道



## 龙潭街道



## 体育馆路街道

## 天坛街道



## 永定门外街道



# 人　物



# 统计资料



# 附　录

# 索 引

# CONTENTS

## OVERVIEW



## CHRONICLE



## SPECIAL ISSUE

## PARTIES · MASS ORGANIZATIONS



## POLITICAL POWER · CONSULTATIVE CONFERENCE

## GOVERNMENT BY LAW · MILITARY AFFAIRS



## COMPREHENSIVE MANAGEMENT OF ECONOMIES



## COMMERCE · TOURISM · FOREIGN ECONOMY

## FINANCE TAXATION · BANKING



## CITY CONSTRUCTION

## CITY MANAGEMENT



## SCIENCE · CULTURE · EDUCATION



## MEDICINE & HEALTH · SPORTS



## SOCIAL LIFE



## SUBDISTRICTS

## CREATURES



## STATISTICS



## APPENDIX



## SUBJECT INDEX

# 综 述

# 东城区情

东城区位于北京市中心城区东部，面积41.84平方千米。设东华门、景山、交道口、安定门、北新桥、东四、朝阳门、建国门、东直门、和平里、前门、崇文门外、东花市、天坛、体育馆路、龙潭、永定门外17个街道办事处，182个社区居民委员会。另设有北京站地区管理处、王府井建设管理办公室和中关村科技园区东城园管委会3个重点街区管理机构。

截至2016年底，全区常住人口87.8万人，较2015年末减少2.7万人，降幅为3%。其中，常住外来人口19.2万人，较2015年末减少1.5万人，降幅为7.2%，占常住人口的比重为21.9%，全面完成市里下达的人口调控任务。常住人口密度为2.1万人/平方千米，较上年减少0.1万人/平方千米。

年末全区户籍人口 97.4 万人。

## 经济总量

全年实现地区生产总值2009.8亿元，按不变价计算，比上年增长6.7%，第三产业实现增加值1930.8亿元，增长6.7%，占经济总量的96.1%；第二产业实现增加值79亿元，增长5.9%，占全区GDP的3.9%。

按常住人口计算，全区人均地区生产总值达到225437元（按年平均汇率折合 33941 美元）。

从行业看，金融业实现增加值476.9亿元，增长4.0%，占经济总量比重为23.7%；信息传输、软件和信息技术服务业实现增加值235.2亿元，增长11.0%，绝对量居第二位，占全区比重11.7%。租赁与商务服务业实现增加值216.3亿元，增长3.1%，占全区总量的10.8%；批发和零售业实现增加值207.7亿元，增长5.0%，绝对量占全区比重10.3%。

区级一般公共预算收入完成166.3亿元，同比增长1.1%。

全区一般公共预算支出（不含基金预算支出）完成237.5 亿元，比上年增长 0.2%。

## 固定资产投资

全年累计完成全社会固定资产投资264.6亿元，同比增长12.5%。其中，房地产开发投资完成53.1亿元，同比下降46.1%，占全区全社会固定资产投资总额的20.1%。

全区固定资产投资施工面积193.1万平方米，其中，房地产开发施工面积137.9万平方米；全区固定资产投资竣工面积7.6万平方米，其中，房地产开发竣工面积0.7万平方米。

## 消　费

全年实现社会消费品零售总额1046.6亿元，同比增长6.2%，限额以上单位实现零售额878.7亿元，比上年增长5.4%，占全区零售额的84%。按行业分，零售业实现零售额479.7 亿元，比上年增长 5.4%；批发业实现零售额474.3亿元，比上年增长7.6%；住宿业实现零售额19.3亿元，同比增长1.3%；餐饮业实现零售额73.3亿元，比上年增长 3%。

## 居民生活

全区居民人均可支配收入达到66084元，同比增长7.0%；居民人均消费支出43923元，比上年增长7.5%；恩格尔系数为 23.4%，比上年下降 0.8 个百分点。

## 非首都功能疏解

**疏解存量。**以疏解区域商品交易市场为重点，共关停天乐玩具、红桥天环等14家市场，全区与批发相关的物流、仓储功能全部疏解，腾退面积17.6万平方米，疏解商户6227户。加快低端业态调整退出，规范、引导簋街和南锣鼓巷主街等商业街区业态转型升级，隆福寺早市和东华门夜市平稳闭市，新建、改造17家规范化社区菜市场。6所中等职业学校向市民教育基地和青少年教育基地转型。完成16家工业企业调整退出。

**控制增量。**加强源头管控，落实禁限目录，并制定存量产业调整退出目录和高精尖产业结构指导目录，把好企业准入关，4369家企业及个体工商户未通过落户审批。严控平房区、特色商业街区工商注册登记，重点管控街区实现低端业态零增长。加强户籍管理，清理集体户、空挂户，核销、外迁户籍2.95万。

## “高精尖”经济结构构建

产业基础。确定“二三一”产业体系，金融业增加值增加到488亿元，支柱地位凸显。文化创意产业增加值增加到280亿元，文化演艺、艺术品交易等行业保持领先。强化产业引导，设立文化创意产业发展专项资金，年投入1亿元扶持重点项目。“胡同里的创意工厂”增加到21家，发展模式在天津成功复制。将17家区属国企优化整合为7家，完成同升和、东单菜市场等4家老字号企业改制，区国资企业资产总额增加到641.2亿元，利润总额增加到3.81亿元。

园区特色。中关村东城园逐渐显现龙头带动作用，实现增加值736亿元，占全区经济总量的36.8%，规模以上高新技术企业实现总收入1850亿元，同比增长10.8%。王府井商业发展带品牌升级战略深入实施，国际知名品牌旗舰店总数达到41家。前门历史文化展示区建设进展顺利，区“老北京、新体验”、东区“老胡同、新生活”的格局初步形成。“国家文化金融合作试验区”创建稳步推进，北京文化产权交易中心进驻。通过加快百荣世贸和永外城疏解改造和业态升级，为永外现代商务区建设奠定基础。完成、推进银河SOHO、嘉德艺术中心、桥苑艺舍、王府中环等一批重点产业项目建设。

发展环境。制定促进产业发展政策，培育上市公司95家，引进中国黄金集团财务有限公司、英大保险资产管理有限公司等99个项目，注册总资本530亿元。全区总部企业达358家。安排专项资金支持非公企业发展。支持中小企业转型升级，创新融资方式，建立中小企业服务分中心4家、小企业创业基地13家，累计帮助中小企业融资8.4亿元，在4家孵化平台型企业建立政务服务站，吸引新入驻企业1.3万家。

## 人民生活　民政工作

就业和社会保障。创建就业服务联盟，加大对高校毕业生、农民工等群体就业帮扶力度，城镇登记失业率控制在1%以内，“零就业家庭”保持动态为零。社会保障实现全覆盖，各项社会保险基金收缴率均在99%以上。累计支出各类社会救助金6.16亿元，困难群众感受到更多温暖。建立“三级五方联动、分类精准供给”居家养老服务模式，引入家政、助餐、助洁等各类服务企业848家，新增养老床位708张，建成30个心理健康站、17家养老照料中心、17家社区养老服务驿站，荣获“全国养老服务示范单位”称号。安排1680名残疾人就业，为3144户残疾人家庭实施了无障碍改造。

## 教育　文化　卫生　体育

教育。深入实施素质教育，教育质量不断提升，初中、小学就近入学率分别达到96.6%，98.1%，改善66所中小学的办学条件，群众对教育的满意率达到85.9%。实施学前教育三年行动计划，新建、改扩建21所幼儿园，增加学位近5000个。支持特殊教育发展，成立区特殊教育研究中心。获得北京市教育先进区、全国未成年人思想道德建设工作先进单位等荣誉，通过义务教育均衡发展国家督导评估。

文化。创建国家公共文化服务体系示范区，72个考评指标全部达到优秀等级。累计投入9.28亿元，建成覆盖均衡、优质便捷的公共文化设施网络，形成“十分钟文化服务圈”。王府井国际品牌节、前门历史文化节、孔庙国子监国学文化节、地坛龙潭文化庙会等传统节庆品牌更加深入人心，“骑迹东城”“券游东城”等特色旅游品牌影响不断扩大，“戏剧东城”“书香东城”等文化活动品牌惠及更多群众，荣获北京市唯一的全国“书香城市”称号。“京津冀公共文化服务示范走廊”发展联盟交流合作不断深化。

卫生体育事业。健康服务加强。深化医药卫生体制改革，卫生事业发展综合评价在全市名列前茅，人均预期寿命达到84.28岁。分级诊疗体系不断完善，与协和医院、北京医院等合作，建成4个医联体，和平里医院成为区属首家三级甲等中西医结合医院。获评全国计划生育优质服务先进区。不断深化“国家中医药发展综合改革试验区”建设，中医药特色健康管理实现全覆盖。完成“全国全民健身示范城区”创建工作，基本建成“一刻钟健身圈”。荣获北京市第十四届运动会代表团总成绩第一名。

## 城市管理和城市建设

城市秩序整治。制定并实施环境整治、直管公房管理等5类11项管理标准规范，实施360条街巷胡同环境整治工程。持续开展专项整治，依法立案查处各类环境秩序违法行为6.2万起，拆除违法建设23.7万平方米，封堵开墙打洞1108处，取缔无证无照2212户，清理直管公房转租转借5100间，整治地下空间65.7万平方米。整治群租房14.9万平方米，并实现动态清零。以平房区为治理重点，在10个街道16个片区开展物业管理服务试点，取得“治脏、治乱、治违”的明显成效。增设476个路侧车位，整治127处交通拥堵点，66条胡同实现单行单停。优化站点布局，新增公共自行车1000辆。

环境质量监管。落实清洁空气行动计划，累计淘汰10.4万辆老旧机动车，完成6.23万户清洁能源改造，全区总体实现“无煤化”。节水社区达80个。实施餐厨垃圾统一收运，收集和处理率达到61%。完成明城墙遗址公园东南角绿地等30余项绿化美化工程，建成环二环城市绿廊，打造了“一河、两带、十三景”的城市景观。新增屋顶绿化10.9万平方米。公园绿地500米服务半径覆盖率达87%。

**公共安全。**创新组织领导和指挥运行体系，科学谋划、周密部署，牢记“东城无小事”，不断完善“1+7”安全生产监管责任体系，生产安全事故亡人起数和亡人数较2015年显著下降。食品和药品抽检合格率分别达到99.5%和99.8%。“平安东城”建设成效显著，立体化社会治安防控体系更加健全，万人发案率、百户发案率连续保持城区最低水平，全区设立3135个“东城守望岗”，组织动员6万余名群防群治力量，实现安保维稳“四个不发生”的目标，获得“全市纪念活动服务保障工作先进集体”“全国平安建设先进区”称号。

**社会治理。**组建区网格化服务管理中心，整合原有62条政务热线，设立全区统一的96010为民服务热线，对公众诉求的快速响应和处置能力进一步增强，事项办理反馈率达到95.6%。“枢纽型”社会组织作用进一步发挥，成功创建“全国社区治理和服务创新实验区”，182个社区全部完成议事厅规范化建设，建成53个市级社区规范化示范点，除拆迁区以外，社区服务用房均已达标。在全市率先实现“一刻钟社区服务圈”全覆盖，获得全市唯一的“全国社区商业示范区”称号，居民多样化服务需求得到更好满足。

**重大项目。**组建城市更新改造指挥部，建立区级领导分工负责制，启动重大项目86个。宝华里、西河沿等长期滞留项目取得突破性进展；重新启动南中轴路环境整治项目征收和天坛东里北区1—8号楼腾退；完成前门东区8000余间抢占房清理，完成试点院落改造和西打磨厂街及周边胡同市政基础设施建设，完成三里河景观恢复工程。顺利实施全市最大规模简易楼群——天坛周边简易楼腾退项目，完成西忠实里环境整治项目腾退；通过一次性招标方式，确定核心区体量最大的棚改项目——望坛项目的实施主体，正式启动征收程序。高位统筹搬迁政策、资金和房源，全面完成市里下达任务。

**基础设施。**完成597栋楼的抗震加固、节能改造和201个老旧小区的环境提升工程。完成西兴隆街、新革路等10条次支路建设。实施106条道路大中修工程、51项疏堵工程。完成车辇店、前圆恩寺胡同立体停车设施建设试点工作。加强环卫基础设施建设，完成173座旱厕升级改造。完成16.3公里排水户线改造。65条主次干路、21条支路胡同的架空线全部入地。整改占压燃气管线造成的安全隐患48处。完成203台燃气（油）锅炉低氮改造，推动区供暖管网与市热力管网并网，供暖效率进一步提高。

## 党的建设　民主法制建设

坚持全面从严治党，广泛凝聚合力，党员干部干事创业的氛围更加浓厚。坚持把抓好党建作为最大政绩，履行从严治党主体责任。学习贯彻习近平总书记系列重要讲话精神，继续开展“两学一做”学习教育活动，广大党员干部受到深刻的思想政治洗礼，作风建设持续好转。切实加强宣传思想工作，落实意识形态工作责任制，全区意识形态管理更加严格，正面引导更加有力。

落实党建工作责任制，研究制定系列文件，调整优化区委党建工作领导小组，成立“区委党建办”“区委主体办”，积极探索“大党建”工作格局。以区域化党建为抓手，开展社区物业管理党建联建、党建工作示范点创建活动，统筹推进各领域基层服务型党组织建设。坚持从严管理党员队伍，开展党员组织关系集中排查、党费收缴等专项检查，持续开展基层党建述职评议考核和社区党的建设“三级联创”活动，基层党建工作水平显著提升。持之以恒纠正“四风”，集中开展“为官不为、为官乱为”等专项治理和强化“一把手”监督、规范权力行使专项工作，严肃查处并通报曝光违反中央八项规定精神的典型案件和问题。坚决把纪律和规矩挺在前面，积极探索实践监督执纪“四种形态”，坚持以“零容忍”态度惩治腐败，不断加大执纪审查力度。持续推进廉政风险防控“三个体系”建设，在全市率先建成廉政风险信息化防控电子监察平台。建立健全党员干部入职、上任、履职全过程的廉政教育培训体系，强化教育基地等一批廉政文化建设品牌建设。通过深化党风廉政建设和纪律检查体制改革，不敢腐的震慑作用得到发挥，不能腐、不想腐的效应初步显现，推动改革发展的良好政治生态正在逐步形成。

**依法行政。**坚决执行区人大及其常委会决议，累计办理市、区人大代表议案、建议和政协委员提案394件，办理满意率大幅提升。认真贯彻民主集中制，严格执行“三重一大”事项决策制度，建立重大行政决策合法性审查机制，决策程序不断规范。完善政府绩效管理，建立更加科学的考核指标体系，实现“一个单位、一套指标”的精准考核。加强审计监督，一级预算单位实现部门预算执行审计全覆盖。

**勤政廉政。**认真履行政府系统党组全面从严治党主体责任，认真贯彻落实中央八项规定精神，积极开展群众路线教育实践活动、“三严三实”专题教育和“两学一做”学习教育，保持作风建设常态化和长效化。深化廉政风险防控“三个体系”建设，率先在全市建成廉政风险防控电子监察平台，强化监督执纪问责，持之以恒纠正“四风”，扎实开展“为官不为、为官乱为”专项治理。

（胡　澄）

·2017·
北京东城年鉴
BEIJING DONGCHENG NIANJIAN

# 大事记

# 2016年大事记

## 1　月

4日　中央政治局委员、国务院副总理刘延东到区第一妇幼保健院和分司厅幼儿园调研。

5～8日　政协东城区第十三届委员会第五次会议召开。邵鹏代表区政协常委会作工作报告。李铁生当选为十三届区政协副主席。

6～9日　东城区第十五届人民代表大会第六次会议召开。李先忠代表区政府作工作报告。会议批准区政府工作报告、区“十三五”规划纲要、本年国民经济和社会发展计划、本年财政预算、区人大常委会工作报告、区法院工作报告、区检察院工作报告。选举李先忠为东城区人民政府区长。会议举行当选人员向宪法宣誓仪式，标志着宪法宣誓制度在东城区正式实施。

11日　民政部副部长宫蒲光到区调研第二次全国地名普查工作。

☆　年度安全生产委员会第一次全体会议召开。

15日　张家明、李先忠参加故宫学院院务委员会会议。

21日　天坛周边简易楼腾退项目、西忠实里环境整治项目正式启动房屋征收。

26日　全国政协副主席、台盟中央主席林文漪走访慰问天福集团，察看天福茶文化馆，并召开交流座谈会。

29日　市长王安顺到区调研核心区拥堵治理工作，在北极阁头条，结合展板了解本年核心区次支路建设计划和东城区治理拥堵工作情况，并步行察看北极阁头条道路现状。

## 2　月

1日　张家明、李先忠到北新桥街道三和老年公寓参加“亲情陪伴过大年”活动，代表区委、区政府向老人们致以新春的祝福，为老人送去慰问品，共同观看文艺节目并一起包饺子，共进晚餐。

2日　市人大常委会主任杜德印到区走访慰问烈属和困难党员。

3日　国家保密局局长田静带队到区慰问指导工作，实地察看区保密监管中心，看望慰问区保密局干部，并召开座谈会。

☆　区政协举办老干部新春慰问活动。

4日　市委书记郭金龙、市长王安顺检查公共安全有关工作，要求严控烟花爆竹储运、销售、燃放等重点环节，切实提高烟花爆竹安全管理工作水平。

5日　国家文物局局长刘玉珠带队检查东城区文物安

全工作，实地察看孔庙和国子监博物馆、雍和宫、崇礼住宅的安防和消防设施设备情况，询问节前安全工作安排部署落实情况。

7日　市领导郭金龙、王安顺到东城区慰问春节期间坚守岗位一线的干部职工，在建国门派出所，察看管控区位图和指挥室监控屏幕，看望慰问节日期间坚守岗位一线的公安干警和社区治保积极分子并致以节日的问候。

14日　教育部副部长郝平到王府井步行街察看《中国世界遗产展览》，观看全国48处世界文化遗产和自然遗产图文展示。

18日　区纪委十一届七次全会召开。

☆　东城区召开“扬帆十三五”市属媒体集体采访活动新闻通气会，李先忠向《北京日报》、北京电视台、北京人民广播电台等14家市属新闻媒体介绍东城区“十三五”规划的重大任务、重要指标和保障措施、创新亮点及京津冀协同发展等情况，并就相关问题回答记者提问。

20日　2016年“北京地坛文化庙会·台北之旅”在台北市花博公园开幕。

23日　东城区行政审批制度改革领导小组第一次会议召开。

29日　郭金龙、王安顺检查本年全国“两会”服务保障工作。

## 3　月

3日　张家明、李先忠与王府井集团领导座谈，与会领导围绕王府井大街未来发展进行交流研讨。

11日　区领导研究公务用车改革工作，听取公车改革工作及司勤人员安置工作情况汇报。

14日　区机构编制委员会本年第一次会议召开。

15日　隆福寺项目推进会召开。

☆　区人大常委会召开实施“文化强区”战略，推进首都文化中心区建设专题调研座谈会。

17日　东城区与河北省石家庄市京津冀协同发展产业转移对接座谈会召开。

☆　东城区举办“强党性、守党纪、正党风”知识竞赛总决赛。

☆　区人大召开《北京市全民健身条例》执法检查工作部署会。

24日　区委区政府理论学习中心组学习贯彻十八届中央纪委六次全会精神学习（扩大）会召开。

29日　东城区本年经济责任审计工作领导小组会议召开。

## 4　月

2日　东城区全民义务植树日活动在地坛公园启动。

7日　《中马友好——马耳他油画及图片展》开幕式在区举行。

8日　张家明、李先忠专题研究南锣鼓巷综合整治工作。

9日　张家明、李先忠专题调研前门东区项目。

11日　东城区本年“一把手”素质培训工程主题研修班开班并举办首场报告会。

☆　国家旅游局副局长王晓峰视察前门地区旅游秩序。

18日　文化部第二批国家公共文化服务体系示范区验收组到区实地验收。

19日　杜德印到区调研全民健身条例立法工作，在工人体育馆南侧，察看健身浮雕内容；在东直门工体市民文体休闲中心，察看场地建设、体育器械设置、市民健身等有关情况。

☆　东城区政协联合国家税务总局12366北京纳税服务中心和北京市东城区国家税务局举办政协委员企业代表“走进12366共话营改增”活动。

20日　文化部党组副书记、副部长杨志今到区视察国家公共文化服务体系示范区创建工作。

21日　莫桑比克解放阵线党高级干部考察团到我区观摩区委常委会并就拆除违建、落实党风廉政建设责任制纪委监督责任“清单式”管理办法等有关问题进行交流。

☆　本年全国侵权盗版及非法出版物集中销毁活动（北京主会场）在东城区举行。

22日、25日　区人大常委会开展“文化强区”专题调研，调研组成员实地视察前门东区整治、胡同改造，南锣鼓巷四条胡同腾退、改造和南新仓文物保护及利用情况，并进行座谈。

23日　第五届“兰亭杯”北京中小学生书法大赛颁奖仪式暨获奖作品展在史家胡同小学举行。吉林为外籍书法爱好者赠送兰亭杯获奖作品集。

26日　李先忠到南锣鼓巷街区检查综合整治工作情况，实地察看劝阻团队游览、疏导交通、关停低端业态、商户宣传等工作情况，与部分商户交流。

28日　本年东城区全民健身体育节开幕。

29日　东城区“两学一做”学习教育工作会议召开。

## 5　月

3日　天坛周边简易楼腾退项目选房工作动员会召开。

4日　中共中央政治局委员、国家副主席李源潮到区参加五四青年节活动，到北新桥街道海巢HOT·社区青年汇，察看各层大厅设置。

☆　区委全面深化改革领导小组召开第六次全体会议，审议通过上年工作总结和下年工作要点。

☆ 东城区本年度中学“五四”表彰大会举行。

5日 东城区疏解非首都功能建设和谐宜居之区工作部署会召开。

☆ 陆军总医院揭牌仪式举行，陆军后勤部部长韩志庆、区委书记张家明等共同为“陆军总医院”揭牌，医院全体官兵和医务人员进行宣誓。

☆ 浙江省人大常委会党组书记、副主任茅临生带队到区调研。

6日 “5·6”民族团结日暨民族团结宣传月启动仪式在北京明城墙遗址公园举行。

9日 郭金龙、王安顺围绕“贯彻落实习近平总书记系列重要讲话精神和中央城市工作会议精神，提高城市治理能力”到区调研，察看南锣鼓巷南口东侧临时停车场建设情况、安外西河沿危旧房改造项目建设情况、明城墙遗址有关情况、西打磨厂地区情况。

☆ 李先忠会见土耳其安卡拉市昌卡亚区区长阿尔佩尔·塔斯戴兰并签署两区友好交流备忘录。

10日 百荣世贸商城疏解资源再利用现场座谈会召开。

11日 东城区本年党务工作会召开。

12日 张家明会见蒙古人民党中央政治局委员但辛·朝格特巴塔尔一行。

13日 第九届北京中医药文化宣传周暨第八届地坛中医药健康文化节在地坛公园启动。

16日 国家公共文化服务体系示范区创建工作领导小组办公室组织召开第二批示范区验收集中评审会议，李先忠代表东城区作题为《共创共享 大力推进“文化东城”建设》的示范区创建工作成果汇报。

17日 本年精神文明建设委员会全会和精神文明建设工作大会召开。

☆ 区政协召开重点课题《关于推进东城区“大众创业、万众创新”工作的专题调研》座谈会。

18日 全国人大内务司法委员会主任委员马馼率调研组到区调研养老服务工作，到朝阳门街道养老照料中心、社区服务中心，察看了解居家养老服务、日间照料服务项目设置和运营模式。

☆ 东城区与北京协和医院签署医疗卫生合作框架协议。

19日 区委区政府理论学习中心组围绕“两学一做”学习教育开展（扩大）学习。

☆ 东城区第二届“外联杯”乒乓球邀请赛暨第十届“和谐杯”乒乓球比赛启动仪式举行。

21日 中国国民党革命委员会北京市东城区第二次代表大会召开。

22日 中国民主同盟北京市东城区第二次代表大会召开。

23日 东城区党管武装工作会议召开。

☆ 本年东城区政府廉政工作会议召开。

24日 区政协举办“政协讲堂”，邀请北京航空航天大学战略问题研究中心张文木教授作“变动中的世界格局与中国国家安全”讲座。

26日 共青团北京市东城区第十一次代表大会开幕。

☆ 本年东城区防汛指挥部第一次全体会议召开，李先忠宣布全区6月1日早8时正式上汛。

28日 中国民主建国会北京市东城区第二次代表大会召开。

29日 中国民主促进会北京市东城区第二次代表大会召开。

31日 “我们共成长”东城区庆祝六一国际儿童节主题活动举行。

## 6 月

2日 张家明到清华大学作“关于加强城市精细化管理的实践与思考”主题讲座。

☆ 张家明接受市属新闻媒体集体采访，《北京日报》、北京广播电台、北京电视台等15家市属新闻媒体就东城区认真学习贯彻中共中央政治局会议精神和习近平总书记重要讲话精神，全力支持北京副中心建设进行集体采访。

4日 中国农工民主党北京市东城区第二次代表大会召开。

5日 中国致公党北京市东城区第二次代表大会召开。

6日 区委区政府理论学习中心组在文天祥祠开展“遵规守纪 树德立行”主题教育。

7日 本年区委对台工作领导小组会议召开。

11日 九三学社北京市东城区第二次代表大会召开。

15日 东城区城建工作动员部署大会召开，与市国资委签订战略合作协议，部署东城区全面推行平房区物业管理服务工作。

19日 台湾民主自治同盟北京市东城区第二次代表大会召开。

21日 全国人大常委会委员、华侨委副主任、致公党中央原副主席、文化委员会主任杨邦杰等到区调研文物保护工作，先后到清陆军部和海军部旧址、玉河历史文化风貌保护区、陈独秀旧居察看文物腾退和修缮保护情况，随后召开座谈会。

23日 区领导与新一届民主党派负责人谈心会召开。

27日 郭金龙到东城区开展七一前走访慰问活动，到北京人民艺术剧院首都剧场看望慰问全国优秀共产党员1人。到东华门街道银闸社区，看望慰问建国前老党员1人。

☆ 东城区庆祝中国共产党成立95周年大会召开。

28日 区委全面深化改革领导小组第七次会议召开，会议审议通过《东城区人口调控综合改革试点工作方案》。

☆ 区直属机关纪念建党95周年“心声颂党”歌咏比赛开幕。

30日 王安顺到区调研中心城区河湖水系连通及循环工作，在龙潭闸南滨河绿道，察看滨水公园建设情况。

## 7 月

1日 区委区政府理论学习中心组集中学习习近平总书记七一重要讲话精神，集体观看庆祝中国共产党成立95周年大会现场直播并认真学习习近平总书记发表的重要讲话。

5日 “红云东城”非公党建信息化平台上线仪式举行。

6日 东城区召开政府、政协“双政”协商座谈会，会议通报望坛棚改项目的基本情况和群众工作思路，区政府、区政协领导，区政府相关部门和政协委员20人围绕“如何推进望坛棚改项目顺利进展”进行交流座谈。

7日 区委区政府理论学习中心组召开“两学一做”学习教育第一次集中交流研讨会，围绕“坚定理想信念、对党忠诚，做合格党员”主题作交流研讨。

☆ 在全国模范司法所及先进集体和先进个人表彰电视电话会议上，区司法局东四司法所被授予“全国先进司法所”称号，区司法局交道口司法所所长被授予“全国模范司法所长”称号。

8日 区人大常委会召开“文化强区”专题调研情况汇报会。

☆ 李先忠做客市政府新闻办官方微博“北京发布”首场区政府“一把手”微访谈，在线解答网民提出的非首都功能疏解、棚户区改造、胡同乱象治理、古都风貌保护等涉及市民切身利益的热点问题。

14日 东城区换届工作领导小组会议召开。

16日 北京喜剧院喜迎开幕一周年暨《老宅》北京喜剧院首演仪式举行。

19日 中共东城区委党派团体协商通报会召开。

☆ 广州市越秀区调研组到东城调研，实地察看老旧小区改造、文保区建设管理、垃圾分类处理等工作情况，并召开座谈会。

20日 赵中原调研“文化强区”工作，实地察看保利大厦、东方文化大厦，就发挥企业引领作用，加强与政府部门协调沟通，突出东城特色，加大会馆传承、保护、利用等方面进行研讨交流。

21日 东城区第十三次妇女代表大会召开。

22日 中共北京市东城区第十一届委员会第十一次全体会议召开。会议审议通过《中国共产党北京市东城区第十一届委员会全体会议议事规则（修订）》《中共北京市东城区第十一届委员会第十一次全体会议关于召开中共北京市东城区第十二次代表大会的决议》、关于追认给予张长有开除党籍处分的决定、《中共北京市东城区第十一届委员会第十一次全体会议决议》。

☆ 召开全区领导干部大会，张家明就落实好市委要求，扎实推进全区换届各项工作提出要求。

28日 区委区政府理论学习中心组举办换届风气监督工作专题辅导报告，并集中观看警示教育片《镜鉴》。

## 8 月

2日 区人大常委会组织市、区人大代表开展年中活动。

6日 区重点项目工作进展专题会召开，会议听取东四三至八条历史文化街区综合整治、南锣鼓巷地区综合整治、故宫周边疏解和前门东区重点项目建设情况等工作汇报。

**11日** 前门三里河及周边恢复整治项目规划设计方案通过专家论证，与会专家原则同意该项目的总体定位、保护更新的思路及方式，并就规划设计方案、河道恢复、会馆保护利用等提出意见建议。

**15日** 区人民代表大会换届选举工作领导小组第一次会议召开，会议研究东城区选举委员会第一次会议议程安排、有关文件和东城区人大代表换届选举工作部署大会安排。

☆ 东城区召开援藏、援青干部座谈会。

**16日** 区选举委员会第一次会议召开，会议讨论通过《北京市东城区人民代表大会代表换届选举工作计划（草案）》和北京市东城区选举委员会办公室、各地区分会、驻军选举指导组组成人员名单，确定新一届人民代表大会代表投票日为11月15日，通过《北京市东城区第十六届人民代表大会代表名额分配方案（草案）》。

**22日** 李先忠调研王府井百货集团，观看集团宣传片，听取集团发展、王府井商会工作开展、第五届北京王府井国际品牌节“金秋大PARTY”活动筹备等情况汇报，并提出具体工作要求。

**23日** 张家明调研南锣鼓巷地区四条胡同修缮整治项目，实地察看雨儿胡同甲10号、15号等院落，并在项目指挥部召开座谈会，听取项目腾退修缮进展情况汇报。

**26日** 北京文化产权交易中心新业务启动暨新址启用仪式在前门地区举行。

**31日** 王安顺到区调研直管公房管理工作，实地察看东四六条71号院、68号院和崇礼住宅，了解东城区直管公房管理、开墙打洞等违法违规行为综合治理、文物保护等工作情况，并召开座谈会。

## 9　月

**1日** 中央军委国防动员部部长盛斌率军地调研组调研东城区征兵工作。

**6日** 区选举委员会召开第二次会议，会议审议通过关于选区划分及应选代表名额分配方案、区人大换届选举宣传工作方案及换届选举集中宣传日活动安排、区人大换届选举第一阶段工作总结和第二阶段工作计划。

☆ 区第十二次党代会筹备工作领导小组第一次会议召开，张家明就进一步做好党代会的筹备工作、加强舆论宣传和严肃换届纪律等提出具体要求。

**8日** 东城区庆祝第三十二个教师节大会举行。

**9日** 第31届奥运会东城区输送运动员、教练员、家长代表座谈会举行。

**13日** 区工会第二次代表大会召开。

☆ 区政协举办“我在政协这五年”政协委员共话东城沙龙活动。

**19日** 市领导杜德印、牛有成参加区人大代表换届选举集中宣传日活动。

**20日** 东城区本年国家安全工作领导小组扩大会议召开。

**21日** 第五届北京王府井国际品牌节国际友好城区研讨交流活动举行。

**22日** 第五届北京王府井国际品牌节开幕式举行，开幕式后随即举行“王府井——荟萃历史美誉 创新现代经典”论坛。

**23日** 望坛棚户区改造项目征收动员大会召开。

**25日** 东城区第二届“行走健康”徒步大会启动仪式在明城墙遗址公园举行。

**28日** 李先忠会见俄罗斯莫斯科市中央区代表团，双

方签订《中华人民共和国北京市东城区与俄罗斯联邦莫斯科市中央区政府2016—2018年友好交流与合作备忘录》。

28日　张家明参加“千面党旗展风采、万名党员做奉献”党员志愿服务活动。

30日　东城区疏解非首都功能建设和谐宜居之区攻坚动员会召开。

## 10　月

8日　张家明到和平里街道青年沟路检查“开墙打洞”综合整治工作，详细了解青年沟路“开墙打洞”综合整治工作组织机构、人员分组、舆论宣传和群众工作开展情况。

10日　西藏自治区拉萨市城关区政府代表团到区开展友好交流。

☆　邵鹏应人民政协报之邀，做客“委员会客厅”接受栏目组访谈，并与人民政协报党组书记、总编辑周北川就传统媒体与新媒体的融合发展、政协宣传报道工作时代特点以及新时期人民政协组织的社会影响力等问题进行座谈交流。

11日　区科学技术协会第二次代表大会召开。

18日　东城区残疾人联合会第二次代表大会召开。

☆　2016“文化+”创新创业大赛决赛暨颁奖活动举行。

20日　区委区政府理论学习中心组召开“两学一做”学习教育第二次集中交流讨论会，围绕“增强规矩意识、严守纪律，做合格党员”主题作交流研讨。

21日　政协东城区第十三届委员会总结表彰大会举行，大会表彰本届政协优秀委员118人、最具影响力提案30件和最有价值社情民意信息13篇。

22日　东城区2016—2017学年教育工作会召开，会议举行东城区青少年“健康·成长2020”工程启动仪式，对工程实施方案进行部署，成立“健康·成长2020”工程体育教师工作室，并向青少年体育活动基地授牌。

23日　2016北京喜剧艺术节开幕。

26日　区换届选举工作领导小组召开第三次会议，会议听取换届选举第二阶段工作总结和第三、四阶段工作计划汇报，并对下一阶段工作提出要求。

☆　在文化部举办的本年中国图书馆年会上，东城区被授予“国家公共文化服务体系示范区”牌匾，标志着东城区成为全市第二家国家公共文化服务体系示范区。

31日　区人大换届选举委员会召开第三次会议，总结第二阶段工作情况，对第三、四阶段工作进行部署，

## 11　月

2日　区领导传达学习十八届六中全会精神，张家明对全区下一步传达学习和宣传十八届六中全会精神作出部署。

3日　东城区与北京演艺集团公共文化建设战略合作签约仪式举行，区政府与北京演艺集团签订《公共文化建设战略合作协议》，区文化委与北京京演文化发展有限公司签订《东城区基层文化单位购买基本公共文化服务（试点）》项目合同书。

☆　区政协民革界别举办纪念孙中山先生诞辰一百五十周年活动。

4日　区换届选举工作领导小组召开第四次会议，就做好下一阶段工作提出要求。

☆　区选举委员会召开第四次会议，会议传达中央有关部门文件精神，通过正式代表候选人建议名单，总结第三阶段工作。

14日　北京市委学习贯彻党的十八届六中全会精神宣讲团东城区报告会举行。

15日　东城区人大代表换届选举投票工作顺利开展，东城区选民参加投票，选举新一届人大代表。郭金龙、蔡奇等市委、市政府领导及市级老领导到区74选区投票站投下神圣的一票。

☆　张家明与张家口市领导座谈，共同签署东城区与张家口市缔结友好市区协议书。

17日　区工商联（商会）第十次会员代表大会召开。

18日　东城区在由中国图书馆学会组织的本年发现“书香城市（区县级）”论坛上获“书香城市”称号。

19日　区领导班子换届工作专题民主生活会召开，会议传达学习中央和市委关于换届工作的有关要求。

22日　区委十一届十二次全会召开，会议审议通过《中共北京市东城区委员会工作报告》（审议稿）、《中共北京市东城区纪律检查委员会工作报告》（审议稿），酝酿中共北京市东城区第十二届委员会委员、候补委员和区纪委委员候选人预备人选名单，审议通过区第十二次党代会主席团成员、主席团常务委员会委员及召集人、全体会议主持人建议名单，区第十二次党代会秘书长、副秘书长建议名单，区第十二次党代会代表资格审查委员会组成人员建议名单，区第十二次党代会各代表团的划分及召集人建议名单，审议通过关于追认给予李评修开除党籍处分的决定，审议通过关于区第十二次党代会召开时间和大会议程的决议。

30日　蔡奇到东城区调研老旧小区综合整治工作。

## 12　月

1～2日　区领导开展安全生产大检查、散煤治理和禁止露天烧烤专项整治工作督查，张家明实地查看前门东区大江胡同南侧工地、前门B14地块项目工地、前门东区三里河河道恢复整治项目工地。

3日　团区委组织开展的“邻里守望互助青年志愿同行”——青年参与“东城守望岗”志愿服务项目获第三届中国青年志愿服务项目大赛银奖，并亮相本年志愿服务宁波交流会。

5~8日　中共北京市东城区第十二次代表大会召开，张家明代表中共东城区第十一届委员会向大会作工作报告。大会选举产生了中共北京市东城区第十二届委员会和纪律检查委员会，中共北京市东城区第十二届委员会委员45人，候补委员9人，区纪委委员29人。大会通过《关于中共北京市东城区第十一届委员会工作报告的决议》和《关于中共北京市东城区第十一届纪律检查委员会工作报告的决议》。

8日　区第十二届委员会、纪律检查委员会第一次全体会议召开。区纪委十二届一次全会选举产生了新一届纪委常委、书记、副书记，区委十二届一次全会选举产生了新一届区委常委、书记、副书记，通过了区纪委十二届一次全会的选举结果。

9日　中央环保督察组检查东城区环保工作。

☆　在两年一次的全市优秀调研成果和调研工作先进单位评选表彰中，东城区被市委、市政府授予“北京市第十二届调查研究工作先进单位”称号，连续四届获此殊荣。张家明撰写的《东城区深化城市管理体制改革 理顺区街体制研究》调研报告获全市优秀调研成果一等奖。

12日　市委副书记、副市长、代市长蔡奇到东城区调研城市交通管理工作，在体育馆西路（北段）和红桥市场南路工程施工现场，实地察看地区交通状况和工程进展，了解分流红桥市场周边过往车辆、实现局部交通循环等情况，了解东城区治理拥堵、中心城区次支路建设等工作情况。

15日　区委区政府理论学习中心组召开学习党的十八届六中全会精神暨“两学一做”学习教育专题交流研讨会，李先忠等14人结合自身的思想实际、工作职责，围绕学习主题畅谈了学习体会。张家明就进一步深入学习贯彻党的十八届六中全会精神和市委十一届十一次全会精神，全面推进从严治党提出要求。

18~20日　政协北京市东城区第十四届委员会第一次会议召开。邵鹏受十三届区政协常务委员会委托，作《十三届区政协常务委员会工作报告》。会议表决通过《政协北京市东城区第十四届委员会第一次会议决议（草案）》。

20日　朝阳区豆各庄三号地经适房项目第一批居民签约入住工作完成，共签约538户，其中全款368户、贷款170户，实际办理入住368户。

21日　东城区对口帮扶工作协调会召开，听取关于与张家口市崇礼区对口帮扶工作情况和拟赴崇礼区考察对口帮扶工作安排，以及筹备“喜迎冬奥会　携手奔小康”惠民文艺演出工作情况的汇报。

19~22日　东城区第十六届人民代表大会第一次会议召开。李先忠代表东城区人民政府作《政府工作报告》。会议通过关于东城区人民政府工作报告的决议，关于东城区本年国民经济、社会发展计划执行情况和下年国民经济、社会发展计划的决议，关于东城区本年预算执行情况和下年预算的决议，关于东城区人民代表大会常务委员会工作报告的决议，关于东城区人民法院工作报告的决议，关于东城区人民检察院工作报告的决议。

26~27日　区领导赴张家口市崇礼区考察对口帮扶工作。

28日　市党风廉政建设责任制检查组到东城区检查评估2016年党风廉政建设责任制落实情况。

☆　东城区举行“品古风雅韵，承国粹生辉，育美德英才”中小学生京剧专场演出。

29日　郭金龙到东四街道召开征求意见座谈会，与会代表分别发言，提出对市委常委班子及市委主要领导学习贯彻党的十八届六中全会精神，围绕“两学一做”学习教育要求，遵循《准则》、《条例》，加强自身建设，推进各项工作等方面的意见建议。

30日　东城区2017年新年音乐会举行。

· 2017 ·
北京东城年鉴
BEIJING DONGCHENG NIANJIAN

# 特　载

# 文　件（节选）

## 聚焦“一条主线、四个重点”战略任务 为实现“十三五”良好开局而努力奋斗

### 2016年7月22日在中共东城区委十一届十一次全会上的报告

中共东城区委书记　张家明

### 上半年工作回顾

本年以来，在市委、市政府的坚强领导下，常委会团结带领广大党员干部群众，以习近平总书记系列重要讲话精神为指引，立足首都功能核心区职能定位，紧紧围绕区委十一届十次全会确定的“一条主线、四个重点”战略任务，坚持总揽全局、协调各方，坚持全面从严治党。在全区上下共同努力下，非首都功能疏解、城市更新改造、平房区物业管理等重点工作取得新成效，经济发展保持了平稳向好的态势，社会和谐稳定的局面进一步巩固，人民群众获得感进一步提升。上半年，常委会重点抓了以下四项工作。

**第一，加强对改革发展稳定的统筹，经济社会发展持续平稳向好。**我们始终坚持以改革促发展、惠民生、保稳定，紧密围绕推动京津冀协同发展、非首都功能疏解这条主线，统筹做好经济社会发展各项工作。一是功能疏解、人口调控全面发力。上半年，全区通过城市更新改造和依法治理“开墙打洞”、“七小”业态、违法建设、群租房和地下空间等专项行动，常住人口减少2.1万人，减量占市政府今年下达任务数的80%，终于出现了由增到减的重大“拐点”，下降幅度名列全市第一。关停百荣一期地下美廉美超市和百荣商城的物流，完成永外城灯具城关停及仓储外迁；积极稳妥地关停隆福寺早市、东华门夜市，进一步提高生活性服务业品质，赢得了群众的理解和支持。二是经济发展质量不断提升。坚持功能疏解与提质增效相结合，主动转方式、调结构，经济运行延续了近年来平稳向好的态势。上半年，地区生产总值同比增长6.7%左右；区级一般公共预算收入完成92.04亿元，同比增长5.1%；全社会固定资产投资完成111亿元，同比增长16.1%。中关村东城园高精尖产业聚集效应不断增强，王府井大街和中关村雍和航星科技产业园荣获北京市首批服务贸易示范基地称号。扎实推进“国家文化金融合作试验区”创建，“文化人才管理改革试验区”建设取得积极成效。三是民生工作稳步推进。深化学区制教育改革，新增3条优质教育资源带、3个教育集团，促进了教育公平；加强养老服务体系顶层设计，积极引进专业社会组织，加快养老机构标准化建设，探索网格化智慧养老模式，我区被确定为国家级“医养结合”试点单位；深化医药卫生体制改革，与协和、同仁医院签订了“医联体”合作协议，制定了分级诊疗试点实施方案，为群众提供了更加便捷高效的医疗健康服务。圆满完成“国家公共文化服务体系示范区”验收工作，形成了多元参与、特色鲜明的公共文化服务供给模式。四是狠抓“平安东城”常态化建设，确保意识形态领域安全，深化司法体制改革，完善专群结合的立体化社会治安防控体系，强化风险排查预警、源头预防和应急处置，切实加强安全生产监督检查，着力消除安全隐患，圆满完成重点时段和敏感期的维稳工作。

**第二，扎实抓好“两学一做”学习教育，进一步提高了从严治党水平。**我们把抓好党建作为最大政绩，把“两学一做”学习教育作为党建工作的龙头任务，将“基础在学、关键在做、核心在改”要求贯穿于学习教育的全过程。区四套班子带头学习研讨，举办了“一把手素质工程主题研修班”和5期“十八届五中全会精神专题培训班”；各基层党组织结合纪念建党95周年，广泛开展“红色讲坛百场宣讲”、党课报告、征文演讲、歌咏比赛等活动，有力弘扬了社会主义核心价值观。制定实施了党（工）委、党组意识形态工作责任制实施细则；修订完善了党建“三级联创”活动考核标准；深入推进非公企业和园区党建工作，“红云东城”非公党建信息化平台正式运行。我们把做“四讲四有”合格党员作为落脚点，通过设立“党员先锋日”、开展党员组织关系集中排查、“千面党旗展风采、万名党员做奉献”志愿服务、党支部与低保家庭“一对一”结对帮扶等活动，激发了党员的荣誉感和宗旨意识。严格落实全面从严治党的主体责任，制定了“两个责

任”清单式分值管理办法，开展处级党政正职向区纪委全会述责述廉工作，持续深化“为官不为”、“为官乱为”等问题专项治理。支持纪检机关加大监督执纪问责力度，积极探索运用监督执纪“四种形态”的具体途径和有效举措，对21起违反中央八项规定精神和其他违纪违法的典型案件进行通报曝光，上半年新立案50件、结案25件，同比分别上升117%和13.6%，保持了惩治腐败的高压态势。深化廉政风险防控“三个体系”建设，认真学习贯彻《中国共产党廉洁自律准则》和《中国共产党纪律处分条例》，打造文天祥祠、于谦祠、袁崇焕祠“三祠”官德教育基地，营造了崇廉拒腐的良好氛围。

**第三，充分发挥党建引领作用，创新群众工作方法，推动重点工作取得新突破。**我们召开全区党务工作会议，强调围绕中心抓党建、抓好党建促发展；大力倡导鼓励干事担当的用人导向，制定了《2016—2018年处级党政领导班子建设规划实施意见》、《加强和改进优秀年轻干部培养选拔工作实施办法》等文件，对在城市更新改造等重点项目中表现突出的先进个人给予及时奖励和通报表扬；加大干部管理监督和关心关爱力度，开展了选人用人不正之风专项治理，采取谈心谈话、表彰激励、开展文体活动等多种形式，进一步调动起党员干部干事创业的积极性。各部门、各街道在治理“开墙打洞”、无证无照经营，加强直管公房管理，提升老旧小区管理水平等方面，从有些畏难情绪到坚定不移地推进实施，思想观念和工作作风都有了明显转变。针对城市更新改造、胡同环境治理等重点难点工作，我们把支部建在项目上，通过党员分片包户、党员誓师大会等多种形式，充分发挥党员干部的示范带头作用，深入居民家中，广泛征求群众意见，耐心细致做好政策宣传、信访维稳等工作；全面推广“多元参与、协商共治”模式，组织开展“公共空间大讨论”，动员群众积极参与政策方案制定、社区治理等工作，最大限度赢得了群众的理解和支持，推动一系列重大项目取得实质性突破。截至目前，南锣鼓巷四条胡同、东四三到八条、前门东区等历史文化街区修缮整治项目有序推进；天坛周边57栋简易楼预签约协议全部生效，顺利完成居民选房工作，7栋简易楼已拆除；西忠实里、西河沿等项目接近尾声。我们坚持一手抓城市更新改造，一手抓城市精细化管理，以平房区物业管理为突破口，充分发动群众参与共治共管，积极探索开展物业管理党建联建等工作，推动城市管理由末端治理向源头治理转变。平房区物业管理模式推行以来，在东四、朝阳门、交道口等试点区域取得明显成效，得到人民群众和社会各界的充分肯定。

**第四，充分发挥常委会牵头引领作用，形成了推动发展的强大合力。**常委会认真落实《中国共产党地方委员会工作条例》，认真贯彻民主集中制，努力把各方面力量团结起来、调动起来，形成全区上下同心协力推动工作的生动局面。一是积极支持人大、政协工作，专题听取区人大党组的工作汇报，扎实做好人大代表换届选举准备工作；制定了关于加强社会主义协商民主建设、政协协商民主建设的实施办法，召开区委政协工作会议，推动协商民主深入发展。二是协助8个民主党派在全市率先顺利完成换届工作，严格按照程序和步骤，把握人选要求，深入研究部署，实现了新老交替、政治交接，为多党合作事业提供了有力的组织保证。三是在全市率先召开促进非公经济发展大会，出台了促进非公经济健康发展“21条措施”、商会会长选举退出等一系列政策文件，大力加强非公企业党建工作。充分发挥工商联的桥梁纽带作用，引导南锣鼓巷等特色街区商会、非公企业主动融入中心工作，积极承接政府职能，加强商会自治，得到市委统战部的充分肯定。四是切实加强群团工作，制定了加强和改进党的群团工作的实施意见，召开区委党的群团工作会议，顺利完成了共青团、妇联、侨联等换届工作，为群团组织更好地服务区域科学发展创造了良好条件。

## 准确把握当前形势和要求，全力抓好下半年重点工作

当前，我区正处在深入落实京津冀协同发展战略、加速推进城市更新改造和精细化管理服务的关键时期。面对错综复杂的国内外形势，我们既要增强忧患意识和紧迫感，更要增强机遇意识和责任感，进一步坚定发展的信心和实干的决心。一方面，我国经济下行压力依然很大，首都人口资源环境的矛盾依然突出。特别是我区非首都功能疏解、人口调控任务十分艰巨；居家养老、社区卫生等基本公共服务与群众期望相比还有较大差距；实施“文化强区”战略、构建“大文化”格局还需要加快步伐；职能部门在帮助指导街道开展工作、总结提炼基层新鲜经验、加强区级层面政策设计等方面，还需要下更大工夫；党建工作整体合力需要进一步加强，部分党员干部的创新力、执行力和工作作风有待进一步改进。对此，我们必须认真研究改进措施，着力加以解决。另一方面，随着京津冀协同发展战略的深入实施和首都“四个中心”战略定位的确立，核心区的地位和作用日益凸显，为我们疏解功能谋发展创造了良好条件、注入了强大动力。市委十一届十次全会、全市上半年经济形势分析会分别就提升城市规划建设管理水平、推进供给侧结构性改革等作出明确部署，为我们做好核心区工作、破解发展难题提供了重要依据和路径选择。我们要用新发展理念引领城市发展，更好地落实“四个中心”战略定位，进一步提升城市治理水平，优化提升首都核心功能，切实把供给侧结构性改革作为治理大城市病、实现更高水平发展的治本良策，努力实现发展可持续、环境高质量、文化有魅力、社会更和谐、服务更完善，加快建设“国际一流的和谐宜居之区”。

下半年，我们要圆满完成“十三五”开局之年经济社会发展各项指标，同时还要做好区级领导班子的换届工作，任务十分繁重。全区上下要深入贯彻落实市委十一届十次全会、全市上半年经济形势分析会精神，坚持以人民为中心的发展思想，紧紧围绕“一条主线、四个重点”战略任务，创新瘦身健体、补齐短板、提质增效的体制机制，弘扬改革创新、敢于担当、攻坚克难的精神，确保区委十一届十次全会确定的各项目标任务不折不扣地完成，以优异成绩迎接区第十二次党代会的胜利召开。重点抓好以下四个方面的工作：

第一，继续聚焦“一条主线、四个重点”战略任务。

第二，加快产业转型升级步伐，进一步推动区域经济高端化发展。

第三，继续深化“平安东城”常态化建设。

第四，确保区级领导班子换届工作圆满完成。

## 加快构建“大党建”工作格局，为完成全年各项任务提供坚强的政治组织保障

各级党组织和广大党员干部要深入学习贯彻习近平总书记“七一”重要讲话精神，不忘初心、继续前进，始终保持党的先进性和纯洁性，继续抓好“两学一做”学习教育，切实将党建工作融入全区发展之中。

一要加大党建工作统筹力度，继续推动基层党建创新。

二要继续加强领导班子和干部队伍建设，打造干事创业的干部队伍。

三要持续深入推进党风廉政建设，营造风清气正的政治生态。

四要进一步加强常委会自身建设，推动全区上下形成合力。

# 东城区人民代表大会常务委员会工作报告

2016年1月7日在东城区第十五届人民代表大会第六次会议上

东城区人大常委会主任　赵中原

## 2015年的主要工作

2015年，是人大工作具有重要意义的一年。中央转发了全国人大常委会党组关于加强县乡人大工作和建设的若干意见，这是新形势下，以习近平同志为总书记的党中央加强人大工作、推进社会主义民主法治建设的重要举措。区委召开了第四次人大工作会议，对新形势下坚持和完善人民代表大会制度、加强和改进人大工作作出了全面部署，提出了明确要求。

一年来，区人大常委会在中共东城区委的领导下和市人大常委会的指导下，深入学习贯彻党的十八大，十八届三中、四中、五中全会和习近平总书记系列重要讲话精神，认真贯彻落实市区委第四次人大工作会议提出的任务要求，紧紧围绕“十三五”规划编制、非首都功能疏解、城市更新改造、城市精细化管理、公共服务均等化等全区中心工作，以区委第四次人大工作会议为契机，以提高会议质量为重点，以拓展监督方式为抓手，坚持“三严三实”，依法履行职责，为全区改革发展提供坚实的民主法治保障。常委会共召开会议7次，听取、审议议题31项，召开主任会议14次，研究议题73项。其中，听取、审议“一府两院”专项工作报告8个，计划、预算、审计报告7个，执法检查报告1个，议案办理报告2个，代表建议办理和督办报告2个；依法作出决议、决定12个；任免国家机关工作人员63人次，任免人民陪审员470人；补选市人大代表2名，区人大代表5名。圆满完成了区十五届人大五次会议确定的工作任务。

一、坚持党的领导，切实推进人民代表大会制度在我区的实践

常委会把协助区委召开第四次人大工作会议作为全年的重要任务，坚持党的领导、人民当家做主、依法治国有机统一，深入开展调研，全面总结经验，认真查找问题，依据宪法法律，结合东城实际，以常委会党组的名义，制定了关于在全面推进依法治国进程中加强和改进全区人大工作的意见，并经区委研究批准转发全区。意见从增强对人民代表大会制度自信和行动自觉，保证区人民代表大会依法行使职权，推进常委会依法履职，提高监督工作实效，发挥代表主体作用，加强自身建设，健全区委领导人大工作制度等方面，提出了22条具体措施，进一步推进人大工作具体制度的完善和发展。

常委会以“三严三实”为标准，扎实做好区委第四次人大工作会议精神的贯彻落实工作。一是分解落实责任。将意见提出的22条措施细化，分解成104项目标任务，制订折子工程，明确牵头领导和责任部门，目前，已经落实56项。二是拓展监督方式。常委会首次开展了大额专项资金使用情况专题询问，单独组织了执法检查，网络直播了代表议案审议，拓宽完善了区人大及“一府两院”半年工

作通报，网上公开了代表建议办理，依规启动了政府规范性文件被动审查，建立坚持了每次常委会后向区委报告制度，这些探索和实践有力地促进了全区人大工作和建设。三是改进大会筹备。精心组织会前视察，坚持重点看、仔细听、认真谈，共组织视察25次，参加代表367人次，提出意见和建议108条；深化部门预算监督，常委会5个委员会对8个单位和部门的预算进行预先审查，提出意见建议；改进代表联组活动，广泛走访选民，延长讨论时间，认真预审各项报告。常委会认真研究和采纳代表的意见和建议，使工作报告充分体现代表意愿。

## 二、坚持依法履职，切实保证“十三五”规划编制具有更加广泛的民意基础

本次大会的一项重要任务是审查批准区“十三五”规划纲要。“十三五”规划关系到全区未来一个时期科学发展的大局。常委会把为区人民代表大会审查批准规划纲要做好准备作为全年的一项重点工作，通过扩大规划编制的民主参与，听取审议专项工作报告，审查批准“总规”调整方案等一系列工作，突出民主性、规范性、专业性，把人民群众对“十三五”规划的美好愿景和期盼体现在各项工作中。

开展建议征询。在东城人大网站开辟“共话‘十三五’、建设新东城”专栏，向社会广泛征询建议，同时，各人大街工委组织代表建言献策，共征询到70余条富有建设性的意见和建议。

开展专题调研。常委会抓住人民群众普遍关心和全区发展迫切需要解决的非首都功能疏解、名城保护、产业结构、医疗卫生、司法行政、社区建设、财政改革等方面问题，深入开展视察和调研，召开专家研讨会，广泛听取各方面意见，形成了6个专题报告和一个综合报告。

促进非首都功能疏解。在调研区产业指导目录、东城园建设与发展情况的基础上，常委会听取审议关于经济结构调整、产业优化升级情况的报告，主任会议听取商品交易市场调整提升工作情况的报告。要求区政府落实京津冀协同发展战略，转变经济发展理念，促进产业调整升级，研究制定疏解后资源利用规划。

批准“总规”调整方案。东城区总体发展战略规划自2010年批准实施以来，发挥了重要的引领作用。根据新的形势和新的要求，需要对“总规”进行适当调整。常委会围绕核心区功能定位、空间格局、构建高精尖经济结构等问题开展调研，邀请专家、人大代表和企业家与区政府有关部门进行研讨，对总规调整提出建设性的意见和建议。常委会第29次会议审查和批准了东城区总体发展战略规划调整方案，保证规划的引领性和连续性，为区“十三五”规划编制提供重要依据。

组织代表集中视察。从2015年10月中旬开始，常委会组织市区人大代表围绕制定“十三五”规划，视察城市环境建设、天坛周边简易楼腾退等重点项目和民生工程。在会前代表活动中，各代表团对“十三五”规划纲要草案进行讨论，进一步提出意见和建议。

区委专门听取会前各代表团讨论情况汇报。区政府充分吸收常委会和人大代表提出的意见和建议，使规划的编制具有更加广泛的民意基础。

## 三、坚持问题导向，切实增强监督的针对性和实效性

常委会在听审专项工作报告和计划、预算等报告的基础上，探索开展询问、专题询问、执法检查等监督方式，规范工作程序，增强监督工作针对性和实效性。

### （一）深化预算监督，探索对大额专项资金使用情况专题询问

新预算法实施后，对实行全口径预算管理，改进财政预算管理制度，加强人大监督等方面提出了新要求。常委会听取审议决算、审计工作、预算执行情况等报告，审查批准2014年决算和2015年预算调整方案。在主任会议听取审计查出问题整改情况报告的基础上，向常委会进行书面报告，促进审计查出问题整改落实。

常委会在对“智慧东城”项目大额专项财政资金使用和管理情况进行专题询问过程中，对专题询问的程序和工作方式进行探索。组织代表参与区财政局委托第三方进行的绩效评价工作，加深代表对该项目的全面深入了解。同时，区审计局进行专项审计，增强了监督的专业性、权威性和实效性。常委会在听取报告时从资金安排、百姓获得哪些便利、信息资源共享等12个方面进行询问，指出了项目运行机制和管理方面存在的问题，使项目运行过程更加公开透明，对区政府深化财政预算管理改革，加强项目绩效管理，发挥了积极推动作用。

常委会认真做好对预算草案和上一年预算执行情况的初步审查，区政府财政部门根据初步审查意见对预算报告进行了修改完善，并将处理情况及时进行反馈。常委会根据区政府预算报告的修改完善情况提出预算审查结果报告，提交代表大会。为扩大预算信息公开，常委会建立了预算监督信息系统，代表登录人大网站就可以查看详细的预算编制情况。

### （二）强化法律监督，探索独立开展执法检查

为推动破解人民群众普遍关注的交通拥堵问题，常委会对东城区实施《北京市实施〈中华人民共和国道路交通安全法〉办法》情况进行检查。成立执法检查组，并委托17个人大街工委组织代表进行视察、调研，重点检查中小学校周边的交通安全设施和交通秩序、道路停车、代表建议办理等10个方面的落实情况。执法检查组及时将各人大街工委和代表提出的36个问题及52项建议向区政府和交通安全管理部门进行反馈。常委会听取审议执法检查报告，在肯定成绩同时，指出存在问题，从8个方面提出改进工作建议，同时对法规的修改完善提出3点建议。通过执法检查组与街道联动，扩大代表参与，增强了执法检查的广度和深度，常委会提出的审议意见和法规修改建议更有针对性和建设性，有效推动了法规的执行。

常委会通过视察、调研、听取专项工作报告等方式，积极推动平安东城建设，确保地区安全稳定和纪念抗战胜利70周年等重大政治活动的安全。常委会听取区法院关于审判管理工作和区检察院关于反贪污贿赂工作情况的报告，主任会议听取关于人民陪审员制度改革和立案登记制度改革情况的报告，支持和推动司法管理体制机制改革。

常委会继续做好规范性文件备案审查工作，严格初审程序，加大审查力度，完成区政府提请的8件规范性文件备案审查工作，并予以公示。

（三）加强跟踪监督，推动保障和改善民生

食品药品安全关乎每一个人的健康和生活。常委会听取审议食品药品安全监督工作情况报告，提出要严格贯彻执行新修改的食品安全法和药品管理法，落实责任主体，强化问题导向，综合治理，严格监管，严肃问责等审议意见。针对代表和群众关心的教育改革、居民健康管理问题，主任会议听取区政府关于义务教育优质均衡发展综合改革、建设中医药特色健康管理社区情况的报告。

常委会对作出的审议意见书落实情况进行跟踪监督。主任会议听取创建国家公共文化服务体系示范区规划落实情况的报告，促进公共文化服务均等化。围绕文保区保护修缮、棚户区改造和基础设施建设三大任务，开展调研、视察，推动加快文保区保护修缮等重点工程项目建设，督促做好剩余抗震加固工程的施工，促进老旧小区升级改造。配合市人大开展北京市历史文化名城保护条例、公园管理条例、控烟条例的执法检查工作，推动有关法律法规在我区的贯彻实施。

（四）注重会议质量，探索询问常态化

常委会第24次会议审议议题时，首次开展询问。在此基础上，加强会前调研，规范询问程序，使询问常态化。通过委员针对报告内容提出问题，报告人或有关负责人回答询问，加深了对有关问题的认识，提出的审议意见更有针对性和建设性，区政府落实审议意见和改进工作有了着力点，也便于跟踪监督。全年共有6项议题在审议时开展询问，有15人次提出询问。

四、坚持标本兼治，切实推动代表议案建议办理取得实效

（一）认真办理代表议案，在办理实效上下工夫

十五届人大五次会议主席团确定的有关社区卫生服务和搬迁滞留区综合管理两件议案，涉及群众切身利益，社会高度关注，所存在问题也是多年累积下来的，办理难度大。常委会充分发挥主导作用，分别成立调研组，与人大街工委联动，扩大代表参与，要求对代表提出的问题，经过努力能解决的当年要落实到位，暂时不能解决的要制定近期和中远期计划分步落实，做到标本兼治。

针对“加强社区卫生服务中心（站）建设，进一步方便百姓就医”议案专业性、政策性强的特点，分别召开医疗界代表、议案领衔代表和居民代表与政府有关部门座谈会，组织外出学习考察，多层次听取意见和建议。为使议案办理工作更加公开透明，常委会审议区政府关于议案办理情况的报告时，在数字东城网站进行了网络直播，同期点击率700多人次，较好地回应了代表和社会关切。针对一些难点问题，常委会要求结合非首都功能疏解，整合辖区资源，改革管理体制机制，提高服务水平。区政府加大资金投入，年内建成和在建中心各1个，改扩建中心站2个、服务站3个；更新医疗、康复、中医设备；启动社区预防保健能力提升工程和社区卫生移动医疗“云服务”模式；为居民开展药品需求登记329例，解决293例；与辖区15家二、三级医院签订了分工协作协议；全面推进家庭医生式综合诊疗服务模式，组建223个全科团队，累计签约服务居民40.18万人。

针对“加大搬迁滞留区综合管理力度，进一步改善居民生活环境”议案公共安全隐患多、居民生活困难、情况复杂等特点，常委会加大督办力度，要求区政府统筹规划，破解搬迁滞留难题；分类施策，有序推进搬迁滞留项目；落实责任，积极改善滞留区居民居住环境；源头管控，确保新的搬迁项目顺利实施。区政府高度重视议案办理工作，摸清了全区滞留项目的底数，提出了将解决搬迁滞留区问题纳入全区城市更新改造范畴的工作思路，研究出台了加强滞留区管理的规范性文件，强化了滞留区综合管理，在部分滞留区实施“煤改电”，消除了安全隐患，重新启动了西河沿滞留项目并取得重大突破，宝华里滞留项目实施回迁住宅货币收购及异地现房置换，为彻底解决问题奠定了基础。

（二）加强代表建议督办，在解决问题上下工夫

常委会把办理代表建议作为践行群众路线和“三严三实”要求、维护群众权利、改善民生的重要途径，以建议得到落实、代表和群众满意为目标，加大统筹协调力度，督促区政府有关部门改进工作，破解疑难问题，代表建议办理工作取得新成效。一是完善工作机制，加大代表反复提出的建议督办力度。针对19件代表反复提出的建议，常委会主任、副主任重点督办，深入现场调研，召开建议办理协商民主会，听取承办单位建议办理情况汇报，分清责任，督促和支持有关部门切实解决问题。二是对代表不满意、不表态的建议进行再分析，再督办。三是网上公开代表建议目录，接受社会监督。区政府加大统筹协调和办理力度，促进问题解决。比如，社区工作者待遇、楼门安装信报箱、房屋修缮、低洼院改造、左安门地区公共卫生间建设等代表反映多年的难点问题的解决取得明显进展。根据代表建议，区政府在完成区属旱厕改造的基础上，计划对居民区内被弃管的全部旱厕进行改造。区人大代表在五次会议期间提出的162件建议，已经得到解决或基本解决的101件，列入计划，两三年内可以解决的30件，因条件限制不能解决并向代表作出解释的31件。

五、坚持务实创新，切实发挥代表主体作用

常委会把尊重代表权利，做好代表工作，保障代表依

法履职，作为保障人民当家做主，做好常委会工作的重要基础工作，常抓不懈。

（一）加强同代表的联系，支持代表履行职责

坚持常委会主任、副主任到代表单位走访，听取意见建议，协调解决问题。扩大代表参与常委会及其各委员会的工作，邀请代表参加监督议题调研、执法检查以及预算草案、计划草案初步审查等监督工作，虚心听取代表提出的意见建议。先后邀请代表列席常委会会议104人次，其中15人次作审议发言。开展市区代表专题培训，集中学习全面依法治国理论和新预算法。组织半年工作通报会，常委会和“一府两院”汇报了上半年工作情况，保证代表知情知政。“一府两院”也加强了同市区人大代表的联系，邀请代表参加区政府常务会19人次，“两院”参加联组会议介绍工作情况34次，代表旁听法院案件审理49人次。进一步做好市代表的履职服务保障，加强市区人大代表间的履职互动，发挥市区代表整体作用。

（二）加强人大街工委建设，密切代表与群众的联系

2000年8月，东城区在北京市率先建立了人大街道工作委员会，从体制、机制、人员、经费等方面进行了系统设计和安排，使常委会在街道层面扎了“根”，选民和代表之间搭起了“桥”，开创了代表工作新局面。常委会以纪念人大街工委成立15周年为契机，通过深入调研、学习考察、召开各层级座谈会、组织代表征文、交流研讨等方式，加深了对新时期人大街工委工作的认识，深化了对机构设置、人员配备、工作职能等方面的研究，明确了今后一个时期的重点任务，为进一步加强和改进人大街工委工作打下良好基础。

常委会坚持听取人大街工委工作报告、主任和副主任联系人大街工委、参加联组活动、定期召开人大街工委办公室主任例会等各项制度，帮助协调解决工作中遇到的问题和困难。各人大街工委认真组织代表联组活动，做好代表履职个性化服务，支持代表走访选民，扎实开展市区人大代表述职活动。一年来，共组织代表联组活动84次，参加走访选民的代表253人次，15名市代表向区代表述职，78名区代表向社区选民述职，接受监督。邀请代表对街道工作进行视察，协助代表开展调研，深入了解街情民意，形成调研报告22篇，为代表依法履职打下良好基础。

六、坚持“三严三实”，切实提高常委会及机关工作水平

一年来，常委会及机关扎实开展“三严三实”专题教育，认真学习贯彻落实市区委第四次人大工作会议精神，改进学风会风，规范工作程序，创新工作方式，提高工作实效。

加强常委会自身建设。坚持常委会会前学法，改进学习方式，邀请相关领域的代表对预算法、食品安全法、刑法和行政诉讼法等法律进行专题辅导。健全会议考勤制度，各委员会委员出勤情况向常委会报告，常委会组成人员出勤情况向人民代表大会报告，扩大履职信息公开，接受代表监督。

加强机关作风建设。坚持理论中心组学习和机关学习制度，开展机关大讲堂活动，交流学习区委第四次人大工作会议精神体会，推动各项任务落实。制订关于加强会议管理的意见，严肃会议纪律，严格文稿质量要求和会议程序。制订关于加强机关工作的意见，加大对机关工作人员出勤情况检查。

提高机关服务保障能力。加强与区委有关部门和“一府两院”的协调沟通，认真做好人民群众来信来访工作，加大监督工作和代表履职宣传，完成人大信息系统整合升级，实现网上协同办公。扩大国际交流，接待日本、韩国等国家的友好城区议会考察团，交流互鉴，拓宽视野。

各位代表，一年来的学习和实践，使我们加深了对人民代表大会制度本质特性和内在优势的认识，增强了做好人大工作的责任感和自觉性。我们深深地感到，面对新形势和新要求，必须坚持党的领导，健全常委会党组对区委负责制度、重大事项和重要议题主动请示报告，常委会会议审议情况向区委报告，充分发挥人大常委会党组的领导核心作用。必须坚持人民主体地位，倾听人民心声，抓住代表反映强烈和群众切身利益问题不放，充分发扬民主，严格依法监督，形成解决问题的合力，让群众有更多获得感。必须坚持依法行权，围绕中心服务大局，既敢于监督又善于监督，把监督“一府两院”工作同支持他们依法履行职责结合起来，既不失职又不越权，增强监督的有效性。必须坚持严谨规范、求实创新，做到严于律己，敢于担责，通过完善和规范工作程序推进实质性监督，通过拓展和创新监督方式，使监督工作充满活力，更具实效。

各位代表，常委会顺利完成了十五届人大五次会议确定的各项任务，工作取得了新的进展和成效。这是在区委正确领导下，常委会组成人员和人大代表齐心协力、认真履职的结果，是“一府两院”、各人大街工委密切配合，广大人民群众和社会各界关心帮助、积极参与和监督的结果。在此，我代表东城区人大常委会，向全体人大代表，向“一府两院”，向所有关心、支持、帮助人大工作的同志们、朋友们，表示崇高的敬意和衷心的感谢！

在肯定成绩的同时，我们也清醒地认识到，同全区各项事业的发展要求相比，同人大代表和人民群众的期望相比，常委会工作还存在一些差距和不足：监督的实效性不强，代表建议督办的力度不够，代表活动方式不够丰富，常委会及机关自身建设还需要进一步加强。对于这些问题，我们将虚心听取代表意见，在新的一年工作中，认真加以研究解决。

## 2016年的工作任务

2016年是区“十三五”规划实施的开局之年，也是疏

解非首都功能、强化首都核心功能的关键之年。区人大常委会要在区委领导下，深入贯彻中央决策和市区委部署，以推动非首都功能疏解、城市更新改造、环境品质提升和民生福祉改善为主线，以推进全区民主法治建设为根本任务，践行“三严三实”，依法行使职权，全面执行大会决议，着力加强调查研究，着力改进监督方式，着力督办代表建议，着力提高监督实效，确保人民代表大会换届选举顺利圆满完成，为加快建设“国际一流的和谐宜居之区”作出新贡献。

一、围绕中心服务大局，依法履行监督职责，不断提高监督实效。

二、发挥代表主体作用，丰富代表活动方式，提高代表议案建议办理实效。

三、依法开展换届选举，保障代表履行职责，确保新一届人民代表大会圆满成功。

四、加强自身建设，改进工作作风，提高常委会及机关工作水平。

# 东城区人民政府工作报告

## 2016年1月6日在东城区第十五届人民代表大会第六次会议上

东城区人民政府代区长　李先忠

## 2015年工作回顾

一年来，区政府在市委市政府和区委的坚强领导下，在区人大、区政协的监督支持下，深入学习贯彻党的十八大、十八届三中、四中、五中全会精神和习近平总书记系列重要讲话精神，认真开展“三严三实”专题教育，立足首都功能核心区定位，牢牢把握京津冀协同发展的战略机遇，深化改革、着力创新，凝心聚力、攻坚克难，较好完成各项指标任务，全区经济社会发展取得了新的成绩。

2015年预计地区生产总值增长7%左右；区级一般公共预算收入完成164.56亿元，增长5.5%；社会消费品零售额增长7.5%；全社会固定资产投资完成230亿元；居民人均可支配收入增长7.5%；万元GDP能耗下降5%；城镇登记失业率控制在0.87 %；PM2.5年均浓度下降2.3%；多措并举，累计疏解“影响人口”3.46万人；20项区级为民办实事项目全部完成。

一年来，我们紧紧围绕区十五届人大五次会议确定的目标任务，主要开展了以下六方面工作：

### 一、群策群力推动城市更新改造，城市品质实现新提升

**城市更新改造工作机制更加完善。**组建了区委区政府主要领导任总指挥的城市更新改造指挥部，统筹协调全区搬迁项目政策、房源和资金使用。区级领导分工负责，街道发挥主体作用，相关部门积极配合，形成了全区一盘棋的强大合力。坚持“一把尺子量到底”，保障政策标准公开透明、公平公正。强化群众工作，让群众有序参与到意见征询、补偿方案制定、搬迁腾退等环节，充分体现群众意愿，保障群众利益。全年实施棚改11028户，超额完成市里下达的任务目标。

**重大项目有序推进。**全力推动全市最大规模简易楼——天坛周边简易楼腾退项目，坚持阳光征收，首次实行全程公开、开放查询，实时公示房屋面积、补偿金额、签约情况等信息。通过各方努力，预签居民1930户，总体预签比例达到80%，57栋楼中的24栋预签比例达到85%；编制了前门东区整体规划，完成西打磨厂街市政工程和28个“新合院”改造，整理土地10万平方米；西忠实里环境整治项目预签居民227户，预签比例达到89.7%；制定了南锣鼓巷四条胡同修缮整治方案，在662户居民中试点申请式搬迁，收到331户居民申请，签约109户；与首创集团签署战略协议，推动东四三至八条历史文化街区环境综合治理。玉河南区河道景观恢复整治工程完成过半，外城东南角楼景观恢复工程基本完成，时间博物馆建成开馆。完成清华寺一期和陈独秀旧居腾退修缮工程。

**滞留项目取得突破性进展。**确定了宝华里项目新实施主体，加强环境综合整治，设立居民互动交流平台，478户逾期回迁居民通过货币分流和异地现房方式得到安置；西河沿危改项目重启以来，13个工作组深入开展群众工作，打破了原本僵持的拆迁困局，滞留的234户居民已搬迁201户，项目累计签约率达到96%，完成了3栋楼整体拆除并启动了居民回迁楼建设。

**住房保障水平不断提升。**新开工建设保障性住房4866套，基本建成5597套，其中，豆各庄项目3318套已基本完工，燕保祈东家园项目一期2279套已结构封顶。进一步加强与市保障性住房建设投资中心深度合作。配售保障房5825套，发放保障房补贴5000万元。在全市率先启动不动产统一登记服务。

### 二、统筹推进非首都功能疏解，“瘦身健体”取得新成绩

**商品交易市场疏解成效明显。**综合运用转型升级、疏

解外迁、撤并清退、集中整治等举措，清退永外城和百荣世贸商城二期仓储、物流等功能，关停天乐玩具等3家小商品市场和大众彩虹等3家存在安全隐患的菜市场，升级改造3家社区菜市场，新建16家便民菜店，东单菜市场实现异地开业。组织8场京津冀商品交易市场对接会。全年共疏解商户2500户，从业人员约5000人，腾退空间15万平方米。

**专项整治力度进一步加大。**清理直管公房转租转借1309间；取缔无照经营528户；整治地下空间228处、28.4万平方米，占总量的84.5%；整治群租房748处，10.2万平方米，占总量的97%。加大违法建设拆除力度，累计拆除1575处、4.5万平方米。在东内南小街试点基础上，启动违规开墙打洞专项整治。

**产业结构日趋优化。**严格产业准入门槛，1353家企业因不符合产业目录要求未通过落户审批。完成北京自动化仪表七厂、北京光电技术研究所等5家工业企业调整退出。全区重点产业发展势头良好，“六大重点产业”增加值占GDP比重达到68%，金融业增加值占GDP比重及增速稳居首位，信息服务业增加值占GDP比重预计达到13.5%左右。完善中小微企业公共服务平台，新建4家小企业创业基地。全区技术交易额达420亿元，专利授权量同比上升43.3%。

**功能区建设稳步推进。**中关村东城园积极打造创新孵化生态体系，培育上市公司19家。前门文化体验式消费街区初具规模，20家文化体验品牌入驻。王府井国际品牌中心、嘉德艺术中心、桥苑艺舍、崇文门商业项目结构封顶。

### 三、着力提升文化软实力，首都文化中心区建设取得新成效

**文化惠民成果显著。**建立公共文化服务标准化体系，社区文化室达标率从80%提高到94.5%，建成100个文化社区，“十分钟文化圈”基本建成。成功举办前门历史文化节、孔庙国子监国学文化节和地坛、龙潭庙会等特色鲜明的文化节庆活动。中国儿童戏剧节、北京青年国际戏剧节、南锣鼓巷戏剧展演季轮番举办、好戏连台。惠民文化演出季和文化读书季期间，向居民发放免费演出票、图书券1.5万张。正式启动“书香东城”阅读平台，把数字图书馆搬进30万户居民家中。全市首家非物质文化遗产主题博物馆建成开馆。区文化活动中心结构封顶。

**文化产业健康发展。**国家文化和科技融合发展示范基地建设取得实质性成果，文化创意产业增加值占GDP比重预计达到14%左右，旅游综合收入同比增长5%左右。艺术品交易、全媒体出版等领域全市领先。文化要素市场不断发展，北京文化产权交易中心入驻我区，交易系统上线运营。青龙胡同文化创新一条街建设稳步推进。推动文化人才管理改革试验区建设，设立东城文化人才评价标准，文化人才（国际）创业园开园。创立77戏剧孵化空间。北京喜剧院正式营业。

**文化影响力不断增强。**实施“走出去”战略，“东城故事”在国内外广泛传播。在曼谷、柏林和我国台湾地区等地成功举办“地坛文化庙会”，组织群众艺术演出团赴意大利、法国进行文化交流，东城特色的非物质文化遗产、老字号享誉海外。与京津冀11个地区结成公共文化服务示范走廊发展联盟。“胡同创意工厂”模式成功在津复制。

### 四、加大综合执法力度，城市服务管理迈上新台阶

**狠抓城市综合治理。**出台加强和改善行政执法工作实施意见，成立区级联合执法队伍，执法效能明显提升。全面落实环境整治、平房翻改建等5类11项城市管理标准，查处露天烧烤、非法小广告、违规设置户外广告牌匾等各类违法行为4.1万起。96010为民服务热线成为群众反映诉求的重要渠道，快速响应和处置能力进一步增强。深化城市管理和社会服务管理“两网融合”工作，完善综合管理平台建设，出台街道网格化服务管理工作体系建设指导意见，实现区街两级平台平稳运行。

**城市环境持续改善。**推进故宫、天坛、北京站等8个重点区域环境提升工程，完成15条大街、100条背街小巷、30个老旧小区、20处校园周边的环境综合整治。制定簋街市政工程综合改造方案并完成前期规划设计。完成2.14万户清洁能源改造，全区总体实现“无煤化”。完成明城墙遗址公园东南角绿化等10项绿化美化工程，人均公共绿地面积达到6.79平方米。全区44条大街和14条胡同实现“垃圾不落地”。新增19个垃圾分类达标小区，1544家餐饮单位实现餐厨垃圾规范收集。生活垃圾实现减量10%。完成区属35座旱厕改造升级，实现了消除环卫旱厕目标。加强静态交通秩序整治，建成7处停车管理示范小区和示范街，新增居住区停车位788个、错时停车位200个、公共自行车2000辆。完成南锣鼓巷周边慢行系统示范项目建设。在全市率先实施胡同架空线梳理工作试点。

**安全稳定局面进一步巩固。**落实安全生产监管责任，开展安全生产大检查和燃气专项整治，整改隐患1.3万处。实现危化品、烟花爆竹经营企业安责险全覆盖。开展老旧电梯、自动扶梯安全隐患排查整治，检查整改设备3174台。开展消防安全专项整治，完善“一十百千”体系。完成区街两级人防指挥平台建设。加强食品药品安全监管，食品抽检合格率达到98.2%，药品抽验合格率达到98.7%。开展打防管控专项行动，构建社会治安立体化防控体系。

### 五、加快社会事业发展步伐，人民群众得到新实惠

**教育综合改革深入推进。**顺利通过国家级义务教育均衡发展督导评估。新增1所九年一贯制学校和8对深度联盟校，成立4个教育集团，12所学校与高校开展合作办学。优质教育均衡化程度稳步提升，小学就近入学比例达到96.9%，初中就近入学比例达到93.4%，就近入学满意率达到93%。积极推进“管办评”分离改革。丰富课外课程供给方式，为中小学生提供了涵盖艺术、科技、职业体验等领域1000余门课程。确立干部教师队伍“区管校用”管理模式，成为北京唯一全国义务教育教师队伍管理改革示范区。

**卫生体育事业持续发展**。深化医药卫生体制改革，推动区级重点专科建设，和平里医院成为区属首家三级甲等中西医结合医院。出台促进中医药发展指导意见，建立中医医联体。深入推进社区卫生服务机构标准化建设，东四中心站、王家园中心站等建成运行，推行社区卫生“云医疗”服务，为居民办理服务卡1.5万张。继续保持传染病低发水平。创建2所国家级青少年体育俱乐部。广泛开展全民健身活动，提高全民健身科学指导水平。控烟宣传和执法进一步加强。

**就业和社会保障水平稳步提升**。安排市区促进就业资金2.2亿元，登记失业人员实现就业10510人，就业困难人员实现就业8011人。本区生源高校毕业生就业率达到97.5%，“零就业家庭”保持动态为零。加大创业服务支持力度，1103人实现创业，带动就业3918人。社会保险基金收缴221.2亿元、支付205.6亿元，分别同比增长12.8%和10.1%。着力推动居家养老服务，稳步推进“五进居家”工作，组织500余家企业开展为老服务，服务项目超过100个。推动医院与养老机构协同发展，隆福医院在天通苑、北苑建立医养结合院区。3家街道养老照料中心实现开工建设。

**社会治理全面加强**。进一步深化全国社区治理和服务创新实验区创建工作，搭建了168个社区议事厅平台，全面推广“参与式协商”自治模式。成功举办公益创投展示暨首届社会公益项目洽谈会，推进政府购买服务供需对接。工青妇等枢纽型社会组织的作用进一步发挥。顺利完成第九届社区居委会选举。社工工资待遇进一步提高。成功举办北京与台湾社区合作交流活动。公共法律服务体系建设深入推进，调解各类矛盾纠纷8418件。信访代理制进一步完善，受理群众来信来访6443件（批），同比下降33%。全国文明城区创建扎实推进，市民文明程度进一步提升。全国双拥模范城“七连冠”创建工作稳步推进。持续开展儿童伤害干预项目。全面实施“六个圆梦”助残工程。

### 六、不断提升行政效能，政府自身建设取得新进展

**政务服务不断完善**。积极推进行政审批制度改革，完善“多证联办”模式，推行国、地税登记一站式办理。区政务服务中心正式运行，在3家孵化平台型企业设立政务服务站，企业审批事项办理速度大幅提高。区、街道、社区三级政务服务体系网络平台上线运行，实现92项便民服务事项标准化。扎实推进“三证合一”商事登记制度改革。深化行政权力和服务信息公开，主动公开政府信息2万余条。区住宅发展中心完成转企改制。法治政府建设深入推进，政府职能部门和街道全部聘请了法律顾问。完善区街财政管理体制，加大对街道的财力保障。

**作风建设不断加强**。深入开展“三严三实”专题教育。完善东城区重大事项行政决策程序，科学、民主、依法决策能力进一步提高。落实政府绩效管理细则，强化工作督查，严厉查处干部违纪违法案件和网络违规行为。网上办公自动化实现全覆盖。启动公车改革，并完成总体方案制定。

**廉政建设不断深化**。认真履行政府系统党风廉政建设主体责任，召开政府廉政工作会，扎实开展“为官不为”和“为官乱为”专项整治。强化廉政风险防控，开发建设权力公开透明运行平台和电子监察信息系统，有效利用政府采购、政府投资项目等风险防控系统，加强政府投资小型工程监控管理。强化预算执行审计，推动财政资金合理配置、高效使用。进一步梳理权力清单、责任清单、风险清单，248项行政审批事项、3978项行政处罚事项向社会公开。建立区反腐倡廉警示教育基地。

各位代表，一年来，我们切实履行首都功能核心区职责，圆满完成了纪念中国人民抗日战争暨世界反法西斯战争胜利70周年、冬奥会申办、田径世锦赛、亚信峰会等重大活动服务保障任务。特别是在“9·3”阅兵活动中，我们始终把做好服务保障工作当作头等大事，周密部署，统筹推进。各部门、各街道密切配合、连续作战，全区人民积极参与、全力支持，4171个守望岗、9825名应急处突力量、5.9万名值守干部群众积极发挥作用，实现了“四个坚决防止”和“绝对安全、万无一失”的总目标，充分展示了东城区服务保障重大活动的综合能力，荣获了“全市纪念活动服务保障工作先进集体”称号。

同时，2015年我区国防动员、统计审计、档案史志、保密外事、对口支援、民族宗教侨务、人口和计划生育等各项事业均取得了新进展。

各位代表，过去一年全区各项工作取得了显著成绩，为“十二五”规划各项指标任务完成画上了圆满句号。“十二五”时期，是东城区抢抓重大机遇、实现全面发展的5年：经济发展实现新跨越、文化建设展现新气象、城市更新改造和精细化管理实现新提升、社会治理和民生改善取得新进展。5年的辉煌成就为我们在新的历史起点上扬帆远航奠定了坚实基础。这些成绩的取得，是市委市政府和区委正确领导、坚强支持的结果，是区人大、区政协和各位代表、委员大力帮助、广泛参与的结果，是全区广大干部群众团结奋斗、真抓实干的结果。在此，我谨代表东城区人民政府，向各位人大代表、政协委员，向辛勤工作在各条战线的劳动者，向关心支持参与东城发展建设的同志们、朋友们，表示衷心的感谢并致以崇高的敬意！

在总结成绩的同时，我们也清醒地认识到，全区经济社会发展还面临不少困难和问题，主要是：非首都功能疏解、人口调控任务仍然艰巨；构建“高精尖”经济结构尚需时日；历史文化名城保护模式需要加快创新；城市更新改造项目吸引社会资本参与还需要探索深化；居家养老、社区卫生等基本公共服务和城市精细化管理水平，与群众期望相比还有较大差距，办理人大代表议案建议和政协委员提案的满意率不高；全面深化改革、依法治理工作还需要下更大工夫；部分干部创新力、执行力有待进一步提升，工作作风有待进一步改进。对于这些困难和问题，我们将高度重视，深入分析原因，采取切实有效的措施，认真加以解决。

## 2016年主要任务

2016年是"十三五"规划的开局之年，也是推进结构性改革攻坚之年，做好全区各项工作意义重大。当前，我区发展正处在疏解、提质、增效的关键时期。面对错综复杂的国际国内形势和首都工作的更高要求，我们要切实增强推动科学发展的责任感和紧迫感。一方面，世界经济复苏中的不稳定不确定因素增多，我国经济下行压力加大，首都人口资源环境的矛盾依然突出，"大城市病"治理任重道远。我们要清醒认识外部环境的复杂性，增强底线思维和忧患意识，未雨绸缪，冷静应对。另一方面，我们要准确把握新常态下战略机遇期内涵的深刻变化，转变经济发展方式和城市发展方式，切实改变聚集资源求增长的旧有发展模式，积极探索疏解功能谋发展的新路径。要牢固树立创新、协调、绿色、开放、共享发展理念，切实增强机遇意识和责任意识，把区位优势、资源优势转化为发展优势，按照"发展质量要提高、人口规模要控制、管理水平要精细、城市环境要最好"的要求，努力在首都建设"国际一流的和谐宜居之都"进程中走在前列。

2016年政府工作的总体思路是：全面贯彻落实党的十八届三中、四中、五中全会和中央经济工作会议、中央城市工作会议精神，深入学习贯彻习近平总书记系列重要讲话精神，按照市委十一届八次、九次全会及区委十一届十次全会决策部署，适应经济发展新常态，坚持改革开放，坚持稳中求进总基调，立足首都功能核心区职能定位，深入落实京津冀协同发展战略，以有序疏解非首都功能为核心，以城市更新改造为突破口，以提升城市品质、改善民生福祉为目标，加快建设"国际一流的和谐宜居之区"，努力实现"十三五"发展的良好开局。

2016年全区经济社会发展主要预期目标是：地区生产总值增长6%左右；区级一般公共预算收入增长5.5%；居民人均可支配收入增长不低于经济增长；社会消费品零售额增长4.5%；城镇登记失业率控制在2%以内；单位地区生产总值能耗下降达到市级要求。

围绕实现本年经济社会发展目标，我们要着重做好以下工作：

一、聚焦首都核心功能，不断提升"四个服务"水平。

二、坚持以人为本，切实保障和改善民生。

三、加强自身建设，着力提高政府效能。

## 关于《北京市东城区国民经济和社会发展第十三个五年规划纲要（草案）》的说明

区委十一届十次全会审议通过的《关于制定东城区国民经济和社会发展第十三个五年规划的建议》（以下简称《建议》），提出了未来5年东城区经济社会发展的指导思想、发展目标和主要任务。根据《建议》精神，区政府制定了《东城区国民经济和社会发展第十三个五年规划纲要（草案）》（以下简称《纲要（草案）》），已提请大会审议。下面，我就《纲要（草案）》作简要说明。

### 一、编制过程

区委区政府高度重视"十三五"规划编制工作，2014年下半年即着手编制准备，2015年初正式启动规划编制。区政府成立了专门领导小组，确定了全区23项前期研究课题和38项专项规划的编制任务。组建编写小组，成立专家咨询委员会。为使规划编制更加科学民主、更加贴近群众，区政府通过"数字东城"网站向全社会征求意见建议。在此基础上，形成了《纲要（草案）》初稿。

初稿形成后，区委区政府多次召开专题会议，结合《东城区总体发展战略规划（2011年-2030年）》的修订，对事关东城发展的重大问题进行深入研究，区政府各部门分领域进行了专题研讨。同时，还听取了区人大、区政协、各民主党派和工商联负责人、无党派人士、人民团体及群众代表的意见，为规划的科学编制提供了重要支撑。《纲要（草案）》还按照法定程序向区人大常委会进行了报告。可以说，《纲要（草案）》的编制过程，是发扬民主、集思广益的过程，是统一思想、凝聚共识的过程。

### 二、总体构架和主要特点

《纲要（草案）》共6篇23章，第一篇是新常态下的战略选择，总结了"十二五"时期东城经济社会发展成就，明确了未来5年的发展目标；第二篇到第五篇，是"十三五"时期经济社会发展的主要任务；第六篇是规划顺利实施的保障。《纲要（草案）》主要有以下三方面特点：

**（一）体现了中央、市委市政府和区委的新精神。**《纲要（草案）》以全面建成小康社会总目标和"创新、协调、绿色、开放、共享"五大发展理念为统领，紧紧围绕京津冀协同发展战略和首都"四个中心"的功能定位，按照《东城区总体发展战略规划（2011年—2030年）》的要求，科学谋划未来5年全区国民经济和社会发展，真正把中央、市委市政府和区委关于"十三五"工作的新精神、新要求，转化成指导全区科学发展的行动指南。

**（二）确立了未来5年发展的新模式。**《纲要（草案）》坚持问题导向，明确了我区发展模式要从聚集资源求增长向疏解功能谋发展转变，要紧紧围绕服务保障首都核心功能，统筹推进非首都功能疏解、城市更新改造、城市精细化管理、产业优化升级和民生保障等工作，实现人口规模有效控制，优化政治活动、文化交流和国际交往等高端服务功能，提升综合承载力和现代化治理水平。

**（三）明确了推动工作落实的新路径。**《纲要（草案）》紧扣各项目标任务，更加注重法治精神，强调树立法治思维，将依法治理贯穿于改革建设发展各个领域和环节；更加注重社会参与，强调创新治理方式，形成政府治理和社会自我调节、居民自治的良性互动，实现共治共管、共建共享；更加注重发挥市场作用，强调市场在资源配置中的决定性地位，并使其与政府作用有机统一、相互补充、相互协调、相互促进，共同推动经济社会持续健康发展。

三、发展目标和主要任务

《纲要（草案）》提出了“十三五”时期全区经济社会发展的主要目标，即：非首都功能疏解取得明显成效，首都文化中心区建设迈上新台阶，城市更新改造实现新突破，城市精细化管理水平不断提升，生态环境更加宜居，经济发展质量和效益显著增强，人民生活水平和质量普遍提高，改革开放深入推进。

同时，《纲要（草案）》明确了“十三五”时期全区经济社会发展的主要任务：

（一）服务保障首都核心功能。

（二）加快建设首都文化中心区。

（三）持续增进民生福祉。

（四）全面深化改革开放和加强法治建设。

# 中国人民政治协商会议东城区第十三届委员会常务委员会工作报告

2016年1月5日在政协北京市东城区第十三届委员会第五次会议上

东城区政协主席　邵　鹏

## 2015年工作回顾

一、把握协商民主主线，加强制度建设，在推动政协工作创新上下工夫

深刻领会精神实质，思想基础更加坚实。认真学习贯彻《中共中央关于加强社会主义协商民主建设的实施意见》和中央统战工作会议精神，组织以“协商民主建设”为主题的常委学习班和人民政协协商民主探索实践研讨会，准确把握社会主义协商民主的新论断、新部署和新要求，深刻认识人民政协在协商民主建设中的独特地位和重大责任，进一步增强协商意识，提高协商能力，更加积极主动地参与全区协商民主建设。举办以“聚焦·卓见·共识——学习习近平总书记系列重要讲话精神”为主题的大会发言活动，委员们就创新社会治理模式、碳排放权交易服务业发展、戏剧文化中心区建设等方面，为区域经济社会发展建言献策。成立东城区人民政协理论与实践研究会，加大理论研究和实践探索力度，为政协履行职能和推进政协协商民主发展提供理论支撑和制度保障。

积极做好有效衔接，组织保障更加有力。坚持重要问题和重大事项向区委报告制度，专题汇报委员履职情况，积极向区委提出推进政协工作的建议，强化政协协商与党政工作的有效衔接。围绕党政决策重点和工作中心，建立和完善情况通报制度，为委员知情明政创造条件。各专委会主动与党政对口部门加强沟通联系，定期互通情况，推动协商工作有序进行。

拓宽协商议政渠道，工作机制更加完善。结合全年工作重点，首次制定年度协商工作计划，明确协商议题、范围、时限、反馈及牵头部门和协办单位，责成专门处室，定期督办落实。50余位委员应邀参加区政府常务会和区政府工作报告征求意见会，区长就委员提交的专题报告进行批示，所提意见建议得到充分肯定。完善全体会议、常委会议、主席会议等既有协商机制，拓展协商领域，延伸工作触角，为各界委员协商议政创造条件，有效地将不同阶层、不同利益群体的诉求聚合至区委、区政府相关部门，确保协商民主的质量和效果，更好地体现了协商民主的优势和价值。

二、紧扣党政中心工作，深入调查研究，在促进经济社会发展上下工夫

注重战略研究，助推改革发展。围绕“总规”修订和“十三五”规划编制、非首都功能疏解、平房简易楼和文保区改造、产业结构优化调整和功能区布局等关系区域经济社会发展的重大问题，引导委员准确把握新常态下我区发展的阶段性特征，开展前瞻性针对性联合调研、专项视察和专题协商等履职活动，为圆满完成“十三五”规划编制任务、推动核心区可持续发展提供有力智力支持和决策服务。举办“面对互联网+，我们该怎么办？”主题沙龙活动，推动互联网企业和经济社会融合发展。

关注热点问题，促进民生改善。采取党政委托调研与政协主动调研相结合，围绕再生资源回收体系建设、全面构建现代公共文化服务体系、推进东城区民族团结进步创建工作等重点课题，组织开展专题调研，通过实地走访、座谈研讨、反复论证，形成3份常委会建议案，一些调研成果被区“十三五”规划和区政府有关政策吸纳。关注城市生态文明建设，参观视察空气监测站，提出建设性的意见建议，推进环境监测工作科学发展。视察走访社区文体中心和社区邻里中心，就中心布局、功能定位等方面提出改进意见。推荐部分委员担任行政执法和公共服务部门社会监督员，通过明察

暗访、座谈研讨等形式，开展经常性的民主监督活动，促进重点部门重点行业转变作风、提高服务水平。社会管理综合治理和财政预算两个民主监督小组开展专项视察、协商座谈等活动，切实发挥民主监督作用。

发挥统战优势，广泛凝心聚力。加强与各党派团体、无党派人士和工商联的协调联动，发挥联系纽带作用，合力共促区域发展。视察调研我区各级各类学校开展民族团结进步创建工作的情况，就加强民族团结和谐教育、加大保障少数民族合法权益宣传力度等方面提出意见建议。积极参与“民族团结宣传月”活动，走访宗教场所，慰问看望宗教界人士，反映和协调民族宗教工作中的相关问题，推动民族宗教政策的有效落实。举办台情研讨会、组织联谊参观活动，密切联系港澳台侨各界人士，不断巩固和发展最广泛的爱国统一战线。参加“9.3”阅兵安保志愿服务工作，举办纪念中国人民抗日战争暨世界反法西斯战争胜利70周年书画笔会，铭记历史，烛照未来。编辑出版《人是风景——首都文史集萃·东城卷》，发挥存史、资政、团结、育人的作用。

### 三、完善政协履职平台，畅通履职渠道，在发挥委员主体作用上下工夫

专委会基础作用更加突出。修订《东城区政协专门委员会通则》，充分利用微信群等信息化手段，积极探索发挥委员主体作用的新途径。作为专门负责专委会工作和联系服务委员的办事机构，专委会工作室认真研究专委会工作规律、深入了解委员履职需求、协调沟通区相关单位，扎实开展考察论证、对口协商、调研视察活动50余次，提出意见建议200多条，群策群力服务区域发展大局。探索协商民主的方式方法，与区司法局、文委、中关村东城园等有关部门加强工作联系，开展区情通报、专题协商。支持专委会与界别互联互动，就“推进医养融合，探索养老新模式”“智慧商务综合服务平台建设”等主题组织协商活动，努力为全区经济社会发展建睿智之言、献务实之策。

界别纽带作用更为彰显。常委会议、主席会议定期研究解决界别工作中遇到的新情况、新问题，秘书长会议专题研究协调界别工作，推动界别活动有序开展。召开党派界别民主协商会，举办推动“十二五”妇女儿童发展规划落实与“十三五”规划编制界别协商会，更好地发挥界别在政协协商民主中的重要作用。健全政协机关各处室联系界别委员工作机制，举办界别委员座谈会，协商通报工作情况，听取界别委员意见建议。

委员街道活动小组独特作用更具活力。修订《关于政协委员街道活动小组的工作意见》，完善委员街道活动小组联络员和政协委员按组编入联系社区工作机制，定期召开委员街道活动小组工作会议，进一步规范履职程序，发挥委员优势，推动协商民主向基层延伸。全年组织食品安全示范街区创建溯源调研、参观街道文化服务中心、听取天坛周边简易楼腾退补偿工作通报、考察钟鼓楼南大街改造情况等102次活动，有效地增强了政协委员与界别群众的联系，加深了委员与群众的感情，树立了政协组织在群众中的良好形象，为委员献计街道发展拓展了广阔的天地。

### 四、夯实委员履职基础，强化服务管理，在加强两支队伍建设上下工夫

领导重视、协商督办，推动提案办理落实。通过印发委员提案参考目录、召开政情通报会、组织视察调研等方式，引导和鼓励界别委员围绕共同关注的问题，深入调查研究，提出集体提案，展现界别智慧和建言水平。注重做好提案跟踪督办协商和提案落实回访协商工作，提案办理协商民主渠道更加畅通。就非公经济健康发展、推进信息化建设、基层社会管理和服务体系建设等重点提案，组织召开9次提案办理协商座谈会，推动了一批重点提案的解决落实。全年审查立案的276件提案全部办复，委员满意率提升至82.6%。

突出特色、增强实效，推动社情民意工作。强化政协社情民意信息的党派特色和界别特色，加强对前瞻性意见和预警性情况的反映，更好地发挥民意汇集和决策参考作用。持续关注、推动往年社情民意信息的办理，委员联名提出的“关于更换北京市百货大楼钟楼大钟日产西铁城品牌的建议”得以有力落实，受到社会各界广泛好评。全年共编报社情民意信息382篇，其中，全国政协、市区相关部门采用56篇，得到12位市、区领导129条批示。区发改委、城管委等相关单位十分重视委员反映的问题，积极参考采纳委员提出的建议，及时反馈答复，一些事关群众切身利益的问题得到有效解决，较好地发挥了政协社情民意“快速路”“直通车”作用。

注重服务、强化管理，推动履职能力建设。研究制定《东城区政协工作规程》《关于进一步加强反映社情民意信息工作的意见》等规章制度，促进政协履职工作更加有序高效。坚持“政协讲堂”、“委员讲座”、专题报告、机关集体学习制度，了解学习需求，提高学习实效，着力夯实思想理论基础，全年共有2800多人次政协委员和机关干部参加培训。落实政协主席走访委员制度、健全委员联络机制，通过多种形式联谊活动，政协工作亲和力进一步提升。制定实施《东城区政协委员履职管理办法》和《东城区政协委员履职综合考评细则》，建立委员履职档案，强化委员履职的主体意识和责任意识，委员履职合格率达98.7%。创办电子刊物《回音壁》，加大政协履职成果宣传力度，全年在市级以上新闻媒体发稿20余篇，政协工作影响力进一步扩大。政协机关扎实开展“三严三实”专题教育，建立健全了《东城区政协机关工作人员学习制度》《关于加强机关作风建设 严肃工作纪律的规定》等7项制度，不断强化作风建设，提高工作水平，切实把专题教育成果体现在真抓实干上。

各位委员，过去一年我们取得的成绩，得益于中共东城区委正确领导、市政协有力指导、区政府和社会各界的大力支持，得益于各族各界人士的团结合作，得益于政协各参加单位、全体政协委员和政协机关同志的辛勤努力。

在此，我代表区政协常委会向大家表示衷心的感谢！

在肯定成绩的同时，也应该清醒地看到，我们的工作还存在一些不足。主要表现在：协商民主制度建设还需进一步加强，民主监督还不到位，发挥界别特色和委员主体作用的方式方法有待进一步改进，履行职能的工作机制和考核评价体系需要进一步完善等，这些问题都需要我们在今后的工作中不断加以解决。

## 2016年工作意见

一、加强理论学习，增进思想共识，提高政治把握能力。

二、坚持问题导向，服务发展大局，提高调查研究能力。

三、畅通民意表达，促进民生改善，提高联系群众能力。

四、坚持团结民主，营造和谐氛围，提高合作共事能力。

五、增强责任意识，规范服务管理，提高自身履职能力。

# 坚持把纪律挺在前面　强化监督执纪问责　忠诚履行党章赋予的纪律检查职责

2016年2月18日在中共东城区第十一届纪律检查委员会第七次全体会议上的报告

中共东城区委常委、纪委书记　夏树军

## 2015年工作回顾

### 一、紧紧抓住党风廉政建设“牛鼻子”，多措并举推进“两个责任”落实

全面统筹部署，完善责任体系。研究制定并认真执行《区委关于落实党风廉政建设责任制党委主体责任和纪委监督责任的实施意见（试行）》，督促各单位制定实施细则和责任清单，形成边界清晰、责任明确的区、处、科三级责任体系。召开区纪委全会，全面部署全区党风廉政建设和反腐败工作。研究制定《2015年东城区贯彻落实党风廉政建设责任制推进惩防体系建设主要任务分工》，将解决信访举报、纪律审查中发现的突出问题作为重要任务列入其中，明确主责部门，并通过监督检查、考核通报等方式督促落实。协助区委设立区委落实党风廉政建设责任制主体责任办公室，明确职责任务，建立工作机制，统筹推进全区“两个责任”落实。

坚持点面结合，督促责任落实。协助区委加强党风廉政建设和反腐败工作，全年提交区委常委会和区政府常务会研究党风廉政建设相关议题23个；协助区政府召开廉政工作会，参加区人大、区政协机关党风廉政建设工作推进会；召开区反腐倡廉建设领导小组扩大会议，专题听取惩防体系建设牵头单位工作汇报；对信访举报反映问题相对集中的单位和系统进行专题分析，形成了7期《信访专报》，区委区政府主要领导批转分管区领导研究解决，有力促进了四套班子履行主体责任、班子成员落实“一岗双责”。深化“两轮座谈、签字背书、约谈督导、集体会诊、检查考核”五项举措。区纪委常委会专题听取上年责任制检查考核排名靠后、案件多发的2家单位党风廉政建设工作汇报，提出改进要求，督促整改落实。采取现场与书面相结合的方式，通过质询评议、意见反馈、公开公示、督促整改、专题报告、通报备案等步骤，组织20家单位党政主要领导向区纪委全会述责述廉。区纪委领导班子成员分别带队深入86家单位督促指导“两个责任”落实，层层传导压力。

突出问题导向，强化追责问责。修改完善《东城区党风廉政建设责任制检查考核办法》，由16名区委、区政府领导带队，对30家单位开展重点检查。对上年责任制检查考核排名后2家单位，由区委书记、区纪委书记分别约谈单位党委书记、纪委书记；针对2名窗口人员工作时间违规上网行为，主管副区长专题约谈单位党政主要领导；针对网络违规行为通报3次以上的3家单位，区纪委约谈单位党委主要领导；对班子成员发生违纪违法案件以及网络违规行为通报3次以上的10家单位，取消年度评优评先资格；对制定“两个责任”实施细则和责任清单不认真的单位，对单位党政“一把手”进行约谈批评；实行“一案双查”，对履行党风廉政建设领导责任不力的进行责任追究，并予以通报批评曝光。全年共约谈24人，问责24人，立案追究责任2人。

### 二、锲而不舍纠正“四风”，推动作风建设常态化长效化

适时廉政提醒，加强宣传引导。坚持在元旦春节、中

秋国庆等重要节点前夕，向全区印发通知，并向全区领导干部制发廉政短信，严明纪律要求；在“古韵正声”官网开设“廉洁教育”专栏，向社会公布举报电话、网站和信箱接受举报监督，督促全区各单位和广大党员干部时刻绷紧作风建设这根弦。

坚持抓细抓常，紧盯“四风”问题。建立纪检监察与税务、财政等部门问题线索移送机制，定期调取全区党政机关财务支出数据，分析排查公款送礼、公款吃喝、公款旅游等问题线索。坚持监督检查常态化，在重要节点组织开展明察暗访，抽查辖区内餐厅、商场、超市等企业的销售票据，严查公车私用、公款购发卡物等违规违纪行为。全年开展明察暗访14批43人次，发现问题线索20余个。

深入开展“为官不为、为官乱为”专项治理。成立专项治理协调小组，加强组织领导和统筹协调。通过畅通信访渠道、与企业和居民代表座谈、开展社会问卷调查、收集人大代表政协委员意见、组织区级“两员”暗访等多种方式，发现问题线索，重点查处了服务管理失范、以权谋私等问题。专项治理启动以来，共收到相关信访举报87件，立案8件，党政纪处分6人。

狠刹不正之风，严肃惩处曝光。将“四风”问题作为执纪审查的重点，严惩顶风违纪行为，全年共查处违反中央八项规定精神案件20件。持续加大通报曝光力度，在连续两年召开违反中央八项规定精神典型案件通报曝光专题会后，再一次召开全区领导干部大会，点名道姓通报25起案件，将通报曝光案件类型扩大到以权谋私、责任追究等典型案件，产生了良好的震慑和警示教育效果。

## 三、坚决把纪律和规矩挺在前面，不断加大执纪审查力度

区纪委全年受理信访举报803件次，同比上升37.5%；接待群众来访842批913人次，同比分别上升90.9%和101.1%。全年初核问题线索249件；新立案82件，结案96件，给予党政纪处分87人，同比分别上升78.3%、209.7%和180.6%，新立案数较换届当年增长近6倍。区检察院立案侦查贪污贿赂、渎职侵权等职务犯罪28件29人；区法院审结贪污贿赂案件20件33人、渎职侵权案件1件2人。

积极探索联合履职模式。进一步聚焦纪律审查主责主业，针对纪律审查工作特点和纪检监察工作实际，研究制定《东城区关于开展纪检监察联合履职工作的实施意见》，先后选调26名基层纪检监察干部，组成6个联合履职工作组，与区纪委机关纪律审查部门联合执纪，共初核问题线索26件，立案10件，取得明显成效。同时，选调16名基层纪检监察干部到区纪委机关纪律审查部门挂职锻炼，以干代训培养锻炼干部，促进业务能力提高。探索试行领导挂帅突破重点疑难案件工作，由办案经验丰富的1名副书记和2名常委分别挂帅重点疑难案件，收到较好效果。坚持区纪委领导亲自批办问题线索、亲自督办重点问题线索审查进展情况、亲自指挥大案要案突破，全年区纪委主要领导批办问题线索700余件、批示176件次。

有效拓宽问题线索来源渠道。在认真受理信访举报，加大初核、直查工作力度，充分发挥信访案源主渠道作用的同时，采取内部挖潜和外部沟通等多种方式，不断拓宽问题线索来源渠道，为纪律审查工作奠定坚实基础。注重在纪律审查过程中强化发现问题线索的意识，深挖案中案，发现线索并立案29件。同时举一反三，以已查处的案件为线索，在具有相同职能的部门和人员中开展调查，以点带面主动出击，先后查处了房屋管理、残疾证办理等领域的9起案件。研究制定《东城区党政机关与纪检监察机关移送问题和线索暂行办法》，与有关行政执法机关和部门建立问题线索移送机制，审计和组织部门移送问题线索4件。通过与公检法联动的案件线索查询比对系统，发现问题线索4件；运用“古韵正声”官网，受理举报问题线索77件；通过电子监察平台，发现问题线索18件。

探索运用监督执纪“四种形态”。在加大惩治力度的同时，积极发挥批评教育、组织处理、纪律处分、立案审查“四种形态”作用，既用纪律丈量全体党员，又用纪律盯紧“关键少数”。坚持抓早抓小，针对因工作不力、久拖不办引发集体访、缠访闹访或重复信访等突出问题的，及时约谈主责领导，限期整改。针对群众反映线索模糊或存在苗头性、倾向性问题的党员干部实施谈话函询，对党员干部进行经常性提醒监督。根据掌握情况向区委提出意见建议，避免用人失察、带病上岗。全年对处级领导干部选拔任用、评优评先廉洁审查446人次；进行谈话、函询40人；组织处理18人；在党政纪处理人数中，轻处分68人、占78.2%，重处分18人、占20.7%，移送司法机关立案侦查1人、占1.1%。

## 四、加强体制机制创新，积极构建不敢腐、不能腐、不想腐的有效机制

稳步推进纪律检查体制改革。认真落实中央关于在查办党员和国家工作人员涉嫌违纪违法犯罪案件中加强协作配合有关规定，建立健全纪律审查组织协调四项机制，强化与公检法等单位的反腐败协作配合职能。建立《东城区国际追逃追赃工作协调机制》，指导相关单位和部门报送有关情况，及时对遗留问题作出处理。推动纪律检查工作双重领导体制具体化、程序化、制度化，研究起草《区属各部门各单位纪委书记副书记提名考察办法（试行）》等三个制度。制定《东城区关于加强国有企业党风廉政建设的意见》，统一规范直属国有企业纪检组织设置，全面加强国有企业党风廉政建设。

着力完善权力运行制约监督机制。建设“东城区权力公开透明运行平台”，整合区、处两级“权力库”，建立和完善区、处、科三级权力清单、责任清单、风险清单，梳理完成248项行政审批清单和3978项行政处罚清单并向社会公开，继续开展“六费”公开并构建网上填报系统。制定《东城区以案倒查廉政风险工作办法》，结合查

处的社保基金管理、房屋登记管理及违规办理残疾证等典型案件，开展以案倒查强化防控治本。针对财务管理、干部选拔任用、公房管理等开展重点防控。督促职能部门制定《东城区行政事业单位财务管理办法》《东城区科级及以下公务员交流工作办法（试行）》《社区工作者违纪违规处理办法》，解决财政资金监管、公务员轮岗交流、社区工作者管理等方面存在的问题。在部分处级单位开展科级廉政档案规范化、标准化建设试点。积极发挥保障房管理、网络违规行为等防控系统的作用，完善电子监察平台涉及的695家企业法人数据，为招投标风险防控系统的智能分析提供数据支持。在工程建设及政府采购领域实施廉洁准入管理，出具行贿犯罪档案查询证明3280份。电子监察平台取得了国家版权局授予的软件著作权。

不断增强党员干部党章党规党纪意识。制定《关于加强领导干部反腐倡廉教育的实施办法》，充分发挥党员干部入职之初、上任伊始、履职期间廉政教育机制作用，将反腐倡廉教育内容纳入全区《干部教育培训重点项目折子工程》，列为党校主体班、专题班、后备班课程。中央颁布《中国共产党廉洁自律准则》和《中国共产党纪律处分条例》后，率先组织区委区政府理论中心组扩大学习，全区党政正职以上领导干部和纪检监察干部3次参加学习辅导。组织开展“强党性、守党纪、正党风”主题教育活动，对全区77名新任处级领导干部进行集体廉政谈话，开展处级干部任前廉政法规知识测试9批36人次，对1名没通过测试的人员取消了任用。打造东城区反腐倡廉警示教育基地，接待辖区内外单位250余批8000余人次。举办32场“防微杜渐、禁于未然”预防腐败公开课，全区58家处级单位及所属322家基层科队站所共2500余人参加培训。利用本区典型案例，制作展播警示教育片《贪欲之痛》。通过各种学习教育活动，促使广大党员干部自觉将纪律要求内化于心、外化于行。

努力营造崇廉拒腐良好氛围。大力弘扬优秀传统文化，扎实推进第二批廉政文化示范点建设，组织开展“我身边的好规矩”征集活动，继续开展勤廉书画展、廉政相声戏曲专场、“廉政书箱”及“书海听涛”读书讲座等廉政文化活动。着力增强纪检监察工作透明度，充分发挥好“古韵正声”官网、“廉政东城”微博微信和《新东城报》等宣传阵地作用，“廉政东城”微博活跃度全年保持全区第一，在平时特别是纪委全会召开前开展系列报道，大力宣传我区党风廉政建设新成效，收到良好效果，干部群众对党风廉政建设满意度较上年大幅上升。

### 五、坚持打铁还需自身硬，持续深化“转职能、转方式、转作风”

扎实推进专题教育，认真践行“三严三实”。区纪委常委会和机关认真开展“三严三实”专题教育。区纪委书记围绕“三严三实”作专题党课报告，理论中心组认真开展集中学习和交流研讨，26名同志分别结合自身实际进行主题发言，对照“三严三实”要求列出问题清单、整改清单，领导班子共查找突出问题10条、制定整改措施11项，班子成员共查找问题66条、制定整改措施45项，并边学边查边改，进一步巩固作风建设成果。全区各派驻纪检干部参加驻在单位专题教育，教育成效不断显现。

强化自身建设，提高履职能力。围绕转变职能、聚焦主业，组织80名纪检监察干部参加中国纪检监察学院纪律审查业务培训，选调基层纪检监察干部参加中央纪委专项业务培训7人次，安排委局机关干部参加中央纪委、市区各类培训32人次，自行举办为期3天、有110人次参加的纪律审查业务培训，不断提高干部履职能力。制定《东城区纪检监察系统内部干部举报线索受理办法（试行）》，认真核查涉及纪检监察干部的举报线索3件，进一步从严管理干部。

加强基层组织建设，夯实基层基础工作。开展派驻纪检监察组织议事协调机构清理，退出议事协调机构159个。结合社区“两委”换届，统一规范社区纪检组织设置，全区182个社区实现了纪检组织全覆盖，对360余名社区党委书记、纪委书记开展落实“两个责任”培训，协调落实社区纪检组织人员待遇。进一步优化基层纪检监察干部队伍结构，调整交流、提拔纪（工）委书记、纪检组长8名，监察科长19名。

在总结成绩的同时，要清醒看到全区党风廉政建设和反腐败工作还存在一些问题和不足：有的党组织和党员领导干部对全面从严治党的重要性和紧迫性的认识还不深刻，落实党风廉政建设主体责任的主动性不强、办法举措不多、追责问责不够，顶风违纪问题依然存在；有的纪检监察组织和干部对如何深化“三转”，如何把纪律挺在前面，在理念思路、方式方法、素质能力方面还不能完全适应形势任务的需要。对此，我们必须高度重视，认真研究解决。

## 工作体会

**一是必须坚持党委统一领导，紧紧抓住“牛鼻子”，以主体责任的落实深入推进党风廉政建设和反腐败工作。** 党委是党风廉政建设和反腐败工作的领导者、执行者、推动者，是纪检监察组织履行党章赋予的纪律检查职责的坚强后盾。党的十八大以来，区委把抓好党建作为最大的政绩，切实承担好党风廉政建设主体责任。区委的坚强领导和坚定支持，为我们聚焦中心任务、强化监督执纪问责提供了坚强的政治保证；各级党组织制定责任清单，主动种好自己的“责任田”，为各级纪检监察组织突出主责主业、转变职能方式提供了有力的组织保证；区委常委会、区政府常务会每年专题研究党风廉政建设重要工作，区级领导每年带队检查党风廉政建设责任制落实情况，这些都为我们落实监督责任营造了浓厚氛围。实践证明，坚持党的领导是党风廉政建设和反腐败斗争保持正确政治方向、取得新进展新成效的重要前提。

二是必须把纪律挺在前面，加大改革创新力度，积极运用好监督执纪“四种形态”。党章规定纪委的根本任务是维护党的纪律，确保党的集中统一。党的十八大以来，党中央深化对党风廉政建设和反腐败斗争规律的认识，提出要把严明党的纪律作为反腐败的治本之策，为各级纪检监察组织找准职责定位、发挥职能作用指明了方向。各级纪检监察组织发扬改革创新精神，持续深化“三转”，全面加强纪律建设，既用纪律管住“大多数”，又紧盯“关键少数”；坚持把改进作风作为一项纪律来执行，保持查纠“四风”的决心、力度不减，赢得了党心民心。纪检监察组织要紧紧围绕监督执纪“四种形态”，进一步转变思想观念、完善体制机制、创新方式方法，以实际行动落实中央和市区委的新要求、回应人民群众的新期待。

三是必须清醒认识形势，强化监督执纪问责，始终保持惩治腐败高压态势。党的十八大以来，我们坚持抓早抓小、动辄则咎，始终保持惩治腐败的高压态势，严肃查处了一批违纪违法案件，严肃惩治了腐败分子和违纪人员，纪律审查的数量和质量创历史新高。但是，纪内信访举报居高不下，违纪违法问题时有发生，“四风”问题禁而不绝。这充分说明，我区情况与全国、全市相同，反腐败形势依然严峻复杂。习近平总书记在中央纪委六次全会上指出，反腐败斗争压倒性态势正在形成，党中央坚定不移反对腐败的决心没有变，坚决遏制腐败现象蔓延势头的目标没有变。我们必须把思想统一到中央对形势的判断上来，保持坚强政治定力，力度不减、节奏不变、尺度不松地推进党风廉政建设和反腐败斗争，在全面从严治党中担负起党章赋予的神圣职责。

## 2016年主要任务

一、严明党的纪律，全面贯彻从严治党、依规治党要求。

二、深化体制机制改革，认真落实管党治党政治责任。

三、坚持、巩固和深化作风建设成果，推动形成良好社会风尚。

四、继续加大执纪审查力度，始终保持惩治腐败高压态势。

五、加强基层党风廉政建设，坚决整治和查处侵害群众利益的不正之风和腐败问题。

六、建立健全制度机制，强化对权力运行的制约监督。

七、加强基层基础工作，建设忠诚干净担当的纪检监察干部队伍。

# 东城区2015年国民经济和社会发展计划执行情况与2016年计划（草案）的报告

2016年1月6日在东城区第十五届人民代表大会第六次会议上

东城区发展和改革委员会主任　李铁生

## 2015年国民经济和社会发展计划执行情况

### 一、非首都功能疏解有序推进

顶层设计不断完善。成立东城区推动京津冀协同发展领导小组，下设产业转移升级、商品交易市场疏解提升、城市更新改造等7个专项小组。制定了东城区《关于贯彻〈京津冀协同发展规划纲要〉的意见》的行动方案及2016—2017年工作要点，明确组织领导，梯度推进各项相关工作。成立疏解非首都功能工作领导小组，制定了《东城区疏解非首都功能工作方案》。发布了《东城区产业指导目录（2015年版）》，在全市率先提出了存量产业的调整退出目录、高精尖产业结构指导目录。

人口调控成效初显。通过梳理非首都功能疏解与人口调控各相关领域任务，确定了今年全区人口调控总目标，并与58家责任部门签订人口调控目标责任书。围绕整治群租房和地下空间，开展“利剑行动”。采取从严把关户籍迁入与出生落户登记，加大对不合规集体户口清理，动员有户无人户口迁出，核销死亡未销户口等一系列措施控制人口。

存量疏解扎实有序。百荣二期物流、仓储功能全部外迁，腾退空间10万平方米，疏解商户900户。永外城物流、仓储功能、灯具城整体全部退出，腾退空间4万平方米，疏解商户777户。关停天乐、东环里、红桥天环3家小商品市场。升级改造龙明、宝华里、左安浦园3家社区菜市场。关停存在安全隐患的大众彩虹、望星隆、钟楼3家菜市场。推进“伪市场”清理整顿，停业整改特吉特早市，关停前门早市。完成北京元隆皮草皮革有限公司、北京元汉领带衣帽厂、北京光电技术研究所、北京自动化仪表七厂、金泰汇通商贸有限公司琉璃井门市部5家工业企业调整退出工作。

**增量控制更加严格。**贯彻落实《北京市新增产业的禁止和限制目录（2015年版）》和《东城区产业指导目录（2015年版）》，严控增量。工商设立及变更登记严格执行禁限目录，并实行住所和经营业态双重审查，加强对平房区申请经营场所的登记注册管理。加强税收征管稽查，对百荣一期商户开展定额核定调整工作，提高市场准入门槛。特色商业街区管理机构和市场准入审批部门加强对前门大街、簋街、南锣鼓巷等特色商业街区业态发展指导目录及平房区商业服务业发展禁止与限制目录落实情况的监管。

## 二、经济发展态势平稳

**圆满实现“十二五”规划目标。**2015年，全面完成年初制定的各项主要指标任务，圆满实现了“十二五”时期的规划目标。预计地区生产总值同比增长7%左右。区级一般公共预算收入同比增长5.5%。预计全社会固定资产投资完成230亿元。预计社会消费品零售额同比增长7.5%。预计居民人均可支配收入同比增长7.5%。预计万元GDP能耗同比下降5%。

**产业结构不断优化。**文化、金融产业迅速发展，文化科技融合发展特色凸显。预计金融业增加值占GDP的比重以及增速继续稳居重点产业首位，支柱地位显著。东城园集聚带动作用不断增强，经济规模和发展质量大幅提升，预计园区生产总值达到650亿元，高新技术企业总收入预计达到1600亿元，同比增长6.5%。王府井国际品牌中心、嘉德艺术中心、桥苑艺舍、崇文门商业项目等实现结构封顶。

**企业服务不断优化。**产业政策体系不断完善，创新产业发展资金使用方式，试点设立了东城区人才创新创业引导基金、东城区文化创意产业发展引导基金2支产业引导基金，起草了《东城区文化创意产业发展专项资金管理办法》。建立了《区级领导联系服务驻区企业工作制度》，制定了《2015年处级领导日常联络企业名单》，落实领导干部定点服务。完善中小微企业公共服务平台，新建4家小企业创业基地。以朝阳门、北新桥和体育馆路街道为试点，探索三级政务服务体系建设。创新“多证联办”“并联审批”服务机制，推行“三证合一、一照一码”改革试点工作。完成区住宅发展中心转企改制工作，区房地一、二中心正在进行改制资产清查。

## 三、积极实施“文化强区”战略

**加快推进文化体制机制建设。**成立东城区文化创意产业发展联席会，建立了《东城区文化创意产业联席会议制度》，理顺了促进文化创意产业发展的工作格局，加强制度顶层设计，统筹资源、协调推动文化产业具体项目落地。推进国家公共文化服务体系示范区创建工作，加快文化人才管理改革试验区建设。推进街道级、社区级公共文化设施建设，17个街道文体中心建设达标率达到100%，社区文化室达标率达到94.5%，区文化活动中心结构封顶。

**历史文化名城保护不断加强。**文物管理使用单位及历史建筑腾退修缮工作积极推进，修缮率达到70%。清华寺一期、陈独秀旧居腾退修缮工程全面完成，外城东南角楼景观恢复工程基本完工，玉河南区河道景观恢复整治工程完成过半，长巷三条1号、临汾会馆正式开工。

**文化经济不断繁荣。**积极创建“首都文化金融合作试验区”。大力推动文化要素市场建设，北京文化产权交易中心正式挂牌。支持东方雍和国际版权交易中心等文化金融机构充分发挥市场调节作用，引导文化要素有序流动，形成更为完整的版权交易产业链，文化版权交易额达到53亿元。利用胡同里的老厂房发展文化创意产业，建成77戏剧孵化空间等19处胡同创意工厂。预计文化创意产业增加值占全区GDP的14%左右。

**文化影响力不断增强。**打造文化东城品牌，积极支持“地坛文化庙会全球行”品牌活动。组织参与“北京文化庙会 · 台北之旅”“柏林亚太周 · 德国之旅”活动，进一步展示和传播京味文化，扩大北京及东城的文化影响力。大力推进“戏剧东城”建设，开展风格多样的戏剧品牌活动，举办北京南锣鼓巷戏剧展演季等。我区文艺表演团体增至75家，备案营业性演出场所29家，全年共演出场次7000余场，观众300余万人次。

## 四、城市更新改造步伐加快

**项目统筹不断加强。**成立东城区城市更新改造指挥部，统筹推进全区城市更新改造工作，建立了2015年重大项目库，确定了62项重大项目。启动编制2016—2020年历史文化街区保护复兴、非文保区更新改造和城市基础设施优化提升三大行动计划。统筹协调推进棚户区改造项目，全年实施棚改11028户，超额完成市里下达的任务目标。加强资金统筹，研究建立分领域投融资平台，进一步拓宽重大项目融资渠道，探索政府购买服务等融资模式。

**重大项目推进有力。**南锣鼓巷地区四条胡同修缮整治项目确定腾退安置方案，共接受居民申请登记331户，已签约109户。天坛周边简易楼腾退项目已正式公布征收补偿方案，启动预签协议，预签居民1930户，总体预签比例达到80%。编制了前门东区整体规划，完成西打磨厂街市政工程和28个“新合院”改造，整理土地10万平方米。宝华里项目已启动入户调查工作，已完成逾期回迁居民货币分流478户。西河沿危改项目累计签约率达到96%，完成3栋楼的整体拆除工作，规划1号楼已启动建设。西忠实里环境整治项目预签居民227户，预签比例达到89.7%。

**保障房建设取得新进展。**新开工建设保障性住房4866套。基本建成保障性住房5597套，其中豆各庄项目1号地1404套安置房，3、4号地1914套经适房，燕保祈东家园项目一期2279套安置房结构封顶。进一步加强与市保障性住房建设投资中心的深度合作。老旧小区综合整治有序开展，全面完成北京市下达的老旧小区改造任务，

“十二五”期间共完成老旧小区抗震加固225栋63.51万平方米，完成全部节能改造任务372栋171.27万平方米，惠及居民4万余户。开展3500户四类以下直管公房修缮工作。配售经济适用房、限价房5825套，发放廉租房、公租房补贴5000万元。

### 五、营造良好宜居环境

**人民生活水平不断提高。**完善就业创业服务体系，城镇登记失业率保持在0.87%的较低水平，“零就业家庭”动态保持为零。落实促进就业优惠政策，实施就业援助制度，安排促进就业资金2.2亿元，登记失业人员和就业困难人员分别实现就业10510人、8011人。促进高校毕业生就业创业，全区高校毕业生就业率达到97.5%。以提高民生保障水平为核心，以提高管理水平和服务质量为基础，社会保障体系建设不断加强。五项社会保险基金收支规模达426.8亿元，同比增长11.5%。

**公共服务能力不断增强。**推进学区制义务教育综合改革，积极探索、完善以学区为基本单元的义务教育入学政策，逐步形成以学区为单元、稳定成熟的九年一贯制与对口入学为主导的义务教育入学机制。推进北京五中教育集团、北京二中教育集团、北京史家教育集团和北京广渠门中学教育集团4个教育集团建设。加快推进医药卫生体制改革，推进“国家中医药综合改革发展试验区”建设，北京市和平里医院被国家中医药管理局评为三级甲等中西医结合医院。探索并完善“医养融合”新模式，推动隆福医院转型为老年医疗、护理、康复为一体的专科医院。社会治理不断完善深化，出台《东城区关于进一步加强网格化服务管理体系建设创新社会治理体制的意见》和《关于东城区街道网格化服务管理工作体系建设的指导意见》。完善基层社会治理结构，着力推进“全国社区治理和服务创新实验区”建设，圆满完成全区社区两委换届选举工作。

**城市管理精细化水平不断提升。**以“板块式推进，区域连片整治”的模式，大力推进故宫、天坛、北京站等8个重点区域环境提升工程。完成15条大街、100条背街小巷、30个老旧小区、20处校园周边的环境综合整治。建立户外广告信息化管理平台，将全区户外广告和牌匾标识设置实行分级分区管理。在全市率先实施胡同架空线梳理工作试点。开展环保大检查，发现污染源单位及时进行整改。完成2.14万户清洁能源改造，煤炭销售点全部撤销，实现“无煤化”目标。完成了1.4万平方米的明城墙遗址公园东南角绿化工程，建成了免费开放公园。实施道路日常养护4.2万平方米、道路大修11万平方米。开展城市道路公共空间设施专项整治，积极推进停车自治管理和平安大街、祈年大街等停车规范路段整治工作。启动法华寺街搬迁、革新南路征收工作。

**社会持续安全稳定。**圆满完成各项重大政治活动安全维稳和服务保障任务。召开全区行政执法工作会，出台了《加强和改善行政执法工作实施意见》等文件，执法的计划性、规范性、综合性进一步提高。深化信访代理制，着力畅通信访渠道。深入开展安全生产大检查，推进油气输送管道安全隐患整改工作，在从事危险化学品经营、烟花爆竹经营、影剧院经营的企业推进安全生产责任保险试点工作。创新食品药品监管模式，加强食品药品质量监测，严控重大活动与重要节日期间的食品药品安全风险。

一年来，区政府自觉接受区人大法律监督、工作监督，认真接受区政协民主监督，注重听取人大代表、政协委员的意见建议。办理各级人大代表议案、建议208件，办结率99.5%，办理政协委员提案253件，办结率100%。东城区经济运行总体平稳，重点项目推进有力，社会发展良好，但是仍然存在一些问题和困难：非首都功能疏解没有现成经验可以参考，还面临着标准制定、政策支持等诸多难题；人口调控任务艰巨，需要全区上下形成合力，攻坚克难；历史文化名城保护需要探索新方法、新途径，城市更新改造和综合治理的路径仍需深层次探索；居家养老、社区卫生等基本公共服务与群众期望还有较大差距。对于这些困难和问题，我们将高度重视，深入分析原因，采取切实有效的措施，认真加以解决。

## 2016年国民经济和社会发展计划安排

2016年是“十三五”开局之年，东城区将全面贯彻落实党的十八届三中、四中、五中全会和中央经济工作会议、中央城市工作会议精神，深入学习贯彻习近平总书记系列重要讲话精神，按照市委十一届八次、九次全会以及区委十一届十次全会决策部署，适应经济发展新常态，坚持改革开放，坚持稳中求进总基调，立足首都功能核心区职能定位，深入落实京津冀协同发展战略，以有序疏解非首都功能为核心，以城市更新改造为突破口，以提升城市品质、改善民生福祉为目标，加快建设“国际一流的和谐宜居之区”，努力实现“十三五”发展的良好开局。

2016年经济社会发展主要指标建议为：

——地区生产总值（现价）增长6%左右；

——区级一般公共预算收入增长5.5%；

——居民人均可支配收入增长与经济增长同步；

——社会消费品零售额增长4.5%；

——城镇登记失业率控制在2%以内；

——单位地区生产总值能耗降幅达到市级要求。

为确保上述目标的实现，主要做好以下六方面工作：

一、贯彻落实京津冀协同发展国家战略，全面推进非首都功能疏解。

二、以“三大行动计划”为重点，加紧城市更新改造。

三、促进经济提质增效，构建高精尖经济结构。

四、促进文化繁荣，建设首都文化中心区。

五、加强城市精细化管理，建设绿色生态家园。

六、增进人民福祉，构建和谐宜居之区。

# 东城区2015年预算执行情况和2016年预算（草案）的报告

### 2016年1月6日在东城区第十五届人民代表大会第六次会议上

东城区财政局局长　崔燕生

## 2015年预算执行情况

上年是“十二五”规划的收官之年，全区各部门坚决贯彻中央、市、区各项决策部署和区人大及其常委会的各项决议，全面贯彻落实党的十八届三中、四中、五中全会和中央经济工作会议精神，落实京津冀协同发展规划纲要，大力推进非首都功能疏解，适应经济发展新常态，立足发挥好财政的基础性和支撑性作用，财政职能进一步转变，财税改革扎实推进，较好地实现了全年预算目标，圆满完成了“十二五”规划确定的财政目标。

### 一、一般公共预算执行情况

#### （一）一般公共预算收入完成情况

2015年，东城区一般公共预算收入完成1，645，609万元，为年度预算的100%，同比增长5.5%。

增值税完成331，968万元，为年度预算的112.2%，同比增长27.5%。超额完成预算主要是受营业税改征增值税税制改革政策影响，增值税征收范围扩大及社会消费增长带动增收。

营业税完成418，059万元，为年度预算的83%，同比下降14%。未完成预算主要是受营业税改征增值税税制改革政策影响，营业税税基缩减；同时受寿险免税政策影响，退付及免征税款形成减收。

企业所得税完成349，882万元，为年度预算的111.8%，同比增长19.4%。超额完成预算主要是受部分企业股权转让、分红派息等经营活动影响，大额一次性收入带动增收。

城市维护建设税完成128，045万元，为年度预算的95.9%，同比增长2.9%。未完成预算主要是流转税受寿险免税政策影响，整体收入增幅较低。

房产税完成180，999万元，为年度预算的100.6%，同比增长6.1%。超额完成预算主要是房产原值和房租收益增加带动增收。

印花税完成64，506万元，为年度预算的93.6%，同比下降4.6%。未完成预算主要是受印花税征管政策调整影响。

城镇土地使用税完成8，549万元，为年度预算的95%，同比增长0.5%。

土地增值税完成21，839万元，为年度预算的47.5%，同比下降49.9%。未完成预算主要是受一次性大额收入减少影响。

车船税完成21，480万元，为年度预算的82.6%，同比下降11.9%。未完成预算主要是受节能及新能源乘用车车船税优惠政策（财税〔2015〕51号）影响。

资源税完成147万元。此项税收在2015年预算执行中零星入库，年初预算中未安排。

专项收入完成50，418万元，为年度预算的102.7%，

**东城区2014年和2015年财政收入主要税收对比图**

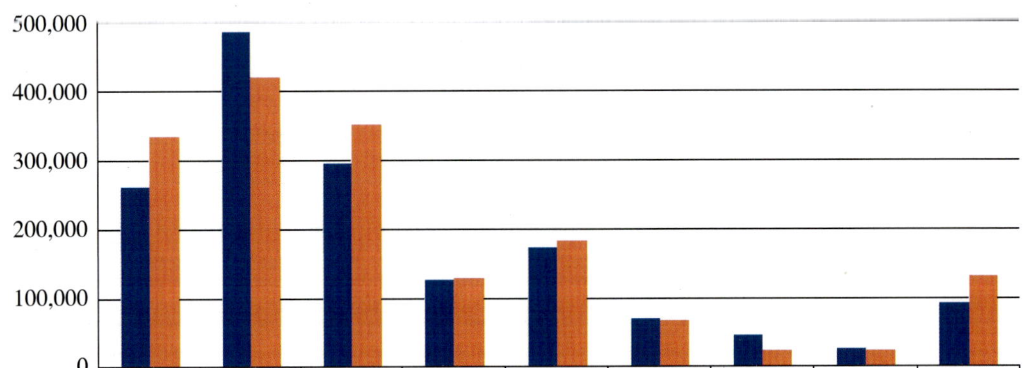


| | 增值税 | 营业税 | 企业所得税 | 城市维护建设税 | 房产税 | 印花税 | 土地增值税 | 车船税 | 其他各项收入 |
|---|---|---|---|---|---|---|---|---|---|
| ■ 2014年决算数（万元） | 260,265 | 485,845 | 293,113 | 124,459 | 170,642 | 67,634 | 43,628 | 24,392 | 89,522 |
| ■ 2015年完成数（万元） | 331,968 | 418,059 | 349,882 | 128,045 | 180,999 | 64,506 | 21,839 | 21,480 | 128,831 |

同比增长60.5%。专项收入主要包括教育费附加收入和残保金收入。其中：教育费附加收入完成32，303万元，同比增长2.9%，主要是增值税收入增幅较高带动增收；残保金收入完成17，979万元，同比增长11.9%，按照财政部规定，自2015年起，残保金自政府性基金预算转列一般公共预算，同时残保金收入增幅较高，导致完成金额超出年初预算。

行政事业性收费收入完成40，347万元，为年度预算的650.8%。超额完成预算主要是加强非税收入征缴管理，以及按照中央及北京市关于盘活存量资金的工作要求，集中上缴历年非税收入结余资金19，253万元，形成一次性大额入库带动增收。

罚没收入完成2，727万元，为年度预算的46.4%。未完成预算主要是受2015年一次性大额罚没收入大幅减少影响。

国有资源（资产）有偿使用收入等其他收入完成26，643万元，为年度预算的336.4%。超额完成预算主要是加强非税收入征缴管理，以及按照中央及北京市关于盘活存量资金的工作要求，集中上缴历年非税收入结余资金15，212万元，形成一次性大额入库带动增收。

（二）一般公共预算支出完成情况

2015年，东城区一般公共预算支出预计2，485，488万元，为调整后年度预算的95.4%，同比增长27.2%。2015年财政支出预算调整变动情况已向东城区第十五届人大常委会第二十七次会议专题报告。

东城区2014年和2015年重点领域财政支出安排情况对比图

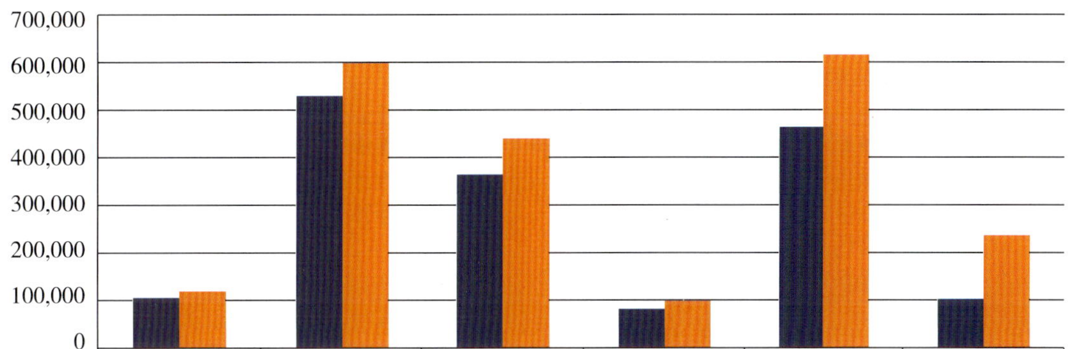


| | 公共安全 | 教科文卫事业投入 | 社会保障和就业 | 节能环保 | 城乡社区事务 | 住房保障支出 |
|---|---|---|---|---|---|---|
| ■ 2014年（万元） | 103,491 | 529,320 | 362,692 | 79,867 | 464,141 | 101,159 |
| ■ 2015年（万元） | 117,263 | 600,896 | 441,220 | 98,075 | 616,624 | 235,452 |

一般公共服务支出预计125，635万元，为年度预算的100%，同比增长11.1%。主要是各政府部门正常运转和加强政府服务支出。

公共安全支出预计117，263万元，为年度预算的100%，同比增长13.3%。主要是以维护稳定和提升应对突发性公共事件为首要任务，加大反恐防暴、消防等资金投入，增强公共安全和社会治安保障能力。

教育支出预计417，059万元，为年度预算的100%，同比增长15%。主要是做好教育改革经费保障工作，促进教育资源均等化发展。

科学技术支出预计14，397万元，为年度预算的100%，同比增长6%。主要是积极推进科技与经济的紧密结合，支持中关村东城园区的扩园建设，搭建高新技术产业管理平台。

文化体育与传媒支出预计52，213万元，为年度预算的100%，同比增长4.2%。主要是保障创建国家公共文化服务体系示范区建设经费足额到位。加强对历史文化名城保护、“戏剧东城”、群众文化活动、特色品牌文化活动、非物质文化遗产保护等工作的经费保障。

社会保障和就业支出预计441，220万元，为年度预算的98.4%，同比增长21.7%。主要是充分发挥政府社会保障职能，提升各类人员社会福利水平。认真落实城市居民最低生活保障、临时救助和城市特困人员医疗救助等各项救助政策，切实保障低收入群众的基本生活。未完成年度预算的原因为当年残保金收入结余。

医疗卫生与计划生育支出预计117，227万元，为年度预算的100%，同比增长13.7%。主要是继续推进社区卫生服务综合改革工作，完善对区属公立医院的补偿机制，促进我区卫生事业健康发展。

节能环保支出预计98，075万元，为年度预算的100%，同比增长22.8%。主要是全面推进“无煤化”工作，努力控制大气污染；落实老旧小区综合整治及既有建筑节能改造工作任务；及时发放居民供热燃料补贴等。

城乡社区事务支出预计616，624万元，为年度预算的95.8%，同比增长32.9%。主要是按照《首都功能核心区基础设施建设和改造提升实施计划（2015-2020年）》，围绕历史风貌保护、棚户区改造等重大建设工程，落实非首都功能疏解任务，高标准完成城市环境综合改造各项工作任务，提升区域景观绿化水平。

农林水事务支出预计1，145万元，为年度预算的

100%，同比增长234.8%。主要是增加落实水务政策资金，拨付水务领域工作经费；拨付危险性林木有害生物防控经费等。

商业服务业等事务支出预计3，617万元，为年度预算的100%，同比增长21.9%。主要是支持规范化社区菜市场建设，提升社区服务水平；加大对重点景区旅游服务业管理力度，扶持东城区特色旅游环境提升改造。

援助其他地区支出预计8，928万元，为年度预算的100%，同比增长9.1%。主要是支援西藏、青海、新疆、内蒙古等贫困地区发展专项资金以及南水北调对口协作资金。

住房保障支出预计235，452万元，为年度预算的100%，同比增长132.8%。主要是落实各项住房保障政策，安排天坛周边简易楼腾退项目及南中轴路周边环境整治项目启动资金，按时归还住房补贴资金本息等。

其他支出预计225，089万元，完成年度预算的72.4%，同比增长39.2%。主要是偿还政府债务本息35，000万元，推动产业结构调整以及兑现“营改增”过渡期扶持资金85，580万元，安排置换存量债务政府债券资金79，000万元等。未完成预算的主要原因：一是部分基本建设等大额专项资金按照工程进度需结转下年继续使用；二是按照养老保险改革等政策要求，预留部分资金用于落实各项新出台政策。

（三）一般公共预算平衡情况

2015年，东城区一般公共预算实现收支平衡，具体平衡情况见下图。

**2015年一般公共预算收支平衡情况图**

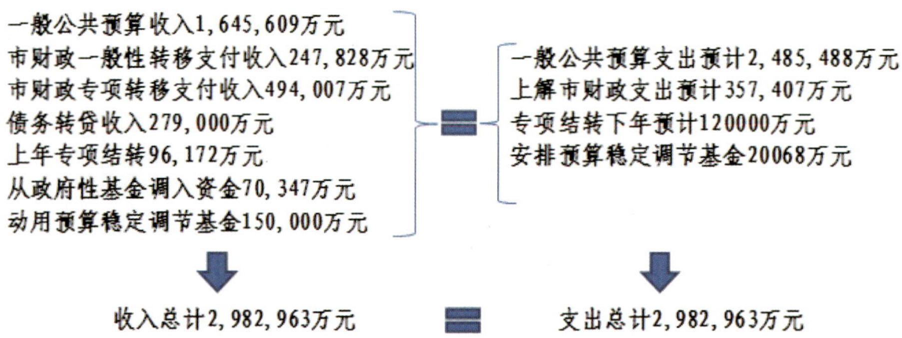


## 二、政府性基金预算执行情况

（一）收入预算执行情况

2015年东城区政府性基金预算收入完成38，303万元，同比增长96.01%。增幅较高主要是市财政调入我区企业土地开发前期成本36，245万元。其中：

国有土地使用权出让收入完成38，000万元，包括市财政调入我区企业土地开发前期成本36，245万元，二手房交易补缴的土地价款1，755万元。

政府住房基金收入完成303万元，主要是我区公共租赁住房、廉租房租户上缴的租金收入。

（二）支出预算执行情况

2015年东城区政府性基金预算支出预计141，267万元，完成预算的79.2%，同比增长40.1%。其中政府住房基金支出5，076万元，主要用于保障性住房补贴政策支出；国有土地使用权出让收入安排的支出130，232万元，主要用于西忠实里棚户区改造以及重点地区道路微循环改造支出；彩票公益金安排的支出5，959万元，主要用于养老助残券结算、公益性体育活动场所对外开放以及开展课外教育活动等支出。

（三）政府性基金预算平衡情况

2015年，东城区政府性基金预算实现收支平衡，具体平衡情况见下图。

**2015年政府性基金预算收支平衡情况图**

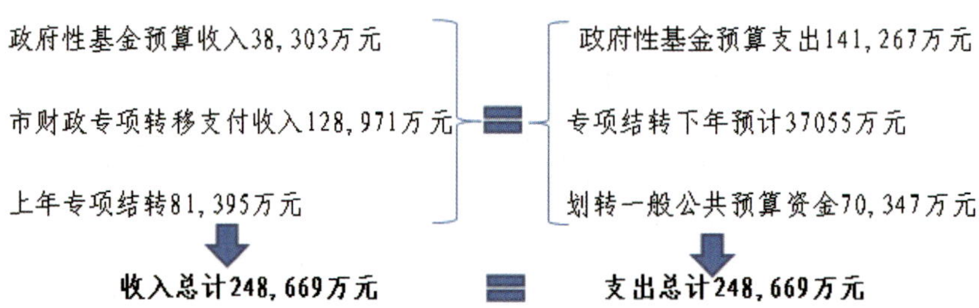

### 三、国有资本经营预算执行情况

1. 收入预算执行情况

2015年东城区国有资本经营预算收入完成2，944万元，为年度预算的101.8%。收入超预算主要是2014年区属国有企业实际利润比年初预计有所增加。

2. 支出预算执行情况

2015年东城区国有资本经营预算支出安排2，882万元，实际支出2，882万元。主要支出方向为：一是经济结构调整支出900万元，支持了天元时尚公司服务小微文创企业的“创意驿站”、东方文化艺术品展示交易平台、北京会馆文化陈列馆、提升“北京礼物”品牌等项目，进一步促进国有资本经营预算调整企业经济结构，提升市场竞争力的作用。二是老字号企业发展支出940万元，支持了恢复庆仁堂药店“东西南北”四家连号、四联美发公司远程监控管理系统升级、珐琅厂景泰蓝APEC国礼、盛锡福帽文化创意产业园等七个项目，提升老字号现代化管理水平，提高了市场占有率。三是解决历史遗留问题支出742万元，用于偿还崇建汇友装饰中心补缴税款的财政借款。四是支持区前门东区“两路三街”绿化整治重点建设项目支出300万元，改善了重点地区的环境面貌。

（三）国有资本经营预算平衡情况

2015年，东城区国有资本经营预算实现收支平衡，具体平衡情况见下图。

鉴于2015年市区财政结算尚未完成，目前列报的财政平衡数字为预计数，待市区财政结算和财政预算执行完成后，将在决算草案中向区人大常委会报告。

**2015年国有资本经营预算收支平衡情况图**

国有资本经营预算收入2,944万元
上年结转197万元
＝
国有资本经营预算支出2,882万元
结转下年260万元

**收入总计3,142万元** ＝ **支出总计3,142万元**

### 四、政府债务情况

根据《国务院关于加强地方政府性债务管理的意见》（国发［2014］43号）规定，经国务院批准，省、自治区、直辖市政府可以适度举借债务，北京市可将其发行的债券下达至各区县使用。2015年北京市下达我区政府债券共计279，000万元。其中置换债券资金79，000万元，用于置换政府负有偿还责任的债务本金；新增债券资金200，000万元用于豆各庄对接安置房建设及天坛周边简易楼腾退工程。

### 五、“十二五”规划完成情况

“十二五”期间，东城区一般公共预算收入由2011年的122.29亿元，增加到2015年的164.56亿元，年均增幅9.9%，实现“十二五”规划确定的“一般公共预算收入年均增长9%”的目标。

“十二五”期间，东城区一般公共预算支出由2011年的135.87亿元，增加到2015年的248.55亿元，平均增幅16.3%，财政支出增幅高于财政收入增幅，较好地促进了我区各项事业的健康发展。

**东城区“十二五”期间财政收支情况图**

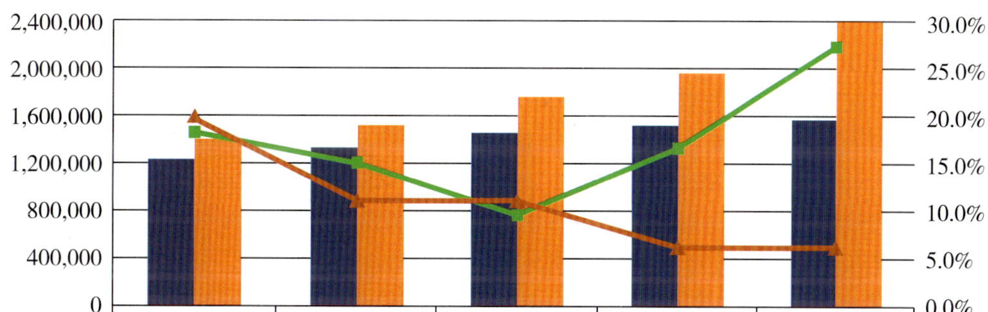


| | 2011年 | 2012年 | 2013年 | 2014年 | 2015年 |
|---|---|---|---|---|---|
| 财政收入（万元） | 1,222,921 | 1,348,382 | 1,471,294 | 1,559,500 | 1,645,609 |
| 财政支出（万元） | 1,358,744 | 1,546,975 | 1,689,572 | 1,953,685 | 2,485,488 |
| 收入同比增幅（%） | 19.0% | 10.3% | 9.1% | 6.0% | 5.5% |
| 支出同比增幅（%） | 17.5% | 13.9% | 9.2% | 15.6% | 27.2 |

“十二五”期间，东城区历史文化名城保护与发展投入由2011年的3.09亿元，增加到2015年的4.91亿元，年均增幅15.7%，实现“十二五”规划确定的“不低于财政收入增长率”的目标。

## 六、落实区人大预算决议情况和2015年预算执行效果

2015年，区政府认真落实区第十五届人大第五次会议的有关决议，按照会议要求，着力研究加强财源建设、优化支出结构、加强财政财务管理等工作，进一步推动我区经济结构转型升级、提高预算执行效率、建立健全监督机制，促进财政工作取得新发展。

### （一）探索创新、增效提质，大力支持区域经济发展

一是围绕产业功能定位，探索创新政府支持区域经济发展方式。探索建立政府产业引导基金，支持符合首都城市功能定位和产业发展政策的中小企业；加大对文化人才和文化创意产业等重点领域深入研究，建立东城人才创新创业引导基金和东城区文化创意产业发展引导基金，发展资本引领下的创新创业和产业集聚模式；充分发挥产业结构调整资金在区域税源建设工作中稳存量、撬增量的积极作用，打造高端产业体系，提升区域经济发展活力。

二是深入开展重点企业走访，畅通政企联络沟通机制，对驻区企业开展政策辅导，提供资源服务；积极统筹财政资金，促进企业转型升级、结构调整，加快企业发展；加强与政府相关职能部门的沟通与联系，形成对企扶持服务合力，推进政企合作，实现互利共赢。

三是依法加强征收管理、稽查检查工作力度，确保各项税收和非税收入依法入库，保障财政收入平稳增长；加强对经济运行情况和财政收入状况的监测分析，提高数据信息分析质量，准确把握财政收入增减变化情况，确保财政收入预算有序执行。

四是推进非税收入收缴改革，完善非税收入收缴管理信息系统功能，调研非税收入电子收缴管理，有效提升收缴效率，保证非税收入及时足额入库。

### （二）保障民生、推进疏解，加快新型城市建设进程

一是全面落实社保惠民政策，提高居民生活质量。引导和支持社会力量兴办养老服务设施，大力推进养老照料中心建设。推动就业再就业服务平台建设，确保“零就业家庭”保持动态为零。加强残疾人温馨家园特色服务平台建设，提高残疾人生活质量。发放低保、抚恤、社会救助等专项资金，有效解决弱势群体生活困难。全年社会保障类财政投入预计达到489，527万元，同比增长18.5%。

二是加大资金统筹调整力度，推进各项公共事业发展。进一步推进以“学区制”为核心的教育综合改革，深化“学院制”素质教育人才培养模式，提升学生人文素养，促进学生全面发展。深化卫生体制改革，加快推进社区卫生服务机构标准化建设，加强人才引进和培养，创新健康管理服务模式，探索社会力量参与服务，提高社区卫生服务水平。推进全民健身服务全覆盖，组织实施24个“奥林匹克·体育生活化”社区建设，实施“书香东城”数字化工程，打造北京戏剧演艺原创基地，高标准创建国家公共文化服务体系示范区。全年对各项重点事业财政投入预计达到552，589万元，同比增长12.8%。

三是突出对治理“城市病”的资金投入，加大非首都功能疏解力度。完成东城区住宅发展中心转企改制工作，保证对接安置房的建设进度。加大环境整治资金投入，针对各类脏乱差地区进行常态化管理，重点解决背街小巷、老旧小区、人流密集区环境秩序问题。加快推进基础设施建设工程，增加停车位资源，缓解停车难。继续推进无煤化工程。加大环卫基础设施建设与改造，推行垃圾不落地管理方式。保障我区绿化美化和生态环境建设资金，提升东城绿化美化工作水平。全年城市建设及环境保护财政投入预计达到846，076万元，同比增长38.3%。

四是完善政法经费保障机制，维护城市安全稳定。加大对反恐防暴、执勤执法经费、缉毒经费和警务图像信息系统投入力度，提高业务装备配备保障水平，提升应对突发事件能力，深入推进“平安东城”建设。大力开展普法宣传教育，落实“六五”普法工作目标，开展社区矫正、安置帮教和法律援助等工作。建立消防安全新体系，推进消防管理进网格，筑牢消防安全工作“防火墙”。全年公共安全财政投入预计达到120，646万元，同比增长13.1%。

### （三）多方筹资、盘活存量，提升政府资源统筹能力

一是充分运用市区财政体制，积极争取市级资金，保障我区重点工程资金需求。全年共争取市级一般转移支付和专项转移支付资金达到87亿元，主要用于豆各庄对接安置房建设、天坛周边简易楼腾退、西忠实里环境整治等项目，促进了全区重大建设项目的顺利开展。

二是全面推进盘活存量资金工作。按照国务院、财政部文件及北京市政府、市财政局的要求，区财政积极开展存量资金清理工作。先后4次下发文件，严格落实上级工作要求，分类布置、逐项梳理，确保做到各类存量资金“应收尽收”。全年共清理各类存量资金上万笔，预计收回各部门存量资金达到14亿元。收回的存量资金主要用于我区重大建设项目以及落实养老保险制度改革等重点支出。

三是加强财政借款清理。按照“谁借款、谁还款”、“谁签订协议、谁负责催缴”的原则，核实清理各项对外借款，确保主体责任清晰。针对不同的借款单位以及借款性质，分类处理，强化财政借款催缴工作力度。2015年，区财政部门共处理对外借款资金30亿元。

四是完善社会资本投资机制。依托创新政府资金投入机制，充分发挥政府资金的引导放大作用。积极研究政府和社会资本合作的PPP模式，结合我区各项事业发展实际情况，选取平房院落改造、东四三至八条改造等重点项目进行详细调研论证。

（四）完善机制、推进改革，规范预算监督管理手段

一是深化预算管理体制改革。完善政府预算体系，加大政府性基金预算、国有资本经营预算与一般公共预算的统筹力度；健全预算标准体系，充分发挥预算支出标准在预算编制和管理中的支撑作用。制定《行政事业单位内部控制规范（试行）》，规范预算管理行为，提高预算管理水平，选取12家单位开展内控制度试点。落实办公设备配置标准和固定资产最低使用年限标准规定，推进资产管理与预算管理相结合。

二是推进区街财政管理体制改革。适应东城区经济社会发展要求，结合新预算法的出台，对东城区区街财政管理体制进行完善，提高保障水平，强化预算约束，加强资金管理。

三是推进国库集中支付改革。对国有资本经营预算资金实行财政直接支付，扩大国库集中支付改革资金的覆盖范围。继续深化公务卡制度改革，加强对公务卡使用管理的督导力度，通过公务卡制度改革，促进各单位加强现金支出管理，研究制定《东城区预算单位现金提取和使用管理办法》，严格预算单位的现金使用，规范公务支出管理。

四是完善预算执行动态监控体系。梳理监控规则，完善监控系统，强化财政资金事前审核、事中监控、事后核查，全程监控财政资金支付活动。重点监控公务接待费、差旅费、公务用车购置及运行费、会议费、培训费等经费支出，加强对单位现金支出和备用金提取的管理和预警，对发现的问题及时进行分析处理，防范财政资金安全风险。

五是完善预算绩效管理机制。按照财政部和北京市对绩效评价工作的要求，不断加大工作力度、拓展评价范围、创新评价方法，逐步构建“预算编制有目标、预算执行有监控、预算完成有评价、评价结果有反馈、反馈结果有应用”的全过程预算绩效管理体系。2015年，选取“智慧东城”“旅游发展”和“东城区奥林匹克—体育生活化社区建设一期工程”3个项目，进行大额专项资金重点绩效评价项目，涉及预算资金2.65亿元。选取42个预算单位49个财政预算资金项目作为事后绩效评价项目，涉及预算资金3.03亿元。选取区财政局“开展财政管理服务和检查评价工作”项目作为事后绩效评价项目，体现出“严绩效先严自身”的绩效理念。

六是深化国有资本经营预算管理改革。修订《东城区国有资本经营预算管理暂行办法》，组织批复2015年国有资本经营预算。2015年国有资本经营预算首次提交区人大审批，也是首次按照新修订的《预算法》批复预算。2015年批复收入预算2，893万元，支出预算2，882万元，预算批复率100%。

七是完善预算监督机制。不断强化财政监督职能，对全区17个街道办事处2012年至2014年社区办公用房、文化活动用房租金使用情况，以及其他财政专项资金使用情况进行全面检查。建立财政资金联网审计机制，做到主动、自觉接受监督。优化和完善政府采购电子竞价系统，扩大竞价范围，提高政府采购监管水平。借助中介机构和各行业专家力量，大力推进绩效评价和项目评审工作，提高财政监管的专业化水平。充分发挥人大的监督作用，2015年共有17名人大代表参与21个项目的事后绩效评价工作，涉及资金1.55亿元。

八是推进预算信息公开。2015年预算信息公开工作在公开时间、渠道和内容上更加统一，项目名称和财务数据更加准确，全区预算公开工作整体效果良好，与上年相比实现了三方面突破。一是将公安、检察院、法院、妇联、团委、工商联6家单位纳入预算公开范围，全区预算公开单位达到70家，实现了除涉密机构外，政府部门、群团组织、检法部门的预算全部公开；二是首次公开基本支出经济分类预算，70家预算单位全部实现了经济分类列示到类级科目公开；三是在去年21家试点单位的基础上，70家预算单位全部实现了功能分类细化至项级科目公开，进一步拓展了预算信息公开深度。

面对经济社会发展的新常态，面对东城区城市更新改造的快速推进，财政工作仍面临一些困难和挑战。一是随着京津冀协同发展和非首都功能疏解的推进，需要深入研究新形势下促进东城区经济发展的创新思路。二是面对城市更新改造工作的巨大资金需求，需要研究利用多元市场化融资模式推进城市建设和管理。三是财政管理和财政改革需要进一步推进，财政资金使用效益需要进一步提高。

## 2016年预算草案

### 一、财政收支工作面临的形势

2016年，从收入形势看，区域财政经济发展面临新机遇，呈现新亮点。一是十八届五中全会做出“十三五”规划重大部署，将进一步释放市场活力，促进宏观经济长期向好发展；二是近年来，在全区各部门的共同努力下，东城区产业结构转型升级稳步推进，税源建设联动机制逐步完善，将对保障企业良性发展、促进区域经济质量效益产生实效。

但同时，2016年区级财政收入仍面临诸多困难与挑战。一是全球经济仍面临动荡态势，外部需求面临诸多不稳定、不确定的因素，区域经济面临的外部风险尚未减弱；二是我区受地域条件限制，房地产等传统支柱产业受地域条件限制发展不可持续，而文化、体育、中医药等新兴产业尚处于培育期，增长势头较好，但税收占比不大，对财政收入的拉动作用有限；三是随着财税体制改革不断向纵深推进，税制改革调整将进一步影响区级财政收入的稳定性；四是为切实做好非首都功能疏解工作，我区制定了《东城区产业指导目录》，在有序疏解我区非首都功

能、构建“高精尖”产业结构的同时，短期内可能对我区住宿和餐饮业、商业等传统行业形成一定减收影响。

从支出形势看，一方面完成东城区三大行动计划资金需求量巨大，全区重大建设项目不断推进，棚户区改造、简易楼改造、平房院落修缮、老城区基础设施建设等需要政府投入大量资金；另一方面非首都功能疏解、提升生活性服务业水平等支出日益增加。面对巨大的财政支出压力，区财政将进一步加大资金统筹力度，优化财政支出结构，推进财政体制改革，创新理财观念，提高财政资金使用效益。

2016年，区级财政收支矛盾相当尖锐，全年财政平衡面临严峻考验。

## 二、2016年预算安排的指导思想及总体安排原则

按照中央和北京市关于2016年预算编制工作总体要求，结合全市以及东城区经济社会发展和财政工作面临的新形势，确定我区2016年预算草案编制的指导思想是：以落实新修订的《中华人民共和国预算法》为契机，科学调整预算管理方式；坚持厉行节约长效机制，清理盘活财政存量资金；贯彻《京津冀协同发展规划纲要》要求，有序疏解非首都功能；深化各项财政改革，强化预算执行监督，推进预决算信息公开工作。

根据上述指导思想，综合考虑2016年经济社会发展和财政管理面临的各方面因素，全年收支按照围绕中心、突出重点、收支平衡、留有余地的原则安排。

## 三、一般公共预算安排情况

### （一）一般公共预算收入安排情况

2016年区一般公共预算收入安排1，736，200万元，比上年增长5.5%。

**东城区2015年和2016年财政收入主要税种对比图**

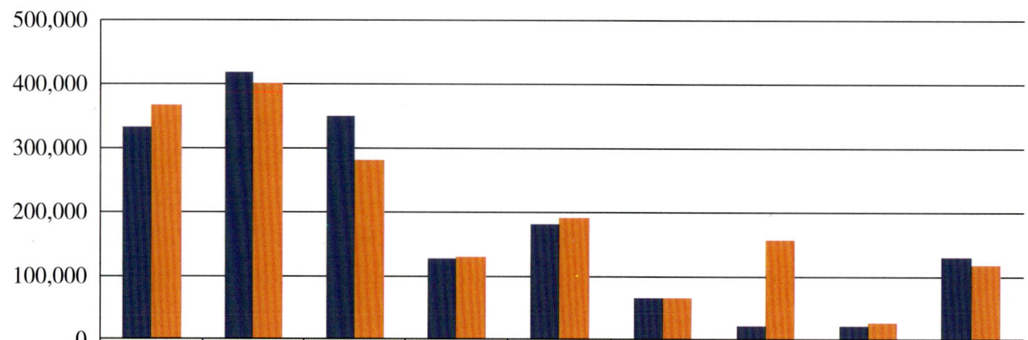


| | 增值税 | 营业税 | 企业所得税 | 城市维护建设税 | 房产税 | 印花税 | 土地税 | 车船税 | 其他各项收入 |
|---|---|---|---|---|---|---|---|---|---|
| 2015年完成数（万元） | 331,968 | 418,059 | 349,882 | 128,045 | 180,999 | 64,506 | 21,839 | 21,480 | 128,831 |
| 2016年预算数（万元） | 368,500 | 401,500 | 281,500 | 128,600 | 190,200 | 66,000 | 156,100 | 26,000 | 117,800 |

增值税安排368，500万元，增长11%。主要是随着营业税改征增值税税制改革的推进，增值税税基将进一步扩大，形成同比净增收；同时考虑近年来全区社会消费品零售额、居民人均可支配收入和消费型支出保持平稳增长，消费市场活跃等增收因素。

营业税安排401，500万元，下降4 %。主要是考虑营业税改征增值税税制改革缩减营业税税基形成减收。

企业所得税安排281，500万元，下降19.5%。主要是考虑上年大额一次性入库形成较高基数影响。

城市维护建设税安排128，600万元，与去年基本持平。主要是参考近年收入情况，同时考虑营业税改征增值税税制改革进一步扩围，影响城市维护建设税计税税基总体增幅等因素。

房产税安排190，200万元，增长5.1%。主要是参考近年收入情况，考虑区内各类经营用房房产原值、租金收入平稳增加等增收因素。

土地增值税安排156，100万元，增长614.8%。主要是预计部分房地产企业项目清算入库大额税款带动增收。

专项收入安排50，420万元，与去年持平。

### （二）一般公共预算支出安排情况

2016年区一般公共预算支出安排1，984，561万元，同比增长4.0%。其中：区级财力安排1，660，000万元，市财政提前下达专项转移支付204，561万元，上年专项结转120，000万元。主要支出功能分类预算安排如下。

一般公共服务支出安排137，992万元，同比增长16.3%。主要是落实行政事业单位养老保险改革政策，保障政府部门正常运转支出。增幅较高的原因主要是市财政提前下达专项转移支付规模较大。

公共安全支出安排123，452万元，同比增长17.4%。主要是继续加大对提升反恐防暴能力的经费投入，重点提高公共安全突发事件的应对能力。加大对消防建设的宣传力度，提高防火安全意识。

教育支出安排451，694万元，同比增长13.6%。主要是保障教育改革经费，支持教育资源均衡发展，优化教育

**东城区2015年和2016年重点领域财政支出安排情况对比图**

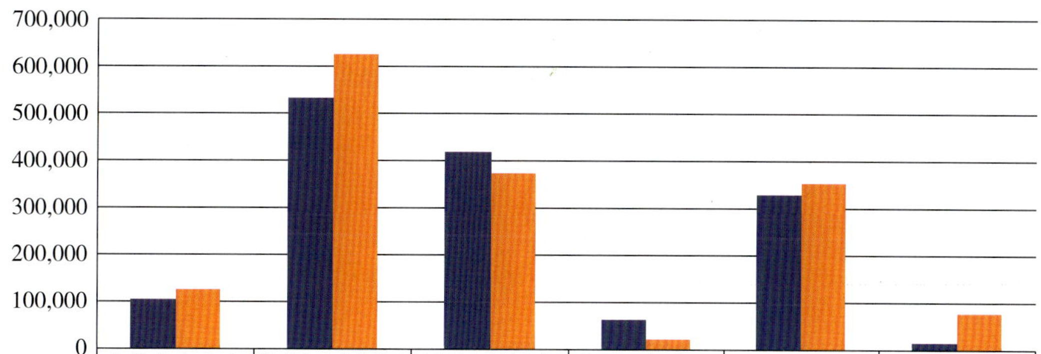


| | 公共安全支出 | 教科文卫事业投入 | 社会保障和就业支出 | 节能环保支出 | 城乡社区支出 | 住房保障支出 |
|---|---|---|---|---|---|---|
| ■ 2015年年初预算（万元） | 105,122 | 532,594 | 419,401 | 62,773 | 328,188 | 15,586 |
| ■ 2016年年初预算（万元） | 123,452 | 625,594 | 374,767 | 22,288 | 354,176 | 75,971 |

结构，合理配置教育资源。

科学技术支出安排15，661万元，同比增长3.3%。主要是加大政府引导科技创新力度，提升科技创新服务能力建设；落实全民科学素质纲要，支持开展科普宣传活动。

文化体育与传媒支出安排58，313万元，同比增长36.6%。主要是积极开展基层文化活动，丰富群众业余生活；有效整合资源，实现文化信息资源共享；增强优势资源内生动力，打造高端戏剧产业；依托体育生活化社区建设，带动群众体育事业发展。增幅较高的原因主要是为丰富全区人民群众文化生活安排区文化中心及剧场改造经费，以及市财政提前下达专项转移支付规模较大。

社会保障和就业支出安排374，767万元，同比下降10.6%。下降较多主要是行政事业单位养老保险制度改革后，退休人员经费改由养老保险基金支付，部分支出不在本科目反映。主要用于退役安置、残疾人事业、困难群体接济救助；支持居家养老服务工作，增加养老助残服务事业发展资金规模；支持就业促进政策实施。

医疗卫生与计划生育支出安排99，926万元，同比增长29.1%。主要是加快推进基本医疗保障制度建设，健全基层医疗卫生服务体系，促进基本公共卫生服务均等化。增幅较高的原因主要是安排区属医院抗震加固项目等。

节能环保支出安排22，288万元，同比下降64.5%。主要是继续贯彻落实绿色东城行动计划，确保大气污染防治工作取得实效。下降较多主要是“无煤化”工作在2015年完成，当年支出金额较大，2016年只安排部分尾款。

城乡社区事务支出安排354，176万元，同比增长7.9%。主要是加大对城市基础设施改造投入，完善城市管理制度和管理标准，建立责任明晰的城市综合管理责任体系；完善“网格化”管理制度，积极探索新型城市治理模式。

农林水支出安排1，160万元，同比增长427.3%。主要是落实北京市林业区域整合项目资金。

资源勘探电力信息等支出安排4，696万元，同比下降21.4%。主要是开展安全生产标准化达标创建工作，支持安全社区体验基地建设。

商业服务业等支出安排2，210万元，同比下降58.6%。主要是继续加大旅游宣传力度，推动旅游公共服务建设。降幅较大的原因主要是市财政提前下达专项转移支付减少较多。

援助其他地区支出安排10，155万元，同比增长26.9%。主要是援助新疆、西藏、青海、内蒙古地区，以及新增南水北调对口协作资金。

住房保障支出安排75，971万元，同比增长387.4%。主要是增加棚户区改造、平房修缮等保障民生类的重大工程资金投入，同时做好直管公房修缮、电梯更新维护等重点工作。

粮油物资储备管理事务支出安排1，845万元，同比下降20.4%。主要是市财政统一调整全市粮食风险基金计算方法，导致上缴粮食风险基金规模有所下降。

预备费安排20，000万元，同比下降33.3%。预备费规模为当年区级一般公共预算支出1.2%，符合新《预算法》的有关规定。

其他支出安排227，575万元，同比下降16.1%。主要是安排基本建设经费40，000万元，保障全区重点建设项目资金需要；安排产业结构调整专项资金65，000万元，进一步优化区域经济发展环境；安排“营改增”专项扶持资金36375万元，确保落实电信行业扶持政策；安排预留完善区街财政体制财力5，000万元，用于补充街道事业发展经费；安排应急反应机制保障、为民办实事及提案议案办理工作专项经费4，000万元，确保应对突发事件以及积极落实人大代表政协委员提案议案工作的财力保障；安排人才建设专项基金3000万元，用于保障引进高端人才专项工作经费足额到位。

上解市财政支出366，750万元，其中正常体制上解和专项上解资金355，750万元，新增地方政府债券付息支出11，000万元，用于偿还我区27.9亿元地方政府债券利息。

（三）“三公经费”预算安排情况

经汇总，2016年区级党政机关事业单位“三公经费”预算安排8，468万元，同比下降17.5%。其中：因公出国（境）预算安排1，344万元，同比下降5.8%，主要是继续强化因公出国（境）管理，严格控制出国天数及人数；公务接待费预算安排333万元，同比下降19.8%，主要是贯彻落实中央和北京市关于公务接待的相关规定，规范公务接待范围和标准；环卫系统作业车辆购置预算安排1，000万元，同比增长11.1 %，一般公务用车实行“零更新、零购置”；公务用车运行维护费5，791万元，同比下降23.0%，主要是落实公车改革后一般公务用车数量大幅下降。

4．一般公共预算收支平衡情况

2016年，东城区一般公共预算实现收支平衡，具体平衡情况见下图。

**2016年一般公共预算收支平衡情况图**

一般公共预算收入1,736,200万元
市财政一般性转移支付收入260,000万元
市财政专项转移支付预计204,561万元
上年专项结转预计12,0000万元
从国有资本经营预算调入资金550万元
动用预算稳定调节基金30,000万元

＝

一般公共预算支出1,984,561万元
上解市财政支出预计366,750万元

收入总计2,351,311万元 ＝ 支出总计2,351,311万元

## 四、政府性基金预算安排情况

（一）政府性基金预算收入安排情况

政府性基金预算收入安排2，830万元，主要是二手房交易补缴的土地价款收入。

（二）政府性基金预算支出安排情况

2016年，政府性基金预算支出安排45，939万元。主要是区国有土地使用权出让金收入2，830万元；市财政专项转移支付彩票公益金项目6，054万元；上年专项结转安排的城市建设专项资金37，055万元，其中需返还企业土地开发前期成本36，245万元。

（三）政府性基金预算收支平衡情况

2016年，东城区政府性基金预算实现收支平衡，具体平衡情况见下图。

**2016年政府性基金预算收支平衡情况图**

政府性基金预算收入2,830万元
市财政专项转移支付收入6,054万元
上年专项结转预计37,055万元

＝

政府性基金预算支出45,939万元

收入总计45,939万元 ＝ 支出总计45,939万元

## 五、国有资本经营预算安排情况

（一）国有资本经营预算收入安排情况

2016年国有资本经营预算收入安排2，633万元，主要是区国资委直接监管的5家总公司预计应上缴的利润收入。其中：贸易企业利润收入840万元；投资服务企业利润收入1，793万元。此外，上年结转收入260万元。2016年国有资本经营预算收入总计2，893万元。

（二）国有资本经营预算支出安排情况

2016年安排国有资本经营预算支出2，257万元，包括：解决历史遗留问题支出854万元，占总支出的37.8%；改革成本支出安排403万元，占总支出的17.9%；国有企业资本金注入1，000万元，占总支出的44.3%。

（三）国有资本经营预算收支平衡情况

2016年，东城区国有资本经营预算实现收支平衡，具体平衡情况见下图。

**2016年国有资本经营预算收支平衡情况图**

国有资本经营预算收入2,633万元
上年结转260万元

＝

国有资本经营预算支出2,257万元
划转一般公共预算550万元
结转下年预计86万元

收入总计2,893万元 ＝ 支出总计2,893万元

## 深化财税体制改革，促进各项事业发展，确保实现2016年预算目标

### 一、通过改革创新和提高服务促进经济转型升级

一是优化发展环境，提升区域核心竞争力。

二是加强财源建设，推进经济结构转型升级。

三是夯实各项收入管理基础工作。

### 二、构建各项事业支出的分类保障体系

一是实现民生支出应保尽保。

二是全力保障重点建设经费。

三是创新城市管理运行机制。

四是发挥公共事业资源优势。

五是重点保障安全维稳经费。

六是严格压缩行政运行经费。

### 三、构建市场化的政府投融资机制

一是建立完整有序的政府债务管理机制。

二是结合事业发展需求适当举借债务。

三是研究引进社会资本参与东城区建设。

### 四、建立科学规范的预算管理模式

一是进一步提高预算编制的完整性、科学性和规范性。

二是进一步提高国库管理的安全性、高效性和便捷性。

三是进一步深化绩效管理的前瞻性、科学性和效益性。

四是继续提升资产管理的精细化、标准化和规范化。

五是进一步强化国有资本的约束力、控制力和执行力。

六是进一步构建监督机制的多角度、全过程和全覆盖。

七是进一步推进信息公开的精细化、规范化和法制化。

# 东城区人民法院工作报告

2016年1月7日在东城区第十五届人民代表大会第六次会议上

东城区人民法院院长 赵 军

## 2015年主要工作

### 一、坚持公正司法，全力服务发展

认真落实立案登记制改革，解决“立案难”问题。2015年，我院新收案件30019件，同比增长22.6%，全院干警加班加点，忘我奉献，审结案件28651件，同比增长25.5%，收结案数均创历史之最。

**（一）依法审判刑事犯罪，保障社会安全。**审结刑事案件1215件，判处罪犯1504人。一是严惩危害首都安全稳定和社会公共秩序犯罪。重点打击在敏感地区寻衅滋事、贩卖毒品、妨害公务等严重犯罪，严厉打击非法集资、非法吸收公众存款、网络电信诈骗等侵财犯罪，加强对非法获取计算机信息系统数据、精神疾病患者强制医疗程序等新类型案件的研究和审理，努力提升群众的安全感。二是落实“以审判为中心”的诉讼理念，加强与“公、检”机关的配合，从严审查证据，严格证明标准，严守防范冤假错案的底线；落实刑事速裁程序改革试点要求，审结案件258件。三是公开审理陈祖明容留他人吸毒案、郭美美开设赌场案、“二环十三郎”危险驾驶案等社会广泛关注的案件，引导社会公众增强守法意识，取得良好法律效果和社会效果。四是加强对未成年被告人特殊权利的保护，落实庭前社会调查、判后心理疏导、犯罪记录封存等制度，帮助失足青少年回归社会、改过自新。

**（二）加强民事纠纷化解，维护社会和谐稳定。**完善

案件繁简分流工作机制，做到繁案精审、简案快审，努力提高审判质效。审结民事案件11575件，同比上升16.2%。一是服务全区重点工作。妥善审理涉及万朋小商品城市场、天乐玩具城、国瑞城集团诉讼案件，为推进非首都功能疏解和城市更新改造等全区重点工作提供司法保障。二是加强矛盾化解。在审理房屋买卖、房屋租赁、婚姻家庭、邻里关系、交通肇事和医疗纠纷等案件过程中，加强调解和裁判说理，注重依法依规、深入细致和入情入理的工作，努力做到案结事了或让当事人服判息诉。全年调解和撤诉率为59.5%，服判息诉率为86.6%。三是妥善审理涉众型和敏感型案件。注意加强与相关部门的协调和配合，坚持依法依规，件件妥善处理，取得了良好效果。审结凌志时装、三辰商贸等涉众型劳动争议案件，保护劳动者合法权益，维护社会和谐稳定。四是加大对虚假诉讼和暴力拒收传票、扰乱法庭秩序等妨害民事诉讼行为的处罚力度，采取罚款、拘留等强制措施，维护法律和司法权威。

（三）积极应对商事案件激增态势，维护健康经济秩序。商事案件收案6528件，同比增长70.4%，结案6053件，同比增长92.3 %。高效审理大量民间借贷、金融借款、信用卡纠纷等案件。审慎甄别涉嫌非法集资、非法吸收公众存款的案件，对发现刑事犯罪线索的，依法移送公安机关立案侦查。审慎审理涉众型理财投资类、证券权益类案件，积极维护金融安全和市场秩序。加强对股权典当、股票回购、公司章程撤销、保理业务、涉外商事合同等新类型案件的研究和审理，为新兴市场领域提供裁判指引。

（四）加强知识产权审判，促进创新驱动发展。市高级法院指定我院审理涉及通州区的知识产权案件，加之新民事诉讼法司法解释对案件管辖作出的新规定，我院新收知识产权案件1152件，同比增加57%；审结1082件，同比上升61.7%。积极应对辖区信息网络传播权纠纷案件快速增长的变化，探索多元化解决纠纷的渠道。到文创产业聚集街区进行普法宣传，增强公众的知识产权保护意识，助力东城区文创产业健康发展。编制发布《知识产权司法保护年度报告》，充分发挥知识产权审判的引领和导向作用，为推动辖区知识产权保护提供有益参考。

（五）监督依法行政，促进法治东城建设。审结行政诉讼案件901件、行政非诉执行案件147件，共计1048件，同比上升18.7%。一是落实《行政诉讼法》修改后的新要求，加强调解，努力化解行政争议；全年原告撤诉案件205件，同比增加138.4%。落实新设立的“双被告”诉讼制度，承办市高级法院和市政府法制办联合举办的“双被告”案件庭审观摩及情况通报会，发挥了积极的示范宣传作用。继续推进行政机关负责人出庭应诉，应诉机关和人数比去年增加近一倍，改善了政府形象，促进了官民矛盾的化解。二是成立专门合议庭，依法高效审理西河沿拆迁案件，配合和推进市区重点工作。三是发挥依法行政教育基地的作用，先后组织900余名市区干部旁听行政案件审理，促进行政机关依法行政意识和能力的提升。

（六）加大执行力度，破解“执行难”。执结案件7339件，同比增长25.3%；执结标的金额29.9亿元，同比增长26.7%。一是加大对规避执行行为的打击和威慑力度，对“老赖”果断采取强制措施，拘留84人次，同比增长147.1%，公布拒执人名单1080人次，同比增长177.9%。扎实开展“集中打击拒不执行判决、裁定等犯罪行为”专项行动，判处李某拒不执行判决、裁定罪成为全市法院专项行动中的首例判罚，并入选全国法院典型案例。二是全力保障我区重点工程和重点工作推进。在相关部门的支持和配合下，依法采取强制执行措施，强制执行23起房屋拆迁案件，促进我区危改项目拆迁腾退工作取得重大突破性进展。积极配合我区群租房及地下空间综合整治工作，平稳执结涉及群租房腾退的案件。三是整合优化资源。组建起以主执行官为统领的执行团队，细化工作分工，简化审批流程，提高工作效率。投入大量资金加强执行装备的升级换代，发挥执行指挥中心和信息化手段的作用，通过集约化、信息化的方式执行，提升整体执行质效。将原由审判庭负责的财产保全工作全部移交给执行局组织实施，更有利于及时保全，保障判决执行。我院执行二庭被评为北京市人民满意政法单位。

## 二、落实司法改革，提升司法公信力

落实司法改革要求是首要的政治任务。我院高标准、严要求，以问题为导向，扎实推进立案登记制改革，审判权运行机制改革，审判管理监督机制改革和人民陪审员制度改革。

（一）依法公开立案，解决群众“告状难”。严格落实立案登记制改革的各项要求，切实保护当事人的诉权，对符合法定条件的起诉，做到有案必立、有诉必理；对起诉内容欠缺或有错误的，给予一次性告知补正。同时，为方便当事人立案，我院推行立案“一站式”服务；编印了“立案公开”系列宣传材料38种，整齐放置立案大厅，免费提供给群众阅览；在立案大厅增设“导诉法官”，指导当事人填写诉讼材料，减少当事人的立案时间。充分利用互联网技术，提供网上预约立案服务，立案审查670件，努力实现“让信息勤跑腿，让当事人更方便”的工作目标。落实全市法院物业纠纷委托调解试点工作任务，加大立案阶段委托调解工作力度，诉前调解结案266件；加强人民调解协议司法确认工作，确认人民调解协议171件，努力开创社会矛盾化解新局面。最高法院副院长景汉朝、原市委政法委书记杨晓超等领导相继来院视察和抽查立案登记制改革准备和实施情况，均给予充分肯定。

（二）完善审判权运行机制，规范审判权行使。主要开展了三项工作。一是组建审判团队，实行主审法官负责制。选任主审法官，并为主审法官组建了人员固定的合议庭。合议庭法官审理案件实行主审法官负责制。按照明晰权责、分权制约、规范有序的改革要求，出台了《合议庭工作规则（试行）》。二是缩减院、庭长的权力，将审判权还给法官。出台了《院、庭长监督指导审理案件规定（试行）》，具体列明了院、庭长的权力清单，明确了行使权力的方式，努力落实“让审理者裁判、由裁判者负责”的改革要求，努力去除司法管理和运行的行政化。三是过问案件必须全程留痕，防止“关系案、人情案、金钱案”发生，努力给法官创造公正执法的良好环境和氛围。出台《过问案件卷宗留痕的工作办法（试行）》，与去年出台的《严禁插手过问他人办理案件的规定（试行）》共同构成了防止内部人员干预和干扰审判的屏障，为落实中央关于严禁领导干部干预、插手和内部人员过问案件的规定，阻却“三案”发生，创造了条件。

（三）完善审判管理监督机制，提高审判质效。放权不能放责任，审判管理监督工作必须同步跟上和加强。一是加强目标管理和考核。发布审判质效考核目标，标准更高、考核更严、责任更实。加强动态管理，分析通报到庭到人，督促目标落实。干警责任心强，努力实现目标，在全市法院审判质效综合指数考核中，我院在城区6个基层法院中排名第一，发回改判案件总数同比下降17.6%。二是加强案件评查和定责。将过去由评查办一家评查改为由评查办牵头、多部门评查，使评查管理监督工作格局更加全面立体。将过去仅对突出问题评查改为对案件“全面体检”，使评查管理监督工作更加深入。将过去由评查办定错定责升级为由审判委员会定错定责，使定错定责结果更具有权威性。最后，将评查定错定责结果及情况分析在全院进行通报，大力发挥指导、提示和警示的作用，并作为考核法官的依据。三是加强对案件审理期限监督和审理进程管理。坚持案件延长审理期限由审判委员会把关审批的制度，严格监控案件审限的合规性，避免不当超审限案件发生。继续清理积案492件，清理率达83.4%，同比上升14.6%。我院清理积案工作成效显著，工作机制被市高级法院采用推广。

（四）落实陪审员制度改革，让更多群众参与和监督司法。早在2013年，我院被最高法院确定为全国首批19家改革试点法院之一。去年，我院又被最高法院确定为全国50家试点法院之一，还被安排在全国陪审员制度改革试点工作动员部署会议上作陪审员深度参审的经验介绍，标志此项工作走在了全国法院的前列。前不久，在区人大常委会、司法局和各街道的大力支持下，通过在全区各社区随机抽选、资格审查，并经区人大常委会任命，顺利选任出新一届468名陪审员，为下一步全面落实陪审员制度改革奠定了基础。目前，我院已经完成陪审员任前宣誓和培训工作，制定了新的《陪审员参审办法》和《陪审员管理办法》，即将组织实施。

### 三、坚持便民利民，满足群众司法需求

我院坚持以群众需求为导向，不断改善诉讼接待和立案服务水平，深化司法公开，为群众提供更加丰富细致的诉讼服务。

（一）完善服务，让当事人来院“打官司”更加便利。经过一年多的改造和完善，我院北区立案和诉讼服务设施、环境和功能全面升级，呈现出地方不大、功能紧凑、使用人性和便利诉讼的特点，受到来院群众的普遍赞许。进一步丰富24小时诉讼服务便民亭信息自助查询功能，为当事人提供更多服务。加装律师安检认证设备，方便律师快速进入法院。诉讼服务部门提前上班，减少当事人排队等候时间。在窗口增添文字标识，方便群众办理相关手续。编制“如何打官司”系列宣传材料16种，免费提供给来院群众。主动与区政府沟通，在区政府“数字东城”网上专设“诉讼须知”栏目，告知群众如何来院“打官司”，把诉讼服务通过网络送进千家万户。更新和重新布局立案大厅服务设施后，环境面貌为之一新，干警的精神风貌和服务态度也焕然一新。我院立案和诉讼服务工作被市高级法院推树为全市法院的学习样板，人民法院报头版头条以“我们主动做一点，群众方便多一点”为题报道了我院立案和诉讼服务工作。

（二）加强司法宣传，普及法律知识。对社会广泛关注的案件，精心组织媒体宣传，做好舆论引导，收到良好效果。院长应邀在区人大常委会和区政府常务会议上讲解新《行政诉讼法》，并介绍司法改革情况。多位院庭领导和法官深入机关、部队、学校和社区开展法制讲座。与区工商联签署共建协议，为辖区民营企业增强司法认识提供便利。积极参与北京电视台法制节目录制工作，与区司法局联合举办模拟法庭进校园活动，与《法制日报》联合拍摄青少年普法宣传系列微电影，促进全社会法治意识增强。我院司法新闻宣传和司法理论宣传工作连续3年受到最高法院通报表扬。

（三）推进司法公开，回应群众关切。落实司法公开三大平台建设，构建开放、动态、透明、便民的阳光司法机制。加强裁判文书上网公开，公布生效裁判文书12682份，上网率达100 %。运行好“12368”人工语音诉讼服务平台，认真接听并答复群众的咨询，还将该平台与我院投诉举报处理工作机制相衔接，把投诉及时转交纪检监察部门处理。办结政法民声热线案件42批631件，办结率保持100%，当事人对答复满意度明显提高。

（四）自觉接受人大、政协和社会各界监督。按照区人大的部署和要求，做好半年工作报告，认真汇报审判管理工作，落实代表提出的意见和建议。邀请市区人大代表、政协委员和人大机关、街工委干部来院座谈，倾听他们的意见和建议。组织代表、委员和社会各界人士旁听重大案件的审理，并反馈判决结果。持续给代表编发手机报，积极参加代表联组活动，向代表们介绍法院重点工作和司法改革情况，始终重视与代表、委员的沟通联络。

### 四、落实“三严三实”要求，打造过硬审判队伍

我院以“三严三实”专题教育为主线，严抓队伍思想政治建设、素质能力建设和党风廉政建设。

（一）扎实开展“三严三实”专题教育。院长结合实际讲党课，引领干警按照“三严三实”要求，推进重点

工作落实。开展向邹碧华同志学习活动，弘扬坚定法治信仰、忠诚司法事业的职业品格。邀请最高法院领导来院讲解司法改革，增强干警投身改革、推进法治建设的责任感和使命感。开展丰富多彩的文体娱乐活动，增强干警身心健康。设立心理咨询室，邀请专业心理咨询师为干警纾解心理压力。打造法院“微文化”，拍摄由我院法官作词并演唱的音乐微视频《我的法官兄弟》，颂扬我院干警爱岗敬业、无私奉献的精神面貌。

（二）搞好岗位练兵和实务培训。庭长带头办案，带头开观摩示范庭。庭长结案1055件，人均结案62件，占法官人均结案数的30 %以上，超额完成了考核目标任务，发挥了“领头羊”的作用。全庭法官向庭长看齐，昂扬进取，素质和能力有较快的提升。开展“审学研一体化”实务调研工作，对30个审判实务问题进行调研，促进审判工作水平提升。组织民事审判骨干力量撰写《民事案件审判思路》一书，已由法律出版社审核通过，即将出版。

（三）加强党风廉政建设。一是认真落实主体责任。通过研究部署、分解任务、监督检查和传导压力等方式将“两个责任”落到实处。年底，市高级法院巡视组和区委检查组相继来院对此项工作进行检查，对我院落实情况表示满意。二是以作风建设为重点，开展各种监督检查活动。在开展经常性教育和监督的基础上，全院开展了集中整治“三案”问题专项活动，强化干警的廉洁自律意识。检查中央“八项规定”落实情况，巩固群众路线教育实践活动成果。创新监督形式，发出《监察建议书》，对个别干警提出监察建议。邀请廉政监察员和人民陪审员参加，以实地暗访、调取监控录像抽查等方式开展13次以司法作风为重点的审务督察活动，督促干警依法、规范、高效履职。三是以制度建设为保障，严明廉政纪律。“快速解决当事人反映问题并通报情况”等工作机制，已经步入常态启动运行中。对公务用车、公务接待建章立制，管理更加严格。全院干警身体力行，重视改进作风，重视规范办案，重视工作纪律，我院在收案增幅22.6%的情况下，群众投诉举报数量却同比下降23 %。

各位代表，我院取得的成绩，是全院干警担当、奉献的结果，离不开区委的正确领导，离不开区人大及其常委会和市高级法院的监督指导，离不开区政府、区政协、社会各界和人民群众的支持，更离不开各位代表的关心。在此，我代表全院干警向大家致以崇高的敬意和衷心的感谢！同时，我们也清醒的认识到工作中仍有问题和不足。一是需要着力提升法官的综合素质和审判能力。司法改革要求还权给法官，实行法官负责制，法官需要具备更高的素质和能力才能担当，目前尚有差距。二是需要着力完善审判权运行机制。去除行政化，建立“权责明晰、分权制约、规范有序”的审判权运行机制，需要解决许多系统性的问题，难度较大，需要智慧和勇气。三是需要着力抓好党风廉政建设。队伍虽然没有出现大问题，但潜伏的隐患和风险不可小觑，应当深入落实“两个责任”，深入传导压力，深入整风肃纪，把纪律和规矩挺立起来。上述问题和困难我们将积极应对，在今后工作中努力加以解决。

## 2016 年工作任务

一、为社会安全稳定和改革创新发展保驾护航。

二、落实司法改革，提高司法公信力。

三、加强队伍建设，提高素质能力。

四、推进司法公开，自觉接受监督。

# 东城区人民检察院工作报告

### 2016 年 1 月 7 日在东城区第十五届人民代表大会第六次会议上

东城区人民检察院检察长　蓝向东

## 2015 年主要工作

### 一、围绕大局履行检察职能，切实维护东城社会经济稳定发展

积极适应社会经济发展新常态，以司法办案为中心，保障经济健康发展和社会大局稳定。

（一）依法惩治各类刑事犯罪

一是充分发挥打击犯罪的职能作用。共依法受理审查批捕案件906件1168人，同比下降33.2%，其中批准逮捕739件941人；审查起诉1229件1479人，同比下降29.8%，提起公诉1100件1321人。二是成功办理一批热点敏感案件。包括郭某某等7人开设赌场案、二环“十三郎”庞某某危险驾驶案、在王府井等重点地区妨害社会管理秩序类案件共30件48人，形成公诉引导侦查、利用庭审开展释法说理等热点敏感案件办理方法。三是着力打击金融领域犯罪。查办非法吸收公众存款、信用卡诈骗等金融领域犯罪案件133件148人，同比上升37.1%，针对金融监管薄弱环节及时向银行等单位提出检察建议，维护金融秩序稳定。

（二）积极参与社会治安综合治理

一是努力化解社会矛盾。共依法受理举报、控告、申

诉、刑事赔偿等案件线索154件，接待群众来访483批1370人，妥善处置李某某等3人非法吸收公众存款案等集体访24批825人，同比上升41.2%。与区司法局、区律协共同探索建立律师代理申诉案件机制，搭建第三方参与矛盾化解平台。二是着力保障“九·三”阅兵等敏感时期的安全稳定。一方面加强隐患排查和信访接待工作，另一方面抽调45名干警作为机动力量，圆满完成北京站地区维稳安保任务。三是加强未成年人司法保护。依法对7名涉罪未成年人作出不起诉决定。建立未成年人附条件不起诉异地协助帮教机制，有效破解非京籍涉案未成年人帮教措施匮乏问题。设立未成年人心理工作室，针对涉案以及行为有矫正必要的未成年人开展心理疏导和预防教育。

### 二、坚决查办和预防职务犯罪，努力营造风清气正的社会环境

坚持有腐必反、有贪必肃、有案必办，紧紧围绕重大经济发展战略和重大投资项目开展职务犯罪预防工作，从源头上减少职务犯罪。

#### （一）集中力量查办职务犯罪

一是加大办案力度。共立案贪污贿赂、失职渎职案件30件32人，侦结29件31人，挽回经济损失近亿元，办案规模处于全市前列。二是重点查办一批大要案。共26件28人，占立案总数86.7%，其中大案14件15人，要案12件13人。抽调11名干警参与最高人民检察院专案办理。侦办了商务部合作司原司长吴某某（正局级）受贿案、人力资源和社会保障部失业保险司原司长左某某（正局级）挪用公款案、最高人民法院原立案庭审判员张某（正处级）受贿案等一批有影响、有震动的大要案。三是突出查办发生在司法、社保、房管等领域损害群众切身利益的职务犯罪案件。如区房管局房屋登记事务中心工作人员张某某受贿案等。四是转变办案理念，创新办案模式。认真落实中办10号文件精神，加大与区纪检监察部门沟通力度，完善案件移送、工作协调等相关制度机制。树立快侦快结、主动深挖的办案理念，实行集中侦查力量突破案件再交由专人办理的办案模式。积极开展“网上办案”工作，查询涉案信息160次，完成案件线索评估66件。借助民航信息系统成功抓获“9.12”专案2名犯罪嫌疑人，提高侦查信息化水平。

#### （二）创新方法提升预防工作效果

一是坚持“请进来，走出去”的预防方式。一方面与区纪委共同完成东城区反腐倡廉警示教育基地建设，自运行以来，共接待党政机关、企事业单位250余批8000余人次，实现全区处级领导班子受教育面全覆盖，增强了党员、领导干部廉洁从政意识；另一方面大力开展预防宣传教育，先后为区房管局、工商局等24家单位3300余名干部职工进行法制宣讲，取得较好社会效果。二是加大“非首都功能疏解”重点项目预防力度。制定《关于服务京津冀协同发展加强非首都功能疏解中职务犯罪预防工作的意见》，针对“天坛周边简易楼腾退”等重点工程，梳理可能存在的制度漏洞及职务犯罪风险点，积极介入预防，加强对重点工程的全程监督，为首都功能核心区建设提供法治保障。三是探索“嵌入式预防”模式。依托侦防一体化，积极参与讯问、案件研讨等职务犯罪侦查过程，提升预防针对性和实效性。四是扎实推进廉洁准入制度实施。探索行贿犯罪档案批量查询机制，全年共完成查询4077件，同比上升112.6%，营造诚信公平的市场环境。

### 三、依法强化法律监督，确保严格公正司法

坚持以证据为核心，以依法为原则，以程序为本位，促进法律统一正确适用，切实维护社会公平正义。

#### （一）刑事诉讼监督不断深化

一是加强刑事立案和侦查监督。严把侦查监督第一道关口，通知公安机关立案2件3人，依法追捕10人、追诉漏犯14人、追诉漏罪13件，依法不批捕227人。对一起始于上世纪90年代的闹访案件提起立案监督，克服案件时间跨度大取证难、举报人身体状况特殊且抵触情绪严重、当事人双方关系复杂等困难，圆满完成该案审查及出庭公诉，并获得区法院支持，判决被告人蔡某某构成职务侵占罪，判处有期徒刑7年，双方当事人皆表示息诉服判，取得良好的社会效果和法律效果。二是加强刑事审判监督。共提出量刑建议955人次，被法院采纳651人次，提起刑事抗诉5件。其中对窦某某涉嫌猥亵儿童案提起抗诉并获得二审法院支持，将被告人的刑期由11个月有期徒刑依法改判为1年6个月。三是加强刑事执行监督。积极开展专项检察，针对2起久押未决案件提出检察建议，及时纠正2起未成年人与成年人混押的违规行为；监督执行机关代购47种物品进货渠道、质量及安全；排查2013年以来2216件财产刑案件执行情况，发现存在部分执行和未执行等问题，为进一步加大执行监督力度奠定基础。四是加强刑事申诉工作。通过办理申诉案件，加强对原诉讼程序及办案环节的监督。

#### （二）民事、行政诉讼监督格局不断完善

一是加大同级监督力度。共受理民事、行政诉讼监督案件133件，提起民事抗诉2件，受理审查执行监督案件5件。与区法院建立不规范执法投诉通报机制，拓宽同级监督线索来源。二是加大类案监督力度。全面分析2014年诉讼监督案件，制发《诉讼监督通报》，取得良好监督实效。三是完善与区法院的四级交流平台建设。全面了解原案审判思路、法律适用分歧意见、当事人信访状况及执行监督重点问题，提高监督针对性和实效性。四是强化案件质量把控。实施“节点式”管理，做到案件流程均有记录有跟踪有反馈。

### 四、扎实做好检察改革准备工作，逐步健全检察权运行机制

深刻领会司法改革精神，准确把握改革的目标、方向、尺度、标准和关键，健全执法办案机制、检察管理机制和监督机制，全面保障检察改革工作稳步推进。

#### （一）强化改革组织保障

一是摸清底数。以座谈、问卷等方式调查干警思想

状况，梳理当前队伍中存在的突出问题，为稳妥实施司法责任制改革打下基础。二是开展“讲大局、重事业、守纪律”主题教育活动。进一步深化对检察改革的认识，引导干警以阳光心态积极参与改革。三是强化培训的针对性和实效性。开展严格规范司法检察业务知识百题测试，以考促学夯实规范履职基础。组建院级辩论队，开展经常性对抗比赛，提高检察人员庭审论辩能力。启动“精品案”工程，建立实践型长效培训机制，提升队伍规范执法能力。四是引进专业人才。立足检察改革分类管理的要求，新招录档案、新闻等专业在内的检察干警21名，优化了队伍的年龄结构和知识结构。

（二）认真落实改革试点工作

一是推进刑事案件速裁程序试点工作。与区法院、区公安分局、区司法局会签《刑事案件速裁程序试点工作实施细则》，提高办理危险驾驶、交通肇事、盗窃等11类轻刑犯罪案件效率，节约司法资源。二是推进涉法涉诉信访改革。坚持诉访分离，对内建立案件线索审查评估与会商机制，畅通控告申诉案件入口；对外建立公检法及区信访办信息工作平台，拓宽信访案件解决渠道。三是试行主任检察官办案责任制。在公诉部门建立具有员额代表性的组织架构，界定职权与责任，形成谁办案谁负责的工作机制。四是加强律师权益保障。规范律师接待流程，定期征求律师意见，主动解决律师执业中的突出问题和实际困难。五是推进公益诉讼制度试点工作，动态监控两法衔接平台的违法行为信息，建立部门间线索共享与联络机制，深挖公益诉讼线索。

（三）构建制度保障体系

一是健全线索管理机制。实行案件线索统一登记、审查分流和催办督办，定期开展线索清理工作。二是改进案件管理机制。出台《关于加强案件管理工作的意见》，统一案件进出口，加强案件与涉案财物流转管理，推进案件质量评查工作制度化，强化对案件管理结果的运用。三是加强检察委员会规范化建设。改进检委会议事和工作规则，充分发挥检委会对重大案件和其他重大业务问题的决策、指导和监督功能。四是严格执行办案说情报告制度。制发《办案说情报告及非正常情况登记手册》，要求全院干警如实记录，共有8人向院纪检部门报告说情情况，防止了干预办案、执法不公问题的发生。五是建立约谈机制。及时发现并纠正干警在工作中存在的苗头性、倾向性问题。

五、坚持从严治检，不断推动自身科学发展

以规范司法行为专项整治工作为契机，系统推进思想政治、执法规范和检务保障建设，荣获“全国文明单位”、“北京市检察机关基层院级先进集体”等称号。

（一）强化思想政治建设

一是抓好“三严三实”专题教育。开展分层分类学习轮训、开门征求意见、相互谈心谈话，认真查找班子建设、队伍建设和业务建设中不严、不实的问题，坚持立行立改，作风建设进一步得到加强。认真落实“一岗双责”，充分发挥党组成员的引领和示范作用。二是抓好党风廉政和纪律作风建设。通过认真落实党风廉政建设主体责任和监督责任、强化廉政教育等方式筑牢拒腐防变思想防线。三是强化队伍爱岗敬业精神。开展典型推树工作，借助“微观东检”、“微党课”等平台挖掘“身边的感动”，传递正能量。通过积极开展检察文化社团活动、建设“母婴室”等方式，加强对干警的人文关怀。

（二）强化执法规范化建设

一是开展案件线索清理、卷宗归档及赃证物清理专项活动。梳理377件案件线索并建立台账，集中清理未及时归档案件445件962册，积极解决赃物遗留问题。二是深入开展自查与互查。认真查找存在的司法作风不严谨不扎实、遵守执法办案规范和纪律不严格等司法不规范突出问题共计12个方面100条。三是集中整改司法不规范问题。依托问题清单，从强化思想教育、完善内控机制、加强内部监督和严格责任追究等方面进行整改，着力解决检察权运行中存在的问题，提高司法规范化水平。

（三）强化检务保障建设

一是加强办案办公信息化建设。搭建情报信息室，完善侦查取证、安全防范、技术检验鉴定等业务装备，充分利用信息化手段提高办案效率。二是积极开展侦查卷宗电子化工作。建设电子卷宗扫描室，制定卷宗管理办法及电子化操作流程等规范性文件，进一步提高律师阅卷效率。三是全面梳理完善管理机制。对现有规章制度进行废、改、立，加大对执法记录仪使用、同步录音录像等工作的督察力度及不规范行为的曝光力度，确保各项规章制度得到落实。

六、自觉接受外部监督，着力提升司法公信力

积极构建开放、动态、透明、便民的检务公开机制，自觉接受人大及社会各界监督，不断提升检察机关公信力。

（一）主动公开引进监督

一是推动案件信息公开，坚持能公开一律公开的原则，共公开程序性信息2946条、终结性法律文书585份以及重要案件信息6条，依法保障当事人及社会公众的知情权和监督权。二是推动案件公开审查和公开答复，办理羁押必要性审查听证案件30件33人，对26人作出不批准逮捕或者建议变更羁押措施决定。邀请申诉人代理律师、特约监督员和社区工作者参加刑事申诉案件公开答复活动，增强办案透明度。三是就3年来反贪工作情况向区人大常委会作专题报告，主动邀请人大代表和政协委员来院视察调研，邀请党风廉政监督员参加工作会，征求对我院工作的意见建议。

（二）主动作为接受监督

一是广泛征求意见建议。走访业务往来密切的工作

单位，征集规范执法意见建议27条。针对接待律师不规范问题，及时整改反馈，实现“一站式”接待模式，得到律师好评。二是高度重视区“两会”审议检察工作报告提出的意见建议，将代表、委员提出的12个方面43项意见建议列入折子工程重点督办，并采取“一对一”方式向58位代表、委员逐一反馈。三是聘任13名人大代表、政协委员以及社会人士作为第二届特约监督员，重点监督我院规范执法情况，健全检察权运行制约监督体系。

（三）主动创新拓宽监督渠道

一是完善院领导联系人大街工委工作机制，就人大代表普遍关注的检察改革、检务公开、诉讼监督等15个方面的问题，有针对性地开展列席代表联组活动17次。二是每周向代表、委员发送“东检微讯”手机报，创建“代表之声”栏目，增强监督工作的及时性和互动性。三是大力推进“互联网+”检察工作，除开展“阳光检察进社区”、举报宣传周、微访谈等传统公开活动外，借助新媒体平台拓宽人民群众监督渠道，截至目前，共发布官方微博614篇、官方微信55篇，关注人群达13万余人。

## 2016年工作思路

一、紧紧围绕上级部署，积极稳妥推进检察改革。

二、紧紧围绕首都和谐稳定大局，忠诚履行各项检察职能。

三、紧紧围绕监督重点，不断强化诉讼监督。

四、紧紧围绕“五个过硬”要求，大力加强队伍建设。

# 聚焦“一条主线、四个重点”战略任务 为建设“国际一流的和谐宜居之区”而努力奋斗

### 2016年12月5日在中共东城区第十二次代表大会上的报告

中共东城区委书记　张家明

## 过去五年的工作回顾

区第十一次党代会以来，区委深入学习贯彻习近平总书记系列重要讲话特别是视察北京重要讲话精神，坚决贯彻中央和市委的重大决策部署，积极融入京津冀协同发展大局，立足首都“四个中心”战略定位，敢于担当、主动作为，攻坚克难、奋力拼搏，实现了“十二五”规划圆满收官和“十三五”规划良好开局，全面完成区第十一次党代会确定的各项目标任务。我区先后荣获“全国文明城区”三连冠、“全国双拥模范城”七连冠、“全国和谐社区建设示范城区”“全国平安建设先进区”“国家公共文化服务体系示范区”、全国“六五”普法先进区等荣誉称号，谱写了东城发展新的历史篇章。

五年来，我们牢牢把握机遇，经受住重大考验，统筹发展能力进一步增强。我们紧抓行政区划调整、重大活动筹办和京津冀协同发展战略实施等历史机遇，积极动员全区各方力量，不负重托、全力以赴，确保了中央、市委一系列重大决策部署的贯彻落实和重大活动的顺利实施。作为APEC第三次高官会、新中国成立65周年、抗战胜利70周年等重大活动的主战场，我们创新组织领导和指挥运行体系，科学谋划，周密部署，圆满完成礼宾接待、环境整治、服务保障等各项任务，实现了以重大机遇带动区域发展水平的全面提升。始终牢记“东城无小事”，深入排查反恐防暴、安全生产等各项隐患，强化矛盾排查化解和社会面防控，发挥党员干部和“东城守望岗”等群防群治作用，实现了安保维稳“四个不发生”的总目标，荣获“全市纪念活动服务保障工作先进集体”称号，在履行核心区职责、做好“四个服务”方面向市委交上了满意答卷。

推动京津冀协同发展，是中央在新的历史条件下作出的重大战略部署，也是一场充满机遇和挑战的“大考”。我们坚决摒弃“舍不得”的思想，坚定不移把落实京津冀协同发展战略、疏解非首都功能、有效调控人口作为全区工作的头等大事。区委明确了“一条主线、四个重点”的战略任务，统一了全区上下思想，形成了社会共识，增强了行动自觉。以人口调控目标倒逼非首都功能疏解，抓重点、求突破，打好人口调控“组合拳”，全区常住人口实现由增到减的重大“拐点”，2016年底预计实现常住人口比2014年下降3.2万人，超预期完成市政府下达的人口调控指标。坚持“控”与“疏”双管齐下，在全市率先制定存量产业调整退出目录和“高精尖”产业指导目录。累计调整退出16家工业企业。以市场腾退为抓手，着力推动人口调控，关停天乐玩具、百荣二期和永外城仓储物流等14家市场，腾退市场17.6万平方米；平稳关停东华门夜市、隆福寺早市，同时规范便民菜站，提高生活性服务业品质，实现了地区环境的明显改善。以重点街区综合整治为突破，着力提升城市品质，主动申请取消南锣鼓巷3A级景

区资质，主街综合整治初显成效；启动簋街环境综合提升工程，交通秩序、广告牌匾混乱和市容环境脏乱等现象得到改善，后续整治正在进行中；集中连片开展拆违行动，加大直管公房转租转借、群租房和地下空间清理力度，封堵“开墙打洞”936处，清理地下空间65.7万平方米，打造了青年沟路、东直门等一批无经营类“开墙打洞”示范街区，取缔了一批禁止准入的低端业态，推动安化北里18号院等腾退空间再利用，使更多胡同静下来，提升了居民生活环境。统筹推进教育、医疗等公共服务资源向外疏解，全力支持城市副中心建设，与津冀地区建立产业转移协作机制，推动协同发展迈出实质性步伐。

五年来，我们主动适应经济发展新常态，着力推动产业高端化发展，区域综合实力实现新跨越。面对错综复杂的经济形势，我们按照中央和市委确定的方针，坚定不移地调结构、转方式、提效益，突出创新驱动，积极探索疏解功能谋发展的新路径，经济始终保持了平稳健康发展的良好势头。2016年，预计实现地区生产总值2000亿元、区级财政收入173.6亿元，分别是2011年的1.5倍、1.4倍；人均GDP预计达到3.5万美元左右，位列全市各区第二位；第三产业比重始终保持在96%左右，稳居全市各区之首。

我们瞄准“高精尖”产业方向，明确了符合核心区定位的“二三一”产业体系，推动产业高端化、特色化有了新进展。重点功能区加快发展，构建了“两轴一带两园区”的整体空间格局，中关村东城园完成扩园工作，地均产出居中关村“一区十六园”之首，文化和科技融合发展效应不断增强；前门文化体验式消费街区初具规模，北京文化产权交易中心落户我区；深入实施王府井品牌升级战略，国际品牌中心、嘉德艺术中心等重点项目即将竣工。“国家文化金融合作试验区”创建取得积极成效。国有企业改革稳步推进，事业单位转企改制加快推动。深化“放管服”改革，上线运行三级政务服务体系网络平台，优化了区域发展环境。对外开放交流实现新突破，国际友城增至25个，累计实际利用外资29亿美元；成功举办“地坛文化庙会全球行”“王府井国际品牌节”“前门历史文化节”等活动，进一步提升了东城的国际影响力。

五年来，我们举全区之力打响城市更新改造攻坚战，古都文化魅力进一步彰显。我们积极回应平房区群众改善居住环境的迫切期待和旧城保护发展的现实需要，组建城市更新改造指挥部，实行重点项目区级领导联系协调、分工负责制。坚持“一把尺子量到底”，强化基层党建引领和群众工作，将党组织建在项目上，认真做好政策宣传、贴身服务、信访维稳等工作；广大党员干部冲在一线、无私奉献，发挥党的群众路线优势，赢得了群众的理解和支持。制定实施历史文化街区保护复兴、非文保区更新改造、基础设施优化提升“三大行动计划”，建立了“政府主导、有机更新、社会参与、协同推进”的工作机制，有力推动了项目的顺利开展。老旧小区综合整治任务基本完成，棚户区、危旧房改造工作扎实推进。多渠道建设筹集保障房，为城市更新改造提供了坚实保障。

我们直面难题、攻坚克难，重新启动西河沿、宝华里、钟鼓楼广场、前门东区等历史遗留项目。目前，西河沿项目已进入建设阶段；宝华里项目的清理取得突破性进展，进入实施阶段；钟鼓楼广场项目顺利完成，成为附近居民休闲活动的重要场所；集中清理前门东区抢占房8000余间，通过公开征集保护专家意见建议，完成第一轮规划设计方案，使前门地区进入良性建设轨道。启动并基本完成全市最大规模、也是安全隐患最大的简易楼群——天坛周边简易楼和西忠实里环境整治项目。统筹资源、创新政策、积极准备，启动核心区体量最大的望坛棚户区改造项目。积极探索历史文化街区有机更新的新模式，与金隅、首创、市国资公司等企业合作，深入推进南锣鼓巷四条胡同、东四三至八条、隆福广场地区修缮整治试点工作。本着对历史负责的态度，完成了玉河遗址、外城东南角楼景观恢复以及清华寺一期、陈独秀旧居、宣仁庙等一批文物腾退修缮，区非物质文化遗产博物馆、时间博物馆、史家胡同博物馆等建成开馆，皇城、东四三至八条入选“第一批中国历史文化街区”。我区名城保护工作不仅为全市积累了新鲜经验，也擦亮了古都风貌这张“金名片”。

五年来，我们着力提高民生福祉，创新社会治理模式，群众在改革发展中得到更多实惠。我们始终把保障和改善民生作为一切工作的出发点和落脚点，坚持以改革促发展、惠民生，进一步提升了公共服务优质化、均等化水平。社会保障体系不断完善，特困人员救助政策全面落实。“学区制”教育综合改革取得丰硕成果，“学院制”素质教育人才培养模式初显成效，有力促进了教育公平，教育改革的社会满意度达到93.1%。文化惠民力度不断加大，成功创建“国家公共文化服务体系示范区”，三级公共文化服务设施全部达标，丰富了市民的文化生活。建成协和医院等4个“医联体”，分级诊疗试点、中医药特色社区卫生服务扎实推进。完成居家养老服务顶层设计，积极引入市场和社会力量提供养老服务，为全区完成居家养老工作打下基础，我区被确定为国家级“医养结合”试点单位。“奥林匹克·体育生活化”社区建设全面推进，全国“全民健身示范城区”试点工作圆满完成。完善社区商业服务体系，“一刻钟社区服务圈”实现全覆盖，成为全国社区商业示范区。

针对群众反映强烈的城市管理痼疾顽症，我们以平房区为重点，着力提高精细化管理水平，制定平房翻改建、违法建设拆除等系列标准规范，在10个平房区街道全面推行物业管理模式，加大综合执法力度，推动城市管理由末端管理逐步向源头治理转变，“城市病”治理取得显著成效。着手研究胡同停车问题，全区单行单停胡同达到66条，停车自治管理示范街达到30条，大幅度改善了交通秩序。深入推进城市管理和社会服务管理“两网融合”，组建区网格化服务管理中心，实现区街两级平台平稳运行；设立全区统一的96010为民服务热线，快速响应和处置能力不断增强。深入推进“美丽东城”建设，以重大活动服务保障为契机，实施环境综合整治工程；落实清洁空气行动计划，累计完成6.5万户清洁能源改造，全区总体实现“无煤化”；完成总长16.1公里的环二环城市绿廊工程，明城墙遗址公园东南角绿地建成开放式公园，为市民提供了环境优美的休闲健身空间；启动大通滨河公园等绿化工程，人均公共绿地面积达到6.86平方米，城市环境品质进一步提升。深入开展“全国社区治理和服务创新实验区”创建工作并顺利通过民政部验收，“多元参与、协商共治”模式被评为“2015年度中国社区治理十大创新成果”。健全信访代理制、社会矛盾排查调处综合机制，推进“平安东城”常态化建设，有效维护了社会和谐稳定，群众安全感持续提升。

五年来，我们坚持全面从严治党，广泛凝聚合力，党员干部干事创业的氛围更加浓厚。我们坚持把抓好党建作为最大政绩，全面履行从严治党主体责任。深入学习贯彻习近平总书记系列重要讲话精神，扎实开展党的群众路线教育实践活动、“三严三实”专题教育和“两学一做”学习教育，广大党员干部受到了深刻的思想政治洗礼，作风建设持续好转，我区被评选为全国创先争优先进区委；市委主要领导全程参加区委常委班子专题民主生活会并给予充分肯定；选派党员干部进社区服务群众的做法，入选全国教育实践活动群众路线工作法100例优秀案例。切实加强宣传思想工作，认真落实意识形态工作责任制，全区意识形态管理更加严格，正面引导更加有力。围绕全区中心工作，深入推进区划调整后领导班子建设、干部队伍优化工作，坚持从严监督管理与关心关爱干部相结合，出台推进领导干部能上能下实施细则、关于在全区中心工作中引导干部奋发有为、履职担当的若干意见等文件，对城市更新改造重点项目中表现突出的个人予以及时奖励和通报表扬，广大党员干部推动中心工作、踏实干事创业的氛围更加浓厚。规范选人用人工作，完善“三述两评”考核模式，选派优秀干部到重点项目、社区挂职锻炼，一大批工作成绩突出、扎实肯干的干部成长为事业发展的中坚力量。坚持党管人才原则，市级文化人才管理改革试验区建设取得重要成果。

我们认真落实党建工作责任制，研究制定系列文件，调整优化区委党建工作领导小组，成立“区委党建办”“区委主体办”，积极探索“大党建”工作格局。以区域化党建为抓手，开展了社区物业管理党建联建、党建工作示范点创建活动，统筹推进各领域基层服务型党组织建设。坚持从严管理党员队伍，开展了党员组织关系集中排查、党费收缴等专项检查，持续开展基层党建述职评议考核和社区党的建设“三级联创”活动，基层党建工作水平显著提升。通过设立“党员先锋日”，党支部与低保家庭“一对一”结对帮扶，开展“千面党旗展风采、万名党员做奉献”志愿服务等活动，进一步密切了党和人民群众的血肉联系。打造“红云东城”非公党建信息平台，扩大了非公领域党建覆盖面。牵住主体责任“牛鼻子”，探索创新“两轮座谈、签字背书、约谈督导、集体会诊、延伸检查、述责述廉、问责追责”等多项举措，有力推动了党风廉政建设责任制“两个责任”落实。持之以恒纠正“四风”，集中开展“为官不为、为官乱为”等专项治理和强化“一把手”监督、规范权力行使专项工作，严肃查处并通报曝光违反中央八项规定精神的典型案件和问题。坚决把纪律和规矩挺在前面，积极探索实践监督执纪“四种形态”，坚持以“零容忍”态度惩治腐败，不断加大执纪审查力度。持续推进廉政风险防控“三个体系”建设，在全市率先建成廉政风险信息化防控电子监察平台。建立健全党员干部入职、上任、履职全过程的廉政教育培训体系，打造了话剧《金超杰》、“廉者仁心”廉政历史文化展、“三祠”官德教育基地等一批廉政文化建设品牌。通过深化党风廉政建设和纪律检查体制改革，不敢腐的震慑作用得到发挥，不能腐、不想腐的效应初步显现，推动改革发展的良好政治生态正在逐步形成。

五年来，区委坚持总揽全局、协调各方，认真贯彻《中国共产党地方委员会工作条例》，修订了区委全会议事规则、常委会工作规则，建立区委书记专题会、重大事项请示报告等制度，进一步提高了科学民主决策水平。切实加强民主政治建设，支持人大、政府和政协依法履行职能，分别召开区委人大工作、政协工作、统战工作等会议，协助各民主党派和群团组织圆满完成换届工作，加强党外代表人士队伍建设，推动了协商民主广泛多层制度化发展。在全市率先召开促进非公经济发展大会，研究制定了系列扶持鼓励政策，充分发挥工商联的桥梁纽带作用和商会的自治作用，广泛调动起非公企业在功能疏解、转型升级中的积极性和主动性。加强党对群团工作的领导，出台加强和改进党的群团工作的实施意见；坚持党管武装，推进军民深度融合发展，形成了全区上下团结协作、聚焦发展的强大合力。

各位代表、同志们，区第十一次党代会以来的五年，是东城区发展历程中极不平凡、具有重大转折意义的五年，是全区经济社会发展持续向好、城市更新改造取得突破、城市面貌发生显著变化、人民群众获得感不断提升的五年，也是落实从严管党治党要求，党的建设得到全面加强的五年。五年的奋斗历历在目，五年的成绩来之不易。这些成绩的取得，是市委坚强领导的结果，是全区各级党组织、广大党员干部群众开拓进取的结果，是历届区委传承接力、区级领导班子团结拼搏、离退休老同志关心帮助和社会各界共同努力的结果。在此，我代表区委，向所有为东城发展倾注心血、作出贡献的同志们、朋友们，表示衷心的感谢，并致以崇高的敬意！

五年来的生动实践给予我们深刻的启示：一是必须立足首都“四个中心”战略定位。以有序疏解非首都功能、推动京津冀协同发展为主线，以首善标准做好“四个服务”，履行好维稳第一责任，进一步优化提升核心功能。二是必须坚持全面从严治党。切实担负起管党治党的主体责任，围绕中心抓党建、抓好党建促发展，着力构建“大党建”格局，充分发挥党建引领的优势和党组织的战斗堡垒作用、党员干部的先锋模范作用。三是必须强化共治共享的理念。坚持以人民为中心的发展思想，走好新时期群众路线；善于运用法治思维、法治方式建设管理城市，调动全社会各方力量共谋共建，让人民群众在改革发展中有更多获得感。四是必须敢于担当、敢于碰硬、敢于创新。发扬“蚂蚁啃骨头”的精神，聚焦重点难点，用群众工作方法来破解城市更新改造、管理中的难题，以新的思维来谋划未来发展，勇当改革的先行者和试验区，不断为东城发展注入新的活力和动力。这四点启示既是过去工作经验的深刻总结，也是今后全区发展必须坚持的基本原则。

在充分肯定成绩、总结经验的同时，我们也必须清醒地认识到，全区非首都功能疏解、人口调控任务依然艰巨；区域经济社会发展不平衡、不协调、不可持续问题仍然存在；保护古都风貌、推进城市更新改造、健全精细化管理长效机制、深化“文化强区”体制机制改革等，还有许多瓶颈问题需要破解。特别是党的建设存在薄弱环节，个别党委（党组）管党治党的主体意识不强，个别基层党组织软弱涣散，党在“两新”组织中的覆盖面和影响力还需要增强；面对经济发展新常态和社会治理新要求，部分党员干部的思想观念、能力素质和工作水平还难以适应，担当意识不强；少数党员干部作风不正、为官不为、为政不廉等现象仍时有发生，等等。对此，我们必须以科学的态度、有力的措施，切实加以解决。

## 未来五年的发展形势和奋斗目标

未来五年，是我区全面完成“十三五”规划、率先全面建成小康社会的关键时期，也是加快建设“国际一流的和谐宜居之区”的攻坚阶段。谋划好今后五年的工作，必须准确把握国情、市情、区情，切实增强机遇意识、创新意识和担当意识，自觉服务首都发展大局。

展望未来五年，我们仍处于可以大有作为的重要战略机遇期。从功能定位上看，习近平总书记视察北京并发表重要讲话，明确了首都“四个中心”的战略定位，提出了建设“国际一流的和谐宜居之都”的目标，部署了京津冀协同发展的国家战略，为北京发展特别是东城发展指明了方向。我区作为首都功能核心区，是首都的窗口和“四个中心”的主要承载区，各项工作具有代表性、指向性，要坚持建首善、创一流，立标杆、树旗帜，在落实首都“四个中心”战略定位的进程中开创东城发展的新局面。从发展机遇上看，市委市政府对核心区的政策支持力度越来越大。随着非首都功能疏解步伐的加快，未来我们通过加大“腾笼换鸟”力度，将会释放出大量发展空间，为我们更好地改善民生、深入实施“文化强区”战略、加快构建“二三一”产业体系，提供了有利条件。同时北京举办冬奥会、服务业扩大开放综合试点等，也为提升区域国际影响力提供了难得机遇。从自身优势上看，我区历史文化底蕴深厚，拥有众多独一无二的文化资源，第三产业发达，高端人才集聚，教育、卫生等公共服务在全市领先。特别是随着“三大行动计划”的实施，一大批打基础、利长远、惠民生的重大项目将陆续启动，全区上下干事业、谋发展的氛围更加浓厚。只要我们抓住机遇、扬长补短，把区位优势、资源优势加快转化为发展优势，就完全有条件、有能力、有信心实现区域发展的新跨越，在提升城市发展品质上取得更大成效。

当前，我区发展正处在疏解、提质、增效的攻坚期和城市管理服务的转型期。作为老城区，一边高楼林立、另一边危旧房连片的“二元结构”特征依然明显，这是我们全面建成小康社会的最大短板，也是社会高度关注、群众热切期盼我们加以解决的最大难题。虽然我区主要发展指标位居全市前列，但平均数不代表大多数，许多“两难问题”仍有待破解，人民群众和社会各界的利益诉求更趋多元。面对快速发展后成长的烦恼，面对改革进程中各方利益的调整，我们迫切需要加快推进城市治理体系和治理能力现代化。从群众需求来看，社会民众对维护良好社会秩序、建立公平竞争的商业环境，渴望十分强烈，但现实存在着较大差距，导致部分群众存在落差感强、焦虑心态突出等问题。从党政部门工作来看，我们的治理理念、制度、机制、方法还没有完全跟上时代的要求，存在条块分割、权责不清等现象，习惯于“单打独斗”、用行政手段解决问题。发现问题是能力，直面问题是勇气，解决问题是水平。要清楚地看到，现在我们处于经济全球化、区域一体化、社会信息化的世界之中，城市治理需要各方面的支持和帮助，需要我们协调各方、综合施策，正确处理好政府与市场、社会的关系，着力提高党领导经济社会发展的能力，善于运用群众工作方法来解决面临的难题。各级党组织要充分发挥领导核心作用，把主要精力放在把方向、管大局、作决策、保落实上。政府要充分发挥主导作用，着力加强监管、依法依规履行职责。在党政齐抓共管的同时，要广泛发动、依靠群众，充分调动全社会各方力量，创新城市治理方式，构建共治共建共享的格局。全区上下要聚焦“一条主线、四个重点”战略任务，努力走出一条疏解功能谋发展、瘦身健体惠民生、综合治理提品质的新路径，团结带领人民群众共创更加美好幸福的生活。

今后五年全区工作的指导思想是：高举中国特色社会主义伟大旗帜，全面贯彻党的十八大和十八届三中、四中、五中、六中全会精神，认真学习贯彻明年召开的党的十九大和市第十二次党代会精神，以马克思列宁主义、毛泽东思想、邓小平理论、“三个代表”重要思想、科学发展观为指导，深入学习贯彻习近平总书记系列重要讲话特别是视察北京重要讲话精神，坚持“五位一体”总体布局和“四个全面”战略布局，贯彻“五大发展理念”，全面落实首都“四个中心”战略定位，切实履行好“四个服务”职责，以有序疏解非首都功能、推动京津冀协同发展为主线，以城市更新改造、城市精细化管理、文化强区、民生改善等工作为重点，推动全面从严治党和经济社会发展迈上新台阶，加快建设“国际一流的和谐宜居之区”。

今后五年全区发展的奋斗目标是：按照首都“四个中心”战略定位，全面完成“十三五”规划各项目标任务，在全市率先全面建成小康社会，在京津冀协同发展进程中走在前列，将我区建设成“人民生活更加幸福、文化魅力更加彰显、管理服务更加精细、经济实力更加雄厚、城市品质更加提升”的首都功能核心区。

主要预期目标是：到2021年，常住人口规模比2016年下降13%左右，控制在76.2万人以内；地区生产总值年均增长6%左右；一般公共预算收入年均增长5%左右；居民人均可支配收入与经济增长同步；历史文化街区更新修缮率达到80%；平房区、老旧小区物业管理覆盖率达到100%；优质教育资源覆盖率达到100%；公园绿地500米服务半径覆盖率达到93%。

## 坚持全面从严治党，以党建工作新成效引领经济社会全面发展

事业成败，关键在党，关键在党要管党、从严治党。各级党组织和广大党员干部要深入学习贯彻党的十八届六中全会精神，牢固树立政治意识、大局意识、核心意识、看齐意识，特别是核心意识、看齐意识，坚决维护习近平总书记在党中央和全党的领导核心地位，自觉担负起管党治党的责任，把全面从严治党的要求落实到党的建设各个方面，不断凝聚起推动改革发展的更大力量。

一、强化理论武装，筑牢团结奋进的思想基础。

二、加强和规范党内政治生活，全面净化政治生态。

三、打造干事创业、充满活力的高素质干部人才队伍。

四、创新基层党建工作，不断增强党组织的凝聚力战斗力。

五、持之以恒加强党风廉洁建设，密切党和群众血肉联系。

六、坚决落实全面从严治党主体责任，完善“大党建”工作格局。

七、充分发挥区委总揽全局、协调各方的作用，进一步提升执政能力和领导水平。

## 坚持调整疏解与优化提升同步推进，全力服务保障首都核心功能

疏解非首都功能、推动京津冀协同发展是落实“四个中心”战略定位的关键，也是我区未来发展的主线。要坚持问题导向，完善疏功能、控人口、促转型工作机制，加速产业优化升级，努力实现更高质量、更加健康、更可持续的发展。

一、坚决疏解非首都功能。

二、加强人口综合调控。

三、加快构建“高精尖”经济结构。

## 坚持城市更新改造与精细化管理同步推进，进一步提升城市发展品质

未来五年，平房区、老旧小区依然是我区城市建设管理的主战场。我们要以平房区、老旧小区为重点，坚持一手抓城市更新改造，一手抓城市精细化管理，在城市功能重组、修补短板、治理难题中，进一步提升城市核心功能和发展品质。

一、以“三大行动计划”为引领，加快城市更新改造步伐。

二、进一步提升城市精细化管理水平。

三、深入推进“美丽东城”建设。

## 深入实施“文化强区”战略，进一步增强“首都文化中心区”的影响力

文化是我区最大的特色和优势，也是我区实现差异化发展的关键所在。作为首都“全国文化中心”功能的主要承载区，我们要始终坚持“文化强区”战略不动摇。紧紧围绕传承与复兴历史文化遗产、打造“文化东城”品牌、壮大文化经济实力，强化顶层设计，深化文化发展体制机制改革，切实让各种文化资源和文化元素亮出来、活起来、动起来，更好地发挥“首都文化中心区”的引领示范作用。

一、加强历史文化名城保护，擦亮古都风貌“金名片”。

二、发挥区域文化资源优势，打造“文化东城”品牌。

三、进一步提升公共文化服务优质化水平，增强群众的文化获得感。

四、聚焦文化高端要素市场，激发文化经济新活力。

## 坚持民生优先，加强社会建设和治理，不断提高人民群众的获得感和参与度

不断提高人民生活质量和水平，是我们一切工作的出

发点和落脚点。我们要从解决群众最关心最直接最现实的利益问题入手，进一步加强社会建设和治理，强化托底保障，让广大群众在改革发展中得到更多实惠。

一、加大民生改善力度，实现基本公共服务优质均衡发展。

二、创新社会治理模式，提升共治共享水平。

## 牢固树立首都意识、责任意识、风险意识，确保全区大局和谐稳定

作为首都功能核心区，东城无小事。我们要始终牢记维稳安全工作只有起点、没有终点。要着眼防控风险、服务发展，大力破解难题、补齐短板，确保重大活动、重要时期、敏感时段万无一失、绝对安全，切实担负起维护首都安全稳定这个第一责任。

一、全面推进“平安东城、法治东城”建设。

二、健全公共安全长效机制。

完成今后五年的目标任务，头绪多、任务重，全面深化改革至为关键。区委要加强对重大改革、全局发展的领导和统筹，政府系统要加快转变职能、全面深化“放管服”改革，提高政府效能，打造服务型政府。各部门、各单位要强化基础管理，做好顶层设计，主动融入全区发展大局，创造性地开展工作。要深入推进便民服务体系建设，打造“互联网+政务服务”平台，完善三级政务服务体系，让数据多跑路、让群众少跑腿，让全区人民生活更舒心、办事更顺心。要深化投资体制改革，规范政府投资项目经营行为，全面实行代建制。要创新公共服务供给方式，加大资源整合力度，破除利益壁垒，今后政府不再直接承办通过购买服务能够提供的公共服务，而要积极引入社会和市场力量，通过政府和社会资本合作的方式提供公共服务。要加快推进事业单位分类改革，建立事业单位法人治理结构，激发事业单位活力。全区上下要进一步增强改革的自觉性、坚定性，坚持问题导向，从人民群众反映最强烈的领域改起，让人民群众在改革发展中有更多获得感。广大党员干部要继续发扬敢闯敢试、争创一流的精神，增强攻坚克难的意志品质，始终保持昂扬向上的精神状态，殚精竭虑做好核心区的工作，团结带领广大人民群众，满怀信心创造东城的美好未来！

# 东城区人民代表大会常务委员会工作报告

2016年12月21日在东城区第十六届人民代表大会第一次会议上

东城区人大常委会主任　赵中原

## 五年工作的回顾

过去的五年，区十五届人大常委会在中共东城区委的领导下，全面贯彻党的十八大和十八届三中、四中、五中、六中全会精神，以邓小平理论、“三个代表”重要思想和科学发展观为指导，深入学习贯彻习近平总书记系列重要讲话精神，全面落实市、区委第四次人大工作会议精神，忠实执行人民代表大会制度，认真履行宪法和法律赋予的职权，着力创新和完善工作方式，牢记使命、不忘重托，围绕中心、服务大局，为建设“国际一流的和谐宜居之区”作出了重要贡献，提供了有力的民主法治保障。

五年来，共召开37次常委会会议，听取审议议题181项，其中听取和审议“一府两院”专项工作报告40个，计划、预算、决算和审计报告35个，依法作出决议、决定51项；召开70次主任会议，研究讨论议题309项；开展法律法规实施情况的检查8次；组织专题询问2次；完成规范性文件备案审查34件；督办代表议案和建议、批评、意见950件；依法选举北京市人大代表69人，补选4人；补选区人大代表32人，终止代表资格37人；任免国家机关工作人员806人次，任免人民陪审员470人；组织36人进行宪法宣誓。

### 一、认真组织代表大会，保障大会依法行使职权

五年来，常委会坚持把保证人民代表大会依法行使职权作为首要责任，认真筹备和召集会议，努力提高会议质量。

#### （一）精心筹备，做好会前组织工作

**提高会前视察和联组活动质量。**常委会坚持在征集代表意见的基础上确定视察内容，五年来，先后组织风貌保护、经济发展、文化教育、食品安全、公正司法等17个专题的集中视察，提高了视察的针对性和代表参与的积极性。视察中坚持听、看、问、谈相结合，扩大代表和“一府两院”相关部门的沟通交流。在会前联组活动中，增加对各项报告的讨论时间，保证代表充分发表意见。坚持区委集中听取会前各代表团讨论情况，对各代表团提出的修改意见，区人大常委会和“一府两院”认真研究吸纳，使代表的意见有序进入会议各项报告和工作中。

**加强重要决策前的专题调研。**常委会在区政府编制“十三五”规划期间，扩大民主参与，通过向社会征询建议、组织代表视察、召开专家研讨会等方式，广泛听取各

方面意见，形成6个专题报告和1个综合报告，为区政府编制规划提供了重要参考，也为大会审查批准规划做了必要准备。

**改进预算的初步审查方式。**为充分发挥常委会各委员会了解政府部门工作的优势，把预算监督与工作监督有机结合起来，自2014年开始，由各委员会预先审查所联系部门预算，先后对21家单位的部门预算编制情况进行预先审查，对6家单位的部门预算进行延伸审查，详细了解预算组成、政策依据以及专项资金安排等情况，为提高大会审议质量发挥了重要作用。

**（二）汇集民意，依法决定重大事项**

五年来，区十五届人民代表大会共召开6次会议，审议38项议题，作出33项决议。会议期间，充分发扬民主，集中代表意见，依法作出决定。

**认真组织代表询问活动。**会议期间，“一府两院”相关部门负责人现场与代表沟通交流、回答询问，对于不能现场答复代表的问题，要求在一定时间内回复，加深了代表对“一府两院”工作的了解，促进了一些民生问题得到关注和有效解决。

**不断提高分团审议质量。**对各代表团按照大会议程组织审议提出明确要求，确保代表集中时间和精力围绕各项报告进行讨论。大会还专门安排时间进行预算审查，进一步提高了审议效率和质量。

**充分尊重代表审议意见。**在区十五届人大六次会议上，主席团首次听取各项报告吸纳代表审议意见的修改情况汇报，并向全体代表通报，得到代表充分肯定。

**（三）依法履职，切实落实大会决议**

常委会认真执行各次大会关于人大常委会工作报告的决议，做好大会主席团交付的代表议案办理工作，并监督大会其他各项决议的落实。五年来，听取和审议大会主席团交付的议案7个，涉及公共文化、城市管理、养老服务、社区卫生等直接关系人民群众切身利益的问题。

常委会坚持与区政府密切合作，在督、办结合上下工夫；坚持区街上下联动，在深入调研上下工夫；坚持聚焦重点工作，在解决问题上下工夫，议案办理工作取得明显成效。通过办理加强交通管理的议案，区政府对部分胡同实行单停单行、大力推进胡同立体停车设施建设和公共自行车接驳工程，有效提高了区域城市交通精细化管理水平。通过办理加强养老服务的议案，区政府整合资源，建设以居家养老为中心的养老服务体系。通过办理加强搬迁滞留区管理的议案，区政府在破解搬迁滞留项目重启难题的同时，保证滞留区房屋使用安全，积极改善居民居住环境。

通过连续几年办理推进公共文化服务体系建设的议案，区政府突出规划引领，加强公共文化设施建设，探索多元供给模式，丰富居民精神文化生活，成功进入国家公共文化服务体系示范区行列。今年，常委会还组织市、区人大代表，并委托研究机构协助，对推进首都文化中心区建设进行专题调研，完成1个综合报告、5个专项报告和6个课题报告，最终形成推进首都文化中心区建设的20条建议，为区政府决策提供重要参考。

今年，针对“加快推进平房区物业管理”的议案，常委会围绕代表关注的平房区物业管理内容、服务标准、长效机制、资金投入等重点问题，听取意见，提出建议。区政府统筹谋划，在全区10个平房区集中的街道先行试点，延伸了管理触角、促进了风貌保护，推进了功能疏解、创新了管理模式，改善了生活环境、保障了居住安全，得到群众充分肯定。

## 二、依法加强改进监督，着力增强监督工作实效

五年来，常委会全面贯彻监督法，围绕全区重点工作和关系人民群众切身利益的问题，综合运用多种监督形式，推进依法行政、公正司法。

**（一）加强经济工作监督，促进区域经济持续健康发展**

常委会在全市率先制定了关于加强经济工作监督的若干意见，进一步明确监督的法律依据、职权和形式。

**加强计划和规划监督。**五年来，常委会听取和审议年度计划半年执行情况的报告5个，听取和审议区政府“十二五”规划中期评估情况报告，审查批准区政府提出的“十二五”规划和“总规”调整方案。在促进“十二五”规划全面实施过程中，加强审议意见跟踪监督，健全统筹协调联动工作机制，将区政府落实审议意见的五类24项任务分解到各委员会，明确监督责任，有力推进了规划的顺利实施。

**聚焦核心区职能定位。**常委会围绕落实京津冀协同发展战略、推动非首都功能疏解，先后听取和审议区政府关于制定产业指导目录、商品交易市场疏解提升、经济结构调整和产业优化升级等情况的报告，在调控人口、构建高精尖经济结构、加强城市精细化管理等方面提出意见和建议。区政府积极吸纳意见建议，推进故宫周边地区、百荣世贸商城、永外城文化用品市场疏解提升，严格市场准入，与京津冀建立产业转移协作机制，人口调控成效显著，产业转型升级加速。

**（二）加强财政预算监督，促进财政资金依法有效使用**

常委会在全市率先单独设立预算工作室，聘请预算监督顾问，成立预算监督小组，提高了预算监督专业化水平。

**深化预算绩效监督。**常委会听取和审议区政府专项工作报告，组织人大代表参加65个项目的财政资金绩效评价，有效提高了资金的使用效益。

**充分发挥审计作用。**首次在主任会议上听取审计查出问题整改情况报告，并在常委会会议上进行书面报告，进一步加大了监督力度。

推进预决算信息公开。经过几年的努力，全区预算公开单位由68家增加到110家，决算公开单位由67家增加到103家，实现除涉密单位外全部公开。

（三）加强民生工作监督，促进群众的获得感不断提升

五年来，常委会听取审议区政府关于教育、医疗、养老、交通、环保等关系民生问题的报告15个；围绕全区重点工程，组织市、区人大代表视察天坛周边简易楼腾退对接房建设、前门东区修缮整治、西河沿危旧房改造和西忠实里环境整治等情况，提出意见建议。

针对老旧小区居民生活品质较差的问题，常委会听取和审议区政府关于老旧小区综合整治工作情况报告。在审议前，改进调研方式，采取暗访视察、入户专访等形式，直接听取居民意见，掌握第一手资料。区政府根据常委会审议意见，开展全面排查，做到改造项目计划对老旧小区全覆盖；以居民自治为核心，建立服务管理协商机制，使老旧小区综合整治工作走在全市前列，得到广大居民普遍认可。

针对社区卫生服务量逐年大幅增加，服务设施和服务水平与居民期望还存在一定差距的问题，常委会听取和审议区政府关于加强社区卫生服务中心（站）建设，进一步方便百姓就医情况报告。审议中，邀请部分居民旁听，首次进行网上直播。常委会提出加快硬件建设、创新管理体制、加强人才培养、搭建信息平台等建议。区政府积极采取措施，在常委会提出审议意见一年内，建成和正在建设的社区卫生服务机构达10家，同时以分级诊疗和医院联合体建设为契机，社区卫生服务能力明显提高。

（四）加强司法工作监督，促进司法为民公平正义

五年来，常委会听取审议关于立案登记制度改革、人民陪审员制度改革、诉讼监督、未成年人检察等方面的报告10个，组织市、区人大代表旁听法院公开审理案件，推进增强司法公信力，提高人民满意度。

为推动全体公民自觉尊法学法用法守法，今年，常委会做出了《关于开展第七个五年法治宣传教育的决议》，对“七五”法治宣传教育工作的主要任务和工作措施提出明确要求，为进一步发挥法治宣传教育的重要作用奠定了基础。

为弘扬法治精神，树立公正司法先进典型，常委会授予30名同志为“东城区优秀法官、优秀检察官、优秀公安干警”荣誉称号，社会舆论给予积极评价。

（五）深入开展执法检查，促进法律贯彻实施

执法检查是人大监督的法定形式和重要途径。五年来，常委会先后对《北京市全民健身条例》等8部法律法规进行执法检查，努力做到发现问题客观准确、提出问题于法有据、所提建议积极可行，促进了法律的实施，维护了法律的权威。

（六）探索开展专题询问，促进审议质量不断提高

依法做好询问工作，对于发挥人大议事和监督职能具有重要作用。2015年4月，常委会在听取和审议区政府关于食品药品安全监督工作报告时，首次设置了询问环节，并由此将询问作为审议专项工作报告的固定环节。2015年8月，常委会在听取区政府关于“智慧东城”行动计划大额专项财政资金使用和管理情况报告时，首次开展专题询问，加大了监督力度。

## 三、建立健全工作机制，充分发挥代表主体作用

五年来，常委会深入贯彻实施代表法，通过完善制度、搭建平台、加强培训等多种形式，努力提高代表工作水平，充分发挥代表主体作用。

（一）着力规范闭会期间代表活动

五年来，共组织闭会期间代表活动1538次，7818人次参加。常委会、各委员会和各人大街工委加强代表履职培训，围绕监督法、代表法、预算监督、文化强区等内容组织学习培训，为代表依法履职奠定基础。常委会不断完善工作制度，先后修订代表联系选民、代表述职等方面的制度17项，并建立代表履职档案和网上履职登记系统，规范和促进代表履职。五年来，280名区人大代表向所在选区选民述职，42名市人大代表向所联系的联组述职，密切了与人民群众的联系。常委会将向代表通报半年工作的范围由区政府扩展到人大常委会和法院、检察院，并通过手机报、微信群等及时发送工作信息，拓宽代表知情知政渠道，为代表履职搭建平台。五年来，代表中487人次列席常委会会议，400人次旁听法院审理案件；20名代表被任命为人民法院陪审员，35名代表被聘请担任监督员。

（二）着力改进代表建议督办工作

常委会各有关工作机构分别提出督办重点和督办方式，提请常委会会议审议，规范了代表建议督办工作，提高了办理工作的针对性和实效性。常委会拓展代表建议公开内容，实现建议目录、领衔代表、承办单位和办理结果全面公开，接受社会对代表履职情况及建议办理工作的监督。建立由主任和副主任领衔督办重点建议、代表联络室统筹协调、各委员会分类对口督办、人大街工委和代表参与督办的工作新格局，并首次由主任会议听取代表建议数量多、办理难度大的政府部门办理情况报告，加大了督办力度。区政府高度重视代表建议办理工作，在区政府全会上就加大办理力度、提高代表满意率提出明确要求。五年来，代表提出的950件建议，已经解决或列入计划的占89%，代表对建议办理工作表示满意或同意的占96.5%。代表连续多年提出的关于提高社区工作者待遇、拆除学校楼前违章建筑等建议，有的取得明显进展，有的得到了彻底落实，办理工作实效整体提高。

（三）着力提升人大街工委工作水平

2000年8月，区人大常委会在全市率先设立人大街道工作委员会，弥补了人大工作在街道的断层。多年来，各人大街工委在加强代表与选民联系、服务代表履职等方面发挥了重要作用。2015年，常委会以设立人大街工委15周

年为契机，在深入开展调研、借鉴区外经验的基础上，召开研讨会，全面总结工作，分析面临形势，提出进一步加强人大街工委工作的思路和措施，努力把人大街工委工作推向更高水平。常委会延伸监督触角，探索将“一府两院”重点工作和街道预决算工作进联组。通过试点先行，常委会在街道建立代表之家，在社区建立代表联络站，聘请182名人大代表联络员，配备代表事务助理，为代表密切联系选民和代表之间相互交流搭建平台、提供保障。各人大街工委结合代表自身工作特点，为代表履职提供个性化服务；加强市、区代表的履职互动和学习交流，围绕全区重点工作组织专题视察和调研，发挥两级代表的整体作用。

## 四、注重加强自身建设，不断提高履职工作水平

五年来，常委会始终把自身建设放在重要位置，坚持改革创新精神和严实标准，努力提高工作水平。

### （一）加强思想政治建设，强化履职责任

坚决贯彻中央决策和市、区委部署，认真开展党的群众路线教育实践活动、“三严三实”专题教育和“两学一做”学习教育，不断增强政治意识、大局意识、核心意识、看齐意识，特别是核心意识和看齐意识，坚定道路自信、理论自信、制度自信和文化自信，坚持以“五大发展理念”为引领，不断深化对中国特色社会主义和人民代表大会制度的认识，坚持人大制度、热爱人大制度、实践人大制度，成为常委会组成人员和机关干部共同的思想基础和价值追求。

### （二）完善制度建设，推进工作规范

常委会结合工作实际，坚持严格依法、继承创新、注重统一、循序渐进的原则，共修订和修正工作制度24项、废止8项、新制定10项，形成了较为系统的制度规范，为有序、高效开展工作奠定了基础。

### （三）狠抓作风建设，提高工作实效

常委会以改进作风为抓手，扩大代表和群众的参与，在调查的广度和研究的深度上下工夫。建立常委会主任、副主任联系委员和街工委，委员联系代表制度，及时了解代表和群众反映的突出问题。在区十五届人大六次会议上，首次通报常委会组成人员出席常委会会议情况，接受代表监督。

### （四）加强队伍建设，提升工作能力

常委会进一步明确各委员会、常委会工作机构和人大街工委的职能定位，理顺关系，形成合力。努力办好《东城人大》、《人大信息》和人大网站，发挥好宣传理论、反映动态、交流经验、指导工作的作用。认真做好人民群众来信来访工作，加强对群众诉求的综合分析，推动有关问题解决。高度重视信息化建设，建成人大决策支持、会议支持等办公系统，信息化水平和工作效率明显提高。做好机关干部的选拔任用、培训交流、考核激励等工作，不断提高为常委会履职服务的能力和水平。

## 五、坚持严格依法办事，圆满完成换届选举任务

今年的换届选举，正值全面建成小康社会决胜阶段和“十三五”规划的开局之年，意义重大，任务艰巨。常委会始终坚持党的领导、坚持发扬民主、坚持依法办事，坚持严肃换届纪律，认真落实新要求，科学研判新情况，努力解决新问题，在区委坚强有力的领导下，各部门配合密切，宣传氛围浓郁，选民登记细致，考察把关严格，提名依法有序，应对突发情况及时。17个地区分会和驻军选举指导组扎实工作，选举干部尽心竭力，圆满完成了换届选举任务。全区共登记选民512970人；498名正式代表候选人除3名因公出国外，全部与选民见面；参加投票选民501400人，投票率达97.74%；30余家境内外新闻媒体对我区换届选举工作进行集中采访报道。经全区上下共同努力，一次成功选举产生339名区人大代表，为做好新一届人大及其常委会工作奠定了坚实基础。

各位代表，回顾五年来的实践和探索，我们对坚持走中国特色社会主义政治发展道路、发展社会主义民主政治有了更深刻的认识，对坚持和完善人民代表大会制度、做好人大工作有了更深切的体会。

**一是必须坚持党的领导，牢牢把握正确政治方向。**党的领导是人民当家做主和依法治国的根本保证，是人大工作必须坚持的根本政治原则。五年来，常委会始终自觉坚持区委对人大工作的领导，坚持重要问题和重大决定及时向区委请示，坚持常委会会议召开情况向区委书面报告，确保区委的决策意图通过法定程序得到落实。

**二是必须坚持围绕中心，服从服务全区工作大局。**人大工作是全区工作的重要组成部分，要增强人大工作实效，就必须在全区发展大局中找准人大工作的着力点。五年来，常委会紧紧抓住事关我区科学发展和民主法治建设的重要问题，紧紧围绕“一条主线、四个重点”的战略任务依法履职，凝聚共识，促进发展，发挥了重要作用。

**三是必须坚持依法行权，正确处理监督、支持关系。**监督“一府两院”工作是宪法赋予人大常委会的职责，这种监督既是制约，又是支持和促进。五年来，常委会正确处理监督与支持的关系，把支持寓于监督之中，既敢于监督又善于监督，监督中注意选择好角度、把握好力度、掌握好尺度，合力推进解决发展中的难点问题。

**四是必须坚持依靠代表，充分发挥代表主体作用。**人大代表是人民代表大会的主体，充分发挥代表作用是提高常委会工作质量的重要基础。五年来，常委会不断完善代表工作制度，增强代表议案建议督办实效，拓展代表工作内容，扩大代表对常委会工作的参与，尊重和保障代表主体地位和民主权利，发挥了代表在推动全区科学发展中的重要作用。

**五是必须坚持与时俱进，勇于创新实践工作方式。**推进人大工作与时俱进，是坚持和完善人民代表大会制度的内在要求。五年来，常委会顺应经济社会发展和民主法治

建设的需要，勇于担当，不断创新，在拓宽监督方式、增强监督实效、改进工作作风、完善工作方法等方面积极探索，使人大工作充满活力，更具实效。

## 今后五年和2017年工作的建议

继续提高代表大会质量。

继续提高监督工作实效。

继续提高代表工作水平。

2017年，是新一届人大及其常委会的届首之年。科学谋划好明年的工作，意义重大。区人大常委会要深入学习贯彻党的十八届六中全会和市委十一届十一次全会、区第十二次党代会精神，切实把思想和行动统一到以习近平同志为核心的党中央关于全面从严治党的重大决策部署上来，牢固树立政治意识、大局意识、核心意识、看齐意识，特别是核心意识和看齐意识，在区委的领导下，紧密结合首都功能核心区的特点，全面聚焦“一条主线、四个重点”的战略任务，依法履行职责。

### 一、监督工作方面

建议听取和审议5个专项工作报告。

听取和审议4项法定议题。

开展执法检查。

加强持续跟踪监督。

### 二、代表工作方面

健全代表履职服务保障工作。

完善代表联系人民群众制度。

加大代表建议督办工作力度。

充分发挥人大街工委作用。

认真做好市代表工作。

### 三、自身建设方面

加强常委会自身建设。

加强专门委员会自身建设。

加强人大机关自身建设。

# 东城区人民政府工作报告

2016年12月19日在东城区第十六届人民代表大会第一次会议上

东城区人民政府区长　李先忠

## 过去五年工作回顾

五年来，在市委、市政府和区委的正确领导下，在区人大及其常委会的监督和区政协的支持下，区政府团结和依靠全区广大干部群众，深入学习贯彻习近平总书记系列重要讲话特别是视察北京重要讲话精神，牢牢把握区域功能定位，积极融入京津冀协同发展大局，统筹兼顾、主动作为，攻坚克难、奋力拼搏，实现了“十二五”圆满收官和“十三五”良好开局，全面完成了区十一次党代会和十五届人代会确定的各项指标和工作任务。

五年来，区域经济保持了良好发展势头。预计地区生产总值从1339.7亿元增长到2000亿元，年均增长8.3%；区级一般公共预算收入从122.3亿元增长到165.5亿元，年均增长6.2%；人均GDP从2.3万美元增长到3.5万美元左右，位居全市第二；第三产业占比保持在95.7%左右，始终稳居全市之首；全社会固定资产投资从175.2亿元增长到250亿元，年均增长7.4%；社会消费品零售额从700.3亿元增长到1030亿元，年均增长8%；城镇居民人均可支配收入从44077元增长到66088元，年均增长8.4%；万元GDP能耗年均下降4%。

五年来，我们主要做了以下六方面工作：

### 一、着力疏解非首都功能，瘦身减量取得新成绩

以人口调控目标倒逼非首都功能疏解，2015年全区常住人口下降6000人，在全市率先实现由增到减的拐点，2016年常住人口预计下降超过2.6万人，全面完成市里下达的人口调控任务。

坚持顶层谋划。高位统筹非首都功能疏解工作，始终坚持抓好“疏”与“控”两条线，用好政府和市场两只手，算好人口和效益两笔账；建立常住人口和户籍人口“双调控”，调控过程和调控结果“双监测”，职能部门和属地街道“双考核”工作机制；将调控指标任务既分解到年度又分解到季度，既分解到属地街道又分解到职能部门，既分解到领域又分解到项目。疏解工作基础台账、工作体系和政策制度不断完善。

有序疏解存量。以疏解区域商品交易市场为重点，共关停天乐玩具、红桥天环等14家市场，全区与批发相关的物流、仓储功能全部疏解，腾退面积17.6万平方米，疏解商户6227户。加快低端业态调整退出，规范、引导簋街和南锣鼓巷主街等商业街区业态转型升级，隆福寺早市和东华门夜市平稳闭市，新建、改造17家规范化社区菜市场。6所中等职业学校向市民教育基地和青少年教育基地转型。完成16家工业企业调整退出。

**严格控制增量。**加强源头管控，严格落实禁限目录，并在全市率先制定了存量产业调整退出目录和高精尖产业结构指导目录，把好企业准入关，4369家企业及个体工商户未通过落户审批。严控平房区、特色商业街区工商注册登记，重点管控街区实现低端业态零增长。加强户籍管理，清理集体户、空挂户，核销、外迁户籍2.95万。

### 二、着力构建“高精尖”经济结构，区域经济实现新发展

五年来，我们主动适应经济发展新常态，坚持“高精尖”发展方向，加快产业转型升级和提质增效，经济发展质量进一步提高。

**产业基础更加牢固。**确定了“一三一”产业体系，预计金融业增加值从245亿元增加到488亿元，支柱地位更加凸显。文化创意产业增加值从162.3亿元增加到280亿元，文化演艺、艺术品交易等行业保持领先。强化产业引导，设立文化创意产业发展专项资金，每年投入1亿元扶持重点项目。“胡同里的创意工厂”增加到21家，发展模式在天津成功复制。将17家区属国企优化整合为7家，完成同升和、东单菜市场等4家老字号企业改制，区国资企业资产总额从409.2亿元增加到641.2亿元，利润总额从1.59亿元增加到3.81亿元，分别比2011年增长了56.7%和139.6%。

**园区特色更加突出。**中关村东城园逐渐显现龙头带动作用，预计2016年实现增加值736亿元，占全区经济总量的36.8%，规模以上高新技术企业实现总收入1850亿元，同比增长10.8%。王府井商业发展带品牌升级战略深入实施，国际知名品牌旗舰店总数达到41家。前门历史文化展示区建设进展顺利，西区“老北京、新体验”、东区“老胡同、新生活”的格局初步形成。“国家文化金融合作试验区”创建稳步推进，北京文化产权交易中心成功进驻。通过加快百荣世贸和永外城疏解改造和业态升级，为永外现代商务区建设奠定基础。完成、推进银河SOHO、嘉德艺术中心、桥苑艺舍、王府中环等一批重点产业项目建设。

**发展环境更加优化。**制定促进产业发展政策，培育上市公司95家，引进中国黄金集团财务有限公司、英大保险资产管理有限公司等99个项目，注册总资本530亿元。全区总部企业达358家。安排专项资金支持非公企业发展。支持中小企业转型升级，创新融资方式，建立中小企业服务分中心4家、小企业创业基地13家，累计帮助中小企业融资8.4亿元，在4家孵化平台型企业建立政务服务站，吸引新入驻企业1.3万家。

### 三、着力推动城市更新改造，古都魅力得到新提升

五年来，我们举全区之力攻坚克难，持续改善城市面貌。编制完成并分步实施历史文化街区保护复兴、非文保区更新改造、基础设施优化提升“三大行动计划”，城市更新改造的方向、任务和目标更加清晰明确。

**名城保护扎实推进。**工作体系更加健全，组建区名城委和专家顾问组，制定历史文化名城保护专项规划，设立每年1亿元的名城保护专项资金。与市国资委签订战略合作协议，引入北京金隅集团、首创集团、市国资公司等大型国企参与城市更新改造。探索前门地区整体保护修缮、南锣鼓巷四条胡同“申请式腾退”等模式。完成了玉河遗址、外城东南角楼景观恢复以及陈独秀旧居、临汾会馆、宣仁庙、清华寺一期等21处文物建筑的腾退修缮。区非物质文化遗产博物馆、时间博物馆、史家胡同博物馆建成开馆。鲜鱼口老字号美食街顺利通过全国知名品牌创建示范区验收，皇城、东四三至八条入选第一批“中国历史文化街区”。

**重大项目实现突破。**组建城市更新改造指挥部，建立区级领导分工负责制，共启动重大项目86个。动真碰硬，直面历史遗留问题，宝华里、西河沿等长期滞留项目取得突破性进展；重新启动南中轴路环境整治项目征收和天坛东里北区1—8号楼腾退；全面完成前门东区8000余间抢占房清理，高标准制定规划方案，完成试点院落改造和西打磨厂街及周边胡同市政基础设施建设，基本完成三里河景观恢复工程。不畏困难，敢啃“硬骨头”，顺利实施全市最大规模简易楼群——天坛周边简易楼腾退项目，基本完成西忠实里环境整治项目腾退；通过一次性招标方式，确定了核心区体量最大的棚改项目——望坛项目的实施主体，正式启动征收程序。高位统筹搬迁政策、资金和房源，五年来，共争取市级固定资产投资79.7亿元，其他渠道融资263亿元，筹集房源6814套，自主建设1.6万套，有力保障了重大项目需求。完成保障性住房摇号配租、配售1.7万套，发放保障房补贴2.1亿元。累计实施棚户区改造15372户，全面完成市里下达任务。

**基础设施不断完善。**完成597栋楼的抗震加固、节能改造和201个老旧小区的环境提升工程，修缮改造平房1.2万间、17.3万平方米。完成西兴隆街、新革路等10条次支路建设。实施了106条道路大中修工程、51项疏堵工程。完成车辇店、前圆恩寺胡同立体停车设施建设试点工作。加强环卫基础设施建设，完成173座旱厕升级改造。完成16.3公里排水户线改造。65条主次干路、21条支路胡同的架空线全部入地。整改占压燃气管线造成的安全隐患48处。完成203台燃气（油）锅炉低氮改造，推动区供暖管网与市热力管网并网，供暖效率进一步提高。

### 四、着力治理“大城市病”，城市服务管理迈上新台阶

五年来，我们牢固树立城市治理理念，推动末端管理向源头治理转变，重拳整治各种痼疾顽症，城市运行保障水平进一步提升，社会安全稳定局面进一步巩固。

**城市秩序持续改善。**制定并实施环境整治、直管公房管理等5类11项管理标准规范，完成东花市大街、台基厂大街等22条市级达标大街创建，实施360条街巷胡同环境整治工程。持续开展专项整治，依法立案查处各类环境秩序违法行为6.2万起，拆除违法建设23.7万平方米，封堵开墙

打洞1108处，取缔无证无照2212户，清理直管公房转租转借5100间，整治地下空间65.7万平方米。整治群租房14.9万平方米，并实现动态清零。以平房区为治理重点，在10个街道16个片区开展物业管理服务试点，取得了“治脏、治乱、治违”的明显成效。增设476个路侧车位，整治127处交通拥堵点，66条胡同实现单行单停。优化站点布局，新增公共自行车7000辆。

**环境质量持续提升**。落实清洁空气行动计划，累计淘汰10.4万辆老旧机动车，完成6.23万户清洁能源改造，全区总体实现“无煤化”。PM2.5平均浓度较2013年同期下降25%。节水社区达80个。实施餐厨垃圾统一收运，收集和处理率达到61%。完成明城墙遗址公园东南角绿地等30余项绿化美化工程，建成环二环城市绿廊，打造了“一河、两带、十三景”的城市景观。新增屋顶绿化10.9万平方米。公园绿地500米服务半径覆盖率达到87%。

**公共安全持续向好**。创新组织领导和指挥运行体系，科学谋划、周密部署，圆满完成APEC第三次高官会、新中国成立65周年、抗战胜利70周年等重大活动的服务保障任务。始终牢记“东城无小事”，不断完善“1+7”安全生产监管责任体系，生产安全事故亡人起数和亡人数逐年下降。食品和药品抽检合格率分别达到99.5%和99.8%。“平安东城”建设成效显著，立体化社会治安防控体系更加健全，万人发案率、百户发案率连续保持城区最低水平，全区设立3135个“东城守望岗”，组织动员6万余名群防群治力量，实现了安保维稳“四个不发生”的目标，获得“全市纪念活动服务保障工作先进集体”、“全国平安建设先进区”称号。

## 五、着力加强民生保障，人民群众获得新实惠

五年来，我们始终坚持以人为本，加大民生改善力度，人民群众生活质量和生活水平不断提高。

**社会保障不断完善**。创建就业服务联盟，加大对高校毕业生、农民工等群体就业帮扶力度，城镇登记失业率控制在1%以内，“零就业家庭”保持动态为零。社会保障实现全覆盖，各项社会保险基金收缴率均在99%以上。累计支出各类社会救助金6.16亿元，让困难群众感受到更多温暖。建立“三级五方联动、分类精准供给”居家养老服务模式，引入家政、助餐、助洁等各类服务企业848家，新增养老床位708张，建成30个心理健康站、17家养老照料中心、17家社区养老服务驿站，荣获“全国养老服务示范单位”称号。安排1680名残疾人就业，为3144户残疾人家庭实施了无障碍改造。

**教育发展优质均衡**。深入实施素质教育，教育质量不断提升，初中、小学就近入学率分别达到96.6%、98.1%，改善了66所中小学的办学条件，群众对教育的满意率由81.7%提高到85.9%。实施学前教育三年行动计划，新建、改扩建21所幼儿园，增加学位近5000个。支持特殊教育发展，成立区特殊教育研究中心。获得北京市教育先进区、全国未成年人思想道德建设工作先进单位等荣誉，顺利通过了义务教育均衡发展国家督导评估。

**健康服务持续加强**。深化医药卫生体制改革，卫生事业发展综合评价在全市名列前茅，人均预期寿命达到84.28岁。分级诊疗体系不断完善，与协和医院、北京医院等合作，建成4个医联体，和平里医院成为区属首家三级甲等中西医结合医院。区第一妇幼保健院、鼓楼中医医院京城名医馆等5个医疗卫生服务机构建成使用。获评全国计划生育优质服务先进区。不断深化“国家中医药发展综合改革试验区”建设，中医药特色健康管理实现全覆盖。完成“全国全民健身示范城区”创建工作，基本建成“一刻钟健身圈”。荣获北京市第十四届运动会代表团总成绩第一名。

**文化惠民成果显著**。成功创建国家公共文化服务体系示范区，72个考评指标全部达到优秀等级。累计投入9.28亿元，建成了覆盖均衡、优质便捷的公共文化设施网络，形成了“十分钟文化服务圈”。王府井国际品牌节、前门历史文化节、孔庙国子监国学文化节、地坛龙潭文化庙会等传统节庆品牌更加深入人心，“骑迹东城”“券游东城”等特色旅游品牌影响不断扩大，“戏剧东城”“书香东城”等文化活动品牌惠及更多群众，荣获北京市唯一的全国“书香城市”称号。“京津冀公共文化服务示范走廊”发展联盟交流合作不断深化。

**社会治理创新发展**。组建区网格化服务管理中心，整合原有62条政务热线，设立全区统一的96010为民服务热线，对公众诉求的快速响应和处置能力进一步增强，事项办理反馈率达到95.6%。“枢纽型”社会组织作用进一步发挥，成功创建“全国社区治理和服务创新实验区”，182个社区全部完成议事厅规范化建设，建成53个市级社区规范化示范点，除拆迁区以外，社区服务用房均已达标。在全市率先实现“一刻钟社区服务圈”全覆盖，获得全市唯一的“全国社区商业示范区”称号，居民多样化服务需求得到更好满足。

## 六、着力提高行政效能，政府自身建设取得新进展

五年来，我们坚持依法行政，加快政府职能转变，加强法治政府建设，服务群众、服务发展的能力和水平不断提高。

**政务服务质量持续提升**。强化公共服务职能，教育、医疗卫生、社会保障等民生领域投入超过财政支出的50%，累计完成为民办实事项目102项。梳理完成248项行政审批清单和3978项行政处罚清单，并向社会公开。扎实推进“五证合一”商事登记制度改革，简化权力运行流程，市场准入审批提效45.7%。三级政务服务体系更加完备，实现了319项便民服务事项标准化和街道为民服务“事项、流程、标准”三统一。推进“智慧东城”建设，提高政务服务信息化水平，荣获“中国数字政府领先城市奖”。

**依法行政能力持续提升**。坚决执行区人大及其常委会

决议，累计办理市、区人大代表议案、建议和政协委员提案2394件，办理满意率大幅提升。认真贯彻民主集中制，严格执行“三重一大”事项决策制度，建立重大行政决策合法性审查机制，决策程序不断规范。完善政府绩效管理，建立更加科学的考核指标体系，实现了“一个单位、一套指标”的精准考核。加强审计监督，一级预算单位实现部门预算执行审计全覆盖。

**勤政廉政水平持续提升。**认真履行政府系统党组全面从严治党主体责任，认真贯彻落实中央八项规定精神，积极开展群众路线教育实践活动、“三严三实”专题教育和“两学一做”学习教育，保持作风建设常态化和长效化。深化廉政风险防控“三个体系”建设，率先在全市建成廉政风险防控电子监察平台，强化监督执纪问责，持之以恒纠正“四风”，扎实开展“为官不为、为官乱为”专项治理。严格执行国务院“约法三章”，完成机关公务用车制度改革。

五年来，我们还推动文明城区创建常态化，实现了“全国文明城区”三连冠、“全国双拥模范城”七连冠，获得了“六五”普法全国先进区等荣誉。国防动员、统计审计、档案史志、外事侨务、民族宗教、妇女儿童等工作也都取得了新进展。

各位代表，通过五年的不懈努力与探索，我们对推动东城建设发展有了更加深刻的认识，做好东城工作：

**必须牢牢把握区域功能定位，坚持“文化强区”战略。**东城作为首都功能核心区，必须紧紧围绕首都“四个中心”战略定位，依托深厚的文化资源禀赋，深入实施“文化强区”战略，加快建设“首都文化中心区”，保护好古都风貌“金名片”，不断增强文化魅力和文化影响力，让群众在文化繁荣中有更多认同感。

**必须充分尊重城市发展规律，坚持共治共享理念。**牢固树立以人民为中心的发展思想，统筹城市规划建设管理，健全完善城市治理体系，切实提高城市治理能力，坚持依法行政，善于运用法治思维和法治方式推动工作，走好新时期群众路线，充分调动全社会力量共建共管，让群众在城市生活中有更多幸福感。

**必须紧紧依靠广大干部群众，坚持改革创新实践。**直面当前经济社会发展中最突出的矛盾和群众最关心、最直接、最现实的利益问题，不躲不绕、不等不靠，敢于担当、主动作为，尊重基层和群众的首创精神，集中各方智慧和力量深化改革、破解难题，创新实践、推动发展，让群众在改革发展中有更多获得感。

各位代表，过去的五年，是东城发展历程中极不平凡的五年，是广大干部群众攻坚克难、奋力拼搏、砥砺前行的五年，也是全区经济社会发展持续向好、城市更新改造取得突破、城市面貌发生显著变化、人民群众获得感不断提升的五年。五年的奋斗历历在目，五年的成绩来之不易，这些成绩的取得，是市委、市政府和区委坚强领导的结果，是全区上下团结协作、拼搏奉献的结果，是历届政府传承接力、真抓实干的结果。在此，我代表本届政府，向离退休老同志，向辛勤工作在各行各业的干部群众，向大力支持政府工作的人大代表和政协委员，向积极参与东城建设的驻区部队官兵和社会各界朋友，表示衷心的感谢，并致以崇高的敬意！

同时，我们也清醒地认识到，全区经济社会发展还面临不少困难和问题，主要是：非首都功能疏解、人口调控任务依然艰巨；区域发展不平衡、不协调、不可持续问题仍然存在；保护古都风貌、推进城市更新改造、健全精细化管理长效机制、深化“文化强区”体制机制改革等方面还有一些难题需要破解；民生保障和改善的精准度、满意度与群众的期望还存在差距；全面深化改革、依法治理还需要下更大工夫；部分干部的思想观念、能力素质和工作水平还难以适应经济发展新常态和社会治理新要求。对此，我们必须高度重视，采取切实有效措施加以解决。

## 今后五年的主要目标任务

未来五年，是我们全面完成“十三五”规划和率先建成小康社会的关键期和决胜期，也是大有作为的重要战略机遇期。中央着力推进“五位一体”总体布局和“四个全面”战略布局，深入实施京津冀协同发展战略，为我们加快城市治理和经济发展方式转变指明了新方向；北京全面落实“四个中心”战略定位，加快建设“国际一流的和谐宜居之都”，为我们打造古都风貌“金名片”、建设首善之区提出了新要求；刚刚闭幕的区第十二次党代会确定了今后五年的奋斗目标和“一条主线、四个重点”的战略任务，为我们未来经济社会发展描绘了新蓝图；经过五年的实践探索，我们在工作中积累并形成了一些好的经验、做法和模式，为全面推进疏解功能谋发展、瘦身健体惠民生、综合治理提品质奠定了新基础。

区第十二次党代会明确提出了我区今后五年工作的指导思想，就是要高举中国特色社会主义伟大旗帜，全面贯彻党的十八大和十八届三中、四中、五中、六中全会精神，认真学习贯彻明年召开的党的十九大和市第十二次党代会精神，以马克思列宁主义、毛泽东思想、邓小平理论、“三个代表”重要思想、科学发展观为指导，深入学习贯彻习近平总书记系列重要讲话特别是视察北京重要讲话精神，坚持“五位一体”总体布局和“四个全面”战略布局，贯彻“五大发展理念”，全面落实首都“四个中心”战略定位，切实履行好“四个服务”职责，以有序疏解非首都功能、推动京津冀协同发展为主线，以城市更新改造、城市精细化管理、文化强区、民生改善等工作为重点，推动全面从严治党和经济社会发展迈上新台阶，加快建设“国际一流的和谐宜居之区”。

未来五年我区经济社会发展的主要目标任务是：

——人民生活更加幸福。

——文化魅力更加彰显。

——管理服务更加精细。

——经济实力更加雄厚。

——城市品质更加提升。

## 2017年重点工作建议

### 一、加快疏解非首都功能，不断提升首都核心功能承载力

坚持目标和问题导向，完善“点、线、面”工作格局，实施“疏解整治促提升”十大专项行动，打好“整体仗”和“组合拳”，全面完成市里下达的“疏非控人”目标任务。

（一）坚持改革创新，加紧城市更新改造

推动重大项目建设。

推动老旧小区整治。

推动基础设施改造。

（二）坚持源头治理，加强城市精细化管理

强化综合执法。

提升环境品质。

治理交通拥堵。

（三）坚持提质增效，加速产业优化升级

谋划产业布局，既谋空间也谋要素。

调整产业结构，既调存量也调增量。

优化产业环境，既优政策也优机制。

### 二、坚持“文化强区”战略，不断提升“首都文化中心区”影响力

把品牌建设作为实施“文化强区”战略的重要抓手，以“文化东城”品牌为统领，在继承和创新中让文化DNA全方位融入城市发展，使文化资源和文化元素活起来、动起来、亮起来。

（一）保护古都风貌，打造品牌街区

（二）紧抓重点项目，打造品牌企业

（三）整合区域资源，打造品牌活动

### 三、加大民生改善力度，不断提升群众获得感和幸福感

把人民对美好生活的向往作为我们的奋斗目标，多措并举，不断扩大优质公共服务供给，强化资源的统筹配置和布局优化，持续增进民生福祉。

（一）提高社会保障水平

加强就业和社会保障。

深化养老助残服务。

（二）提高教育卫生服务水平

扩大优质教育覆盖面。

推动健康事业发展。

（三）深入推进文化惠民

创新供给方式。

提高供给质量。

（四）推动社会共治共享

加强社会治理。

做好社区服务。

### 四、加强自身建设，不断提升政府工作效能

区政府党组及政府系统要认真落实全面从严治党的要求，坚持以法治思维和创新精神推动工作，不断提高政务服务能力。

（一）加强法治政府建设

强化依法决策能力。

强化依法行政能力。

强化政府运行监督。

（二）加强创新政府建设

深化城市管理体制改革。

推进医药卫生领域改革。

推进其他重点领域改革。

（三）加强服务型政府建设

切实落实“放管服”。

切实做好廉政工作。

切实改进作风。

# 中国人民政治协商会议东城区第十三届委员会常务委员会工作报告

## 2016年12月18日在政协北京市东城区第十四届委员会第一次会议上

东城区政协主席　邵　鹏

### 工作回顾

十三届区政协任期的五年，是我区立足首都"四个中心"战略定位，积极融入京津冀协同发展大局的五年，也是区政协各参加单位和广大政协委员，与全区各族各界人士砥砺同心，为推动东城区经济社会科学发展而共同奋斗的五年。五年来，在中共东城区委的领导和市政协的指导下，十三届区政协高举爱国主义、社会主义旗帜，牢牢把握团结和民主两大主题，聚焦全区改革发展履行职能，围绕功能疏解建言献策，推进协商民主发挥优势，提升履职能力增强实效，在履行人民政协职能的征途上谱写了生动乐章，壮大了团结民主的朋友圈，凝聚起促进发展的正能量，唱响了人民政协的时代好声音，为实现"十二五"规划的圆满收官和"十三五"规划的良好开局，建设"国际一流的和谐宜居之区"作出了应有的贡献。

#### 一、把握方向，凝聚共识，思想政治基础更加坚实

五年来，我们始终把加强学习摆在突出位置，组织开展主题鲜明、形式活跃的教育实践活动，坚持正确认识和处理一致性与多样性关系，切实把思想和行动统一到区委的决策部署上来。

**注重在思想建设中增进共识。**积极引导和推动广大政协委员认真学习贯彻中共十八大以来各项方针政策和习近平总书记系列重要讲话精神，深入学习贯彻《中共中央关于加强社会主义协商民主建设的意见》和中央统战工作会议精神，组织以"协商民主建设"为主题的常委学习班和政协协商民主实践与探索研讨会，准确把握社会主义协商民主的新论断、新部署和新要求，更加积极主动地参与全区协商民主建设。坚持"政协讲堂""委员讲座"、专题报告、机关集体学习制度，共培训12000多人次，引导广大委员进一步增强政治意识、大局意识、核心意识、看齐意识。

**注重在谋划工作中深化共识。**认真学习贯彻北京市政协工作会议精神，协助区委召开政协工作会议，并出台《关于进一步加强政协协商民主建设的实施办法》。结合全年工作重点，制定年度协商计划，明确协商议题、范围、时限、反馈及牵头部门和协办单位，责成专门处室，定期督办落实，增强履职活动的针对性和实效性。成立了东城区政协理论与实践研究会，加大理论研究和实践探索力度，编辑了近10万字的理论文集，努力为推进政协协商民主建设凝聚思想共识。

**注重在学习教育活动中巩固共识。**组织专题研讨、学习座谈，开展庆祝中国共产党成立95周年和人民政协成立65周年系列活动，总结政协工作经验，展望政协事业美好前景，巩固增进思想政治共识。紧密结合政协工作实际，深入开展以为民务实清廉为主要内容的党的群众路线教育实践活动，倡导委员"服务社会、服务发展、服务群众"，争当参政议政好参谋，争当关注民生好代言。坚持问题导向，扎实开展"三严三实"专题教育活动和"两学一做"学习教育，努力用马克思主义中国化最新成果武装头脑、指导实践、推动工作。

#### 二、聚焦中心，深入建言，协商议政成效更加显著

五年来，我们积极探索发挥人民政协作为协商民主重要渠道和专门协商机构的作用，精心安排协商议题，创新协商形式，稳步推进协商民主广泛多层制度化发展，促进了重大决策的科学化、民主化。

**注重调查研究，助推改革发展大局。**围绕"总规"修订、产业结构优化调整和功能区布局等关系区域经济社会发展的重大问题，引导委员准确把握新常态下我区发展的阶段性特征，开展具有前瞻性针对性联合调研、专项视察和专题协商等履职活动，为推动核心区可持续发展提供有力的智力支持和决策服务。五年来，共开展各类调研课题30余项，主席会议成员牵头的重点课题15项。围绕"推动东城区大众创业万众创新""东城区中医药特色健康管理社区建设""完善我区0-3岁儿童照料公共服务与政策支持"等重点调研，先后组织委员和专家学者深入开展视察考察、实地走访、座谈研讨等各类活动100余次，经反复论证，形成具有较强指导性、可操作性的调研报告和建议案16件。区委、区政府主要领导批示要求相关部门抓好协调，全力促进调研成果及时转化，其中：改造后老旧小区的管理、现代公共文化服务体系建设、国际安全社区建设等方面建议均得到采纳落实。

**创新协商形式，拓宽协商议政渠道。**区政协坚持重要问题和重大事项向区委报告制度，每年专题汇报委员履职情况，积极向区委提出推进政协工作的建议，强化政协协商与党政工作的有效衔接。政协委员应邀列席区政府常务会、参加区政府工作报告征求意见会，所提意见建议得

到充分肯定。探索召开区政府、区政协“双政协商”座谈会，围绕“如何推进望坛棚改项目”，组织委员与区政府主要领导和有关部门进行座谈交流，提出28条意见建议，为区政府决策提供有益参考。组织产业政策咨询会、专题协商会、中小企业服务咨询会等活动，委员们坦诚建言，受到区委、区政府的高度重视。完善全体会议、常委会会议、主席会议等既有协商机制，拓展协商领域，延伸工作触角，将不同阶层、不同利益群体的诉求聚合至区委、区政府相关部门，确保协商民主取得实效。各专委会主动与党政有关部门加强沟通联系，定期互通情况，推动协商工作有序进行。五年来，共开展专题协商、对口协商、界别协商118次。各界委员在全体会议和20余次专题协商会上对我区经济建设和社会各项事业发展提出意见建议1100余条，经归纳整理后，及时报送区委、区政府供决策参考。

**紧贴东城发展，发挥品牌活动效应。**举办4次大会发言活动，43名委员围绕事关全区发展的重大问题现场发言，大会发言征文汇编收入委员建言205篇 50余万字。举办6次主题沙龙活动，围绕互联网金融政策和风险防范，文化创新发展、企业融资难等问题，采取多种形式进行互动交流，积极搭建政府与企业间沟通对话的桥梁，共促区域经济社会融合发展。举办“实有人口服务管理全覆盖”“东城区公共法律服务”专题论坛，为推动社会服务管理创新提供有益参考。委员们全程参与活动的策划和实施，充分体现了协商民主坚持服务区域经济社会发展的理念。

**注重提高质量，改进提案办理协商。**坚持全体会议、常委会会议和主席会议听取提案工作报告制度和主席、副主席、秘书长领衔督办重点提案制度。各专委会在重点调研课题中吸纳有关提案的亮点，各党派团体和委员积极开展调研并提出提案，形成了领导重视、参与广泛、各尽其责、协调有序的提案工作新机制。通过拓宽提案征集渠道，组织提案培训、点评、分析与交流，开展提案“双评双促”工作，狠抓提案的提出、办理和服务三个环节，编纂了《优秀提案汇编》，提案工作质量不断提升，提案服务大局的作用明显增强。五年来，共征集提案1568件，审查立案1469件，政协提案办理工作越来越受到有关部门的重视，办理质量逐年提高。

### 三、关注民生，增进团结，改革发展合力更加凝聚

五年来，我们始终坚持把反映民情、改善民生作为政协工作的根本出发点和落脚点，坚持团结和民主两大主题，为东城改革发展与和谐稳定凝聚智慧和力量。

**广泛凝心聚力，共促区域和谐稳定大局。**加强与各民主党派、无党派人士和工商联的协调联动，发挥联系纽带作用，合力共促区域发展。坚持区政协领导走访委员制度，拜访委员单位；通过组织护士节、教师节、中秋节等节日慰问活动，利用座谈会、联谊会等形式，加强与委员沟通交流，以及各界人士与党委、政府的联系，强化了统一战线的凝聚力和向心力。视察调研我区学校、企业、街道开展民族团结进步创建工作情况，组织宗教文化体验活动，坚持走访慰问宗教界人士，反映和协调民族宗教工作中的相关问题，推动民族宗教政策的有效落实。举办台情报告会、组织联谊参观活动，密切联系港澳台侨各界人士，不断巩固和扩大爱国统一战线共同政治基础上的大团结、大联合。注重发挥委员的主体作用和政协的整体功能，做好协调关系、化解矛盾、理顺情绪的工作，努力把求同存异、合作共事的原则贯彻到政协工作的各个环节。

**加大监督力度，力促区域发展环境优化。**举办专题座谈会，交流特邀监督工作的经验和体会，促进区政协、特邀监督员和聘任单位之间的沟通联系，深化特邀监督工作。制定《社会管理综合治理民主监督小组工作规则》《财政预算民主监督小组工作规则》，组织开展专项民主监督活动20余次，听取情况通报、参观视察、旁听庭审，了解财政预算执行、司法公正推进、社区矫正等工作情况，对相关工作提出意见建议。推荐51名政协委员担任区相关部门特邀监督员、人民陪审员，采取明察暗访、专项视察、协商座谈、参与执法检查等形式，积极开展民主监督，协助党政有关部门发现问题、改进工作、提高效能。加强视察前期的调查研究，注重视察过程中的咨政建言，组织委员就历史文化名城保护、城市生态环境优化、法律法规实施等社会关注的热点问题开展视察，向党政部门及时报送了大量有价值的意见建议，促进了相关问题的解决。

**加强信息工作，发挥舆情民意汇集作用。**完善反映社情民意信息工作情况通报制度，通过定期召开热点问题座谈会、举办信息工作会、开展培训、健全报送网络等形式，不断扩大信息来源，增强信息实效。五年来，向市、区及有关部门报送信息1302篇，其中，全国政协采用4篇，市级采用57篇，市、区领导批示516件次，较好地发挥了社情民意的“快速路”和“直通车”作用。关于“撤销东华门小吃一条街”“更换北京市百货大楼钟楼大钟日产西铁城品牌”等建议得到办理落实，受到社会各界广泛好评。许多社情民意信息直接为委员开展专题调研、视察、撰写提案等履职活动提供了线索，也为相关部门提供了工作参考，更为群众表达利益诉求开辟了新的渠道。区政协多次被评为市政协信息工作先进单位。

**关注民情民生，帮助困难群众排忧解难。**动员、引导和宣传政协委员更多地重视民生问题、关注弱势群体，积极回报社会。港澳台侨委员会联合侨联界别组织“关爱侨界困难女生 奉献温暖爱心”捐助活动，共青团和青联界别组织委员参加“公益徒步嘉年华”，呼吁社会各界关心希望工程。少数民族和宗教界委员积极为西部少数民族贫困生捐赠善款。委员们还为东四、永外等街道困难学生捐赠衣物，为全区各街道捐赠电动自行车。通过组织各种社

会公益活动，进一步树立了区政协心系群众、服务社会的“亲民、为民、利民”的良好形象。

**创新宣传工作，发挥文史资料独特作用。**加大政协履职成果宣传力度，创办电子刊物《回音壁》；适时召开政协宣传工作座谈会，密切与《人民政协报》《中国政协》《北京观察》等新闻媒体的联系与合作，先后刊发各类宣传文章近百篇，采访、报道委员50余人次。编辑出版《民国时期北京的欧美同学会》《历史上的中法大学》《民国时期北平中医药》《人是风景——首都文史精粹·东城卷》等重要文史图书，协助市政协完成《第四届北京文史论坛》的资料征集工作，共120余万字，发挥了文史资料“存史、资政、团结、育人”的作用。举办纪念中国人民抗日战争暨世界反法西斯战争胜利70周年书画笔会，委员们用书画作品讴歌抗日战争伟大胜利，弘扬爱国主义精神。加强与全国政协、市政协的工作联系，密切与兄弟省市区政协的交往，出访日本、韩国等国际友城，宣传和推介东城文化，提高我区对外知名度和影响力。

## 四、抓好队伍，完善制度，自身建设水平全面提升

五年来，我们始终坚持以提升履职成效为重点、以完善制度为关键，不断加强自身建设，持续提升政协工作科学化水平。

**强化委员队伍建设，充分发挥委员主体作用。**制定实施《东城区政协委员履职管理办法》《东城区政协委员履职综合考评细则》等制度，建立了委员履职服务管理信息系统，完善综合评价体系，增强委员履职的主体意识和责任意识，一大批有担当、善议政、会协商的优秀委员涌现出来。五年来，共表彰优秀委员447人次、优秀提案152件、优秀社情民意信息工作者209人次，激励委员既在本职岗位上建功立业，又在政协组织中有所作为。

**加强专委会建设和界别工作，提升政协工作活力。**修订完善专委会工作规则，定期召开专委会主任会议，组织开展再生资源回收利用、校外教育等视察活动，不断增强专委会围绕常委会议题开展活动的成效。加强专委会与区相关部门的联系和工作衔接，理顺知情明政渠道。坚持把界别活动纳入专委会工作整体计划，形成专委会工作与界别活动的互联互动。召开党派界别民主协商会，举办推动“十二五”妇女儿童发展规划落实与“十三五”规划编制、贯彻《工会法》实施办法等界别协商活动，更好地发挥界别的优势和作用。

**完善政协委员街道活动小组工作机制，拓展履职服务领域。**积极探索委员深入基层、参与和谐社区建设的形式，将全体委员按街道分别编入17个委员街道活动小组，并在政协全会上专门安排了委员街道活动小组讨论。修订完善《关于政协委员街道活动小组的工作意见》，定期召开工作会议，进一步规范活动程序，推动协商民主向基层延伸。五年来，组织食品安全示范街区创建溯源调研、参观街道文化服务中心、听取天坛周边简易楼腾退补偿工作通报、视察望坛棚户区、考察钟鼓楼南大街改造情况等500余次履职活动，为委员服务地区发展拓宽了领域。

**切实推进工作制度创新，提升履职服务成效。**以制度建设为切入点，出台《东城区政协工作规程》，对会议制度、专委会、界别、委员街道活动小组、提案、反映社情民意信息等工作进行界定规范，促进政协履职工作更加有序高效。制定《东城区政协机关工作规程》，从工作纪律、学习制度等10个方面对政协机关工作进行规范，以“严”与“实”的过硬作风推进政协工作创新发展。以提高干部队伍素质、提升机关服务能力为重点，狠抓机关党风廉洁建设和作风建设。认真贯彻落实中央八项规定和市委、区委实施意见，进一步规范并严格执行各项管理制度，在转变作风上取得实效。

五年的奋斗历历在目，五年的成绩来之不易。这些成绩的取得，是区委坚强领导和市政协有力指导，区人大、区政府和社会各界大力支持的结果，是政协各参加单位和全体政协委员履职尽责、团结奋斗的结果。在此，我代表十三届区政协常委会向为政协工作付出智慧心血、作出贡献的各界委员，向所有关心、支持政协工作的各级领导、各界朋友，致以最崇高的敬意和衷心的感谢！

五年来的生动实践给予我们丰富的启示，我们深刻地体会到，推进新形势下人民政协事业发展，必须始终坚持人民政协在社会主义民主政治建设中的地位和作用，牢牢把握人民政协工作的正确方向，坚定不移地走中国特色社会主义政治发展道路；必须始终坚持围绕中心、服务大局的原则，把党委政府高度重视、人民群众普遍关心的问题作为履职重点，充分发挥政协组织的独特优势，为推动我区科学发展和民生改善贡献力量；必须始终坚持团结和民主两大主题，注重加强与各党派团体和各族各界人士的团结合作，在共同的政治基础上充分发扬民主，努力维护和谐稳定的政治局面；必须始终坚持发挥委员主体作用，为委员施展聪明才智、如实反映民声、发表真知灼见搭建“说话”的平台，切实激发委员履职的积极性，提高委员履职的水平；必须始终坚持解放思想、开拓创新，积极探索政协履行职能的新领域、新方式，大力推进理论创新、制度创新、工作创新，不断为人民政协事业注入新的生机和活力。

十三届区政协虽然取得了一些成绩，但在工作中还存在着一定的差距和不足，如协商议政和专题调研的质量有待进一步提高；民主监督职能发挥得不够全面和深入；政协界别的优势和作用体现得不够充分等等。所有这些都需要新一届区政协认真研究，在工作实践中不断探索，逐步加以改进和完善。

## 工作建议

一、加强理论学习引导，增进思想政治共识。

二、围绕改革发展大局，切实履行政协各项职能。

三、坚持团结民主主题，营造和谐稳定社会环境。

四、加强政协自身建设，夯实政协事业发展基础。

# 强化监督执纪问责　推进全面从严治党 为建设“国际一流的和谐宜居之都”提供有力保证

## 2016年12月5日在中共东城区第十二次代表大会上的报告

中共东城区委常委、纪委书记　种　磊

## 过去五年的工作回顾

五年来，在市纪委和区委的坚强领导下，全区各级党组织和纪检监察组织深入学习贯彻习近平总书记系列重要讲话精神，坚持全面从严治党、依规治党，忠诚履行党章赋予的神圣职责，聚焦中心任务，强化“两个责任”，落实“三转”要求，狠抓纪律、作风建设，积极构建不敢腐、不能腐、不想腐工作机制，强化自身建设，不断提高全区党风廉政建设和反腐败工作科学化规范化水平。

——紧紧抓住“牛鼻子”，有力推动了“两个责任”落实。协助区委制定落实党风廉政建设责任制“两个责任”实施意见、若干规定和“清单式”管理办法，明确党委履行主体责任的15项内容和纪委履行监督责任的13项内容，督促各单位制定实施细则和责任清单，形成职责明确、边界清晰的区、处、科三级责任体系和考核指标体系。协助区委设立落实党风廉政建设责任制主体责任办公室，建立组织领导、分工负责等工作机制。区委及区人大、区政府、区政协党组通过召开相关会议、层层签订党风廉政建设责任书、开展检查考核等形式，推进主体责任的落实。制定东城区贯彻落实中央和北京市建立健全惩防体系建设五年规划的实施办法和分工方案，坚持每年协助区委制定落实党风廉政建设责任制、推进惩防体系建设主要任务分工，并作为落实“两个责任”的重要内容，通过听取专题汇报、监督检查、考核通报等方式督促落实。

探索创新“两轮座谈、签字背书、约谈督导、集体会诊、检查考核、述责述廉、问责追责”等多项举措，将责任和压力层层传导到基层。特别是通过区委书记、区纪委书记分别对责任制检查考核排名靠后单位的党委书记、纪委书记进行约谈，对班子成员发生违纪违法案件以及网络违规行为通报三次以上的单位取消年度评优评先资格，对履行党风廉政建设领导责任不力的进行责任追究等，以问责追责倒逼责任落实。多措并举推进“两个责任”落实的具体做法，在全市落实“两个责任”经验交流会上作了介绍。五年来，共召开落实“两个责任”座谈会近90个，集体会诊10家单位，重点检查考核171家次单位，30名处级党政正职向区纪委全会述责述廉，对27家单位取消评优评先资格，责任追究21人，有力推动和促进了“两个责任”落实。

——持之以恒纠正“四风”，有效维护了纪律的权威性和严肃性。加强对政治纪律执行情况的监督检查，保证党的路线方针政策贯彻落实。加强对中央和市、区委重大决策部署贯彻落实情况的监督检查，在落实加快转变经济发展方式、非首都功能疏解、城市更新改造、历史文化遗产保护和拆除违法建设等重要工作中，加大执纪监督力度，针对存在问题及时向职能部门发出整改通知书、工作建议书，督促严格依法履职。采取统一立项、联合立项、指定立项的形式，组织对保障性住房、生态文明和城市环境建设等178个项目实施监察，有力促进了重大决策部署的贯彻落实。

认真落实中央八项规定精神和市委实施意见、区委实施办法，持之以恒纠正“四风”。坚持一个节点一个节点坚守，通过在重要时间节点向全区印发相关通知、向全区领导干部制发廉政短信、开设宣传专栏等多种方式，加强教育引导，严明纪律要求。建立纪检监察与财税部门问题线索移送机制和发票智能比对系统，发现公款吃喝、公款购发卡物、公款旅游等问题线索56个。坚持一个问题一个问题解决，对庸懒散拖、推诿扯皮、吃拿卡要等28项重点问题开展专项整治，集中开展会员卡清退、超标办公用房清理、出入私人会所整治，以及“为官不为，为官乱为”“整治和查处侵害群众利益的不正之风和腐败问题”等专项治理；深入开展“两规范一提高”工作，对工作落实不到位、执行纪律不彻底的责令进行整改，同时督促职能部门建立和完善了一批推进作风建设常态化长效化的工作制度。坚持把违反中央八项规定精神的行为列入执纪审查重点，密切关注“四风”问题新动向、新表现，对“四风”隐形变异问题深挖不放，先后对公款旅游、违规发放购卡物等违纪行为进行了查处，共立案46件，给予45人党政纪处分，持续释放执纪必严的强烈信号。连续3年在全区召开违反中央八项规定精神典型案件通报曝光专题会，点名道姓通报69起典型违纪违法案件，产生了良好的震慑和警示教育效果，推动党风政风持续好转。

——深化纪律检查体制改革，不断推进了组织和制度创新。推动纪律检查双重领导体制具体化、程序化、制度化，成立纪律检查体制改革专项小组，确定5项改革任务、14项重点工作。贯彻落实“查办腐败案件以上级纪委领导为主”要求，积极发挥区反腐败协调小组作用，认真落实中央关于在查办党员和国家工作人员涉嫌违纪违法犯罪案件中加强协作配合有关规定，建立健全问题线索移送、线索查询比对、办案人才库、案件剖析治本等执纪审查组织协调四项机制，制定实施重要问题线索管理暂行办法；建立区国际追逃追赃和防逃工作协调机制，形成反腐败强大合力。

改革完善基层纪检监察组织体系，落实中央纪委、市纪委相关要求，制定实施《关于加强纪检监察组织设置和实行派驻统一管理的意见》及配套制度，率先在全市实现了纪检监察组织动态全覆盖和落实“纪委书记、副书记的提名和考察以上级纪委会同组织部门为主”要求。探索建立区纪委联合派驻机制，全区各单位设纪（工）委、纪检组62个和监察科59个；加强纪检监察工作力量，实行纪（工）委书记、纪检组组长单设并不再分管其他工作，较换届前增加专职纪检监察干部55人，为聚焦主业、强化监督执纪打下了坚实基础。扎实推进区级纪检监察派驻机构改革，制定《关于加强东城区纪委派驻机构建设的实施意见》。结合社区“两委”换届，在全区182个社区统一设立了纪检组织；统一规范了区属国企、医院的纪检组织设置，有效促进了监督责任向下延伸。

——坚决把纪律和规矩挺在前面，持续保持了惩治腐败高压态势。紧紧围绕遏制腐败蔓延的目标任务，把查处十八大后不收敛、不收手，问题严重、群众反映强烈，现在重要岗位可能还要提拔使用三类情况同时具备的党员领导干部作为重中之重。针对腐败问题易发多发的社保基金管理、房屋管理等领域，严肃查处了一批典型违纪违法案件，在全区引起了强烈反响，既严惩了违纪违法分子，又教育警示了广大党员干部。严格执行换届工作纪律，督促落实好“九严禁”“四个凡提”要求和“五个责任主体”职责，对536名换届人选做好信访举报、问题线索的核查工作，严把“廉洁自律意见回复”关，确保换届风清气正。5年来，区纪委共受理纪内信访举报2398件次，初核问题线索888件；全区立案264件，结案213件，给予党政纪处分200人，其中轻处分122人、占61%，重处分78人、占39%，移送司法机关立案侦查8人、占4%，本届年均立案数、结案数均是换届当年的近4倍。区检察院立案侦查贪污贿赂、渎职侵权等职务犯罪152件164人，区法院审结贪污贿赂案件77件109人、渎职侵权案件6件13人。

突出抓早抓小、动辄则咎，积极研究探索运用监督执纪“四种形态”的具体途径和有效举措。制定实施《东城区运用监督执纪“四种形态”实施办法（试行）》，整理形成“四种形态”工具清单、“第一种形态”问题清单和相关制度汇编。针对群众反映问题笼统或存在苗头性倾向性问题的党员干部，开展“点对点”的提醒教育；对一般违纪问题或不够纪律处分的，运用谈话函询、约谈、通报批评、诫勉谈话等方式起到咬耳扯袖、红脸出汗的作用；对反映失实的，在一定范围内予以澄清。对反映集中且涉及群众切身利益的教育、卫生、社区资金管理等领域的突出问题，分析形成19份《信访专报》，报请区委、区政府主要领导批转主管部门整改落实。严把廉洁关，共对2227人次的干部选拔任用、评优评先提供“廉洁自律意见回复”。2016年以来，全区各级党组织、纪检组织开展谈话函询730人次，提醒谈话496人次，约谈134人，通报批评114人次，诫勉谈话22人次，组织调整或组织处理60人次，行政问责14件17人，充分体现了对党员干部的严管和厚爱。

加大执纪审查力度，坚持信访举报统一归口管理、问题线索统一管理、问题线索统一排查、基层违纪案件统一审理、办案人才统一调配使用、办案安全统一保障的“六统一”制度。探索建立纪检监察联合履职工作机制，统筹全区执纪力量，先后选调了4批74人次纪检监察干部，与区纪委机关各部门联合执纪，取得明显效果。通过受理信访举报、深挖“案中案”、线索查询比对系统、审计监督、电子监察平台数据查询、问题线索“大起底”等途径，有效拓宽问题线索来源，并严格按照拟立案、初核、谈话函询、暂存、了结5类方式对问题线索进行处置。定期梳理分析全区纪内信访举报和执纪审查情况，为区委、区政府决策提供参考。做好执纪审查后半篇文章，建立以案倒查廉政风险工作机制，对社保基金管理、房屋产权登记、残疾证办理使用等方面发生的51起案件开展廉政风险倒查。针对本区发生的典型违纪违法案件，在全区开展强化“一把手”监督、规范权力行使专项工作，达到查处一案、警示一片、完善一面的效果。

——深化廉政风险防控“三个体系”建设，不断强化了对权力运行的制约和监督。坚持以“清权、确权、分权、制权、示权”为切入点，积极构建“大小有界、行使有据、运行公开、过程留痕、全程防控”的权力结构和权力运行机制，继续保持发源并发展于我区的廉政风险防控工作走在前列。建立区、处、科三级权力清单、责任清单、风险清单，建立和完善街道、社区权力结构和权力运行规范化标准化体系。开发建设“东城区权力公开透明运行平台”，实现区、处级领导班子集体决策事项、领导干部涉权事项、权力运行流程图、廉政风险点对内公开，梳理完成248项行政审批清单和3978项行政处罚清单向社会公开。深入推进廉政风险防控项目化管理，开展区级重点防控项目10个，处级重点防控项目388个。制定实施《关于加强对处级党政正职领导干部管理监督的暂行规定》和《关于处级领导班子成员职责分工的暂行办法》，强化一把手“四个不直接分管”，规范处级领导班子权力结构。督促职能部门制定《东城区行政事业单位财务管理办法》《东城区科级及以下公务员交流工作办法（试行）》等制度，在全区推行“六费”公开，通过制度创新、工作创新压缩消极腐败现象生存空间和滋生土壤。

突出科技防控，率先在全市建成廉政风险信息化防控电子监察平台。建立政府投资项目、小型工程、住房保障、政府采购和招投标等10个风险防控系统，既有效压缩了权力寻租空间，又发挥了问题线索发现功能，得到国办和市有关业务主管部门充分肯定，市纪委监察局和预防腐败局2次在我区召开现场会，平台取得了国家版权局授予的软件著作权。平台运行以来发现问题线索140余个，立案查处13人。针对工作时间违规上网情况全区通报18次，涉及87家单位452人次，有效遏制了机关工作人员上班玩游戏、炒股票等五类违规行为，促进了庸懒散拖专项整治取得实效，机关作风建设得到加强。

——加强党风党纪教育和廉政文化建设，努力营造了崇廉拒腐的社会氛围。整合区域资源和力量，将党风廉政教育纳入全区干部教育培训五年规划和折子工程、理论中心组学习内容，建立健全党员干部入职之初、上任伊始、履职全过程的廉政教育培训体系。着力加强纪律教育，通过辅导报告、知识竞赛、主题教育等形式，组织广大党员干部认真学习党章和党内政治生活准则、廉洁自律准则、党内监督条例、纪律处分条例、问责条例等党规党纪。积极打造和充分利用区法制教育基地、反腐倡廉警示教育基地、廉政文化教育基地和“三祠”官德教育基地。开展处级领导干部任前廉政法规知识测试14批77人次，对369名新任处级领导干部进行集体廉政谈话，举办57场72家单位4500余名党员干部参加的预防腐败公开课，利用本区典型案例制作《贪欲之痛》《迷失》等警示片并在全区展播。搭建区纪委监察局“古韵正声”官网和“廉政东城”微博、微信，官网栏目活动得到中央纪委监察部官网的推介，“廉政东城”微博、微信始终保持较高活跃度，有力宣传了全区党风廉政建设和反腐败工作。

建立廉政文化建设协调机制，将廉政文化建设纳入全区文化建设通盘考虑，加强廉政文化阵地建设，打造廉政文化建设品牌，五年来财政投入620万元，开展廉政文化建设项目65个。其中原创话剧《金超杰》、“廉者仁心”北京廉政历史文化展，得到中央纪委有关部门和市纪委的充分肯定，也得到了社会各界的广泛赞誉；联合制作的《北京“四大恒”董氏》优秀家风家训宣传片，在中央纪委监察部网站上专题播出。分2批建设定安里小学礼仪廉洁教育等19个廉政文化示范点，制作“廉政提示锦囊”发放给新提拔的处级领导干部，为全区部分处级领导班子及街道社区配备了175个“廉政文化书箱”，每年举办群众性勤廉书画作品展、廉政相声和戏曲专场，定期开展“书海听涛”和“故宫讲坛”等特色廉政文化活动，大力营造德治礼序、遵规守纪的社会风尚。

——深化“转职能、转方式、转作风”，不断提升了履职能力和水平。坚持“打铁还需自身硬”，着力加强区纪委全会、常委会建设，修订完善全委会、常委会议事规则、工作规则等制度；按照全区统一部署，先后高标准开展党的群众路线教育实践活动、“三严三实”专题教育、“两学一做”学习教育，并坚持立行立改、扎实整改，进一步强化“四个意识”，改进工作作风，不断提高班子议事、决策和履职水平。区纪委委员认真履行职责，积极参与党风廉政建设监督检查和作风建设民主评议。全区各级纪检监察组织聚焦主业，强化监督执纪问责，有效推动了党风廉政建设和反腐败工作深入开展。坚持将加强制度建设作为提高全区党风廉政建设科学化规范化水平的重要抓手，5年来共制定党风廉政和反腐败制度39项。认真落实“三转”要求，区纪委监察局牵头或参与的议事协调机构大幅压缩了81.3%，委局机关直接办案部门和人员分别优化调整为占内设机构数的66.7%、总人数的64%；新建办案谈话区近500平方米，办案谈话室由2个增至9个，把更多的力量和资源集中到监督执纪问责核心工作中。

着力加强纪检监察干部队伍建设，不断优化队伍结构。5年来提名调整交流、提拔纪（工）委书记、纪检组长71人次，任免监察科长80人次；委局机关调整交流、提拔处级干部25人次，提拔科级干部41人次。不断加大干部培训力度，采取参加中央纪委“一学院两中心”和市纪委培训，以及自主办班培训、以干代训等方式，组织纪检监察干部1390人次参加业务理论学习和岗位实践锻炼，通过学思践悟增长才干。制定纪检监察干部行为规范、纪检监察系统内部干部举报线索受理办法等制度，加强对纪检监察干部的监督管理，努力用铁的纪律打造忠诚干净担当的纪检监察干部队伍。

各位代表、同志们，过去的5年，全区党风廉政建设和反腐败工作取得了新进展新成效，干部群众对我区党风廉政建设满意度大幅上升，多项工作得到中央纪委和市纪委的充分肯定。东城区先后被国务院确定为全国依托电子政务平台加强政务公开和政务服务试点，被中央纪委确定为社区党风廉政建设联系点，被国家预防腐败局确定为廉政风险防控工作联系点，被中国纪检监察学院确定为现场教学点。区纪委监察局获得“2012—2014年度北京市先进纪检监察组织”、北京市思想政治工作优秀单位、首都文明单位标兵等荣誉称号。这些成绩的取得，是市纪委和区委正确领导，全区各级党组织和党员领导干部齐抓共管，广大干部群众大力支持、积极参与，全区各级纪检监察组织和干部共同努力的结果。

在肯定成绩的同时，我们也清醒地看到，反腐败斗争形势依然严峻复杂，任务依然艰巨繁重，我区反腐倡廉建设与党和人民的期望还有差距，党风廉政建设和反腐败工作还存在一些薄弱环节。主要体现在：有的党组织和党员领导干部对全面从严治党重要性和紧迫性的认识还不够深刻，落实“两个责任”的压力传导还有待进一步加强，探索实践运用监督执纪“四种形态”的力度还需不断加大；“四风”问题禁而不绝，极个别典型违纪违法案件影响恶劣；有的纪检监察组织和干部履行监督执纪问责职责的责任意识和素质能力还需要不断提升。对于这些问题，必须高度重视，认真加以解决。

## 主要工作体会

**一是必须坚持区委统一领导，紧紧抓住“牛鼻子”，以主体责任的落实深入推进党风廉政建设和反腐败工作。**区委充分发挥领导核心作用，区委常委会每年研究党风廉政建设相关议题20余个，区领导带头落实“一岗双责”，每年带队重点检查责任制落实情况，起到了以上率下作用。区委旗帜鲜明地领导和支持纪检监察机关转变职能、聚焦主业。实践证明，强化党委的主体责任、党委书记的第一责任，是落实党风廉政建设责任制的关键。

**二是必须明确自身职责定位，强化监督执纪问责，更好地履行党章赋予的神圣职责。**纪律检查机关作为党内监督的专责机关，必须充分认识和切实履行党章赋予的管党治党重要职责。我们找准职责定位，明确工作思路，坚持以问题为导向，形成“狠抓纪律、作风两项建设，积极构建不敢腐、不能腐、不想腐三项机制，强化自身建设一个保障”的工作格局，并以鲜明的立场、坚决的态度和有力的举措推进工作，这是不断提高党风廉政建设和反腐败工作科学化规范化水平的重要保证。

**三是必须坚持把加强纪律建设作为治本之策，把握和运用好监督执纪“四种形态”，推动形成良好政治生态。**我们坚决把纪律和规矩挺在前面，把握运用好监督执纪“四种形态”，综合运用批评教育、组织处理、纪律处分等方式，努力推动“红红脸、出出汗”成为常态，党纪轻处分、组织调整成为违纪处理的大多数，党纪重处分、重大职务调整的成为少数，严重违纪涉嫌违法立案审查的成为极少数，真正把纪律和规矩立起来、严起来，实现惩处极少数、教育大多数的政治效果和社会效果。实践好监督执纪“四种形态”是推进全面从严治党的重要举措，充分体现了“惩前毖后、治病救人”的一贯方针。

**四是必须认清形势任务，坚持改革创新，坚决打赢党风廉政建设和反腐败这场输不起也决不能输的斗争。**面对依然严峻复杂的反腐败斗争形势，我们大力发扬改革创新精神，坚持纪严于法、纪在法前、纪法分开，在思想观念、体制机制、方式方法、工作作风等方面与时俱进，推动党风廉政建设和反腐败工作再上新水平，有效落实中央和市委、区委的新要求，回应人民群众的新期待，厚植了党的执政基础，使我们深刻认识到改革创新是深化党风廉政建设和反腐败工作的不竭源泉和动力。

## 今后五年工作的建议

认真学习贯彻明年召开的党的十九大和市第十二次党代会、区第十二次党代会精神，围绕“一条主线，四个重点”战略任务，坚持党要管党、从严治党，忠诚履行党章赋予的职责，聚焦监督执纪问责，深化标本兼治，创新体制机制，强化党内监督，持续正风反腐，把纪律和规矩挺在前面，不断开创党风廉洁建设和反腐败斗争新局面，为全面完成区第十二次党代会确定的目标任务提供坚强有力保证。

一、严明党的纪律，扎实推进全面从严治党。

二、深入落实“两个责任”，让失责必问、问责必严成为常态。

三、综合运用监督执纪“四种形态”，力度不减、节奏不变、尺度不松地正风反腐。

四、不断完善不敢腐、不能腐、不想腐体制机制，着力从源头上防治腐败。

五、夯实基层基础，打造忠诚干净担当的纪检监察干部队伍。

# 东城区2016年国民经济和社会发展计划执行情况与2017年计划（草案）的报告

## 2016年12月19日在东城区第十六届人民代表大会第一次会议上

东城区发展和改革委员会主任　刘俊彩

## 2016年国民经济和社会发展计划执行情况

### 一、深入落实京津冀协同发展战略，疏解非首都功能取得新成效

**坚持谋划顶层设计。**建立健全高位统筹、区领导靠前指挥的工作调度机制。确定“疏功能控人口”工作思路，构建“六个点”“六条线”“六个面”工作格局。注重系统谋划，制定年度工作方案，出台工作统筹调度机制、动态监测机制、督查考评机制、信息报送制度。以人口调控综合试点改革为突破口，条块结合、综合施策、动员各方力量，加强以房控人、以业控人、以籍控人、以岗控人。建立市区联动工作机制，在全市率先与市国资委签订战略合作协议。建立功能疏解动态监测信息化系统，完善人口动态监测体系。建立疏功能控人口拉练检查机制，强化工作氛围，检查工作成效。

**非首都功能有序疏解。**聚焦重点项目，推进精准疏解。建立故宫周边人、房、业基础台账，制定《故宫周边功能疏解业态提升实施方案》。隆福寺早市和东华门夜市顺利关闭。天乐玩具市场实现整体拆除。以重点街区综合整治为突破，着力提升城市品质。南锣鼓巷主街综合整治和簋街环境综合提升工程初显成效。南锣鼓巷主动申请取消3A级景区资质，街区秩序有所改善。聚焦重点领域，完成华隆兴业印刷公司等5家工业企业生产环节调整退出。推进教育医疗资源疏解，压缩北京国际职业学校等4家学校招生规模。严格执行禁限目录和东城区产业指导目录，严控市场准入。加大二中、五中、东直门医院等教育、医疗机构支持城市副中心建设力度。加强京津冀协同发展，成立京津冀文化产业园区（企业）联盟。

**人口调控成效显著。**多措并举，促进人随功能走，人随产业走。全面完成市里下达的人口调控任务。开展六大专项行动，拆除违法建设3070处，9.2万平方米。治理地下空间和群租房共计1362处，23.2万平方米。封堵违规开墙打洞1045处，封堵面积3万平方米。治理无证无照经营1307处，6.6万平方米。治理直管公房转租转借3844间，8.4万平方米。清理区属房产174间，6.3万平方米。加强户籍管理，对无房户、户口空挂户和集体户开展全面摸底。

### 二、加快推进转型升级，经济发展稳中向好

**经济运行总体平稳。**地区生产总值预计同比增长6.5%左右。区级一般公共预算收入预计同比增长0.6%（按照“营改增”前可比口径计算，区级一般公共预算收入预计同比增长11.7%）。全社会固定资产投资预计完成250亿元。社会消费品零售额预计同比增长4.5%。居民人均可支配收入预计同比增长7%左右。万元GDP能耗预计同比下降4%。

**经济结构调整步伐加快。**围绕供给侧结构性改革，促进产业链上下游、产业间融合发展。制定《东城区关于促进产业发展暂行办法》，健全政策支撑体系，引导“二三一”产业优化发展，经济增长动力向高精尖产业转换，金融业、商务服务业、信息服务业三大产业预计全年实现增加值占全区经济总量五成左右。加强企业服务，统筹资源，优化经济发展环境，支持引导企业转型升级。召开非公经济健康发展大会，举办“服务小微，走进园区”“东高汇”沙龙等活动，搭建政府、资本、企业间交流对接平台，为驻区中小微企业提供融资4.86亿元，切实缓解企业“融资难、融资贵”问题。

**功能布局日趋优化。**按照梯度发展、彰显特色、功能互补的原则，打造“两轴一带两园区”的整体空间格局。中关村东城园龙头带动作用逐渐显现。预计全年实现增加值736亿元，占全区经济总量的36.8%，规模（限额）以上高新技术企业实现总收入1850亿元，同比增长10.8%。世界体育总会亚太总部和国际举联（北京）总部入驻园区。王府井商业发展带重大项目建设加快，嘉德艺术中心、王府井国际品牌中心项目主体结构已封顶，西部会馆项目全面施工。以“国际品牌　宜居之都”为主题，成功举办第五届北京王府井国际品牌节，王府井国际影响力进一步提升。永外现代商务区以望坛棚改项目、宝华里项目为抓手，以疏解商品交易市场为契机，产业转型升级加速。

### 三、加紧城市更新改造，城市品质实现新提升

**“三大行动计划”发布实施。**聚焦“十三五”时期东城区城市更新改造和环境整治工作，编制并发布历史文化街区保护复兴、非文保区更新改造、城市基础设施优化提升“三大行动计划”。计划利用5年时间，预计总投资1600亿元左右，实施110余个具体项目，对43%的用地空间进行更新改造。

**历史文化街区修缮整治加速推进。**制定历史文化名城保护专项规划，设立每年1亿元的名城保护专项资金，坚

持保护与发展并重，擦亮古都风貌金名片。前门东区修缮整治工作加速推进，三里河景观恢复工程基本完成，全力推进草厂地区院落升级改造，完成长巷三条1号、临汾会馆修缮工程。与金隅集团签订战略合作协议，加快实施南锣鼓巷街区复兴计划，南锣鼓巷四条胡同修缮整治工程全面推动。东四三至八条保护整治项目引入首创集团参与，总体规划以及交通、业态提升等专项规划初步编制完成。玉河南区河道景观整治、外城东南角楼景观恢复工程全面完成。

**非文保区更新改造重点突破**。顺利实施全市最大规模简易楼群天坛周边57栋简易楼腾退项目，签约率达96%以上。西忠实里环境整治项目腾退搬迁基本完成。通过一次性招标方式，确定核心区体量最大的棚改项目——望坛项目的实施主体，正式启动征收程序。宝华里、西河沿等长期滞留项目取得突破性进展。重新启动南中轴路环境整治项目征收和天坛东里北区1—8号楼腾退。

**基础设施提升工程全力推动**。开展次支路建设，22条次支路道路建设全部办理立项手续，实现10条完工、12条开工的目标任务。南锣鼓巷、东四三至八条停车场积极推进，前圆恩寺胡同地下停车场正式启用，育树胡同地上立体停车设施项目有序推进，有效缓解胡同停车压力。区内轨道交通推进顺利，机场西延线和3号线一期工程顺利进场，8号线三期工程年内主体结构封顶。

**住房保障加快进度**。新建和筹集棚改项目对接安置房共9348套。通州“两站一街”、燕保祈东家园等项目有序推进。全面实施平房修缮工程，年内完成平房修缮3500户，新增签约1500户。完成保障性住房选房5741套，发放保障房补贴4097万元。

## 四、促进文化发展繁荣，首都文化中心区彰显新魅力

**文化创意产业优先发展**。加大政策、资金支持力度，出台《东城区文化创意产业发展专项资金管理办法（试行）》和《东城区文化创意产业发展引导基金管理办法（试行）》，设立区级文创发展专项资金，每年投入1亿元助力文创产业集聚发展。预计文化创意产业全年同比增长8%，占全区经济总量的比重达到14%，对全区经济转型升级发挥重要作用。积极创建“国家文化金融合作试验区”，紧抓文化要素市场建设，北京文化产权交易中心、东方雍和国际版权交易中心预计全年实现交易额超过200亿元。

**公共文化服务能力持续提升**。圆满通过国家公共文化服务体系示范区验收，28个方面72个考评指标全部达到优秀等级，建成覆盖均衡、便捷高效的公共文化设施服务网络，形成“十分钟文化服务圈”。公共文化设施达标率达到100%，区文化活动中心、景山街道社区服务中心结构封顶。加强公共文化服务信息化建设，提档升级“东城区公共文化服务导航网”，积极开展公共文化数字社区、“书香东城”全民数字阅读、公共文化数字化管理平台建设。

**文化影响力不断扩大**。“地坛文化庙会走出去”系列活动走进德国、泰国和伊朗等国家和地区，累计参与境外民众达 60万人。进一步扩大“戏剧东城”品牌影响力，举办2016北京南锣鼓巷戏剧展演季、第六届中国儿童戏剧节和北京青年戏剧节等。加快推进大华戏剧演艺中心、幸福大剧院等剧场建设实施。进一步发挥“东城创意+”微信群和“政企直通车”的作用，借助新媒体宣传提升东城文创产业影响力。

## 五、加强精细化管理，城市环境展现新面貌

**城市管理水平不断提升**。研究出台平房区物业管理服务指导性意见和工作标准体系。通过公开招标方式建立平房区物业企业资源库，为引入物业管理主体搭建平台。10个街道16个片区开展平房区物业管理服务试点，取得了“治脏、治乱、治违”的明显成效。制定实施便民事项网格化办理规定及考核办法，继续深化城市管理和社会服务管理“两网融合”工作。加大执法力度，先后开展露天烧烤与无照经营专项整治、非法小广告专项整治、燃气安全执法检查等专项执法208次，共出动执法人员18.3万人次，查处各类违法行为6.1万余起，受理北京市城管热线96310举报同比下降13%，96010为民服务热线快速响应和处置能力进一步增强，事项办理反馈率达到95.6%。

**交通缓堵有序推进**。制定《2016年东城区缓解交通拥堵工作方案》，加快缓解交通拥堵示范区建设，多措并举促进交通缓堵保畅。启动实施灯市口大街等7项疏堵工程，预计年底前全部完工。推进停车资源共享，新增共享停车位1500个。提升路侧占道停车管理水平，开展路侧停车电子收费系统试点工作。实施地坛—青年湖区域慢行系统示范区建设。累计开通运营公共自行车网点166处，系统运营整体情况较好。

**环境质量持续改善**。落实清洁空气行动计划，加大污染物总量减排力度，氮氧化物削减率3.7%，燃煤污染管控市级挂账任务全部实现销账，预计细颗粒物浓度同比下降5%。加强道路清扫保洁，146条道路达到“一扫两保”标准。7座社会单位产权旱厕及32座公厕改造提升全部完工并投入运行，公厕等级达标率100%。制定出台《东城区实施河湖生态环境管理“河长制”工作方案》。节水社区达80个。实施餐厨垃圾统一收运，收集和处理率达到61%。完成前三门大街、龙潭片区、南中轴12公里绿道建设工作，公园绿地500米服务半径覆盖率达到87%。

## 六、提升民生保障，人民群众得到更多实惠

**养老服务扎实推进**。制定《东城区关于加强居家养老服务工作的实施意见》，建立“三级五方联动、分类精准供给”的居家养老服务模式。出台《东城区公办养老机构管理体制改革工作方案》及《关于加强公办养老机构托底保障能力的工作意见》，与专业社会组织合作，实施养老机构标准化建设。加快进行床位改造，增强公办养老机构服务能力。建成17家养老照料中心、17个社区养老服务驿

站，养老照料中心和老年餐桌覆盖率达到100%，荣获“全国养老服务示范单位”称号。

**社会事业稳步发展。**就业和社会保障形势保持基本稳定，预计城镇登记失业率不超过1%，社会保险基金收缴率不低于99%。机关事业单位养老保险制度改革稳步推进。按时足额发放各项社会保险。新增3条优质教育资源带，3个教育集团。小学、初中就近入学率分别达到98.1%、96.6%。中高考成绩实现三年连续提升。加快国家中医药发展综合改革试验区建设，新增两个医联体，其中协和医院医联体是北京市首个由三甲医院与区政府签署的医疗合作项目，区域医疗资源配置进一步优化。强化基层卫生机构建设，65岁以上老人签约慢性病管理率达70.5%。获得2014—2016年全国计划生育优质服务先进单位称号。建立体育教育联动机制，全民健身设施建设加快推进。

**社会治理全面加强。**扎实做好社区治理和服务创新实验区建设验收工作。完善社区治理，推进社区建设重点项目，新建成9个市级社区规范化示范点和15个市级老旧小区自我服务管理试点，完成社区用房情况摸底和数据台账建立。加强社区信息化建设，新建14个智慧社区试点，在42个社区建立了“微网格”微信公众号。进一步建立健全“枢纽型”社会组织管理体系，开展“社会组织公益行”系列活动，促进社会组织健康有序发展。网格化服务管理在社会治理中的作用进一步发挥，街道分中心全部成立，形成街道枢纽体系。

**公共安全持续向好。**圆满完成春节、两会、G20峰会等重点时期及大型活动安全维稳任务。“1+7”安全生产监管责任体系进一步完善。全力防控食药风险，预计食品安全监测抽检合格率超过98%，药品抽验合格率超过98.5%。在11个重点行业推广安全生产责任保险制度，危化品（加油站、烟花爆竹）经营企业实现全覆盖。深入开展隐患排查治理和专项整治活动，查处事故隐患40754处。“平安东城”建设成效彰显，立体化社会治安防控体系更加健全，万人发案率、百户发案率连续保持城区最低水平。

一年来，区政府自觉接受区人大法律监督、工作监督，各部门团结协作，各项重点任务进展顺利，各项指标运行平稳。但要看到，工作中仍存在一些问题和困难：一是非首都功能疏解、人口调控任务依然艰巨，各领域、各专项行动均需深度推进。二是城市更新改造工作任务繁重，项目资金和房源需求量大，历史文化街区保护更新、棚改项目投融资模式仍有待创新突破。三是产业优化升级仍需加强，经济增长压力较大。四是在居家养老、交通缓堵、停车治理等群众热切期待的方面还存在差距。对此，我们将深入分析原因，采取切实有效的措施，认真加以解决。

## 2017年国民经济和社会发展计划安排

2017年经济社会发展主要指标建议为：

——地区生产总值增长6%左右；

——常住人口规模达到市级要求；

——区级一般公共预算收入增长3.5%；

——居民人均可支配收入增长与经济增长同步；

——社会消费品零售额增长3%；

——城镇登记失业率控制在2%以内；

——细颗粒物浓度达到60微克/m ；

——单位地区生产总值能耗降幅达到市级要求

为确保上述目标的实现，主要做好以下六方面工作：

### 一、坚持主线，加快疏解非首都功能

不断完善顶层设计。

全力推进疏解工作。

加大人口调控力度。

### 二、项目带动，加速城市更新改造

推动重大项目建设。

强化城市基础设施建设。

实施老旧小区综合整治。

### 三、提质增效，推进产业优化升级

着力构建“高精尖”经济结构。

提高功能区辐射带动力。

培育经济发展新功能。

### 四、特色发展，深化实施“文化强区”战略

推动历史文化街区保护复兴。

大力发展文化经济。

提升文化惠民水平。

### 五、综合施策，提升精细化管理水平

不断强化城市治理。

大力缓解交通拥堵。

综合提升城市环境。

### 六、共建共享，全面增强公共服务能力

做好就业和社会保障。

创新社会治理。

促进社会事业均衡发展。

保障城市运行安全。

# 东城区2016年预算执行情况和2017年预算（草案）的报告

## 2016年12月19日在东城区第十六届人民代表大会第一次会议上

东城区财政局局长　崔燕生

## 2016年预算执行情况

### 一、一般公共预算执行情况

#### （一）一般公共预算收入完成情况

2016年，东城区一般公共预算收入预计完成1，655，483万元，为年度预算的95.4%，同比增长0.6%。考虑2016年5月1日“营改增”开始全面实施，2016年5-12月份同比减收183，000万元，按可比口径计算，2016年我区一般公共预算收入预计实际同比增长11.7%。

增值税预计完成424，000万元，为年度预算的115.1%，同比增长27.7%。超额完成预算主要是受营业税改征增值税税制改革政策影响，增值税征收范围扩大及社会消费增长带动增收。

营业税预计完成218，500万元，为年度预算的54.4%，同比下降47.7%。未完成预算主要是受营业税改征增值税税制改革政策影响，营业税税基缩减。

企业所得税预计完成334，640万元，为年度预算的118.9%，同比下降4.4%。超额完成预算主要是受部分企业股权转让、分红派息等经营活动影响，大额一次性收入带动增收。

城市维护建设税预计完成130，500万元，为年度预算的101.5%，同比增长1.9%。

房产税预计完成203，000万元，为年度预算的106.7%，同比增长12.2%。超额完成预算主要是按照市级新出台政策，房产税对出租房产由按房产原值征税调整为按租金收入征税，带动增收。

印花税预计完成66，000万元，为年度预算的100%，同比增长2.3%。

城镇土地使用税预计完成8，750万元，为年度预算的109.4%，同比增长2.4 %。

土地增值税预计完成22，900万元，为年度预算的14.7%，同比增长4.9%。未完成预算主要是部分房地产项目推迟清算，未形成一次性大额收入入库。

车船税预计完成30，500万元，为年度预算的117.3%，同比增长42%。收入超预算且增幅较高主要是受车船税入库期限影响，2015年12月份的车船税在2016年1月份入库，导致2015年入库11个月的车船税，2016年实际入库13个月车船税。

资源税预计完成210万元，为年度预算的140%，同比增长42.9%。

专项收入预计完成88，000万元，为年度预算的174.5%，同比增长74.5%。专项收入主要包括教育费附加收入和残保金收入。其中：教育费附加收入预计完成31,000万元，同比下降4.0%；残保金收入预计完成57,000万元，同比增长217%，主要是残保金征缴政策调整，导致预计完成金额超出年初预算，并拉高专项收入整体增幅。

东城区2015年和2016年财政收入主要税收对比图（万元）

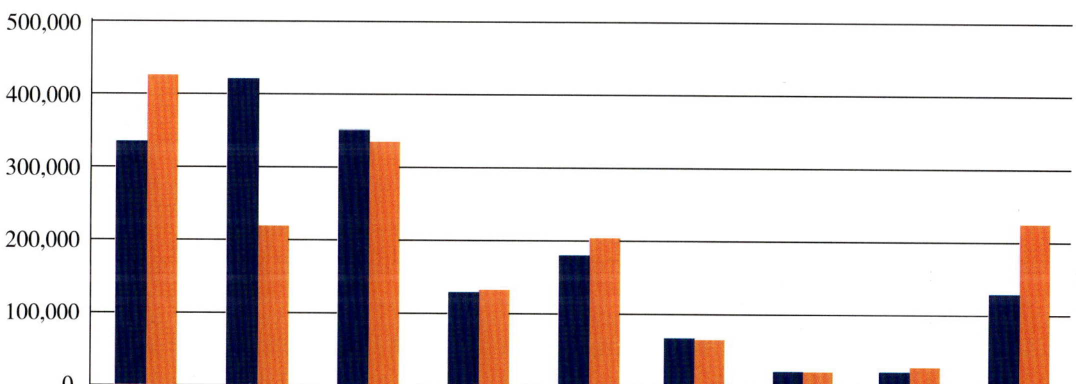


| | 增值税 | 营业税 | 企业所得税 | 城市维护建设税 | 房产税 | 印花税 | 土地增值税 | 车船税 | 其他各项收入 |
|---|---|---|---|---|---|---|---|---|---|
| 2015年决算数 | 331,968 | 418,059 | 349,882 | 128,045 | 180,999 | 64,506 | 21,839 | 21,480 | 128,831 |
| 2016年预计完成数 | 424,000 | 218,500 | 334,640 | 130,500 | 203,000 | 66,000 | 22,900 | 30,500 | 225,443 |

行政事业性收费收入预计完成30，200万元，为年度预算的130.2%。超额完成预算主要是加强非税收入征缴管理带动增收。

罚没收入预计完成2，500万元，为年度预算的98.8%。

国有资源（资产）有偿使用收入等其他收入预计完成95，783万元，为年度预算的285.9%。超额完成预算主要是为加强非税收入管理，将拆迁补偿款约50，000万元由财政专户管理改为纳入一般公共预算管理，同时加强其他非税收入征缴管理，带动增收。

（二）一般公共预算支出完成情况

2016年，东城区一般公共预算支出预计2，358，881万元，为调整后年度预算的94.8%，预算执行率提高1.9个百分点。主要支出科目情况如下。

一般公共服务支出预计完成163，690万元，同比增长15.4%。主要是保障各职能部门正常运转经费，同时加快落实政府职能转变，推进政务工作不断创新，促进政府履职能力进一步增强。支出增幅较高主要是市财政追加专项转移支付23，100万元，用于落实市级税收政策工作经费。

公共安全支出预计完成160，216万元，同比增长27.6%。保障政法部门正常运转，加大对提升反恐防暴能力的经费投入，提高公共安全突发事件的应对能力。支出增幅较高主要是随着政法系统纳入养老保险制度改革以及调整工资等政策性因素的出台，基本支出经费增加较多。

教育支出预计完成489，133万元，同比增长11.8%。保障教育改革经费，优化教育结构，合理配置教育资源，深化教育综合改革，积极稳妥推进学校间合作共赢，促进教育优质资源均衡发展。

**东城区2015年和2016年财政收入主要税收对比图（万元）**

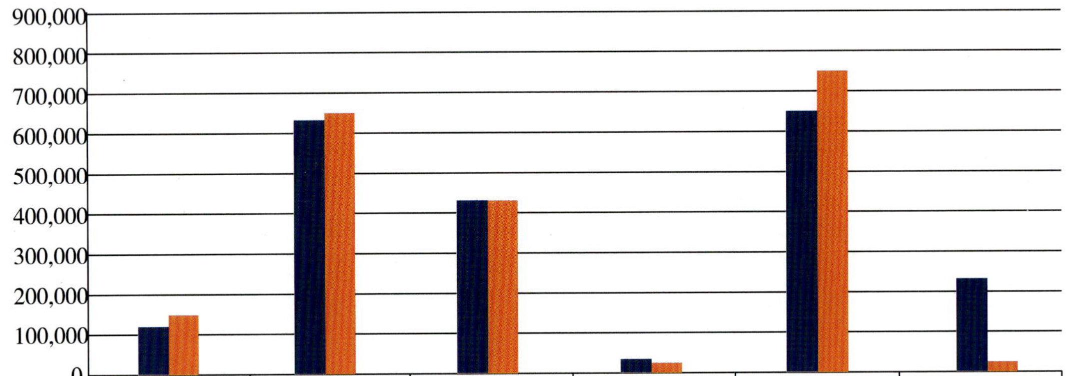


| | 公共安全支出 | 教科文卫事业投入 | 社会保障和就业支出 | 节能环保支出 | 城乡社区支出 | 住房保障支出 |
|---|---|---|---|---|---|---|
| ■ 2015年（万元） | 125,517 | 647,214 | 439,638 | 49,150 | 658,167 | 250,474 |
| ■ 2016年（万元） | 160,216 | 691,040 | 442,462 | 29,755 | 762,130 | 29,330 |

科学技术支出预计完成18，816万元，同比下降9.1%。主要是加大政府引导科技创新力度，提升科技创新服务建设；落实全民科学素质纲要，支持开展科普宣传活动。支出下降主要是电子政务网络运行费同比减少3，700万元。

文化体育与传媒支出预计完成50，502万元，同比下降23.1%。主要用于提高公共文化事业发展水平、推进体育生活化社区建设经费。支出下降主要是玉河南区河道景观恢复整治工程经费、南锣鼓巷历史文化保护区建筑数据库三维模型制作费等工程类资金同比减少13，000万元。

社会保障和就业支出预计完成442，462万元，同比增长0.6%。统筹做好就业和社会保障工作，落实各项困难群众基本生活补贴等社会保障类政策性支出。支出增幅较低主要是自2016年7月起行政事业单位退休人员工资逐步改由养老保险基金发放。

医疗卫生与计划生育支出预计完成132，589万元，同比增长7.5%。主要用于保障医疗卫生机构正常运转，加大对基本公共卫生服务、卫生防病、妇幼保健等方面的投入力度。

节能环保支出预计完成29，755万元，同比下降39.5%。及时落实煤改电资金，及时发放居民供热燃料补贴，加强环境保护监测站标准化建设，加大对机动车排放管理的工作力度，加大对大气污染治理方面的投入力度。支持老旧小区综合整治、抗震节能、既有建筑节能及热计量改造。支出下降主要是因为老旧小区综合整治工作大部分已经完成，市财政下达的老旧小区综合整治资金同比减少7，000万元。

城乡社区事务支出预计完成762，130万元，同比增长15.8%。加大对棚户区改造和环境整治投入力度。开展慢行系统整治工程，改善交通拥堵环境。加强城市综合管理，创建首都绿化美化花园式街道、单位和社区，做好公厕维护、道路清扫保洁等城市清洁工作，创造干净整洁市容环境。支出增幅较高主要是发行230，000万元地方政府债券用于天坛周边简易楼腾退及西忠实里环境整治项目。

住房保障支出预计完成29，330万元，同比下降88.3%。主要用于棚户区改造、平房修缮等保障民生类的重大工程资金投入，同时做好直管公房修缮、电梯更新维护等重点工作。支出下降原因主要是2015年在此科目安排棚户区改造资金222，000万元，2016年按照要求对列支科目进行调整，资金列在城乡社区事务支出科目中。

其他支出预计完成52，052万元， 同比增长48.2%。主要是安排产业结构调整专项资金34，314万元，进一步优化区域经济发展环境；安排“营改增”专项扶持资金12，345万元，确保落实电信行业扶持政策。未完成预算的主要原因是部分基本建设等大额专项资金按照工作进度需结转下年继续使用。

（三）一般公共预算平衡情况

2016年，东城区一般公共预算实现收支平衡，具体平衡情况见下图。

**2016年一般公共预算收支平衡情况图**

区一般公共预算收入1,655,483万元
市财政一般性转移支付收入400,414万元
市财政营改增财力返还133,000万元
市财政专项转移支付收入297,141万元
债务转贷收入230,000万元
上年专项结转181,799万元
从政府性基金调入资金6,856万元
从国有资本经营预算调入资金550万元
动用预算稳定调节基金30,000万元

＝

区一般公共预算支出预计2,358,881万元
体制上解市财政支出预计330,000万元
专项上解53,886万元
专项结转下年预计130,000万元
安排预算稳定调节基金62,476万元

收入总计2,935,243万元 ＝ 支出总计2,935,243万元

二、政府性基金预算执行情况

（一）政府性基金预算收入执行情况

2016年东城区政府性基金预算收入预计完成3，300万元，完成预算的116.6%。增幅较高主要是二手房交易比较活跃，补缴的土地价款高于年初预期。其中：

国有土地使用权出让收入预计完成3，177万元，主要是二手房交易补缴的土地价款3，176万元。

福利彩票销售机构的业务费用预计完成123万元。

（二）政府性基金预算支出执行情况

2016年东城区政府性基金预算支出预计完成140，301万元，完成预算的100%，同比下降19.2%。其中国有土地使用权出让收入安排的支出133，023万元，主要是拨付市财政专项转移支付重点道路微循环工程资金101，381万元；彩票公益金安排的支出7，278万元，用于支持我区居家养老服务、全民健身等事业发展。

（三）政府性基金预算平衡情况

2016年，东城区政府性基金预算实现收支平衡，具体平衡情况见下图。

**2016年政府性基金预算收支平衡情况图**

区政府性基金预算收入3,300万元
市财政专项转移支付收入139,661万元
上年专项结转4,196万元

＝

区政府性基金预算支出140,301万元
专项结转下年0万元
划转一般公共预算资金6,856万元

收入总计147,157万元 ＝ 支出总计147,157万元

## 三、国有资本经营预算执行情况

### （一）国有资本经营预算收入执行情况

2016年东城区国有资本经营预算收入完成3，587万元，为年度预算的136.2%。收入超预算主要是2016年区属国有企业实际利润比年初预计有所增加。

### （二）国有资本经营预算支出执行情况

2016年东城区国有资本经营预算支出完成2，257万元，为年度预算的100%。主要支出方向为：一是支持新兴产业发展，安排专项资金支持高科技特色商业市场建设，以及文化创客基金项目、“创意驿站”升级等文化强区战略项目；二是支持老字号企业发展，支持了红桥市场珍珠体验中心、京绣技艺博物馆、大北照相馆花市店优化装修环境等项目；三是支持区重点建设项目建设，投资前门东区草厂五条胡同院落改造项目；四是解决了部分历史遗留问题，支持了安华里电改等项目。

### （三）国有资本经营预算平衡情况

2016年，东城区国有资本经营预算实现收支平衡，具体平衡情况见下图。

**2016年国有资本经营预算收支平衡情况图**

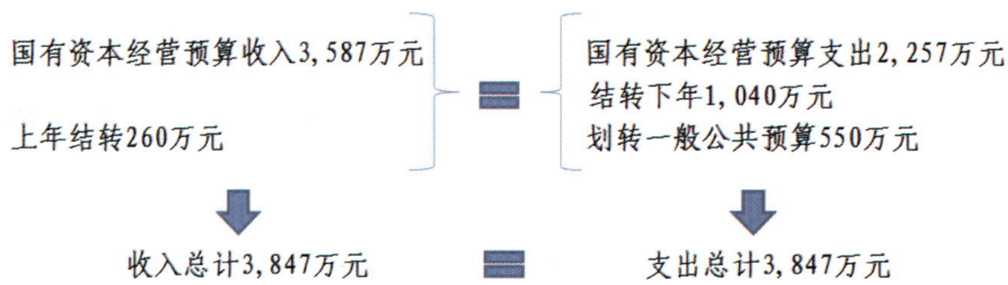


鉴于2016年预算执行和市区财政结算尚未完成，目前列报的财政平衡数字为预计数，待市区财政结算和财政预算执行完成后，将在决算草案中向区人大常委会报告。

## 四、政府债务情况

严格落实国务院和北京市关于加强地方政府性债务管理的相关规定，不断加强我区政府性债务管理基础工作。出台《东城区政府性债务管理办法》，规范我区政府性债务的借、用、还整体工作。不断完善“政府性债务管理专网”，实施动态监控。认真落实地方政府债券限额管理要求，将我区地方政府债券限额报区人大备案，并纳入全口径预算管理。2016年再次发行地方债券23亿元，用于支持棚户区改造项目。其中支持天坛周边57栋简易楼腾退项目14亿元，支持西忠实里环境整治项目5亿元，支持天坛东里1—8号简易楼腾退项目4亿元。截至2016年10月底，东城区政府债务余额56.17亿元，其中政府负有偿还责任的债务51.02亿元；政府负有担保责任的债务5.15亿元。按照北京市关于债务风险的相关规定测算，我区债务风险处于安全可控范围，与北京市其他区县相比债务规模相对较小。

## 五、落实区人大预算决议情况和2016年预算执行效果

2016年，区政府认真落实区第十五届人大第六次会议的有关决议，按照会议要求，着力研究加强财源建设、优化支出结构、加强财政财务管理等工作，进一步推动我区经济结构转型升级、提高预算执行效率、建立健全监督机制，促进财政工作取得新发展。

### （一）发挥财政职能作用，助推经济转型升级

一是全面落实“营改增”、房产税、残保金等各项财税改革政策，加强分析政策变化对企业税负以及区域财政收入的影响，积极应对结构性减税、分成比例调整、税源跨区县流动等政策性变化，确保税制转换平稳有序推进；充分发挥税制改革结构性减税对促发展调结构的关键作用，着力引进、培育符合产业发展方向的重点企业，围绕非首都功能疏解，调整和退出非优势产业，推进区域产业高端化发展。

二是积极推进建立政府产业引导基金，加强“东城人才创新创业引导基金”等政府引导基金的规范运作与资金监管，以财政资金的杠杆撬动效应，带动发展资本引领下的创新创业和产业集聚模式，不断优化我区产业发展环境。

三是深入开展重点企业走访，畅通政企联络沟通机制，摸清驻区企业经营情况，深挖税源增收潜力；积极统筹财政资金，促进企业转型升级、结构调整，加快企业发展；加强与政府相关职能部门的沟通与联系，形成对企扶持服务合力，推进政企合作，实现互利共赢。

四是依法加强征收管理、稽查检查工作力度，确保各项税收和非税收入依法入库，保障财政收入平稳增长；推进非税收入收缴改革，完善非税收入电子收缴管理，有效提升收缴效率，保证非税收入及时足额入库。

### （二）坚持分类保障原则，促进社会和谐发展

一是支持“城市病”治理工作。保障市区两级节能环保类重点工程的资金投入，增加对大气污染防治、环境整治项目的投入；开展慢行系统整治专项工作，确保公租自行车运营服务经费足额到位；保障园林绿化、公厕维护、景观照明、垃圾分类减量和餐厨垃圾处理工作有序推进。

二是保障和改善民生。推进保障住房建设和老旧小

区、棚户区改造工作，改善中低收入群众家庭住房条件。促进社会养老体系建设，加快养老服务业发展。发挥公益性就业岗位作用，加大职业技能培训力度，帮助就业困难人员实现就业。落实各项社会保障及救助政策，完善社会保险、分类救助、临时救助等制度。

三是推进各项公共事业发展。扩大学前教育资源，促进幼儿园办园达标；保障义务教育阶段经费，促进中小学生素质提升；统筹高中教育资源，促进教育教学创新。推动基层精品演出，扶持大型特色品牌文化活动，落实国家公共文化服务体系示范区建设。保障图书馆、文化馆等群众文化场所免费开放。推进奥林匹克体育生活化社区建设，提升公共体育服务质量。落实重大公共卫生项目补助，提高基本公共卫生服务工作水平；发挥现有资源优势，推进国家中医药综合改革试验区发展。加快科技事业发展步伐，保障智慧东城行动计划专项资金足额到位。

四是创新管理服务方式，维护社会安全稳定。理顺政府与社会、城市管理与社会管理关系，推行网格化管理，打造向社会化服务发展的创新型政府。深入推进“平安东城”建设，确保维护安全稳定工作顺利开展。加大对安全生产工作投入力度，牢固树立安全发展理念。进一步完善立体化社会治安防控体系，突出群防群治，专群结合，提高社会治安防控能力，切实维护社会稳定。

### （三）严格执行年度预算，加强财政监督管理

一是做好部门预算批复工作。在区人代会审议通过2016年预算草案后，在全市率先批复各部门预算，同时大幅度提高了年初部门预算批复率，减少了财政代编预算，解决了年中频繁追加预算和年终部门决算超年初预算过多的问题。

二是做好财政支出管理工作。扩大国库集中支付改革范围，将一般公共预算、政府性基金预算、国有资本经营预算等所有财政预算资金纳入集中支付改革范围。扩大公务卡改革范围，截至10月底，我区公务卡发卡量2，500张，较上年同期增加744张，增幅42.4%，实现公务卡对公务支出人员全覆盖，强化现金支出管理，防范现金支付风险；加强预算执行动态监控，健全预警处理工作机制，对“三公经费”、行政经费等重点项目及支出重点监控，全区已纳入预算执行动态监控范围单位达307家。

三是加大监督检查工作力度。按要求开展市对区专项转移支付资金检查，对2015年专项转移支付资金55.71亿元的使用情况进行逐项核实，重点针对使用周期较长的项目进行跟踪检查，有效提高专项转移支付资金的使用效益。针对2015年盘活财政存量资金情况进行全面核查，分清存量资金性质，确保各项资金“应收尽收”，促进财政管理工作水平持续提高。

四是推进我区内部控制规范工作。分级、分批次对全区72家一级预算单位和所属二级预算单位进行系统培训。对全区行政事业单位进行类别划分，分类建立内控手册模板，完善工作机制和工作程序，强化对权力运行制约和监督，有效预防腐败和规避风险。

### （四）完善机制、提高效益，全面盘活存量资金

按照国务院、财政部文件及北京市政府、市财政局的要求，区财政通过采取多项措施，推进东城区盘活存量资金工作。截至10月底，共盘活各项存量资金规模达到52.8亿元，占结余资金总规模的78.5%。

一是建立健全财政部门牵头、各部门、各街道配合的支出进度和盘活存量工作机制。指导各部门梳理资金管理工作流程，明确工作职责，查找制约资金拨付速度的掣肘点和薄弱环节，做好财政支出进度和存量资金管理工作。

二是按照《北京市东城区财政局关于清理财政性结余资金的通知》（东财发［2016］148号）文件要求，对各单位结余资金进行全面清理。在各部门的积极支持配合下，此次清理工作共收回各部门结余资金5.48亿元。

三是通过完善工作制度、改进工作流程、加强部门沟通协作，加大财政部门结转结余资金清理工作力度。特别是对基本建设支出等大额项目进行逐项梳理，共消化以前年度基建结余1.12亿元，有效促进了盘活存量资金工作的顺利开展。

四是加大对结余资金的统筹力度，及时将收回的存量资金进行再次分配。截至10月底，已消化收回的各类存量资金8.8亿元，主要用于南中轴路周边棚户区改造以及解决历史遗留问题等项目。对于剩余存量资金区政府将统筹用于落实机关事业单位养老保险制度改革、推进市区两级重大建设项目等方面，避免资金的二次沉淀。

### （五）深化预算绩效改革，增强绩效管理实效

一是扩大绩效管理的范围和规模。不断完善由项目支出事前绩效评估、事后绩效评价、大额专项资金绩效评价、部门支出整体评价、单位自评、财政再评价组成的预算绩效管理体系。选取商业体系建设资金相关政策开展东城区首次政策绩效评价。扩大纳入绩效管理的资金规模，选出32个预算单位38个财政预算项目进行事后绩效评价，涉及预算资金2.77亿元；选取“历史文化名城保护”“公共文化服务体系示范区创建”和“绿色节能”等3个项目进行大额专项资金绩效评价，涉及预算资金2.18亿元。

二是调整绩效评价工作整体结构。着重推进部门整体支出绩效评价，借鉴专家思路逐步完善分类指标体系，通过综合性评价考量，敦促预算部门提高部门整体预算管理水平，2016年纳入部门整体支出绩效评价的预算单位达到17个，比2015年增加7个。

三是加大事前绩效评估力度。在资金申请环节对部门申报项目的必要性、可行性、经济性进行研究论证，提出评估建议，作为资金分配的参考依据。2016年纳入绩效评估范围的项目达到19个，比上年增加12个，资金额度达到3.18亿元，比上年增加1.2亿元。

四是实现绩效评价结果与预算安排挂钩。在编制2017年部门预算时，充分参考2016年完成的56项考评结果，对于绩效评价结果为优秀和良好的，在审定预算时重点保

障；对于绩效评价结果为合格和不合格的，严格审核项目预算甚至取消资金安排。

（六）积极推进信息公开，建设阳光透明财政

按照中央和北京市以及区人大关于预决算信息公开的工作要求，东城区扎实开展了财政预决算信息公开工作，在公开的广度和深度上实现了“三个突破”。

一是全面拓展部门预算公开单位范围。在2015年实现政府部门、检法部门、群众团体部门预决算公开的基础上，首次把区委序列、人大、政协等部门全部纳入公开范围，实现了除涉密单位外全区所有使用财政资金的预算单位全部公开部门预决算。

二是扩大信息公开广度。2016年部门预决算公开时，新增《项目支出预算表》、《政府采购预算表》，增加了绩效管理情况、单位资产情况等新的内容，实现除涉密项目外所有项目全部公开，使社会公众能够全面了解单位具体项目情况和政府采购、绩效、资产等整体情况。

三是扩大信息公开深度。在公开政府预决算时，将支出功能分类细化到项级科目，将一般公共预算基本支出经济分类细化到款级科目；在公开部门预决算时，将支出功能分类细化到项级科目，将一般公共预算支出经济分类由类级细化到款级科目。

在以上三个突破基础上，东城区连续第四年公开“三公”经费预算信息。同时，为方便社会公众查询，在东城区“数字东城”网站设立专栏，将所有部门预决算公开信息进行集中展示，同时将每个单位的公开信息在一个文件中进行集中展示，方便社会公众查询。此项工作得到了多家新闻媒体的报道和好评。

## 2017年预算草案

### 一、财政收支工作面临的形势

从收入形势看，2017年区域财政经济发展面临新机遇，呈现新亮点。一是十八届五中全会做出“十三五”规划重大部署，党的十九大将在2017年顺利召开，中央的政策红利将进一步释放市场活力，促进宏观经济长期向好发展；二是中央财税体制改革工作不断推进，地方税体系逐步完善，将为地方政府提供持续稳定的税收收入来源；三是近年来，在全区各部门的共同努力下，东城区产业结构转型升级稳步推进，税源建设联动机制逐步完善，将对保障企业良性发展、促进区域经济质量效益产生实效。但同时，2017年区级财政收入仍面临诸多困难与挑战。一是全球经济仍未从动荡态势中全面复苏，国内经济在围绕供给侧结构性改革的过程中，短期内仍将面临产能过剩等严峻挑战，中国经济增速由高速增长转变为中高速增长的趋势已经传导至财政收入领域；二是在京津冀协同发展、非首都功能疏解的新形势下，需重新研究东城区经济发展的新思路、新路径，在经济发展“瘦身”的同时要实现“健体”；三是进入“营改增”全面实施后的首个完整年度，因区级财政收入分成比例降低和企业税负降低因素影响，预计1—4月份区级财政收入同比减收13亿元，拉低全年财政收入7.9个百分点，对区级财政收入的稳定性形成较大挑战；四是2016年财政收入中一次性增收因素占比较高，2017年财政收入在高基数上难以实现较快增长。

从支出形势看，中央和北京市支持京津冀协同发展和非首都功能疏解的政策不断出台，对环境改善、清洁空气、交通疏堵等城市病治理方面的资金投入逐年加大，这些政策和资金必然会加速东城区的建设和发展。同时，2017年是“十三五规划”实施的第二年，也是各专项规划陆续出台后第一个完整年度，也是以平房区为重点的“三大行动计划”出台后第一个完整年度，各项重点建设项目开始全面推进，资金需求量巨大。在区级财政收入增幅逐步趋缓的情况下，如何通过改革创新和提质增效保障各项事业的健康发展，是全区各部门面临的严峻挑战。

### 二、2017年预算安排的指导思想及总体安排原则

按照北京市关于2016年预算编制工作总体要求，结合全市以及东城区经济社会发展和财政工作面临的新形势，确定我区2017年预算编制的指导思想是：全面贯彻党的十八大和十八届三中、四中、五中、六中全会精神，落实预算法和深化预算管理制度改革要求。坚持厉行节约，严控“三公经费”等一般性支出，有效加快支出进度，盘活存量资金，优化支出结构；推进中期财政规划和全口径预算管理，完善公共财政管理体制；加强项目预算管理，规范项目设置，严格项目立项，加强预算评审，全面推进绩效管理，提高财政资金使用效益；强化预算执行监督，推进预决算公开，提高预算透明度，努力构建全面规范、公开透明的预算管理制度。

根据上述指导思想，综合考虑2017年经济社会发展和财政管理面临的各方面因素，全年收支按照围绕中心、突出重点、收支平衡、留有余地的原则安排。

### 三、一般公共预算安排情况

（一）一般公共预算收入安排情况

2017年我区一般公共预算收入安排1，713，400万元，同比增长3.5%。考虑2016年5月1日“营改增”开始全面实施，2017年1-4月份同比减收130，000万元，按可比口径计算，2017年我区一般公共预算收入实际同比增长11.4%。

**东城区2016年和2017年财政收入主要税收对比图（万元）**

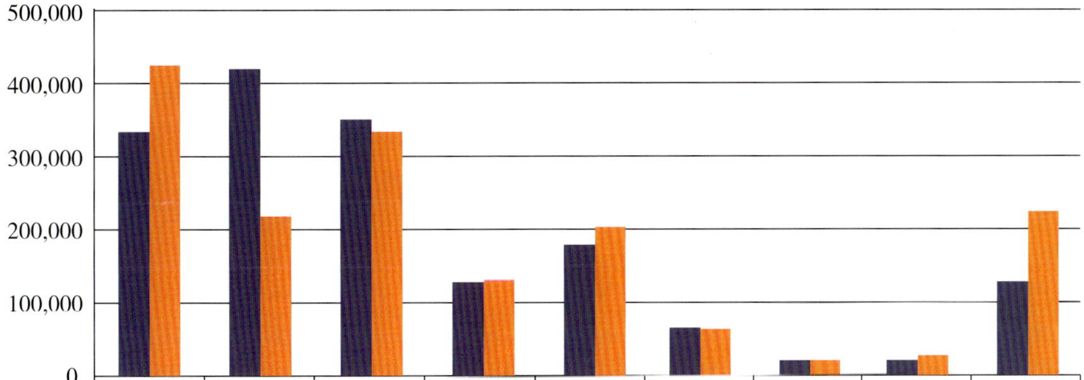


| | 增值税 | 营业税 | 企业所得税 | 城市维护建设税 | 房产税 | 印花税 | 土地增值税 | 车船税 | 其他各项收入 |
|---|---|---|---|---|---|---|---|---|---|
| 2016年预计完成数 | 424,000 | 218,500 | 334,640 | 130,500 | 203,000 | 66,000 | 22,900 | 30,500 | 225,443 |
| 2017年预算数 | 553,500 | 0 | 348,100 | 132,000 | 220,000 | 67,500 | 185,000 | 26,000 | 181,300 |

增值税安排553，500万元，增长30.5%。主要是随着营业税改征增值税税制改革的全面实施，增值税税基进一步扩大；同时考虑近年来全区社会消费品零售额、居民人均可支配收入和消费型支出保持平稳增长，消费市场活跃等增收因素。

企业所得税安排348，100万元，增长4.0%。主要是考虑区内企业经营收益稳步提高及部分企业经营活动带来的一次性收入。

城市维护建设税安排132，000万元，增长1.1%。主要是参考近年收入情况，同时考虑营业税改征增值税税制改革深入推进，影响城市维护建设税计税税基总体增幅等因素。

房产税安排220，000万元，增长8.4%。主要是受出租房屋征缴政策调整影响，以及考虑区内各类经营用房房产原值、租金收入平稳增加等增收因素。

土地增值税安排185，000万元，增长707.9%。主要是预计部分房地产企业项目清算入库大额税款带动增收。

专项收入安排83，860万元，下降4.7%。由于2016年残保金政策调整，将鼓励更多企业和行政事业单位安排残疾人就业。考虑残疾人就业规模增加后，残保金征缴基数减小，预计残保金收入规模将适度降低。

（二）一般公共预算支出安排情况

2017年区一般公共预算支出安排2，122，291万元，同比增长6.9%，其中：区级财力安排1，928，037万元，市财政提前下达专项转移支付64，254万元，上年专项结转130，000万元。主要支出功能分类预算安排如下。

**东城区2016年和2017年重点领域财政支出完成情况对比图**

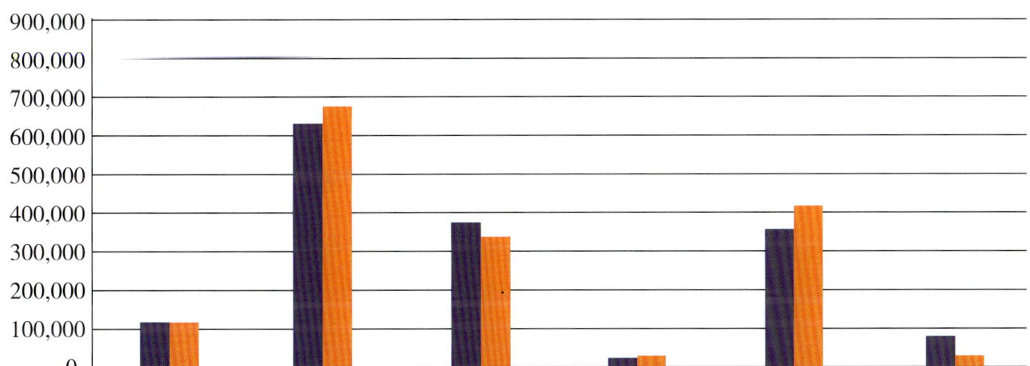


| | 公共安全支出 | 教育文卫事业投入 | 社会保障和就业支出 | 节能环保支出 | 城乡社区支出 | 住房保障支出 |
|---|---|---|---|---|---|---|
| 2016年年初预算（万元） | 123,452 | 625,594 | 374,767 | 22,288 | 354,176 | 75,971 |
| 2017年年初预算（万元） | 122,113 | 683,623 | 334,665 | 23,935 | 413,618 | 38,365 |

一般公共服务支出安排181，794万元，同比增长31.7%。主要是安排各部门基本支出经费95，473万元，在有效控制行政成本的同时，促进各单位全面履行政府职能，加强政府部门规范化建设；安排资金21，322万元，落实市级税收政策工作经费；安排资金4，509万元，做好新形势下人大常委会工作专题调研、提升人大代表履职能力，发挥政协委员参政议政职能等；安排资金20，980万元，做好机关后勤保障及办公用房维护；安排资金3，015万元，确保王府井及前门等重点地区安全稳定；安排资金4，564万元，用于落实基层党组织工作活动及社区党组织服务群众经费；安排资金2，066万元，深入开展党风廉政建设教育宣传工作，建立健全廉政风险防控体系。支出增幅较高主要是集中对派出所等为民服务和办公用房进行维修维护以及受养老保险改革政策影响。

国防支出安排2，115万元，同比下降20.8%。主要是安排市财政专项转移支付资金318万元，用于开展我区各类民防专项工作；安排资金1，093万元，用于地下空间综合整治、民兵军事训练、早期人防工程治理、开展兵役征集等工作。支出规模下降主要是市财政提前下达专项转移支付资金有所减少。

公共安全支出安排122，113万元，同比下降1.1%。安排武装警察经费4，271万元，加大反恐、救灾装备经费投入，加强对消防产品监督检查工作力度，提升防火安全委员会工作能力。安排公安经费112，293万元，主要是维护治安管理投入7，163万元，保障执法部门工作正常运转项目支出14，036万元，刑事案件侦查、拘押收教场所管理及禁毒管理经费2，565万元，道路交通管理经费4，822万元，保障公安干警人员经费74，215万元。安排司法支出4，250万元，主要用于开展普法宣传、法律援助、安置帮教等司法工作经费。支出规模下降主要是从2017年起检察院和法院经费上划至北京市统一管理，导致同比下降。

教育支出安排492，482万元，同比增长9%。安排专项资金，用于开展“蓝天工程”中小学生社会大课堂以及保障金帆金鹏科技艺术团经费，保障校安工程建设资金足额到位，落实学前教育三年行动计划建设，推进高中课程改革工程，打造教育精品特色团队，落实国家级教育体制改革试点工程，促进全区教育资源均衡发展。

科学技术支出安排14，910万元，同比下降4.8%。主要是安排专项经费5，500万元，推动“智慧东城”行动计划开展；安排资金3，400万元，用于东城区图像信息管理系统建设与运维工程及公共安全视频监控建设联网应用工程示范城市建设项目；安排1，305万元，提升中关村科技园区东城园发展服务水平，促进文化创意产业结构升级。支出规模下降主要是“智慧东城”行动计划资金需求同比有所减少。

文化体育与传媒支出安排64，307万元，同比增长10.3%。主要是安排资金22，594万元，全面提升公共文化设施建设水平，用好区域内各级各类文化资源，提高服务效能；加大对优秀原创作品的扶持力度，着力打造北京戏剧演艺原创基地；安排资金16，676万元，用于文物和历史文化名城保护工作；安排资金7，961万元，加大公共体育服务支出，推动学校（单位）体育文化设施向社会开放工作；安排资金10，000万元，用于支持文化产业发展；加大对冰雪项目的资金投入，全力支持北京办好2022年冬季奥运会。

社会保障和就业支出安排334，665万元，同比下降10.7%。主要是积极落实各项社会保障政策资金。安排资金25，531万元，用于基层政权和社区建设；安排资金4，867万元，用于财政对城乡居民养老保险补贴及城乡无社会保障老年居民养老保障金的支出；安排资金6，498万元，落实社会公益救援组织岗位补贴等；安排退役安置经费19，362万元，主要是中央及市财政提前下达接收军队离退休经费支出；安排资金11，784万元，用于发放最低生活保障金等补贴；安排资金9，188万元，用于自然灾害救助、临时救助、伤残抚恤金等其他社会救助；安排资金128，329万元，用于补充机关事业单位养老保险基金。支出规模下降主要是受机关事业单位养老保险改革影响，退休人员工资转由养老保险基金发放。

医疗卫生与计划生育支出安排111，924万元，同比增长12%。主要是加大医药卫生体制改革力度，合理规划医疗资源布局，鼓励区属医院发展重点学科和特色专科。安排资金6，000万元，用于支持医药卫生体制改革促进公立医院发展；安排公立医院绩效考核经费3，000万元，用于公立医院提高管理服务水平。安排专项资金，加快推进社区卫生服务机构标准化建设、加强疾病预防控制管理以及卫生监督执法管理；安排专项资金，加强人才引进和培养，创新健康管理服务模式，提升区属公立医院重点专科建设。安排专项资金，落实城镇居民医疗保险补贴、发放优抚对象及特困人员医疗救助等；安排资金1，600万元，用于计划生育家庭发展项目。

节能环保支出安排23，935万元，同比增长7.4%。主要是加大对空气和水环境治理资金支持力度。安排资金10，000万元，用于全区能源节约等相关领域支出；安排资金4，009万元，用于东城区燃气（油）锅炉低氮燃烧技术改造工作经费；安排资金5，929万元，用于大气污染防治专项工作。

城乡社区事务支出安排413，618万元，同比增长16.8%。集中财力用于支持以平房区为重点的“三大行动计划”实施，突出“城市病”治理，创新体制机制，提升精细化管理水平，增强城市运行保障能力。安排资金108,000万元，继续推进旧城解危排险和城市更新改造工程，平房区物业管理经费达到9，956万元；安排资金51，037万元，用于非首都功能疏解和人口调控工作；安排专项资金32，902万元，落实生活垃圾处理以及阿苏卫垃圾处理村庄搬迁安置政策；安排专项资金20，168万元，用于城市市容市政治理资金投入，提升环境建设水平；安排专项资金

10，200万元，开展慢行系统整治工程和加强道路养护管理，改善交通拥堵环境；安排专项资金，坚持因地制宜、多元增绿，创建首都绿化美化花园式街道、单位和社区；安排专项资金，用于公厕维护、道路清扫保洁等城市清洁工作任务，创造干净整洁市容环境。

农林水支出安排1，109万元，同比下降4.4%。主要是市专项转移支付水利改革发展专项资金等。

资源勘探电力信息等支出安排6，017万元，同比增长28.1%。主要是安排经费2，064万元，加强区街两级联动机制，提高安全生产专职安全员管理素质，紧抓安全生产监督工作；安排资金1，868万元，建立国资系统内控制度，提高国有企业财务水平，加强对国有企业的资金监管。

商业服务业等支出安排2，224万元，同比增长0.6%。主要是安排商业体系建设资金1，000万元，用于促进居民生活性服务业发展资金；安排旅游发展工作经费，支持各项旅游宣传促销活动，开展旅游专项课题研究等。

国土海洋气象等事务安排374万元，主要是支持国土分局事业发展，落实不动产登记工作经费等。

住房保障支出安排38，365万元，同比下降49.5%。主要是安排直管公房修缮、直管公房应急抢险、棚户区平房修缮等经费。落实各类保障房补贴政策，足额安排公租住房、廉租住房及市场租房租金补贴经费。支出规模下降较多主要是老旧小区抗震加固和综合整治工作进入收尾阶段，财政资金需求大幅下降。

粮油物资储备支出安排1，845万元，与上年持平。主要是为保障粮食应急储备工作安排的粮食风险基金。

预备费安排25，000万元，同比增长25%，占本级预算支出额的1.2%。

其他支出安排285，494万元， 同比增长25.5%。主要是安排基本建设支出40，000万元，确保基本建设项目资金需要；安排产业结构调整专项资金46，000万元，优化产业结构，促进高精尖产业发展；继续安排街道事业发展经费5，000万元，确保区街体制平稳运行；安排事业发展专项资金5，000万元，主要用于落实历史文化名城保护、人才建设等专项工作；安排应急反应机制保障、为民办实事及提案议案办理工作专项经费4，000万元，用于应对突发事件以及落实人大代表政协委员提案议案。支出增幅较高主要是上年结转资金129，847万元在此科目继续安排，主要用于基本建设、税源建设以及全区重点建设项目方面。

（三）“三公经费”预算安排情况

2017年区级党政机关事业单位“三公经费”预算安排8，415万元，同比下降0.6%。其中：因公出国（境）预算安排1，317万元，同比下降2%，主要是落实中央厉行节约的工作要求，严格控制出国团组和人员数量，不断降低因公出国（境）预算；公务接待费预算安排170万元，同比下降48.9%，主要严格贯彻中央市区关于厉行勤俭节约的政策要求，不断加大对公务接待工作的管理力度，大力压缩公务接待费预算；车辆购置预算安排788万元，同比下降21.2%，其中环卫系统作业车辆购置预算安排700万元，城管执法车辆购置经费88万元，车辆购置经费减少主要是环卫系统车辆更新数量减少；公务用车运行维护费6，140万元，同比增加6%，公务用车运行维护费增加主要是根据公安和城管部门实际需求，参照北京市标准对这两个部门的公务用车运行维护费标准进行调整，增加支出472万元。

4．一般公共预算收支平衡情况

2017年，东城区一般公共预算实现收支平衡，具体平衡情况见下图。

**2017年一般公共预算收支平衡情况图**

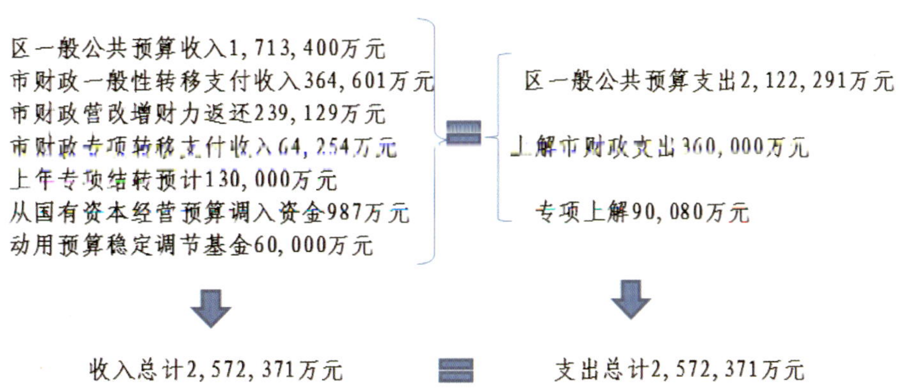


## 四、政府性基金预算安排情况

（一）政府性基金预算收入安排情况

2017年政府性基金预算收入安排3，000万元，主要是二手房交易补缴的土地价款收入。

（二）政府性基金预算支出安排情况

2017年东城区政府性基金预算支出安排5，924万元，同比下降38.9%。其中国有土地使用权出让金收入3，000万元，用于城市建设工作；市财政专项转移支付彩票公益金项目2，924万元，用于支持我区居家养老服务等事业发展。支出规模下降主要是目前市财政提前下达转移支付规模下降较多。

（三）政府性基金预算收支平衡情况

2017年，东城区政府性基金预算实现收支平衡，具体平衡情况见下图。

**2017 年政府性基金预算收支平衡情况图**

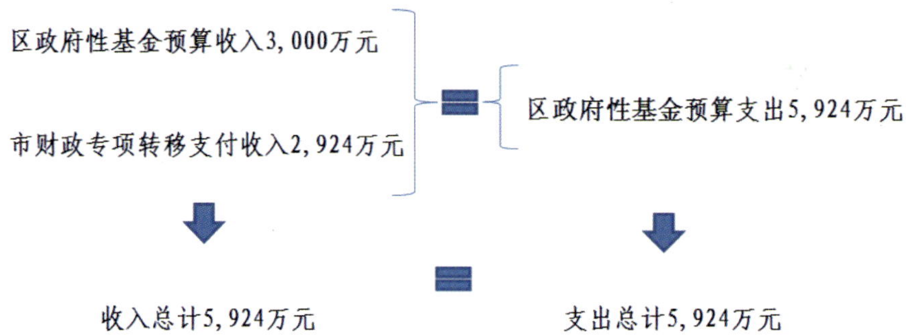


### 五、国有资本经营预算安排情况

（一）国有资本经营预算收入安排情况

2017年国有资本经营预算收入安排3，662万元，主要是区国资委直接监管的7家总公司预计应上缴的利润收入。此外，上年结转收入1，040万元。

（二）国有资本经营预算支出安排情况

2017年东城区国有资本经营预算支出安排3，022万元。主要支出方向为：一是支持国有经济布局和结构战略性调整1200万元，主要用于红桥市场趣·生活项目400万元，文化科技类股权投资项目400万元；二是支持疏解非首都功能和人口调控120万元，用于开兴辰地下空间清理改造项目；三是支持老字号企业发展837万元，主要用于儿童商店调整改造及信息化建设项目200万元，大北照相拍摄影设备改造项目187万元；四是支持区重点建设项目865万元，主要是前门东区草厂四条院落改造项目665万元，通州纳尔特园区安置房项目200万元。

同时，按照中央和北京市有关规定，加大国有资本经营预算调入一般公共预算的力度，2017年调入比例达到22%，比2016年提高3个百分点，调入资金规模为987万元，通过逐年提高调入比例，逐步实现到2020年调入比例达到30%的工作目标。

（三）国有资本经营预算收支平衡情况

2017年，东城区国有资本经营预算实现收支平衡，具体平衡情况见下图。

**2017 年国有资本经营预算收支平衡情况图**

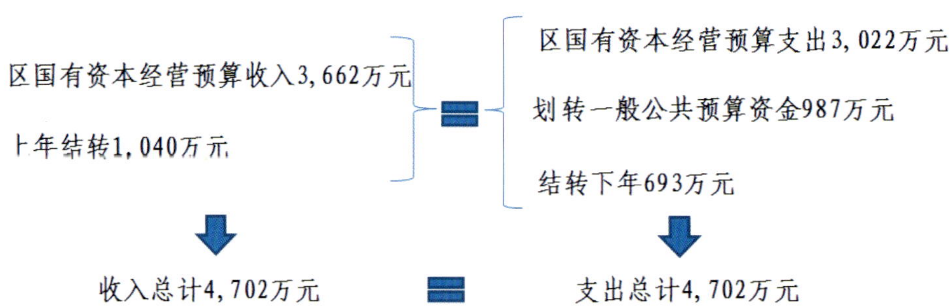


## 深化财税体制改革，促进各项事业发展，确保实现 2017 年预算目标

### 一、推进“文化强区”战略，深化供给侧结构性改革，促进区域经济转型升级

一是支持建设以服务经济为主导、以文化经济为特色的高端发展格局。

二是围绕供给侧结构性改革，发挥投资对经济增长的拉动作用。

三是夯实各项收入管理基础工作。

### 二、统筹聚焦，服务发展，为东城区的建设发展提供保障

2017年是“十三五”规划全面实施的关键之年，要加强财政资金统筹，将预算编制的分类保障原则，与区委确

定的“一条主线四个重点”战略任务有机结合，为各项重点任务开展提供必要的资金保障。

一是在京津冀协同发展和非首都功能疏解方面“加大投入”。二是在城市更新改造方面强调“服务保障”。

三是在城市精细化管理方面突出“创新增效”。

四是在保障民生改善经费方面坚决做到“应保尽保”。

五是在支持文化强区战略方面不断“创新方式”。

三、规范管理、综合施策，建立科学规范的预算管理模式

一是进一步提高预算编制水平。

二是大力推进政府购买服务工作。

三是继续提高国有资产管理水平。

四是进一步提高财政收支监管水平。

五是进一步提高预决算信息公开水平，打造透明财政。

# 东城区人民法院工作报告

## 2016年12月21日在东城区第十六届人民代表大会第一次会议上

东城区人民法院院长 赵 军

## 过去五年工作回顾

### 一、依法审判，为社会安全、稳定保驾护航

从2012年全年收案21242件，到2016年1至11月收案34353件，增长61.7%。5年共计收案132955件，结案124739件，结案率为93.8%。

**依法打击各种犯罪，维护首都社会安全稳定。**审结刑事案件5933件，判处罪犯7483人。依法严惩在天安门、王府井等敏感地区寻衅滋事、妨害公务、利用邪教组织破坏法律实施等严重破坏社会秩序犯罪，以及暴力侵害群众人身安全犯罪，努力提升群众安全感。近几年，非法吸收公众存款等涉众型经济犯罪快速增长，涉案金额巨大，被害群众人数众多，在依法严惩犯罪分子的同时努力做好财产保全、群体访接待、追赃挽损等工作。我院审理的吉秀燕等14人诈骗案入选最高人民法院发布的惩治电信诈骗犯罪典型案例。审结贪污、贿赂、渎职、挪用公款等案件84件，判处处级以上干部16人，促进反腐倡廉建设。未成年人审判坚持庭前社会调查、轻罪记录封存、回访帮教等制度，保障其特殊权利。积极推进“以审判为中心”的诉讼制度改革，遵循证据裁判原则和非法证据排除规则，严防发生冤假错案。开展好刑事案件速裁制度改革，提高了审判效率。

**努力化解民商事和知识产权纷争，维护和谐社会秩序。**审结民商事和知识产权案件80854件，努力做到案结事了，89.3%的案件当事人服判息诉。着力化解婚姻家庭、邻里关系、物业、供暖等与群众生活密切相关的纠纷。通过裁判依法落实好国家房地产调控政策，规范房地产市场秩序。妥善审理劳动争议案件，平衡好保障企业依法经营与保护劳动者合法权益的关系。作为全国首批家事审判改革试点法院，积极探索引入家事调解员组建家事审判团队，建立适应解决家庭矛盾特点的调解审判模式。与鉴定机构建立协调督促机制，着力解决鉴定周期长、鉴定退案多的问题，加快医疗、交通事故纠纷等案件的审理进程。妥善审理涉军维权案件，为军队改革提供有力司法保障。近几年，针对金融借款及信用卡纠纷案件快速增长的势头，通过快审快结依法帮助金融企业清收债权，防范金融风险。严厉惩处欺诈、假冒等侵犯消费者权益的行为，维护诚信市场秩序。规范破产清算类及强制清算类案件的审理流程，保障相关企业债权公平有序受偿和职工的合法利益。努力应对知识产权案件管辖地域扩大、案件量激增的变化，加大对侵犯知识产权和劫取流量、网络虚假宣传、商业诋毁等不正当竞争行为的打击力度，保护知识创新和公平诚信竞争。发挥司法裁判的评价指引作用，公正审结《舌尖上的中国》著作权侵权案、百度诉奇虎不正当竞争案、瑞典“海丝腾”床具商标侵权案等一批具有较大社会影响的案件。

**支持和监督政府依法行政并重，促进法治政府建设。**审结行政案件4492件，行政机关败诉率为10.2%。落实《行政诉讼法》修改后的新要求，严格行政行为合法性审查标准，加大司法监督力度。加强对行政案件的协调解决，努力化解“官民”矛盾，14.5%的案件达成和解以撤诉方式结案。推进行政机关负责人出庭应诉工作，出庭应诉人数连年增加，既改善了政府形象，又促进了政府管理水平和执政水平的提升。针对易发多发行政纷争的领域，加大司法建议力度，督促行政机关规范行政行为。通过与涉案较多的行政机关开展座谈研讨和专题讲座等方式，促进其增强依法行政意识和能力。

**不断加大执行威慑力度，努力破解执行难。**执结案件33102件，实际执行率85.5%，执结标的金额102.83亿元，金额到位率为73.8%。努力用足用好法律赋予的执行手段，严厉打击规避执行、抗拒执行行为，拘留236人次，罚

款179.5万元，限制出境184人次，公布失信人名单3091人次，追究刑事责任2人。加强与区工商局、国土资源局、拘留所等机关在财产信息查询、实施强制措施等方面的协作，发挥执行联动的威慑力。建成并运行好执行指挥中心，集约查询金融机构、房管部门、车管所等单位管理的被执行人相关信息，提高查询频率，提升整体执行质效。扎实开展专项执行活动，被最高人民法院授予“涉民生案件专项执行工作先进集体”称号。定期梳理督办长期未执结案件，规范终结本次执行程序，畅通恢复执行程序。完善案款管理和发放，努力保障当事人的胜诉权益及时得以实现。深化执行信息公开工作，制作执行信息公开系列告知书，让执行工作更加公开透明，努力解决消极执行、乱执行等问题。执行质效始终位居全市法院前列，我院执行局被评为“北京市法院先进集体”。

二、服务大局，为推进中心和重点工作提供司法保障

**为首都和我区战略任务服务。**妥善审理与疏解城市功能和提升城市品质相关的案件，积极化解天乐玩具城关停、永外地区商品交易市场疏解、天坛周边简易楼腾退、西河沿危改拆迁、“开墙打洞”专项整治、低端企业外迁等重点项目实施中出现的矛盾纠纷，加强诉前沟通、诉中协调、诉外调解，依法公正高效作出裁判，有力服务保障了中心工作。积极配合我区群租房及地下空间综合整治工作，平稳执结大量涉及群租房腾退的案件。全力执行涉及市区重点工程案件，在地铁6号、8号、14号线建设，钟鼓楼广场恢复整治项目，长安街周边、前门一号地、西革新里、西河沿等多个地区城市改造项目，涉及众多居民的拆迁执行案件中，耐心细致做好滞留户工作，依法果断采取强制措施，确保了工程顺利进行。

**为“文化强区”“平安东城”建设服务。**与市版权保护中心、区知识产权局、雍和园管委会、区工商分局、区文委等建立联动机制，共同加强知识产权保护。通过区工商联组织为辖区民营企业开展普法活动，服务非公经济发展。与中国互联网协会共同发布了网络著作权保护相关调研报告，对雍和园区文化创意产业发展起到了积极指引作用。坚持到中关村科技园区东城园、南锣鼓巷等文创产业聚集街区进行法制宣传、交流、讲座，编制发布《知识产权司法保护年度报告》，帮助企业建立知识产权法律保护体系，助力东城区文创产业健康发展。延伸诉讼服务，连续4年开展巡回法官“一驻两进”工作，积极参与矛盾化解、普法宣传、社会综合治理等工作，参与调解纠纷1000余起。在区政府“数字东城”网上专设“诉讼须知”栏目，把诉讼服务通过网络送进千家万户。自主研发并上线运行“司法电子地图”，即时、动态、准确地反映全区街道社区进入诉讼的案件情况，使之成为我院参与完善网格化服务管理的有力帮手。

三、推进改革，落实各项司法改革要求

**率先探索审判权运行机制改革，争当推进改革的排头兵。**公开公正、规范透明，平稳有序完成两批127名入额法官选任工作。在全市法院率先进行审判权运行机制改革探索，出台《合议庭工作规则》和《院庭长监督指导审理案件规定》等制度，按照权责明晰、分权制约、规范有序的改革要求，限缩院、庭长的权力，将审判权逐步放还给法官，同时对特定类型案件加强审判指导、监督，做到放权不放任。严格落实市高级法院出台的《关于建立专业法官会议制度的意见》等改革规定，开展专项督查，确保重点改革举措落地生根。认真落实中央出台的防止领导干部干预和法院内部人员过问案件的“两个规定”，出台我院《过问案件卷宗留痕的工作办法（试行）》等制度，对一起内部人员干预案件事件，进行了通报并问责，努力防止“关系案、人情案、金钱案”的发生。落实院庭长办案制度，院庭长审结了大量案件，发挥了表率示范作用。

**贯彻落实立案登记制改革，深入解决“立案难”问题。**为保护群众起诉权益，于2013年底就在全市法院率先改变了年底不收案的惯例，为立案登记制改革实施奠定了基础。2015年立案登记制改革正式启动后，对符合法定条件的起诉，坚持做到有案必立、有诉必理，群众的诉权得到了更加有效保障，基本解决了“立案难”问题。立案登记制改革实施一年多来，行政诉讼、刑事自诉案件因改革影响增长最为明显，群众通过诉讼维护自身合法权益的途径更加通畅，立案工作更加规范有序，当事人满意程度越来越高。

**推进人民陪审员制度改革，担当全国试点重任。**2013年、2015年我院两次被最高人民法院确定为改革试点法院。在区人大常委会、司法局和各街道的大力支持下，于去年底在全市法院率先完成新一届468名人民陪审员随机选任工作，扩大了选任范围，提高了基层群众所占比例。出台《人民陪审员参审办法》等制度，在保障人民陪审员行使阅卷权、庭审和评议权等参审权利方面不断出台新举措，为陪审员深度参审创造便利条件，陪审员参审积极性不断提升，“陪而不审、合而不议”的顽疾得到有效解决。目前，新陪审员参审率达97.1%。今年，建立了陪审员和法官相互监督评价工作机制，陪审工作机制更加完善。我院先后在最高人民法院和市高级法院人民陪审员工作会上作典型经验发言。中央电视台《新闻联播》以我院人民陪审员制度改革为样本，报道了全国人民陪审员制度改革成效。

四、司法为民，让群众有更多“获得感”

**加强审判管理，让群众更多感受到司法公正和高效。**以问题为导向，出台《审判责任负面清单》和《年终绩效考核奖惩办法》，约束干警自律，鼓励干警争优，落实审判责任。加强动态管理和分析通报，指出薄弱环节，亮出主要问题，分析通报到庭到人，监督整改，紧抓落实，切实解决存在的问题。强化对案件的评查和定责，发布评查和定责报告，作为考核评价法官的依据。加强对案件审

理期限的监督和审理进程的管理，建立“围追堵截”清理积案工作机制，清积工作成效显著，该机制也被市高级法院采用推广。我院一审服判息诉率为86.6%，上诉案件改判和发回重审率为0.2%，审判质效保持在全市基层法院前列。

完善诉讼服务，让群众更多感受到司法便捷和尊重。面对案件大幅增长的现状和群众便捷解决纠纷的诉求，积极开展矛盾纠纷多元调解工作。与东城区司法局合作开展“人民调解进立案庭”工作，通过诉前调解显著减少了群众解决纠纷的时间和经济成本。完成我院北区立案和诉讼服务设施的更新改造，工作环境和服务功能全面升级，受到来院群众的普遍赞许。加强导诉和立案服务，设立24小时诉讼服务便民信息亭，加装律师快速进入法院的安检认证设备，为减少当事人排队安检等候时间诉讼服务窗口提前上班，设立诉讼服务信息台，开通“12368”人工语音诉讼服务平台，在立案大厅放置50余种诉讼须知宣传材料并循环播放“东东教你打官司”动漫宣传片，还提供网上预约立案服务等。多种人性化的服务措施方便了群众诉讼，我院诉讼服务和立案工作被市高级法院推树为全市法院的学习样板。

自觉接受监督，让群众更多感受到司法民主和公开。增强自觉接受监督的意识，先后就执行工作、信息化建设、审判管理和立案登记制工作向区人大常委会作专题工作报告，并及时通报法院重要工作情况。高度重视督办联络工作，办理代表关注和督办案件130余件，开通“代表手机报”，组织代表、委员视察法院工作和庭审观摩900余人次。认真接受检察机关的法律监督，主动接受特邀监督员和人民陪审员的监督。自觉接受群众监督，通过“政法民生热线”答复群众反映问题2942件，群众满意度不断提升。深化审判流程公开、执行信息公开、裁判文书上网公开、庭审视频公开，以公开促公正。加强普法宣传，我院司法新闻宣传和司法理论宣传工作连续4年受到最高人民法院通报表扬，2014年被评为全国法院“司法公开示范院”。

### 五、强化风纪，打造忠诚、干净、担当的司法队伍

加强干警素质和能力建设。重视班子建设，优化班子结构，不断提升班子的领导能力。重视调查研究，广泛听取干警意见建议，坚持民主集中制，确保各项决策科学民主。严格遵守组织人事纪律，营造风清气正的选人用人环境。精简二线人员，充实审判一线，强化审判工作的中心地位。扎实开展党的群众路线教育实践活动、“三严三实”专题教育和“两学一做”学习教育，不断改进工作作风。开展对内以诚正身、对外以诚立信的“诚信工程”建设，打造忠诚的职业品格。开展“五个一工程”和“审学研一体化”工作，提升法官的审判和调研能力。开展丰富多彩的文体活动，增强干警身心健康。心系干警，努力为干警解决工作和生活中的实际问题，年年按计划为干警办实事。

加强司法廉洁作风建设。始终重视廉政建设，持之以恒抓作风，认真落实党风廉洁建设工作责任。今年第一个工作日，召开了全院纪律作风教育大会，院长以“挺立工作纪律”为题给全院干警讲党课，强化纪律意识和规矩意识。开展专项纪律整顿活动，针对检查发现的问题，及时召开中层领导集体约谈会议，做到层层传导压力、落实“两个责任”。持之以恒贯彻落实中央“八项规定”要求，规范财务管理，加强内部管控。严格各项工作纪律，以专项检查、随机抽查、视频监控等多种形式开展纪律督查，发布督查通报16期，通报到庭到人，力促干警改进工作作风。2014年建立“快速解决当事人反映问题并通报情况”等三项工作机制，并有效发挥作用，快速解决当事人反映问题150余件，调查并上网通报问题9起。创新监督形式，对干警发出《监察建议书》3份，督促干警依法、规范、高效履职。健全完善廉政风纪档案，对干警入党、职级晋升、评优评先等事项出具廉政评价，把好廉政关。5年来，我院未发生干警严重违纪问题。

各位代表：5年来，我院被授予“北京市模范法院”“北京市先进法院”“首都文明单位标兵”等荣誉称号。在2014、2015两个年度由市委政法委和市统计局组织的全市法院系统社会测评中，总体满意度评价排名全市基层法院第一位，2015年度党风廉政建设工作社会评价排名全市基层法院第一位。成绩的取得，离不开全院干警的拼搏奉献，更离不开区委的坚强领导、区人大的有力监督和区政府、区政协及各位代表的鼎力支持。在此，我代表全院干警向大家表示衷心的感谢和崇高的敬意！

在取得成绩的同时，我们也清醒地认识到工作中还存在着困难和不足：一是案件持续高增长，法官及辅助人员长期超负荷工作的状态尚未改变，法官流失、辅助人员招录难的现象仍然存在，如何稳定队伍、提高审判质效，是摆在面前的重大课题。二是我院落实各项改革工作任务力度大推进快，在审判权运行机制、管理监督方式和考核工作机制等方面都在发生深刻变化，干警如何适应这些变化、形成机制上的合力和发挥改革功效，还有不少问题需要解决。三是一些干警在思想认识、政治素质、业务能力和纪律作风等方面还跟不上形势和司法改革的要求，从严治党、从严治院的工作需要抓得紧而又紧。四是实现“用两到三年基本解决执行难”的目标任务十分艰巨，除自身需要更加努力外，还需要相关单位和社会各界的大力支持和帮助。对于上述困难和问题，我院将在今后的工作中努力加以解决，也衷心期待大家更加关注和支持东城法院的工作。

## 今后五年工作思路和2017年工作任务

今后5年，将进入全面建成小康社会的决胜阶段，维护社会公平正义、促进法治建设、提升司法公信力的责任更加重大。我院将勇于应对各种困难、压力和挑战，为首

都“四个中心”建设，我区推进“一条主线、四个重点”战略任务，建设“国际一流的和谐宜居之区”的目标，努力提供更好的司法服务和保障。

今后五年的总体工作思路是：全面贯彻党的十八大、十八届三中、四中、五中、六中全会，党的十九大会议和习近平总书记系列重要讲话精神，紧密围绕“五位一体”总体布局和“四个全面”战略布局，坚持“司法为民、公正司法”的工作主线，“依法、独立、公正”行使审判权；在推进法治东城建设，维护司法公正、高效、权威上下功夫；在为我区率先全面建成小康社会、服务中心工作上强保障；在全面深化司法改革、提升司法公信力上求实效；在落实全面从严治党，抓好党风廉政建设上不松懈，努力实现“让人民群众在每一个司法案件中感受到公平正义”的目标。

2017年主要做好以下工作：

一是充分发挥审判职能，服务发展大局。

二是抓好司法改革工作的深入落实，注重发挥改革功效。

三是深化党风廉政建设，打造过硬司法队伍。

四是主动接受各界监督，不断改进法院工作。

# 东城区人民检察院工作报告

## 2016年12月21日在东城区第十六届人民代表大会第一次会议上

东城区人民检察院检察长　蓝向东

## 过去五年工作回顾

### 一、围绕大局履行检察职能，全力维护经济社会稳定发展

紧紧围绕全区中心工作以及“9·3”阅兵、APEC会议等重大活动，积极履行检察职能，为经济社会发展稳定提供有力的司法保障。

#### （一）依法严厉打击各类刑事犯罪

5年来，共批准逮捕4795件6166人，提起公诉5879件7429人。一是突出打击危害社会稳定犯罪。审查起诉天安门等重点地区扰序案件134件231人，促进了区域和谐稳定。二是严厉打击涉众型经济犯罪。审查起诉集资诈骗、非法吸收公众存款、组织领导传销等案件30件44人，包括涉案金额26亿元、投资人3500余人的“妙有基金”非法吸存案等社会影响较大案件。三是专项打击民生领域犯罪。积极参与食品药品安全专项整治，审查起诉生产销售假药、有毒有害食品案件65件73人；针对网络电信犯罪频发，成立全市唯一网络电信犯罪检察部，共审查批捕、起诉该类案件163件315人。

#### （二）严格贯彻宽严相济刑事政策

在严厉打击刑事犯罪的同时，坚持依法从宽，坚持疑罪从无。一是依法慎捕慎诉。共对1262人不批准逮捕，对488人不起诉，促使其改过自新、回归社会。二是切实维护未成年人合法权益。成立未成年人案件检察部，整合“捕诉监防”职能，依法对32名未成年人不批准逮捕，对30名未成年人不起诉，全面开展未成年人社会调查、犯罪记录封存等工作，创新异地考察帮教等工作机制，4名未成年人通过我院帮教及多方协调，得以顺利参加高考并考上大学。

#### （三）积极参与社会治安综合治理

一是努力化解社会矛盾。受理举报、控告、申诉、刑事赔偿线索1304件，接待群众来访3021批4989人次，完善“四位一体”接访模式和内外联动机制，妥善处理集体访66批1741人次，有效防止了群体性事件发生。二是积极开展“六五”普法宣传。通过送法进校园、法治短剧进社区、开展普法公益活动等多种方式，提升在校学生和社区居民法律意识。三是注重社会治安源头治理。针对发案单位管理不到位问题，发出检察建议137份，从源头上减少不稳定因素，连续5年获评东城区社会治安综合治理优秀单位。

### 二、依法查办和预防职务犯罪，着力保持惩治腐败高压态势

坚持“老虎”、“苍蝇”一起打，坚持惩防并举，积极营造风清气正的政务环境。

#### （一）严肃查办职务犯罪案件

立案侦查职务犯罪案件155件167人，其中贪污贿赂案件125件135人，渎职侵权案件30件32人。一是突出查办大要案。共立案5万元以上大案132件144人，其中500万元以上大案20件22人，亿元以上大案2件2人；立案要案47件48人，其中局级21人、处级27人；通过办案挽回经济损失2亿余元。二是积极查办区属单位案件。立案侦查区社保系统、区房管系统等区属单位人员职务犯罪案件23件24人，促进了廉洁从政。

#### （二）努力提升职侦工作水平

一是强化案件查办合力。与区纪委等部门建立加强组织协调四项机制，与区食品药品监管局、区公安分局建立

侦查协作机制，办案合力明显增强。二是完善案件查办模式。深入开展信息化侦查，搭建情报信息室，与人民大学法学院电子证据研究中心加强合作，提高了侦查信息化水平和运用电子证据指控犯罪的能力。

（三）深入开展职务犯罪预防

一是实施廉洁准入制度。建立我区政府采购及工程建设领域廉洁准入机制，完成行贿犯罪档案查询10996件次，筑牢了廉洁准入关。二是创新职务犯罪预防宣传方式。在深入70家单位开展预防教育的基础上，与区纪委共同建立反腐倡廉警示教育基地。两年来，共接待参观582批20000余人次。三是加大非首都功能疏解中的职务犯罪预防力度。制定专门工作意见，主动深入“天坛周边简易楼腾退”“西忠实里环境整治”等项目开展预防，保障了重点项目顺利进行。

## 三、全面强化法律监督，有力维护社会公平正义

以司法改革为契机，不断完善监督机制，提高监督能力，增强监督效果，有力维护了司法公正。

（一）全面开展刑事侦查和审判活动监督

一是加强刑事立案和侦查活动监督。共监督公安机关立案43件48人、追捕漏犯98人、追诉漏罪116件、追诉漏犯125人。二是强化刑事审判监督。通过量刑建议、刑事抗诉等多种方式进行监督，共提出刑事抗诉22件，11件已获改判。三是加大纠正违法力度。发出《纠正违法通知书》24份，及时纠正了刑事诉讼中的违法行为。

（二）深入开展刑事执行检察监督

一是积极推进刑事执行检察规范化建设。制定财产刑执行、社区矫正检察等工作制度，促进刑事执行监督由办事模式向办案模式转变。二是认真开展减刑、假释、暂予监外执行等专项检察。开展专项检察23次，发出《纠正违法通知书》42份，查办看守所监管人员受贿案件1起。三是积极推进羁押必要性审查。共启动捕后羁押必要性审查93件96人，改变强制措施33件36人，有效控制和减少了审前羁押。

（三）积极开展民事行政检察监督

一是加大监督力度。构建以抗诉为中心的多元监督体系，共受理民事行政检察监督案件525件，审结523件，提请民事抗诉24件，再审改判13件。二是坚持释法说理。对法院判决正确案件积极开展息诉罢访，441件案件当事人经释法说理后息诉服判，有力维护了司法权威。三是强化改革创新。主动适应民事行政检察职能调整，及时转变工作思路，采取加强宣传、主动深挖、完善线索移送机制等方式拓宽监督线索来源，夯实了民事行政检察工作基础。

## 四、扎实推进司法改革，努力推动检察工作创新发展

认真贯彻区委和市检察院对司法改革的统一部署，细化改革任务，明确责任落实，确保司法改革落地生根。

（一）稳步推进“四项改革”

一是完善检察人员分类管理。按照“优中选优、留足空间”的原则，76人进入首批检察官员额，占中央政法专项编制25.4%，为队伍发展留足了空间；经过分类定岗，全院司法辅助人员占60.6%、司法行政人员占14%，按照一名检察官带领一个办案组的原则，组建76个办案组，确保了85%的检力资源直接投入执法办案，实现了检力资源优化配置。二是完善司法责任制。按照市检察院统一部署，积极开展机构职能整合，内设机构由29个优化调整为18个，单设侦查监督部、刑事审判监督部、行政检察部等5个检察监督机构，强化了监督职能；强化未成年人案件检察、网络电信犯罪检察专业机构，专业化办案能力进一步提升；按照“抓两大、放两小”的原则，制定并严格落实“三个清单”，实现了检察官对一般案件独立决策、对所办案件终身负责，履职能动性进一步增强。三是积极落实司法人员职业保障改革以及人财物省级统一管理改革。按照市检察院统一部署，司法人员职业保障措施逐步得到落实；对全院固定资产进行全面清理，协调解决历史遗留问题，为人财物省级统管改革做好了充分准备。

（二）积极落实其他改革任务

一是深入推进涉法涉诉信访工作机制改革。坚持诉访分离，建立律师参与化解和代理涉法涉诉信访案件制度，促进在法治轨道上解决群众诉求。二是深入推进刑事诉讼繁简分流。与相关部门会签文件，依法适用刑事速裁程序提起公诉179件，提高了办理轻刑案件效率。三是积极开展检察听证。采用“先行先试、内外协作、深度调研、专家咨询”的方式，在各检察环节开展听证工作，完善制度机制，总结出版《检察听证理论与案例参阅》。

## 五、始终坚持从严治检，大力加强检察机关自身建设

将检察机关自身建设作为重中之重，提出“争当首都基层检察机关排头兵”目标，狠抓落实，先后荣获全国文明单位、全国先进基层检察院等称号。

（一）突出抓好思想政治建设

一是扎实开展主题教育。在党的群众路线教育实践活动、“三严三实”专题教育和“两学一做”学习教育中，形成干警代表制、办案说情报告制度等长效机制，密切了与群众的联系。二是切实抓好党风廉洁建设。认真落实全面从严治党主体责任和监督责任，积极履行“一岗双责”，严肃查处一名干警违法违纪问题，组织全院干警开展警示教育，筑牢廉洁自律防线。三是积极选树典型。开展“争当优秀检察官、优秀检察官助理”等活动，借助“微观东检”等平台树典型、立标杆，“勤勉质朴、追求卓越”的东检精神更加深入人心。

（二）稳步推进队伍专业化建设

一是把好人才引进关。5年来，共引进高校毕业生71人，全院本科以上学历占98.2%，其中硕士86人、博士6人，人才基础不断夯实、结构不断优化。二是把好人才培养关。成立专业化办案机构和办案组，依托“精品案”工程狠抓实训，在第五届全市检察业务竞赛中，有16人获得

"业务标兵"称号。

（三）切实加强规范执法建设

一是以加强案件管理促规范。依托业务应用系统统一案件进出口，对办案关键节点全程、同步、动态监督，提高案件管理科学化水平。二是以完善制度机制促规范。制定执法告知、检察官联席会议等制度，规范各环节执法流程。三是以强化内部监督促规范。全面全程使用执法记录仪，定期开展检务督察，有效提升了执法规范化水平。

（四）积极强化基层基础建设

一是加强办案办公用房保障。在区委、区政府的大力支持下，全院于2015年5月搬入新办公楼，解决了两地办案办公问题。二是建好检察服务中心和案件管理中心。积极打造接收案件、移送案件、接待律师、电子阅卷"一站式"服务，提升了检察服务保障水平。三是推动科技强检。加大侦查指挥、证据收集、检验鉴定等装备投入，提升了装备现代化水平。

六、自觉接受外部监督，不断加强和改进检察工作

牢固树立监督者更需要接受监督的意识，主动接受人大、政协和社会各界监督，保障检察权依法正确行使。

（一）自觉接受人大监督和政协民主监督

一是积极"请进来"监督。聘请人大代表、政协委员作为特约监督员，开展座谈视察，参加案件公开审查，观摩庭审，提高监督针对性。二是主动"走出去"接受监督。建立院党组成员联系人大街工委机制，专题介绍检察工作；将"两会"期间代表、委员意见建议列入折子工程，重点落实，逐一反馈，确保监督有力有效。三是不断拓宽监督渠道。每周向人大代表、政协委员发送"东检微讯"手机报，共发送110期；利用微信长图制作系列"答卷"在"两会"期间推送，"2015年东城检察的答卷"获全国检法系统"新媒体十佳经典案例奖"。

（二）自觉接受社会监督

一是坚持案件信息公开。在人民检察院案件信息公开网上公开程序性信息5544条、终结性法律文书1188份。二是坚持开展系列活动。检察开放日、举报宣传周等系列活动有力提高了检察工作影响力。二是坚持用好"两微一端"。共发布"东城检察"官方微博822条、官方微信117条，通过及时发布案件信息，有效回应和引导了网络舆情。

各位代表，过去5年，检察工作取得的成绩，是各界群众关心帮助的结果，是各位代表监督支持的结果，是区委、市检察院正确领导的结果。在此，我代表东城检察院表示崇高的敬意和衷心的感谢！同时，我们也清醒地认识到，检察工作还存在一些不足，主要体现在：一是法律监督工作还存在发展不平衡问题，民事和行政检察监督尚未完全打开工作局面，在敢于监督和善于监督方面需要进一步加强。二是队伍思想观念、素质能力还不能完全适应司法改革新要求，特别是对以审判为中心的诉讼制度改革给予检察工作的深刻影响，认识还不足，执法理念亟待转变。三是检察改革需要进一步深入推进，相关制度措施亟待抓紧完善，改革成效需要进一步强化。对此，我院将高度重视，并在以后工作中加以研究解决。

## 未来五年总体思路和2017年具体任务

未来5年，是全面建成小康社会的决胜时期，也是检察事业迎来重要机遇、加快改革发展的关键时期。我院将紧紧围绕"五位一体"总体布局和"四个全面"战略布局，牢牢把握全面提高检察工作法治化水平和检察公信力两个主基调，积极履行检察职能，以司法办案为中心，以服务大局为根本，以改革创新为动力，全力维护区域和谐稳定、促进社会公平正义、保障人民安居乐业，努力为我区"十三五"规划顺利实施创造安全稳定的社会环境、公平正义的法治环境和优质高效的服务环境。

2017年，是党的十九大召开之年，也是实施"十三五"规划承上启下的重要一年。我院将深入贯彻区委和市检察院各项部署要求，继续稳步推进司法体制改革，不断强化法律监督、自身监督、强化队伍建设、业务建设，以优异的业绩迎接十九大胜利召开。

一、要在服务全区经济社会稳定发展上作出新贡献。

二、要在依法查办和预防职务犯罪上取得新成效。

三、要在监督严格执法、公正司法上务求新作为。

四、要在不断深化司法改革上取得新进展。

五、要在坚持不懈打造过硬检察队伍上强化新举措。

# 专 文

## 关于依托平房区和老旧小区物业管理构建“大城管”体制的研究

中共东城区委书记　张家明

建设和管理好首都是国家治理体系和治理能力现代化的重要内容。作为首都功能核心区，东城区是首都的窗口和“四个中心”的主要承载区。近年来，我们按照首善一流的标准，不断加强精细化管理，在平房区街道试点物业管理，城市面貌和环境秩序有了显著变化。但与人民群众更高期待相比，与国内外发达地区相比，我们在常态化、精细化管理和长效机制建设等方面仍有很大提升空间。特别是平房区和老旧小区“大城市病”集中，是核心区城市管理的短板。以平房区和老旧小区物业管理为依托，积极探索多元共治的“大城管”体制机制，既是深化城市管理创新、提升城市治理能力的必然要求，也是新形势下更好地履行“四个服务”职责、落实首都“四个中心”战略定位，加快建设“国际一流的和谐宜居之区”的重要保障。

### 一、新形势下加快推进城市管理创新的战略意义

#### （一）是落实中央城市工作会议精神、推进治理体系和治理能力现代化的内在要求

2014年2月，习近平总书记视察北京工作时，要求健全城市管理体制，提高城市管理水平，推进城市管理的目标、方法和模式现代化。2015年12月，中央城市工作会议明确统筹规划、建设、管理三大环节，提高城市工作的系统性，强调彻底改变粗放型管理方式，让人民群众在城市生活得更方便、更舒心、更美好。作为首都功能核心区，东城的城市管理水平高低直接影响首都治理体系和治理能力现代化目标的实现。近年来，我区在城市管理方面不断探索创新，在实践中探索形成的网格化管理新模式等经验在全国推广。但也要清醒地认识到，目前的城市管理工作还存在诸多亟待解决的问题，管理水平与治理体系和治理能力现代化的要求还存在一定差距，其中加强平房区和老旧小区管理是我区最需要补齐的短板。贯彻落实国家、北京市关于城市管理工作的新要求，必须进一步强化创新，在首都城市治理中发挥引领示范作用，为首都城市治理体系和治理能力现代化做出更大贡献。

#### （二）是深化落实首都城市战略定位、治理“大城市病”难题的职责使命

当前，北京正处于落实京津冀协同发展战略，治理“大城市病”，加快形成与首都城市战略定位相匹配的城市管理体系的关键时期。核心区是首都城市建设、管理体系的重中之重，其城市管理水平直接反映了大国首都的城市形象，直接关系到“四个服务”的保障能力，直接影响到首都城市战略定位的落实质量。我区特别是旧城平房区，既是古都历史风貌的精华展示区，也是“城市病”最集中的地区，人口密度大、环境脏乱、交通拥堵等问题日益凸显，倒逼着我区城市管理体制机制的加快创新。在东城区第十二次党代会上，区委明确了“一条主线、四个重点”的战略任务（即围绕推动京津冀协同发展和疏解非首都功能这条主线，着力推进城市更新改造、城市精细化管理、文化强区、民生改善四项重点工作）。服从服务于首都“四个中心”战略定位，落实好市委“发展质量要提高、人口规模要适度、管理水平要精细、城市环境要最好”的要求，推动我区“一条主线、四个重点”战略任务的落实，必须加快推进城市管理创新工作，打好治理“大城市病”的攻坚战，实现区域可持续发展。

#### （三）是深入推进供给侧结构性改革、建立与核心区职能定位相匹配的城市管理服务体系的重要支撑

推进供给侧结构性改革，是以习近平同志为核心的党中央综合研判世界经济形势和我国经济发展新常态作出的重大理论创新和决策部署。从城市管理服务领域来看，当前面临的诸多问题倒逼城市管理服务端的“供给侧改革”。比如，有的领域政府管理粗放，服务不到位，有的领域政府服务供给“过度服务”与“服务不足”并存，甚至存在“被服务”的现象等。城市管理服务中的许多“痼疾顽疾”未能得到有效解决原因之一，就在于城市传统管理思维和供给模式不适应城市发展的需求，造成“运动式治理、即时性管理”，无法形成常态化、有效性的持续供给。我区的城市管理服务任务重、要求高、问题多，亟须通过城市管理服务

“供给侧改革”补齐城市管理的短板，统筹解决好城市管理服务供给不足、供给质量低、供给效率不高等问题，不断提升城市管理精细化水平，满足居民的服务需求。

（四）是实现全面建成小康社会目标、加快建设“国际一流的和谐宜居之区”的现实需要

“十三五”时期是我国全面建成小康社会的决胜阶段，北京要在全面建成小康社会的进程中走在前列，我区“十三五”规划和区第十二次党代会也明确了建设“国际一流的和谐宜居之区”的5年奋斗目标。客观分析现状，当前我区与全面建成小康社会的标准和要求还存在一定差距，辖区内仍然有约10万户、30万人居住在平房区，人均居住面积不足10平方米，远低于全市平均水平，平房区老人多、低保户多、残疾人多、无业人员多，民生改善的任务十分艰巨。与世界发达城市相比，我们有硬件上的差距，但在城市管理等软环境、软实力上的差距更大。按照北京市建设“国际一流的和谐宜居之都”的要求，我区要更加注重把城市管理水平作为重要标尺之一，着力提升平房区的宜居水平，以城市管理创新满足民生的新诉求、新期待，让人民群众共享改革发展成果，让城市成为人民追求更加美好生活的有力依托。

## 二、东城区城市管理面临的突出问题及深层次原因

东城区作为建成区，平房区和老旧小区众多，整体呈现“总量大、分布广”的特点，是城市建设管理的重点难点区域。

从总量情况来看，全区平房区房屋包括平房和非成套楼房两类，总计21.3万间、套，占全区房屋总量的48.1%（见表1）。按照北京市对“老旧小区”的界定（1990年以前建成的、建设标准不高、设施设备落后、功能配套不全、没有建立长效管理机制的小区（含单栋住宅楼）以及1990年以后建成、存在上述问题的小区），全区共有老旧小区534个，其中楼房老旧小区总数为337个，占到总数的63%；胡同平房老旧小区数为197个，占总数比例为37%。

### 表1：东城平房区房屋数量统计情况

| 类型 | | 总量 | 单位 |
|---|---|---|---|
| 平房区 | 平房 | 19.7 | 万间 |
| | 非成套楼房 | 1.6 | 万套 |
| 成套楼房 | | 23 | 万套 |
| 总计 | | 44.3 | 万间、套 |

从平房分布来看，东城区平房广泛分布于全区17个街道中。其中，安定门街道的平房最多，有2.76万间，占全区平房总量的14%；其次是北新桥、交道口和景山街道，均多于2万间，占平房总量的比例都在10%以上；相比而言，东直门、龙潭、和平里、东花市以及崇外街道平房分布较少，占平房总量的比例均不足1%。

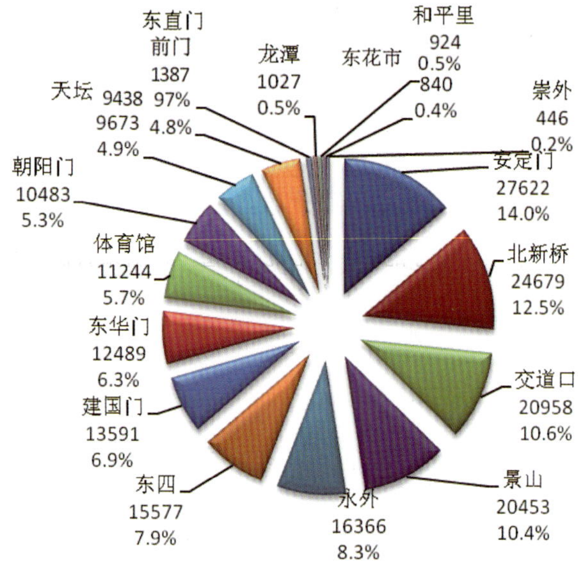


图1：东城区各街道平房分布情况

从老旧小区分布情况来看，全区17个街道中，老旧小区主要集中在5个街道的辖区内，即东华门、建国门、永外、东直门和东四街道，5个街道共有老旧小区362个，占老旧小区总量的68%。

### 表2：东城区各街道老旧小区分布情况

| 街道名称 | 楼房老旧小区 | 平房老旧小区 | 老旧小区总量 |
|---|---|---|---|
| 东华门街道 | 72 | 47 | 119 |
| 建国门街道 | 44 | 37 | 81 |
| 永外街道 | 32 | 29 | 61 |
| 东直门街道 | 43 | 8 | 51 |
| 东四街道 | 20 | 30 | 50 |
| 体育馆路街道 | 27 | 8 | 35 |
| 东花市街道 | 21 | 6 | 27 |
| 和平里街道 | 21 | 0 | 21 |
| 安定门街道 | 13 | 2 | 15 |
| 龙潭街道 | 14 | 0 | 14 |
| 前门街道 | 10 | 3 | 13 |
| 天坛街道 | 6 | 6 | 12 |
| 交道口街道 | 4 | 6 | 10 |
| 北新桥街道 | 1 | 8 | 9 |
| 景山街道 | 7 | 1 | 8 |
| 朝阳门街道 | 1 | 6 | 7 |
| 崇外街道 | 1 | 0 | 1 |

平房区和老旧小区总体状况可以概括为以下几个字：一是“破”。辖区平房危旧房比例高，简易楼多，房屋破旧，房屋管理相对滞后，居住状况堪忧。目前单位自管房质量相对较好，但三、四类房屋比重也已接近40%。直管公房平房中，三、四类房屋比例已经达到58.0%。私房三、四类房屋比重最高，达到80%。二是“陋”。平房区和老旧小区市政设施设计和配套标准低，市政基础设施薄弱，生活设施不完善，安全隐患凸显。三是“乱”。环境脏乱差，胡同乱停乱放、私搭乱建严重、“开墙打洞”等问题已成为平房区和老旧小区城市治理中的“顽疾”。四是“缺”。规范化便民服务还不完善，多元化、优质化服务供给不足。

平房区和老旧小区的各种“城市病”问题凸显，既有城市更新改造不到位的原因，也有城市管理体制机制不完善的因素。从城市管理角度，可以归结为以下几个方面：

（一）常态化的城市管理机制尚未建立。目前的城市管理，仍然存在重突击整治轻日常管理、重末端管理轻源头治理等问题，缺乏长效管理机制，环境治理往往陷入“整治—反弹—再整治—再反弹”的怪圈。比如，目前城市管理主要依靠末端执法对城市问题进行解决，这就造成一方面“管不过来”，由于执法力量有限，末端执法环节不堪重负，一些违法现象得不到及时处置。另一方面“治标不治本”，源头管理跟不上，产生问题的原因并没有消除，同样的问题依旧反复发生。

（二）城市管理服务的社会化参与不够。长期以来，城市管理服务过度依赖政府，社会参与机制不完善，这就导致城市管理服务中，政府在许多方面往往力不从心，造成管理不到位、执行效率低、实施效果差等问题。虽然近年来我区也在积极探索多元参与、协商共治，但整体来看还处于探索阶段，仍然面临着社会组织发育不成熟、市场参与的机制模式还有待完善、群众参与意识不强等诸多挑战，难以满足居民多元化、多层次的服务需求。

（三）条块管理的体制机制尚未理顺。城市管理的复杂性、系统性和综合性，要求区属职能部门和各街道都要密切合作，综合治理。但是，目前区街管理机制还未完全理顺，区级统筹机制不健全，街道权责不匹配，属地责任落实不到位，条条之间、条块之间在许多城市管理问题的处理上职责划分并不清晰，条块结合不紧密，还存在推诿扯皮、条块脱节的现象，导致政府行政管理效能不高，严重制约了城市管理水平的提升。

（四）仍然面临诸多制度政策障碍。由于历史原因和客观因素，当前我区的城市管理还面临许多政策障碍和现实约束，亟待创新突破。比如，全区现有直管公房8.78万间，占平房比例超过50%，但自上世纪末住房制度改革以来，对平房区公有房屋管理缺乏明确政策，当前“以租养房”已难以为继，擅自转租转借、开墙打洞等问题突出。再比如，旧城约占全区总面积的74.2%，历史风貌保护与现实居民需求叠加，旧城城市管理还面临着各种政策不衔接、不匹配等问题。

## 三、东城区推进城市管理创新的基本原则和总体思路

### （一）基本原则

立足新形势、新要求，我区深化城市管理创新要突出“四个结合”。

一是要与古都风貌保护相结合。保护好古都风貌“金名片”是首都赋予东城的责任和使命。我区作为全市历史文化遗存最为密集的地区，国家级、市级文物共106处，占全市总数的1/3；历史文化保护区18.5片，共10.35平方公里，约占全区总面积的1/4，占全市总数的43%；挂牌保护院落413处，占全市总数的62.7%，承载着古都厚重的历史与乡愁，是首都独特的文化魅力所在。我区的城市管理创新要以历史文化名城保护为重要前提，强化环境风貌整治，协调推进城市管理和名城保护工作。

二是要与疏解整治促提升相结合。东城区发展特别是平房区和老旧小区管理面临的问题根源之一，在于城市人口密度过大，非首都功能过于集中。“十三五”时期是我区调控人口、加快非首都功能疏解的关键时期，也对城市管理工作提出了更高要求。因此，我区的城市管理创新要将推动人口和非首都功能疏解作为重要切入点，既要为我区人口规模调控、加快疏解非首都功能提供推动力，实现“以管促疏”；也要着力提升城市管理精细化水平，更好地服务和支撑首都核心功能建设。

三是要与核心区城市更新改造相结合。城市更新改造是切实改善民生的重要举措。“十三五”期间，我区将全面实施历史文化街区保护复兴、非文保区更新改造、城市基础设施优化提升“三大行动计划”，加快城市更新改造步伐。要落实中央城市工作会议精神，统筹城市规划、建设、管理的关系，特别是在城市改造周期长的现实状况下，更要聚焦民生诉求，强化管理先行、补足管理短板，实现城市建设与管理协调并进，以人为本地建设好城市“硬环境”和“软环境”，提升城市宜居水平，让居民生活更幸福。

四是要与社会治理创新相结合。良好的城市环境、和谐稳定的社会环境是落实首都城市战略定位，履行“四个服务”职能的基本要求。当前我区的城市管理工作已经与社会管理息息相关、密不可分，区域发展面临的许多问题已不能用传统的管理思维路径进行解决，必须向区域治理转变，要更加强化城市管理与社会治理融合发展，以协同创新的思维提升城市治理现代化能力，共同解决好区域发展过程中的民生问题、发展问题等。

### （二）总体思路

深化落实首都“四个中心”战略定位，立足东城区建设“国际一流的和谐宜居之区”目标和“一条主线、四个重点”战略任务，以改革创新为动力，以平房区和老旧小区物业管理为重要抓手，建立“一个机制”，构建“四

大体系”，聚焦“五化提升”，推进城市管理从单一管理向多元共治转变、从末端管理向源头治理转变、从粗放管理向精细智能管理转变，率先探索，引领示范，加快构建“大城管”东城模式，努力当好首都城市管理体制改革创新的排头兵，为首都城市治理体系和治理能力现代化建设提供有力支撑。

建立“一个机制”：探索党委领导、政府主导、市场参与、社会协同、多元共治的“大城管”模式，建立与核心区职能定位相匹配、与区域发展阶段相适应的城市管理服务体制机制。

构建“四大体系”：着力构建区级统筹协调体系、街道资源整合体系、市场化服务体系、社会化参与体系相互融合支撑的新型城市管理服务运行框架。即：一是以“大部制”为核心的区级统筹协调体系。落实市级城市管理“大部制”改革，建立“党委领导、归口管理、责权明晰、条专到底”的区级统筹协调机制，形成工作合力。二是以街道为主体的资源整合体系。推动重心下沉、执法下移、责权下放，让街道真正成为城市管理责任主体，成为各类管理服务资源整合平台，实现城市管理上下衔接，块统到位。三是以物业管理为依托的市场化服务体系。积极推进城市管理市场化运作，全面实施平房区和老旧小区物业管理，通过政府购买服务等多种方式，引进更多市场主体参与城市管理服务。四是以居民自治为基础的社会化参与体系。夯实居民自治基础，探索居民自治新模式，拓展产权单位、行业协会、社会组织等的参与渠道，提升社会参与城市管理的积极性。

聚焦“五化提升”：坚持问题导向和目标导向相结合，实现管理机制长效化、管理内容标准化、管理过程法治化、管理方式智能化、管理服务精细化协调并进，同步提升。

1. 管理机制长效化，就是要摆脱过去管理中“头痛医头、脚痛医脚”，或过多依靠运动式、突击性的整治来解决热点、难点问题的管理方式，建立服从服务于核心区职能定位、从源头和根本上解决城市管理顽疾的机制，实现城市管理的长效化、常态化。

2. 管理内容标准化，就是要落实北京市《关于进一步加强城市管理与服务标准化建设的意见》，结合我区发展实际，进一步完善城市管理标准化体系，积极探索标准化试点示范，实现宏观上统筹规划的指导性标准与微观上切实可行的具体工作标准相衔接，让城市管理有章可循。

3. 管理过程法治化，就是要按照“建设法治中国首善之区”的要求，全面推进城市管理法治化建设，强化综合执法，坚持依法治理，使城市发展和运转的各项决策及其执行都在法治轨道上运行，确保城市管理工作以人为本、严格执法、公正规范。

4. 管理方式智能化，就是要坚持“智慧城市”发展理念，积极运用大数据、物联网、云计算等现代化信息手段，完善网格化管理模式，对城区有限的资源进行最优调配，平衡各方需求，实现城市发展与科技创新深度融合，全面提升我区城市综合承载能力和运行效率。

5. 管理服务精细化，就是要推动城市管理向管理服务并重转变，积极推进城市管理与社会管理“两网”无缝衔接，形成能够快速响应群众各类需求的服务管理模式，实现精细管理、精准服务，满足居民对城市管理服务的更高诉求，让城市发展更有“温度”。

## 四、依托平房区和老旧小区物业管理、构建“大城管”体制的相关思考和建议

近年来，针对群众反映强烈的城市管理痼疾顽症，我们以平房区为重点，着力提高精细化管理水平，制定平房翻改建、违法建设拆除等系列标准规范，在10个平房区街道全面推行物业管理模式，加大综合执法力度，推动城市管理由末端管理逐步向源头治理转变，“城市病”治理取得显著成效。未来一个时期，平房区、老旧小区依然是我区城市建设管理的主战场。我们要以平房区、老旧小区为重点，坚持一手抓城市更新改造，一手抓城市精细化管理，通过加快推进平房区和老旧小区物业管理、完善居民自治等多种途径，充分调动全社会各方力量，创新城市治理方式，构建共治共管共享的“大城管”格局，不断提升群众的获得感和满意度，进一步提升城市核心功能和管理服务品质。

### （一）创新推进平房区物业管理全覆盖

落实区第十二次党代会和区“十三五”规划部署，建立完善“政府引导、市场运营、多元共治、公众参与”的平房区物业管理服务模式，实现平房区、老旧小区物业管理100%全覆盖，让居民生活更有品质，让胡同街巷更有韵味，让历史文化风貌更加彰显。

一是明晰责权，科学界定物业管理服务内容。立足全区统筹，落实《关于推行平房区物业管理服务的意见》，明确平房区物业管理服务的主要范围是：平房院落外的公共空间、公房房屋、公共服务设施和公共空间内其他设施，以及平房院落内的公共区域。结合平房区服务需求，将物业管理服务内容分为基本内容和拓展内容两大类，其中基本内容包括环卫保洁、绿化养护、交通疏导、秩序维护、设施巡查、安全防范六项；拓展内容主要根据各街道和居民的实际需求，鼓励、引导物业服务企业为街道或个人提供个性化特色服务，为企业可持续发展提供盈利空间。

二是分类施策，推进物业管理服务标准建设。科学合理制定平房区物业管理服务的标准，将垃圾不落地、堆物堆料、废品收购、停车管理、违法建设等平房区环境秩序中的痼疾顽症作为衡量服务管理成效的重要指标。按照完整性、适宜性原则，围绕平房区物业托管服务内容，实现物业管理服务标准全覆盖。结合各街道辖区实际，制定物业管理服务实施方案，实施不同区域差异化标准管理，分

级分类推进平房区物业管理服务工作。建立物业管理服务标准动态调整机制，结合平房区物业管理的推进情况及新出现的问题，广泛吸收各方意见建议，完善细化物业管理服务的各项工作标准和操作规范。

三是引育并举，提升物业管理主体服务能力。物业公司是物业管理服务的主体，物业公司管理水平和服务能力的高低直接影响到平房区管理的实施效果。要针对物业公司引入，制定物业服务企业准入标准，设置物业企业准入门槛，引入真正有实力的物业管理企业，让物业公司“竞争上岗”。建立物业企业遴选库，明确平房区物业管理服务以属地街道为主体，通过政府购买服务方式选聘物业服务企业，实现物业管理招投标工作的制度化、规范化。另外，结合房地中心转企改制，支持房地中心拓展提升物业管理业务，着力将其培育成为具有竞争力的物业管理公司。突出物业人员能力建设和物业管理服务手段创新“两手抓”，实施“一人多岗，一专多能”的全能岗位培训，引导提升物业管理服务效能。

四是多方联评，完善物业管理监管考核机制。结合平房区物业实施特点，建立完善监管考核体系，完善多元主体参与的评价机制，不断提升物业管理服务质量。一方面，要强化政府监督考核主体地位，确保物业管理服务落到实处，并结合物业管理实施效果，研究建立物业服务主体的退出机制。另一方面，要坚持“好不好，群众来评判”的原则，将群众满意度作为平房区物业评价考核的重要依据，引导调动群众参与物业服务评价。此外，要积极探索引入“第三方”评价机制，充分发挥第三方机构客观性、独立性、专业性等优势，对物业管理服务质量与实施效果进行动态评估，公正、客观、真实地反映物业公司管理服务水平。

五是有效衔接，实现物业公司与各主体良性互动。平房区物业管理是一项涉及多主体的系统工作，包括物业公司、街道、职能部门、居民等，需要各方协调互动、有序衔接，才能形成物业管理的合力。一方面，要将物业服务企业党组织纳入党建工作体系，建立物业管理党建联建机制，加强街道和社区党组织从“条”上对企业的领导，使平房区物业管理服务紧紧围绕党的中心工作开展。同时，将以“块”为主的社区党建与以“条”为主的行业党建有机结合，统筹各方资源，帮助企业协调解决物业管理服务中遇到的各类问题和平房区内各方利益关系。另外，以街道为主体，积极探索建立物业管理服务联席会议制度，搭建物业公司与街道、社区、居民等沟通、联系、协商的平台，共同营造和谐有序的居住环境。

（二）积极探索老旧小区物业管理模式

目前，我区共有534个老旧小区。不同于平房区管理，老旧小区管理有其差异性，面临着产权形式多样、长效管理缺失、管理现状不一等现实挑战。下一步，我区将选取若干试点小区，按照全市统一要求，在常规小区环境整治的基础上，把增设停车位、加装电梯、飞线入地作为重点解决的方面，探索推进无物业管理老旧小区逐步引入物业服务企业。

一是因地制宜，探索老旧小区管理服务新模式。立足老旧小区产权主体复杂、基础条件不同的实际，探索差异化的物业管理服务模式。针对服务功能相对齐全、电梯水泵等特种设备设施较多、已经实现物业管理或具备物业公司引入条件的老旧小区，通过聘请专业物业服务企业对小区进行统一管理；对于单位（大院）自主管理的小区，以及产权责任明确、分布较零散的老旧小区，积极争取产权单位支持，明确产权单位主体责任，建立并完善以产权单位为管理主体的服务管理模式；对于硬件设施相对较好、集中成片分布、不具备物业服务条件同时产权单位无力管理的老旧小区，按照“政府引导、产权单位配合、居民自治”相结合的原则，以专项服务外包的形式聘请专业公司进行专项管理，建立以准物业管理为主导的服务管理模式；对于混居型、开放型的小区，由居民代表大会和自管会采取居民自行管理和聘请专职人员相结合的方式，通过居民互助的方式实现小区自治管理。

二是拓展渠道，加强老旧小区管理的资金保障。老旧小区物业管理服务资金保障既要有政府支持，也要推进市场化运作，引导提升居民的“物业意识”，多措并举缓解老旧小区管理的资金压力。一方面要通过设立专项资金等方式，加大政府对老旧小区管理服务的财政支持力度。另一方面，结合各小区实际，借鉴其他城市老旧小区物业管理经验，通过居民交纳和政府支持相结合，积极探索老旧小区物业收费管理新模式，统筹解决老旧小区物业管理服务资金需求问题。

三是注重统筹，稳步推进老旧小区物业管理服务工作。老旧小区物业管理服务涉及面广，涉及主体多，情况复杂，需要统筹考虑、协调安排，确保老旧小区物业管理服务稳步、有序推进。首先，要强化居民自治，积极推进老旧小区业主委员会建设工作，发挥好业委会在物业引入、物业监督、物业考核等方面作用。其次，结合小区实际，按照整治提升和更新改造相结合的思路，统筹解决老旧小区基础设施建设问题，为老旧小区实施物业管理打好基础。最后，根据小区物业管理实施引入条件和现状，针对不同的物业管理模式，遴选一批基础好、能够发挥示范效应的老旧小区开展管理模式探索，打造物业管理样板小区。

四是加强引导，实现老旧小区物业意识和服务水平双提升。目前，许多老旧小区物业引入难、物业主体更换频繁等问题，既和居民物业意识有关，也与老旧小区物业服务水平有关。我区的老旧小区物业管理工作要抓好两个方面：一方面，要注重提升老旧小区居民物业意识，积极引导居民转变观念、更新观念，尽快实现由计划经济条件下的福利性生活方式思维向市场经济条件下有偿服务的思维转变；另一方面，要注重提升物业管理服务水平，加大考核与监督检查力度，加强物业管理从业人员的培训，提高专业技能和为民服务意识，推动物业管理服务与小区居民生活和谐共融。

（三）着力构建完善“大城管”体制机制

一是建立实施推进机制。完善区级物业管理工作统筹机制，发挥区房管局、城管委、社会办、住建委、城管执法局等部门协调联动作用，形成平房区、老旧小区物业管理工作推进合力。进一步理顺条块管理机制，将政府各职能部门事权、相应保障经费等一并下放到街道，实现“权随责走、费随事转”。强化街道城市管理主体地位，做实属地管理职责，研究制定街道“职责清单”，逐步剥离街道经济职能，赋予街道更多城市管理职能。明晰社区职责边界，深入推进社区“去行政化”，积极推进社区管理“减负增效”，让社区将精力集中在社区服务上。健全综合考评和激励机制，形成职能部门、执法部门、监督部门、属地街道各负其责、有效运转的责任体系。

二是完善政策保障机制。加强财政资金保障，落实好平房区物业管理专项资金管理办法，探索老旧小区自我服务管理的资金支持政策。研究设立东城区物业服务奖励基金，探索“以奖代补”等模式，引导物业公司不断提高服务水平。建立资金使用评价体系，开展针对资金使用的绩效考核，规范资金使用方向，提高使用效率。积极争取市级部门支持，推进直管公房管理改革，研究探索直管公房使用权交易、直管公房租金调整等试点政策，提升直管公房的管理水平。同时，聚焦胡同停车等民生问题，深入研究，开展胡同立体停车等试点创新，探索管理新模式。

三是创新社会参与机制。继续完善社区自治体系，发挥市民公约、居规民约、组织章程等社会规范在社区治理中的作用，提高居民自觉维护社区秩序、生活环境的意识；引导支持胡同自管会等自治组织建设，培育发展互助型社区自治组织，引导居民有序开展自我服务、自我管理。健全社会化服务机制，完善区、街、社区三级社会组织参与和承接公共服务的扶持机制，加快制定和完善政府向社会组织购买服务目录，通过政府购买服务等方式，提高公共服务项目化运作水平；以居民需求为导向，引进和培育一批专业社会组织，完善基本公共服务、公益性志愿互助服务和商业性便民利民服务相互衔接的社区服务体系，有效填补公共服务的“最后一公里”。推动与驻区单位共建共享，采取沟通协调、补贴奖励等方式，鼓励和支持驻区单位向所在社区居民开放共享停车设施、文体活动场地等，促进资源共享和合作共赢。

四是完善基层执法机制。一方面，理顺综合执法运转机制，合理划分相关政府职能部门与综合行政执法部门的职责权限，明确部门责任边界，建立健全部门间无缝衔接的监管机制，形成顺畅、有效的协调配合机制。另一方面，健全区级层面的行政执法统筹机制，完善对重大城市管理综合执法问题的协商处理机制，进一步发挥好街道综合执法组作用，夯实基层一线的城市管理综合执法力量。此外，要充分运用现代信息技术特别是大数据等技术手段，加强实时监管监测，提高快捷、准确地发现问题的能力，完善对城市不确定事件的预判，做好风险评估和预防措施，着力提高综合执法效能。

五是健全民生需求反馈机制。以社区为基础，探索建立“网格自治”“社区议事厅”“参与式治理”“开放空间讨论会”“合议社”等多种参与机制，搭建居民议事平台，畅通居民利益诉求表达渠道，为城市管理建言献策。积极引入第三方服务机构，开展物业服务满意度调查、居民需求调查等专项调查研究，客观反映居民服务需求。发挥党建引领作用，以街道为主体，协同各职能部门，推进民生需求落实责任化。研究推进“民生微实事项目清单”机制，围绕文化、教育、卫生、医疗、物业、家政服务等方面，对街道民生工作进行“点单配菜式”设计，精准对接居民的多元服务需求。

# 东城区历史文化街区有机更新路径研究

东城区人民政府区长　李先忠

作为元明清三朝皇城遗址所在地，东城区是全市历史文化遗存、平房四合院最为密集的地区。按最新统计口径，东城区拥有10.5片历史文化街区，是古都风貌的重要承载区和集中展示区。保护、传承优秀的历史文化遗产，是东城区作为首都功能核心区所肩负的重要使命；是贯彻落实习近平总书记视察北京重要讲话精神，推动京津冀协同发展战略的根本要求；是有序疏解非首都功能、治理“大城市病”、提升城市品质的应有之义；是改善民生、传承文脉、留住乡愁的迫切需要。本课题主要从东城区城市更新改造的历程入手，重点分析近年来在前门东区、南锣鼓巷四条胡同、东四三至八条地区的试点情况，追溯北京旧城保护更新的做法与经验，总结历史文化街区有机更新的路径、特点与存在问题，提炼可推广、可复制的经验，为促进东城区历史文化街区的保护复兴提出意见建议。

## 一、旧城保护的实践探索与方向

北京是一座有着3063年建城史和863年建都史、享誉世界的历史文化名城，从永定门到钟鼓楼长达7.8公里的传统中轴线"文脉"纵贯城市正中，以故宫为核心的天坛、地坛、日坛、月坛等历史文化建筑景观有序排列，灵动的什刹海、北海、中南海等水系缠绕，以及风格独特的胡同及成片平房、四合院景观作依托，共同构成了北京城无可比拟的壮美与雄伟。如何在城市发展中既保护好古都历史文化的独特魅力，又能展示现代化国际大都市的气韵；既能改善旧城居民的人居环境，又能促进旧城的可持续发展，始终是首都的神圣职责，也是长期面临的一道必须解决的现实课题。

新中国成立后，建于明初永乐年间的北京旧城在长期的岁月侵蚀下，危旧平房不断增加，历届政府都很重视危旧房改造。改革开放后，政府开始组织实施危旧房改造试点，但当时最大的问题就是资金不足，改造规模并不大。北京城市面貌真正快速的变化是进入上世纪90年代以来，随着房地产开发的迅速升温，危改规模从零星的点、块发展到成片的大规模改造，危改范围从城区边缘逐步向内城核心区推进，危改投资的主体日益多元化，形成了"开发带危改""市政带危改""房改带危改"等模式，改善了一大批居民的住房条件和城区基础设施，并加强了新区建设。但在开发商主导下，部分区域的危改竟演变成急功近利、无视城市发展规律的大拆大建，造成了对古都风貌的破坏。在反思经验教训的基础上，旧城改造逐步摈弃了大拆大建方式，转而探索"微循环"模式，以循序渐进和小规模方式推动城市有机更新。虽然这种方式注重了旧城空间的整体性、结构性保护，但对空间和建筑形态之外的要素仍重视不够，也缺少系统的制度设计和长效的保护机制。由于受制于资金、房源等多种瓶颈，"微循环"模式推进很缓慢，尤其是商业开发模式在中心城区逐渐走入了死胡同，许多项目陷入了长期停滞的状态。

与北京城市建设同步，东城区通过危旧房改造、文物修缮和历史景观恢复、老旧小区综合整治、棚户区改造等方式，复建了菖蒲河、玉河古河道，实施了雨儿胡同改造、南池子危改、鼓楼东大街整治、前门大街修缮整治等项目，前门大街、钟鼓楼、国子监街等一批传统历史景观得以恢复并成功亮相，与长安街、王府井、东二环等区域形成了古都风貌与现代气息交相辉映的城市形象。但在长期的改造实践中，有些问题一直存在，如历史文化街区的内、外保护割裂、空间保护与居民生活割裂、飞地经济与历史传承割裂等，尤其在居民集中外迁后的区域，文脉传承困难，保护流于表面。此外，商业开发式的拆迁被反复证明先走的居民反倒最吃亏，造成居民越来越不愿和拆迁公司打交道，拆迁补偿诉求趋于天价；再加上中心城区改造项目普遍面临政策、资金、房源等瓶颈制约，仅靠属地政府自身力量，难以承担项目所需的巨量资金，协调推进经常困难重重，而一般的企业受制于现有政策、资金平衡难等因素，往往望而却步，城市更新改造陷入了僵局。2008年北京奥运会后，东城区积极探索"微循环"模式，但项目推进并不顺利，进展缓慢，而且平房区"大城市病"日益严重，房屋破旧、居住拥挤、违法建设蔓延、基础设施落后等糟糕状况长期得不到改变，不仅严重危及古都风貌和居民生活，也与首都形象反差极大，根本拖不起、等不得。

2014年，习近平总书记视察北京发表重要讲话，此后京津冀协同发展战略规划出台实施，明确了首都"四个中心"战略定位，为打造中华文明"金名片"，传承文脉和留住乡愁指明了方向，北京走上了城市发展的新征程。面对新形势新要求，东城区委、区政府抱着对历史、对人民负责的态度和担当精神，直面城市更新改造难题，选取前门东区、南锣鼓巷四条胡同、东四三至八条地区进行有机更新试点，坚持历史文化街区整体保护，以融合社会、文化、经济和物质空间目标为一体的全面复兴为目标，举全区之力探索古都风貌保护的新路径。

## 二、历史文化街区有机更新试点探索的经验

按照《国务院历史文化名城名镇名村保护条例》的界定，历史文化街区是指保存文物特别丰富，历史建筑集中成片，能够比较完整和真实地体现传统格局和历史风貌，并具有一定规模的区域。东城区拥有众多文物古迹和历史遗存，历史文化街区主要集中在北部，共占地10.67平方公里，占全区面积的1/4，占中心城区历史文化街区总数的55.3%，占全市历史文化街区总数的36.2%，涉及常住人口约24万。历史文化街区是古都风貌不可或缺的重要组成部分，是北京人生活习俗和文化传统保存最完好的特色街区，也是国内外游客常年旅游观光和不定期居住的窗口区，在打造中华文明"金名片"中有着举足轻重的作用。

2014年以来，东城区委、区政府直面城市更新改造攻坚期的突出难题，敢于担当，攻坚克难，在试点区积极探索与首创集团、北京金隅集团进行战略合作，统筹政府、国企各自的资源及优势，形成"政府主导、国企实施、社会参与、共治共享"新模式，创造性地努力实现"风貌保护、人口疏解、业态提升、民生改善"综合目标，破解"大城市病"和城市更新改造僵局，推动历史文化街区的保护复兴。

### （一）市区联手高位统筹，政企合作优势互补

为打破资金、房源、政策等瓶颈，市委、市政府高度重视中心城区城市更新改造工作，定期进行工作调度，加强高位统筹，全力推动市、区联动，市、区联手破解资金、安置房源、政策难题。在市委、市政府领导下，区政府创造性地引入实力雄厚的大型国企，开展政企战略合

作，发挥政府与大型国企的集成优势，积极探索破解僵局的新路径。具体来说，主要有以下三方面的特点：

一是市区联手，全力破解难题。在市、区两级政府的共同努力下，资金、政策、房源等“老大难”问题终于逐步破解。在东四三至八条地区，区政府与市有关部门加强沟通联系，争取到市发改委20%的资本金补贴；分别设立市、区政府专项资金，用于弥补企业投资缺口；整合支持旧城改造已有的政策资金，作为企业资本金注入，并探索将直管公房产权调拨给实施主体，放开直管公房后续流转及交易，为市属国企参与创造必要的政策和融资条件。在南锣鼓巷四条胡同地区，已争取到市财政6亿元拨款，以及市有关部门提供的城锦苑175套现房作为第一批对接安置房源，保证了项目启动和试点腾退。在前门东区，加强与市发改、规划、国土、住建委、财政等相关部门的沟通协调，探索了划拨、“以房带地”和“邀请招标”三种供地机制，实现了供地方式、规划审批、运营模式等政策的突破，解决了供地难问题；申请国开行对棚户区改造及城市基础设施等项目建设的支持，积极破解融资难。

二是政企合作，发挥各自优势。历史文化街区在规划、建设、管理等方面都有严格的政策限制，修缮整治项目又带有明显的公益性质，一般企业在市场机制之下不愿意参与，通过引入大型国企，实现优势互补，合作共赢。在南锣鼓巷四条胡同地区，金隅集团利用自有资源，突破单个项目，进行“打包核算”；政府则探索通过直管公房改革，盘活房源，对口输出教育、医疗、文化等优质资源，多方筹措对接安置房源；通过跨区域、跨项目合作，双方共同解决资金平衡和房源对接问题，实现内外联合、异地平衡、互利共赢。在东四三到八条地区，通过与首创集团合作，探索整合有关文保院落、环境治理、业态复制、市政配套设施升级等政策性资金，积极推动核心城区棚户区改造政策的创新。此外，还明确了双方合作的权责边界，充分发挥各自的优势：政府主要承担公益类项目改造的投资及实施，包括市政基础设施改造、“文化探访路”沿线环境综合治理、文保院落腾退修缮、区域物业服务提供、业态控制和交通管理；企业主要发挥市场运作、成本核算与资金房源优势，承担普通院落腾退及改造、人口疏解、业态升级和交通停车设施投资及建设。

三是平衡好民生与运营，优化区域业态。通过政企合作实施城市更新，其优势在于政府能充分吸纳社会资源，调动企业运营能力，但不容忽视的是，企业具有天然的盈利属性，在全球商业资本的驱动下，极易挤压所在地居民的生活需求，需要政府优先考虑并提前绸缪。在东四三到八条地区，专门研究政企合作模式下业态升级方案，清理低端业态，引入规范、连锁、便利、特色的产业，让有限的旧城空间发挥更大的作用，提升公共服务品质。在直管公房腾退后的再利用上，也优先考虑完善平房区内的基础设施，尤其是建设地下停车设施，以缓解胡同停车难问题。同时，加大对空间潜力的挖掘，为弥补停车设施建设和运营的资金不足，考虑允许运营者进行符合功能定位和产业规划的商业开发，例如利用地下停车的空余面积开展洗车、健身等项目，提升空间利用效率。

### （二）鼓励社会参与，拓展共治层次

没有居民的积极参与，就无法保障项目的顺利实施。在历史文化街区有机更新的试点中，区委、区政府把城市治理的理念贯穿城市更新改造的全过程，察民意，顺民心，鼓励居民以个体或社会组织的形式进行自我管理、共治共享，充分发挥全社会力量，构建多元共治的长效治理体系。

一是鼓励居民全方位参与。首先，在腾退中加强居民参与。南锣鼓巷试行“申请式腾退”，居民随时能自主申请，而不需“等项目”“盼项目”，切实地变“要我改”为“我要改”，充分尊重了居民意愿，调动了居民的主体性。其次，在胡同整治中搭建居民参与平台。东四街道召开“社区参与历史文化街区发展展望未来研讨会”，收集居民意见，起草《居民公约》，形成了居民“参与式治理”，助力政府后续在胡同中推进环境整治及直管公房管理工作。再次，在后期修缮和运营中引导居民参与。前门东区积极探索在不改变原住房产权性质的前提下，由机构、企业、居民共同参与房屋修缮的办法，助力解决房屋与整体风貌不协调问题；鼓励居民通过租赁、参股等方式，共同参与修缮后房屋的经营，助力解决居民搬迁和文化传承问题。

二是鼓励社会组织多方式参与。首先，鼓励居民自治与物业管理企业形成良性联动。在推行平房区物业管理中，东四街道着力搭建街道机关干部、驻区单位员工、平房区居民、物业公司人员等各方参与的平台，设立社区工作例会及居民开放日制度、开展“城市清洁日”活动、提供物业义务服务等，鼓励居民自治组织参与到物业管理中来。其次，重视社会组织在业态运营中的力量。南锣鼓巷的改造除与金隅集团合作外，还引导南锣商会参与进来。再次，树立全社会共同保护的意识。组织编制了《南锣鼓巷历史文化街区风貌保护管控导则》，强调建立政府主导、公众参与、多元治理的工作平台，由管委会组织居民、商户、社会团体、驻区单位通过议事会、座谈会等形式，提高公众的参与权、知情权、监督权，构建全面保护管控格局，维护传统风貌、城市格局和胡同肌理。

### （三）传承文化传统，优化社会结构

从“风貌”“乡愁”和“文化”入手，除注重保留城市格局、胡同肌理、文物建筑等静止的建筑与空间形态外，还更深入到文化的体验式、浸入式层面，力求形成文化资源与产业开发之间的良性互动，全面打造中华文明“金名片”。

一是注重整体保护、成片运作。前门地区是目前唯一留存的南北向胡同群，顺沿700多年前的古河道形成，

前门修缮整治在统筹考虑院落更新、文物修缮、环境治理、景观绿化、居民生活的基础上，着力打造“胡同主题公园”，公园展示的“景儿”就是“胡同”和“胡同生活”。东四地区则有着750年历史，是保留最完整最典型的传统居住风貌区，并有大量的文保院落如珍珠般散落其间，将量身打造“文化探访路”，让文保院落成为整片区域的关键点，使厚重的历史感融入到保护中来。通过“让历史说话，让文物说话”，将重点文物、名人故居、博物馆、老字号等散落文化资源串联起来，既扩大了保护的视野和深度，又可以让人们在触摸历史中增强文化自信。

二是加强基础设施建设，兼容古都风貌与现代生活。历史文化街区内落后的基础设施极大地影响了建筑功能的发挥，东城区探索了“点”“线”“面”多层次结合的修缮方案，着力解决这一难题。首先，在前门东区、南锣鼓巷等地区试点院落改造，引入厨卫等现代生活设施。其次，提升胡同市政，解决雨污水分流、架空线入地等问题。再次，探索“镶嵌式”更新，在西打磨厂胡同，修缮中不仅保留了院落的整体框架和标志性装饰，还特意保留了胡同中的老砖、老藤、建筑中的水磨石地板等小景观，尽可能地延续原汁原味的历史元素。最后，加强“路网”“绿网”和“蓝网”的建设，提升整体环境品质。

三是传承文化传统，优化社会结构，开展“沉浸式”文化体验。在城市更新过程中，文化传承与社会结构变迁紧密相关。东城区在探索中摒弃了先前全部外迁的模式，在前门东区留下了30%的原住民，在南锣鼓巷及东四三到八条地区试行“申请式搬迁”，将适当比例的原住民视为城市更新的有机肌体，希望通过他们日常生活的延续，使古都文化成为可感、可触、可体验的“活的博物馆”。在此基础上，再通过产业调整，引入新人群，优化社会结构。在实际操作中，利用市场机制开展“沉浸式”文化体验，探索文化资源与产业开发的良性互动。在前门东区和东四三到八条地区，借助文物景观旅游，带动住宿、餐饮等各行业发展，开展“胡同精品酒店”或“胡同驿站”等民宿类服务，并与其他各具区域特色的文创产业、定制服务、博物馆等咬合，形成层次丰富的产业链条，兼顾经济价值和社会效应。

## 三、当前有机更新试点探索中存在的问题

### （一）房屋腾退及空间整理难

南锣鼓巷地区的“申请式腾退”沿用阳光搬迁、一把尺子量到底的原则，完全由居民自主决策，得到了百姓的拥护，避免了社会冲突，但出现了整院腾退难的问题，“蜂窝煤”状的搬迁分布不利于后期土地整合。同时，由于房源无法一次到位，“杂拌糖”式的房源结构也在客观上增加了政策保持前后一致的难度。此外，原本以“平移”来整合空间的设想，操作时也遇到诸多困难，例如就地安置的平房与原房屋面积无法精确对应，居民无法接受自建房状况的改变等。此外，按现行政策，仍有10%左右的居住极其困难家庭无法搬迁。

### （二）公房资产有效盘活难

直管公房历史遗留问题复杂，实际操作中的难度很大。一是产权单位协调难。区政府只对区属产权房屋有较强的自主权，对辖区内另外相当部分的市属产、单位产、中央产、军产难以协调，阻碍了房屋腾退与空间整理的推进。二是产权流转难。当前改革力图打通直管公房的回购机制，通过产权划转和授权经营，使房屋资源发挥增强和优化国有资本的作用，但仍有许多细节不明：如直管公房划转企业时的产权的性质如何界定，政府用于补贴项目的专项资金将落到合作双方的哪个具体机构等等，这些问题直接影响到政府和企业工作的衔接。三是文物利用难。文物也是优质国有资产，后期利用受限，社会力量参与受阻。因此，在有效盘活公房资产上，仍需市区两级政府协力，加强政策创新。

### （三）新老居民融合难

现行搬迁政策创新后，居民外迁意愿普遍较强，“被留下”的往往是经济最困难的居民，并不一定正好是能承担传承老北京文化的居民群体。与此同时，更新后的拟引入的高端业态势必带来较高阶层的新居民，两者经济社会地位相差悬殊，若缺少良好的沟通机制，极易形成分化的两极，为今后风貌区的整体和谐埋下隐患。当前，新老居民、新旧业态之间的有效融合机制尚不明晰，亟须进一步探索。

### （四）区域发展定位难

当前融合社会、经济、文化和空间为一体的综合目标，很大程度上限定了保护与更新的后续选项，各地区一窝蜂地朝着新兴科技、创意产业、旅游业及高端服务业的方向引进新业态，极易形成新的“千城一面”，丧失区域辨识度。因此，区域定位仍需融入周边地区的整体发展之中来考虑，挖掘当地历史形成过程中的特色，进一步明晰和细化发展方向。

## 四、推进历史文化街区有机更新的思考与建议

保护、传承和发展好中华文明的“金名片”，优化提升首都核心功能，全面提升首都功能核心区城市形象，是党中央、市委、市政府赋予东城区的一项神圣职责。历史文化街区保护与发展是旧城整体保护的重要内容和关键所在，必须着眼于全面复兴，做好顶层设计。站在东城历史发展的新起点上，综合国内外城市更新改造的经验，特提出如下建议：

### （一）坚持政府主导，区政府主责，政企合作实施

当前旧城核心区的更新，无论历史文化街区与否，都触及到最基本的民生问题，是改善群众住房条件、治理“大城市病”、传承中华文明的重要举措，具有很强的公益性质，不能混同于与以往纯商业性质的房地产开发，需要坚持以政府为主导，大力动员社会力量积极参与。借鉴历史文化街区保护在国际上的经验，政企合作是一条重要

路径。例如英国曼彻斯特卡斯菲尔从工业遗产到城市遗址公园的改建，就是设立了合资公司及子公司，吸引政府和私人的投资开展保护，通过整合和集约化使用土地权属、实施环境改造工程、提供针对游客的服务以及城市巡视服务来实现的。

在项目的启动与实施上，建议加强探索市区二级协同推进、共同投资的长效机制。区级政府要主动作为，积极探索上层政策在区域内的试点落地，争取上级政府的财政投入和支持力度，设立引导性资金，为项目启动创造条件。在实施中，建议发挥大型国企的主体作用，充分利用其雄厚的经济实力与明确的企业社会责任担当，整合资源，挖掘潜力，创新政策，灵活推进旧城更新。

在政企合作机制的细化上，政府要发挥两方面的主导作用。一方面，政府要调动企业积极性，消除企业后顾之忧。建议双方签订合作协议，清晰界定责权关系，引入PPP、BOT等方式，并对改造后的房屋土地权属上有政策创新，帮助企业控制风险；发挥国有企业在项目融资、土地开发经营等方面的优势，允许项目异地平衡或若干项目打包平衡，通过国有收益上缴比例调整、注入资本金、税收优惠等方式，切实保障国有企业参与的积极性。另一方面，政府还必须把握企业盈利需求与政府保障民生职责之间的平衡，当两者出现张力时，以保障民生为优先，加大空间与运营潜力的挖掘。

（二）激发社会活力，探索多元共治长效机制

历史文化街区的全面复兴是关乎长远的战略重任。东城区委、区政府要牢固树立治理理念，充分发挥居民的主体性，变运动式治理为常态化治理，探索多元共治的长效机制。

一要变“刚性管理”为“柔性治理”，培育居民主体性。历史文化街区面临的问题复杂，政策执行阻力大，需要政府转变观念、创新方法，给居民提供充分表达意见的平台，引导居民做好居民的工作。并且，在此过程中，培育居民自治组织的管理能力，建立居民公约，使居民认识到建设一个高品质的街区不仅是政府的目标，更与自身利益长远相关，是自己的事。

二要注重不同阶层的社会融合，消解冲突隐患。政府要积极思考更新后的业态与留住民日常生活之间的结合，加大力度为留住民提供经济参与的机会。上海田子坊就有高达80%以上的家庭和居民都参与到街区更新，成为直接的利益相关者。对于新住民，政府要鼓励他们释放自身的优势资源，融入当地文化的再生产。通过经济嵌入和文化共享，创造共同命运感，有助于建构社区认同，消解冲突隐患。

三要发挥驻区社会组织的积极作用，使其在旧城有机更新中充当工作缓冲带、意见交换带以及资源整合带。此外，政府还可以有策略地运用社区公共空间，作为推动社会融合的资源，架设连通不同群体之间的桥梁。

（三）挖掘地方特质，打造中华文明“金名片”

独特的“地方特质”是打造城市竞争力，吸引全球有限的流动资金的关键，而文化是城市的灵魂，是地方特质的重要组成部分。因此，历史文化街区的复兴在全球化背景下，要更加注重民族性，寻求国际化与民族化的最佳结合点。打造首都“金名片”，其实质在于，凸显保护街区相对于其他街区的独特性，凸显北京古都风貌相对于其他城市的独特性，凸显中华文明千百年的传承相对于其他文明的独特性。

一是要加大旧城区基础设施的优化与提升，为打造“金名片”夯实基础。与西方一些城市有所不同，北京的旧城区基础设施差，无法满足现代生活的需求，要运用新材料、新技术、新手段，进行恢复性创新，在硬件上打造宜居环境。

二是要尊重历史延续，凸显区域特质，增强城市“软实力”。每个历史文化街区都有其独特的文化根基和历史过程，涵盖产业、建筑、民情等各方面，是区域特色之根本所在。城市更新中，不能一味追求高大上的产业，而忽略了本土脉络中的丰富资源，要加大对本地特色资源的深度挖掘和充分活化。此外，在找准街区特色的基础上还应展开充分想象，营造“主题式”的复兴。例如美国城市孟菲斯，在没落之后重新挖掘“音乐之城”的传统，推出“音乐磁铁计划”，充分利用了当地的音乐历史遗产，包括实体的名人名址及无形的文化传说，让音乐像磁铁一样吸引创意阶层进入，将一个经济落后的社区转变为艺术社区，实现了全面振兴。

三是要坚持“活的保护”。在孟菲斯计划中，所有改善居住环境、加强文艺气氛等的努力，都旨在留住当地居民，吸引人才并促成人与人之间的文化交流与互动，音乐建立起了人们对这个社区的归属感，也奠定了重振产业的基础。在我们的保护中，也要时刻警惕文化保护的空心化和静态化，应立足于日常生活使其丰满与生动，通过充分激发社会创造力，使全球化商业资本服务于本土化产业的发展，也使本土特色的生活方式为全球化消费主义增色。两者相融，方能彰显区域特质在全球化时代中的魅力和价值。

（四）其他方面的建议

城市的更新和建设是一项长期的系统工程，不能一蹴而就，沿循同一个方向的积累尤为重要。中国当前的城市改造呈现出“运动式”的特征，整体规划不够，易随着客观情况变化而随时中止或推倒重来，资源浪费严重。为此，建议城市改造要有“整体规划、分步实施、从容规划，从容建设”的指导思想，基本思路和主导原则一经确定就不要轻易调整，使城市有机更新常态化，大量投入的人力、物力得以积累，发挥更好的经济社会效应。

·2017·
北京东城年鉴
BEIJING DONGCHENG NIANJIAN

# 政党·团体

# 中国共产党北京市东城区委员会

## 概　述

中国共产党北京市东城区委员会（简称区委），是中国共产党在东城区的领导机关，设区委书记1名，副书记2名，常委10名。2016年底换届后，设区委书记1名，副书记2名，常委7名。下设区委办公室、区纪委、区委组织部、区委宣传部、区委统战部、区委政法委（维稳办）、综治办、流管办、610办、区委研究室（改革办）、台办、文明办、老干部局、区直机关工委、社会工委、教工委、卫计工委、东城园工委、区委保密办（区保密局）、区编办、区委党校、党史办等机构。

年内，区委深入学习贯彻党的十八届三中、四中、五中全会和习近平总书记系列重要讲话精神，立足首都功能核心区职能定位，紧紧围绕"一条主线、四个重点"战略任务，坚持总揽全局、协调各方，坚持全面从严治党，扎实开展"两学一做"学习教育，充分发挥党建引领作用，创新群众工作方法，切实加强对改革发展稳定的领导和统筹。统筹谋划非首都功能疏解、城市更新改造、平房区物业管理等重点工作；促使经济发展保持平稳向好的态势，社会和谐稳定的局面进一步巩固，人民群众获得感进一步提高。全年召开区党代会1次，区委全会3次，常委会39次。

单位地址：东城区育群胡同1号

联系电话：64002596

邮政编码：100010　　（刘诗妍）

## 主要工作和重大活动

【区第十二次党代会】12月5～8日，中共北京市东城区第十二次代表大会召开，395 名正式代表参加开幕式。李先忠主持会议。张家明代表中共东城区第十一届委员会作题为《聚焦"一条主线、四个重点"战略任务，为建设"国际一流的和谐宜居之区"而努力奋斗》的报告。种磊代表十一届区纪委，以书面形式作题为《强化监督执纪问责、推进全面从严治党，为建设"国际一流的和谐宜居之区"提供有力保证》的工作报告。王清旺代表十一届区委，以书面形式作全区党费收缴、使用和管理情况的报告。大会酝酿、选举产生中共北京市东城区第十二届委员会和纪律检查委员会。中共北京市东城区第十二届委员会委员45 名，候补委员9 名，区纪委委员29 名。12月8 日上午，中共北京市东城区第十二次代表大会举行闭幕式。大会通过《关于中共北京市东城区第十一届委员会工作报告的决议》和《关于中共北京市东城区第十一届纪律检查委员会工作报告的决议》。张家明致闭幕词并讲话。（刘诗妍　朱艳秋）

【区委全会】7月22日，十一届区委十一次全会召开。张家明代表区委常委会作工作报告；李先忠作上半年经济社会发展工作总结和下半年重点工作部署；毛炯作关于起草《中国共产党北京市东城区第十一届委员会全体会议议事规则（修订）》说明；吴松元作关于《中共北京市东城区第十一届委员会第十一次全体会议关于召开中共北京市东城区第十二次代表大会的决议（草案）》说明；会议审议通过《中国共产党北京市东城区第十一届委员会全体会议议事规则（修订）》《中共北京市东城区第十一届委员会第十一次全体会议关于召开中共北京市东城区第十二次代表大会的决议》、关于追认给予张长有开除党籍处分的决定和《中共北京市东城区第十一届委员会第十一次全体会议决议》。张家明作总结讲话。11月22日，十一届区委十二次全会召开。会议审议通过《中共北京市东城区委员会工作报告》（审议稿）；《中共北京市东城区纪律检查委员会工作报告》（审议稿）。酝酿中共北京市东城区第十二届委员会委员、候补委员和区纪委委员候选人预备人选名单。审议通过中共北京市东城区第十二次代表大会主席团成员、主席团常务委

12月8日，召开十二届区委一次全会

员会委员及召集人、全体会议主持人建议名单；审议通过中共北京市东城区第十二次代表大会秘书长、副秘书长建议名单；审议通过中共北京市东城区第十二次代表大会代表资格审查委员会组成人员建议名单；审议通过中共北京市东城区第十二次代表大会各代表团的划分及召集人建议名单；审议通过关于追认给予李评修开除党籍处分的决定；审议通过中共北京市东城区第十一届委员会第十二次全体会议关于中共北京市东城区第十二次代表大会召开时间和大会议程的决议。张家明作总结讲话。12月8日，十二届区委一次全会召开。会议审议通过十二届区委一次全会选举办法、监票人名单、十二届区委常委候选人名单；选举十二届区委常委；通过十二届区委书记、副书记候选人名单；选举十二届区委书记、副书记；通过十二届区纪委一次全会选举产生的区纪委常委和书记、副书记名单。

（刘诗妍）

【全区领导干部大会】1月19日，召开全区领导干部大会，夏树军主持。毛炯传达习近平总书记在中央政治局"三严三实"专题民主生活会上的重要讲话精神和中央、市委有关文件精神。张家明就学习贯彻习近平总书记重要讲话精神提出要求。2月4日，召开全区领导干部大会，李先忠主持并传达市委书记郭金龙在全市区委书记会议上的讲话精神，金晖部署全区安全维稳工作，朴学东部署全区城市运行保障、环境秩序维护和节日庙会有关工作，许汇部署全区安全生产工作。张家明就做好春节和全国"两会"期间的安全稳定和服务保障工作提出要求。7月22日，召开全区领导干部大会，李先忠主持。吴松元传达全市区领导班子换届工作部署会有关精神。张家明就落实好市委要求，扎实推进全区换届各项工作提出要求。10月10日，召开全区领导干部大会，李先忠主持。市纪委案件审理室主任张丽红宣布对李评修的处分决定并通报张长有案件案情。种磊部署开展强化"一把手"监督、规范权力行使专项工作。张家明就落实中央、市委关于全面从严治党的部署提出要求。11月8日，召开全区领导干部大会，金晖主持。学习十八届六中全会精神。张家明就充分认识党的十八届六中全会重大意义，确保六中全会精神入脑入心，切实加强用六中全会精神指导和推进东城各项工作提出要求。

（刘诗妍　李奕成）

## 区委常委会一览表

| 序号 | 会次/时间 | 议　题 | 汇报（传达）人 |
|---|---|---|---|
| 1 | 十一届108次<br>1月13日 | 一、听取区纪委关于学习贯彻《中国共产党廉洁自律准则》和《中国共产党纪律处分条例》有关情况的汇报 | 李连喜 |
| 2 | | 二、听取区安全监管局关于东城区2015年安全生产工作情况的汇报 | 曹永军 |
| 3 | | 三、研究区委组织部拟定的2015年干部选拔任用工作报告 | 周　彤 |
| 4 | | 四、研究干部任免事宜 | 周　彤 |
| 5 | 十一届109次<br>2月3日 | 一、听取区纪委关于市纪委五次全会精神、区纪委十一届七次全会安排意见和常委会工作报告起草情况的汇报 | 李连喜<br>陈　岗 |
| 6 | | 二、听取区老干部局关于东城区老干部工作情况的汇报 | 李长华 |
| 7 | | 三、听取区安全监管局关于东城区春节期间安全生产工作情况的汇报 | 曹永军 |
| 8 | | 四、听取区烟花办关于东城区2016年春节期间重点时段烟花爆竹安全管控工作方案的汇报 | 谢新华 |
| 9 | 十一届110次<br>2月17日 | 一、听取区纪委、区主体办关于东城区2015年党风廉政建设责任制专项检查结果的汇报 | 李连喜 |
| 10 | | 二、听取区委组织部传达《干部教育培训工作条例》和全国党校工作会议精神 | 周　彤 |
| 11 | | 三、听取区委组织部关于2016年全区干部教育培训工作有关情况的汇报 | 周　彤 |
| 12 | | 四、研究区人大拟定的北京市东城区国家工作人员宪法宣誓组织办法 | 高丽萍 |
| 13 | | 五、研究区人大拟定的区人大常委会2016年工作要点 | 于　静 |
| 14 | | 六、研究区政协拟定的区政协常委会2016年工作要点 | 郝　斌 |
| 15 | | 七、听取区政府督查室关于东城区2016年政府折子工程和在直接关系群众生活方面拟办的重要实事有关情况的汇报 | 王　刚 |
| 16 | | 八、听取区文促中心关于《东城区文化创意产业发展专项资金管理办法》和《东城区文化创意产业发展引导资金管理办法》的汇报 | 李多多 |
| 17 | | 九、听取区房地一中心关于南锣鼓巷四条胡同修缮整治项目借款有关情况的汇报 | 赵春军 |

续表

| 序号 | 会次/时间 | 议　题 | 汇报（传达）人 |
|---|---|---|---|
| 18 | 十一届111次<br>2月24日 | 一、听取区委组织部关于东城区社区党的建设“三级联创”活动“五个好”街道工委考评工作情况的汇报 | 邵惠安 |
| 19 | | 二、听取区委统战部关于全国、北京市统战部长会议精神及东城区统战工作2015年总结和2016年要点的汇报 | 张　玮 |
| 20 | | 三、听取区委政法委关于中央、北京市委政法工作会议精神及东城区2015年政法维稳工作情况、2016年工作要点和区委政法工作会议安排的汇报 | 张增耀 |
| 21 | | 四、听取区信访办关于东城区2015年信访工作情况及2016年工作计划的汇报 | 邱宏庆 |
| 22 | | 五、研究区商务委拟定的北京市东城区提升生活服务业品质三年行动计划 | 刘　健 |
| 23 | 十一届112次<br>3月3日 | 一、研究区委研究室拟定的区委常委会2016年工作要点 | 石利生 |
| 24 | | 二、听取区委组织部关于全国、全市组织部长会议精神及东城区组织工作2015年总结和2016年要点的汇报 | 周　彤 |
| 25 | | 三、研究区委组织部拟定的《东城区2016年—2018年处级党政领导班子建设规划实施意见》和《东城区加强和改进优秀年轻干部培养选拔工作实施办法》 | 周　彤 |
| 26 | | 四、听取区委宣传部关于2015年下半年区舆情分析和2016年舆情重点预测及工作举措的汇报 | 王跃锋 |
| 27 | | 五、听取团区委关于2015年东城区共青团工作情况和2016年工作要点及第十一次团代会相关事宜的汇报 | 于家明 |
| 28 | 十一届113次<br>3月16日 | 一、听取区委办关于全区党务工作会议安排的汇报 | 刘智辉 |
| 29 | | 二、听取区委研究室关于东城区调查研究工作2015年总结和2016年要点、重点课题的汇报 | 石利生 |
| 30 | | 三、听取区委宣传部关于全国、北京市宣传部长会议精神及东城区宣传思想文化工作2015年总结和2016年要点的汇报 | 方　芳 |
| 31 | | 四、听取区发展改革委关于东城区公车改革工作情况的汇报 | 刘俊彩 |
| 32 | | 五、听取区国资委关于通州“两站一街”E5、E6定向安置房项目申请工商银行贷款的汇报 | 白京涛 |
| 33 | | 六、听取区台办关于东城区2016年因公赴台交流计划的汇报 | 王宝祥 |
| 34 | | 七、研究区有关人员违纪问题的处理意见 | 陈　岗 |
| 35 | | 八、研究干部任免事宜 | 周　彤 |
| 36 | 十一届114次<br>3月18日 | 一、研究区委办拟定的区委2016年工作目标责任制（折子工程）和区委常委会2016年议题计划及任务分解安排 | 朱　捷 |
| 37 | | 二、听取区委办关于区委2016年办理政协提案工作的汇报 | 张之泽 |
| 38 | | 三、研究区委统战部拟定的关于协助民主党派区委做好换届工作实施方案 | 向　愚 |
| 39 | | 四、听取区总工会关于2016年全国五一劳动奖状奖章、全国工人先锋号和首都劳动奖状奖章、北京市工人先锋号推荐评选情况的汇报 | 王　彦 |

续表

| 序号 | 会次/时间 | 议　题 | 汇报（传达）人 |
|---|---|---|---|
|  | 十一届115次<br>4月6日 | 会前观看反邪教斗争形势警示教育片 | 王　磊 |
| 40 |  | 一、听取区纪委关于北京市党风廉政建设责任制专项检查《反馈意见》及区整改措施的汇报 | 李连喜 |
| 41 |  | 二、听取区纪委关于东城区2015年处级单位党政主要领导向区纪委全会述责述廉情况的汇报 | 李连喜 |
| 42 |  | 三、听取区综治办关于东城区2015年综治重点工作完成情况和2016年综治工作要点的汇报 | 王伟民 |
| 43 |  | 四、听取区妇联关于东城区妇联2015年重点工作和2016年工作要点及第十三次妇女代表大会筹备工作的汇报 | 杨立萍 |
| 44 |  | 五、听取区房地一中心关于《北京市东城区人民政府与北京金隅集团有限责任公司战略合作框架协议》、《南锣鼓巷修缮、整治项目合作协议》的汇报 | 赵春军 |
| 45 |  | 六、研究干部任免事宜 | 周　彤 |
|  | 十一届116次<br>4月13日 | 会前通报：《赴杭州市、嘉兴市、上海市学习考察报告》 | 毛　炯 |
| 46 |  | 一、研究区主体办拟定的《关于东城区落实党风廉政建设责任制党委主体责任“清单式”分值管理办法》 | 张之泽 |
| 47 |  | 二、研究区主体办拟定的《关于2016年东城区贯彻落实党风廉政建设责任制推进惩治和预防腐败体系建设主要任务分工》 | 张之泽 |
| 48 |  | 三、研究区委组织部拟定的《东城区委关于加强和改进党的群团工作的实施意见》和东城区委党的群团工作会议方案 | 王辉耀 |
| 49 |  | 四、听取区委统战部关于中共东城区委统战工作领导小组情况及第一次会议方案的汇报 | 张　玮 |
|  |  | 五、听取区民政局关于行政区划联合勘界有关情况的汇报 | 李小洁 |
|  |  | 六、听取区外侨办关于东城区与马耳他共和国姆迪纳市建立友好关系的汇报 | 孟　锐 |
|  |  | 七、研究区委宣传部拟定的《东城区党（工）委（党委）xxxx工作实施细则》 | 方　芳 |
| 50 | 十一届117次<br>4月21日 | 一、听取区发展改革委关于东城区2016年一季度经济社会发展形势分析的汇报 | 刘俊彩 |
| 51 |  | 二、研究区纪委拟定的《东城区落实党风廉政建设责任制纪委监督责任“清单式”管理办法（试行）》 | 李连喜 |
| 52 |  | 三、听取区委组织部关于评选表彰东城区优秀共产党员、优秀党务工作者、先进基层党组织工作安排的汇报 | 邵惠安 |
| 53 |  | 四、研究干部任免事宜 | 周　彤 |
| 54 |  | 五、研究区委统战部拟定的《中共北京市东城区委关于加强社会主义协商民主建设的实施办法》 | 向　愚 |
| 55 |  | 六、研究区政协拟定的《关于进一步加强政协协商民主建设的实施意见》 | 郝　斌 |

续表

| 序号 | 会次/时间 | 议　题 | 汇报（传达）人 |
|---|---|---|---|
| 56 | 十一届118次<br>4月22日 | 一、听取区委组织部关于东城区开展“两学一做”学习教育工作安排的汇报 | 邵惠安 |
| 57 | | 二、听取区委组织部关于给予城市更新改造重点项目中表现突出个人及时奖励和通报表扬情况的汇报 | 邵惠安 |
| 58 | | 三、听取区文明办关于2016年东城区精神文明建设工作要点和东城区精神文明建设委员会全会及精神文明建设工作大会会议安排的汇报 | 周桂芳 |
| 59 | | 四、研究区发展改革委拟定的《东城区2016年非首都功能疏解与人口调控工作方案》 | 刘俊彩 |
| 60 | | 五、研究区重大办拟定的东城区2016年重大项目计划任务 | 许利平 |
| 61 | | 六、研究干部任免事宜 | 周　彤 |
| 62 | 十一届119次<br>5月6日 | 一、听取区委统战部关于东城区各民主党派区委第二届委员会领导班子人选的汇报 | 向　愚 |
| 63 | | 二、听取区民族宗教办关于东城区民族宗教2015年工作总结和2016年工作要点的汇报 | 雷新隆 |
| 64 | | 三、听取区总工会关于东城区2015年工会工作情况和2016年工作要点及第二次代表大会相关事宜的汇报 | 王　彦 |
| 65 | | 四、听取区纪委关于北京市2016年执纪审查和信访举报工作会议精神的汇报 | 李连喜 |
| 66 | | 五、研究对区有关人员违纪问题的处理意见 | 陈　岗 |
| 67 | | 六、听取区委组织部关于东城区2016年处级领导班子和干部队伍综合情况分析研判的汇报 | 周　彤 |
| 68 | | 七、研究干部任免事宜 | 周　彤 |
| 69 | 十一届120次<br>5月18日 | 一、听取区委组织部关于向市委组织部推荐北京市优秀共产党员、优秀党务工作者和先进基层党组织名单的汇报 | 邵惠安 |
| 70 | | 二、听取区委组织部关于东城区2015年度处级领导班子和干部考核奖励工作的汇报 | 周　彤 |
| 71 | | 三、听取区委宣传部关于东城区委区政府理论学习中心组2016年理论学习工作计划的汇报 | 王铁峰 |
| 72 | | 四、听取区国资委关于北京天街集团有限公司投资北京聚名汇房地产开发有限公司有关情况的汇报 | 白京涛 |
| 73 | | 五、听取区红十字会关于促进红十字事业发展的实施意见的汇报 | 杨金魁 |
| 74 | | 六、听取区台办关于市委对台工作领导小组扩大会议和北京市对台工作专项工作会议精神的汇报 | 王宝祥 |
| 75 | | 七、研究干部任免事宜 | 周　彤 |
| 76 | 十一届121次<br>（扩大）<br>5月26日 | 一、李先忠同志传达王安顺同志在中共北京市第十一届委员会第十次全体会议上就《中共北京市委北京市人民政府关于全面深化改革提升城市规划建设管理水平的意见（审议稿）》作的说明 | |
| 77 | | 二、张家明同志传达郭金龙同志在中共北京市第十一届委员会第十次全体会议上的讲话精神 | |
| 78 | | 三、吴松元同志传达市委组织部关于进一步规范领导干部配偶、子女及其配偶经商办企业行为工作部署会主要精神 | |

续表

| 序号 | 会次/时间 | 议 题 | 汇报（传达）人 |
|---|---|---|---|
| 79 | 十一届122次<br>6月1日 | 一、听取区委组织部关于东城区社区党的建设“三级联创”活动“五个好”街道工委考评办法及2016年度考评标准修订情况的汇报 | 邵惠安 |
| 80 | | 二、研究区城管委拟定的《关于推行平房区物业管理服务的意见》及其配套文件 | 韩卫国 |
| 81 | | 三、听取区房地二中心关于申请2008年、2009年房屋修缮工程资金的汇报 | 康哲才 |
| 82 | | 四、研究区财政局拟定的东城区2015年财政决算草案的报告 | 崔燕生 |
| 83 | | 五、研究区审计局拟定的东城区2015年预算执行和其他财政收支审计工作报告 | 许 健 |
| 84 | | 六、听取区信访办关于东城区处理信访突出问题及群体性事件联席会议更名情况的汇报 | 邱宏庆 |
| 85 | | 七、研究干部任免事宜 | 周 彤 |
| 86 | 十一届123次<br>6月14日 | 一、研究区委常委分工调整建议 | 朱 捷 |
| 87 | | 二、听取区委组织部关于东城区纪念中国共产党成立95周年有关工作安排的汇报 | 邵惠安 |
| 88 | | 三、听取区委组织部关于群团组织换届人选提名原则有关工作的汇报 | 周 彤 |
| 89 | | 四、听取区委统战部关于2016年东城区三个宗教团体换届工作实施方案的汇报 | 赵志高 |
| 90 | | 五、听取区侨联关于东城区第二次归侨侨眷代表大会换届选举工作的汇报 | 谭 菲 |
| 91 | | 六、听取区国资委关于朝阳区豆各庄一号地块项目申请银行贷款有关情况的汇报 | 白京涛 |
| 92 | | 七、听取东花市街道关于西忠实里环境整治项目（第二期）征收工作所需资金的汇报 | 陈 君 |
| 93 | 十一届124次<br>6月22日 | 一、通报中央有关文件精神 | 吴松元 |
| 94 | | 二、听取区国资委关于向北京市保障性住房建设投资中心（焦化厂安置房项目）支付装修费用的汇报 | 白京涛 |
| 95 | | 三、听取区残联关于区残联第二次代表大会换届选举工作的汇报 | 从艳梅 |
| 96 | | 四、研究干部任免事宜 | 周 彤 |
| 97 | 十一届125次<br>7月6日 | 一、研究区委办拟定的关于召开中共东城区委十一届十一次全会的安排意见 | 朱 捷 |
| 98 | | 二、研究区委组织部关于区领导班子换届筹备工作 | 周 彤 |
| 99 | | 三、听取区纪委关于东城区处级单位党政主要领导向区纪委全会述责述廉办法（试行）有关情况的汇报 | 李连喜 |
| 100 | | 四、听取区人大常委会党组关于贯彻落实区委第四次人大工作会议精神有关情况的汇报 | 于 静 |
| 101 | | 五、听取区委机要局关于电子政务内网基础设施建设和安全可靠应用试点工作情况的汇报 | 隋涤难 |
| 102 | | 六、听取区纪委关于北京市国际追逃追赃工作办公室第二次会议精神及东城区开展国际追逃追赃工作的汇报 | 陈 岗 |
| 103 | | 七、研究干部任免事宜 | 周 彤 |
| 104 | 十一届126次<br>7月14日 | 一、研究区委办修订的《中共北京市东城区第十一届委员会全体会议议事规则》 | 朱 捷 |
| 105 | | 二、研究区委研究室拟定的区委常委会工作报告 | 石利生 |
| 106 | | 三、研究区政府研究室拟定的关于东城区上半年经济社会发展工作总结和下半年重点工作安排 | 吴 笛 |
| 107 | | 四、研究干部任免事宜 | 周 彤 |

续表

| 序号 | 会次/时间 | 议 题 | 汇报（传达）人 |
|---|---|---|---|
| 108 | 十一届127次<br>7月27日 | 一、研究区委组织部拟定的《东城区推进领导干部能上能下实施细则（试行）》和《关于在全区中心工作中引导干部奋发有为、履职担当的若干意见》 | 周　彤 |
| 109 | | 二、研究区委组织部拟定的《关于做好东城区新一届“两代表一委员”推荐提名工作的意见》 | 周　彤 |
| 110 | | 三、听取区发展改革委关于2016年东城区上半年国民经济和社会发展计划执行情况的汇报 | 刘俊彩 |
| 111 | | 四、听取区发展改革委关于2016年区政府投资基本建设项目及资金安排建议的汇报 | 刘俊彩 |
| 112 | | 五、听取区产促局关于东城区税源建设政策兑现工作安排的汇报 | 李　锋 |
| 113 | | 六、研究区民防局拟定的《东城区深入推进人民防空改革发展的实施方案》 | 芦永良 |
| 114 | | 七、研究区有关人员违纪问题的处理意见 | 陈　岗 |
| 115 | | 八、研究干部任免事宜 | 周　彤 |
| 116 | 十一届128次<br>8月3日 | 一、研究区委统战部拟定的《2016年东城区政协换届工作的意见》和《2016年东城区政协换届工作方案》 | 张　玮 |
| 117 | | 二、听取区委统战部关于东城区三个宗教团体第二届委员会拟任领导班子及常委情况的汇报 | 雷新隆 |
| 118 | | 三、听取区财政局关于东城区2016年预算调整方案的汇报 | 崔燕生 |
| 119 | | 四、听取区人力社保局关于东城区机关事业单位工作人员养老保险制度改革工作情况的汇报 | 王　森 |
| 120 | | 五、听取区科协关于召开东城区科学技术协会第二次代表大会有关情况的汇报 | 李小康 |
| 121 | | 六、听取区委组织部关于成立东城区人民代表大会换届工作领导小组的汇报 | 周　彤 |
| 122 | | 七、听取区人大常委会党组关于东城区人大代表换届选举工作的汇报 | 于　静 |
| 123 | | 八、听取区纪委关于2016年上半年信访举报与纪律检查情况的汇报 | 李连喜 |
| 124 | 十一届129次<br>8月16日 | 一、关于确定区领导班子和区纪委领导班子换届人选考察对象的汇报 | 吴松元 |
| 125 | 十一届130次<br>8月17日 | 一、听取区主体办关于东城区委2016年上半年落实党风廉政建设责任制党委主体责任情况的汇报 | 张之泽 |
| 126 | | 二、研究区纪委拟定的《东城区落实党风廉政建设责任制“两个责任”若干规定》 | 李连喜 |
| 127 | | 三、听取区委宣传部关于2016年上半年区舆情分析和下半年舆情重点预测及工作举措的汇报 | 王跃锋 |
| 128 | | 四、研究区民政局拟定的《东城区关于加强居家养老服务工作的实施意见》及其配套文件 | 李小洁 |
| 129 | | 五、听取区财政局关于2016年清理部门结余资金情况的汇报 | 崔燕生 |
| 130 | | 六、听取区安全监管局关于东城区2016年上半年安全生产工作情况的汇报 | 曹永军 |
| 131 | | 七、研究区民族宗教办拟定的《关于以首善标准做好新形势下东城区民族工作的实施意见》 | 雷新隆 |
| 132 | | 八、听取区房地二中心关于南中轴路周边棚户区改造项目有关情况的汇报 | 康哲才 |

续表

| 序号 | 会次/时间 | 议 题 | 汇报（传达）人 |
| --- | --- | --- | --- |
| 133 | 十一届131次<br>8月31日 | 一、听取区纪委关于2016年上半年东城区落实党风廉政建设责任制纪委监督责任情况的汇报 | 李连喜 |
| 134 | | 二、研究区纪委拟定的《关于开展强化“一把手” 监督规范权力行使专项工作的实施方案》和全区领导干部大会会议安排 | 陈 岗 |
| 135 | | 三、研究区委组织部关于构建“大党建”工作格局调整优化区委党建工作领导小组有关情况 | 王辉耀 |
| 136 | | 四、听取区委组织部关于中央、市委“两学一做”学习教育有关会议精神和我区进展情况及下一步工作安排的汇报 | 邵惠安 |
| 137 | | 五、研究区社会办拟定的《东城区关于规范社区工作者工资待遇的实施细则（试行）》和《东城区2016年规范社区工作者工资待遇方案》 | 严 岩 |
| 138 | | 六、听取王府井建管办关于第五届北京王府井国际品牌节总体方案和筹备工作进展情况的汇报 | 吕 绘 |
| 139 | | 七、听取安全分局关于召开东城区国家安全工作领导小组扩大会议的汇报 | 李丹江 |
| 140 | | 八、研究干部任免事宜 | 温长军 |
| 141 | 十一届132次<br>9月7日 | 一、关于辽宁拉票贿选案情况的通报 | 吴松元 |
| 142 | | 二、研究区委办修订的《第十一届区委常委会工作规则》和制定的《区委书记专题会议议事规则（试行）》《重大工作事项请示报告规则（试行）》 | 朱 捷 |
| 143 | | 三、研究区纪委拟定的《东城区运用监督执纪“四种形态”实施办法（试行）》 | 郑丽明 |
| 144 | | 四、研究区委组织部拟定的《关于第十二届区委委员、候补委员和纪委委员候选人初步人选酝酿推荐工作方案》 | 周 彤 |
| 145 | | 五、研究区委组织部拟定的《东城区第十六届人民代表大会代表候选人考察审查办法》 | 周 彤 |
| 146 | | 六、研究区委组织部拟定的《关于进一步加强区域化党建工作的实施意见》 | 邵惠安 |
| 147 | | 七、听取区委宣传部关于东城区参评北京市第十三届双优评选活动推荐名单有关情况的汇报 | 王铁峰 |
| 148 | | 八、听取区综治办关于对2015年相关街道拆除地下空间违法建设进行补贴情况的汇报 | 王伟明 |
| 149 | | 九、研究区司法局拟定的《关于在全区开展法制宣传教育的第七个五年规划》 | 李利平 |
| 150 | | 十、听取区教委关于东城区深化教育综合改革完善奖励激励机制有关情况的汇报 | 周工玲 |
| 151 | 十一届133次<br>9月28日 | 一、研究区委组织部拟定的《关于推进基层党建重点任务的工作方案》 | 邵惠安 |
| 152 | | 二、研究区委社会工委拟定的《东城区优秀社区党组织书记及社区工作者激励奖励办法（试行）》 | 李 军 |
| 153 | | 三、听取区武装部关于东城区武装工作情况的汇报 | 于洪源 |
| 154 | | 四、研究干部任免事宜 | 周 彤 |

续表

| 序号 | 会次/时间 | 议　题 | 汇报（传达）人 |
|---|---|---|---|
| 155 | 十一届134次<br>10月20日 | 一、听取区发展改革委关于汇文中学翻建工程超投资问题解决方案的汇报 | 刘俊彩 |
| 156 | | 二、听取区人力社保局关于机关事业单位调整基本工资标准和增加离休费有关情况的汇报 | 王　森 |
| 157 | | 三、听取区国资委关于全面构建区属国有商业服务业集团方案的汇报 | 白京涛 |
| 158 | | 四、听取区文联关于东城区文联第二次代表大会筹备工作情况的汇报 | 王富国 |
| 159 | | 五、听取区委610办关于东城区防范和处理邪教工作的汇报 | 王　磊 |
| 160 | | 六、研究干部任免事宜 | 周　彤 |
| 161 | 十一届135次<br>10月24日 | 一、研究各政党、无党派代表人士、各人民团体联合提名推荐东城区第十六届人大代表候选人建议名单 | 周　彤 |
| 162 | 十一届136次<br>10月26日 | 一、研究区委组织部拟定的东城区换届人事安排建议方案 | 周　彤 |
| 163 | | 二、研究区委组织部拟定的东城区第十二届区委委员、候补委员和区纪委委员候选人预备人选名单 | 周　彤 |
| 164 | | 三、研究区委组织部拟定的东城区第十二次党代会代表候选人预备人选名单 | 邵惠安 |
| 165 | | 四、研究区委组织部拟定的区委提名东城区第十二次党代会代表候选人名单和选举单位分配方案 | 邵惠安 |
| 166 | | 五、研究区人大常委会党组关于召开北京市东城区第十六届人民代表大会第一次会议的请示 | 于　静 |
| 167 | | 六、研究区政协党组关于召开政协北京市东城区第十四届委员会第一次会议的请示 | 王　红 |
| 168 | | 七、研究《东城区区委全会、党代会、人代会、政协会筹备工作组组建方案》 | 朱　捷 |
| 169 | 十一届137次<br>10月31日 | 一、研究东城区第十六届人民代表大会代表候选人初步人选考察审查情况 | 周　彤 |
| 170 | | 二、研究选民十人以上联名推荐东城区第十六届人民代表大会代表初步候选人名单 | 周　彤 |
| 171 | 十一届138次<br>11月2日 | 一、传达学习十八届六中全会精神 | 宋铁健 |
| 172 | | 二、研究区委办拟定的中共东城区委全体会议安排意见 | 朱　捷 |
| 173 | | 三、研究东城区“三大行动计划”编制情况 | 刘俊彩 |
| 174 | | 四、听取区工商联关于第十次代表大会筹备工作有关情况的汇报 | 郝国信 |
| 175 | | 五、研究区有关人员违纪问题的处理意见 | 李　婧 |
| 176 | | 六、研究干部任免事宜 | 周　彤 |
| 177 | 十一届139次<br>11月4日 | 一、研究北京市东城区第十六届人民代表大会代表正式候选人名单 | 周　彤 |
| 178 | | 二、听取区人大常委会党组关于代表候选人与选民见面及区领导检查区选委会各地区分会投票工作安排的汇报 | 朱传芳 |
| 179 | 十一届140次<br>11月9日 | 一、传达中央第十一巡视组对北京巡视回头看工作动员会精神 | |
| 180 | | 二、研究区委全会关于区第十二次党代会召开时间和大会议程的决议及党代会日程安排 | 邵惠安　朱　捷 |
| 181 | | 三、研究区委研究室拟定的区第十二次党代会区委工作报告 | 石利生 |
| 182 | | 四、研究区纪委拟定的区纪委向区第十二次党代会的工作报告 | 陈　岗 |
| 183 | | 五、听取区人大常委会党组关于第96选区推迟人大代表选举有关情况的汇报 | 高丽萍 |

续表

| 序号 | 会次/时间 | 议　题 | 汇报（传达）人 |
|---|---|---|---|
| 184 | | 六、听取区委统战部关于政协东城区第十四届委员会委员推荐人选考察审查情况的汇报 | 张　玮 |
| 185 | | 七、研究区委组织部关于政协东城区第十四届委员会委员建议名单和常务委员会委员候选人建议名单 | 周　彤 |
| 186 | | 八、听取区文明办关于2015—2016年度“首都精神文明建设奖”推荐人选有关情况的汇报 | 周桂芳 |
| 187 | | 九、听取区国资委关于房地一中心转制方案的汇报 | 白京涛 |
| 188 | | 十、研究干部任免事宜 | 周　彤 |
| | 十一届141次<br>11月16日 | 会前传达学习市委十一届十一次全体会议精神 | |
| 189 | | 一、研究区第十二次党代会代表选举结果、代表资格审查报告（草案）和各代表团的划分及召集人建议名单 | 邵惠安 |
| 190 | | 二、研究全区党费收缴、使用和管理情况的报告（草案） | 邵惠安 |
| 191 | | 三、研究区第十二次党代会选举办法（草案）、十二届区委一次全会选举办法（草案）和十二届区纪委一次全会选举办法（草案） | 邵惠安 |
| 192 | | 四、研究区第十二次党代会各项建议名单 | 周　彤 |
| 193 | | 五、研究区政府研究室拟定的区政府工作报告 | 吴　笛 |
| 194 | | 六、研究区发展改革委拟定的北京市东城区2016年国民经济和社会发展计划执行情况与2017年计划草案报告 | 刘俊彩 |
| 195 | | 七、研究区财政局拟定的东城区2017年预算安排 | 崔燕生 |
| 196 | | 八、研究区财政局拟定的东城区2016年预算执行情况和2017年预算草案报告 | 崔燕生 |
| 197 | | 九、研究区政协一次会议主席团成员建议人选名单、主席团常务主席建议人选名单、秘书长、副秘书长建议人选名单 | 张　玮 |
| 198 | 十一届142次<br>11月18日 | 一、听取区委组织部关于北京市东城区第十六届人民代表大会代表选举结果的汇报 | 周　彤 |
| 199 | | 二、研究区十六届人大一次会议各项建议名单及有关文件草案 | 周　彤 |
| 200 | | 三、研究区人大常委会工作报告 | 于　静 |
| 201 | | 四、研究区政协常委会工作报告 | 王　红 |
| 202 | | 五、研究区政协十四届一次会议选举办法 | 李铁生 |
| 203 | | 六、听取区政协党组关于2016年区政协委员履职情况的汇报 | 李铁生 |
| 204 | | 七、研究区人民法院工作报告 | 赵　军 |
| 205 | | 八、研究区人民检察院工作报告 | 蓝向东 |
| 206 | | 九、研究区纪委拟定的关于加强东城区纪委派驻机构建设的实施意见 | 陈　岗 |
| 207 | | 十、听取区委组织部关于区第十二次党代会有关安排建议的汇报 | 周　彤 |
| 208 | | 十一、研究区委宣传部拟定的东城区学习宣传贯彻党的十八届六中全会精神的工作方案 | 王铁峰 |
| 209 | | 十二、听取区国资委关于北京市东城区房屋土地经营管理一中心转制方案的汇报 | 白京涛 |
| 210 | | 十三、听取区园林绿化管理中心关于《第三十二届地坛、第三十四届龙潭春节文化庙会总体方案》的汇报 | 王迪生 |
| 211 | | 十四、研究干部任免事宜 | 周　彤 |
| 212 | 十一届143次<br>11月22日 | 一、听取区环保局关于东城区环境保护工作情况及下一步重点工作安排的汇报 | 李卫华 |
| 213 | | 二、听取区环保局关于《东城区“十三五”时期环境保护规划》有关情况的汇报 | 李卫华 |
| 214 | | 三、听取区纪委关于迎接2016年北京市党风廉政建设责任制检查考核工作安排建议的汇报 | 陈　岗 |

续表

| 序号 | 会次/时间 | 议　题 | 汇报（传达）人 |
|---|---|---|---|
| 215 | 十一届144次<br>11月29日 | 一、听取区主体办关于东城区委2016年落实党风廉政建设责任制党委主体责任情况的汇报 | 毕凌凌 |
| 216 | | 二、听取区委组织部关于调整十二届区委委员、常委候选人预备人选有关情况的汇报 | 周　彤 |
| 217 | 十二届1次<br>12月14日 | 一、听取区委组织部关于补选北京市第十四届人民代表大会代表有关情况的汇报 | 周　彤 |
| 218 | | 二、听取区委统战部关于成立政协北京市东城区第十四届委员会第一次会议临时党委和临时党支部有关情况的汇报 | 张　玮 |
| 219 | | 三、研究区编办拟定的《北京市东城区环境保护工作职责分工》 | 赵　刚 |
| 220 | | 四、听取区发展改革委关于区政府投资历史遗留超投资项目（第二批）资金安排建议的汇报 | 刘俊彩 |
| 221 | | 五、研究区发展改革委关于东城区企事业单位公务用车制度改革有关工作 | 刘俊彩 |
| 222 | | 六、听取区城管委关于东城区2016年新能源环卫车购置工作情况的汇报 | 韩卫国 |
| 223 | | 七、听取区文化委关于成立东城区元旦、春节、元宵节期间文化活动指挥体系的汇报 | 王伟东 |
| 224 | 十二届2次<br>12月29日 | 一、研究干部任免事宜 | 周　彤 |
| 225 | | 二、研究区委常委工作分工 | 朱　捷 |
| 226 | | 三、听取区纪委关于开展2016年东城区党风廉政建设责任制重点抽查工作情况的汇报 | 陈　岗 |
| 227 | | 四、听取区委组织部关于东城区推荐提名北京市出席党的十九大代表工作安排的汇报 | 邵惠安 |
| 228 | | 五、听取区委组织部关于开展2016年度全区基层党建述职评议考核工作安排的汇报 | 邵惠安 |
| 229 | | 六、听取东城园管委会《关于推动中关村东城园加快发展的意见》有关情况的汇报 | 李照宏 |

【区委书记专题会】为更好发挥区委总揽全局、协调各方的领导核心作用，根据《中国共产党章程》《中国共产党地方委员会工作条例》，结合东城实际，设立区委书记专题会议。通过召开该会议对提请区委常委会会议审议的有关重要事项及其他有关事项进行研究酝酿。研究制定《区委书记专题会议议事规则（试行）》，对会议参加人员、会议议事范围、会议程序、会议纪律等做出明确规定。全年，召开区委书记专题会议22次，研究讨论议题55项，对涉及全区的重大事项、重点工作和重要问题进行研究、酝酿、协调或决策前的沟通。　（刘诗妍）

## 区委书记专题会议题一览表

| 序号 | 会次/时间 | 议　题 | 汇报人 |
|---|---|---|---|
| 1 | 1次<br>2月24日 | 研究区委常委会2016年工作要点 | 石利生 |
| 2 | 2次<br>3月15日 | 一、研究区委2016年工作目标责任制（折子工程） | 毛　炯 |
| 3 | | 二、研究区委深化改革工作领导小组各专项小组调整情况及2016年工作要点 | 石利生 |
| 4 | 3次<br>6月24日 | 研究南锣鼓巷地区修缮整治项目建设情况及下一步工作计划 | 吕德成<br>赵春军<br>宋志红 |

续表

| 序号 | 会次/时间 | 议　题 | 汇报人 |
|---|---|---|---|
| 5 | 4次<br>6月29日 | 研究2016年区人大代表换届选举工作有关情况 | 高丽萍 |
| 6 | 5次<br>6月30日 | 研究东四月牙胡同23号院出现疑似违法建设的处理事宜 | 吴志辉<br>赵凌云 |
| 7 | 6次<br>7月4日 | 一、研究区领导班子换届筹备工作 | 周　彤 |
| 8 | | 二、研究关于召开中共东城区委十一届十一次全会的安排意见 | 朱　捷 |
| 9 | | 三、研究区委区政府理论中心组“两学一做”学习教育交流研讨方案 | 王铁峰 |
| 10 | 7次<br>7月8日 | 一、构建“大党建”工作格局，调整优化区委党的建设工作领导小组的方案 | 王辉耀 |
| 11 | | 二、关于进一步加强区域化党建的实施意见 | 邵惠安 |
| 12 | | 三、关于建立党建示范街道和示范社区的方案 | 邵惠安 |
| 13 | | 四、提高社区党组织书记待遇有关工作情况 | 严　岩 |
| 14 | | 五、听取《东城区推进领导干部能上能下实施细则（试行）》和《关于在疏解非首都功能、建设和谐宜居之区中引导干部奋发有为、履职担当的若干意见》起草情况汇报 | 周　彤 |
| 15 | 8次<br>8月29日 | 一、研究落实《中国共产党地方委员会工作条例》，修订《区委常委会工作规则》、《区委书记专题会议议事规则》和制定《重大事项请示报告制度》的有关情况 | 朱　捷 |
| 16 | | 二、听取全区电子政务内网基础设施建设及办公应用情况 | 隋涤难 |
| 17 | | 三、研究东城区第十二届区委委员、候补委员、纪委委员候选人初步人选酝酿推荐工作方案 | 周　彤 |
| 18 | | 四、研究东城区第十六届人大代表候选人考察审查办法 | 周　彤 |
| 19 | 9次<br>9月14日 | 一、听取关于在全区开展基层党建示范点创建工作情况的汇报 | 邵惠安 |
| 20 | | 二、听取关于区第十二次党代会代表初步人选产生情况的汇报 | 邵惠安 |
| 21 | 10次<br>9月21日 | 一、听取区委统战部关于区政协换届工作筹备情况的汇报 | 张　玮 |
| 22 | 11次<br>10月8日 | 一、听取区纪委关于东城区领导干部大会筹备情况的汇报 | 陈　岗 |
| 23 | | 二、听取区委研究室关于党代会报告起草调研重点的汇报 | 石利生 |
| 24 | | 三、听取区人大关于人大代表候选人结构情况的汇报 | 高丽萍 |
| 25 | 12次<br>10月14日 | 一、研究《东城区城市更新改造和环境提升行动计划（2016-2020年）》编制情况 | 刘俊彩<br>华通设计<br>方　旭 |
| 26 | | 二、研究《东城区历史文化街区保护复兴行动计划（2016-2020年）》编制情况 | 刘景地<br>北规院赵蕊 |
| 27 | | 三、研究《东城区非文保区更新改造行动计划（2016-2020年）》编制情况 | 许利平<br>弘都规划<br>崔兰亭 |
| 28 | | 四、研究《东城区城市基础设施优化提升行动计划（2016-2020年）》编制情况 | 韩卫国<br>北规院<br>刘凌燕 |

续表

| 序号 | 会次/时间 | 议　题 | 汇报人 |
|---|---|---|---|
| 29 | 13次<br>10月18日 | 一、听取区委组织部关于党代表初步人选的审核情况 | 邵惠安 |
| 30 | | 二、研究《2016年区党代会、人代会、政协会筹备工作时间安排》《十一届区委十二次全会安排意见》《区第十二次党代会秘书处机构设置和工作任务（草案）》 | 朱　捷 |
| 31 | 14次<br>10月23日 | 一、研究东城区换届有关人事安排 | 王清旺 |
| 32 | | 二、研究区委委员、候补委员和纪委委员初步人选建议名单 | |
| 33 | | 三、研究各政党、无党派代表人士、各人民团体联合提名推荐东城区第十六届人大代表候选人建议名单 | |
| 34 | | 四、研究区委提名东城区第十二次党代会代表候选人名单，听取区第十二次党代会报告起草工作调研重点课题情况汇报 | |
| 35 | 15次<br>10月31日 | 一、关于以网格化为依托，构建“大城管”新模式的研究 | 陈本宇 |
| 36 | | 二、关于探索在“疏非控人”大背景下推动区域经济转型升级发展的研究 | 陈之常 |
| 37 | | 三、关于在项目建设中创新旧城有机更新机制的研究 | 张立新 |
| 38 | | 四、关于全面实施“文化强区”战略、构建“大文化”格局的研究 | 宋甘澍 |
| 39 | | 五、关于推进居家养老、医养结合服务体系建设的研究 | 陈本宇 |
| 40 | | 六、关于构建“大党建”格局的研究 | 金　晖 |
| 41 | 16次<br>11月7日 | 研究东城区学习宣传贯彻十八届六中全会精神实施方案 | 宋甘澍 |
| 42 | 17次<br>11月14日 | 一、研究关于加强便宜坊台湾项目工作的具体意见 | 张　玮 |
| 43 | | 二、研究东城区第十二次党代会代表选举结果、代表资格审查报告（草案）和各代表团的划分及召集人建议名单 | 邵惠安 |
| 44 | | 三、研究东城区第十二次党代会各类建议名单 | 周　彤 |
| 45 | | 四、研究全区党费收缴、使用和管理情况的报告（草案） | 邵惠安 |
| 46 | | 五、研究东城区第十二次党代会选举办法（草案） | 邵惠安 |
| 47 | | 六、研究中共北京市东城区第十二届委员会第一次全体会议选举办法（草案） | 邵惠安 |
| 48 | | 七、研究中共北京市东城区第十二届纪律检查委员会第一次全体会议选举办法（草案） | 邵惠安 |
| 49 | 18次<br>11月16日 | 一、研究北京市东城区第十六届人民代表大会第一次会议各项建议名单和选举办法 | 周　彤 |
| 50 | | 二、研究东城区人大常委会关于实施文化强区战略、推进首都文化中心区建设的建议 | 于　静 |
| 51 | 19次<br>12月14日 | 听取关于北京市东城区第十六届人民代表大会第一次会议有关情况的汇报 | 于　静 |
| 52 | 20次<br>12月15日 | 研究望坛棚户区改造项目房屋征收补偿方案 | 刘志刚 |
| 53 | 21次<br>12月16日 | 听取外联办关于东城区与张家口市崇礼区结对工作情况的汇报 | 武　鸿 |
| 54 | 22次<br>12月28日 | 一、研究干部任免事宜 | 王清旺 |
| 55 | | 二、研究区委常委工作分工 | 朱　捷 |

【党派团体协商通报会】7月19日召开，张家明主持。周永明就本年东城区政协换届工作意见及相关情况进行说明。区委研究室、区政府研究室负责人分别就《中共东城区委十一届十一次全会上的报告》（征求意见稿）《东城区2016年上半年经济社会发展工作总结和下半年重点工作安排》（征求意见稿）有关情况进行说明，各民主党派、工商联负责人和无党派代表人士经过协商讨论，提出意见和建议。张家明、李先忠等区领导及区各民主党派、人民团体负责人及无党派代表人士参加。（李奕成）

【一条主线 四个重点战略任务】区委十一届十次全会提出以有序疏解非首都功能、推动京津冀协同发展为主线，本年着力抓好平房区更新改造、城市精细化管理、居家养老医养融合、文化强区四项重点工作。7月22日区委十一届十一次全会明确提出紧紧围绕“一条主线、四个重点”战略任务，即：以推动非首都功能疏解和京津冀协同发展为主线，着重抓好城市更新改造、城市精细化管理、文化强区、民生改善四项重点工作，加快建设国际一流的和谐宜居之区。东城区第十二次党代会将“一条主线、四个重点”确定为东城区今后5年的战略任务。（刘诗妍）

【李源潮调研】5月4日，中共中央政治局委员、国家副主席李源潮到东城区参加五四青年节活动，到北新桥街道海巢HOT·社区青年汇，察看各层大厅设置。参观北京社区青年汇工作展板，听取北京市社区青年汇整体情况汇报；参观中国青年五四奖章评选活动20周年宣传展板，听取评选工作汇报，并接见优秀青年代表；在“观影汇”观看“青年之声”网络互动社交平台联系服务青年展示，听取有关情况汇报；在“创新部落”活动空间，听取北新桥街道团工委工作情况和海巢HOT·社区青年汇开展志愿服务活动情况汇报，与参加“弘扬志愿精神 学习非遗技艺 传承优秀文化”主题活动的东城社区青年汇会员及志愿者交谈，与参加“创新部落”科技体验团日活动的同学们互动交流。李源潮肯定海巢HOT·社区青年汇开展的各项工作，并勉励团组织通过有效途径吸引和凝聚青年，加强对青年引领和服务。团中央书记处第一书记秦宜智，书记处常务书记、全国青联主席贺军科，市领导王安顺，区领导张家明参加。（李奕成 贾玉轩）

5月4日，李源潮五四青年节调研东城社区青年汇

【林文漪调研】1月26日，全国政协副主席、台盟中央主席林文漪走访慰问天福集团，察看天福茶文化馆并召开交流座谈会。全国政协常委、台盟中央副主席杨健，全国人大常委、台盟中央副主席苏辉，市委常委、统战部部长戴均良，区领导张家明参加。（李奕成）

【郭金龙调研】2月4日，郭金龙、王安顺到东城检查公共安全有关工作，实地察看六铺炕烟花爆竹销售点，要求严控烟花爆竹储运、销售、燃放等重点环节，切实提高烟花爆竹安全管理工作水平，防止发生安全事故。市领导张工、张建东、王小洪、王宁，市有关部门负责人，区领导张家明、李先忠参加。2月7日（除夕），郭金龙、王安顺慰问春节期间坚守岗位一线的干部职工，在建国门派出所，察看管控区位图和指挥室监控屏幕，看望慰问节日期间坚守岗位一线的公安干警和社区治保积极分子并致以节日的问候。市领导张工、张延昆、张建东、王小洪、隋振江，市有关部门负责人，区领导张家明、李先忠参加。2月29日，郭金龙、王安顺检查全国“两会”服务保障工作，在北京国际饭店主楼一层大堂门前，察看特警、消防和急救车辆备勤准备情况，了解力量部署安排；在一层大厅，察看代表驻地安保服务等工作情况。市领导李士祥、张工、王小洪、李伟，区领导张家明、李先忠参加。5月9日，郭金龙、王安顺围绕贯彻落实习近平总书记系列重要讲话精神和中央城市工作会议精神，提高城市治理能力到东城区调研，察看南锣鼓巷南口东侧临时停车场建设情况、安外西河沿危旧房改造项目建设情况、明城墙遗址有关情况、西打磨厂地区情况。市领导陈刚、张工、张建东，区领导张家明、李先忠参加。6月27日，郭金龙到东城区开展七一前走访慰问活动，到北京人民艺术剧院首都剧场看望慰问全国优秀共产党员1人。到东华门街道银闸社区，看望慰问中华人民共和国成立前老党员1人。市领导张工，区领导张家明参加。12月29日，郭金龙到东四街道召开征求意见座谈会，与会代表分别发言，提出对市委常委班子及市委主要领导学习贯彻党的十八届六中全会精神，围绕“两

学一做”学习教育要求，遵循《准则》、《条例》，加强自身建设，推进各项工作等方面的意见建议。市领导姜志刚，区领导张家明等参加。

（刘诗妍　李奕成）

【王安顺调研】1月29日，市委副书记、市长王安顺调研核心区拥堵治理工作，在北极阁头条，结合展板了解本年核心区次支路建设计划和东城治理拥堵工作情况，并察看北极阁头条道路现状。区领导张家明、李先忠参加。6月30日，王安顺调研中心城区河湖水系连通及循环工作，在龙潭闸南滨河绿道，结合展板听取中心城区滨水绿廊建设、南护城河——龙潭湖连通循环工程、东城区环二环城市绿道建设工程等情况汇报，察看滨水公园建设情况。市领导林克庆，市政府秘书长李伟，区领导张家明参加。（李奕成）

【蔡奇调研】11月30日，市领导蔡奇到东城调研老旧小区综合整治工作，实地察看胡家园东里小区、春秀路小区和新中西里小区现状，了解小区设施陈旧、停车位紧张、基础设施缺失等情况，并入户与居民交流。在东直门街道召开座谈会，张家明、李先忠汇报老旧小区综合整治情况。蔡奇指出，老旧小区出现的各项问题是社会发展过程中的必然阶段，整治工作是满足群众需求、改善居住环境的重要民生工程，东城区是老旧小区集中城区，要结合具体措施，统一规划，抓好试点：区别具体情况，做到“一个小区、一个方案”，既要总体把握老旧小区综合整治要求，又要满足群众需要、赢得群众支持和参与，分类施策，制定改造项目菜单；抓好综合整治、配套提升、长效管理三个环节，通过试点，逐步建立综合整治长效机制，实现资金平衡；搭建依托国企投融资平台进行市场化运作，通过政策捆绑，统筹资金使用和管理，同时做好群众工作；市有关部门要简化审批流程，汇总统筹东西城改造方案，做好政策支持。 市领导陈刚、李伟，市有关部门负责人，区领导张家明、李先忠参加。12月12日，蔡奇到东城调研城市交通管理工作，在体育馆西路（北段）和红桥市场南路工程施工现场，实地察看地区交通状况和工程进展，并结合展板了解分流红桥市场周边过往车辆、实现局部交通循环等情况，了解东城区治理拥堵、中心城区次支路建设等工作情况。市领导张建东，市政府秘书长李伟，区领导李先忠、陈本宇参加。

（李奕成　贾玉轩）

## 区委书记主要调研一览表

| 时间 | 调研或考察主要内容 | 参加调研人员 |
|---|---|---|
| 1月4日 | 陪同政治局委员、国务院副总理刘延东，国务院副秘书长江小涓，国家卫生计生委主任李斌，教育部副部长刘利民，市领导王安顺、林克庆、王宁，市卫生计生委主任方来英，市教委主任线联平，到区第一妇幼保健院和分司厅幼儿园调研。在区第一妇幼保健院，参观产科门诊及胎心监护室，看望慰问孕产妇，察看新生儿护理工作，了解医院孕产期保健和辖区孕产妇健康管理情况，询问母婴保健活动开展情况。在分司厅幼儿园，察看小中班幼儿武术操、京剧旗操活动，并与孩子们互动。 | 李先忠、毛　炯、颜华 |
| 1月12日 | 调研天坛周边简易楼腾退项目进展情况，在项目第一、第三和第五分指挥部，慰问一线工作人员，详细了解工作进展、工作难点和未签约居民情况。在项目总指挥部召开座谈会，听取项目工作进展情况及下一步工作重点的汇报。 | 周永明、毛　炯、张立新、张　健 |
| 1月13日 | 陪同市民防局局长刘宝杰调研东城区落实首都人民防空改革发展工作，就全面推进人防工作开展、新时期人防改革发展进行交流座谈。召开专题调研座谈会，听取东城区关于贯彻落实首都人民防空改革发展工作以及《关于深入推进东城区人民防空改革发展的实施方案》起草工作情况的汇报。 | 李先忠、陈之常 |
| 1月29日 | 陪同市领导王安顺、李士祥、陈刚、张建东，市政府秘书长李伟和市相关部门负责人调研核心区拥堵治理工作，在北极阁头条，结合展板了解2016年核心区次支路建设计划和我区治理拥堵工作情况，并步行察看北极阁头条道路现状。 | 李先忠、毛炯、陈之常、李铁生 |
| 2月4日 | 陪同郭金龙、王安顺同志检查公共安全有关工作，实地察看六铺炕烟花爆竹销售点，了解全市烟花爆竹销售点设置、各网点销售情况和烟花爆竹运输、存储等环节的安全措施落实情况。 | 李先忠、毛　炯、许汇 |

续表

| 时间 | 调研或考察主要内容 | 参加调研人员 |
|---|---|---|
| 2月5日 | 陪同国家文物局局长刘玉珠带队检查区文物安全工作，实地察看孔庙和国子监博物馆、雍和宫、崇礼住宅的安防和消防设施设备情况，详细询问节前安全工作安排部署落实情况。 | 朴学东、宋甘澍、毛　炯 |
| 2月16日 | 调研政法工作，听取相关工作情况汇报。 | 金　晖、毛　炯、陈之常、张　健、许　汇 |
| 2月19日 | 召开党建工作调研座谈会。区委党建工作领导小组办公室汇报全区党建工作基本情况和下一步工作思路，与会领导进行交流发言。 | 金　晖、吴松元、夏树军、周永明、宋甘澍、毛　炯、汤钦飞 |
| 2月23日 | 陪同市人大常委会副主任孙康林调研全民健身立法工作，实地察看东直门街道工体社区体育设施建设、管理和使用情况，随后召开座谈会，听取区全民健身活动开展情况、居住配套体育设施建设管理使用情况、体育生活化社区建设情况的汇报，与会同志就学校体育设施对外开放、提升中小学生身体素质等问题进行了研讨。 | 赵中原、毛　炯、许　汇 |
| 2月23日 | 调研工商联工作。观看区工商联和青年创业者协会工作专题片，听取关于区工商联机关、会员基本情况及“十三五”期间重点工作思路的汇报，企业负责人代表分别介绍企业发展情况，并结合自身实际就促进东城发展提出意见建议。 | 周永明、毛　炯、许　汇 |
| 2月25日 | 调研体育工作，实地察看区全民健身活动中心拟建场地、天坛体育中心拟建滑冰馆场地、东单体育中心乒乓球队训练、安外三条小学校园足球活动开展等情况。 | 毛　炯、汤钦飞、许　汇 |
| 2月26日 | 检查全国“两会”代表委员驻地服务保障工作，实地检查亚洲大酒店、北京国际饭店、贵宾楼等代表委员驻地及周边环境秩序，察看酒店中控室、值班记录，了解酒店安保、消防保障情况；察看食品运送区和餐饮服务区，了解食品安全保障情况；察看酒店周边环境秩序，了解酒店周边社会面防控情况；察看代表委员行车路线，了解行车路线周边环境整治情况。 | 李先忠、金　晖、毛　炯、陈之常、张　健 |
| 2月29日 | 陪同郭金龙、王安顺同志检查全国“两会”服务保障工作。在北京国际饭店主楼一层大堂门前，察看特警、消防和急救车辆备勤准备情况，了解力量部署安排；在一层大厅，察看代表驻地安保服务等工作情况。 | 李先忠、毛　炯、张　健 |
| 2月29日 | 调研改革工作，召开区委全面深化改革工作调研座谈会，听取区委全面深化改革领导小组办公室基本情况、区委全面深化改革工作推进情况汇报，研究讨论本年全面深化改革工作安排。 | 李先忠、金　晖、毛　炯 |
| 3月1日 | 调研区工商联基层商会工作，实地察看南锣鼓巷商会办公情况，并召开调研座谈会。南锣鼓巷商会负责人汇报商会工作开展情况，区工商联负责人汇报区工商联指导基层商会健全组织、发挥作用等方面的工作情况，交道口街道汇报加强对基层商会的领导、支持和关心基层商会建设等方面的工作情况。 | 周永明、毛　炯 |
| 3月2日 | 调研东城区立体化社会治安防控体系建设及全国“两会”安保工作，到南锣鼓巷地区雨儿胡同，实地察看地区立体化社会治安防控体系建设情况；到亚洲大酒店，察看委员代表驻地安保工作落实情况；到东直门街道社会服务管理分中心，召开调研座谈会，东直门街道汇报依托网格开展精细化社会治安防控工作情况，综治办汇报区立体化社会治安防控体系建设工作开展情况，公安分局汇报在立体化社会治安防控体系建设中发挥公安主力军作用相关情况。 | 金　晖、毛　炯 |

续表

| 时间 | 调研或考察主要内容 | 参加调研人员 |
|---|---|---|
| 3月6日 | 陪同市领导王宁检查区全国“两会”期间社会面防控工作并慰问治安志愿者。在北京饭店莱福士广场前，实地检查慰问守望岗治安志愿者；在东华门街道南池子社区居委会，听取南池子社区、东华门街道和全区社会面防控工作开展情况的汇报，并慰问社区群防群治力量；在建国门立交桥，实地检查慰问看桥护路的公安、武警、民兵、治安志愿者等执勤力量。 | 金　晖、张　健 |
| 3月9日 | 陪同市政府秘书长李伟到宣仁庙调研，实地察看宣仁庙正殿、后殿、钟楼、鼓楼、配房修缮情况和周边环境整治情况。 | 张立新 |
| 3月14日 | 调研养老工作。到汇晨老年公寓，实地察看诊疗科室、康复室、病房、养老区，询问居住老人的身体生活情况，听取相关负责人关于建设运营情况的汇报，了解该公寓医养结合及社会化养老服务体系建设工作情况。到建国门街道智慧养老服务中心，察看休息室、餐厅等设施情况，观看智慧居家系统演示，并听取试运行情况汇报。到筹建中的建国门街道养老照料中心，实地查看餐厅和床位情况，并听取相关筹建情况汇报。 | 毛　炯、暴　剑 |
| 3月16日 | 陪同市领导戴均良到东城区调研非公有制经济发展工作，观看《凝心聚力共筑梦想》《青年创业者协会》工作专题片。周永明汇报全区统战工作情况。区工商联相关负责人汇报区工商联有关工作情况。4名非公经济代表人士就非公经济发展工作依次发言，与会领导进行座谈交流。 | 周永明、毛　炯、王中华 |
| 3月18日 | 调研街道综合文化服务中心，在北新桥街道综合文化服务中心，实地察看图书馆、书画室、社区电影院、健身房等文化设施及群众开展文体活动情况，详细了解该中心与北京演艺集团开展文化战略合作的情况；在东直门街道综合文化服务中心，实地察看该中心硬件、软件建设等情况。 | 宋甘澍 |
| 4月7日 | 陪同市领导姜志刚到我区调研重点项目中发挥党组织作用做好群众工作情况，到天坛周边简易楼腾退项目现场察看工作进展情况，并召开工作座谈会。 | 李先忠、金　晖、吴松元、毛　炯、张立新 |
| 4月9日 | 专题调研前门东区项目，会议听取前门东区整体规划方案汇报。与会人员进行充分研讨，提出意见建议。 | 李先忠、宋甘澍、毛　炯、陈之常、张立新 |
| 4月14日 | 调研区非公企业党建工作情况。实地调研红墙花园酒店公司非公党建工作开展情况，在东城园工委召开工作座谈会。观看“红云东城”非公党建信息化平台现场演示，听取中关村东城园党建工作和全区非公企业党建工作情况汇报，与会同志进行座谈交流。 | 金　晖、吴松元、汤钦飞 |
| 4月14日 | 调研教育综合改革工作。区委教工委负责人汇报教育综合改革的整体情况和改革进程中加强人才队伍建设情况，区教委负责人汇报教育综合改革最新进展及对外合作办学工作有关情况，并进行交流研讨。 | 吴松元、颜　华 |
| 4月19日 | 陪同市领导杜德印调研区全民健身条例立法工作。在工人体育馆南侧，察看健身浮雕内容；在东直门工体市民文体休闲中心，察看场地建设、体育器械设置、市民健身等有关情况；孙康林主持召开调研座谈会，听取本市全民健身工作整体情况及全民健身条例立法工作情况、东城区全民健身工作开展情况及对全民健身条例修订意见建议的汇报，基层和群众代表就全民健身工作的瓶颈、难点等问题发表意见。张建东介绍近年来本市全民健身工作进展及存在的问题，建议立足首都城市战略定位和市民多样化的体育需求，做到整合利用各类资源与满足群众不同层次需求相结合、传统体育项目与现代体育项目相结合、夏季运动与冬季运动相结合、“龙头”品牌活动与长远健身项目相结合、发挥政府主导作用与调动各方积极性相结合，全面做好全民健身工作。 | 李先忠、赵中原、许　汇 |

续表

| 时间 | 调研或考察主要内容 | 参加调研人员 |
|---|---|---|
| 5月9日 | 陪同郭金龙、王安顺围绕“贯彻落实习近平总书记系列重要讲话精神和中央城市工作会议精神，提高城市治理能力”调研。在南锣鼓巷南口东侧临时停车场，察看停车场建设情况，听取该地区平房区物业管理工作汇报，了解我区积极探索体制机制，改善老城区居民居住环境，有效解决社区停车泊位匮乏、停车难问题，以及南锣鼓巷主动撤销3A景区资质后区域人流变化及运营情况；在安外西河沿危旧房改造项目现场，察看项目建设情况，了解区加大危旧楼改造工作力度，消除燃气、燃煤等安全隐患，加快配套基础设施改造升级，保障城市安全运行等工作情况；在明城墙遗址二层平台，俯瞰明城墙遗址公园东南角绿地，了解区提升城市景观工作情况，通过展板了解西忠实里环境整治项目、龙潭中湖景观修复及升级改造项目有关情况；在西打磨厂察看该地区保护风貌、改善城市环境、实现功能提升等情况。 | 李先忠、金　晖、毛　炯、陈之常、张立新 |
| 5月10日 | 陪同市领导李伟调研我区公共文化示范区工作。先后到龙潭街道漫艺汇综合文化服务中心、区第一图书馆东总布分馆、东直门街道综合文化服务中心，实地察看图书室、多功能厅等硬件设施，了解基层公共文化服务情况，并听取区创建全国公共文化服务体系示范区情况的汇报。 | 宋甘澍、毛　炯 |
| 5月17日 | 调研龙潭街道幸福南里10号楼火灾事故善后处置工作。详细了解楼体结构、面积、拟修缮方式以及居民周转安置等情况。 | 金　晖、毛　炯 |
| 5月18日 | 陪同全国人大内务司法委员会主任委员马馼调研区养老服务工作。到朝阳门街道养老照料中心，察看活动室、医务室和床位等设施，了解照料中心建设和运营情况；到朝阳门街道社区服务中心，察看老年餐桌、服务清单和各功能用房，了解居家养老服务、日间照料服务项目设置和运营模式。随后召开座谈会，听取北京市居家养老服务工作和东城区居家养老服务工作情况汇报，并进行座谈交流。 | 李先忠、赵中原、毛　炯、韩焕岭、暴　剑 |
| 6月1日 | 调研区年度重点文化工作情况。实地察看区新闻中心各科室工作情况，了解《新东城报》、“魅力东城”采编制作以及东城政务微博、微信公众号、舆情监测系统等平台运行情况。随后召开座谈会，宋甘澍汇报区年度重点文化工作情况。 | 宋甘澍、毛　炯 |
| 6月3日 | 检查防汛工作筹备情况。实地察看在施工地、区属公园和人防工程，检查防汛物资储备情况，听取防汛相关工作汇报。 | 李先忠、毛　炯、暴　剑、陈本宇 |
| 6月6日 | 检查高考组织筹备工作。到区教育招生考试中心，察看试卷保密室、招生委办公室运行情况，了解高考试卷安全、应急处置等筹备工作情况；到区高考指挥中心，通过视频监控系统，察看全区各考点筹备情况；到宏志中学考点，察看试卷保密室、考务事务室、考场等处，了解该考点高考筹备工作情况。 | 毛　炯、颜　华 |
| 6月7日 | 调研网格化服务管理中心工作。实地察看为民服务大厅和中心部分办公室，询问网格化服务管理工作相关情况。 | 张家明 |
| 6月17日 | 到大兴区调研交流。在鸿坤金融谷项目现场，听取西红门镇城乡结合部升级改造建设进展及产业规划布局有关情况汇报。在首创美澜湾项目现场，察看项目建设情况。在北京大兴国际机场建设项目现场，听取机场建设情况汇报。在榆垡镇拆迁指挥部召开座谈会。 | 毛　炯、陈之常、张立新 |

续表

| 时间 | 调研或考察主要内容 | 参加调研人员 |
| --- | --- | --- |
| 6月20日 | 陪同市领导苟仲文围绕"贯彻落实市委全会精神"到东城区调研。到南锣鼓巷南口东侧临时停车场，察看停车场建设情况，听取该地区平房区物业管理工作、四条胡同修缮整治项目群众工作、南锣鼓巷主动撤销3A景区资质后区域人流变化及运营情况汇报；到安外西河沿危旧房改造项目现场，察看项目建设情况，听取我区加大危旧楼改造工作力度，加快基础设施改造升级等工作情况汇报；察看安内大街环境整治情况，了解区建设城市精品大街有关情况；到天坛周边简易楼腾退项目现场和总指挥部，察看项目沙盘、安置房模型、选房系统运行情况，听取项目工作进展情况汇报；到前门西打磨厂街，察看222号院，了解全面改善地区城市环境、实现功能提升等情况；到草厂五条20号院、草厂四条30号院等院落，了解该地区环境修缮提升、改善居民居住条件等情况。 | 金　晖、吴松元、毛　炯、陈之常、张立新 |
| 6月20日 | 陪同市委副秘书长、市委研究室主任周立云调研区"疏解功能谋发展、提高城市品质、加强城市治理"工作。在明城墙遗址公园，察看东南角绿地恢复项目，了解东城区打造清洁、优美、舒适的人与自然和谐环境，提升城市景观等工作情况，并听取西忠实里环境整治项目有关情况汇报；在东四四条胡同，察看平房区物业管理有关情况，听取三条至八条胡同风貌保护、人口疏解及产业更新等工作汇报。随后在区委区政府1号楼召开座谈会。 | 毛　炯 |
| 6月21日 | 陪同致公党中央领导到我区调研文物保护工作。全国人大常委会委员、华侨委副主任、致公党中央原副主席、文化委员会主任杨邦杰，全国人大华侨委员会委员、北京市人大常委会副主任、致公党北京市委主委李昭玲，一行先后到清陆军部和海军部旧址、玉河历史文化风貌保护区、陈独秀旧居察看文物腾退和修缮保护情况，随后召开座谈会。 | 周永明、毛　炯、张立新、颜　华 |
| 6月24日 | 到东四街道调研环境综合整治工作。实地察看东四四条胡同的停车管理、物业服务、卫生清洁、业态提升、交通规划等前期的环境综合整治工作情况，并深入居民家中听取群众对环境整治和房屋修缮的意见和需求。 | 张家明 |
| 6月30日 | 陪同市领导王安顺调研区中心城区河湖水系连通及循环工作。在龙潭闸南滨河绿道，结合展板听取中心城区滨水绿廊建设、南护城河——龙潭湖连通循环工程、东城区环二环城市绿道建设工程等情况汇报，察看滨水公园建设情况。在东直门水利枢纽，结合展板听取城市河湖防洪调度、全市再生水利用、东部地区水系连通等工作情况汇报。 | 陈本宇 |
| 7月1日 | 陪同市发改委主任卢彦调研。实地参观玉河遗址博物馆，察看玉河河道（南区）恢复工程建设情况，观看前门古三里河项目介绍展板，了解各项目进展情况，并召开座谈会。 | 毛　炯、陈之常、张立新 |
| 7月5日 | 调研北京国际戏剧中心扩建工程项目。在首都剧场听取人民艺术剧院关于北京国际戏剧中心建设规划情况介绍，实地察看项目建设及项目指挥部运行情况，并召开调研座谈会。听取有关项目征收情况、征收补偿决定工作情况和群众工作方案汇报。 | 毛　炯、张立新 |
| 7月20日 | 检查区防汛工作。陪同市领导李士祥在钱粮胡同25号院察看房屋漏雨情况和苫盖工作，在广渠门立交桥下察看积水情况，并听取防汛工作情况汇报。陪同市领导陈刚实地检查地铁王府井北站施工现场防汛设施和安全生产情况。检查北新桥街道戏楼胡同、青龙胡同的居民低洼院落和安定门桥下积水情况，北新桥房地分中心、安定门房屋管修段等防汛一线物资准备和防汛抢险情况。 | 李先忠、毛　炯、张立新、陈本宇 |

续表

| 时间 | 调研或考察主要内容 | 参加调研人员 |
| --- | --- | --- |
| 8月10日 | 调研前门东区项目。实地察看前门东区规划展示中心筹建情况，并召开座谈会，听取前门东区项目本年重点工作情况汇报。 | 毛　炯、陈之常 |
| 8月15日 | 陪同李士祥调研区非首都功能疏解工作。实地察看西打磨厂、三里河水系修缮整治情况，听取前门东区整体规划、功能疏解、人口调控及风貌保护有关工作情况，并召开座谈会。 | 李先忠、陈之常 |
| 8月23日 | 调研南锣鼓巷地区四条胡同修缮整治项目。实地察看雨儿胡同甲10号、15号等院落，并在项目指挥部召开座谈会，听取项目腾退修缮进展情况汇报。 | 毛　炯 |
| 8月31日 | 陪同王安顺调研区直管公房管理工作。实地察看东四六条71号院、68号院和崇礼住宅，了解我区直管公房管理、开墙打洞等违法违规行为综合治理、文物保护等工作情况；召开座谈会，听取本市、东城区、西城区直管公房管理改革工作情况汇报及各有关部门的意见建议。 | 李先忠、毛　炯、陈之常、张立新 |
| 9月1日 | 陪同中央军委国防动员部部长盛斌调研区征兵工作。在区征兵点北京化工大学召开征兵工作座谈会。北京化工大学汇报学校征兵工作情况；市教委汇报我市高校征兵工作情况；与会领导与学校、街道、派出所代表，新兵、退役大学生士兵代表和新兵家长代表座谈交流。 | 毛　炯、徐文熬 |
| 9月20日 | 陪同市委副秘书长、研究室主任周立云调研区城市精细化管理工作。实地察看东四街道东四三到八条文保区、朝阳门街道史家胡同和交道口街道南锣鼓巷地区平房区物业管理、院落更新改造及停车设施建设等情况。 | 毛　炯、陈本宇 |
| 9月27日 | 调研前门东区项目进展情况。实地察看三里河水系统恢复工程、西河沿环境提升工程以及前门东区大江、得丰地块施工现场，看望参加北京电视台“暖暖的新家”节目房屋改造后的西兴隆街93号居民，了解改造过程，询问改造后的住房体验，并到前门幼儿园俯瞰草厂三至十条修缮整治情况。 | 陈之常 |
| 9月28日 | 陪同市化解信访积案集中攻坚和非正常上访治理督导检查工作组到东城区督导检查。 | 金　晖、毛　炯、许　汇 |
| 10月9日 | 召开“以网格化为依托，构建‘大城管’新模式”工作调研座谈会。区网格中心负责人汇报“以网格化为依托，构建‘大城管’新模式”工作的有关情况。与会人员进行座谈交流。有关区领导提出意见建议。 | 李先忠、毛　炯、陈本宇、陈献森 |
| 10月19日 | 陪同李士祥调研永外城文化用品市场疏解腾退工作。实地察看永外城灯具城疏解腾退现状、文化用品市场仓库腾退和商户疏解有关情况，并听取工作汇报。 | 李先忠、王中华 |
| 10月20日 | 陪同市领导李伟调研公共文化工作。在老舍纪念馆，实地察看了纪念馆保护利用情况和纪念馆周边平房建设居住情况；在景山街道市民文化休闲中心，实地察看项目建设进展情况。随后召开调研座谈会。 | 宋甘澍、毛　炯、周家雷 |
| 10月27日 | 到顺义区调研座谈。在顺义区国家地理信息科技产业园调研园区建设发展情况，在东城区棚改定向安置房项目临河地块、北汽厂地块察看项目进展情况。随后召开座谈会。 | 李先忠、毛　炯、陈之常、张立新 |
| 10月29日 | 调研龙潭街道党建工作。实地察看培新街“开墙打洞”整治情况、安化北里18号院3号楼地下空间整治情况和夕照寺西里老旧小区物业管理工作开展情况。在龙潭街道文化中心，实地察看街道党建示范点筹建情况，并召开座谈会，听取龙潭街道关于党建工作整体情况的汇报。 | 宋铁健、宋甘澍、种　磊、周家雷、王清旺 |
| 11月15日 | 调研簋街环境综合提升工程。 | 赵中原、毛　炯、陈本宇 |

续表

| 时间 | 调研或考察主要内容 | 参加调研人员 |
|---|---|---|
| 11月30日 | 陪同蔡奇调研区老旧小区综合整治工作。实地察看胡家园东里小区、春秀路小区和新中西里小区现状，了解小区设施陈旧、停车位紧张、基础设施缺失等情况，并入户与居民交流。在东直门街道召开座谈会。 | 李先忠、张立新 |
| 12月2日 | 到南锣鼓巷地区调研。实地察看南锣鼓巷主街环境综合整治和雨儿胡同14号、29号、30号院落修缮整治工作情况，并提出工作要求。 | 陈之常 |
| 12月9日 | 陪同中央环保督察组领导马骏、曹立平检查区环保工作。在东四北大街332号院，察看平房区煤改电工作情况，并与居民简短交流；途经簋街，听取簋街环境综合整治、餐饮油烟治理和餐厨垃圾集中收运等工作情况汇报；在明城墙遗址公园，结合展板了解区绿化资源现状及"十三五"规划目标、环二环城市绿道建设工程、明城墙遗址公园东南角绿地绿化修复工程、大通滨河公园景观建设工程及西忠实里环境整治项目等情况；在国家体育总局宿舍区，察看垃圾分类工作情况；在前门大街，察看前门历史文化街区风貌保护工作情况，并召开座谈会。 | 李先忠、陈之常、陈本宇、陈献森 |
| 12月13日 | 陪同市委研究室副主任林向阳调研区城市更新改造、环境整治等工作。到望坛地区棚户区改造项目指挥部，察看项目沙盘、棚改之家、公证处、多功能厅、指挥中心等建设工作，了解望坛地区棚户区改造项目工作进展情况；到天坛周边简易楼腾退项目现场，察看工作进展情况；到前门三里河河道工程建设现场，察看项目建设情况；到簋街察看环境综合提升整治工作情况，了解簋街燃气管线铺设、交通秩序优化、立面牌匾改造、食品安全提升等工作；到南锣鼓巷，察看南锣鼓巷南口停车场建设及周边居民车辆停放工作情况及南锣鼓巷主街综合整治项目有关情况。 | 毛　炯 |
| 12月26、27日 | 赴张家口市崇礼区考察对口帮扶工作。实地察看下三道河村美丽乡村建设及乡村生态旅游项目建设、上三道河村蔬菜基地项目建设、亚麻籽油项目建设、滑雪产业发展、第二幼儿园幼儿教育、崇礼区医院建设运营、云顶雪场建设运营及奥运场馆规划等情况，为崇礼送去"喜迎冬奥会携手奔小康"惠民文艺演出，并召开座谈会，听取双方区情介绍，就对口帮扶工作进行交流研讨。 | 周家雷、王清旺、李　莉、葛俊凯、刘俊彩、袁秀江 |

【"两学一做"学习教育】4月29日，召开全区"两学一做"学习教育工作会议，要求各级党组织准确把握中央和市委关于"两学一做"学习教育总体要求和主要任务，加强组织领导，确保学习教育取得实效。5月6日，全区30个党（工）委动员部署工作基本完成，5月16日，全区各基层党委、党总支、党支部全部完成动员部署，对社区年老体弱党员入户上门，确保学习教育活动覆盖到每名党员。制定区委"两学一做"学习教育巡回督导组工作方案，成立区委巡回督导组，对各党（工）委进行督导。9月2

4月29日，东城区召开"两学一做"学习教育工作会议

日，召开“两学一做”学习教育工作推进会，重点督导基层党建工作重点任务，定期统计报送进展情况。10月下旬，区委巡回督导组组成4个督查小组，专题督查调研全区各党（工）委及基层党组织“两学一做”学习教育开展情况和基层党建重点任务落实情况。全区30个直属党（工）委全部成立督导组，督导本系统、本单位开展学习教育。10月底，各党（工）委对所属基层党组织开展工作督查。12月底，对全区开展本年度党员领导干部民主生活会、民主评议党员工作和基层党组织召开专题组织生活会工作进行部署。（刘诗妍　朱艳秋）

## 区委办公室工作

【概况】区委办公室是负责协助区委领导和区委机关处理日常工作的综合办事机构，内设区委督查室、区密码管理局2个副处级机构和区委值班室、协办科、信息科、秘书科、法规科、综合科6个科室，区委督查室内设决策督查科、专项查办科、责任督查科，区密码管理局内设密码管理科、信息化管理科、区党委数据服务中心（正科级纳人规范管理的事业单位）。全办编制56人（含局级领导4人，事业编5人），实有50人（含局级领导4人、事业编制5人）。

年内，区委办围绕“抓落实”主线，制定《2016年区委折子工程》，确定文化建设、执政能力建设等13个方面108项工作任务，重点围绕王安顺、杜德印、张家明等市、区领导重要批示进行落实督办。研究制定《2016年东城区贯彻落实党风廉政建设责任制推进惩治和预防腐败体系建设主要任务分工》《2016年党风廉政建设目标责任书》《东城区落实党风廉政建设责任制党委主体责任“清单式”分值管理办法》和“任务清单”，实施“第一责任人”责任，“一岗双责”责任纪实管理。全力组织统筹区十二次党代会、区委全会、人代会、政协会，高效服务保障党代会会务筹备，统筹安排会务工作，精确制定区委换届工作时间倒排表和《东城区区委全会、党代会、人代会、政协会筹备工作组组建方案》，细化换届工作领导小组人员和工作职责。科学安排换届专题会议，制定《拟提交区委常委会会议审议的换届议题目录》，组织筹备与换届有关的区委书记专题会、区委常委会，保证区委对换届工作的领导决策。围绕党建工作、重点项目建设、历史风貌保护、人口疏解、危旧房改造、文化创意产业和民生工程等主题，安排区委领导调研、区委常委会议题，科学规范区委重要会议筹办和区委主要领导活动安排，突出会议质量和调研效果。牵头成立区委落实《地方委员会工作条例》工作协调小组，制定区委制度体系建设和规范化运行工作方案，建立《区委书记专题会议议事规则（试行）》《重大工作事项请示报告规则（试行）》，修订区委全会议事规则、区委常委会工作规则，建立每日舆情、平安东城、重要事项报告等区委工作制度，保障区委决策工作运行机制科学民主、依法规范。发挥信息主渠道作用，对于涉及全区重点工作、市区领导关注点、群众反映焦点的信息，做到即出即报；围绕人口疏解、城市管理、民生改善等重点工作，联合职能部门开展信息调研，为领导决策提供信息辅助。加强向区委报告重点工作、重要工程、重大事项情况的力度，每日编报《重要事项》，多次得到区委主要领导批示。推动机关公文处理工作规范化和制度化，严格区委文件审批权限和审批程序，加强文件合法、合规、合理性审查。高效制发紧急重要公文和区委主要领导同志重要讲话等全区重点工作指导文件，为全区中心工作顺利开展提供公文保障。（张骁）

【办公室主任会】坚持按照集体领导、民主集中、个别酝酿、会议决定的原则议事决策，坚持区委办主任会议、月度工作协调会议制度，全年召开主任会议23次，月度工作协调会议5次，审议议题79项，撰写会议纪要1.2万余字。（张骁）

【党办体系建设】巩固深化全区党办联系机制、大规模全员业务培训、干部调训等特色做法。完善制度体系，重新梳理编印20万字的《实用工作手册》，收录10方面167项工作制度，为全区党办工作开展提供工作标准和规范。深化机制体系。坚持召开区委、人大、政府、政协、纪委办公室主任会，对全区重大工作事项进行提前沟通安排。组织召开年度全区党办系统工作会议，提出在全区开展“服务创新”主题实践活动的目标任务。强化干部成长培养体系。组织开展全区党办大规模业务培训会、密码干部培训会、保密业务培训会，累计培训1000余人次。创新举办全区新任党办干部能力提升班，对上年以来调入党办的新任干部70余人围绕党办具体业务进行讲解。圆满完成党办干部百人培养计划，至年底，10批次干部105人在区委办进行以干代训，实现5年培养百名党办干部，街道系统100%全覆盖的目标。（张骁）

【区领导调研策划】服务保障区领导参与接待李源潮、郭金龙、王安顺以及国家保密局、中办督导室、市委换届风气考察组等中央和北京市领导视察调研活动31次，在点位选择、内容设计和行程服务上，坚持高站位筹划、高标准安排，得到中央和市委领导肯定。制定《区委主要领导年度调研计划》，结合全区“折子工程”、重点项目，安排《重点项目调研计划》，确保领导及时掌握第一手资料，全年策划安排区委主要领导围绕党建工作、重点项目建设、历史风貌保护、人口疏解、危旧房改造、文化创意产业和民生工程等主题开展调研活动137次。完成服务保障区委副书记、专职常委参加各类政务活动、工作调研200余场次，区领导出席春节“限放”值守、首都义务植树日、王府井品牌节等重要活动32次，服务保障全区性会议70次，对外交往活动8次。（张骁）

【工作联席会】坚持召开区委、人大、政府、政协、纪委办公室主任会，对全区重大工作事项进行提前沟通安排，全年组织召开区委、人大、政府、政协、纪委办公室主任会12次。（张骁）

【督查工作】全年督查重点工作13项、区委折子工程落实情况108项，办理市、区领导批示件、信286件。办理完成党派（团体）和政协委员提案43件，满意率达百分之百。（张骁）

【落实党委主体责任】研究制定党风廉政建设党委主体责任“清单式”分值管理办法，实施主体责任“清单式”分值管理，《党风廉政建设目标责任书》个性管理，推进惩防体系任务分工牵头单位重点管理，“第一责任人”责任、“一岗双责”责任记实管理，“党委主体责任运行管理平台”数字化管理等五大管理。做好区委主要领导履行党委主体责任的协调服务工作，起草区委履行主体责任半年和全年自查报告，完成区委书记党风廉政建设责任制检查向市委领导的专题汇报。会同区纪委完成市党风廉政建设责任制检查考核的组织安排和会务工作，完成全区党风廉政建设责任制推进惩防体系主要任务分工牵头单位专题汇报和全区党风廉政建设责任制检查考核等重要工作。（张骁）

【公文制发】全年印发各类文件124期，其中京东发17期、京东文70期、京东办发21期、东办通报16期。向市委报备党内规范性文件24期，报备率和及时率均为100%。围绕区委主要领导指示要求和全区中心工作，做好紧急重要公文制发工作，第一时间向市委市政府报送党风廉政建设党委主体责任全程纪实、开展强化“一把手”监督规范权力行使专项工作的报告、隆福寺早市整治等紧急重要公文，报送环保督查件90期。制发“两学一做”学习教育、换届选举、平房区物业管理、居家养老等全区重点工作指导文件，为全区中心工作顺利开展提供公文保障。加强区委文件制度体系建设，制定公文全要素格式和11种主要公文拟制模板、注意事项及行文规则。严把发文制发审批关，严格执行文件合法性审查以及相关会议审议程序，加大对以区委和区委办名义制发公文的审核力度，严格控制升格发文和转发文。（张骁）

【信息工作】全年编发《东城信息》530期，其中普刊250期，增刊265期，专刊5期，专报8期，业务通讯2期；编发《重要事项》230期，其中普刊210期，专报20期。全年提供各类信息3700余条，报市委信息1000余条，被《北京信息》采用116条（篇）。落实“三个第一”要求，发挥《东城信息》重要载体作用。第一时间、第一层次、第一标准做好市区领导调研、全区重要会议信息采编发布，推动市委、区委重大决策在全区迅速传达贯彻。加强东城特色信息报送力度，全面反映区落实中央、市委工作部署的具体举措和工作成效。注重深度挖掘，多种方式开展信息调研。《东城区立足首都功能核心区定位 加快建设国际一流的和谐宜居之区》《东城区推行平房区物业管理服务 不断提升核心区治理水平》《东城区上半年推进非首都功能疏解取得积极成效》等多篇综合性强的调研信息被市委信息采用。（张骁）

【党委系统信息化】建成中央、市、区和街道四级互联互通网络平台，实现中央、市委文件在线分发和办理。建成覆盖全区各单位党政机关视频会议系统，至年底，保障市、区各类食品会议46次，参会人数1.5万余人次。（张骁）

## 组织工作

【概况】中共北京市东城区委组织部（简称区委组织部）是负责全区组织工作、干部工作、人才工作的区委工作部门。设办公室、调研信息组、干部调配组、干部一组、干部二组、干部监督组、干部教育培训组、人才工作协调组、组织组、组织指导组、党员教育管理组、党员电化教育组。编制53人，实有46人。

年内，围绕一条主线、四个重点战略任务，贯彻落实全面从严治党要求，开展“两学一做”学习教育，完成区领导班子换届工作，做好干部、组织、人才等各项工作，为加快建设国际一流的和谐宜居之区提供组织保证和人才支持。年内，审核通过政工师10人、初级政工师7人任职资格。平房区物业党建联建“一组二会三队”模式被确定为年度北京市基层党建创新项目孵化工程培育类项目。东城文化人才（国际）创业园在新华社、人民网等联合主办的中国文化产业年度盘点网络直播跨年盛典上获2016最飙园区之最具创意园区奖，在首都孵化行业年会上获年度众创空间品牌荣耀TOP10。区委组织部被人民网评为全国百佳优秀党建云平台暨基层党建宣传示范单位。区委组织部被评为年度北京市公务员统计年报优秀报表和优秀统计分析单位。

单位地址：东城区钱粮胡同3号
联系电话：64040940
邮政编码：100010（朱艳秋）

【区领导班子换届工作】4月，牵头建立区内有关部门换届工作统筹协调机制，组织学习中央有关文件，提前谋划相关工作，牵头区委统战部、区人大党组做好“两代表一委员”履职分析工作。6月，参加全市部署会和换届考察培训会，并组织区领导班子成员、法检“两长”撰写2011年换届以来区领导班子工作总结和领导干部个人述职述德述廉报告。7月，成立区换届工作领导小组，并经区委常委会研究同意，制定下发《关于做好东城区新一届“两代表一委员”推荐提名工作的意见》。8月，市委第四换届考察组进驻东城区，对区领导班子、领导班子成员及拟新进班子人选进行换届考察。10月，全面启动第十二届区委委员、区委候补委员和区纪委委员人选的酝酿推荐工作，就新一届“两委”委员候选人初步人选进行书面实名推荐。区委常委会集体研究提出“两委”委员候选人预备人选并上报市委组织部。10月下旬，市委组织部向区委反馈经市委常委会研究同意的换届人事安排初步建议后，区委在共同酝酿和征求市相关部门意见的基础上，集体研究提出区委、区人大、区政府、区政协、区纪委领导班子以及法检“两长”换届人选预备人选，并上报市委组织部。10月下旬，根据市委组织部反馈的换届人事安排建议方案和区工作的实际需要，提出各政党、无党派代表人士、各人民团体联合提名推荐的东城区第十六届人民代表大会代表候选人建议名单，经区委常委会审议同意后，提交各政党、无党派代表人士、各人民团体民主协商会酝酿，形成联合推荐书。10月至11月，组织开展区第十六届人大代表候选人初步人选考察审查工作，研究制定《东城区第十六届人民代表大会代表候选人人选考察审查办法》。11月，市委批复同意区领导班子换届候选人预备人选，并在区委全会上酝酿新一届区委委员、候补委员和区纪委委员候选人预备人选情况。12月初，召开各政党、无党派代表人士和各人民团体协商通报会，对区领导班子换届人事安排方案进行通报。12月，召开区第十二次党代会、区政协十四届一次会议和区十六届人大一次会议，顺利进行换届选举。（朱艳秋）

【换届选举】组织指导基层选举单位选举产生区第十二次党代会代表400人。完成区级领导班子换届选举。区第十二次党代会选举产生区委委员45人、区委候补委员9人、区纪委委员29人。区纪委一次全会选举产生区纪委常委9人、纪委书记1人、副书记3人。区委一次全会选举产生区委常委10人、区委书记1人、副书记2人。区十六届人大一次会议选举产生区人大常委会主任1人、副主任7人、人大常委37人，区长1人、副区长8人，区法院院长1人、区检察院检察长1人。区政协十四届一次会议选举产生区政协主席1人、副主席7人、秘书长1人、政协常委54人。（朱艳秋）

【换届风气监督工作】制定实施《关于严肃换届纪律保证换届风清气正的通知》和《关于加强区领导班子换届风气监督工作的实施方案》等“1+7”工作方案，细化“五个责任主体”责任清单。落实四必看、四必训、四必谈和“四个凡提”工作要求，组织全区各级领导干部、重点岗位干部、换届工作人员、“两代表一委员”等3000余人签订严守换届纪律承诺书和责任书，下发《严肃换届纪律文件选编》、“12380”宣传海报、“九严禁”宣传折页等宣传材料6000余份，为全区领导干部发送严肃换届纪律“每日提醒”短信，电话抽查全区领导干部500余人换届纪律知晓情况，向24家单位党委（党组）发函提醒，举办严肃换届纪律专题培训班。建立违反换届纪律问题快速查核机制，建立“零报告、周报告”与重大问题直报制度，完善舆情监测和信访处置工作机制，开展严肃换届纪律工作专项巡查。（朱艳秋）

【探索构建“大党建”格局】牵头组织区领导赴浙江、上海调研，制定下发《区委关于构建“大党建”工作格局调整优化区委党的建设工作领导小组的通知》，调整优化领导小组成员，由区委书记担任组长，区委副书记担任常务副组长，建立领导小组“1+6+X”组织体系，设立区委党的建设工作办公室并实体化运作。组织召开区委党的建设工作领导小组会议，审议通过《中共北京市东城区委党的建设工作领导小组工作规则（试行）》《中共北京市东城区委党的建设工作领导小组例会制度（试行）》《中共北京市东城区委党的建设工作领导小组2016年下一阶段工作要点》《关于开展基层党建示范点创建工作的通知》，以及《2016年东城区意识形态工作专题督查方案》。（朱艳秋）

【庆祝建党95周年暨表彰大会】6月27日，召开区庆祝中国共产党成立95周年暨表彰大会。区委常委、组织部部长吴松元宣读《中共东城区委关于表彰东城区优秀共产党员、优秀党务工作者、先进基层党组织的决定》，授予100人东城区优秀共产党员称号，100人东城区优秀党务工作者称号，区纪委机关党委等50个基层党组织东城区先进基层党组织称号。先进基层党组织负责人、优秀共产党员代表、优秀党务工作者代表分别发言。区委书记张家明作重要讲话。区级领导班子成员，法检“两长”，全区各单位党政主要领导、分管党务工作的主管领导，优秀共

6月27日，东城区召开庆祝中国共产党成立95周年大会

产党员、优秀党务工作者和先进基层党组织代表550余人参加。区部分离退休老领导、老同志，各民主党派、工商联主要负责人应邀出席。（朱艳秋）

【处级干部基本情况】至年底，全区党政机关、事业单位有处级干部905人，其中领导职务670人（正处职171人，副处职499人），非领导职务235人。有处级女干部278人，占处级干部总数的30.72%，其中女领导干部207人（正处44人，副处163人），占领导干部总数的22.87%；处级少数民族干部58人，占处级干部总数的6.41%；党外干部32人，占处级干部总数的3.54%。处级干部年龄结构：35岁以下16人，36—40岁77人，41—45岁133人，46—50岁214人，51—55岁338人，56岁以上127人，平均年龄49.45岁。处级干部学历结构：研究生学历225人，大学学历650人，大专学历30人。全年任免处级干部316人次。其中提拔任用处级干部85人（领导干部75人，非领导干部10人）；平级交流领导干部75人，其中正处级34人，副处级41人；试用期满正式任职干部30人；兼职任免、退休等任免干部126人次。全年处级干部任前公示26期、88人，其中正处级28人（含1名交流到重要岗位），副处级60人（含调任人员3人，未任用人员1人）。安置担任正团级领导职务满3年的军转干部3人。（朱艳秋）

【干部年度考核】1月至3月，坚持“三述两评”考核模式，把围绕疏解非首都功能、城市更新改造等重点工程项目中担当履职和抓落实情况放在突出位置，通过组织撰写领导干部述职述德述廉报告、开展年度考核测评、统计反馈测评结果、下达奖励指标、确定建议等次、征求各方面意见、会议研究决定等环节，完成上年度对全区93家单位处级干部932人的考核奖励。在考核奖励指标分配上，对在重点工程项目中表现突出的单位和个人予以适当倾斜。（朱艳秋）

【组织巡查工作】3月，牵头国资委党委对建远公司、崇远公司、奥天公司开展组织巡查工作。累计访谈86人次，形成4份综合分析报告。通过组织巡查，了解企业人员思想动态和履职情况，为加强企业领导班子建设、干部队伍综合研判、促进履职能力提高提供重要依据。（朱艳秋）

【干部挂职锻炼】注重在非首都功能疏解、城市更新改造和基层一线培养、发现、锻炼干部，选派干部39人参与城市更新改造重点项目，选派处级干部7人到外省市挂职锻炼。接收来自中央、市级机关、金融机构、河北省干部12人和市级机关年轻干部10人到区挂职锻炼。（朱艳秋）

【选调生选拔工作】确定上年度选调生16人，其中公务员13人、国有企事业职工3人。12月，全区各系统统计汇总在基层工作的2016届应届优秀高校毕业生22人，其中公务员19人、国有企事业员工3人。经用人单位资格审核与信息核对，综合考虑人选工作表现，最终择优推荐20人参加笔试。（朱艳秋）

【干部档案管理】全年新接收干部档案43卷，转出干部档案20卷，接收干部档案材料6916份，完成在职干部档案A4改版1005卷，完成退休干部档案整理装订794卷。提供各类档案查借阅服务1.6万卷次。开展处级干部人事档案专项审核工作，完成处级干部928人档案的专项审核，其中干部档案621卷无问题，占审核总数66.9%；干部重要信息记载不一致或缺少重要原始依据材料的307卷，占审核总数33.1%。对科级及以下干部人事档案专项审核工作进行部署和业务指导，全区91家管档单位完成科级及以下干部7290人的档案专项审核。（朱艳秋）

【公务员统计年报工作】开展全区干部信息库数据维护，维护全区处级干部892人信息集1.69万个，指导36家区委群团系统单位维护公务员及参公人员1067人信息集2.03万个，生成公务员、参照公务员管理的群团机关和事业单位工作人员、地方各级领导班子成员、各级机关、事业单位处级干部、地方党政领导班子后备干部情况、事业单位领导人员情况等8套报表。（朱艳秋）

【干部工作制度建设】3月，制定下发《东城区2016-2018年处级党政领导班子建设规划实施意见》，就加强全区处级党政领导班子思想、组织、作风、反腐倡廉和制度建设提出明确意见。研究制定《东城区加强和改进优秀年轻干部培养选拔工作实施办法》。7月，制定下发《东城区推进领导干部能上能下实施细则（试行）》，并组合实施《关于在全区中心工作中引导干部奋发有为、履职担当的若干意见》，坚持正向激励与反向约束相结合，推动用人导向具体化、规范化、常态化。（朱艳秋）

【领导干部个人有关事项报告】协助做好市管干部49人个人有关事项报告转交工作，完成处级干部937人个人有关事项报告表集中受理、系统录入和汇总综合。重点抽查核实领导干部个人有关事项报告115人次。完成随机抽查核实处级干部个人有关事项报告95人次。完成对换届提名人选300余人个人有关事项报告重点抽查核实。（朱艳秋）

【一报告两评议】协助市委组织部完成对区委上年度干部选拔任用“一报告两评议”工作。对90家处级单位、新选拔任用（含交流）正科实职干部360人开展上年度“一报告两评议”工作，3692人参加评议，发放回收民主评议表9189份。根据评议结果向各单位反馈，要求得分低于全区平均值的单位进行分析整改并监督落实。全年受理并批复处级单位干部选拔任用工作有关事项报告13个。（朱艳秋）

【专项整治】协助做好规范领导干部配偶、子女及其配偶经商办企业行为相关工作，开展领导干部配偶、子女及其配偶经商办企业行为清理规范工作，组织局级干部44人如实填报。排查清理被追究刑事责任的国家工作人员24人受处分情况。开展退休领导干部社团兼职规范工作，对局级退休干

部4人社团兼职经区委审批并报市委同意备案，完成处级退休干部8人兼职备案工作。（朱艳秋）

【干部监督工作】组织召开年度干部监督工作联席会议，8个成员单位通报全年开展干部监督工作情况，研讨新形势下加强干部监督工作意见建议。向区审计局提出对处级干部12人进行任期经济责任审计委托建议，并将审计结果报告存入领导干部本人档案，作为干部考核、任免和奖惩重要依据。（朱艳秋）

【信访受理查核】利用“12380”举报平台，加大查核办理力度，全年受理信访185件次，对反映基层单位干部选拔任用、领导班子和领导干部问题的信访举报，及时查核处理，抓好督查落实。（朱艳秋）

【干部关爱】完成年度全区处级干部集中体检，处级干部835人参加。协助完成年度局级领导健康体检。将2010年前退休的局级非领导职务人员1人纳入医疗照顾范围。（朱艳秋）

【干部教育培训】召开本年度干部教育培训工作领导小组会议，部署全年干部教育培训工作，审议通过《东城区干部教育培训工作领导小组成员建议名单》《2016年东城区干部教育培训项目折子工程》。4月11日～15日，以“深入学习贯彻党的十八届五中全会精神，牢固树立和落实五大发展理念”为主题举办“一把手”素质培训工程主题研修班，区委书记张家明作首场专题报告，全区党政处级“一把手”，街道党（工）委副书记、各单位主管党务工作副处级领导干部及其他副处级干部400余人参加。4月25日至5月13日，举办全区处级领导干部“学习贯彻党的十八届五中全会精神”专题培训班，将全区处级干部轮训一遍。6月2日，张家明到清华大学作“关于加强城市精细化管理的实践与思考”主题讲座，清华大学党委副书记史宗恺，区领导吴松元，清华大学学生马克思主义研究协会、学生基层公共部门发展研究会、本年签约地方基层选调生以及各院系师生200余人参加。7月4～24日，组织全区处、科级干部5700余人参加市委组织部举办的第五期“五大发展理念”网上专题轮训班学习。为全区处级干部900余人配发《五大发展理念案例选·领航中国》。（朱艳秋）

【挂职干部及博士培训班】11月2～4日举办，在东城区挂职的挂职博士16人和来自中央、北京市、各兄弟省市干部42人参加。邀请市区相关领导对京津冀协同发展战略、东城区区情进行专题授课，组织全体学员到东城产业园、保利艺术博物馆、史家胡同博物馆、前门大街开展现场教学，增强学员投身两地区、两部门建设发展的使命感和责任感。（朱艳秋）

【发挥党建引领推进中心工作】在望坛棚户区改造、天坛东里北区1至8号楼腾退、簋街环境综合提升、和平里青年沟路“开墙打洞”综合整治等项目上建立临时党组织。巩固和发展社区物业管理党建联建工作成果，在10个推行平房区物业管理服务的街道和2个开展老旧小区物业管理试点的街道推进物业管理党建联建工作。（朱艳秋）

【基层党建示范点创建】7月31日至8月4日，组织街道工委副书记赴杭州、上海考察学习基层党建工作经验。9月18日，下发通知在全区启动基层党建示范点创建工作。10月13日，召开基层党建示范点创建工作项目评审会，经由区领导、党建工作专家以及组织、财政、审计等部门组成的项目评审组初审，并报区委党建工作领导小组会议审议，首批7个街道工委申报的7个项目通过评审，进入实施阶段，项目涵盖党建引领服务中心工作、基层服务型党组织建设、区域化党建、非公企业党建、社会治理创新等方面，区财政给予707万元经费支持。（朱艳秋）

【三级联创活动】2月24日，审议通过上年度“五个好”街道工委名单（体育馆路街道工委、龙潭街道工委、东四街道工委、朝阳门街道工委、东花市街道工委）并向全区通报；2月29日，审议通过上年度“五星级”社区党组织名单（和平里街道林调社区党总支等51个社区党组织）并在全区通报。2月至6月，在征求各街道工委和考评成员单位意见建议基础上，修订年度“五个好”街道工委考核评价办法和“五个好”街道工委、“五星级”社区党组织考评标准。6月3日，召开全区“三级联创”活动工作部署会，下发“五个好”街道工委考评标准和“五星级”社区党组织考评标准。12月30日，召开“三级联创”活动“五个好”街道工委考评和基层党建重点任务督查工作部署会，启动年度“三级联创”活动考评工作。（朱艳秋）

【基层党组织书记集中轮训】6月2日，印发《关于组织开展全区基层党组织书记集中轮训的通知》，在全区范围内启动基层党组织书记集中轮训工作。6月8日，举办东城区基层党组织书记集中轮训示范培训班，全区基层党组织书记代表近1000人参加培训。10月底前，通过区级示范培训与分层次分领域培训相结合方式，对全区基层党组织书记3306人进行集中轮训，提升基层党组织书记综合素质和履职能力。（朱艳秋）

【基层党建工作述职评议考核】1月14日，召开上年度东城区党（工）委书记抓基层党建工作述职评议考核会，听取区委直属党（工）委书记15人抓基层党建工作述职报告并进行考核评议，其他区委直属党（工）委书记进行书面述职。12月29日，印发《关于做好2016年度全区基层党建述职评议考核的方案》通知，对全区本年度基层党建工作述职评议考核工作进行部署。12月底，收集区委直属30个党（工）委书记抓基层党建工作述职报告并汇编成册。（朱艳秋）

【非公党建信息化平台上线运行】7月5日，“红云东城”非公党建信息化平台正式上线运行，实现对600余个非公企业党组织和非公企业党员5000余人全程留痕管理。成立“红云东城”办公室，组织开展“缘定东

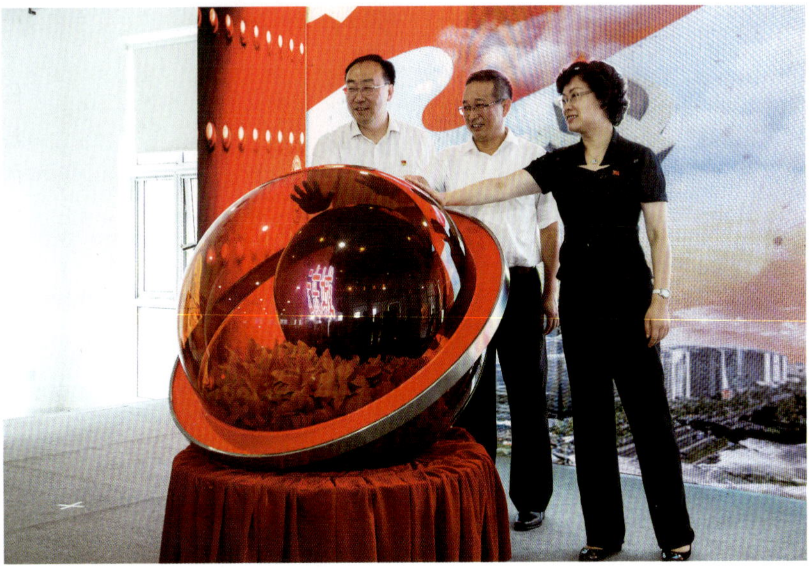

7月5日，“红云东城”非公党建信息化平台上线启动

城”非公企业青年联谊会、非公企业五人制足球比赛等活动300余次。（朱艳秋）

【区域化党建】11月8日，制定下发《关于进一步加强区域化党建工作的实施意见》，实行区领导区域化党建工作分区域负责制度，每名区领导负责联系1个街道，负责指导所联系街道工委开展区域化党建工作，推动深入落实。健全完善区、街道、社区、网格四级区域化党建工作协商议事平台，成立区级区域化党建工作联席会，49家驻区单位成为成员单位。以供需对接、双向服务为抓手，面向全区各街道及驻区重点单位广泛征集需解决的困难和问题，形成工作需求清单和认领清单。（朱艳秋）

【党员关怀帮扶】春节、七一期间，全区各级领导干部走访慰问优秀党员、老党员及生活困难党员。2月1日，区领导张家明、李先忠等到北新桥三和老年公寓，陪伴老人共度猴年春节。6月20日至7月20日，全区各级党组织集中开展“共产党员献爱心”捐献活动，全区党员4万余人、群众6734人捐款217.76万元。全年下拨生活困难党员帮扶和专项慰问资金180万元，为特困党员44人申请市级帮扶资金22万元，发放老党员生活补贴和慰问金132.95万元。（朱艳秋）

【党员教育培训】4月25日，举办本年度区新党员培训班。来自区属机关、企事业单位、街道社区、非公企业和社会组织党组织的新党员500余人参加培训。于4月、6月、10月分3期培训拟吸收为预备党员的发展对象约450人。（朱艳秋）

【党员队伍建设】全年发展党员627人，其中女党员334人，占53.27%；35岁以下党员429人，占68.42%；大专以上学历586人，占93.46%。至年末，全区基层党组织3302个，其中党委256个，党总支145个，党支部2901个。全区党员总数为83539人，比上年增加1560人。其中女党员40278人，占党员总数 48.21%；35岁及以下党员12220人，占党员总数14.63%；60岁以上党员38317人，占党员总数45.87%；具有高中、中技及以上学历67459人，占党员总数80.75%，其中，大学专科学历17031人，占党员总数20.39%；大学本科及以上学历31879人，占党员总数38.16%。（朱艳秋）

【党员志愿服务活动】组织全区机关企事业单位在职党支部1064个，党员2.02万余人，开展“千面党旗展风采、万名党员做奉献”党员志愿服务活动。把每月最后一个星期五设立为全区“党员先锋日”，集中开展环境整治、法律咨询、家政管理、心理辅导等志愿服务活动。开展与低保家庭结对服务，每个在职党支部与1户低保家庭结成对子，通过政策帮扶、就业帮扶、生活帮扶、精神帮扶、临时帮扶等措施，帮助低保家庭解决实际困难。动员党员志愿者积极参加全区中心工作和在重大活动中开展专题志愿服务活动，引导党员干部当先锋、作表率。（朱艳秋）

【党代表提议办理】区党代表联络工作办公室全年收到区党代表提议28件。3月11日，区委召开会议对28件提议进行集中交办，要求承办单位在3个月内进行办理和答复。至6月10日，28件区党代表提议全部办结，其中18件提议得到全部解决或部分解决。（朱艳秋）

【东城文化人才（国际）创业园】本年度入驻文创团队58批次，共开展创业孵化、社群建设、金融服务、政策咨询、法务服务、品牌推广和人力资源共享7大类38项服务，支持优秀人才2万余次。承办京津冀人才协会联盟成立会、首届北京市文化创意创新创业大赛、第四届京津冀文化创意产业合作暨项目推介会、第十届文博会文化创意产业集聚区项目推介会和“青龙范儿”公益性文创市集等活动100余场，接待中央、北京、天津、河北、台湾以及日本、韩国等国内外参观考察团100余次。（朱艳秋）

【人才创新创业引导基金】设立2000万元东城区人才创新创业引导基金，按照不低于1：3的放大比例，吸引社会资本4000万元，参股设立6000万元东城文化创客子基金。成立东城区人才创新创业引导基金工作领导小组和咨询委员会，出台《东城区人才创新创业引导基金管理制度》《东城区人才创新创业引导基金业务管理细则（试行）》《东城区人才创新创业引导基金财务管理细则（试行）》和《东城区人才创新创业引导基金档案管理细则（试行）》等管理办法。子基金对外投资项目10个，资金2840万元，实现人才、资本与产业良性互动。（朱艳秋）

【优秀人才联络】年初，开展区领导新春走访区属优秀人才活动，局级领导30人、处级领导100余人走访联系区内获得“诺贝尔奖”“千人计划”各项荣誉称号优秀人才200余人。调整完善东城区人才工作专家库，设立创新创业领域专家委员会，新增文化、卫生和创新创业领域专家11人。开展人才论见活动，邀请行业领军人才分享成长经历，搭建以行业领军人才为核心的文化人才交流平台。以“文化筑梦·创新东城”为主题，举办本年东城区“文化+”创新创业大赛，征集北京、天津和台湾参赛项目，打造东城创新创业特色品牌。与北京大学文化产业研究院联合举办“未来领袖文化创意大赛”，开设创业公开课，举办创意领袖论坛。出版《东城·创意家》杂志4期。（朱艳秋）

【优秀人才培养资助】经过项目初审、通讯评审、现场评审和征求意见4个阶段，资助优秀人才37人，金额123万元。推荐优秀人才申报各级各类评选表彰，推荐2人申报“海聚工程”，并全部进入现场答辩环节；推荐13人申报“第八批北京市优秀青年人才”，4人通过通讯评审；推荐1人获得年度北京市优秀人才培养资助项目。（朱艳秋）

【党建研究】完成北京市党建研究会立项指导课题，收集各会员单位调研文章43篇。在市党建研究会上年度课题结项评审中，获立项课题二等奖一项，自选课题一等奖一项、二等奖一项。成立东城区党的建设研究会“功能型”党支部。完成上年度社会组织年检，更新社会团体法人登记证书。继续办好《东城党建研究》季刊，全年编发4期。围绕全区中心任务开展调查研究，撰写形成天坛周边简易楼腾退项目群众工作经验，作为案例纳入市委组织部年度重点调研课题内容。调研全区6个重点城市更新改造项目经验，形成《关于在城市更新改造中做好群众工作的研究》调研报告。完成《关于构建“大党建”工作格局深入推进党建工作责任制的探索与思考》《新时期好干部标准思想研究》调研报告。（朱艳秋）

【组工信息宣传工作】完成东城区委组织部官方网站全面改版运行，刊发信息132则。通过党建云平台刊发全区各级党组织党建工作信息584则。编发《东城组工动态》37期，市《组工动态》正刊、快讯、专刊刊登稿件22篇，《北京组工通讯》刊登稿件2篇，《中国组织人事报》刊登稿件7篇，《北京支部生活》刊登稿件2篇，《求是》杂志刊登稿件1篇。北京电视台《党建进行时》栏目专题播出2期。（朱艳秋）

## 宣传工作

【概况】中共北京市东城区委宣传部（简称区委宣传部）是主管全区宣传思想文化工作的区委工作部门。负责组织宣传党的中心任务和方针、政策，贯彻执行市委宣传部和区委有关部署。负责组织指导理论学习、理论研究和理论宣传工作。负责管理新闻宣传工作，引导社会舆论，协调管理区属各单位的互联网宣传工作。汇集分析社会舆情。负责编辑出版宣传思想政治工作的理论刊物、信息简报等。指导、部署、协调全区群众性精神文明创建活动。负责统筹本辖区内文化发展工作，协调区政府有关部门落实文化经济政策，指导、协调宣传文化系统的事业建设。负责管理东城区新闻报道中心及东城区文化发展促进中心。设办公室、理论科、宣传科、舆情科、文化科，编制23人，实有干部21人。北京市东城区新闻报道中心（简称新闻中心）是区委宣传部所属正处级全额拨款纳入规范管理事业单位。负责区内重点工作、重大活动的对外新闻宣传工作。设办公室、总编室、新闻科、网络宣传科、《新东城报》采访科、《新东城报》编辑科、电视编辑科、网络电视科、电视摄像科、摄影科，编制49人，实有干部44人。北京市东城区文化发展促进中心（简称文促中心）是区委宣传部所属副处级全额拨款纳入规范管理事业单位。负责为区文化产业发展提供决策咨询，组织项目论证，提供信息服务，开展专题调研，组织文化活动。设产业部、事业部、综合部，编制11人，实有干部10人。

年内，组织全区深入学习宣传贯彻习近平总书记系列重要讲话精神，开展党中央治国理政新理念新思想新战略重大主题宣传，宣传党的十八届六中全会精神；完善意识形态工作机制，处置涉意识形态敏感事件；组织开展中国共产党成立95周年、中国工农红军长征胜利80周年纪念活动宣传教育和文化活动；围绕“一条主线、四个重点”战略任务，为东城区改革发展稳定提供舆论支持；完成国家公共文化服务体系示范区创建工作，形成向全国推广的东城模式；进一步扎实推进文化强区战略，全区文化事业和文化产业稳步发展。

单位地址：东城区钱粮胡同3号
联系电话：64031118-2531
邮政编码：100010（王一任）

【“两学一做”学习教育】制定《东城区关于开展“两学一做”学习教育学习和交流研讨的指导意见》，对全区开展“两学一做”学习教育做出学习部署安排。组织区级中心组深入开展学习交流。制定区级中心组“两学一做”学习教育计划，邀请专家作学习教育专题辅导报告。先后围绕“坚定理想信念、对党忠诚，做合格党员”“增强规矩意识、严守纪律，做合格党员”“强化宗旨意识、务实担当，做合格党员”3个主题开展学习讨论，并为中心组成员配发《中国共产党地方委员会工作条例》《党委会的工作方法》等理论学习用书。开展百场宣讲。成立“两学一做”学习教育理论宣讲团，组织“红色讲坛·两学一做学习教育百场宣讲”活动，宣传党章党规、讲话精神。全区各单位发挥基层优秀党员、先进人物引领示范作用，开展多种形式的基层党员讲党课活动，深化“两学一做”学习教

育成效。（王一任）

【理论学习教育】贯彻《东城区党（工）委（党组）理论学习中心组学习制度》，规范各级中心组学习。组织区级理论学习中心组学习活动24次，配发7批共39种学习图书。加强对处级理论学习中心组学习指导，组织党员干部深入学习贯彻习近平总书记系列重要讲话精神和党的十八大、十八届三中、四中、五中、六中全会精神。全区各单位处级中心组学习全年均超过12次，超过48学时。制定《东城区委党（工）委理论学习中心组互评互学工作方案》，开展“巡听-互评互学”，推进全区27家党（工）委互相学习交流，实现重点巡向全面巡、上级巡向同级评、广覆盖向全覆盖的转变。进一步完善集理论宣讲、理论座谈、理论图书、优秀师资、精品超市为一体的“红色讲坛”理论学习服务平台，加强对基层理论学习的服务指导。利用“红色讲坛·理论学习图书角”，为全区配发《习近平总书记系列重要讲话读本（2016年版）》《中国共产党党内重要法规》等44种学习书籍近7000册。（王一任）

【理论宣讲】年内，全区各单位组织开展“红色讲坛·理论家走基层”“红色讲坛·周末社区大讲堂”“红色讲坛·形势政策报告会”等系列理论宣讲活动300余场次，受众4万余人次。向北京市本年度“宣讲家杯”优秀报告（党课）征集和展播活动推荐报告（党课）31件，获得“优秀组织奖”。（王一任）

【思想政治工作研究】发挥哲学社会科学应用对策研究东城区基地的思想库、智囊团作用，面向基层单位，围绕区“一条主线、四个重点”战略任务等全区中心工作开展年度宣传思想文化工作重点研究课题19项。依托东城区思想政治工作研究会，组织开展东四街道家训堂活动及其对当代家风建设的启示重点课题研究，并被确立为北京市思想政治工作研究会年度基层重点研究课题；开展处级干部优秀理论文章和党课报告征集评选，征集理论文章324篇，党课报告视频26部，从中评选出区年度优秀党课报告24件，优秀体会文章60篇；精选全区24篇优秀理论文章参与第27届丹柯杯优秀研究成果评选，其中7篇获奖，获奖质量和数量在全市各参选单位中均名列前茅；选树思想政治工作典型，开展第十三届北京市“双优”征集评选，推荐天坛街道工委等5家单位参评第十三届北京市思想政治工作优秀单位，推荐和平里街道西河沿社区党委书记等5人参评北京市优秀思想政治工作者。（王一任）

【干部队伍建设】开展全区宣传思想文化工作人才资源统计。制定年度宣传文化干部培训计划，举办宣传文化干部轮训班，调训宣传部长43人。围绕学习习近平总书记在哲学社会科学工作座谈会上讲话精神，对各单位宣传工作主管领导和宣传部门负责人进行专题培训。组织开展新闻发言人、报纸通讯员、政务新媒体运营、文化高端人才等培训班近10期，受众宣传干部近1000人次。推荐4人为第二批东城区人才工作专家人选，其中2人被选为专家人选。（王一任）

【百姓宣讲活动】创新实践“宣讲+服务”“宣讲+文艺”“宣讲+网络”的“宣讲3+”模式，组织开展“我们的价值观　我们的新生活”百姓宣讲活动，全区180余支百姓宣讲团、百姓宣讲员1000余人、网络宣讲员1200余人，深入机关、学校、街道、社区、企业、部队等开展宣讲500余场，受众10万余人次。区委宣传部、区级宣讲团及部分宣讲员分别获北京市百姓宣讲先进单位、优秀宣讲团、优秀宣讲员、优秀网络宣讲员、优秀组织员等荣誉称号。区级宣讲团代表东城区到密云区、西城区、朝阳区、延庆区、通州区开展巡讲活动8场。（王一任）

【典型宣传】坚持典型引路，组织开展身边好人、北京榜样、“2016·感动东城”道德模范评选等典型推选活动并进行表彰。东城区推荐1人获首都道德模范称号，1人获首都道德模范提名奖称号、中国好人榜上榜1人、北京榜样称号7人。组织开展感动东城道德模范评选，推出道德模范10人及道德模范提名奖9人。推荐朝阳门街道史家社区入选全国宣传思想文化工作示范点。推进公共文明建设，引导市民群众共同开展学雷锋志愿服务、三关爱志愿服务等主题活动，倡导文明新风尚。新命名学雷锋志愿服务基地10个、学雷锋品牌团队10个。体育馆路街道“天坛雷锋”车队被中央宣传部命名为全国学雷锋活动示范点。（王一任）

【重大活动宣传】做好十八届六中

11月3日，东城区百姓宣讲团参加北京市百姓宣讲调研汇讲

全会精神学习宣传。制定下发《关于学习宣传贯彻党的十八届六中全会精神的工作方案》，组织区委区政府理论中心组学习，将十八届六中全会精神纳入区委党校主体班培训课程；组建由区纪委、区委组织部、区委宣传部主管领导和30家直属党（工）委书记组成的东城区学习贯彻党的十八届六中全会精神宣讲团，深入全区各街道、各系统进行宣讲；组织全会精神新闻宣传。制定印发《东城区第十二次党代会宣传工作方案》，编写印刷会议简报33期，制定下发《关于学习宣传区第十二次党代会精神的方案》及宣讲提纲、名词解释、宣传口号，组织全区各单位开展“共创东城美好未来 共建和谐宜居之区”等主题宣讲活动近100场。在幸福大街、东四北大街等重点路段开展政治宣传环境布置工作。

（王一任）

【培育和践行社会主义核心价值观】不断深化拓展社会宣传上街、上线、上门的“三上”宣传途径。加大政治环境布置力度，在全区主要干道、街面共制作社会主义核心价值观宣传横幅60条、工地围挡1800平方米。将社会主义核心价值观宣传融入元旦、春节、清明、端午等传统文化节日，组织开展“百名书画家进社区 千幅作品送百姓”迎新春送吉祥活动、立春文化节、元宵灯会、中秋诗歌会等100余项以社会主义核心价值观为宣传主题的群众文化活动。拍摄制作以社会主义核心价值观为主题的微电影近100部，其中东城区报送的微视频《谢㖊指路队》获由中央宣传部、中央文明办举办的社会主义核心价值观主题微电影大赛三等奖。（王一任）

【群众性爱国主义教育】开展纪念建党95周年主题教育活动，组织开展“我们的价值观 我们的新生活”百姓宣讲、“书香校园·红色经典诵读”诗歌朗诵会等活动100余场，通过讲起来、唱起来、走起来、学起来等形式，弘扬红色传统，营造良好社会氛围。组织开展“弘扬长征精神 决胜全面小康”纪念中国工农红军长征胜利80周年主题宣传教育活动，承办全市“铭记历史壮举 弘扬长征精神”主题宣讲，组织干部群众参观“英雄史诗 不朽丰碑——纪念中国工农红军长征胜利80周年主题展览”，在中小学生中开展“学长征精神，做红色传人”主题教育活动。结合“文化东城 欢乐东城”2016年东城区群众文化展演季活动，创编舞台剧《祖国颂》、复排《长征组歌》，推出10余个原创剧目，举办“文化东城 欢乐东城”纪念红军长征胜利80周年文艺演出、“光辉旗帜 胜利颂歌”东城区本年原创音乐作品演唱会等群众性文化活动500余场，受众30万余人次。推进爱国主义教育基地工作，对全区各级各类爱国主义教育基地特色活动开展项目化管理。全区各级基地全年共开展爱国主义教育活动200余项，受众10万余人次。中国景泰蓝艺术博物馆和中国华侨历史博物馆被命名为东城区爱国主义教育基地。

（王一任）

【文化体制机制建设】吸纳社会资源参与东城区文化建设，进一步密切与文化机构、文创企业及专家学者联系，筹建东城区文化发展促进委员会及6个专项委员会，加强对区域文化资源整合，健全各种文化元素“活起来、动起来”的机制。发挥区委文化体制机制改革专项小组统筹协调作用，召开区委文化体制机制改革专项小组年度工作会议，审议通过《2016年东城区文化体制机制改革重点任务实施方案》，对东城区文化体制机制改革六大类13项重点任务进行部署，通过开展月度情况报送、会议组织、议题征集、信息报送等工作，确保区委全面深化改革领导小组部署的年度各项改革任务顺利完成。

（王一任）

【文化产业发展】1月，北京东方雍和国际版权交易中心与国家博物馆全资企业国博（北京）文化产业发展中心签订战略合作协议，打造中国文博知识产权交易平台。3月，出台《东城区文化创意产业发展专项资金管理办法》《东城区文化创意产业发展引导基金管理办法》，设立全市最大规模区级文创产业专项资金，于本年起连续5年每年1亿元用于支持文化创意产业发展。组织区内企业申报市级文创发展专项资金，长江文化、央华时代等39家文化企业获得5766万元资金支持。区内保利文化、对外文化、中国教育出版集团、中国出版集团当选第八届全国文化企业30强。光线传媒、嘉德拍卖、华江文化等16家文创企业当选首都文化创意企业30强、30佳。争创国家文化金融合作试验区，推动文化要素市场建设。8月，发布《“十三五”时期东城区文化创意产业发展规划》。北文中心迁入前门办公区。8月至11月，参加北京市第四届惠民文化消费季，以“创意东城·文化惠民”为主题，开展6个专题10项活动。10月，以文创活力为主线，以激发文化创意活力、构建创新创业生态为主题参加第十一届北京文博会，东城区主展场共有23家企业参展，13家分会场推出17项主题活动，14个项目参加组委会组织的推介和签约，签约金额达10.15亿元。《东城创意家》杂志出刊5期并举办主题沙龙活动。全年举办2期高端文创人才研修班，近150家区内企业参加培训。

（王一任）

【新闻宣传和舆论引导】全年下发《近期全区宣传要点》20期，指导各单位通过自办媒体有序开展好舆论引导工作。下发《2016年加强互联网舆论引导工作重点任务》，加强各单位横向沟通，形成工作合力。系统整理全区网站资源台账。统计显示，全区共有98个网站，分布在77家单位，为充分利用网站资源做好舆论引导工作打下基础。全年共召开新闻发布会、通气会109场，在中央及市属各类媒体发稿16118篇，其中平面媒体发稿5571篇，电视发稿156条，网络微博发稿9921条，发布微信内容470条。

（王一任）

【舆情收集分析研判】年内，在保留

11月15日，采访区人大换届选举前来投票的百岁老人

《东城舆情》各类舆情分析报告（周报、专报）基础上，从2月14日开始编发《东城舆情》日报（3月17日起，《东城舆情》日报正式更名为《每日舆情》）；从5月开始将涉及东城区的电视新闻报道纳入舆情收集范围。全年编发《每日舆情》200期，《东城舆情》102期。围绕南锣鼓巷四条胡同修缮整治、天坛周边简易楼腾退、望坛棚改等区重点项目，围绕党的十八届六中全会、隆福寺早市整治、南锣鼓巷主动取消3A景区资质、簋街环境综合提升、平房区物业管理以及东城区换届选举等重要会议及区重点工作，围绕幸福南里火情、汇文中学学生投放化学物质、九旬乞讨老人死在永定门东滨河路等突发舆情，编发舆情专报，进行分析研判并提出对策建议。建立舆情反馈机制——对涉及东城区的负面舆情和意见建议，每天专人负责向相关单位反馈。加强社会面舆情信息员队伍建设，东花市街道获年度北京市舆情信息工作先进集体称号。（王一任）

【重大主题新闻宣传】围绕中心工作，建立区重点项目“点对点”联系机制，做好区委宣传部与各项目指挥部间的沟通联系，为区重点项目顺利实施营造良好舆论氛围。全年在中央及市属主流媒体发布关于重大主题的新闻报道1772篇，召开区级新闻发布会71场，其他通气会33场。4月，针对南锣鼓巷主动取消3A景区，举行新闻通气会3次，中央及市属媒体发稿100余篇，其中《光明日报》半版刊发《南锣鼓巷拒客摘牌的启示》，《新京报》刊发《给南锣鼓巷减负也要增加供给》。5月，围绕“隆福寺：升级改造”主题，组织新闻通气会，发稿23篇。其中《北京日报》刊发《沉寂20年 隆福寺启动改造》，《北京晚报》整版刊发《隆福寺早市今晨谢幕》。6月，围绕“东华门夜市：撤市还路”主题，组织新闻通气会，发稿50篇。其中《北京日报》头条刊发《30载东华门夜市24日关张》。9月，围绕“簋街明天更美好”主题，组织新闻发布会，发稿40篇。其中《北京日报》刊发《簋街铺燃气管线明起禁止停车》，《新京报》半版刊发《簋街明天起综合改造西段禁停》。同月，围绕“王府井国际品牌节”主题，组织新闻发布会，发稿47篇。其中《北京日报》整版图文刊发《东城：聚焦国际品牌发展推进宜居之都建设》，《人民日报》刊发图片新闻《亮出绝活闯市场》。12月，召开“三大行动计划”新闻发布会，中央及市属媒体发稿30余篇。其中《北京日报》整版图文报道《东城文物修缮率5年内达80%》，并在头版头条图文刊发报道《东城三大行动计划惠及40万居民》。同月，区党代会、人代会、政协会召开，在中央及市属主流媒体发稿92篇，《北京日报》整版图文刊发《东城：增进人民福祉 创造美好生活》。全年开展非首都功能疏解新闻宣传工作，其中较为突出的有：4月5日《北京晚报》刊发《红桥天乐市场拆除最后一堵墙》，4月6日《人民日报》主图刊发《北京核心区 首拆小市场》，4月30日《北京日报》主图刊发“永外灯具城清退完毕”，5月17日《北京日报》刊发《天坛周边简易楼腾退项目开始选房》，6月3日《北京晚报》刊发“东城望坛棚改有了实质性进展”。围绕封堵开墙打洞、拆违、地下空间治理、平房区物业管理、直管公房违规转租转借等城市更新改造、城市管理等重点工作，在中央及市属主流媒体刊发1138篇报道，其中5月24日《北京日报》刊发“前拐棒胡同违建楼房开拆”，9月28日《北京晚报》刊发“青年沟路封堵136处‘开墙打洞’”。（陆璐）

【互联网宣传】全年“北京市东城”官方微博在新浪、腾讯、人民网3个平台累计发布微博9891条；“北京东城”微信公众号累计推送内容470条，阅读量达62.5万人次。官方微博“北京市东城”举办东城区十三五规划微访谈，东城区区长李先忠、常务副区长陈之常与网民在线交流。回答网民提问28个，新浪微博当日话题阅读量达587.5万；第五届王府井品牌节期间，在新浪微博和“一直播”平台首升移动视频直播，以“玩转王府井”为主题，宣传第五届北京王府井国际品牌节。政务微信公众号“北京东城”实现总用户数破万。根据每日网络上涉区热点事件舆情反映，编发网络舆情日报、周报，针对全区重要突发事件编写网络舆情专报。完善网络诉求处置机制，年内上报微博微信诉求80起，全部受理完结并及时反馈网民。年内举办全区新媒体运营工作培训会2次，加强网络正面宣传及网络舆论引导队伍建设。提升政务微信关注量及影响力。策划制作“小东”卡

通形象、动态表情及相关衍生文化产品，利用官方微博、政务微信新媒体平台宣传东城区形象。（陆璐）

【都市阳光·魅力东城电视栏目】全年完成节目制作51期。紧密围绕疏解非首都功能、城市更新改造等全区重点工作，集中力量报道市场腾退、重点街区综合整治、封堵“开墙打洞”、拆违、清理地下空间和群租房、胡同物业化管理等新闻，对天坛周边简易楼腾退、望坛棚户区改造、簋街环境综合提升等项目持续跟进报道。年末制作播出《聚焦东城 感受发展》系列报道，从疏解非首都功能、强化城市精细化管理、建设“文化东城”等8个方面梳理近年来东城各项事业取得的新成就，为区党代会、人代会和政协会营造良好舆论氛围。（陆璐）

【《新东城报》宣传】全年完成《新东城报》出刊98期，特刊7期。发挥舆论引导力，围绕重点工作任务，做好非首都功能疏解的宣传报道，持续关注天坛周边简易楼腾退、望坛棚户区改造等重点项目；持续跟进封堵“开墙打洞”等城市更新改造重点工作，营造良好的舆论氛围。重点报道区“十三五”规划，推出《深入落实“十三五”规划 建设“国际一流和谐宜居之区”》专版等，从形势篇、任务篇、行动篇全面解读“十三五”规划。继续开设“古韵正声廉政东城”专栏，宣传东城区在服务窗口等部门开展教育工作及服务百姓的典型事例。宣传区级品牌。推出“看东城发展”特别报道，从疏解非首都功能、文化强区、精细化管理、城市更新改造等12个方面，全面展现过去5年东城区各项事业发展。（陆璐）

【高清交互数字电视服务平台】1月1日，东城区歌华有线高清交互数字电视服务平台全新改版。设有“美丽东城”宣传展示首页及东城新闻、东城资讯、东城文教、电影欣赏、文化共享、北京新闻等6个一级栏目。平台首页主图更新30次，涉及东城区两会、节日安全、食品安全、国家安全日、文博会、社会主义核心价值观等重要内容，累计更新节目2000余部。自行拍摄制作的新闻评论类节目《新闻集萃》全年播出14期，内容涉及全区各项中心工作。（陆璐）

## 精神文明

【概况】北京市东城区精神文明建设委员会办公室（简称区文明办），是区委负责协调、指导精神文明建设的工作部门，挂靠区委宣传部。内设综合科、创建科、宣教科、未成年人工作科，行政编制13人，工勤编制1人，实有13人。

年内，贯彻落实习近平总书记系列重要讲话精神，培育和践行社会主义核心价值观，结合“两学一做”学习教育，围绕全区中心工作，深入推进文明城区长效机制建设，扎实推进公民思想道德建设和未成年人思想道德建设，为建设“国际一流的和谐宜居之区”提供良好的人文环境和有力的思想保证。

单位地址：东城区东四十一条83号

联系电话：64075483

邮政编码：100007（曹婷婷）

【公共文明引导行动】3月4日，组织全区公共文明引导员开展“志愿服务爱满东城”学雷锋志愿服务活动。4月11日，组织全区公共文明引导员开展公共文明引导日主题宣传活动。4月22～23日，组织公共文明引导员12人参加首都图书馆“阅读北京”第六届换书大集文明引导服务。4月26日，全区地铁7个中队的站台班长43人进行“制度规范、管理执行、队伍建设、素质提高”岗位培训。4月28日，举办东城区“文明引导我争优”文明引导员趣味运动会。同日，举办公共文明引导员岗位服务规范技能——旗语竞赛。4月30日至5月2日，开展五一假日公共文明引导志愿服务。5月8日，组织公共文明引导员50人到工人体育场中超足球赛进行引导服务。5月10日，组织星级引导员16人参加海淀剧院举办的《姜昆“说”相声》“北京榜样”专场慰问演出活动。5月11日，开展公共文明引导日暨“每周三 来控烟”主题宣传活动。5月25～27日、31日，举办全区公交站台公共文明引导员岗位服务规范培训。8月8日，开展非凡历程——北京市公共文明引导员行动15周年演讲活动。9月5日，举办非凡历程——东城区“我这十五年”公共文明引导员演讲会。9月17日，交道口、东四、安定门、景山中队分别到南锣鼓巷、北京站广场和王府井路口、国子监、皇城根遗址等学雷锋志愿服务基地，开展“学雷锋 我服务 我快乐”志愿服务活动。9月23日，组织全区金牌、银牌引导员、名牌团队、创新活动和上岗10年以上引导员、荣获好乘客的代表，参加“北京因你而美丽”文明引导行动15周年主题活动。9月24日，组织公共文明引导员100人参观中国工农红军长征胜利80周年“英雄史诗 不朽丰碑”主题展览。10月25、31日，在全区公交18个中队中开展年度东城区服务技能测试赛。11月8日，开展“追求梦想 提升人生价值”公共文明引导行动宣讲活动。11月11日，开展“11.11公共文明引导日”主题宣传实践活动。11月29日至12月1日，组织全区金牌、标兵、各中队长、四星级以上公共文明引导员36人参加市协调办举办的公共文明引导行动管理人员及骨干培训班。12月12日，举办公共文明引导员站台礼仪培训班。12月13日，开展“迎接冬奥会 精彩北京人”宣传活动。（曹婷婷）

【讲文明 树新风】1月21日，举办“讲文明树新风——做谦恭有礼的中国人”主题活动成果展示观摩活动，活动期间评选出最佳活动奖10个，最佳活动提名奖15个。2月，开展形式多样的“我们的节日·春节、元宵节”主题活动。举办“灯会闹元宵”第十六届花市元宵灯会。4月1～4日，开展“我们的节日·清明节”主题活动，举办“清明时节 文明逐梦”第七届清明文化节。5月13日，组织区道德模范候选人参加第五届首都道德模范授奖仪式，东城区推荐的1人获第五届首都道德模范荣誉称号，1人获第五届首都道德模范提名奖。6月1～11日，开展一系列形式多样、各具特色的“我们的节日·端午节”主题活动。6月7日，举办“和谐过端午 军民鱼水情”主题端午包粽子活动，邀请来自北京军区第四干休所的离休老干部、部队战士及社区志愿者60余人共同包粽子、过佳节。6月6日～8日，举办第九届“龙潭杯”龙舟大赛。8月8日，举办七夕百工节活动，邀请地区巧娘工坊团队、“五好文明家庭”获得者和京城百工坊老师们，带领大家体验手工制作。9月13日，举办“迎中秋 话团圆 送吉祥 诵诗赋”中秋诗歌会。空巢老人、困难家庭、身边好人、北京榜样、道德模范、街道和区文明办领导等100余人参加活动。10月9日，举办“金婚五十年 风雨共相伴”重阳节庆祝活动，居民群众100余人参与。10月18日，举办“平凡的感动——2016·感动东城道德模范”颁奖典礼，对评选出的道德模范10人及道德模范提名奖9人进行宣传表彰。12月15日，举办“学习感动人物，点赞身边模范”道德讲堂总堂。北京榜样、最美清洁工、金牌引导员东四队队长各1人分别向大家讲述自己的经历和感悟。12月26日，组织区北京榜样候选人参加“2016北京榜样”颁奖典礼，东城区推荐的2人当选年度十大“北京榜样”，2人获得“北京榜样”提名奖，3人获得“北京榜样”周榜人物荣誉称号。12月29日，举办“讲文明树新风——做谦恭有礼的中国人”主题活动成果展示观摩活动，对全区各街道、各系统开展的“做文明有礼的北京人”特色活动进行展示观摩。（曹婷婷）

【未成年人思想道德建设】1月21日，开展“传家风 颂家训 知家道 明做人”书画展示教育活动。主办单位、承办单位负责人、书画老师、学生150人参加活动。1月至2月，开展“弘扬好传统，传承好家风——争当社区文明小使者”主题实践活动，向首都文明办推荐社区文明小使者710人。4月1～7日，组织开展清明祭英烈活动。全区参与线下实践活动人数达2.5万人次，参与网上祭英烈累计点击数量达230.43万人次。3月31日，举办“缅怀英雄树壮志 青春梦想照京华”——中小学生清明节公祭英烈活动，开启东城区未成年人清明节祭扫先烈活动的序幕。4月1日，举办东城区第四届小学生新童谣大赛，来自全区19所小学70支队伍的小学生320余人参加活动。 4月至7月，组织开展“中华美德少年行——家风故事宣讲活动”家风故事推选，向首都文明办报送的18个故事全部获奖，成为未成年人美德榜样。5月20日，召开“纪念长征胜利80周年·继承和发扬革命传统”大会。离退休老干部党支部书记代表及红军后代代表应邀出席大会，活动参与人数达100余人。 5月24日，举办“传家风、颂美德、共筑中国梦”——迎六一诗文朗诵会。5月29日，举办“好家风·中国梦”——“一样的童年·一样的爱”东城区庆六一活动暨社区儿童之家示范基地启动仪式。5月至10月，开展认星争优、做美德少年推荐评选活动，东城区分别有少年4人获首都最美少年称号、少年1人获京城孝心好少年称号。6月至7月，开展“童心颂祖国、欢乐庆六一”东城区新童谣优秀作品展示暨“互联网＋新童谣传唱”活动，向中央文明办推荐150余首优秀童谣，光明小学学生创作的《我的小伙伴》获全国优秀新童谣创作三等奖。6月至7月，开展童心向党歌咏活动。7月至8月，开展“学长征精神，做红色传人——争当社区文明小使者”主题教育实践活动，全区组织未成年人开展教育实践活动1000余次，向首都文明办推荐社区文明小使者710人。9月29日至10月9日，组织开展向国旗敬礼活动。至活动结束，北京市参与向国旗敬礼网上签名寄语总投票数为2220732，东城区投票数为2080096，占比约93%。9月至10月，未成年人思想道德建设创新案例推选。向首都推荐优秀案例6个，其中朝阳门街道“小小双语讲解员”活动、北京市二中“十百主题教育行”活动获首都未成年人思想道德建设创新案例奖，龙潭街道“及幼国学课堂”活动获首都未成年人思想道德建设创新案例提名奖。12月29日，举办“学习心中榜样 弘扬时代风尚”红领巾读书活动汇报展演，学校师生300余人参加活动。（曹婷婷）

10月18日，举办感动东城道德模范颁奖典礼

【志愿服务】3月3日，东城区开展“志愿服务 爱满东城”学雷锋志愿服务推动日活动。新命名学雷锋教育实践基地10个和学雷锋品牌团队10个。副区长暴剑出席活动。6月6日，举行北京市全国学雷锋活动示范点和岗位雷锋标兵授牌仪式。6月15日，举办年度网络文明传播志愿者培训班，邀请中国人民大学教授讲授网络传播理

念和知识。八一前夕，为驻区战士们送书籍。举办东城区少年军校军训成果展演活动。11月22日，举办“首都网络文明传播志愿者培训会——东城专场”，邀请老师讲授网络评论的写作技巧和突发事件应急处理办法。11月22日，举办“首都网络文明传播志愿者培训会——东城专场”培训，发放专业书籍和视频资料，对全区志愿者643人进行轮训，志愿者理论水平和业务能力不断提升。组织开展“胡同平台”微访谈活动、“春节回家九件事”“春日好读书”“我们的节日·端午”等网上传播活动，在微博中发布和转发微博10万余条，发布博客3000余篇。全年，组织开展关爱他人、关爱社会、关爱自然志愿服务活动，继续推进“关爱空巢老人 千名老人治脚疾”活动，扩大志愿服务范围，空巢老人3000余人受益。全年，组织道德模范代表与天安门国旗护卫队开展共建活动，为战士们开展修脚、理发服务。（曹婷婷）

【精神文明建设委员会全会】5月17日召开。区委副书记、区长、区精神文明建设委员会副主任李先忠主持。区委副书记、区委政法委书记、区精神文明建设委员会副主任金晖通报委员会人员调整情况。区委常委、区委宣传部部长、区精神文明建设委员会常务副主任宋甘澍总结上年度精神文明建设工作，汇报本年度精神文明建设工作要点。会议审议通过《东城区2016年精神文明建设工作要点》。区委书记、区精神文明建设委员会主任张家明讲话。东城区精神文明建设委员会主任、第一副主任、常务副主任、副主任及成员单位领导参加。（曹婷婷）

【精神文明建设工作大会】5月17日召开。李先忠主持。宋甘澍通报上年度全国和首都精神文明建设先进单位和个人获奖情况。金晖作题为《把握新布局 引领新风尚 不断将精神文明建设推向更高水平》报告，动员部署年度精神文明建设工作。张家明强调：要把握形势、找准定位，不断开创精神文明建设的新局面；要围绕中心、突出重点，切实发挥精神文明建设工作服务大局、凝心聚力的重要作用；要强化责任、形成合力，进一步提高精神文明建设工作的常态化、科学化水平。区精神文明建设委员会全体委员，各街道、地区、委、办、局、处、公司的主管领导，驻区中央、市属单位、驻区部队代表，各社区、科、队、所、站及各学校、医院领导，上年度精神文明先进单位及个人代表及群众500余人参加大会。（曹婷婷）

【市民教育】2月4日，首都文明办主任滕盛萍，区委常委、区委宣传部部长宋甘澍走访慰问第五届全国道德模范1人、第五届全国道德模范提名奖获得者1人，向他们致以新年的问候和祝福。7月27日，举办“倡导环保 共享蓝天”东城区道德讲堂总堂活动。副区长颜华，首都文明办公共指导处负责人出席活动。11月22日，首都文明办联合市环保局、市城管委、市志联、北京电台举办的“V蓝·北京—我的环保日记”供暖季系列活动推介暨绿色生活进社区活动在东城区启动，首场宣讲在东城区朝阳门街道礼堂举办。（曹婷婷）

【群众性创建活动】6月至9月，在各中小学校中联合开展文明校园创建活动，全区22所中小学校被认定为首批北京市中小学文明校园。制作《东城区文明校园创建集锦》。6月至12月，设计制作垃圾减量垃圾分类、文明餐桌礼仪、市民文明礼仪、网络文明传播等内容的“创建文明社区 普及文明风尚”文明社区宣传折页2万套，在社区中发放，增强市民群众文明意识。11月，继续深化文明餐桌行动，加强“文明用餐、节俭惜福”主题教育，在餐厅、食堂摆放“文明餐桌”温馨提示牌，张贴“文明餐桌”宣传画3.5万套，倡导节约光荣、浪费可耻的文明风尚。3月17～22日、11月2～4日，对17个街道182个社区精神文明建设宣传栏每季度更换宣传展板情况进行检查。全年，对照文明单位创建指标，指导各基层单位全面完成指标任务，重点推动各级文明单位抓好“五个一”。汇总全国文明单位、首都文明单位标兵创建典型经验，制作《东城区文明单位创建集锦》。（曹婷婷）

【文明城区建设】7月18日，从全区各单位抽调工作人员20人，参加区全国文明城区复查迎检指挥部材料审核组工作。7月21日，区全国文明城区复查迎检指挥部办公室组织召开年度东城区迎接全国文明城区测评工作培训会。区迎检办材料审核组全体人员、全区99个指标责任单位主管领导、材料审核指标负责人140余人参加会议。同日，针对文明城区测评体系的新特点、新变化，就测评的标准和流程进行专题培训和现场答疑，说明测评方法，使各指标责任单位掌握迎检整体情况和材料指标报送方法，确保指标完成有序推进。7月至10月，迎检指挥部全面指挥、协调、调度和统筹各项工作。迎检办对新版测评指标进行逐项分解分工，明确主管区领导和责任单位，制作《全国文明城区测评体系责任分工》《未成年人思想道德建设测评体系责任分工》等10余套材料，明确各项工作要求。3月10～24日、6月12～28日、9月22～30日，6个专项现场检查组分别由区领导带队，3次深入区车站、广场、街道、旅游景区、窗口单位等20余类场所，对《全国文明城区测评体系》《全国未成年人思想道德建设工作测评体系》中的涉及60余个单位的74项实地指标进行全面检查，检查中各组认真填写《实地指标综合检查评价表》，对发现的问题当场明确指出，并要求相关责任单位限期整改。10月至12月，全区各责任单位配合，攻坚克难，按照新版指标要求，逐条梳理，逐项对照，逐个分析，经过多次提交汇总、三轮审核，完成239项材料审核指标的收集、整理、装订工作。（曹婷婷）

## 统一战线

【概况】中共北京市东城区委统一战

线工作部（简称区委统战部）是区委负责统一战线工作的机构。下设办公室、党派组、民族宗教组、联络组和调研室，区台办与区委统战部合署办公。行政编制21人，实有19人。

年内，5月21日至6月19日相继召开各民主党派区委第二次代表大会，选举产生新一届委员会及领导班子，完成民主党派区级组织换届工作。区侨联，天主教、基督教、伊斯兰教等3个区级宗教团体，区工商联和商会先后完成换届。12月20日，区政协十四届委员会第一次会议召开，选举产生新一届政协领导班子。召开党派团体协商通报会3次，举办民主党派领导班子学习班，后备骨干培训班及异地培训、报告会、座谈会等。各民主党派、知联会共完成调研报告28篇，为区委区政府决策提供智力支持。做好民族宗教工作，举办东城区宗教界人士培训班、社区民族宗教干部培训班、大型宗教活动服务保障工作研讨培训班、专项治理工作领导小组培训班以及宗教团体自办等多个培训班次，并组织全区党政干部走进宗教场所，掌握党关于民族宗教工作最新政策。继续开展"5·6民族团结宣传月"品牌活动。继续推进王府井、东交民巷等教堂修缮、通教寺土地划拨、珠市口教堂迁建等工作，协调处理花市清真寺与伊珍源餐厅解约纠纷。开展禁止针对少数民族歧视性做法检查整改，清理东四万里路青年酒店等非法聚会点，维护宗教领域和谐稳定。深化非公经济领域"两个健康"发展。连续第十年开展"为千户家庭送温暖"活动，500多家企业捐款、捐物176.7万元，惠及贫困家庭近3000户。青年创业者协会启动"手拉手、共成长"公益项目，筹集善款38万元，资助困难学生100人；该项目获年度"创新中国"工商联（商会）工作特别奖。组织第五届"地坛庙会—台湾映像魅力展"；"地坛庙会台北之旅"连续3年在台北花博园举办。被国台办确定为重点对台交流项目。全区17个街道的33个社区与岛内35个社区签署结对协议，接待来自台北、高雄的参访团组14批254人次。涉侨工作有序推进，成立区归国留学人员联谊会，举办海联会骨干理事学习班，向市欧美同学会推荐理事4人。新的社会阶层统战工作逐渐铺开，协调联系市网信办、区公安分局（人口支队）、区工商分局等单位，开展调查摸底，初步掌握区内新的社会阶层人士分布情况。制定《中共东城区委统战部关于推进新媒体从业人员统战工作的实施办法》。本年，东城区委统战部课题《关于年轻一代非公有制经济人士思想状况和教育引导的调查研究》获市委统战部统一战线理论研究和调查研究优秀成果一等奖。统战信息工作获中央统战部全国统战信息工作三等奖。获市委统战部优秀信息单位一等奖。

单位地址：东城区钱粮胡同3号

联系电话：64027838

邮政编码：100010　　　　（李悍东）

【领导调研】2月27日，区委书记张家明到区委统战部调研，听取区委常委、区委统战部部长周永明汇报。3月16日，市委常委、市委统战部部长戴均良到区调研非公有制经济发展工作。市委副秘书长赵玉金，市委统战部副部长、市工商联党组书记郑默杰，市委办公厅副主任李彦来，以及市发改委、科委、地税局、工商局、金融局、工商联、经信委等单位负责人陪同。区领导张家明等出席。3月10日，副区长王中华、颜华到区通教寺、东外清真寺走访调研，分别与市佛教协会副会长、通教寺方丈思智，区伊协副会长、东外清真寺阿訇王崇恩进行座谈，察看宗教活动场所殿堂设施。3月22日，市台办副主任马振生到区调研教育系统涉台宣传教育与交流工作。全区8个涉台教育基地学校汇报涉台宣传教育工作情况。5月12日，国家民委国际交流司副司长兰海滨到北京红墙文化花园酒店调研。6月21日，全国人大常委会委员、华侨委副主任、致公党中央原副主席、致公党中央文化委员会主任杨邦杰率队，到东城区就首都功能核心区文物保护工作调研。北京市人大常委会副主任、致公党北京市委主委李昭玲及相关专家参加调研。区领导张家明等陪同调研座谈。　　　　（李悍东）

【宗教节日慰问】1月17日（佛教腊八节），区领导周永明等到通教寺、雍和宫，看望慰问佛教界人士，向宗教界人士、信教群众及广大市民致以节日的问候和祝福。1月26日、27日，区领导周永明、颜华看望全国伊斯兰教协会会长陈广元大阿訇，全国佛教协会副会长、北京市佛教协会会长胡雪峰住持。6月1日，区领导周永明、韩焕岭、李铁生及区相关部门负责人分别前往东城区回民实验小学、崇文回民幼儿园、回民小学等民族园校走访慰问，为各园校小朋友们送去慰问金。7月6日（伊斯兰教开斋节）东四清真寺、南豆芽清真寺、东直门外清真寺、安外清真寺、花市清真寺、沙子口清真寺举行开斋节会礼，3750人参加会礼，其中外宾145人。副市长王宁，市政协副主席李长友，市委副秘书长赵玉金，市政府副秘书长尹培彦，市委统战部常务副部长周开让，市委统战部副部长、市宗教局局长池维生，市宗教局副局长范宝，区领导张家明等到东四清真寺慰问，向中国伊斯兰教协会会长、北京市伊斯兰教协会名誉会长陈广元阿訇等宗教教职人员和穆斯林群众祝贺节日。区领导周永明等分别走访慰问东直门外清真寺、南豆芽清真寺、安外清真寺、花市清真寺、沙子口清真寺。12月24日至25日（基督教圣诞节），东城区王府井天主教堂、东交民巷天主教堂、南岗子天主教堂、崇文门基督教堂、珠市口基督教堂分别举行宗教活动，参加活动的信教群众1.98万人。北京市副市长王小洪，市宗教局副局长刘先传，东城区委书记张家明、区领导陈本宇等到各教堂走访慰问。　　　　（李悍东）

【协商通报】3月11日，东城区召开本年民主党派工作会暨党派换届工作动员部署会，通报全国、北京市统战部长会议精神及年度东城区统一战线工作要点，部署各民主党派换届工作。区领导周永明讲话。7月19日，中共东城区委召开党派团体协商通报会，区各民主党派负责人、无党派代表人士、各人民团体负责人和宗教界代表人士参会。区领导张家明、李先忠、周永明等出席。11月17日、12月1日，中共东城区委召开党派团体协商通报会，区领导张家明、李先忠、周永明等出席。（李悍东）

【民族团结宣传日活动】5月6日上午，由东城区委宣传部、区委统战部、区民族宗教办主办，东花市街道工委、办事处承办的本年东城区“5·6民族团结日”暨民族团结宣传月启动仪式在北京明城墙遗址公园举行。本届民族团结宣传月以“共创团结进步，共享和谐宜居”为主题，以积极推动民族团结创建“六进”工程为抓手，全方位、多角度展示东城区各族同胞携手共建“国际一流的和谐宜居之区”的美好愿景和共同团结奋斗的精神风貌。北京市民委正局级委员牛颂，区领导周永明等出席活动。市民委民族一处、宣教处，北京市民族联谊会、北京市民族文化交流中心，区委、区人大、区政府、区政协相关部门及东花市街道工委、办事处负责人，部分区政协委员及我区少数民族群众代表约300人参加活动。（李悍东）

【教育培训】3月17～18日，区委统战部召开年度东城区统战工作会议，举办基层统战干部培训班。全区各部门、各街道和有关团体统战工作负责人112人参加。区领导周永明作讲话。4月18～19日，区委统战部、区民族宗教办联合举办东城区大型宗教活动服务保障工作研讨培训班，区领导周永明出席，雍和宫春节期间服务保障工作领导小组成员单位、全区各街道办事处主管领导近60人参加培训。6月23～24日，东城区举办年度民族宗教工作领导小组暨宗教专项治理工作领导小组培训班，东城区民族宗教工作领导小组和宗教专项治理工作领导小组成员单位主管领导、统战部和民族宗教办机关干部等55人参加培训。7月14～15日，东城区工商联召开商会工作培训会，区领导周永明出席会议，基层商会负责同志共130余人参会。8月18～19日，东城区举办民主党派、无党派后备骨干成员培训班，区领导周永明出席，全区8个民主党派及无党派后备骨干成员共150余人参加培训。9月27～28日，东城区举办宗教界人士培训班。区领导周永明出席并讲话，区宗教界代表人士120人参会。（李悍东）

【换届工作】5月21日至6月19日，区8个民主党派区委先后召开第二次代表大会，各民主党派中央、市委有关负责人，区领导张家明、赵中原、李先忠、邵鹏等出席开幕式。各党派区委第二次代表大会完成各项议程，选举产生东城区第二届委员会。7月15日，东城区召开第二次归侨侨眷代表大会，选举产生新一届委员会。市侨联主席荣洋，党组副书记、副主席马坚，区领导金晖等出席开幕式。8月中下旬，东城区先后召开天主教、基督教、伊斯兰教第二次代表大会，选举产生宗教团体新一届委员会。市民委、宗教局有关领导，市天主教爱国会、基督教三自爱国运动委员会、伊斯兰教协会主要负责人分别出席，区领导周永明等出席。11月17日，东城区工商业联合会（商会）召开第十次会员代表大会。市委统战部副部长，市工商联党组书记、常务副主席郑默杰，区领导李先忠等出席。区政协副主席、民建东城区委主委张树华代表区各民主党派向大会致贺词。会议审议通过《东城区工商业联合会第十次会员代表大会会议决议》，选举产生区工商联第十届执行委员会、常务委员会和新一届领导班子。（李悍东）

3月17~18日，东城区举办统战工作会暨基层统战干部培训班

## 对台工作

【概况】中共东城区委台湾工作办公室、东城区人民政府台湾事务办公室（简称区台办）是区委、区政府主管对台工作的职能部门，与区委统战部合署办公，承担组织、指导、管理、协调有关对台工作职能。有主任1人（兼区委统战部副部长），专职副主任1人，干部2人。

年内，全区对台工作贯彻中央对台工作大政方针，把握两岸和平发展主题。区对台工作与各项工作相结合，发挥资源优势，深入岛内开展基层对台交流活动，增强对台工作实效，使“东城品牌”更加亮丽，“东城特色”更加鲜明，“东城项目”更加深入。

单位地址：东城区天坛东路13号天坛体育中心院内5号楼

联系电话：64069079

邮政编码：100050（周薇）

【第五届台湾映像魅力展】“地坛庙会——台湾映像魅力展”活动自2011

6月15日，台湾康轩教育集团到培新小学交流

年开始举办，历经5年逐渐形成“东城品牌”。2014、2015年先后被国台办确定为重点对台交流项目，陆续得到北京市台办、台盟北京市委参与，台湾海峡旅游促进协会、顶新公益基金会、中华航空公司等众多台湾知名企业每年均以不同方式对这项活动给予支持。（周薇）

【地坛庙会台北之旅】元宵节期间，“北京文化庙会·台北之旅”活动再次亮相台北市花博公园。活动本着“传承、创新、整合、交融”的理念，本年第四次集萃北京中华传统老字号、民间手工艺者和非物质文化遗产传承人，精选20余个具有传统文化优势的项目，包括国家级非遗传承人、百年老字号、景泰蓝、京绣等，为台湾民众送上一道丰富多彩的春节文化大餐。（周薇）

【东台两地学子学习交流】通过赴台交流、接待台湾师生、开展中华传统文化比较课程等活动方式，将“同根、同源、同学习”活动有层次地在全区推进；通过全方位、多元化手段，秉持活动式课程、启发式教学、多学科整合的特点，分别建立两地课程体系，介绍北京和台湾的地理、历史、文化以及风土人情知识，让学生全方位了解北京和台湾，深刻感悟台湾与大陆一脉相传的血缘关系。年内，接待来自台湾地区的师生5批78人次，出访师生205人。（周薇）

【涉台宣传教育】全年协助各街道举办台海形势报告会17场次，邀请知名台湾问题专家、学者讲课。鼓励各街道将涉台教育宣传作为一项基础性工作来抓，加强涉台宣传载体作用，通过在各社区开辟涉台宣传角（专栏）、开展涉台知识竞赛活动等形式，向干部群众宣传涉台知识，开展涉台教育，涉台教育宣传形成制度化、日常化、创新化，作为“三级联创”工作的采分点，不断提高涉台活动吸引力。17个街道坚持每月刊出涉台内容，全年达200篇以上。（周薇）

【基层社区对台交流工作】年内，为各街道安排2个行政人员、10个社区人员赴台名额，安排专项赴台经费408万元，为各街道申请10万元（共计170万元）专项接待经费。至12月，17个街道的33个社区与岛内35个社区签署结对协议。全年接待来自台北、高雄的参访团组14批254人次。（周薇）

【对台交往交流工作】坚持“审办分离”工作模式，向赴台人员讲政策、讲纪律、讲礼仪，提高工作意识；在审核赴台交流计划时，杜绝“借考察之名行观光之实”的团组。全年赴台交流150批742人次，其中公职人员49批432人次，非公职人员101批310人次。（周薇）

## 政策研究

【概况】中共东城区委研究室（中共北京市东城区委全面深化改革领导小组办公室）（简称区委研究室、区委改革办），一个机构、两块牌子。区委研究室是负责区委综合性政策研究的部门，为区委科学决策服务的区委工作机构，区委改革办承办区委全面深化改革领导小组日常事务。内设办公室（协调科）、调研科、文稿科、改革科，机关行政编制18人，实有15人。

年内，加大调查研究工作力度，提升文稿起草质量和水平，全面推进区域经济、政治、文化、社会、党建等方面体制机制改革。组织召开或参与多项专题调研会、座谈会、协调会、论证会及其他形式调研活动20余次，完成各类文稿撰写及修改170余篇约20万字；编发《东城调研》12期、《调研工作动态》48期、《东城改革工作简报》11期；加强与国务院发展研究中心、中国社会科学院、党建研究会、方迪研究院以及市委研究室、北京市社科院、首都社会经济发展研究所等相关单位的业务交往，为区委、区政府科学决策和推动工作提供参谋服务和智力支持。12月9日，在北京市优秀调研成果和调研工作先进单位评选表彰中，东城区被市委市政府授予北京市第十二届调查研究工作先进单位（2014-2015年度），连续4届获此殊荣。区领导张家明的调研报告《东城区深化城市管理体制改革 理顺区街体制研究》获北京市第十二届优秀调研成果一等奖。

单位地址：东城区钱粮胡同3号

联系电话：64031118—3201

邮政编码：100010（闫喆）

【起草区委重要文稿】年内，起草中共东城区委十一届十一次全会报告、决议、区委第十二次党代会报告、决

议、区委常委会工作要点、区委领导班子换届总结、区委关于落实习近平总书记视察北京重要讲话精神情况报告等重要文稿。围绕市委领导调研、“三严三实”专题教育、“两学一做”学习教育、区委换届、党代会筹备、全面深化改革工作、党风廉政建设、城市治理、城市更新改造等中心工作，起草工作汇报及典型发言。

（闫喆）

【调研报告理论文章发表】区领导张家明调研报告《东城区加快推进非文保区棚户区改造的模式与路径研究——以天坛周边简易楼腾退改造实践为例》在《北京调研》年度第4期上刊登，理论文章《规划先行 力求精细 加快建设“国际一流的和谐宜居之区”》在《北京工作》年度第6期上刊发，学习体会文章《加快建设国际一流的和谐宜居之区》在《北京工作》年度第8期上刊发。区领导金晖调研报告《构建网格化服务管理体系推进城市治理体系和治理能力现代化》在《工作研究》年度特刊第5期上刊登。区领导王中华的《东城区商品交易市场转型调整调研报告》、区领导李铁生调研报告《新常态下核心区非首都功能疏解路径研究》在《工作研究》年度特刊第4期上刊登。区领导王兆康的《关于东城区经济结构调整产业优化升级情况的专题调研报告》在《工作研究》年度特刊第6期上刊登。区原领导赵中原的《关于新形势下加强和改进东城区人大工作和建议的调研与思考》在《北京调研》年度第5期上刊登。区原领导蔡福全的《关于东城区义务教育优质均衡发展综合改革情况的调研报告》在《工作研究》年度特刊第1期、第3期上刊发。区原领导乔世怀的《关于加快完善东城区再生资源回收体系建设的调研报告》、区原领导暴剑的《东城区基层基本公共服务设施规划建设及管理运行调研报告》、区原领导袁秀江的《关于全面构建现代公共文化服务体系的调研报告》在《工作研究》年度特刊第5期上刊登。区住建委调研报告《关于推进老旧小区综合整治和简易楼综合改造工作的研究》在《工作研究》年度特刊第1期上刊发。区委社会工委调研报告《关于东城区协管员队伍规范化管理问题的调查与思考》在《工作研究》年度特刊第3期上刊登。区综治办调研报告《关于对故宫北门周边等治安问题复杂地区开展整治的调研与思考》在年度《工作研究》特刊第6期上刊登。龙潭街道办事处调研报告《关于社区“参与式协商治理”模式的探讨》在《工作研究》年度特刊第2期上刊登。龙潭街道工委书记调研报告《从严治党背景下加强基层干部队伍作风建设的实践与思考》在《北京调研》年度第7期上刊发。《东城区2016年重点工作任务》在《北京工作》年度第1期上《立足新起点 谋划新发展——十六区2016年重点工作任务摘编》中刊录。区委《做“四讲四有”合格党员 推动首都功能核心区可持续发展》理论文章在《求是》年度第14期上刊发。

（闫喆）

【区全面深化改革组织协调工作】5月4日、6月28日，分别组织召开区委全面深化改革领导小组全体会议，审议通过上年度改革工作总结、本年度改革工作要点、人口调控综合改革试点工作方案等文件，听取人口调控工作进展情况汇报和古都风貌保护工作汇报。3月29日、10月26日，接待市委改革办到区实地调研2次。2月29日组织召开调研座谈会，听取全面深化改革领导小组办公室基本情况、全面深化改革工作推进情况，研究讨论全面深化改革工作安排。8月17日、8月18日组织召开改革工作调研和改革成效座谈会，就网格化管理、全国社区治理和服务创新实验区、社会治理体制机制改革、居家养老服务体系建设、国企改革、非首都功能疏解、人口调控及改革面临的问题和难点进行交流。印发《东城改革工作简报》11期，汇总各专项小组每月改革工作进度和安排。加强与市委改革办、专项小组沟通，《北京改革情况交流》刊发东城稿件2篇。

（闫喆）

【调研改革干部培训】5月10～11日，区委研究室（区委改革办）举办本年调研、改革干部培训班。培训紧扣“十三五”首都发展形势任务，针对全面深化改革和文稿起草工作开展针对性授课，各单位负责调研、改革工作的主管领导和专、兼职干部近130人参加。

（闫喆）

【统筹全区调研课题】3月16日，十一届区委常委会第113次会议审议通过《区委研究室关于东城区调查研究工作2015年总结和2016年要点、重点课题的汇报》，确定区级重点课题29个，区委关注课题147个。其中区领导张家明《关于依托平房区和老旧小区物业管理，构建“大城管”体制的

9月22日，秦皇岛市委研究室到东城区调研非首都功能疏解

研究》、李先忠《关于探索历史文化街区有机更新路径的研究》被列为市委关注课题，并于下年初结项完成。（闫喆）

【城市管理和社会服务领域调研】3月29日，市委改革办到区就城市管理和社会服务领域体制机制、直管公房管理、平房区和老旧小区物业管理模式、提升社区服务能力进行调研。区领导暴剑主持，区委改革办、社工委、重大办、房管局、房地一中心、交道口街道、东华门街道参加。8月5日，市委研究室到景山街道调研老年养护，到体育馆路街道调研社区文化服务，区委研究室陪同介绍。9月20日，市委研究室到区调研城市精细化管理，实地察看东四街道东四三到八条文保区、朝阳门街道史家胡同和交道口街道南锣鼓巷地区平房区物业管理、院落更新改造及停车设施建设等。区领导张家明、毛炯、陈本宇参加。9月23日，市委研究室实地察看西打磨厂路、草厂胡同居民腾退搬迁、风貌保护和空间利用情况，区委研究室（区委改革办）、天街集团参加。（闫喆）

【参与改革重点工作调研】10月26日，市委改革办就全面深化改革工作进展、非首都功能疏解与人口调控综合改革试点、平房区物业管理和直管公房改革进行调研。区委改革办、区发改委、城管委和房管局汇报。（闫喆）

【非公经济调研】3月4日，区委研究室（区委改革办）就非首都功能疏解、推动产业调整升级、执行产业禁限目录、营造公平良好环境、推动非公有制经济“两个健康”调研区工商联（商会）。（闫喆）

【平房区和老旧小区物业管理调研】3月10日，区委研究室到朝阳门街道就14条平房胡同物业管理进行调研。3月11日，区委研究室到东四街道就东四三到八条“静胡同，新生态”项目进行调研。3月22～25日，区委研究室就平房区和老旧小区物业管理到交道口街道、区城管委、房管局、社工委及房地一中心进行调研。（闫喆）

【与相关决策研究系统交流】8月25日，广东省中山市委全面深化改革领导小组到区考察数字化城市管理工作，区领导毛炯参加，区委研究室（区委改革办）、网格化服务管理中心参加。9月22日，河北省秦皇岛市委研究室就京津冀协同发展和疏解非首都功能到区调研，参观区77文创产业园和百荣世贸商城，区委研究室（区委改革办）、发改委、产促局、商务委参加。（闫喆）

## 老干部工作

【概况】中共东城区委老干部局（简称区委老干部局）是负责指导管理区离休干部、处级（含）以上退休干部工作的职能部门。内设办公室、调研科、政治待遇科、生活待遇科、宣传科、企管科，编制17人，公务员16人，机关工勤2人；下设东城区老干部活动中心（正科级参公事业单位），编制43人，参公人员35人，事业工勤3人。全区离退休干部2888人，其中离休干部971人（二次国内革命战争时期1人、抗日战争时期143人），易地安置离休干部64人，副处级及以上退休干部1853人。

年内，落实全国老干部局长会议和市区老干部工作会议精神及要求，加强离退休干部思想政治建设、党支部建设和服务保障工作，发挥离退休干部的优势作用，各项工作取得新成效。区委老干部局被评为北京市老干部先进集体，1人被评为北京市先进老干部工作者。

单位地址：东城区府学胡同37号

联系电话：64040221

邮政编码：100007（蒋素芝）

【老干部工作会议】2月19日召开，金晖主持。会上，张家明通报区经济社会发展情况，介绍全年重点工作任务，对做好区老干部工作提出要求。吴松元代表区委老干部工作领导小组作工作报告，回顾总结上年区老干部工作，安排部署年度工作任务。区妇女儿童事业发展协会、区卫计委退休干部代表、东四街道工委作交流发言。区领导赵中原、邵鹏等及区委老干部工作领导小组成员、原区级四套班子老领导、老干部党支部成员、各街道工委书记、各单位主管领导和老干部工作人员380余人参加。（蒋素芝）

【老干部关怀工作】春节前，举办新老区级领导联谊会、老干部新春团拜会，为全区离休干部、易地安置离休干部、配偶无工作离休干部发放两节“送温暖”慰问金71.8万元。春节、七一、十一前走访慰问离退休干部。为区65岁以下处级退休干部办理区属公园年票。4月至6月，组织区离退休干部1811人在同仁熙康、松乔体检中心进行健康体检。7月12～13日，举办区离退休老干部健康体检座谈会。9月19～23日，先后邀请军区总医院和北京天坛医院医生2人，就老年人常见病预防保健等内容开展健康知识讲座，并对老同志提出的问题进行解答，离退休干部50余人参加。（蒋素芝）

【发挥老干部作用】春节前后，组织区老干部志愿者走进街道社区、敬老院、部队慰问演出，为社区居民送春联1000余幅，寿福500余字，慰问演出5场，区老干部志愿者170余人次参加。3月7日，召开老干部宣讲团成员座谈会，交流工作体会，并就全年如何更好地开展宣讲工作进行研讨。3月25日，以“唱响主旋律 传播正能量”为主题，召开老干部宣讲工作启动会暨首场宣讲活动，龙潭街道工委、老干部交流“分享生命故事”宣讲活动经验做法。区老干部工作人员、街道离退休干部党支部书记与社区党委书记代表、区老干部宣讲团成员90余人参加。4月18日，组织老干部参加第三届“美哉南锣”书画摄影展，弘扬优秀传统文化，宣传社会主义核心价值观。6月7日，联合区老干部书画研究会在永外街道定安里社区共同举办“携手绘端午 共同品文化”活动，送书画作品30幅，宣传优秀传统文化。9月8日、23日，老干部“迷你”演出队应邀分别参加前门街道社区居民、家和家美集团文艺演出活动，传递正能量。6～12月，区老干部宣讲团先后走进东四街道、区人保局、崇外街道、区财政局等单位离退休干部党支部开展“讲好身边故事 弘扬正能量”主题宣讲活动。9月23日，区老干部活动中心迷你演出队应邀慰问演出。9月28日，联合北京电视台《晚晴》栏目组共同策划“匠心传承老字号 文化传递正能量”访谈节目，发挥区离退休干部在东城老字号文化传承、非物质文化遗产保护等方面重要作用，京盛锡福帽业有限责任公司高级技师、国家级非物质文化遗产代表性传承人，原北京天元资产经营公司党委副书记参加。11月3日，与区老干部书画研究会、宝坻区老年书画研究会在天津宝坻举办送书画下乡笔会。11月19日，举办“大手牵小手”革命传统教育活动，企管离休干部代表及史家小学老师、小学生、家长50余人参加。12月15日，区老党员先锋队与东花市街道离退休干部开展“迎新年老干部联谊会”。12月19日，区老干部“迷你”演出队和时装队到北京剧院参加中粮集团举办的文艺汇演。（蒋素芝）

【思想政治建设】3月18日，召开老干部学习全国“两会”精神座谈会，围绕学习全国“两会”精神、张家明在全区老干部工作会议上的讲话进行讨论，并就抓好相关工作提出意见建议。3月22日，举办区老干部读书会学习讲座，观看《以“十个更加”和“五大理念”开启“十三五”发展》学习光盘。6月24日，召开离退休干部畅谈十八大以来发展变化座谈会，老同志们以自身感受细说党风、政风和民风发生的可喜变化。6月29日，区老干部读书会举办首次学习论坛，交流共享理论学习成果，追忆畅谈改革发展变化。10月28日，区老干部思想政治工作研究会（简称思政会）召开研讨会，交流课题论文，研讨离退休干部党支部需要抓好的重点环节、存在问题及解决路径。11月17日，召开离退休干部学习党的十八届六中全会精神座谈会，围绕学习贯彻党的十八届六中全会精神、《关于新形势下党内政治生活的若干准则》和《中国共产党党内监督条例》，座谈交流学习体会及感悟，区老干部思政会、读书会、宣讲团、老党员先锋队、离退休干部党支部书记、区妇儿协会、区关工委等涉老组织代表及《北京老干部》杂志社编辑部负责人参加。12月15日，区老干部读书会举办学习论坛，围绕推动构建以合作共赢为核心的新型国际关系进行专题研讨。（蒋素芝）

【主题实践活动】5月20日，与区文明办、区关工委、区教育系统关工委、东四九条小学联合举办“纪念红军长征胜利80周年·继承和发扬革命传统”座谈会。6月17日，在地坛公园文化广场举办“党旗飘扬助力东城”——老党员先锋队主题活动。市老干部局副局长宋永健，区领导吴松元出席。区相关部门负责人、17个街道老干部工作主管领导及离退休干部代表、老党员先锋队代表、社区工作者代表150余人参加。6月21日，与区文联、区文委、区老龄委联合主办，东城区老干部书画研究会、东城书画研究会、东城区书画协会承办“体验美好生活点赞东城发展”—东城区离退休干部纪念建党95周年书画摄影展，汇聚区老干部创作的书画、摄影作品125幅。张家明宣布书画摄影展开幕，市老干部局副巡视员刘冰，区委老干部工作领导小组成员、17个街道老干部工作主管领导和离退休老同志代表近120人参加。6月23日，举办“讲传统、看变化、话改革、助发展”老干部主题党日活动。区老干部与左安漪园老党员、干部群众以“再唱山歌给党听”为主旋律，庆祝党的95周年华诞。6月24日，区门球运动协会在地坛门球场召开“纪念中国共产党成立95周年暨东城门球运动协会党员志愿者服务队成立大会”，志愿者代表40余人参加；与龙潭街道左安漪园社区共同举办“庆祝七一建党95周年”主题活动。老干部迷你演出队、女生小合唱队为社区老干部、老党员送去“共创新画卷”“共产党来了苦变甜”等节目，9月13日，举办庆重阳老干部集邮展览活动，集邮组的老干部共创作邮集13部，展出邮品1000余件。9月23日，与区妇儿协会联合举办纪念红军长征胜利80周年文艺演出，离退休干部100余人观看。9月27～28日，举办“中国梦·夕阳情——京津冀老年书画巡回展”，北京市东城区、天津市武清区、宝坻区及河北省大厂县、香河县、玉田县、兴隆县共同展出老年书画作品150幅。年内，为

6月17日，东城区举办老党员先锋队主题活动

庆祝中国共产党建党95周年和重要节庆日，组织老干部开展文艺汇演、书画摄影展、主题参观等活动十余次。（蒋素芝）

【队伍建设】3月29～31日，举办老干部工作人员培训班，学习贯彻《关于进一步加强和改进离退休干部工作的意见》和中央、市区委老干部工作会议精神，强化老干部工作相关理论业务知识，研讨交流工作，全区各单位老干部工作主管领导和老干部工作人员200余人参加。4月22日，举办年度《东城老干部》报通讯员培训班，《北京日报》北京新闻编辑中心主任、高级记者就如何提高写作水平进行辅导。老干部工作人员、社区老干部工作人员代表、老干部撰稿人70人参加。5月12日，举办区老干部网宣员培训会，邀请中国人民大学新闻学院副教授、新媒体研究所副所长作专题报告，区老干部网络宣传员骨干60余人参加。5月26日，召开街道系统老干部专项工作研讨会，各街道老干部工作人员就开展“两学一做”学习教育和搭建载体平台、推进正能量活动等专项工作进行交流。6月2日，召开老干部工作人员例会，部署落实离退休干部生活待遇、建立离退休干部数据库等相关工作，邀请教育专家、广渠门中学退休教师就“公务员沟通技巧与沟通能力提升”做专题辅导。全区各单位老干部工作人员80余人参加。6月7～8日，举办区老干部宣讲团宣讲工作培训班，宣讲员逐一宣讲，经验丰富的同志结合多年宣讲经验，围绕撰稿要点、步骤及宣讲技巧等方面进行讲授，区老干部宣讲团成员和部分街道宣讲分团骨干成员参加。6月23～24日，举办退休干部信息库建库工作专题培训，对离休干部自雇费、护理费和“两节”送温暖经费等作政策辅导。老干部工作人员40人参加。10月10～11日，举办学习贯彻中办发［2016］3号文件精神、推进正能量工作专题培训班，区法院、人力社保局、东直门街道、龙潭街道4个单位主管领导分别作经验交流，全区各单位老干部主管领导和老干部工作人员150余人参加。（蒋素芝）

【老干部党支部建设】3月18日，召开离退休干部党支部联席会议。研究讨论区离退休干部理论学习安排，并结合“两学一做”学习教育，就进一步加强和改进离退休干部思想政治建设和党支部建设（简称“两项建设”）提出意见建议。4月20日，举办区委老干部党校培训班，区领导吴松元出席并作动员讲话，委老干部工作领导小组成员单位、各街道主管领导及区各单位离退休干部党支部书记与老同志代表150余人参加。10月25～27日，举办老干部党建工作培训班，学习中办发3号文件精神，观看国家行政学院经济政策研究室主任主讲的《中国经济形势分析报告》（光盘）及《不忘初心再起航——东城区离退休干部体验美好生活、发挥正能量》专题片，平北抗日第一枪纪念碑前缅怀抗日先烈，重温入党誓词，参观红星酒厂博物馆，了解老字号企业悠久历史，老干部活队组骨干100余人参加。（蒋素芝）

【调研工作】3月，下发《东城区委老干部局关于做好2016年度调研工作的通知》，在工作人员培训班上部署调研工作。6月24日，组织召开座谈会，部分离退休干部党支部书记、老干部骨干参与座谈研讨，就加强和改进调研工作听取意见建议。7月至8月，围绕街道老干部工作队伍建设、贯彻落实中办发3号文件精神等课题深入建国门街道等5家单位开展调研。年内，完成《新形势下“老干部工作+”工作模式的思考与研究》主课题调研报告1篇，《关于进一步加强老党员先锋队建设的调查与研究》等工作调研报告5篇；《关于进一步加强老党员先锋队建设的调查与研究》调研报告，被市老干部局评为调研成果一等奖。（蒋素芝）

【落实工作责任制】4月，下发离退休干部工作领导责任制检查工作方案，对全年责任制检查工作进行整体部署，明确各科室全年调研检查联系单位，对全区69家机关事业单位开展日常检查。12月7日，召开责任制重点检查工作部署会，下发《关于开展<东城区离退休干部工作领导责任制>贯彻落实情况检查工作的通知》，在各单位普遍自查基础上，由局领导班子成员带队，对32家单位进行重点抽查。12月30日，北京市老干部局对东城区贯彻落实《北京市离退休干部工作领导责任制》情况进行检查。（蒋素芝）

【形势报告会】7月7日，召开区老干部区情通报会。吴松元主持。李先忠通报全区“十三五”规划及经济社会发展情况，区委老干部工作领导小组成员单位主要负责人、老干部和老干部工作人员270余人参加。9月23日，举办区老干部形势报告会，邀请中国社会科学院亚太与全球战略研究院《南亚研究》编辑部主任作题为“南海仲裁案与中国维护海洋权益的斗争”专题报告，区离退休干部及老干部工作人员300余人参加。12月27日，举办区离退休干部学习贯彻党的十八届六中全会精神报告会，邀请市委宣讲团成员、市委党校常务副校长作专题报告，宋铁健出席，区离退休干部、党支部书记、理论学习骨干、老干部工作人员近300人参加。（蒋素芝）

【离退休干部服务工作】6月15日，召开利用社区资源做好离退休干部服务工作会议。建国门街道金宝街北社区和体育馆路街道法华南里社区作交流发言；北京社会科学院研究员、社科院城市发展研究院院长作题为《社区离退休老龄工作的创新与发展》讲座，结合社区老龄工作典型事例，阐释社区老龄工作的意义、现状、问题及对策，全区社区党委书记170余人参加。年内，聘请社会康复护理机构，在老干部局接管企业离休干部中开展专业化、类别化、个性化的康复护理服务试点，将医院康复、护理、保健、预防等服务延伸到离休干部家中，帮助高龄离休干部改善健康状况、提高自理能力。（蒋素芝）

## 保密工作

【概况】中共北京市东城区委保密委员会办公室（简称区委保密办），对外挂北京市东城区国家保密局（简称区保密局）牌子，人事关系由中共北京市东城区委办公室管理。内设宣传法规科、技术检查科，既是中共北京市东城区委保密委员会的日常办事机构，又是负责东城区行政区域内保密工作的政府职能部门。

年内，区保密局围绕市、区中心工作，落实中央、市委关于保密工作相关文件精神，组织召开区委保密委全体会议，强化重大活动期间保密管理，开展区委保密委主任讲党课、全民国家安全教育日等主题宣教活动。举办保密工作主管领导专题培训，做好保密干部“三大管理”业务培训，提升全区各单位保密意识。采取多项措施，加强全国“两会”期间保密管理，保证高考保密安全。做好互联网门户网站、中高考考务工作等专项保密检查，开展两办保密宣教，组织全区各单位保密自查自评，强化涉密人员保密管理，依法履行保密行政监管职责。配备、升级保密技术装备，为全区重大会议、活动提供保密技术服务保障。

单位地址：东城区育群胡同1号

联系电话：64031118—8523

邮政编码：100010（王景波）

【国家保密局局长带队慰问东城】2月3日，国家保密局局长田静、副局长梁建生、行政秘书司司长莫肇坚到区保密局慰问指导，北京市国家保密局局长陈静、区委书记张家明、区委常委、区委办公室主任、区委保密委主任毛炯等陪同。田静等实地查看区保密监管中心，看望慰问区保密局干部，召开座谈会。田静代表中央保密办、国家保密局向东城领导干部致以新春的问候，对东城保密工作取得的成绩给予高度评价和肯定，对区委区政府重视保密工作表示感谢，对今后工作做出指示。（王景波）

【全民国家安全教育日】4月15日，区保密局以保守国家秘密、维护国家安全为主题，组织涉密人员学习保密法、国家安全法等法律法规，观看警示教育片《手机背后的谍网》，向全区保密干部编发保密就是保国家安全教育短信，制发《保密法制宣传册》3000余册。（王景波）

【网络保密宣教】5月，与区信息办协调，在区协同办公平台通知公告栏目增加“严禁上传涉密文件资料”保密提醒对话框，调整东城区公务员门户网站登录答题式保密提醒，加大网络保密宣教力度，提升各单位信息安全保密意识。（王景波）

【区委保密委会议】7月26日召开。会议传达学习习近平总书记重要讲话和中央、市委保密委全体会议及全国、全市保密工作会议精神，听取区委保密办上年工作汇报，审议通过《中共北京市东城区委保密委员会2016年工作要点》。毛炯主持并讲话，区委常委、常务副区长、区委保密委主任陈之常及区委保密委委员出席。（王景波）

【首次培训保密工作主管领导】8月11～12日，区保密局举办保密工作主管领导专题培训班，以保密工作形势、领导干部保密工作责任制、“三大管理”制度规定为主要内容，邀请国家保密科技测评中心副主任、北京市国家保密局检查处副处长授课，有效提升各单位主管领导责任意识。全区各机关、单位保密工作主管领导120余人参加。（王景波）

【专题培训】9月22～23日举办。邀请北京交通大学国家保密学院老师解读定密管理政策，区保密局干部讲解涉密人员和计算机网络保密管理要求。全区各机关、单位保密工作科室负责人、专兼职保密干部150余人参加。（王景波）

【涉密人员管理】9月，区保密局对各单位保密主管领导、办公室主任和保密干部进行培训，制发《涉密人员管理手册》，推进涉密人员管理，落实全区涉密人员分类确定和备案制度。（王景波）

【保密宣传教育】3月，梳理保密管理要求和注意事项，编辑制作《保密工作20想》宣传册3000册。4月和10月，先后组织区委宣传部、体育馆路街道近100人参观中央和国家机关保密实训平台。到区财政局、党校等单位举办保密知识讲座3次，购置《红色往事》《机关单位保密自查自评工作指导手册》《党政机关工作人员保密须知》等书籍资料2000余册，通过手机短信宣教平台向全区保密干部发送提醒短信1000余条，传达失泄密案例通报，展播警示教育片，发放保密警示标签，强化警示教育。7月，对新任党办干部70余人进行保密常识培

2月3日，国家保密局局长田静带队到东城区慰问指导

训，讲解保密管理制度要求。8月，制作保密工作宣传片，全面介绍东城保密工作开展情况。（王景波）

【保密监督检查】1月，组织各单位开展保密自查自评，汇总上年自查自评情况，分析、研究、解决问题。3月，组织重大活动保密工作专项检查；5月，组织互联网门户网站专项检查；6月，组织中、高考考务工作专项检查。检查工作中将远程检查与现场检查、自查与抽查相衔接，实施监督检查标准化、全覆盖。（王景波）

【保密行政监管】年内，梳理和修订完善人员、载体、计算机、手机、要害部门部位、会议、涉外、信息发布、自查自评、泄密报告等12项全区保密管理工作制度。严格军工资质审查，按照程序逐项进行书面审核和现场审核。对辖区涉密资质企业加强保密提醒，将涉密资质企业涉密计算机和门户网站纳入监管平台。严格涉密网络开通审查。做好政务用户变更、数字证书开通等保密审查，全年审核政务外网接入、数字证书开通、电子政务用户变更等1177家次、1.06万人次。（王景波）

【技术服务保障】按照国家有关技术标准，对保密检查工具进行升级，新购置2套移动通信干扰器，增强保密技术服务保障能力。全年，协调做好涉密计算机单机防护系统的日常维护管理。完成全区重要会议场所检查检测、手机屏蔽干扰等会议服务保障7次。（王景波）

【涉密载体销毁】全年，集中销毁涉密载体和文件4批次，服务98家单位，共销毁文件1365袋，涉密载体215个，文件19.5吨。（王景波）

## 社会建设

【概况】中共北京市东城区委社会工作委员会（简称区委社会工委）和北京市东城区社会建设工作办公室（简称区社会办），为一个机构两块牌子。区委社会工委是负责全区社会建设工作的区委派出机构，列入区委机构序列。区社会办是负责全区社会建设工作的区政府工作部门。内设5个职能科室：办公室（纪检监察科）、党建工作科、社区建设科、社会工作队伍管理科和社会组织工作科，编制24人，实有22人。

年内，围绕全区中心工作，全面深化社会治理体制机制改革，引领全区社会建设各项重点工作，在社区建设、社会工作人才队伍建设和志愿者工作、社会组织服务管理工作及社会领域党建等方面取得新进展。全区社区工作者4人获第四届首都最美社工和首都优秀社工称号。社会组织4家分获第三届北京市社会组织公益服务品牌1银3铜荣誉。

单位地址：东城区什锦花园胡同23号
联系电话：64031118-8748
邮政编码：100007（曹馨月）

【社会治理改革创新】6月7日，召开年度区委社会治理体制机制改革专项小组第一次全体会议，通报区委社会治理体制机制改革专项小组上年工作情况及本年工作安排，审议通过《东城区社会治理体制机制改革专项小组2016年工作方案》，听取相关单位代表就工作开展和下一步工作安排的汇报，金晖、汤钦飞、暴剑、陈本宇参加。6月16日，区委社会治理体制机制改革专项小组印发《东城区委社会治理体制机制改革专项小组2016年工作方案》。7月4日，市委社会工委副书记、市社会办副主任张坚带队市网格化体系建设督导组到区就网格化工作开展情况进行督导，在区网格化服务管理中心听取东城区关于网格化体系建设工作进展情况，实地考察东花市街道服务管理分中心及东花市街道北里东区社区网格化体系建设工作落实情况，汤钦飞参加。12月8日，东四街道社会治理支持中心典型经验被民政部《中国社区报》特别报道全版刊发。（曹馨月）

【社区建设】1月20日，汤钦飞主持召开平房区物业管理公众参与工作研讨会，区委社会工委（区社会办）、区城管委、区房管局、朝阳门街道、东四街道有关负责人参加。4月13日，召开全区社区建设工作会议暨第七届“北京魅力社区”动员部署会，就本年社区建设工作任务进行部署，并对第七届“北京魅力社区”评选活动进行动员。4月9～16日，组织街道、社区人员26人参加市委社会工委、市台办举办的赴台湾学习交流活动。5月16日，市社会办社区建设处实地督查全区年度社区建设重点项目。7月28日，发布《东城区“十三五”时期社区治理规划》。10月中旬至11月上旬，对全区9个社区规范化建设示范点和15个老旧小区自我服务管理试点等社区建设重点项目开展自查和检查验收。10月27日，与区民政局联合印发《关于进一步开展社区减负工作的实施意见》《关于建立东城区社区工作准入制度的实施意见》。11月3~4日，市社会办对东城区本年社区建设重点项目进行实地检查验收。12月15日，召开社区建设工作会，向街道部署本年度社区公共服务设施建设情况统计调查工作。12月18日，第七届“北京魅力社区”评选表彰活动举行颁奖仪式，东直门街道香河园北里社区和东四街道豆瓣社区分别获“北京魅力社区”和“北京魅力社区单项奖”荣誉称号。按照涉台工作要求，指导街道系统开展与岛内结对社区交流活动，重点做好街道赴台交流团组审核工作，年内完成对15个街道赴台团组审批，涉及街道工作人员37人，社区工作人员137人。（曹馨月）

【社会建设调研走访】5月19日，市委社会工委副书记、市社会办副主任张坚带队到区调研社区居民自治工作，与东外大街社区、二条社区、左安浦园社区、前东社区、新鲜社区居委会主任座谈。5月25日，组织社区工作者20人参加市台联、市社会办、台湾社区重建协会在台湾会馆举办的“京台社区治理论坛”活动，接待京台社区治理论坛考察团到史家胡同博物馆参观交流。6月17日，市财政局绩效评价组到区社区规范化建设示范点和平里街道民旺社区进行绩效评价工作调研。7月19日，汤钦飞到东四街道调研社会组织培育发展情况，听取街道关于社区多元参与实践、社会组织培育发展工作以及各社会组织开展项目、发挥作用等情况，区委社会工委（区社会办）、区民政局主要负责人参加。8月24日，区社会办、区房管局、安定门街道办事处有关人员赴朝阳区潘家园街道调研老旧小区自我服务管理工作。9月1日，杨东宁到景山街道景山东街社区调研。9月13日，召开社区建设重点工作推进会，部署老旧小区自我服务管理试点和“微网格”试点建设工作。10月12日，巴基斯坦新闻代表团到朝阳门街道参观走访史家胡同博物馆、史家社区居委会和社区服务站，并与社区居民代表进行互动交流。11月11日，公安部直属机关党校进修班到朝阳门街道参观考察史家胡同博物馆、史家社区居委会、社区服务站和警务工作站。年内完成调研报告《东城区社区治理研究》。（曹馨月）

【社会建设信息化】11月17日，举办“微网格”微信公众号试点建设工作培训会，现场办理微信公众号管理员微信授权，将43个试点社区微信公众号加入到区微信管理平台进行统一管理。11月30日，完成“微网格”微信公众号试点建设任务，43个微信平台全部上线试运行。10月至12月，对年度智慧社区建设工作开展街道自查、区级审核工作，经市委社会工委、市社会办审核，东城区新建智慧社区14个，并完成23个星级智慧社区升星任务。至年底，全区建成智慧社区141个，智慧社区覆盖率约77%。（曹馨月）

【人才队伍建设】2月，启动实施专业社工社区服务督导工程，委托助人、引行等4家专业社工机构，采取项目化运作方式，在交道口街道大兴社区、东直门街道胡家园社区、崇外街道都市馨园社区等7个社区试点开展专业社工社区服务督导。4月15日，经层层选拔、考试，优秀年轻社区工作者4人被北京城市学院录取攻读社会工作硕士专业学位研究生。4月22日至8月31日，经过报名、笔试、资格审查、面试、考察、体检等环节，招录社区工作者334人。10月，研究出台《东城区关于规范社区工作者工资待遇的实施细则（试行）》《东城区2016年规范社区工作者工资待遇方案》，明确社区工作者工资待遇按照上一年度北京市在岗职工平均工资70%的标准确定，及保险、休假、冬季取暖补助等相关福利待遇，并根据上年度全市在岗职工平均工资情况对全区社区工作者3000余人工资待遇做出调整，调整后社区工作者平均应发工资达到4960元。11月，出台《东城区优秀社区党组织书记及社区工作者激励奖励（办法）》，设置五星级社区党组织奖励、社区党建进步奖励、社区党建创新奖励和社区党组织书记补助等创新措施。11月，在全区范围内开展规范社区工作者违纪违规处理工作，确定建国门街道和永外街道作为试点，率先制定街道社区工作者违纪违规处理办法。12月15~17日，启动本年新入职社区工作者培训工作，新招录社区工作者100人参加。（曹馨月）

【志愿者工作】1月，首次建立全区社会领域志愿服务项目体系，包含项目949个。12月，确定开展活动积极、群众反响好的优秀示范项目30个，其中区级志愿服务项目11个，街道社区级志愿服务示范项目19个，给予重点支持。12月，100%完成182个社区志愿服务站的建站和规范提升工作；100%完成4个专业社工机构志愿服务组织的建设工作；建成商务楼宇志愿服务站27个、非公经济组织志愿服务组织20个。（曹馨月）

【社会动员试点工作】2月，确定北新桥街道和崇外街道为本年市级社会动员试点街道。5月12日，市委社会工委到区社会动员试点街道调研，对北新桥街道和崇外街道社会动员工作试点表示满意。11月21日，市委社会工委到崇外街道进行社会动员工作试点验收，对崇外街道在试点工作中取得的成绩和效果给予肯定。（曹馨月）

【社会组织】3月23日，召开使用北京市社会建设专项资金购买社会组织服务项目圆桌辅导会，针对各组织在完成项目中遇到的问题和困难，请专家给予具体建议和指导，相关项目单位负责人参加。5月18日，召开上年度市级购买社会组织服务结项预评审会，20个项目单位负责人参加。6月23日，建国门街道举行社区社会组织评比表彰大会、社区社会组织联合会第二次会员代表大会、社区社会组织孵化基地揭牌仪式，市委社会工

6月23日，建国门街道社区社会组织孵化基地揭牌

委委员、市社会办副巡视员卢建、区领导暴剑出席，区委社会工委（社会办）、民政局相关领导，以及专业社会组织、社工机构和街道社区社会组织代表100余人参加。7月22日，使用上年度市社会建设专项资金购买社会组织服务工作通过专家组绩效考评，共投入205万元支持20个项目，专家139人、志愿者1974人参与，开展服务2250场（次），服务人群涉及社区老人、青少年、残障人群，以及社区工作者、社区社会组织负责人等。12月28日，阳光榕树计划、“融合—爱前行”等5个项目被市社会建设领导小组办公室评为上年度市级购买服务优秀项目。12月29日，区巧娘工作室发展协会举行成立十周年庆祝活动，市妇联副局级巡视员、发展部部长刘玲，区领导宋铁健、汤钦飞出席。年内，持续开展社会组织公益行系列活动，实现不间断的公益行常态化，组织各级各类社会组织实施公益项目，内容涉及扶老助残、心理疏导、法律援助、生态环保等。（曹馨月）

【社会领域党建】2月25日，汤钦飞召开社会组织党的建设和社会组织管理培育工作座谈会，听取区委社会工委（区社会办）和民政局相关汇报，并对社会组织党的建设工作及社会组织管理和培育提出要求。7月1日，拜博医疗集团有限公司召开党委成立大会，汤钦飞出席，区委组织部、区委社会工委、崇外街道工委相关人员、拜博集团总部党员及群众代表参加。8月22日，召开区加强非公企业和社会组织党建工作部署会。8月至11月，完成区委社会工委选举出席区第十二次党代会代表筹备、初步人选推荐和考察、确定预备人选、筹备工作汇报等各阶段工作。10月28日，召开区党建工作领导小组会议，部署非公企业和社会组织集中推进“两个覆盖”工作。9月8日，区委社会工委、区直机关工委到北京市优秀基层党组织——天同律师事务所开展“与先进基层党组织面对面”活动。11月4日，召开区非公企业和社会组织“两个覆盖”工作推进会，先后制发《关于进一步加强全区非公有制企业和社会组织党建工作的任务分解方案》《关于集中推进非公有制企业和社会组织党的组织和工作覆盖的通知》《关于进一步加强非公有制企业党组织建设的工作方案》《关于进一步加强社会组织党组织组建的工作方案》等文件。11月9日，召开中共东城区委社会工作委员会党员代表大会，选举区委社会工委出席区第十二次党代会代表5人。12月，推荐提名北京市出席党的十九大代表人选。年内，在直属党组织中开展党员组织关系集中排查工作、党代会代表和党员违纪违法未给予相应处理情况排查清理工作、基层党组织按期换届工作、党费收缴工作专项检查。开展社区党的建设三级联创工作，修订完成五星级社区党组织考评体系和考评标准，在全区47个商务楼宇工作站主站全部成立志愿服务站，搭建楼宇志愿服务平台。配合区委组织部开展集中推进全区非公企业和社会组织“两个覆盖”工作，汇总整理全区非公企业和社会组织党建工作台账，对没有批复权限的业务主管单位下属的社会组织成立功能型党组织进行批复。（曹馨月）

【党员教育管理】6月13~15日，举办年度社区党组织书记培训班，汤钦飞作开班讲话，全区社区党组织书记181人参加培训。6月20～22日，举办年度社会领域党务工作者培训班，全区社会领域党组织负责人、商务楼宇工作站负责人和非公党建指导员150人参加培训。年内，聘请离退休党员干部140人担任非公有制经济组织党建工作指导员，充实社会领域党务工作者队伍。（曹馨月）

## 直属机关工委工作

【概况】中共北京市东城区委区直属机关工作委员会（简称机关工委），是负责区直机关党的建设和思想政治工作的区委派出机构。内设办公室、组织部（纪工委）、宣传部（团工委、工会），行政编制13人，实有12人。机关工委下设（所属）74个党组织，635个基层党支部，共有党员13631人（其中，在职党员6406人，离退休党员4146人，流动党员3079人）。

年内，组织带领区直机关开展“两学一做”学习教育。以建党95周年和中国工农红军长征胜利80周年为契机，开展爱国主义教育活动，组织区直机关干部300人参观纪念中国工农红军长征胜利80周年主题展览，举办心声颂党歌咏比赛，开展践行社会主义核心价值观征文及文艺展演活动。召开区直机关党代表会议，完成区十二次党代会代表95人的选举任务及区人大代表选举工作。做好区直机关思想状况调查与舆情报送，形成机关干部思想状况调查报告。完成国际田径邀请赛、“首都杯”足球赛、健康行走东城徒步大会、国家公祭日纪念活动等重大临时性任务的组织工作。

单位地址：东城区东四北大街钱粮胡同3号
联系电话：64031118-2604
邮政编码：100010（孙慕星）

【组织建设】贯彻落实《中国共产党党章》《中国共产党党和国家机关基层组织工作条例》《中国共产党发展党员工作细则》等规章，推动各基层党组织规范执行党的基层组织生活，全年审批党组织换届22个，审批发展新党员98人，预备党员转正23人。坚持党代表任期制，做好党代表的服务、组织和培训，推动党代表履职。利用党建联组平台，丰富联组活动内容，拓展活动方式。完成党组织关系转接、政工职评、党员信息统计等工作，开展党费、党员活动经费使用情况核查和党费补缴相关工作。开展党员教育培训，举办基层党组织书记培训班、党务干部培训班、积极分子培训班，区直机关直属党组织书记74人和入党积极分子85人参加集中学习。抓好普通党员干部教育培训，以千人党课、红色讲坛、理论专家走基层等形式，对机关在职党员进行轮训。抓好机关宣传舆论阵地建设，开设区直机关党组织书记微信群和区直机关党务干部微信群提供交流平台，利用《东城机关党建通讯》、宣传橱窗、党务政务公开栏等开展宣传教育。（孙慕星）

【党风廉政建设】落实“两个责任”，推进廉政机关建设。学习贯彻《廉洁自律准则》《纪律处分条例》，开展理想信念和宗旨教育、党风党纪和廉洁自律教育，抓好警示教育、廉政教育和廉政文化建设，观看廉政教育警示片、参观廉政教育基地。坚持把“两个责任”摆上位，完善“两个责任”方案，严格履行主要领导“第一责任人”责任。坚持学习研究制度、分析汇报制度、党务和“六费”公开制度、督促检查制度，围绕解决基层和群众反映强烈的政风行风问题，严格开展专项整治。严肃换届纪律，加强换届工作监督。推进廉政风险防控管理，落实“三重一大”民主决策制度，开展党员组织关系排查和党员违纪违法未给予相应处理情况排查，加强对党员发展和党组织换届工作监督。（孙慕星）

【服务型党组织建设】引领区直机关各级党组织自觉将党建工作与区委区政府中心工作相结合，立足本职岗位服务大局，发挥作用。完善和落实《东城区直属机关加强基层服务型党组织建设指标体系》，调整、充实和细化体系指标，为基层党组织提供引领和指导。启动“千面党旗展风采、万名党员做奉献”党员志愿服务活动，推进党员志愿服务工作机制化、常态化。开展机关在职党支部与低保家庭结对帮扶工作，377个机关在职党支部与低保家庭结对开展帮扶。（孙慕星）

【扶贫济困】坚持服务群众工作机制，持续开展“党心连民心，亲情进万家”活动。开展“共产党员献爱心”捐款活动，区直机关系统党员5403人、群众497人捐款38.4万元。开展“博爱在东城”活动，捐款16.9万元。开展冬衣送暖募捐活动。完善困难党员帮扶机制，做好元旦、春节、七一前夕困难党员走访慰问、党员重大疾病日常帮扶、建国前老党员困难帮扶等工作。协调红十字会等有关部门，为因病致困的机关干部争取救助金，为机关干部300余人发放慰问金40余万元。（孙慕星）

【群团工作】制定《关于进一步丰富机关文体生活的实施意见》《东城区丰富机关文体生活指导手册》，搭建机关干部文化体育活动平台，为丰富机关干部文体生活提供参考依据。以“快乐工作 健康生活”为主题，举办拔河、跳绳、划船、登山、健步走、和谐杯乒乓球比赛等活动，参加人数逾7000人。对全体工会会员进行生日和节日慰问，为国家和市级劳模发放节日慰问金。注重对团员青年和女干部职工教育引导，贯彻落实区群团工作会议精神，完成区妇代会、团代会代表推荐选举工作。组织机关青年开展敬老志愿服务活动、义务植树活动、“情系东城 温暖西部”爱心捐赠活动。围绕服务机关青年，开展“午间一小时”瑜伽练习、工美集团参观、拓展训练、单身联谊、冬奥知识竞赛等活动。以窗口单位、服务行业为重点，发挥巾帼文明示范岗和巾帼志愿者作用，开展庆祝三八妇女节女干部服饰与包的搭配专题讲座活动。（孙慕星）

6月28日，区直机关举行庆祝建党95周年歌咏比赛

## 党校工作

【概况】中共北京市东城区委党校（简称区委党校），同时挂北京市东城区行政学院、北京市东城区社会主义学院牌子。区委党校是在区委直接领导下培养全区党员领导干部和理论干部的学校，也是区委的哲学社会科学研究机构；区行政学院是教育培训东城区公务员的主渠道；区社会主义学院是培训东城区民主党派、无党派人士和统一战线其他方面代表人士以及统战工作干部和理论研究人才的基地。内设16个科室：办公室、机关党委办公室、基本理论教研室、政法教研室、管理教研室、社区建设教研室、科研科、培训一科、培训二科、对外培训科、教务科、财务科、老干部科、综合管理科、北官厅管理科、综合服务科。编制87人，有教职工75人，其中列入参照《中华人民共和国公务员法》管理范围人员51人，事业编制人员24人，其中高级职称8人，中级职称9人。

年内，针对干部、党员、党外代表人士等各类各级培训对象，突出培训的东城党校特色，完成各类培训班次68个，培训学员累计6668人次。其中主体班24个，1210人，其他培训班44个，5458人。

单位地址：东单北大街干面胡同10号

联系电话：65258768

邮政编码：100010（佟日月）

【“一把手”研修班】4月11～15日，“一把手”素质培训工程主题研修班开班。全区党政处级“一把手”200人参加培训，另有街道党

（工）委副书记、各单位主管党务工作的副处级领导干部及其他副处级干部200余人参加扩大学习。培训着眼于"四个全面"战略布局和"五大发展"理念的宏观大格局，深刻分析全区"十三五"时期面临的新形势、新特征、新要求，同时结合东城区"十三五"时期经济社会发展主要指标，进一步厘清未来5年发展的时间表和路线图。（佟日月）

【新任处级领导干部培训班】9月1～30日，区委党校举办新任处级领导干部培训班，学制4周。围绕中央、市、区中心工作，结合东城区发展面临的新形势和新任务，从党性修养、异地教学、廉政教育、学习体会4个方面，重点培训"两学一做"专题讲座、京津冀一体化等理论武装、党性教育、能力培训、财务知识、审计知识、法治思维等。培训以现场教学为主，综合运用讲授式、体验式、参与式、访谈式、研讨式等多种教学方式。（佟日月）

【中青年干部培训班】9月1日至11月4日，区委党校举办中青年干部培训班，学制8周。培训班设置理论武装、党性教育、知识更新、能力培训和综合知识五大教学板块。采用邀请知名专家学者、政府官员进行专题讲授，并采用研讨式、模拟式、体验式、案例式、同伴式教学和现场教学等互动式教学方法，围绕党性锻炼展开读书论坛、学员论坛、与先进典型面对面、党性分析汇报会、警示教育、异地考察等活动。组织学习习近平总书记系列重要讲话精神解读、全面解读十八届五中全会精神、知识更新、党性锻炼、能力培训等。（佟日月）

【公务员科级任职培训班】年内，举办公务员科级任职培训班3期，参训学员124人，学制15天。对科级公务员进行基本理论和行政能力等方面培训。培训课程包括当前形势、政府治理创新和行政能力三大板块，培训方式主要有专题讲座、案例式教学、现场教学、实地参观、讨论交流等。突出学员参与，鼓励学员在教学相长、学学相长的过程中提高自身综合素质和履职能力。（佟日月）

【公务员初任培训班】年内，举办公务员初任培训班3期，参训学员161人，学制3周。培训坚持以教师为主导、学员为主体的教学原则，以课堂专题讲授为主，综合运用案例课、演示课、参观座谈等教学形式，引导学员了解国家公务员的权力义务和行为规范，了解相关的法律制度等。（佟日月）

【副处级领导力提升培训班】2月29日至3月25日，举办副处级干部"领导力提升"培训班。学制4周，24人参加培训。培训班突出"1+2+3"培训特色（1个主题：以党的理论教育为根本、党性教育为核心，着眼于培养信念坚定、为民服务、勤政务实、敢于担当、清正廉洁的好干部。2个结合：一是合班教学与小班教学相结合，有质量、有重点、有针对性地提升课程质量；二是理论学习与实际检验相结合：设置党规党纪测试、微党课、撰写培训感悟等环节提高实际运用知识的能力。3个亮点：一是课程设计重效果，坚持课堂教学、现场教学、异地培训的相互融合，提高培训质量。二是授课方式有创新，在传统讲授式课程的基础上，增添情景模拟提升领导干部媒体应对能力、结构化研讨提升领导干部执行力、现场调研深入天坛周边简易楼拆迁前线走访座谈等课程，为教学增添一股新鲜血液，有效提高学员的学习热情。三是课程设置重互动，设置民主生活会、学员论坛、小组讨论等环节，提升学习质量，增强群体凝聚力）。（佟日月）

【培训新疆学员】4月19日，新疆和田地区和田县基层党支部书记培训班在区委党校举行，33人参加培训。学制8天，通过采取集中授课、现场教学、分组讨论等培训方式，围绕中央民族工作会议及第二次中央新疆工作座谈会精神为指导，以经受锻炼、积累经验、提高素质、增长才干为目的，通过精准扶贫解读、基层党组织建设、"两学一做"系列讲座、社会主义新农村发展建设等课题内容，使新疆学员提高思想政治素质和工作能力水平。（佟日月）

【副处级领导干部进修班】年内，举办两期副处级领导干部进修班，培训副处级领导干部89人，学制3周。结合东城区发展面临的新形势和新任务，从党性修养、异地教学、廉政教育、学习体会4个方面进行培训。培训以现场教学为主，综合运用讲授式、体验式、参与式、访谈式、研讨式等多种教学方式。（佟日月）

【科研工作】年内，坚持开门搞科研、全员搞科研、科研覆盖全领域，推进教学、科研、咨政"三位一体"建设。结合东城面临的非首都功能疏解、城市更新改造的新形势、新任务，重点研究基层党建、城市建设、社区建设、文化建设、统战工作以及党校自身工作等问题，全年完成科研

6月13日，人力社保局科级干部综合素质强化班开班

课题14项（校内10项、校外4项）。突出科研与教学培训、智库建设和理论引领三个方面高度融合、一体化发展的特点。有5项课题聚焦培训规律和新课开发，理论研究与教学培训对接。（佟日月）

【校刊编印】年内，编印校刊《培训主阵地》4期，校刊内设领导讲话、经典导读、东城视窗、教师专栏、考察报告、党建研究、他山之石、史海撷英、环球采风、视野等栏目。内容结构，增设“两学一做”学习教育专栏，加强对党章党规、习近平总书记系列重要讲话精神的学习宣传。刊登文章100篇，28万余字。实现校刊对全区各地区各部门寄发全覆盖。寄发近5000册。（佟日月）

## 党史工作

【概况】中共东城区委党史工作办公室（简称区党史办）与区地方志编纂委员会办公室合署办公，正处级参公事业单位，负责全区党史、地方志工作。内设综合科、党研科、方志科、编辑科，编制16人，实有15人。

年内，收集区委主要工作和重大举措等有关资料、政府折子工程、政府在直接关系群众生活方面办的重要实事进展与落实情况等资料，以为存史；编辑完成《北平军事调处执行部大事长编》（初稿）《北京市志·党志卷》原东城区、崇文区相关内容；收集整理东城区2010—2015年度组织史资料；编辑《中国共产党北京市东城区历史》；开展党史研究、学术交流、宣传教育等，在省市级及以上期刊或专题文集中发表论文9篇，获奖2篇，在区级期刊或杂志发表论文和宣传文章21篇，参加学术研讨会6次；编辑出版《东城史志》季刊总第88-91期；按照区委统一部署，开展“两学一做”学习教育。

单位地址：东城区东四十一条83号
联系电话：84037892
邮政编码：100007（马德川）

【史料征集】北平军事调处执行部资料征集取得新进展，先后赴武汉、枣庄、石家庄、济南、长春等地收集档案、报刊资料和口述资料达100余万字，珍贵照片40余幅，筛选出军调部亲历文章20余篇，在此基础上，整理新增军调部大事记10余万字，与之前成果合编为《北平军事调处执行部大事长编》，共计20余万字；收到来自全区100多个单位的组织史相关资料，东城区2010—2015年度组织史资料的收集和初步整理基本完成。（马德川）

【论文刊发】在省市级及以上期刊或专题文集中发表《北平军事调处执行部历史研究述评》《张闻天与中央红军长征落脚陕甘革命根据地的抉择》等论文9篇，其中《七大前后毛泽东是如何消除山头主义的》获全国党史部门优秀科研成果奖论文类二等奖；《论王若飞对党的三大优良作风的重大贡献》在纪念王若飞同志诞辰120周年学术研讨会征文活动中获二等奖。在区级期刊或杂志发表《北大红楼与共产党先驱早期在东城的活动》《建党时期东城域内革命遗址遗迹》等论文和宣传文章21篇。（马德川）

【学术研讨】入选各学术研讨会6篇，其中《北平军调部中共代表团述略》入选北京市党史系统纪念中国共产党成立95周年座谈会暨学术研讨会；《关于中共中央西北局洮州会议需研究的几个问题》入选“永恒的红色记忆”：中国工农红军长征胜利80周年暨中共中央西北局洮州会议召开80周年座谈会；《抗日战争与现代中国政党制度的转型—以中共与民主党派合作关系建立发展为中心的历史考察》入选中国现代史学会本年年会暨现代中国的历史转型学术研讨会；《论中国共产党对西安事变的因应与处置—以应对突发事变能力为中心的考察》入选纪念西安事变80周年学术研讨会。（马德川）

【党史宣传月】开展庆祝中国共产党成立95周年为主题的宣传月活动，与区委宣传部联合举办党史知识竞赛，收回答题卡3000余张；组织全区党史工作联络员参观中国共产党在东城历史图片展、北大红楼新文化运动纪念馆；开展党史“四进”（进机关、进基层、进社区、进学校）活动，到区财政局、区教育新闻中心、便宜坊集团、北新桥街道门楼社区、建国门街道站东社区等单位讲党课8次，赠送党史书籍及《京华英烈》等视频光盘400余件；在东城史志网站建立庆祝中国共产党成立95周年东城区党史宣传月飘窗，上传东城区党史知识竞赛参考题库，建立北京红色遗址遗迹、京华抗日英雄等链接，扩大宣传范围和覆盖面。（马德川）

【业务交流】9月，赴湖南省衡阳市与衡阳市委党史研究室交流座谈。听取该

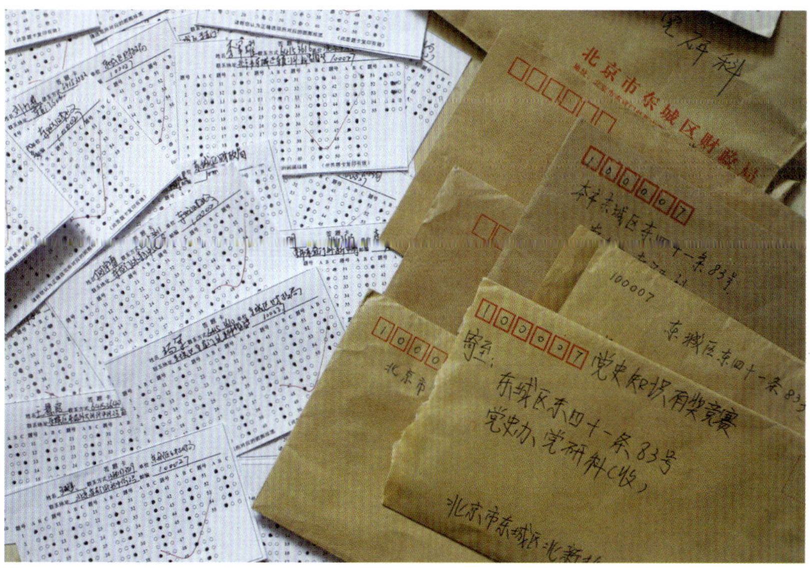


7月1日，全区党史知识竞赛收回答题卡3000余张

市编写《中国共产党衡阳历史》（第二卷）基本情况介绍，就编写过程中如何收集和提炼史料、如何突出地方特色、如何处理敏感人物和敏感事件、如何处理好正史严肃性与可读性的关系、如何处理中央党史与地方党史的关系等问题进行座谈。（马德川）

【史志季刊】编辑《东城史志》4期（总第88-91期），约32万字。以资料板块存史、以研究板块资政、以宣教板块育人，10月，代表北京市各区参加全国地方志期刊工作会，并在会上交流和展示，《北京地方志》本年第3期专文介绍本刊的编辑思路与办刊特色。每期向域内各单位发放1000册，向市委党史研究室、市地方志编纂委员会、北京党史学会、各区史志办等部门赠送200余册，向外省市地级以上党史部门交流100余册，被国家图书馆、国家博物馆、首都图书馆等文博单位列为馆藏刊物。（马德川）

# 纪检监察

【概况】中共东城区纪律检查委员会、东城区监察局（简称区纪委监察局）实行一套工作机构，两个机关名称体制，履行党的纪律检查和行政监察职能，对市纪委和区委全面负责。东城区预防腐败局与区纪委监察局合署办公，负责全区预防腐败工作。监察局、预防腐败局属政府序列，接受区政府领导，预防腐败局不计入政府机构个数。内设机构12个：办公室、组织部（机关党委）、宣传部、研究室、党风政风监督室（区纠正行业不正之风办公室）、信访室（区行政投诉中心）、案件监督管理室、第一至第三纪检监察室、案件审理室、预防腐败室。行政编制58人，实有52人，代管区委巡视机构科级及以下编制4人，实有3人，机关工勤事业编制5人，实有5人。所属事业单位东城区电子监察中心行政人员编制6人，实有6人。受区纪委统一领导的东城区第一联合派驻纪检组（监察室）、第二联合派驻纪检组（监察室），行政人员编制各3人，实有5人。

年内，全区各级党组织和纪检监察组织深入学习贯彻习近平总书记系列重要讲话精神，坚持全面从严治党、依规治党，履行党章赋予的职责，聚焦中心任务，强化“两个责任”，落实“三转”要求，狠抓纪律、作风建设，构建不敢腐、不能腐、不想腐工作机制，强化自身建设，不断提高全区党风廉政建设和反腐败工作科学化规范化水平，全区党风廉政建设和反腐败工作取得新成效。制定区纪委机关《“两学一做”学习教育的实施方案》，区纪委召开“两学一做”专题党课报告会，机关党委组织全体党员集中学习18次，外出参观等活动6次，各支部组织学习研讨交流15次。

单位地址：东城区钱粮胡同3号

联系电话：64013321

邮政编码：100010（杜超　石东伟）

【区纪委全会】2月18日，召开区纪委十一届七次全会。市纪委常委钱华杰及张家明等区级领导班子成员，区法院院长、区检察院检察长、区长助理，区纪委委员，区属各单位党（工）委、党组主要负责人，纪（工）委书记、纪检组长、监察科长，区纪委监察局机关各部室及联合派驻纪检组负责人，区委、区政府第七届党风廉政监督员、特邀监察员等参加会议。夏树军主持。会议传达十八届中央纪委六次全会和十一届市纪委五次全会精神。夏树军代表区纪委常委会作工作报告。全会审议通过区纪委常委会工作报告和全会决议。8月4日，召开东城区纪检监察半年工

2月18日，召开区纪委七次全会

作会。区纪委委员，区属各单位纪工）委书记、纪检组长、监察科长，区纪委机关及联合派驻纪检组全体干部，区委巡视组组长，区党风廉政监督员和特邀监察员等约300人参加。会议传达区委十一次全会精神。区纪委副书记、区监察局局长代表区纪委常委会作全区纪检监察半年工作总结，部署下半年重点工作任务。夏树军作总结讲话。与会人员收看警示教育片《镜鉴》。12月8日，第十二届区纪委第一次全体会议召开。会议选举29人为新一届区纪委委员，选举9人为新一届区纪委常委，选举种磊为区纪委书记，陈岗、李婧、沈谦为副书记。中共北京市东城区第十二次代表大会审议通过种磊代表中共北京市东城区第十一届纪律检查委员会作的《强化监督执纪问责 推进全面从严治党 为建设“国际一流的和谐宜居之区”提供有力保证》工作报告。（石东伟）

【运用监督执纪“四种形态”】3月17日，召开监督执纪“四种形态”重点调研工作部署会，夏树军主持。区纪委、区委组织部、区教育工委、区人力社保局领导和东花市街道党工委、朝阳门街道党工委书记，及区纪委机关部（室）负责人、试点单位纪工委书记等30余人参加。会议决定成立由区纪委监察局牵头，区委组织部、区人力社保局等单位参加的调研课题组，加强对调研课题研究与实践工作的组织领导和督促指导。确定东花市街道、朝阳门街道、区人力社保局、区教育工委等4家单位为试点单位，探索运用监督执纪“四种形态”具体途径和办法措施。5月13日，夏树军主持召开东城区运用监督执纪“四种形态”试点工作座谈会。6月23日，中央纪委廉政理论研究中心副主任谢光辉到区调研实践监督执纪“四种形态”情况。9月28日，制发《东城区运用监督执纪“四种形态”实施办法（试行）》，整理形成“四种形态”工具清单、第一种形态问题清单和相关制度汇编。12月27日，制发《东城区纪委机关在执纪审查中运用监督执纪“第一种形态”实施细则》。（石东伟 刘益明）

【组织工作】3月17～21日，在中国纪检监察学院举办纪律审查业务培训班，专职纪检监察干部68人参加。扎实推进区级纪检监察派驻机构改革，制定《关于加强东城区纪委派驻机构建设的实施意见》；规范区属国有企业纪检组织设置，统一设立专职纪委书记和工作机构。全年提拔交流纪（工）委书记、纪检组长5人，监察科长11人，开展两批次科级干部选拔任用工作，提拔科级干部12人次；审查科级干部档案39份。（杜超）

【宣传工作】在《北京日报》《中国纪检监察报》《是与非》刊登文章34篇，北京电视台专题报道开展知识竞赛等4篇。在中纪委网站刊登信息4篇，在北京纪检监察网刊登信息48篇。在“古韵正声”官网上刊登的《东城区关于近期查处典型案件的通报》引起中央和市属媒体关注，先后被人民网、新华网和千龙网转载。制作的以优秀家风家训为内容的专题片《北京四大恒董氏》，在中央纪委监察部网站专题播出后，获得各界良好反响。推送府学小学校训、《唱响正气歌》，被北京市纪委《廉洁颂》节目选用。开展“遵规守纪 树德立行”主题教育活动，制定并以区委办名义下发《关于学习贯彻〈中国共产党廉洁自律准则〉和〈中国共产党纪律处分条例〉》通知。3月17日，开展“强党性、守党纪、正党风”知识竞赛决赛，与区委宣传部联合制定并下发学习《习近平关于严明党的纪律和规矩论述摘编》通知。实施处级干部任前廉政测试14批次，77人次。开展“纪律教育在身边”征文活动，收集全区各单位征文144篇。向全区处级以上和纪检监察干部发放《习近平关于严明党的纪律和规矩论述摘编》等学习图书7900册。协调为各街道社区配备第二批廉政文化书籍2400册。以案说纪，开展警示教育，制作“张建智案”警示教育片。对东城区警示教育基地内容进行更新。120人次在法院廉政教育基地旁听法庭庭审活动。制定《东城区纪委监察局理论学习中心组2016年理论学习计划安排》。全年开展中心组学习25次。5月26日，张家明调研“三祠”官德教育基地筹建工作，夏树军参加。6月30日，市纪委副书记杨逸铮调研区廉政文化建设工作及“三祠”官德教育基地建设情况。7月4日，夏树军召开“三祠”官德教育基地建设推进会。6月6日，在文天祥780周年诞辰纪念日开展“遵规守纪、树德立行”之唱响正气歌官德教育专场活动，闫崇年教授做专题讲座，区级领导班子成员参加。3月21日“遵规守纪、树德立行—以史为鉴”廉政书画展开幕，全区200余家单位及100余家区外单位参观。6月21日与区文联联合开展廉政戏曲专场演出，全区党员560余人观看。8月26日举办勤

3月17日，召开运用四种形态调研工作部署会

6月21日，廉政戏曲演出

廉曲艺演出，全区干部群众400余人观看。10月9日第八届群众性勤廉书画展开展，全区各单位参观展览。10月10日种磊考察第八届群众性勤廉书画作品展并到陈独秀旧居调研。12月16日开展“遵规守纪、树德立行”群众性勤廉文艺汇演。确定区国资委等10家单位为第二批廉政文化示范点。继续发挥东城区图书馆开展“书海听涛”系列廉政公开课品牌效应，开展廉政讲座。利用“古韵正声”网站和“廉政东城”微博微信开展意识形态、廉洁家风等宣传，制作32个专题共58个页面。发布信息2736条，制作视频新闻15个，制作访谈直播视频42个。完成“以史为鉴”廉政3D展览制作和发布工作。网站访问量为4.35万人18万余次。“廉政东城”微博发布消息2545条，被转发4.03万次。创新开展纪委7次全会微博全程直播活动。“廉政东城”微信开设专题链接7个，编辑发布信息63期近200条。（石琳）

【法规工作】9月28日，区委印发《东城区运用监督执纪“四种形态”实施办法（试行）》。4月21日，区委办公室印发《东城区落实党风廉政建设责任制党委主体责任“清单式”分值管理办法》。9月2日，区委办公室印发《东城区落实党风廉政建设责任制“两个责任”若干规定》。5月3日，区政府办公室印发《关于进一步落实东城区党政机关与纪检监察机关移送问题和线索暂行办法》。12月14日，区反腐倡廉建设领导小组办公室印发《东城区推进领导干部落实党风廉政建设主体责任全程记实工作办法》。4月28日，区纪委印发《东城区落实党风廉政建设责任制纪委监督责任“清单式”管理办法（试行）》。7月12日，区纪委印发《东城区处级单位党政主要领导向区纪委全会述责述廉办法（试行）》。（王泽升）

【调研工作】5月18日，印发《中共东城区纪委办公室关于做好2016年东城区纪检监察系统调查研究工作的通知》，重点围绕《东城区运用监督执纪“四种形态”的实践与思考》《关于开展廉政风险信息化防控工作的实践与思考》《对运用把握“四种形态”提高预防腐败工作实效的思考》《关于在群团组织中开展联合派驻纪检工作的实践与思考》等课题开展调研。全区各单位共完成纪检监察调研报告88篇。在年度调研报告评选中，上报的《东城区纪检监察机关“转职能、转方式、转作风”的实践与思考》获区党建研究会调研报告评选一等奖、获市纪检监察系统调研报告评选优秀奖。（王泽升）

【党风廉政建设责任制】1月14日，组织召开东城区首次处级单位党政主要领导向区纪委全会述责述廉工作现场会。2月4日，印发《关于2015年东城区贯彻落实党风廉政建设责任制情况的通报》，针对重点检查中发现的问题，对被检查单位逐一反馈。4月12日，针对上年度北京市党风廉政建设责任制专项检查反馈意见，起草《关于落实市反腐倡廉建设领导小组办公室<对东城区贯彻落实党风廉政建设责任制检查情况的反馈意见>的整改报告》。4月28日，印发《东城区落实党风廉政建设责任制纪委监督责任“清单式”管理办法（试行）》，加强党风廉政建设责任制落实规范化管理。6月28日，制定《2016年东城区党风廉政建设责任制延伸检查考核方案》，首次以区属各委办局与街道系统互查的方式，对全区34家处级单位下属68家科、站、队、所等二级单位开展延伸检查。7月12日，印发《东城区处级单位党政主要领导向区纪委全会述责述廉办法（试行）》，规范实施处级单位党政主要领导向区纪委全会述责述廉工作。7月21日，北京市纪委监察局副局长杨玉香到区调研党风政风监督工作和党风廉政制度建设工作，夏树军主持座谈会。9月2日，制定印发《东城区落实党风廉政建设责任制“两个责任”若干规定》。10月13日，组织召开第二次东城区处级单位党政主要领导向纪委全会重点述责述廉工作会。11月10日，区纪委常委会专题听取基层单位关于党风廉政建设工作情况汇报。11月11日，印发《关于开展2016年东城区党风廉政建设责任制专项检查的通知》，启动年度责任制落实情况专项检查。12月14日，印发《东城区推进领导干部落实党风廉政建设主体责任全程记实工作办法》。12月28日，北京市党风廉政建设责任制检查组到东城区检查评估本年党风廉政建设责任制落实情况。市纪委副书记、市监察局局长李振奇，区领导张家明等参加。张家明汇报领导班子和个人落实主体责任及创新性工作情况。李振奇提出要求。会后，检查组进行个别访谈、延伸座谈、查阅资料和专项检查。（冯健）

【责任追究】坚持问题导向，发挥责任追究在推动责任落实方面的作用。继续开展行政问责月报送工作，认真落实《北京市行政问责暂行办法》等相关规定，不断规范问责程序，要求各单位对网络行为监察中发现问题的工作人员进行责任追究。7月19日，发挥责任追究在推动责任落实方面的作用，坚持问题导向，对上年全区贯彻落实党风廉政建设责任制推进惩防体系建设情况专项检查成绩排名靠后的2家单位，提请区委书记约谈该单位党组书记，指出问题并提出整改落实要求。对群众举报和媒体反映的违法建设拆除过程中的12个重点问题开展调查核实，对未认真履责的5人实施行政问责。全区全年实施责任追究30件23人次。（冯健）

【中央八项规定精神落实】元旦、春节、五一、端午及中秋、国庆等重要时间节点前夕，面向全区印发《关于强化监督执纪问责 确保廉洁节俭文明过节的通知》《关于强化中秋国庆期间监督执纪问责 严格纠正“四风”的通知》《关于强化元旦春节期间监督执纪问责 营造风清气正氛围的通知》等，制发廉政短信，严明纪律要求。通过政府常务会等各种会议进行专题宣讲，利用网站开设节日期间廉洁教育专栏，面向全社会公布举报电话、网站和信箱，及时受理核查举报，抓早抓小，层层传导压力，持之以恒纠正“四风”。督促全区各部门、各单位落实“两个责任”，严格践行廉洁自律各项规定，防止“四风”问题反弹。要求领导干部切实改进工作作风，弘扬勤俭节约的良好风尚，落实廉洁自律各项规定等。通过建立纪检监察与税务、财政等系统的问题线索发现移送机制，定期调取、分析排查全区党政机关财务支出数据，做好常态监督。国庆期间，下发《中共东城区纪委关于强化国庆期间公车管理的通知》，对8家区属单位公务用车封存情况开展抽查，并配合市纪委做好对全区公务用车的专项检查和公务用车核查工作。开展明察暗访13批35人次，发现问题线索30余件。6月14日、9月21日，对违反中央八项规定精神问题、责任追究案件、涉嫌行贿受贿违法问题等5类32起典型案件向全区通报，并分两批向社会公布，持续释放执纪必严的强烈信号。8月1日，印发《关于严肃纪律 加强风气监督 确保换届风清气正工作方案》，加强换届风气监督。（冯健）

【专项治理】4月，启动深化“为官不为”和“为官乱为”问题专项治理工作和整治查处侵害群众利益不正之风及腐败问题专项工作。制发工作方案，召开部署会；在《新东城报》、“古韵正声”网站开设专项治理工作专栏，公开投诉举报电话，综合利用网站、政风行风热线、行政投诉热线、信访举报电话“12388”等多方渠道，受理群众来信来访。督促指导全区各部门、各单位根据自身工作职责和专项治理内容，明确工作重点，开展自纠自查。通过巡查抽查、专项检查、明察暗访等形式监督检查，并开展问题查处和整改落实。（冯健）

【行政监察】继续推进对拆除违法建设、安全生产、生态文明、城市环境建设、文物保护以及区重点工作监督检查，加大实地监督检查和跟踪监督力度。根据领导批示对金宝街、月牙胡同23号等地区文物保护情况开展调查。5月3日，印发《北京市东城区人民政府办公室关于进一步落实东城区党政机关与纪检监察机关移送问题和线索暂行办法的通知》，进一步规范区党政机关与纪检监察机关移送问题和线索程序。开展对全区散煤燃烧专项治理（“小煤炉”）工作监督。对群众举报和媒体反映违法建设拆除过程中的12个重点问题开展调查核实，结合调查情况，起草《关于对政府投资项目第二批历史遗留超投资项目调查情况的报告》。12月，对7件中央环保督导组重点督导件涉及部门履职情况逐一进行核查，促进重大决策部署贯彻落实。（冯健）

【“两员”工作】4月27日，召开年度东城区“两员”工作会议，总结部署工作。组织“两员”列席区政府常委会、政府扩大会等会议，参与党风廉政建设责任制专项检查、重要节点暗访、现场述责述廉等工作，发挥“两员”监督职能。做好对各组推荐优秀“两员”“两员”组长的走访慰问以及对生病住院人员探望慰问。（冯健）

【信访举报及投诉办理】区纪委受理纪内信访举报584件次，接待来访群众1068批1267人，受理群众投诉22件，召开信访排查会41次。强化对信访举报情况分析研判，向区委常委会、政府常务会专题汇报各2次。对重点领域、重点问题深入研究，形成12期信访专报报区有关领导。加强对领导班子换届工作监督，把好“领导干部廉洁自律意见”回复关，全年共出具廉洁自律意见975人次，其中对换届人选出具廉洁自律意见536人次。（阳威）

【纪律审查工作】5月至6月，组织专人对上年全区查办审结的78件案件及处分执行情况进行集中检查，并随后组织召开案件评查会，结合检查情况，对案件在移送审理、处分执行及立卷存档中存在的具有普遍性、突出性的问题进行剖析，并首次采取讲解互动方式，分析讲解精选出的2个案例，对参会53家基层单位120人起到培训作用。年内，区纪委共初核问题线索194件；新立案102件（102人），其中纪委机关自办案件46件，占新立案数45.1%；结案66件；给予62人党政纪处分，其中党纪处分59人、政纪处分7人、党政纪双处分4人；因涉刑移送司法机关5人；免予党纪处理4人；给予组织处理2人。在“两学一做”学习教育工作中，配合东城区委组织部做好对党代会代表和党员违纪违法未给予相应处理情况的统计和进行相关处理工作。根据区委组织部提供的37人名单中，给予党纪处分7人，立案15人，相关材料转到基层纪检监察组织准备立案6人，因找不到人暂无法处理9人。认真核查涉及区四套班子换届人选的问题线索。按照区提供的500余人名单进行全面摸排，对曾立案及有问题线索27人的情况进行细致核查。配合市纪委对涉及换届人员17人的相关案件线索进行细致核查并及时回复。（刘益明　王松）

【廉政风险防控管理】1月26日，在区人力社保局开讲本年“防微杜渐、禁于未然”预防腐败公开课第一场。

全年在39家处级单位、241家基层单位讲授，党员干部2550人参加。4月20日，印发《2016年廉政风险防控管理工作要点》，明确3个方面12项工作任务，涉及推进权力清单建设及权力公开透明运行，针对案件易发多发领域开展以案倒查廉政风险，加强项目化管理，推进财政资金使用、直管公房管理、国有资产管理等区级重点项目防控，深化廉政风险信息化防控等工作。5月3日，印发《关于报送“以案倒查”廉政风险工作材料的通知》，组织符合倒查条件的发案单位开展以案倒查廉政风险，全年开展倒查51次。5月24日，通过系统整理上年度“六费”公开工作数据上报情况并与财政决算数据进行比对，对“六费”工作存在疑问的13家单位进行函询。5月24日，对5年来10个区级重点项目和384个处级重点项目推进情况进行汇总分析。7月19日，开展全区处级领导干部廉情分析，起草《关于2015年度处级领导班子和领导干部廉政测评情况的统计分析报告》并向区纪委书记会做专题汇报，为干部选用工作提供参考。10月10日，召开东城区领导干部大会，印发《关于开展强化“一把手”监督规范权力行使专项工作的实施方案》，针对典型案件中暴露出的对“一把手”权力行使监督制约不够，制度机制不健全、落实不到位，部分监督检查流于形式等问题，在全区范围内组织开展强化对处级党政“一把手”监督、规范权力行使专项工作。（梁曦）

【惩治和预防腐败体系建设】2月10日，组织召开年度东城区贯彻落实党风廉政建设责任制、推进惩防体系建设主要任务牵头单位汇报会。区委、区政府领导听取牵头单位落实党风廉政建设和惩防体系各项工作完成情况汇报，区委组织部、区发改委、区教工委、区财政局、区房管局、区民政局作重点汇报。（梁曦）

【国际追逃追赃】7月13日，组织召开东城区反腐败协调小组国际追逃追赃工作办公室第一次会议，研究部署全区反腐败国际追逃追赃工作。7月29日，印发《关于转发<北京市关于“追防一体化”机制建设的实施办法>的通知》，继续执行《东城区国际追逃追赃工作协调机制》中的工作措施和报告制度，印发《东城区反腐败协调小组国际追逃追赃工作办公室职责分工》，对反腐败协调小组追逃追赃职责内容、追逃办组成单位及职责予以明确。（梁曦）

【加强基层干部廉政建设】2月2日，印发《东城区科级干部轮岗交流工作办法（试行）》，加大科级领导干部及有业务处置权的一线人员轮岗交流力度，预防“小官贪腐”。督促各部门、各单位加大对基层科队站所负责人的日常监督和管理。3月2日，组织召开“廉政档案”标准化试点单位工作总结座谈会，总结在科级干部中开展廉政档案建设的经验和做法，并为建立全区廉政档案电子化信息平台提供意见建议。（梁曦）

【联合派驻工作】2月至3月，第一、第二联合派驻纪检组召开驻在单位党风廉政建设工作座谈会；3月至4月，第一、第二联合派驻纪检组督促驻在单位组织召开党风廉政建设工作专题会；11月，第一、第二联合派驻纪检组召开驻在单位党风廉政建设工作座谈会；12月，第二联合派驻纪检组对各驻在单位开展贯彻落实党风廉政建设责任制、推进惩防体系建设情况专项检查。年内，第一、第二联合派驻纪检组对驻在单位开展巡查活动170余次，重点监督驻在单位党组和领导班子及其成员贯彻执行民主集中制、“三重一大”决策制度、落实主体责任、党风廉政建设责任制、干部选拔任用、落实中央“八项规定”、监督执纪“四种形态”等工作情况，协助指导党风廉政建设和反腐败工作。（白静　董硕）

【纪检监察信息工作】年内，编印25期《东城纪检监察信息》，向区委办、政府办分别报送100余条（篇）信息，《东城信息》采用19条（篇）；向市纪委报送信息40余条（篇），《北京纪检监察信息》采用11条（篇），中纪委网站刊登信息4篇，在北京纪检监察网刊登信息48篇。（石东伟）

【电子监察工作】年内，向全区印发《关于网络违规行为监察情况的通报》4次，对4人进行问责处理。电子监察平台建设发票筛查系统，对接北京市企业信用信息网、北京市工商局企业登记材料查询服务系统、北京固定资产项目在线审批监管平台、东城区网格化服务管理系统，打通数据壁垒，通过数据比对分析和挖掘，发现问题线索。线索涉及疑似围标串标的政府采购招投标项目，公职人员违规经商办企业以及公款吃喝、公款购物、滥发福利等违规违纪行为，发挥平台惩治和预防腐败作用。编写2期《东城纪检监察信息（电子监察专刊）》，报送区四套班子主要领导。（姜月娇）

# 中国共产党北京市东城区委员会组成人员

## 书记、副书记、常务委员

书　　记　　张家明

副 书 记　　李先忠
金　晖（女，12月免）
宋铁健（9月任）

常务委员　张家明　李先忠
金　晖（女，12月免）
宋铁健（9月任）
陈之常　周永明（12月免）
汤钦飞　徐文熬（12月免）
朴学东（2月免）
张立新（女，4月任）
夏树军（9月免）
种　磊（9月任）
宋甘澍（12月免）
周家雷（9月任）
吴松元（9月免）
王清旺（9月任）
毛　炯（12月免）
陈本宇（12月任）
李　莉（女，9月任，挂职）

研究室主任　石利生
老干部局局长　李长华
社会工作委员会书记　赵小平（5月免）
严　岩（5月任）
直属机关工作委员会书记　毛　炯（兼，12月免）
王清旺（兼，12月任）
教育工作委员会书记　冯洪荣（7月免）
刘　藻（女，7月任）
卫生和计划生育工作委员会书记
贾红梅（女）
党校校长　吴松元（兼，6月免）
金　晖（女，6月任，12月免）
宋铁健（兼，12月任）
社会主义学院院长　周永明（兼，12月免）
汤钦飞（兼，12月任）
党史工作办公室主任　彭积冬

## 工作机构负责人

办公室主任　毛　炯（12月免）
陈本宇（12月任）
保密委员会办公室主任　朱　捷（12月免）
组织部部长　吴松元（9月免）
王清旺（9月任）
宣传部部长　宋甘澍（11月免）
周家雷（11月任）
新闻中心主任　王跃锋
精神文明建设委员会办公室主任
周桂芳（女）
统战部部长　周永明（12月免）
汤钦飞（12月任）
台湾工作办公室主任　王宝祥
政法委员会书记　金　晖（女，兼，12月免）
陈本宇（12月任）
政法委员会政治部主任　韩奇辉
维护稳定工作领导小组办公室主任
张增耀（6月免）
赵小平（6月任）
综合治理委员会办公室主任
王伟民
处理法轮功问题领导小组办公室主任
王　磊（回族）

## 中国共产党北京市东城区纪律检查委员会

书　　记　夏树军（9月免）
种　磊（9月任）
副 书 记　李连喜（9月免）
陈　岗
李　婧（女，9月任）
沈　谦（7月任）

## 区政府、人民团体党政分设工作机构党委（组）书记

政府办公室党组书记　薛国强
政府研究室党组书记　吴　笛（满族）
发展和改革委员会党组书记
陈军义
科学技术委员会党组书记
邱少军
住房和城市建设委员会党组书记
刘景地
城市综合管理委员会党组书记
卿　川
商务委员会党组书记　刘　健（女）
文化委员会党委书记　王伟东（1月免）
张恩东（1月任）

国有资产监督管理委员会党委书记
陈晓梅（女，9月免）
李连喜（9月任）
民族宗教事务办公室党组书记　雷新隆（畲族）
外事侨务办公室党组书记　王贵忠（6月免）
饶景东（6月任）
法制办公室党组书记　李凌波
信访办公室党组书记　邱宏庆
信息化工作办公室党组书记　李英华
对外联络服务办公室党组书记　武　鸿
重大项目协调办公室党组书记　张晓峰（1月免）
许利平（1月任）
产业和投资促进局党组书记　陈　平
民政局党组书记　王　健（2月免）
魏慧明（2月任）
司法局党组书记　李利平（女）
财政局党组书记　马增辉
人力资源和社会保障局党组书记　赵　刚
环境保护局党组书记　王　健（2月任）
审计局党组书记　许　健（5月免）
侯立华（6月任）
安全生产监督管理局党组书记　曹永军（6月任）
体育局党委书记　马振星
统计局党组书记　张智敏（女）
园林绿化局党委书记　梁成才
旅游发展委员会党组书记　李雪敏（女）
民防局（地震局）党组书记　刘　方（11月免）
房屋管理局党组书记　刘海军
市国土资源局东城分局党组书记　王震雪（女，6月任）
市规划委员会东城分局党组书记　宋志红（女）
国家税务局党组书记　宋怀明
地方税务局党组书记　赵增科
市工商行政管理局东城分局党组书记
韩　非
质量技术监督局党组书记　许建民（5月免）
邢　磊（5月任）
东城区食品药品监督管理局党组书记
王厚廷
政务服务中心党组书记　尹广枢

中关村科技园区东城园工作委员会书记
李照宏
前门大街管理委员会党组书记　葛俊凯
北京站地区管理委员会党组书记　刘宗琦
城市管理综合行政执法监察局党组书记
韩卫国（1月免）
吴志辉（1月任）
网格化服务管理中心党组书记
李光升
东二环交通商务区建设管理办公室党组书记
连占国（2015年5月免）
王府井地区建设管理办公室党组书记
王中华（兼，12月免）
葛俊凯（兼，12月任）
档案局（馆）党组书记　陈国安（10月免）
机关事务管理服务中心党组书记
连秉坤
环境卫生服务中心党委书记
李庆君（女）
房屋征收事务中心党组书记
刘志刚
房屋土地经营管理一中心党委书记
王秋良
房屋土地经营管理二中心党委书记
康哲才
总工会党组书记　王　彦
共青团东城区委党组书记
于家明
妇女联合会党组书记　杨立萍（女）
科学技术协会党组书记　李小康
工商业联合会党组书记　侯文渊（8月免）
郝国信（8月任）
归国华侨联合会党组书记
谭　菲（女）
残疾人联合会党组书记　从艳梅（女）
红十字会党组书记　郭树楠
文学艺术界联合会党组书记
周晓沪（8月免）
王富国（满族，8月任）

# 民主党派

## 民革东城区委

【概况】中国国民党革命委员会北京市东城区委员会（简称民革东城区委），成立于2011年7月。民革是具有政治联盟性质的、致力于建设中国特色社会主义和祖国统一事业的政党，是中国共产党领导的多党合作和政治协商制度中的参政党。成员主要由同民革有历史和社会联系的人士、同台湾各界有联系的人士、社会和法制专业人士组成。1990年5月，成立第一届东城区工作委员会（民革市委派出机构）。2003年7月成立民革北京市东城区委员会。2010年国务院对首都功能核心区行政区划调整作出批复，设立新的北京市东城区，原民革东城区委与原民革崇文工委合并。本年5月召开中国国民党革命委员会北京市东城区第二次代表大会，选举产生民革东城区第二届委员会。有主委1人、副主委3人、专职副主委1人、秘书长1人、委员17人。下设调研提案、社情民意、祖国统一、学习宣传、经济社会、青年与妇女、老龄文史、法制8个专项委员会。基层支部16个，民革党员862人，其中全国政协委员2人、市人大代表1人、市政协委员4人，区人大代表4人、区政协委员17人（其中副主席1人，常委2人）、民革中央专项委员会委员6人、民革市委委员9人（其中常委2人）、区青联委员3人。担任各级特约监察员、监督员5人，各级人民法院人民陪审员10人。年度新发展民革党员44人。区民革党员中具有台胞、港澳同胞和海外侨胞（简称三胞）关系的400余人。

年内，学习贯彻中共十八大和十八届三中、四中、五中、六中全会精神，围绕全区中心工作和发展大局，发挥优势，突出特色，加强自身建设，围绕市、区中心工作，努力履行参政党区级组织职能。召开主委会议6次、全委会8次 。举办党员培训班、召开学习贯彻中共十八届六中全会精神座谈会、组织党员赴红旗渠干部学院学习；参加东城区民主党派、无党派后备骨干成员培训班、民革市委区级组织新一届领导机构培训会。民革东城区委妇联被评为北京市三八红旗集体。党员1人被评为民革全国机关工作先进个人、党员5人被评为民革全国祖统工作先进个人、党员2人被评为民革中央政协会议发言和提案工作作出贡献先进个人。在政协东城区第十三届委员会第五次会议和十三届总结表彰会上，分别有党员9人被评为优秀委员。

单位地址：幸福大街32号405室、407室

联系电话：64015225

邮政编码：100061 （张妍）

【第二次代表大会召开】5月21日，中国国民党革命委员会北京市东城区第二次代表大会召开。大会听取并通过民革东城区第一届委员会工作报告；选举产生民革东城区第二届委员会；召开二届一次全委会，选举产生主委、副主委，任命秘书长，通过大会决议并完成各项议程。大会号召，东城区全体民革党员要紧密团结在以习近平同志为总书记的中共中央周围，高举中国特色社会主义旗帜，振奋精神，同心同德，凝心聚力，开拓创新，深入学习贯彻《中共中央加强社会主义协商民主建设的意见》《中国共产党统一战线工作条例（试行）》，围绕“四个全面”战略布局，加强自身建设，认真履行职能，推进工作创新，为促进祖国和平统一，为加快建设国际一流的和谐宜居之区做出新贡献。民革中央副主席、民革市委主委傅惠民、常务副主委王雪鹰、中共市委统战部副巡视员贺淑晶和区领导张家明、李先忠、赵中原等出席大会。 （张妍）

【调研与提案】在区统战系统调研报告评比中，《关于化解民间借贷风险的调研报告》获一等奖，《关于加强中小学法治教育促进青少年全面发展的调研报告》获二等奖，《关于社区和商超食品安全状况的调研报告》《关于东城文化产业园区升级的调研报告》获三等奖。在政协东城区第十三届委员会第五次会议上，《关于创新东城区社区治理模式，提升社区服务水平的建议》被评为上年度党派团体优秀提案，《关于用法治思维治理群租房的建议》被评为上年度委员优秀提案。在政协东城区第十三届委员会第五次会议上提交的党派提案《关注社区和商超食品安全状况，保障最后一公里食品安全质量的建议》被评为本年度党派优秀提案。全年召开调研工作会3次，专题调研工作会10次，与相关单位座谈10余次。在政协东城区第十三届委员会总结表彰会上《关于东城区内城人口疏解的相关建议》，被评为党派团体最具影响力提案，《关于成立东城区文化产业引导基金的建议》《关于社区和商超食品安全状况的建议》被评为最具影响力提案。完成《学区制教育综合改革实施情况》《前门地区升级改造》《东城文化产业发展路径研究报告》《关于北京市刑事证人、鉴定人出庭作证的调研》4篇调研报告。在政协东城区第十四届委员会第一次会议上，提交党派提案2件，民革身份政协委员个人提案18件。 （张妍）

11月，纪念孙中山诞辰一百五十周年书画笔会暨民革北东城中山书画院成立

【社情民意信息】年内，报送社情民意信息124篇，其中区政协采纳23篇、民革市委采纳47篇。获上年度东城区统战系统信息工作优秀单位二等奖，党员1人被评为优秀信息员。在政协东城区第十三届委员会第五次会议上，民革东城区委被评为上年度社情民意信息工作先进单位；党员4人被评为优秀社情民意信息工作者。在政协东城区第十三届委员会总结表彰会上，民革东城区委获东城区政协2012-2016年度优秀社情民意信息工作先进单位；党员撰写的《关于农民住房问题的几点建议》《关于北京市地铁票价调整的建议》《新旧交替之际加快退耕还林机制》《关于发挥机场快轨的线路优势 优化城区东北方向交通运输状况的建议》4篇信息，被评为最有价值社情民意信息。（张妍）

【民主协商】7月19日，参加东城区党派团体协商会，就本年区政协换届、区委十一届十一次全会报告（征求意见稿）、东城区上半年经济社会发展工作总结和下半年重点工作有关情况进行协商，并提出意见建议。11月17日，参加东城区党派团体协商通报会，就东城区第十四届政协委员人事安排、第十二次党代会区委工作报告（征求意见稿）进行协商，并提出意见建议。12月1日，参加 东城区党派团体协商通报会，就区级有关人事安排及本年政府工作报告（征求意见稿）进行协商，并提出意见建议。（张妍）

【孙中山先生诞辰纪念活动】3月12日，组织党员近100人在北京中山公园中山堂举行拜谒活动，参观中山先生与辛亥革命暨中山先生在北京陈列展。7月21日，民革东城区委与深圳民革龙岗区总支在深圳市坪山新区中山小学开展结对交流，组织参观纪念孙中山诞辰150周年大型图片展、庚子首义纪念馆、孙中山故居及博物馆。11月3日，举办纪念孙中山先生诞辰150周年座谈会，以继承和发扬孙中山思想是中华民族伟大复兴的需要也是民革的历史使命，缅怀中山先生，建设极强大国，从孙中山先生三莅北京了解他的爱国主义情怀为主题，从不同侧面缅怀孙中山先生的高尚情操、伟大功绩和革命贡献，青年党员分别从“承先生志自强不息”和“砥砺前行，虽百折而不挠”谈各自学习心得。本日还举办了纪念孙中山先生诞辰150周年书画笔会暨民革北京东城中山书画院成立仪式，民革中央专职副主席、全国政协常委兼副秘书长何丕洁揭牌并致辞。11月10日，参加民革中央主办的第七届“中山黄埔两岸情”论坛。参加民革市委在中山公园中山堂组织的纪念活动；第三支部、第六支部分别组织党员到香山碧云寺举办拜谒活动，参观“孙中山先生诞辰150周年爱.怀念展览及书画展”；在党员中开展纪念孙中山先生诞辰150周年征文活动。（张妍）

【对台工作】7月5日，组织党员到国家大剧院观看以大陆赠台熊猫“团团、圆圆”和其宝宝“圆仔”为原型的大型儿童剧《团仔圆妞》。8月30日，组织台湾高校杰出青年北京暑期实习团，参观协和医院院史馆和玉河历史文化保护区，访问景山街道吉祥社区。9月9日，召开迎中秋三胞联谊会，会上民革中央联络部领导对台湾地区领导人选举结果进行剖析，对蔡英文上台后的复杂局势进行阐释；区台办主任介绍近期东城区对台工作成效。利用华灿工场两岸青年创新创业实践基地，先后接待第二届两岸青年和平发展论坛代表、台湾艺术大学校长、台湾中华工商联合会会长、第五届台湾暑期实习生等，推动两岸设计与科技结合，合力打造两岸青年协同设计服务平台。（张妍）

【社会服务】3月19日，与中国康复研究中心脊髓损伤康复科共同举办“走近轮椅上的天使”关爱脊髓损伤残疾儿童公益活动。7月1日，第十三支部党员到怀北社区医院义诊，接诊160人次。8月4日，主委到景山街道服务大厅，慰问街道工作人员及社区工作者。9月23日，第十三支部联合十一支部为交道口社区老人排查老年眼疾。第十二支部与和平里兴化社区共建国学书法班。第一支部、第八支部参加本年西部温暖计划行动。第二支部党员连续3年义务为大兴区明圆打工子弟学校和兴华打工子弟学校讲授美术课。第四支部党员在居住地社区牵头举办跳蚤市场，为贫困山区孩子筹集免费午餐资金。第十二支部党员为建国门街道辖区内残障人士编排舞蹈。（张妍）

【法制工作】8月17日，法制专委会成立，由党员中的律师、法律工作者、爱好者组成。9月6日，围绕遗嘱制度与继承法及家庭与婚姻实例，举办法制专题讲座。11月1日，围绕未成年人保护法和教师法等相关法律知识，为东交民巷小学作专题讲座。11月24日，组织党员参观纪念红十字国际委员会成立150周年大型国际巡回展览“战火中的人道”。（张妍）

【专委会工作】3月7日，举办“科学养护脊柱，健康伴您一生”健康知识讲座。3月29日，组织党员参观北京爱慕内衣时尚工厂。9月28日，组织党员100人参观第十四届中国国际肉类工业展览会。10月9日，召开九九重阳节联谊会，老党员100人参会。青年与妇女专委会成立合唱团和模特队，创作《东城民革之歌》。10月15日，举办“女性形象管理”讲座沙龙。

（张妍）

## 民盟东城区委

【概况】中国民主同盟北京东城区委员会（简称民盟东城区委），成立于2011年6月。民盟主要由从事教育以及科学技术工作的高中级知识分子组成，具有政治联盟特点，是致力于建设中国特色社会主义事业的参政党。区域内1951年始有民盟支部。1986年11月成立第一届工作委员会（属民盟市委派出机构）。1998年11月成立中国民主同盟北京市东城区委员会。2003年7月召开民盟东城区第二次代表大会，产生第二届领导班子。2006年6月召开民盟东城区第三次代表大会，产生第三届领导班子。2011年6月19日，在原崇文和原东城民盟合并基础上，召开新民盟东城区第一届代表大会，产生新一届领导班子，领导班子由主委1人，常务副主委1人，副主委5人组成。2016年5月22日召开民盟东城区第二届代表大会，产生新一届领导班子，领导班子由主委1人，常务副主委1人，副主委4人，秘书长1人组成。民盟区委下设五部、九委、三会一团工作机构，区委下设组织部、参政议政部、宣传部、社会服务部、专委会工作部5部；教育、文化、卫生、体育、经济、科技、妇女、文化创意、老龄9个专门工作委员会；统战理论研究会、社情民意信息工作委员会、《东城盟讯》编委会、民盟东城区委艺术团。有民盟基层委员会2个，基层总支1个，基层支部57个（区属单位支部24个、市属单位支部4个、中央单位支部29个），盟员1644人。盟员中任全国政协委员2人，市人大代表4人，市政协委员5人，区人大代表7人，其中任区人大常委2人，区第十四届政协委员19人，其中任区政协常委5人；任市委、市政府特约监察员2人，区委、区政府特约监察员5人。

年内，民盟东城区委深入学习贯彻中共十八届三中、四中、五中、六中全会和习近平总书记系列重要讲话精神以及统一战线理论知识，参加盟中央、盟市委和中共区委统战部组织的各种理论学习班、专题研究班和党派干部骨干培训班，围绕区大事、要事开展调查研究，了解和反映群众要求，积极参政议政，履行参政党职能，组织盟员开展社会服务、慰问等活动。区委被民盟北京市委授予优秀区级组织称号；被东城区政协授予上年度社情民意信息工作先进单位称号；获中共东城区委统战部授予东城区统战系统信息工作优秀单位二等奖。民盟东城区委崇文科技支部被民盟中央评为坚持和发展中国特色社会主义学习实践活动先进集体。13个基层支部获民盟北京市委先进基层组织称号。盟员50人被民盟北京市委授予盟务工作先进个人称号。盟员8人获民盟北京市委社会服务先进个人称号。盟员5人获民盟北京市委参政议政先进个人称号。盟员2人获民盟北京市委思想宣传理论研究先进个人称号。

单位地址：幸福大街32号409室

联系电话：84023777　87550409

邮政编码：100061　（翟洋）

【区委第二次代表大会】5月22日，中国民主同盟北京市东城区第二次代表大会召开，大会完成各项议程，选举产生民盟东城区第二届委员会，完成民盟东城区委换届工作。民盟中央副主席、北京市政协副主席、民盟北京市委主委葛剑平，民盟中央副秘书长、组织部部长陈幼平，民盟北京市委常务副主委刘玉芳，中共北京市委统战部副巡视员贺淑晶，东城区委书记张家明等领导出席代表大会。开幕式上，区政协副主席、民进区委主委罗强代表东城区各民主党派、区工商联致贺词，葛剑平代表民盟北京市委致贺词，张家明代表中共东城区委、区人大、区政府、区政协致贺词。民盟东城区第一届委员会主委作工作报告。与会代表94人对民盟东城区第一届委员会工作报告进行讨论。会议选举产生民盟东城区第二届委员会委员。在民盟东城区第二届委员会第一次全体会议上，选举产生新一届领导班子。闭幕式上，民盟东城区第二届委员会主委代表新一届领导班子发言。（翟洋）

【调研与提案】民盟东城区委《关于中轴线标志性建筑的保护与开发利用的调研报告》获参政议政优秀调研成果一等奖；《关于老年人心理健康管理与干预手段的调研报告》获参政议政优秀调研成果二等奖；《关于把东城区打造成为国学教育示范区的调研报告》《关于探索东城区服务型企业员工素质培训模式，提升京津冀一体化公共服务软实力的调研报告》分别获参政议政优秀调研成果三等奖。区委连续5年获东城区统战系统调研评比一等奖。《关于促进东城区文化创意产业发展的建议》被评为上年度党派团体优秀提案。区委副主委提交的《关于东城区老旧厂房院落改造后引进业态的几点建议》被评为上年度委员优秀提案。11月3~4日，区委召开二届四次全委（扩大）会议暨　年度调研推动会。会上，副主委介绍年度区委调研工作情况，并对调研报告终稿的撰写规范提出具体要求。（翟洋）

【民主协商】每次协商会前，以电子邮件、专题座谈会等形式，向各支部主委、参政议政骨干盟员征求协商会建议。4月14日，区委领导参加东城区政协党派提案协商办理会，出席会议的有提案办理单位东城区人力社保局、协办单位东城区工商联的相关人员、区委调研课题组成员及区委专职干部，对提案办理情况进行沟通。6月23日，区委班子成员参加东城区领导与新一届民主党派负责人谈心会，主委柳学全代表区委作会议发言。7月19日，主委出席东城区党派团体协商会，就本年区政协换届工作意见、区委十一届十一次全会报告（征求意见稿）及东城区上半年经济社会发展工作总结和下半年重点工作有关情况进行协商。11月17日，区委常务副主委和秘书长参加党派团体协商通报会，就区政协换届有关人事安排和区第十二次党代会区委工作报告（征求意见稿）提出意见建议。（翟洋）

【社情民意信息】年内上报各类信息90条。区委获区政协上年度社情民意信息工作先进单位称号，盟员6人获区政协上年度优秀社情民意信息工作者称号、6人获上年度区统战系统优秀信息员称号。9月9日，区委召开民盟东城区委本年社情民意信息部署会，支部主委40余人参加。9月23~24日，区委在九华山庄贵宾楼酒店举办上年骨干及新盟员社情民意信息培训班。主委、副主委和秘书长出席，骨干及新盟员30余人参加学习培训。（翟洋）

【组织建设】保持民盟教育、科技、文化为主的界别优势。区委形成“四四三”分层组织管理模式，即支部工作“四个一”、专委会工作“四个一”和盟员发展“三个一”工作要求。在支部建设中开展“四个一”活动，即倡导每个支部每年开展1次有意义的支部活动，发展新盟员1人，撰写1篇社情民意信息，届内结合支部特色完成1个区委调研课题。对专委会提出“四个一”工作任务，即每年召开1次班子专题会；届内完成1篇调研课题；每年召开1次参政议政意见征集会，转化成社情民意信息；每年组织1次有意义的专委会活动。在盟员发展过程中推行“三个一”要求，即新盟员6个月培养考察期内撰写1篇社情民意信息，做1次思想汇报，参加1次组织活动。3月24日，区委召开一届十次主委会暨换届工作领导小组第一次会议。4月1日，区委召开一届十三次全委扩大会暨民主测评会和换届工作动员部署会。4月18日，

10月12～16日，民盟东城区委成员赴丹东义诊

区委换届工作领导小组召开第二次会议。4月28日，区委召开基层组织负责人座谈会。5月17日，区委召开民盟东城区第二次代表大会代表培训会。5月22日，中国民主同盟北京市东城区第二次代表大会召开。本年新收区盟员52人，全区盟员1644人。（翟洋）

【思想建设】1月21日，民盟东城区委主委、常务副主委带队走访慰问离退休老主委4人。1月27日，区委在大观楼影院举办年度迎新春电影招待会，参加盟员300余人。2月5日，主委、常务副主委和副主委2人应邀出席中共东城区委统战部举办的东城区党外人士迎新春座谈会。3月7日，区委妇女委员会在东城区北京广播电视大学东城分校会议室开展塑造更完美的自己，手工花饰制作体验活动，邀请佳冉工坊设计师主讲。常务副主委、区委妇委会主任等女盟员50余人参加。8月18~19日，区委领导班子以及部分区委委员、骨干盟员18人参加本年东城区民主党派、无党派后备骨干成员培训班。年内，民盟东城区委组织盟员300余人次参加民盟北京市委、中共东城区委统战部、北京市社会主义学院、东城区社会主义学院等部门举办的学习培训班和纪念讲座活动。10月9日，区委组织老盟员参观天坛街道养老照料中心，老盟员20余人参加。区委常务副主委、天坛街道办事处副主任出席活动。11月8~12日，区委联合东城区社会主义学院举办革命传统教育学习班，组织区委委员和支部主委18人赴湖南韶山实地学习。学习活动由区委常务副主委带队，学习主题为“牢记革命传统，培养党派意识，做好政治交接”。韶山干部培训学院教育服务中心主任作《以毛泽东为代表的湖湘伟人与中国梦》专题讲座。在现场教学中，盟员们参观了毛泽东、刘少奇、彭德怀故居和纪念馆，同时聆听韶山干部培训学院老师现场授课。（翟洋）

【社会服务】10月12~16日，区委主委带领民盟医疗专家组赴辽宁丹东公安医院开展义诊。专家组分别与丹东市公安医院内科、骨科、神经外科、中医科等科室进行对接，通过门诊义诊、教学查房、疑难病例会诊、业务指导、互动交流等多种形式对相关科室进行帮扶，每日接待就诊病人近300人。同时，专家组针对心脑血管疾病的预防和急救、冠心病的治疗新进展、院前急救注意事项、颈肩腰腿痛的针灸疗法及老年骨折和老年性骨病的治疗等专题开办市民医疗科普讲座、公安干警健康大讲堂及医务人员医疗培训，共计6场次。来自协和医院、中国中医科学院、普仁医院、国家体育总局运动医学研究所、天坛医院、中国中医科学院望京医院、同仁医院、中日友好医院等医疗专家8人参加义诊活动，民盟区委常务副主委和秘书长参加活动。（翟洋）

【支部活动】1月10日，民盟东城区委

财贸支部赴流村镇福利院开展支部活动，为住院人员打扫卫生并捐助。1月12日，民盟职大支部在职盟员参加东城职大统战工作会暨民主党派座谈会。3月28日，民盟东城区委东城经济支部、工业支部联合组织部分盟员到燕京书画社艺术馆参观《百猴献瑞——曹俊义画展》。4月10日，民盟东城区委冶金一支部召开支部大会，选举参加民盟东城区第二次代表大会代表、民主推荐民盟东城区委第二届委员候选人。4月10日，民盟东城区委冶金一支部召开支部大会，选举参加民盟东城区第二次代表大会代表、民主推荐委员候选人。5月25日，民盟职大支部组织盟员参观雍和宫。6月17日，崇文科技支部召开年度调研课题讨论会，走访支部盟员企业。6月28日，民盟东城区委经济支部、东城中学支部、天坛医院支部和工业支部，在大泽泉书苑联合举办书画交流活动。7月18日，民盟中国中医科学院委员会第六支部完成支部换届。7月，民盟东城区委外经贸支部召开建党95周年座谈会，并看望走访支部离退休老盟员。8月13日，民盟北京天坛医院支部医疗专家团队赴河北保定义诊。9月10日，民盟东城区委崇文科技支部组织盟员及亲友30人参加第七届北京国际山地徒步大会。9月13日，民盟东城区委崇文经济支部在崇文门中学召开“把东城区打造成为公共文化服务示范区之学校篇”的调研课题座谈会。10月21~22日，民盟东城区国家体育总局支部组织“回顾历史、展现盟员风采”主题活动。（翟洋）

【盟员当选人大代表政协委员】12月18~20日，政协北京市东城区第十四届委员会第一次会议召开。民盟盟员19人被推荐为区政协委员，其中5人当选为政协常委。12月19~22日，东城区第十六届人民代表大会第一次会议召开，盟员7人被推选为区人大代表，其中2人当选人大常委。（翟洋）

## 民建东城区委员会

【概况】中国民主建国会北京市东城区委员会（简称民建东城区委员会）于2011年6月18日成立。民建是主要由经济界人士组成的、具有政治联盟特点的、致力于建设中国特色社会主义事业的政党。2012年8月，区委主委调整，张树华当选为主委。本年5月28日，民建东城区召开第二次代表大会，选举产生民建东城区第二届委员会领导集体，选举产生民建东城区委第二届委员会主委1人、副主委7人、秘书长1人、区委委员24人。民建东城区委有支部43个，专委会14个，即参政议政委员会、理论委员会、法制委员会、社情民意信息委员会、宣传和学习委员会、经济委员会、财政金融委员会、企业委员会、社会服务委员会、会员活动委员会、青年委员会、老龄委员会、妇女委员会、医药卫生委员会。会员1651人，有全国政协委员2人，区人大副主任1人、区人大常委3人，区政协常委1人，区人大代表10人，区政协委员17人。

年内，民建东城区委贯彻落实中共东城区委和民建北京市委的决策部署，学习贯彻中共十八届三中、四中、五中、六中全会精神和习近平总书记系列重要讲话精神及统一战线理论知识，坚持在改革中认清使命、在继承中创新发展，立足本职，服务大局，团结引导会员，凝聚共识、积聚力量，发挥自身特点和优势，围绕中心工作，认真履行参政党职能，全面助推区域经济社会文化发展。民建东城区委有2人获得本年民建中央社会服务先进个人称号。民建会员中的政协委员个人提案5篇评为东城区政协最具影响力提案，区委《关于在东城区建设北京艺术品交易中心区的建议》评为党派最具影响力提案，民建会员担任政协委员11人被政协第十三届委员会评为优秀委员。

单位地址：东城区幸福大街32号

联系电话：64023933　87556406

邮政编码：100061（于洋）

【调研与提案】认真研究分析民建市委、中共东城区委统战部发布的调研课题，部署年度调研工作，确定重点调研参考选题。通过召开参政议政部署会、期中推进会、调研座谈会等推进参政议政工作有序开展。完成《关于实施燃料乙醇示范工程促进京津冀大气污染治理与减排的若干建议》《我国企业海外并购现状、问题及政策建议》等市委调研课题6篇，《关于推进东城区法律服务业发展的调研报告》《关于PPP模式助力东城区经济发展的调研报告》《关于北京市东城区企业降低成本的调查报告》《关于东城区城市精准帮扶工作的调研报告》《关于提升东城区绿色发展的调研报告》等区委调研课题5篇。（于洋）

4月15日，民建东城区委组织春季植树活动

【社情民意信息】组织骨干会员、信息员及新会员培训班，邀请民建市委、区政协领导作“如何撰写社情民意信息”培训，提高会员撰写信息积极性和主动性，促进社情民意信息数量和质量双提升。民建东城区委向民建中央、市委、市政协、中共东城区委统战部、区政协和相关部门报送社情民意信息150余件。民建市委采用10余篇，区政协采纳40余篇，多篇信息得到区主要领导批示。（于洋）

【民主协商】2月5日，参加区政府召开的党外人士迎新春座谈会，主委作“不忘合作初心　继续携手前进——为首都区域经济社会发展凝心聚力”发言。6月22日，参加中共东城区委主要领导与新一届民主党派区委负责人谈心会，主委围绕新一届区委班子将如何加强自身建设履行参政党职能发言。7月19日、11月17日，参加东城区党派团体协商通报会。（于洋）

【思想建设】民建东城区委通过学习、培训、座谈、交流等多种形式，深入开展坚持和发展中国特色社会主义学习实践活动，通过不断学习政治认同和思想共识，增强“四个意识”，特别是核心意识和看齐意识，保持理论上清醒，做到政治上坚定，自觉维护中国共产党领导，多党合作的政治格局，自觉做中国特色社会主义的亲历者、实践者、维护者、捍卫者。编发新《东城民建》11期、《政协特刊》1期。（于洋）

【组织建设】召开6次主委会议、3次全委会议，认真贯彻民主集中制原则，坚持重大问题集体讨论决定，制定《中国民主建国会北京市东城区委员会领导班子成员分工及联系基层支部的规定》，并对主委、副主委联系基层支部和专委会作出明确分工，将此项工作纳入年中、年终述职重要内容之一。坚持以专委会建设为抓手，对14个专委会主任、副主任、秘书长及委员进行调整，制定《民建东城区委领导班子成员联系专委会和支部责任分工表》，进一步强化领导责任，明确各专委会职能。在会员发展方面，遵循坚持标准、保证质量、改善结构、慎重发展的方针，坚持成熟一个，发展一个的原则，认真有序地完成对入会申请人的审查，全年发展新会员39人。（于洋）

【社会服务】继续推动“专家百姓零距离　民建真情在社区”活动在社区落实，为社区居民送去专业医疗和法律服务。推动颐和老年公寓养老服务、长青园社区居家养老等传统社会服务项目。与民建朝阳区委开展社会服务学习交流活动，探索开展社会服务新路径。与北京智天使青少年成长促进中心联合北京市家庭教育指导服务中心，在北京市妇女儿童社会服务中心举办庆六一国际儿童节家庭教育活动。眼科专家赴门头沟王平镇社区卫生服务中心开展坐诊带教活动。区委副主委、委员中的律师到多福巷社区进行法律咨询服务。同仁支部与保定新城支部联合共建，在河北高碑店市开展义诊活动。经贸支部前往甘肃省临夏回族自治州东乡族自治县柳树乡，为该乡马百户小学和菠萝小学学生捐书助学献爱心活动。故宫支部联合习明足球俱乐部开展小学生需求科普活动。法律支部和朝阳门支部联合开展春风行动。会员2人获年度民建中央社会服务先进个人称号。（于洋）

【会员活动】组织年度春季义务植树活动、第五届金秋有氧健步走活动、国际三八妇女节活动和重阳节观影活动等，经济支部赴无锡开展对外交流活动，龙潭支部赴河南安阳开展理想信念教育实践活动，科技和文化支部调研文化创意产业等。（于洋）

## 民进东城区委

【概况】中国民主促进会北京市东城区委员会（简称民进东城区委），是以教育、文化、出版工作的高中级知识分子为主的、具有政治联盟性质的、致力于建设有中国特色社会主义事业的政党。2011年6月11日，成立第一届民进东城区委员会。2016年5月29日，换届选举，成立第二届民进东城区委员会，罗强当选民进东城区委第一届和第二届主委。有基层支部54个，会员1402人。会员中全国政协委员1人，市人大代表2人（其中常委1人），市政协委员3人（其中常委1人），区人大代表9人（其中常委1人），区政协委员15人（其中常委2人）。担任中共东城区委、区政府特约监察员4人。

年内，深入学习贯彻中共十八大会议精神，扎实推进坚持和发展中国特色社会主义学习实践活动，继承和发扬多党合作传统，围绕东城区中心工作，发挥自身特点和优势，履行参政议政、民主监督、服务社会职能。年内，民进东城区委被评为民进北京市委上年度宣传思想工作先进单位，民进东城区委、民进东城经济综合支部、民进北京市第二中学分校支部、民进北京市第五中学分校支部被评为民进北京市委上年度社会服务工作先进集体，会员3人被评为民进北京市委上年度宣传思想工作先进个人，会员8人被评为民进北京市委上年度社会服务工作先进个人。

单位地址：东城区幸福大街32号404室、410室

联系电话：87556404

邮政编码：100061（陈颖）

【换届工作】年内，民进东城区委成立换届工作领导小组，立足区委换届工作大局，统筹考虑东城区民进中的代表人士、后备干部，制定印发区委换届工作实施办法，明确换届政策，规范工作程序，提出工作要求。3月23日，召开换届工作领导小组会，讨论通过区委换届工作实施方案、第二届委员会委员候选人民主推荐办法、第二次代表大会代表产生办法、第一届委员会届终述职和领导班子届终工作报告、审议换届工作中代表名额分配办法、民主评议会相关工作。3月31日，召开领导班子民主评议暨换届工作部署会，对班子成员和区委委员5年工作进行评议，在全区范围内对换届工作进行部署。4月14日，召开

换届工作领导小组第二次会议，就委员候选人推荐情况进行审议。4月28日，召开委员候选人建议名单征求意见座谈会，以保证委员候选人的公平公正性。5月25日，召开第二次代表大会代表培训会，就第二届委员会委员候选人建议名单形成过程和建议人选基本情况，征求参会代表意见。5月29日，召开第二次代表大会，选举主委1人，副主委6人，委员19人。（陈颖）

【调研与提案】7月15~16日，民进东城区委举办本年参政议政主题培训班，进行题为《新形势下如何做好参政议政工作》的专题培训，课题组负责人汇报10个课题的中期进展情况、面临问题和预期目标。8月18 ~19日，组织民进骨干会员参加区委统战部举办本年民主党派、无党派后备骨干成员培训班，增强会员履职能力。12月16~17日，民进东城区委召开调研课题结题会，课题组负责人就本课题在调研中问题、提出的建议及困惑进行重点说明。年内，上报10篇调研报告，4篇提交民进北京市委，6篇提交区委统战部和区政协。年内，民进东城区委被评为民进北京市委上年度参政议政优秀组织二等奖，《关于推进京津冀执行国家基本公共文化服务指导标准（2015-2020年）的报告》和《关于以现有剧场丰富公共文化设施供给，提升公共文化服务效能的研究与思考》被评为民进北京市委上年度优秀调研成果三等奖。（陈颖）

【社情民意信息】8月19日，民进东城区委举办社情民意信息工作培训班，就社情民意信息的基本要求、具体写法和关注重点等方面进行系统培训。8月24日，民进东城区委举办新会员培训班，对新会员30余人进行社情民意信息工作培训。年内，民进东城区委报送社情民意信息90条，被民进中央采用1条，被市委市政府采用2条，被市委统战部采用1条，被市政协采用2条，被民进北京市委采用16条，被区委区政府采用6条，被东城区政协采用18条，受各级领导批示4条。在东城区政协得分达250分。3条社情民意信息分别获民进北京市委优秀信息成果一、二、三等奖。（陈颖）

【民主协商】2月5日，参加区政府召开的党外人士迎新春座谈会。6月22日，参加中共东城区委主要领导与新一届民主党派区委负责人谈心会。主委发言围绕新一届区委班子将如何带领本党派成员加强自身建设，履行参政党职能，深入实施东城区“十三五”规划、京津冀协同发展战略及区委区政府中心工作，参政议政、献计出力。7月19日，参加东城区党派团体协商通报会，主委代表民进发言表示，赞同区委、区政府2个报告，并就做好前门文化复兴计划编制工作，以及在街道卫生服务中心建设规范的康复理疗科方面提出建议。11月17日，参加东城区党派团体协商通报会，主委在会上表示，民进会员一致认为区委的工作报告全面翔实，真实可信，全区会员表示赞同。同时，对深入实施文化强区战略方面、人才队伍建设方面、加强基层统战工作宣传和培训方面，提出具体建议。12月18日，民进东城区委组织政协委员参加东城区政协第十四届委员会第一次会议。（陈颖）

【支部活动和组织建设】1月13日，民进东城经济综合支部会员1人参加民进中央举行的新阶层座谈会，对为新阶层建设搭设发声平台和沟通渠道提出建议。1月15日，民进北京市第五十四中支部召开年终总结大会暨艺术沙龙活动。1月16日，民进东城经济综合支部召开上年工作总结暨本年新春联谊会，会员80人参加。1月21日，民进北京五中分校支部与民进东城经济综合支部联合，在鼓楼中医院共同成立五中分校中华传统文化之中医国粹课程实践基地。1月22日，民进东城区委组织迎新春电影招待会，会员120余人参加。1月26日，民进东城区委走访慰问退休老领导、老会员6人。3月4日，民进东城区委组织迎三八妇女节观影活动，女会员80余人参加。5月7日，民进回民小学支部会员1人在民族团结教育成果展示中表演才艺。5月7~8日，民进东城经济综合支部会员50余人参加支部召开的年度参政议政工作会。5月12日，民进东城经济综合支部开展走访会员单位特色活动之走访得昂康复服务中心，会员6人参与。5月18日，民进成人教育支部会员4人走进门头沟区琉璃渠村参观调研。6月4日，民进成人教育支部携手东城区教育研修学院党总支开展“两学一做”走进临沂，学习沂蒙精神。7月5日，民进东城区委专职副主委、北京一中党支部书记及民进北京一中支部会员代表2人，走访

10月19日，举办社情民意信息员培训班

慰问民进百岁老人。7月6日，民进东城经济综合支部召开我为扶贫攻坚工作建一言、献一策座谈会，来自民进中央、民进北京市委、民进东城区委的领导及支部会员20余人参加。7月15日，民进东城区委召开二届二次主委会，调整班子成员分工，划分专委会。7月27日，民进东城经济综合支部会员10人赴朝阳门街道温馨家园进行课题调研。8月17日，民进东城经济综合支部就新阶层参政议政课题走访珍贝集团。9月22日，民进东城区委联合民进五中分校支部召开培训会，邀请专家做《新媒体环境下对环境的再思考》报告，民进会员25人参加。9月23日，民进东城区委组织退休会员50余人参观药植园。10月13日，民进东城区委召开二届三次主委会，推选东城区政协委员。10月28日，民进北京五中分校支部组织会员10余人观看教育纪录片《梁从诫》。11月5日，民进北京五十四中支部会员6人参观宋庄定窑瓷器艺术展览。11月8~11日，民进东城区委对新任委员、骨干会员15人开展牢记革命传统，培养党派意识，增强爱国情怀主题教育活动，联合湖南韶山市党校开展异地教学活动。12月16~17日，民进东城区委组织全委扩大会暨调研课题结题会，部署双年评优工作和市委换届中市委委员推荐工作。会员46人参会。12月27日，民进北京文汇中学支部教师参加生活秀培训。12月30日，民进东城区委组织迎元旦电影招待会。（陈颖）

【社会服务】1月18日，民进东城经济综合支部会员1人赴云南宣威敬老院慰问老人。4月6日，民进小学联合一支部和二支部为家庭困难会员捐款献爱心。4月9日，民进小学联合二支部会员1人赴河北省保定市阜平县，为小学数学教师150余人进行培训。5月12日，民进北京二中分校支部会员6人走进大方家回民幼儿园，与孩子同台演出，共庆六一。6月28日，民进北京五中支部参加民进北京市委和民进河北省委到河北临城县开展助教活动启动仪式，并为学生授课，课后分学科与临城中学教师进行交流。7月6日，民进东城经济综合支部会员1人带领支部志愿者8人走进东华门街道，开展专业助残志愿服务。9月22日，民进东城区委副主委送安全知识进东城区特殊教育学校。10月15~16日，民进东城经济综合支部带领会员30余人及教师4人，对张家口万全区北新屯小学教师进行培训、业务交流，向学校捐赠电钢琴、学习用品、世界名著、名曲绘本唱片和过冬棉被。10月28~29日，民进东城区委主委带领支教考察团成员赴河北省保定市安新二中、安新二小，考察学校教学情况，根据需求进行针对性支教活动。10月28~30日，民进东城经济综合支部带领医生会员10余人赴云南宣威德禄乡进行扶贫爱心义诊活动。11月17日，民进北京二中分校支部为辖区街道孤寡老人捐助冬衣。11月18日，民进成人教育支部会员代表民进东城区委支教讲师团赴河北保定市安新二小参加科技月活动。（陈颖）

## 农工党东城区委

【概况】中国农工民主党北京市东城区委员会（简称农工党东城区委）成立于2011年6月。农工党是以医药卫生、人口资源和生态环境领域高中级知识分子为主、具有政治联盟特点、致力于建设中国特色社会主义事业的政党，是同中国共产党通力合作的参政党。有主委1人，副主委6人，委员15人，下辖23个支部，870名党员。党员中有全国政协委员1人，市政协委员1人，区政协常委3人、委员16人，市人大代表2人、区人大代表5人，农工党市委常委2人、委员5人，担任区各级特约监察员及监督员4人。

年内，组织学习培训，召开农工党东城区第二次代表大会，选举产生第二届委员会。召开主委会1次，全委（扩大）会4次。开展调研，撰写提案，积极建言献策，上报调研报告3篇，参加中共东城区委、区委统战部组织的各种通报协商会；组织义诊咨询，服务社会；参加政治协商会议，履行参政党职责，组织参加社会服务活动1次。

单位地址：东城区幸福大街32号

联系电话：87556402

邮政编码：100061（杨凯）

【民主协商】年内，参加东城区党派团体协商会议4次，主委代表区委就疏解非首都功能、城市更新改造、精细化管理、民生改善等重点工作，提出社区卫生人才队伍建设、平房区物业管理、历史文化街区修缮及政府工作等方面工作建议。（杨凯）

【调研与提案】年内，围绕东城区“一条主线、四个重点”开展调研。上报《加强我区全科医生人才队伍的调研报告》《基础教育中强化传统文化教育的调研报告》《关于历史文化名城的保护和利用的调研报告》等。其中第一、二篇及《优化平房物业管理提升居民生活质量的建议》上报为区政协提案。（杨凯）

【社情民意信息】年内，向农工党北京市委宣传处、区政协、中共东城区委统战部报送社情民意信息120条。其中关于向环卫工人公交司乘人员免费发放雾霾防护用品的建议、关于加快永安东里旧城改造进程的建议、关于治理通惠河的建议等26条信息被区政协采用和农工党北京市委采用。（杨凯）

【组织建设】1月28日，区委召开上年工作总结会暨新春电影招待会，农工党市、区有关领导及党员100余人参加。会上播放区委上年工作总结记录片，介绍区委工作情况。出席会议的各级领导在讲话中对区委一年来工作给予肯定，希望在新的一年里取得新突破。最后，共同观看影片《云中行走》。2月1日，区委开展看望慰问老主委活动。3月24日，区委召开第二十次全委（扩大）会。农工党北京市委组织处、区委统战部有关领导出席会议。主委代表区委班子述职，副主委4人进行个人述职。参加会议人员对区委班子、区委全体委员5年工作进行评议。会议还讨论通过区委换届工作实施方案及委员候选人民主推荐办法，部署选举代表大会代表和推荐新一届区委委员候选人相关工作。全体区委委员、支部主任34人参加。10月8日，区委召开二届一次主委会，讨论区委班子成员分工事项；就区政协委员推荐人选情况进行商议；部署四季度工作。3月1日，为增强组织凝聚力，感谢广大妇女党员长期以来对区委工作的支持，区委举办电影招待会，播放电影《美人鱼》庆祝三八国际劳动妇女节。来自22个支部的党员80余人参加。4月13～16日，区委联合农工党张家口市委、农工党承德市委在北京市社会主义学院召开京、津、冀三地中青年党员培训班，中青年党员60人参加。培训内容为：国家安全形势教育，解读京津冀协调发展规划纲要。5月19日，农工党东城区委召开第二次代表大会代表培训会，会议介绍委员候选人基本情况，征求参会代表的意见。会议还就第二次代表大会筹备情况和日程安排进行说明。来自22个支部的代表60余人参加会议。9月26日，区委召开二届二次全委（扩大）会。集体学习习近平七一讲话精神；就新一届区委班子成员分工及成立专委会事项征求意见；通报三季度区委工作情况及四季度工作安排；调研课题组主笔人介绍调研报告撰写情况，参会人员就相关问题进行讨论。26人参加会议。11月8日~11日，区委联合东城区社会主义学院举办赴韶山和长沙革命老区革命传统教育学习班。通过红色革命之旅，接受一次爱国主义教育和革命传统教育。12月2日，区委召开二届二次全委（扩大）会。主委、区委委员、支部班子成员和部分新党员60余人参加。会议通报区人大代表、政协委员推荐情况；介绍本年区委参政议政；部署安排各专委会活动，“两节”走访慰问等工作。

【区委换届】6月4日，中国农工民主党北京市东城区第二次代表大会召开。大会完成各项议程，听取并审议农工党东城区第一届委员会主委做

10月19~22日，与社科院扶贫办赴江西赣州上犹县扶贫义诊

《中国农工民主党北京市东城区第一届委员会工作报告》，审议并通过《中国农工民主党北京市东城区第一届委员会工作报告决议》《中国农工民主党北京市东城区第二次代表大会决议》，选举产生中国农工民主党北京市东城区第二届委员会。（杨凯）

【社会服务】7月2～3日，区委一行15人到辽宁葫芦岛市建昌新区医院，调研民营医院运行现状。院长介绍民营医院遇到的定位难、人才引进难、政策支持少的发展困境，党员们就医院科室设置、医务人员配备、医疗报销政策等问题进行了解和交流，提出建议。7月22日，区委与农工党北京市委联合到承德围场县举办坚持和发展中国特色社会主义学习实践活动暨京津冀协同发展联合共建基地揭牌仪式。北京医院、北京中医医院、同仁医院、北京第六医院等7家医院党员10余人，到围场县医院为当地百姓进行义诊、医学交流，并与当地县委县政府负责人就医疗、教育、经济发展进行对口帮扶的交流座谈。10月19～22日，区委与社科院扶贫办在江西赣州上犹县举办第二十八届国际科学与和平周扶贫义诊活动。北京医院、东直门医院、第六医院、和平里医院、隆福医院、东城区第一人民医院党员10人为当地百姓1000人义诊。到上犹县医院和上犹县中医院现场会诊和医学交流。来自北京医院和东直门医院的党员还利用晚上时间，为当地医护人员近300人做关于妇产科疾病的防治和慢性病中医治疗培训。（杨凯）

## 致公党东城区委

【概况】中国致公党北京市东城区委员会（简称致公党东城区委）成立于2011年6月。致公党是以归侨、侨眷中的中上层人士为主组成的，具有政治联盟特点的，致力于发展中国特色社会主义的政党。2016年 6月5日，致公党东城区第二次代表大会召开，换届选举主委1人，常务副主委1人，副主委4人，副主委兼秘书长1人，委员10人。设参政议政领导小组1个，专委会7个：经济工作、社会与法治工作、科教文卫工作、信息宣传工作、社会服务工作、妇女工作、老龄党员工作。有基层支部11个，党员406人。党员中有全国人大代表2人，市人大副主任1人，区人大常委1人，区人大代表1人，全国政协委员2人，市政协委员2人（其中常委1人），区政协委员12人（其中常委3人），区侨联委员7人（其中副主席2人、常委2人），担任区委、区政府各部门聘请的各类特邀监察员、信息员等9人。致公党中央委员4人（其中常委1人），致公党市委委员9人（其中主委1人、副主委1

人、常委1人），市委各专委会主任2人、副主任15人、秘书长4人、委员67人，聘请特约通讯员8人。

年内，学习贯彻习近平总书记系列重要讲话精神，落实致公党中央和致公党市委要求，开展学习全国“两会”精神，理解习近平总书记七一重要讲话，履行参政党职责，积极建言献策。1人被致公党中央授予中国致公党机关先进工作者；1人被致公党中央授予致公党宣传思想理论工作先进个人荣誉称号；1人被国家卫生和计划生育委员会、中华全国总工会授予全国基层卫生岗位练兵和技能竞赛特殊贡献奖；1人被民政部《公益时报》授予中国慈善榜十大慈善家；1人被全国双拥工作领导小组、国家人资社保部、民政部、中央军委政治工作部授予全国爱国拥军模范；1人被中国化学会授予中国化学会化学基础教育奖；1人被北京市教委授予第十二届北京市高等学校教学名师奖；17人被中国致公党北京市委员会授予社会服务工作先进个人。2个支部被中国致公党北京市委员会授予先进基层支部；区委和1个支部被中国致公党北京市委员会授予社会服务工作先进集体；1个专委会被中国致公党北京市委员会授予社会服务工作优秀集体。

单位地址：东城区幸福大街32号403室
联系电话：87556403
邮政编码：100061 （李辉）

【第二次代表大会】6月5日，致公党东城区第二次代表大会召开。会议听取并通过致公党东城区委第一届委员会工作报告，选举产生致公党东城区第二届委员会，通过《致公党东城区第二次代表大会决议》，选举出新一届领导班子。致公党中央常委、中国侨联副主席、北京市人大常委会副主任、致公党北京市委主委李昭玲，中共东城区委书记张家明等领导出席会议。市委统战部、致公党北京市委、东城区委统战部、东城区各民主党派、工商联、区外侨办、区侨联负责人应邀参加会议。 （李辉）

【调研与提案】3月，《关于建立依法解决百姓诉求长效机制的调研报告》被评为东城区民主党派和无党派人士参政议政优秀调研成果二等奖；《关于东城区创新社区物业管理新模式的调研报告》《关于加快互联网+行动促进东城环保发展的调研报告》《关于优化东城区功能区布局 推动产业集聚发展的调研报告》分别被评为东城区民主党派和无党派人士参政议政优秀调研成果三等奖。3月25日，在致公党市委工作表彰大会上，《北京——长三角地区产业技术合作路径及模式研究》《关于加强黑土地保护的提案》分别被评为参政议政优秀调研成果奖。10月21日，在政协东城区第十三届委员会（2012-2016年度）总结表彰大会上，致公党东城区委提交的《关于推进东城区法治建设若干问题的建议》被评为党派团体最具影响力提案；委员2人分别撰写的个人提案被评为最具影响力提案。12月19～22日，致公党东城区委党员2人经所在选区人民选举成为新一届的人大代表，参加东城区第十六届人民代表大会第一次会议，并提交议案。 （李辉）

【社情民意信息】全年报送社情民意信息77篇。中央统战部采用1篇，市委统战部采用3篇，致公党中央采用2篇，致公党市委采用29篇，区委区政府采用2篇，区政协采用18篇。致公党东城区委被区政协评为社情民意信息工作先进单位。3月，致公党东城区委获东城区统战系统信息工作优秀单位二等奖，1人被评为东城区统战系统优秀信息员。3月25日，党员2人撰写《关于解决棚户区改造几个重点（难点）问题的建议》和《为服刑人员未成年子女提供社会救助的建议》被评为致公党北京市委优秀社情民意信息。10月21日，在政协总结表彰大会上，党员2人撰写的信息《关于北京市地铁票价调整的建议》《立交桥下和车行隧道内涉水线应用反光涂料标示》被政协东城区第十三届委员会评为最有价值社情民意信息。 （李辉）

【民主协商】7月6日，党员1人参加东城区政协召开的区望坛棚改项目“双政”协商座谈会。7月19日，党员2人参加中共东城区党派团体协商会，就本年区政协换届工作征求意见、中共东城区委十一届十一次全会工作报告及东城区上半年经济社会发展工作总结和下半年重点工作安排，参加协商，并提出意见建议。11月17日，党员1人参加中共东城区委召开的党派团体协商通报会，就东城区第十四届政协委员人事安排、区第十二次党代会区委工作报告（征求意见稿）进行协商，并提出意见建议。12月1日，党员2人参加东城区党派团体协商通报会，就区级有关人事安排及本年政府工作报告（征求意见稿）通报，提出意见建议。 （李辉）

【组织建设】4月5日，致公党东城区委召开领导班子及委员届终评议工作会及换届工作部署会。5月5日，致公党东城区委召开领导班子民主生活会及换届工作推进会。7月29日，召开致公党东城区委新老委员座谈会。7月30日，召开致公党东城区第二届委员会第二次全委（扩大）会议，传达致公党中央、致公党市委会议精神并总结区委半年工作。邀请致公党党员、东城区政协研究室主任，就充分发挥参政党职能作用进行专题培训。10月13日，召开致公党东城区委二届三次委员（扩大）会议，传达中共区委统战部关于政协委员推荐工作会议精神，研究部署第四季度工作。年内，发展新党员23人，外区转入1人，转出1人，去世1人。 （李辉）

【社会服务】5月14日，社服专委会联合中国社会福利基金会城乡发展基金向广西协力扶助基金会捐赠善款20万元，帮助隆林者烟小学、金钟山乡中心校建设卫生间和篮球场。4月至6月，在致公党东城区委支持下，党员2人发起关爱和田捐书活动，收到来自北京市海淀实验中学、东城区社区卫生服务管理中心、十点读书会捐赠的1000余本书籍并寄到和田第五中

4月23日，致公党区委成员走访国旗班

学。7月8日，社服专委会主任赴宁波看望海警官兵，并为其成立的“惠警”基金捐助20万元。7月，受1号强台风“尼伯特”影响，闽清县16个乡镇遭受损失，党员1人协调中国社会福利基金会支持，向灾区捐赠价值40万元的医疗设备和支农菌种。8月至9月，党员1人多次与援藏干部沟通，共同联手向社会开展 “新学期的书香”为西藏阿里地区捐书活动。9月21～25日，党员3人赴广西崇左地区贫困县进行调研考察，区委组织协调党员及相关单位对当地中心小学进行对口捐助10万元资金。（李辉）

【思想建设】1月22日，致公党东城区委在东城区第二文化馆剧场举办上年度工作总结暨迎新春联谊会。1月26日，召开致公党东城区委老党员和老干部迎新春座谈会。春节前夕，各支部委员代表致公党市委、区委分别走访慰问老党员，送去慰问品和新春祝福。3月29日，由致公党东城区委社会与法制专委会牵头，联合老龄专委会和3个支部，开展学习全国“两会”精神讲座活动。3月30日，党员20余人参加致公党北京市委召开的会议，学习 “两会”精神。4月23日，第九支部组织党员参观走访天安门国旗班，开展爱国主义教育活动。7月6日，召开致公党东城区第二届委员会第一次主委办公会议，集体学习习近平总书记七一讲话精神。8月18～19日，区委委员12人参加中共东城区委统战部举办的本年民主党派、无党派后备骨干成员培训班。11月5日，召开致公党东城区委二届四次委员（扩大）会议，组织区委委员、支部委员及骨干党员集中学习中共十八届六中全会精神。11月上旬，组织区委委员近20人在本地进行履职培训，并赴河南省红旗渠干部学院学习。11月22日，第九支部联合其他支部，组织学习十八届六中全会精神。12月25日，召开致公党东城区第二届委员会第五次全委（扩大）会议，传达学习致公党中央十四届六中全会和区“三会”精神。（李辉）

【参加党政会议】2月5日，区委班子成员4人参加东城区党外人士迎新春座谈会。6月23日，致公党东城区委新一届领导班子成员参加中共东城区委主要领导与新一届民主党派负责人谈心会。12月21日，致公党东城区委主委等20人参加致公党北京市委召开第八届第十八次全委（扩大）会议，学习致公党中央十四届六中全会精神。（李辉）

【支部活动】3月29日，2专委会和3部联合活动，邀请东城区社区卫生服务管理中心药械管理部主管药师，传授家庭安全用药相关知识；邀请北京市求是公证处副主任、致公党员做关于房地产公证程序及风险管理的专题讲座。5月14日，党员5人参加由国务院参事室指导，国务院参事室当代绿色经济研究中心主办的“2016绿色发展高层论坛”。5月18日是国际博物馆日，老龄专委会组织老党员20余人参观园林博物馆，感受中国园林文化博大精深，丰富老同志中国园林文化知识。7月9日和8月3日，8个支部分成两组，先后组织党员学习习近平总书记的七一讲话精神，参观中国华侨历史博物馆。8月26日，第九支部组织党员20余人参观雍和宫，特邀“金牌”讲解员为大家讲解雍和宫历史和佛教文化。10月12日，老龄专委会组织老党员庆祝9.9重阳节，参观为“两弹一星”做出突出贡献，获得核工业部荣誉证书的致公党党员张顺江故居。11月22日，致公党东城区委与天坛街道联合举办书法兴趣班开办，每周组织一次活动。同日，社会与法制专委会与天坛街道办事处联合开展活动，特邀党员律师做题为《如何防范非法集资，保护合法权益》知识讲座。（李辉）

## 九三学社东城区委

【概况】九三学社北京市东城区委员会（简称九三学社东城区委）成立于2011年7月3日。九三学社是以科学技术界高、中级知识分子为主的具有政治联盟特点的政党，是接受中国共产党领导、同中国共产党通力合作的亲密友党，是进步性与广泛性相统一、致力于中国特色社会主义事业的参政党。有主委1人，副主委5人，专职副主委兼秘书长1人，委员16人，下辖妇女、青年、参政议政、老龄4个委员会。有支社20个，社员869人。社员中有全国人大代表1人、市人大代表1人、区人大代表5人，全国政协委员4人、市政协委员1人、区政协委员10

人（其中政协副主席1人、政协常委2人）。

年内，学习贯彻中共十八大及十八届三中、四中、五中、六中全会精神和习近平总书记重要讲话精神和社中央十大精神，围绕全市、全区中心工作，履行参政议政、民主监督、政党协商和社会服务职能。召开调研报告研讨会3次。举办中青年骨干培训班开展区内大型义诊2次。升级、开办微信公众号“九三青年”。与所属9个支社共同被九三学社北京市委授予庆祝九三学社北京市委成立65周年先进集体。被北京市妇联、北京市总工会、北京市人社局联合授予北京市三八红旗集体。被评为上年度东城区统战系统信息优秀工作单位一等奖、东城区政协上年社情民意工作先进单位。

单位地址：东城区幸福大街32号319室

联系电话：64023773

邮政编码：100061（卢迪）

【调研与提案】1月，关于推进东城区安全社区建设加快发展的建议被东城区政协评为上年度优秀提案，区政协委员2人获区政协优秀提案奖、2人获区政协优秀委员称号、1人获优秀信息奖。3月27日，召开年度第一次全委扩大会，研讨区委征集到的调研方案。4月起，各调研课题组采取问卷、座谈、走访等多种形式调研区法制办、区卫计委、区房管局及部分街道等单位。7月8日，区委参政议政委员会召开调研研讨会，社市委副主委方炎、区人大常委会副主任何厚夫、区委主委出席会议。会议讨论调研课题6个，涉及城市管理、医疗分级、教师减负、依法治区、精细化管理等多个领域。各课题组选派代表进行汇报，与会领导、专家及社员对课题进行充分论证与分析，提出修改建议。8月，选派课题组代表参加区政协在区房管局举行的“平房区物业”专题调研会。10月25日，九三学社东城区委参政议政委员会召开年度调研课题推进会。研讨《有效运用法治手段助力非首都功能疏解》《关于建立有北京东城特色的医联体和分级诊疗》《关于“七五”规划期间提升和完善东城区中小学生法治教育工作》《关于进一步加强东城区平房区管理》的调研。各课题组选派代表汇报课题进展情况，并就相关内容进行说明。11月，4份区委年度调研报告上报区委统战部，其中《法治手段助力非首都功能疏解》《加强平房区管理》调研转化为党派提案，提交东城区政协十四届一次会议。11月，选派课题组代表，参加在龙潭街道举行的区级“老旧小区物业管理”专题调研会。本年，向区政协十三届五次会议提交党派提案3个、向中共东城区委统战部提交调研报告3份。上年度向中共东城区委统战部提交的3份调研报告全部获奖。其中《满足民众的文化需求，打造“王府井书香一条街”的调研报告》获一等奖，《关于东城区域内有序引入“准物业管理”模式的调研报告》获二等奖，《关于把青龙胡同打造成北京文化创业胡同的调研报告》获三等奖，《关于把青龙胡同打造成北京文化创业胡同的调研报告》入选政协北京市东城区第十三届委员会第五次会议大会发言。（卢迪）

【社情民意信息】4月7日，区委信息小组邀请社内信息专家进行信息工作指导培训，信息骨干社员8人参加。全年上报社情民意信息87条，主要涉及民生、城市治理、经济管理等领域，1条被市委市政府采用，1条被市政协采用，8条被区委区政府采用，24条被区政协采用。九三学社东城区委被评为区政协年度社情民意信息工作先进单位，获区统战系统社情民意信息工作一等奖。（卢迪）

【政党协商】2月5日，区委主委、副主委、秘书长参加本年党外人士迎新春座谈会。6月22日，参加中共东城区委主要领导与新一届民主党派区委负责人谈心会。7月19日，参加东城区党派团体协商通报会。11月17日，参加东城区党派团体协商通报会。12月18日，参加东城区政协第十四届委员会第一次会议。区委主委当选东城区政协副主席，区委副主委兼秘书长当选区政协常委，社员10人当选区政协委员，社员7人当选东城区人大代表。（卢迪）

【换届工作】3月11日，参加东城区民主党派工作会暨党派换届工作动员部署会，区委主委在会上交流工作思路并就换届工作与区委统战部交换意见。3月27日，召开区委年度第一次全委扩大会，社市委专职副主委方炎、副主委柴文忠等参加会议，主委会成员及区委委员7人分别述职，并开展民主测评，区主委部署换届工作。4月18日，召开年度第三次主委会暨民主生活会，主委会成员审查支社推荐的区委委员建议人选资格并初步排序，讨论年度区委调研课题征集推进、社情民意信息撰写、领导班子民主评议结果。4月29日，召开区委换届基层组织负责人会议，讨论新一届区委委员候选人，提出候选人排序建议并报社市委。5月31日，召开区委第二次代表大会培训会，学习社市委换届文件精神，对九三学社北京市东城区第二次代表大会筹备情况和委员候选人分别进行说明，到会代表分组讨论对委员候选人的意见及对《九三学社北京市东城区第一届委员会工作报告（讨论稿）》的意见。6月11日，召开九三学社东城区委第二次代表大会，社市委主委马大龙，东城区委书记张家明，区人大常委会主任赵中原，区政协主席邵鹏等有关领导出席大会开幕式，民建东城区委主委代表各民主党派、区工商联致贺词，代表67人全部参加。大会完成各项议程，选举第二届委员会委员23人。同日，召开第一次全委会，选举第二届委员会主任委员会委员7人，主委1人、副主委5人，副主委兼秘书长1人。（卢迪）

【组织建设】1月21日，北京口腔医院支社召开换届会议，选举第四届支社委员会委员4人。2月，国家林业局支社社员4人增补为九三学社中央农林委委员。3月11日，中国中医研究院支社召开换届会议，选举第七届支社委员会委员7人。3月25日，北京医院支社召开换届会议，选举第五届支社委员会委员5人。3月28日，与东城区政协举办全国“两会”精神专题学习辅导，邀请全国政协委员、中国食品药品检定研究院支社主委做专题报告。3月29日，高等教育出版社支社召开换届会议，选举第三届支社委员会委员3人。4月8日，社市委举办庆祝九三学社北京市委成立65周年大会。社市委授予九三学社东城区委先进集体称号，9个支社同获此称号，社员56人获优秀社员称号，社务干部33人获优秀社务干部称号。4月14日，东城第一综合支社召开换届会议，选举第二届支社委员会委员5人。同日，东直门医院支社召开换届会议，选举第三届支社委员会委员5人。7月8日，举办中青年骨干培训班，邀请社市委专职副主委方炎做《履行党派职能 做好青年工作》专题报告，邀请参政议政专家做《责任影响力 推动力——参政履职的几点感悟》辅导报告，社中央副主席、社市委主委马大龙参加会议，社员60余人参加培训。8月18～19日，骨干成员14人参加东城区民主党派、无党派后备骨干成员培训班，九三学社界别社员作为学员代表发言。8月25日，区委主委与区委副主委兼秘书长参加社市委区级组织领导班子研修班。8月，推荐社员1人担任东城区侨联委员。9月，区委主委参加中央社会主义学院第36期民主党派干部进修班。9月9日，交通支社召开换届会议，选举第五届支社委员会委员5人。11月10日，经区委酝酿，各支社推荐，青年、妇女、参政议政3个专业委员会完成第二届班子调整。第二届青年委员会设主任1，副主任委员4人，委员增为14人；第二届妇女委员会设主任1人，副主任5人，委员增为17人；第二届参政议政委员会设主任1人，副主任2人，委员共52人。11月，推荐社员1人担任东城区归国留学人员联谊会常务理事，社员5人任理事。（卢迪）

【社会服务】2月，交通支社副主委与社员参加由中国儿童少年基金会和恒源祥（集团）有限公司共同举办的恒爱行动—寻找爱心父母为孤残儿童编织爱心毛衣活动。4月，中国中医研究院支社连续第3年开展贫困山区儿童捐助活动，向四川大凉山雷波县马湖中心校寄送年度第三批物资，包括大衣90件，毛巾50条，字典50本，校服56套，各种书本及辅导教材100本，文具及玩具若干。7月10日，九三学社东城区委在嘉诚印象举办“共建和谐社区 大型专家义诊”北新桥街道专场活动。来自东直门医院支社、东城第一综合支社、崇文综合支社、同仁医院支社、北京口腔医院支社、天坛医院支社、中国中医研究院支社等基层组织的医务专家社员30人为居民义诊，服务居民100余人次。7月22日，同仁医院支社支委、北京眼科研究所副研究员赴板南社区，为小朋友及军营女兵讲解爱眼知识常识。9月24日，组织天坛医院支社、北京医院支社、东城第一综合支社、中国中医研究院支社、北京口腔医院支社、崇文综合支社等基层组织的社员12人开展“共建和谐社区走进东花市街道”义诊，服务居民150余人次。12月9日，东直门医院支社组织委员、东直门医院皮肤科主任医师赴夕照寺社区，为社区居民讲解冬季皮肤护理知识。（卢迪）

【社务活动】1月9日，东城区第一综合支社召开上年总结暨本年工作会，社员24人参加。1月15日，召开九三学社北京市东城区委员会上年工作总结暨本年新春座谈会。1月至2月，区委联合支社开展资深社员慰问活动，主委会成员与支社班子共慰问80周岁以上资深社员28人。3月4日，妇女委员会联合青年委员会、参政议政委员会、老龄委员会在东宫影剧院举行迎三八国际妇女节电影招待会，社员及家属近200人参加。3月28日，九三学东城区委联合东城区政协举办全国“两会”精神专题学习辅导，邀请全国政协委员、九三学社中国食品药品检定研究院支社主委、中国食品药品检定研究院标准与标准物研究所所长为机关干部及骨干社员做专题报告。3月31日，九三学社东城法律支社主委、北京融商律师事务所主任律师随北京市政协社法委暨法制建设民主监督组到北京市第四中级人民法院观摩座谈。5月3日，崇文综合支社主委在九三学社中央与九三学社北京市委联合举办的“五四运动与社会转型”学术研讨会上，做《以五四精神推动当代国家治理体系现代化的实现路径》专题发言。5月14日，东城第二综合支社组织社员到奥林匹克森林公园进行健步活动。5月22日，东城第一综合支社组织社员12人赴河北固安县考察参观。5月24日，九三学社东城区委老龄

7月9日，在北新桥街道开展义诊活动

委组织资深社员10人赴首都博物馆参观，并举行乐龄座谈会。5月25日，举办第三期“九三真言堂”活动，邀请中国社会科学院考古研究所、北京口腔医院、中国珠宝协会社员专家分别就北京古城保护、牙齿保健、珠宝知识进行专题讲座，社员60余人参加活动。7月9日，崇文综合支社组织社员13人参观北京汽车博物馆。7月19日，九三学社中央主席韩启德携九三学社中央巡视组到东城科技园区支社巡视基层，开展“2016悦动·超越·相约九三”活动，宣讲、交流参政议政工作。九三学社中央副主席、九三社学北京市委主委马大龙，区委主委等陪同。8月9日，国家食品药品监管总局和中国食品药品检定研究院在中检院学术报告厅联合举办党外干部和归侨侨眷“智库论坛”分论坛活动。社员在会上作《完善激励机制，促进食品药品检验检测工作良性发展》《建议充分利用新媒体加强与公众的风险交流》（发表在《民主与科学》杂志）专题报告。10月9日，社市委第二届“海棠诗会”在智化寺举办，九三学社东城区委老龄委参演诗歌朗诵，来自文物美术支社、东城科技园区支社的北京九三书画院成员3人参加现场笔会。10月23日，青年委员会组织社员9人赴通州奥林匹克森林公园参加北京徒步嘉年华活动。10月28日，举办第四期“九三真言堂”活动，中国社会科学院近代史研究所研究员做基督教近代史专题报告，北京眼科研究所副研究员做了眼睛保健知识讲座，社员19人参加。11月11日，青年委员会在东城区文化人才创业园举办“看电影 听评介 悟人生”观影活动，东城第二综合支社社员、中央戏剧学院讲师为到场社员讲解电影《黑天鹅》。11月17日，社市委首届“三林论坛”在北京林业大学召开，国家林业局副局长、九三学社国家林业局支社副主委刘东生及支社代表参加。

（卢迪）

## 台盟东城区委

**【概况】**台湾民主自治同盟北京市东城区委员会（简称台盟东城区委），成立于2011年6月。台盟是由台湾省人士组成的社会主义劳动者和拥护社会主义的爱国者的政治联盟，是为社会主义服务的政党，是与中国共产党通力合作的参政党。有盟员97人，设台盟中央、全国台联、在职、乐龄4个支部，区委委员9人，主任委员1人、副主任委员4人，其中专职副主委1人。盟员中有全国人大代表1人、全国政协委员8人、市人大代表2人、市政协委员7人、区人大代表1人、区政协委员5人，担任最高人民法院特约监督员1人、市区各级特约监察员3人、北京市人民检察院特约检查员1人、北京市政府人民建议征集特邀建议人1人。

年内，召开台盟东城区委主委会4次、区委会3次。区委发挥团队力量，实时信息沟通，充分协商，集体决策。在中共东城区委统战部、台盟北京市委支持和指导下，台盟东城区委重视组织建设、制度建设，以搞好政治交接为主线，以提升参政能力为重点，强化中青年骨干和基层盟员思想建设，推荐盟员参加中共东城区委、台盟北京市委、北京市社会主义学院等部门组织的各种学习培训班。全年盟员55人，165人次参加关于中共十八届四中、五中、六中全会以及习近平总书记系列重要讲话精神、骨干成员培训、盟史教育等方面学习培训。台盟东城区委获台盟中央本年地市级参政议政先进集体称号。

单位地址：东城区幸福大街32号413室、332室

联系电话：87556413　64023833

邮政编码：100061　（王玉燕）

**【第二次代表大会】**6月19日，台湾民主自治同盟北京市东城区第二次代表大会召开。大会听取并通过台盟东城区第一届委员会工作报告；选举产生台盟东城区第二届委员会；召开二届一次全委会，选举产生主委、副主委，任命秘书长，通过大会决议并完成各项议程。大会号召东城区全体台盟盟员，要紧密团结在以习近平同志为总书记的中共中央周围，高举中国特色社会主义伟大旗帜，振奋精神，同心同德，凝心聚力，开拓创新，深入学习贯彻习近平总书记系列重要讲话精神，围绕“四个全面”战略布局，加强自身建设，认真履行职能，推进工作创新，为加快建设国际一流的和谐宜居之区，促进祖国和平统一大业做出新的贡献。全国政协常委、副秘书长、台盟中央常务副主席黄志贤，北京市政协副主席、台盟北京市委主委蔡国雄，东城区领导张家明、赵中原等出席大会。（王玉燕）

**【二届二次全会】**7月4日，台盟东城区委第二届第二次全委会召开，汇报区委上半年工作；传达二届二次主委会对新一届区委委员工作分工安排决议；讨论第三季度工作计划。台盟东城区委主委领导7人参加会议。

（王玉燕）

**【一届十四次全会】**3月18日，台盟东城区委第一届第十四次全委会召开，会议传达《台盟北京市委关于做好区级组织换届工作的意见》，本年东城区民主党派工作会议暨民主党派换届工作动员部署会精神和东城区民主党派换届工作方案，审议通过《2016年台盟东城区委换届工作方案（草案）》《2016年台盟东城区委关于开展民主评议实施方案》，讨论《台盟东城区委2016年工作要点》。台盟东城区委领导班子成员7人参加。（王玉燕）

**【民主评议会】**4月11日，台盟东城区委第一届第十五次全委（扩大）会暨本年民主评议会召开，会议宣读《2016年台盟东城区委领导班子民主评议实施方案》；由主委代表上届区委领导班子述职，副主委2人个人述职，未到会副主委的述职报告由专职副主委代为宣读；与会的东城区盟员14人对本届领导班子及其成员进行民主评议；部署《2016年台盟东城区委换届工作方案》。市委副主委代表台

盟北京市委对东城区上届委员会5年来的工作予以肯定，代表台盟北京市委区级组织换届工作小组对东城区盟员给予换届工作的大力支持表示感谢，并强调换届工作的具体要求。台盟北京市委专职副主委，台盟北京市委组织处处长，中共东城区委统战部党派组干部，台盟东城区委主委及区委委员，支部主任和副主任，台盟市委监督委员会成员共21人参加会议。（王玉燕）

【调研与提案】在台盟北京市委参政议政工作表彰会上，《关于北京市中医药健康服务业发展状况的调研报告》获上年度优秀调研报告二等奖，盟员2人被评为上年度参政议政先进个人，8人被评为上年度信息先进一等奖，3人被评为上年度信息先进二等奖，8人被评为上年度信息先进优秀奖。在1月召开的政协东城区第十三届委员会第五次会议和人大东城区第十五届委员会第六次会议上，东城区政协台盟委员提交的《关于进一步加强东城区"国家中医药发展综合改革试验区"建设的建议》，提案被评为东城区政协上年度党派团体优秀提案。会议期间还提交《关于推进东城区养老健康服务体系建设的对策建议》《关于加快启动望坛棚户区改造的建议》等3件个人建议案和提案。3月24日，东城区统战系统年度调研信息工作会召开，区委《关于推进东城区养老健康服务体系建设的调研报告》获上年度东城区民主党派和无党派人士参政议政优秀调研成果一等奖，《关于加强执法、提升执法效率的调研报告》获上年度东城区民主党派和无党派人士参政议政优秀调研成果三等奖。在10月召开的政协东城区第十三届委员会总结表彰会上，《关于进一步加强东城区"国家中医药发展综合改革试验区"建设的建议》被评为党派团体最具影响力提案，3人被评为东城区政协第十三届委员会优秀委员。在12月召开的东城区政协第十四届委员会第一次会议上，提交党派提案1件、政协委员个人提案6件。12月19～22日，台盟中央在海南省海口市召开台盟中央年度参政议政工作会议，台盟东城区委获台盟中央本年地市级参政议政先进集体称号。全年召开调研工作会3次，与相关单位座谈5次。（王玉燕）

【社情民意信息】年内，报送社会、经济、民生、对台等建议类信息86篇，被区政协采用24篇，被台盟北京市委采用32篇，被台盟中央采用2篇，《对北京市发布网约车新规的意见建议》信息，被区委、区政府等有关部门采用，《医保支付标准要符合供给侧改革方向》《关于深化两岸青年和基层民众交流的建议》2篇信息，被中共北京市委采用。在东城区政协第十三届委员会总结表彰会上，台盟东城区委被评为东城区政协2012-2016年度优秀社情民意信息工作先进单位；盟员撰写的《警惕校舍抗震加固后的安全隐患》《关于重污染日单双号限行的意见》2篇信息，被评为最有价值社情民意信息。台盟东城区委在东城区政协十三届五次会议上被评为上年度优秀社情民意信息工作先进单位，5人被评为上年度优秀社情民意信息工作者。3月6日，东城区年度统战工作会召开，台盟东城区委获上年度东城区统战系统信息工作优秀单位一等奖，1人被评为上年度东城区统战系统优秀信息员。（王玉燕）

【民主协商】7月19日，参加东城区党派团体协商会，就本年区政协换届、区委十一届十一次全会报告（征求意见稿）、东城区上半年经济社会发展工作总结和下半年重点工作有关情况进行协商，并提出意见建议。11月17日，参加东城区党派团体协商通报会，就东城区第十四届政协委员人事安排、第十二次党代会区委工作报告（征求意见稿）进行协商，并提出意见建议。12月1日，参加东城区党派团体协商通报会，就区级有关人事安排及本年政府工作报告（征求意见稿）进行协商，并提出意见建议。（王玉燕）

【参加党政重要会议】1月18日，参加上年度东城区民主党派工作总结研讨会，交流上年度工作思想、本年度工作思路。2月5日，东城区召开党外人士迎新春座谈会，台盟东城区委主委、专职副主委兼秘书长参加会议。2月29日，台盟东城区委专职副主委兼秘书长参加东城区党外处级干部座谈会。3月9日，台盟东城区委专职副主委兼秘书长参加本年东城区政府全体（扩大）会。（王玉燕）

【暑期读书班】8月12～13日，台盟东城区委与海淀区工委联合举办盟员暑期读书班，学习习近平总书记七一重要讲话，邀请中国社科院教授，讲授《中国经济下行现状分析及未来预

3月26日，台盟区委赴中国航天天津工厂交流学习

测》，全面分析国内外经济环境的双重压力，并指出在新常态下中国完全有能力实现经济换挡增速；在“台湾地区趣味知识竞答”环节，盟员12人参加，盟员们在收获知识、快乐的同时，重新审视台湾的过去、现在及未来。台盟东城区委盟员14人参加读书班。（王玉燕）

【参观中国航天天津工厂】3月26日，台盟东城区委与台盟天津市滨海新区工委共同组织盟员赴中国航天天津工厂参观学习，参观中国航天天津工厂组装车间、试验车间，中国航天的火箭专家详细介绍目前国内运载火箭的类型以及发展状况；盟员多人参加活动，最后盟员与天津市滨海新区盟员进行工作交流座谈。（王玉燕）

【社会服务】2月1日，台盟东城区委主委、专职副主委等区委班子成员到永外街道各社区，走访慰问低保户、残疾人等困难群众。5月17～21日，组织东城盟员中的医疗专家5人参与台盟中央教科医药交流委员会与台湾台南市医师公会联合开展“两岸医师公益义诊”活动，为四川阿坝州松潘县贫困地区患者诊治，对当地医生进行业务指导。年内，台盟东城区委盟员37人在台盟北京市委开展的“助梦启航”捐款活动中捐资2411元。（王玉燕）

【对台工作】5月24日，台盟北京市委年度台情报告会在北京民主党派人民团体办公楼召开，会议邀请北京大学台湾研究院李义虎院长作专题报告，探讨当前台海局势下，台湾政局走向、两岸关系发展前景等议题，台盟东城区委盟员共9人参加。9月25～26日，组织盟员25人参加台盟北京市委举办的第八届交流与共享研讨会，本届研讨会邀请到台湾政党、社团的代表人士、文教领域的专家学者、退役将领代表以及来自部分兄弟省市台盟组织的领导出席。12月14日，组织盟员10人参加台盟北京市委年度台情研讨会，邀请清华大学台湾研究院副院长、北京联合大学台湾研究院副教授做台情报告，与会人员围绕两岸关系和平发展和对台工作进行研讨并提出意见建议。年内，台盟东城区委组织盟员参加由台盟北京市委、东城区台办举办的各类台情研讨会，参会人员围绕深入学习中央对台工作精神，理解两岸关系和平发展的理念，全方位多层次做好争取台湾民心工作，研讨新形势下台盟如何进一步开展对台交流活动。（王玉燕）

# 东城区民主党派负责人

中国国民党革命委员会北京市东城区
委员会主委　姚卫海

中国民主同盟北京市东城区
委员会主委　王　钢（5月免）
柳学全（5月任）

中国民主建国会北京市东城区
委员会主委　张树华

中国民主促进会北京市东城区
委员会主委　罗　强

中国农工民主党北京市东城区
委员会主委　危天倪（女）

中国致公党北京市东城区
委员会主委　刘超英（女，6月免）
杨金生（6月任）

九三学社北京市东城区
委员会主委　何厚夫（6月免）
朱岩石（6月任）

台湾民主自治同盟北京市东城区
委员会主委　肖　燚

# 团　体

## 东城区总工会

【概况】北京市东城区总工会（简称区总工会）是在区委领导下的人民团体，是党联系职工群众的桥梁纽带。内设办公室（经费审查办公室）、人事部、基层组织建设部、宣教部、劳动生产和劳模工作部、权益部、法律部、财务部。有行政在编人员32人，工勤编制2人。有下属事业单位7个，编制209人。全区工会组织2213个，覆盖单位1.4万家，会员21.17万人。

年内，全区各级工会组织认真贯彻落实区委党的群团工作会议精神，发挥桥梁纽带作用，全力服务保障区委区政府中心工作，在团结带领职工群众为东城区实现"十三五"发展良好开局、积极努力维护职工权益、构建和谐稳定劳动关系、促进职工共享发展成果、建设国际一流的和谐宜居之都发挥引领作用。被评为年度北京市工会工作标兵单位，获全国互助保障先进单位荣誉称号。

单位地址：东城区东直门内北小街后永康胡同17号
电话：84039359
邮编：100007（殷琼）

【庆五一暨劳模表彰大会】年内，完善评选机制，严格推荐程序，经基层工会推荐，同级党组织同意，层层把关，逐级上报，完成劳模先进选树和表彰工作，推荐评选出全国五一劳动奖章、首都劳动奖章等先进个人17人，全国工人先锋号和首都劳动奖状、北京市工人先锋号等先进集体12个。4月29日，东城区庆祝五一国际劳动节表彰大会在崇文工人文化宫举行，会上，宣读本年全国五一劳动奖章等先进集体和先进个人名单，与会领导共同为先进个人和先进集体代表颁发奖章、证书和奖牌。区委常委汤钦飞出席会议并讲话，区总工会党组书记、主席主持会议。区在职劳模，区各单位负责人、工会主席和职工代表600余人参加。（殷琼）

【劳模工作】依托时传祥、张秉贵纪念馆开展主题教育，通过宣传片、橱窗、报纸、网站等多形式多载体集中宣传先进事迹；配合市总在明城墙遗址公园建成"劳模墙"；完成获劳动奖章、奖状等先进集体和个人的选树表彰工作。开展在职劳模义务奉献日，开办劳模大讲堂，组织劳模参与公益活动，用榜样的力量带动职工爱岗敬业、奉献社会。创新劳模服务机制，开展在职劳模专享活动，成立劳模之家，建立劳模微信群，做好劳模体检、休疗养、慰问。"两节"期间，为全体劳模送慰问金，并对低收入劳模、特殊困难劳模、重病劳模给予救助。2月4日，东城区总工会举行迎新春劳模慰问会，有关领导及全区劳动模范、先进工作者200余人参加。8月12日，在东城工人文化宫举办以秋季养生和老北京小吃为主题的劳模大讲堂。（殷琼）

【技能人才队伍建设】围绕产业优化升级，以技能提升、技术创新为重点，以技能大赛、职业培训为依托，组织动员职工勤学苦练、岗位成才。根植企业开展"为成才助力·为梦想启航"技能提升行动，名师带徒实现常态化，高级工助推计划有序推进。11月，区总工会邀请专家组成评选小组，通过材料评审、专家打分和实地考察方式，评选出年度区级行业领军人物10人、区级职工创新工作室5家、区级劳模创新工作室5家和职工优秀技术创新成果8项。深化职工技能培训，各级工会开设维修电工等18个工种的取证班、幻灯片制作等21个兴趣班，培训职工2000余人。职工技能大赛受到企业欢迎，在基层初赛复赛基础上，举办35个岗位的区级职工岗位练兵、3个工种市级技能大赛，职工2400人参与。全额资助在职职工读大学500人，通识课程培训惠及职工1万人，开展不同层次的培训班1000场。（殷琼）

9月20日，举办五月鲜花歌咏文化艺术活动，舞蹈类比赛

【法律服务引导职工依法维权】全年受理劳动争议案件1266件，调解成功791件，涉及1163.25万元。职工法律援助挽回职工损失187万元。《<工会法>实施办法》知识竞赛活动贯穿全年，举办各级工会干部职工专项培训168场，7万职工参与《新东城工会报》，主导的知识竞赛和职工情调查，156支代表队参加30场现场知识竞答；组织区政协工会界别委员开展专项视察和专题协商。完成社区职工法律服务工作室试点工作，律师200人通过“菜单式”服务、案例大讲堂等形式在基层宣传劳动法律法规，引导职工尊法学法守法用法，依法表达利益诉求。制定《东城区工会劳动法律监督工作办法》（试行），预防劳动用工违法行为，全年发现劳动争议隐患11起，工会及时介入，化解可能发生的劳动争议。6月22日，区工会界别政协委员就贯彻落实《北京市实施<中华人民共和国工会法>办法》召开专题协商会。12月22日，区总工会举行《北京市实施<中华人民共和国工会法>办法》知识竞赛总决赛。全区各级工会通过集中培训学习、开展各类竞赛等宣传学习活动，覆盖职工近13万人次，发放各类宣传资料7万份。（殷琼）

【集体协商工作】在规模企业独立建制基础上，大力推动中小型企业以区域、行业、楼宇协商为载体，不断扩大集体协商覆盖面，集体合同签订率99%，覆盖企业1万余家、职工16万人。规范协商程序，全区100人以上企业标准化协商达60%。签订涉及技能人才待遇的集体合同21份，涉及企业98家。签订民办教育、民办医疗、商业零售业等12个行业性集体合同。（殷琼）

【“五月的鲜花”群众歌咏活动】本年，区委宣传部、区总工会、区文联联合举办以“永远跟党走·共圆中国梦”为主题，在全区职工中继续开展“五月的鲜花”群众歌咏活动等职工文化艺术活动。3月至年底全区共演出节目3000余个，参与人数15万余人，自创作品400余个。7月份，区总工会举办群众歌咏活动专场比赛和艺术团员选拔赛，来自各基层工会的近100个节目参加。举办器乐类、语言类、舞蹈类和声乐类等专场，涵盖歌唱、舞蹈、诗朗诵、器乐、相声、快板、小品等多种表演形式。9月20日、22日，东城区第七届“五月的鲜花”群众歌咏活动大合唱比赛决赛在崇文工人文化宫举办，来自各街道总工会、直属基层工会的24支队伍参赛，相关单位领导、工会干部、劳动模范和职工代表500余人观看演出。（殷琼）

【文体活动】4月26~27日，“快乐工作，健康生活”东城区第六届职工羽毛球比赛，在地坛体育馆落幕，区委常委汤钦飞出席开幕式并为比赛开球，来自全区32个单位的56支代表队，干部职工300余人参加。依托“健步121”手机APP，参与举办全区徒步大会，职工1万余人健步走，“线上、线下”健走互动。为职工近1000人免费开展体质测试，建立职工体质状况档案，为职工运动健身提供科学指导；为职工近1000人免费开展心理咨询体验活动。5月至7月举办职工“三对三”篮球赛，38个单位的48支代表队职工200人参加。8月8日，由体育局、总工会、卫计委联合举办第九套广播体操通讯赛决赛阶段比赛，在地坛体育馆举办。（殷琼）

【职工读书活动】开展“读一本好书，做一个好人”活动，加强与区图书馆合作，通过集体借阅制和流动书屋等形式，盘活职工图书资源，制作职工优秀读后感作品集1万册，以征文、演讲、读后感等形式展示读书活动成果。（殷琼）

【职工素质建设工程】建立教师资源信息库，根据需要送教上门，将素质教育、大讲堂等培训课程开展在职工身边，全区全年举办100余场，培训职工1万余人。推进在职职工学历技能双助推计划，将学历教育和职业技能培训有机结合，免费培养优秀职工150人完成学历教育。发挥工人文化宫教育培训基地优势，开展常态化的知识技能和兴趣爱好培训班。结合职工需求和知识基础，全年免费开展不同层次的书法、绘画、摄影、舞蹈、器乐、健身、心理等多种培训班1000余场。（殷琼）

【职工书画摄影展】10月17~21日，在崇文工人文化宫幸福小剧场举办第七届“挥笔聚焦新东城”职工书画摄影展评活动，展出职工书画作品100余件，摄影作品500余幅，打造全区职工文化经典品牌。（殷琼）

【困难帮扶】两节期间，帮扶困难群体，为在册困难职工及边缘户送去1000元的慰问金、“温暖包”和慰问品；开展困难职工、边缘户及大病职工医疗帮扶，解职工燃眉之急。关心关爱劳模，在为全体劳模送上2000元慰问金和价值1135元的健康、文化“温暖包”基础上，对低收入劳模、特殊困难劳模、重病劳模给予救助，对未按标准享受劳模荣誉津贴的退休劳模给予补贴。关注特殊岗位职工，走访慰问“春节”期间奋战在一线的环卫工人、医护人员、公安干警，组织部分“除夕”坚守岗位的职工和留京农民工观看电影，给他们“送温暖、送文化”。普惠服务持京卡职工，吸引职工以优惠价格申领电影票、戏剧票、游乐园门票等，共计5.3万张，丰富职工节日文化生活。1月28日，区政协主席邵鹏到困难单亲女职工家中看望慰问，送上慰问金、慰问品和节日的问候。1月，区总工会主席到区公安分局东华门派出所慰问，并送去慰问金和电影票。8月19日，东城区总工会开展“铭记党史，怀感恩心”受助困难大学生暑期教育活动。9月28、29日，区总工会组织全区在册困难职工及困难职工边缘户进行免费体检。（殷琼）

【就业帮扶】全年，以促进就业、共创和谐为主题，举办就业援助月、春风行动、民营企业招聘月等招聘会10场，提供岗位信息1.4万条，现场达成就业意向379人。其中：1月26日，和区职介中心联合开展就业援助月专场

施、监测与评估5个部分，共涉及12个领域、39个主要指标、117个支持性指标和114项策略措施。与“十二五”妇女儿童规划相比，“十三五”妇女儿童规划量化指标减少。市妇联副主席周静和副区长、区妇儿工委主任暴剑到会并讲话。全区48个成员单位主管领导参加会议。（张明旭）

【公益活动】5月22日，区妇联组织社区家长及儿童45人，到顺义区赵全营镇太阳村，看望服刑人员的未成年子女。观看纪录片、参观太阳村孩子们生活居住区和花卉大棚。志愿者带领太阳村的孩子们与来自社区的小朋友一起游戏互动。活动结束后，社区家长和儿童纷纷表示要在珍惜幸福生活的同时，将爱心延续下去，带动更多的社会爱心人士关心、关爱“太阳村”的孩子们。（张明旭）

【社会组织培育孵化项目启动】3月10日，东城区妇联妇女儿童领域社会组织培育孵化项目在东四社会治理支持中心启动。该项目是由区妇联倡导，委托北京市协作者社会工作发展中心实施的社会组织管理服务型项目，旨在通过团体辅导、个别化督导形式，使初创期的社会组织能够理清组织定位、明确发展目标，不断提升组织的规范化管理、项目化运作的发展能力。（张明旭）

【妇女维权联席会议】5月11日，区妇女维权联席会议召开。区委政法委、区人大内务司法室、区公安分局、区法院、区检察院、区司法局、区民政局、区人保局、区工会、区妇联的相关领导及仁合公益法律事务所律师参加会议。区妇联从妇女维权机制、法治宣传、实事维权3个方面汇报近两年妇女维权工作情况和存在的热点、难点、敏感问题。各成员单位重点围绕《反家庭暴力法》实施后，各单位工作的具体作法和存在问题进行汇报。区公安分局在分局主页法制专栏将《反家庭暴力法》全文进行转载。执法单位开展培训130余次。接报家庭暴力类案件55件，受理55件，案件受理率100%，刑事立案1起，刑事拘留人员1人。（张明旭）

【全国妇联领导走访东城】5月13日，全国妇联书记处书记谭琳与全国妇联权益部工作人员一行3人走访东花市街道南里社区，重点了解社区维权宣传品发放情况和妇女维权工作情况。在走访中，社区党委书记根据社区实际情况就社区党建工作、社会服务项目及社区妇女维权工作概况、文化活动中心运行情况等进行汇报。谭琳书记先后参观社区文化中心、文体中心、南里社区公共服务协会及社区妇女之家，对社区的妇女维权工作给予充分肯定，对东城区宣传品发放工作的效率和覆盖面高度认可。（张明旭）

【父母效能培训班】4月16日，区妇联与北京市少年宫联合举办“亲职团体辅导——父母效能培训班”。培训班分6次授课，以预约方式招募、筛选家长21人参加培训。邀请区妇联家教专家授课，每周以小组辅导方式进行，通过小组活动、讲解、讨论、交流分享、行为演练等方式，以父母成长团体的形式授课，让家长们在参与活动中探索自我、发现潜能、重建认知，主动调整教育观念及教育行为。（张明旭）

【社区儿童示范之家启动】5月29日，区妇女儿童工作委员会、区文明办联合在北京市协作者社会工作发展中心举办“好家风·中国梦”—“一样的童年·一样的爱”东城区庆六一活动暨社区儿童之家示范基地启动仪式，社区儿童朗诵诗歌《我爱我的家》；家长志愿者与大家分享儿童之家服务特点及自身受益感受。孩子们在功能区进行图书分享会、“家”“国”感受课、沙盘游戏和蛋挞制作等体验活动。区、街道妇联干部及社区家长、儿童及险峰公益金、国际救助儿童会、儿童乐益会、乐视教育等120余人参加。市妇联副主席周静、区委常委汤钦飞到会为北京市首家社区儿童之家示范基地——协作者童缘揭牌。至年底，东城区已经建立儿童之家68所，居全市前列。（张明旭）

【举办女性专场招聘会】3月3日，东城区妇联在东城职介所举办“自强·行动·创造”女性专场招聘会，全区各街道有就业需求女性500余人参加。30余家用人单位参会，提供就业岗位2055个，达成初步就业意向120人，发放各类材料600余份。北京市东卫妇女法律援助与研究中心和北京信德公证处相关工作人员提供免费现场咨询。（张明旭）

【未成年人安全自护大课堂】8月2日，在天坛街道儿童之家举行一场以“急救包扎培训”为主题的未成年人安全自护大课堂，来自天坛地区的家长和社区儿童之家工作者60余人参加课程。东城区鸿睿家庭教育研究中心专业老师讲解在火灾、地震、电梯遇险及突发伤害面前如何正确处置、如何急救包扎自救逃脱等内容。区妇联与未成年人安全自护专业组织合作，连续两年在全区17个街道儿童之家，实施暑期未成年人安全自护能力提升项目，以菜单形式公布课程安排，包括出行安全，自然灾害避险，急救包扎，遇险自救逃脱， 居家安全小科普、防拐小话剧表演、别想欺负我（防暴力）、我不会离家出走（儿童心理）、计算机安全使用小卫士、暴雨中的自我保护等内容，由各街道、社区儿童之家依据实际需要选择具体讲授内容，采取安全知识讲授与绘本互动体验相结合形式开展，通过实施项目倡导“伤害不是意外，伤害是可以预防的”安全理念，帮助儿童增强安全意识，提升未成年人安全自护能力。（张明旭）

【暑期儿童科技一日营】8月9日，区妇联与区科协组织辖区内儿童100余人参观义利工厂DIY体验中心。鸿睿家庭教育研究中心老师讲解科技给我们身边生活带来的改变。参观义利品牌文化中心和工厂生产车间，了解义利、北冰洋历史文化，探寻记忆中美味的制作过程；孩子们还体验亲手烘焙面包的乐趣。通过参观、体验，了解民族品牌，激发创新意识，培养探索精神。（张明旭）

【区第十三次妇女代表大会】7月21

日，区第十三次妇女代表大会在京东宾馆开幕。大会有正式代表211人，特邀代表29人。市妇联党组书记、主席马兰霞，区领导张家明、金晖、吴松元等和区委区政府部分委、办、局，街道主管领导以及群众团体代表出席了大会开幕式。马兰霞和张家明在开幕式上讲话。大会审议通过区妇联《凝心聚力 开拓创新 团结带领东城妇女为建设国际一流的和谐宜居之区而努力奋斗》的工作报告。选举产生区妇联常委13人。（张明旭）

【社区妇联主席培训班】9月12~13日在朝阳门街道举办社区妇联主席培训班。培训采取课堂讲授和现场教学形式，邀请市委党校原副校长讲授《加强党性修养，提高基层妇女干部的责任意识和爱国情怀》专题课，区妇联主席解读党的群团工作会议精神，并结合区妇代会精神就不断创新工作思路、丰富工作载体、完善运行机制、夯实组织建设方面进行交流。体育馆路街道、安定门街道交北头条社区、东四街道八条社区、东华门街道台基厂社区、龙潭街道光明社区妇联主席分别发言。培训期间还组织参观古北口长城抗战纪念馆、司马台新村。区妇联机关干部、街道、社区妇联主席和商务楼宇“姐妹驿站”负责人220人参加培训。（张明旭）

【处级女干部培训班】10月12~13日，区委组织部、区妇联、区委党校联合举办主题为“文化引领发展 塑造魅力女性”处级女领导干部专题培训班。邀请有关专家从人与家、家与国、家风与国3个层面讲解家风文化与家国情怀，从老思维向新思维转变、小文化向大文化扩展、浅融合向深融合推进3个方面讲解文化中国消费升级的重大机遇。培训班还安排学员们到天津C92文创园进行实地参观学习。全区处级女领导干部、妇联执委、妇女代表180人参加培训。（张明旭）

【儿童教育发展论坛】11月26日，区妇女儿童工作委员会联合北京青年企业家商会、北京荷风艺术基金会在东城区少年宫举办“协同发展 我们在行动”——儿童教育发展论坛，观看北京荷风艺术基金会在项目实验校开展艺术教育的纪录片，北京蒲公英中学的代表演奏长笛、黑管展示艺术教育成果。有关专家学者围绕“儿童教育协同发展”分别做主题发言。市区领导为学生代表赠送管乐队教材，并向保定市安新县端村学校颁发“东城区家庭教育协同发展实践基地”牌匾，有关领导和部门100余人参加论坛。（张明旭）

【巧娘工作室十周年庆典】12月29日，在朝阳门街道办事处区妇联与区巧娘工作室发展协会共同举办“巧娘十年”——东城巧娘工作室成立十周年庆典大会。区妇联主席致贺词，播放展现东城巧娘十年宣传片《巧娘十年》。第一任会长和现任会长回顾巧娘创业历程。2006年2月东城区第一个巧娘工作室——东四街道奥林匹克社区彩虹工作室成立。2008年3月，东城区巧娘工作室发展协会成立，为全市首家。巧娘协会先后为“5.12”汶川地震编制同心手链4000条，捐款2.02万元。为北京奥运会、残奥会编制吉祥手链、平安手链5600条。为新疆和西藏孩子们编织毛衣、手套、围巾4000余件。举办公益手工培训活动2000余期，受益人群6万余人。接待包括一些国家元首、总统和夫人、各国使节和代表团等近200次。先后获北京市三八红旗集体奖，北京市先进社会组织奖，首都群防群治优秀团队奖、北京市社会建设专项资金购买社会组织服务优秀、铜、银奖等多项荣誉称号。（张明旭）

【友好往来】4月12日，埃及福斯塔传统手工艺品中心一行，参观桂公府。在巧娘工作室发展协会，亲手体验中国工笔绘画和面塑技艺。来宾介绍埃及陶瓷画、木片贴画等传统技艺，双方在手工技艺的切磋中增进两国妇女间的友谊。9月6日，日本《妇女之友》杂志社读者代表团一行15人，到朝阳门街道史家社区，参观史家胡同博物馆，了解史家胡同的历史、人艺摇篮、近代教育、兰芷偕芳等展厅内容，聆听胡同声音。客人对北京的胡同文化产生极大兴趣，与东城巧娘工作室老师开展手工制作学习交流。10月16日，香港妇协中华历史文化研修班一行38人到区访问交流。参观史家胡同博物馆，观看史家历史、人艺摇篮、近代教育、兰芷偕芳等展厅，聆听胡同声音，了解北京胡同别具特色的文化和北京妇女丰富多彩的文化生活。参观东城区巧娘们制作的手工艺作品，并现场学习制作。10月21日，澜沧江-湄公河流域妇女论坛中外专家50余人到区参观考察。在东四街道奥林匹克社区体育文化中心，参观东四地区北京胡同文化展、非遗工艺品展示及彩虹工作室；巧娘老师手把手教授中外专家学习制作中国结和传统绳艺“七彩粽子”。区相关领导及巧娘70余人参加活动。（张明旭）

## 东城区工商业联合会

【概况】中华全国工商业联合会是中国共产党领导的面向工商界、以非公有制企业和非公有制经济人士为主体的人民团体和商会组织，是党和政府联系非公有制经济人士的桥梁纽带，是政府管理和服务非公有制经济的助手。工商联具有统战性、经济性、民间性有机统一的基本特征。东城区工商业联合会（简称区工商联）成立于1951年。有38家基层商会，其中包括17家街道商会、4家特色街区商会、1家重点地区商会、1家科技园区商会、1家楼宇商会、2家异地驻京商会和12家功能性商会。机关内设办公室、宣传教育科、会员科（商会管理科）和经济服务科，有行政编制17人，实有17人。至年底，有会员2300余人，其中市人大代表9人，区人大代表37人，其中区人大常委3人；市政协委员9人，区政协委员66人，其中区政协常委11人；市工商联执委31人，其中市工商联常委18人、市工商联副主席1人、市商会副会长5人。

年内，学习贯彻习近平总书记3

月4日重要讲话精神，在全市率先召开东城区促进非公经济健康发展大会；召开第十次会员代表大会，完成换届工作；开展以“守法诚信、坚定信心”为主题的非公经济人士理想信念教育实践活动；逐步推进商会注册工作，为开展承接政府部分职能和参与社会治理工作打下基础；加强对基层商会的指导，制定《东城区工商联关于加强和改进基层商会建设的指导意见》，编印《东城区商会工作指导手册》；组织召开2期商会工作培训班，开展优秀基层商会争创活动。通过全国工商联“五好”县级工商联复查，东城区工商联再次被确认为全国“五好”县级工商联。获年度民营经济新闻宣传工作先进单位、《中国工商》杂志年度宣传工作先进单位。

单位地址：东城区天坛东路13号院5号楼

联系电话：65255187

邮政编码：100061 （郑江）

【执委常委会】11月17日，区工商联（商会）召开十届一次执委会，会议表决通过《北京市东城区工商业联合会第十届执行委员会主席、常务副主席、副主席、秘书长、常务委员选举办法（草案）》《北京市东城区工商业联合会第十届执行委员会主席、常务副主席、副主席、秘书长、常务委员候选人建议名单（草案）》《北京市东城区工商业联合会第十届执行委员会主席、常务副主席、副主席、秘书长、常务委员选举总监票人、监票人名单（草案）》，选举产生北京市东城区工商业联合会第十届执行委员会主席、常务副主席、副主席、秘书长、常务委员，表决通过《北京市东城区商会会长、常务副会长、副会长选举办法（草案）》《北京市东城区商会会长、常务副会长、副会长候选人建议名单（草案）》，选举产生北京市东城区商会会长、常务副会长、副会长。

【促进非公经济健康发展大会】5月13日，区工商联在全市率先召开“守法诚信、坚定信心”——东城区促进非公经济健康发展大会，深入学习贯彻习近平总书记3月4日重要讲话精神。出台包括“每年安排1亿元的促进非公企业发展专项资金”在内的鼓励、支持非公经济发展的7项具体措施，细化出台贯彻落实大会精神的21项折子工程。市委常委、统战部部长戴均良，市委统战部副部长、市工商联党组书记郑默杰，区四套班子主要领导、区属各委办局、人民团体及街道负责人、非公企业代表共500余人参加大会。6月1日，召开落实“守法诚信 坚定信心”——东城区促进非公有制经济健康发展大会精神部署会，研究通过《贯彻落实东城区促进非公经济健康发展大会折子工程》，确定21项折子工程的牵头部门和配合部门的职责，并明确由区产促局牵总头，会同区工商联将折子工程分解细化。区委常委、统战部部长周永明出席并讲话。区委常委、常务副区长陈之常主持会议。 （郑江）

【换届工作】成立换届工作领导小组，下设秘书、组织、会务3个工作组。组织编印反映工商联过去5年工作情况的《辉煌五年》、换届纪念光盘和同名画册。在深入调研的基础上，征求38家基层商会及有关方面的意见，考虑会员作用发挥、参政履职、企业发展等情况，推荐大会正式代表247人，其中非公有制经济人士会员代表241人，占代表总数的98%。组织38家基层商会对领导班子及领导机构人选进行民主推荐，提出初步人选；区委组织部、区委统战部、区工商联党组协调配合，对人选综合评价、组织考察，初步形成区工商联、区商会领导班子和领导机构建议提名人选名单。11月17日，区工商联（商会）召开第十次会员代表大会。市委统战部副部长、市工商联党组书记、常务副主席郑默杰，区委副书记、区长李先忠出席大会并讲话。大会审议通过《凝心聚力 开拓创新 为建设国际一流和谐宜居之区贡献力量》工作报告，选举产生东城区工商联第十届执行委员会以及区工商联、区商会领导班子。大会还聘请40个工商联、区商会特邀顾问单位。 （郑江）

【理想信念教育实践活动】年内，制定并下发以“守法诚信、坚定信心”为主题的非公经济代表人士理想信念教育实践活动实施方案，将全年重点工作与理想信念教育实践活动相结合，包括完善非公企业守法诚信机制、建设强力推进商会作用发挥等7项活动主要内容，指导各基层商会教育实践活动开展。年内共组织开展信息宣传、参政议政、法律知识、政策形势、投资发展等各类报告会。各商会开展形式多样的特色活动，和平里、东四、建国门等街道商会将理想信念教育实践活动与“两学一做”学习教育相结合，统一思想、凝聚共

8月15日，成立企业、酒店、餐饮业行业协会

识。北新桥、朝阳门、东华门、交道口、龙潭、体育馆路、天坛等街道商会将理想信念教育实践活动与落实全区促进非公经济健康发展大会折子工程相结合，开展走访调研、主题宣传、文体比赛等活动。永外、东花市、崇外等街道商会将理想信念教育实践活动与商会换届工作相结合，选人用人上坚持政治素质高标准，强化代表人士的思想政治工作。会员参与率达100%，全区民营企业覆盖率达60%。（郑江）

【参政议政】年内，开展民营企业调研110次，围绕推进青年创业者协会健康发展、非公有制企业参与“互联网+”以及城市服务行业中非公有制企业现状等方面，开展调研，形成3篇调研报告，上报区委、区政府。代表9人在区人大十五届六次会议上提出建议、议案12件；委员44人在区政协十三届五次会议上提出提案68件。提交《关于整合信息资源，促进京津冀协同发展的建议》《关于落实有序疏解非首都功能专项资金支持的建议》等团体提案2件，其中1件被评为优秀提案。提案《关于积极推进混合所有制经济健康发展的建议》，被评为第十三届东城区政协最具影响力提案。完成区政协委员30人的提名推荐和组织考察。推荐北京市欧美同学会理事候选人3人，北京市海外高层次人才1人，第二批东城区专家人才2人，东城区本年“巾帼建功”集体1个，“巾帼建功标兵”1人，东城区优秀技能人才2人。（郑江）

【商会建设】1月，区工商联首家二级基层商会永外街道商会安乐林分会成立。16家新会员、14家老会员代表以及区工商联、街道办事处有关部门领导共30余人出席大会。3月16日，区工商联召开商会工作培训会。总结年度为千户家庭送温暖活动情况，学习《东城区工商联开展争创优秀基层商会活动考核评比实施细则（试行）》《东城区工商联争创优秀基层商会综合考核评比体系（试行）》，各基层商会会长、主管领导、秘书长、专职工作者等100余人参加。同月22～26日，区委统战部、区工商联领导带队，赴四川省、重庆市、广东省、浙江省学习调研，与当地工商联和商会就新形势下如何更好发挥商会作用，特别是有序承接政府相关职能，积极参与社会治理进行深入沟通，并向区委主要领导作专题汇报。7月14～15日，召开商会工作培训会。下发《东城区工商联关于加强和改进基层商会建设的指导意见》《东城区商会工作指导手册》，33家基层商会会长、副会长总结本商会上半年重点、亮点工作，围绕商会建设提出问题和建议。区工商联、区商会两套班子及各基层商会主管领导、会长、秘书长和专职工作者130余人参加。8月15日，区工商联分别召开企业行业协会、酒店行业协会和餐饮行业协会成立大会，并举行授牌仪式。区委常委、区委统战部部长周永明出席会议，并为3个协会授牌。9月，区工商联联合北新桥街道成立簋街商会。周永明出席会议、授牌并讲话。区工商联和北新桥街道工委、办事处相关领导及30余家会员企业代表参加。12月22日，区工商联召开体育商会成立大会，并举行授牌仪式。周永明出席会议、授牌并讲话。（郑江）

【执委会议】11月10日，区工商联（商会）召开九届九次执委会，学习传达市委统战部关于市、区工商联（商会）换届文件精神，介绍换届筹备情况，部署换届工作，审议通过《关于召开东城区工商联（商会）第十次会员代表大会的决议（草案）》。周永明出席会议并讲话，提出3点要求。区工商联执委、部分会员企业代表、基层商会秘书长及专职工作者170余人参加会议。（郑江）

【会员服务】8月4日，组织召开季度非公企业政企对接沟通会，区长李先忠、常务副区长陈之常带领发改委、产促局、国资委、财政局、工商联等16个有关部门主要领导，与非公经济企业家代表近40人，针对民营企业提出的融资难、相对集中行政许可权专项改革、产业疏解和城市空间利用等10个方面问题，进行面对面交流，并就出台的扶持非公经济发展新政策，如“新三板”上市、“营改增”等，进行专题培训讨论。帮助20家会员企业申报区级政策扶持项目。组织10余家企业参加河北唐山、西藏拉萨等地项目发布和产品推介活动。鼓励引导会员企业参与京津冀协调发展、非首都功能疏解工作，赴河北大厂和天津南开考察调研。依托法律商会，定期为会员企业开展法律咨询服务。与区人力社保局联合举办民营企业专场招聘会，签订就业（意向）协议120个。（郑江）

【合作交流】1月，山东省临沂市工商联一行到区工商联进行工作交流。双方就区域资源优势、非公经济概况、商会组织建设等方面进行沟通和探讨，并初步达成建立友好商会意向。2月，东城区女企业家协会一行到区工商联座谈交流，双方就协会发展、代表人士培养、参政议政、会员发展等工作进行交流，为今后加强工作沟通和合作达成共识。3月3日，周永明与区工商联一行参观会员企业——北京东方嘉诚文化产业发展有限公司在南开区天津仪表集团厂房投资的文化园区-C92（总面积3万平方米）改造项目。与南开区委统战部、区工商联座谈交流。双方在全面深化改革和京津冀协同发展的大背景下，携手联合，相互学习，互相借鉴，互促共赢等方面达成意向。4月，广东省惠东县工商联一行到区工商联就如何加强商会建设进行交流研讨。7月22日，区工商联青年企业家代表与来自台湾台东卑南族花环部落学校的师生开展座谈联谊活动。双方共叙情谊，互换礼物，并共同表演文艺节目。同月28日，与区民政局召开工作推进会，就贯彻落实东城区促进非公经济健康发展大会折子工程进行交流。双方分别介绍相关工作情况，就需要共同配合落实的4项工作逐项进行对接，达成共识。10月11日，与区检察院领导班子开展交流，双方就如何落实《最高人民检察院关于充分发挥检察职能 依法保障和促进非公有制经济健康发展的意见》，更好的服务非公经济发展进行深入探讨。11月29日，天津滨海新区招商局二局副局长到区工商联座谈交流，介绍滨海新区区位优势和政策措施，双方就合作意向交换意见。12月30日，成都市锦江区人大常委会一行3人到区工商联，就招商引资等事项进行交流。（郑江）

【调查研究】1月21日，商务部党组成员、部长助理王炳南、市场建设司司长李景龙、电子商务司副司长蔡裕东和市商务委副主任孙尧到区工商联会员企业东单菜市场悠惠生活馆实地调研。区领导暴剑陪同调研。春节期间，区委书记张家明、区长李先忠、区人大常委会主任赵中原、区政协主席邵鹏分别带队到东单菜市场悠惠生活馆走访调研，慰问节前现场工作的一线员工，现场听取东单菜市场筹建及开业4个月经营情况汇报，并参观东单菜市场二层的老字号与名特优聚集式体验店。2月，国务院参事室综合司司长吴润彪到朝阳门街道商会指导工作。同月17日，区委常委、区委统战部部长周永明到区工商联调研，听取区工商联关于本年工作重点的汇报，并提出指导性意见。同月23日，张家明到区工商联调研工作，听取非公经济代表人士的意见建议。区工商联45家会员企业负责人参加。3月，市工商联副主席王报换到南锣鼓巷商会围绕如何做好矛盾纠纷的调解工作开展调研。同月，区工商联领导到会员单位北京盘古大观整合营销顾问有限公司调研。同月，市领导实地检查会员企业亚洲大酒店全国“两会”接待各项准备工作，察看委员代表住宿安保工作落实情况，区领导张家明、金晖、毛炯参加调研。同月，商务部电子商务和信息化司及内贸信息中心的相关领导到会员企业北京大道信通科技股份有限公司，针对公司开展的互联运营模式进行调研。同月16日，市委常委、市委统战部部长戴均良到东城区调研非公有制经济发展工作。市发改委等8家单位负责人参加。区委等有关领导汇报近年来东城区统一战线工作基本情况、主要做法、取得成绩和本年重点工作。区工商联有关领导汇报区非公经济领域统战工作开展情况及下步工作思路。区工商联主席及非公经济代表人士4人结合学习习近平总书记3月4日在全国两会工商联、民建界别联组会上的重要讲话精神，围绕疏解非首都功能、商会组织建设、推进“创优联盟”和青年创业者协会等依次发言。市发改委、科委、地税局、工商局、金融局、经信委负责人就支持非公经济发展和相关情况发言。4月，张家明实地调研区工商联景山街道商会会长单位红墙花园酒店公司非公党建工作情况，区领导金晖、吴松元、汤钦飞参加。6月，美国弗吉尼亚州劳登县经济发展部总监迪·雷泽一行3人到区工商联会员企业学信博文（北京）教育科技有限公司访问，并座谈交流。同月，赵中原等领导到会员企业北京东方嘉城文化产业发展有限公司调研。同月，北京市商务委流通发展处、内蒙古自治区商务厅、农牧厅领导近30人到会员企业北京大道信通科技股份有限公司运营的东单菜市场悠惠生活馆进行考察交流，双方就下一步供销合作及信息平台对接达成初步合作意向。7月28～30日，区工商联青年创业者协会一行到山西学习考察并与文水县工商联进行合作交流，签署友好商会协议。同月26日，全国工商联研究室副主任沈丽霞一行，到区工商联文化产业商会——“77文创园”调研。实地参观“77文创园”和驻园企业。（郑江）

【光彩事业】连续第10年组织开展“为千户家庭送温暖”活动，17家街道基层商会和部分地区商会500余家会员企业参与，组织开展走访慰问、物质帮扶、文化演出、就业扶助等活动近100场，筹集捐款、捐物近176.7万元，惠及受助贫困家庭近3000户。组织非公企业家慰问天坛周边棚户区改造项目指挥部工作人员，送去价值5万余元的慰问品。北京宏源餐饮管理有限公司连续第11年开展为公安和交通干警“送清凉”活动，送去近40万元的1.3万箱矿泉水；北京恺王服饰有限公司为遭受龙卷风袭击的江苏阜宁灾区捐赠85万元物资及现金，帮助灾区群众生产自救；中科科教国际教育科技中心有限公司向中科院遗传所捐赠10万元，用于支持在校学生开展国际交流和青少年科普活动。启动“手拉手、共成长”公益项目，筹集善款38万元资助区内品学兼优的困难学生100人，帮助他们完成学业。12月13日，区工商联在东四街道办事处举行启动下年“为千户家庭送温暖”活动仪式。周永明出席活动并讲话，区工商联、东四街道办事处主要负责人、区工商联各基层商会主管领导、会长、秘书长、专职工作者及东四街道商会全体会员和受助居民代表共160余人参加。（郑江）

【宣传培训】年内，召开不同层面学习贯彻习近平总书记3月4日重要讲话精神交流座谈会，编发专刊10期；联系多家媒体，加强对区促进非公经济健康发展大会的宣传报道。大力推广市工商联小助手APP，扩大工商联影响力。全年，接收处理及编写各类信息1537条，编发《手机快讯（彩信）》137期，《工商联简报》137期，维护更新区工商联网站、部门要闻、图片新闻等栏目信息392条，发布政务微博300余篇。被上级单位及媒体采纳刊登的信息稿件共160篇，其中《中华工商时报》28篇，《人民政协报》3篇，《北京日报》《京华时报》等市级报纸5篇，《中国工商》19篇，《工商界》5篇，《全国工商联信息专刊》1篇，《新东城报》17篇，《东城信息》《昨日区情》《舆情报》49条次，北京电视台、北京新闻广播等电视、广播及其他网络媒体33篇次。获年度民营经济新闻宣传工作先进单位、《中国工商》杂志年度宣传工作先进单位。12月15～16日，区工商联举办第20期非公经济人士培训班暨新任执委培训班，区工商联执委、各基层商会主管领导、会长、秘书长和专职工作者共160余人参加培训。周永明出席活动并讲话。

（郑江）

【原工商业者工作】春节、五一、十一期间走访、慰问原工商业者及遗孀169人（次），慰问金额28.85万元，接待原工商业者及家属来信来访110余件（次），多次就原工商业者子女反映的问题到市、区档案馆、派出所查阅相关资料，出具证明材料。

（郑江）

## 东城区归国华侨联合会

【概况】东城区归国华侨联合会（简称区侨联），成立于1985年6月，是由归侨侨眷组成的人民团体，是党和政府联系归侨侨眷的桥梁和纽带。侨联工作的职能是群众工作、参政议政、维护权益、海外联谊。编制4人，实有5人。无内设机构。全区有归侨220人，侨眷6734人，新华侨 4391人，新移民、留学人员亲属4389人。东南亚归侨占85%以上，归侨的原侨居国分布20余国家。新华侨分布57个国家，基本在发达国家。有17个街道侨联和教委、卫计委2个系统侨联及区归国人员联谊会。

年内召开第二次归侨侨眷代表大会，选举产生新一届委员会；成立归国留学人员联谊会；开展“两学一做”教育活动；举办侨界代表性人士培训班；开展走访慰问活动，重点慰问老归侨；召开“五侨”联席会，引导归侨侨眷参政议政，团结动员归侨侨眷为东城发展建言献策。与山西省阳泉市侨联进行交流；开展亲情中华北京夏令营走进东城主题日活动，协调瑞典瑞青中学到125中学开展学习交流活动。页岩油气开发关键技术研究及应用成果（肖钢）和试油燃烧臂系列产品技术革新（侯国强）获得“中国侨界（创新成果）贡献奖”；中海油研究总院新能源研究中心获得“中国侨界（创新团队）贡献奖”。

单位地址：东城区幸福大街32号

联系电话：64023999

邮政编码：100061

（窦跃斌）

【走访慰问】筹措资金1.14万元，走访慰问区内侨界代表性人士5人及慰问困难党员和困难归侨侨眷20人。为10个街道送去150套春联、窗花和福字。陪同市侨联走访76岁的印尼老归侨。

（窦跃斌）

【第二次归侨侨眷代表大会】7月15日召开。区侨联主席作题为《团结动员广大归侨侨眷 为建设国际一流和谐宜居之区而努力奋斗》工作报告。会议选举产生新一届侨联领导班子。市侨联主席荣洋、党组副书记、副主席马坚，区委领导金晖、周永明等出席开幕式，荣洋代表北京市侨联向大会致贺词，金晖代表区委、区政府向大会致贺词，区妇联主席代表人民团体向大会致贺词，市、区有关部门、区人民团体、各涉侨单位主要负责人出席会议

（窦跃斌）

【“五侨”联席会】区人大内务司法委员会、区政府外事侨务办、区政协港澳台侨委员会、区侨联、致公党东城区委主要负责人召开“五侨”联席会，就各自本年重点工作尤其是参政议政工作进行交流；就如何发挥侨务部门独特作用和优势为东城区发展提供服务，进行研讨。

（窦跃斌）

【学习交流】5月27日，山西阳泉市侨联一行12人，到东城区侨联交流。双方对侨联近年来在群众工作、新侨工作、参政议政、海外联谊等方面的工作进行交流；就如何发挥侨务部门独特作用和优势为东城区发展提供服务进行探讨。

（窦跃斌）

【重阳节敬老会】10月9日，在华侨服务中心举办侨界重阳节敬老会，向与会的侨界老领导、老归侨表示节日的祝贺，为10月份过生日的老归侨准备生日蛋糕，部分老归侨即兴表演合唱等节目。老归侨50余人参加活动。

（窦跃斌）

【对外交流】7月13日，协助市侨联举办“亲情中华”北京夏令营“走进东城”主题日活动。来自美国、加拿大、法国、意大利、葡萄牙、斐济等国，年龄14~18岁之间华裔青少年41人，在东城区开展传统文化体验活动。在明城青少年活动中心全体营员与中国学生一起体验团扇、剪纸、风筝制作；参观孔庙、国子监博物馆。11月初，瑞典瑞青中学华裔青少年19人走进125中学，与北京青少年共同上英语课、陶艺课，体验北京四合院，一起包饺子。

（窦跃斌）

【成立归国留学人员联谊会】12月27日，在东直门中海油大厦召开东城区归国留学人员联谊会成立大会。大会推选出第一届理事会会长、副会长、常务理事、秘书长。召开第一届常务理事会，通过归联会章程、确定下年主要工作。市侨联副主席苏泳、区领

7月15日，召开第二次归侨侨眷代表大会

导周永明出席。首批会员、部分区侨联委员、区涉侨单位代表、市侨联经济科技部等70余人参加。（窦跃斌）

【市侨联领导调研】1月18日，市侨联副主席苏泳率经济科技部和文化交流部相关人员到区侨联调研。区统战部副部长、区工商联党组书记，区侨联党组书记、主席，区侨联全体机关干部及老侨代表等参加调研座谈，听取东城区侨联开展经济科技和文化交流工作的情况。12月29日市委统战部副部长、市侨联党组书记赵宏生一行6人到区侨联座谈调研，听取对北京市侨联改革意见建议。座谈会上，区侨联主席汇报本年工作及下年工作计划，就市侨联改革工作提出建议；体育馆路街道、教委、卫计委侨联组织的代表和新经济组织、新社会组织中的侨联委员参加调研。（窦跃斌）

【"两学一做"教育】学习《中国共产党党章》《中国共产党廉洁自律准则》《中国共产党纪律处分条例》，通过侨联微信群宣传党史党章并发出争做合格党员倡议；组织党员干部参观区纪委举办的廉政书画展。机关党支部书记以"讲政治有信念"主题给侨联机关党员上党课，并开展重温入党誓词活动。（窦跃斌）

【走访中海油】5月中旬到中国海油大厦走访了中海油实业公司。与中海油直属机关党委副书记、纪委书记、中海油直属机关工会主席等中海油相关领导就统战工作、新时期侨务工作进行交流。（窦跃斌）

【推荐考察区政协委员】推荐提名侨界人士6人为区第十四届政协委员人选。经过必要程序在规定时间内完成推荐政协委员人选4人的考察工作，并将考察相关材料上报区委统战部。（窦跃斌）

【举办新一届委员培训班】9月22～23日，举办换届后侨联委员年轻、新当选委员培训班。培训班由人大新闻学院副教授讲授公共外交与侨联工作；区侨联主席讲授侨联工作的关键词。并安排区侨联委员开辟委员论坛，从不同角度不同领域发挥侨联委员作用。93人参加。（谭菲）

【推荐新侨人才】推荐在区新侨科技人才参加中国侨联第六届新侨创新创业成果交流暨中国侨联新侨创新创业联盟成立大会，其中碧艾尔时装有限公司董事长成为中国侨联新侨创新创业联盟第一届理事会成员；中国人民银行研究局首席经济学家成为中国侨联和北京市侨联特聘专家委员会委员；中海油研究总院新能源研究中心副主任、政府友谊奖获得者为北京市侨联特聘专家委员会委员。（谭菲）

【参政议政】1月，参加区政协十三届委员会第五次会议，提交团体提案《关于用金融工具缓解绿色企业融资难的建议》《进一步加强食品安全监管力度的建议》2件，侨界委员提交个人提案11件；列席区人大第十四届委员会第六次全体会议，听取区长李先忠上年度政府工作报告；参加中国侨联九届三次全委会；参加区政协民主生活会通报会。2月，参加东城区党风廉政建设大会；参加北京市侨联第十四届委员会第三次扩大会议及信息调研会，东城区侨联撰写的调研报告《东城区社区居家养老服务工作的调查与思考》获二等奖。3月，参加区政府扩大会；参加区委统战部召开的信息调研会，区侨联撰写的文章《以法制的精神推进侨联工作》获三等奖。4月，区侨联主持召开"五侨联席会"，区人大内司委、区政府外事侨务办公室、区政协港澳台侨委员会、区侨联、致公党东城区委等单位主要领导参加；参加区"两学一做"学习教育工作会议。5月，参加区群团工作会议；参加区政协重点提案督办会；参加东城区党务工作会议；参加东城区促进非公有制经济健康发展大会；参加东城区意识形态工作会议；参加区六次政协工作会议。6月，参加全区领导干部大会学习中央和市纪委文件精神；参加全区领导干部大会进行民主推荐。7月，参加东城区党派团体协商会听取本年区政协换届工作意见；参加中共北京市东城区第十一届委员会第十一次全体会议；参加东城区领导干部大会传达北京市区级领导班子换届工作部署会精神。8月，参加区政协换届风气监督培训会；参加区委扩大会，推荐新一届区领导班子成员、法检两长、纪委副书记人选，并对本届领导班子及其领导成员进行民主测评；参加东城区换届选举工作部署大会；参加东城区领导干部大会，进行民主推荐。9月，参加东城区政协委员推荐工作动员部署会。10月，参加东城区社会组织"两个覆盖"工作推进会。11月，参加东城区党派团体协商通报会，就东城区政协第十四届委员会人事安排听取意见建议；参加中共北京市东城区第十一届委员会第十二次全体会议。12月，参加东城区党派团体协商通报会，协商区级领导班子有关人事安排；参加中国共产党东城区第十二次党员代表大会；参加东城区政协第十四届委员会第一次会议，并列席东城区第十六届人民代表大会第一次会议。（谭菲）

## 东城区残疾人联合会

【概况】东城区残疾人联合会（简称区残联）是将残疾人自身代表组织、社会福利团体和事业管理机构融为一体的综合性人民团体。具有"代表、服务、管理"3种职能。内设办公室、组联部（就业部）和康复部（宣传文体部）3个职能科室，编制9人，实有人数9人，工勤2人。下辖公益一类事业单位3个：区残疾人就业服务中心、区残疾人综合服务中心、区残疾人职业康复中心，编制46人，实有43人。

年内，制定并实施残疾人事业发展"十三五"规划，明确全面建成小康社会决胜阶段全区残疾人事业发展的指导思想、新的目标要求和重大举措，以依法维护残疾人权益、提升公共服务水平、加快小康进程为重点，努力推进残联基础管理科学化、组织建设规范化、工作模式社会化、助残服务精细化、创新机制常态化，全力打造残疾人事业发展的升级版。至年底，全区残疾人3.5万余人，新办残疾人证1742人。审核安置残疾人单位1402家，按比例安置残疾人4525人；为残疾人1.06万人发放护理补贴1592.83万元；为残疾人4176人发放生活补助919.04万元；为突发困难残疾人34人发放临时救助6.54万元；为残疾人5760人次提供保险补贴1620.88万元；“两节”期间走访慰问困难残疾人家庭1916户，发放资金134.48万元。新审批入住福利机构57人，拨付专项资金38万元；发放养老助残券4454人434.31万元。发放残疾人机动轮椅车燃油补贴款110.86万元。区残联获2012—2014年度首都文明单位标兵荣誉称号。

单位地址：东城区夕照寺街绿景苑小区4号楼

联系电话：67075423

邮政编码：100061　（贾琳）

【领导调研】2月22日，区委常委汤钦飞到区残联开展调研，召开座谈会。8月12日，市残联党组书记郭旭升到东城区调研残疾人工作，参观永外街道温馨家园，听取街道残联汇报工作，与残疾人创业之星交流，实地走访2户残疾人家庭，参观龙潭街道温馨家园残疾人活动室，并详细询问龙潭街道“星星梦工厂”创办和运行情况，对区街两级残联通过政府购买服务、借助外力拓宽资源、服务地区残疾人群体的做法给予肯定。并提出几点要求。11月25日，市残联副理事长欧玲一行6人到东直门街道残疾人健馨俱乐部调研辅助器具和精神残疾人康复工作。　（贾琳）

【北京市公益体育社区行】7月19日，东城区残疾人旱地冰壶循环比赛在区残疾人活动中心开赛。17个街道残疾人选手170人参加比赛。比赛分肢体残疾（轮椅）和智力残疾2个组别，体育馆、龙潭、东四、朝阳门街道代表队晋级决赛，参加北京市公益体育社区行比赛。8月5日，北京市体育公益活动社区行东城区残疾人体育进家庭暨“喜迎冬奥、快乐健身”旱地冰壶团体赛决赛在北京工人体育馆百姓大舞台举行。区体育局局长主持开幕式，区残联副理事长介绍区残疾人体育进家庭工作情况，残疾人代表发出科学健身倡议书，市、区领导向残疾人代表赠送健身器材大礼包，区残疾人柔力球队、太极扇队、花棍队进行精彩表演。朝阳门和东四街道夺得冠、亚军，龙潭和体育馆路街道并列第三名。市体育基金会、市残联相关领导出席开幕式，残疾人200余人参加活动。　（贾琳）

【残疾人专场招聘】1月28日，区残联与区人力资源和社会保障局人保局在区人力资源和社会保障局职介中心举办“就业帮扶，真情相助”就业援助月主题招聘洽谈会，肯德基、吉野家、康达五洲等20家用工单位参加，提供100余个就业岗位，残疾人200余人到场求职，当场达成初步就业意向51人。5月12日，区残联在区残疾人职业康复中心举办残疾人专场招聘会，腾飞酒店、面包新语等12家用工单位参加，提供47个就业岗位，残疾人200余人到场求职，当场达成初步就业意向50余人。11月2日，区残联在区残疾人职业康复中心举办残疾人专场招聘会，中国科技出版传媒、奥士凯物美等10家用工单位参加，提供47个就业岗位，残疾人158人到场求职，当场达成初步就业意向40余人。12月7日，区残联举办“国际残疾人日”残疾人专场招聘推荐会，奥士凯物美、博莱克威奇工程设计等11家用工单位参加，提供67个就业岗位，残疾人200人到场求职， 50余人达成初步就业意向。　（贾琳）

【第十七次全国爱耳日】3月2日，区残联与体育馆街道、社会专业机构在体育馆路街道驹章社区服务中心联合举办区残联第17次全国“爱耳日”宣传教育活动。活动现场，区福海慧航残疾人支持服务中心在训的听障儿童做汇报表演，普仁医院耳鼻喉科主任开展“耳病预防及康复”知识讲座和义诊咨询服务。东盛残疾人公益事业服务中心向区残联捐赠价值5000元的听力检测筛查，残疾儿童救助基金捐赠价值4000元的耳模50支，北京亮耳听力服务中心免费为参加活动的人员进行听力检测、助听器检修，为残疾人、老年人检查耳病，传授爱耳护耳知识。区聋人协会成员、社会机构志愿者、听障儿童与家长、社区居民200余人参加活动。　（贾琳）

【社会融合能力提升项目训练】3月1日，区老年人残疾人社会融合能力提升项目训练营在市残疾人文化体育指导中心开班。共举办3期集中训练营，老年人、重度残疾人50人在每期2周24课时的集中训练里接受包括辅具应用、后遗症病理、家属成长、公共出行常识、居家康复、心理辅导训练等在内的书面授课及体能锻炼、社会适应、咨询辅导、社区居住等全方位实践训练。　（贾琳）

【残疾人风筝制作培训班】3月4日，区残联和区第二文化馆举办残疾人风筝制作培训班，残疾人风筝制作爱好者25人参加。培训课上，讲授风筝种类、风筝取材和基本制作方法。老师边示范边讲解风筝制作步骤、方法和注意事项，现场教授“扎糊绘放”四艺。培训共15节课，残疾朋友们更直观地认识风筝制作技艺这个非遗项目。9月2日，区残联联合区第二文化馆举办风筝培训提高班，培训15周，区残联组织上半年毕业的初级班学员参加每周一次的授课，区第二文化馆特邀市风筝协会老师授课，为残疾人深入讲解各种风筝的制作方法和技巧。　（贾琳）

【居家与社区康复服务扶持培训会】3月15日，区残联召开区残疾人居家与社区康复服务扶持项目培训会。区残联认定的多家助残类民非机构负责人及财务管理人员近30人参加。会上传达《2016年东城区残疾人社会化康复服务指导意见》，针对前期征集的本年残疾人居家康复训练与指导服务等15个康复项目，进行项目内容及遴选流程介绍。　（贾琳）

【扫除青壮年残疾人文盲学习班】区残联与区职大就本年全区扫除残疾

人青壮年文盲工作达成合作协议。新开办永外街道扫除残疾人青壮年文盲学习班。本年在全区共开办3个扫盲班，残疾人45人参加学习，区职大授课老师编写出一套实用性强的残疾人扫盲实用读本。（贾琳）

【定向项目扶持】3月，区残联聘请北京润合盛咨询有限公司组织项目遴选，召开本年定向项目扶持街道职业技能培训和就业创业项目评审会，全区12个街道15个项目参与遴选。会上各街道项目负责人从服务内容、服务形式、工作计划、经费预算等方面汇报，回答专家提问。管理、业务及财务各领域专家在评审现场审阅各项目资料，进行现场指导，完成现场评分。根据评分结果，第三方机构出具评审咨询报告。本年，区残联定向扶持12个街道14个项目，培训残疾人350人，总经费预计180万元。（贾琳）

【日间康复残疾人康复评估】4月26～28日，区残联组织17个街道日间康复残疾人400人参与康复评估与服务体验。区康扶一二三健康训练中心、禄祥源康复综合服务中心、心世纪残疾人心理行为康复训练中心3家机构分别在宽街、东花市街道、龙潭街道温馨家园设立临时评估中心，9个街道残疾人150余人到场参与评估并建立服务档案。日间康复评估结束后，承接残疾人居家康复服务的两家机构对重度残疾人200人开展居家康复护理与训练指导入户评估。（贾琳）

【残疾人矫形器试点】5月10日，区“健行足下，优质生活”残疾人矫形器试点工作在东花市街道举办，相关专家为17个街道残疾人普及矫形器、矫形鞋等辅助器具知识，使残疾人了解足部压力、足部变形和疼痛症状产生的原因，认识验配矫形鞋的必要性。通过残疾人验配前后实际对比证明矫正作用，改善残疾人形体，提升残疾人康复意识。活动是区残联深入与肢残人协会、社会专业机构合作开展项目之一。（贾琳）

【全国助残日志愿服务宣传】5月13日，区残联在新世界广场举办第26次全国助残日“关爱孤残儿童，让爱洒满人间”志愿服务宣传活动暨第五届残疾人职业康复劳动项目技能展示活动。志愿者代表演讲，倡导社会各界爱心人士以志愿者身份投身助残服务；司法局为残疾人发放法援图书；新世界商场向区残联捐赠2万元爱心款帮扶贫困残疾人，并为残疾人免费提供场地开展第五届残疾人职业康复劳动项目技能展示活动，进行残疾人手工艺品义卖，各职业康复站的100余种6000余件手工艺品参加展示，卖出手工艺品2000余件，销售金额近2万元；东盛残疾人公益事业服务中心残疾儿童救助基金管委会，为各街道职康站捐赠总价值4万元电脑20台；各级领导为残疾人家庭代表发放“爱相随”助残服务卡和助残单位赠送的礼品。活动现场设立无障碍、法律维权等宣传台，向过往行人宣传活动，玉蜓养老助残服务队、协和方通志愿服务队现场开展志愿服务宣传和助残志愿者招募活动。（贾琳）

【残疾人体育指导员培训】5月27日，区第二期残疾人体育指导员培训暨残疾人体育健身知识社区行活动在区残疾人活动中心举行，北京体育大学为残疾人50余人培训，讲授健康常识与锻炼小招，传授适合残疾人日常锻炼方法。11月18～22日，区残联与区体育局在活动中心举办北京市科学健身流动大讲堂暨东城区第二期社会体育指导员培训，北京联合大学、北京体育大学及区体育局选派的社会体育指导员讲师围绕适合残疾人参与的冬奥项目及如何开展冬季健身等进行授课，全区17个街道体育指导员102人参加培训。（贾琳）

【慰问残疾儿童】六一期间，区残联为残疾儿童85人发放2.7万元味多美蛋糕券；各街道残联开展各种慰问活动，邀请律师宣讲《未成年人保护法》，走进残疾儿童家庭送上节日祝福与慰问品；区残疾人心理行为康复训练中心携手北京时代环球旅游有限公司到区特殊教育学校与学校教职员工、残疾儿童欢度六一，送上爱心礼物；阳光路教育潜能发展中心开展主题为“星宝美食行”，为残疾儿童送美食到家活动；协和方通自闭症康复中心牵手残疾儿童20余人与小志愿者到红领巾公园体验科普知识。（贾琳）

【两岸残疾人群体活动交流】6月3日，中华台北奥委会残疾人体育考察团一行6人到区残疾人活动中心和区特教学校交流考察，并与区残疾人体育团队代表、特教学校教师代表座

6月24日，文明出行，从我做起

谈。在区残疾人活动中心考察时参观棋牌室、排练厅、无障碍影院，观看残疾人轮椅舞蹈队、柔力球队、空竹队表演，切磋球技，合影留念。座谈会上，区残联调研员介绍东城区开展残疾人群众体育运动情况，中华台北奥委会残疾人体育考察团成员在交流座谈时表示，东城区残疾人体育工作许多方面值得学习和借鉴，希望未来能有更加深入的合作交流。（贾琳）

【社区残疾人专职委员招聘】区残联开展社区残疾人专职委员招聘，了解各街道需求，张贴招聘公告，各社区组织报名和资格审核，街道残联初试合格后推荐，共有残疾人和残疾人亲友25人参加4月22日的笔试和计算机考试，23人合格通过，5月6日接受区、街残联面试，最终19人经过培训后充实到各街道。（贾琳）

【残保金审核征缴】6月24日，区残联和区地税局召开本年残保金审核征缴工作部署会暨业务政策培训会。总结上年残保金审核征缴工作，部署本年残保金审核工作。区地税局残保金征收科解读《北京市残疾人就业保障金征收使用管理办法》政策，宣读残保金审核征缴工作方案。70余人参加会议。按照全市统一部署，区残联从7月1日起对聘用残疾人的用人单位按比例安排残疾人就业情况进行年度审核。通过"五个一"方式，创新宣传模式，加大宣传力度，制作《残保金审核征缴工作政策解读》宣传折页，在《新东城报》刊发残保金信息，通过快递给1300余家聘用残疾人的用工单位送达《致东城区残疾人用工单位的一封信》，通过区残联网站宣传告知残保金审核工作流程。8月初，审核工作结束，共审核安置残疾人单位1207家，其中集中安置残疾人单位19家，共核定就业残疾人4196人（军残25人）。（贾琳）

【政府购买服务项目工作会议】6月30日，区残联在区残疾人活动中心召开项目工作会议，项目中标单位区残疾人体协介绍市残联康复体育进家庭项目、生命阳光项目和"让我尝试，让我成功，东城区特奥训练营"项目实施情况，汇报项目下一步工作计划。与会人员对项目工作进行研讨。（贾琳）

【党建工作】1月4日，区残联召开"三严三实"教育专题民主生活会。3月24日，召开本年党风廉政建设工作会，班子成员和党员干部50余人参会，领导班子成员与部室负责人现场签订《党风廉政建设责任书》。5月19日，召开"两学一做"学习教育动员部署大会，全体党员出席。6月24日，区残联开展"迎七一"党建知识竞赛活动。6月30日，召开"两学一做"学习教育党课报告会，党组书记作《学条规，守纪律，讲廉洁，求实效》党课教育。党支部举办以"做时代先锋，为党旗添彩"为主题的演讲比赛，党员6人参加决赛。11月18日，区残联党支部组织党员及入党积极分子赴全国爱国主义教育基地——香山双清别墅进行参观。（贾琳）

【街道残联第七次代表大会】区残疾人代表大会选举工作试点街道，永外街道、东华门街道先后于6月28日、29日率先在全区召开第七次残疾人代表大会，两街道残疾人代表222人参会。会上，代表们审议街道残疾人联合会第六届主席团5年工作报告，推选监票人、计票人，宣读第5次代表大会选举办法，投票选举产生街道残疾人联合会第七届代表大会主席团委员。选举后，两街道各自召开第七届主席团第一次会议，选举出新一届主席团主席、副主席。（贾琳）

【阳光助残日】7月6日，东城区全面启动温馨家园专业助残志愿服务项目，协和医院医疗志愿团队和区民进经济支部社会志愿团队引入温馨家园，长期为辖区开展助残志愿服务活动，协和医院营养科带来饮食健康大课堂，中国康复研究中心北京博爱医院带来专业康复指导、咨询等。德昂康复机构为东华门街道残疾人提供常态化志愿服务、特色康复志愿服务、24次专业化大型志愿服务活动及包户式康复志愿服务等四大类。（贾琳）

【社会化康复服务扶持项目中期督导】7月13日，区残联康复部对残疾人日间康复中医服务项目和康复运动呼吸指导员能力提升项目进行中期督导。康复运动呼吸指导员能力提升现场指导，各街道呼吸运动指导员对新教授的动作掌握娴熟。7月底完成对14个社会化康复服务项目督导，采取电子问卷、电话询问和入户访视等多种形式开展残疾人服务满意度调查，了解项目开展实际服务质量与效果。7月22日，区残联召开区社会化康复服务中期督导会。查看实施情况、存在问题、改进方法和建议。8月初，康复部针对各机构上报的项目进度与服务情况与第三方绩效审计单位配合做好残疾人和家属的中期满意度调查。（贾琳）

【残疾鉴定】7月28日，有关人员到两户因病瘫痪在床不能到医院评定的残疾人家中现场鉴定评定。及时将新残疾人证发放到残疾人手中。10月20日，区残疾鉴定现场复评会在区残联职康中心开展，评定专家8人对在残疾评定过程中有争议的情况进行复评，并集中解答评定过程中的争议问题。（贾琳）

【助残社会组织扶持资金项目评审】7月29日，区残联在龙潭街道温馨家园召开东城区助残社会组织扶持资金项目中期评审会，第三方评估服务单位立德社会工作事务聘请残障领域的专家3人参加。9个项目负责人通过PPT汇报各项目进度、遇到问题以及取得效果。专家从不同角度提问，对项目进行专业指导。11月29日，召开末期评审会，由第三方评估单位立德社会工作事务聘请的残障服务领域专家对项目结项成果进行评估。各项目负责人汇报各项目进度与项目成果，评审专家对9个助残社会组织扶持资金项目的结项情况给予肯定。项目负责人及财务人员共20余人参加评审会。（贾琳）

【第一届主席团第六次会议】8月9日，区残联第一届主席团第六次全体会议暨本年东城区政府残工委会议召开。会上宣读《东城区残疾人联合会第二次代表大会换届选举工作实施方案》，审议并通过区残联执行理事会5年工作报告。区残联理事长代表区残联执行理事会汇报5年工作，提出到2020年要实现东城区残疾人事业发展“八个转变”，确保残疾人共享全面建成小康社会的成果。会上研究讨论《区政府残工委工作规则及成员单位职责分工》，并向卸任的上届主席团委员宣读致敬信。副区长陈本宇出席会议，区残联主席团委员、区政府残工委委员、各街道主管领导80余人参会。（贾琳）

【残疾人辅具政策网上申请流程培训】8月24日，区残联举办北京市残疾人辅助器具政策网上申请流程演示培训班，30余人参加。培训会上进行网上申请、审核、评估、审批、配发等系统环节的应用讲解和流程操作，讲述操作步骤和注意事项，学员现场实际操作演练，就相关问题提出看法和意见，市残联相关领导对此进行解答，并对演示培训组织工作给予肯定。（贾琳）

【残疾人辅具服务中心成立】9月20日，区残疾人辅具资源中心租赁服务基地、东华门街道残疾人辅助器具服务中心挂牌成立。该基地配有日本最新一流辅具消毒清洗设备，参与服务人员经过日本松勇株式会社的系统专业培训，可为残疾人、老年人提供辅具产品、生活用具信息咨询、知识宣讲、应用指导，回收维修、家庭无障碍环境设计与改造、无障碍出行等各类服务。有关领导及助残志愿者、残疾人等30余人参加启动仪式。（贾琳）

【残疾人证管理培训班】9月27日，区残疾人证管理培训班召开，17个街道50余人参加培训。第六医院、普仁医院、隆福医院主任医师进行专业讲解与详细答疑，区残联对《东城区残疾人证管理办法》作解读，以统一各街道办证标准、规范办理流程。（贾琳）

【专职残疾人工作者培训】10月26～28日，区残联组织开展为期3天的专职残疾人工作者培训班，涉及专职委员考核及规范化管理、残疾人保障法及继承法的实际运用、残疾人证办理流程及工作要求、如何做好信访工作、依法推进无障碍环境建设及发展、残疾人康复政策等内容，既有专家讲授，也有专职委员的工作经验交流，最后进行考试。区各街道办事处街道残联理事长、残疾人专职委员170余人参加培训。（贾琳）

【扶残助学】全年有326人享受到各种扶残助学的阳光政策，累计发放助学资金112.24万元，其中生活困难残疾人子女和残疾人高中生、大学生178人；由特教学校、培智学校和阳光路潜能发展教育中心为重度学龄残疾儿童38人开展送教上门服务；为残疾人31人参加提升学历教育提供助学扶持，13人取得大专文凭、6人取得本科文凭；为青壮年残疾人45人在东直门、龙潭、永外3个街道残疾人示范温馨家园举办的扫盲班结业。（贾琳）

【盲人定向行走训练与服务】12月1日，区残联在区残疾人职业康复劳动中心阳光工场举行盲人定向行走训练与服务年终总结会，会上，区残联康复部主任介绍本年工作开展情况，玉蜓养老助残服务中心项目负责人总结本年视力残疾人康复训练与服务项目，区视力残疾人技术资源中心第六医院专家进行眼部保健知识普及，区残联康复部对视力残疾人辅具政策网上登记工作进行现场培训，17个街道残联训导员和参训盲人代表参加。（贾琳）

【残疾人两项补贴暨政策培训】12月5日，区残联、区民政局联合召开区残疾人两项补贴工作部署暨政策培训会。会上，区民政局福利科对“两项补贴”政策进行政策解读和工作部署。东城区有残疾人1.5万余人享受两项补贴政策，实现残疾人两项补贴年龄全覆盖，残疾人与老年人、儿童统筹纳入市基本福利政策制度和服务体系的保障范畴。区残联、区民政局、区财政局、区发改委、区人保局相关领导出席会议。12月14日，区残联召开“两节”走访慰问工作部署会暨残疾人“两项补贴”政策座谈会。区残疾人就业中心布置下年走访慰问工作，各街道理事长汇报“两项补贴”实施过程中遇到的困难和问题，相互交流工作经验。区残联副理事长要求各街道坚持原则，照章办事，配合民政部门做好“两项补贴”落实工作。（贾琳）

【社会化康复服务座谈】12月23日，区残联召开社会化康复服务工作总结座谈会。康复部主任就年度14个康复项目执行情况作总结，通报全年区残联14个社会化康复项目残疾人满意度均达到99%以上。中逸会计师事务所结合扶持项目全过程绩效跟踪报告通报项目执行和资金使用情况，通报绩效审计过程中发现的问题和瑕疵、修改建议。慈爱嘉养老服务指导中心等6家机构负责人分别进行工作总结，汇报下年工作计划。康复机构、中逸会计师事务所项目负责人20余人参加。（贾琳）

## 东城区红十字会

【概况】北京市东城区红十字会（简称区红十字会）是区级从事人道主义工作的社会救助团体。以保护人的生命和健康，发扬人道主义精神，促进和平进步事业为宗旨。区红十字会有基层组织317个，会员总数11.84万人。区红十字会机关行政编制10人，实有12人。下设全额拨款正科级事业单位应急救护教育中心1个，编制4人，实有4人。

年内，区红十字会以党建带动各项工作，建立同步廉政监督体系，制定年度廉政责任清单，定期开展廉政工作部署和检查。6月，以东城区委区政府文件形式下发东城区《关于促进红十字事业发展的实施意见》，此项工作走在全市前面，也是东城区红十字工作历史上的第一次。修改和完善《东城区红十字会制度汇编》共12

万字。开展宣传传播、募捐救助、应急救护培训、志愿服务等重点工作。建立区红十字会首个备灾救灾物资储备库，并纳入东城区应急保障系统。

单位地址：东城区幸福大街32号906室
联系电话：87556906
邮政编码：100061（范有余）

【红十字青少年】创新组织建设形式。东直门中学、二中等，以红十字社团为抓手，招募红十字会员、志愿者。9月25日，东直门中学开展欢迎加入红十字社团活动，通过3分45秒的短片，展示学校红十字会东直门中学、二中等工作情况。全年各校共募集善款30余万元，其中灯市口小学、板厂小学募捐额均超过2万元；开展急救普及与应急演练，全区所有高一新生接受应急培训，共有师生3569人取得初级急救员证书，69所学校组织避险逃生演练活动；景山学校、五十中学、现代职业学校、史家学校、光明小学等32所学校开展系列宣传纪念活动。全区有探索人道法项目师资6人，4所中学先后开展2-3课时不等的探索人道法项目教学，项目覆盖初、高中学生近160人。项目老师2人参加中国红十字总会在北京、山东淄博、河南师资培训的任课工作，并出席在山东省青岛市召开的项目工作交流会。（刘铁华）

【调查研究】区红十字会领导班子到建国门街道外交部社区、龙潭街道左安漪园社区、崇外街道崇东社区和北新桥街道北新仓社区征求对红十字工作的意见建议，并进行调查研究。全年通过基层调研、网上征求意见、座谈讨论等形式，多途径收集组织意见及建议，针对基层开展工作时遇到的困难、亟待解决的各类问题进行调查研究，执委会专题研究并提出解决方案。（范有余）

【宣传培训工作】8月25日，召开年度红十字系统红十字会文化宣传传播培训班，培训班学习传达东城区委区政府《关于促进红十字会事业发展的实施意见》文件精神；部署《东城区红十字会宣传传播工作实施方案》，邀请专业摄影记者就摄影技巧、红十字传播与新闻写作、危机事件应对等内容为参训者进行讲授。22个基层红十字会、4个相关社区专兼职干部和区会机关全体干部参加培训。（范有余　史永红）

【应急救护培训与急救知识宣传】与区应急办沟通，结合市红会“五进”工作要求，培训全区初级急救员培训8000人，对培训任务进行分解，并提出具体要求。协调各培训相关单位，开展重点行业及单位技能取证培训。根据区城管监察局需求，首次将城管监察员纳入重点培训范围。为教育系统中小幼师生培训5000余人，为街道社区工作者和社区急救员、区消防支队一线武警官兵、区人社局新任公务员和转业干部、区旅游委星级酒店服务员、区安监局下属企业一线安全员、区卫计委社区医务工作者等共举办110期应急培训班，完成取证培训8751人。区红十字会特别邀请首都红十字宣讲团，为全区中小学校红十字工作主管领导和校医开展“人道追梦·共筑小康”为主题的宣讲活动，邀请宣讲员6人。按照市红十字会工作要求，年内区红会首度在区内建立首都紧急救援志愿服务站。通过与建站单位沟通联系，在拓展工作职能、人道惠民、服务群众思想指导下，推进全区建站工作。共建成新闻大厦、雍和宫及市社科联3家首都紧急救援志愿服务站。（范媛媛）

【应急避险逃生演练】区红十字会推进学校、社区、驻区企事业单位开展各种类型的避险逃生演练活动。5月5日，与区教委在新鲜小学联合开展以“减少灾害风险、建设平安校园”为主题的红十字应急避险疏散演练活动，北京电视台、新东城报等媒体宣传报道。5月12日，与区应急委相关单位共同组织开展以“减少灾害风险，建设安全城市”为主题的宣传演练活动。9月初，与区教委联合下发通知，要求全区各中小学校开展“应急避险逃生演练宣传月”活动。十一中学、二十五中学、二十七中学、宏志中学、一零九中学、板厂小学作为示范校分别开展避险逃生演练，全区74所学校开展演练活动。（张楠）

【志愿服务】年初，启动筹资劝募志愿服务项目。全年共招募筹资劝募志愿者484人，各街道招募筹资劝募志愿者通过张贴宣传海报、发放宣传材料、协助清点募捐善款等方式，有效助力博爱在京城募捐工作，形成志愿服务与募捐救助工作相互促进新局面。继续开展造血干细胞捐献知识巡回讲堂，把控巡回讲堂质量，指定专人负责，严审参加讲堂人员条件，举办17期造血干细胞捐献知识巡回讲堂。探索合作模式，与民防局联手组

4月13日，东城紧急救援志愿服务站成立

建应急救援志愿者服务队。7月14日，首批由东城区民防局组织选派志愿者37人接受东城区红十字会专业培训。（刘铁华）

【建立备灾物资储备库】为应对自然灾害和突发意外情况，第一时间为辖区困难群众提供应急救援和人道救助，将灾害损失降至最低，经多方努力，区红十字会建立备灾救灾物资储备库，并于“5.12”防灾减灾日当天正式启用。为确保备灾库规范有序、安全高效运作，赈济部建立和完善备灾库管理、使用规章制度及工作机制，明确备灾物资采购、管理程序和相关要求，并在库房中配备消防设施、应急救援、救助装备及物资等，储存备灾物资价值21万余元，已纳入全区应急保障系统。（张冬光）

【募捐救助】年内，共接收“博爱在京城”捐款121万余元。全年共发放救助款87.17万元，救助各种困难家庭400户。为白血病患儿2人办理中国红十字总会“小天使”基金救助项目。“两节”期间，慰问生活困难家庭289户，发放慰问款物合计25.05万元。（张冬光）

【八届六次理事会】4月21日，召开第八届理事会第六次会议。会议通过关于增补、更换部分理事、常务理事的决议；听取、审议并通过《东城区红十字会2015年度工作报告》《东城区红十字会2015年度募捐款收支情况的报告》。北京市红十字会副会长吕仕杰、区领导颜华及理事60人参加会议。（王黎）

## 东城区文学艺术界联合会

【概况】北京市东城区文学艺术界联合会（简称区文联）是在中共东城区委、区政府领导下，负责联系全区文艺家、文艺工作者和业余文艺爱好者的群众团体机关。内设办公室、宣传科、组织联络科，编制10人，有干部10人。有14个艺术家协会（学会、研究会）即东城作家协会、东城戏剧家协会、东城书法家协会、东城美术家协会、东城摄影家协会、东城民间文艺家协会、东城民间艺术家协会、东城音乐家协会、东城舞蹈家协会、东城曲艺家协会、东城广角摄影学会、东城书画研究会、东城书画协会、东城影视家协会。17个街道文艺工作者联谊会（简称街道文联）。会员总数3000余人。

年内，召开第二次代表大会，完成第二届理事会换届，选举产生主席团成员17人。被市文联评为年度文联系统信息工作先进单位，干部1人被评为年度文联系统信息工作先进个人。在11月20日由市文联主办的“不忘初心 放飞梦想”——2016北京市区（局）、产（行）业文联原创优秀文艺节目展演中，选送的新京剧《共产党员廉洁自律八条准则》获特别奖，双人舞蹈《守望》获二等奖，表演唱《百姓梦》获三等奖。

单位地址：东城区崇外大街7号正仁大厦2段9层
联系电话：67089490
邮政编码：100062（王卓）

【戏剧创作研讨会】1月14日，联合区文委与中国戏剧文学学会举办戏剧创作研讨会。会议介绍戏剧东城建设情况，以话剧《曲韵钟鼓楼》为切入点，梳理总结近年来东城戏剧创作、演出情况，并对东城区本年戏剧创作及戏剧品牌活动提出意见和建议。区领导朴学东出席，中国戏剧文学学会颜振奋等戏剧评论家、宋德全等曲艺名家及话剧《曲韵钟鼓楼》主创人员，区文联、区文委相关人员参与研讨。（王卓）

【深入生活 扎根人民文艺演出】1月19日、1月26日，联合市文联分别在北京市少年宫、青蓝剧场举办宣传贯彻党的十八届五中全会精神——首都艺术家深入生活、扎根人民文艺演出走进龙潭街道、东四街道。走进社区，观众覆盖近1000人次。市文联，区委宣传部，区文联，龙潭街道工委、办事处，东四街道工委、办事处的有关领导出席。4月8日，在崇文少年宫联合崇文门外街道工委、办事处主办创建国家公共文化服务体系示范区系列文化活动——东城区艺术家深入生活、扎根人民走进崇外街道慰问演出。区政协、区文委、区文联，崇外街道工委、办事处领导出席，辖区企业代表、社区居民及文艺爱好者近300人观看演出。（王卓）

【文艺志愿服务】1月22日，区文联与河北省正定县委、县政府联合举办的“中国梦·正定情”——河北正定·北京东城2016年春节联欢晚会在

春节前，书画家为社区居民送春联

正定常山影剧院举行。演出由北京电视台与正定县电视台节目主持人共同主持，晚会现场，两地书画家互赠作品。书法家和剪纸艺术家们把“福”字、对联、剪纸和演出送到正定县军营、工厂、敬老院和百姓家中。9月8日，组织召开“东韵正声”——“中国梦 正定情”北京东城·河北正定艺术家春节深入生活 扎根人民文艺志愿服务工作部署协调会。双方就系列活动的有关细节进行磋商，确定下一步工作思路。正定县领导，东城区委宣传部、区文联领导及区新闻中心、正定广播电视台、东城书法家协会、音乐家协会、民间艺术家协会有关负责人出席。（王卓）

【新春舞会】1月22日，“春之梦”——东城区本年新春舞会在和平里街道办事处机关礼堂举行，由区文联与和平里街道工委、办事处主办，东城舞蹈家协会与和平里街道文联承办。区文联、和平里街道、东城舞蹈家协会领导，各文艺家协会、街道文联代表以及舞协会员、社区舞蹈爱好者近200人参加。（王卓）

【邓丽君金曲新春演唱会】1月29日，“两岸一家亲 共筑中国梦”——邓丽君金曲新春演唱会在朝阳门街道礼堂举办，区文联会同区台办、朝阳门街道工委、办事处主办，邓丽君模仿秀全国总冠军担任主唱，83岁高龄的中国“老树皮”乐队萨克斯演奏家、中央人民广播电台少儿节目主持人友情客串，区台商、台胞、台属与区属非公企业代表、社区居民近300人观看。（王卓）

【街道文联工作会】2月19日召开。经报上级批准，以9个街道文联为试点，为街道配备专职编外人员开展街道文联工作。3月30日，召开试点街道文联负责人工作会议，通报街道文联编外人员用工工作进展情况，明确街道文联编外人员工作职责，部署街道文联本年重点工作，向9个街道文联赠送街道文联牌匾。区文联领导及东四、朝阳门、建国门、和平里、天坛、东花市、崇外、永外、体育馆路9个试点街道文联负责人出席。（王卓）

【第十六届崇外元宵灯会】2月19日在新怡家园小广场举行。灯会以开放创新绿色家园、协调共享文化硕果为主题，由区文联和崇外街道主办，300余盏花灯均由社区居民、驻街单位利用各种废弃物品制作，东城书画研究会的书法家现场写“福”字，非遗项目传承人“厨子舍清真宴席”、“北京传统风筝张世德”做非遗项目展示和咨询。（王卓）

【理事会主席团会】2月26日，召开第六次理事会暨本年工作会议，学习习近平总书记在文艺工作座谈会上重要讲话精神、党的十八届五中全会精神、《中共中央关于繁荣发展社会主义文艺的意见》《中共中央关于加强和改进党的群团工作的意见》，通报《东城区文联2015年工作总结》《东城区文联2016年工作计划》，部分协会、街道文联代表介绍经验。中国文联国内联络部领导杨发航，北京市文联领导沈强，区领导宋甘澍及区纪委、区文联有关领导出席，区文联理事及文艺家协会负责人近100人参加。12月18日，召开第八次主席团会。组织学习习近平总书记在文艺工作座谈会上的重要讲话等中央相关精神。讨论通过《东城区文联2015年工作总结》《东城区文联2016年工作计划》。确定东城区文联第六次理事会暨本年工作会议的召开时间和主要议程安排。（王卓）

【调研交流】3月4日，通州区文联一行4人就两区文联本年工作和街道文联成立情况与区文联有关领导座谈交流。3月14日，区领导颜华调研，区文联领导就文联基本情况、自身建设、本年主要工作、今后发展思路和当前面临的实际困难作汇报。颜华提出三点意见：要继续围绕全区中心任务开展工作；充分统筹调动区内文化资源；在文联体制建设方面深入探索。3月至4月，区文联领导走访调研和平里街道、朝阳门街道、东花市街道、建国门街道文联，收集意见和建议。5月10日，中国文联文艺研修院常务副院长傅亦轩一行3人到区文联调研指导工作，部分文艺家代表参加座谈。区文联介绍基本情况、成绩及经验做法。就区文联在街道文联组织体系建设方面进行了解，并就今后扶持发展和合作等方面工作达成初步意向和共识。10月13日，区领导张家明调研文联换届工作，区有关领导及部门人员参加。张家明一行实地查看区文联办公环境，听取区文联基本情况和第二次代表大会筹备工作情况汇报，并就区文联换届工作和实施文化强区战略与有关人员交换意见。（王卓）

【工作交流】4月6～7日，全国文联组联工作会议在广州召开，东城区文联领导做题为《构建“东城文艺大格局” 激发基层文联新活力》主题发言。6月14日，由中国文联文艺研修院主办的“2016铸梦计划·北京——协同推进京津冀文艺事业创新发展”活动在京开幕。区文联领导受邀作题为《构建“东城文艺大格局” 激发基层文联新活力》东城案例教学，京津冀三地市（区）、县级文联负责人近60人参加培训。11月9日，四川省内江市文联领导一行3人来到区文联，就两市、区文联工作开展情况、文艺创作、文艺志愿服务、文联团队建设等情况进行座谈交流。（王卓）

【街道文联培训班】5月31日，年度街道文联负责人及文艺工作者培训班开班，傅亦轩作题为《创新发展与品牌建设》讲座，街道文联负责人、业务干部，文艺家协会代表及文艺爱好者近100人参加。10月21日，举办街道文联、文艺家协会信息员培训班，区委办公室信息科干部围绕“信息采写”主题，从信息种类、方法和技巧、报送程序等方面进行讲解；区新闻报道中心干部以“用好照相机、拍出好照片”为主题，就照相机使用方法、拍摄技巧、新闻图片的拍摄体会等进行授课。区文联机关干部及街道有关人员50余人参加。（王卓）

【书法美术摄影作品展】3月25日，东城书画协会会藏作品展在东城区第一文化馆风尚美术馆开幕，由区文联、区文委及东城书画协会主办。收录103幅会藏精品，有关领导及书画名家出席开幕式，东城书画协会会员代表及书画爱好者近500人观看，展览5天，免费向公众开放。6月16日，“弘扬价值观 丹青中国梦”——京津冀本年美术创意作品巡展在北京国艺美术馆开幕。由东城区文联、天津市宝坻区文联、河北省保定市文联主办，三地美术家协会和北京国艺美术馆承办。162件参展作品均为三地美术家本年原创新作，有关领导、书画名家及书画爱好者近500人参加开幕式。7月12日，“弘扬价值观 同书中国梦”——北京东城·河北正定本年书法创意作品巡展在北京国艺美术馆开幕。由东城区委宣传部、石家庄市委宣传部、区文联、正定县委宣传部主办。中国书法家协会主席苏士澍题写主题词“东韵正声”，展览汇集两地书法名家100人的108幅作品，近500人参观。东城是区巡展首站，展期5天，免费向公众开放。7月18日起在河北省正定县展览。8月12日，区文联与建国门街道工委、办事处联合主办的“大美北京 文化东城”——东城区本年摄影艺术作品展在恒基商城举行。东城摄影家协会和建国门街道文联老外交官摄影协会选送的120幅作品参展，近300人参加开幕式。展期5天，免费向公众开放，8月17日结束。10月9日，与区纪委共同主办的“遵规守纪 树德立行”——东城区第八届群众性勤廉书画作品比赛暨展览在区第一图书馆开幕。征集全区各单位书画作品431幅，32幅作品分别获一、二、三等奖及优秀奖，6个单位获优秀组织奖，参展作品共180幅，展期5天，免费向公众开放。（王卓）

【京津冀文艺协同发展】6月19日，区文联领导与艺术家一行8人组成文艺小分队，赴河北省廊坊市开展文艺交流及文艺志愿服务活动。两地文联领导就工作交流、艺术家笔会交流和音乐创作交流及下一步合作事宜达成共识。7月17日，东韵正声——北京东城·河北正定文艺交流座谈暨文艺志愿服务活动在河北省正定县举行。石家庄市、正定县、东城区文联领导及两地艺术家，2015“最美正定人”代表等30余人出席。12月26日，“喜迎冬奥会 携手奔小康”——北京东城·河北张家口艺术家赴崇礼惠民文艺演出在张家口市崇礼区英龙影剧院上演，东城区领导、张家口市领导、崇礼区领导和观众400余人观看演出。（王卓）

【廉政文艺演出】6月21日，由区纪委监察局、区文联主办的“古韵正声 美德善行”——东城区本年廉政戏曲文艺演出在北京喜剧院举办。名家名角与戏曲新秀同台献艺，文联特别创作京歌《共产党员廉洁自律八条准则》参演，受到好评。区领导宋甘澍，区纪委、区文联、区文明办、区文委等委办局领导，区政协文化艺术界别委员代表，各单位党员领导干部和戏曲爱好者500余人参加。8月26日，区纪委、区文联在东城区第一文化馆风尚剧场联合举办“遵规守纪 树德立行”东城区本年廉政曲艺专场演出，区各单位主要领导、党员、干部代表，以及部分社区干部、群众近400人观看。（王卓）

【庆七一慰问演出】6月30日，由区文联、崇外街道工委、办事处主办，东城曲艺家协会、崇外街道文联承办的“永远跟党走 共筑中国梦”——北京东城艺术家走进崇外街道慰问演出在崇文少年宫举办，艺术家刘兰芳、魏金栋参演。区文明办、区网格管理中心、区文联及崇外街道工委、办事处领导及崇外街道优秀共产党员、人大代表、政协委员和社区居民100人观看演出。（王卓）

【基层采访创作】7月15日、8月1日，区文联领导带队，分别组织两批艺术家40余人赴天坛街道开展天坛周边简易楼腾退项目采访创作活动，赴东花市街道对西忠实里环境整治项目工作进行采风，艺术家们在现实生活中汲取营养。（王卓）

【原创音乐作品演唱会】8月19日，纪念中国工农红军长征胜利80周年、光辉旗帜 胜利颂歌——东城区本年原创音乐作品演唱会暨建国门街道第五届彩虹文化节闭幕式，在长安大戏院举行。区文联和建国门街道工委、办事处主办，东城音乐家协会和建国门街道文联承办。演唱会由国家一级演员主持，多名艺术家亲临现场演出或通过视频送上祝福，中国文联、文化部和北京市文联以及东城区有关领导和艺术家代表、东城区优秀党员、驻区部队离退休老干部、一线劳动者、社区志愿者和建国门街道居民代表近700人观看。（王卓）

【传统文化培训园地授牌】9月21日，区文联主办、东城民间艺术家协会承办的中小学课外活动辅导老师传统文化培训课，在北京国谊国礼文化中心开课，编织艺术家为区小学活动课中心老师20余人教授编织课。课后，区文联向北京国谊国礼文化中心颁授东城区传统文化培训园地标牌，是区文联授牌成立的第三家文化活动基地。（王卓）

【慰问公安消防干警】9月23日，组织文艺家走进区公安消防支队，为消防官兵、军人家属和社区居民送去演出。区领导和有关部门以及区公安消防支队领导与观众200余人现场观看，公安网在线直播，下属各中队、各部门、各单位近800人实时收看演出。（王卓）

【道德模范颁奖典礼】10月18日，平凡的感动——“2016·感动东城”道德模范颁奖典礼在青蓝剧场举办。经组织推荐、宣传展示、投票评选等环节，评出助人为乐、见义勇为、诚实守信、敬业奉献、孝老爱亲道德模范10人。区文联艺术家以这些道德模范为原型，创作快书《擒贼记》、歌曲《修脚快乐谣》《交警之歌》《百善孝为先》等文艺作品，在颁奖典礼现场演出。区委宣传部、区文明办、区文联共同主办，区领导宋甘澍等出席，并为道德模范颁奖。历届“感动东城”道德模范代表，全国文明单位、首都文明单位代表、社区居民、

卫生系统代表、引导员代表和部队官兵代表300余人参加。（王卓）

【东城影视家协会成立】11月18日召开成立大会。会议通报筹备工作各项情况，审议通过2016-2021年工作规划、协会章程，选举产生第一届理事会理事和主席团成员，宣布第一届理事会艺术顾问名单，并向顾问代表颁发聘书。北京电视艺术家协会副主席张光北当选为主席。（王卓）

【第二次代表大会】开幕式上作《崇德尚艺 继往开来 奋力谱写东城文艺繁荣发展新华章》工作报告。北京市文联领导杜德久、区领导宋铁健等出席，朝阳区、海淀区、丰台区、石景山区、顺义区文联及部分委办局和人民团体领导、区文联顾问代表到场祝贺。随后召开第二次代表大会第一次全体会议。审议通过《在北京市东城区文学艺术界联合会第二次代表大会上的报告》《北京市东城区文学艺术界联合会章程》，选举产生区文联第二届理事会，80人当选为第二届理事会理事。第二届理事会召开第一次全体会议，审议通过主席、副主席、秘书长选举办法，选举产生第二届理事会主席团成员。1人当选为东城区文联第二届理事会主席，16人当选为副主席，1人当选为秘书长，大会还聘任22人为区文联艺术家顾问、18人为特邀顾问。（王卓）

【首届青少年民间艺术优秀作品展】12月16日，与区教委共同主办的本年首届东城青少年民间艺术创作评选暨优秀作品展，在北京吴东魁艺术馆举行开幕式暨颁奖仪式。遴选近300件优秀作品展出，并评选出40件最佳创作奖。联合授予6所学校民间艺术传承示范奖，授予等老师25人“优秀指导老师”。展览至12月18日结束。艺美小学、和平里四小、史家实验学校、崇文小学、体育馆路小学、回民实验小学等学校师生代表近200人参加。（王卓）

# 东城区团体负责人

| 职务 | 姓名 | 职务 | 姓名 |
|---|---|---|---|
| 总工会主席 | 王　彦 | 工商业联合会主席 | 王　曦 |
| 共青团东城区委书记 | 于家明 | 归国华侨联合会主席 | 谭　菲（女） |
| 青年联合会主席 | 于家明（兼） | 残疾人联合会理事长 | 从艳梅（女） |
| 妇女联合会主席 | 杨立萍（女） | 红十字会会长 | 颜　华 |
| 科学技术协会主席 | 曹洪欣（兼，10月不再担任）<br>李小康（10月任） | 文学艺术界联合会主席 | 王富国（满族，11月任） |

# 政权·政协

# 北京市东城区人民代表大会常务委员会

【概况】北京市东城区人民代表大会常务委员会（简称区人大常委会），是区人民代表大会的常设机关，在区人民代表大会闭会期间，依法行使地方国家权力机关职权，对区人民代表大会负责并报告工作。内设办公室、研究室、代表联络室、财政经济工作委员会、内务司法工作委员会、教科文卫工作委员会、城建环保工作委员会、预算工作室。在编公务员56人，工勤18人，实有56人，工勤17人。

年内，召开8次常委会会议，听取审议议题41项，其中听取和审议“一府两院”专项工作报告7个，计划、预算、决算和审计报告7个，依法作出决议、决定11项；召开18次主任会议，研究讨论议题78项；开展法律法规实施情况检查1次；组织专题询问1次；完成规范性文件备案审查5件；督办代表议案和建议、批评、意见163件；依法选举北京市人大代表1人；终止区人大代表资格1人；任免国家机关工作人员158人次；组织36人进行宪法宣誓。组织召开区十五届人大六次会议、区十六届人大一次会议。开展“两学一做”学习教育活动。

地址：东城区幸福大街32号

邮编：100061

电话：87556606　（刘国栋）

【区十五届人大六次会议】1月6～9日在北京国际会议中心召开。应出席代表335人，实出席315人。会议批准《东城区人民政府工作报告》《东城区国民经济和社会发展第十三个五年规划纲要》《东城区2016年国民经济和社会发展计划执行情况与2017年国民经济和社会发展计划草案的报告》《东城区2016年预算执行情况和2017年预算草案的报告》《东城区人民代表大会常务委员会工作报告》《东城区人民法院工作报告》《东城区人民检察院工作报告》，并分别作出相关决议。依法进行大会选举，选举李先忠为区长，李评修为区人大常委会副主任（涉嫌严重违纪违法9月终止），周秋来为区人大常委会委员，并举行宣誓仪式。大会期间，开展代表咨询活动。区政府领导和“一府两院”37个职能部门的主要负责人现场设立咨询台，回答代表们询问。大会收到代表提出议案27件，建议、批评和意见132件，内容涉及平房区物业管理、低洼院落改造、智慧东城建设、滞留项目拆迁、历史文化街区保护、养老照料中心建设、停车管理、再生资源回收利用、地区环境改造、非物质文化遗产资源保护、社区数字化公共电子阅读设置和运行等方面。决定将安定门、东花市等10个代表团提出的议案和代表25人提出的议案共12件，并为“加快推进平房区物业管理，提升居民生活环境质量情况”议案作为本年大会议案，交区政府办理，区人大常委会审议督办。其他15件议案转为建议、批评和意见。张家明就进一步做好人大及“一府两院”工作提出要求。李先忠、赵中原、邵鹏等领导，区法院、区检察院领导，区委有关部门、区政府各委、办、局主要负责人，有关机关、团体、双管单位和部分重点企业主要负责人参加。　（刘国栋）

1月6~9日，召开东城区第十五届人民代表大会第六次会议

【区十六届人大一次会议】12月19～22日在北京国际会议中心召开。应出席代表339人，实出席329人。会议批准《东城区人民政府工作报告》《东城区2017年国民经济和社会发展计划执行情况与2018年国民经济和社会发展计划草案的报告》《东城区2017年预算执行情况和2018年预算草案的报告》《东城区人民代表大会常务委员会工作报告》《东城区人民法院工作报告》《东城区人民检察院工作报告》，并分别作出相关决议。会议选举产生东城区十六届人大常委会组成人员和“一府两院”领导人员，表决通过区十六届人大各专门委员会组成人员名单，新当选的东城区人大常委会主任金晖、东城区人民政府区长李先忠分别作表态发言。闭幕式上，新当选人员举行宪法宣誓仪式。李先忠、金晖

12月19~22日，召开东城区第十六届人民代表大会第一次会议

分别领诵誓词，新当选人员宣誓。大会期间，开展代表咨询活动。区政府领导和"一府两院"37个职能部门主要负责人现场设立咨询台，回答代表们询问。代表186人参加咨询，提出意见建议201条，现场得到满意答复196个。会上，代表们针对全区中心工作和群众切身利益问题以及社会热点问题，提出议案26件，建议、批评和意见138件。经议案审查委员会审查，大会主席团决定，将"推进老旧小区综合治理，提升物业服务管理水平"和"推进居家养老服务体系建设，加快养老服务事业发展"作为本年大会议案，交区政府办理，区人大常委会审议督办。张家明就进一步做好人大及"一府两院"工作提出意见。李先忠、金晖、宋甘澍等领导，区法院、区检察院领导，区委有关部门、区政府各委、办、局主要负责人，有关机关、团体、双管单位和部分重点企业主要负责人参加。（刘国栋）

【主任会议】全年召开18次主任会议。传达中央有关换届选举文件精神和市人大理论研究会第四次年会精神，杜德印主任在市人大代表履职培训班上讲话精神，区委全面深化改革领导小组第六次会议、疏解非首都功能、建设和谐宜居之区工作部署会和区委党务工作会议精神，市人大代表工作座谈会和全区城建工作动员部署会的有关精神，市人大代表工作座谈会精神、区委常委会听取区人大贯彻落实区委第四次人大工作会议情况的有关精神和区换届工作领导小组会议精神；北京市乡、镇人大换届选举工作部署会精神和张家明对区人大代表换届选举工作提出的要求，市人大有关换届选举工作会议精神。通报区委常委会、区政府全会主要会议精神及重点工作，区委常委分工调整情况，中共中央关于辽宁拉票贿选案查处情况及其教训警示。研究并通过区人大常委会关于检查东城区贯彻实施《北京市全民健身条例》情况工作方案；区政府"关于加快推进平房区物业管理，提升居民生活环境质量议案办理情况报告"工作方案；区人大常委会折子工程；《关于实施文化强区战略，推进首都文化中心区建设专题调研工作方案》；区人大常委会关于检查《北京市控制吸烟条例》实施情况工作方案。听取区促进小学生健康工作情况报告，区政府有关部门关于人大代表建议办理情况报告，区第十五届人大常委会第二十四次会议对"东城区人民政府关于食品药品安全监督工作的报告的审议意见"研究处理情况报告，街道代表之家和社区代表联络站创建活动工作方案，区人大常委会移动互联平台建设情况报告，区分级诊疗制度建设情况报告，区人大常委会选民信息摸排预录工作情况汇报，区政府关于上年区财政性基本建设项目资金计划执行情况及本年项目资金安排计划报告，区政府关于区第十五届人大常委会第二十六次会议对"区政府2013—2014年度'智慧东城'行动计划项目大额专项财政资金使用和管理情况"专题询问意见的研究处理情况报告，区政府关于区第十五届人大常委会第二十七次会议对"关于东城区经济结构调整、产业优化升级情况的报告""东城区人大常委会执法检查组关于东城区贯彻实施《北京市实施〈中华人民共和国道路交通安全法〉办法》执法检查情况的报告"和"关于加强社区卫生服务中心（站）建设，进一步方便百姓就医议案办理情况的报告"审议意见的研究处理情况报告，区十五届人大六次会议建议督办情况的汇报，区人大常委会各委员会关于下年部门预算预审情况汇报，区政府关于区第十五届人大常委会第二十八次会议对"关于加大搬迁滞留区综合管理力度，进一步改善居民生活环境议案办理情况的报告"审议意见的研究处理情况报告，区人大常务委员会工作报告（草案）修改情况汇报，区政府关于区上年度预算执行和其他财政收支审计查出问题整改情况报告，区第十六届人民代表大会第一次会议日程（草案）修改情况汇报。听取并通过区第十五届人大常委会第三十一次会议对"关于东城区商品交易市场疏解提升工作情况的报告"审议意见，区第十五届人大常委会第三十二次会议对"东城区人民法院关于立案登记制改革工作情况的报告""东城区贯彻实施《北京市全民健身条例》执法检查情况的报告"和"关于东城区2016年国民经济和社会发展计划上半年执行情况的报告"审议意见，区第十五届人大常委会第三十三次会议对"关于东城区2016年上半年预算执行情况的报告"审议意见，区第十五届人大常委会第三十五次会议对"东城区人民政府关于加快推进平房区物业管理，提升居民生活环境质量议案办理情况的报告"审议意见。讨论区人大常委会执法检查组关于区贯彻实施《北京市控制吸烟条例》执法检查情况报告。同意东四、北新桥街道工作委员会办公室主任任职事项，接受高丽萍、尹向敏、何志才3人辞去区选举委员会职务。（刘国栋）

## 人大常委会一览表

| 序号 | 会议时间 | 会议名称 | 会议议题 |
| --- | --- | --- | --- |
| 1 | 2月26日 | 第30次 | 传达贯彻市十四届人大四次会议精神<br>审议通过区人大常委会工作要点及主要议题安排、区第十五届人民代表大会第六次会议代表建议办理工作意见、区国家工作人员宪法宣誓组织办法、区人大常委会会议宪法宣誓规程及有关人事任免事项<br>听取区人大常委会各街工委上年工作报告<br>被任命人员进行宪法宣誓 |
| 2 | 4月28日 | 第31次 | 听取区政府关于区社会治安工作情况报告和区创建“全国质量强市示范城市”活动工作情况报告<br>审议区商品交易市场疏解提升工作情况报告<br>通过有关人事任免事项<br>被任命人员进行宪法宣誓 |
| 3 | 6月30日 | 第32次 | 听取和审议区人大常委会执法检查组关于区贯彻实施《北京市全民健身条例》执法检查情况报告、区法院关于立案登记制改革工作情况报告、区政府关于区上年决算草案报告以及关于区上年度预算执行和其他财政收支审计工作报告，并作出关于批准区上年决算决议<br>审议通过有关人事任免事项<br>被任命人员进行宪法宣誓 |
| 4 | 8月11日 | 第33次 | 听取和审议区政府关于区上半年国民经济和社会发展计划执行情况报告、区上半年预算执行情况报告、区本年预算调整方案报告<br>听取区检察院关于未成年人检察工作情况报告<br>审议通过有关人事任免事项<br>通过换届选举有关事宜 |
| 5 | 9月8日 | 第34次 | 听取和审议区第十五届人民代表大会常务委员会代表资格审查委员会关于个别代表的代表资格报告 |
| 6 | 10月27日 | 第35次 | 听取和审议区政府关于加快推进平房区物业管理，提升居民生活环境质量议案办理情况报告、区实施“六五”普法规划和制定“七五”普法规划情况报告<br>审议通过有关人事任免事项<br>被任命人员进行宪法宣誓 |
| 7 | 11月24日 | 第36次 | 听取和初审区政府关于区本年国民经济和社会发展计划执行情况与下年国民经济和社会发展计划草案报告、区本年预算执行情况和下年预算（草案初步方案）报告<br>听取区政府关于区上年预算执行和其他财政收支审计查出问题的整改情况报告（书面）及区新一届人民代表大会代表换届选举工作总结<br>听取和审议区政府关于区第十五届人民代表大会第六次会议代表建议、批评和意见办理情况报告，区人大常委会关于区第十五届人民代表大会第六次会议代表建议、批评和意见督办工作报告，区第十五届人民代表大会常务委员会代表资格审查委员会关于区第十六届人民代表大会代表的代表资格的审查报告，区人大常委会关于实施“文化强区”战略、推进首都文化中心区建设的建议<br>讨论区人民代表大会常务委员会工作报告（草案）、区十六届人大一次会议有关事宜，并通过预备会议议程和列席人员名单<br>通过关于召开区十六届人大一次会议的决定及有关人事任免事项<br>被任命人员进行宪法宣誓 |
| 8 | 12月15日 | 第37次 | 听取和审议区政府关于区本年和下年财政收入调整情况报告<br>选举事项 |

（刘国栋）

## 人事任免一览表

| 序号 | 日期 | 会议名称 | 选举 | 任命人员 | 接受辞职人员 | 免职人员 |
|---|---|---|---|---|---|---|
| 1 | 1月9日 | 区十五届人大六次会议 | 李先忠为东城区人民政府区长，李评修为区人大常委会副主任，周秋来为区人大常委会委员。 | | | |
| 2 | 2月26日 | 第30次常委会 | | 周秋来为区第十五届人大常委会代表资格审查委员会委员、区人大常委会内务司法委员会主任委员<br>韩莹为区人大常委会研究室副主任<br>吴娱为区人大常委会教科文卫工作委员会副主任<br>张伯男为区人大常委会信访室主任（副处职）<br>郑青云为区人大常委会北新桥街道工作委员会主任<br>赵明杰为区人大常委会安定门街道工作委员会主任<br>葛俊凯为区人大常委会前门街道工作委员会主任<br>李承刚为区人大常委会东花市街道工作委员会主任<br>刘俊彩为区发改委主任<br>高崇耀为区住建委主任<br>张晓峰为区房管局局长<br>韩卫国为区城管委主任<br>王伟东为区文委主任<br>雷新隆为区民族宗教办主任<br>孟锐为区外侨办主任 | 王衍臻辞去区第十五届人民代表大会常务委员会委员职务，并报区人民代表大会备案。 | 韩莹的区人大常委会教科文卫工作委员会副主任<br>吴娱的区人大常委会办公室副主任<br>张伯男的区人大常委会研究室副主任<br>王衍臻的区第十五届人大常委会代表资格审查委员会委员、区人大常委会研究室主任<br>孙建生的区第十五届人大常委会财政经济委员会委员<br>展辉的区第十五届人大常委会内务司法委员会副主任委员<br>吴克胜的区第十五届人大常委会内务司法委员会委员<br>麻向朝的区第十五届人大常委会教科文卫委员会委员<br>李评修的区第十五届人大常委会预算委员会委员、区人大常委会东花市街道工作委员会主任<br>王志丹的区人大常委会信访室主任（副处职）<br>武建军的区人大常委会北新桥街道工作委员会主任<br>石勇的区人大常委会安定门街道工作委员会主任<br>张玮的区人大常委会前门街道工作委员会主任<br>李铁生的区发改委主任<br>许利平的区住建委主任<br>赵明杰的区房管局局长<br>张恩东的区城管委主任<br>李承刚的区文委主任<br>雷新隆的区民宗侨办主任<br>孟锐的区外事办主任<br>董永格的区检察院副检察长、检察委员会委员、检察员 |

续表

| 序号 | 日期 | 会议名称 | 选举 | 任命人员 | 接受辞职人员 | 免职人员 |
|---|---|---|---|---|---|---|
| 3 | 4月28日 | 第31次常委会 | | 韩建为区人大常委会内务司法工作委员会副主任<br>陈本宇为副区长<br>李小洁为区民政局局长<br>吴京利为区检察院检察委员会委员 | 朴学东、刘朝晖辞去副区长职务，并报区人民代表大会备案。 | 陈本宇的区第十五届人大常委会财政经济委员会委员<br>魏慧明的区民政局局长<br>马云的区法院立案一庭庭长、审判委员会委员、审判员<br>王会国、曹兵、范三雪、苏静、刘艳的区法院审判员 |
| 4 | 6月30日 | 第32次常委会 | | 朱传芳为区人大常委会办公室主任<br>宁洁为区人大常委会研究室主任<br>吕德成为区人大常委会交道口街道工作委员会主任<br>赵宏松为区人大常委会东华门街道工作委员会主任<br>韩新星为区人大常委会崇文门外街道工作委员会主任<br>杨东宁为副区长（挂职一年）<br>李卫华为区环保局局长<br>侯立华为区审计局局长<br>严岩为区社会办主任<br>耿学森为区体育局局长<br>饶景东为区外侨办主任<br>董菲为区法院刑事审判第二庭庭长<br>徐静为区法院民事审判第二庭庭长<br>王红为区法院民事审判第七庭庭长<br>齐鸿梅为区法院民事审判第八庭庭长<br>岳秀玲为区法院立案一庭庭长<br>王磊为区法院审判监督庭副庭长<br>范欠歌、杨莹、张提、龙琨、李双庆、李成博、王亮、王裴裴、王晓峰、杨志彤、金薇、李铮、张劼、贾愚、李燕、李紫来、徐岩、高翡、郝婷婷、田甜、刘惠楠、李彦宏、伊然、周琳、康婷婷、王志刚、张国超、胡柳、刘晓为区法院审判员 | 严岩、耿学森辞去区第十五届人民代表大会常务委员会委员职务，并报区人民代表大会备案。 | 耿学森的区第十五届人大常委会办公室主任、区人大常委会教科文卫委员会委员<br>严岩的区第十五届人大常委会教科文卫委员会委员、人大常委会交道口街道工作委员会主任<br>陈本宇的区人大常委会东华门街道工作委员会主任<br>张伟的区人大常委会崇文门外街道工作委员会主任<br>韩小平的区环保局局长<br>许健的区审计局局长<br>赵小平的区社会办主任<br>吕德成的区体育局局长<br>孟锐的区外侨办主任<br>岑翀的区法院民事审判第三庭庭长<br>周德良的区法院执行二庭审判员<br>梁延昊的区法院刑事审判第二庭审判员<br>董菲的区法院民事审判第五庭庭长<br>徐静的区法院民事审判第六庭副庭长<br>王红的区法院民事审判第二庭副庭长<br>齐鸿梅的区法院审判监督庭副庭长<br>岳秀玲的区法院民事审判第一庭副庭长<br>王磊的区法院民事审判第三庭副庭长<br>王书文的区检察院检察委员会委员、检察员<br>周德岭的区检察院检察员 |

续表

| 序号 | 日期 | 会议名称 | 选举 | 任命人员 | 接受辞职人员 | 免职人员 |
|---|---|---|---|---|---|---|
| 5 | 8月11日 | 第33次常委会 | | 杨凯为区检察院检察委员会委员<br>王玲、王蕾蕾、刘旭明、刘洋、范媛丽、祝宇娇、满运佳、谭珍珠为区检察院检察员 | 暴剑辞去副区长职务，并报区人民代表大会备案。 | 张伟的区第十五届人大常委会预算委员会委员 |
| 6 | 9月8日 | 第34次常委会 | | | 李评修辞去区第十五届人民代表大会代表职务，其代表资格终止。李评修的区第十五届人民代表大会常务委员会副主任职务相应终止。 | |
| 7 | 10月27日 | 第35次常委会 | | 杨向弘为区人大常委会教科文卫工作委员会主任<br>毛惠华为区人大常委会代表联络室主任<br>陈晓梅为区人大常委会城建环保工作委员会主任<br>李莉为副区长（挂职至2017年8月）<br>陈献森为副区长<br>陈岗为区监察局局长<br>姜在斌为区法院民事审判第三庭庭长<br>黄琼蕙、崔赟、李晓彤、闫薇、郝笛、廖莎、罗兰、闫永廉、曾媛媛、陈贝、刘晓亮、曾玮、郭海宁、张磊、陈利梅、王相杰、汪霄、宋青、史文婷为区法院审判员 | | 杨向弘的区人大常委会代表联络室主任<br>毛惠华的区人大常委会城建环保工作委员会主任<br>王力宇的区人大常委会教科文卫工作委员会主任<br>李连喜的区监察局局长<br>杨海波、张国超的区法院审判员<br>刘培勇的区检察院检察委员会委员、检察员 |
| 8 | 11月24日 | 第36次常委会 | | 陈卫兵为区人大常委会永定门外街道工作委员会主任 | | 赵茂杰的区人大常委会永定门外街道工作委员会主任<br>孟峰的区检察院检察委员会委员、检察员<br>孟胜利、吕秋野的区检察院检察员 |
| 9 | 12月15日 | 第37次常委会 | 金晖为北京市第十四届人民代表大会代表，并报市人大常委会代表资格审查委员会备案。 | | 高桂强辞去北京市第十四届人民代表大会代表职务，并报市人大常委会代表资格审查委员会备案。 | |

续表

| 序号 | 日期 | 会议名称 | 选举 | 任命人员 | 接受辞职人员 | 免职人员 |
|---|---|---|---|---|---|---|
| 10 | 12月22日 | 区十六届人大一次会议 | 区第十六届人民代表大会常务委员会主任：<br>金晖（女）<br>副主任：<br>于静（女） 毛炯<br>王中华 王兆康 许汇<br>高丽萍（女） 张树华<br>委员：（按姓名笔划为序）<br>丁文理 丁迪红（女）<br>马龙（回族） 王先勇<br>王欢（女）王崇恩（回族）<br>王瑞芝（女，蒙古族）<br>王曦 毛惠华 方国根<br>尹向敏（女） 叶江川<br>冯远征 宁洁（女）<br>朱传芳 任万平（女）<br>危天倪（女）<br>刘红宇（女）<br>许金玉（女） 李冬亮<br>杨立新（女，回族）<br>杨向弘（女）<br>杨梅（女）<br>吴之梅（女，蒙古族）<br>何志才 张卫民<br>张苏晶（女） 张国熙<br>陈晓梅（女）<br>范文华（女） 罗强<br>周秋来 郝兆阳 柳学全<br>郭菲 童之磊<br>曾文军（女）<br>区长：<br>李先忠<br>副区长：<br>陈之常 张立新（女）<br>张健 陈献森 葛俊凯<br>赵凌云（女） 薛国强<br>刘俊彩（女）<br>区法院院长：<br>赵军<br>区检察院检察长：<br>蓝向东 | 区第十六届人民代表大会法制委员会<br>主任委员：周秋来<br>副主任委员：李冬亮 尹向敏（女）<br>委员：（按姓名笔划为序）<br>马丁一（女） 马志德（蒙古族） 王先勇<br>王涛（女） 王崇恩（回族） 叶晓颖（女）<br>冯建国 邢荣栋 朱捷<br>任青（女） 孙忠诚 李永红（女）<br>吴学军 何志才 何玲（女）<br>沈永刚 张苏晶（女） 张晓旭<br>郑毅 赵宏松（回族） 赵明杰<br>赵钢 郝兆阳 柳学全<br>高琦（回族） 韩秀花（女）<br>区第十六届人民代表大会财政经济委员会<br>主任委员：张国熙<br>副主任委员：许金玉（女） 范文华（女）<br>委员：（按姓名笔划为序）<br>马龙（回族） 王成荣 王曦 卢艳丽（女）<br>危天倪（女） 刘红宇（女）刘健（女）刘喜宏<br>李斌 杨云岗 杨洁（女）肖刚<br>张卫民 张子康 陈志坚 陈静（女，事务所）<br>陈慧华（女，满族） 林余存 周元元（女）<br>郑红强 赵秋洁（女，满族） 侯文玲<br>秦龙 殷浩 郭菲 裴兵<br>区第十六届人民代表大会教育科技文化卫生体育委员会<br>主任委员：杨向弘（女）<br>副主任委员：王瑞芝（女，蒙古族） 罗强<br>委员：（按姓名笔划为序）<br>王欢（女） 王斌（回族） 方国根 叶江川<br>付琪（女） 冯远征 宁洁（女）吕德成<br>任万平（女）杜娟（女） 李承刚 李彬（女）<br>杨梅（女） 邱淦清 宋英（女）张忠萍（女）<br>陈静（女，博物馆） 林曦 果淑兰（女）<br>夏海峰 黄芳（女） 巢仰云 韩新星<br>童之磊 曾文军（女） 阙登峰 熊卫红（女）<br>区第十六届人民代表大会城市建设环境保护委员会<br>主任委员：陈晓梅（女）<br>副主任委员：丁文理 丁迪红（女）<br>委员：（按姓名笔划为序）<br>王志明 王晶军（回族） 毛惠华 朱传芳<br>刘兰荣（女，满族） 刘浪 杜鹃（女）<br>李卫华 李向明 李庆君（女）李松平<br>李岩（满族） 李高（蒙古族）<br>杨立新（女，回族） 吴之梅（女，蒙古族）<br>陈卫兵 陈艳（女） 郑青云 孟立新（女）<br>赵春军 荀连忠 康文杰 彭爱国<br>蔡放 裴建华 黎霞（女） | | |

（刘国栋）

【调研预算审计工作】2月23日，王兆康调研区审计局审计重点工作安排情况，听取负责人关于工作思路及审计重点工作安排情况汇报，区人大常委会预算工作室负责人介绍预算监督工作思路和重点工作安排，预算工作室和区审计局就有关问题沟通意见。5月19日，召开区预算执行和其他财政收支审计情况调研座谈会。听取区审计局关于上年预算执行和其他财政收支审计工作情况汇报，王兆康提出工作要求。10月9日，召开对区安监局下年部门专项预算预先审查座谈会。区安监局负责人介绍本年区安全生产总体情况及下年预算编报有关情况。与会代表对下年预算提出建议。王小英提出要求。10月11日，召开对王府井地区建设管理办公室下年部门预算编制情况调研座谈会。听取王府井地区建设管理办公室关于部门预算编制情况汇报和财政局的相关情况介绍，并与区财政局就部门预算编制工作沟通，讨论下年部门预算编制及上年、本年预算执行情况，与会人员提出做好王府井品牌提升规划实施与财政资金配比投入工作，按街区测算保安数量及保安人员工资建议标准，完善政府部门报送人大的部门预算材料等意见建议。区人大常委会财政经济委员会委员参加。11月3日，调研本年预算执行情况和下年预算编制情况。听取区财政局主管领导关于区本年预算执行情况和下年预算草案报告，就报告中人大代表关注的问题进行交流。王兆康提出工作意见，区人大常委会预算委员会部分委员参加。（刘国栋）

【调研公检法工作】3月1日，韩焕岭到东城公安分局调研，通报本年涉及公安分局常委会议题和换届选举相关工作，听取公安分局关于上年主要工作和本年工作思路、全国“两会”维稳安保形势以及需要协助解决问题的汇报。韩焕岭提出意见。4月19日，组织内务司法委员会部分委员调研区法院立案登记制改革工作。实地视察区法院24小时诉讼服务便民亭，了解该设施方便当事人案件进度查询、诉讼费计算等服务；在立案大厅，查阅区法院为当事人诉讼配备的各类案件诉讼指导手册和诉讼文书样本；听取区法院关于立案登记制度改革情况汇报。韩焕岭针对立案数量增加、人力资源不足、当事人滥用诉权等问题提出意见。4月27日，召开内务司法工作委员会调研座谈会，征求对区法院立案登记制度改革工作的意见建议。与会人员认为区法院工作创新、措施得力，保护当事人诉权，在很大程度上解决“立案难”问题。针对立案数量增幅较大、审判人员资源不足、部分当事人恶意诉讼等问题，委员们提出建议。区政法委、区监察局、区法制办、区信访办、区司法局等单位负责人和部分监督员、律师参加。8月1日，召开未成年人检察工作情况座谈会。听取区检察院关于未成年人检察工作情况汇报，委员们从文字表述、案例典型性、内容结构及工作开展等方面提出意见和建议。韩焕岭出席并讲话。（刘国栋）

【文化强区专题调研】3月15日，召开关于实施“文化强区”战略，推进首都文化中心区建设专题调研座谈会。赵中原介绍区文化建设情况和调研的目的、原则、主要内容和方法步骤。于静、王兆康、韩焕岭、高丽萍、王小英和清华大学国家文化产业研究中心有关专家参加。4月22日、25日，区人大常委会“文化强区”专题调研—历史文化名城保护与发展专项调研组开展调研。实地视察前门东区整治、胡同改造，南锣鼓巷四条胡同腾退、改造和南新仓文物保护及利用情况；听取相关部门汇报，并进行座谈。赵中原提出：要把“宜居”作为文化强区落脚点，让人民群众有更多幸福感；进一步加大创新性发展，在文化传承、业态定位、和谐宜居相结合上下工夫，明确不同地区发展重点，打造首都文化金名片。要抓住前门地区会馆的独特文化优势，深入研究，推进相关体制、机制创新；进一步在主动融入和拓宽思路上下功夫，将南新仓企业发展与国家及市区文化建设更好地结合起来，为增强区“首都文化中心区”影响力做出新贡献。于静、王小英，清华大学教授、国家文化产业研究中心专家，部分区人大代表，区有关部门负责人参加。5月10日，区人大常委会“文化强区”公共文明建设专项调研组召开座谈会。听取区文明办关于公共文明建设、区社会办关于志愿者队伍建设工作情况介绍。韩焕岭及专题调研组成员就公共文明概念理解、公共文明建设具体情况、存在主要问题和意见建议等方面座谈。5月11日，区人大常委会“文化强区”公共文化服务体系建设专项调研组开展调研。实地视察中国儿童艺术剧院，听取剧院关于品牌活动和公益戏剧教育普及情况介绍；视察建国门街道文体中心，听取区文委关于区公共文化服务体系建设及戏剧东城建设情况汇报，与会人员就公共文化创新与发展、提高居民对公共文化服务满意度等问题进行座谈，于静提出工作意见。国家文化产业研究中心主任、部分区人大代表和区有关部门负责人参加。5月12日，区人大常委会“文化强区”文化产业发展专项调研组开展调研。听取区相关部门关于区文化产业发展情况汇报和东城园及青龙文化创新一条街情况汇报，视察歌华创意设计服务中心、东城区（国际）文化人才创业园、“和咖啡”、东方雍和国际版权交易中心。赵中原介绍文化强区专题调研的目的和进展情况，强调要紧抓京津冀协同发展、产业转型升级、人民群众的文化需求日益增长、科技发展所带来的机遇，细规划、克短板、强特色、搭平台、抓协会，全力促进区文化产业的发展。于静、国家文化产业研究中心主任及部分区人大代表参加。6月13～14日，举办人大代表“文化强区”专题培训班。文化部文化产业司副司长宋奇慧就国内文化产业发展现状和趋势作报告；区文委、区住建委和区文促中心负责人分别介绍区公共文化服务体系建设、历史文化名城保护工作、文化创意产业发展情况；代表们结合工作实际和前期调研情况，就实施“文化强区”战略，建设首都文化中心区进行分组研讨和大会发言。于静提出工作要求。王兆康、韩焕岭、高丽萍、王小英，区人大代表、人大机关干部和人大街工委干部200余人参加。7月8日，召开“文化强区”专题调研情况汇报会。四个专题调研组结合前期调研，重点就历史文化名城保护、文化创意产业、公共文明建设、公共文化服务等方面存在问题、原因以及解决意见建议作汇报。赵中原肯定调研组的工作和大家提出的问题及意见建议，并指出，“文化强区”专题调研是常委会一项重要工作，要全面梳理现有材料，从目标任务、发展短板、事业产业发展、政策完善、组织领导等方面深入研究，整理出推进首都文化中心区建设的有价值和可操作的意见建议，为区委、区政府决策提供参考。于静、王兆康、韩焕岭、高丽萍、王小英、何厚夫参加。7月20日、25日，赵中原先后到保利大厦、东方文化大厦、中文在线开展“文化强区”调研。先后听取保利文化集团、天街集团、中文在线负责人关于拍卖发展经营、会馆保护利用和数字出版发展三方面情况汇报，并就发挥企业引领作用，加强与政府部门协调沟通，突出东城特色、加大会馆传承、保护、利用，加大政策支持、加强资本运作、推进行业发展等方面研讨交流。于静、国家文化产业研究中心主任参加。（刘国栋）

【调研区人大代表换届选举工作】3月28日至5月10日，赵中原到17个街道和区教委调研人大换届选举前期工作。听取各人大街工委主任关于本地区代表换届选举前期调查摸底情况汇报，了解选民信息预录、代表资源摸排、重点难点问题管控等情况。就新形势下换届准备、宣传工作、选民登记、提名推荐代表候选人以及投票选举等各阶段各环节的工作进行座谈。赵中原肯定各街道的工作，提出要学习贯彻好中央有关换届选举文件精神，要在细、准、严、稳上下工夫，确保各环节不出问题，确保社会稳定；要把好代表入口关，抓好代表分析，在代表名额、代表结构、连任代表比例、候选人与选民见面等方面考虑周全，体现代表的政治性、广泛性、代表性和连续性；要加强组织领导，在拆迁项目多、流动人口多、人户分离严重的情况下做到心中有数；要针对新情况研究新举措，创造新经验。高丽萍参加。5月19日，召开换届选举调研情况分析会。与会人员结合中央、市委有关文件精神，分析讨论调研中发现的问题，并提出对策和建议。赵中原总结前期走访调研情况，对下一步工作提出要求。于静、高丽萍参加。（刘国栋）

【调研普法工作】9月9日，组织内务司法委员会委员到区司法局就“六五”普法工作和“七五”普法规划开展专题调研。听取区司法局《关于在全区开展法制宣传教育的第七个五年规划》的汇报，与区法制宣传教育领导小组部分成员单位负责人进行交流，了解各单位在“六五”普法工作开展过程中的做法和亮点工作。调研组强调，各部门要在思想上高度重视，进一步加强普法工作的责任感和紧迫感；要形成合力，落实好“谁执法谁普法”“谁主管谁负责”的普法责任制，执法部门要切实负起主体责任，做到积极普法、严格执法。韩焕岭对做好“七五”普法工作提出要求。（刘国栋）

【全民健身条例执法检查】3月17日，召开《北京市全民健身条例》执法检查工作部署会。学习《北京市全民健身条例》主要内容，听取区体育局负责人关于区贯彻实施条例情况汇报，部署执法检查工作。与会人员认为，要突出检查重点，扩大参与范围，合理安排时间，精心组织活动；要通过执法检查，提炼经验，找出不足，促进政府进一步推进全民健身工作，同时为北京市修订法规提供高水平意见建议。赵中原提出工作要求。何厚夫参加。3月29～30日，区人大常委会全民健身条例执法检查组开展实地检查。先后检查建国门街道金宝街社区、东花市街道广外南里邻里服务中心、龙潭街道龙潭北里社区、龙潭街道漫艺汇文化服务中心、安外三条小学、和平里第一小学、北京市第一七一中学、区残疾人活动中心、龙潭公园、天坛体育活动中心，听取各单位关于开展全民健身工作情况汇报。与会人员提出，加大条例宣传力度和广度，营造全民健身氛围；深入挖掘软件潜力，大力培育体育人口；强化法规执行力和考核机制，出台配套细则措施同步推行；探索设立健身设施的专项维护资金，引入第三方机构，解决长效管理问题；探索建立学校体育设施对社会开放的长效机制。赵中原、何厚夫出席并讲话。6月16日，召开《北京市全民健身条例》执法检查组会议。讨论区人大常委会执法检查组《关于贯彻落实〈北京市全民健身条例〉执法检查情况的报告（征求意见稿）》结构框架、重点内容，建议强化机关、企事业单位主要负责人主体责任，将单位全民健身工作实绩纳入年终考核；推进全民健身设施常态化、规范化管理，建立体育设施维护更新的日常管理机制；研究对外开放体育设施学校里教职工工作时间之外按劳取酬问题；加强社会体育指导员管理、培训、考核，提升整体业务素质和专业技能。部分执法检查组成员，区体育局、发改委、教委、规划分局、住建委、财政局、法制办、园林绿化管理中心、有关街道负责人参加。（刘国栋）

【控制吸烟条例执法检查】4月28日，召开《北京市控制吸烟条例》执法检查工作部署会。听取区爱卫会、卫计委关于区贯彻实施《北京市控制吸烟条例》工作情况汇报，部署执法检查工作。执法检查组成员、区政府相关部门负责人参加。5月6日，执法检查组检查区政府机关南区、德惠写字楼、汇文中学以及附近烟店，听取区教委、烟草专卖局、卫计委等部门关于控烟工作汇报。与会人员建议，加大对机关、写字楼、社区活动中心等禁烟薄弱场所的执法检查力度；加大条例宣传力度和广度，营造全民控烟氛围；明确各方责任，加强控烟教育和引导。何厚夫、执法检查组成员、区政府相关部门负责人参加。5月12日，执法检查组检查北京德味堂餐饮有限公司、康络网络上网服务中心、东四民芳小街餐厅、鑫海锦江大酒店，听取区食药监局、旅游委、文化委等部门关于控烟工作汇报。执法检查组成员建议，加强宣传教育，增加禁烟标识张贴；加强日常监管，注重整改后跟踪检查和控烟效果长期性；加强对薄弱场所执法力度，加大对行为人处罚力度。于静参加。5月25日，召开《北京市控制吸烟条例》执法检查组工作会。讨论区人大常委会执法检查组关于区贯彻实施《北京市控制吸烟条例》执法检查情况报告。检查组提出，加大控烟工作法规宣传和教育力度，将控烟工作纳入日常执法检查，找准执法检查薄弱点，严格执法；加强公共场所室外吸烟区建设，疏控结合，做好控烟疏导工作；加强执法队伍建设，加大人财物投入。（刘国栋）

【推进平房区物业管理议案督办】3月16日，召开“加快推进平房区物业管理，提升居民生活环境质量”议案调研组会议。区政府有关部门负责人介绍区政府议案办理工作方案，区人大城建环保工委负责人介绍人大常委会关于议案督办方案。调研组成员针对两个工作方案及如何办好议案进行讨论。赵中原指出：扩大代表参与范围；在政策出台前加强调研，广泛听取群众意见；理清平房区物业管理定位；注重常态化、持续化。谭景辉、王小英参加。3月29日，王小英到景山街道调研“加快推进平房区物业管理，提升居民生活环境质量”议案办理情况。听取街道负责人关于在推进平房区物业管理工作中涉及低洼院改造、隆福寺早市撤市以及胡同整治等工作情况汇报。王小英提出工作意见。4月27日，召开“关于加快推进平房区物业管理，提升居民生活环境质量”议案督办人大代表座谈会。听取区城管委负责人关于议案办理进展情况汇报，与会代表对办理过程中的问题与区城管委、区财政局、区房管局负责人交流。王小英提出工作意见。6月24日，开展“关于加快推进平房区物业管理，提升居民生活环境质量”议案视察调研及座谈会。视察南锣鼓巷雨儿胡同和福祥胡同推行平房区物业管理情况，听取交道口街道办事处负责人关于南锣鼓巷地区平房区物业服务管理工作汇报，与会代表与区城管委、区财政局、区房管局等部门负责人座谈。于静、王小英和部分议案调研组成员参加。9月13日，召开议案督办调研组会议，初审区政府的《关于“加快推进平房区物业管理，提升居民生活环境质量”议案办理情况报告》和城建环保委员会对区政府议案办理情况报告的意见建议。赵中原指出：加强宣传，让群众参与到平房区物业管理中来，实现共建共享；深化试点，通过研究解决试点中发现的问题，深化对平房区物业管理机制探索和实践；强化协调，加强物业企业、执法部门、街道办事处、社区居委会、居民群众之间协调，进一步推进平房区物业管理工作；注重持续，进一步研究物业管理与服务模式的可持续发展、物业企业服务质量的持续及政府监管和人大监督的持续。陈本宇、王小英参加。10月11日，召开“关于加快推进平房区物业管理，提升居民生活环境质量”议案审议沟通会。区人大城建环保工委负责人介绍议案审议时间安排、程序及相关要求，部分常委会组成人员和人大代表对平房区物业管理工作提出意见建议。陈本宇表示吸纳代表意见建议，完善报告内容，按照人大审议要求，做好准备工作。王小英要求城建环保工委组织好议案审议前准备工作，注重协调沟通，做到严谨细致，确保议案顺利审议。（刘国栋）

【督办建议办理】3月3日，召开代表建议网上公开工作座谈会。交流研讨做好与代表建议网上公开相关内容、技术流程、规范格式等方面的工作，要求网络公司制定方案，从技术角度先行介入，更新、完善区人大议案建议管理系统，落实区人大常委会关于建议办理结果在区人大网站公开的要求。区信息办、相关网络公司有关人员参加。3月23日，召开城建、城管类代表意见建议办理推进会。代表联络室和城建环保工委介绍全区人大代表意见建议整体情况和涉及城市建设、管理及环境保护内容的代表意见建议情况。参会单位表示，要认真办理代表意见建议，提高代表见面率、办结率、满意率。王小英指出，政府各相关部门要围绕非首都功能疏解、城市更新改造和提高城市管理精细化水平，认真办理人大代表意见建议。区住建委、城管委等12个政府相关部门负责人参加。3月30日，召开政法民政类代表议案建议办理推进会。介绍人大代表议案建议总体情况，涉及政法、民政建议27件，包括社区养老服务、交通秩序整治、社区服务用房、社区工作者发展等问题，其中东城交通支队承办19件，区民政局承办4件，区社会办承办2件，东城公安分局承办2件。各参会部门表示，深入分析代表建议，明确工作方案，拓宽办理渠道，全面推进办理，提高办理工作质量和效率。韩焕岭指出，区政府相关部门要重视议案建议办理工作，落实区委、区政府要求，不仅要加强整体研究和统筹协调，更要结合自身职责，通过办理建议推进相关工作开展。要在办理过程中加强与代表沟通联系，听取代表意见，及时反馈办理情况，切实增强办理实效。区社会办、东城公安分局、东城交通支队、区民政局等单位负责人参加。4月6日，韩焕岭到东城交通支队督办代表建议。听取东城交通支队代表建议办理情况汇报。针对旅游景点周边停车问题、东花市南里和金鱼池中街安装交通指示灯问题2件代表建议，韩焕岭强调要加强与政府相关部门联系沟通，组织召开由主管区长、区交通委、东城交通支队、相关责任部门和领衔代表参加的座谈会，争取在届末之年，彻底解决好代表提出的建议；同时要求东城交通支队把本年代表建议办理工作与上年《道路交通法执法检查报告》审议意见落实情况结合起来，为区道路交通安全管理工作解决实际问题。4月19日，组织部分意见建议领衔代表到区园林绿化局调研办理情况。听取区园林绿化局负责人情况汇报，就代表意见建议办理情况与园林绿化局相关领导座谈。王小英提出，政府各相关部门要加大与代表沟通力度，人大常委会搭建沟通交流平台，更好地为代表服务；在代表意见建议办理工作中坚持理性思维，按客观规律办事。4月22日，召开经济方面代表建议办理工作推进会。围绕涉及商品交易市场疏解、生活性服务业提升和文化产业促进等工作，听取区商务委、区国资委、区人力社保局、东城工商分局、区产促局和前门管委会6家承办单位办理建议汇报。与会人员讨论建议中代表和群众普遍关注的热点难点问题，承办单位表示优化建议办理工作方案，强化办理工作措施，确保建议办理工作落到实处。财政经济工作委员会委员参加。5月11日，组织代表到区城管执法局调研代表建议办理情况。听取区城管执法局负责人情况汇报，领衔代表就代表建议办理情况与城管执法局相关领导座谈。王小英参加。5月18日，组织代表到区环卫中心调研代表建议办理情况。听取区环卫中心负责人情况汇报，领衔代表就代表建议办理情况与区环卫中心相关领导座谈。王小英参加。（刘国栋）

【人大街工委主任联席会】3月18日，区人大常委会召开人大街工委主任联席会。人大各街工委主任结合地区实际汇报本年代表工作重点。高丽萍从组织代表联组活动、围绕“文化强区”专题调研开展代表培训、人大代表换届选举、代表建议督办、人大街工委组织建设及代表之家和代表联络站创建、加强对人大代表的监督管理等方面部署工作。赵中原提出工作要求。（刘国栋）

【选民登记信息预录】4月13日，举办《北京市选民登记信息管理系统》培训班，培训区人大机关、区信息办、17个街道等有关人员，并分期分批对182个社区进行培训，为换届选举做准备。4月20日，召开选民登记信息预录工作部署会。高丽萍部署选民登记信息预录工作，明确选民登记信息预录工作的内容、标准、范围和方法，并提出下一步工作建议。赵中原提出工作要求。于静及17个街道主要负责人参加。5月，检查区选民信息摸排和预录工作。检查10个街道20余个社区就选民信息摸排和预录工作，了解工作进展，与录入员就录入中存在的问题进行交流。归纳整理进一步完善北京市选民登记信息管理系统意见建议，并向市人大有关部门汇报。截至5月31日17时，全区在北京市选民登记信息管理系统成功预录登记选民428482人，达到2011年换届选举选民总数80%。6月23日，区人大常委会召开换届选举选民信息摸排预录工作总结会。人大各街工委办公室主任结合地区特色，交流经验和主要做法，研讨工作中的问题，提出意见建议。于静给予肯定，并对下一步工作提出要求。（刘国栋）

【区人大代表换届选举】年内，开展区人大代表换届选举工作。换届选举工作分宣传发动、选民登记、推荐考察、投票选举4个阶段；区人大常委会成立选举委员会，设立选举委员会办公室，下设秘书组、指导组、组织组、宣传组、监督组、后勤组6个职能组，组建17个地区选举委员会和驻军选举指导组。制定工作计划和工作任务清单及选举委员会、地区分会、选区工作组、选民小组和选办各组的工作职责，明确指导思想、基本原则、各阶段时间节点、工作内容和工作要求及工作职责。组织参与选举工作干部170余人培训班。开展集中宣传日活动，杜德印、牛有成和张家明、李先忠、赵中原等市区领导参加地坛西门和钟鼓楼文化广场的主题活动，与部分代表就履职情况进行交流，向群众发放宣传材料，解答选民询问。其他区级领导和区选举委员会组成人员分别到15个分会场与选民互动。活动设立宣传站点144个，发放致选民一封信13.50万份，宣传用品8.08万份，参与工作人员2964人。组织《北京日报》《法制晚报》《北京青年报》、北京电视台等11家媒体对区十五届人大代表肖放、刘惠兰、杨立新履职实践采访报道。中央、市属各大新闻媒体刊发区换届选举新闻稿件44篇。北

9月19日，举办区人大换届选举集中宣传日主题活动

京电视台播发新闻5条，千龙网、新浪网、新华网等网站转载相关报道10余篇。在市选举委员会办公室《简报》刊发稿件10余篇。在数字东城、《新东城报》连续发表精品新闻稿件、专刊和专题，区选举委员会办公室《简报》期刊、专刊70期。首次举办各分会宣传品展示活动。参加全市统一集中交换工作，审查相关材料10821人，其中调查摸底“六类人员”（管制、缓刑、假释、保外就医、监外执行、刑满释放）958人，筛查在押人员617人。全区组成156个考察组，赴411家单位，采取考察预告、民主测评、个别访谈、查阅资料、发布公示等形式，对初步代表候选人人选进行组织考察。开展“一片一书”学习。组织观看《镜鉴》，学习《严肃换届选举文件选编》。全区划分159个选区（含驻军指导组），8626个选民小组，设立1787个选举登记站，登记选民512970人。正式代表候选人498人（除3人因公出国演出、培训），在京代表候选人全部与选民见面，见面率100%。11月15日和22日选举投票日，全区17个选举分会159个选区设置选举站229个，流动票箱308个；安排选举站负责人309人，总监票人158人、副总监票人467人、监票人1518人；抽调工作人员5492人。选民参加选举501400人，投票率97.74%，依法选举产生新一届区人大代表339人。（刘国栋）

【市人大代表年中活动】8月2日，开展市人大代表东城团年中活动，传达市上半年经济形势分析会上讲话精神，通报市上半年经济运行情况及市人大常委会上半年工作情况，代表们结合工作实际，从京津冀协同发展、非首都功能疏解、城市治理等方面对市经济社会发展情况提出意见和建议，讨论《北京市全民健身条例（征求意见稿）》《北京市制定地方性法规条例（征求意见稿）》，并提出意见建议。东城团市代表参加，全国人大代表陈立国列席。（刘国栋）

【半年工作情况通报会】8月2日，听取区人大和“一府两院”半年工作报告。赵中原主持会议并传达区委十一次全会精神。陈之常代表区政府报告上半年工作和下半年安排。于静从讨论决定重大事项工作、监督工作、议案办理工作、代表工作4个方面报告人大常委会上半年工作情况，并报告下一阶段重点工作。会议要求代表以书面形式提出对“一府两院”工作意见建议，由代表联络室统一汇总反馈给有关部门参考。王兆康、韩焕岭、王小英、何厚夫及市、区人大代表200余人参加。（刘国栋）

【工作交流】5月5日，浙江省人大常委会党组书记、副主任茅临生带队到区调研。实地考察人大东花市街工委代表之家和东花市南里社区代表联络站的建设情况，听取工作汇报。赵中原介绍区情和区人大常委会机构设置、人员编制等情况，高丽萍结合前期调研情况和区工作实际，汇报人大换届选举筹备情况和代表工作情况。与会人员就坚持党的领导、加强人大街工委建设、加强代表建议督办、选民登记信息管理系统运行等方面开展交流和探讨。茅临生认为区人大工作在坚持党的领导、人民当家做主、依法治国有机统一方面有特色、有创新、有成效，对推进浙江省人大工作具有借鉴意义。希望加强交流沟通，共同推进人大工作。于静参加。5月10日，广州市黄埔区人大常委会到区调研预算绩效管理监督工作。相关人员介绍预算监督工作开展情况，并就预算绩效监督工作中的问题交流讨论。王兆康参加。（刘国栋）

【机关党风廉政建设】5月6日，区人大常委会机关党委组织机关干部参观区纪委监察局举办的“遵规守纪，树德立行——以史为鉴廉政画展”。6月1日，召开机关党风廉政建设工作会。于静传达习近平总书记、郭金龙书记和张家明书记在中纪委、市纪委、区纪委全会上讲话精神，报告上年区人大常委会机关党风廉政建设工作情况，部署本年区人大常委会机关党风廉政建设的主要任务。赵中原与区人大常委会副主任，区人大常委会副主任与其主管委室主任或负责人签订党风廉政建设责任书。赵中原、夏树军提出工作要求。王兆康、韩焕岭、高丽萍、王小英参加。11月2日，召开区人大常委会党组会议，传达学习党的十八届六中全会精神。党组成员一致表示，坚决拥护全会作出的各项决议决定，深入学习全会精神，模范遵守《关于新形势下党内政治生活的若干准则》和《中国共产党党内监督条例》，带头落实好从严治党各项责任。赵中原提出工作要求。年内，区人大常委会党组落实《东城区加强区领导班子换届风气监督工作“五个责任主体”的责任清单》部署和要求。党组成员学习文件精神，并结合人大换届选举工作，制定区人大常委会党组关于落实换届风气监督工作责任清单的实施方案。明确责任主体，成立由人大党组书记、主任赵中原担任组长的工作协调小组，明晰开展专题学习、组织专题教育、严肃选举纪律、加强监督指导、严格代表把关、营造良好氛围等职责任务，提出牢固树立纪律意识、确保换届风清气正，牢固树立学习意识、确保工作有序开展，牢固树立责任意识、确保工作扎实有效的工作要求。（刘国栋）

# 东城区第十五届人民代表大会常务委员会组成人员

## 主任、副主任、委员

主　任　赵中原

副主任　于　静（女）　王兆康　韩焕岭

高丽萍（女）　王小英

李评修（女，涉嫌违纪违法9月终止）

何厚夫

委　员（按姓名笔划为序）

马　龙　王力宇　王先勇　王衍臻（2月辞）

王振淮　王　曦　毛惠华　石庆萍（女）

冯远征　危天倪（女）　刘超英（女）

许金玉（女）　严　岩（女，6月辞）

杨立萍（女）　杨永强　杨向弘（女）

杨冠军　肖　燚　张国熙　张　跃

陈爱玉（女）　苗　谦　周秋来

郑　毅　耿学森（6月辞）

## 工作机构负责人

办公室主任　耿学森（6月免）

朱传芳（6月任）

研究室主任　王衍臻（2月免）

宁　洁（女，6月任）

代表联络室主任　杨向弘（女，10月免）

毛惠华（10月任）

财政经济工作委员会主任　张国熙

内务司法工作委员会主任　周秋来

教科文卫工作委员会主任　王力宇（10月免）

杨向弘（女，10月任）

城建环保工作委员会主任　毛惠华（10月免）

陈晓梅（女，10月任）

预算工作室主任　许金玉（女）

# 东城区第十六届人民代表大会常务委员会组成人员

## 主任、副主任、委员

主　任　金　晖（女）

副主任　于　静（女）　毛　炯　王中华

王兆康　许　汇　高丽萍（女）

张树华

委　员（按姓名笔划为序）

丁文理　丁迪红（女）　马　龙（回族）

王先勇　王　欢（女）　王崇恩（回族）

王瑞芝（女，蒙古族）　王　曦　毛惠华

方国根　尹向敏（女）　叶江川　冯远征

宁　洁（女）　朱传芳　任万平（女）

危天倪（女）　刘红宇（女）　许金玉（女）

李冬亮　杨立新（女，回族）

杨向弘（女）　杨　梅（女）　吴之梅（女，蒙古族）

何志才　张卫民　张苏晶（女）

张国熙　陈晓梅（女）　范文华（女）

罗　强　周秋来　郝兆阳

柳学全　郭　菲　童之磊

曾文军（女）

# 东城区人民政府

## 概　述

年内，东城区人民政府（简称区政府）贯彻落实习近平总书记系列重要讲话特别是视察北京重要讲话精神，贯彻“创新、协调、绿色、开放、共享”发展理念，推进“一条主线，四个重点”战略任务，搭建以区“十三五”规划纲要为龙头，“三大行动计划”为抓手，专项规划为保障的规划体系，全区经济发展总体平稳，结构调整深入推进，社会民生持续改善，实现“十三五”良好开局。

落实京津冀协同发展战略，疏解非首都功能取得新成效。坚持谋划顶层设计。建立健全高位统筹、区领导靠前指挥的工作调度机制。确定“疏功能控人口”工作思路，构建“六个点”“六条线”“六个面”工作格局。注重系统谋划，制定年度工作方案，出台工作统筹调度机制、动态监测机制、督查考评机制、信息报送制度。以人口调控综合试点改革为突破口，条块结合、综合施策、动员各方力量，加强以房控人、以业控人、以籍控人、以岗控人。建立市区联动工作机制，与市国资委签订战略合作协议。建立功能疏解动态监测信息化系统，完善人口动态监测体系。建立疏功能控人口拉练检查机制，强化工作氛围，检查工作成效。非首都功能有序疏解。聚焦重点项目，推进精准疏解。建立故宫周边人、房、业基础台账，制定《故宫周边功能疏解业态提升实施方案》。隆福寺早市和东华门夜市关闭。天乐玩具市场实现整体拆除。以重点街区综合整治为突破，提升城市品质。南锣鼓巷主街综合整治和簋街环境综合提升工程初显成效。南锣鼓巷主动申请取消3A级景区资质，街区秩序有所改善。聚焦重点领域，完成华隆兴业印刷公司等5家工业企业生产环节调整退出。推进教育医疗资源疏解，压缩北京国际职业学校等4家学校招生规模。执行禁限目录和区产业指导目录，严控市场准入。加大二中、五中、东直门医院等教育、医疗机构支持城市副中心建设力度。加强京津冀协同发展，成立京津冀文化产业园区（企业）联盟。人口调控成效显著。多措并举，促进人随功能走，人随产业走。全面完成市里下达的人口调控任务。开展六大专项行动，拆除违法建设3070处，9.2万平方米。治理地下空间和群租房1362处，23.2万平方米。封堵违规开墙打洞1045处，封堵面积3万平方米。治理无证无照经营1307处，6.6万平方米。治理直管公房转租转借3844间，8.4万平方米。清理区属房产174间，6.3万平方米。加强户籍管理，对无房户、户口空挂户和集体户开展摸底。

推进转型升级，经济运行总体平稳。地区生产总值同比增长6.7%。区级一般公共预算收入同比增长1.1%。全社会固定资产投资完成264.6亿元。社会消费品零售额同比增长6.2%。居民人均可支配收入同比增长7%。万元GDP能耗同比下降6.04%。经济结构调整步伐加快。围绕供给侧结构性改革，促进产业链上下游、产业间融合发展。制定《东城区关于促进产业发展暂行办法》，健全政策支撑体系，引导“二三一”产业优化发展，经济增长动力向高精尖产业转换。加强企业服务，统筹资源，优化经济发展环境，支持引导企业转型升级。召开非公经济健康发展大会，举办“服务小微，走进园区”“东高汇”沙龙等活动，搭建政府、资本、企业间交流对接平台，为驻区中小微企业提供融资4.86亿元，缓解企业“融资难、融资贵”问题。功能布局日趋优化。按照梯度发展、彰显特色、功能互补原则，打造“两轴一带两园区”整体空间格局，规模（限额）以上高新技术企业实现总收入1850亿元，同比增长10.8%。世界体育总会亚太总部和国际举联（北京）总部入驻园区。王府井商业发展带重大项目建设加快，嘉德艺术中心、王府井国际品牌中心项目主体结构已封顶，西部会馆项目全面施工。以“国际品牌、宜居之都”为主题，举办第五届北京王府井国际品牌节，提升王府井国际影响力。永外现代商务区以望坛棚改项目、宝华里项目为抓手，以疏解商品交易市场为契机，产业转型升级加速。

加紧城市更新改造。发布实施“三大行动计划”。编制并发布历史文化街区保护复兴、非文保区更新改造、城市基础设施优化提升“三大行动计划”。计划利用5年时间实施110余个具体项目，更新改造43%的用地空间。历史文化街区修缮整治加速推进。制定历史文化名城保护专项规划，设立每年1亿元的名城保护专项资金，坚持保护与发展并重，擦亮古都风貌金名片。推进前门东区修缮整治，基本完成三里河景观恢复工程，升级改造草厂地区院落，完成长巷二条1号、临汾会馆修缮工程。与金隅集团签订战略合作协议，实施南锣鼓巷街区复兴计划，推动南锣鼓巷四条胡同修缮整治工程。东四三至八条保护整治项目引入首创集团参与，总体规划以及交通、业态提升等专项规划初步编制完成。完成玉河南区河道景观整治、外城东南角楼景观恢复工程。非文保区更新改造重点突破。

实施全市最大规模简易楼群天坛周边57栋简易楼腾退项目，签约率96%以上。西忠实里环境整治项目腾退搬迁基本完成。通过一次性招标方式，确定核心区体量最大的棚改项目——望坛项目的实施主体，启动征收程序。宝华里、西河沿等长期滞留项目取得突破进展。重新启动南中轴路环境整治项目征收和天坛东里北区1—8号楼腾退。基础设施提升工程全力推动。开展次支路建设，22条次支路道路建设全部办理立项手续，实现10条完工、12条开工的目标任务。推进南锣鼓巷、东四三至八条停车场，前圆恩寺胡同地下停车场启用，推进育树胡同地上立体停车设施项目，缓解胡同停车压力。推进区内轨道交通，机场西延线和3号线一期工程进场，8号线三期工程主体结构封顶。住房保障加快进度。新建和筹集棚改项目对接安置房共9348套。通州“两站一街”、燕保祈东家园等项目推进。实施平房修缮工程，年内完成平房修缮3500户，新增签约1500户。完成保障性住房选房5741套，发放保障房补贴4097万元。

促进文化发展繁荣，优先发展文化创意产业。出台《东城区文化创意产业发展专项资金管理办法（试行）》和《东城区文化创意产业发展引导基金管理办法（试行）》，设立区级文创发展专项资金，每年投入1亿元助力文创产业集聚发展，对全区经济转型升级发挥重要作用。通过国家公共文化服务体系示范区验收，28个方面72个考评指标全部达到优秀等级，建成覆盖均衡、便捷高效的公共文化设施服务网络，形成“十分钟文化服务圈”。公共文化设施达标率100%，区文化活动中心、景山街道社区服务中心结构封顶。提档升级区公共文化服务导航网，开展公共文化数字社区、“书香东城”全民数字阅读、公共文化数字化管理平台建设。文化影响力不断扩大。“地坛文化庙会走出去”系列活动走进德国、泰国和伊朗等国家和地区，累计参与境外民众达60万人次。扩大“戏剧东城”品牌影响力，举办北京南锣鼓巷戏剧展演季、第六届中国儿童戏剧节和北京青年戏剧节等。加快推进大华戏剧演艺中心、幸福大剧院等剧场建设实施。发挥“东城创意+”微信群和“政企直通车”作用，借助新媒体宣传提升东城文创产业影响力。

加强精细化管理，出台平房区物业管理服务指导性意见和工作标准体系。通过公开招标方式建立平房区物业企业资源库，为引入物业管理主体搭建平台。10个街道16个片区开展平房区物业管理服务试点，取得“治脏、治乱、治违”成效。制定实施便民事项网格化办理规定及考核办法，深化城市管理和社会服务管理“两网融合”工作。开展露天烧烤与无照经营专项整治、非法小广告专项整治、燃气安全执法检查等专项执法208次，出动执法人员18.3万人次，查处各类违法行为6.1万余起，受理北京市城管热线“96310”举报同比下降13%，增强“96010”为民服务热线快速响应和处置能力，事项办理反馈率95.6%。交通缓堵有序推进。制定《2016年东城区缓解交通拥堵工作方案》，加快缓解交通拥堵示范区建设。启动实施灯市口大街等7项疏堵工程，年底前全部完工。推进停车资源共享，新增共享停车位1500个。提升路侧占道停车管理水平，开展路侧停车电子收费系统试点工作。实施地坛—青年湖区域慢行系统示范区建设。累计开通运营公共自行车网点166处，系统运营整体情况较好。环境质量持续改善。落实清洁空气行动计划，加大污染物总量减排力度，氮氧化物削减率3.7%，燃煤污染管控市级挂账任务全部实现销账，细颗粒物浓度同比下降8.3%。加强道路清扫保洁，146条道路达到“一扫两保”标准。7座社会单位产权旱厕及32座公厕改造提升全部完工并投入运行，公厕等级达标率100%。制定《东城区实施河湖生态环境管理“河长制”工作方案》。节水社区达80个。实施餐厨垃圾统一收运，收集和处理率达到61%。完成前三门大街、龙潭片区、南中轴线12公里绿道建设，公园绿地500米服务半径覆盖率87%。

推进养老服务。制定《东城区关于加强居家养老服务工作的实施意见》，建立“三级五方联动、分类精准供给”的居家养老服务模式。出台《东城区公办养老机构管理体制改革工作方案》《关于加强公办养老机构托底保障能力的工作意见》，与专业社会组织合作，实施养老机构标准化建设。建成17家养老照料中心、17个社区养老服务驿站，养老照料中心和老年餐桌覆盖率100%，东城区获全国养老服务示范单位称号。就业和社会保障形势保持稳定，城镇登记失业率不超过1%，社会保险基金收缴率不低于99%。推进机关事业单位养老保险制度改革。按时足额发放各项社会保险。新增3条优质教育资源带，3个教育集团。小学、初中就近入学率分别达到98.1%、96.6%。中高考成绩实现三年连续提升。加快国家中医药发展综合改革试验区建设，新增两个医联体，其中协和医院医联体是北京市首个由三甲医院与区政府签署的医疗合作项目，区域医疗资源配置进一步优化。强化基层卫生机构建设，65岁以上老人签约慢性病管理率70.5%。东城区获2014-2016年全国计划生育优质服务先进单位称号。建立体育教育联动机制，全民健身设施建设加快推进，做好社区治理和服务创新实验区建设验收，推进社区建设重点项目，新建9个市级社区规范化示范点和15个市级老旧小区自我服务管理试点，完成社区用房情况摸底和数据台账建立。新建14个智慧社区试点，在42个社区建立“微网格”微信公众号。建立健全“枢纽型”社会组织管理体系，开展“社会组织公益行”系列活动，促进社会组织健康有序发展。发挥网格化服务管理在社会治理中的作用，街道分中心全部成立，形成街道枢纽体系。公共安全持续向好。完成春节、“两会”、G20峰会等重点时期及大型活动安全维稳任务。完善“1+7”安全生产监管责任体系。全力防控食药风险，食品安全监测抽检合格率超过98%，药品抽验合格率超过98.5%。在11个重点行业推广安全生产责任保险制度，危化品（加油站、烟花爆竹）经营企业实现全覆盖。开展隐患排查治理和专项整治活动，查处事故隐患4.08万处。“平安东城”建设成效彰显，立体化社会治安防控体系更加健全，万人发案率、百户发案率连续保持城区最低水平。

单位地址：东城区育群胡同1号

联系电话：64032061

邮政编码：100010 （贾玉轩）

## 主要工作和重大活动

【刘延东调研第一妇幼和幼儿园】1月4日，中央政治局委员、国务院副总理刘延东调研区第一妇幼保健院和分司厅幼儿园。参观第一妇幼保健院产科门诊及胎心监护室，看望、慰问孕产妇，察看新生儿护理工作，了解医院孕产期保健和辖区孕产妇健康管理情况，询问母婴保健活动开展情况。刘延东指出：中国医疗卫生改革工作蓬勃发展，分级诊疗、大病保险制度等改革措施顺利推行，便民服务能力得到提升；习近平总书记和李克强总理高度重视人口健康工作，国家人口政策作出重大调整，对人口形势和经济社会发展具有重大意义；区第一妇幼保健院要完善计生服务体系，优化服务设施，培养专业人才，强化儿科、产科医护人员服务能力，提升管理水平和服务水平。随后，观看分司厅幼儿园小中班幼儿武术操、京剧旗操，并与幼儿互动。刘延东指出：继续高度重视幼儿教育，借鉴国外先进经验，提升幼儿教育水平，培养出更多品格优秀、全面发展的儿童，为孩子们迈出人生第一步保驾护航。 （贾玉轩）

【区政府全体扩大会议】3月9日召开，陈之常主持。会上，李先忠回顾上年工作，部署本年任务：统筹推进疏解非首都功能、城市更新改造、城市精细化管理和产业优化升级四项重点任务；统筹行政、法律、市场、社会四种手段；统筹资金、资源、政策、机制四种要素；做好代表委员议案和提案办理工作，提高满意率。张家明强调：聚焦重点工作，突出改革创新，实现“十三五”发展的良好开局；区委将协调各方力量全力支持政府工作，巩固“全区一盘棋”的良好局面；政府系统党员干部要敢于担当、迎难而上，提高工作效能和执行力。区领导金晖等及区政府各部门、各街道党政一把手、部分行政副职，区委各部门、法院、检察院、各群团组织、各民主派、区属有关企业负责人400余人参加。 （贾玉轩）

【与石家庄市产业转移对接】3月17日召开对接座谈会。两地负责人分别介绍京津冀协同发展产业转移对接有关情况，与会各部门及企业负责人就产业转移对接进行交流。石家庄市市委副书记、市政府党组副书记张泽峰介绍石家庄市的历史、经济社会发展、主要优势和“十三五”期间重点发展产业等情况。李先忠指出：率先从商品市场、中医药、文化创意产业等双方都有意向、可操作、有基础的方面入手，精准对接，把工作做实；公共服务项目由政府主导推动，产业项目由政府搭建平台，提供规划、政策、服务支持，依靠市场力量推动对接合作；通过对接促进石家庄绿色农产品、信息产业等领域的好企业、好资源在东城区推广发展。石家庄市市委副书记、市长邢国辉指出：在东城区具有突出优势的历史文化、教育、医疗、中医药、商贸等领域发力，共同把产业对接好；与东城建立定期沟通机制，推进双方合作，把对接事项落到实处；加强石家庄发展环境建设，提升服务意识、服务水平。张家明强调：首都的发展和各项重大活动的成功举办离不开石家庄等首都周边城市的支持；多种方式开展对接合作，在分工协作的产业上，发挥各自优势，实现协同发展；由两地发改委牵头，搭建沟通交流平台，制定会商制度，为促进京津冀协同发展作出贡献。石家庄市副市长张业，市政府党组成员、高新区管委会主任吴时茂，市政府秘书长孟胜林，区领导毛炯、陈之常、王中华，石家庄市和区有关部门负责人，天街集团、同仁堂股份有限公司等有关企业负责人参加。 （贾玉轩）

【与金隅集团签署战略协议】4月15日，与北京金隅集团签署战略合作框架协议。听取南锣鼓巷地区修缮整治项目情况汇报。李先忠、金隅集团党委书记、董事长、总经理姜德义共同签署《北京市东城区人民政府与北京金隅集团有限责任公司战略合作框架协议》，区房地一中心、金隅嘉业房地产开发有限公司、金隅地产经营管理有限公司负责人共同签署《南锣鼓巷修缮、整治项目合作协议》。张家明指出，南锣鼓巷地区修缮整治工作前期开展“自愿申请式腾退”工作并引入平房区物业管理，区委、区政府将与金隅集团继续探索平房区环境整治、提升居民居住水平的有效路径。姜德义表示，金隅集团将履行市属国有企业的社会责任，发挥资金、业务和技术优势，举全集团之力，高标准完成好南锣鼓巷地区修缮整治任务。金隅集团党委副书记吴东，集团党委常委、副总经理李伟东，集团副总经理郭燕明，区领导金晖、毛炯、陈之常、张立新参加。 （贾玉轩）

【国家公共文化服务体系示范区】4月18日，国家文化部第二批国家公共文化服务体系示范区验收组到区实地验收。张家明介绍区情和公共文化工作相关成果，观看区创建工作宣传片，验收组组长、国家图书馆研究院院长汪东波介绍验收检查方案，李先忠介绍创建工作情况，市文化局副局长庞微通报北京市对东城区创建工作审核意见。18～20日，验收组通过查阅资料和实地走访，对区公共文化示范区创建工作验收检查。9月26日，文化部在中国图书馆年会上，为东城区颁发国家公共文化服务体系示范区牌

5月5日，召开区疏解非首都功能建设和谐宜居之区工作部署会

匾，东城区成为北京市第二家国家公共文化服务体系示范区，也是唯一一家既有示范项目又是示范区的城区。（贾玉轩）

【部署疏解非首都功能工作】5月5日召开疏解非首都功能建设和谐宜居之区工作部署会，陈之常主持。李先忠部署非首都功能疏解与人口调控工作，并与城管委、商务委、综治办、北新桥街道、房地一中心等部门及街道代表签订人口调控工作目标责任书。东城公安分局、城管执法局、东城工商分局、永定门外街道、机关事务管理服务中心代表部门、街道表态发言。李先忠要求：认清形势，明确任务。认清“硬”“难”“急”三方面形势；突出重点，把握关键，抓好六个“点”、六条“线”、六个“面”；强化责任，狠抓落实。张家明要求：进一步转变发展理念，以超常的工作力度、过硬的工作举措，按照时间节点落实任务；突出重点，加强统筹，探索建立人口调控的长效机制；区委将强化组织保障，支持政府各项工作。区领导赵中原、邵鹏等及承担相应工作的主责单位主要领导在主会场参加，主责单位和17个街道的副处级以上领导干部在分会场参加。（贾玉轩）

【建立医联体合作模式】5月18日与协和医院举行签约仪式。李先忠致辞。颜华、协和医院副院长王以朋代表双方签署合作框架协议。根据框架协议，北京协和医院医疗联合体在东城区挂牌成立，北京市第六医院、普仁医院、和平里医院、隆福医院、区第一妇幼保健院、社区卫生服务管理中心等“五院、一中心”将挂牌成为北京协和医院医疗联合体成员，形成以北京协和医院为核心的“1+5+1”医联体模式。（贾玉轩）

【与城建集团签订改造协议】6月3日，东城区与城建集团签订望坛项目棚户区改造协议。听取望坛项目情况和实施安排汇报，双方签订望坛项目棚户区改造协议。张家明指出，望坛项目受到市委市政府高度关注，是改善居民居住条件和地区环境的重大民生工程，东城区全力支持城建集团开展工作，打好望坛棚户区改造攻坚战。城建集团董事长、党委书记陈代华表示城建集团将发挥国有企业的担当作用，全力推进项目实施，在区委区政府领导下，共同努力，打造成有影响力的标志性工程。城建集团党委副书记李卫红，副总经理郭威力、史育斌，区领导李先忠、毛炯、陈之常、张立新参加。（贾玉轩）

【与市国资委开展战略合作】6月15日，召开合作领导小组第一次联席会议，李先忠主持。陈之常通报区政府与市国资委战略合作协议相关内容。市国资委副主任钱凯指出，合作协议的签订标志双方深化合作迈入新阶段，并要求市属国有企业高度重视，认识合作协议重要意义；精心组织，全面对接东城区需求；发挥作用，为东城经济社会发展作出贡献。李先忠要求区有关部门加快合作事项梳理，列出时间表，开展专题对接；建议市属国企指定部门负责，抓好落实。张家明介绍区基本情况及面临的主要问题、主要任务，并表示东城区将做好各项服务工作，畅通合作渠道，做市属国企的坚强后盾，努力把首都核心区建设好发展好。区领导毛炯、许汇，市属、区属国有企业有关负责人参加。（贾玉轩）

【王安顺调研直管公房管理】8月31日，市长王安顺到区调研直管公房管理。实地察看东四六条71号院、68号

5月18日，举行东城区与协和医院医疗卫生合作框架协议签约仪式

院和崇礼住宅，了解区直管公房管理、开墙打洞等违法违规行为综合治理、文物保护等工作情况；召开座谈会，听取本市、东城区、西城区直管公房管理改革工作情况汇报及各有关部门意见建议。副市长陈刚指出，各区在直管公房管理改革方面的探索取得重要进展，但仍面临大量需要突破的难题，要坚定整治违规开墙打洞、治理转租转借的共识，进一步改革创新，在合法合规的基础上，通过市场化方式，可持续地推进直管公房管理改革工作。王安顺强调：明确直管公房改革目标，让东、西城静下来；研究政策支持、体制机制、后续管理等问题，实现经济、社会、文化效益共赢；解决好综合治理、物业化管理推进中的难点问题，调动市场主体积极性，确保取得实效。市政府秘书长李伟，市政府副秘书长王芳、张维及市有关部门领导，区领导张家明、李先忠、毛炯、陈之常、张立新，西城区区长王少峰参加。（贾玉轩）

【望坛棚户区改造项目动员会】9月23日，召开望坛棚户区改造项目征收动员会。实地察看棚改之家、分指挥部、公证处、指挥中心等相关办公场所建设情况，并召开动员大会。李先忠主持。张立新部署项目征收工作。金晖宣布区委关于成立望坛棚户区改造项目临时党委的决定。张家明及北京城建集团党委书记、董事长陈代华为项目临时党委揭牌，并为项目总指挥部授牌。与会领导为项目分指挥部授牌，并为工作组人员代表授予工作证。相关单位代表作表态发言。陈代华表示要迅速推进望坛棚改项目，将其建设成环境优美、政府示范的惠民工程，把居民的事办好办实。张家明要求：认识望坛项目征收工作的意义；公平公正公开推动望坛棚户区改造；坚持党建引领，形成合力，发挥党组织战斗堡垒作用；迎接挑战，攻坚克难，在项目中培养锻炼干部。区领导宋甘澍、毛炯、张健，北京城建集团党委常委、北京城建投资发展有限公司总经理储昭武参加。（贾玉轩）

南锣鼓巷限时通行机动车、三轮车

【开展公共文化建设战略合作】11月3日，东城区与北京演艺集团公共文化建设战略合作签约仪式举行。张家明、北京演艺集团董事长康伟分别致辞。区政府与北京演艺集团签订《公共文化建设战略合作协议》，区文化委与北京京演文化发展有限公司签订《东城区基层文化单位购买基本公共文化服务（试点）》项目合同书。张家明表示，东城区承载着首都厚重的历史文脉，深入实施“文化强区”战略，把服务于市民的公共文化服务作为文化发展建设重点，希望通过合作，提高东城区公共文化服务社会化、专业化水平，使文化便民服务更加贴心，让居民有实实在在的获得感。文化部公共文化司司长张永新指出，此次签约是贯彻落实中央关于加快推进现代公共文化服务体系建设、推进基层综合性文化服务中心建设、做好政府向社会力量购买服务等系列决策部署的重要举措，并希望双方共同努力，认真组织实施，为全国基层公共文化设施专业化、社会化管理运营探索路径、积累经验、做出示范。中央文化管理干部学院党委书记周庆富，市委宣传部常务副部长王海平，市文化局副局长王鹏，北京演艺集团总经理吴然，区领导李先忠、宋甘澍、毛炯、周家雷、颜华参加。（贾玉轩）

【蔡奇调研城市交通管理】12月12日，市长蔡奇到区调研城市交通管理。在体育馆西路（北段）拓宽和红桥市场南路开通工程施工现场，实地察看地区交通状况和工程进展，了解分流红桥市场周边过往车辆、实现局部交通循环等情况，并结合展板，了解区治理拥堵、中心城区次支路建设等工作情况。（贾玉轩）

【完成天坛周边简易楼腾退签约】至年底，57栋简易楼签协议全部生效，区政府做出征收决定。总户数2414户中，累计签约2319户，签约比例96.06%，剩余95户未签约。17栋楼签约比例100%，4栋楼实施首批拆除。（贾玉轩）

【南锣鼓巷风貌保护管控导则】发布实施《南锣鼓巷历史文化街区风貌保护管控导则（试行）》，是本市发布的首个关于风貌保护管控导则，包括总则、管控要素、管控机制、管控措施、附则5部分内容。其中管控要素涉及19条，对街巷尺度、建筑格局、门楼形式、装饰构件、院内绿化等做出明确规定。另外，房屋翻改扩建，应到规划行政主管部门办理规划审批手续，并符合导则管控要素的要求。（贾玉轩）

## 区长主要调研一览表

| 时间 | 主要内容 | 参加调研人员 |
|---|---|---|
| 1月13日 | 调研地下空间综合利用情况。实地察看利用整治后的地下空间建设的“和空间”一站式创业社区、社区博物馆及民防安全宣教基地，了解地下空间腾退后的改造再利用和“双创”工作进展等情况，参观社区服务中心，察看居民文体活动场所建设，对地下空间腾退工作成效、建国门街道推进地下空间创新利用的做法给予肯定。 | 许　汇 |
| 2月25日 | 调研平房区物业管理和东四三条至八条历史文化街区环境综合治理项目。在朝阳门街道平房区物业管理项目部察看日常运行管理，了解胡同物业试点范围、服务内容、经费投入等情况；在史家胡同了解停车管理、绿化保洁、治安巡逻、文物保护等情况，并察看5号院修缮改造情况；在东四四条77号、流水巷38号察看院落现状，了解修缮改造思路；召开座谈会，观看“静胡同·新生态”宣传片，听取东四街道概况、东四三条至八条项目实施方案、工作进展、资金测算及平衡方式等情况汇报。 | 陈之常 |
| 2月26日 | 调研故宫博物馆和崇外6号地。与故宫博物院文创产品负责人交流，了解文创产品开发、销售等情况，察看东华门大街、故宫东华门周边、北门周边环境，了解区域环境秩序整治工作情况。实地察看法华寺路沿线道路状况，了解规划设计、建设思路等情况，探讨拓宽的可行性和路径；察看项目区域内市政环境、环卫保洁、房屋拆除、抢占房清理、新世界在建工程等情况，了解项目的四至范围、历史沿革、规划设计、权属关系、工作进展、房屋及人口结构等情况。 | |
| 3月1日 | 调研永外地区。实地察看宝华里、望坛项目，了解项目进展和面临的问题；走访万朋文化用品商城、永外城、百荣世贸商城，了解各商场现有业态分布、经营情况、配合非首都功能疏解工作进展和下一步工作思路。 | 王中华 |
| 3月4日 | 调研养老工作。在建国门街道苏州社区海阳智慧为老服务中心，察看智能系统、设施建设及床位设置情况，了解社区服务商引入及服务运营模式，并与老年人交流，听取服务需求和意见建议。在朝阳门街道养老照料中心，察看床位设置、老人入住等建设和运营情况。在朝阳门街道社区服务中心，察看居家养老服务管理平台、日间照料服务项目设置和运营模式，了解养老服务商外设服务点情况，并召开座谈会，听取养老工作情况汇报，研究解决面临的困难和问题。 | 暴　剑 |
| 3月9日 | 调研前门东区项目。召开座谈会，听取项目概念方案设计、地区修缮整治进展及工作思路、主要工作安排等情况汇报，研究整体规划、需要解决的问题等事项。 | 陈之常<br>张立新 |
| 4月26日 | 检查南锣鼓巷街区综合整治工作。察看劝阻团队游览、疏导交通、关停低端业态、商户宣传等工作情况，与部分商户交流，了解商户经营状况及对街区综合整治的意见建议。 | 张　健 |
| 4月26日 | 开展五一前安全生产检查。先后到嘉德艺术中心建筑工地、北京液化气沙滩供应站，检查现场安全生产措施和相关规章制度落实情况。 | 张　健 |
| 5月5日 | 调研通州“两站一街”项目。实地察看项目建设情况，召开座谈会，就建立良好工作机制、加快项目推进等工作达成一致，同意加快推进安置房、景山学校、大市政的同步建设 。 | 张立新<br>颜　华 |
| 5月10日 | 召开百荣世贸商城疏解资源再利用现场座谈会。听取百荣世贸商城升级改造工作思路、永外地区发展规划等情况汇报，辖区企业中文在线、华江文化公司分别提出公司发展计划和空间需求。 | 许　汇 |
| 5月30日 | 六一儿童节期间慰问大方家回民幼儿园和史家胡同小学。察看校园教学设施及环境，观摩学生庆六一表演活动，听取教学情况及学校特色教育工作开展情况汇报，与学校负责人座谈，并赠送慰问金。 | 颜　华 |
| 6月12日 | 调研西河沿项目。听取项目搬迁及建设进展汇报，并对下一步工作提出要求。 | 张立新<br>王小英 |
| 6月12日 | 调研东华门美食坊夜市闭市情况。听取夜市闭市工作进展汇报，就进一步做好相关工作提出明确要求。 | 金　晖<br>王中华<br>张　健 |
| 7月12日 | 调研王府井建管办和王府井品牌节筹备工作。听取王府井建管办全面工作、第五届王府井国际品牌节筹备情况汇报，并提出具体要求。 | 王中华 |

续表

| 时间 | 主要内容 | 参加调研人员 |
| --- | --- | --- |
| 7月13日 | 调研大栅栏老北京劝业场、前门东区项目。实地察看大栅栏整体规划建设情况，了解老北京劝业场项目经验做法；在前门规划设计展示馆察看前门东区沙盘和图片展示，召开座谈会，听取前门东区项目进展汇报，就难点问题进行研究。 | 陈之常<br>张立新 |
| 9月9日 | 调研望坛棚户区改造项目。实地察看望坛棚改之家及有关办公场所建设情况，听取组织架构建立、指挥部党建工作、群众工作方案及安置房建设等情况汇报，并提出具体要求。 | 张立新 |
| 9月13日 | 调研南锣鼓巷地区。察看拟建停车场点位、胡同物业管理、胡同“开墙打洞”整治等情况，召开座谈会，听取南锣鼓巷地区近期总体工作情况、雨儿胡同重点院落修缮整治方案及拟建停车场实施方案的汇报，并提出具体要求。 | |
| 9月29日 | 调研簋街环境综合提升工作。实地察看簋街环境综合提升工程指挥部，并召开座谈会，听取工作进展、存在的困难和问题及下一步计划等情况汇报。 | 金　晖<br>陈本宇 |
| 10月14日 | 调研南锣鼓巷地区。实地察看南锣鼓巷主街、前圆恩寺胡同及四条胡同环境综合整治情况，并召开座谈会，听取工作汇报，对南锣四条胡同的腾退修缮、环境整治、停车场建设等工作提出要求。 | 陈之常 |
| 12月1日 | 对东城区非首都功能疏解及人口调控第一次拉练检查。在东四街道检查馅老满餐厅、诚泰商务酒店、鑫苹果网吧、淑惠超市、东四六条发小翅吧安全防火情况和东四北大街328号院禁煤情况，结合东四六条71号院展板听取疏非控人情况汇报；在景山街道隆福大厦门前听取隆福寺早市整治情况汇报，用“四不两直”方式检查隆福大厦工地渣土苫盖等情况；沿途察看东华门美食坊夜市改造升级情况；在建国门街道检查小雅宝胡同50号群租房清理整治情况；沿途察看前拐棒胡同森林大酒店大型违建集中拆除工作情况、簋街环境综合提升工程、南锣鼓巷主街综合整治工作情况和宝钞胡同“开墙打洞”专项综合整治情况；在和平里街道检查青年沟路5、6号楼开墙打洞专项整治情况；在东直门街道检查新中街地区拆违情况。 | 陈之常<br>陈本宇<br>陈献森 |
| 12月14日 | 对东城区疏解非首都功能第二次拉练检查。在景泰桥东南侧天公寓实地察看永外街道拆违及疏解工作；观看体育馆路街道环境整治工作宣传片，察看磁器口大街环境综合整治工作；途经金鱼池中街察看该区域环境综合整治工作；观看前门街道环境综合整治工作宣传片，实地察看前门西河沿环境综合整治工作；在地铁7号线磁器口站南北通道项目部，实地察看违建拆除及西花市街次支路建设情况；观看龙潭街道地下空间清理整治工作宣传片，现场察看安化北里18号院上舍小区3号楼地下空间清理整治工作；在咸亨酒店地下室察看地下空间清理整治工作，对空间再利用提出要求。在区政府召开座谈会，听取商品交易市场疏解、城市更新改造、产业调整提升、人口管理、教育资源疏解、区属企业疏解、区属房产清理等情况汇报。 | 陈之常<br>陈本宇<br>杨东宇 |
| 12月16日 | 检查应对空气重污染红色预警工作情况。在崇文门外街道国瑞城中区广德普惠便民菜市场实地督查中央环保督察信访案件办理情况，察看地下空间业态布局，并进行现场执法办公。 | 陈献森 |

（贾玉轩）

## 区政府常务会一览表

| 日期 | 会议名称 | 会议议题 |
| --- | --- | --- |
| 1月11日 | 第93次 | 一、关于部署东城区2016年安全生产工作的请示 |
| | | 二、关于报审《东城区关于促进产业发展暂行办法》的请示 |
| | | 三、关于报审《北京市东城区提升生活服务业品质三年行动计划》的请示 |
| | | 四、关于建立职能部门安全生产专职安全员队伍工作的请示 |
| | | 五、关于北京东方奥天资产经营有限公司主要领导人员任免事项的请示 |
| | | 六、关于人事任免事项 |
| 1月20日 | 第94次 | 一、关于报审《西忠实里环境整治项目（第一期）范围内房屋征收的决定》和《天坛周边简易楼腾退项目房屋征收的决定》的请示 |
| | | 二、区国资委关于国资系统人事任免事项的请示 |
| | | 三、区人力社保局关于人事任免事项的请示 |
| 2月1日 | 第95次 | 一、关于东城区政府党组“三严三实”民主生活会情况的通报 |
| | | 二、关于报审《2016年东城区政府折子工程》和《东城区2016年在直接关系群众生活方面拟办的重要实事》的请示 |
| | | 三、关于2015年信访举报和纪律审查情况的通报 |
| | | 四、关于2016年元旦春节期间严明纪律有关要求的通报 |
| | | 五、关于报审《东城区文化创意产业发展专项资金管理办法》和《东城区文化创意产业发展引导基金管理办法》的请示 |
| | | 六、关于东城区2015年网格化服务管理及公众诉求情况的通报 |
| | | 七、关于报审《东城区2016年春节期间重点时段烟花爆竹安全管控工作方案》的请示 |
| | | 八、关于东城区教育综合改革前期工作成果及下一阶段主要工作的通报 |
| | | 九、关于东城区春节前安全生产工作部署情况的通报 |
| | | 十、关于通报东城区2015年信访工作及部署2016年信访工作的请示 |
| 2月22日 | 第96次 | 一、关于报审《东城区行政事业单位办公用房管理办法》的请示 |
| | | 二、关于报审2016年因公赴台交流项目计划的请示 |
| | | 三、关于报审《东城区全面加强政务服务工作的意见》等文件的请示 |
| | | 四、关于报审《关于建立东城区依法行政教育培训基地，强化法治教育培训工作的意见（征求意见稿）》的请示 |
| | | 五、关于解除颜华同志处分决定的通报 |
| 2月25日 | 第97次 | 一、关于人事任免事项的请示 |
| 3月8日 | 第98次 | 一、关于2016年“两会”期间人大代表议案、建议和政协提案情况的请示 |
| | | 二、关于报审东城区2016年国家卫生区复审工作实施方案的请示 |
| | | 三、关于报审《东城区2016年拆除违法建设工作方案》的请示 |
| | | 四、关于报审《东城区行政复议案件诉讼案件统计分析报告（2015年度）》的请示 |
| | | 五、关于人事任免事项的请示 |

续表

| 日期 | 会议名称 | 会议议题 |
|---|---|---|
| 3月16日 | 第99次 | 一、关于报审东城区公务用车改革方案的请示 |
| | | 二、关于报审《2016年东城区缓解交通拥堵工作方案》的请示 |
| 3月28日 | 第100次 | 一、关于报审《北京市东城区人民政府与北京金隅集团有限责任公司战略合作框架协议》《南锣鼓巷修缮、整治项目合作协议》的请示 |
| | | 二、关于报审东城区棚户区改造前期工作及拟改造土地使用权一次性招标工作实施细则的请示 |
| | | 三、关于2015年东城区民族宗教工作情况的通报 |
| | | 四、关于报审东城区社会治安形势报告的请示 |
| | | 五、关于报审调整区优化经济发展环境领导小组办事机构的请示 |
| | | 六、关于行政区划联合勘界有关工作的请示 |
| | | 七、关于人事任免事项的请示 |
| 4月18日 | 第101次 | 一、关于东城区2016年一季度安全生产工作情况的通报 |
| | | 二、关于报审东城区2016年一季度经济社会发展形势分析的请示 |
| | | 三、关于报审2016年东城区人口调控工作方案的请示 |
| | | 四、关于2016年一季度网格化监管情况的通报 |
| | | 五、关于报审东城区清洁空气行动计划重点任务分解2016年工作措施及大气污染执法年行动工作方案的请示 |
| | | 六、关于报审东城区2016年重大项目计划任务的请示 |
| | | 七、关于报审给予城市更新改造重点项目中表现突出个人及时奖励和通报表扬的请示 |
| | | 八、关于北京崇远投资经营公司、北京东方奥天资产经营有限公司主要领导任免事项的请示 |
| | | 九、关于人事任免事项的请示 |
| 4月25日 | 第102次 | 一、关于报审东城区商品交易市场疏解提升工作情况报告的请示 |
| | | 二、关于报审东城区2016年义务教育阶段入学工作意见及非本市户籍适龄儿童入学实施细则的请示 |
| | | 三、关于报审东城区创建“全国质量强市示范城市”活动工作情况报告的请示 |
| | | 四、关于人事任免事项的请示 |
| 5月3日 | 第103次 | 一、关于报审《东城区关于治理无照无证餐饮单位工作方案》的请示 |
| | | 二、关于报审《东城区食品药品安全三年行动计划（2016—2018年）》的请示 |
| | | 三、关于报审《关于促进红十字事业发展的实施意见》的请示 |
| | | 四、关于人事任免事项的请示 |
| 5月12日 | 第104次 | 一、关于报审北京建远投资经营公司主要领导人员任用的请示 |
| | | 二、关于人事任免事项的请示 |
| 5月23日 | 第105次 | 一、关于报审《东城区2016年防汛工作方案》及相关工作的请示 |
| | | 二、关于报审北京天街集团有限公司主要领导人员任用的请示 |
| | | 三、关于人事任免事项的请示 |
| 5月30日 | 第106次 | 一、关于报审《东城区2015年度预算执行和其他财政收支的审计工作报告》的请示 |
| | | 二、关于报审东城区2015年财政决算草案的请示 |
| | | 三、关于2016年办理人大代表议案、建议和政协提案工作进展情况的通报 |
| | | 四、关于报审《“文化东城 欢乐东城”——2016年东城区群众文化展演季工作方案》的请示 |
| | | 五、关于东城区推行平房区物业管理服务工作有关情况的汇报 |
| | | 六、关于人事任免事项的请示 |

续表

| 日期 | 会议名称 | 会议议题 |
| --- | --- | --- |
| 6月13日 | 第107次 | 一、关于人事任免事项的请示 |
| 7月4日 | 第108次 | 一、关于东城区2016年上半年安全生产工作情况的通报 |
| | | 二、关于报审西忠实里环境整治项目（第二期）范围内房屋征收决定的请示 |
| | | 三、关于东城区2015年居民健康及健康相关因素分析的通报 |
| | | 四、关于贯彻落实《北京市全民健身条例》的通报 |
| | | 五、关于东城区机关事业单位工作人员养老保险制度改革工作的通报 |
| | | 六、关于报审《东城区深入推进人民防空改革发展的实施方案》的请示 |
| | | 七、关于人事任免事项的请示 |
| 7月20日 | 第109次 | 一、关于报审《2016年东城区上半年国民经济和社会发展计划执行情况》的请示 |
| | | 二、关于报审东城区2016年上半年预算执行情况的请示 |
| | | 三、关于报审2016年清理部门结余资金情况的请示 |
| | | 四、关于人事任免事项的请示 |
| 8月1日 | 第110次 | 一、关于人事任免事项的请示 |
| 8月8日 | 第111次 | 一、关于人事任免事项的请示 |
| 8月15日 | 第112次 | 一、关于报审加强居家养老服务工作的请示 |
| | | 二、关于东城区2016年拆除违法建设工作进展情况及下半年工作重点的通报 |
| | | 三、关于东城区2016年第二季度网格化监管情况的通报 |
| 8月29日 | 第113次 | 一、关于东城区2016年上半年信访举报与纪律审查情况的通报 |
| | | 二、关于报审《在全区开展法治宣传教育的第七个五年规划（讨论稿）》的请示 |
| 9月12日 | 第114次 | 一、领导干部学法：《法治政府建设实施纲要（2015-2020年）》及北京市实施方案解读 |
| | | 二、关于报审《东城区生活性服务业发展专项资金管理办法》的请示 |
| | | 三、关于报审《东城区便民事项网格化办理分类细则》的请示 |
| | | 四、关于人事任免事项的请示 |
| 9月30日 | 第115次 | 一、关于人事任免事项的请示 |
| 10月8日 | 第116次 | 一、领导干部学法：《北京市统计条例》解读 |
| | | 二、关于报审《区统计局关于进一步加强和完善部门统计工作的意见》的请示 |
| | | 三、关于报审东城区建立区政府部门权力清单责任清单制度的请示 |
| | | 四、关于报审《加快推进平房区物业管理，提升居民生活环境质量议案办理情况的报告》的请示 |
| 10月17日 | 第117次 | 一、关于人事任免事项的请示 |
| 10月24日 | 第118次 | 一、关于报审东城区城市更新改造和环境提升行动计划的请示 |
| | | 二、关于报审《北京市东城区法治政府建设实施意见（2015-2020年）》的请示 |
| | | 三、关于东城区餐饮等七个行业经营单位调查情况的通报 |
| | | 四、关于企业领导人员任免事项的请示 |
| | | 五、关于人事任免事项的请示 |
| 10月31日 | 第119次 | 一、关于东城区2016年三季度安全生产工作情况的通报 |
| | | 二、关于东城区2016年1-3季度外事侨务工作情况的通报 |
| | | 三、关于人事任免事项的请示 |

续表

| 日期 | 会议名称 | 会议议题 |
| --- | --- | --- |
| 11月7日 | 第120次 | 一、陈之常同志传达学习党的十八届六中全会和市政府第五次全会精神 |
| | | 二、关于2016年区政府重点督查任务1-10月份进展情况的通报 |
| | | 三、关于报审《东城区人民政府工作报告（征求意见稿）》的请示 |
| | | 四、关于报审东城区第十五届人民代表大会第六次会议代表建议、批评和意见办理情况报告的请示 |
| | | 五、关于报审北京市东城区2016年国民经济和社会发展计划执行情况与2017年计划草案报告的请示 |
| | | 六、关于报审东城区2017年预算安排情况的请示 |
| | | 七、关于报审北京市东城区2016年预算执行情况和2017年预算草案报告的请示 |
| | | 八、关于2016年财税组收工作有关情况的通报 |
| 11月17日 | 第121次 | 一、关于报审东城区第十五届人民代表大会第六次会议代表建议、批评和意见办理情况报告的请示 |
| | | 二、关于报审《东城区"十三五"时期中关村东城园建设发展规划》《中共东城区委东城区人民政府关于推动中关村东城园加快发展的意见》的请示 |
| | | 三、关于2016-2017年度供热保障和扫雪铲冰工作准备情况的通报 |
| | | 四、关于报审《东城区"十三五"时期环境保护规划》的请示 |
| | | 五、关于报审《第三十二届地坛 第三十四届龙潭春节文化庙会总体方案》的请示 |
| | | 六、关于报审对地坛北门东侧北门涮肉餐厅违法建设相关责任人行政问责的请示 |
| | | 七、关于人事任免事项的请示 |
| 12月13日 | 第122次 | 一、关于报审东城区国民经济和社会发展第十三个五年规划纲要折子工程的请示 |
| | | 二、关于报审南中轴路周边棚户区改造项目发布房屋征收决定的请示 |
| | | 三、关于报审《东城区空气重污染应急预案（2016年修订）》的请示 |
| | | 四、关于贯彻落实中央环保督察工作情况的通报 |
| 12月27日 | 第123次 | 一、 领导干部学法：《中华人民共和国消费者权益保护法》解读 |
| | | 二、关于政府投资项目第二批历史遗留超投资项目调查情况的通报 |
| | | 三、关于东城区2016年度就业和社会保障工作的通报 |
| | | 四、关于人事任免事项的请示 |

（贾玉轩）

## 区政府专题会一览表

| 日期 | 会议议题 |
| --- | --- |
| 1月20日 | 一、关于报审《大通滨河公园景观建设方案》的请示 |
| | 二、关于开展东城区2016年春节节日环境布置的请示 |
| | 三、关于追加区环卫中心编外人员经费的请示 |
| | 四、关于追加2015年公厕维护费资金缺口的请示 |
| | 五、关于追加44条大街垃圾不落地经费的请示 |
| | 六、关于南锣鼓巷地区四条胡同修缮整治项目借款的请示 |
| | 七、关于东城区景山街道社区服务中心暨市民文化休闲中心项目用地批准手续的请示 |
| | 八、关于批准成立北京市东城区第二次全国地名普查领导小组及其办公室的请示 |
| | 九、关于研究2016年春节期间烟花爆竹安全管理工作的请示 |

续表

| 日期 | 会议议题 |
| --- | --- |
| 2月1日 | 一、关于鼓楼中医医院门诊楼改建工程借款、建国门医院翻扩建一期工程借款、和平里医院节能改造工程借款的请示 |
| 2月22日 | 一、关于南锣鼓巷社区服务用房（含地下车库）项目借款的请示 |
| | 二、关于通惠河北路（崇文段）拆迁项目申请资金借改拨及办理工程决算的请示 |
| | 三、关于协调解决地铁8号线南锣鼓巷站织补项目土地入市前期工作主体的请示 |
| 3月16日 | 一、关于兑现英大保险资产管理有限公司申请扶持资金的请示 |
| | 二、关于申请解决天坛派出所、前门派出所办公用房事宜的请示 |
| | 三、关于申请第五批街道、社区文化活动用房所需资金的请示 |
| | 四、关于通州"两站一街"E5、E6定向安置房项目申请工商银行贷款的请示 |
| 4月5日 | 一、关于报审2015年东城区政府绩效考评情况的请示 |
| | 二、关于申请标准租私房腾退补偿款的请示 |
| | 三、关于与马耳他共和国姆迪纳市建立友好关系的请示 |
| | 四、关于报审2016年考察慰问挂职干部计划的请示 |
| | 五、关于申请拨付2015年度规范化社区菜市场补助资金的请示 |
| | 六、关于申请拨付2015年崇远万家便民菜店建设项目及超额部分补助资金的请示 |
| 4月12日 | 一、关于望坛棚改项目一次性招标有关工作的请示 |
| 4月18日 | 一、关于报审成立东城区青年突击队的请示 |
| | 二、关于报审第八届地坛中医药健康文化节活动方案的请示 |
| 4月25日 | 一、关于报审2016年东城区"5·12防灾减灾日"宣教活动工作方案的请示 |
| | 二、关于追加2015年度直分管办公院落修缮项目经费的请示 |
| | 三、关于报审北京市东城区网格化服务管理中心主要职责内设机构和人员编制规定的请示 |
| | 四、关于报审北京市人民政府北京站地区管理委员会主要职责内设机构和人员编制规定的请示 |
| | 五、关于报审东城区推广随机抽查规范事中事后监管工作方案的请示 |
| | 六、关于设立东城区人民政府行政复议街道受理点的请示 |
| | 七、关于报审建立国地税联合办税服务厅有关事项的请示 |
| 5月3日 | 一、关于第十九届北京国际科技产业博览会东城区参展情况的汇报 |
| | 二、关于申请建设"北京市东城区全民健身活动中心"的请示 |
| | 三、关于报审区政府法律顾问履职相关工作的请示 |
| | 四、关于报审东城区文化活动中心大堂《中轴盛景图》壁画装饰方案的请示 |
| 5月12日 | 一、关于申请追加44条大街垃圾不落地经费的请示 |
| 5月23日 | 一、关于申请2008年、2009年房屋修缮工程资金的请示 |
| | 二、关于朝阳区豆各庄一号地块项目申请银行贷款的请示 |
| | 三、关于法律服务城市更新改造重点工程情况的通报 |
| | 四、关于东城区处理信访突出问题及群体性事件联席会议更名的请示 |
| | 五、关于调整东城区信访复查复核工作领导机构及变更印章的请示 |
| | 六、关于申请购买解决信访问题专用房源资金的请示 |

续表

| 日期 | 会议议题 |
| --- | --- |
| 5月30日 | 一、关于西忠实里环境整治项目（第二期）征收工作所需资金的请示 |
| | 二、关于申请2008年、2009年房屋修缮工程资金的请示 |
| | 三、关于朝阳区豆各庄一号地块项目申请银行贷款的请示 |
| | 四、关于申请购买解决信访问题专用房源资金的请示 |
| | 五、关于东城区处理信访突出问题及群体性事件联席会议更名的请示 |
| 6月8日 | 一、关于全区非首都功能疏解与人口调控工作整体进展情况的通报 |
| | 二、关于申请实施建设顺义区仓上街18号院和通州纳尔特园区安置房工作的请示 |
| | 三、关于朝阳区豆各庄一号地块项目申请银行贷款的请示 |
| | 四、关于法律服务城市更新改造重点工程情况的通报 |
| | 五、关于调整东城区信访复查复核工作领导机构及变更印章的请示 |
| | 六、关于报审《东城区行政机关负责人出庭应诉工作规定》的请示 |
| | 七、关于湖南大厦诉区政府行政复议决定案相关工作的请示 |
| | 八、关于报审东城区劳动人事争议仲裁院建设项目的请示 |
| 6月13日 | 一、关于报审2015年区街财政体制财力结算的请示 |
| | 二、关于向市保障性住房建设投资中心（焦化厂安置房项目）支付装修费用的请示 |
| 7月11日 | 一、关于报审区政府投资历史遗留超投资项目（第二批）资金安排建议的请示 |
| | 二、关于报审2016年区政府投资基本建设项目及资金安排建议的请示 |
| | 三、关于报审规范东城区一事一议工作的请示 |
| | 四、关于报审东城区税源建设政策兑现工作的请示 |
| | 五、关于报审拨付红桥天乐市场拆除费用的请示 |
| | 六、关于报审东城区“绿舟”公共安全体验基地整体设计方案的请示 |
| | 七、关于报审《东城区关于落实北京市实行最严格水资源管理制度的工作方案》的请示 |
| | 八、关于报审对北新桥街道办事处副主任王强依法追责相关问题的请示 |
| 7月20日 | 一、关于2016年东城区上半年非首都功能疏解与人口调控工作情况的通报 |
| 7月28日 | 一、关于东城区望坛棚户区改造项目进行旧城改建房屋征收工作的请示 |
| 8月1日 | 一、关于报审《东城区行政执法专项考评办法（试行）》及配套制度的请示 |
| | 二、关于报审东城区2016年预算调整方案的请示 |
| | 三、关于报审利用移动通信大数据开展人口动态监测的请示 |
| | 四、关于报审区国税局申请补充工作经费的请示 |
| | 五、关于报审拨付2016年下半年廉租住房补贴资金的请示 |
| | 六、关于报审《东城区长安街环境景观提升工作方案》的请示 |
| 8月8日 | 一、关于报审东城财会培训中心清算撤销资产划转工作的请示 |
| | 二、关于报审《东城区危改回迁物业经营困难小区财政补贴实施意见》的请示 |
| | 三、关于报审《关于以首善标准做好新形势下东城区民族工作的实施意见》的请示 |
| | 四、关于报审《东城区深化教育综合改革奖励激励实施方案》的请示 |
| | 五、关于报审夕照寺西里6号楼修缮加固费用借款的请示 |
| | 六、关于报审意发宾馆升级改造申请财政资金支持的请示 |
| | 七、关于报审南中轴路周边棚户区改造项目资金的请示 |

续表

| 日期 | 会议议题 |
| --- | --- |
| 8月15日 | 一、关于报审第五届北京王府井国际品牌节总体方案的请示 |
| 8月23日 | 一、关于报审《东城区燃气使用安全管理办法》的请示 |
| | 二、关于报审《东城区实施河湖生态环境管理“河长制”工作方案》的请示 |
| | 三、关于报审对2015年相关街道拆除地下空间违法建设进行补贴的请示 |
| | 四、关于报审北新桥消防站改扩建工程向区财政借款的请示 |
| | 五、关于报审《东城区关于规范社区工作者工资待遇的实施细则》的请示 |
| | 六、关于报审提前执行“智慧东城”行动计划中电子政务内网业务应用系统建设等项目的请示 |
| 8月29日 | 一、关于东城区2016年1-7月非首都功能疏解与人口调控工作进展情况的通报 |
| | 二、关于报审增加派出所民警保留津贴的请示 |
| | 三、关于报审建国门医院（建国门社区卫生服务中心）翻扩建一期工程东侧后赵家楼胡同7号院搬迁方案的请示 |
| 9月12日 | 一、关于报审《东城区2016年防空警报试鸣实施方案》的请示 |
| | 二、关于报审第三十一届地坛、第三十三届龙潭春节文化庙会经费补贴的请示 |
| 9月19日 | 一、关于报审《东城区政府绩效管理工作实施方案》的请示 |
| | 二、关于报审完善《东城区2016年微循环次支路建设实施方案》《东城区次支路建设搬迁工作联审会会议制度》的请示 |
| | 三、关于报审东城区2015年相关街道无煤化设备补贴及电费补贴资金的请示 |
| | 四、关于报审《东城区2016年燃气（油）锅炉低氮改造任务实施方案》《东城区燃气（油）锅炉低氮改造以奖代补资金管理办法》的请示 |
| | 五、关于报审《2016年东城区“煤改电”居民电取暖设备更新工作方案》的请示 |
| | 六、关于报审东城区参加第十一届中国北京国际文化创意产业博览会相关工作的请示 |
| | 七、关于报审《望坛棚户区改造征收指挥部组建方案》的请示 |
| 9月30日 | 一、关于报审调整发放机关事业单位退休人员养老金工作的请示 |
| | 二、关于报审《北京市东城区产业和投资促进局（北京市东城区金融服务办公室）主要职责内设机构和人员编制的规定》的请示 |
| 10月17日 | 一、关于报审东城区打非工作情况及《东城区2016年打击非法集资专项整治行动工作方案》的请示 |
| | 二、关于报审《北京市东城区人民政府关于贯彻落实国务院第一批和第二批取消中央指定地方实施行政审批事项的通知》的请示 |
| | 三、关于报审汇文中学翻建工程超投资问题解决方案的请示 |
| | 四、关于报审机关事业单位基本工资调整和增加离休费相关工作的请示 |
| | 五、关于报审全面构建区属国有商业服务业集团思路的请示 |
| 10月31日 | 一、关于报审《东城区加强审计监督协调工作机制和整改联动工作机制的意见》的请示 |
| | 二、关于报审《2016年东城区名城保护专项资金项目安排》的请示 |
| | 三、关于报审《北京市东城区房屋土地经营管理一中心转制方案》的请示 |
| | 四、关于报审《东城区水污染防治工作方案》的请示 |

续表

| 日期 | 会议议题 |
|---|---|
| 11月28日 | 一、关于报审召开东城区第十六届人民代表大会第一次会议所需经费的请示 |
| | 二、关于报审东城区企事业单位公务用车改革实施意见的请示 |
| | 三、关于报审“智慧东城”行动计划2015年项目成果及2016年项目与资金安排的请示 |
| | 四、关于报审北京永安复星医药股份有限公司股权重组事项的请示 |
| | 五、关于报审《中关村国家自主创新示范区东城园创新孵化集聚区管理办法》的请示 |
| | 六、关于报审《东城区节水型区创建实施方案》及《东城区“十三五”时期节水型社会建设规划》的请示 |
| | 七、关于报审区委区政府职能部门环境保护工作职责分工的请示 |
| | 八、关于报审对区环保局原党组副书记、局长实施行政问责的请示 |
| 12月13日 | 一、关于报审东城区2016年和2017年财政收入调整情况的请示 |
| | 二、关于报审望坛棚户区改造项目房屋征收补偿方案的请示 |
| | 三、关于报审拨付兑现2015—2016年度东城区总部企业奖励补助的请示 |
| | 四、关于报审成立东城区元旦、春节、元宵节期间文化活动指挥体系的汇报 |
| | 五、关于报审东城区2016年环卫新能源车购置工作的请示 |

（贾玉轩）

## 区政府办公室工作

【概况】东城区人民政府办公室（简称区政府办）是协助区领导处理区政府日常工作的政府工作部门。行政编制77人，实有74人，设文书科、秘书科、信息科、政府信息公开办公室、办信科（4月成立）、联络科、综合科（监察科）、财务科、人事科、协办科10个内设机构和区突发事件应急委员会办公室（简称区应急办）、区人民政府督查室（简称区政府督查室）。区应急办是区突发事件应急委员会的常设办事机构，加挂区应急指挥中心牌子，设应急指挥科（与区政府值班室合署办公）、应急保障科和宣教预案科。区政府督查室加挂区政府绩效管理办公室牌子，设决策督查科和专项督查科。

年内，政府办发挥参谋助手作用，增强服务水平。提高信息刊物质量，发挥上情下达、下情上达的平台作用，准确反映区领导重要活动、重要指示和全区重点工作、主要成绩。重点推进会议活动精细化简洁化，进一步改进会风，通过合理安排会议时间、加强议题催报、提高会议计划性、推动“多会合一”等方式，提高区政府办会效率，为区领导重要指示和决策提供服务保障。做好区领导联络服务保障工作，安排重点调研。深入政府信息公开，对群众普遍关心、涉及群众切身利益的政府信息加大公开力度。坚持真督实查，强力推动大气污染治理、拆违工作、食品药品安全、安全生产等领域工作落实，对城市管理领域的重点区域、重点问题进行常态督查。（贾玉轩）

【信息工作】全年编辑《昨日区情》普刊249期、专刊10期、交流刊12期，《东城手机报》249期，《东城政务舆情》249期，《东城政务舆情专报》36期。累计报送政务信息270余条、舆情信息150余条，被《昨日市情》专、普刊采用96条，特刊采用3条，完成约稿8条，入选优秀调研2篇，由市政府向国办报送信息被采用1条，《今日舆情要闻》采用15条，获市领导批示14条。（贾玉轩）

【会务工作】研究提交议题报请事项，对符合区政府专题会的议题，明确重点涉及单位参加，减少陪会现象。全年召开区政府专题会、常务会等各类会议190个。加强对会议材料审核，完善《东城区政府重要会议管理办法》，严审会议材料，预上会议题经分管区领导会前研究调度后再提交区政府会议审议，提高会议效率。（贾玉轩）

【政府督查工作】年内，对29项市政府折子工程、5项市重要民生实事项目、12个市政府工作目标责任书的119项具体任务、93项区政府折子工程和20项区重要实事、75项区领导重要批示批办事项和70项区政府常务会、专题会等会议议定事项开展督查督办工作。落实绩效考核和过程管理。以强化绩效考评结果运用为保障，完善考评细则、明确部门责任，推进市区政府各项重要决策的贯彻落实。委托第三方调查机构对区各部门的年度履职情况和依法行政情况开展社会满意度调查工作。（贾玉轩）

【政务值班和领导联络】全年接转电话2万余次，收发各种会议通知、请束1500余次，收转信件830余件，做好区领导外出服务保障，安排望坛、天坛周边简易楼、南锣鼓巷四条胡同修缮整治、东四三条至八条、宝华里、西河沿、前门东区等重点调研活动840余次，走访联系基层单位22次。（贾玉轩）

【应急工作】编制《东城区“十三五”时期应急体系发展规划重点工作任务分工方案》，制发《东城区应急指挥技术支撑系统管理办法》，保障800兆应急电台、IP视频会议系统、应急管理平台等设施设备正常运行。完成春节、党的十八届六中全会和全国“两会”等重要节日及重大活动期间的服务保障任务。加强对重点时段、重要节日期间的应急值守，健全领导带班、干部值班制度，确保通讯畅通，及时处置应急突发事件。全区接报和协调处置各类突发事件298起。（贾玉轩）

【办信工作】成立办信科，完成职能转变，健全办信平台月通报及区长批示件周反馈制度，全年收信件2058件，办结率96.42%，及时率91.19%。（贾玉轩）

【政府信息公开工作】通过“数字东城”政府信息公开专栏公开政府信息2.84万条，同比增加27.9%；全区依申请受理1409件，同比上升31.1%，政府办受理722件（主要涉及征收、拆迁、危改项目等方面内容），同比上升702.2%。下发《东城区2016年政务公开工作要点》。（贾玉轩）

【公文流转】完善公文流转工作流程，强化公文审核、把关，做好文书档案归档、管理，加强机要文件的保密管理，全年2次开展专题保密教育，组织签订保密承诺书。推进信息化平台建设和使用，提高无纸化办公水平。制发公文541件，办理公文7504件。（贾玉轩）

【议案建议提案办理】贯彻落实办前、办中、办后“三沟通”制度和定期向政府常务会议汇报制度，加强绩效考核力度，增加议案建议办理工作在绩效考核中的权重，注重对办理结果的答复，提高各承办部门对建议提案办理工作重要性的认识。办理北京市人大代表建议10件，政协委员提案10件，区人大代表议案、建议159件，政协提案250件。反馈率和办结率均为100%。满意率86.3%，同比提升15.6%；解决率68.7%，同比提升9.2%。（贾玉轩）

## 外事·侨务

【概况】东城区人民政府外事侨务办公室（简称外事侨务办）是区政府负责外事、港澳及侨务事务的职能部门。内设综合科、国际交流科、因公出入境管理科。机关行政编制14人，实有行政编制13人。

年内，实施国际化战略，编制《东城区“十三五”时期统筹推进区域国际化规划（2016-2020年）》。服务东城文化“走出去”，打造地坛文化庙会全球行品牌，并为其在德国、伊朗、泰国举办搭建平台。为中央总体外交和北京外事提供服务保障，完成G20峰会第一次协调人会议在区重大活动的服务保障任务，完成莫桑比克解放阵线党中央政治局高级干部考察团观摩区委常委会，蒙古人民党中央政治局常委一行与区领导会见，承办全市各区外办主任会议等工作。举办第五届王府井国际品牌节各项外事活动，组织邀请5个国际友好区代表团参加，与东城区在加强文化、教育、经贸、历史文化名城保护等领域的交流与合作达成共识。拓展新国际友城，与土耳其安卡拉市昌卡亚区、蒙古乌兰巴托市苏赫巴特尔区、秘鲁利马市里马克区正式签署友好交流备忘录，东城区国际友城扩大至19个国家25个城区。全年接待11个国家和地区的党宾国宾代表团12批次、120人次，接待外国友好交流代表团13批次、88人次。执行出国（境）团组180个、720人次。做好各项为侨服务工作，接待华侨子女、海外华人华侨代表团等约200人次到区访问。区外事侨务办获2014～2015年度北京市因公出入境工作成绩突出单位。上年北京东方信达资产经营总公司赴泰国、德国文化交流工作报告被收录2014～2015年度市优秀因公出访成果名录。

单位地址：东城区幸福大街32号

联系电话：87556315

邮政编码：100061（陈迪）

【重要国际交往活动】2月12～27日，2016“欢乐春节”大型庆典暨地坛文化庙会行走进汉堡、汉诺威、不莱梅和柏林4座德国城市，为德国民众展示舞蹈、民乐、武术、杂技、魔术和手工艺等节目。3月21日，区领导张家明、李先忠、毛炯、王中华与英国怡和控股有限公司主席亨利·凯瑟克爵士座谈，推动王府中环项目。4月21日，莫桑比克中央书记处行政和财政书记埃斯佩兰·劳琳达·比亚斯率领莫桑比克解放阵线党高级干部考察团到区观摩十一届区委常委会第117次会议。考察团就拆除违建、落实党风廉政建设责任制纪委监督责任“清单式”管理办法等有关问题与区委常委交流。5月12日，张家明会见蒙古人民党中央政治局委员但辛·朝格特巴塔尔一行3人，就东城区与蒙古乌兰巴托市苏赫巴特尔区签订友好交流备忘录等事宜达成一致。11月25日，李先忠出席北京前门文华东方酒店项目合作意向书签约仪式。李先忠表示东城区将对项目给予全力支持，预祝项目取得成功。文华东方酒店集团亚洲区执行副总裁贝理杰表示文华东方酒店集团愿与天街集团共同完成好这一具有里程碑意义的项目，整合和经营好老北京特色文化资源，为传承与创新城市文化、延续历史文脉贡献一己之力。（陈迪）

【国际友城交往】2月22～30日，汇文中学师生赴法国巴黎大区伊西市尤尼斯库中学访问，就双方教育实践、课程改革进行交流。3月14日，韩国首尔市钟路区第五批来华交流公务员到区交流学习，为期6个半月。在区外侨办、旅游委、文化委、教委及王府井建管办等部门实习，全面了解东城区的社会、经济、文化、教育发展情况，并与基层公务员、外语人才库库员交流座谈。4月7～13日，东城区接待马中友协艺术家代表团访问，并与北京市人民对外友好协会、马耳他—中国友好协会共同主办中马友好—马耳他油画及图片展。展览展出42幅油画及50幅历史图片，回顾中国与马耳他友好交往历史，宣传和展示马耳他特色民俗风情和文化。张家明出席开幕式并致辞，毛炯、王中华，马耳他驻华大使卓嘉鹰、马耳他—中国友好协会主席雷诺·卡莱亚，全国友协、中国人民外交学会、市外办、市友协相关领导及书画界人士约150人出席。同月，李先忠会见雷诺·卡莱亚一行，对雷诺主席及马中友协在推动中马友好及东城区与马耳他姆迪纳市建立友好城市关系过程中做出的努力表达感谢。毛炯、王中华参加会见。4月9～19日，德国尼尔森曼德拉中学师生11人与东直门中学师生进行友好交流，就教育的角色与作用、非学科教育对中方的作用、课程改革等问题交流，体验剪纸、制作脸谱等中国传统文化，并到中国学生家中体验生活。5月9日，土耳其安卡拉市昌卡亚区区长阿尔佩尔·塔斯戴兰访问东城区，李先忠与其会谈，随后双方签署两区友好交流备忘录。5月22～29日，许汇率区政府及企业代表团7人访问蒙古、俄罗斯两国。访蒙期间，蒙古乌兰巴托市苏赫巴特尔区区长巴达圣会见代表团，并与许汇签订《中华人民共和国北京市东城区与蒙古国乌兰巴托市苏赫巴特尔区友好交流备忘录》，苏赫巴特尔区正式成为东城区的第24个国际友好区。访俄期间，代表团拜会莫斯科市中央区区长科维尔多夫斯基·弗拉基米尔·维切斯拉沃维奇，与中央区达成关于在俄举办地坛文化庙会，开展教育、体育、文化等项目交流合作的共识。6月6日，土耳其安卡拉市昌卡亚区副区长居尔迅·保尔·居奈尔率领昌卡亚区政府代表团11人到区访问，李先忠会见代表团，代表团参观区网格化服务管理中心、政务服务中心、史家胡同博物馆等单位。7月20～27日，东方信达、东方妙汇、吴裕泰等企业7人组成企业代表团，赴莫斯科参加莫斯科果酱节活动。期间举办地坛文化庙会全球行·莫斯科之旅的活动。7月25日，颜华会见日本东京都目黑区体育文化部部长上田广美等11人，会见韩国首尔市中浪区行政局局长权容昊等5人。7月26日，东城区与日本东京都目黑区、韩国首尔市中浪区三区合作交流座谈会在区举行，三区就共同开展青少年交流合作的具体形式和内容交换意见，就每年暑假在三区内轮流开展青少年体育、文化交流，下年暑假在区举办三区初中组男子、女子篮球比赛作为起始项目等内容达成共识。日本东京都目黑区代表团11人、韩国首尔市中浪区代表团5人以及区教委、文化委、财政局、体育局相关负责人参加。8月5～13日，开展第六批东城区与首尔市钟路区学生入户式家庭文化体验项目，钟路区中学生7人与工美附中结对学生先后在首尔与北京进行为期9天的入户式家庭文化体验活动。8月23～26日，区图书馆代表团赴钟路区进行友好访问，区第二图书馆与钟路区清云图书馆建立友好往来，双方定期进行业务交流，互赠中韩文图书。8月，由区建委、文委、王府井建管办、城管执法局、外事侨务办组成的政府代表团就历史文化名城保护工作赴意大利弗利-切塞纳省开展交流，并到博洛尼亚大学访问学习，学校安排代表团在博洛尼亚、弗利-切塞纳、拉文纳等地的研究基地、实验室实地考察。9月26～30日，由莫斯科市中央区区长维切斯拉沃维奇·科维尔多夫斯基率领的政府官员及莫斯科市1529中学教师2人等组成的中央区代表团到区访问。李先忠与维切斯拉沃维奇·科维尔多夫斯基举行会谈，共同签署《中华人民共和国北京市东城区人民政府与俄罗斯联邦莫斯科市中央区政府2016-2018年友好交流与合作备忘录》。代表团与东直门中学进行友好交流，并与东直门中学就缔结友好校等事宜达成共识。10月31日至11月2日，法国巴黎大区伊西市副市长阿兰·勒维率领代表团4人到区访问，王中华会见代表团，代表团参观网格化服务管理中心以及汇文中学。11月，意大利博洛尼亚大学校长弗朗西斯科·乌贝尔蒂尼率领代表团到区访问，张立新会见，双方就继续巩固交往势头，增进彼此了解互信，加强双方在历史名城保护以及文化等领域的交流力度，借助博洛尼亚大学先进经验，助推东城区文化社会经济发展等交流。意大利驻华使馆副馆长孟昊天参加。12月16日，东直门中学与俄罗斯莫斯科1529中学举行远程视频会议。1529中学校

4月21日，莫桑比克解放阵线党中央政治局高级干部考察团观摩区常委会议

长索洛维约娃·马琳娜·阿娜托里耶夫娜女士表示愿与东直门中学签署友好校协议，邀请东直门中学派团来访，并就双方合作领域、形式、时间等提出建议。东直门中学表示愿在下年对方代表团来访期间举行两校签约仪式，并在教师、学生、课程、活动等领域与对方开展交流。莫斯科1529中学副校长、教师和学生代表以及莫斯科市中央区外办负责人等出席。（陈迪）

【王府井国际品牌节外事活动】9月20日，李先忠会见韩国首尔市钟路区区长金永棕，李先忠对金永棕一行表示欢迎，并提出建议：深入开展两区文化、经贸领域交流合作，推动两区经济发展互惠互利；加大两区在城市更新改造与历史文化名城保护领域经验共享，在城市建设、城市管理等方面开展交流；推动两区旅游领域交流与合作，加快两区旅游资源共享与宣传。金永棕表示将大力支持两区友好关系发展，推进两区各项交流项目落地。同日，李先忠会见白俄罗斯明斯克市中央区区长一行，他向中央区区长玛婕丽斯卡娅·安娜·玛尔娅诺夫娜和副区长托米尔其克·艾杜阿尔德·瓦连金诺维奇表示欢迎，并就两区合作空间与潜力提出建议：进一步推动两区高层交流互访，促进务实交流合作；深化两区文化旅游领域交流合作，夯实两区人文领域交往基础；加强青少年交流合作，扩大青少年友好往来。玛婕丽斯卡娅·安娜·玛尔娅诺夫娜区长表示两区的友好发展具有坚实基础，将推进两区友好交流项目开展。9月21日，区领导在北京国际饭店集体会见来自5个国家5个友好城区代表团团长。在会见中，张家明从经济、文化、公共服务水平等方面向外宾介绍东城区近两年发展变化情况，对近年来东城区在围绕首都功能核心区的总体定位和“一条主线、四个重点”战略任务开展建设方面所取得的成就进行阐述，并用数据介绍东城区在历史文化名城保护、经济社会持续健康发展、城市综合服务功能显著提升、人民群众幸福感进一步提升等方面取得的成果。希望通过王府井国际品牌节搭建国际城区相互交流借鉴的高端平台，与各友城加深国际交流、深化务实合作、巩固传统友谊，推动国际友好城市关系发展迈上新台阶。区领导李先忠、毛炯、王中华及韩国首尔市钟路区区长金永棕、白俄罗斯明斯克市中央区区长玛婕丽斯卡娅·安娜·玛尔娅诺夫娜·玛雅、秘鲁利马市里马克区区长恩里克·贝拉马斯、土耳其安卡拉市昌卡亚区外事办公室主任艾森·图鲁诺鲁以及德国柏林市夏洛滕堡区柏林AG City顾问贝恩德·安德里希参加。同日，举办第五届北京王府井国际品牌节国际友城研讨会，王中华主持，张家明致辞。论坛以“尊重城市发展规律 建设宜居城市”为主题，旨在搭建与国际友好城市沟通交流的高端平台。与会各友城结合各自城市在城市发展领域的实践经验，从发展理念、政策支持、文化发展等方面共同探讨如何在城市发展规律的框架之下提升城市宜居度，共同打造和谐宜居、富有活力、各具特色的现代化城市。来自土耳其、白俄罗斯、韩国、秘鲁4个友好区代表及李先忠分别进行主题发言，就公共服务、古城保护、国际交流、城市发展等交流。国际友好区外宾认为研讨会搭建起城市交流平台，学习各国城市在城市发展建设领域的成功经验，对友城共同发展提供有益参考。区领导毛炯及来自土耳其、白俄罗斯、韩国、秘鲁、德国5个国家的5个国际友好区的外宾和相关单位的嘉宾200人参加。9月22日，李先忠会见土耳其安卡拉市昌卡亚区政府代表团。李先忠表示将继续加强两区在文化、教育及旅游等领域交流与合作，实现合作共赢。昌卡亚区政府外事办公室主任艾森·图鲁诺鲁表示昌卡亚区与东城区具有广阔合作空间，希望大力发展同东城区在文化、教育、旅游以及信息化城市管理等方面交流与合作，推动两区友好合作关系再上新台阶。同日，李先忠会见秘鲁利马市里马克区政府代表团，秘鲁驻华使馆公使海梅·卡萨弗兰卡、王中华参加会见。李先忠表示希望加强两区在文化、旅游以及教育等领域交流与合作，推动两区友好合作关系全面发展。恩里克·贝拉马斯·迪亚斯区长对两区未来发展充满信心，并对旅游、教育等领域交流与合作提出意见和建议。会见结束后，李先忠与恩里克·贝拉马斯·迪亚斯共同签署《中华人民共和国北京市东城区与秘鲁共和国利马市里马克区友好交流备忘录》，里马克区成为东城区第 25 个友好城区，也是南美洲第一个友好城区。（陈迪）

【G20峰会服务保障】1月13～15日，二十国集团（G20）峰会第一次协调人会议在北京国际饭店召开。东城区高度重视属地保障工作，成立由朴学东任组长、许汇任副组长、48家单位组成的区服务保障工作领导小组，部署和指挥服务保障工作。工作领导小组下设办公室、礼宾接待组、环境保障组、运行保障组、安全保卫组。制定《2016年G20峰会第一次协调人会议东城区服务保障工作方案》《2016年G20峰会第一次协调人会议东城区服务保障工作建国门街道现场指挥部工作方案》《2016年G20峰会第一次协调人会议东城区服务保障工作信息报送机制》等。区外事侨务办、建国门街道负责在现场指挥部应急值守，每日下午组织16家相关单位对服务保障具体问题进行会商，现场指挥部共召开会商会3次，协调解决重点地区环境综合整治、城市综合运行保障、安全保卫、安全生产等问题。期间，与市服务保障工作领导小组加强工作对接，每日参加市服务保障工作领导小组工作协调会，及时通报会议最新动态及市相关会议精神。各成员单位协同作战、无缝衔接，完成各项服务保障任务。（陈迪）

【涉外服务与管理】健全覆盖全区的外事侨务服务管理网络体系，全区107家单位纳入体系。完成区涉外突发事件应急预案修订工作，完善涉外管理小范围联动机制建设。妥善处理俄罗斯使馆人员麻疹病例防疫、俄罗斯文化中心南馆公园乐跑、斐济使馆慈善募捐、俄罗斯电视台除夕夜采访钟楼、路透社拍摄隆福医院、马航家属雍和宫祈福境外媒体聚集采访、境外媒体集体采访基层人大代表换届选举等20余件涉外事宜。完成开斋节、圣诞节涉外应急值守任务。开展领事保护宣传，联合区教委举办2次领事保护进校园主题宣传活动。

（陈迪）

【国际语言环境建设】1月，组织近百名库员参加当前国际形势的几个突出问题和中国外交工作外事讲座。5月28日，举办外语人才库库员第六期高级英语培训班，来自全区各单位的库员18人参加，学期2个月。6月30日，组织全区20余家单位的外语人才库学员近40人参观北京俄罗斯文化中心。11月19日，在东四奥林匹克社区文体中心举办“魅力东城 牵手冬奥”——2016北京市外语游园会东城区分会场活动。包括启动暨赠书仪式、市民讲外语风采展示、“讲外语、迎冬奥”外语大课堂、幼儿英文绘本故事会、儿童英语大课堂、单词闯关大比拼等环节，100余人参与。协助区委宣传部、区投促局、东城园管委会、龙潭公园等区属单位做好翻译校对，提升公共场所双语标识规范化水平。全年开展3批新库员入库工作，新增20人入库，库员达231人，涵盖英、法、德、俄、西、日、韩、阿8个语种。

（陈迪）

【涉侨事务】春节、五一、国庆节期间开展困侨走访慰问，为18户困难归侨、9户侨眷发放慰问金11.29万元。开展侨法宣传月活动，推动侨法进企业、进社区、进机关，发放侨法宣传手册1000余本。6月6～7日，以华人华侨历史、侨务政策法规为内容开展区侨务工作培训，全区17个街道办事处的侨务干部100余人参加。做好华人华侨团体参观接待。8月16日，接待法国中法友谊互助协会会长张常豹到区访问。9月30日，接待纪念国庆67周年海外华人华侨代表团到区参观，来自20余个国家的海外华人华侨代表1000余人参观孔庙、国子监，听取区文化强区战略和文化“走出去”相关情况。10月30日，接待美国著名华侨华人团体百人会到区参观并座谈交流。百人会参观雍和宫、孔庙和国子监，听取区文物保护、非物质文化遗产传承、文化产业发展等情况，并与区文化委、文促中心座谈交流。全年办理华侨、港澳同胞和外籍华人学生来京上中小学批准书29人，华侨子女在京接受义务教育证明5人，办理华侨子女中考加分证明5人。接听咨询电话200余次，接待来访58起，解释侨务政策100余次。

（陈迪）

【因公出国（境）管理】年内，建设因公出国（境）网上申报系统，实现基层单位、区外事侨务办、市政府外办审核审批工作网络有效对接规范窗口服务，简化审批手续，完善受理、审核制度，实施经费、额度双环节审核管理，提高因公出国（境）审核服务质量。全年为180个因公出国（境）团组，720人次办理各类因公出国（境）任务申报手续；其中党政干部团组43批，83人次，未发生违规违纪事件。

（陈迪）

11月19日，东四六条社区外语小组在外语游园会上表演节目

## 对外联络服务

【概况】东城区对外联络服务办公室（简称区外联办）是负责全区对外联系服务工作的区政府工作部门。内设综合科、对外联络科。行政编制9人，实有10人。

年内，坚持以服务促发展理念，构筑与驻区中央单位交流合作平台，落实解决驻区单位意见需求。对口帮扶与区域合作地区有内蒙古自治区乌兰察布市集宁区、湖北省十堰市郧阳区（原名郧县）、河北省张家口市崇礼区、青海玉树藏族自治州、西藏自治区拉萨市城关区、四川省巴中市，推进与各地在教育、卫生、旅游、科技、经贸等领域开展帮扶合作，全年拨付对口帮扶专项资金650万元。落实京津与河北省扶贫协作工作要求，缔结并启动落实与河北省张家口市崇礼区“携手奔小康”协议，与河北省张家口市建立友好城市关系。全区有驻区中央国家机关27家，外省市驻京办事机构40家，国内友好城区33个。

单位地址：东城区金宝街52号7层

联系电话：65260776

邮政编码：100005

（单洁萍）

【共驻共建活动】4月2日，在地坛公园组织义务植树活动，5家驻区中央国家机关代表10人参加，与辖区居民、部队官兵、学生一起植树绿化，共同营造和谐美丽的生态环境，区

5月19~20日，驻区单位参加东城区第二届“外联杯”乒乓球邀请赛

四套班子主要领导、成员出席。5月19～20日，第二届“外联杯”乒乓球邀请赛暨第十届“和谐杯”乒乓球比赛在地坛体育馆举行，活动由区外联办、区体育局、民政部工会联合主办，辖区30余家中央部委、重点企业、驻京办事机构的机关干部近200人参赛，市体育局、市政务服务办、市社会体育管理中心有关负责人及区领导张家明、许汇出席，此活动是首次由驻区中央部委共同参与组织的驻区单位专场体育竞技活动，经过多轮角逐，公安部边防管理局获第一名，外交人员服务局获第二名，公安部、中央编办获第三名。9月25日，第二届“行走健康”徒步大会举行，24家驻区中央国家机关的干部职工300余人，与市民及徒步爱好者2000余人从明城墙遗址公园出发，沿二环滨水绿道东南段行走。启动仪式上，中央编办副司长吴志良向市民发出《绿色出行倡议书》，民政部党组成员、社会组织管理局局长詹成付，国家体育总局群体司副司长邱汝，与区领导张家明、李先忠、赵中原等参加。（单洁萍）

【服务中央单位】年内，区领导张家明、李先忠、王中华带队走访中央政法委、文化部、民航总局、中央网信办、国家旅游局、国家博物馆等中央单位，征求意见、争取支持，在深化联络与交往、促进服务与合作方面取得效果。启动服务事项分级协调机制，推动落实驻区单位提出的意见、需求，实现100%答复与反馈。通过座谈、发函等形式，定期征求驻区单位意见并落实解决，涉及城市管理、环境治理、子女入学、机关后勤建设等内容，针对协调周期较长、办理难度较大的服务事项，定期反馈办理进度，并宣传相关政策。发挥驻区单位人才优势，为区经济社会发展建言献策，向政协区第十四届委员会推荐国家博物馆、国家体育总局运动医学研究所等单位委员人选2人，为各单位在属地参政议政、表达意见提供平台。（单洁萍）

【京冀对口帮扶】12月10日，市委书记郭金龙、市长蔡奇率北京市党政代表团赴张家口市学习考察，区委书记张家明代表东城区与崇礼区签署《北京市东城区 张家口市崇礼区携手奔小康行动协议》，缔结对口帮扶工作关系。12月16日，召开区委书记专题会，专题研究对口帮扶崇礼区工作，明确“十个一”帮扶重点工作，即开展一次主要领导的政务对接，建立对口帮扶工作领导小组，重点帮扶第一批贫困村，结对一批学校，结对一批医院，组织一台惠民文艺演出，协助建设一条老字号特色商业街，组织一批干部双向交流，举办一系列青少年体育交流活动，组织一批企业赴崇礼区考察投资。12月26～27日，张家明带队赴崇礼区考察对口帮扶工作。代表团实地参观上三道河村蔬菜基地项目、下三道河村乡村生态旅游项目、河北爱度生物科技公司亚麻油建设项目、崇礼区人民医院、第二幼儿园，与张家口市及崇礼区相关领导就开展“十个一”帮扶重点工作座谈交流，并组织邀请艺术家为崇礼人民献上“喜迎冬奥会 携手奔小康”惠民文艺演出。张家明表示，东城区将坚决落实中央和北京市指示要求，按照主动帮扶不添乱、尊重意愿不添乱的原则，立足助力冬奥会，重点加强民生领域的精准扶贫、精准脱贫，不断深化与崇礼区的友谊，开展长期合作，协助崇礼区尽快完成脱贫攻坚任务和全面建成小康社会，实现双方的互利共赢。（张嵩）

【南水北调对口协作】继续开展与湖北省十堰市郧阳区对口协作，建立并落实交流互访、部门间联络沟通机制，推动两区对口协作合作协议落地并取得成果。开展两地干部挂职、交流，组织各类企业参加郧阳商会北京分会年会，为郧阳区推介优势资源和发展成果搭建平台；促成郧阳企业在京开展经济交流合作，组织招商引资洽谈会，推动企业间项目合作；组织旅游专家赴郧阳区考察调研，支持当地旅游开发。（张嵩）

【京蒙对口帮扶】落实区与内蒙古自治区乌兰察布市集宁区对口帮扶任务，深入开展教育帮扶，扩大两区学校间结对共建成果，新增天坛东里小学、一师附小、文汇中学、教育研修学院4所学校分别与集宁区工农路小学、新区实验小学、曙光中学、教育研修学院结对共建。区5所教育机构分别与集宁区签署合作协议，实现义务教育各阶段全覆盖，并涵盖教师队伍专修培养，集宁区义务教育阶段教育教学水平实现全面提升，超额完成市交给区的帮扶任务。（张嵩）

【区域合作】通过考察互访、结对共建、签署协议、项目合作、技术帮

扶、智力援助、人才交流、资金支持等方式，推进区与各地在教育、卫生、旅游、科技、经贸等领域开展帮扶合作。支持东城区在外省市挂职干部所在地区工作，组织安排区领导赴河北、湖北、四川、内蒙古、新疆、西藏等地对接需求、考察慰问，交流区域合作工作。按照各地实际需求与帮扶地区开展区域交流合作，接收拉萨市城关区3个培训班在区挂职学习，组织区讲师团赴拉萨市开展对口业务交流，涉及经济、社会等9个方面内容，推动两区在产业发展、城市管理、智慧城市建设等方面开展对接合作；扶持新疆和田地区医疗卫生事业发展，接收医务工作者6人到第六医院跟岗学习。 （张嵩）

【友好城市交流】年内，为巴中市宣传推介当地旅游优势资源搭建平台，促成巴中市与在京重点旅游企业商洽交流，召开巴中市旅游合作和招商引资工作座谈会，双方在招商引资、疏解产业等工作上达成初步合作意向。与河北各地区围绕疏解非首都功能主题深化合作交往，与河北省张家口市缔结友好市区协议，利用驻京联络机构优势，搭建与石家庄、保定、承德等地联络平台，重点围绕商品交易市场外迁、商业文化项目合作等内容合作。加强与承德市在旅游、文化等方面交流，举办“水源地承德绿色产品北京行”活动，推广承德市旅游文化资源、展览展卖农特产品。 （张嵩）

【考察交流】做好区领导赴浙江杭州市、嘉兴市，上海市黄浦区、长宁区学习考察大党建工作机制和区域化党建工作。全年接待外省市考察团组23批次360余人次到区考察学习。完成天津代表团到京参加科博会、京交会、世界旅游发展大会、文博会、全国少数民族文艺会演等大型活动的接待服务工作。 （张嵩）

## 政务服务中心工作

【概况】东城区政务服务中心（简称区政务服务中心）是负责区集中办理行政许可和服务事项协调管理的区政府正处级派出机构，内设办公室、宣传教育科、监察室、协调指导科4个行政科室和行政事务保障中心1个事业单位。8月，根据《关于北京市东城区行政事务保障中心相关职责编制划转的通知》（东编委[2016]14号）和《北京市东城区政府采购中心隶属关系调整的通知》（东编委[2016]10号）精神，中心将大楼后勤运维、政府采购中心、优化经济发展环境办公室等非主业职能进行剥离，从中心所属区行政事务保障中心划转2名财政补助事业编制和人员到区产业投资促进局（区金融办）所属区产业发展服务中心（区中小企业服务中心），划转4名财政补助事业编制和人员到区机关事务管理服务中心，将北京市东城区政府采购中心由区政务服务中心整建制划转到区国资委管理。政务服务中心行政编制15人，实有15人，纳入工资规范管理事业编制14人，实有12人。办事大厅共进驻单位17家，窗口45个，工作人员126人，审批事项233项。

年内，开展“两学一做”学习教育。根据全区审批改革工作部署，开展“两集中、两到位”（行政机关的审批事项向一处室集中、行政审批处室向行政审批服务中心集中，保障进驻行政审批服务中心的审批事项到位、审批权限到位）工作。推进三级政务服务体系建设， 加强政务服务体系化、标准化和信息化建设。做好办事大厅及中心内部综合保障，加强政务信息公开力度，提高窗口规范化管理水平。全年受理各类事项37万余件，收到感谢信32封、锦旗21面。中心获国家节约型公共机构示范单位称号。

单位地址：东城区金宝街52号

联系电话：65594781

邮政编码：100005 （李坤）

【三级政务服务体系建设】推进三级政务服务体系建设，提升三级政务服务体系标准化水平，将三级政务服务体系319个事项梳理、核对、汇总，逐一转化标准，形成事项、流程、标准三统一。通过一级大厅增设多功能标准公示牌、便民服务清单，二级街道大厅部分开启全天候办公模式，三级政务服务站承接部分业务初审方便企业就近办理等服务，提升服务质量。在17家街道服务大厅使用评价器，街道评价数量1.90万次，百姓评价满意率99.73%。设立中关村雍和航星科技园政务服务站，做到一站办事不出园，方便快捷少跑路。升级改造东方嘉城政务服务站，全区有政务服务站4个，为企业节约办事时间、人力、交通等成本。试点并完善三级政务服务网络平台，10月28日在各街道正式上线，

8月16日，中关村雍和航星科技园政务服务站授牌仪式

运用网上办事、事项管理、行政审批效能监察、政务微信四大平台和统一评价、大厅智能引导两大系统，从网络层面健全区、街道、社区（含政务服务站）互联互通，数据共享的三级政务服务格局。利用“两微一线”（政务微博、政务微信、在线咨询）政民互动服务平台，实现让百姓手握政务服务，做好服务群众的“最后一公里”。推行线上服务，在大厅设立2个工商分局网上登记服务窗口，推进企业登记注册便捷化，引导企业和办事人网上办理各项业务，缩短网上登记审查时间。全年区政务服务中心网上服务平台访问量18.23万人次，政务微信公众号关注人数达2689人，在线回复咨询2435次，办事大厅评价数量8.34万次、满意率99.59%。（李坤）

【行政审批】全年对外服务大厅接待办事咨询62万余人次，受理企业、市民行政许可和服务类事项申请37.93万件，除出入境窗口外17个窗口单位办理事项167993件，办结事项168041件，出入境窗口办理事项21.13万件。做好下放行政审批事项承接工作，强化变动事项跟踪服务，及时梳理办事大厅进驻事项并动态公开，大厅进驻事项减少49项，增加27项，修改事项表单文字34项，涉及行政许可83项、服务类27项。调整后进驻中心事项233项，其中行政许可160项、服务类73项。落实“五证合一（营业执照、组织机构代码证、税务登记证、社会保险登记证和统计登记证）、一照一码（五个证变成一个营业执照和一个统一社会信用代码）”工作部署，定期组织相关部门协调会，根据工作需要及时调整工商分局、质监局前台受理窗口，重点增设快速换照、发照窗口。牵头市投资项目在线审批监管平台（东城区）建设工作，督促、催办、协调5家委办局的117个事项，全年平台接件1023个，办结1005个，办结率98.24%。（李坤）

【便民举措】制作政务信息公开栏5个，更新改造6个，扩大大厅自助上网区域，增加自助上网电脑6台，营造公开透明的办事环境。推出事项标准公开牌，集事项办理标准、政策法规宣传、临时性公告、个性化告知等功能于一体，以立体活页夹形式放置在每个窗口显著位置，供企业和办事人随时查阅。推出便民服务清单，梳理完善审批服务便民措施，将现场审批、即时查询、咨询引导、网络平台、监督评价等5个方面23项便民措施制作成清单，通过网络平台、微博微信、办事大厅等渠道公示，使办事人提前掌握办理事项情况。（李坤）

【效能监察】出台《东城区政务服务中心计算机网络使用暂行规定》，强化视频和办件系统监察力度，累计实施办件催办174次，约谈窗口首席代表与主管领导26次。组织日常监督巡查411次，电话暗访50次，处理群众来电来访50件。增设窗口触摸屏评价器，收集申办人评价意见，提高群众满意度。（李坤）

## 安全生产监督管理

【概况】东城区安全生产监督管理局（简称区安全监管局）是负责区安全生产综合监督管理的区政府工作部门。设办公室（监察科）、组织人事科、综合协调科、法制宣传科、事故应急监察科、危险化学品管理科、职业安全监督科、职业安全综合科（标准化办公室）8个科室，行政编制37人，工勤编制1人，实有工作人员36人（含工勤1人）。东城区安全生产执法监察大队为安全监管局所属参照公务员管理事业单位，参公事业编制33人，实有工作人员25人。

年内，开展“两学一做”学习教育活动。编发《东城区安全生产工作指导手册》，丰富安全生产综合监管手段。开展隐患排查治理体系建设试点，完成50家试点企业“一企一标准一岗一清单”编制。组建安全生产协会，其中副会长单位12家、理事单位5家、一般会员单位20家。推进重点领域专项整治和安全生产执法行动，未发生较大以上安全生产亡人事故。区安全监管局被评为市“职工技协杯”职业技能竞赛检查人员（安全生产专职安全员）比赛优秀团体一等奖、市安全生产政务信息先进单位；落实综合监管职责带动责任体系建设水平提高和生产经营单位“安全生产明白人”专项培训工程两项工作，被评为2015-2016年度市安全生产监管监察工作改革创新奖；“绿舟”安全文化宣讲活动和安全文化伴我行微信答题活动，被评为市安全生产月活动最佳实践活动奖。

单位地址：东城区朝阳门内大街192号

联系电话：64055528

邮政编码：100010（孟庆喜）

【烟花爆竹安全监管】年初，结合中心城区功能定位和禁放区设置等情况，严格审批标准，大幅压减烟花爆竹销售网点数量，审批烟花爆竹零售网点5家。销售期间，对各销售点开展高密度、高频次安全检查，运用视频监控系统对销售点进行24小时监控。销售网点销售烟花爆竹1905箱，销售金额121.24万元，未发生因烟花爆竹经营引发的安全生产事故。（孟庆喜）

【安全生产责任保险投保】4月5日，召开区安全生产责任保险制度推广动员部署大会，全面启动“东安工程”安全生产责任保险投保工作，在危险化学品经营、经营性教育机构、建筑施工、营利性医疗机构、经营性体育运动项目、文化娱乐场所、宾馆饭店、交通运输、商市场、地下空间、餐饮经营单位等11个重点行业（领域）进行推广。完成安全生产责任保险制度推广任务2016家，超额完成市级任务，推广数量居全市前列。全年有效报案50起，结案12起，赔付金额21.2万元。（孟庆喜）

【安全生产教育培训】6月，启动“安全生产明白人”培训工程，用2年时间，以集中授课和网上在线培训的形式，对生产经营单位负责人、安全管理负责人、一线管理人员1.1万人进行培训。“安全生产明白人”集中授课8期，培训1512人，

6月16日，区安监局开展安全生产有奖微信答题活动

合格率100%；网上在线培训在17个街道和3个地区同步展开，4018人在线学习，3770人完成培训通过考试，合格率93.83%。全年组织特种作业培训班169个，考试10期，理论考试考核2.83万人次，合格2.07万人次，合格率73%；实际操作考核2.68万人次，合格2.09万人次，合格率78%。（孟庆喜）

【安全生产宣传】围绕第十五个"安全生产月"活动主题，组织"6·16"安全生产咨询日活动、"安全文化伴我行"微信有奖答题互动，8期"安全在我身边"微博答题赠书等活动，3期安全生产专题知识微信答题赠礼和抽奖活动。制发宣传条幅200条，宣传挂图2万张，安全生产书籍手册1.3万册，其他安全生产宣传品1.6万余份。继续在全区开展"双百工程"（百名安全监管干部与万家企业主要负责人对话谈心和百名安全生产专家服务万家企业）活动，累计服务企业453家，查找隐患2527条，提出建议2094条，培训专职安全员968人次，完成专家服务社区4个，开展安监干部与企业负责人谈心对话27次、对话227家企业。开通"东城安监"公众微信号，即时推送安全生产知识、宣传安全生产监管。全年发布188期705条，微信综合阅读量突破11万余人，转发2844人次，两次进入全国安全生产市县乡三级微信号排名前20名。（孟庆喜）

【安全生产亡人事故情况】全年发生安全生产亡人事故6起，亡6人，其中生产安全亡人事故2起，亡2人；生产经营性道路交通亡人事故4起，亡4人；未发生生产经营性火灾、铁路交通亡人事故。（孟庆喜）

【安全生产执法检查】年内，抽调执法力量参与天坛周边简易楼腾退、隆福寺早市商户专项整治、东直门内大街（簋街）环境综合整治等全区性联合行动，配合推进首都功能疏解工作的开展。加强对加油站、存在职业病危害因素企业的监管，在有限空间作业重点时段，开展不间断执法检查。按照年度执法计划及季节特点，开展新开工建筑工地专项检查、用电安全专项执法检查。完成地坛春节文化庙会、龙潭春节文化庙会、雍和宫春节期间觐香活动、王府井品牌文化节、北京半程马拉松比赛、北京国际电影节等20余项大型活动安全生产保障任务。全年检查生产经营单位1946家次，查处各类隐患755处，下达执法文书1829份，处理举报投诉59起，对8家存在重大安全隐患单位下达强制措施决定书，要求其立即停产停业整顿，非事故立案处罚71起，处罚金额87.12万元。（孟庆喜）

【安全生产专项整治】区安全生产委员会办公室组织开展岁末年初安全生产大检查、餐饮经营单位安全大检查等整治行动，完成油气输送管道安全隐患整治，全区48处挂账城镇燃气管道占压安全隐患全部销账，实现三年任务两年完成的工作目标。全年各部门和属地街道累计出动安全执法检查人员17.69万人次，监督检查生产经营单位10.75万家次，查处事故隐患4.42万处，打击非法违法行为6372起，给予警告199次，责令停产停业136家，关闭非法企业17家，行政拘留22人，处罚514.12万元。（孟庆喜）

【危险化学品经营单位行政审批】全年受理危险化学品行政许可31家，其中到期换证20家，变更申请11家。注销危险化学品经营许可证5家，注销易制毒化学品经营备案1家，彻底解决3家异地经营成品油库监管难题。辖区有危险化学品经营单位61家，达到总量控制目标。（孟庆喜）

【安全生产标准化达标创建】在原有商贸、文化、旅游、体育、物业等行业主管部门推动达标创建的基础上，重点推动民办医院、民办培训机构、供热等行业系统三级达标创建工作，实现重点行业达标创建全覆盖。全年有620家企业完成三级标准化达标创建，其中初评576家、复评44家；4045家企业完成小微岗位达标创建，超额完成年度任务。（孟庆喜）

【专职安全员队伍建设】修改完善《东城区街道（地区）专职安全员管理办法》和《东城区专职安全员绩效考核管理办法》。组织专职安全员开展网络培训，涉及法律、法规和检查要点。坚持专职安全员各街道（地区）负责人月例会制度。制定区职能部门安全生产专职安全员招聘工作方案，148人报名并通过资格审核领取准考证，122人参加笔试，108人参加面试，42人通过体检、政审、岗前培训及检查资格考试，签订用工协议，正式上岗。启动专职安全员补招工作，按照规定环节、步骤，补招13人。全年专职安全员检查企业2.06万家，发现隐患1.81万处，下发安全隐患改正通知书6659份。（孟庆喜）

## 民族·宗教

【概况】东城区民族宗教事务办公室（简称区民族宗教办）是负责本区民族、宗教事务的政府工作机构。内设民族科、宗教科和综合科。行政编制12人，工勤事业编制2人，实有公务员

11人，工勤2人。

年内，全区有48个少数民族，少数民族人口4.44万人，约占全区总人口4.8%。全年办理更改民族成分6人，其中满族3人，汉族2人，回族1人。有清真餐饮副食网点190个，其中挂牌148个，自挂42个。为清真食品网点39家办理清真标志牌。为区属民族企业新争取少数民族经济发展项目扶持资金160万元。全区有宗教活动场所14座，其中天主教3座、基督教3座、佛教2座、伊斯兰教6座；有区级宗教团体3个：区天主教爱国会、区基督教三自爱国运动委员会和区伊斯兰教协会；有教职人员156人，其中阿訇21人、牧师和传道员26人、神父7人、僧尼102人。全年6人参加朝觐。8月8日、17日经过政府专题会和第130次区委常委会讨论通过，以区委、区政府名义向全区印发《关于以首善标准做好新形势下东城区民族工作的实施意见》的通知。在第十一届北京市民族健身操舞大赛中，区回民实验小学代表队、同心圆舞蹈队分获自选套路学生组和自选套路社区组金奖，区回民小学代表队、和平里街道炫之缘相约舞蹈艺术团分获规定套路学生组、固定套路成人组银奖，龙潭街道华城舞蹈团获最佳创编奖。全年办理政协提案3件。

单位地址：东城区金宝街52号

联系电话：65131487

邮政编码：100005 （牛志刚）

【宗教节日】1月17日，通教寺、雍和宫分别举办腊八节免费舍粥活动，7000余人参加。区领导看望慰问佛教界人士，向宗教界人士、信教群众及广大市民致节日问候和祝福。2月8～13日春节期间，雍和宫春节6天接待信众和游客22.6万人。2月22日，农历正月十五（元宵节），雍和宫接待敬香礼佛信众和游客3.92万人。3月27日是天主教、基督教的复活节，区王府井天主教堂、东交民巷天主教堂、南岗子天主教堂、崇文门基督教堂、珠市口基督教堂分别举行宗教活动。3月26～27日到教堂参加活动的信教群众1.4万人。5月15日是天主教的“圣神降临”瞻礼，王府井天主教堂、东交民巷天主教堂、南岗子天主教堂分别举行宗教活动。4200人参加活动，其中英文弥撒500人，韩语弥撒700人。7月6日是伊斯兰教开斋节，东四清真寺、南豆芽清真寺、东直门外清真寺、安外清真寺、花市清真寺、沙子口清真寺举行开斋节会礼，3750人参加，其中外宾145人。副市长王宁、市政协副主席李长友及区领导张家明、周永明等到东四清真寺慰问，向中国伊斯兰教协会会长、市伊斯兰教协会名誉会长陈广元阿訇等宗教教职人员和穆斯林群众祝贺节日，对伊斯兰教教职人员和穆斯林群众在维护首都民族团结、宗教和睦、社会和谐方面作出的贡献表示感谢，希望伊斯兰教界人士高举爱国爱教旗帜，广泛团结穆斯林群众，发挥促进首都经济社会发展的作用。随后，区领导分别走访慰问东直门外清真寺、南豆芽清真寺、安外清真寺、花市清真寺、沙子口清真寺，向各寺宗教教职人员和穆斯林群众祝贺节日。9月12日，是伊斯兰教的“古尔邦（宰牲）节”，东四清真寺、东直门外清真寺、南豆芽清真寺、安外清真寺、花市清真寺、沙子口清真寺举行节日活动。穆斯林群众3100余人参加，宰牛6头、宰羊78只。12月24日平安夜、25日圣诞节，王府井天主教堂、东交民巷天主教堂、南岗子天主教堂、崇文门基督教堂、珠市口基督教堂分别举行宗教活动。副市长王小洪、市宗教局副局长刘先传及区领导张家明等到各教堂指导工作，并向宗教界人士和信教群众致以节日问候和祝福。信教群众1.98万人参加。 （王媛）

【宗教场所安全维稳】1月27日，区召开雍和宫春节期间服务保障工作会。实地检查雍和宫内部各个殿堂、行走路线、宗教活动安排和安保措施情况，各单位分别汇报工作方案和前期工作落实情况，并就问题沟通衔接。区委统战部、区委政法委、区政府办等18个单位参加。2月1日，区领导周永明、颜华带队到王府井天主教堂检查安全工作。听取王府井天主教堂春节期间宗教活动安排和安保措施汇报，并视察教堂内部、消防通道和安保设备与措施。4月18～19日，与区委统战部联合举办区大型宗教活动服务保障工作研讨培训班。区民族宗教办总结区大型宗教活动服务保障工作总体情况；东城公安分局治安支队、国保支队结合各自职责，讲解大型群众性活动安全管理有关法律法规；雍和宫管理处、王府井建管办、崇文门外街道就重大宗教活动期间服务保障工作情况发言。与会单位围绕如何做好区大型宗教活动服务保障工作分组研讨，讨论《东城区大型宗教活动管理办法》（试行）草案，提出修改意见建议。区领导周永明出席，雍和宫春节期间服务保障工作领导小组成员单位、各街道办事处主管领导近60人参加培训。7月4日，召开伊斯兰教开斋节服务保障工作部署会，传达市宗教局有关做好开斋节服务保障工作的函、区开斋节各清真寺会礼活动的时间人员安排，并部署工作。区委统战部、东城公安分局、东城交通支队、东城消防支队、各清真寺属地街道办事处等单位负责人20人参加。7月5日，区领导金晖带队到南豆芽清真寺进行开斋节服务保障工作检查。实地检查清真寺疏散通道、安检设施、消防器材和开斋节“会礼”活动应急方案等情况，听取区民族宗教办、东城公安分局、东四街道、区伊协汇报。12月15日，召开圣诞节服务保障工作会。部署圣诞节服务保障各项工作，设立总指挥部，以5座教堂属地街道办事处牵头设立5个分指挥部，明确组织机构，职责分工，工作要求。各参会单位根据各自职责就圣诞节服务保障工作前期准备、重点注意问题沟通交流。5座教堂汇报圣诞节宗教活动安排、安保措施等，并就教堂周边影响活动安全的环境卫生、道路交通等问题与各相关部门对接。区委统战部、区外侨办、区教委等15个单位参加。 （王媛）

【执法检查】1月27日、2月2日、25日，执法人员到北新桥、东四、前门、龙潭、建国门等街道，对16家网点进行执行民族政策情况重点抽查，确保春节和全国“两会”期间清真市场秩序。3月16日，执法人员到天坛街道进行清真市场执法检查，并对2家自挂清真标识企业现场执法。4月1日，到和平里街道民旺社区依法查处航星园餐厅内部违规自挂清真标识问题。7月8日，查处东直门街道十字坡社区新中街大漠楼兰餐厅自挂清真标识牌问题，对该餐厅经营人员进行民族政策教育，责令其立即遮挡“清真”字样并尽快拆除，并委托属地街道对该餐厅整改予以跟踪监督。8月，抽查建国门、东四、北新桥、东直门等街道13家经营网点，对已办理清真食品经营许可商户回访检查，督促其严把进货关，杜绝“清真不真”情况发生。对检查过程中发现自挂清真标识商户，开展民族政策宣传教育。对其中符合许可证办理条件的，及时出具《东城区清真食品生产经营许可申请材料补正告知书》，督促其尽快办理《北京市清真食品生产加工经营证》；对不符合办理条件的，督促其立即整改，撤销、遮盖非法清真标识。9月13日、23日、27日，检查龙潭、安定门、建国门、东花市等街道8家清真食品经营网点，向未更换新版清真标识牌证和自挂清真标识的门店发放《东城区清真食品生产经营许可申请材料补正告知书》，明确办理清真标识所需材料和办理时间、地点、联系电话，督促其尽快依法换领和办理清真食品生产经营许可证及清真标志牌；要求不具办理条件的商家拆除其自挂清真标识，并对发现的问题现场取证，做好记录。11月15日、17日，抽查北新桥、天坛地区4家清真网点的民族政策执行情况，回访已办理许可证的商户，确保民族政策执行到位；对符合许可证办理条件的商户，出具《东城区清真食品生产经营许可申请材料补正告知书》并督促其限期办理相关证照；对不符合办理条件的，要求其现场整改并立即撤销非法清真标识。（玉信）

【联谊慰问】春节前，慰问少数民族困难群众37户（其中回族26户、满族7户、蒙古族2户、藏族1户、朝鲜族1户），送去慰问品及慰问金2.7万元；为有清真饮食习惯的少数民族地区群众442人发放一次性春节生活补助13.26万元。3月8日，在北京奥林匹克森林公园南园举行区宗教界庆祝三八妇女节健步走活动，赛程5公里。全区各宗教团体、宗教活动场所女性工作人员、女性教职人员和机关干部30余人参加。6月24日，善行斋月－区伊协尊老敬老慰问活动在南豆芽清真寺举行。以“善行斋月·尊老敬老”为主题，区伊斯兰教协会副会长兼秘书长主持，市伊协副会长、区伊协副会长王崇恩阿訇代表区伊斯兰教协会致词。王中华代表区委、区人大、区政府、区政协向全区各族穆斯林群众表示问候，并对活动给予肯定。区伊斯兰教协会向穆斯林老人20人发放价值300元的慰问礼包；向手拉手共建单位密云区伊斯兰教协会发放价值1万元的慰问礼包，用于慰问密云穆斯林老年人。此次慰问活动，宏源餐饮有限公司、东来顺集团等10家清真餐饮企业捐献价值近3万元的慰问款和慰问品。中国伊斯兰教协会会长陈广元阿訇、国家宗教局三司副司长匡胜及区领导李铁生等出席。同时，区伊斯兰教协会以善行斋月活动为契机，在各清真寺成立志愿者服务队，参与公益活动，服务穆斯林群众，服务社会。9月7日，与区委统战部、区人大内司委、区政协三室负责人到回民小学、大方家回民幼儿园、回民实验小学和回民实验幼儿园4所民族园校看望慰问区民族教育一线的各族教职员工，送去慰问和祝福，了解各园校新学期工作开展情况和部分园校暑期校舍抗震加固、修缮装修工程的完成情况。（王媛　玉信）

【宗教团体建设】2月3日，区基督教三自爱国运动委员会召开一届六次全体委员会，总结上年工作，60余人参加。12月6～7日，召开区宗教团体工作总结暨下年工作研讨会。区天主教爱国会、区基督教三自爱国运动委员会、区伊斯兰教协会、雍和宫管理处、庙管会、通教寺代表分别总结本年度工作，提出下年工作思路。大家就工作中存在的重点难点问题进行交流。区民族宗教办现场解答各宗教团体提出的问题，对各宗教团体、宗教活动场所工作给予肯定，并提出工作要求。市天主教爱国会秘书长石洪喜、市基督教三自爱国运动委员会秘书长张文颖、区委统战部、区政协专委会工作三室、区天主教爱国会、区基督教三自爱国运动委员会、区伊斯兰教协会、雍和宫管理处、庙管会和通教寺有关负责人参加。年内，花市清真寺利用手机微信建立花市清真寺微信群，为穆斯

9月27日，举办第十届中小学民族团结教育周主题活动

林群众答疑解惑，宣传党的宗教政策和伊斯兰教知识。群员有40余人。

（王媛）

【民族文化教育活动】2月19日，崇文回民幼儿园举办第九届娃娃庙会，以“传承国学文化，体验民俗乐趣”为主题，为儿童搭建了解中华传统与民俗文化的平台。农历三月三前，大方家回民幼儿园小朋友参加对歌、射箭、花样跳皮筋等民族文化体育活动，共度欢乐节日。7月11～15日，由北京市民族联谊会、北京市民族古籍整理出版规划整理小组办公室、中国民族图书馆、民族画报社主办，区民族宗教办与区文化委承办的中国少数民族文化展暨中国民族典籍文化展在区第二文化馆举行，来自17个街道的各族干部群众1000余人及驻区武警战士参观。9月27日，在史家小学举行主题为“民族文化浸润心田，多彩课堂魅力绽放”的区第十届中小学民族团结教育周活动，以舞蹈、诗朗诵、民族健身操舞、武术、戏曲等形式展示区中小学生在民族团结教育方面的新成果，并展示一批教育研讨课题。北京市民族教育学会、区人大、区政协领导、相关部门及全区中小学德育干部和学生代表300余人参加。10月9日，启动市民族团结教育示范学校检查评估工作，市政府督学、民族工作专家、特邀退休中小学校长等组成检查评估小组到中央工艺美院附中艺美小学、北京景山学校、天坛东里小学、文汇中学开展检查评估，听取学校民族团结教育工作情况汇报，分组观摩学校开展民族团结教育活动展示，查看校园民族文化环境，听取民族团结教育学科融入课，并通过领导访谈、教师访谈、学生问卷调查、查阅档案资料等方式，对申报学校的民族团结教育工作全面检查评估，4所学校均获民族团结教育示范校称号。市教委、市民委、北京市民族教育学会，区教委、区民族宗教办相关人员出席。

（玉佶）

【民族团结宣传月活动】4月26日，与区委宣传部、区委统战部联合召开区民族团结宣传月暨“5·6”民族团结主题日活动部署会。听取工作方案及相关安排，与会各单位进行工作对接协调，就方案和安排提出意见建议。区教委、文化委、城管委、商务委、卫计委、人力社保局、民政局、园林绿化中心等部门，有关群团组织及17个街道有关人员出席。5月6日，与区委宣传部、区委统战部主办，东花市街道工委、办事处承办的区“5·6”民族团结主题日暨民族团结宣传月启动仪式在北京明城墙遗址公园举行。以“共创团结进步，共享和谐宜居”为主题，以推动民族团结创建“六进”为抓手，全方位、多角度展示区各族同胞携手共建和谐幸福家园美好愿景和共同团结奋斗的精神风貌。组织司法、计生、残联等部门和驻区律师事务所向各族群众和游客开展民族政策及法律法规宣传咨询，发放宣传资料1000份；东来顺集团、准噶尔餐厅等展示现场清真食品规范化建设成果，北京工美、北京珐琅厂、金漆镶嵌及绢花、竹刻等非物质文化遗产传承人现场展示民族传统文化技艺，区民族传统体育项目基地单位邀请现场观众开展柔力球、毽球、花毽等民族传统体育项目体验活动，社会组织、区属民族企业组织满族文化、畲族文化等少数民族专项展，北京藏医院、社区卫生服务站组织医务工作者向各族群众开展义诊等便民服务活动。启动仪式上演出由区5个民族工作重点街道选送的民族文艺节目。市民委委员牛颂、区领导周永明、韩焕岭、王中华、李铁生出席。市民委民族一处、宣教处，北京市民族联谊会、北京市民族文化交流中心，区委、区人大、区政府、区政协相关部门及东花市街道工委及办事处负责人，部分区政协委员及区少数民族群众代表约300人参加。《中国民族报》《北京晨报》《北京日报》《北京晚报》《人民日报》《新京报》、新华社等媒体采访报道。5月27日，在金宝汇百丽宫影城与市民族文化交流中心联合举办区民族团结宣传月电影招待活动，区相关部门、街道及社区民族工作干部，区属民族园校、民族定点企业和民族宗教界人士代表100余人观看民族文化主题电影《百鸟朝凤》。

（玉佶）

5月6日，东城区举办5·6民族团结主题日暨民族团结宣传月启动仪式

【宗教活动场所工作联席会】4月29日，在建国门街道苏州社区召开第一次宗教活动场所工作联席会。传达习近平总书记在全国宗教工作会议上的重要讲话；介绍以“规范”为主题的和谐寺观教堂创建活动情况，向各宗教活动场所赠发崇文门基督教堂制度汇编。苏州社区党委书记介绍社区概况、工作情况和与辖区宗教活动场所崇文门基督教堂共建共享的做法和

经验。区委统战部民族宗教组，区民族宗教办宗教科有关负责人，区天主教、基督教、伊斯兰教3个宗教团体，14座宗教活动场所负责人和宗教活动场所属地街道办事处、社区有关负责人近40人参加。10月27日，联合朝阳区民族宗教办在东岳庙召开宗教活动场所第二次联席工作会。东岳庙道长介绍历史沿革、建筑风貌和道教文化，实地察看宗教活动场所殿堂设施。区民族宗教办宗教科相关人员，区天主教、基督教、伊斯兰教3个宗教团体，雍和宫等14座宗教活动场所负责人和宗教活动场所属地街道办事处、社区有关负责人近40人参加。（王媛）

【调研活动】5月26日，组织11个区属部门、17个街道及市级民族工作重点社区、民族院校、民族特需定点生产企业民族工作干部及区民族宗教办部分党员50余人考察金漆镶嵌有限责任公司总部漆艺精品和大厂生产加工基地，现场观摩金漆镶嵌有限责任公司在弘扬民族文化、传承发展民族漆器事业最新成就，听取公司关于企业发展沿革介绍及公司如何抓住先机，发挥京冀资源优势推动企业发展，矢志传承和发展民族传统文化技艺的具体做法。7月12日，国家民委监督检查司副司长一行50余人到市级民族工作重点社区——东四街道豆瓣社区参观考察，参观老年饭桌、社区服务大厅、社区文体中心、南豆芽清真寺、奥林匹克社区公园等场所，听取区民族团结进步创建工作总体情况汇报和社区层面推进民族团结进步创建工作具体做法，交流推进少数民族散杂居地区中心城市建成区的民族团结进步创建工作。8月3日，市人大民宗侨委主任一行5人赴和平里街道交通社区调研市城市民族工作开展情况。查看交通社区民族工作资料，参观社区少数民族居民书法、手工艺作品，听取区人大代表、交通社区党委书记贯彻落实《城市民族工作条例》的工作报告，交流贯彻落实条例，推进首都城市民族工作。（玉佶）

【宗教团体换届】6月3日，与区委统战部联合召开宗教团体换届筹备工作部署会。部署说明区宗教团体换届工作方案和具体任务分解，区天主教爱国会、区基督教三自爱国运动委员会、区伊斯兰教协会3个宗教团体秘书长汇报换届筹备工作进展情况，20人参会。8月13日，区基督教第二次代表会议在北京宁夏大厦召开。大会审议并通过《北京市东城区基督教第一届常务委员会工作报告》《北京市东城区基督教三自爱国运动委员会章程》（修正案草案），选举产生区基督教三自爱国运动委员会新一届委员会和领导班子，选举代表120人，从中选出委员55人，委员中产生常委19人，常委中选出监事长1人，秘书长1人（由副主席兼任），副主席6人，主席1人。市民委委员、市基督教三自爱国运动委员会主席，区领导周永明、于静、王中华、李铁生等出席。8月20日，区天主教第二次代表会议在北京宁夏大厦召开。会议审议并通过《北京市东城区天主教爱国会第一届常务委员会工作报告》《北京市东城区天主教爱国会章程》（修正案），选举产生区天主教爱国会新一届委员会和领导班子，选举代表120人，从中选出委员51人，委员中产生常委19人，常委中选出监事长1人，秘书长1人（由副主席兼任），副主席5人，主席1人。市民委委员、市委统战部综合处副处长、天主教北京教区主教、市天主教爱国会、市天主教教务委员会主席，区领导周永明、韩焕岭、王中华、李铁生等出席。8月27日，区伊斯兰教第二次代表会议在北京宁夏大厦召开。会议审议并通过《北京市东城区伊斯兰教第一届常务委员会工作报告》《北京市东城区伊斯兰教协会章程》（修正案），选举产生区伊斯兰教协会新一届委员会和领导班子，选举代表120人，从中选出委员51人，委员中产生常委19人，常委中选出监事长1人，秘书长1人（由副会长兼任），副会长8人，会长1人。市宗教局副局长、市伊斯兰教协会副会长兼秘书长，区领导周永明、韩焕岭、王中华、李铁生等出席。（王媛）

【首例民族宗教领域行政处罚】8月30日，接到市民热线“12345”转来市民马先生电话举报称，东四北大街朝内菜市场存在清真牛羊肉柜台把猪蹄和牛羊肉混放保存情况，工作人员立即到朝内菜市场查看。经查，朝内菜市场清真牛羊肉柜台的行为涉嫌违反《北京市少数民族权益保障条例》，其行为伤害了穆斯林群众感情，鉴于事发后市场负责人主动承担责任，配合整改，避免事态恶化，依据《北京市少数民族权益保障条例》，经过现场检查和勘验笔录等程序，于9月2日正式对朝内菜市场违法行为进行立案，9月19日将《行政处罚事先告知书》送达负责人手中，当事人在3日内未提出申辩意见，处罚1000元。至11月底案卷已制作完毕进入等待评查阶段。此次行政处罚为区及北京市民宗系统首个行政处罚案件。（胡沛哲）

【宗教界人士培训班】9月19～24日，组织部分宗教界代表人士赴甘肃省天水市社会主义学院培训。听取天水市民宗委主要领导关于宗教工作情况介绍，聆听《马克思主义宗教理论与我国民族宗教政策》专题讲座，参观天主教天水教区东关教堂、天水基督教会西郊堂、天水伊斯兰教协会后寨清真寺等宗教场所，并与天水市委统战部、民宗委和宗教团体就学习贯彻落实全国宗教工作会议精神、加强宗教团体自身建设、宗教场所民主管理等座谈。21人参加。9月19～28日，在区委党校举办区宗教界人士学习贯彻全国宗教工作会议精神培训班，区领导周永明出席并讲话，对宗教界长期以来为全区经济和社会发展建设作出的贡献给予肯定。北京市民委（宗教局）委员结合学习领会习近平总书记重要讲话精神讲解宗教工作特点和规律。全区天主教、基督教、伊斯兰教、佛教界代表人士约120人参加。（王媛）

【天主教界人士学习班】11月10日，

举办区天主教界人士学习班。邀请市宗教局政策法规宣传处处长解读全国宗教工作会议精神。近50人参加。11月22～24日，组织部分天主教界代表人士赴山西培训，参观宗教场所，并交流研讨。区天主教爱国会委员和骨干信徒近50人参加。（王媛）

【基督教界人士学习班】11月14日，举办区基督教界人士学习班。市基督教三自爱国运动委员会主席介绍市基督教三自爱国运动委员会工作情况，市宗教局二处副处长讲解宗教政策法规。近60人参加。11月28日至12月2日，组织新一届领导班子成员赴福建培训，参观古田会议旧址和宗教场所，并进行研讨交流。区基督教三自爱国运动委员会委员和骨干信徒近60人参加。（王媛）

【伊斯兰教界人士学习班】11月17日，举办区伊斯兰教界人士学习班。邀请国家宗教局三司副司长讲解伊斯兰教与中国梦的实现。近50人参加。11月28日至12月1日，组织各寺寺管会主任和部分阿訇赴山西培训。通过与当地清真寺沟通相互学习提高自身管理，参观太原解放纪念馆增强爱国热情。区伊斯兰教协会委员和骨干乡老近50人参加。（王媛）

【落实宗教房产政策】加强与区房管局协调沟通，推动区伊斯兰教协会钟楼湾35号房产拆迁补偿，签订拆迁补偿协议。加强与区文委沟通协调，推动南岗子天主教堂文物场所修缮。继续加强与市、区有关部门沟通协调，推进珠市口基督教堂的迁建工作。珠市口教堂用地项目涉及22户居民，19户签订协议，3户未签订协议，其中2户进入司法程序，1户因健康状况导致沟通障碍的人员与相关部门协调。（王媛）

## 信息化管理

【概况】东城区信息化工作办公室（简称区信息办）是区信息化工作领导小组的办事机构，负责区信息化工作的政府工作部门。内设综合管理科（监察科）、应用推广科、电子政务科；下设信息中心和信息资源管理服务中心2个科级事业单位。主要职责是统筹规划、综合协调、监督管理全区的信息化工作，全面推进电子政务、电子商务、智慧社区的建设和信息资源的开发利用，组织有关信息化工作的行业管理、宣传、培训、技术服务和国内外交流合作。行政编制11人，事业编制41人，实有行政编制11人，事业编制39人。

年内，围绕全区重点工作，发挥统筹作用，推进“智慧东城”建设；深化业务应用，提升精细化管理水平；提升基础设施建设，打造网络安全和公共服务发展体系。发布《北京市东城区“十三五”时期信息化发展规划》，为未来五年信息化工作提供纲领性指导。制定区网格化居家养老信息体系建设方案，依托信息化手段和标准化建设，发挥网格化监管作用，引入社会单位参与智慧养老服务工作，为辖区老年人提供便捷高效的智慧居家养老服务。完成区“两会”期间人大代表、政协委员现场咨询，涉及信息化项目建设、无线网络建设等方面问题4条。东城区获数字政府领先城市奖，智慧商务综合服务平台获中国智慧城市创新奖，数字东城网站“数说东城”和“在线访谈”栏目分别获2016政府网站信息公开精品栏目奖、2016政府网站政民互动精品栏目奖。

单位地址：东城区钱粮胡同3号
联系电话：64031118-2304
邮政编码：100010
（陶冶鸣）

【智慧东城行动计划项目启动】1月14日，召开2015“智慧东城”行动计划项目启动会，涉及18家单位的6类46个项目。会议部署项目实施工作方案，提出建设进度要求，对《“智慧东城”行动计划专项资金及项目管理操作规程》等相关项目管理制度和具体操作流程进行培训。40余人参加。（陶冶鸣）

【通过软件正版化检查】2月23日，市使用正版软件工作联席会议检查组检查东城区软件正版化工作。听取工作汇报，检查各单位软件正版化材料，对区直机关工委、网格化服务管理中心、东城公安分局、食药监局、景山街道、东华门街道等单位实地上机检查，通过软件正版化检查。（陶冶鸣）

【网络安全保障服务】“两会”和G20峰会期间，排查机房汇聚点、基础网络，对全区163个政府网站、相关应用系统进行3次全方位安全渗透测试，消除安全隐患。制定信息安全保障工作方案，规范系统安全应急与快速响应工作机制，完善各系统应急预案，配备现场操作手册和突发事件排查流程图，加大巡检力度，每隔2小时对机房、网络、系统等进行巡检，累计巡检560余次，实行双人双岗、领导带班制度，全天候7×24小时现场应急响应，确保各应用系统、网站和网络运行状态良好。（陶冶鸣）

【网络与系统安全检查】6月14日，对全区140余家机关事业单位开展电子政务网络与信息系统安全检查。包括安全管理制度落实情况、信息安全等级保护工作开展情况、门户网站整合与安全防护情况、信息技术服务外包管理情况、应急管理工作情况、系统安全漏洞排查及整改情况等。对政务外网接入点网络环境及设备运行状况巡检2次，对存在的隐患提出整改意见并督促实施；对全区104个网站和应用开展隐患排查及整改，查出漏洞428个，其中高危漏洞82个，关闭网站6个。（陶冶鸣）

【培训工作】10月28日，联合市使用正版软件工作联席会议办公室召开东城区国家机关软件正版化工作培训会，解读软件正版化相关政策和文件，培训软件正版化相关知识，部署软件正版化迎检工作。全区97家单位100余人参加。12月14～15日，举办信息化工作培训会，邀请专家就智慧东城建设任务、“互联网+政务”、大数据建设、网络信息安全、“一口式”政务服务等方面进行解读，各单

位信息化主管领导及工作人员200余人参加。（陶冶鸣）

【无线电管理宣传咨询日】11月24日，与交道口街道在交东社区举办无线电管理宣传咨询日活动。现场解答群众关于无线电台站设置、使用、管理等问题，向市民发放无线电宣传材料300余份，接待咨询者100余人次。（陶冶鸣）

【安全生产检查】11月27日，信息办安全生产检查领导小组对区26处生产环境节点进行安全隐患排查，其中核心及汇聚机房10处、电力电池室2处、设备间14处。要求各处明确安全责任人，对发现问题及时整改，对老旧设备，特别是电器和消防设备要按照相关规定及时更换，并将开展定期抽查，确保全区信息网络安全生产环境稳定。（陶冶鸣）

【完成铜网光纤化改造】年内，开展"去铜换光宽带北京"工程，依托与移动、联通的战略合作伙伴优势，对区内铜缆宽带网络进行"去铜换光"光纤化改造，提升辖区宽带接入能力，促进节能减排，实现任务内居民和商企用户光纤全覆盖。改造完成48.81万户，铜网光纤化改造任务100%完成。（陶冶鸣）

【"智慧东城"项目建设】全年2016"智慧东城"信息化项目征集46个，最终通过评审项目21个，分为电子政务提升工程、民生服务创新工程、城市管理保障工程和基础设施建设工程4类。（陶冶鸣）

【行政审批平台建设】开展对全区35家行政审批单位问卷调查，收集审批事项信息，梳理和分析业务，掌握行政审批业务现状。实地调研5家重点业务单位，了解业务运行现状、信息化运行现状以及平台建设需求。完成区行政许可网上审批平台顶层设计，细化审批平台建设方案。（陶冶鸣）

【数字东城网站整合与推广】数字东城网站群体系涵盖96家区属单位127个分站，全年信息更新量6.04万条，日均访问量近万人次；在创新宣传方面，利用图片、文字、视频、微博、微信等模式进行政策宣传解读；全年围绕百姓关心的重点问题组织专题在线访谈3期，邀请区领导或部门领导做客访谈现场，与网民互动，解答问题568个，在线浏览8562人次；以区长信箱互动为主导，实现"互联网+手机移动网"整合，方便网民随时随地参政议政、互动咨询，全年受理回复各类信件1696件。（陶冶鸣）

12月14日，举办区信息化工作培训会

【重要信息系统应急演练】年内，对数字东城网站、协同办公系统、实名认证系统、互联网应用4个重要信息系统组织开展应急演练，按照"预防为主，积极处置"原则，通过模拟突发事故，各部门反应快速、报告及时、协作配合，检验网络与信息安全综合应急预案和业务系统专项应急预案有效性，提高各部门协同配合和应急处置能力，达到预期效果。（陶冶鸣）

【协同办公平台应用】全年办公平台收发文5.64万件，通知公告流转46.19万件，督查督办件办理889件，信息报送1.33万件，刊物发布252件；全区各单位内部公文流转13.75万件，内部信息共享1.17万件；通过内部邮箱收发邮件8.66万件。（陶冶鸣）

【信息化技术服务】全年为区属各委办局、事业单位和国有企业用户提供热线咨询服务1.04万次，远程支持服务235次，现场维护服务3161次，多媒体技术服务17次，发送各类手机报642期。服务响应率100%，综合满意度99%。（陶冶鸣）

## 信访工作

【概况】中共东城区委、区政府信访办公室（简称区信访办），是区委、区政府受理人民群众来信来访的职能部门。内设综合科、来访接待科、来信办理科、排查调处科、复查复核科、督查宣教科，行政编制22人，实有19人。

年内，制定《东城区信访工作绩效管理考核办法（试行）》，于10月1日执行。推进信访工作信息化平台建设，规范信访业务流程、整合信访信息资源，对街道办事处和重点委办局专题培训。受理群众来信来访8301件（批），同比上升26.6%。其中来信2028件，同比上升27.2%，来访6273批，同比上升26.3%。实现市、区级集体访批次人数双下降，其中市级集体访53批1206人次，同比批次减少12.7%，人次减少38.8%，区级集体访85批1826人次，同比批次减少20.6%，人次减少15.7%。区领导接待群众来访14批439人次，批阅信访事项119件，专题调度信访问题20余次。全年开展2次矛盾大排查、3次专项排

5月5~31日，开展信访条例宣传月活动

查、2次信访重点人排查，排查出区级重点矛盾纠纷38件，其中7件被确定市级重点矛盾纠纷，已全部化解销账。受理信访事项复查申请56件，办结56件，结案率100%，到市政府申请复核7件，均维持原意见。

单位地址：东城区什锦花园胡同23号

联系电话：64041552

邮政编码：100007　　（张静）

【信访积案化解】3月起，在全区开展信访积案排查化解，排查积案45件，其中1件国家级、4件市级、6件区级、34件街道级。在全区范围内召开5次信访积案化解专题会。45件积案按市有关要求和标准全部化解。完成区委常委会提出的解决20件疑难信访问题任务。　　（张静）

【培训与交流】4月27~29日，举办全区信访干部业务培训班，邀请市信访办、北京市第四中级人民法院、心理咨询师围绕信访复查复核工作、依法行政、压力与情绪疏解进行培训交流。区属各单位信访干部110余人参加。7月28~29日，举办信访工作主管领导培训班，邀请中国政法大学教授就信访法制化改革作专题报告，与会人员就信访工作存在问题、经验及工作建议座谈交流。许汇出席并讲话。10月19~20日，召开到信访办挂职锻炼同志研讨会。邀请2010年以来市委组织部及区委组织部选派到信访办挂职锻炼的同志，交流挂职期间的体会，并对信访工作提出意见和建议。20余人参加。　　（张静）

【信访条例宣传】5月5~31日，在全区开展以“信访法治在路上，网上信访更阳光”为主题的信访条例暨网上信访宣传月活动。启动当天，在崇文门外街道新世界百货前设区级宣传点。市信访办、区信访办、崇文门外街道、国瑞地产公司领导参加宣传活动，向群众发放《信访条例》、信访知识宣传折页、环保购物袋等宣传品。崇文门外街道信访科、司法所工作人员、律师等现场为群众提供政策解释和咨询服务。各街道办事处、相关委办局分设宣传点，通过悬挂横幅、张贴宣传画、制作板报、发放宣传材料、设立咨询台等形式开展宣传。　　（张静）

【办理环保督查件】11月29日至12月底，区承办中央环保督察组北京市协调联络组交办件90件，其中重点办理件7件，一般办理件83件。所有交办件全部按时、高质量办结。　　（张静）

【信访联席会议开到基层】创新信访联席会议召开模式，将会议放在矛盾纠纷比较集中的天街集团和国瑞集团，专题研讨拆迁遗留问题解决办法，研究制定全区拆迁遗留问题解决原则。全年召开领导小组会议5次、专题会议1次，研究信访事项20余件，使用专项维稳资金67.2万元。　　（张静）

【拓宽信访工作渠道】在原有律师、心理咨询师参与信访工作基础上，尝试开展民主党派、妇联、青年志愿者参与信访工作，并取得成效。制定《关于进一步加强律师参与信访工作意见（征求意见稿）》《关于东城区民主党派人员参与信访工作方案（试行）》。全年律师参与接待134人次，心理咨询师参与接待93人次。　　（张静）

## 调查研究

【概况】东城区人民政府研究室（简称区政府研究室）是承担综合性政策研究和咨询任务的区政府工作部门。内设综合科、调研科，行政编制8人，实有8人。

年内，围绕全区中心工作和重大任务，完成政府工作报告、领导重要讲话等文稿100余篇约38万字。围绕区经济社会发展重点、难点问题开展调查研究，通过实地调研、委托研究机构等方式，撰写调研报告8篇，编辑《区长参考》简报9期。参与平房区物业管理、居家养老、老旧小区整治、直管公房管理等重要工作研究，为区重点工作推进提供智力支持。区领导张家明署名文章《综合施策，努力构筑首都功能核心区安全生产的坚固屏障》在《中国安全生产发展报告（2011-2015）》上刊登。

单位地址：东城区什锦花园胡同23号

联系电话：64031118-8716

邮政编码：100007　　（唐志立）

【起草区政府重要文稿】完成《2016年北京市东城区人民政府工作报告》起草工作，完成区政府主要领导在区委区政府重要会议、重要活动上的报告、讲话等文稿撰写，牵头起草东城区疏解非首都功能与人口调控、老旧小区综合整治、直管公房改革等重要工作汇报材料。在“两学一做”学习教育中，起草区政府党组对照检查材料、整改方案等材料。　　（唐志立）

【课题调研】承担李先忠主持的党建课题《东城区在城市更新改造和重大

3月13日，调研前门东区综合整治情况

项目建设中运用群众工作方法研究》调研任务，并形成调研报告。围绕平房区综合整治模式、“静态交通”管理、“高精尖”产业结构等专项调研课题，与区城管委、东城园管委会，交道口、东四、天坛等街道开展专题座谈、实地走访等调研活动30余次。

（唐志立）

【服务区域发展】加强与区房管局、民政局、住建委、外侨办等部门配合，指导全区平房区物业管理、居家养老、老旧小区整治、直管公房管理等重要工作开展。参与《关于推行平房区物业管理服务的意见》《东城区关于加强居家养老服务工作的实施意见》起草工作。协助市政府研究室，开展“智慧城市”建设专题调研。

（唐志立）

## 档案管理

【概况】东城区档案局馆（简称区档案局馆）为一套机构、两块牌子，是区政府负责档案行政管理部门。区档案馆是收藏区域内符合进馆范围档案的综合性档案馆，是区政府的直属机构，是区档案安全保管基地、爱国主义教育基地、档案利用服务中心、政府信息公开查阅中心和电子文件管理中心。区档案局馆为参照《公务员法》管理的行政事业单位。内设办公室、法制科、业务指导科、档案管理一科、档案管理二科、接收征集科、编研科、社会教育科、信息技术科、纪检监察科、人事财务科、档案利用科。人员编制57人，实有49人。区档案馆为国家一级档案馆，分南馆（幸福大街32号）、北馆（外交部街甲28号）两地办公，设有查档接待室、档案阅览室、档案展览室等服务设施，为利用者提供档案查阅、已公开政府信息查阅、档案事务咨询、电话及来函代查、档案展览参观等服务。

年内，落实五大发展理念，实施“以人为本、服务为先、安全第一”战略，推进资源、安全和利用三个体系建设，推进档案工作提质增效，提高档案工作服务大局、服务发展、服务群众、服务社会水平。《东城区档案事业发展“十三五”规划》列入全区“十三五”专项规划，5项重点工作列入区政府绩效管理考评内容。《东城区档案馆馆藏陈列展》《“京城活雷锋”孙茂芳》等展览接待参观1254人次。开展新馆陈列展览筹备工作，起草《古巷幽幽—东城区街巷胡同记忆展》展览方案和大纲。接收并整理区属单位移送政府信息公开纸质文本758份，制作、装订相应检索目录。全年报送工作动态信息98条，被各级信息刊物采用86条。《北京档案工作信息》刊登信息21条，数量居全市前列。参加区直机关纪念建党95周年“心声颂党”歌咏比赛获三等奖，参加全区“强党性、守党纪、正党风”知识竞赛获二等奖。区档案局馆及3人被市档案局、市人力资源和社会保障局分别评为2013—2016年度北京市档案系统先进集体、先进个人。

单位地址：东城区幸福大街32号

联系电话：87556343

邮政编码：100061　　（吴海瑛）

【档案利用服务】年初，完善服务设施，依托数字档案资源利用平台系统将南北两馆信息互联，数据共享，8月1日起实现“一个窗口受理，一条龙服务，‘一站式’办结”运行模式。年内，继续开展热线电话、网络预约查询、跨地查阅、特殊群体送档上门等服务。接待档案利用者1.19万人次，实际利用9457人次；实际利用档案1.57万卷次，调阅档案2546卷次，出具证明1.12万份，接待咨询电话1.32万个，复制档案1.91万页。为特殊群体开展7次送档上门服务。

（吴海瑛）

【档案学会工作】1月19日，举办档案系统第二届“寻找身边最美兰台人”演讲比赛，18个单位专兼职档案员21人参加。3月，召开档案学会第五次会员代表大会、五届一次理事会，选举产生第五届理事会、监事人1人及理事会理事长1人、副理事长2人和秘书长1人，确定本年工作重点。区档案学会被区民政局评为3A级社会组织，学会团体会员48个，组织会员撰写并选报学术论文4篇，参加全国档案工作者年会学术交流与研讨。组织干部参加《北京档案》杂志社“讲述档案背后的故事”征文活动，《跨越60年的寻找》《头枕南瓜心自在》获二等奖。

（吴海瑛）

【家庭建档成果首次入军博】3月1日，“纪念东北老航校成立70周年”文物捐赠仪式在中国人民革命军事博物馆举行。区首批家庭档案示范户许

1月19日，举办档案系统第二届“寻找身边最美兰台人”演讲比赛

玲向军事博物馆捐赠家庭档案，包括其父许景煌1945年至1987年在东北老航校、空军油料部任职期间及离休后书信、手稿、证书等6类285件、照片28张。（吴海琰）

【业务监督指导】4月13～28日，召开全区8个协作组会议，部署年度工作。9月1日，与区财政局联合召开《会计档案管理办法》宣传贯彻培训会，加强会计档案管理的四项具体职责，70余家区财政一级预算单位会计人员参加。9月至12月，26家单位接受机关档案工作测评满3年复查，1家单位申请首次测评，通过率100%。12月23日，召开全区档案工作培训会，宣传贯彻《东城区关于加强和改进新形势下档案工作的实施办法》《东城区“十三五”时期档案事业发展规划》，总结部署年度工作。区属91家立档单位的办公室主任与专职档案员参加。12月底，编印《企业档案工作文件汇编（1991—2015）》，提高全区企业档案工作规范化水平。年内，对全区74家区属单位档案工作体系建立、制度建设、各门类档案案卷质量日常监督指导370次；开展全区17个街道社区档案工作培训，讲解社区档案收集、整理、安全保管等业务，指导10个社区抓好档案规范示范工作；提前完成重点建设项目档案管理登记工作。（吴海琰）

【教育培训】5月16～20日，举办档案专业知识培训班。采取64学时面授与网上学习相结合的模式授课，网上学习注重基础理论，涉及文书、会计、科技、电子、声像等10个课程24学时，面授培训采取案例式、互动式教学40学时。学员全部通过考试并取得结业证书。专兼职档案员63人参加。年内，举办档案接收进馆、电子文件归档等专题培训。组织全区档案员346人参加档案继续教育在线学习，295人完成学习并考试合格，取得在线学习结业证书，学习人数和获取证书人数分别位居全市榜首。（吴海琰）

【档案法宣传】5月至7月，参加国家档案局主办的“档案与民生”主题征文活动，上报文章60篇，获国家档案局授予的优秀组织奖。6月13日至7月13日，组织区属单位开展《档案法》宣传月活动，下发《档案违法案例》宣传挂图200余册，《档案法律法规》书籍200余本。7月12日，举办档案法治宣传培训会，邀请律师讲解档案日常管理违法行为法律责任解析及风险防范，全区各单位主管档案工作的领导、档案工作人员180余人参加。年内，编印《东城档案》12期。（吴海琰）

【档案馆日活动】6月13日，举办主题为“档案与民生”第八届档案馆日活动，举办《东城区档案馆馆藏陈列展》《“珍藏岁月痕迹 传承优良家风”——北京市东城区家庭档案展》《“京城活雷锋”孙茂芳》3项展览。其中《“珍藏岁月痕迹 传承优良家风”——北京市东城区家庭档案展》首次展出，分为家庭档案概览、家庭档案展示、家庭建档成果三部分，通过20块展板160余张图片展示家庭档案风采。推出《东城区档案法制宣传展览》《红色足迹在东城》等6项网上展览。举办家庭建档知识讲座，向社区居民40余人讲解家庭建档知识，包括家庭建档历史背景、概念、意义、分类、编目、保管和利用，以及家庭档案专

6月13日，举办第八届“档案馆日”活动

用装具的使用等。发放宣传材料3000余份，发布互动微博23条。500余人参加。（吴海琰）

【档案接收征集】年内，接收进馆档案9家单位14个全宗5224卷5698件及其电子目录；接收7家区属单位2014年度电子文件2058件；征集兵团战友捐赠图书《青春的家园——我的生洼地》2本进馆。完成应进馆11家单位17个全宗档案进馆前检查。开展城市记忆拍摄工作，包括龙潭、地坛、景泰蓝庙会及崇文门外街道元宵灯会现场，东四三条至八条胡同风貌保护现场，玉河南区整治绿化现场等，拍摄照片498张。（吴海琰）

【档案信息化建设】年内，加强馆藏档案数字化工作安全管理和质量检查，完成扫描档案原文3.92万卷292.28万页，著录档案检索目录65万条。馆藏档案数字化工程（六期）绩效评价级别优秀。开发完成照片档案管理系统，研究制定《东城区数码照片归档与管理办法》，21家单位试点运行。与区政府办、区信息办共同推进全区协同办公系统电子档案归档系统建设，成立区协同办公系统电子文件归档工作领导小组，开展相关调研；《东城区全区档案管理系统建设项目》列入区“智慧东城”行动计划储备项目。设立“东城档案”微信公众号，开设微博栏目。网站页面浏览量每周829次，微博浏览量每周1749次。（吴海琰）

【行政执法监督】年内，11人通过行政执法资格考试并取得执法证件。首次采取“双随机抽查”方式对区属18家单位开展执法检查，重点检查建立健全档案工作制度，档案实体安全保管，档案库房安全建设，档案利用、鉴定、销毁、开放，档案移交、交接等情况；对是否按时归档、是否贯彻落实各项档案工作制度等加大执法检查力度，并跟踪指导，督促落实。梳理本单位权力清单，制定工作流程，上报数据。（吴海琰）

【档案编研】年内，编纂出版《东城决策纪实（1991—1994）》，全书11万字，从档案视角客观真实记录1991年至1994年东城区各项事业发展历程。在区纪委、区监察局“古韵正声”网站开设专栏，刊登专栏文章《爱国将领吉鸿昌》《聂耳在东城的革命活动地——慈慧寺》《天安门广场》等，扩大档案编研成果宣传覆盖面。收集汇总区属单位报送的上年档案利用效果实例255篇。（吴海琰）

【基础业务建设】年内，开展馆藏1985年至1986年到期档案开放鉴定工作，完成初审4722卷8.66万件、复审5947件。开展馆藏1966年保管期限到期档案再鉴定工作，完成54个全宗81个目录786卷1.01万件。（吴海琰）

## 地方志工作

【概况】东城区地方志编纂委员会办公室（简称区地方志办）与区委党史工作办公室合署办公，正处级参公事业单位，负责全区党史、地方志工作。内设综合科、党研科、方志科、编辑科，编制16人，实有15人。

年内，贯彻落实《北京市地方志事业发展规划纲要》，组织4次专题会学习研讨，把《纲要》挂到东城史志网上，并在机关、街道、社区、学校宣讲8次。二轮修志工作有序推进，完成《东城区志》复审稿，提交市地方志办复审，《崇文区志》复审稿基本形成；东城年鉴编辑部坚持每周例会制度，完善年鉴框架，编印《北京东城年鉴编纂实用手册》，对年鉴主笔进行撰稿业务培训1次；完成《北京东城年鉴》（2016卷）编辑工作，《北京东城年鉴》（2015卷）获第二届北京市年鉴编校质量评比一等奖；拓展地方志领域，开展地方史编写，完成《东城简史》第五稿；申报市地方志办重点课题一项获批准；按照区委统一部署，开展“两学一做”学习教育活动。

单位地址：东城区东四十一条83号

联系电话：84037892

邮政编码：100007（马德川）

【志书编纂】《东城区志》完成情况：4月，形成《东城区志》（复审初稿）；6月，市地方志办编审组专家对志稿评议；9月，形成《东城区志》（复审稿）；12月，提交市地方志办复审。《崇文区志》完成情况：3月，形成《崇文区志》（初审二稿）；7月，市地方志办编审组专家对志稿评议；9月，将修改稿报市地方志办审阅；12月，经市地方志办批准，《崇文区志》进入复审。（马德川）

【二轮修志评议会】6月16日，召开《东城区志》（复审初稿）评议会，市地方志办编审组专家从篇目设置、

3月1~2日，召开全区年鉴工作培训会

内容体例、行文规范、图片选用等方面提出修改意见。《东城区志》编辑部、《崇文区志》编辑部18人参加。7月4日，召开《崇文区志》初审二稿评议会，市地方志办编审组专家就概述如何概括全面、反映主线、特色明显、亮点突出、简明扼要，专业编体例、结构、归类、标题设置要精准，注意与前志衔接，把握以事系人标准，避免内容交叉重复，评价性语言应慎用等提出修改意见。《东城区志》编辑部、《崇文区志》编辑部19人参加。（马德川）

【年鉴培训会】3月1～2日，召开全区年鉴工作培训会。会上，就如何提高年鉴编纂质量与年鉴照片拍摄和选用进行专题培训。会议要求：要提高对年鉴工作重要性认识；要从资料、内容、图片、写作等方面严把年鉴质量关；要在年鉴内容、条目设置、排版顺序、条目要素、条目标题等规范上下工夫。150余人参加。（马德川）

【年鉴编辑】12月，《北京东城年鉴》（2016卷）编辑完成，由北京日报出版社出版，为总第二十卷。全书设综述、大事记、特载、政党·团体、政权·政协、政法·军事、综合经济管理、工商·旅游·对外经济、财税·金融、城市建设、城市管理、科学·教育·文化、医药卫生·体育、社会生活、街道、人物、统计资料、附录18个一级栏目，一级栏目下设二级栏目，二级栏目下设分目，分目下设条目。采用文章、条目、表格等体裁，以条目体为主，共110万字，彩插图片31幅，内文图片183幅。全面、系统地记载上年全区在政治、经济、文化、社会等领域发展变化和发生的大事、要事、新事，记载新成就、新进展、新经验，为各界人士了解东城、研究东城、建设东城提供信息和资料。（马德川）

【课题申报研究】2014年立项的重点课题“关于二轮志书如何体现时代特征、地域特色研究——以正在编纂的二轮东城、崇文区志为例”和一般课题“地方志在传承区县历史文化中的作用研究”成果编入《北京市2014-2015年度地方志课题成果集》。10月申报市地方志办重点课题《区级综合年鉴条目设置及编写规范化研究——以《北京东城年鉴》编纂为例》，12月通过立项。（马德川）

【咨询服务】为区属部分单位提供区志、年鉴、地情资料书籍等24册；年鉴、修志工作进行业务指导46次；讲区情、党课8次；与外省市交换年鉴18册；为群众和新闻媒体提供史志咨询服务28人次。（马德川）

## 机关事务管理

【概况】东城区机关事务管理服务中心（简称管理中心）是区直属正处级事业单位，经费全额拨款，工资纳入公务员规范管理。承担区委、区人大、区政府、区政协机关及部分行政事业单位的机关事务管理及服务保障工作。内设办公室、人事科、监察科、财务科、国有资产监督管理科、房管基建科、办公用房管理科（7月成立）、公共机构节能监督管理科、安全综合科、车辆管理科、综合服务科、膳食科、接待科、管理一科、管理二科、管理三科、管理四科、管理五科（9月成立）18个科室，事业编制75人，下辖差额拨款事业单位东城区人民政府机关服务中心，事业编制40人，实有在职人数133人（含代管工勤）。

年内，开展“两学一做”学习教育活动，落实区委、区政府战略部署，加强机关事务工作调查研究，建设节约型政府机关，降低机关运行成本、深化“精、细、严、准”工作要求，稳步推进机关事务规范管理。制定区机关事务工作“十三五”规划，分析未来五年发展环境，确定指导思想、目标任务、保障措施。印发《东城区行政事业单位办公用房管理办法》，明确办公用房集中统一管理的发展方向，规范办公用房建设、购置、调配、权属、维修、物业管理、使用、处置等。管理中心被市档案局评为北京市区机关档案工作测评市级优秀单位。

单位地址：东城区育群胡同6号

联系电话：64077648

邮政编码：100010（白黎明）

【完成“疏非控人”指标】年内，成立清查小组，调研解决实际问题，实地核查，完善基础台账，建立办公用房管理信息化系统，清房疏人，以房控人，全年清理出租出借办公用房106处，面积2万余平方米，疏解影响人口1116人，超额完成区下达1077人的任务指标。（白黎明）

【财政经费管理】全年组织完成3次

11月18日，组织机关干部义务献血

专项审计、1次公务支出公款消费检查。完成内控手册编制，从源头规范预算、收支、政府采购、资产、项目、合同和库房管理，形成闭环管理模式。完成34家单位全口径预、决算公开工作。期初结余1.02亿元，预算收入4.61亿元，决算支出4.67亿元，结余0.96亿元。清理实有资金、零余额和基本建设三大账户资金，涉及54个项目，上缴财政资金3183万元。清理往来款账户，涉及15个单位，上缴财政4785万元。（白黎明）

【国有资产管理】开发行政事业单位办公用房管理系统，完成办公用房图纸绘制和各数据录入。完善采购管理办法，实施采购全过程公开。清查资产1.8万件，资产总额13亿元。（白黎明）

【工程项目建设】完成工程房产办理与转移、上年度项目审计预决算、机关基础设施政府专项工程、汛期办公房屋漏点修缮、临时设施改造306项。完成10项维护和节能改造招标工作，招标金额约4142万元；完成工程审计项目41项，约908万元。完成转业干部、新招及社招职工住房补贴发放，上报审计20人，资料100余份。（白黎明）

【推进公共机构节能】组织公共机构节能宣传周活动，发放《节能宣传手册》500余份，宣传画1500余张，利用宣传专栏、电子显示屏等媒介，宣传《公共机构节能条例》。建立能耗统计制度，收集各院落水电气暖等用能情况。（白黎明）

【公务用车改革】年内，出台《东城区机关公务用车管理服务平台管理运行办法（试行）》《东城区综合执法车辆管理服务平台运行管理办法（试行）》，实现2个平台车辆统一管理、统一调配。印发《公务用车使用申请单》，确保平台128辆机关公务车辆和104辆综合执法车辆安全有序调度。全年保障区机关各单位机要用车1.5万台次。（白黎明）

【服务保障】全年安全保障近140万人次早中两餐和局级领导、机关干部加值班餐。完善食堂库房管理、供货商准入、食堂人员管理、食堂人员操作流程等制度，膳食管理经验在市政府系统机关事务工作座谈会上作介绍。全年为机关干部职工1200余人提供医疗保健、5000余人次理发及705人体检，洗衣服务2万余件，印制文件160万印，提供会议服务2万余次。增加公共自行车布点密度，增设电动自行车充电桩，丰富膳食品种，实现加值班人员现场就餐。保安、保洁、消杀、设备维修维保通过公开招投标、邀标和3家议价等方式实现社会化，膳食、会议服务实现部分社会化。（白黎明）

【安全管理】完成区委、区政府大型活动及会议执勤保障任务40余次，分18次对机关内部单位及公共区域开展安全检查。全年处理和协助处理机关门前上访群众1100余人次，疏导车辆2600余台次。（白黎明）

【第七届岗位技能竞赛】1月16日，开展第七届岗位技能竞赛，分预赛和决赛两部分，设置安全保卫、车辆维修、膳食、综合服务、接待礼仪5类11个项目，职工300余人参赛，评出一等奖11人，二等奖18人，三等奖25人。（白黎明）

# 东城区人民政府组成人员

## 区长、副区长

区长　李先忠（1月任）

副区长　陈之常　张立新（女）

李莉（女，10月任，挂职）　张　健

陈献森（10月任）　葛俊凯（12月任）

赵凌云（女，12月任）　薛国强（12月任）

刘俊彩（女，12月任）

杨东宁（女，6月任，挂职）

朴学东（4月免）　王中华（12月免）

颜　华（女，12月免）　许　汇（12月免）

暴　剑（8月免）　刘朝晖（女，4月免）

## 工作机构负责人

政府办公室主任　薛国强

政府研究室主任　吴　笛（满族）

国家保密局局长　朱　捷

发展和改革委员会主任　李铁生（2月免）

刘俊彩（女，2月任）

教育委员会主任　周玉玲（女）

区政府教育督导室主任　付　葵（女）

科学技术委员会主任　孙占军

住房和城市建设委员会主任

许利平（2月免）

高崇耀（2月任）

城市综合管理委员会主任
张恩东（2月免）
韩卫国（2月任）
商务委员会主任　刘　健（女）
文化委员会主任　李承刚（2月免）
王伟东（2月任）
卫生和计划生育委员会主任
林　杉
国有资产监督管理委员会主任
白京涛
社会建设工作办公室主任
赵小平（6月免）
严　岩（6月任）
民族宗教事务办公室主任
雷新隆（畲族）
外事侨务办公室主任　孟　锐（6月免）
饶景东（6月任）
法制办公室主任　李凌波
信访办公室主任　邱宏庆
信息化工作办公室主任　谢霄鹏
对外联络服务办公室主任
武　鸿
重大项目协调办公室主任
张立新（女，兼）
台湾事务办公室主任　王宝祥
防范和处理邪教问题办公室主任
王　磊（回族）
产业和投资促进局局长　陈　平
监察局局长　李连喜（10月免）
陈　岗（10月任）
预防腐败局局长　陈　岗
民政局局长　魏慧明（4月免）
李小洁（女，4月任）
司法局局长　李利平（女）
财政局局长　崔燕生
人力资源和社会保障局局长
王　森
机构编制委员会办公室主任
赵　刚
环境保护局局长　韩小平（女，6月免）
李卫华（6月任）
审计局局长　许　健（6月免）
侯立华（6月任）
安全生产监督管理局局长
曹永军
体育局局长　吕德成（6月免）
耿学森（6月任）
统计局局长　杨　峰
园林绿化局局长　梁成才
园林绿化管理中心主任　王迪生
旅游发展委员会主任　李雪敏（女）
民防局（地震局）局长　芦永良
房屋管理局局长　赵明杰（2月免）
张晓峰（2月任）
市国土资源局东城分局局长
林　毅
市规划委员会东城分局局长
宋志红（女）
国家税务局局长　宋怀明（9月免）
尚　旭（10月任）
地方税务局局长　赵增科
市工商行政管理局东城分局局长
韩　非
质量技术监督局局长　许建民（5月免）
邢　磊（5月任）
东城区食品药品监督管理局局长
王厚廷
经济社会调查队队长　孙书振
政务服务中心主任　尹广枢
中关村科技园区东城园管理委员会主任
许　汇（兼）
前门大街管理委员会主任
葛俊凯
北京站地区管理委员会主任
陈之常（兼，5月免）
陈本宇（兼，5月任）
城市管理综合行政执法监察局局长
韩卫国（1月免）
吴志辉（1月任）
网格化服务管理中心主任
朱传芳（7月免）
张　伟（7月任）

东二环交通商务区建设管理办公室主任
李　强
王府井地区建设管理办公室主任
王中华（兼）
行政学院院长　　李先忠（兼）
档案局（馆）局（馆）长
胡家文
地方志编纂委员会办公室主任
彭积冬
机关事务管理服务中心主任
张春燕（女）

老龄工作委员会办公室主任
徐维江（7月免）
王　桁（7月任）
环境卫生服务中心主任　李勇泉
房屋征收事务中心主任　刘志刚
房屋土地经营管理一中心主任
赵春军
房屋土地经营管理二中心主任
康哲才

# 中国人民政治协商会议北京市东城区委员会

【概况】中国人民政治协商会议北京市东城区委员会（简称区政协）履行政治协商、民主监督、参政议政职能。设有提案委员会、学习和文史委员会、经济科技委员会、城建环保委员会、教文卫体委员会、社会和法制委员会、民族和宗教委员会、港澳台侨委员会。区政协常务委员会主持日常工作，设办公室、研究室、专委会工作一室、专委会工作二室、专委会工作三室、专委会工作四室、专委会工作五室为办事机构。公务员编制47人，实有49人。

年内，坚持走访委员制度，主席、副主席、秘书长走访委员单位，密切政协组织与委员和委员单位沟通交流。举办以“学习贯彻五大发展理念，提升政协履职水平”为主题的常委学习班，坚持政协讲堂、委员讲座、专题报告、机关集体学习制度，听取区相关部门专项工作汇报，围绕推动区大众创业万众创新、区中医药特色健康管理社区建设、完善全区0～3岁儿童照料公共服务与政策支持等重点课题，开展专题调研。报送社情民意信息187篇，其中全国政协、市相关部门采用17篇，市、区领导5人批示7条。撰写理论文章、编辑《回音壁》、制作年度政协工作专题片等，宣传政协工作。

单位地址：东城区幸福大街32号

单位电话：87556717

邮政编码：100061　　（符鹏）

【第十三届委员会第五次会议】1月5～8日，政协北京市东城区第十三届委员会第五次会议在北京国际会议中心举行。邵鹏主持并作区政协十三届委员会常务委员会工作报告，王钢作关于区政协十三届四次会议以来提案工作情况报告，参会区政协委员列席区人民代表大会会议，听取并讨论《东城区人民政府工作报告》《东城区“十三五”规划纲要》《关于东城区2015年国民经济和社会发展计划执行情况和2016年国民经济和社会发展计划（草案）的报告》《关于东城区2015年财政预算执行情况和2016年财政预算（草案）的报告》《东城区人民法院工作报告》《东城区人民检察院工作报告》，听取提案委员会关于第十三届委员会第五次会议期间提案征集情况报告，审议并通过《中国人民政治协商会议北京市东城区委员会第十三届委员会第五次会议决议》。补选第十三届委员会副主席1人。闭幕式上张家明作重要讲话。市政协副主席陈平，区领导李先忠、赵中原出席。　　（符鹏）

【第十四届委员会第一次会议】12月18～20日，政协北京市东城区第十四届委员会第一次会议在北京国际会议中心举行，宋甘澍主持。邵鹏作区政协十三届委员会常务委员会工作报告，袁秀江作关于十三届区政协提案工作情况报告，参会区政协委员列席区人民代表大会会议，听取并讨论《东城区人民政府工作报告》《关于东城区2016年国民经济和社会发展计划执行情况和2017年国民经济和社会发展计划（草案）的报告》《关于东城区2016年财政预算执行情况和2017年财政预算（草案）的报告》《东城区人民法院工作报告》《东城区人民检察院工作报告》，听取提案委员会关于第十四届委员会第一次会议期间

1月5~8日，召开区政协十三届五次全会

提案征集情况报告，审议并通过《中国人民政治协商会议北京市东城区委员会第十四届委员会第一次会议决议》。选举产生政协北京市东城区第十四届委员会主席、副主席、秘书长和常务委员共63人。闭幕式上张家明作重要讲话，宋甘澍作表态发言。市政协副主席陈平，区领导李先忠、赵中原、金晖出席。（符鹏）

【主席会议】全年召开主席会议9次。审议通过《中国人民政治协商会议北京市东城区第十三届委员会关于主席、副主席、秘书长工作分工调整的决定（草案）》《中国人民政治协商会议北京市东城区第十三届委员会工作规程（草案）》《中国人民政治协商会议北京市东城区第十三届委员会理论与实践研究会会长、副会长、秘书长名单（草案）》《中国人民政治协商会议北京市东城区第十三届委员会关于“推进东城区国际安全社区建设”追踪调研情况的报告（草案）》《关于加强体育场馆设施建设完善公共体育服务体系的建议案（草案）》《中国人民政治协商会议北京市东城区第十三届委员会优秀委员评选办法（草案）》《中国人民政治协商会议北京市东城区第十三届委员会关于表彰2016年度优秀提案的决定（草案）》《中国人民政治协商会议北京市东城区第十三届委员会关于表彰“最具影响力提案”的决定（草案）》《中国人民政治协商会议北京市东城区第十三届委员会关于表彰2012-2016年度最有价值社情民意信息的决定（草案）》《中国人民政治协商会议北京市东城区第十三届委员会关于表彰2012-2016年度优秀社情民意信息工作者的决定（草案）》《中国人民政治协商会议北京市东城区第十三届委员会关于表彰2012-2016年度社情民意信息工作先进单位的决定（草案）》《中国人民政治协商会议北京市东城区第十四届委员会第一次会议决议起草委员会委员建议名单（草案）》《中国人民政治协商会议北京市东城区第十四届委员会第一次会议提案审查委员会委员建议名单（草案）》《中国人民政治协商会议北京市东城区第十四届委员会第一次会议委员分组办法和各组召集人建议名单（草案）》《中国人民政治协商会议北京市东城区第十四届委员会第一次会议大会秘书处各组负责人名单（草案）》。研究确定区政协本年重点工作安排和区政协第十三届委员会主席、副主席、秘书长重点提案协商办理工作方案。传达区委组织部关于深入开展严肃换届纪律学习教育活动的通知。通报区委关于换届工作部署情况。参观区反腐倡廉警示教育基地。讨论《关于进一步加强政协协商民主建设的实施意见（征求意见稿）》。（符鹏）

12月18~20日，召开区政协十四届一次会议

## 政协常委会一览表

| 序号 | 会议时间 | 会议名称 | 会议议题 |
|---|---|---|---|
| 1 | 1月7日 | 第30次 | 听取各组讨论常务委员会工作报告、提案工作报告、政府工作报告及各组讨论酝酿人事事项和推选监票人情况汇报<br>审议乔世怀不再担任副主席、贺征不再担任常务委员的决定（草案）<br>通过补选副主席候选人、会议总监票人、副总监票人、监票人名单（草案）及关于第五次会议期间提案征集情况报告<br>审议第五次会议决议（草案） |
| 2 | 1月8日 | 第31次 | 通过十三届委员会常务委员会本年工作要点（草案）、关于贺征不再担任委员的决定（草案） |
| 3 | 3月31日 | 第32次 | 听取区城管委关于老旧小区公共空间环境整治工作情况、关于实施拥堵节点改造解决城市道路拥堵问题工作情况的通报及各专门委员会关于本年工作计划汇报 |
| 4 | 5月31日 | 第33次 | 听取区文化委关于区创建国家公共文化服务体系示范区相关工作情况通报<br>通过十三届委员会委员履职管理办法（试行）（修订草案）、十三届委员会委员履职综合考评细则（试行）（修订草案）及区政协机关人事任免有关事项 |
| 5 | 8月30日 | 第34次 | 听取许汇关于区上半年经济运行情况通报<br>通过关于推进区“大众创业，万众创新”工作的建议案（草案）、加快转型升级提高职业教育水平的建议案（草案）、完善全区0～3岁儿童照料公共服务与政策支持的建议案（草案）及十三届委员会常务委员会关于调整部分专门委员会副主任的决定（草案） |
| 6 | 10月18日 | 第35次 | 听取各专门委员会及政协委员街道活动小组五年工作情况、本年度委员履职情况、财政预算和社会管理综合治理民主监督小组五年工作情况汇报<br>通过十三届委员会关于表彰第十三届优秀委员的决定（草案） |
| 7 | 11月24日 | 第36次 | 听取区政府关于办理区政协本年提案工作情况和建议案落实情况通报<br>通报中央、市区严肃换届纪律精神<br>通过郝斌不再担任秘书长的决定（草案）、第十四届委员会委员人选的决定（草案）、第十四届委员会第一次会议主席团成员人选、秘书长人选的建议（草案）、第十四届委员会第一次会议秘书长人选的建议（草案）、召开政协北京市东城区第十四届委员会第一次会议的决定（草案）、第十四届委员会第一次会议建议议程、建议日程（草案）、常务委员会工作报告（草案）、提案工作情况报告（草案） |

（符鹏）

【提案建议】区各民主党派、人民团体和政协委员提案334件，立案312件，立案率93.41%，办结率100%。其中党派团体提案27件，委员街道活动小组提案6件，委员提案279件。所有提案全部按期办结，办复率100%。提案建议得到采纳和部分采纳的占66.67%，列入计划的占28.85%，留作工作参考的占4.49%，委员对提案办理满意率91.66%。（符鹏）

【专题调研】组织委员和专家学者开展视察考察、实地走访、座谈研讨等活动100余次，经反复论证，形成《关于推进东城区“大众创业，万众创新”工作的建议案》《加快转型升级提高职业教育水平的建议案》《关于完善我区0～3岁儿童照料公共服务与政策支持的建议案》。（符鹏）

【民主监督】推荐部分委员担任行政执法和公共服务部门社会监督员，通过明察暗访、座谈研讨等形式，开展经常性民主监督。社会管理综合治理和财政预算民主监督小组开展专项视察、协商座谈等活动。组织委员旁听区法院案件公开审理。组织各界委员就文物保护、人口转移疏解、区域经济发展及社会关注的热点问题开展视察考察，在各项日常履职活动中开展民主监督。（符鹏）

【界别活动】1月12日，妇联界别举办“视觉东城　色彩建设”主题活动。3月4日，妇联界别、社会福利和社会保障界别联合区政协社会和法制委员会，举办“和谐诚信 共建共赢”主题庆三八活动。3月7日，区政协民革界别举办委员讲座，区政协委员、国家体育总局运动医学研究所运动员医疗中心主任主讲。同日，共青团界别联合区青联开展“迎三八魅力大变

10月21日，区政协召开第十三届委员会总结表彰会

身”活动。5月25日，工会界别联合工商联界别组织委员对工商联部分会员单位执行《北京市实施<中华人民共和国工会法>办法》情况开展系列视察调研。9月2日，特邀界别组织委员赴汉美中国项目参观考察。（符鹏）

【政协委员街道活动小组】修订完善《关于政协委员街道活动小组的工作意见》。在文化建设、法律援助、医疗服务等方面发挥自身优势，提供智力支持，服务发展、促进和谐。17个街道小组全年组织委员开展活动128次，参加活动的委员848人次。

（符鹏）

【政协讲堂】5月24日，邀请北京航空航天大学教授作《变动中的世界格局与中国国家安全》讲座，讲解世界格局与中国国家安全状况，中日、中美未来博弈等问题，政协委员、各民主党派及机关干部130余人参加。9月8日，邀请国家宗教事务局研究中心主任作《国际国内宗教形势》讲座，讲解国际宗教形势及主要特点、国内宗教形势及主要挑战，并联系全国宗教工作会议精神，阐述如何全面准确把握国际国内宗教形势，做好新形势下的宗教工作。区政协委员、机关干部以及民盟、民进、致公党部分成员100余人参加。

（符鹏）

【政协常委学习班】6月27日至7月1日，在青岛市委党校举办以“学习贯彻五大发展理念，提升政协履职水平”为主题的常委学习班。聆听用五大发展理念引领新的变革、中央统战工作会议精神与新时期统战工作讲座，实地考察青岛啤酒博物馆、海尔集团、石老人社区、青岛市博物馆，研讨政协协商民主建设工作。区政协部分常委和部分优秀委员60余人参加。（符鹏）

【十三届委员会总结表彰会】10月21日召开。表彰本届政协优秀委员118人、最具影响力提案30件和最有价值社情民意信息13篇。政协委员、信息员和政协机关干部200余人参加。

（符鹏）

【新任委员培训】11月29日，举办政协第十四届委员会新任委员培训班。李铁生主持，并就严守换届纪律提出要求。邵鹏代表区政协向新任政协委员提出希望。新、老委员124人参加。

（符鹏）

【“双政”协商座谈会】7月6日，召开“双政”协商座谈会，张立新主持。与会委员就推进望坛棚改项目进展座谈。区领导李先忠、邵鹏出席，区政府相关部门和部分政协委员20人参加。（符鹏）

【工作交流】3月11日，西城区政协副主席王瑞珠一行8人就政协协商与党委政府有效衔接研究到区学习交流。3月23日，长沙市天心区政协主席率团就养老产业发展与布局到区学习交流。5月15日，呼和浩特市政协理论研究会一行9人就政协协商民主、新闻宣传、社情民意、委员履职管理等到区学习交流。12月5日，河南省栾川县政协主席带队就提案工作和委员履职服务管理到区学习交流。

（符鹏）

# 中国人民政治协商会议北京市东城区第十三届委员会组成人员

## 主席、副主席、秘书长、常务委员

主　席　邵　鹏

副主席　乔世怀（1月不再担任）　王　红（女）

　　　　袁秀江　李铁生（1月任）　姚卫海

　　　　罗　强　王　钢　张树华

秘书长　郝　斌（11月不再担任）

常务委员（以姓氏笔画为序）

　　　　丁迪红（女）　卜天月（女）　于鸿雁

马水清　马宝刚　王　红（女）
王　钢　王　涛（女）　王　清（女）
王成祥　王林洪（女）　王富国
王厚廷　尹向敏（女）　田　华（女）
田振清　冯　燕（女）　冯洪荣
吕志斌　吕德成　曲运宏
乔世怀（1月不再担任）　刘　冰
刘京生　刘海江　刘继春
庄冉强　关　卫　许睢宁
纪常伟　杨　梅（女）　李　辉（女）
李　焱　李小康　李金梅
李建安　李铁生（1月任）
李照宏　吴之越　何志才
沈　明　张　东　张　伟（女）
张　杰（女）　张　明　张　蕊（女）
张树华　张秀丽（女）　张京京（女）
张晶晶（女）　陈　工（女）　陈　靖（女）
陈凯贤　邵　鹏　林余存
林美龄（女）　苑晓红（女）　罗　强
罗东川　周旭辉　周丽霞（女）
郑　欣（女）　宗绪毅
郝　斌（11月不再担任）　郝国信
郝金明　赵元立　赵青仲
钟连盛　姚卫海
贺　征（1月不再担任）　秦　斌
袁秀江　徐工学　徐建胜
郭凤书（女）　高　阳　黄　晔
康玉杰　彭　湘　董化端
蒲　丛　雷新隆　谭　菲（女）
滕亚杰（女）　薛晓鸥（女）

### 专门委员会负责人

提案委员会主任　王　涛（女）
学习和文史委员会主任　李承刚
经济科技委员会主任　李照宏
城建环保委员会主任　许利平
教文卫体委员会主任　冯洪荣
社会和法制委员会主任　吴志辉
民族和宗教委员会主任　雷新隆（畲族）
港澳台侨委员会主任　谭　菲（女）

### 工作机构负责人

办公室主任　高秀文（女）
研究室主任　张锦东（女）
专委会工作一室主任　肖利明（5月免）
　韩小平（女，5月任）
专委会工作二室主任　刘　洁（女）
专委会工作三室主任　侯文君
专委会工作四室主任　李　华（女）
专委会工作五室主任　徐　龙

## 中国人民政治协商会议北京市东城区第十四届委员会组成人员

### 主席、副主席、秘书长、常务委员

主　席　宋甘澍
副主席　王　红（女）　颜　华（女）　李铁生
　毕博闻　姚卫海　朱岩石　肖　燚
秘书长　赵茂杰
常务委员（以姓氏笔画为序）
　于鸿雁　马水清　马宝刚
　王宝祥　王富国　石广志
　叶晓溪　闪增宏　任继霞（女）
　刘志刚　许睢宁　苏　平
　李　辉（女）　李　辉（女）　李小康
　李拥军　李建安　李晓光
　李照宏　杨　壮　杨　菲（女）
　杨金魁　吴志辉　吴国清

| | | |
|---|---|---|
| 余晓辉（女） | 沉　浮 | 宋东方（女） |
| 张　东 | 张　伟（女） | 张　玮 |
| 张　威（女） | 张　瑾（女） | 张晓娟（女） |
| 陈　芃（女） | 陈　靖（女） | 苑晓红（女） |
| 周玉玲（女） | 周旭辉 | 周丽霞（女） |
| 郑　欣（女） | 房峥嵘（女） | 赵青仲 |
| 郝国信 | 郝金明 | 徐　岩 |
| 徐建胜 | 高　阳 | 高崇耀 |
| 崔媛媛（女） | 康玉杰 | 谢德春 |
| 雷新隆 | 蔡燕霞（女） | 谭　菲（女） |

注：因委员重名，名单中有两名李辉（女）委员，一名为民盟界别委员，一名为致公界别委员。

## 工作机构负责人

| | |
|---|---|
| 办公室主任 | 高秀文（女） |
| 研究室主任 | 张锦东（女） |
| 专委会工作一室主任 | 韩小平（女） |
| 专委会工作二室主任 | 刘　洁（女） |
| 专委会工作三室主任 | 侯文君 |
| 专委会工作四室主任 | 李　华（女） |
| 专委会工作五室主任 | 徐　龙 |

# 法治·军事

# 政法委与综治工作

## 政法委员会工作

【概况】中共东城区委政法委员会（简称区委政法委）是区委领导和管理政法工作的部门。内设办公室、法制科、政治部，行政编制12人，实有11人。区维稳办是区维护稳定领导小组的常设办事机构，设在区委政法委，行政编制4人，实有4人。

年内，以维护安全稳定为首要政治任务，围绕京津冀协同发展和非首都功能疏解目标，推进平安东城、法治东城、过硬政法队伍建设，落实司法改革任务。开展“两学一做”学习教育活动，参观袁崇焕庙，参加“远离邪教、生活真美”主题宣教活动，实地察看东城“薄荷茶”反邪教空间运行情况。完成元旦、春节、国庆等重要节假日，全国“两会”、杭州G20峰会、十八届六中全会等重要会议期间安保维稳任务。落实社会稳定风险评估纳入会议决策程序制度，确保重大决策应评尽评，落实信访代理制，做好矛盾纠纷化解稳控工作，初信初访办理率100%。

单位地址：东城区钱粮胡同3号

联系电话：64071736

邮政编码：100010（姜云飞）

【政法工作会议】2月26日，召开区委政法工作会议。学习贯彻习近平总书记系列重要讲话和对政法工作重要指示，贯彻落实中央、市委政法工作会议精神。金晖总结上年全区政法维稳工作，分析面临的形势，研究部署政法工作，并要求坚持反恐防恐常态化，深入推进社会矛盾纠纷排查化解工作，妥善应对涉众型案事件，加强维稳工作制度化建设，深化“平安东城”建设，提升流动人口服务管理水平，完善司法权监督制约机制，服务全区经济社会发展。区有关领导、有关部门400余人参加。（姜云飞）

【推进司法体制改革】4月22日，召开司法体制改革领导小组会议，研究部署推进司法体制改革有关问题。会议听取区法院、区检察院推进司法体制改革工作情况，研究讨论区司法体制改革领导小组协调解决的问题。金晖参加并提出要求。区法院、区检察院根据改革实际需要，提出方案，加大与区相关部门沟通力度。区法院院长赵军、区检察院检察长蓝向东及区司法体制改革领导小组成员单位负责人出席会议。（姜云飞）

2月26日，召开区委政法工作会

【维稳工作专题会】7月1日，召开区委维稳工作专题会议，学习贯彻习近平总书记重要批示精神，金晖传达贯彻市委维稳工作专题会议精神，通报维稳工作情况，研究部署全区维稳工作。张家明要求，清醒认识安全稳定形势，增强做好维稳工作责任感和紧迫感，强化“东城无小事”理念，把思想和行动统一到习近平总书记重要批示精神上来，全力维护东城社会和谐稳定；要抓住重点、精准发力，集中力量做好关键领域、关键环节工作，做好维护稳定各项工作，确保大事不出，小事能及时处理。8月25日，召开全区维稳工作会议，传达贯彻落实中央和市有关会议精神，分析维稳工作形势，区有关部门结合工作实际，部署G20杭州峰会期间全区维稳工作。金晖及区维稳领导小组成员单位负责人参加。（姜云飞）

【接受市委对安保维稳督查】8月26日，市委政法委副书记带队到区检查G20杭州峰会期间安保维稳工作落实情况。督查组实地察看王府井大街反恐防暴、社会面防控等情况，听取东城区G20杭州峰会期间安保维稳工作落实情况汇报。督查组肯定区安保维稳工作，并指出，要加强组织领导，严密防范措施，确保社会安全稳定，创造平安的社会环境。市委政法委、首都综治办、市反恐办有关领导，区领导金晖及区属相关单位负责人陪同检查。（姜云飞）

## 社会治安综合治理

**【概况】**东城区社会治安综合治理委员会办公室（简称区综治办）是东城区社会治安综合治理委员会（简称区综治委）的办事机构。负责调查研究、督促检查、指导协调各单位实施社会治安综合治理领导责任制。内设综合科、指导科、督导科、联络科、流管科5个科室，行政编制22人，实有19人。

年内，完成春节、全国“两会”、G20峰会、第五届全国少数民族文艺会演、国庆、十八届六中全会等重大安保维稳和服务保障任务。打造社区防范屏障，联合东城公安分局开展夏季社区平安等专项行动，实现社区发案历史新低。牵头开展区群租房及地下空间专项整治“利剑行动”，整改全区群租房及地下空间内存在的安全隐患，清退违法使用的地下空间。围绕首都核心区安全保卫工作，对全区各级社会治安重点地区开展综合整治。组织开展铁路沿线安全隐患、火灾隐患排查整治和社会治安整治等专项行动，以实现“三确保”“两减少”（确保无因属地因素导致的重大铁路交通事故，确保无涉路暴力恐怖事件，确保无冲击铁路的群体性事件；闲杂人员上道等影响铁路运输安全的事件较上年减少，破坏铁路防护设施、私搭乱建等影响铁路安全的隐患问题较上年减少）为工作目标。从加强流管基层基础出发，加强区、街、社区三级流管机构建设和流管队伍规范化建设，健全流动人口服务管理体系。依托综治工作领导责任制，加强基层综治组织队伍建设。

单位地址：东城区钱粮胡同3号
联系电话：64031118-3211
邮政编码：100010
（刘春乐）

**【提升群众安全感】**1月29日，召开社区平安建设和经验交流座谈会，30个社区的综治委书记发言，交流综治工作特色，并提出意见和建议。5月起，以提升社区居民安全感和满意度为目标，结合辖区压发案工作实际，针对春夏季节社区入室盗窃案件发案特点，全区开展社区平安行动。11月5日，全区各街道（地区）开展“平安东城”主题宣传日活动，主会场设在崇文门外街道国瑞城商场西南门前，各街道（地区）在辖区内设立分会场，各社区设立宣传站。在“平安东城”主题宣传月期间，东城区政务微博“北京市东城”在新浪、腾讯、人民网发布平台累计发布相关微博67条，开展“我为平安北京支一招”宣传活动，利用各街道、社区、网格各级综治平台，发放群众安全感宣传折页1万余张，在各社区张贴《致居民的一封信》等海报700余张，累计献计2636条。12月27日，在区图书馆召开“大走访、查隐患、强基础”社区平安行动工作部署会。通报社区入室盗窃案件防范工作情况，部署社区“2017高峰平安行动”工作实施方案，北新桥街道、东花市派出所、永外派出所代表分别发言。区领导陈本宇、张健参加。（刘春乐）

**【立体化社会治安防控体系建设】**组织群防群治力量6万余人参与社会面防控，保障重要时期和重大活动期间全区社会安全稳定。全年启动社会面等级防控命令10次，执行社会面防控任务88天，组织机关党员干部、治安巡防队、保安、治安志愿者、青年志愿者、社会单位力量等群防群治力量330万余人次参与到全区3135个“守望岗”防控值守，发挥情报信息收集员和治安秩序维护员作用。创新完善以网格化管理、五张网防控、信息化支撑为特点的立体化社会治安防控体系，强化公共安全视频监控建设联网应用工作，被中央综治办、国家发改委评选为雪亮工程全国示范区。（刘春乐）

**【群租房和地下空间专项整治】**年内，通过挂账督办、限期治理、有奖举报、综合执法、长效管控等措施，消除群租房和违规地下空间安全隐患，清退租住人员。全区治理违法群租房1262处，疏解流动人口1.59万人，涉及面积8.95万平方米。整治地下空间137处，整改面积14.9万平方米，疏解人口1.96万人，超额完成人口疏解任务40.8%。（刘春乐）

**【社会治安重点地区整治】**开展社会治安重点地区整治，通过彻底拆除违法建设、取缔违法经营主体、加大日常警力投入、动态监督检查等措施，保持整治高压态势。市级挂账社会治安重点地区中，涉及永外地区、崇文门新世界商场及周边地区、北新桥地区、和平里地区4个地区10类突出问题全部达到整治标准。（刘春乐）

**【铁路护路联防】**全区排查发现铁路沿线各类危树隐患300余处，组织辖区专职护路队员，对各条线路、铁路

11月5日，开展“平安东城”主题宣传日活动

桥梁、重点部位加强日常巡视，尤其是重大活动期间，采取24小时不间断巡视盯守，确保及时发现各类安全隐患。全年发现铁路沿线各类安全隐患6处，并配合属地街道（地区）和相关成员单位妥善处置。（刘春乐）

【流动人口服务管理】按照流动人口来有登记、走有注销和出租房屋租有登记、停有核销工作标准，加强流动人口和出租房屋基本情况采集更新、动态监测和实时分析，建立人、房数据月通报、季分析、年综评制度，摸清全区流动人口和出租房屋底数情况，为党委政府开展工作提供数据支持和决策参考。继续完善社区矫正制度，创新和丰富社区矫正教育管理手段，提高“两类”（刑满释放和社区矫正）人员社会适应性帮扶水平，加强矫正帮教队伍建设。（刘春乐）

# 法治政府建设

【概况】东城区人民政府法制办公室（简称区政府法制办）是区政府综合管理法制工作的职能部门。下设综合科、文审科、行政复议接待科、行政复议案件办理科和行政执法监督科5个科室。行政编制17人，事业编制11人，实有28人。

年内，全面贯彻落实《法治政府建设实施纲要（2015～2020）》，创建法治培训基地。组织政府常务会会前学法4次，解读法律法规规章。拟定法治发展规划，以区政府和区推进依法行政工作领导小组名义颁布《北京市东城区法治政府建设实施意见（2015-2020年）》《东城区法治政府建设年度重点工作任务分解书》，对“十三五”时期全区法治政府建设进行合理布局、提供明确指引，并对各项重点任务分解细化，明确牵头部门、完成年度、成果表现形式等事项，确保工作落实到位。着力服务保障民生，深化合法性审查，法治服务切实融入全区中心工作。推动普及法律顾问，完善重大决策机制，科学民主决策降低风险减少损失。办理复议应诉案件，应对持续高发态势，规范化建设助力防范化解矛盾纠纷。坚持源头治理，以防为主、依法调解、多元处置，完善具有东城特色的行政调解工作体系。改善行政执法，规范执法全程监督，高标准落实行政执法责任制。

单位地址：东城区幸福大街32号

联系电话：87556312

邮政编码：100061（涂新文　王宇）

【首创法治培训基地】全市首创的区县政府法治培训基地在怀柔区创办，颁布《关于建立东城区依法行政教育培训基地强化法治教育培训工作的意见》。采取封闭式军事化管理，完成3期一线执法人员脱产式培训。课程包括立案登记制背景下的行政诉讼、行政处罚案卷制作规范、执法礼仪与技巧探究、市场经济环境下的执法依据及实践等，配有心理调节疏导、军事训练等内容，执法人员约1000人参加。（涂新文　于惠洋）

【提升法律服务】研究旧城更新改造的各种法律难题，参与处理宝华里、西河沿、天坛周边简易楼腾退、前门东区解危排险、南锣鼓巷地区四条胡同修缮整治、西忠实里环境整治等重大项目审核论证，牵头召开法律研讨会，分析研讨项目中出现的土地开发、补偿标准等问题，提出切合实际的对策。完成平房区物业管理合法性论证，明确职责来源、履职依据等事

7月4日，东城区依法行政教育培训基地授牌仪式

项。（涂新文　于惠洋）

【合法性审查】修订完善《东城区行政规范性文件制定、备案和监督的若干规定》，明确规范性文件审核工作实现统一登记、统一编号、统一印发。对所有提交区政府会议审议和区政府审批的文件、事项均进行合法性审查。完成区政府信息公开答复合法性审查511件。（兰秋月　王汉松）

【完善重大决策机制】修改完善区政府法律顾问履职工作规则，为法律顾问参与决策、发表意见提供便利条件。督促指导全区各部门选聘法律顾问，各部门选聘率100%。剖析选取前门历史文化保护区东区旧城保护整治项目，作为区典型案例接受市政府及相关专家审核评议，为开展类似工作提供借鉴。（兰秋月　王汉松）

【办理复议应诉案件】全年区政府收到行政复议申请408件。通过行政复议纠正行政机关违法或不当行为案件11件。组织出庭应诉及复议答辩，按时提交答辩材料，办理区政府为被告、被申请人的一审诉讼、复议案件544件。颁布《东城区行政机关负责人出庭应诉工作规定》，明确行政机关负责人主动出庭应诉。颁布《东城区人民政府设立行政复议街道受理点工作方案》，推行行政复议街道受理点建设，方便申请人就近申请行政复议。（胡耀彬　姜鹏）

【加强和改善执法监督】颁布《东城区行政执法专项考评办法（试行）》及其评分标准，从人均办案量、职权履职率、执法响应度、行政处罚案卷规范率等方面对执法工作进行综合评价，区分垂直管理的行政执法部门、区属行政执法部门和街道办事处3种类型，并进行排名通报。与中国政法大学法治政府研究中心开展联合课题研究，初步构建东城区行政执法规范化指标体系。落实“双随机”抽查事项清单制度，配合区行政审批制度改革领导小组办公室开展相关抽查审核。继续推行重大行政处罚备案制度、“零”处罚情况说明制度及行政执法人员资格认证制度，适时更新执法人员数据库。（吴泉河　张敏）

【开展行政处罚案卷评查】采取随机抽卷、集中评查方式，评查全区行政执法部门上年7月1日至本年6月30日期间制作的一般程序的行政处罚案卷。评查采取抽卷、审卷、评议、复核、征求意见以及核定、通报、反馈等步骤，实际评查28个行政执法部门105本行政处罚案卷。区城管委、旅游委、民政局、档案局4个部门实现行政处罚“零”的突破。（于惠洋）

# 公　　安

## 东城公安分局

【概况】北京市公安局东城分局（简称东城公安分局）受市公安局和区委、区政府双重领导，依照法律赋予的权利维护国家安全和社会治安秩序，保护人民，惩罚犯罪，完成保持国家长治久安的使命。内设办公室、政治处等27个部门，下设户籍派出所20个，治安派出所5个。行政编制2605人，实有2937人，职工28人。

年内，采取多种形式深化“两学一做”学习教育活动，局属基层党支部开展学习研讨900余次、讲授党课170余次。完成全国“两会”、G20峰会、党的十八届六中全会等重大安保和敏感节点安保任务，确保敏感期重点人员零滋事、重点地区零聚集、敏感部位零采访。推动健全反恐防恐体制机制，掌控关注群体动态，开展各种形式反恐宣传300余次。全面强化、统筹推进立体化、信息化社会治安防控体系，完善区、街道、社区、网格四级社会服务管理平台，坚持科技投入，累计投入3.09亿元，逐步建成市级、区级、派出所三级图像信息管理平台、图像采集点位3676个，全区图像联网率100%，东城区被评为全国图像视频工作示范区及全国公共安全视频建设联网应用工作示范区。实践领导干部绑定社区机制，坚持警民联防，推动街道组建社区巡防队920支、夜间巡逻队182支，发动社区治安志愿者5.9万人，提升对社会面治安控制力度。全年破获案件2362起，依法处理违法犯罪人员4103人，命案侦破率连续13年保持100%，八类案件保持低位运行，“两抢”、诈骗、入室窃案件发案持续下降，侵财案件抓获人数上升16.2%。坚持严格监管，检查危险物品单位、“五小”（小超市、小百货、小五金、小日杂、小食品店）企业、重点防火单位及物流寄送单位1万余家次，最大限度消除安全隐患，实现火情下降、大型活动“零事故”。组织开展打击盗销自行车专项行动，拘留（刑拘47人、治拘74人）盗销自行车违法犯罪嫌疑人121

人。督促航模专卖店落实凭证购买、实名登记制度，落实小型航空器和空飘物日常管控措施，加大网购低慢小航空器管理力度，将持有者与器具纳入视线。检查小型航空器销售单位38家（次），“禁飞”期间未发生利用小型航空器和空飘物制造影响的事件。全年完成养犬年检5976条、新登记1130条、收容救置无主犬1421条。全力保障疏解非首都功能工作推进，完成天坛周边简易楼腾退、东华门夜市和隆福寺早市闭市安保工作；推行居住证制度、异地办证等户籍改革，异地受理居民身份证400张。推进以审判为中心的司法制度改革，紧抓受案立案制度改革，推进执法突出问题集中整治工作，及时发现各类执法问题1.28万件，采取执法监督措施3189件，执法办案平台录入问题同比下降62.4%。推动“两个委员会”（执法质量考评委员会、执法监督管理委员会）常态化运行，建立刑事案件联席会议制度和预警约谈机制，制定派出所负责人出庭应诉工作规定，强化督促整改力度。抓住执法办案管理中心建设关键点，初步形成一站式办案、全流程监督的执法办案新机制，开通远程化无障碍执法快速通道，开展执法培训，落实抽考抽测和执法规范大轮训工作，组织警探长以上领导干部140人参加庭审旁听。建立信访工作联席会议机制，完善涉法涉诉涉警信访问题依法解决机制和信访问题评查工作机制，化解市局挂账涉法涉诉重点案件15起。落实派出所警务改革。在硬件保障上，依靠党委政府，经费保障逐年上升。在打防机制建设上，推行勘验分离工作模式，案件勘查率和物证提取率均排名全市前列。突出情报、勤务指挥“两个大脑”，推出五项情报工作服务措施，创新“四战区”工作模式、深化打击入室盗窃“五环节”工作机制，构建打击电信诈骗“7+3”联动作战格局，进一步提升侦查破案能力。发挥自主警务优势，先后推动永外无线红外监控、体育馆路视频APP等多个警务创新项目。在公共关系建设上，启动警媒联动宣传机制，把握“双微”警务主阵地，拓展警民沟通、线索举报渠道。东城公安分局微信公众平台“东城公安”微信公众号开通，关注人数2005人，发布图文消息132篇，阅读量5.05万人次，其中收到网友私信2028条。落实党风廉政建设党委主体责任、纪委监督责任，主动开展廉政风险防控工作倒查，查处群众信访举报，加强日常考核检查，全年接信访举报同比下降35.8%。面向基层，突出装备物资保障换代升级，全年采购入库各类装备物资1.25万件/套，投入4674.44万元，消减公务用车184辆。年内，3个集体、4人荣立二等功，17个集体、207人立三等功，68人连续三年优秀公务员获三等功，901人记嘉奖。3个集体、2人获公安部荣誉称号，2个集体、9人获市级（市局）荣誉称号。

单位地址：东城区大兴胡同45号

联系电话：84081033

邮政编码：100007　　（李露云）

**【主题宣传日活动】**1月10日，举行“群众的110，携手筑平安”主题宣传日活动。分局相关领导及受邀各界群众50余人参加主会场活动，分局巡警支队及各派出所分别设立26个分会场。本次活动出动警力660人次，接待各界群众咨询7000余人次，发放宣传品5.2万余份。5月15日，与区相关单位在大都市商城举办“防范风险、护航发展”的主题宣传日活动。呼吁全民参与打击和防范经济犯罪，现场发放宣传材料2000余份、纪念品600余套，解答群众咨询50余人次。6月22日，在百荣世贸商城内设立主会场，在20个户籍派出所设立分会场，开展缉枪治爆主题宣传活动。设置宣传站点21个、出动警力110人，展示摆放宣传展板250块、横幅88条，现场向群众发放宣传品和《致居民一封信》1万余份，受教育群众达到2万余人次。6月26日，区禁毒办在崇文门国瑞城商场西门前广场，举办国际禁毒日宣传活动。参与群众2万余人，发放宣传品2.5万余份，制作禁毒公益广告，利用网络电视平台等媒体播放，受众约20万户家庭。8月21日，在东直门交通枢纽举行反恐防恐宣传活动，局属23个派出所会同街道综治办同步进行。主、分会场通过张挂横幅标语、接受群众咨询、现场答疑解惑、派发宣传资料、移动警务站LED电子屏幕滚动播放标语等形式开展宣传。全区发放反恐法宣传海报2000张，《公民防范恐怖袭击手册》2000册。

（李露云）

**【增设出入境证件受理点】**2月6日，东花市、北京站、东华门派出所设立出入境证件受理点。4月1日，交道口、安定门、和平里派出所设立出入

6月22日，开展缉枪治爆主题宣传活动

境证件受理点。10月25日，在珠市口公民出入境证件受理大厅的基础上，扩建成东城区出入境证件办理大厅，并正式启用，位于珠市口东大街16-5号。大厅面积600平方米，设有15个服务窗口，硬件设施配备到位，服务区功能齐全。（李露云）

【“两会”安全保卫工作】3月3～14日，东城公安分局成立总指挥部1个，下设会场外围、代表委员住地、路线警卫分指挥部。制定《全国“两会”安全警卫工作总体方案》和50余个分方案，组织实施勤务224起1.58万人次，组织发动群防群治力量113万余人次，完成“两会”大会场外围、6处住地、8条行车路线的安全警卫任务，没有发生涉及代表、委员人身安全案件。（李露云）

【户籍派出所警营开放日】6月25日，东城公安分局在东四派出所设立警营开放日主会场，20个户籍派出所开展不同形式的警营开放日活动，发放各类宣传材料2万余份、张贴标语1000余条、悬挂横幅26条、设立展板210块，发送微信微博150余条、网上警务室发帖17条。组织1000余人参加，现场提供警务咨询692人次，征求各类意见建议97条，现场办公解决实际问题51件。（李露云）

【“在柏树下”主题宣传】6月，华裔女孩菲菲携美国养父重回中国，感谢“警察爸爸”天坛公园派出所民警侯祥炜给了她第二次生命，对22年前中国警察的爱心善举深表感谢。东城公安分局以此为基点，创作歌曲《在柏树下》并拍摄同名MV，利用新闻媒体、市局“正警事”微信平台和分局官网平台对此事进行报道，多角度全方位开展“在柏树下”主题宣传推树活动。11月11日，公安部副部长、副市长、公安局长王小洪批示：大力宣扬民警立足岗位、为民服务的感人事迹，树立首都公安良好形象。（李露云）

【打击网络倒号违法犯罪】8月，针对“号贩子”利用网络、电话抢挂各大医院专家号进行倒卖的违法线索，联合市局相关部门和相关分局成立专案组。9月27日，会同便衣总队，抽调警力255人，在东城、海淀、丰台等地同时行动，一举打掉3个“号贩子”犯罪团伙，抓获团伙成员32人；同时启动对协和、同仁等重点医院治安清理整治，抓获违法犯罪人员99人，刑拘处理26人，起获作案用手机200部，笔记本电脑4台，台式电脑1台。（李露云）

【受理居住证及居住登记卡业务】10月1日，全区20个户籍派出所受理居住证业务。10月8日，全区181个社区流管站陆续办理居住登记卡业务。全年受理居住证3.35万人，居住登记卡2.12万人。（李露云）

【勤务指挥发挥作用】全年处理各类“110”警情10.29万件，其中刑事警情4356件、治安警情5759件。根据安保任务和治安形势，动态调整防控方案76次；组织大型治安勤务14次，抽调警力2700余人；组织开通各类指挥部50余次，组织演练6次，调动警力1.7万余人。（李露云）

【“黑车”专项治理】年内，结合“缓堵”工作，在故宫北门周边、南北池子大街、王府井周边、协和医院4处拥堵部位设卡，发现“黑车”及时处理。全年自主整治、查扣“黑摩的”“黑三轮”718辆，治安拘留125人。配合东城交通支队开展交通秩序整治，在重点点位设卡拦截、盘查，开展联合夜查52次，全区范围整治“黑车”8次，查扣非法运营“黑摩的”“黑三轮”614辆。（李露云）

【打击伪基站专项行动】针对伪基站散发涉黄、招嫖短信情况，成立打击伪基站行动小组。抓获犯罪嫌疑人86人（其中刑拘71人），缴获涉案手机200部，笔记本电脑4台，台式电脑1台，便携式伪基站设备63套，涉案车辆63辆。（李露云）

【严查涉黄涉赌犯罪】关注“110”涉黄涉赌警情，针对警情高发、群众举报点位以及重点、复杂场所，加大打击力度，深入问题部位开展暗访侦查，指导派出所开展警情压控，打团伙、打组织。全年抓获黄赌违法犯罪人员280人，其中涉黄156人，涉赌124人。（李露云）

【旅店业管理】落实住宿登记制度，加强宾馆饭店预订会议审查和对酒店附设场所的执法检查，落实从业人员登记管理，推进物防技防设施安装使用，辖区99家连锁酒店和快捷酒店归类分为7个自律小组，组建两级微信群，交流防控经验。建立完善打击取缔“黑开”旅馆长效管控机制，通过多种手段，做到依法高限处罚，打击取缔“黑开”旅馆9家，治安拘留17人。（李露云）

【特种行业管理】年内，开展开锁

3月11日，“两会”安保民警与社区守望岗志愿者交流情况

业专项整治，对开锁经营单位逐家建立台账、落实核查，100%采集技工生物信息，依法打击无照经营、超范围、异地经营等违规问题，查处开锁“110”联动等非法小广告。开展反销赃专项行动和法制培训会，发动信息员，挖掘收销赃犯罪线索，加大检查频次，强化对特种行业控制。（李露云）

【物流寄递业管理】组织对全区物流寄递企业115家、从业人员1451人进行动态摸排、登记造册，督促落实人防、技防、物防措施及前置安检。全年检查物流寄递企业1410家次，排查快件1670件，核录从业人员1572人次，发现并督促整改各类问题26件。（李露云）

【大型活动监管】以防范恐怖暴力、拥挤踩踏、群死群伤和安全事故为目标，严把审批许可、场地安检、现场监管3个环节，开展安全监管工作，全年抽调警力1.2万余人次，完成春节雍和宫觐香、地坛和龙潭庙会、第五届少数民族文艺汇演、国际长跑节及中超球赛、大型演唱会等大型活动安保任务21项、108场次，安检审查110余万人次，抓获犯罪嫌疑人95人，拘留以上处理13人，消除安全隐患9件次。（李露云）

【保安行业监管】掌控各公司和企业单位保安建设，重新审核监管的11家保安服务公司管理服务许可，完备审批手续并建立管理档案；落实保安队伍日常检查，严把用人关。通过公安核查网络系统核查保安人员8943人，抓获网上在逃人员1人、核查重点人4人、犯罪前科91人、未成年38人，全部通知用人单位办理辞退；深入驻勤点检查，检查保安公司14家次，保安驻勤点33个，发现整改各类违规问题45件，行政处罚9起。（李露云）

【治理拥堵缓解停车难】全年清理“黑三轮”和“黑摩的”2207辆、查处无照经营1298人、乞讨人员48人、扰序230人、清理违章停车6000余辆次；交警、巡警累计检查机动车6744部、核录2.62万人次；巡逻警务站清理违章停车4000余辆次，粘贴违法停车告知单3314张。全区新增停车位1000余个，改造微循环道路6条，缓解停车难问题。（李露云）

【守望岗发挥作用】依托11.97万志愿者组成3135个社区“守望岗”，覆盖全区187个社区，落实重点人管控和社区防范工作职责。全年“守望岗”志愿者10.1万余人次参与看控各类重点人，看控群防群治力量参与重点点位看护11.5万余人次，发现并提供有价值的信息线索4646件，根据志愿者提供线索疏导化解各类矛盾246件，抓获各类违法犯罪嫌疑人1230人，发现上报涉访人员80余人。（李露云）

【舆论宣传】全年组织新闻媒体记者40余次200余人次对分局各项活动进行采访；在中央级媒体上发表各类稿件200余篇，在市级媒体上发稿千余篇；完成10余部影视汇报片的制作；留存各类影像资料1000余分钟，照片1万余张；处置涉警敏感舆情100余起，撰写突发事件新闻口径50余次，解答热线记者189人次。“平安东城”微博、“东城公安”微信开通后，转递网友举报情报线索20余件。（李露云）

【警务督察工作】全年出动督察警力1200余人次，围绕重点开展现场督察600余次，查纠各类问题23件，提出工作建议和提示70余件。在7个专项督导工作中，出动督察警力180余组次340余人次（其中暗访组15组次），发现通报各类问题36个，提出整改意见和督察提示110余条。开展各类案件核查70余件次。（李露云）

【充实人员加强基层警务管理】年内，东城公安分局将市局286人前置警力充实到基层，派出所警力数达到分局总警力数的55%，社区民警总数增至351人，实现“一区多警”。全面实行“四班运转”；同时在安定门派出所试点，探索“一室三队”（综合指挥室、社区民警队、治安打击队、巡逻警务队）等自主警务运行模式，提高基层警务工作科学化、规范化管理水平。（李露云）

【改善业务工作用房】年内，东城公安分局在硬件保障上，经费保障逐年上升，执法办案管理中心和珠市口出入境接待大厅投入使用；完成天坛派出所、前门大街派出所业务用房项目改造；完成分局综合档案室用房和分局锅炉改造项目；完善指纹比对数据库，组建DNA检验室、视频和电子物证检验室；完成看守所监室改造、数字化提审室建设、警犬基地犬舍建设等24个基层单位业务用房维修改造。（李露云）

【信访工作】全年受理办理信访问题1.08万件次，同比上升25%。包括受理办理市局信访信息系统5888件，受理办理区政府相关信访件3151件。东城公安分局接待来访2437人次，受理办理诉求1715件，自接信件102件。依申请政府信息公开接待咨询1332人次，同比上升13%。（李露云）

【破获诈骗游客钱财案】1月8日，东城公安分局刑侦支队会同15个相关派出所，开展抓捕行动，打掉4个利用廉价玉石貔貅诈骗游客钱财的犯罪团伙，抓获嫌疑人104人。确定国子监“聚福堂”、崇文门国瑞城“聚财阁”、东直门内“上院”和西城区德内大街“三宝阁”4家玉器商店涉嫌利用封建迷信，高价出售玉石貔貅诈骗游客钱财的违法犯罪行为。经审查，刑拘53人，收缴人民币50余万元，POS机8台，暂扣出租车47辆。（李露云）

【破获盗窃文物案】5月30日，东城公安分局破获一起盗窃文物案，抓获犯罪嫌疑人李某某（男，1979年3月出生，河南省太康县人）。经审查，李某某对其4月22日凌晨，伙同他人租用吊车，并由其同伙盗窃卡车一部，将位于东直门北中街南口东侧东药王庙内遗存未核定等级不可移动的文物汉白玉碑座盗走，作案后分得赃款1.3万元的犯罪事实供认不讳，已被刑事拘留。（李露云）

【破获非法吸收公众存款案】7月4日，东城公安分局破获一起非法吸收公众存款案。经审查，某投资有限公司自上年10月成立至本年6月期间，未经中国人民银行等有关部门批准，以承诺年化收益率9%至16%的高息为诱饵，向社会不特定人群公开宣传、销售理财产品。5月底，该公司无法按期向投资人还本付息，6月初公司实际控制人失联。投资人330余人向该公司投资约4000万元人民币。经对涉案公司办公地搜查，起获电脑43台、POS机14台、账簿30余本、公章4套、合同700余份、宣传板8块、宣传单1000余份。主要犯罪嫌疑人22人均对犯罪事实供认不讳，已被刑事拘留。

（李露云）

【破获重大电信网络诈骗案】7月8日，东城公安分局破获重大电信网络诈骗案，抓获犯罪嫌疑人韦某某（男，1985年11月出生，广西壮族自治区南宁市人）、夏某（男，1987年11月出生，广西壮族自治区南宁市人）和张某（男，1984年5月出生，广西壮族自治区南宁市人）。经审问，犯罪嫌疑人3人对在一所谓高管管理办公QQ群内冒充公司总裁，先后骗取事主张某某（代表中文在线数字出版集团股份有限公司）汇款468万元的犯罪事实供认不讳，已被刑事拘留。

（李露云）

## 天安门地区公安分局

【概况】北京市公安局天安门地区分局（简称天安门地区分局）负责天安门地区治安、消防、侦查、内保、外事管理和警卫等工作。天安门地区分局为正处级建制机构，内设机构15个，其中副处级9个，即办公室、政治处、纪委（监察处）、治安大队、机动大队、巡警一至四大队；正科级5个，即警务保障科、法制科、中山公园派出所、劳动人民文化宫派出所、故宫派出所；现役团级单位1个，即消防监督处。

年内，完成各项警卫勤务和地区维稳任务。从分流疏导、分类安检角度出发，固化外围安检格局。完成天安门广场专职携犬巡逻队伍建设，构建具备搜爆安检、现场震慑、快速反应的天安门特色携犬巡逻模式。全年开展专项检查7次，检查单位950家，发现隐患37处，责令改正28件，查处违法5件。完善灭火应急体系，建立微型消防站8个，发展群众队员58人，配备器材914件。与地区城管捆绑执法，以“零容忍”高压态势高频次打击“黑照相”“黑导游”、无照扰序等违法行为。在重点时期、重点部位开展打击侵财类案件，提前发现盗窃嫌疑人51人次。推进分局执法办案管理中心建设，建立“一站式”执法办案机制，承担地区受立案、案件审查、收案审核、执法监督等工作。举办分局规范执法大轮训二级培训班13期，培训人员430人次。践行“两学一做”学习成果，突出政治建警，坚持从严治警，推进素质强警。天安门地区分局获全国执法示范单位，1个党支部被授予北京市政法系统五好党支部、1人被授予北京市政法系统群众心目中的好党员，2个集体、12人分别被授予市局级和分局级先进党支部、优秀共产党员称号。

单位地址：东城区东交民巷37号

联系电话：85225022

邮政编码：100006 （涂曦）

【重大节日与活动安保】年内，完成元旦、春节、全国“两会”、五一、十一、十八届六中全会等重大节日及重要活动安全警卫任务。特别是1月1日、5月1日、8月1日、10月1日升旗期间，分局加强网格管理、安检核录、外围过滤、预约入场、秩序疏导、应急处突等措施，确保观旗群众安全和现场秩序良好。6月29日和7月1日，庆祝中国共产党成立95周年系列活动在人民大会堂举行，中央、北京市领导及各界代表约3000人参加，落实外围安检、阵地备勤、区域巡逻等工作，确保与会领导人绝对安全和活动顺利进行。9月30日，天安门广场举行烈士纪念日向人民英雄敬献花篮仪式，中央政治局全体常委等党和国家领导出席，分局强化制高点管控、场地清场、场地安检、现场外围控制、路线警卫等工作，完成安保任务。

（涂曦）

【烟花爆竹禁放宣传】1月28日，在端门院内开展春节禁放宣传活动。通过现场咨询、发放宣传品、摆设展板等形式向市民和辖区内单位宣传春节期间天安门地区禁止燃放烟花爆竹相关规定。摆放宣传展板6块，标语横幅1条，向过往群众发放禁放宣传材料1.5万余份。 （涂曦）

【大客流秩序维护】五一、十一黄金周及暑期大客流期间，重点强化公交车站力量投入，落实看护和劝阻措施，防止人车混行。开展交界部位卡断疏导，避免人流交叉，防止客流高峰时段拥挤踩踏。落实地上地下一体化，在公交、地铁站口等易拥堵部位，与武警提早到位、拓宽通行区域、拉设劝导线、设置高音喇叭滚动宣传等方式引导有序通行。依托地区管委，与中山公园、劳动人民文化宫联动，适时免票通行，以入园向北疏散方式为金水桥区域分流游客。 （涂曦）

【为民服务】十一黄金周期间，启动广场为民服务车，每日8时至18时，持续为海内外游客提供广播找人、电话联系、疾病救治、免费饮水等服务。为方便游客了解天安门地区旅游动态、景点简介、交通路线和安全提示等信息，专门设计《天安门地区便民服务手册》宣传海报，游客通过手机二维码扫描可快速了解相关信息。

（涂曦）

【内保基础工作】年内，夯实基础管控，落实“盯住人、把住口、管住房、看住物、守住点、控住面”标准，高频次检查走访驻区单位，核查登记入职员工963人，填写检查记录120份，完成22项施工监管，开展施工人员背景审查3000余人，清退隐患11人。完成北京长跑节、北京国际马拉松赛及3万人次观旗活动等群众性大型活动安保任务。 （涂曦）

【统筹群防群治力量】年内，依托天安门地区管委会和驻区单位，组织群防群治力量开展安保处突培训10余次，涉及辖区单位1600余人次。全年梯次投入20余

天安门地区公安分局警犬技术队队员携犬执行安保任务

万人次参与“网格化”看控，协助发现处置突发情况400余起。（涂曦）

【犬防实战新模式】年内，通过实地调研、走访学习兄弟单位成功经验，选调局内警力赴公安部南昌警犬基地和市公安局怀柔基地开展专业技能培训，全部取得气味搜索、治安防暴等携犬科目上岗资格，并先后完成全国“两会”、国庆、十八届六中全会等重大安保任务。（涂曦）

## 东城交通支队

【概况】北京市公安局公安交通管理局东城交通支队（简称东城交通支队）是全员行政执法单位。担负全区道路交通秩序维护、特勤交通保卫、交通事故处理、交通安全宣传和规划维护交通设施等工作。支队管界总面积41.84平方公里，道路总长419.1公里，其中主干路78条、次干路66条、胡同741条。下设12个行政办公机构，由办公室、勤务指挥处、交通秩序管理大队、事故处理大队、安全监督管理大队、科技信息通信科6个职能部门和东单大队、东四大队、和平里大队、天坛大队、前门大队5个执勤大队及1个专业摩托车巡逻队组成。

年内，支队坚持依靠政府、多警共治、精益求精、项目推进、主动作为的管理思路，持续做好优化、导改、违法整治等常态化动作。全年接拥堵报警3085起，同比下降65.71%，北京站、北京医院、东四十条桥东北下桥处等拥堵节点得到改观。区政府制定《2016年东城区缓解交通拥堵工作方案》，区领导多次到支队专题调研缓堵工作，并给予用于缓堵工作资金2000余万元。重点开展东华门夜市清退和簋街环境秩序整体提升工程，有效疏解核心区低端业态；缓解停车难方面，在北新桥育树胡同建设能够容纳近400辆机动车的停车楼，在朝阳门银河SOHO地区推进“时空互换”停车机制，预计可提供710个停车位，一定程度上解决周边地区停车难问题，净化街面环境秩序；支队发动政府实施胡同停车社区自治管理机制，将胡同停车管理由交警行为上升为政府行为。

单位地址：东城区广渠门南小街5号

联系电话：68399100

邮政编码：100061（付少琨）

【交通警卫】全年完成特勤警卫任务2698次，出动警力3.34万人次。其中一级124次，一级疏导58次；二级294次，二级疏导290次；三级734次，三级疏导1198次。（付少琨）

【“122”处警工作】全年接各类“122”报警13.41万次，其中交通事故报警5.26万次，同比下降1.41%；交通拥堵报警3354次，同比下降66.62%；群众求助及情况反映7.88万次，同比下降34.13%。（付少琨）

【交通秩序管理】全年路面现场处罚机动车违法行为25.87万起，其中处罚货车违法行为1.82万起，处罚酒后违法行为580起，处罚涉牌违法1935起，电视监控录入违法停车行为23.02万起。拘留443人，扣留二、三轮摩托车1282辆，粘贴违法停车告知单29.05万张，拖车1409辆。（付少琨）

【交通设施管理】年内，侧重辖区57条重点大街，每条重点大街每天安排民警1人、协管员2人进行违法停车治理，充分调用支队667处监控探头，加大拍摄力度，实施以管理效果动态调整管理时间周期的工作模式，确保管理到位。针对摘牌停车、占用盲道、消防通道停车等重点违法行为，协调区城管委出资，与永君救援公司签订合同，雇用社会救援力量参与车辆清拖，提升工作效率。在崇文门东大街、马家堡路、百荣世贸门前等违法停车问题突出地点增设、完善机动车与非机动车隔离护栏，并将护栏固定在地面，防止护栏被人为挪移，还推动区政府在雍内大街、二环辅路重点部位非机动车道两端增加石墩，有效防止便道停车影响环境秩序问题。全年加装护栏约6.7公里，其中高隔离护栏约2.9公里，加装便道桩255根，更换各类标志83面。（付少琨）

【交通事故处理】全年侦破各类交通肇事逃逸案件60余起，全部破案。收到感谢信7封、锦旗20面。本年管界发生交通事故1.04万起，同比下降15.1%，因交通事故受伤4469人，同比下降5.4%，交通事故死亡20人，同比下降20%。（付少琨）

【交通执法监督管理】全年行政复议案件190件，行政复议案件撤变率0；行政诉讼12件，行政诉讼败诉率0；办理审核危险驾驶案102件；审核拘留卷560件。（付少琨）

【交通安全宣传】全年开展各类专题宣传活动321场次，社区活动88场次，发放宣传资料7万余份，开展阵地宣

3月8日，支队民警检查进京的外埠车辆

传教育18场次。组织开展学生交通安全教育活动44场次，参观交通安全宣传阵地8次，受教育学生5万余人次，发放宣传读本4万册。组织文明交通主题性宣传活动13次，3万人参与相关活动。（付少琨）

【专业运输单位安全监管】年内，对月违法超标以及发生6分以上严重交通违法行为的2198家社会单位落实监管措施，同时对74家专业运输系统单位开展监督执法检查，对9家出租营运企业、1家长途客运企业、6家货运单位先后采取挂黄牌和限期整改处理措施，封存车辆173辆次。（付少琨）

## 东城消防支队

【概况】中国人民武装警察部队北京市东城区消防支队（简称东城消防支队）是武警现役体制旅级建制，执行一类支队编制，担负全区的消防安全监督管理、消防宣传、灭火救援、应急处突、社会救助、重大活动消防保卫等职责。下辖司令部、政治处、后勤处、防火处4个职能部门，有花市中队、北新桥中队、王府井中队、金宝街中队、地坛中队、龙潭湖中队、前门鲜鱼口中队（8月1日总队决定在前门临时消防站基础上组建成立）7个执勤备战中队，正义路勤务中队1个勤务中队，编制人员612人，实有426人。

年内，抓住“抓班子、带队伍、促发展”主线，将稳定火灾形势和队伍内部作为出发点和落脚点，实现基层基础防控水平、部队灭火救援能力、消防宣传教育培训效能3个提升。领导班子开展党委中心组理论学习6次，队伍廉政形势分析会4次，专题民主生活会1次，日常廉政约谈300余次。支队官兵签订廉洁从警协议书66份，撰写查摆剖析材料360余份，找出问题隐患6类56条，制定防范措施40余条。开展重点单位灭火调研835次，建立重点场所基础台账223份，修订完善灭火救援预案625份、灭火救援数字化预案599份，开展两级演练445次。召开战评会12次，组织全勤指挥部、中队指挥员、整建制班、攻坚组和集训队开展轮训8次，参与官兵375人。走访党委政府、人大代表、政协委员、专家学者、服务对象及社会群众20余人，发放调查问卷50余份，收集意见建议150余条，收到锦旗10面、感谢信5封。支队政治处被公安部消防局政治部评为公安现役部队先进政治机关；王府井中队党支部被部消防局、市政法委、市局评为公安消防部队先进基层党支部、市政法系统五好党支部和市公安局先进党支部。2人被公安部消防局政治部评为优秀政治干部和优秀党务工作者，3人被市局评为市公安局优秀党员、优秀党务工作者和优秀教育训练工作者，6人被总队评为优秀共产党员，4人获总队嘉奖。

单位地址：东城区左安门西街17号

联系电话：67100736

邮政编码：100061（魏刚）

【八一警民联欢晚会】7月29日，联合区文委举办庆八一警民联欢晚会。有歌舞、独唱、大合唱、萨克斯独奏、马戏魔术等10余个节目。区领导宋甘澍、支队全体官兵及驻区居民代表200余人参加。晚会利用思想政治教育网络课件资源平台面向全体官兵全程直播。（魏刚）

【“119”消防宣传周】11月1日，

12月29日，开展幼龄儿童交通安全体验课活动

灭火救援演练

在国瑞购物中心西广场举行以“消除火灾隐患，共建平安社区”为主题的第二十六届“119”消防宣传月启动仪式，北京电视台主持人主持。启动仪式上，市消防总队副总队长对东城区消防工作给予肯定，并提出冬季防火工作要求。许汇为青年表演艺术家王斑颁发东城区消防宣传形象大使聘书，与会领导和嘉宾为区优秀社区消防宣传大使和微型消防站建设突出单位颁奖。随后，消防支队联合国瑞购物中心开展灭火疏散救援演练，演练结束后，演示新型投掷型灭火器，发放宣传资料1万余份，接受群众咨询1000余人次，受众600余人。《中国消防杂志》《北京晨报》、千龙网、北京电视台法治进行时等媒体现场报道。各街道办事处主管领导，派出所主管所长，微型消防站代表、社区居民和消防志愿者600余人参加。（魏刚）

【接警出动情况】全年接警2145起，出动车辆4650车次，警力3.02万人次，抢救疏散被困人员1728人，抢救财产价值140余万元。其中火警531起，抢险救援382起，社会救助649起，虚假警及到场未处置警情583起。（魏刚）

【消防宣传】全年组织大型主题消防宣传活动12场次，开展人员密集场所消防安全教育培训1800余次，在街道、社区、重点单位开展宣传5000余次，上门入户宣传1万余次；张贴宣传挂图、悬挂横幅10万余张（条），发放宣传材料20余万份；发送手机短信10万余条，微博阅读量超10万余人次；推送微信480余条，阅读量超30万余人次；接受消防知识咨询8万余次，受教育群众15万余人次。（魏刚）

【防火检查及重大火灾隐患整治】全年出动警力3.6万余人次，检查单位1.76万家次，发现并督促整改火灾隐患和消防违法行为2.94万处，下发责令改正通知书1万余份、临时查封决定书73份，责令“三停”单位79家，罚款408.16万元，行政拘留22人。消防监督执法实现全年“零诉讼”、“零复议”。（魏刚）

【重大勤务保卫】全年执行灭火救援动态执勤巡逻任务350余次，出动车辆2408车次，警力1.44万人次；执行各类消防安保勤务1203次，其中常态化勤务930次，现场勤务273次，部署执勤车辆1302车次、警力2.23万人次，累计上勤1.2万余小时，完成春节、全国“两会”、G20峰会、烈士纪念日中央领导向人民英雄敬献花篮仪式、国庆节、国家领导人抵离京等消防安保勤务。（魏刚）

# 检　　察

【概况】东城区人民检察院（简称区检察院）是国家法律监督机关，负责辖区各项检察工作，对区人民代表大会及其常委会负责并报告工作，接受其监督，执行其决议，并受市检察院领导。8月，区检察院进行司法改革内设机构调整，调整后设置办公室、政治处、审查逮捕部、侦查监督部、公诉部、刑事审判监督部、未成年人案件检察部、网络和电信犯罪检察部、反贪污贿赂局、反渎职侵权局、刑事执行检察部、民事检察部、行政检察部、检察管理监督部、检察技术部、法警大队、行政事务管理局、监察室（司法监督室）18个部门。行政编制299人，事业编制27人，实有在编干警263人，事业编制人员16人。

年内，开展“两学一做”学习

教育和“讲规矩、守纪律、树正气，做合格党员”主题教育月活动，加强检察队伍建设。发挥检察职能，服务保障区域“疏非控人”重点项目，在天坛周边简易楼腾退项目选房现场专门开辟工作区，每天派检察官实地监督，为居民提供法律咨询，对居民控告举报现场受理。扎实推进司法改革，完善检察人员分类管理，落实司法责任制。启动监察体制改革工作，对反贪污贿赂局、反渎职侵权局两部门进行人事冻结。区检察院被最高人民检察院评为第六届全国先进基层检察院。反贪污贿赂局、审查逮捕部、公诉部、监察室、政治处被市检察院授予2015～2016年度市检察机关内设机构先进集体，反贪局获市检察院颁发的集体三等功，刑事审判监督部1个办案组、检察管理监督部检察服务中心、反渎职侵权局1个办案组获市检察院颁发的办案集体嘉奖。干警2人参与的办案组获市检察院、市人力资源和社会保障局颁发的集体二等功，11人获先进个人表彰。

单位地址：东城区珠市口东大街10-3号

联系电话：59558830

邮政编码：100062（胡晓彤）

【庭审观摩活动】2月25日，网络和电信犯罪检察部组织干警到市第二中级人民法院，旁听由北京市人民检察院第二分院提起公诉的涉嫌受贿罪案庭审。11月22日，玻利维亚最高法院院长到区法院观摩区检察院提起公诉的盗窃案，案件庭审过程得到认可。（胡晓彤）

【制发检察建议】2月，办理发生在快餐店的一起盗窃案件中发现，被害人挽回损失、犯罪嫌疑人绳之以法，保洁阿姨凌女士发挥积极作用。为表彰这种主动维护顾客财产安全的行为，承办人向凌女士所在餐饮公司发出检察建议。餐饮公司在收到检察建议后，复函表示对凌女士进行表彰并发放徽章和礼物，号召全体员工以她为榜样，传播正能量，自觉抵制各种不良社会现象。（胡晓彤）

【维护未成年人合法权益】3月14日，未检部门干警到史家小学讲授“防拐骗、防性侵”法律知识，帮助学生学会更好地保护自己人身安全。6月，区检察院首次向未成年犯罪嫌疑人发放小额爱心救助基金2000元。12月26日，针对涉罪未成年人帮教问题与龙潭街道办事处座谈。全年受理未成年人特别程序起诉案件18件，一审公诉案件41件。（胡晓彤）

【职务犯罪查处与预防】年内，立案职务犯罪案件33件34人，其中贪污贿赂案件26件26人，渎职侵权案件7件8人。立案大案31件32人，要案10件10人，其中局级4人、处级6人。发挥反腐倡廉警示教育基地预防作用，坚持“请进来，走出去”预防方针，全年接待辖区内外党政机关、企事业单位317批1.1万余人次。完成行贿犯罪档案查询6320件次。（胡晓彤）

【刑事检察】全年批准逮捕790件1007人，同比增长6.6%和6.8%，提起公诉1075件1302人，同比减少1.5%和1.5%。审查起诉天安门等重点地区扰序案件11件13人，非法吸收公众存款、金融诈骗等涉众型经济犯罪案件29件57人。（胡晓彤）

【刑事诉讼监督】全年受理立案监督案件6件6人，追捕漏犯10人，追诉漏罪34件，追诉漏犯12人，提出刑事抗诉3件，发出纠正违法通知书5份。改进创新与公安机关沟通交流的方式方法，开展公检联席会议。自主创建法律监督交流刊物《法盾》，以此为重要监督媒介，定期向公安机关发送，并将其与公检联席工作会议相结合，提升监督实效。（胡晓彤）

【刑罚执行监督】年内，开展财产刑等专项检察2次，发出纠正违法通知书4份，启动捕后羁押必要性审查73人次，对9人提出释放或变更强制措施建议。确保监管场所安全稳定，与看守所召开联席会议，定期开展检查，维护在押人员合法权益。探索社区矫正检察监督工作新机制，实行检察组负责制，试行“三表”（交付执行检察登记表、监管矫正检察登记表、解除与终止检察登记表）检察登记制，推进社区矫正工作规范化，加大检察监督力度。（胡晓彤）

【民事行政检察监督】全年受理民事检察监督案件78件，审结73件，提请民事抗诉5件；受理行政检察案件线索3件。推进部门业务培训，举办继承法重点法条解读、认定和处理夫妻共同财产等专题讲座。全程参与市高级人民法院和市人民检察院牵头的执行案款集中清理工作，与区法院执行庭多次座谈交流，并发现执行中的一些问题。经排查公益诉讼案件线索，对一起涉嫌污染水体的公益诉讼案件线索予以立案调查，填补公益诉讼的

6月16日，东城检察院召开司法体制改革试点工作动员部署会

立案空白。（胡晓彤）

【化解社会矛盾】全年接待群众来访651批1172人次，受理举报、控告、申诉、刑事赔偿线索734件，妥善处理集体访20批359人次，有效防止群体性事件发生。探索参与社会管理、化解社会矛盾的新方法、新途径，联合街道司法所和社区居委会开展社区居民代表会议，通过社区会议，修复社会关系，向社区居民传递正能量。（胡晓彤）

【检务公开】推动检务信息公开，公开程序性信息3459条、终结性法律文书1149份，依法保障当事人及社会公众知情权和监督权。邀请申诉人代理律师、特约监督员和社区工作者参加刑事申诉案件公开答复会，增强办案透明度。开展检察开放日、举报宣传周、家庭教育情景剧普法宣传进社区等活动，提高检察工作影响力。借助新媒体平台深化检务公开，全年发布“东城检察”官方微博200余条、官方微信99条，“今日头条”客户端84篇，及时发布案件信息，有效回应和引导网络舆情。（胡晓彤）

【接受民主监督】自觉接受人大监督和政协民主监督，重视人大代表、政协委员对检察工作的意见建议，将代表、委员提出的12个方面26项意见建议列入折子工程，重点落实，并逐一反馈。开展“惩治职务犯罪、打击群众身边腐败”、服务京津冀协同发展暨人大代表政协委员换届工作等代表联络活动10余次，每周向人大代表、政协委员发送“东检微讯”手机报，全年发送48期。聘请人大代表、政协委员作为特约监督员，开展座谈视察，参加案件公开审查，观摩庭审，提高监督针对性。（胡晓彤）

【司法体制改革】推进司法改革，推动检察工作创新发展。完善检察人员分类管理，76人成为首批员额检察官，占中央政法专项编制25.4%，司法辅助人员占60.6%、司法行政人员占14%。完善司法责任制，内设机构由29个优化调整为18个，制定并落实“三个清单”（检察官司法办案权限清单、检察官司法办案履职清单、追究检察官司法过错责任清单），实现检察官对一般案件独立决策，对所办案件终身负责。落实司法人员职业保障改革以及人财物省级统一管理改革，对全院固定资产进行全面清理。推进涉法涉诉信访工作机制改革和刑事诉讼繁简分流，开展检察听证。加强规范执法建设，打造接收、移送案件、接待律师、电子阅卷“一站式”服务，把好业务应用系统统一案件进出口，对办案关键节点全程、同步、动态监督。（胡晓彤）

# 法 院

【概况】东城区人民法院（简称区法院）是国家审判机关。负责审理辖区内刑事、民事、行政等一审案件。内设机关工会、办公室、干部科、组宣科、教培科、综合科、机关党委办公室、监察室、审判管理办公室、立案一庭、立案二庭、刑事审判第一庭、刑事审判第二庭、未成年人案件审判庭、民事审判第一庭、民事审判第二庭、民事审判第三庭、民事审判第四庭、民事审判第五庭、民事审判第六庭、民事审判第七庭、民事审判第八庭、行政审判庭、审判监督庭、执行一庭、执行二庭、执行三庭、信访工作办公室、研究室、司法警察大队、督促检查办公室、诉讼服务办公室、新闻宣传办公室、审判委员会办公室、裁判文书校核办公室、天坛法庭36个机构，下设事业单位机关后勤服务中心。行政编制400人，实有346人；事业编制35人，实有33人；聘用人员154人。

年内，受理各类案件36271件，同比增长18.1%；审结35657件，同比增长20.7%；结案率88.8%。举行入额法官127人向宪法宣誓仪式。区法院被授予北京法院第二十八届学术讨论会组织工作先进单位、市法院案例工作优秀单位、2011～2015年北京市法治宣传教育先进集体。民二庭被评为市三八红旗集体，民二庭、法警大队党支部被评为市法院先进党支部，法警大队被评为北京法院司法警察技能大比武先进集体。2人被授予市三八红旗奖章，2人被评为市政法系统优秀共产党员，2人被评为市法院优秀党务工作者，4人被评为市法院优秀共产党员。1人被评为北京法院第二十八届学术讨论会组织工作先进个人。1人被评为北京法院案例工作优秀通讯员。1人在全国法院司法警察技能大比武中获理论笔试成绩第二名。2人被评为北京法院司法警察技能大比武训练标兵。10人的学术论文获全国法院系统第二十八届学术讨论会奖项，获奖论文数量和获奖干警人数均创区法院历史最佳成绩，处于全市基层法院前列。3人获北京法院优秀裁判文书百佳奖二等奖，2人获三等奖。1人编写的《关于完善财务监管制度给中国科学技术学会的司法建议》获市司法建议二等奖。

单位地址：东城区交道口东大街1号

（北区）

东城区永外定安里10号
（南区）
联系电话：84190030
邮政编码：100007（北区）
100075（南区）

（王永欣　余亚宇）

【刑事审判】年内，推进庭审实质化，完善庭前会议、证人出庭等制度，审结各类刑事案件1066件，判处罪犯1286人，重点打击涉众型经济犯罪。研究审理扰乱无线电通讯管理秩序罪、伪造变造居民身份证罪、非法获取公民信息罪等新类型案件。（王永欣　余亚宇）

【民事审判】全年审理各类民事案件10817件。通过司法裁判落实国家房地产政策，规范房地产市场秩序，解决涉群体性的物业纠纷、建设工程施工合同纠纷，保障重点工程建设。审结涉及永外地区商品交易市场疏解商户的案件97件，涉及天坛周边简易楼腾退的租赁合同纠纷案件28件，为城市功能疏解和更新改造提供司法保障。加强涉民生案件审理，快速审结农民工讨要工资的劳务合同纠纷案件122件。承担全国家事审判改革试点任务，探索引入家事调解员组建家事审判团队，建立适应家庭矛盾纠纷特点的调解审判模式，审结1836件家事纠纷，调撤率65.5%。审慎处理申请人身安全保护令案件，推动《反家庭暴力法》实施。发挥劳动仲裁纠纷解决机制作用，将大量案件化解在劳动仲裁阶段，审结相关案件1442件。加强与劳动仲裁机构沟通协调，建立处理群体纠纷绿色通道。做好医疗纠纷积案清理工作，创新举措缩短鉴定周期，建立与医疗机构沟通机制，助力医疗机构完善自我管理，为化解纠纷奠定基础。（王永欣　余亚宇）

【商事审判】全年审理商事案件9937件，法官人均结案368件。针对金融借款及信用卡纠纷案件快速增长的情况，快审快结依法帮助金融企业清收债权，防范金融风险。严厉惩处欺诈、假冒等侵犯消费者权益行为，维护诚信市场秩序。规范破产清算类及强制清算类案件审理流程，保障相关企业债权公平有序受偿和职工合法利益。加强对保理合同、银行卡盗刷、企业破产清算、股东资格解除等新类型案件的研究审理，提升审理疑难复杂案件能力。（王永欣　余亚宇）

【知识产权审判】全年审理相关案件1928件，同比增长71.8%，法官人均结案321件，位居全市知识产权法官结案前列。（王永欣　余亚宇）

【行政审判】全年审结行政诉讼案件1184件、行政非诉执行案件576件，法官人均结案276件。妥善审结京津冀一体化进程中企业搬迁职工提起的行政诉讼及相关非诉强执案件269件，以市政府部门和国家部委为共同被告的行政案件362件。落实《行政诉讼法》修改后新要求，严格行政行为合法性审查标准，加大司法监督力度。推进行政机关负责人出庭应诉工作，出庭应诉20人次。对易发多发行政纷争的领域加大司法建议力度，督促行政机关规范行政行为。（王永欣　余亚宇）

11月15日，市人大代表和政协委员听取区法院“司法电子地图”介绍

【执行工作】全年执结案件9042件，执结到位金额34.55亿元；拘留13人次，罚款26万元，限制出境84人次，公布失信被执行人名单1622人次。加强与区工商局、国土资源局、拘留所等机关在财产信息查询、实施强制措施等方面协作，发挥执行联动威慑力。进行集约送达，拓展集约查询范围，提高执行效率。拓宽被执行人财产调查渠道，将“支付宝”“余额宝”查询常态化。成立速执组办理万元以下金钱给付类案件，大幅提高执结效率。审结各类异议审查案件317件，同比上升100.6%。利用淘宝网完成司法拍卖63次。（王永欣　余亚宇）

【司法便民】自主研发并上线运行司法电子地图，即时、动态、准确反映全区街道社区进入诉讼案件情况，参与完善网格化社会管理。进行诉讼引导23万余人次，收转材料4218件，12368语音诉讼服务平台接听电话3105人次。在北区安检大厅设置诉讼服务信息台，摆放诉讼阶段常用文书，在南区安检大厅增设自助诉讼服务一体机。办结政法民声热线51批992件案件，结案率保持100%；接待信访924人次，小红门接待点接待127人次，为7件案件当事人申请最高法院远程视频接访，妥善处置闹访滞留案件6件。（王永欣　余亚宇）

【司法公开】全年公布生效裁判文书1.41万篇，累计上网率98.8%，处于全市基层法院前列。深化执行信息公开，制作执行信息公开系列告知书。搭建宣传平台，协调《新闻联播》《法治进行时》等媒体报道区法院工作。全年报道案件150余起，

发表各类外宣稿件2100余篇。开展代表委员联络工作，落实督办案件留痕工作规范，办结各类督办案件24件，代表委员均对结果表示满意。

（王永欣　余亚宇）

【审判管理】制定区法院《重大敏感案（事）件处置工作实施细则》，规范分类报送及处置流程。调研预判全年审判态势，进行结案预估分析和任务分解。调研发回改判、立案变更案件，分析和提示发现的薄弱环节和突出问题。强化清积工作机制，全年累计清理积案398件，清理率84.3%，三年以上未结案件控制在5件以内，一年半以上未结案减至69件。审判监督庭评查案件107件，妥善办理一般检察建议2件，再审检察建议1件。

（王永欣　余亚宇）

【司法体制改革】推进落实司法责任制，修订《合议庭工作规则》《院庭长监督指导审理案件的规定》，落实市高级法院出台的《关于建立专业法官会议制度的意见》等改革规定并出台补充意见。落实院庭长办案制度，院庭长审结2844件案件。成立改革督查组，加强改革落实情况督查和检查。选任员额法官组建审判团队，完成两批法官127人入额工作；招录审判辅助人员38人，缓解辅助人员短缺难题。出台《人民陪审员参审办法》，加强对陪审员各项参审权利保障，建立陪审员和法官相互监督评价工作机制，《新闻联播》以东城法院人民陪审员制度改革为典型样本，报道全国人民陪审员制度改革成效。

（王永欣　余亚宇）

【审学研工作】审学研一体化是区法院将审判执行工作与业务学习和实务调研结合、一体推进开展的工作，全年组织审学研活动10余次，其中规范性文件审查研讨会议邀请北大、清华、人大、政法大学等院校的行政法权威人士参加。组织法官12人参加高校国际前沿培训项目《德国行政法案例分析方法与适用》。举办全院性大型培训7期，邀请各类专家学者38人次授课。完成重点调研课题8项，组织报送案例100余篇。区法院法官撰写的《民事案件审理思路集成》由法律出版社出版。

（王永欣　余亚宇）

【外事接待】7月25日，贝宁最高法院院长乌斯曼·巴托科一行8人到区法院访问，参观法院并旁听一起盗窃案件审理，双方就本国法院人员机构情况、改革举措和设想及民主法治问题交流。11月22日，玻利维亚最高法院院长帕斯托尔·塞贡多·马马尼一行2人到区法院访问，参观法院并旁听案件审理，双方就案件审理效率、中国案件审理期限制度及区法院确保案件质效的考核管理举措交流。

（王永欣　余亚宇）

【公职人员受贿案】8月1日，张某某犯受贿罪，判处有期徒刑三年，并处罚金人民币20万元。张某某利用其担任东城区房屋登记事务中心工作人员，负责房屋登记业务受理工作的职务便利，接受杨某请托，为他人违规受理房屋所有权证遗失补证、房屋抵押登记、房屋所有权转移登记等业务，于2013年至2014年间，多次收受杨某给予的钱款共计人民币37.5万元。此外，张某某为杨某谋取利益，将杨某给予的人民币7.5万元给予他人。区法院认为，张某某身为国家工作人员，利用职务便利，非法收受他人财物，数额巨大，为他人谋取利益，其行为侵犯国家工作人员职务行为的廉洁性，已构成受贿罪，依法应予刑罚处罚。关于张某某及其辩护人所提张某某有自首情节的辩护意见，经查，张某某的行为不符合自动投案自首要件，故对被告人和辩护人相关辩护意见，不予采纳。鉴于张某某能够如实供述犯罪事实，退缴部分违法所得，可对其从轻处罚。张某某及其辩护人的合理辩护意见，予以采纳。宣判后，检察机关未表示抗诉，被告人未提出上诉，判决已生效。

（王永欣　余亚宇）

【百荣世贸商城特大失火案】9月22日，韩某某犯失火罪，判处有期徒刑四年。2015年1月29日9时许，韩某某在北京百旺盛达商贸有限公司打工期间，在该公司位于永定门外大街101号百荣世贸商城二期C区7层7013A-A仓库内，领取货物并代同事取回遗落于此的打火机的过程中，出于好奇，并为寻求刺激，使用该打火机将仓库内的一块包装用纸制挡板点燃并出现明火，后其虽用脚踩踏，但在尚未完全熄灭时，将纸板折叠后放于货架与货物包装箱中间，随后离开库房。约5分钟后该库房内起火，并引发百荣世贸商城二期C区7层、8层部分库房起火燃烧。经公安消防部门扑救，大火于71小时后被扑灭。此次火灾导致百荣世贸商城二期C区7层、8层共计118家商户库房内的商品被烧毁、百荣世贸商城二期部分库房及楼体受损（经鉴定及商户报损，直接经济损失为人民币一亿二千余万元）；另因灭火导致136家商户商品被水淹损、百荣世贸商城二期部分楼体受损。区法院认为，韩某某出于好奇及为寻求刺激，在仓库内点燃纸板，已经预见尚未完全熄灭的纸板可能复燃，但轻信可以采用折叠方式避免，因而导致失火，

5月30日，东城法院首批入额法官参加宪法宣誓仪式

造成重大财产损失，其行为侵犯不特定多数公、私主体的财产权利，触犯国家刑律，已构成失火罪，依法应予惩处。对辩护人所提韩某某构成自首的辩护意见，依法认定为自首。鉴于韩某某犯罪时尚未成年，系自首，有一定悔罪态度，对其予以从轻处罚。宣判后，检察机关未提出抗诉，被告人未提出上诉，判决已生效。

（王永欣　余亚宇）

【“号贩子”妨碍公务案】11月4日，杨某犯妨害公务罪，判处有期徒刑七个月。韩某某犯妨害公务罪，判处有期徒刑六个月。5月26日10时许，杨某伙同韩某某在崇文门内大街8号北京同仁医院东区门前，采用暴力方法对正在执法的东城分局治安支队民警陈某等人进行撕扯、辱骂及殴打，致陈某右手拇指皮损，佟某某左前臂、左腕皮损，于某右腕皮损，田某右手皮擦伤。区法院认为，杨某、韩某某无视国法，共同以暴力方法阻碍国家机关工作人员依法执行职务，该行为已构成妨害公务罪，依法应予刑罚处罚。鉴于杨某、韩某某能够如实供述犯罪事实，可依法从轻处罚。宣判后，检察机关未表示抗诉，被告人未提出上诉，判决已生效。

（王永欣　余亚宇）

# 司法行政

【概况】东城区司法局（简称区司法局）承担组织指导社区矫正和刑释解教人员的帮教安置工作，指导、监督和管理律师、公证、法律援助、基层法律服务及人民调解工作，组织开展法治宣传教育和基层依法治理等工作。内设办公室、法制宣传科、律师行业监督管理科、律师行业综合指导科、公证工作管理科、矛盾调解指导科、基层指导科、社区矫正和安置帮教科、法律援助指导科、法制科、行财科、组织人事科、监察科、党群工作办公室14个机构，下辖17个街道司法所。机关、司法所公务员编制122人，实有公务员122人（其中机关61人、司法所61人）。直属事业单位4家，其中区法律援助中心、区阳光中途之家为全额拨款事业单位，东方公证处、信德公证处为自收自支事业单位，事业编制48人，实有事业人员37人。

年内，结合天坛、望坛、南锣鼓巷等8处疏解非首都核心功能、棚户区改造重点工程，统筹区域法律服务资源服务工程项目，组建由律师、公证员、人民调解员参加的法律服务团进驻各现场，为项目辖区居民提供法律咨询、政策讲解、矛盾调解、法律援助和各种公证服务。推动律师行业发展列入区“十三五”规划，搭建律师行业发展新平台；推荐律师担任“两代表一委员”（党代表、人大代表、政协委员）参政议政，加大律师事务所执业考核和巡查检查力度，办理律师、律师事务所行政申请事项1200余件，受理律师投诉案件22件；实施一居一法律顾问制度，完成182个社区的村居公益法律服务签约工作并为社区提供法律服务；发挥法律援助三级网络作用，组织法律援助工作者和公益律师培训，开展“提数量、保质量、强规范”法律援助专项活动，成立法律援助巡回服务宣讲团。全区办理法律援助案件544件，“12348”法律援助热线和法律援助便民服务窗口接待群众来电来访法律咨询8034人次。推进专业性、行业性调解组织建设，完善诉调对接工作机制，召开人民调解与司法调解衔接工作推进会，发挥诉前调解委员会作用，全年诉前调解委员会调解264件，调解成功209件，涉案人数811人，涉案金额4.83亿元，司法确认131件。全区全年基层调解组织调解案件9627件，调解成功9441件，成功率98.07%，涉案金额4.57亿元，涉及当事人1.99万人，司法确认130件。制定《东城区社区矫正社区评议暂行办法》，推动社区评议和“三个教育”（初始教育、分类教育、解除矫正前教育）工作开展，参加全市初始集中教育2次，开展分类集中教育5次，解除矫正前集中教育2次；做好重点时期“两类”人员（刑释解教人员、社区矫正人员）教育稳控工作，强化管控、衔接、安置、督察等措施，实现重点时期“两类”人员“四个不发生”目标；社区服刑人员在册121人，安置帮教在册人员1381人，未发生任何脱管漏管等重大安全事故。完成全区“六五”普法终期检查验收，东城区获“六五”普法全国先进区称号。启动区“七五”普法工作，完成折子工程制定的目标任务。成立东城区青少年法治教育实践基地，推进青春船长品牌纵深发展，带动增强全民法治意识。制作《宪法关系你我他》动漫并通过搜狐、腾讯网络传播。做好人民陪审员制度改革试点，建立司法鉴定争端预防与化解机制，完善司法鉴定工作体系。开展司法鉴定专项检查和调研。开展“两学一做”专题教育，举办干部能力素质提升培训班2期，强化干部队伍依法行政和履职为民能力；改善永外、东华门、东直门、景山司法所4个司法所办公及业务用房，均达到120平方米以上。全区办公及业务用房面积已达到120平方米的司法所14 个，占全区司法所总数80%，全区17个司法所功能性用房均达到30平方米，8个司法所被市司法局命名为3A级规范化司法所，东四司法所被授予全国先进司法所称号。

单位地址：东城区和平里南街六区16号

联系电话：84217022

邮政编码：100013　　（张成雷）

【农民工维权活动】1月，结合农历新年前夕农民工返乡、工资结算高峰期，开展以“构建一个网络体系、开通一条绿色通道、创建一个合作平台、形成一套会商机制、壮大一支服务队伍”为内容的“五个一”机制帮助农民工维权。全区17个街道法律援助工作站、182个社区法律援助工作点受理农民工维权案件40件次，涉及金额20余万元，提供（热线）咨询600余人次。　　（张成雷）

【为重点工程提供法律服务】1月，成立由律师20人、公证员10人组成的天坛街道简易楼腾退项目法律服务团，联合工程涉及的6个社区调解委员会开展调解。印发《公民法律常识100问》手册，开展专题法律宣传活动10场，指导社区依法开展指定监护人20例，调解相关矛盾纠纷120余件，政策解答200余次。　　（张成雷）

【妇女维权宣传月】3月，开展以“关爱妇女法援真情”为主题的妇女法律援助维权服务月活动。全区17个街道法律援助工作站与街道妇联及各社团法律援助工作站，利用社区“妇女之家”、“12338”妇女维权热线、“12348”法律援助服务专线等平台，通过上门法律服务、现场咨询解答、摆摊设展发放宣传物品等形式就反家庭暴力、社会保障、防诈骗、防邪教危害等妇女维权重点内容进行现场法律咨询，并解答问题和宣讲。接听电话5230余人次，现场接待1300余人次。　　（张成雷）

【“两会”安保工作】3月，成立“两会”维稳安保工作领导小组，制定“两会”期间“两类人员”管控专项工作方案，组织全区各调解组织对各类矛盾纠纷和苗头性隐患进行大排查，组织各单位法律法规宣传，开展矛盾纠纷排查近300次，预防纠纷200余件，调解各类矛盾纠纷500余起，未发生群体性纠纷和上访事件。　　（张成雷）

【信访工作】5月12日，召集科室负责人和信访工作具体办理人座谈研讨信访工作遇到的常见问题。传达信访部门开展“百日会战”和市区信访部门关于进一步加强信访工作有关精神和要求，总结归纳信访工作中遇到的常见问题23个小项，并逐项讲解，加强信访事项登记、办理、答复、告知环节流程，以及信访事项与法院登记受理之间关系，对信访事项网上文书格式填报进行说明。全年接待来信来访30余人次，全部办结。　　（张成雷）

【“法援相伴 扶残助残”活动】5月13日，与区残疾人联合会开展“法援相伴 扶残助残”专项维权服务活动在新世界广场举行。全区17个法律援助工作站发放宣传手册700余册、解答各类法律咨询230余人次，发放各种宣传品实物950余件。　　（张成雷）

【人民调解与司法调解衔接】5月16日，与区法院召开人民调解与司法调解衔接工作深化推进会。对调解员聘任、工资标准、协议签署、办公场所以及在交通、消费、物业、劳动争议等调解领域深化推进提出意见和要求。区法院副院长、区司法局副局长以及法院立案庭、司法局调解科相关人员参加。5月23日，举行区人民调解进立案庭工作第二批调解员聘任仪式。在退休陪审员中选聘资深人民陪审员2人担任诉前调解室专职人民调解员，并选聘在职陪审员17人担任诉前调解兼职调解员，组成专兼结合的诉前调解员队伍。6月24日，与区法院就诉前人民调解工作召开工作推进会，就第三批调解员入选进行沟通。6月30日，与区法院举办人民调解进立案庭工作第三批调解员聘任仪式暨业务培训会。会上，提出调解工作的要求，老调解员介绍经验，并向第三批调解员18人颁发证书。　　（张成雷）

【法律援助专项活动】5月20日，法律援助机构召开“提数量、保质量、强规范”工作部署动员会。用“三个着重”（着重加强三级网络体系建设、着重服务窗口规范化建设、着重法律援助律师专业化建设）推进区法律援助工作。全年办理法律援助案件

5月27日，开展司法行政开放日司法鉴定分会场活动

544件，接待群众来电来访法律咨询8034人次；累计为65岁以上老年人免费代写法律文书46人次，为80岁以上老年人提供法律援助16件；开展法律援助宣传、咨询活动221场次，举办培训班4期。（张成雷）

【第六届司法行政开放日活动】5月27日，以“司法行政在身边”为主题在区法律援助中心举办第六届司法行政开放日活动。观看《法惠东城》等宣传片，参观区法律援助中心服务场所、了解服务流程。发放《东城区法律援助手册》等宣传材料200份，开展律师、公证、矛盾调解和法律援助等法律政策咨询服务1500余人次。以“司法行政情牵你我、科学鉴定服务司法”为主题的北京市司法行政开放日司法鉴定分会场活动在北京法源司法科学证据鉴定中心举办。参观该中心，听取中心负责人关于司法鉴定的情况介绍，100余人参加。（张成雷）

【社区职工法律服务工作室】6月30日，与区总工会在和平里街道办事处民旺社区举行社区职工法律服务工作室成立仪式，区总工会主席、区司法局副局长为工作室揭牌。为推动律师志愿服务工作下沉，满足广大社区职工法律服务需求，构建社区和谐稳定劳动关系，区总工会与区司法局配合，扩大队伍，全区182个社区配备志愿律师，负责为社区职工群众和企业开展劳动法律服务，调解劳动争议。全年为群众解决各类法律问题上万件。（张成雷）

【法律援助军营行活动】7月27日，到武警一支队某中队开展法律援助军营行慰问与法律咨询活动。法律援助巡回宣讲团成员、区法律援助中心主任为官兵宣讲法律知识，还与部队官兵开展现场法律咨询，为其解惑释疑。向官兵发放法律援助宣传材料和慰问品200余份。区司法局副局长、武警一支队部分官兵参加。（张成雷）

【调解之家接受检查】8月4日，景山街道钟鼓社区“家和万事兴”群众调解之家接待首都综治委牵头的市委组织部、首都综治办、市人力社保局、市纪委、市监察局五部门联合督查组检查。通过观看“家和万事兴”群众调解之家专题片、听取工作汇报、与工作人员座谈、察看工作台账、实地走访调解室等形式进行督导检查，对“家和万事兴”群众调解之家工作表示肯定。（张成雷）

【交流司法行政工作】8月16日，湖北省黄冈市公证协会一行14人到区学习考察。信德公证处负责人介绍公证处日常工作情况、公证行业服务区域经济发展和公证工作质量建设等情况。8月31日，朝阳区司法局一行5人到区阳光中途之家参观交流，了解阳光中途之家建设与发展历程以及网格化社会管理服务模式。12月1日，重庆市司法局及璧山区司法局一行10人到区学习考察，听取司法行政开展情况介绍，双方就相关工作进行交流。（张成雷）

【区律师协会党员代表大会】10月9日，召开中共东城区律师协会党员代表大会。大会分为预备会议和正式会议。预备会议通过《代表资格审查报告》和《大会议程》；正式会议审议通过《大会选举办法草案》、总监票人和监票人建议人选以及出席中共东城区委社会工委党员代表大会代表候选人名单，确定代表候选人人选63人。全体党员代表按照选举办法，以无记名投票方式差额选举中共东城区委社会工委党员代表大会代表52人。区律师协会全体党委成员出席，全区律师党员代表89人参加。（张成雷）

【启动“七五”普法工作】11月10日，召开“六五”普法总结暨“七五”普法启动大会。会议播放“法惠东城”——东城区“六五”普法成果汇报片，回顾“六五”普法工作历程。区法院、区教委和北新桥街道等单位作典型发言。部署“七五”普法工作。市司法局领导和区法宣领导小组组长讲话。区领导金晖、周家雷、韩焕岭、许汇、李铁生出席，区法宣领导小组成员单位和重点普法单位主要领导、主管领导和普法干部，各街道宣传部部长、司法所长和社区普法志愿者代表及区属重点企业宣传部门负责人约400人参加。（张成雷）

【人民调解协会第一次理事会】11月10日，召开区人民调解协会第一次理事会。总结协会本年工作、商讨下年主要工作，并对理事1人提出辞职是否向会员代表大会提请进行表决。会长对下年协会工作方向、工作重点、平台利用和特色品牌创建等方面提出要求。区司法局副局长对协会工作提出要求。协会理事8人参会，监事3人列席。（张成雷）

【“东城法援”微信公众号上线】11月20日，区法律援助中心设立官方公众号“东城法援”，通过移动客户端，

12月1日，中小学生参观青少年法治教育实践基地

为东城百姓提供更加便捷、专业、免费法律援助服务。公众号设置法援动态、普法宣传、公证服务栏目，是区法律援助中心利用“互联网+”手段将互联网技术引入法律援助业务，为市民提供及时有效法律援助公共服务的尝试。（张成雷）

【普法专项活动】11月24日，区法宣办联合区妇联在北新桥街道举办“远离家庭暴力 青春为您护航”主题宣讲活动。普法活动团队由“青春船长”和律师组建，拓展青春船长活动外延，开创青春船长和以案释法工作的新模式。全区各街道社区妇联主任及居民60余人参加。（张成雷）

【青少年法治教育实践基地】12月1日，与区法宣办、区法院、区教委在区法院成立青少年法治教育实践基地，是区首个法治教育实践基地，也是全市首家青少年法治教育实践基地。参观区法院的法治“历史长廊”，并开展模拟法庭活动。全区法治副校长、中小学学生等150余人参加。基地成立后，采取“走出去、请进来”方式，通过设置接待日、法官授课、模拟法庭、“法律进校园入课堂”等形式，选派优秀法官对不同年龄阶段青少年进行法律法规知识普及和实践，为青少年法治工作者提供法律咨询和辅导。（张成雷）

# 军　　事

## 人民武装

【概况】东城区人民武装部（简称区人武部）受北京卫戍区和中共东城区委、区政府双重领导，是区委的军事部和区政府的兵役机关。内设军事科、政工科、后勤科。

年内，以党在新形势下强军目标为引领，坚持政治建军、改革强军、依法治军，按照“举旗铸魂、聚焦打赢、依法治理、强基固本、创新推动、坚强核心”思路抓建设谋发展，精心筹划安排，狠抓工作落实，完成各项工作任务。开展改革强军主题教育活动，组织“新体制、新职能、新使命”和“政治工作发挥生命线作用”大讨论，结合形势任务开展“坚定改革强军意志、投身改革强军实践”“警卫战士忠于党”实践活动，运用政工网、电视、报刊等媒体开展跟踪学习，搞好自学研读，以上级明确的“六本书”为基本教材，理解习近平主席深化改革强军兴军的战略思想，打牢拥护改革支持改革投身改革的坚定信念。区人武部被北京市政府、北京卫戍区评为先进人武部。

单位地址：东城区龙潭路12号

联系电话：64030768

邮政编码：100061（曹剑）

【兵员征集】2月，开始兵役登记，把高校征集作为重点，加大宣传力度，搞好政策解答。5月、7月，分别在高校和街道开展征兵宣传周活动。全区主要路口挂横幅、插彩旗、张贴征兵公告和宣传画。各街道利用《社区报》专刊发布征兵政策。全区悬挂宣传标语238条，发放征兵宣传资料1万余份，宣传板报185块，发送短信2.35万条。现场群众向工作人员索要宣传材料，军地领导与适龄青年和市民交谈，开展政策咨询。军地领导27人参加活动，现场报名适龄青年168人。全年区征集新兵257人（含女兵14人）。（曹剑）

【民兵执勤】全国“两会”和敏感期间，组织出动民兵6000余人次对辖区内二环路、东长安街沿线56处桥梁和过街通道定点守护。（曹剑）

【军事训练】3月、5月，组织街道武装部长8人分两批参加教导大队集中业务轮训。5月，2人参加卫戍区高炮专业组训能力集训。7月，组织民兵

7月9日，东城区民兵进行射击训练

海军防化救援分队和空军通信保障分队100人进行专业技能训练演练，完成年度实弹射击任务，消耗弹药1100发。9月，组织抽调民兵应急分队190人在市民兵高炮训练基地集训，提升民兵军事素养和技战术水平。10月、11月，分别组织全体机关干部参加卫戍区人武干部集训和军官军事素质认证考核。（曹剑）

【党管武装工作会】5月23日，区召开党管武装工作会议。会上，景山街道、天坛街道工委书记进行党管武装工作述职。总结上年党管武装工作，部署本年主要任务。通报表彰上年党管武装好书记、先进基层武装部、优秀专武干部。张家明参加会议并强调：进一步增强党管武装的责任意识；切实抓好部队思想政治建设；坚持把应急应战能力建设摆在突出位置；积极推动军民融合深度发展。吴松元、汤钦飞、徐文熬、暴剑等领导出席，全区街道工委书记和武装部部长、国动委成员单位分管领导、市属公司武装部部长和高校学生处（武装部）分管领导参加。（曹剑）

【征兵体检工作接受检查】5月30日，市征兵工作领导小组成员单位领导到区检查指导征兵体检工作，看望参加体检的适龄青年和慰问征兵体检一线医务人员。听取普仁医院院长有关征兵体检工作情况介绍，察看体检中心环境布置，走进各体检科（室）和心理测试区，实地察看和了解征兵体检工作，并与一线医务人员和体检的适龄青年交谈。听取区武装部关于夏秋季征兵工作情况汇报，并高度评价区征兵及体检组织工作。（曹剑）

【理论学习】坚持每两个月4天理论学习和每周四政治教育制度，采取党委中心组带机关的方式，贯穿全年开展“读原著、学原文、悟原理”活动，学习习近平总书记系列重要讲话的新理念新思想新战略，制定理论学习计划，区分层次重点，党委成员备课授课，抓好学习提示、讨论交流、笔记批阅、检查讲评等环节，确保人员、时间、内容和效果落实。（曹剑）

【驻区部队便民服务】7月28日，驻区部队官兵在钟鼓楼广场开展家庭装修咨询、计算机问题咨询、法律咨询、家电维修、身体检查、自行车修理、磨剪刀、理发等便民活动。接受医疗咨询92人，身体检查210人，理发60人，修理电器30件，磨刀140把。（曹剑）

【欢送新兵入伍大会】9月9日，区召开欢送夏秋季新兵入伍大会。会议宣读夏秋季入伍批准书，表彰东城籍优秀现役军人和优秀军属23人，新兵代表、家长代表和接兵部队代表作发言。李先忠强调，全区上下紧密团结起来，支持国防和军队建设，全面落实拥军优属各项政策规定，用实际行动解除子弟兵后顾之忧。同时要求新兵做到忠诚于党、听党指挥；做到爱军精武、能打胜仗；做到严守军纪、作风优良。区领导徐文熬、陈本宇等出席，区征兵工作领导小组成员单位，各街道办事处主任，市属公司武装部和有关高校武装部领导，新兵家长约800余人参加。（曹剑）

7月28日，驻区部队官兵开展便民服务活动

## 人民防空

【概况】东城区民防局（简称区民防局）挂北京市东城区地震局（简称区地震局）牌子。区民防局（区地震局）是负责全区人民防空、防震减灾相关工作的区政府工作部门。内设办公室（监察科）、工程建设管理科、指挥通信科、法制科、防震减灾科。在编公务员24人，公勤人员2人。实有公务员29人，工勤人员2人。下辖正科级全额拨款事业单位2个，其中区人防工程管理服务中心，事业编制17人，实有15人；区民防指挥通信中心，事业编制22人，实有18人。

年内，围绕第七次全国人民防空会议精神，结合实际工作，通过调研和反复讨论，以区委、区政府和区武装部名义联合下发《东城区深入推进人民防空改革发展的实施方案》。加强全区人防专业队业务培训和应急救援队训练，提升队伍应急救援能力。加强人防工程安全管理，确保在用工程安全使用，保持对散租住人人防工程整治高压态势，完成全年清理整治任务。按照法律规定执行行政处罚，推进法治民防建设。组织全区首次以地震应急为主题的指挥桌面推演和视频观摩疏散综合演练。开展“3·1”国际民防日宣传月、“3·28”中小学生安全教育日、“5·12”防灾减灾日宣传周、“7·28”唐山大地震40周年纪念活动、人民防空创立日、“平安东城”6个重点时段宣传教育活动。区民防局被国家人防办评为“十二五”期间全国人民防空先进单位，通过市档案管理优秀单位复查测评。

单位地址：东城区东四五条172号
联系电话：84006400
邮政编码：100010（王跃明）

【防震减灾】“3·28”全国中小学生安全教育日期间，联合景泰小学开展“地震来了我不怕”主题教育和学生疏散演练活动。“5·12”期间，完成全区首次以地震应急为主题的指挥桌面推演和视频观摩疏散综合演练。区应急办、区民防（地震）局等11个委办局和17个街道办事处参加室内推演，香河园北里社区居民、区民防应急救援队、消防专业队、社区志愿者和红十字救援队等150人参与室外演练。市、区领导到场观摩指导。年内，各街道、学校组织社区居民和在校学生，通过设立咨询台、板报、橱窗及组织知识竞赛、民谣朗诵、视频宣讲、应急演练等形式开展宣传活动。全年累计发放宣传品3万余份，折页、手册2万余册，受教育10万余人次。组织街道民防专干、示范社区主任、示范学校老师、社区应急救援志愿者骨干、区防震减灾领导小组办公室成员单位工作人员180人，开展3期以体能训练、救援技术、实际操作、救援设备为主要内容的防震减灾知识技能训练。开展人民防空和防震减灾知识大讲堂活动，在32个社区、4个机关、7所学校完成43场次大讲堂活动。（王跃明）

【安全度汛】5月初，修改完善防汛工作方案和应急预案，开展汛前普查，累计出动检查人员160人次，明确9处重点防汛部位。检修防汛设备，补充防汛物资和抢险人员防护装备，组织抢险队40人在小汤山进行防汛演练，增强防汛抢险实战意识。6月至9月汛期处理地面下沉9处、积水16处、险情12处。（王跃明）

【应急救援队伍】制定下发民防业务训练和应急救援队训练计划，每季度组织完成1次应急救援队集中训练，涉及救援理论、心肺复苏、检伤分类、止血包扎、救援绳索等内容。8月18～19日，举办全区人防专业队培训班，邀请市级防化防疫专业队老师授课，观看人民防空知识和国防教育录像片，进行通信专业队应急指挥车性能设备展示交流，中队以上干部60人参加。（王跃明）

【工程建设管理】制定冬春季防火安全工作方案、“两会”人防工程安全工作方案、人防工程清理整治工作方案、安全生产月活动方案、人防工程安保方案，并抓好相关部门及单位落实。组织夜查16次，检查75处，出动176人次。春节、“两会”期间督查17次，抽查202处，出动253人次；发现问题628件，责令改正617件，处罚11起；关停24处。组织两期街道人防管理干部及人防工程管理人、使用人安全管理培训和防汛抢险队骨干人员培训，内容涉及消防安全和人防工程管理知识，660人参加。完成全区人防工程设备及资产统计。根据年度任务，采取法律宣传、约谈法人、现场执法、强制拆除等方法清整散租住人人防工程24处，其中折子工程任务15处。同时清整合同到期、清理反弹、车库使用不规范等问题。办理行政许可105件，其中使用许可99件、竣工备案许可6件。发放人防工程使用证99份，发放人防工程平时使用办理指南120份，52家人防工程使用单位投保安全生产责任保险。普查早期人防工程及需维护维修工程，治理早期人防工程回填19处4563.66平方米，维护维修在用工程27处7.27万平方米。（王跃明）

【指挥通信】组织修订《东城区人民防空袭方案》，编制区级方案修订框架，重新调整人民防空指挥部成员名单。拟制完成《北京市东城区民防系统突发事件总体应急预案》。会同第三方专业团队对全区已建街道指挥平台进行全面巡检、故障维修和系统调试，初步建立区街视频会议系统整体运维制度和街道民防指挥场所运维补助经费制度。验收和平里和体育馆路街道民防指挥平台工程完成项目。（王跃明）

【行政执法】全年执行一般程序行政处罚1件，简易程序行政处罚10件，罚款总额2.82万元。聘请专业律师作为法律顾问，负责代理诉讼案件，提供法律咨询服务。利用法律诉讼途径解决难点问题，上年结转的东四北大街447号房屋租赁合同纠纷案，区法院判被告交还房屋。（王跃明）

## 武警一支队

【概况】中国人民武装警察部队北京市总队第一师第一支队（简称一支

6月23~24日，组织9个地震安全社区志愿者骨干进行户外训练

全国“两会”期间，武警一支队战士值勤

队）担负警卫、守卫、巡逻三大类勤务以及防区内处突、反恐、抢险救灾等任务。下设司令部、政治处、后勤处，下辖5个大队、22个建制中队，2个直属队。

年内，贯彻“以人民为中心”的执勤安保思想，围绕首都全域大维稳观要求，制定处突维稳“一表一规范”，健全报告机制，为决策指挥抢得先机，完善处突维稳机制，为有效处置赢得主动。创建东直门、王府井、北京站、南锣鼓巷和长安街沿线“四区一线”区域联动防控格局，构建武装车组机动增援，车巡步巡相互支撑，巡逻车组固定目标互为依托的一点触警、多点联动、相互增援、立体防范的联动处置体系。按照后勤变前勤要求，推进现代后勤建设，提升后勤综合保障效益。结合支队不同时期任务特点，修订完善各类保障预案，在长安街沿线设置3处伙食保障支撑点，与3家快餐公司、3家大型超市签订保障协议。

单位地址：东城区府学胡同甲1号

联系电话：52197024

邮政编码：100007　　（刘忱鑫）

【领导慰问】1月28日，原国务委员唐家璇到一支队一中队慰问住地官兵。同日，国务委员、公安部部长、武警部队第一政治委员郭声琨，市委副书记、市长蔡奇到一支队慰问执勤官兵。2月1日大年初五，民政部部长黄树贤慰问全体驻点官兵。3月6日，市委常委、政法委书记张延昆到一支队东直门枢纽站慰问执勤官兵。8月25日，最高人民检察院检察长曹建明慰问一支队驻院武警复退老兵并合影留念。12月16日，文化部部长雒树刚到部队营区看望慰问官兵。（刘忱鑫）

【领导调研】3月2日，武警部队司令员王宁分别到一支队北京饭店、贵宾楼代表住地检查指导。3月13日，武警部队参谋长秦天到北京总队一师一支队北京饭店代表住地检查指导。8月25日、9月4日，总队司令员李志刚到政治中心区检查指导G20峰会反恐维稳工作。8月28日、10月5日、10月30日、11月15日，总队政委刘振所到一支队机关、海关总署备勤点、一支队一大队、一支队四大队检查调研。10月14日、11月4日，总队司令员李志刚到一支队十中队、一支队机关检查调研指导工作。11月10日，武警北京总队司令员李志刚到中央政法委执勤点检查指导。12月31日，武警部队司令员王宁和参谋长秦天到北京站地区检查指导反恐维稳工作。（刘忱鑫）

【双拥共建】坚持驻东城、爱东城、建东城的理念，开展拥政爱民工作，强化与区委组织部、宣传部和政法委、人事局、民政局、园林局等62个区属单位的沟通联络，争取地方资源，解决干部9人子女入学入托问题。支持地方建设，参与治安维护任务，完成各类庙会、烟花限放临时勤务；先后出动1100余人次完成扫冰铲雪、国防教育等任务。（刘忱鑫）

【安全警卫】全年完成临时任务580余场次，累计用兵7万余人次，哨兵妥善处置各类有碍安全情况163起，2人立个人二等功，8人立个人三等功。（刘忱鑫）

# 东城区政法、军事机构负责人

区人民法院院长　赵　军
区人民检察院检察长　蓝向东
市公安局东城分局局长　张　健
政　委　辛光跃
市公安局公安交通管理局东城交通支队支队长
吴学军
政　委　张晓东（8月免）
金连成（8月任）
中国人民解放军北京市东城区人民武装部党委
第一书记　张家明
部　长　于洪源
政　委　徐文敖
区公安消防支队支队长　李树义
政　委　马国明
天安门地区公安分局局长
武顺发
政　委　刘晓燕
中国人民武装警察部队北京市总队第一师第一支队
支队长　李念民
政　委　杨京栋

·2017·
北京东城年鉴
BEIJING DONGCHENG NIANJIAN

# 综合经济管理

# 经济改革和社会发展

【概况】东城区发展和改革委员会（简称区发改委），是负责全区国民经济和社会发展统筹协调、经济体制改革综合协调的区政府工作部门。内设办公室（监察科）、发展规划科、国民经济综合科、固定资产投资科、资源节约与环境保护科、价格收费管理科、经济体制改革科、能源监察科（东城区电力管理办公室）、法规科（东城区重大项目稽查办公室）、组织人事科（党务办公室）、人口发展科11个科室，编制47人，工勤3人；实有46人，工勤3人。所属区物价检查所内设综合科、案件复审科、医疗和药品价格检查科、收费检查科、价格检查科、市场检查科、社会监督科7个科室，编制42人，实有44人。东城区价格认证中心系区发改委所属全额拨款事业单位，编制8人，实有7人。

年内，全区经济总体稳中向好，主要经济指标运行平稳，均完成年度计划。全年全区地区生产总值实现2009.8亿元，同比增长6.7%。实现全社会固定资产投资264.6亿元，同比增长12.5%，超额完成市政府下达的250亿元指标任务。全区常住人口下降2.7万人，降至87.8万人，超额完成市级下达的减少2.6万人的调控目标。万元GDP能耗同比下降4%。完成《东城区国民经济与社会发展第十三个五年规划纲要》编制工作，形成以规划纲要为“龙头”，“三大行动计划”为抓手，专项规划为保障的规划体系。制定《东城区经济社会形势分析会制度》《东城区2016年国民经济和社会发展计划执行情况与2017年国民经济和社会发展计划草案的报告》。发挥税源办作用，研究留企护税长效机制，拟定《东城区进一步加强税源建设工作方案》。健全节能评估审查政策体系。组织区属部门和重点用能单位开展“十三五”节能减碳重大项目储备规划调研。全年组织开展区领导带队安全检查4次，专项安全检查6次。完成元旦、春节、“两会”等重要时期、重大活动电力安全保障，及时处理电力突发事故。牵头出台《东城区党政机关公务用车制度改革实施方案》，统筹协调区车改办各成员单位于6月底完成全区113家参改单位车改工作，节支率达7.21%，完成预期指标。牵头推进全区事业单位和国有企业公车改革。强化市场价格行为常态监管，健全完善网格化市场监管机制，完善应急处置机制。开展“两学一做”学习教育，研究制定并下发《东城区发改委关于在全体党员中开展“学党章党规、学系列讲话，做合格党员”学习教育的实施方案》。制定《区发改委2016年落实党风廉政建设责任制任务清单》，签订责任书31份，实行“两个责任”痕迹化管理，召开2次专题会，检查领导班子成员落实党风廉政建设责任制履行“一岗双责”情况。年内2次选拔任用科级干部，提拔科级领导1人、非领导2人，完成正、副科长19人试用期满转正考察、新招录1人试用期满转正等工作，录用公务员2人、事业单位人员1人，调动科级及以上干部9人次。委内部分干部轮岗，接受外省市干部3人到区发改委挂职。全年受理集体企业遗留、经适房定价等群众来信来访56件，办理网格化城市管理案件1006件。公开政府信息637件，受理依法申请公开政府信息74件，按时答复率100%。全年办理区委区政府督查督办案件37件，办结率100%。推进重大项目投融资工作，对接市政府支持核心区政策，争取市发改委资金27.4亿元（含2015年固投指标奖励资金1亿元），超出上年21.95亿元的资金规模。

单位地址：东城区东打磨厂街3-1号

联系电话：64079927

邮政编码：100062（袁萍　孟宪宇）

【“十三五”规划落实】《东城区国民经济与社会发展第十三个五年规划纲要》经东城区第十五届人民代表大会第六次会议审议通过，发布实施。为督促规划落实，制定《东城区“十三五”规划纲要折子工程》，将161项任务层层分解到具体责任部门，“十三五”规划纲要的主要目标和任务分解到具体责任部门，确保实现“十三五”规划目标。参加新浪微博“微访谈”、北京人民广播电台采访、印制“十三五”规划纲要单行本，宣传落实“十三五”规划。

（刘素萍）

【非首都功能疏解】第101次区政府常务会和第118次区委常委会审议通过《2016年非首都功能疏解和人口调控工作方案》，明确工作目标、工作思路、疏解人口指标，确定主要工作任务、重点项目、保障措施。5月5日召开疏解非首都功能建设和谐宜居之区工作部署会，与全区责任单位和街道签订《2016年人口调控工作目标责任书》。年内永外城腾退摊位2396个；关闭隆福寺早市和东华门夜市，腾退摊位429个；整体拆除天乐玩具市场。执行禁限目录和东城区产业指导目录，严控市场准入。拆除违法建设3070处，9.2万平方米；治理地下空间和群租房1362处，23.2万平方米；封堵开墙打洞1045处，3万平方米。

（李家骅）

【三大行动计划】牵头编制完成历史文化街区保护复兴、非文保区更新改造、城市基础设施优化提升“三大行动计划”，未来5年，更新改造43%的用地空间，落位115个具体项目，惠及40.62万居民。（朱江）

【重大项目管理】破解通州“两站一街”定向安置房项目融资难题，一次性落实工商银行优惠条件贷款50亿元。全年争取市固定资产投资资金27.4亿元。完成南锣鼓巷四条胡同立项核准，推动望坛危改、三里河景观等重点项目取得立项批复，推进项目实施。（朱江）

【重点用能单位节能考核】8月25日至9月27日，委托专业机构成立考核工作组，对区内30家重点用能单位开展上年度节能目标责任评价考核。考核采取各重点用能单位提交节能工作自查报告、考核工作组审核评分与抽样现场核查相结合方式，综合考查各单位年度节能目标完成和节能措施落实情况。30家参评单位中7家优秀，15家良好，7家基本完成，1家未完成。（陈志洲）

【节能宣传周活动】6月12～18日，举行以“节能低碳我先行”为主题的宣传周活动。在区政府、史家胡同小学、和平里医院、国家博物馆、肯德基和麦当劳门店等多家单位，开展节能宣传“进机关、进企业、进社区、进公共机构”活动，营造全民参与，践行节能低碳的良好氛围。（陈志洲）

【电力设施保障】年内，组织开展防汛度夏电力保障检查，检查东城110KV变电站、北新桥100KV变电站、北京站等重点供电设施，检查重点用电单位的应急预案、保电方案、应急物资储备等情况。（张金生）

【电力安全检查】年内，组织安全、消防、电力等部门开展联合电力安全检查8次，保证“春节”、“高考”等节日和重点时段电力设施平稳运行。（张金生）

【价格管理与监测】全年核准占道机动车停车场收费标准37件，完成地坛、龙潭春节庙会期间18个占道机动车停车场实行计次收费审批；完成北京市广渠门中学和北京市96中南校区高中学生住宿费审批；完成1所民办学历教育学校收费标准审批，22个非学历教育培训机构收费标准备案。年内监测300余个商品，涉及居民副食品、成品油、液化气、日用消费品、居民服务、药品和医疗服务价格等，上报监测数据4万多个，报送信息30余篇。（师佳媛）

9月27日，区发改委工作人员到北京站永辉超市进行市场价格检查

【价格认定】价格认证中心按照国家发改委服务政府、服务社会、服务司法、服务系统工作要求，完成涉案财产价格认定573件，认定金额533.54万元，办结率100%，差错率、复核率为零。（傅俊）

【查处价格违法案件】物价所检查辖区1978家单位价格行为，查处价格违法案件312起，经济制裁金额524.56万元，其中罚款330万元，没收违法所得34.70万元，退款159.86万元，上缴财政364.70万元。（刘茜）

【办结投诉案件】物价所受理信访投诉1944件，办结1671件，办结率85.96%，回复率100%，立案查处61件，经济制裁金额272.79万元，其中罚款246.89万元、退款25.90万元。（刘茜）

【查处哄抬价格行为】物价所按照国家发改委的统一部署，针对辖区内部分商家捏造涨价信息、哄抬价格、提高服务费用、扰乱市场秩序、变“营改增”为“营加增”，从重处罚辖区内6家违反营改增政策单位，处罚金额240万元。（刘茜）

【引导企业诚信经营】物价所多渠道宣传价格政策，通报执法信息，公开涉民、涉企相关价格信息，倾听各方意见建议，回应价格热点问题，集中为商场、宾馆、医院等单位开展业务培训9次，提醒告诫会7次，发放价格政策宣传品1万余份，发布政务微博59篇，对外发布信息40余条。（刘茜）

【价格服务进万家活动】10月，物价所开展价格服务宣传月活动。选取社区、学校、幼儿园、医院、商场、公园等8家单位作为活动主体，投入40人、资金16.7万元。采取悬挂宣传横幅、现场价格知识问答、有奖征文、模拟超市购物等形式，进行政策宣传，提供价格服务，打造诚信物价，建立起覆盖全区的价格监督服务网络，价格宣传服务延伸到各领域。中小学生400余人参加有奖征文活动，评出一等奖3人、二等奖4人、三等奖5人、优胜奖10人。活动期间发放价格宣传册1万余份。（刘茜）

# 人力资源·社会保障·机构编制

【概况】东城区人力资源和社会保障局（简称区人力社保局），是负责全区人力资源和社会保障工作的区政府工作部门。区机构编制委员会办公室（简称区编办），是区机构编制委员会（简称区编委）的常设办事机构，负责辖区行政管理体制和机构改革以及机构编制日常管理工作，列入区委序列，与区人力资源和社会保障局合署办公。区人力社保局（区编办）设办公室、党群工作办公室、宣传调研科、法制科、公务员管理科、教育培训科、就业促进科、职业能力建设科、流动调配科、专业技术人员管理科、劳动关系科、机关事业单位工资福利科、医疗保险科、养老保险科、工伤保险科、社会保险基金监督办公室、劳动人事争议调解仲裁科、劳动监察科、信访办公室、财务科、人事科、纪检监察科、离退休老干部管理科、行风建设办公室、综合科、编制管理一科、编制管理二科、监督检查科、审改科29个内设机构（其中区人力社保局25个，区编办4个），下设社保中心、医保中心、劳服中心、劳动人事仲裁院、劳动监察大队、劳鉴中心6个参照公务员法管理事业单位；人才中心、职业技能鉴定管理中心、人事考试中心、信息管理中心、机关服务中心、军转安置中心、职业介绍服务中心、职业能力建设指导中心、专家顾问联络办公室、退休干部服务中心10个事业单位。编制748人，实有620人，其中局机关123人，事业单位497人。

年内，组织社会公务员招考2次，提供职位184个，计划录用250人，面试739人，录用185人。完成上年度事业单位工作人员考核备案工作。完成中小学教师1.15万人职称制度改革职称过渡工作，首次向北京市推荐优秀教师8人参加正高级专业技术职务评审。梳理规范机关事业单位工作人员退休审批手续，实现全区机关事业单位退休人员基本养老保险待遇纳入北京市机关事业单位基本养老保险基金支付。举办公务员初任、科任、科级领导干部知识更新培训、人力社保干部培训、军转干部岗前培训、青年公务员能力素质提升进修等各类主体培训班13期，759人参加，完成辖区干部在线学习系统报名、调动、信息调整等维护工作，在线学习6009人。全年，新增城镇就业2.87万人，促进登记失业人员实现就业9630人，城镇登记失业率为0.85%。困难失业人员实现就业7465人，就业困难求职人员实现就业比例为91.45%。建立走访跟踪服务用人单位户数7551户，用工调查1158户。实现创业989人，带动就业3806人。应届高校毕业生就业率97.73%。全区累计出现零就业家庭4户，已全部消除，零就业家庭保持动态为零。充分就业城区建设工作稳步推进，全区17个街道、181个社区达到充分就业创建标准。开发本地劳动力，部署17个街道登记失业人员4278人、灵活就业人员1.82万人、退休人员2.04万人进行就业意向摸底调查，有针对性地做好职业指导和职业介绍。全区实现自主创业989人，带动就业3806人，举办年度“文化+”创业大赛，4家区级创业孵化示范基地新增入驻创业企业94家，其中大学生创业企业48家；创业带动就业107人，其中带动大学生就业9人。全年开展各类职业培训2.07万人，包括企业在职职工培训1.22万人，民办学校非政策补贴培训8278人，政策性补贴培训152人（失业人员16人、来京务工人员112人、创业培训24人）。全年审批市、区职业培训补贴资金17.67万元，其中市级资金17.28万元，区级资金0.39万元。年内，全区5项社会保险基金收缴248.37亿元，同比上年增加12.26%，其中养老144.27亿元、失业6.22亿元、工伤2.33亿元、生育5.06亿元和医疗90.49亿元，同比分别增长12.03%、1.65%、-12.34%、11.44%和14.33%。累计支付214.12亿元，同比上年增加4.16%，其中养老118.59亿元、失业3.78亿元、工伤0.94亿元、生育4.38亿元和医疗86.44亿元，同比分别增长9.09%、65.95%、14.74%、-21.45%和-2.00%。累计结余34.25亿元，同比增加118.54%，其中养老25.68亿元、失业2.44亿元、工伤1.39亿元、生育0.68亿元和医疗4.05亿元，同比分别增长27.91%、-36.53%、-24.37%、-165.91%和-144.74%。全区医保基金运行平稳，33家实施总额预付的定点医疗机构基金申报54.28亿元，98家实施总量控制的定点医疗机构基金申报3.72亿元，审核结算城镇职工基本医疗保险1250.79万人次，同比上升3.17%；审核结算金额82.39亿元，同比上升10.27%；基金支付57.80亿元，同比上升10.07%。审核结算生育保险2.64万人次，同比下降15.60%；审核金额1.24亿元，同比下降8.53%；基金支出0.72亿元，同比增长2.1%；审核结算工伤保险1.79万人次，同比增长50.27%；审核金额2727.14万元，同比增长31.76%；基金支付2557.82万元，同比增长39.05%。审核结算城镇居民基本医疗保险73.70万人次，同比上升13.99%；审核结算总金额3.48亿元，同比上升12.36%；基金支付1.38亿元，同比上升9.03%。全年，审批退休1.15万人，其中正常退休9641人；特殊工种提前退休1131人，特殊工种退休人数占总退休人数的9.86%。完成全区所有应参保的机关事业单位在职人员3.45万人、退休人员3.18万人养老保险参保工作。全年工伤认定1218人，办结780人，其中认定735人，不予认定45人。年内，检查、走访定点医疗机构21家，约谈5家超支较高医院的主管院长、医保办主任。对14家定点医疗机构下发《北京市基本医疗保险费用总额预警（总量控制）预警告知书》。对违规个人发放告知书312份，比上年同期增长17%，约谈疑似违规人员101人，追回违规费用21.67万元，比上年同期增长50.96%，对参保人员3人做出暂停使用社会保障卡处理。受理劳动能力鉴定1059人次，进行鉴定1088人次，出具鉴定结论999份，其中工伤劳动能力鉴定610份，非工伤或因病劳动能力程度鉴定389份，实地核实友谊、安贞等医院病案室病历20余份，组织5批7人到市局武警总队医院、世纪坛医院进行现场检查。年内，监控企业1329户涉及职工6.78万人，劳动合同签订率96%；续订率85%。审核备案企业综合集体合同174户，覆盖职工9.18万人；企业专项集体合同481户，覆盖职工14.37万人；区域（行业）性综合集体合同43份，涉及企业1273户，覆盖职工1.68万人；区域（行业）性专项集体合同244份，涉及企业9839户，覆盖职工10.69万人。特殊工时行政许可293件，涉及职工7.33万人。经营劳务派遣业务行政许可102件，其中申请许可35件、变更许可22件、延续许可41件、注销许可4件。受理劳动争议案件3864件，与上年持平，其中集体争议案件157起。审结劳动争议案3694件，调解及调解撤诉1983件；结案率95.6%，调解率50.79%，终局裁决率32.88%。处理讨薪突发事件31起，比上年同期下降19%，突发事件下降较为明显。累计检查用人单位7268家，比上年同期上升11%，涉及职工10万人，受理群众投诉举报案件727件，同比下降3.3%。下半年，区人社局开展

7月27日，劳动用工政策宣传日活动

“两学一做”学习教育。树立纪检监察科派驻纪检员、信访办四位一体、劳动监察大队五个百分百、人事劳动争议仲裁院女子维权庭、职介中心工作指导室、职业指导中心公开课6个集体，及社保中心、医保中心2个个人，共8个先进典型。开展党员组织关系排查工作，处理不合格党员，讨论合格党支部建设规范、合格党员行为规范，推进非公有制企业和社会组织“两个覆盖”工作。

单位地址：东城区什锦花园胡同26号（中心区）

联系电话：64061983

邮政编码：100007　　（刘彬）

【事业单位考核】1月至3月，完成上年区属事业单位工作人员年度考核。全区参加考核2.42万人，其中考核结果优秀等次4721人，优秀比例19.5%。　　（刘彬）

【首席技师工作室】3月15日，姜波中式面点首席技师工作室由区人社局批准设立，旨在实现技艺代际传承，促进以老北京小吃为核心的中式面点专业高技能人才队伍培养。至年底，已批准设立9个区级首席技师工作室，其中4个被推荐为市级首席技师工作室，1个被推荐为国家级首席技师工作室。自2012年开展首席技师工作室评选工作以来，各工作室已累计培养技术骨干250人。　　（刘彬）

【春风行动】3月，区就业服务联盟开展春风行动就业专项活动。走访辖区内“用工荒”诚信企业，建立并完善企业用人需求档案，实施长效跟踪回访机制。联合区人才、区妇联、区总工会举办春风行动各类专场招聘会12场，参会企业300家，发布招聘信息2.71万条，发放宣传材料4500余份，接待求职者3400余人，其中女性1600余人，840人达成用工意向。　　（刘彬）

【社保咨询服务】4月，区社保中心与北京联通合作，开通超级热线服务。自助语音导航，增加接听线路，由原有一部电话，升级为3条线路同时接听，较原一条线路接通率提高31.5%。全年系统热线接到群众来电29.76万次，月均2.48万次，人工接听咨询电话2.52万次。更新业务指南21版，自助语音信息3版，网上公示流程15篇，发放宣传材料1万份。（刘彬）

【民营企业招聘月】5月进行。发放宣传材料7470份，举办招聘会23场，参加企业517家，提供岗位信息1.3万个。举办职业指导活动47场，为95家企业提供政策指导。为1639人提供职业指导及求职咨询服务，为其中的大学生35人提供一对一创业指导。　　（刘彬）

【劳动关系状况调查】上半年，区人社局开展小企业劳动关系状况调研工

12月16日，军转干部双选会

作。调查了解辖区1146户30人以下小企业从业人数、签订劳动合同状况、工资水平、工资增幅、工时制度、社会保险缴纳、建立企业劳动规章制度情况。调查结果显示，区人社局需加大劳动合同制度宣传力度，创建和谐劳动关系，加强劳动保障监察和仲裁机构队伍建设，强化劳动保障执法力度。（刘彬）

【企业薪酬调查】上半年，组织17个街道劳动关系科开展上年度薪酬调查，采集218家企业人工成本、在岗职工工资、新毕业生工资等各类数据5万余条。（刘彬）

【随军家属就业】8月2日，区职介中心、人才中心联合举办“庆八一”随军家属专场招聘会。华美伦酒店、北京社情民意调查中心、北京中情联合资产管理有限公司、肯德基等16家企业参会，发布财务总监、销售部经理、网络编辑、美工设计、会计等招聘信息1453条。现场提供职业指导、政策咨询。200人入会求职，26人与企业达成就业意向。（刘彬）

【创业大赛】10月18日，举办年度“文化+”创业大赛决赛，12个项目参赛，评出一等奖1个、二等奖2个、三等奖3个，创业人气奖、创业丽人奖、创业新秀奖、投资价值奖、创业导师奖各1个。获奖项目得到6个月免费工位、人才政策重点关注、东城文化创客基金重点关注、入选市级优秀创业项目库政策优惠，一二三等奖还分别获得3万元、2万元、1万元奖金。（刘彬）

【国家机关公务员考试】11月，完成下年度国家机关公务员笔试，设立考点22个，监考人员2510人次，考务工作人员185人。（刘彬）

【毕业生就业服务】12月9日，区人才服务中心组织下年北京地区毕业研究生专场供需见面、双向选择招聘会。国家大剧院、北京中油瑞飞信息技术有限责任公司、北京中青文文化传媒有限公司等单位参加，提供包括计算机、财务会计、金融、市场营销、行政管理等53个职位、156个岗位，68人与用人单位达成初步意向。（刘彬）

【军转干部就业安置】12月16日，组织年度军转干部双选会，军转干部33人、接收单位35家参会，10人签署双选安置意向，签约率为30.3%。（刘彬）

【机关事业单位社会保险制度改革】下半年，区人社局成立机关事业单位社会保险科，制定改革工作落实方案及参保计划日程，完成521家单位6.66万参保人员信息采集。调整220家机关事业单位，1.51万退休人员养老金4681.16万元。完成机关养老保险准备期补缴工作，涉及521家，3.5万人。（刘彬）

【劳动用工规范一条街】劳动监察大队在辖区内继续推进“劳动用工规范一条街工程”工作，创新规范区域，以行业聚集区为切入，选取东方银座写字楼、和平商业大厦、前门东大街作为规范目标，9个月里，检查和规范用人单位369户，涉及职工1.04万人，其中女职工6300人。责令36家单位与员工191人补签劳动合同，23家单位补办社保登记，为员工189人补缴社会保险费12.56万元，19家单位修订规章制度26个。（刘彬）

【职业技能鉴定】全年预约考生7431人，审核通过6162人。组织完成年度国家职业资格全国统考，设考点5个，涉及人力资源师、理财规划师、心理咨询师等7个职业3个等级，考生5890人。组织全国统考企业培训师一、二级综合评审论文答辩，设答辩考场11个，聘请评审专家33人次，参加答辩考生248人；发放全国统考证书752本。（刘彬）

【公务员招录】年内，组织公务员招考2次，提供职位184个，计划录用250人，面试入围739人，录用185人。面试工作执行全程封闭式管理、面试现场全程录音录像、监督员全程监督的“三个全程”制度。面试考官由获得面试考官资格以及长期主管或从事人事工作的人员担任，面试考官持证上岗率超过90%。面试考官组由原来的5人增加至7人，增加公共考官和专家考官各1人。（刘彬）

【社保知识进社区】年内，区社保中心在辖区17个街道开展社保知识进社区活动17次，覆盖182个社区。解答社区居民在办理退休、社保关系转移接续、费用补缴、异地就医、灵活就业等方面问题200余个。（刘彬）

【农民工工资支付】年内，区人力社保局成立无拖欠工资领导小组，集中检查辖区内农民工密集企业，加大矛盾排查力度，及时消除隐患，召开协调会向成员单位通报专项整治工作进展情况，研究解决农民工讨薪重点难点问题，强化监管，做到重点区域严密监控、突发事件全天候报告。整治9家劳务分包单位在劳动合同、考勤管理等方面出现的不规范行为。（刘彬）

【就业创业服务】年内，区人才中心接待就业咨询133人次，发放宣传材料500余份，职业指导37人次。组织3场暑期大学生专场招聘会，提供大学生就业岗位1024个。向残疾大学生3人推荐就业岗位13次。创业指导大学生6人。（刘彬）

【基层劳动人事争议调解组织建设】年内，开展劳动人事争议调解组织建设工作宣传月活动。区人社局劳动人事争议仲裁院指导体育馆路街道成立商务楼宇、社区工作者、重点企业等7大类调解组织42家，总结经验，向各街道推广。组织基层调解员培训4次，300余人参加。受理劳动争议案件1266件，调解791件，调解成功率62.48%。（刘彬）

【定点医疗机构验收】年内，区医保中心检查验收同仁医院、北京市口腔医院等10家定点医疗机构基本医疗保险（工伤保险）HIS系统升级改造，检查内容涉及药品批准文号格式、上传标准及门（急）诊挂号信息调整等。（刘彬）

【社保稽核】全年，区社保中心受理投诉举报案件312件，办结247件，补缴金额1882.24万元，同比增长165%；日常稽核单位612家，涉及19.62万人，补缴1204.72万元；收到专审报告120家，其中72家单位完成补缴，补缴涉及103人，补差涉及1399人，共补缴895.44万元。（刘彬）

【残疾人就业】年内，以街道和社区为基础，建立覆盖残疾人就业全过程的登记、测评、指导、培训、推荐“一条龙”服务体系。依托区创业孵化基地举办淘宝创业大课堂，与新型电商平台开展合作，帮助残疾人通过网络实现就业创业。以街道为依托搭建个性化、多元化职业技能培训平台，提供订单、定向、定岗、定人培训服务。采取典型引路、逐步推广的模式，建立特色技能培训项目和实习培训基地16个。结合春风行动、就业援助月、民营企业招聘月、应届毕业生就业季等专项活动，举办残疾人就业专场招聘会，引导用人单位吸纳残疾人就业。累计培训4056人，安置就业1623人。（刘彬）

# 统　计

【概况】东城区统计局、东城区经济社会调查队（简称东城局队）是负责东城区统计调查和国民经济核算工作的职能部门。实行融合办公的一体化管理模式，内设办公室/组织指导科、调查队办公室（对外使用党群工作办公室名称）、人事科、监察科、宣传调研科、法规科、计算机管理科、综合统计科/综合统计科、普查中心/数据中心、功能区统计所/监测调查科、工业城建统计科/房地产调查科、社会科技统计科、能源监测科/能源和资源调查科、产业调查科/服务业调查科、商调队、住户调查科、专项调查科、消费价格调查科/生产价格调查科、统计执法检查队、北京市城市社会经济调查队东城区分队（对外使用人口统计科名称）20个科室。向全区17个街道派出17个统计所。东城局队编制203人，实有177人。

年内，定期监测全区批发零售业、住宿餐饮业、服务业、工业、能源、金融等行业运行情况，被调查单位涵盖除第一产业外的全部18大行业门类；对东城区居民生活、消费价格、生产价格、房地产价格等社会民生领域进行监测；完成重点产业、新兴产业、东城园等重点区域及重点领域统计监测；完善非首都功能疏解监测体系，围绕城市更新改造、商品交易市场调整提升等9个领域，41个类别，开展月度监测；建立7个领域、22个门类的非首都功能工作台账；利用移动通信大数据对全区17个街道及5个重点区域开展人口变动监测，完成年度人口抽样调查，有效服务疏非控人工作；建立经济社会综合数据共享平台；开展统计专项调查14项；定期向区领导决策支持系统提供统计数据和统计分析。开展“两学一做”学习教育工作，开展22项内部培训及9项组织调训，选派干部58人参加国家、市、区优质教育培训，组织专题讲座6次；组队参加区直机关工委践行社会主义核心价值观文艺汇演并获一等奖，被评为年度平安建设优秀单位、区直机关先进基层党组织、全市法治宣传教育工作先进集体，获市政府统计系统文化艺术节合唱比赛三等奖、技能大赛一等奖、摄影比赛三等奖。

单位地址：东城区金宝街52号
联系电话：65260007
邮政编码：100005（刘琳琳）

【非首都功能疏解监测】建立涉及

9大领域、41个门类的非首都功能疏解监测指标体系，完成月度监测并撰写统计报告向区领导汇报，《2016年1-5月东城区非首都功能疏解和人口调控监测报告》得到区领导批示。搭建非首都功能疏解监测项目数据报送平台，围绕城市更新改造、商品交易市场疏解、人口管控等内容，按领域、按部门、按项目、按属地整合历史数据；开展7个行业、地下空间腾退和商品交易市场腾退空间再利用情况等专项调查，其中2篇调查报告得到区领导批示；利用移动通信大数据，对全区居住人口整体情况、居住人口跨区、跨街道流动情况、工作人口情况、瞬时人流量情况进行监测，并对故宫周边、南锣鼓巷、簋街、望坛及百荣世贸5大重点区域进行重点监测，助推全区人口疏解调控工作开展；参与疏解整治促提升十大专项行动方案制定，科学提出人口调控目标建议；完成北京市《区县人口动态监测台账》数据报送，建立健全人口动态监测台账，有效反映全区人口变动情况。（刘琳琳）

【人口抽样调查】9月至12月，开展年度区人口抽样调查工作，调查标准时点为本年11月1日0时。9月27日，召开区年度人口抽样调查小区图绘制培训会。10月9日至10日，召开区年度人口抽样调查入户摸底、登记培训会。10月28日，东城区常务副区长陈之常主持召开区年度人口抽样调查推进会。11月1日，北京市经济社会调查总队到区督导检查人口抽样调查工作，组织《北京晚报》《北京晨报》《法制晚报》《信报》及北京人民广播电台等多家媒体记者观摩首日登记日活动。东城局队完成组织领导、样本核实、经费保障、机构组建、人员选聘、调查宣传、入户登记、集中督导、质量控制和数据评估等阶段工作，PDA设备首次全面采用，利用《东城报》进行整体宣传，全区51条主干道悬挂横幅140条，58个社区张贴宣传画464张，张贴一封信290份，入户摸底期间制作宣传品7种共计4000个。调查涉及16个街道，109个调查小区，入户调查登记1.01万户、2.81万人，及时准确掌握东城区人口变动情况，为有效开展人口规模调控提供科学准确的统计信息支持。（刘琳琳）

【统计工作培训】5月11～13日，举办“绽放青春 共筑统计”新入职干部专题培训班。6月3日，举办“危机处理与沟通”培训讲座，邀请台湾大叶大学人力资源暨公共关系学系副教授、北京大学客座教授授课。6月29～30日，举办全员系列知识集中培训班，邀请市委党校和国防大学教授授课。8月24日，开展2016年东城区社区统计室人员岗位基础知识培训。9月13日，举办VFP数据库和EXCEL应用技巧培训。12月7～9日，召开年度统计年报和下年定期统计报表工作布置会。（刘琳琳）

【基层统计建设】年内，实现全区182个统计室岗位设置、人员配备、工作职责、办公设备和经费保障“五到位”建设标准，社区统计室三级管理体制基本成形。召开全区社区统计室工作推进会，举办全区社区统计室岗位培训，200人参加，编印《东城区社区统计人员基础知识手册》，完成街道统计所辅助调查员34人招聘，建立基层调查队伍。统筹统计室开展“一表、一图、一册、一账、一库、一栏”建设工作取得阶段性成果，完成社区自查验收。加快社区统计室信息化建设，为社区统计室配备办公电脑182台。（刘琳琳）

【部门统计管理】年内，《区统计局关于进一步加强和完善部门统计工作的意见》通过区政府常务会议审议，政府办转发全区，实现部门统计工作科学化、规范化、法治化。上线运行东城区经济社会综合数据共享平台，通过高效采集和有效整合，提升政府统计数据一致性和准确性。定期报表涵盖全区20个部门，53张报表，其中月报表36张、季报表17张。（刘琳琳）

【开展专项调查】年内，完成专项调查14项，其中完成市局总队调查9项，主要有食品安全公众满意度调查、落实“网约车”新政民意调查、北京高校学生创新创业及就业意愿调查、城六区交易市场清退升级后外来人口迁移意向调查、党风廉政建设民意调查等；自主调查5项，有东城区群众安全感调查、区地下腾退空间使用情况调查、已疏解重点项目跟踪等调查。（刘琳琳）

【统计服务】年内，改版《北京东城区经济发展月报》《北京东城区经济数据发布月度手册》《北京东城区社会运行季报》，编印《北京市城六区“十二五”主要数据汇编》《2015年东城区经济发展统计报告》《2016年东城区统计年鉴》等汇编资料。撰写统计报告37篇、简明分析156篇、经济快讯90篇，向全区各有关部门提供统计数据约21万余笔。（刘琳琳）

【信用体系建设】开展统计诚信单位评定和严重失信企业认定工作。印发

12月2日，向10家“统计诚信单位”颁发荣誉证书

《东城区2016年度统计诚信单位建设工作实施方案》，完善诚信统计评估机制。完成区内10家年度统计诚信单位和1家严重失信单位公示工作，4家企业的经验材料在《中国信息报》上刊载。（刘琳琳）

【规范统计依法行政事项】根据《国务院关于第二批取消152项中央指定地方实施行政审批事项的决定》要求，取消统计从业资格认定事项。根据《国家统计局关于部分部门规章和规范性文件失效的决定》要求，《统计从业资格认定办法》失效。（刘琳琳）

【统计普法宣传】制定《东城区统计法制宣传教育第七个五年规划（2016-2020年）》，自主设计《东城区统计“七五”普法调查问卷》，开展《北京市统计条例》普法进区政府常务会、进党校、进企业、进社区宣传活动，编印《案说统计诚信》宣传手册，扩大统计法律法规的知晓率和影响力。完成以“弘扬法治精神，深化统计改革，全面依法统计，保障数据质量”为主题的统计法治宣传月活动，采取专题学法、以案释法、现场普法形式宣传《统计法》，制作普法展架4套、统计普法宣传材料15种1万余份，利用统计年报和定期统计报表工作布置培训会，对6500家单位7000余人进行统计普法宣传。（刘琳琳）

【课题研究与调研工作】全年开展统计课题研究19项，其中国家局立项课题1项，全市统计科研立项课题1项，区调查研究关注课题3项、自主研究项目14项，均顺利结项。研究内容涉及和谐宜居之区、全面建成小康社会、首都文化中心区、“一带两园一区”以及“二三一”产业5大监测指标体系研究以及老字号企业、上市公司等内容，2篇分析报告在全市统计系统形势分析类和专题分析类年度优秀统计分析报告评比中获奖。年内开展领导调研102次，收集意见建议25条，协调解决问题 19个。（刘琳琳）

【统计执法】全年执法检查372家单位，超额完成任务，其中区内常规执法检查158家，区县互查30家，督导检查184家。立案111家，其中执法检查简易程序当场单位40家、简易程序查处迟报单位15家、一般程序立案单位56家，一般程序立案率达到35.4%。全年罚款40万元，比上年增长50%。未发生行政复议、行政诉讼。稳步推进“双随机”执法检查工作。（刘琳琳）

【“两学一做”学习教育】5月6日，召开学习教育工作会，动员部署“两学一做”学习教育工作。5月24日，召开全体机关党委委员、各党支部书记、党小组长会议，布置具体工作时间表，确定3个专题及29项学习内容。党组书记、局长讲党课，组织理论中心组学习31次。发放《习近平总书记系列重要讲话读本（2016年版）》以及《党章》《中国共产党廉洁自律准则》《中国共产党纪律处分条例》等学习材料。开展纪念建党95周年主题党日活动、党务干部培训班、“红色讲坛”专题讲座，参观北京大学校史馆，完成“写承诺、践承诺”百题竞答、“履职尽责、作表率”佩戴党徽上岗、党的十八届六中全会精神学习研讨、“合格党支部建设规范、合格党员行为规范”大讨论等活动；完成全体党员党费专项检查工作；按期召开局队领导班子年度民主生活会，开展基层党组织组织生活会和民主评议党员工作。（刘琳琳）

# 产业和投资促进

【概况】东城区产业和投资促进局（金融服务办公室）（简称区产促局、金融办），是负责辖区产业和投资促进工作及金融产业发展相关工作的政府工作部门。区产促局（金融办）内设办公室（监察科）、产业发展科、投资促进科、中小企业发展科、金融发展科、金融服务科，行政编制31人，实有30人。所属事业单位东城区产业发展服务中心，编制22人，实有18人。

年内，完成年度政策兑现，32家企业44个项目通过审核，涉及金额823.87万元。与23家商务楼宇建立联系，走访70余次，组织2期专题培训。开展年度打击非法集资专项整治行动，排查涉非企业56家。制定《2016年度产业调整升级领域人口疏解工作实施方案》，疏解5家工业企业，从业人员60人，腾退面积455平方米。全区人口调控减少1.02万人。5月至年底，开展“为官不为”、“为官乱为”专项治理，结合“两学一做”学习教育活动，纪检组制定工作方案，分宣传部署、自查自纠、问题查处3个阶段进行。

单位地址：东城区金宝街52号621-1室
联系电话：65258800-8682
邮政编码：100005
（王宏宇）

【产业发展状况】年内，完成《东城区“十三五”时期产业发展规划》初稿，产业结构从“二四三”调整为“二三一”，形成《东城区

“十三五”时期健康服务业发展规划》《东城区“十三五”时期中小微企业和非公经济发展专项规划》，制定出台《东城区关于促进产业发展的暂行办法》。开展年度文化创意产业发展专项资金项目初评，通过项目13个。促进10家高精尖项目落户，注册资本合计约182亿元。以体育产业和文创产业为主题组织4期“东高汇”系列沙龙活动，促成合作项目2个，洽谈项目4个。参加第20届京港洽谈会，推荐5个企业融资项目、7个楼宇招商项目参加对接洽谈，1个项目参加京港双向投资重大项目签约仪式。

（王宏宇）

【中小企业和非公经济】出台《东城区中小企业服务分中心、小企业创业基地管理办法》，授牌4家新认定区级小企业创业基地，开展全区创业项目征集，新增入驻企业89家，累计服务企业6358家次。组织政策解读、创业指导、投融资服务、上市辅导等培训活动106场，参加企业1911家次，培训2919人次。微平台工作动态、产业政策、楼宇信息、项目通知等信息发布431条，阅读量8.48万次，实现APP下载1.59万次。更新东城区中小企业和非公经济发展工作领导小组成员名单，制定《贯彻落实东城区促进非公经济健康发展大会折子工程》实施方案。

（王宏宇）

【金融服务】举办区上市企业沙龙、培训会4场，参加企业57家。组织中小企业融资对接活动6场，为66家驻区企业提供融资服务。参与重大项目融资机制创新，协助区房地二中心完成褡裢坡住宅项目融资9亿元，区房地二中心和基金公司双方签署协议。制定《东城区2016年打击非法集资专项整治行动工作方案》《东城区涉嫌非法集资重点企业约谈制度》《东城区打击非法集资工作信息报送制度》，全年约谈企业13家20次。开展互联网金融风险专项整治工作，摸底排查17个街道1.07万家企业。开展打击非法集资宣传教育工作，举办活动88场，7000余人参加。

（王宏宇）

11月3日，区产促局组团参加第二十届北京－香港经济合作研讨洽谈会

【非公中小企业融资对接会】3月23日至5月20日，举办6场“服务小微，走进园区”活动，整合区内各种金融资源，为有需求非公中小企业提供对口金融服务，28家金融机构参加，服务驻区13家中小基地、4家中小企业服务分中心、66家非公企业。对接会上，金融机构介绍各自产品、投资偏好及重点关注领域，与企业进行一对一现场交流。产促局建立融资微信群进行后续跟踪服务。

（王宏宇）

【商务楼宇交流会】3月25 日召开。区产促局（金融办）宣讲《东城区产业指导目录》《东城区关于促进产业发展暂行办法》，开展企业融资需求问卷调查，提出打击非法集资工作具体要求。区工商局、区食药局审批窗口负责人就三证合一、餐饮进楼宇等事项答疑解惑。17个街道办事处、42座重点商务楼宇、13个中小企业服务分中心、小企业创业基地共120人参会。

（王宏宇）

【专项整治工作】4月21日，召开防范、打击和处置非法集资工作领导小组第一次工作会，启动年度打击非法集资专项整治行动，传达常务副市长李士祥在全市贯彻落实全国互联网金融风险专项整治工作部署动员会上的讲话精神，宣讲介绍《北京市进一步做好防范和处置非法集资工作管理办法》。区政法委、区综治办、区公安分局、区工商分局等25个部门及17个街道办事处主管领导参会。

（王宏宇）

【人口调控联席会】5月13日，召开东城区年度第1次产业调整提升人口调控工作领导小组联席会，部署全区产业调整提升人口调控工作。相关委办局、功能区、街道办事处等17家成员单位参加。

（王宏宇）

【京港洽谈会东城专场】11月3日，第二十届北京·香港经济合作研讨洽谈会在北京饭店开幕。区产促局（金融办）携7个楼宇招商项目、5个企业融资项目参加，设立东城区咨询台，接待港商等各界投资人现场咨询，宣传介绍东城区投资环境、产业政策。京港会主题是“互通要素、双向投资、同享机遇、共创繁荣”，京港两地政商界人士1000人参会。

（王宏宇）

【互联网金融风险摸底排查】年内，组织17个街道办事处完成市金融局确定的1.07万家东城企业摸底排查，为市金融局全面开展互联网金融风险专项整治工作奠定基础。8月10日，市金融局在东城区召开全市打非工作现场会，推广东城区经验做法。

（王宏宇）

# 工商行政管理

【概况】北京市工商行政管理局东城分局（简称东城工商分局），是政府市场经济秩序监管部门。负责区域内宣传、贯彻、实施工商行政管理法律、法规及规章。内设办公室、人事教育科、监察科、机关党委、工会、计划财务科、法制科、登记注册科、企业监督科、网络监督管理科、市场监督管理科、商标监督管理科、广告监督管理科、合同监督管理科、消费者权益保护科、商品质量监督管理科16个科室；内设稽查大队，下设综合科、执法协作科、专业执法一科、专业执法二科4个科室。下设12个工商所，即永定门工商所、幸福大街工商所、天坛工商所、前门工商所、建国门工商所、王府井工商所、东朝工商所、景山工商所、东直门工商所、北新桥工商所、安交工商所、和平里工商所。检查站一个，即北京站检查站。事业单位6个，即信息中心、档案中心、后勤服务中心、工商学会、消费者协会、私营个体经济协会。干部职工414人，其中公务员编制356人、事业编49人、工人9人。

年内，制定《落实党风廉政建设"两个责任"实施细则》《履行党风廉政建设主体责任清单式痕迹化管理暂行办法》，构建以岗划责、岗尽其责、层级监督、评责追责管理工作体系。开展"两学一做"学习教育，逐字逐句读党章，支部书记讲微型党课。编发《青莲》内刊、创建"微青莲"微信公众号，打造立体化宣教模式，加强党风廉政建设，激发分局文化建设活力。在全市系统考评中夺冠，连续第六年进入系统先进行列。

单位地址：东四北大街267号
联系电话：64033742
邮政编码：100007（李淼）

【登记注册】优化审批流程，启动"五证合一、一照一码"登记注册模式，依托区政府三级政府服务体系，成立中关村雍和航星科技园，推行网上登记，开发网登预约系统，让数据多跑路，群众少跑路，实现工商注册便利化。年内东城区新设主体5651户，实有市场主体8.34万户，同比下降2.2%；其中企业6.4万户，同比增长3.59%，个体工商户1.9万户，同比下降17.6%。（李淼）

【非首都功能疏解】制定《进一步推进非首都功能疏解工作的方案》，调整完善住所实地核查、平房登记管理、有形市场退出及"僵尸"经济主体清理等制度，研究形成《2016年产业禁限目录执行评估报告》，为疏解工作提供政策支持和数据依据。执行市区两级禁限目录及属地发展规划，未通过审批属于禁限目录的企业284户、个体工商户242户。年内，东城区实现禁止行业"零增长"，受限行业"断崖式"下降，其中新增居民服务、修理和其他服务业同比减少83.93%，住宿和餐饮业同比减少35.23%，批发和零售业同比减少12.39%。全年新设个体工商户144户，同比下降85.88%，新增企业4744户，同比下降25.72%，"个转企"完成1000余件，"企个比"从上年的2.62：1上升为3.36：1，产业结构更加符合核心区功能定位。（李淼）

【查处取缔无证无照经营】召开东城区年度无证无照经营治理工作推进会，打击无证无照，彻底根除磁器口大街等无证无照经营聚集区，实现全区无证无照经营聚集区零增长、零存留，整治"七小"低端业态无证无照违法经营行为，实现全区"七小"低端业态无证无照经营主体零增长、存量显著减少。全年累计取缔无证无照主体1366户，疏解1.36万人，清理面积6.44万平方米，完成通过清理无证无照经营疏解人口1.09万人的目标。（李淼）

【消费者权益保护】年内，受理消费者投诉3726件，为消费者挽回经济损失1241.58万元；受理举报2089件；立

4月26日，区工商分局在南锣鼓巷开展世界知识产权日宣传活动

案查处5301件，罚没款金额1178.6万元。以“工商在身边，服务零距离”为主题，深入182个社区，通过现场宣讲、举办讲座、消费体验等方式，开展关于保健品消费、预付卡消费、美容保健等内容讲座24次，发放宣传品7.2万件，惠及社区居民10万余人。在王府井大街创建两项维权制度示范街，首批参加示范活动企业39家。与区商务委共同制定《关于在全区11条特色街区实现两项维权制度全覆盖的指导意见》，使两项维权制度在11条特色街区落实。（李森）

【信用监管】年内，落实抽查制度及异常名录管理制度，抽查商事主体4861户，416户违法企业被列入经营异常名录，238户个体工商户被标记为经营异常状态。联合崇外街道办事处，开发崇外地区商事主体信用信息平台，建成信用数据采集、部门协同监管、信用数据公示“三位一体”的基层信用监管体系，实现崇外地区16个职能部门对4596户商事主体的信息共享及协同监管。（李森）

【商标监管】开展小门店售假专项整治，重点整治街区底商售假行为，查处小门店售假商户95户。开展小商品市场专项整治，重点整治百荣世贸商城、红桥市场、世纪天鼎市场等销售假冒市局1、2号通告确定的48种国际知名品牌以及国内驰名品牌商品行为，检查商户81户，立案查处商标侵权假冒案件22件。开展体育用品一条街专项整治，会同公安、街道办事处、城管等部门100余人，查处违法经营主体15户，查扣涉嫌侵权商品1.75万余件。开展法律法规宣传活动14次，发放宣传材料1.2万余份。（李森）

【广告监管】出台《关于调整广告监管工作分工的意见（试行）》，建立平面媒体广告二级统一检测模式，构建监测与案件查办相分离的监管机制。年内建立广告刊样室，设置24组刊样柜，1000个期刊盒，整理刊样562种。（李森）

【合同监管】成立东城区首批房地产经纪机构绿色通道，北京美联、北京老邻居、北京世纪中环、北京诚明伟业4家房地产经纪机构建立合同争议快速解决机制。强化数据分析，梳理上年度房地产经济机构投诉情况，提升监管靶向性，有效推动房地产经纪投诉量同比下降58.47%。完成《空气净化器购销合同》《婚姻中介服务合同》《珠宝玉石买卖合同》《玩具批发合同》区域性推荐合同文本制定，《北京小剧场租赁合同》《刀具买卖合同》《二手商品寄卖合同》《宽带接入业务服务协议》在行业内试用。（李森）

【商品质量监管】开展专项商品质量抽检30次，选取包括成品油、儿童用品、成人服装、箱包鞋帽、日化用品、纸制品、小家电、通讯器材、消防产品等411组样品，合格率61.41%。抽检成品油29批次，实现辖区加油站全覆盖，完成抽检任务指标数的111.54%。开展网络交易商品质量监管，抽检电商平台“当当网”商品80组。（李森）

【有形市场监管】至年底，区内有形市场51个，实际经营34个，其中小商品市场7个，农副产品市场25个，小吃市场1个，其他1个。配合市场撤市，实现隆福寺早市和东华门夜市顺利闭市及零上访，推进百荣和永外城转型升级。关停市场5家，吊销4家，升级改造4家，转型1家，清理空壳市场9家，减少摊位1056个、面积6.59万平方米、3562人。（李森）

【专项执法检查】年内，开展维护百姓权益、维护社会公平、维护经济秩序、打击违法经营即“三维一打”专业执法活动。先后开展规范投资理财类广告、加强房地产经纪公司整治、强化商品抽检、打击假冒伪劣和非法有奖销售、维护“扇形稻香村”商标注册权等专项执法行动20余项。配合区属职能部门开展打击非法集资、“扫黄打非”、电动（燃油）三轮车、危爆物品寄递物流清理、旅游市场秩序等联合整治30余项。办结各类案件5301件，罚没款金额1178.61万元。（李森）

# 质量技术监督

【概况】东城区质量技术监督局（简称区质监局）负责贯彻、实施有关质量技术监督方面的法律、法规、规章和政策。机关设办公室、监察科、法制科、产品质量监督管理科、标准化科、计量监督科、特种设备安全监察科和稽查队8个科室队，编制51人，实有42人。下设组织机构代码管理中心、计量检测所、特种设备检测所3个直属事业单位，编制100人，实有85人。

年内，落实《党政领导干部选拔任用工作条例》《四项监督制度》，在干部选拔的各个环节严格执行程序。层层签订个性化党风廉政建设责任书129份。局党组进行“回头看”自查，群众路线教育和“三严三实”专题教育，查摆出10个问题全部整改。针对苗头性问题，召开民主生活会开展批评和自我批评2次，提醒谈话3人次。严格控制“三公”经费使用，坚持“六费公开”。参与“七五”普法宣传，设计“七五”普法标识并向东城区法制宣传教育领导小组办公室投稿，被评选为最受欢迎奖。组织“5·20”世界计量日、世界标准日社区宣传服务活动。参加东城区“五月鲜花”群众歌咏比赛活动，获得合唱组三等奖。全年执法检查1057起，办理立案18件，办结完成14起。受理投诉举报253起，回复率100%。全年发布报送信息211篇，其中媒体报刊刊登18篇次，市级信息30篇次，区级信息45篇次。

单位地址：东城区和平里五区甲12号

联系电话：84220417

邮政编码：100013 （范梦娅）

【“两学一做”学习教育】2月开始，机关党委组织各党支部开展“学条例、背准则”为主题的学习活动。重点学习廉洁自律准则、纪律处分条例及《习近平关于严明党的纪律和规矩论述摘编》《习近平谈治国理政》等。党支部每季度召开1次全体党员会议，围绕1个专题组织交流讨论。购买《中国共产党廉洁自律准则》《中国共产党纪律处分条例》等学习教育书籍842本，党徽200个。从上级组织领发《向榜样学习》《习近平总书记重要讲话文章选编》等学习材料224本。局党组理论中心组集中学习21次、交流讨论9次。机关党委及各党支部集中学习57次，组织和参加各类活动36次，各类培训6次，集中讲党课11次，收集学习体会文章145篇，报送信息30条。

（范梦娅）

【“两会”服务保障】召集辖区驻地单位6家、电梯维保单位9家部署特种设备服务保障工作。会同市特种设备检测中心、区特种设备检测所对辖区内6家“两会”代表委员驻地使用的特种设备进行保障性监察和检验。实施《2016年全国两会特种设备服务保障工作方案》，向各使用单位发放《特种设备使用单位安全告知书》，签订《特种设备服务保障工作承诺书》《特种设备服务保障工作确认书》。

（范梦娅）

【安全生产月活动】6月进行。主题宣传咨询日设立宣传展板，讲解常见特种设备安全常识，解答群众咨询，发放宣传材料600余份。召开全区400余家物业管理单位安全大会，宣讲与特种设备相关的法律法规，部署年度特种设备安全工作。对特种设备监察数据库中存在的涉嫌超期未检特种设备逐一摸底排查，电话核实、现场走访200余家单位1100多台设备，清除冗余数据，行政处罚1家违法超期使用特种设备单位。组织辖区内2家单位开展乘客电梯困人、自动扶梯急停应急救援演练。安全月期间出动执法人员24人次，检查北京饭店、国际饭店等12家人员密集场所的特种设备使用单位，检查设备54台。 （范梦娅）

【特种设备安全监察】对纳入高风险电梯评估范围的194台电梯，排查隐患、督促整改。使用2273.77万元住宅专项资金、110万元政府救济资金，更新改造大修电梯288台。制定《锅炉低氮燃烧改造验收工作方案》，督促锅炉使用单位签订承诺书。召开60余家单位参加的电梯安全专项检查工作会，严查特种设备超期未检行为，将特种设备安全监察数据库超期未检动态指标控制在较低水平。全年完成11次特种设备安全保障任务，涉及单位24家次、设备471台套。 （范梦娅）

【质量强市创建活动】制定实施《北京市东城区贯彻质量发展纲要实施意见2016年行动计划》。完成区创建全国质量强市示范城市32项工作任务。在燃气安全监管、社区卫生服务、平房区物业管理以及体育赛事服务等领域探索开展“东城质量”自愿性认证试点。引导企业参加政府质量奖评选工作。驻区企业北京同仁堂集团获首届市政府质量奖管理奖、第二届中国质量奖。中青旅、中国黄金2家驻区企业获提名奖。9月，在全区范围内开展质量月活动。召开年度“质量月”活动暨质量工作座谈会，质监局作“运用质量技术基础手段 促进品牌建设推动供给侧结构性改革取得实效”主题发言。9月21～22日，国家质检总局验收组对前门鲜鱼口老字号美食街争创工作进行现场验收，鲜鱼口老字号美食街通过验收，成为继中关村科技园区后，北京市第二个国家级知名品牌示范区。 （范梦娅）

【产品质量监督管理】年内，开展区

5月12日，质监局参加东城区2016年“防灾减灾日”主题宣传教育活动

级产品质量权利清单细化工作，编制《产品质量监督管理业务行政权力清单辨识分析报告》，分析辖区内8个领域的监管对象基本情况及产品质量法律法规和宏观政策变化情况，确立1项高风险、1项中风险、22项低风险行政管理业务项目。依据《强制性产品认证管理规定》，出动执法人员375人次，检查万鹏文化用品市场、永外灯具城销售涉及强制性认证商品。全年检查单位125家。完成30家企业的产品质量安全风险处置，指导企业开展风险处置工作，监督企业消除产品质量安全风险。处理26起群众投诉，办理市质监局转办涉及学生服产品案件1起。全区重点工业产品质量抽查合格率为100%，区域重点工业产品抽查合格率与前3年抽查合格率均值（95.6%）之比，即区域重点工业产品质量纵向提升指数为0.2，区域重点工业产品质量抽查合格率与全市重点工业产品质量抽查合格率之比，即区域重点工业产品质量横向相比指数为0.2。（范梦娅）

【推进居家养老服务标准化】6月，国标委下发《关于下达第三批社会管理和公共服务综合标准化试点项目的通知》，批复东城区老龄办、质监局申请的东城区网格化智慧养老（居家）服务标准化试点项目。建立标准化服务人才队伍，开展4次三类人员培训（一类街道、社区居委会负责居家养老工作人员，二类标准化建设领导小组有关人员，三类标准编写小组人员）。开展调研和标准体系建设工作，梳理试点项目服务管理事项，收集整理政策性文件、规范性文件、执行规章制度文件，编制标准体系、标准明细表草案。11月，接受市标准化协会专家关于试点项目标准体系构建阶段督导检查。编制《东城区网格化智慧养老（居家）服务管理规范》等13个标准初稿。（范梦娅）

【标准化建设与标准登记注册】制订《东城区平房物业管理服务标准1.0（试行）》。完善进驻区政府行政政务服务中心17个委办局284个审批事项标准。年内，驻区企业标准备案92家409项，公开平台备案65家118项，企业自我声明公开率达到71%。（范梦娅）

【计量监管】联合区商务委、卫计委和重点地区管委会，组织召开计量系列培训6次。宣贯“十三五”计量发展规划，指导应用计量器具公共服务平台，夯实计量信息化监管基础。开展重点医疗单位计量审查评价、计量检定，强化计量管理制度意识，培育医疗卫生行业计量示范单位。协同卫计委等部门提升区域医疗卫生计量管理水平。开展节假日期间和重点地区计量监督保障活动。梳理商业服务业领域重点单位信息，协调商务、工商等职能部门，制定区域农贸市场计量监管目录清单。开展区计量校准行业发展和监管现状摸底调研，形成意见报告。检查计量相关单位500余次，查办各类计量违法案件56件。（范梦娅）

【组织机构代码管理】本年，不再向新设立的机关、事业单位、社会团体颁发组织机构代码证书。4月1日起，只办理单位组织机构代码注销业务。7月5日起，注销由登记转为服务事项。与区编办数据对接，形成统一社会信用代码数据库，按照市代码中心部署核查编办数据，逐条分析质疑数据，上报、改正错误数据。年内，注销单位548个，受理543家企业行政许可2375台件，办理297家企业开工告知1728件、34家企业315个标准备案。（范梦娅）

【技术机构检验检测】全年完成计量器具检测7.9万台件，其中强检计量器具4.31万件。完成检验检测特种设备1.05万台套。（范梦娅）

# 审　计

【概况】东城区审计局（简称区审计局）是负责辖区审计工作的区政府工作部门，受区政府和市审计局双重领导。主要职责：审计监督区年度财政预算执行情况，区政府重点投资建设项目情况，区行政事业单位财务收支情况，区属国有企业及国有控股企业资产负债损益情况，区行政事业单位处级领导干部和国有企业及国有控股企业领导人员的经济责任履行情况等，对区政府和市审计局负责并报告工作。内设办公室、人事科、监察科、综合科、复核法制科、固定资产投资审计科、经贸审计科、行政事业审计科、财政审计科、街道财政审计科、社保环保审计科、经济责任审计科、内部审计指导科、信息管理办公室14个科室，东城区审计事务中心1个全额管理事业单位。编制78人，实有68人。

年内，成立落实党风廉政建设

责任制党组主体责任办公室，构建工作机制，制定责任清单，明确责任分工，层层传导压力，逐级签订党风廉政责任书。全年完成审计项目27个，审计查出违规金额86万元，管理不规范金额2.49亿元。出具审计报告和专项审计调查报告42篇，领导批示7篇。移送纪检监察机关1人，提出审计建议58条，均被采纳，被审计单位制定整改措施71项，健全规章制度 10项，提交审计信息164篇，向社会公告审计结果13篇。12月7日，配合区政府出台《东城区加强审计监督协调工作机制和整改联动工作机制的意见》。年内，制定行政执法岗位目录，在门户网站公示行政处罚裁量基准，规范审计机关处罚违法行为的自由裁量权。信息管理办公室与固定资产投资审计科人员共同撰写的《决算报表计算机审计案例》、信息管理办公室与财政审计科人员共同撰写的《利用大数据分析财政预算区级财力执行情况审计案例》在市审计机关年度计算机案例审计评选中获得鼓励奖（此奖于2017年1月12日颁发）。

单位地址：东城区天坛东路甲7号
联系电话：6705 2535
邮政编码：100061
（肖雅莉）

【预算执行审计】开展年度重大政策措施落实跟踪审计项目2个、东城区上年度预算执行情况和其他财政收支情况审计、12个一级预算单位部门预算执行和决算草案审计等15个审计项目，查出管理不规范金额1.93亿元，违规金额76万元。预算执行审计结果得到区委、区人大、区政府肯定。（肖雅莉）

【经济责任审计】受区委组织部委托，完成7个单位领导干部经济责任审计，首次开展党政领导干部同步经济责任审计，探索同步审计、分别实施、分别评价、科学定责的审计理念，查出管理不规范金额4467万元，违规金额10万元。3月29日，召开年度经济责任审计工作领导小组会议，通过《北京市东城区经济责任审计整改监督工作办法（试行）》。（肖雅莉）

【政府投资项目审计】完成宝华里回迁住宅货币收购及置换异地现房事项审计、前门历史文化保护区东城区旧城保护整治项目资金审计、纳入征收居民搬迁项目实施情况审计调查等3个审计项目。（肖雅莉）

【财务收支审计】完成东城区职业大学财务收支审计，查出管理不规范金额1053万元。提出规范收支管理、按规定做好不同收入的归集和上缴等审计建议。（肖雅莉）

【专项审计调查】完成17个街道残疾人专项资金管理使用情况审计调查，查出管理不规范金额100万元。提出完善政策、平衡预算、梳理资金支出方向和标准、规范财务核算等审计建议。（肖雅莉）

【内部审计】年内，组织区属56个一级预算单位开展预算执行审计自查自纠，内审人员233人参加市内审协会网络教育平台培训。11月16日，内审人员56人参加在区委党校举办的岗位培训。同日召开街道系统内审工作交流会，提示和剖析街道审计工作重点、发现的问题、整改落实情况，提出每年需完成培训学习40学时、每季度报送内审动态信息、加强监督社区经费使用情况等要求。（肖雅莉）

【审计业务管理】完善京OA与署AO两系统的数据交互机制，实现所有审计项目100%应用京OA系统。完善财政审计分析模型、建立新的审计方法模型、扩展数据种类和规模。（肖雅莉）

【学习与管理】年内，编纂党员教育学习材料12期，制作宣传教育橱窗6期、学习园地5期。开展“两学一做”学习教育活动，内容有专题学习研讨、组织生活会、民主评议党员、评树典型、道德讲堂、书记讲党课。组织14人参加审计执法证件资格考试，取得行政执法证。10人次参加东城区行政执法资格继续教育。首次以全脱产方式，与区委党校合作举办科级干部综合素质培训班，42人参加。干部轮岗交流4人，参加署、市、区组织的处、科级脱产培训班14人次，参加三期审计署审计系统网络学院网络专题培训班18人次。制定《北京市东城区审计局党组意识形态工作责任制实施办法》，修订完善《东城区审计局干部教育培训工作管理办法》《东城区审计局绩效管理考核办法（试行）》制度。（肖雅莉）

12月27日，区审计局对区养老照料中心建设和运行情况进行审计调查

# 烟草专卖

【概况】东城区烟草专卖局（公司）为烟草专卖行政主管机关（简称东城烟草），依法负责辖区烟草专卖管理工作，在行政辖区内对烟草制品实行专卖专营。中共组织关系隶属于中共东城区机关工委。1998年3月成立，2010年9月17日，原东城、崇文两区局（公司）合并，新东城区局（公司）正式成立。内设办公室（安保科）、专卖监督管理科（专卖稽查支队）、内部专卖管理监督派驻办公室、营销网建科、财务科、人事科、监察科（政工科）、法制科8个科室。编制95人，实有97人。

年内，开展"两学一做"学习教育，党小组学习12次、党组书记讲党课2次、报告讲座7次、专题研讨4次、观看教育片4部。组织内部培训67次，2540人次参加。组织全体干部职工观看管理系列讲座计13次，开展学习交流2次。全年销售卷烟3.36万箱，实现税利2.21亿元，查处各类涉烟违法案件171起，查获违法卷烟271.13万支，其中假冒、走私烟212.03万支。查处5万元以上大要案件6起，刑拘5人，破获涉烟违法网络案件6起，其中部督案件2起。深化与区各执法部门合作机制，联合工商、城管、街道共同治理无证经营行为，履行控烟责任，对辖区中小学校、幼儿园及少年宫周边175个零售户进行调研，开展法律宣传，落实控烟条例。开展"3.15"法制宣传活动，组织志愿服务小队入户、入站、入店，送法入户，一对一宣讲相关法律法规。市场净化率94.02%，较上年提升5.27个百分点。全年开展各类市场调研15次，组织召开22家工业企业、40场零售客户座谈会。有7篇学术论文在北京烟草论文评比中获奖（一等奖2篇，二等奖3篇，三等奖2篇）。全年报送信息374条，市局（公司）采用347条，国家局采用14条。专卖监督管理科被市总工会授予工人先锋号荣誉。

单位地址：东城区东直门外察慈2号
联系电话：84559701
邮政编码：100027
（于甜甜）

【集中行动打击违法经营行为】3月至7月开展"蓝盾一号"行动，打击重点地区公开摆卖和私藏暗卖假私非卷烟行为，净化卷烟营销市场。调研区内持证户和无证户现状，根据零售户守法经营情况、密集程度、消费者流动性、购买力等因素，将王府井、北京站、花市、南锣鼓巷确定为重点区域。增加检查频次，运用夜间和节假日突击检查手段，打击违法经营行为。（于甜甜）

【执法协作联席会议】3月3日、3月23日，与区检察院2次召开涉烟案件行刑衔接工作联席会议，交流涉烟案件调查取证与案件定性问题，分析讨论案件办理难点，确定将销售假烟、走私烟等社会危害性大的涉烟违法行为作为整治重点，建立检察院提前介入机制，提出在案件证据收集、询问审理、批捕追刑中强化协作，突破假烟销售取证难、定罪难瓶颈，震慑涉烟违法行为，实现大要案齐抓共管。（于甜甜）

【建立北京站共管机制】4月，与北京站管理部门沟通协调监管事宜，明确北京站内烟草零售许可证申办数量上限，建立定期会商与站内奖惩机制，通报市场监管员收集的经营者违法和经营异常信息，北京站管理部门建立诚信积分制和违纪罚款制，加强内部管理，共同打击违法卷烟行为。（于甜甜）

【整治学校周边违法涉烟经营】5月11日，与区工商分局召开专题会议，研讨学校周边无证经营及违法涉烟广告整治工作，决定开展联合检查，取缔违法经营户，追究经营者法律责任。（于甜甜）

【涉烟移送案件专题研讨会】7月20日，与东城公安分局召开座谈会，研讨涉烟案件移送追刑，构建定向联系人机制，明确由主责部门、主责人员专项办理涉烟犯罪案件移送工作，确保案发第一时间把握证据，为后续追刑工作奠定基础。构建定期回访案件与信息沟通机制，提升案件结案效率。在物证固定调取、卷烟价值认定、证据链相互印证等关键节点，以及协同调查取证办理疑难案件方面达成共识。（于甜甜）

【无证治理新模式】10月，联合辖区17个街道办事处建立无证治理新模式，以安外、永外等重点区域为突破口，从根源上治理涉假、涉私无证户，清除学校周边无证户，联合街道办事处协调相关部门清理整治，化解社会矛盾，增强校园周边零售户自律经营意识，构筑禁止中小学生吸烟防护网。（于甜甜）

【联合检查执法】11月，联合工商、城管、街道共同治理无证经营行为，集中检查永定门外地区，出动执法人员10人，车辆2台，检查无证户8户，其中学校周边3户，立案1起，涉案违法卷烟0.68万支，清理散盒违法卷烟0.2万支。（于甜甜）

# 国有资产监督管理

【概况】东城区人民政府国有资产监督管理委员会（简称区国资委），是区政府授权代表国家履行国有资产出资人职责的区政府直属特设机构。内设办公室、企业发展科、资产管理科、统计评价科、财务预算科、董事会监事会办公室、党群办公室、组织人事科、审计科、监察科10个科室，编制41人，实有39人。

年内，系统监管企业共179家，其中一级企业8家（北京天街集团有限公司、北京崇远投资经营公司、东方奥天资产经营有限公司、北京东方信达资产经营总公司、北京建远投资经营有限公司、北京佳源投资经营有限公司、北京东方置地投资发展有限公司、北京京诚集团有限责任公司），二级企业46家，三级企业89家，四级及以下企业37家。监管企业资产总额694.91亿元，负债总额544.05亿元，所有者权益150.86亿元，资产负债率78.29%；上年营业总收入65.83亿元，利润4.45亿元，上缴税金5.41亿元。年内，修改完善东城区《关于进一步深化国资国企改革发展的意见》《东城区“十三五”时期国有经济发展规划》，推进区属国有企业改革重组。将区国资委持有北京东方奥天资产经营有限公司100% 股权无偿划转给北京崇远投资经营公司，构建区属国有商业服务业集团。指导儿童商店、利生商厦完善改制小组，调整改制思路，推进永安复星股权重组；推进传统商业提质增效，以东单菜市场为中心，运行社区O2O商业模式，搭建社区商业便民服务综合平台，完成综合体验店2个、连锁门店14个、标准化菜市场16个，向周边42个社区提供便民服务。全年召开机关党委会33次，主任办公会11次。落实《东城区关于加强区属国有企业党风廉政建设的意见》，制定下发《东城区国资委关于贯彻落实<东城区关于加强区属国有企业党风廉政建设的意见>的实施办法》，组织国资委系统“强党性、明党纪、做模范”为主题的党规党纪知识竞赛，专项检查国资委系统企业“六费”公开情况，深化党风廉政教育，加强监督执纪力度。

单位地址：东城区北花市大街14号

联系电话：67196908

邮政编码：100062　（张晓青）

【政府重大项目建设】年内，天坛简易楼腾退项目顺利实施，宝华里项目纳入棚户区改造范围，取得规划、土地等多项手续，开展协议收购，完成滞留户入户调查。完成前门东区试点院落改造、西打磨厂街及周边胡同市政基础设施建设和三里河景观恢复工作，整理土地10余万平方米。参与望坛棚户区改造项目，组织协调系统国企人员和市属国企产权单位征收搬迁。豆各庄保障性住房项目交付住宅1404套。办理隆福大厦改造设计及规划手续，完成地铁六号线东四站、八号线鼓楼站织补项目土地收储。协调区属企业搬迁征收，推进辖区17条微循环次支路建设。完成“地坛文化庙会走出去”赴德国、伊朗及台湾等地活动。　（张晓青）

【非首都功能疏解】制定下发《东城区国资委系统2016年非首都功能疏解和人口调控工作方案》，召开专题工作部署会，签订责任书，将2731人疏解指标落实到各企业。年内，累计疏解5102人，腾退面积4.27万平方米，再利用3993.5平方米，指导红桥市场转型升级。　（浦声琦）

【事业单位转企改制】年内，区房屋土地经营管理一中心由自收自支事业单位转企改制为区属国有独资公司，名称为北京京诚集团有限责任公司，为区属国资委一级企业。　（浦声琦）

【房产管理】制定《关于规范国有企业房屋出租管理工作的实施细则》，明确国资委与各企业权责边界，规范国有企业出租行为，强化监督出租房屋。全年办理国有企业产权新增占有登记5项，变动登记6项，注销登记1项。　（张翼）

【业绩考核与薪酬管理】完成上年度企业负责人年度经营业绩考核与薪酬兑现。启动区属国有企业负责人薪酬制度改革。基于企业功能定位实行分类考核，提高业绩考核的针对性和有效性。建立任期经营业绩考核制度，完善考核体系。明确薪酬结构，合理确定薪酬水平。统筹规范福利性待遇。健全监督管理机制。　（李睿）

【内审机构及制度建设】年内，制定《东城区国资委经济责任审计工作规则》《工作流程》，成立国资委经济责任审计工作领导小组并建立联席会制度。制定下发《2016年东城区国有企业内部审计工作要点》，召开内审工作例会，培训内审人员。完成7项企业经济责任审计备案。　（王星华）

【国有资本预算管理】年内，完成年度企业国有资本预算收益收缴 3587万元。安排预算15项，2257万元。编制下年国有资本经营预算。　（郝留红）

【董监事会建设】召开第一次东城区国有企业董事会秘书工作会，年度董事会工作报告会，报告区属国有企业上年度董监事会工作。实现一级企业外部董事全覆盖。制定下发《东城区国资委2016年监事会工作要点》，落实监事会工作规章制度和工作流程，提高监督有效性。　（高建军）

【安全生产和信访维稳】按照区国资

委安全生产“四有”考核标准（即月有上报，季有考核，半年有巡检，年有考评），管控重点区域，强化考核管理。年内，国资委系统出动安全生产检查人员6万余人次，开展一级企业及权属企业安全生产大检查及专项整治3392次，累计检查商业网点7293家店次，排查一般隐患195项，整改率100%。解决历史遗留问题，化解各类矛盾纠纷1525起。国资委系统实现“大事不出，小事也不出”局面。

（张晓青）

【企业领导人员管理】年内，完成直管企业领导人员委派任免、提任考察、组织谈话21人次，企业领导人员兼职备案20人次，机关企业间交流任职1人，选聘专业人士担任外部董事2人，指导所出资企业做好高管副职的选拔任用。（宋玥璘）

【企业领导人员教育培训】年内，举办高管人员系列培训班，设6讲，650人次参加；举办区国资委基层党务工作者培训班，70余人参加；组织系统党组织书记脱产培训3天，150人参加。开展领导干部上讲台活动，邀请老字号企业负责人作“抢抓机遇提升老字号发展能力”、“解密老字号持续增长之道”等主题报告，110人参加。（宋玥璘）

8月，举办东城区国资委系统企业领导人员培训班

## 北京天街集团有限公司

【概况】北京天街集团有限公司（简称天街集团）2013年7月成立，由区国资委所属原北京东方文化资产经营公司和原北京天街控股集团有限公司整合组建。组建时注册资本11.4亿元，账面总资产202亿元，净资产73亿元，是东城区文化产业投资、管理、运营、服务平台，承担历史文化风貌保护与发展任务。集团主要从事文化资产运营、文化地产开发、文化产品提供及文化金融服务等业务，致力于打造文化主题园区的建设、管理与运营，戏剧制作与演出，艺术品拍卖与交易等三大文化产品，拥有前门文化体验区、77文创园、玉河文化产业园、菖蒲河艺术品主题园区等园区项目及北京喜剧院、蜂巢剧场、大华剧场等精品剧场资源、各类文化设施硬件，以及皇城艺术馆、时间博物馆、玉河博物馆、会馆文化陈列馆等艺术场馆、文博和会馆资源。集团实行“两会一层”管理架构，即党委会、董事会、经营层。集团党委根据业务板块设6个党支部，下设党委办公室、纪检监察审计室和工会3个部门；董事会设战略与风险控制委员会、文化艺术委员会、审计预算与薪酬管理委员会等3个专业委员会，下设董事会办公室；经营层下设总经理办公室、第一项目部、第二项目部、第三项目部、人力资源部、财务部、资产经营部、资本运营部、综合管理部、酒店事业部、合同预算部、劳服中心等12个部门。天街集团现有员工3022人，其中在职员工1393人，离退休1629人。

年内，天街集团与文华东方酒店集团签订合作意向书，共同开发前门文华东方酒店项目，融合酒店管理与四合院建设，保护和发展老北京胡同文化。12月，在首都文化产业协会、光明日报社、北京日报社联合举办的第二届“首都文化企业30强、30佳”评选活动中，天街集团第二次被评选为首都文化企业30强。天街集团全年营业规模35亿元，结转收入16.72亿元，纳税总额1.93亿元，利润总额1.52亿元，资产总额280亿元。

单位地址：东城区王府井西街9号
联系电话：65281128
邮政编码：100006（任川）

【77文创生活节】6月19日至7月17日，天街集团文创园区品牌——77文创园，推出首届以“文创点亮生活”为主题的77文创生活节。生活节设置怀旧记忆、城市新生、如梦舞台、妙趣生活4个板块，涵盖音乐、舞蹈、戏剧、诗歌、装置、旅行、美食、建筑、生活等多个领域40余场文艺活动，引导公众将文化融入生活，一起体验“城市更新＋创意生活”的奇妙结合。（任川）

【北京喜剧院开幕一周年】7月16日，天街集团所属北京喜剧院举办开幕一周年暨《老宅》首演仪式。年内，北京喜剧院落实文化强区战略，推进戏剧东城建设，举办开幕演出季、北京喜剧艺术节、春节贺岁档、精品喜剧展演、第九届北京儿童戏剧季等活动。组织上演35台212场中外经典喜剧作品，观众17.6万人次。

（任川）

【四联美发成立60周年】7月28日，天街集团旗下老字号四联美发在王府

井商业街举办成立60周年暨“全民美发王”发型秀活动，庆祝四联美发成立60周年，拉开“全民美发王”选秀活动帷幕。（任川）

【四联美发分店开业】9月8日，老字号四联美发北新桥分店重张开业。店面整体风格现代，引进先进的美发设备，提升顾客消费体验。（任川）

【四联美发获评十大北京印记】9月22日，在第五届北京王府井国际品牌节中，四联美发从王府井商业街上万品牌中脱颖而出，被评选为《王府井消费地图》十大北京印记。（任川）

【国际设计周分会场】9月27日，市建筑设计研究院有限公司和天街集团主办的“真实存在——BIAD@北京城”论坛在草厂胡同四条、五条举行。活动作为“2016北京国际设计周”前门分会场，展示近年来前门东区旧城保护与改造工作的研究与实践成果。（任川）

【2016·北京喜剧节】10月20日至12月15日，北京喜剧院、北京大道文化节目制作有限公司、北京市演出有限责任公司主办，国家大剧院、北京天街集团有限公司、北京北奥集团有限责任公司名誉主办的2016·北京喜剧艺术节开幕。喜剧节历时67天，来自北京、上海、俄罗斯、意大利、法国、美国和丹麦等国家和地区的12部作品演出47场，观演3.9万人次。（任川）

## 北京东方奥天资产经营有限公司

【概况】北京东方奥天资产经营有限公司（简称东方奥天公司）2009年12月29日成立，由北京奥士凯资产经营公司和北京天元资产经营公司调整组建而成，国有独资，注册资本2.6亿元。区国资委授权运营，并接受其监督管理。2016年12月，由区国资委无偿划转给北京崇远投资经营公司。下属独立经营企业有利生体育商厦、新中国儿童用品商店、奥士凯商贸连锁经营公司、王府井食品商场、盛锡福帽业有限责任公司、同升和鞋业有限责任公司、东单菜市场有限公司等13家。公司设董事会、监事会、经营层。内设办公室、资产经营部、财务部、审计部、发展改革部、房管基建部、人力资源部、保卫部、组织宣传部、工会、纪检监察部11个部门。有在册职工1326人，离退休8755人。

年内，组织“两学一做”学习120次，领导班子成员、企业党支部书记、老党员讲党课16次。转化学习成果，开展党员志愿服务30余次，党员300人参与。落实党风廉政建设工作，制定《关于规范和执行廉政谈话和约谈的规定》，廉政约谈新提拔干部94人次、党政“一把手”17人次。听取12家企业党风廉政建设工作情况汇报，组成联合检查组，督查12家企业党风廉政风险。年底召开领导干部述职述廉会。年内召开董事会2次，讨论批准《公司年度工作总结和计划》《2016年度预算编制方案》《董事会年度工作报告》《公司总经理任免》等议题。召开职工代表大会、工作会，与各权属企业签订绩效目标、党风廉政、综合治理责任书，分解落实各项指标任务。修订完善《网点租赁经营管理制度》《合同管理办法》《档案管理制度》。9月至10月举办主题为“欢乐购物 约惠金秋” 第七届购物节，销售收入2952.75万元。为职工1444人投保医疗互助保险，为女职工324人投保特种疾病保险9.6万元，安排在职职工1109人进行健康体检，筹集26万元送温暖款物慰问一线职工，出台《关于在职职工患重大疾病休医疗期期间的病假工资支付办法》，职工关怀落到实处。全年营业收入8.45亿元，利润2001万元；资产总额12.91亿元，国有资本保值增值率102.3%；在岗职工人均工资收入增长5%以上，全公司上缴税利4502万元。

单位地址：东城区韶九胡同19号
联系电话：85115220
邮政编码：100006（王丽丽）

【节日营销】春节期间，开展“金猴送福迎新春 热热闹闹过大年”主题营销及“线上拜大年 新春送祝福”活动，销售收入1968万元。（王丽丽）

【东单菜市场获北京市老字号授牌】2月1日，北京老字号掌门人、传承人新春座谈会上，举行东单菜市场“北京老字号”授牌仪式，市商务委主任、中华老字号协会会长授牌。（王丽丽）

【婴幼儿用品旗舰店】5月13日开业。设在儿童商店三层，营业面积2300平方米，汇集婴幼儿服饰、母婴用品、童车、童床、汽车安全座椅等5大类、50多个中外知名品牌、3000多款商品。销售同比增长112.97万元，增幅14.31%。（王丽丽）

【盛锡福帽业拓宽经营】5月，盛锡

10月17日，举办2016北京喜剧艺术节新闻发布会

5月13日，东方奥天儿童商店婴幼儿用品旗舰店开业

福代表老字号企业亮相“廊洽会”和“渝洽会”，参展100余款帽品，区级非遗传承人现场表演皮帽制作技艺。6月，参加在天津和哈尔滨举办的非遗展示活动，宣传盛锡福品牌与帽文化。7月，与石家庄北国商城联营，开设盛锡福品牌专柜。（王丽丽）

【东单菜市场连锁化经营】5月8日，经过7个月试营业调整，东单菜市场正式开业，成为集菜店、超市、餐饮等多种业态为一体的商业便民服务综合体。推行连锁化发展模式，至年底，已建成2个旗舰店、12个自营连锁门店和21个联营门店。通过“悠惠生活”O2O线上销售平台，实现店面商品与网上商品相结合。年内线上订单2.2万单，销售收入111万元。（王丽丽）

【同日升粮行第十届杂粮节】8月23～26日举行，开展亲民利民便民活动。与草园、藏经馆、前永康3个社区居民联合开展第二届“粗粮细作大比拼”活动，慰问社区高龄老人62人和困难居民160户，送出寿桃62个、米面320袋。（王丽丽）

【参加时尚创意大赛】11月，盛锡福帽业和同升和鞋店参加“2016年（第三届）中华老字号时尚创意大赛”。盛锡福获年度百年功勋企业称号，参赛作品“大英式海龙皮帽”被评为年度中华老字号二十大经典产品。同升和参赛作品“皮胚手工缝绱素头皮鞋男鞋”被评为十大创意产品。（王丽丽）

【销售冬贮大白菜】11月1～18日，在连锁公司、安龙公司、东单菜市场、奥士凯物美所属的14个网点销售冬贮大白菜，提供义务送货服务。销售大白菜31.53万公斤，大葱14.4万公斤。（王丽丽）

【人才培养】年内，举办每期六讲新任及后备干部培训班，55人参加学习。选调青年骨干6人挂职和轮岗锻炼，安排高管1人、中青年骨干1人参加区国资委组织的培训班。提拔新任干部6人到任基层企业，补充后备干部23人进入公司人才库。组织100人次参加区委、区国资委、崇远公司举办的老字号发展、基层书记等培训。（王丽丽）

【非首都功能疏解】清理网点31处，疏解300人。其中转项经营14家，升级改造5家，拆除违建2家，合并出租门店2家，关停后待招租8家。（王丽丽）

【安全维稳】落实“党政同责，一岗双责”安全生产监管职责，与各企业党政一把手签订《2016年度综合治理责任书》，明确工作职责。全年公司、企业两级共召开动员部署会434次，进行安全检查4420次，出动检查力量1.4万余人次，检查网点8586家店次，安全投入93.3万元，并对检查中存在安全管理问题的10家企业经营者进行了薪金扣罚。对公司2处地下空间再清理、再排查、再整治，防止问题再回头。成立防汛专项工作小组，制定工作预案，在企业自查的基础上，公司抽查直管及网点房屋69处，未出现违规现象。坚持领导班子接待日制度，开展重要时点矛盾纠纷排查4次，与企业共同做好信访重点8人的稳控、疏解工作，化解长期重访闹访问题1件，配合区信访办解决1起重信重访积案，信访工作可控、稳控。（王丽丽）

【推进电商平台发展】年内，电子商务发展较好的利生商厦、盛锡福、同升和在天猫、京东两个平台进行业务推广，主动制造热点吸引消费者，同时开拓亚马逊等其他销售平台，扩大消费群，提高网店点击率与知晓率，线上销售明显增加。三家企业实现电商销售764万元，同比增加230万元，增幅43%。访问量120万余人次，成交3.42万笔。其中利生成交额511.4万元，比上年增加46.43%；同升和成交额183万元，比上年增加27.97%；盛锡福成交额70.14万元，比上年增加65.89%。（王丽丽）

## 北京东方信达资产经营总公司

【概况】北京东方信达资产经营总公司（简称东方信达）是区属综合性国有资产经营公司。2002年7月成立。资产总额35.21亿元，净资产20.07亿元。全资、控股及参股企业24家。公司设立董事会、监事会、经营层，确立战略中心、财务中心、人力资源中心、企业文化中心“四个中心”管理模式。东方信达以建设有影响力的资产管理和资本运营公司为目标，秉持守正出新、敢做善成的企业精神，打造“3+N”业务板块，即打造有广泛影响力的文化金融板块，建设有浓厚特色的商业流通板块，发展有优势专长的房地产开发与物业经营板块，培育引导教育服务、体育等新兴产业。公司内设战略管理部、资本运营部、

企业管理一部、企业管理二部、财务部、审计部、人力资源部、党群工作部、纪检监察部、退管部、办公室11个部室。有员工1600余人。

年内，权属企业北京东方妙汇国际文化传播有限公司先后在泰国、德国、伊朗、俄罗斯以及台湾地区举办“地坛文化庙会全球行”活动。全年营业收入8.85亿元，利润总额7134万元，上缴税费7635万元。

单位地址：东城区安定门外大街136号皇城国际大厦中段5层

联系电话：64227041

邮政编码：100011　　（王文韦）

【设立东方华盖文创基金】基金规模6000万元，区人才创新创业引导基金出资2000万元，东方信达出资1000万元，社会资本出资3000万元。投资项目10个，投资金额近3000万元。　　（王文韦）

【资本运营】东方华盖创投基金新增优享5L际、上海新榜投资项目，总投资2500万元。完成14个项目投资，总投资1.6亿元，投资项目最新估值近3亿元。礼多多、讯众通讯、冠新软件在新三板上市。自在科技完成B轮融资，筹备新三板挂牌。　　（王文韦）

【企业入驻文创园区】文创园区打造“空间+资本+服务”运营模式，新增面积约2.7万平方米，实际运营面积16万平方米。1300家企业入驻园区中小企业服务中心，其中注册资金1000万元以上企业近200家。累计为34家企业提供贷款3亿元。　　（王文韦）

【非首都功能疏解】制定《东方信达系统2016年非首都功能疏解和人口调控工作方案》，组建疏解工作领导小组，摸底出租房产，整治地下空间和低端业态，疏解300余人。（王文韦）

## 北京崇远投资经营公司

【概况】北京崇远投资经营公司（简称崇远公司），2000年5月成立，注册资本1亿元，国有独资，是区国资委授权的国有资产监管运营企业，代表区国资委行使国有资产出资者权力。权属企业有崇远万家公司、便宜坊烤鸭集团有限公司、天润金百投资集团有限责任公司、大北服务有限责任公司、北京市珐琅厂有限责任公司、五州医药有限公司等14家。内设党委办公室、行政办公室、人事部、财务部、资产部、发展部、审计部7个部门。有在职员工34人。

年内，贯彻区委、区政府、区国资委要求，围绕京津冀协同发展战略，深化调整，提升业态，有序推进非首都功能疏解，结合区域商业发展趋势、社会消费需求变化、企业经营业态、现有网点资源，提出“条块调整、同业整合、优化管理、加快商业转型”的发展思路，拟定《关于构建商业集团及深化调整的方案》，制定公司年度经济目标，坚持创新、协调、绿色、开放、共享五大发展理念，创新经营管理方式，强化资产运营管理，促进系统整体经济效益稳步增长。年内，开展“两学一做”学习教育活动，组建宣讲团，成员9人，在系统内开展巡回宣讲活动。10月，召开中共党员代表大会，选举出席区国资委系统党代会代表30人。年内，调整选配崇远万家公司、天润金百公司、制帽厂、前进鞋厂、左批公司、幸运公司等单位领导班子，至12月，系统内63个基层党组织完成换届选举工作。组织开展“千面党旗展风采，万名党员做奉献”党员志愿服务。各基层党支部联系帮扶对象所在街道和社区，制定帮扶工作计划，建立志愿服务队伍，以集中服务、结对服务等方式，帮扶低保家庭56户。组织共产党员献爱心捐献活动，捐款4.82万元。全年营业总收入19.69亿元，完成全年预算109.57%；利润总额1.01亿元，完成全年预算105.07%；上缴税利总额1.44亿元，同比下降0.11%；净资产收益率2.91%，完成全年考核指标；国有资本保值增值率100.82%，比上年同期增长1.47个百分点；在岗职工平均年收入6.68万元，同比增长9.12%。

单位地址：东城区崇文门外大街新怡家园甲3号B座5层

联系电话：67170397

邮政编码：100061　　（张剑）

【专项培训】5月13日至6月21日，公司党委组织系统内主管领导及相关工作人员专项培训12次，培训形式为集中授课、经验交流，培训内容涉及党务工作、行政办公、财务管理、人力资源、营销推广管理等，960人次参加。　　（韩伟）

【东单菜市场悠惠生活馆开业】5月29日，与悠惠易购公司合作，在光明中街5号楼建成社区商业便民服务体验为一体的“东单菜市场悠惠生活馆”开业。开业以来取得了较好的社会效益和经济效益。　　（张剑）

【表彰先进】6月28日，召开庆祝建

2月，地坛文化庙会首进伊朗德黑兰

党95周年暨表彰大会。系统内各项工作中做出突出贡献的先进基层党组织10个、优秀共产党员35人、优秀党务工作者10人受到表彰。公司领导班子成员、所属企业党组织书记、先进基层党组织代表、先进模范人物和党员代表130人参会。（韩伟）

【打造互联网+新鲜社区超市】7月19日，与北京崇远万家邻里服务有限责任公司、河北新发地农副产品有限公司签订三方合作协议，按照优势互补、互利共赢的原则，利用崇远万家便民菜店、崇文门菜市场、东单菜市场悠惠生活馆等有效载体，共同打造互联网+生鲜社区超市模式，推动东城区农副产品供应及新式商业模式运营，推进企业创新发展。8月开始实现大宗蔬菜配送，至年底，37家店铺实现配送，服务居民18.5万余人。（张剑）

【支持老字号发展】年内，支持老字号企业发展，申报老字号企业国有资本经营预算项目。按照崇远公司扶持老字号办法，从各方面支持、帮助老字号品牌企业。通过发放补助金、提供借款和增资等形式，支持大北公司、剧装厂、前进鞋厂以及崇远万家所属启元茶叶公司等单位共计934万元。（张剑）

【非首都功能疏解】年内，梳理公司系统“七小”业态，摸底调查相关网点，按照租约期限制定清理步骤和清退计划。崇远公司及权属企业加强组织领导，制定工作方案，细化保障措施，清退“七小”业态出租网点22处，疏解506人。（张剑）

## 北京建远投资经营有限公司

【概况】北京建远投资经营有限公司（简称建远公司）是区国资委授权负责国有资产监管、运营、管理的国有独资有限责任公司， 2004年成立，注册资本1.64亿元。建远公司下属控股、参股、监管、合资合作企业共32家，其中二级企业12家，三级企业18家，四级企业2家。涵盖以保障房建设、城市更新改造为主的房地产开发，市政基础设施建设和环境建设，物业管理，商业运营，建筑施工等多个产业。公司机关设党委办公室、行政办公室、纪检监察室、财务部、审计部、投资经营部、资产监管部7个部室。有员工1200人。建远公司党委直属党组织包括正阳公司党总支（下设8个党支部），建远公司联合党支部，红桥市场、建新公司和宝华公司党支部，有党员222人。

年内，推进以保障性住房和危旧房改造为主的房地产、城市基础设施和公共设施建设、商业文化三大核心板块建设。公司加强战略管理、预算管理、资产管理、审计监督、国有资产重大事项审核报备管理、干部管理，提高国有资产运营能力。落实国有资产监督管理责任，实行国有企业绩效考核制度，与下属企业逐级签订经营业绩和目标责任书，确定建远公司二级、三级企业经营业绩考核指标，分解落实各项任务指标。年内，建远公司董事会召开会议5次，通过决议16项，涉及系统内重点项目投融资、公司董事及高管变更调整、公司高管绩效考核和薪酬、离任领导审计办法和权属企业收益分红等多个方面。董事会三届三十次会议通过《建远公司董事会专业委员会设立方案》，设立战略、审计、薪酬和绩效考核三大专业委员会。年内，开展“两学一做”学习教育，设立领导小组，各级党组织全体党员参加，集体学习53次，主题活动31次，交流研讨14次，党课13次；开展共产党员献爱心活动，系统内党员219人、群众50人捐款1.72万元；开展“千面党旗展风采、万名党员做奉献”党员志愿服务活动，慰问困难党员，发放慰问金1. 3万元。慰问困难职工52人次，发放慰问金8. 62万元；发放劳模专项补助1万元。组织参加在职技能培训98人次。全年发展党员6人，为预备党员8人办理按期转正手续。年末，建远公司总资产155.80亿元，净资产20.70亿元。实现利润5937.2万元，上缴税费0.52亿元。上缴国有资本收益664万元。

单位地址：东城区天坛路55号

联系电话：67075339

邮政编码：100062（全莹）

【经济适用房选房】2月，通州项目3728套经济适用房面向社会公开选房。公司抽派熟悉业务、责任心强的干部职工37人服务居民选房，签订协议1918份，完成工作任务。（全莹）

【宝华里开发项目】直管企业北京宝华地产有限公司推进宝华里项目。3月15日完成入户调查。3月28日取得东城规划分局《关于变更宝华里危改项目<建设用地规划许可证>实施主体的复函》。5月4日取得区环保局《关于东城区宝华里房改带危改小区建设项目环境影响审查的批复》。起草完成《项目滞留区拆迁安置原则（讨论稿）》。与多家银行洽谈项目融资。

红桥市场内的数娱乐园

2月24日，建远公司通州项目A6组团主体工程结构封顶

5月至6月开展逾期回迁居民与北京中通房地产开发有限公司（项目原实施主体）签订的安置协议有效性审核工作。9月完成入户调查资料的电子扫描和建档造册工作。项目滞留区剩余正式房屋产籍1142户，户籍1432户，企业14家，房产24处。（金莹）

【保障性住房建设】监管企业北京正阳恒瑞置业公司负责开发通州“两站一街”东城区定向安置房项目。年内完成项目划拨用地手续，取得项目住宅楼《不动产登记证》，取得A5组团和A6组团的31、32号楼及PT14配套商业楼建设工程规划许可证。完成景山学校通州校区钉桩及选址意见书、前期工作函办理。A5组团和A6组团的31、32号楼3728套经济适用房主体工程结构封顶，A4组团1328套对接安置房主体结构局部施工至17层，配套楼建设同步进行。（金莹）

【代建工程项目】监管企业北京正阳恒瑞置业公司代建的区文化活动中心项目完成主体及二次结构验收，完成土建初装修，外幕墙完成75%。北京外城东南角楼修复工程竣工验收，按照区领导和专家意见，完成角楼悬空部分改造施工，组织建设单位文物所、使用单位图书馆及施工单位进行交接验收。（金莹）

【城市基础设施建设】直管企业建新市政公司承接年内市、区政府下达的17条次支路建设工程，年度总投资9.3亿元。西兴隆街、地兴居路、新革路、体育馆西路北段、四块玉中街、红桥市场南路竣工通车；正义路南延南段、革新南路正在施工；龙潭路东段、西晓市街等7条道路推进搬迁；北极阁头条、后椅子胡同办理前期手续。（金莹）

【商业文化建设】直管企业红桥市场调整业态转型升级，成立红桥电商公司，红桥珍珠上线天猫。设计中心开展各类活动56场，1670人次参加。与国内外设计机构14家、设计师110人合作，展出原创首饰设计作品1300余件。打造“数娱乐园”、“趣·生活”项目，增强旅游文化服务和互动体验功能。红桥市场超额完成54户、120人疏解任务。另一监管企业北京天元时尚商业文化有限公司搭建完成线上平台、“创意驿站”第二阶段升级改造，被授予东城区小企业创业基地称号。全年创意驿站举办各类展览、会议、培训讲座、沙龙、公益活动等近100场，参与企业25家，3800人次。（金莹）

【安全生产】年内，收到上级相关单位下发并转发至所属各级企业的安全生产相关文件79个，起草并下发至系统各级企业的安全生产相关文件22个。调整更新公司安全生产领导小组成员，统筹部署和指导建远系统各企业安全生产工作，实施领导班子成员对各单位安全生产分区负责制。开展严防死盯开墙打洞专项整治、“三查三清”整治、汛期防汛安全生产检查、突击夜查、火灾隐患检查、11月安全生产大检查等6次专项安全生产活动。11月29日，建远系统组织召开安全生产专项工作会，传达市和国家安全生产电视电话会议精神，部署安全生产工作。与工程施工、代建方签订《安全管理协议书》《消防安全责任书》，加强现场监督检查和巡查制度。12月，组织系统内各单位梳理“安全生产检查点清单”，针对性开展清单式安全检查。（金莹）

## 北京佳源投资经营有限责任公司

【概况】北京佳源投资经营有限责任公司（简称佳源公司），原为1993年成立的东城区芍药居开发建设领导小组，1995年12月，更名为东城区住宅小区开发建设办公室，2001年3月，更名为东城区住宅发展中心。2009年3月，区市政工程建设中心职能和资产划转住宅发展中心。2012年8月，完成对东屿物业公司的股权收购。本年6月30日，东城区住宅发展中心完成企业化转制，由自收自支的事业单位转企改制为区属国有独资公司，名称为北京佳源投资经营有限责任公司，为区国资委直管一级企业，注册资本29.6亿元，下设北京东住天华投资有限责任公司、北京燕华投资有限责任公司、北京市东屿物业管理有限责任公司、北京晟世鸿承物业服务有限公司、北京佳源正信置业有限公司、北京佳保置业有限公司6个子公司。佳源公司职能为立足于旧城区改造及保障房建设，依托市保障房建设投资中心的融资平台，推进定向安置房建设与收购；开展棚户区改造、文保平房区修缮，适时完善区内市政基础设施建设；房地产开发；资本运作及资产运营的主营业务板块发展。公司内设

六部二室，即财务部、监察审计部、工程管理部、预算合同部、前期规划部、经营管理部、总工室、综合办公室。有职工61人。

年内，开展“两学一做”学习教育活动，推进和加强党风廉政建设，实施豆各庄保障房建设项目和天坛周边简易楼腾退项目等工作。

单位地址：东城区地安门东大街58号

联系电话：84035375

邮政编码：100009 （王兰）

【豆各庄保障性住房建设项目】项目规划用地40.5公顷，建筑面积151万平方米，其中地上建筑面积113万平方米，地下建筑面积38万平方米，住宅建筑面积102万平方米，1.25万套。年内豆各庄1#地块取得朝阳区对残疾人托养所同意建设批复。完成1-05#配套设施向朝阳配套办移交工作，取得1-03#、1-04#楼的北京市门楼牌编号证明信。渠西地块取得3号地垃圾楼及中学建设工程规划许可证。办理取得南区经适房地块土地划拨决定书，完成土地确权手续。申报及3号地经适房地块划拨部分不动产权证书。完成经适房6栋住宅楼的规划验收工作，取得3号地经适房地块6栋住宅楼北京市门楼牌编号证明取得伐移树批复。渠东地块办理取得土地划拨批复。完成渠东地块土地移交。取得朝阳区园林局批复。完成文物勘探及发掘工作。完成渠东配套设施协议签订。完成伐移树工程。新开工面积为31.57万平方米，豆各庄2号地2-08#、2-09#住宅楼及幼儿园，豆各庄4号地4-01#、4-02#、4-03#、4-04#、4-05#、4-06#住宅楼及地库A段，提供房源2692套。竣工面积16.32万平方米，包括豆各庄1号地1-04#住宅楼、2号地下车库，3号地3-02#、3-03#、3-05#、3-06#、3-08#、3-09#六栋住宅楼，提供房源1966套。已开工面积69.41万平方米，竣工面积31.65万平方米。 （王兰）

【豆各庄定向安置房项目】年内，豆各庄1号地块提供对接安置房源1404套，累计对接西忠实里、西河沿、前门东、天坛项目、南中轴路、东堂子等项目1393套。豆各庄2号地开工建设住宅725套，对接马圈项目150套、北极阁等次支路建设项目134套、朝阳换房150套。豆各庄3号地为经适房地块，3月竣工交用6栋住宅楼1914套，用于区内经济适用房轮候家庭摇号选房对接。12月14日开始办理签约入住，这是东城区保障房工作首次实现区内自行解决房源。豆各庄4号地开工建设住宅1967套，其中对接天坛东里北区1-8#楼346套、法华寺路350套、南锣鼓巷247套。 （王兰）

【天坛周边简易楼腾退项目】此项目有57栋简易楼2414户。佳源公司所属燕华公司为实施主体。3月3日正式签约期结束，2313户签约，占总户数95.82%，各楼号的签约比例全部达到85%，其中17栋达到100%，符合实施征收。5月16日，启动选房程序，房源位于北京焦化厂地块内，4660套。6月2日，2205户居民完成选房。至12月31日，2321户签订腾退协议，占总户数96.06%，2267户居民搬家交房。 （王兰）

【南苑定向安置房项目】佳源公司所属北京东住天华投资有限责任公司与北京万达伟业房地产开发有限公司共同出资成立北京佳保置业有限公司，为丰台南苑定向安置房项目实施主体。项目位于丰台区警备东路6号一区空军南苑离职干部休养所院内。占地面积9600平方米，规划建筑面积为3.26万平方米，其中住宅334套。 （王兰）

【通州纳尔特园区项目】佳源公司与北京城五正信房地产开发有限公司共同出资成立北京佳源正信置业有限公司，为通州纳尔特园区项目实施主体。项目位于南六环外，紧邻六环路和京沪高速，距离马驹桥1号桥1.6公里。占地面积8.65万平方米，规划建筑面积29.65万平方米，地上23.62万平方米（含住宅2300套、22.79万平方米），地下6.02万平方米。 （王兰）

【顺义仓上街18号院项目】佳源公司与北京城五正信房地产开发有限公司共同出资成立北京佳源正信置业有限公司，为顺义仓上街18号院项目实施主体。项目位于顺义区仓上街18号，地铁15号线顺义站南2公里。占地面积3.01万平方米，建筑面积8.18万平方米，地上6.02万平方米（含住宅679套、5.93万平方米），地下2.16万平方米。 （王兰）

## 北京东方置地投资发展有限公司

【概况】北京东方置地投资发展有限公司（简称东方置地公司），2003年由原北京市东城区住宅建设开发公司重组改制设立，为区属直管国有独资房地产开发企业。公司经营房地产开发、资产经营、代建管理、物业管理、市政公用工程建设。为ISO9001：2008质量管理体系认证企业、厂务公开民主管理体系基础工作首家认证企业、北京市房地产业协会会员单位、东城区重点企业、区政府投资建设项目代建单位机构库入选企业。公司内设综合办公室、纪检审计部、财务管理部、人力资源部、资产管理部、工程管理部、开发管理部、党群工作部8个部室，有职工65人，其中高级职称7人，中级职称25人。

年内，实现营业收入8185.3万元，利润总额471.22万元。年度国有资产保值增值率102.79%，净资产收

10月17日，豆各庄定向安置房配套小学完工

益率2.76 %。组织“两学一做”学习教育，坚持职代会制度，重视企业文化建设。

单位地址：东城区安德路45号

联系电话：84129618

邮政编码：100011　（高鑫）

【代建工程】作为区政府投资项目代建单位，年内完成125中学、青年湖小学综合维修；国职本校及安定门校区、和平里校区、安外三条小学、地坛保龄球馆改造；宏志中学、国子监中学等18个开复工项目，9.49万平方米；完成竣工项目14个，7.87万平方米。年内完成春江小学、五中分校北址、东直门中学、第七幼儿园、分司厅幼儿园、国际职业学校、一七一中学等11个项目竣工结算，金额1.08亿元。配合区发改委完成二中4校6栋、规划分局二期、二中教育用房翻改建3个项目决算评审，金额1.16亿元。（高鑫）

【资产经营】全年资产经营总收入5011.04万元；清退地下空间11处，面积2.18万平方米，疏解3326人，超额完成区国资委下达任务；发放房改产权证107本；完成7项产权房大中修工程；年底依托东雍创业谷投资设立北京东创空间文化发展有限公司。（高鑫）

【征收拆迁】5月，完成东交民巷拆迁工作。至12月底，完成与区国土局结算结案；完成西河沿11幢多层成套住宅滞留项目拆迁，开工建设回迁楼。（高鑫）

12月，簋街治理后新貌

【燕厦物业】公司控股燕厦物业联合北新桥街道综治办，分3个阶段清退民安小区7处地下空间，腾退1.77万平方米，疏散2991人。解决小黄庄小区停车难问题，拆除400余把私装地锁，增加车位79个。（高鑫）

【安全维稳】落实《安全生产目标责任书》，每月填报《安全隐患管理台账》，开展防火、防汛等各类安全生产专项活动12次，未发生安全生产责任事故。（高鑫）

【望坛棚户区改造】9月，东方置地承担望坛棚户区改造项目第18分指征收任务，负责297户搬迁工作，至年底，公示征收方案，开展安量房源看房工作。按计划本项目于下年底完成全部征收。（高鑫）

【宣仁庙周边环境整治】年内，28户签订搬迁补偿协议，占项目总户数的78%，庙内古建修缮工程基本完成。（高鑫）

【簋街综合整治】年内完成燃气主管线工程，配合相关单位办理地铁保护区内路政及交通占路手续报批，确定主路路幅调整方案，拆除违章建设，270余家商业店铺统一外立面装修。（高鑫）

# 集体经济管理

## 北京东集泓业资产经营股份有限公司

【概况】北京东集泓业资产经营股份有限公司（简称东集泓业公司）。1999年政企分开改革中，组建成立东城区街道集体经济管理中心（简称区中心），注册登记为事业法人，接收管理原东城区10个街道办事处所属318个企业及41个集贸市场。2002年3月，区中心所属企业整体改制，集中原街道集体企业全部资产，成立东城区东集兴业集体资产管理协会（简称协会），作为集体资产的产权代表和管理机构，行使所有者职能，全面负责资产使用、处置、管理，在区民政局社团办注册登记为社团法人。2002年9月，协会投资成立北京市东集兴业经

6月30日，东集泓业公司组织主题党日活动

贸有限责任公司，注册登记为企业法人，注册资本2166万元，控股子公司6家。2015年10月，新设组建北京东集泓业资产经营股份有限公司（简称东集泓业公司），2016年1月1日正式运营，注册资本2693万元。主营资产管理；企业管理；出租商业用房；出租办公用房；物业管理；经济信息咨询；零售日用品、通讯设备、工艺品。公司内设经营部、财务部、人力资源部、权益部、办公室5个部门，有在职员工61人。

年内，以提高经济效益为轴心，整合体制，创新机制，完善制度，规范经营，强化管理，加强班子与职工队伍建设，落实年度总体工作目标。制定规章制度29项。严肃工作纪律，杜绝随意懒散现象。配合非首都功能疏解，关闭隆福寺早市和东华门美食坊夜市。登记核查系统内退休、退养4252人，建立信息完整、数据精准、资料齐全的管理系统。核查中发现死亡人员26人家属冒领养老金，追回23人冒领60余万元。清退长期挂档人员4人。“两节”期间走访慰问困难、病残、孤寡职工980余人，发放慰问金、慰问品17.76万元；组织退休职工70余人赴平谷疗养；重阳节慰问95岁以上退休老人59人；向退休退养职工1114人发放取暖补贴45.43万元。组织党员、积极分子、职工112人在共产党员献爱心活动中捐款1.02万元。女职工44人妇科专项检查；职工37人参加通用能力培训及公益大讲堂。完成一年一度的民主评议工作；开展“两学一做”学习教育活动，发展党员1人。全年各项收入4375万元，实现净利润675万元，上缴税费544.54万元。

单位地址：朝阳区安华西里一区26号楼三层

联系电话：64274716

邮政编码：100011　　（赵家慈）

**【房产经营管理】**打破原有管理模式与框架，重新整合房产与管理人员，组建3个房产经营分部，规范管理办法，统一租赁程序，明确经营目标，提出工作要求。各经营分部超额完成年度经营考核指标。　　（赵家慈　陈桂兰）

**【出租汽车公司运营管理】**景山、新中2个出租汽车公司出现“退车潮”、“司机荒”，停驶率剧增，双班运营率骤降，导致运营效益直线下滑。公司转变经营思路，调整运营模式，采取措施，控制停驶率，稳定司机队伍。景山出租公司降低管理人员绩效工资、增加“双班”司机奖励，抑制效益下滑。经过努力，两公司取得较好经营业绩。　　（赵家慈）

# 东城区国资委系统及集体经济公司负责人

北京天街集团有限公司董事长、党委书记　李　桦
　总经理　李　军
北京东方奥天资产经营有限公司
　董事长、党委书记　王振淮
　总经理　李润杰
北京崇远投资经营公司董事长、党委书记　王振淮
　总经理　李润杰
北京建远投资经营有限公司
　董事长、党委书记　陈　艳
　总经理　李永强
北京东方信达资产经营总公司
　董事长、党委书记　彭　湘
　总经理　邹宜凡
北京东方置地投资发展有限公司
　董事长、党总支书记　张　跃
　总经理　刘海江
北京佳源投资经营有限责任公司
　董事长、党总支书记　丁文理
　总经理　王晓彤
北京东集泓业经贸有限责任公司
　董事长、党委书记　李　增
　总经理　黄满泉

# 工商·旅游·对外经济

# 工业企业

## 北京金漆镶嵌有限责任公司

【概况】北京金漆镶嵌有限责任公司（简称金漆镶嵌公司），前身北京金漆镶嵌厂是1956年建厂的国有企业，2005年3月改制为有限责任公司。生产经营项目：传统漆器、古典家具、室内装饰及木雕、根雕、石雕等其他工艺品。室内装饰业取得设计和施工双项国家甲级资质；2006年被市工商局评为守信企业。2008年6月，金漆镶嵌髹饰技艺被列入国家级非物质文化遗产保护名录，金漆镶嵌公司为该项目申报和保护单位。2012年获北京市非物质文化遗产生产性保护示范基地称号。2013年，获北京老字号称号。上年获2014-2015年度中华老字号传承创新先进单位称号。公司设有生产经营部、财务部、党政办公室、总工艺师室；下设英明斋、艺俱轩、物华苑、天宝楼、金漆艺术馆、金漆艺苑、金漆镶嵌奇石馆、金漆宫、燕京八绝艺术馆9个连锁经营门店；古艺苑、艺俱轩、古润坊、漆宝斋、制漆分厂5个生产部门。公司占地面积7.78万平方米，建筑面积2.97万平方米。有职工225人。

年内，参加中国漆器艺术精品展“百花·漆花杯”评比，精工矫嵌红楼梦露秋咏菊屏风、颤断堆古五经萃室记屏风获金奖；雕填茶具获银奖；雕天然木框嵌玉石花鸟纹挂屏获优秀奖。第十七届中国工艺美术大师作品暨国际艺术精品博览会“百花杯”评比中，金髹吟春图屏风获金奖；御制百宝嵌葫芦插屏获银奖；仿清黑漆描金花卉纹菊瓣式盒获优秀奖。黑漆彩绘平金开黑百寿桌项目，获年度东城区职工自主创新成果奖。工艺美术大师9人设计制作的11件金漆镶嵌漆艺精品入选中国当代工艺美术双年展，在中国国家博物馆展览展示。年内，接待来自全国各地的专家学者、业界同仁、在校师生、政府领导以及海内外国际友人1000余人次到公司参观 。7月，组织党员、团员、入党积极分子、民主党派人士以及职工骨干70人，到河北省张北县“苏蒙烈士陵园”参观学习，纪念中国共产党建党95周年。公司全年销售收入2118.8万元，利润5.7万元，上缴税金167.7万元，员工年人均收入同比增长8%。

单位地址：朝阳区小红门乡红寺村40号

联系电话：67671153

邮政编码：100164　（肖葵葵）

7月27日，西城区科技协作中心员工品鉴金漆镶嵌宫廷艺术精品

【金猴报春文化促销】1月20日至2月5日，公司举办“金猴报春”迎新春文化促销活动，为建厂60周年系列庆典活动序幕，实现销售收入100万元。（肖葵葵）

【天宝楼工艺美术大师联谊会】1月28日，举办“2016·天宝楼工艺美术大师联谊会”，有关领导出席活动并讲话，来自全国及北京市的国家级、省级工艺美术大师40余人参加。（肖葵葵）

【参加展会】2月8日至3月9日，参加在台湾佛光山佛陀纪念馆举办的“京津冀佛光山2016春节文化月”活动，公司受邀携带宫廷艺术精品20余件参与展示交流。3月22日，参加在上海美术馆举办的“天工开物—非物质文化遗产全国精品邀请展”，公司作为北京地区唯一一家非遗企业代表受邀参展，金漆镶嵌髹饰技艺代表性传承人携金漆镶嵌漆艺精品应邀出席开幕式。（肖葵葵）

【金漆雕漆创新作品展】4月22日举办。展出金漆雕漆创新作品100余件（套），实现销售收入200万元。（肖葵葵）

【60周年宫廷漆艺成果回顾展】6月18日，举办“60年的发展60年的辉煌暨金漆镶嵌宫廷漆艺成果回顾展”，庆祝建厂60周年，当日销售收入近200万元。至10月初，累计销售收入800万元。（肖葵葵）

【中华漆艺精品展】11月13日，年度中华漆艺精品展在石景山区承恩寺北京燕京八绝艺术馆开幕，同时举办年度中华漆艺创新发展论坛，有关领导、全国漆艺同仁、媒体单位等社会各界400余人参加活动。（肖葵葵）

【双十一促销活动】11月11日至下年1月11日，公司举办“庆祝60年，甩库存，促改造，迎新年”双十一促销活动。活动期间，配合朝阳区管庄地区土地规划要求，公司金漆艺苑展区需完成拆迁，特别举办了清仓促销活动。活动期间销售收入1400万元。（肖葵葵）

## 北京市珐琅厂有限责任公司

【概况】北京市珐琅厂有限责任公司（简称珐琅厂），前身北京市珐琅厂1956年1月建立，由42家私营珐琅厂和皇家造办处合并组成。郭沫若为其题写厂名。该厂是全国景泰蓝行业中唯一的一家中华老字号。1963年编制“景泰蓝工艺操作规程”和“工序质量标准”。1986年12月，起草“景泰蓝工艺品企业标准”。1996年3月，与北京工艺美术品总公司共同起草“中华人民共和国景泰蓝工艺行业标准”，同年6月中国轻工总会发布实施。2002年11月，珐琅厂进行企业改制，组建北京市珐琅厂有限责任公司，为集景泰蓝设计研发、生产销售、展览展示、个性化定制为一体的生产和经营性企业。2006年被文化部评定为国家级非物质文化遗产——景泰蓝制作技艺保护传承基地、生产性保护示范基地。珐琅厂占地面积2.33公顷，建筑面积2.43万平方米。公司内设党政办公室、人力资源部、财务部、设计部、销售部、生产制作部、保卫部、商品部8个部门，有员工185人。

年内，开展“两学一做”学习教育活动，党员出勤率98%以上。公司为全体员工每人上调浮动工资300元，恢复中断10年的奖金制度，员工收入稳中有升。为职工增加体检项目；为在职职工办理重大疾病互助合作保险、住院医疗合作保险、计划生育家庭保险及2份意外伤害互助保险；企业领导看望走访劳模、孤寡、重病住院及困难职工40余人次。举办第三届景泰蓝皇家艺术庙会、第四届景泰蓝老物件淘宝大集，8天庙会销售收入200余万元，12天大集销售收入538万元，比上年提高15%。公司参加第四届京交会、第十一届文博会、首届丝绸之路（敦煌）国际文化博览会、第四届中国非物质文化遗产博览会、第三届中国当代工艺美术双年展、第十二届深圳文博会“崛起新丝路，构建新桥梁”一带一路主题系列文化交流艺术活动及市商务委、市文资办、市文化局、市旅游委、中华老字号工作委员会等政府部门组织的展览展示活动30余场次。公司网络销售收入160余万元，充分展示“京珐”品牌艺术魅力。5月被东城区委宣传部评定为东城区爱国主义教育基地。7月被市科委评定为北京市科普教育基地。10月参加第五届世界旅游经济论坛，展出景泰蓝经典作品、大师精品10余件。全年营业收入6677.73万元；在上缴国有资产占用费120万元基础上，上缴税金1281.37万元，为区财政贡献277.4万元，国有资产保值增值率129.29%。

单位地址：东城区永定门外安乐林路10号
联系电话：67211677
邮政编码：100075
（张莉）

【六十周年庆典】本年是珐琅厂建厂60周年。2月2日，在景泰蓝艺术博物馆举办建厂六十周年庆典仪式及系列活动。中国商业联合会、中华老字号工作委员会为企业颁发中国景泰蓝第一家荣誉牌匾，北京京珐景泰蓝艺术发展有限公司揭牌成立。举办京珐老艺人历史作品重现展，展出大师6人联合创作的吉庆泰和尊，以及60余件老艺人作品，工艺精良，寓意深刻，得到现场来宾一致好评。（张莉）

【3D景泰蓝艺术博物馆网上展出】3月25日，制作完成3D博物馆网上展示项目。实地拍摄景泰路、公司大门、一、二、三层实体店、景泰蓝制作技艺展示厅、中国景泰蓝艺术博物馆。3D技术真实还原企业现实场景，搭建起宣传景泰蓝历史文化、企业发展、产品内涵平台。（张莉）

【童趣景泰蓝】5月31日至6月14日，由市文化局、市教委、国家大剧院联合主办，市非物质文化遗产保护中心、珐琅厂承办的《童趣景泰蓝——儿童非遗作品专题展》在国家大剧院开幕。展示来自本市20所学校、学生200人制作的200余件景泰蓝作品。展品制作期间，学生们多次来到公司，学习景泰蓝发展史和制作技艺，亲自

7月4日，珐琅厂入选北京市科普基地

完成设计、掐丝、点蓝制作环节，领略中华传统手工技艺魅力，赋予景泰蓝新的生命力。这些作品还在9月济南全国非遗展、10月澳门国际旅游高峰论坛展出，受到社会各界好评。

（张莉）

【BTV拍宝栏目走进珐琅厂】9月4日，与北京电视台合作，在景泰蓝艺术博物馆举办公益艺术品鉴定会暨栏目海选活动。参加活动的有《拍宝》栏目主持人、书画鉴赏家、瓷器鉴赏家、玉器鉴赏家、杂项鉴赏家及全国各地收藏爱好者800余人。相声演员串场表演。（张莉）

## 北京剧装厂

【概况】北京剧装厂（简称剧装厂）成立于1956年1月，注册资金108万元，建厂时名为公私合营北京刺绣剧装厂，1966年更名为北京剧装厂，沿用至今。建厂时在行业和行政上分别隶属于市手工业合作总社工艺美术品联社、市文化用品工业公司；1957年8月起隶属于市特种工艺工业公司；1980年9月起隶属于市工艺美术品总公司；1993年4月起隶属于北京工美集团总公司；1999年5月企业被划归到属地的崇文区，先后隶属于区经委、区经贸委、区商务局、区商务委、区国资委。2012年2月，区国资委将剧装厂无偿划转给北京崇远投资经营公司。剧装厂是国内剧装行业规模最大的国有企业，是民族产品定点厂家。曾为四大名旦等众多京剧表演艺术家量体裁衣，在文艺界有较高知名度。近年来，企业产品从单一戏剧产品向大型庆典活动、影视剧、旅游设施、宗教场所、户外广告、文物复制等领域拓展，先后为北京奥运会等大型庆典活动及众多影视剧制作服装和道具。为故宫等各级博物院（馆）复制数百件国宝级绣品类文物。同时努力开拓旅游市场，以工业旅游吸引国内外宾客来厂体验制作乐趣。剧装厂的“剧装戏具制作技艺”2008年入选国家级非物质文化遗产名录；“北京戏装制作技艺”入选市级非遗名录；“京绣”、“戏曲盔头制作技艺”入选区级非遗名录。有行业内唯一的国家级非遗代表性传承人1人、区级非遗代表性传承人2人。剧装厂内设综合办公室（含党政工团、劳资、行政等职能）、财务科、保卫科、业务部（含门市部）、生产车间5个部门。有在职职工50人，退休职工265人。

仿清荣宪公主黄缎穿珠绣八团龙女袍

11月3日，剧装厂技工在展览现场展示刺绣技艺

年内，剧装厂“百花”牌商标被市工商局、市商标协会评为北京市著名商标。组织开展纪念长征80周年活动，“两学一做”教育活动，组织全厂党员、入党积极分子和管理人员到区检察院接受反腐警示教育。年内参与10余项展示活动。完成工业总产值720万元；销售收入865万元；上缴税金158万元，完成利润12万元。

单位地址：东城区西半壁街1号
联系电话：67020742
邮政编码：100050（孙晓华）

【复制珠绣团龙袍获奖】12月，由剧装厂国家级非遗代表性传承人担任工艺设计和监制、技工多人参与复制的仿清荣宪公主黄缎穿珠绣八团龙女袍在年度“工美杯”北京传统美术大赛评比中获银奖。该龙袍仿制内蒙古自治区博物馆实物，康熙皇帝赐给与蒙古联姻的三女儿荣宪公主。被誉为该馆的镇馆之宝。由于年代久远，丝织物在自然条件下出现残损，原实物已不对外展出。此次复制采用传统京绣技艺，亮点在八条团龙由10万颗直径不到2毫米的天然珍珠组成，每绣一针，都要穿过一颗珍珠并将其固定在黄缎之上，每条团龙耗费1. 2万余颗珍珠。全部复制历时1年。该龙袍体现了燕京八绝之一京绣雍容华贵、格调高雅的特点，堪称精品。

（孙晓华）

【京绣国粹苑项目落成】5月至10月，崇远公司支持的剧装厂京绣国粹苑项目建设完成。此项目位于珠市口大街东南角，建筑面积510平方米，可开展保护、传承、研发等工作，同时具有展示、科普、培训、旅游等功能。至年底，160平方米展示厅展出剧装精品、京绣精品两大类十数件套，免费接待社会各界参观者1000人次。（孙晓华）

【消防安全培训】2月24日，市消防局宣传教育中心警官为全厂职工作主题为“消防连着你我他”专题培训。分析讲解各种火灾的区别、危害，指导安全、正确使用燃气、电器、灭火器材，教会大家报警，并进行示范。厂长要求全厂职工高度重视消防安全工作，严格遵守规章制度，防患于未然。培训课后进行灭火演示和逃生演练。培训提高了全厂职工的消防安全意识，普及了消防应知应会常识。（孙晓华）

【京绣技艺亮相索非亚】11月3～6日，中国——中东欧“16+1”首都市长论坛在保加利亚首都索非亚举办，剧装厂参与为配合此项活动而举办的“魅力北京”图片展和非遗技艺展，派出具有多年制作经验的技工承担表演任务，他飞针走线，赢得阵阵掌声和赞叹声。（孙晓华）

## 北京市工艺木刻厂有限责任公司

【概况】北京市工艺木刻厂始建于1956年，1998年9月与北京绒鸟厂合并，2003年11月改制成立北京市工艺木刻厂有限责任公司（简称工艺木刻厂）。建厂初期生产木雕工艺品，主要给玉器厂、象牙雕刻厂、珐琅厂产品制作木制底座。20世纪60年代，工艺木刻厂进入较快发展时期，纯手工操作被部分机械所代替，产品质量和工艺水平大幅提高，产品品种有突破。70年代后，陆续开发硬木雕刻家具、大型木雕、室内装饰、古建模型等生产项目。木雕家具以仿明清家具为主，造型古朴典雅、结构严谨、做工考究，品种有屏风、多宝格、花台、桌椅等。室内装饰有落地罩、隔扇、窗饰、牌匾等。此时期为钓鱼台国宾馆、中南海怀仁堂、北京饭店、天坛祈年殿所做室内装饰工程，成为传统工艺木雕代表作品。1991年按比例制作的金丝楠木北京四合院，获全国工艺美术百花奖一等奖。1997年迎接香港回归，为人民大会堂香港厅制作大型石木雕刻屏风。2003年为北京奥运会会徽“中国印·舞动的北京”制作紫檀宝盝。2005年、2009年第二届、第四届北京工艺美术展览上，翡翠《中华佛韵》《翡翠观音》（含紫檀木座）获北京工艺美术珍品奖。木刻厂“北京木雕小器作”为市级非物质文化遗产保护项目。公司有北京市工艺美术大师、工艺美术师和高级技师5人。内设综合办公室、财务部、销售部3个工作部门。

年内，召开董事会议，讨论公司发展前景，决定盘活库存，增强盈利能力。同时整合资源，创新销售模式，实施退租不出店，降低租金，提升利润空间。央视《手艺》拍摄木刻厂非遗产品，《北京旅游》杂志专题报道，宣传木刻厂及产品，扩大品牌影响力。

单位地址：朝阳区垡头甲88号

联系电话：87675826

邮政编码：100023（冯军）

## 北京象牙雕刻厂有限责任公司

【概况】北京象牙雕刻厂有限责任公司（简称象牙雕刻厂）前身是北京象牙雕刻厂，1958年5月成立。2002年企业改制更名为北京库鹏象牙雕刻有限公司，2008年7月，恢复厂名北京象牙雕刻厂有限责任公司。公司是经国家林业局批准的合法生产经营象牙制品企业，牙雕产品以北派皇家宫廷艺术为主导，以人物、山水、花卉、鸟兽为见长，以高雅、庄重、古朴、大气为艺术特点。公司现有国家级工艺美术大师5人，北京市级工艺美术大师23人，高级技师44人，国家级象牙雕刻非物质文化遗产传承人3人，北京市级象牙雕刻非物质文化遗产传承人1人，东城区级象牙雕刻非物质文化遗产传承人1人。公司内设办公室、财务科、资产经营科3个部门。有员工25人。

年内，以产品艺术化、品种多元化、经营市场化、管理职业化、职工利益最大化为指导思想，以创精品、抓品种、促传承、增效益为经营方针，坚持经纪人公司的经营理念，贯彻精品战略，发挥工艺美术大师聪明才智，创作一批独具特色的艺术精品，参加展会7次，获奖作品41件次，其中金奖6件、银奖14件、铜奖13件、优秀奖8件。经营业绩完成年度任务目标。全年完成工业总产值934.2万元，销售收入682.8万元，上缴税金147.9万元。

单位地址：东城区国瑞北路52号

联系电话：67011742

邮政编码：100062（邵艺卉）

【参加大师级别评定】10月参加由市经济和信息化委员会主办的北京市工艺美术大师评定，13人参加，2人晋级为北京市级工艺美术大师一级，1人晋级为北京市级工艺美术大师二级，9人晋升为北京市级工艺美术大师三级，其中青工6人。（邵艺卉）

## 北京远东仪表有限公司

【概况】北京远东仪表有限公司（简称远东仪表），前身是1960年成立的北京电表厂。远东仪表是由北京京仪集团有限责任公司、亚太投资有限公司和北京首都创业集团共同投资组建的中外合资高新技术企业，1994年7月成立。从事研发、制造、销售工业过程测量仪表、自动化控制系统等，为化工、电力、市政、冶金等企业流程自动化提供服务，为节能减排、绿色环保、安全、物联网、热计量改造等领域提供行业解决方案。远东仪表开展物联网、热计量等相关业务，从传统流程工业向城市管理、民生、节能等新领域拓展。推进单品销售、系统集成、解决方案向项目服务、运营服务延伸价值链。是北京市仪器仪表行业的明星企业。1994年通过ISO9001质量体系认证。连续7年被评为北京市先进管理企业、北京市十佳企业、“重合同，守信誉”单位，连续12年被评为首都精神文明标兵单位。公司注册资本2.1亿元人民币。占地面积3万平方米。内设技术中心、技术质量部、市场部、企业文化建设部、人力资源部、战略推进部、综合办公室、物业管理部、物流中心、风险管理部、财务管理部、信息中心12个部门。有员工580余人，其中工程技术人员占23%以上。

年内，远东仪表开创“十三五”发展新局面，规划“成为最具价值力的工业及民生自动化解决方案供应商”战略愿景，结合国家产业政策导向，调整结构，推动发展。构建自动化产品链，自主产品产、销、研取得突破性进展。延庆自主产品生产基地通过多种规格产品的CMC现场评审，正式投入生产。两大系列自主流量计入围中石油一级资源供应商，自主流量和物位产品销量逆势增长。年内申请专利3项，专利授权1项，完成市级项目申报4项，《远东仪表—从自动化到智能化的蜕变》入选《中国制造2025优秀责任实践案例集》。从传统流程工业领域向城市物联、节能减排、绿色环保等领域拓展，成为中国热力产业战略合作联盟创始会员单位。北燃供热调度及收费管理平台上线运行。中标拉萨市生活垃圾焚烧发电仪表成套项目、北控海水淡化新工艺仪表成套项目。公司坚持精益管理，持续推进质量管理体系建设，申报获得机械行业质量最高奖项全国机械工业质量效益型先进企业称号，北京市仅有两家企业获得此项殊荣。公司获北京市企业管理现代化创新成果一等奖。3项自主产品获中国好仪表称号，成为中国仪器仪表学会培训基地。完善安全责任制，落实企业安全生产主体责任，是区安全生产协会会员单位，通过市安全生产二级标准化复评达标。构建远东仪表企业文化，引领和推动企业升级发展，获北京市构建和谐劳动关系先进单位称号。持续推进培训体系建设，加快人才培养力度，1人获享受北京市政府特殊技师津贴，1人获年度北京市有突出贡献的高技能人才荣誉，1人晋级全国刀具决赛获第一届全国刀具应用技术大赛优秀奖，4人参加北京市第四届职业技能大赛，1人被评为市国资委系统优秀共产党员。至年底，专业技术人员中有高级职称25人，中级职称53人；工人中高级技师11人，技师20人，占工人总数16%。

单位地址：东城区和平路北街6号

联系电话：84293807

邮政编码：100013　　（吴婷）

## 北京市龙顺成中式家具有限公司

【概况】北京市龙顺成中式家具有限公司（简称龙顺成），创建于1862年（清同治元年）。20世纪50年代，形成以清宫造办处所作家具为代表的“京作”宫廷家具特色，与“苏作”、“广作”并称为中国硬木家具三大流派，有家具中“官窑”之称。1993年恢复老字号龙顺成，改名为北京市龙顺成中式家具厂。1999年6月，王世襄题写厂名。2010年10月，改名为北京市龙顺成中式家具有限公司。主要经营项目：中式家具制作、木材加工、室内装饰及古旧家具修复。具备国家一级古旧家具修复资质。2004年被市工商局评为守信企业。2008年“京作”硬木家具制作技艺被列入国家级非物质文化遗产名录，是生产经营“京作”硬木家具权威专业企业。龙顺成是北京市纳税信用A级企业。2011年再次被商务部认定为可保护与发展的“中华老字号”。龙顺成注册资本1292.4万元，总资产1.7亿元。企业占地4.51公顷，建筑面积3.1万平方米。内设综合管理部、财务部、技术研发部、销售部、业务部、修复部、生产分厂7个部门。有在职职工158人。

年内，创新工作模式，整合资源，提高企业运行质量和盈利能力，调整生产布局和产品结构，开发红木工艺品研制，实施红木收藏品制作发展战略，根据合同要求，分门别类安排生产，如期履约订单。加大“京作”家具研发与创新，实现常规产品与商务礼品、收藏品与工艺品相融合的经营模式。举办多项文化营销活动。3月，龙顺成经北京家具行业协会综合评定，被评为北京品牌企业。5月，龙顺成制作的“APEC托泥圈椅”，在上海举办的世界手工艺产业博览会暨非物质文化遗产保护成果展“国匠杯”评选中获银奖。11月，经中华老字号时尚创意大赛专家评审委员会评审，龙顺成获年度中华老字号百年功勋企业奖，托泥圈椅（APEC款）获年度中华老字号二十大经典产品奖。全年销售收入6765万元，上缴税金664万元，实现利润741万元。

单位地址：东城区永外大街64号

联系电话：67211485

邮政编码：100075　　（邸保忠）

【修复古旧家具】3月，使用公司收藏的老家具残损部件，修复清代黄花梨木螭龙三节柜1件、黄花梨木螭捧寿玫瑰椅1对、黄花梨木亮格柜1件。现收藏于龙顺成博物馆并对外展示。年内为红木家具收藏者修复老红木多宝格、葫芦万代花篮椅等古旧家具32件，修缮收入20万元。　　（邸保忠）

【参加展会】3月，参加第31届深圳国际家具展。5月，参加在上海举办的世界手工艺博览会暨非物质文化遗产保护成果展，销售收入100万元。7月，参加在北京中国国际展览中心（新馆）举办的北京国际家具展，销售收入60万元。9月，参加在751D·PARK时尚设计广场举办的中国（北京）国际家居设计节，销售收入70万元。10月，参加在安徽铜陵举办的中国图书馆展览（年）会。

（邸保忠）

【文化营销】3月，举办二月二龙抬头文化营销交流周。5月，举办“携手百年、共筑文化”龙顺成书画展；举办首都国企开放日——走进龙顺成，感悟传统文化。6月，开展中国传统文化从娃娃抓起系列活动之走进百年老字号。7月，举办“京作”精品红木暨名家书画作品联展，知名书画家及爱好者20余人参展。10月，北京国际摄影周分会场《大地画卷——陕西府谷赵勇摄影作品晋京展》和《不·平等》摄影展在龙顺成文化交流中心举办。11月，举办百年龙顺成京作家具探秘之旅媒体茶话会。12

月，百年传承京作传奇——京作非遗臻品联展暨龙顺成京作文化节在龙顺成文化交流中心开幕，景泰蓝、玉雕、牙雕、泥人、鸽哨、砑花葫芦、毛猴等非遗技艺传承人及代表性作品参展，文化节期间销售收入240万元。（邸保忠）

## 北京联飞翔科技股份有限公司

【概况】北京联飞翔科技股份有限公司（简称联飞翔），1995年成立，注册资本10万元，坐落在北京东城区的中关村园区东城园内。经过20余年发展，已成为拥有2家全资子公司（河北深思新材料技术有限公司、湖北联飞翔汽车科技有限公司）、1家控股子公司（北京爱车易行保险代理有限公司）的国家级高新技术企业、北京市专利示范单位。总资产近5亿元，净资产近4亿元。联飞翔从事新材料技术及其衍生产品的研发、生产和销售，经营产品为车用环保节能滤清器、车用长效低碳润滑油、低张力环保玻璃水、防冻液、尿素水溶液等车用节能环保快速消费品。1999年体制改革，增资到138万元；2003年起转型研发新材料技术，进入车用节能环保领域；2007年改制为股份有限公司；2008年在中关村新三板挂牌上市；2009年在河北固安投资建立第一个研发生产基地；2010年在湖北随州投资建立第二个生产基地；2011年建成年产1000万安时的中试生产线；2013年建成年产2000吨的润滑油生产调和车间；2015年组建北京爱车易行汽车科技有限公司。并成为首批入围全国中小企业股份转让系统成份指数、全国中小企业股份转让系统做市成份指数样本股名单的企业。本年获百家最具发展潜力信用企业称号。公司内设董事会秘书办公室、知识产权部、综合管理部、财务部、市场部、销售部、采购部、质量管理中心、质检部、研发实验中心、新品开发部、生产物流管理中心、人力资源部、企划部14个部门。有员工197人。

年内，联飞翔完成第五次定向增资股份登记及工商变更，公司注册资本增加至1.25亿元；以1750万元人民币受让湖北联飞翔汽车科技有限公司（以下称湖北联飞翔）其他股东持有的股权。本次股权转让完成后，占湖北联飞翔注册资本的100%；联飞翔下属子公司爱车易行以人民币 453 万元受让北京申根保险代理有限公司原股东持有的全部股权，取得北京市保险专业代理牌照并正式更名为北京爱车易行保险代理有限公司，开展保险业务；年内承担的《柴油车燃烧排放氮氧化物深度净化关键材料的制备与应用开发》课题被列入市科委“市委、市政府重点工作及区县政府应急项目预启动”项目，并获得市科委课题经费支持240万元。全年营业收入2.36亿元，利税近3520万元。

单位地址：东城区安定门外大街138号

联系电话：64097234

邮政编码：100011（白伟洁）

【成立新公司】1月，公司旗下河南爱车易行汽车连锁服务公司成立，旨在能够充分整合资源，与人保财险河南省公司进行深度合作，更好地拓展河南省区域业务，提高爱车易行的品牌影响力。（白伟洁）

【河北子公司获资质】1月，联飞翔全资子公司河北深思新材料技术有限公司的低碳长效润滑油获上年河北省优质产品资质，有效期3年。（白伟洁）

【子公司股权转让】5月，联飞翔以人民币1750万元受让湖北联飞翔汽车科技有限公司（以下称湖北联飞翔）其他股东持有的股权。本次股权转让完成后，公司将持有湖北联飞翔 2110 万元出资额对应的股权，占湖北联飞翔注册资本的100%。（白伟洁）

【进入挂牌企业创新层】6月，全国股转公司对挂牌公司实施分层管理，依据《全国中小企业股份转让系统挂牌公司分层管理办法（试行）》的相关规定，联飞翔同时满足分层标准中的标准一和标准三，入围创新层，成为首批进入创新层的953家挂牌企业之一。（白伟洁）

## 北京一商红都服装服饰有限公司

【概况】北京一商红都服装服饰有限公司（简称一商红都）。1956年3月，上海迁入北京7家国营服装店。1958年5月，组建北京市友联时装厂，“文革”中改名为北京人民服装厂。1984年12月1日，改名为北京市红都时装公司。2002年12月，体制改革，注册北京一商红都服装服饰有限公司。是一家集高档男、女西服、中山装、青年装、大衣、旗袍、中式服装、燕尾服等系列配套服饰产品设计、开发、生产、销售为一体的国有服装企业，是国内大型量体裁衣、团装应订生产加工基地之一。红都品牌被认定为中华老字号、中国驰名商标。红都多年来一直为历届党和国家领导人、驻华使节、出国人员等制作服装，并承担着国家、北京市重要活动所需的制装任务。公司总部下设综合办、财务部、质采部；生产部下设制作中心、精品车间、良乡红都生产基地、华表车间；经营部下设市场部、团装部、红都店、国华商场店、东四店、鼓楼店、北太平庄店、西坝河店、南新仓店；产品研发部下设红都设计研发中心、国服工作室、北服—红都工作室，中华技艺大师工作室，首席技师工作室，有在岗员工170人。

年内，坚持走高档路线、走精品路线发展战略，创新经营模式，挖潜改进工艺，工团装业务上规模，提升高级定制产品品质。6月参加东方神韵——中日韩服装展示交流，舞台走秀服装20套，静态展示41套。10月参加在澳门举办的第五届世界旅游经济论坛，宣传红都中山装和京式旗袍两项非物质文化遗产及北京礼物中华礼服。9月开设2家工厂店，拓展终端成品销售方式，加快货品周转，调整库存结构。本年是“红都”由上海迁京60周年，11月与宁波服装博物馆联合举办“国之工匠——红帮裁缝进京60周年”展览，讲述红都历史，展示红都文化。全年营业收入1.52亿元，上缴税费590万元。

单位地址：东城区东交民巷28号

联系电话：63189676

邮政编码：100006　（邓海燕）

【服务全国“两会”】2月20日，启动全国“两会”服务工作。从9个经营部门选拔业务骨干32人，组建8个小组。准备118个品种、1.13万件服装。新增中式服装，提供免费修改及熨烫服务。服务全国“两会”代表委员400人次。（邓海燕）

【工艺创新】3月，设计研发制作中心增加服装高级定制恒湿处理工艺技术，根据不同的时间、地点、场合以及环境（温度、干湿程度等）需要，修改全毛衬和半毛衬的半成品，改进大胸特体定制付衬工艺，使服装穿着更加合身。研发中心设计编程，创新多色绣花机工艺，在服装内侧，袖口等位置，刺绣顾客提供的图案或文字，满足顾客个性化需求。（邓海燕）

【开放日活动】5月14日是首都国企开放日。方庄地区市民代表45人参观公司文化博物馆、制作中心、研发中心、高级定制大师工作室，观看裁剪、制版、钉扣等制衣环节。（邓海燕）

【服装外观专利】8月，红都设计师蔡金昌设计制作的红都中山装、红都青年装以及改良后的中山装、青年装、中华礼服共5款上衣，取得国家知识产权局颁发的服装外观设计专利证书。（邓海燕）

【外事制装创最短时间记录】11月30日，为塞拉利昂总统等客人制作西服4套，用时32个小时，创公司高级定制缝制最短时间记录。（邓海燕）

## 北京东华服装有限责任公司

【概况】北京东华服装有限责任公司（简称东华有限）前身是1973年组建的东城区服装管理处。1979年更名为北京市服装公司东城区分公司。1992年组建北京东华服装集团，1997年更名为北京东华服装集团公司。2002年改制成立北京东华服装有限责任公司。注册资本5000万元。主要经营：服装销售、物业管理、出租商业用房、信息服务等。下属4个分公司：东华服装分公司、建华皮货分公司、红叶服装分公司、华天诚时装分公司。成立北京市东城区东华服装集体资产管理协会，在区民政局登记注册（简称东华协会）。东华协会出资组建飞达投资咨询有限公司。2009年，东华协会和个人出资组建北京东华盛合房地产开发有限公司（简称东华地产），注册资金3000万元。东华地产独资组建北京中原星亚物业管理有限公司和北京兴华服装有限公司。东华有限与东华协会投资控股北京华女内衣有限责任公司、北京建华雪花皮草有限责任公司、北京东华金盛投资有限公司、北京东华科创投资有限公司。东华有限独资组建北京东华金街购物中心有限公司，参股北京东百安物业管理有限公司。东华有限设股东会、董事会、监事会，实行总经理负责制。内设经理办公室、行政办、基建网点开发部、财务部、组织人事部、劳资部、外联部、计算机室、工会9个部门。有员工185人。

年内，华天诚时装分公司并入红叶服装分公司管理，机关经理办、行政办和基建部合署办公。制定、修改管理制度8项。投资500万元升级改造亚非大厦。公司党委开展“两学一做”学习教育，拟定《党支部工作规范》《共产党员行为规范》，党员76人参加学习教育并进行对照检查。选举产生新一届（第五届）中共北京东华服装有限责任公司委员会和纪律检查委员会。完成基层支部换届选举。组织献爱心向贫困地区捐款5272元。全年营业收入7500万元，上缴税费2010万元。

单位地址：东城区什锦花园胡同43号

联系电话：64030107

邮政编码：100007　（岑泰）

## 北京白领时装有限公司

【概况】北京白领时装有限公司（简称白领公司）1999年8月成立，由其前身北京白领服饰公司与苗红兵共同投资组建，注册资本5000万元（北京白领服饰公司1994年成立，占股比例75%）。公司集设计、生产、销售服装服饰于一体。2006年6月成立北京白领时装有限公司经济技术开发区分公司。2007年12月成立北京白领时装有限公司未来空间店。主要产品为女士高级套装、针织衫、风衣、大衣、裘皮、礼服等。年生产能力14万件。公司采用与商场联营的零售模式，北京设1家专卖店，燕莎、赛特、百盛以及长春、沈阳、大连、济南、青岛等城市设立直营专柜。同时与购物中心合作，开设北京燕莎奥特莱斯店和北京赛特奥特莱斯店。经过23年经营与发展、白领公司拥有WHITE COLLAR、SHEE’S、K.UU、GOLD COLLAR等4个主要品牌，可以满足各阶层顾客不同需求。2008年至2017年连续10年获北京著名商标，2013年至2016年连续4年获全国质量检验稳定合格产品证书，全国时装行业质量领先品牌证书。公司内设总部办公室、人力资源、管理中心、信息中心、营销中心、电子商务中心、设计中心、研发中心、配送中心、形象中心、华贸办公室11个部门。有员工600人。

年内，营业收入2亿元，上缴税费1800万元。

单位地址：北京经济技术开发区景园北街2号BDA国际企业大道8座

联系电话：67856688

邮政编码：100176　（贾鑫）

## 北京庄子工贸有限责任公司

【概况】北京庄子工贸有限责任公司（简称庄子公司）1996年创建，注册资金2000万元，是一家集皮革服装开发、

6月16日，庄子品牌获中国皮革裘皮年度品牌大奖

设计、制作、销售为一体的民营企业，建筑面积1.90万平方米。庄子工贸的理念是发展企业，回报社会，惠顾客户，创造更多的利税和就业机会，为国家经济建设出力。近年，庄子工贸产品向男女梭织服装领域、品牌系列化发展。年生产能力30万件。公司内设营销中心（包括：销售部、客服部、物流部、成品库）、研发中心（包括：采购部、皮装部、男装部、女装部、技术部）、生产中心（包括：办公室、裁剪车间、缝制车间、毛领车间、原料库、辅料库）、管理中心（包括：管理部、行政人事部、总务部）、国际贸易部。有员工400余人，其中专业服装设计和技术人员60人。

年内，庄子皮革服装再次位居全国皮革市场综合占有率榜首。获首届北京时装周最佳原创设计奖、零售企业商品同类产品市场销售量第一位、北京市著名商标、年度中国皮革裘皮品牌大奖等荣誉。3月，团中央国际联络部副部长到庄子调研青年员工学习、工作及生活情况，肯定庄子团建工作。年内，组织安全隐患排查系统培训，建立企业安全隐患排查治理体系。全年经营收入1.28亿元，上缴税金908.3万元。

单位地址：东城区体育馆路13号
联系电话：67608681
邮政编码：100061 （金建伟）

【“庄子杯”社区好声音】1月，由庄子品牌冠名赞助的东城区体育馆路街道“庄子杯”第四届社区好声音决赛在61785部队礼堂进行，有12组选手进入决赛，观众2000余人现场聆听。（金建伟）

【通州工厂店开业】9月3日，庄子公司通州工厂店开业，店面位于通州区九棵树西路90号1979文化创意产业园内，建筑面积2000平方米，共两层。一层设男装精品厅和折扣厅，有男装产品500款；二层设女装精品厅和折扣厅，有女装产品700款。店内宽敞、舒适、便捷，有供顾客娱乐休闲的室内游戏活动区和休息吧台。（金建伟）

【庄子时装发布会】9月24日，“庄子/北京——梦·逍遥”时装发布会在第一届北京时装周举行。庄子男装、女装、皮装进行表演，集庄子20年品质积累，彰显品牌对品质的极致追求。（金建伟）

## 北京格格旗袍有限公司

【概况】北京格格旗袍有限公司（简称格格）1994年成立，注册资金50万元，2013年增资到1200万元。公司集研发、设计、生产、物流、营销为一体。主营业务：格格品牌中式服饰研发、生产和销售。主要产品：中式生活装系列（男装、女装）、中式婚庆装系列、旗袍系列、中式礼服系列、高级定制系列、中式礼品系列等。2008年格格公司首推新中式概念，让中式服装时尚起来。历经22年，培育成熟4个中式服装品牌：格格中式女装品牌、金乔设计师品牌、GE中式男装品牌、小格格中式童装品牌。格格承接高级定制业务，在秀水街设立工作室。公司营销网络遍及全国20个省市，设立专柜及专卖店近100家。开发网络营销渠道，与京东、当当、淘宝、天猫等电商签署战略联盟合作协议。公司先后接待多位国家领导及国际友人到厂视察参观，为国家领导人及国际友人、影视明星定制中式服装，为奥运会升旗仪式、国际金融论坛、第十届全国妇女代表大会等重大活动定制服装、承办国庆60周年祝福祖国方阵服装设计制作、举办迎奥运盛世中华民族服饰展演。格格致力于公益事业，为汶川灾区等捐赠价值近百万元衣物、连续数年参与东城区天坛商会“送温暖”活动。企业获多项设计大奖，连续20年获得守信企业、文明单位、先进私营企业、质量工作先进单位、十大消费者喜爱品牌、十大热销品牌等荣誉。公司厂房面积6000余平方米，内设总经办、行政部、财务部、产品研发部、营销部、电商运营部、商品部、品牌推广部、物流部、技术部、生产部11个部门，员工300余人。

年内，生产各式服装16.5万件套，销售收入1.12亿元，纳税320万元。

单位地址：丰台区宋家庄扑满山1号楼19层
联系电话：60291117
邮政编码：100073 （史学梅）

# 商业·服务业

## 东城区商务委员会

【概况】东城区商务委员会（简称区商务委）是主管辖区国内外经济贸易和对外经济合作的工作部门。内设办公室（监察科）、人事科、规划发展科、社区商业科、流通管理科、商务服务科、外资管理科、外经外贸科、市场监管科、粮食酒类管理科10个科室。编制44人，实有40人，其中公务员39人，公勤人员1人。

年内，围绕推进京津冀协同发展战略部署，以非首都功能疏解和低端业态升级为重点，推动商品交易市场疏解外迁和生活性服务业品质提升。8项基本便民服务在全区182个社区实现全覆盖，出台《东城区提升生活性服务业品质三年行动计划》和《东城区生活性服务业发展专项资金管理办法（试行）》。拟定《南锣鼓巷地区商业业态指导目录》（征求意见稿）。举办年货购物季、美食体验季、金秋购物季、双十一线上营销、岁末购物周等促销活动，推动“百年商贾 悠购世界”东城商业品牌建设。全年实现社会消费品零售额1046.64亿元，同比增长6.2%。完成40家规模以上企业安全生产标准化达标工作，占全区总指标6.9%。

单位地址：东城区永内东街中里13号

联系电话：67079146

邮政编码：100050　（朱迎）

【年货购物季】2月1～12日，支持区商联会举办“金猴献瑞、新春迎福”为主题的年货购物季。16家商场和餐饮品牌参与老字号商家送祝福、年文化消费体验、惠享年夜饭等线下促销，金猴献瑞城中游、新春迎福逛庙会、普天同庆合家欢等线上宣传活动。活动期间，移动端参与用户3.12万人，浏览量 9.28万次。（朱迎）

【美食体验季】6月1日至8月31日举办，主题为消夏美食大狂欢。以美食为线索，整合区内九大商场美食资源，组织“东城好滋味——追寻美食的旅途未曾停歇”、“食在东城——吃货的小船不再翻，美食的巨轮永不沉”等活动，累计浏览219.22万次，月活跃用户3.47万人，参与互动粉丝6930人。（朱迎）

【金秋购物季】9月20日至10月31日举办，主题为“欢乐酣购东城各大商圈，畅享超值购物优惠体验”。活动最大亮点是线下活动与第五届北京王府井国际品牌节相结合，开展包括老字号技艺展在内的各项展览、展示、商品促销活动。品牌节发布2016-2017版《王府井消费地图》，为消费者提供王府井地区全方位消费指引。“选你所爱——休闲娱乐哪家强”、“为你执着——东城购物中心大盘点”、“合你心意——挑选你最中意的购物胜地”、“让你留恋——国庆七天游乐记”等线上微活动吸引消费者关注参与。活动期间，平面媒体发稿6篇，网络媒体发稿2篇，引发37篇新闻转发及内容引用。微博粉丝数从活动开始前的17.8万人增至19.9万人。（朱迎）

【双十一O2O营销节】11月7～13日，举办年度双十一营销活动。东城区老字号企业推出利生商厦网购优惠享不停、同升和满200减100、便宜坊礼盒半价等双十一主题庆典。活动期间，悠购东城手机平台页面访问量52.8万次，访问用户20.9万人，微信分享3.8万次；数字东城页面访问3.5万次，访问用户8913人。老字号企业线上销售量增长，其中同升和销售增长20%，利生商厦达100%以上增幅。（朱迎）

【岁末购物周】12月24日至下年1月3日，举办年度东城岁末购物周。活动宣传效果良好，PC端浏览量5.13万次，移动端浏览量48.21万次，悠购东城平台增加关注1.49万人，商联会微博增加粉丝684人。参与促销的27家商场、老字号、餐饮企业销售增长。便宜坊集团完成销售420万元，同比增长 18.98%；王府井百货大楼销售2662万元，同比增长12.40%；同仁堂完成销售286万元，同比增长14.40%。（朱迎）

6月，东单菜市场和平里店建设成为商业便民服务综合体

【非首都功能疏解】全年关停市场

3家（隆福寺早市、东华门夜市、新星火炬市场），区域内与批发相关的仓储物流全部完成疏解外迁。全年疏解商户3207户，1.41万人，腾退市场面积2.6万平方米。（朱迎）

【生活性服务业网点】全区有生活性服务业网点4086个，连锁网点1337个，连锁化率32.72%，比上年提升5.01%。全年新建或规范提升各类商业便民网点111个，其中新增64个（蔬菜零售网点20个、便利店9个、固定早餐门店3个、家政服务网点8个、美容美发网点1个、再生资源回收网点13个、末端配送10个）；规范提升47个（蔬菜零售网点7个、固定早餐门店8个、便利店5个、家政服务网点8个、美容美发网点4个、再生资源回收网点15个）。（朱迎）

【助推生活性服务业发展】促进各类优质生活服务资源在有限空间资源内的整合利用、集约发展，将东单菜市场和平里店、光明楼店建成功能集约的社区商业便民服务综合体。实施“互联网+智慧民生”行动，推进181电商综合平台建设，推广“悠惠生活”O2O直营店线下建设。新建东单菜市场社区分店8家，推荐东四街道三至八条、东直门街道当代万国城申报成为北京市生活性服务业示范街区，推荐驻区品牌连锁企业41家入选北京市生活性服务业品牌连锁企业资源库。（朱迎）

【老字号进社区】4月至12月，举办知名品牌进社区活动。活动由市商务委和区商务委指导，北京品牌协会、东城区老字号协会等单位联合组织。同仁堂、月盛斋、同升和、内联升、东单菜市场等老字号参加，果否、爱大厨、京东到家、慈爱嘉养老等新兴的社区服务品牌带来送餐到家、大厨入户、健康检查、康复护理等服务项目。在展示百余种名优特商品的同时，开展老字号发展历史、非物质文化遗产工艺制作以及健康知识等公益讲座。（朱迎）

【老字号技艺展】9月20～25日，第五届国际品牌节——老字号技艺展以“传承百年经典·品味时代记忆”为主题，在王府井银泰in88举办。同仁堂、东来顺、北京稻香村、都一处、锦芳、珐琅厂、商务印书馆、吴裕泰、盛锡福、工美大厦10家老字号企业参展。同仁堂中医药文化、东来顺传统手工切肉、都一处烧麦制作、景泰蓝掐丝工艺、盛锡福皮毛制作等国家级非物质文化遗产展现精湛技艺。（朱迎）

【行业监管】全年出动检查人员2310人次，检查企业747家次。实施行政处罚108起，受理“12312”商务举报投诉151件，完成酒类经营者备案登记307家，推广酒类随附单7.95万份。（朱迎）

【典当行业】全区有经批准注册的典当法人单位46家，分支机构14家，实收注册资本20.58亿元，全行业资产总额30亿元，全年典当总额174.21亿元。（朱迎）

【企业集中办公区】崇文商务大厦企业集中办公区全年续签企业413家，清理、清退企业40家。至年底，有注册资本142亿元，贡献税收4.5亿元。（朱迎）

【参展第四届京交会】5月28日至6月1日，东城区40余家企业参与第四届京交会活动。内容涵盖商业服务、旅游与旅行相关服务、娱乐文化与体育服务三大领域，涉及科技创新、电子商务、中医药服务、体育服务、版权交易和文化创新等12个板块，北京馆集中展示东城区高品质商务服务环境和服务贸易资源。区商务委和东方雍和国际版权交易中心共同主办的“新媒体、新版权、新价值”—互联网版权保护与运营新媒体论坛受到组委会好评。（朱迎）

## 北京东方祥泰投资管理公司

【概况】北京东方祥泰投资管理公司（简称东方祥泰）2006年3月13日成立，注册资本2000万元，出资人为北京东方信达资产经营总公司，以出资额为限对公司承担责任，经营业务为投资管理、技术开发、技术培训、企业管理咨询。东方祥泰有北京青蓝大厦有限责任公司、北京京教物业管理有限责任公司、北京育东劳务服务中心有限责任公司等权属企业17家。内设综合办公室、人力资源部、财务部、资产经营部、企业管理部、学校后勤管理部、安全工作委员会、教育研发部8个部门，在职员工570余人。

年内，开发青蓝大厦剧场资源，向东城区各教育机构、学校提供文化活动技术支持与服务。组织党员参加区纪委强党性、守党纪、正党风知识竞赛，公司员工1人代表区国资委参加决赛，获得冠军。落实校服采购规范化，管理全区中小学校学生装征订工作。在学生装征订中，严把审核关，确保全区参与征订的学生装生产企业均为市教委审定推荐的企业，并通过ISO9000质量管理体系认证，对进入校园的校服进行质量抽检并公布检测结果。完成东方信达总公司规定的各项经济指标，全年总收入5640万余元，上缴税金485万余元，为在岗职工缴纳五项社会保险441万余元，发放养老金702万余元。

单位地址：东城区东公街14号
联系电话：64032966
邮政编码：100009（李宁）

【安全保卫工作】完成“两会”、“汛期”等安全维稳、安全生产大检查和信达总公司组织的专项隐患排查。部署青蓝大厦、普度寺、东城教师公寓等重点单位安保，检查安全应急预案、安保措施、消防设施、值班安排。全年投入安全大检查人力160余人次，发现事故隐患60余处，下达隐患整改通知书50余份，排除全部隐患。安排消防演习3次，安全教育培训2次。全年未发生任何责任事故。（李宁）

【为学校提供后勤服务】推进东城区学校后勤社会化进程，在区教委装备部、史家教育集团、府学小学、北京市第一幼儿园等单位开展后勤保障服务。年内新增区教委、区教委房管所、新鲜小学、地坛小学、区青少年科技馆等5家单位，服务单位30家，派遣后勤服务人员300余人。全年实现零事故、零投诉。（李宁）

【学校文化活动】组织承办灯市口、北池子、东高房小学“追逐梦想光彩绽放”第三届学生书画展。举办云南省腾冲市中小学校与区少年宫“一样的梦想，一样的成长”书画教学成果展，展示学生作品300余幅。（李宁）

【学生保险工作】校方责任险投保学校、幼儿园81所，参保学生幼儿6.61万人，解答接听理赔咨询电话30余次，办理理赔案件24起，赔付金额11.11万元。无过失责任险投保学校66所，被保险学生6.09万人，解答接听理赔咨询电话20余次，办理理赔案件11起，赔付金额7.18万元。开放性科学实践活动保险投保学校36所，被保险学生6493人，未发生理赔案件。（李宁）

## 王府井集团股份有限公司百货大楼

【概况】北京市百货大楼是中华人民共和国成立后北京建造的第一座大型百货零售商店，被誉为“新中国第一店”。1955年9月开业，1991年成立北京百货大楼集团，1993年进行股份制改造，1994年北京王府井百货（集团）股份有限公司在上海证券交易所上市，1999年新建北部商业楼，2000年王府井百货和东安集团公司实现资产重组，成立北京王府井东安集团有限责任公司，2004年2月百货大楼进行内部升级改造，4月对外营业，2007年11月，北厦青春馆正式对外营业，2009年7月至2010年9月进行内部改造调整，9月重张开业。有经营面积10万平方米，地上8层、地下2层，汇集国内外知名品牌，经营奢侈品、国际精品、国际化妆品、黄金珠宝、时装、鞋类、运动品牌、家居家电、时尚配件等商品。百货大楼售货员张秉贵是全国著名劳动模范，大楼前广场立有其半身铜像，陈云在基石上题词：“一团火精神光耀神州”。该建筑2007年市政府批准列入《北京优秀近现代建筑保护名录》。区文化委员会核定，百货大楼早期建筑被列为《东城区未核定等级不可移动文物》。百货大楼内设总经理办公室、业务营运部、市场营销部、财务部、人力资源部、顾客服务部、后勤管理部、党委工作部、工会、安全保卫部、储运部11个工作部门；8个销售部：珠宝精品销售部、化妆品销售部、女装销售部、皮具销售部、男装运动销售部、家用儿童销售部、超市销售部、功能销售部。在岗员工726人。

年内，百货大楼回归零售本质，邀请专业公司，开展顾客调研与经营研讨，打破传统思维，寻求新常态下零售行业的无限可能。启动服务创新季，围绕“聚客、获客、维客”三重维度开展服务创新，以顾客为圆心，打造有温度的服务体验，彰显“一团火”精神的企业文化。建立客户经理制度，延展服务范围，积累有价值的客户资源，选拔金牌店长，加强一线店长队伍建设，资源充分共享，信息加速发散，实现与品牌共谋发展、互助共赢的良好循环。探索营销战术转型，举行“春颜·萌动——春季化妆品节”“你的仪式·我的爱”等具有场景化、话题性的主题营销活动，利用自媒体平台打造营销爆点，开拓直播平台领域营销形式，推出“百货大楼楼花儿”形象吸引线上粉丝关注，实时点赞数量破万。年内，获上年度（第十一届）北京十大商业品牌，蝉联北京十大商业品牌金奖、北京市优质服务商店、上年度区级优秀解决消费纠纷绿色通道单位。年内，参加支援新农村书香进万家活动，员工们为房山区军留庄村捐赠图书2000余册。11月，在“情系东城 温暖西部”爱心捐赠募集活动中，捐赠衣物453件，书籍155本，学习用品50件。全年销售收入15.75亿元，纳税8375.76万元。

单位地址：王府井大街255号
联系电话：85260557
邮政编码：100006（田思齐）

【领导调研】1月27日，中共中央政治局委员、北京市委书记郭金龙与北京市长王安顺到百货大楼调研。参观张秉贵纪念馆、航模飞机展台、跨境电商——胡萝卜村，慰问劳模标兵代表和节日期间坚守岗位的员工。郭金龙表示：王府井集团在时代中前行，让老品牌焕发青春，是中国商业的骄傲，希望王府井集团能继续加快发展，始终走在中国商业的最前列。（田思齐）

【与劳模面对面】1月22日，二十七中师生31人到百货大楼参加“与劳模面对面”社会实践活动。师生们参观张秉贵纪念馆，学习英模成长历程，体验糖果“一把抓”，与新一代劳模代表进行趣味问答交流，寓教于乐中师生们拓展视野，深受“一团火”精神感染。（田思齐）

【尝试场景化营销模式】3月20日，启动“春颜萌动 春季化妆品节”场景化营销活动。展示重文化轻促销、重体验轻销售营销理念。线上官方微信出台多款互动游戏，线下店内体验打造美妆服务岛。同时，在王府井金街建起化妆主题文化长廊，吸引人群，关注“俏颜”奥秘，刮起樱花粉旋风，带动店内“美丽经济”。为期24天的活动，门店化妆品类实现销售2101.41万元，较同期增长3.88%。（田思齐）

【志愿服务国际品牌节】9月21日，在第五届王府井国际品牌节服务工作中，百货大楼团委派青年志愿者6人，参与志愿服务。志愿者统一着装，手臂上贴着百货大楼服务logo“有事儿您说话”，用颇具北京味儿的话语引导游客，赢得好评。（田思齐）

【评选金牌店长】年内，启动“金牌店长”评选工作，店长580人参与，6人脱颖而出，成为首批“金牌店长”。“金牌店长”是专柜主力军，是品牌代言人。（田思齐）

【闲置空间补位创收益】年内，开

9月22日，百货大楼举行金牌店长授牌仪式

发利用商店闲置空间，根据季节时令和当下热点推出不同品类的搭台促销，制造销售增量。全年开展品牌活动152次，同比上升33%；各公共空间使用天数累计1337天，同比增长29%，累计销售收入3325万元。

（田思齐）

【消防安全工作】制定《安全生产隐患排查清单》，以燃气和用电为重点，树立“人人需要安全，安全人人有责”安全理念，以“谁主管、谁负责”为原则，落实领导责任制，规范安全生产，有效预防、减少和避免各类安全生产事故发生。年内，接待各项市、区级（消防、公安、商委）安全检查60余次，获得认可。组织全店消防演练9次，1100余人参与，开展安全培训131次，参培员工8000人次。

（田思齐）

【停车场改造提升】2月至4月，历时67天，完成停车场收费系统改造，由人工领取机打小票更新为电子识别系统，大幅减少顾客进出停车场等候时间。同时，粉刷停车场入口及坡道墙壁，安装40个充电桩，优化购物环境。

（田思齐）

## 王府井集团股份有限公司东安市场

【概况】王府井集团股份有限公司东安市场（简称东安市场），始建于1903年（清光绪二十九年）。1909年（清宣统元年）出版的《京华百二竹枝词》中，就有“新开各处市场宽，买物随心不费难，若论繁华首一指，请君城内赴东安”诗句，形容当年东安市场的繁华景象。因其邻近皇城东安门故名东安市场，是京城历史最悠久的著名老字号商场，至今有100余年历史。1949年后，成立东安市场管理处。1954年起陆续公私合营。1966年改名为东风市场。1967年全场整修扩建。1969年竣工后重张开业，成为大型商场。1988年恢复东安市场名称。同年9月组建北京东安集团公司，东安市场成为东安集团下属经济实体。1993年北京东安集团公司与香港新鸿基地产有限公司合资在东安市场旧址进行改扩建工程。1998年1月，新东安市场重张开业。2000年北京东安集团公司与北京王府井百货集团股份有限公司实现资产重组，东安市场成为北京王府井百货集团股份有限公司的下属企业。国家历届领导人重视东安市场发展。东安市场经商务部认定为“中华老字号”，多次获得市诚信经营示范单位及消费者满意单位等荣誉称号。东安市场位于王府井大街138号，新东安大厦D区4个楼层，建筑面积1.6万平方米，经营面积8238平方米，东安影院建筑面积4963平方米。东安市场内设4个销售部（珠宝皮具、女装一部、二部、运动销售）、7个职能部室（总办、综合业务部、人力资源部、财务部、顾客服务部、行政安全部、党群工作部）。有员工256人。

年内，坚持经营以利润为导向，管理以问题为导向，围绕“挖潜减亏”总体目标，在经营挖潜、服务挖潜、管理挖潜、营销创新、人才培养等方面做出努力。开源方面，综合毛收入双高（高于计划与同期）；节流方面，费用支出实现双低（低于计划与同期）；市场表现方面，年度毛利率超出指标0.03个百分点；利润超额完成计划。完善与制定《东安市场商品促销让扣管理办法》《管理人员通讯费报销规定》《交通补助报销规定》《东安市场管理人员选拔任用管理办法》《资产管理办法》《一岗双责实施细则》等14项管理规章制度。办理内退、临时待岗、解除劳动关系23人。组织管理人员竞聘，报名61人，晋级答辩23人，7人晋升上一级岗位，106人为参加测评人员打分。年内在全体党员中开展 “两学一做”学习教育活动。10月召开党员代表大会，选举产生新一届东安市场党委和纪委，党员代表55人出席。

单位地址：东城区王府井大街138号

联系电话：65282211

邮政编码：100006　　（赵泳战）

【商场更名】3月14日，商场名称工商登记变更。新名称为王府井集团股份有限公司东安市场。　（赵泳战）

【名创优品开业】9月18日，调整一层鞋区165平方米，经营名创优品，此经营区域年度综合毛收入由101万元上升至147万元，增幅达45.5%。

（赵泳战）

【主题营销】年内开展主题营销活动。1月百年传承，带爱回家；3月三八撒娇节；母亲节妈妈の花YOUNG年华；端午节粽情东安遇见美好；7月至8月旅游季乐夏时光，京韵之旅；9月集团周年庆诱聚925；12月感恩FUN开购。全年主题营销累计

1月，东安市场举办场庆营销活动

收入1.33亿元，占全年销售60.62%。（赵泳战）

【推出服务接待模板】4月，设计推出导购员服务接待模板。包括打招呼、主动接待、推介商品、引导付款、检验付货、退换货、送宾7个模块，涉及23个服务接待场景，以图文并茂形式展示导购员在服务接待过程中常见的错误做法及相对应的正确做法，提升服务质量与水平。（赵泳战）

【组建兼职客户经理团队】年内，组建销售部、商场两级兼职客户经理团队，销售部、顾客服务部、综合业务部相关人员5人担任，维护重点会员。客户经理挖掘潜在大单客户，捕捉顾客消费诉求信息，及时约谈，引客上门，促成交易，大客户人均月购商品2件。（赵泳战）

## 中国北京同仁堂（集团）有限责任公司

【概况】中国北京同仁堂（集团）有限责任公司（简称同仁堂集团），是市政府授权经营国有资产的国有独资公司。北京同仁堂1669年（清康熙八年）创建，1723年开始为皇室供奉御药。历经347年，同仁堂人始终恪守“炮制虽繁必不敢省人工，品味虽贵必不敢减物力”的古训，树立“修合无人见，存心有天知”的自律意识，铸就同仁堂“同修仁德，济世养生”企业精神和“配方独特、选料上乘、工艺精湛、疗效显著”产品特色，打造成中国中药行业金字品牌。1992年7月13日，以北京市药材公司所属同仁堂制药总厂、北京中药总厂、药材公司为基础，组建中国北京同仁堂集团。1997年，同仁堂集团将所属北京同仁堂制药厂、制药二厂、制药三厂、药酒厂、中药提炼厂、进出口分公司和外埠经营部7个单位的生产经营性资产重组成北京同仁堂股份有限公司，在上海证券交易所上市，以2亿元股本募集资金3.40亿元。2000年，同仁堂集团分离制药二厂、中药提炼厂和进出口公司中具有科技含量的经营资产，成立北京同仁堂科技发展股份有限公司，在香港联合交易所创业板上市，以1亿元股本募集资金2.30亿元。2001年7月13日，成立中国北京同仁堂（集团）有限责任公司。同仁堂集团拥有6个二级集团、3个院（研究院、中医医院、教育学院）、5个直属子公司（制药公司、生物制品公司、投资公司、文化公司、颗粒饮片公司）。同仁堂集团是以中药为主业，集科工贸、产供销为一体的大型中药企业集团，业务涉及中药材种植、饮片加工、中成药、普通营养食品、保健食品、传统滋补品、生物制品、化妆品及出口贸易等方面。年生产24个剂型1400余个产品，有83条通过国家GMP认证生产线。同仁堂集团下属北京同仁堂股份有限公司、北京同仁堂科技发展股份有限公司和北京同仁堂国药（香港）集团为上市公司。同仁堂集团内设综合办公室、经济运行部、财务运行部、证券部、对外经济工作办公室、品牌法律事务部、科技质量部、工装环保部、媒体广告管理部、医疗管理部、审计部、信息中心、文化传承中心、安全保卫部、房产管理部、行政后勤部、组织人事干部部、宣传部、党委办公室、纪委办公室、工会、团委 22个部门。有职工2.44万人。

年内，同仁堂集团加快转变发展方式，经济增长稳中有进；落实供给侧改革；挖掘内部资源，探索营销新模式；内涵与外延发展相结合，培育新增长点；落实京津冀协同发展，及时进行工业布局调整；着力科研技术开发，提升核心竞争力；开展全面质量管理工作，强化基础管理，集团整体经济运行平稳、经营质量稳中有升、品牌影响力不断提升。4月，成立北京同仁堂中药配方颗粒投资公司。5月，参展第四届京交会。7月，举行“爱党、爱国、爱企”庆祝建党95周年暨红军长征胜利80周年主题文艺汇演。9月，参与并支持由国家卫计委脑卒中防治工程委员会主办的“中国防治中风宣传月”活动。年内，获首批“诚信之星”称号；同仁堂商业集团1人获首都劳动奖章；同仁堂股份1人获北京市三八劳动奖章。全年无重大安全、质量事故。全年营业收入158.62亿元，同比增长8.25%；利润总额22.44亿元，同比增长6.81%，职工人均增资5级。

单位地址：东城区东兴隆街52号
联系电话：67059437
邮政编码：100062（葛冰）

【荣膺“中国质量奖”】3月29日，第二届中国质量奖颁奖大会在北京人民大会堂举行，国务委员王勇出席并为获奖企业颁奖。同仁堂集团作为唯一一家中医药企业获奖。“中国质量奖”作为中国质量领域崇高荣誉，旨在表彰在质量管理模式、管理方法和管理制度领域取得重大创新成就的组织和为推进质量管理理论、方法和措

3月29日，同仁堂获第二届中国质量奖

施创新做出突出贡献的个人。该奖每两年评选一次，获奖的名额每次不超过10个组织和个人。（葛冰）

【参加博鳌亚洲论坛】3月23日，博鳌亚洲论坛本年年会中药分论坛在国际会议中心召开。同仁堂集团领导介绍同仁堂在海外创业、创造、创新的发展实践，受到业界认可和关注。对话嘉宾一致认为，同仁堂在海外不仅为民众提供优质产品，还为中医药海外服务贸易发展做出有益探索。外交部原部长、中国民族医药学会国际交流与合作分会名誉会长李肇星，国家卫计委副主任、国家中医药管理局局长王国强、中国中医科学院院长、中国工程院院士张伯礼等嘉宾近100人参加论坛。（葛冰）

【同仁堂海外发展】3月29日，北京市市长王安顺视察同仁堂捷克门店，听取同仁堂海外经营和捷克公司发展情况汇报，指出干部职工素质决定企业发展速度，要重视发现和培养人才。7月22日，圣马力诺同仁堂博物馆揭牌仪式在当地孔子学院举行。圣马力诺教育和文化部长、中国驻意大利大使馆教育参赞共同为博物馆剪彩揭牌。（葛冰）

【签署战略合作协议】9月19日，与市地方税务局签订《合作框架协议》和《税收遵从合作协议》，构建和谐税企关系，实现税收服务与企业良性发展互动。9月30日，与石景山区人民政府签署战略合作框架协议，携手建设石景山区高端绿色的民生家园。（葛冰）

## 中国医药健康产业股份有限公司

【概况】中国医药健康产业股份有限公司（简称中国医药）成立于1997年5月8日，是在上海证券交易所挂牌的国有控股上市公司（股票简称中国医药，证券代码600056），其控股股东为中央直接管理的国有重要骨干企业中国通用技术（集团）控股有限责任公司（简称通用技术集团）。公司秉承"关爱生命、追求卓越"核心理念，致力于医药产业发展和人类健康事业，打造中国医药行业旗舰企业。建立起以国际贸易、医药工业、医药商业三大板块为支撑的科工贸一体化协同发展的产业格局，经营范围涵盖天然药物、医药化工、医疗器械、综合贸易四大领域，经营形态涵盖种植加工、研发生产、商业流通、国际贸易、技术服务等医药全产业链条。公司旗下拥有海南通用三洋药业有限公司、新疆天山制药工业有限公司、天方药业有限公司、上海普康药业有限公司、河南天方药业中药有限公司、湖北科益药业股份有限公司、海南通用康力制药有限公司、上海新兴药业股份有限公司、北京长城制药厂、北京美康百泰医药科技发展有限公司、北京美康永正医药有限公司、广东通用医药有限公司、河南省医药有限公司、新疆天方恒德医药有限公司、江西省医药集团公司、江西南华通用医药有限公司、湖北通用药业有限公司、中国医药黑龙江有限公司、中国医药保健品有限公司、中国医疗器械技术服务有限公司等20家公司。公司内设董事会办公室、总裁办公室、财务部、人力资源部、党群工作部、企业发展部、审计监察部、纪检监察室、法律部、业务协同办公室、信息中心、投资中心、医药工业事业部、医药商业事业部14个部室。在委内瑞拉、古巴、中亚等国家和地区设有代表处。有员工1万余人。

年内，公司在医药工业行业排名第五十四，在医药商业排名第九；公司获中国医药保健品进出口商会颁布的年度医药保健品行业进口十强，排名第一；年度医疗器械行业出口十强，排名第七；年度先进医疗设备（诊疗设备）行业出口十强，排名第三；年度中药材及饮片行业出口十强，排名第二。年内，公司获中国主板上市公司价值百强、中国百强企业、中国百强杰出企业家、中国成功转型上市公司等奖项。作为市国税局第一批74户享受出口退（免）税快捷服务企业，享受出口退税工作便利，缩短出口退税周期。获得市药监局颁发《药品经营质量管理规范认证证书》，完成ISO9001、ISO13485医疗器械质量管理体系和医疗器械产品CE认证证书的年度审核、到期换证和分类变更。年内，公司贯彻落实党委主体责任和纪委监督责任，执行中央八项规定，开展反腐倡廉宣传教育月活动，加强党风廉政建设，推进廉洁风险防控工作。公司全年营业收入257亿元，利润14.39亿元。

单位地址：东城区光明中街18号
联系电话：67107218
邮政编码：100061（肖昊阳）

【投资并购有序融资】年内，联合重组、投资并购方面，湖北通用新设十堰通用、广东通用新设佛山通用、广东通用在汕头新设粤东公司、黑龙江新设通用医疗，完善商业布局，投资并购取得实质进展。融资工作方面，9月13日取得中国证监会批准向特定投资者非公开发行A股股票，补充公司流动资金，7.86亿元9月底全部到位，10月14日股份登记，完成非公开发行股票融资。（肖昊阳）

## 北京永安复星医药股份有限公司

【概况】北京永安复星医药股份有限公司（简称永安复星公司）前身是1995年组建的北京永安医药总公司。2002年4月由北京信达资产经营总公司（国有）、上海复星医药集团（民营）、北京华辰伟业投资管理中心（职工参股）共同出资设立北京永安复星医药股份有限公司。出资比例分别为48%、46%和6%，注册资本1.5亿元。经营范围销售中成药、中药材、中药饮片、化学药制剂、化学原料药、抗生素、生化药品、生物制品、第二类精神药品制剂、蛋白同化制剂和肽类激素（仅限于胰岛素）、医疗器械Ⅲ类（具体内容以医疗器械经营许可证为准）、医疗器械Ⅱ类（具体内容以第二类医疗器械经营备案凭证为准）、预包装食品销售（不含冷冻冷藏食品）、特殊食品销售（保健食品、婴幼儿配方乳粉）、销售计划生育用品、百货、五金交电、劳动服务、摄影。公司拥有分公司北京永安复星医药股份有限公司王府井医药商店，子公司北京永安堂医药连锁有限责任公司。公司总部设立总经理办公室、财务部、信息部、人力资源部、综合管理部、采购部、销售部、储运部、质量管理部、党委办公室10个职能部门，有在册职工342人。

年内，公司党委开展“两学一做”专题教育活动，成立领导小组，制定活动方案、安排表，明确活动要求、工作原则、方法步骤，组织集中学习14次。召开经理办公会、公司党委会、临时股东会议，决定人事任免事项12人次，调整领导人员分工8人次。5月向区文化委员会递交手工水丸制作技艺非物质文化遗产项目申请。参加第九届北京中医药文化宣传周暨第八届地坛中医药健康文化节，公司所属永安堂连锁公司被主办方授予“国家中医药发展综合改革试验区（北京·东城）项目承担单位”。完成公司党委、纪委换届。永安复星公司代表东方信达参加区国资系统广播操比赛，获第二名；代表区国资委参加全区第九套广播体操通讯赛，获二等奖。子公司永安堂连锁公司成为首批“中国药品零售企业诚信经营公约”成员单位；获全国药品流通行业最佳药品零售连锁企业管理奖、北京市诚信创建企业；在中国医药商业协会组织的年度药品流通行业信息工作年会中，获全国药品流通行业信息统计工作先进单位称号；在中国医药商业协会主办的第三届九州通杯全国药品流通行业岗位技能竞赛总决赛中，获第三届全国药品流通行业岗位技能竞赛优秀组织奖。全年营业收入1.29亿元，同比减少11.39%，其中主营业务收入1.17亿元，同比减少11.67%，利润总额负418.64万元。

单位地址：东城区什锦花园胡同43号
联系电话：64015011
邮政编码：100007（王莹）

【股东会、董事会、监事会】4月，召开年度第一次股东会、第五届第四次董事会，审议通过公司董事变更事宜（上海方推荐），董事沈朝维变更为吴壹建。审议通过《公司2015年度监事会工作报告》《公司2015年度财务决算和2016年度财务预算报告》《公司2015年度利润分配建议方案》《关于继续积极推进公司股权重组工作的议案》《公司2015年工作总结及2016年工作计划的报告》《关于总经理2015年绩效考核情况的报告》《关于确定总经理2016年绩效考核方案的报告》《关于公司总经理聘期、薪酬的议案》《关于公司副总经理、财务总监聘期、薪酬事项的议案》《关于加强永安复星自有物业房产梳理、盘活工作的议案》。年内，召开临时股东会4次，审议通过经营范围增项；董事、监事变更；公司向北京东方信达资产经营总公司补缴3处房产拆迁异地安置房产土地占用费的议题。召开临时董事会4次，审议通过公司自有房产北京王府井大街301号三层部分面积出租；实施北京市基本医疗保险个人账户持卡实时结算项目；副总变更；参股企业董事、监事变更事项；北京永安复星医药股份有限公司王府井医药商店迁址至王府井大街301号-2，注销北京永安复星医药股份有限公司王府井医药分公司事项。（王莹）

【经济工作会】4月，召开第三届第八次职工代表大会暨年度经济工作会。审议上年度工作报告，领导班子述职、领导班子民主测评和专项测评及职工满意度测评，公司党政领导与相关部门负责人签订《2016年党风廉政建设责任书》《2016年工作目标责任书》。（王莹）

【职工岗位技能大赛】11月举办。经过初赛，6支代表队晋级决赛。决赛设立勇往直前、谁与争锋、命运关卡、激流勇进4个环节。通过理论考试、知识抢答、技能操作等比赛环节，朝内区域代表队获一等奖，王府井分公司代表队获二等奖。（王莹）

【注销公司工会】2月，经王府井医药商店工会委员会研究决定，向永安复星公司工会提交注销北京王府井医药商店有限责任公司工会委员会的请示，3月得到永安复星公司工会同意注销的批复，9月经北京市总工会核准注销，同时办理银行账户销户。（王莹）

【自有房产出租】12月，经临时董事会审议，同意将公司自有房产北京王府井大街301号三层1271平方米出租给京宇轩（北京）健康科技有限公司，王府井分公司自留450平方米。出租面积用于开设抗衰老美食品牌文化博物馆、抗衰老中心、培训及办公使用。租期10年，自本年12月1日至2026年11月30日。此事项已按要求上报北京东方信达资产经营总公司核准。（王莹）

【医保定点零售药店通过验收】12月，公司所属王府井医药商店，永安堂连锁公司朝内药店、安外药店、和平里药店通过“北京市基本医疗保险定点零售药店个人结算系统项目验收”。（王莹）

【永安堂建店六百年】公司所属永安堂连锁公司始建于1416年，本年是永安堂建店600周年。永安复星公司制定庆典活动组织方案，召开老职工座谈会；老物件清盘、梳理、造册；传统手工技艺“水丸制作”东城区非物质文化遗产申报；参加知名品牌进社区、第九届北京中医药文化宣传周暨第八届地坛中医药健康文化节活动、“中国·廊坊国际经济贸易洽谈会”；门店形象改造；引进微医在线医疗、OA办公系统；慰问国旗护卫队；开展第三届东阿阿胶滋补膏方节、医疗器械节营销活动；营造活动氛围，宣传“永安堂”品牌。（王莹）

【两家药店重张开业】公司所属永安堂连锁公司北京站药店、北京站北口药店分别于2月、8月重装开业，销售模式调整为开架售货。（王莹）

【开发OA办公系统】年内，经永安复星公司、永安堂连锁公司、软件开发商三方共同研讨，在设计方案达成一致的基础上开发OA协同办公系统，系统分为勤政办公管理和业务经营管理两部分，系统应用范围包括永安复星总公司各部门，永安堂连锁公司各部门及各门店。（王莹）

【搭建“微医”合作平台】年内，公司与乌镇互联网医院合作引进微医在线医疗系统。微医主要功能为预约挂号、在线诊疗、电子处方、检查检验等。通过远程视频问诊、图文问诊和电话问诊，实现开具处方、药店取药配套服务。年末永安复星公司系统20家药店安装微医设备，完成互联网医院硬件安装维护及使用培训等工作。（王莹）

## 中国全聚德（集团）股份有限公司北京全聚德前门店

【概况】中国全聚德（集团）股份有限公司北京全聚德前门店（简称全聚德前门店），是中国全聚德（集团）股份有限公司下属企业，始建于1864年（清同治三年），已有150余年历史，是老字号“全聚德”的起源店。前门店建筑面积5000余平方米，餐厅营业面积2000余平方米，650个餐位。有零点餐厅、宴会厅、宫廷餐厅、快餐厅、老铺餐厅5个餐厅。前门店以经营传统挂炉烤鸭、全鸭席和400余道特色菜肴享誉中外，被称为“天下第一楼”。全聚德挂炉烤鸭技艺入选国家级非物质文化遗产保护名录，“老门面墙”被批准为北京第八批市级文物。全聚德前门店内设餐厅部、厨房部、公关销售部、快餐部、后勤保障部、安全保卫部、人力资源部、财务部、采购供应部、综合办公室10个部室。有在职职工334人。

年内，前门店接待多国政要、全国“两会”记者、国台办等客人45批1080余人；完成一年一度北戴河外派服务工作；支持西安店等企业。年内，鲜鱼口老字号美食街通过全国知名品牌示范区国家验收；通过国家级（五钻级）酒家复评审核；获世界中餐业联合会颁发锋火杯——“中国服务”之星荣誉；在北京市第四届职工职业技能大赛中获餐厅服务第二名、中式烹饪第二名。全年实现安全生产“零事故”，未发生食品安全事故和重大服务投诉。

单位地址：东城区前门大街30号
联系电话：67016321
邮政编码：100005
（董雪）

【主题营销】1月1日，举办“全家总动员，美食&运动迎新年”主题营销活动。通过微信招募选手30余人，年龄最大50余岁，最小不到4岁，从北京零公里地标处——前门箭楼下起跑。参加活动家庭得到全聚德新年礼品和100元代金券。此次“美食+运动”主题营销活动，报纸、电视、网络媒体、微信公众平台报道累计8篇次。（北京电视台《北京您早》，《北京晚报》《法制晚报》报道3篇次；北京青年报社区报（广渠门、崇文门、宣武门）微信公众平台发布3篇次；央视网、北京网络广播电视台网络报道2篇次）。（董雪）

【藏族学生再次到访全聚德】4月17日，全聚德前门店开展“全氏青年”品鉴交流活动，接待北京西藏中学学生18人到店参加。这是西藏中学第二次走进前门全聚德起源店，同学们与

4月24日，“全氏青年”留学生厨艺体验交流专场

服务员互动交流，演唱藏语歌曲，跳起藏族舞蹈，向服务员献上哈达以示感谢。活动使同学们更深入了解全聚德历史文化和老北京餐饮文化，他们把全聚德文化带回校园，带回西藏，让更多的西藏人民了解全聚德。

（董雪）

【“全氏青年”厨艺体验】4月24日，全聚德前门店以“飘扬过海·中国味道”为主题，携手启德留学机构，为即将离境留学海外的中国留学生20余人举办 “全氏青年”厨艺体验交流专场。面点和冷荤大厨传授家常菜品以及和面、包饺子等制作技能，烤鸭大厨现场表演片鸭。为留学生在异国他乡有机会与朋友分享“中国味道”，前门店录制视频短片，记录番茄炒鸡蛋、红烧鸡翅、麻婆豆腐、油焖大虾、疙瘩汤等中餐特色家常菜肴制作步骤，送给留学生们。（董雪）

## 北京便宜坊烤鸭集团有限公司

【概况】北京便宜坊烤鸭集团有限公司（简称便宜坊）是国有控股餐饮集团。旗下拥有众多老字号餐饮品牌：建于明永乐十四年（公元1416年），以焖炉烤鸭技艺独树一帜的便宜坊烤鸭店；建于清乾隆三年（公元1738年），乾隆皇帝亲赐蝠头匾的都一处烧麦馆；建于清乾隆五十年（公元1785年），光绪皇帝御驾光临的壹条龙饭庄；建于清道光二十三年（公元1843年），北京八大楼之一的正阳楼饭庄；建于清同治元年（公元1862年），以经营北京炒肝闻名的天兴居；建于民国十五年（公元1926年），以经营北京小吃著称的锦馨豆汁店；建于民国十一年（公元1922年），经营佛家净素菜肴的功德林素菜饭庄；建于民国十五年（公元1926年），以经营清真小吃著称的锦芳小吃店；经营宫廷风味的御膳饭庄；经营上海菜为主的老正兴饭庄；经营川味为主，郭沫若先生为餐厅题写力力匾额的力力豆花庄；以经营老北京特色小吃的红湖小吃店”等众多餐饮品牌。其中，便宜坊、都一处、壹条龙、天兴居、力力、锦芳、功德林是国家商务部认定的中华老字号。便宜坊有非遗项目10个，其中便宜坊焖炉烤鸭技艺、都一处烧麦制作技艺被列入“国家级非物质文化遗产保护名录”；壹条龙涮肉制作技艺、北京豆汁习俗列入“北京市级非物质文化遗产保护名录”；都一处炸三角制作技艺、都一处马莲肉制作技艺、正阳楼传统蟹宴制作技艺、老正兴寿桃制作技艺、锦芳元宵制作技艺、天兴居炒肝制作技艺被列入“东城区非物质文化遗产保护名录”。便宜坊获中国烹饪协会颁发的中国正餐知名品牌；中国饭店协会颁发的京津冀地标美食30强；中国连锁经营协会颁发的中国连锁餐饮品牌可持续创新奖；中华老字号工作委员会颁发的中华老字号传承创新先进单位；北京烹饪协会颁发的北京餐饮十大品牌正餐类；北京市餐饮行业协会颁发的北京市餐饮业先进单位等。年内，集团形成新的组织架构：即一个加工中心、二个工作室（焖炉技艺传承保护工作室、菜品研发推广工作室）、三个办公室（党委办、行政办、上市办）、十个部（营运部、人力部、计财部、采购部、食品安全监管部、审计质检部、品牌战略建设部、连锁拓展部、快餐运营部、物业租赁部）。有员工1923人。

年内，集团秉承“便利人民，宜室宜家”经营理念，坚持老字号餐饮品牌传承与创新，集团实现国有资产保值增值，销售收入同比提升9.09%，利润同比提升11.06%。至年底，集团有便宜坊品牌直营店11家、合作店2家、合资店1家（便宜坊台湾高雄店）、加盟店26家；都一处品牌3家，连锁店1家，加盟店2家；多品牌直营店12家、天兴居连锁店5家，加盟店1家，共计64家。年内，开展“两学一做”学习教育，查摆自身存在的问题，制定改进措施，整改见实效。发展党员2人，完成党支部换届选举。年内，获中国烹饪协会、中国经济报刊协会颁发上年度中国餐饮业正餐十大品牌；中国烹饪协会颁发中餐国际化发展模范企业；中国饭店协会颁发中国民族餐饮品牌企业；中国连锁经营协会颁发中国连锁餐饮品牌可持续创新奖、商业特许经营体系评定AAA级；北京烹饪协会、北京商报颁发上年度北京餐饮十大品牌（正餐类）；北京老字号协会颁发2015——2016北京老字号优秀企业；特色小鸭酥、鲜花玫瑰饼、清酱肉、桶子获市餐饮行业协会颁发“北京市名菜名点”；获北京日报报业集团、市商业联合会、北京商报社评上年度北京十大商业品牌。便宜坊集团旗下功德林素菜饭庄获上年度第三届中国米其林美食评选美味榜中榜至尊演绎奖；便宜坊哈德门店获上年度第三届中国米其林美食评选最具中餐魅力金奖餐厅；便宜坊获北京烹饪协会年度北京餐饮十大品牌；获上年度北京餐饮十大品牌、中西正餐类十大品牌、餐饮五十强3个奖项。6月，集团获中国烹饪协会、中国经济报刊协会联合颁发上年度中国餐饮业正餐十大品牌；董事会通过《北京便宜坊烤鸭集团有限公司经营发展第三个五年规划》，内容涉及集团发展战略与定位、发展目标、发展原则、任务与途径、保障措施、实施分阶段目标及措施等内容。7月，集团获第十八届中国特许加盟展中国商业特许经营体系评定AAA级认证；鲜鱼口店接待台湾台东县卑南族花环部落学校师生21人参访团；外交部指定便宜坊为外事用餐单位；集团参加北京石家庄非首都功能疏解对接座谈会。8月，集团获中国饭店协会、中国食品安全报、山西省饭店业商会等颁发中国民族餐饮品牌企业奖；被中国烹饪协会评为中餐国际化发展模范企业；集团副总经理获评首都旅游紫金杯先进个人。10月，在中国烹饪协会、陕西省商务厅主办的第26届中国厨师节上，便宜坊集团副总经理获年度中华金厨奖。11月，市安监局、首都文明办开展“2016安监之星·北京榜样”主题评选，集团总经理获“第八届安监之星”奖项，是东城区唯一人选；中国旅游协会、中国旅游饭店业协会举办首届中国金牌旅游小吃颁奖，便宜坊集团旗下天兴居炒肝、锦芳元宵获首届中国金牌旅游小吃；获中国饭店协会颁发年度消费者喜爱的烤鸭十大品牌。

单位地址：东城区永内东街中里15号

联系电话：67020584

邮政编码：100050　（杨葳）

【参加佛光山文化月】2月8日至3月9日，由京、津、冀三地台办和台湾佛光山联合举办的“2016年春满乾坤福满门——京津冀佛光山文化月”在高雄佛光山进行。便宜坊旗下功德林素菜饭庄代表北京市唯一餐饮品牌参加活动，现场制作特色净素产品。公司分2批次，派技术人员9人，展示传统素食制作技艺。　（杨葳）

【老字号参加春节文化庙会】2月8～12日，便宜坊集团旗下20家老字号品牌店参加龙潭、地坛春节文化庙会，设23个摊位，销售近100个品种，接待游客2100万人次，发放宣传材料1500张。　（杨葳）

【便宜坊迎接考察】4月21日，中国特色餐饮发展论坛80余人年度考察便宜坊鲜鱼口店。会议代表们寻访传承600年的京城焖炉烤鸭文化，感受中国餐饮非遗文化盛宴。　（杨葳）

【两岸同庆便宜坊品牌600周年】5月23日，便宜坊台湾高雄店在香蕉码头举办记者会，呈现“帝王尊爵之满汉飨宴”，河边餐饮集团董事长主持，海峡两岸企业交流协会理事长等贵宾出席。同时，在北京的便宜坊集团领导以及焖炉烤鸭技艺传承人与台湾实时连线，现场视频对话，共同祝贺便宜坊品牌创立600周年。（杨葳）

【老字号入驻东单菜市场】5月，集团旗下老字号锦芳小吃、力力、天兴居以组合档口形式，入驻东城区和平西街69号——东单菜市场三层美食城。融合老北京传统饮食与现代快餐模式，传统技艺、经典味道、周到服务贴近百姓，继承与发扬北京小吃文化。　（杨葳）

【便宜坊600周年庆典】6月6日，集团在东城区红剧场举行“百年基业，世纪传承，凝心聚力，共铸辉煌——暨便宜坊品牌创立600周年庆祝大会”。展示便宜坊600年发展历史画卷、景泰蓝工艺制作的珐琅牌匾、“四优”奖牌等物品。揭晓技能大赛获奖者和非物质文化遗产传承人名单。与北京市工贸技师学院签订校企合作冠名办班协议。来自台湾的嘉宾、业内人士、集团员工近1000人参加。　（杨葳）

【集团品牌被认定为市著名商标】6月17日，市工商局发布《2015年度北京市著名商标认定工作公告》，便宜坊集团旗下品牌“便宜坊”、“坊宜便”、“锦芳”、“天兴居”4个品牌认定为上年度北京市著名商标，其中“便宜坊”、“坊宜便”、“锦芳”为复评通过北京市著名商标，“天兴居”为首次获得著名商标。　（杨葳）

【印发标准化管理手册】8月，集团公司印发《连锁经营标准化管理手册》。手册分12册，分别为人力手册、预算手册、财务手册、采购手册等，手册编制完成标志着集团开展标准化管理工作迈入新阶段。　（杨葳）

【餐饮大家走进便宜坊】9月20日，由中国烹饪协会组织的第二季“中国好案例”活动走进北京便宜坊。同行业代表150人参加。代表们参观鲜鱼口店前厅、后厨标准化呈现，品鉴便宜坊集团旗下众多品牌京味小吃。中国餐饮产业研究院院长主持“600年便宜坊——传承、创新、发展”论坛。中国烹饪协会会长出席大会并讲话，同时授予便宜坊“中国好案例”荣誉奖牌。集团董事长介绍便宜坊品牌成长路径，讲述新常态下传统企业转型之道。集团副总介绍集团旗下老字号品牌，讲解便宜坊管理变革之路如何传承、创新、发展，餐饮专家及企业家代表发言。　（杨葳）

【便宜坊再开新店】12月22日，位于丰台区槐房万达广场4层的便宜坊槐房店开业。该店采用明档及视频实时播放形式，执行北京市餐饮企业“明厨亮灶”标准，消费者可以观摩了解与监督。店内可容纳300人同时就餐，主营获得国家专利的焖炉烤鸭和正宗鲁菜。　（杨葳）

## 北京稻香村食品有限责任公司

【概况】北京稻香村食品有限责任公司（简称北京稻香村）始建于1895年（清光绪二十一年），金陵人郭玉生南菁北迁，落户前门外观音寺，时称稻香村南货店，南店北开、自产自销，做工精致、口感独特，诚信经营，特色服务，生意十分红火。鲁迅先生寓居北京时，经常前往购物，《鲁迅日记》中有十几处记载。1926年因战乱歇业。1983年，根据国家关于恢复名厂、名店、名特产品的要求，北京稻香村老董事长刘振英带领员工小胡同里复业。1994年，组建北京稻香村食品集团。2005年，改制为北京稻香村食品有限责任公司。有186家连锁店，1个物流配送中心。北京稻香村拥有现代化食品生产基地2处，占地650亩，生产糕点、肉食、速冻产品、月饼、元宵、粽子等16大类600余个品种。2005年通过ISO22000食品安全管理体系认证。2008年被指定为北京奥运会食品供应商。2010年1月位于昌平区北七家工业园区的北京稻香村食品检测中心通过国家认证认可委实验室CNAS认可，实施从原辅料采购到产品出厂全程质量监测。北京稻香村内设公司总部、生产、销售三大系统，其中一级部室总经理办公室、财务部等7个，二级部室销售部、生产一部等14个。有员工3079人。

年内，抓经营变革，创新商业模式，培育新的市场优势，推动企业持续发展和增长。新开连锁店10家。3月获上年度北京十大商业品牌金奖、北京市优质服务商店称号；5月参加北京市第68届质量管理小组成果发布会，获二等奖1个、三等奖1个、优秀奖1个；12月获上年度东城区百强企业称号。

单位地址：东城区东直门内大街19号

联系电话：64003102

邮政编码：100007　（张海珍）

【商标侵权媒体沟通会】3月31日，北京稻香村在新闻大厦召开媒体沟通会，就苏州稻香村使用近似商标侵害公司权益案件的进展及现状向公众进行告知和说明。北京稻香村常务副总经理、北京市万慧达律师事务所律师、中国知识产权法学研究会副会长等人出席，同时邀请《北京晨报》《北京晚报》《法制晚报》等40家媒体参会。（张海珍）

【在霸州投资建设新厂】5月，北京稻香村在河北省廊坊市霸州经济技术开发区投资建厂，新公司名为“北京稻香村（霸州）食品有限公司”，总投资额15亿元，占地450余亩，建筑面积30万平方米。（张海珍）

【成立技术研发联盟】6月29日，北京稻香村联合相关食品企业、高等院校、科研院所成立北京稻香村技术研发联盟，有专业技术人员30余人，实现行业专家与食品企业信息共享，组织专题研讨，开展专项合作。至年底，技术研发联盟先后开展项目7个，涉及新品研发、工艺改进等领域。项目成果肉松蛋黄粽子、饽饽匣子礼盒已上市销售，受到顾客好评。（张海珍）

【开通支付宝微信支付功能】7月，北京稻香村各门店全面开通支付宝、微信移动支付功能，为市民提供便捷服务。7月至12月，支付宝、微信收入约占开通后销售总额7%。（张海珍）

## 北京吴裕泰茶业股份有限公司

【概况】北京吴裕泰茶业股份有限公司（简称吴裕泰），2005年8月26日成立。其历史可以追溯到1887年（清光绪十三年），1949年以前称吴裕泰茶栈，中华人民共和国成立后称吴裕泰茶庄，“文革”时期更名为红日茶店。公司内设财务部、审计部、市场部、营销一部、营销二部、人力资源部、物流生产部、信息部、质管部、党群部、采购部、产品部、培训部13个部门。有在职员工396人，离休2人，退休376人。

年内，公司以第三个五年战略为指导，开展“两学一做”学习教育活动，提升经营业绩，扩大品牌影响力。新开连锁店32家，至年底，连锁店总数437家。2月，吴裕泰被市商业联合会授予北京十大商业品牌金奖。6月，翠谷幽兰获年度北京国际茶业展十佳特色产品奖；公司党总支获评东城区先进党组织；区国资委党委授予公司党总支先进基层党组织称号，1人获岗位技术能手称号。11月，中华老字号时尚创意大赛组委会授予茉莉茶王一号中华老字号经典产品。12月，公司员工218人参加年度市职工职业技能大赛，3人获市评茶员大赛第一、二、三名，公司获市第四届职业技能大赛优胜奖，总经理获市第四届职业技能大赛评茶员项目冠军教练传承奖。员工1人获市人力资源和社会保障局授予北京市技术能手称号。

单位地址：东城区交道口东大街4—17号

联系电话：84049766（总机）

邮政编码：100007　（赵连频）

【茶文化庙会】1月17日，公司在王府井店二楼举办“吴裕泰2016年春节茶文化庙会启动式”。茶文化庙会主题是：茶·新·时尚。会上传授吴裕泰时尚奶茶调制方法，介绍春节赠品茶纸巾、茶洗手液、茶香皂特点。媒体记者、微信粉丝40余人参加。（赵连频）

【品牌价值】5月，中国品牌价值500强评审委员会揭晓第十届中国品牌价值500强榜单。评选活动由品牌观察杂志社联合国内200余家机构完成。吴裕泰排名408位，品牌价值85亿元。（赵连频）

【会员积分商城】6月1日，公司会员积分商城网上平台正式运行，30万会员可以通过手机在线上兑换积分赠品，学习茶叶知识。（赵连频）

【参展交流】4月23日，参加第七届中国国际茶业及茶艺博览会，现场启动春茶节活动。在展会上表演碧螺春炒茶演示、红楼十二金钗无我茶会，发布奔跑吧春茶游戏。6月24日，参加由中国茶叶流通协会主办的年度北京国际茶业展，在吴裕泰展位举办“吴裕泰家乡茶（歙县名茶）品鉴会”，与歙县人民政府签订合作框架协议。11月11日，参加第十三届中国国际茶业博览会。（赵连频）

【微信支付启动】9月20日，吴裕泰门店收银系统首次使用微信支付，至年底，有215家门店上线。（赵连频）

7月，北京稻香村开通支付宝、微信支付功能

【无我茶会】11月1日，由吴裕泰公司、北晚新视觉、地坛公园管委会举办的“第三届金秋无我茶会”在地坛公园举办。来自吴裕泰的员工和官方微博微信报名的粉丝30余人与园内游人互动，品茶香，赏银杏。

（赵连颇）

## 北京天润金百投资集团有限责任公司

【概况】北京天润金百投资集团有限责任公司（简称天润金百），是以原崇文区国有商业资本为主体，吸收多元投资的国有控股企业，2003年1月成立，注册资本8000万元，其中国有股4016.87万元，占总股本50.21%；集体股1300万元，占总股本16.25%；社会法人股 2683.13万元，占总股本33.54%。有控股子公司5家，北京金伦股份有限公司、北京市前门化工原料有限公司、北京前门亿兆商场有限公司、北京新叶物业管理有限责任公司；参股子公司4家，北京元隆丝绸股份有限公司、北京市亿隆实业股份有限公司、华润置地有限公司、罗马尼亚北京餐厅、北京银行。公司内设人力资源部、财务审计部、资产管理部、经营部、综合管理部、政工部（工会）6个部室。有职工190人（其中在岗69人），离退休职工1929人。

年内，6月召开第二届职工代表大会第三次会议，审议通过《天润金百集团公司2015年工作总结和2016年工作计划的报告》；召开三届六次股东会和四届五次、五届一次董事会会议，审议通过董事会上年度工作报告、财务预决算报告、利润分配方案等，选举产生第五届董事会董事长。前门亿兆商场申请获批北京老字号优秀企业称号；元隆公司制定企业5年发展规划，明确发展方向和目标。年内，天润金百完善制度建设，新建8项，修订8项，废止1项，行政管理制度共58项，党建工作制度共45项。5月开展“两学一做”学习教育，制定工作方案。6月，公司党委书记做加强党性修养，做合格党员主题党课。至10 月，召开务实担当，做合格党员等学习交流会3次。党员71 人参加。11月，选举产生新一届党委委员和纪委委员。所属总部党支部、金伦公司党支部、元隆公司党支部、前门化工联合党支部、离退休党支部完成换届选举。天润金百全年营业收入7730万元，完成计划指标的95.78%，利润总额2046万元，完成计划指标的101.21%。

单位地址：东城区崇外大街9号

联系电话：67082858

邮政编码：100062　　（姜曌娲）

【收回租赁房产】8月，历时两年的与罗威婚纱摄影公司房屋租赁合同纠纷诉讼，经强制执行，收回磁器口大街134号房产，面积1150平方米。

（姜曌娲）

【调整低端业态】年内，调整永内东街西里11号、福光路10号“七小”企业6家，完成珠市口东大街16号房屋腾退、违章建筑拆除，腾退79平方米，拆除违建110平方米，封堵179.16平方米，疏解47人。　　（姜曌娲）

## 北京工美凤凰旅游艺术品集团有限公司

【概况】北京工美凤凰旅游艺术品集团有限公司（简称工美凤凰）2002年4月成立，注册资本5000万元，是集物业、旅游、商贸、工业为一体的股份制企业集团。经营写字楼、物业管理、旅游项目、进出口业务、工艺礼品及旅游相关配套项目。占地面积1.5公顷，建筑面积3万平方米。公司内设综合办公室、财务部、人力资源部、资产管理部、培训部、物业部6个职能部门。有在职职工83人，离退休职工968人。

年内，集团制定稳中求进工作目标，在经营管理中开源节流、增收节支，运用“互联网+”经营模式，实现经营机制和经济效益新突破。接待13个国家和地区的媒体记者、国际友人参观采访，参与龙潭街道大型群众性文体活动及送温暖行动，为困难居民送生活慰问品。在“两学一做”学习教育中，被龙潭街道评为非公有制经济“双强六好”党组织。重视校外教育工作，创办非遗文化系列活动，来自7个区青少年130批次、7000余人参与活动，上报活动8项、文字资料24份、照片32张。加大媒体宣传，全年在中央和地方电视台、广播电台、报纸杂志等媒体发表文章及消息60余篇，在网络、微博发消息100余条，照片1000张。办理病逝及退休37人，节约人员费用49.5万元。全年经营收入1800万元，同比增长19%；上缴税金220万元，同比增长3.5%。

单位地址：东城区光明路乙12号

联系电话：67111381

邮政编码：100061　　（李由）

【大使夫人走进百工坊】1月20日，印度尼西亚驻华大使夫人一行15人到百工坊参观考察。外宾们与真丝手绘技艺传承人、料器制作技艺传承人交流与互动，观看京绣、雕漆、刻瓷、内画鼻烟壶工艺大师手工技艺表演，感受中华民族传统文化魅力，赞赏大师们精湛技艺。　　（李由）

【香港青年体验非遗文化】7月17日，第二届“四海一家香港青年交流团——中国历史文化体验之旅”在百工博物馆正式开启。交流团成员60人与工艺大师面对面交流，了解中国传统文化内涵，探寻非物质文化遗产奥秘，参与毛猴、剪纸、中国结、京剧脸谱、扎制风筝等手工体验课程。

（李由）

【外国大学生学习非遗技艺】7月22日，白俄罗斯大学生夏令营营员100人到百工坊参观体验。聆听大师讲解中国戏曲与脸谱文化、脸谱色彩与人物性格，体验手绘京剧脸谱工艺技巧。参观15项非遗项目展示和大师现场手工技艺表演，感受中华民族非物质文化遗产魅力。　　（李由）

【非遗小使者】7月15日至8月28日，京城百工坊举办暑期首届争做非遗小使者活动。中小学生500余人和家长共同参

7月22日，白俄罗斯大学生到百工坊体验非遗文化

与百工坊讲座、观摩、体验系列活动，推出的剪纸、画兔爷、扎风筝、画京剧脸谱、书法国画五类体验项目，满足学生们自主选择、自身发展需要，得到学生和家长的欢迎。（李由）

【非洲记者团参观百工坊】8月4日，来中国学习的非洲国家新闻官员和记者36人到百工坊参观考察。记者团参观雕漆、景泰蓝等15项国家和市级非遗技艺传承项目，与工艺大师及传承人交谈，感受中华民族优秀传统文化，并拍照留念。（李由）

【非遗技艺走进校园】8月31日，京城百工坊非遗代表性传承人7人走进北京二中，在新学期第一课上，指导学生学习面塑、剪纸、京剧脸谱、风筝、毛猴、中国结、草编技艺，学生及家长350余人参与。（李由）

【非遗展示进社区】10月15日，“大国之韵、大师匠心”花丝国韵之旅活动在北京壹号庄园社区举办，展出百工坊非遗传承人、花丝镶嵌大师王树文获奖作品30余件，同时进行技艺展示、工艺讲座，指导居民80余人体验花丝手工技艺。（李由）

【非遗文化系列活动启动】11月1日，“体验传统技艺、传承非遗文化”系列活动在百工坊启动。作为东城区社会大课堂优质资源单位，京城百工坊与东城区青少年课外活动指导中心，依托“学院日”资源平台，携手推出的此项文化系列活动被列为崇（文门）、前（门）、龙（潭）、体（育馆）学区学生社会实践活动项目。学生们在听、赏、做实践过程中，感受中华民族优秀传统文化内涵，体验剪纸、面人、毛猴、风筝、中国结等手工制作技艺乐趣，来自区内7所学校的中小学生791人参加。（李由）

【举办消防技能培训演练活动】11月8日，配合全国第二十六个“119消防宣传日”，京城百工坊与东城区消防支队联合举办消防技能培训演练活动，入驻小企业及商户代表70余人参加。区消防支队警官进行安全使用电器、燃气火灾预防、逃生和自救等相关知识培训，指导正确使用干粉灭火器和室外消防水龙带扑救火情，提高入驻小企业及商户人员应对突发事件能力。（李由）

【多措并举增收入】年内，完成百工坊东侧空置房屋招商，解决原红宝石、歌厅、棋牌室3处近4000平方米出租历史问题，增加房租收入212万元。三楼大厅1347平方米签约商户入驻运营，新增房租收入100万元。经营部签约《租赁合同协议》127份，同比增长35%；《补充协议》66份，同比增加83%。（李由）

【消防安全工作】全年接待政府主管部门安全检查35次，参加会议15次；上报治安、消防、预防方案等材料30份；下发安全隐患限期整改通知书45份；与坊内商户签订房屋治安、消防协议书100余份，签订安全施工协议书35份；发放各类安全宣传材料260余份；组织商户进行安全知识培训2次，员工岗位安全培训22次，请区消防队警官进行消防技能培训及演练1次。物业公司加大监控和维修力度，各类设备设施正常运转，完好率不低于95%，全年完成维修单次927次，入坊维修439次，公共区域维修488次，修缮率和商户满意率均达100%。（李由）

## 北京工美集团有限责任公司王府井工美大厦

【概况】北京工美集团有限责任公司王府井工美大厦（简称王府井工美大厦）前身是1954年在中央美院院内成立的美术商店。同年12月12日，迁址到王府井大街265号，更名为北京美术服务部。1959年迁址到王府井大街200号，更名为北京工艺美术服务部，郭沫若先生题写牌匾。1972年翻建，1995年再次翻扩建。1998年7月重张开业，建筑面积3.2万平方米，地上9层，地下4层，是购物、餐饮、商务写字间、停车场等多功能服务为一体的综合性商厦。主要经营中国传统、民间、现代工艺品；国内著名品牌工艺品；旅游纪念品和时尚礼品。2001年随北京工美集团有限责任公司转制，更名为北京工美集团有限责任公司王府井工美大厦。2004年注册“真品·真情”商标，2006年通过ISO9001质量管理体系认证，同年被商务部认定为中华老字号企业，取得中国商业联合会授予的全国商业质量奖、中国工艺美术第一店等荣誉。2007年被奥组委指定为北京奥运特许商品旗舰店；2008年北京奥运会期间，接待国内外宾客2000余万人次；

2010年承办上海世博会特许商品北京形象店和北京旗舰店团购展示中心；2014年承办南京青奥会特许商品零售店；2015年获首都精神文明建设委员会授予首都文明单位标兵；多次获得全国轻工行业先进集体、首都文明单位等荣誉。王府井工美大厦隶属于北京工美集团有限责任公司，内设办公室、组织部、工会、人力资源部、财务部、工程部、保卫部、物业部、信息部、后勤部、商场管理办公室、综合管理办公室、综合服务部、业务部、员工餐厅15个部门。有在职员工232人。

年内，工美大厦通过IS09001质量管理体系监督审核；召开八届九次职工代表大会，审议通过相关议案；整理干部人事档案37份；完成营业税改征增值税、房产税改变计证方法任务；节日送温暖，走访慰问困难、退休职工10人次，发放慰问品3000余元，为3人申请工美情重疾救助3万元。建立工美集团公司及所属企业视频会议系统，实现与市国资委视频系统对接；清洗外墙及玻璃幕墙；维修保养供电系统、通风制冷系统、停车设备设施；在停车场增设2台汽车充电桩。设立巴西里约奥运会特许商品专柜，获北京市商业联合会、北京市旅游行业协会、北京市私营个体经济协会授予的北京市优质服务商店荣誉。全年营业收入5.73亿元，利润842万元。

单位地址：东城区王府井大街200号
联系电话：65289325
邮政编码：100005 （刘艳霞）

11月9日，工美大厦开展消防应急疏散演练

【“两学一做”教育活动】5月11日，举行佩戴党徽暨“两学一做”教育活动启动仪式；23日，开展“手抄党章100天”活动；31日，召开党员读书座谈会。6月，在庆七一评比表彰活动中，评选集团公司级优秀党务工作者1人，优秀党员4人，优秀团员、青年2人，大厦级优秀党员6人。8月，开展“合格党支部建设规范、合格党员行为规范”讨论；26日，组织主题党日活动。10月20～21日，参观“英雄史诗 不朽丰碑——纪念中国工农红军长征胜利80周年主题展览”，70余人参加。11月10日，开展书记讲党课、党员人人讲党课活动，7人演讲。（“两学一做”为：学党章党规，学系列讲话，做合格党员） （陈桂荣 高宋丽）

【消防安全工作】签订消防安全责任书125份；开展安全培训23批次，236人参加；组织6次消防应急疏散演练；选派专人参加消防专业培训后组建微型消防站；投资25万元，维修更新防火门75樘、灭火器500余具、防火卷帘门59樘；召开安全专题会议17次；开展安全检查35次，发现问题57件，及时督促限期整改；监督管理施工项目34个，施工结束，组织专人检查验收消防电力设施。 （刘艳霞）

【拓展营销模式】1月，组织剪纸和内画艺人参与北京交通广播节目录制；2月，组织毛猴制作、端砚雕刻5位艺人及30余家厂商的猴年题材产品，参与北京电视台《这里是北京》“请猴回家”节目录制；5月，剪纸艺人为北京交警APP软件应用设计LOGO标识；官方微信发布推广品牌宣传、传统文化、促销信息196条。与工商银行合作，登陆工商银行网上商城“融e购”，线上销售额近100笔，金额40余万元。 （白丽娟 范琳）

【促销及展卖】2月，工美画廊举办迎新春送春联活动，送出100余幅榜书协会春联作品。3月，举办玉镯文化节，销售额同比增长一倍。4月，举办第二届端砚展；4月20日至5月8日，举办工美大厦首届传统工艺首饰节活动，32家厂商参与展卖，销售额107.5万元。5月8日，开展母亲节购买黄金首饰以旧换新免工费，与首都医疗集团及2家妇儿医院买黄金赠体检卡活动，当天销售额203万元，同比增长34%。6月，举办第六届工艺扇文化节。7月，举办清华美院研究生作品展。9月，举办爱新觉罗家族画展，让顾客走进工美，体验中华书画文化魅力。年内，联合知名企业开展内购会13次，累计销售额12万元。 （白丽娟）

## 北京华江文化发展有限公司

【概况】北京华江文化发展有限公司（简称华江文化）2003年成立，注册资本1000万元，是集研发、设计、生产、销售为一体的文化创意产业公司。主营国际知名体育、文化品牌的授权衍生品特许经营，核心业务领域

涉及体育、旅游、高端定制服务。华江文化获得连续三届夏季奥运会授权，是国际奥委会、中国奥委会、美国奥委会特许商。华江文化在中国文化旅游市场运营北京礼物、鸟巢等特许品牌。华江文化在北京、南京、香港等地及新加坡、英国、美国、巴西、韩国设立有全资子公司。内设总经办、人力资源部、行政部、财务部、系统运营部、信息技术部、公关部、北京礼物项目部、OC项目部、大客户部10个部门，有员工（含海外员工）110人。

年内，华江文化运营奥运产品，组织举办活动，加强产品研发、项目运营、对外交流、宣传推广。发布里约奥运新品，启动奥运会特许商品在中国市场网上销售。华江文化里约奥运会特许项目获商务部颁发《2015-2016年度国家文化出口重点项目》。华江文化研发的国宴餐具、水晶酒杯等亮相杭州G20峰会。被市科学技术委员会认定为2016－2018北京设计创新中心。与中国集邮总公司签约，成为首批中国集邮总公司17家特许企业之一，以邮票为IP，利用个性化主题用品、纪念产品及收藏品为载体研发特许产品。华江文化入围第二届首都文化企业三十佳。

单位地址：东城区崇文门外大街9号正仁大厦1段4层

联系电话：67082233

邮政编码：100062 （崔莹）

【开设北京礼物旗舰店】7月1日，华江文化“北京礼物”旗舰店在国家体育场鸟巢开店经营。近400平方米的店面汇集丝绸、陶瓷、服装、数码、箱包、毛绒玩具等数十个品类1000余款“北京礼物”旅游特许纪念品。开业当天首次面市的新品达300款。众多北京知名老字号产品也汇聚在此，稻香村糕点、同仁堂保健品、护肤品等。店内产品从几元小纪念品到上万元高端精品一应俱全。北京市旅游委副主任曹鹏程等有关领导及各区县旅游委代表、旅游业相关企业代表出席、致辞、剪彩。 （崔莹）

【里约中国之家开馆】8月3日，华江文化设计、搭建的2016里约奥运会“中国之家”在巴西里约开馆。中国之家在奥运会期间为中国代表团提供服务，具有社交、新闻发布、文化传播等功能，在西式建筑上融入中国元素，充分展现中华文化。国家体育总局局长刘鹏等领导出席开馆剪彩仪式。国务院副总理刘延东视察中国之家并给予高度评价。 （崔莹）

【与美国奥委会续约】8月11日，华江文化与美国奥委会续签2017－2020特许经营权。此前，华江文化为美国奥委会研发设计近100款特许商品，获得高度好评。 （崔莹）

## 百荣投资控股集团有限公司

【概况】百荣投资控股集团有限公司（简称百荣集团）2001年8月成立，是以批发零售商业、商业地产、金融服务为核心的跨行业、多领域、多元化发展的综合性企业集团。总资产200亿元。有13家控股子公司：北京百荣商业管理有限公司、北京百荣世贸商城市场有限责任公司、百荣物业管理有限公司、郑州金源百荣商业管理有限公司、百荣百尚置业投资有限公司、北京百荣易成担保公司、鼎能置业开发有限公司、金源百荣投资有限公司、百荣（河北）投资有限公司、舟山世纪太平洋化工有限公司、湖北随岳南高速公路有限公司、百荣（锡林郭勒盟）能源投资有限公司，新成立百荣浩德酒店管理有限公司。百荣集团内设战略运营部、综合管理部、人力资源部、财务部、审计部、资产管理部、金融投资部、规划设计部、工程项目部、成本管理部10个部门。有员工1600余人，其中集团总部研究生及以上学历35人，大学本科51人，大专及以下学历38人。

年内，百荣集团坚持以科学发展观为统领，贯彻安全、卓越、创新、和谐发展方针，推行“正德厚生，臻于至善，德正商立，功成业满”企业价值观。获区上年度百强企业称号。百荣集团党总支下设3个支部，有党员100人。

单位地址：朝阳区建国门外大街8号IFC大厦B座35层

联系电话：85660764

邮政编码：100022 （何柳）

## 北京百荣世贸商城市场有限责任公司

【概况】北京百荣世贸商城市场有限责任公司（简称百荣世贸商城）由百荣投资控股集团投资30亿元建立，是百荣集团全资子公司，负责百荣世贸商城运营管理，位于南中轴路与南三环路交汇处，建筑面积60万平方米。一期主体建筑8层，地上6层、地下2层（2004年4月29日开业），建筑面积40万平方米，经营男装、女装、童装、针织品，分销贸易辐射全国，外销亚洲、欧洲、非洲等国际市场。二期（即国际小商品城）位于一期西侧，主体建筑10层，地上8层、地下2层（2008年4月30日开业），面积20万平方米，有5000间商铺，经营玩具、婴童用品、箱包皮具、工艺礼品、美妆、珠宝饰品、日百家居等品类。商城获北京市著名商标、东城区突出贡献企业 、AAA级信誉企业、中国服装品牌推动大奖、中国纺织服装行业特别贡献奖、100个最火的北京好去处、时装之都市场建设奖、消费者满意单位等荣誉。有员工900余人。

年内，举办万圣节主题活动。设立百荣魔幻恐怖城堡区和走秀舞台，以展代销、展销结合，带动顾客消费，丰富商城体验娱乐功能。11月，区人大代表换届选举在百荣商城设立固定投票点1个，流动投票箱6个，辖区内6家单位5000余人参加投票。

单位地址：东城区永定门外大街101号

联系电话：87802323

邮政编码：100077 （武悦）

【线上安全教育培训】8月15日，应北京市安全生产管理局要求，百荣商城配合永外街道及管村社区开展“安全生产明白人”线上教育培训活动，150人参加。通过培训有效提高商户对安全问题的重视及应对能力。（武悦）

【消防演习】11月3日，百荣商城联合龙潭湖消防中队开展年度消防演习，员工200余人参加。演习增强公司与区消防中队在解决突发事件方面的协调配合，提高工作人员自防自救能力。（武悦）

【商户培训会】11月7～10日，百荣商城联合永定门工商所开展“诚信经营，提升形象；团结一心，共筑未来”培训。举办7场，1400余人参训。通过培训商户更加了解百荣规划方向，为转型升级奠定基础。（武悦）

## 北京大北服务有限责任公司

【概况】北京大北服务有限责任公司（简称大北公司）2002年6月成立，主营照相、饭店、洗浴、洗染、商务会馆5个行业，注册资金1500万元。下设5个子公司：北京大北照相有限责任公司、北京圆中原照相有限责任公司、北京御华旅店有限责任公司、北京兆隆洗染有限公司、北京天坛南里温泉康乐城有限公司；4个分公司：永定门饭店、惠达商务会馆、四块玉商务会馆、崇文门第二旅馆；1个合作企业：北京新世界贝尔特酒店。内设行政办公室、党办、工会、经营管理部、财务部、人力资源部、行业协会7个部门。有职工294人，在岗职工237人。

年内，开展“三严三实”、“两学一做”学习教育活动。11月，换届产生新一届党委和纪委。投资500余万元改造永定门饭店消防、客房和电力系统、四块玉会馆锅炉、大北照相前门店营业厅，更换惠达商务会馆电力系统。饭店和商务会馆客户稳定，主营收入稳定，收入、利润同比双增长；其中永定门饭店主营收入增长50万元、惠达会馆增长17万元、四块玉会馆增长25万元。年内举办安全生产教育培训，全员受教育率100%，安全生产连续15年无责任事故。公司连续10年增加员工工资收入。全年完成营业收入5446.7万元，实现利润345.3万元。国有资产保值增值率109.67%。

单位地址：东城区珠市口东大街4-22楼

联系电话：67240044

邮政编码：100062（管韬）

【经济工作会议】1月10日召开。会议总结上年度经营管理和党建工作，分析问题，明确本年工作目标。公司机关、所属单位管理人员、职工代表86人参加。（管韬）

【完成“两会”接待工作】永定门饭店为做好“两会”接待工作，提前与相关政府部门联系，提升饭店安全服务质量，更换餐厅桌套，增加早餐品种，为住宿客人提供家乡化温馨服务。两会期间接待客人210人次。（管韬）

【大北照相直营店开业】4月26日，大北照相在京城开办的第四家直营店——西大望路店开业。西大望路店地处朝阳区繁华商业区，周边有多个大型成熟社区，该店建筑面积270平方米，设有2个中型影室，可同时满足合影照、儿童照、婚纱照、证件照等诸多服务项目。有关单位负责人和大北公司中层正职以上管理干部60人参加剪彩和揭牌仪式。（管韬）

【义务为劳模拍摄荣誉照片】4月21日，大北照相推出义务为市级以上劳动模范拍摄荣誉照片及全家福合影业务。从本年开始，以后每年五一劳动节期间，在京的劳动模范可到大北照相免费拍摄佩戴劳动奖章的正装荣誉照片及全家福合影。北京电视台、《北京晚报》等9家媒体现场报道。大北照相推出此项业务旨在营造尊重劳模、崇尚劳模的社会氛围，弘扬劳模精神，履行国有老字号企业社会责任。本年“五一”期间，在京的市级以上劳动模范12人到店拍摄荣誉照片及全家福。（管韬）

【大北照相95周年庆典】6月22日，大北照相在前门店举办建店95周年庆典活动。大北照相总经理致辞，回顾95年发展历程；公司领导与干部职工在门前拍摄全家福，纪念大北照相建店95周年。（管韬）

【大北照相营业收入创新高】年内，大北照相以诚信经营为发展原则，工匠精神为服务理念，合理市场布局、便利京城百姓为宗旨，以品牌信誉赢得京城消费者一致好评，4个连锁店主营创收 2279万元，总收入2841万元，超预算691万元，同比增收741万元，外照收入521万元，家庭合影照同比增长24%、儿童照增长45%。门市主营收入连续第二年实现历史性高增长，为促进公司品牌发展战略做出贡献。（管韬）

【场地资源挖潜改造】四块玉商务会馆利用原锅炉房电改气机会，将占地面积较小的燃气锅炉安装在楼顶，腾退出170余平方米改造为写字间出租，年增收15万元。惠达商务会馆将原地下餐厅出租联营，既解决职工就餐，又实现创收增效。永定门饭店规划改造各楼层卫生间，增加客房容量，缓解旺季用房矛盾。（管韬）

## 北京宏源餐饮管理有限公司

【概况】北京宏源餐饮管理有限公司（简称宏源公司），2004年4月成立，是一家综合性清真餐饮企业，经营特色涮肉、羊蝎子火锅及高、中、低档清真系列菜。（1994年9月，南门涮肉馆开业，创立“南门涮肉”、“满朋轩”品牌。）宏源公司有11家分店：天坛店、满朋轩餐厅、河边店、东单店、朝阳路店、后海店、北洼路店、通州店、廊坊店、涿州店、上海店，1家物流配送中心和1家养殖中心，分别位于北京东城区、朝阳区、西城区、海淀区、通州区、河北廊坊市、涿州市和上海市。2006年，公司通过ISO9001：2008国际质量管理体系认证和ISO22000食品安全管理体系认证。宏源公司秉承以质量求生存，以薄利赢顾客经营之道。南门涮肉、满朋轩凭借精细优质品质和公道实惠价格，成为京城知名餐饮品牌。宏源公司先后获得中华名火锅、国家一级酒家、京城十大名火锅、首都文明单位、最具社会责任品牌、助西爱心大使、首都精神文明创建工作先进单位、优秀思想政治工作先进单位称号、北京餐饮十大品牌、守法诚信承诺示范单位、社会责任百优榜、党建示范单位等荣誉。公司总营业面积1万余平方米，内设党办、行政业务部、人力资源部、财务部、配送中心5个部门，有员工700余人。

年内，召开职工代表大会，60人参加，讨论通过《工资集体协商协议书》，并修改调整职工晋级、工龄奖励、组长职务津贴、公积金等规章制度。宏源公司践行社会责任，投身社会公益事业，在区工商联组织下，为东城区公安和交通干警送去1.3万箱矿泉水，价值40万元，区领导对公司连续11年开展慰问活动给予肯定。建立快速检测实验室，定期检测原材料安全性。全年接待顾客196万余人次。营业收入1.82亿元，超出指标24.7%。公司工会主席被授予北京市构建和谐劳动关系先进个人称号、运营部主任被授予北京市三八红旗奖章。

单位地址：顺义区李桥镇南半壁街李天路19号东门

联系电话：87369190

邮政编码：101312 （邝迎杰）

【员工技术技能比赛】4月17日，在东单店举行年度暨第十届员工技术技能比赛。参赛选手38人，决出5个项目的个人单项奖和团体奖。获单项第一名刨冻肉东单店1人、切鲜肉东单店1人、切百叶满朋轩店1人、收银河边店1人、传菜东单店1人。东单店获团体第一名、北洼路店获团体第二名、南门店获团体第三名。 （邝迎杰）

【员工拓展活动】5月15日，在河北涿州草青青牧场，组织拓展和牧场田间劳动。员工300人参加。（邝迎杰）

【基层管理人员培训】7月19～20日，举办年度基层管理人员培训。宏源公司、河北区域基层管理人员53人参加。 （邝迎杰）

4月17日，宏源公司在东单店举行2016年度暨第十届员工技术技能比赛

## 北京通利达汽车租赁有限责任公司

【概况】北京通利达汽车租赁有限责任公司（简称通利达）1995年成立，是北京最早专业从事汽车租赁服务的企业之一。通利达经营业务覆盖北京、上海、广州、深圳、太原、石家庄等地。通利达经营理念是租车方便、开车安全、坐车舒适、用车无忧。为国内外著名公司及政府机构提供短、中、长期商务、公务用车。服务客户主要来自国内外著名企业，其中50%为世界500强公司驻京机构，微软、BP石油等已与公司合作10年以上。通利达有专业租赁服务队伍，是全国汽车租赁行业中第一家通过ISO9000认证的企业，连续9年被市交通委运管局评为年度考核优秀租赁企业。2011年被评为首都精神文明单位。为中央国家机关公务车辆租赁服务采购、中共中央直属机关车辆租赁服务采购、北京市市级行政单位汽车租赁定点服务政府采购供应商。在行业率先自主开发《汽车租赁管理软件》，自主开发并使用GPS及安全行车记录仪管理系统，对客户实施汽车租赁服务全程托管模式，提供完全个性化解决方案。参与编写交通运输部组织的《汽车租赁概论》。公司有1800余辆高、中档进口、国产小轿车。通利达总部设立租赁业务部、财务部、车辆管理部、人力资源部、行政管理部、安全技术部、维修部（修理厂）、电商管理部8个机构，下设9个分公司，3个子公司。有在职员工68人。

年内，通过ISO9001质量管理体系、ISO14001环境管理体系认证及OHSAS18001职业健康管理体系认证复审。完成全国“两会”外围交通运输保障任务。承担中国物理学会年度学术大会交通保障任务。参加为千户家庭送温暖活动，向贫困家庭捐款1万余元。为东城区政府采购提供用车服务429车次，收入78万余元。全年营业收入1.51亿元，上缴税金1813万元。被市交委评为上年度汽车租赁行业考评优秀企业。

单位地址：东城区体育馆路9号西门

联系电话：67146022

邮政编码：100061 （施喆）

【车场安全隐患排查】11月，开展停车场隐患排查工作，重点排查火灾、用电及交通安全隐患，清理落叶残枝等易燃物，更新2组交通警告标志，1处用电隐患设备。 （施喆）

【扩展分时租赁业务】3月，组建车队5个，安装车载设备，开展汽油车辆分时租赁业务。11月，参加市交委年度2000辆纯电动分时租赁小客车新增车辆配置项目招标，中标获批300

辆纯电动小客车指标用于分时租赁业务。（施喆）

【合作研发车载系统】2月至6月、10月至12月，与合作单位开发汽油车和新能源纯电动汽车前装和后装车载控制系统及其配套软件，实现远程控制开关门、鸣笛闪灯等控车功能，并将其运用于分时租赁系统及内部公务车管理系统。（施喆）

## 北京天龙天天洁再生资源回收利用有限公司

【概况】北京天龙天天洁再生资源回收利用有限公司（简称天天洁公司）成立于2007年6月，注册资金288万元，是北京市再生资源回收体系建设首批试点企业，前身是创始于1955年的公有制资源回收企业——北京市崇文区物资回收公司（简称崇文回收）。上世纪90年代初崇文回收改制为股份制企业即北京天龙股份有限公司（简称天龙公司）。1992年，天龙公司股票在上海证券交易所挂牌上市，成为全国唯一一家从事物资回收的上市企业。1999年，上市公司转让，天龙公司进行二次改制重组，整合相关资源，组建再生资源专业化公司，创建“天天洁”品牌。近年，天天洁公司建成各种形式的再生资源回收网点470个，拥有1个年处理能力5万吨的分拣中心，1个再生产品研发设计中心，专业物流车辆45辆。形成从前端分类回收到统一物流、专业分拣、厂商直挂、自有品牌再生产品研发和销售的再生资源回收循环利用产业链条。在北京市再生资源回收利用行业综合评比中，公司以总分第一的成绩确立为行业龙头示范企业，获得北京市总工会颁发的首都劳动奖状。公司下设营销部、网点管理部、生产部、市场部、网络部、分拣中心、物流部、客服部、总经办、财务部10个部门，有员工120人。

年内，申报专利11项（2项发明专利、5项实用新型专利、4项软件著作权专利），授权专利9项（5项实用新型专利、4项软件著作权专利），1项发明专利进入实审阶段。

单位地址：东城区龙潭路3号院28号楼一层108

联系电话：67149617

邮政编码：100061（肖丽丽）

【垃圾减量化工程试点】2月27日，天天洁公司选择东花市街道3个小区518户居民作为“绿猫”垃圾减量化工程试点。“绿猫”垃圾减量化工程主要目的是破解垃圾量迅速增加、厨余垃圾分离量少的难题。通过干垃圾资源化遏制增量，湿垃圾减量化削减存量，实现垃圾减量化。至12月27日，厨余垃圾分离总量为3.52万公斤。（肖丽丽）

## 北京世纪天鼎商品交易市场有限公司

【概况】北京世纪天鼎商品交易市场有限公司（简称世纪天鼎）位于前门大街商圈南侧，由北京世纪天鼎投资有限公司投资建立，注册资本1138.2万元，2003年6月正式营业。世纪天鼎占地3万平方米，经营面积3.5万平方米，主营业大厅2万平方米，停车位350余个，是北京市经营品种最齐全的购物中心之一。世纪天鼎先后被国家工商行政管理总局授予全国诚信示范市场，被市工商行政管理局授予首都文明市场、市级平安市场、守信企业称号，被市工商业联合会授予市级文明单位标兵，被首都精神文明建设委员会评为首都文明单位，被市消防安全委员会授予市消防先进单位，被中国商业企业管理协会授予全国和谐商业企业、全国优秀商业企业、全国公平交易行业十佳单位等称号，被市公安局授予市先进治保单位称号。世纪天鼎于2007年成立党支部，成为非公企业开展党建工作的先进代表，连续数年被区委评为先进基层党组织，被市委社会工作委员会评为市社会领域先进基层党组织。企业内部刊物《世纪天鼎报》多次被北京市工商业联合会、北京市私营个体经济协会评为优秀企业内刊。企业内设办公室、企划部、财务部、市场部、安保部、工程部、鞋城部7个部门。有市场管理人员80余人。

年内，升级改造市场内、外部环境，改造后的世纪天鼎在购物环境、经营培训、商品档次、服务管理等方面有较大提升。购物环境方面，美化商城环境，打造精品商铺。经营培训方面，组织各类培训2200人次，商城经营管理更加规范化。商品档次方面，引进中高端商品，提升商品档次。服务管理方面，严格履行公司规章制度，实施人性化管理。商城由三大经营区域（百货商城、美容美发商城、品牌鞋城）构成，突出高端、精良、专业特色。百货商城实现零售化业态，以经营玉器、珠宝、文化用品为主。美容美发商城实现店面展示商品、订单生产厂家统一配送的经营格局，成为店上、店下、线上、线下多位一体的展示、销售、服务中心。品牌鞋城经营中、高档男女品牌鞋，统一收银、统一售后、统一管理，完全实现商场化管理，成为南城百姓购鞋的首选场所。世纪天鼎被区委评为东城区先进基层党组织。公司董事长当选天坛街道商会会长。被市工商联授予北京市非公有制经济组织党建示范单位称号。年底，完成市场个转企体制改革阶段性工作。疏解商户45户，300人，完成年度疏解任务。全年组织主题党日活动7次。

单位地址：东城区珠市口东大街甲16号

联系电话：67075588

邮政编码：100050（王方）

【消防安全工作】5月，组织美发和鞋城商户168人，进行安全消防演练。9月，成立微型消防站。11月，发放消防宣传材料200份，制作展板6块。12月，完成安监平台考核。全年消防安全培训1200余次，培训率达到100%；发放1000余张4个能力宣传卡；组织消防演练12次；外部安全机构检查24次，内部联合检查12次，安全巡查4392次；维修灭火器943具，消防工作全面达标。（王方）

11月11日，世纪天鼎到大兴区福提园养老院献爱心

【爱心接力活动】1月19日，世纪天鼎牵头，联合天坛街道商会10余家会员企业向100户困难居民捐赠现金和物资22万余元。3月8日，世纪天鼎女员工及商户代表66人，到奥林匹克森林公园，参加三八节绿色爱心徒步运动会。4月15日，世纪天鼎党支部党员及积极分子21人，到顺义区龙湾屯镇山里辛庄安利隆山庄义务植树。8月16日，世纪天鼎员工和商户，向河北农村孩子捐赠图书1000册。11月11日，世纪天鼎爱心小组到大兴区福提园养老院，将防滑脚垫、保暖马甲、毛巾、袜子、手套等生活日用品送给老人。（王方）

【职工代表大会】9月2日召开。世纪天鼎劳资双方代表30人审议通过《集体合同》《工资集体协商专项协议》《女职工权益保护专项集体合同》草案，劳资双方代表签字，3项合同生效。（王方）

## 北京当当网信息技术有限公司

【概况】北京当当网信息技术有限公司（简称当当网），1999年11月成立，由国内著名出版机构科文公司、美国老虎基金、美国IDG集团、卢森堡剑桥集团、亚洲创业投资基金共同投资成立，注册资金2.7亿元，是全球最大的中文网上书店，是国内第一家完全基于线上业务、在美国上市的B2C网上商城。当当网发展迅速，创立之初销售额仅为300万元，上年销售额已达142亿元，17年间业绩增长4000倍，年均增速超过60%。当当网销售包括图书、文创产品、服装、精品百货、3G数码等几十个大类，超过200万种商品。其中图书超过100万种。2010年12月，当当网在纽约证券交易所挂牌上市，成为中国第一家在美国上市的电商公司。当当网累计销售图书超过25亿册，服务超过2亿读者，占据中国图书零售30%以上的市场份额。

年内，当当网总交易额达到250亿元，净利润2.2亿元，其中图书码洋超过100亿，销售纸书近5.5亿册，电子书下载量超过1.6亿册。根据最新第三方数据显示，当当网以45%的份额稳居图书线上市场第一的位置。当当网注册用户达到2亿，年活跃用户超过4000万。9月，当当网在美退市，回归国内，立足电商核心业务，开启“文化互联网+”战略，布局国内文化消费市场和资本市场。当当网利用自身资源优势，开设实体书店，为读者提供方便快捷的文化体验，长沙、沈阳、龙岩的当当实体书店已经正式运营。

单位地址：东城区后永康胡同17号院6号楼D102C

联系电话：57994473

邮政编码：100007（尹兵）

【北京惠民文化消费季】8月至11月开展。80天的活动在网上掀起文化消费热潮。活动期间惠民文化消费成交额30亿元，网络浏览量29.48亿人次，其中2500余万人进行文化消费。（尹兵）

【当当阅读器受追捧】9月，当当网新款阅读器面世，拥有40万册正版图书。当当阅读器与当当读书APP同步实现免费借阅、重磅限免、读书计划等APP应用特色功能，最大限度满足读者的资源需求。（尹兵）

# 旅　游

【概况】东城区旅游发展委员会（简称区旅游委）是负责辖区旅游发展统筹协调、产业促进和行业管理的区政府工作部门。内设办公室、规划发展科、旅游促进科、行业管理科、公共服务科、安全监管科6个科室。行政编制23人，实有22人。下设全额拨款事业单位1个，东城区旅游咨询服务中心，编制13人，实有12人。辖区内

有A级景区12家；有旅行社及分社33家、门市部302家；有住宿企业700余家，其中星级宾馆59家，四星级以上高星级宾馆共32家，社会旅馆600余家，各类四合院式特色服务设施80家（其中北京人家8家）；会议设施总面积5.53万平方米，其中可接待1000人以上大型会议场地4家，接待500人以上会议场地12家；有北京礼物专营店13家，旅游咨询服务站点16处。

年内，第一至第三季度，实现旅游综合收入381.2亿元，同比增长4.2%，旅游综合收入位居全市第三（三季度后，市统计局不再向市旅游委反馈旅游类数据）。推进非首都功能疏解，疏解3218人，超额完成目标任务248.68%。组织年度住宿业安全培训，700余人参加。获北京旅游影像征集评选活动最佳集体奖；获评区机关工委先进基层党组织、“心声颂党”东城区直属机关庆祝建党95周年歌咏比赛二等奖；获第五届北京国际旅游商品及装备博览会优秀组织奖；获第十三届“北京礼物”旅游商品大赛优秀组织奖；获北京市安全生产月活动优秀组织奖。

**单位地址**：东城区金宝街52号9层
**联系电话**：65133305
**邮政编码**：100005（宋超）

**【地坛文化庙会推介会】**2月23日，“醉皇城，最北京——东城邀您过大年”在台北花博园区争艳馆开幕。活动作为2016地坛文化庙会——台北之旅组成部分，旨在向台湾民众展示东城区丰富的旅游资源，深入开发台湾旅游市场，打造东城都市休闲旅游新概念。是东城旅游连续第三年在台北举办专场推介会。（宋超）

**【旅游行业安全工作部署会】**4月13日，召开东城区旅游行业安全工作部署会，区内A级景区、1-3星级饭店安全工作负责人参加。会上，区旅游委传达《北京市旅游发展委员会关于进一步加强全市旅馆业安全防范工作的通知》，部署年度旅游行业防汛、旅馆业安全防范及消防安全等工作，宣传《北京市生产安全事故隐患排查治理办法》，与各旅游企业签订《东城区旅游行业2016年安全生产暨消防安全目标责任书》。（宋超）

**【台湾旅游推介会】**4月23日，区旅游委联合区台办，在台湾高雄香蕉码头举办东城区旅游推介会，台湾旅游业界代表和当地民众100余人参加。（宋超）

**【南锣鼓巷暂停接待旅游团队】**4月25日零时起，南锣鼓巷暂停接待旅游团队。此前南锣鼓巷日均客流量超过3万人次，周末客流量超过5万人次，节假日客流量超过10万人次，按照国家旅游局《景区最大承载量核定导则》标准，南锣鼓巷景区瞬时承载量为1.7万人，游客人数超出景区承载能力，对当地街区环境和居民生活造成极大影响，对街区风貌和设施造成不同程度损坏。据此，区旅游委作出南锣鼓巷暂停接待旅游团队决定。（宋超）

**【“北京人家”评定】**5月25～27日，区旅游委经市旅游委授权，依据新版《“北京人家”服务标准与评定》，北京红墙花园酒店、北京阅微庄四合宾馆、北京红云阁龙腾酒店等8家被首批评定为“北京人家”。市相关部门向“北京人家”统一发证授牌。（宋超）

**【骑迹东城体验推广】**5月28日，举办“2016年骑迹东城”体验推广活动。区旅游委联合北京电视台《这里是北京》栏目，邀请电视台节目主持人、京味画家、相声演员、曲艺演员等4人，各自带领一支骑行队伍，自行设计线路，在东城区域内探寻文化旅游资源，栏目组全程拍摄，展现古都北京的文化魅力。（宋超）

**【首都旅游紫禁杯表彰会上获奖】**8月10日，第十五届“首都旅游紫禁杯”表彰大会在北京国际饭店举行。辖区6家旅游企业获最佳集体奖，占全市30%（北京饭店、励骏酒店、中国国际旅行社总社有限公司、中青旅控股股份有限公司、北京春秋旅行社有限公司、故宫博物院）；19家旅游企业获先进集体奖，占全市24%（北京国际饭店、北京贵宾楼饭店、东方君悦大酒店、首都大酒店、北京汉华国际饭店、北京亚洲大酒店、北京新侨饭店、北京鑫海锦江大酒店、北京秦唐府客栈有限公司、中国妇女旅行社、北京凯撒国际旅行社有限责任公司、北京时代环球国际旅游有限公司、北京市天坛公园管理处、天安门城楼管理处、北京雍和宫管理处、北京华江东方工艺美术品有限公司“北京礼物”前门店、北京同仁堂商业投资集团有限公司同仁堂药店、北京工美集团有限责任公司新奥工美文化发展分公司、中山公园咨询站）；5人获最佳个人奖，占全市17%（中国国际旅行社总社、中青旅、中青旅、雍和宫管理处、天创寰宇功夫剧院苗）；19人获先进个人奖，占全市11%（东方君悦大酒店、首都大酒店、汉华国际饭店、贵宾楼饭店、鑫海锦江大酒店、国旅总社、中国青年旅行社2人、中国妇女旅行社2人、环境国旅、天坛公园、天安门管理处、北京市珐琅厂、工美集团、华江东方工艺、华江文化、便宜坊集团、天安国旅）。（宋超）

**【参加展会】**9月6～7日，北京国际商务及会奖旅游（CIBTM）展览在国家会议中心开幕，区旅游委组织区内6家会展旅游企业参展。10月22～24日，市旅游委主办的第五届北京国际旅游商品及装备博览会在北京国际展览中心（老馆）举行，区旅游委组织故宫博物院、吉兔坊、京扇子、北京收藏品等旅游企业参加。11月11～13日，区旅游委随市旅游委赴上海参加2016中国国际旅游交易会。11月25～27日，区旅游委赴新疆参加中国西部冰雪旅游节暨第十一届中国新疆冬季旅游产业交易博览会。12月2～4日，区旅游委随市旅游委参展团队赴成都参加2016成都国际旅游展。在这些展会上宣传推介东城区独具魅力的会展旅游资源和特色鲜明的旅游产品。（宋超）

**【假日旅游数据统计监测】**12月28日，组织召开东城区假日旅游数据统

11月11日，区旅游委参加2016上海中国国际旅游交易会

计监测工作部署会。会上，区旅游委就市旅游委启用的假日旅游数据统计新系统进行培训，解答新系统使用过程中存在的问题，部署安排元旦及春节的假日旅游统计工作。为落实假日统计工作建立负责人联系平台。区内数据统计监测的14家景区及14家住宿业单位负责人参加。（宋超）

# 对外经济

【概况】东城区对外经贸工作由区商务委主管。年内，新设外商投资企业52家，其中合资14家，独资38家；实现合同利用外资14.04亿美元，同比增长96.6%；实现实际利用外资5.03亿美元，同比下降4.6%。全年进出口额137.38亿美元，同比下降1.5%。出口额25.36亿美元，同比下降14.90%。建立重点外贸企业联系制度。开展题为“服务企业，推动创新”专题调研。主管副区长带队走访11家企业，协调各部门解决企业实际问题。（朱迎）

【扶持外贸企业】全年办理对外贸易经营者备案登记502件；兑现2015-2016年度东城区总部企业奖励补助资金4156.42万元；1220家企业通过年度外商投资企业经营信息联合报告；审批服务外包及软件进出口企业15家，登记450笔已执行合同，金额约3亿美元；帮助76家企业申请包括中小企业国际市场开拓资金、外贸稳增长出口奖励、出口信用保险、技术产品出口贴息、服务外包配套资金等奖励资金共计3000万元；向中国路桥工程有限责任公司、中国机床销售与技术服务有限公司、中粮国际（北京）有限公司、中国医药保健品有限公司、中国港湾工程有限责任公司、中国交通建设股份有限公司、中纺国际服装有限公司、中粮集团有限公司、中土畜三利香精香料有限公司、三菱商事（中国）商业有限公司10家企业颁发东城区2016年度外贸出口突出贡献奖荣誉证书。（朱迎）

【宣传推介外贸企业】年内，组织中国航空技术国际控股有限公司、中纺国际服装有限公司、北京倍利可轻工进出口公司等13家企业开拓国际市场，参加亚洲消费电子展、春季秋季广交会、中国－东盟博览会、中日产业论坛、中澳项目合作论坛等境内外贸易展会11场次，助推企业开拓外贸业务。（朱迎）

# 东城区工商企业负责人

北京金漆镶嵌有限责任公司
董事长、总经理、党总支书记　柏德元
北京市珐琅厂有限责任公司
董事长、党总支书记　衣福成
总经理　钟连盛
北京剧装厂厂长、党支部书记　石金栓
北京市工艺木刻厂有限责任公司
董事长、党总支书记　曹海平
总经理　曹利华
北京象牙雕刻厂有限责任公司
董事长、总经理　肖广义
党总支书记　洪　燕
北京远东仪表有限公司
董事长、党委书记　秦海波
北京龙顺成中式家具有限公司
总经理　王志君
党支部书记　赵海涛
北京联飞翔科技股份有限公司
董事长、总经理、党支部书记　郑淑芬
北京一商红都服装服饰有限公司
总经理　张　培
党支部书记　孙玉冰
北京东华服装有限责任公司
董事长　林建华
总经理　赵连河
党委书记　林文洵
北京白领时装有限公司
董事长、总经理　苗红兵
北京庄子工贸有限责任公司
董事长、总经理　庄再强
党支部书记　蒲文献
北京格格旗袍有限公司董事长　王金乔
北京东方祥泰投资管理公司
董事长、党总支书记　杨静森
总经理　刘洪林
北京王府井百货（集团）股份有限公司百货大楼
总经理、党委书记　田怀亮
北京王府井百货（集团）股份有限公司东安市场
总经理、党委书记　张志刚

中国北京同仁堂（集团）有限责任公司
董事长、党委书记　梅　群
总经理　高振坤
中国医药健康产业股份有限公司
董事长　谭星辉
总　裁　高渝文
北京永安复星医药股份有限公司
董事长　曾应华
总经理　曾　辉
党委书记　刘海燕
中国全聚德（集团）股份有限公司
北京全聚德前门店总经理　寇向利
党总支书记　曾晓俊
北京便宜坊烤鸭集团有限公司
董事长、党委书记　刘东亮
总经理　赵育贤
北京稻香村食品有限责任公司
董事长、党总支书记、总经理　毕国才
北京吴裕泰茶业股份有限公司
董事长、党总支书记　赵书新
总经理　孙丹威
北京天润金百投资集团有限责任公司
董事长、党委书记　陈志达
总经理　孔　云
北京工美凤凰旅游艺术品集团有限公司
董事长　轩少平
总经理　李　莹
党委书记　李　由
北京工美集团有限责任公司王府井工美大厦
党委书记　刘　红
总经理　吴　浩
北京华江文化发展有限公司
董事长　陈绍枢
党支部书记　陆英毅
北京市百荣世贸商城市场有限责任公司
董事长　蒋柏荣
党总支书记　姜　辉
北京大北服务有限责任公司
董事长、党委书记　许仲林

总经理　甘华生

北京宏源餐饮管理有限公司

董事长　马　龙

党支部书记　张淑英

北京通利达汽车租赁有限责任公司

董事长　李健秋

总经理　邹存生

党支部书记　王显平

北京世纪天鼎商品交易市场有限公司

董事长　林余存

党支部书记　王健宏

北京天龙天天洁再生资源回收利用有限公司

总经理　刘　权

党委书记　郭长华

北京当当网信息技术有限公司

总裁　李国庆

·2017·
北京东城年鉴
BEIJING DONGCHENG NIANJIAN

# 财税·金融

# 财 政

【概况】东城区财政局（简称区财政局）是区政府综合经济管理部门，主要职能是负责全区财政收支、财税政策、财政监督、行政事业单位国有资产管理、财务会计管理等工作。设办公室、综合科、法制科、财政监督科、预算科、税政科、街道财政管理科、国库科、绩效评价科、行政事业资产管理科、行政政法科、教科文科、社会保障科、经济建设一科、经济建设二科、政府采购管理科（挂区政府控制社会集团购买力办公室牌子）、企业科、国有资本经营预算科、金融科、会计科、行政科、人事教育科、监察科、机关党委办公室、离退休干部科25个科室。下属事业单位11个。公务员编制110人、机关工人编制11人、事业编制130人，在编184人。

年内，强化精细管理，完成财政预期收入；聚焦中心工作，突出重点领域，提高服务保障能力；完善体制机制，推动公共财政体系建设；加强基础工作，提高财政管理水平。区财政收入完成166.34亿元，同比增长1.1%，完成调整后年度预算的100%。财政支出完成237.54亿元，为调整后年度预算的92.8%，同比增长0.2%。

单位地址：东城区东直门外新中街2号
联系电话：64153614
邮政编码：100027
（马建文）

【财政收入】增值税完成42.98亿元，为调整后年度预算的101.4%，同比增长29.5%。营业税完成21.72亿元，为调整后年度预算的99.4%，同比下降48.1%。企业所得税完成32.74亿元，为调整后年度预算的97.8%，同比下降6.4%。城市维护建设税完成13.20亿元，为调整后年度预算的101.1%，同比增长3.1%。房产税完成20.26亿元，为调整后年度预算的99.8%，同比增长12%。印花税完成6.83亿元，为调整后年度预算的103.5%，同比增长5.9%。城镇土地使用税完成8763万元，为调整后年度预算的100.1%，同比增长2.5%。土地增值税完成2.16亿元，为调整后年度预算的94.3%，同比下降1.1%。车船税完成2.99亿元，为调整后年度预算的98%，同比增长39.1%。资源税完成281万元，为调整后年度预算的133.8%，同比增长91.2%。专项收入完成9.07亿元，为调整后年度预算的103.1%，同比增长79.9%，主要包括教育费附加收入和残保金收入，其中教育费附加收入完成3.31亿元，为调整后年度预算的106.7%，同比增长2.4%；残保金收入完成5.73亿元，为调整后年度预算的100.6%，同比增长219%。行政事业性收费收入完成3.19亿元，为调整后年度预算的105.6%。罚没收入完成3370万元，为调整后年度预算的134.8%。国有资源（资产）有偿使用收入等其他收入完成9.94亿元，为调整后年度预算的103.8%，同比增长493.3%。
（马建文）

【财政支出】一般公共预算支出237.54亿元，为调整后年度预算的92.8%，同比增长0.2%。一般公共服务支出完成17.44亿元，为调整后年度预算的97.2%，同比增长22.9%。公共安全支出完成14.77亿元，为调整后年度预算的98.3%，同比增长17.7%。教育支出完成49.78亿元，为调整后年度预算的95.3%，同比增长13.8%。科学技术支出完成1.50亿元，为调整后年度预算的100%，同比下降27.3%。文化体育与传媒支出完成6.64亿元，为调整后年度预算的100%，同比增长1.1%。社会保障和就业支出完成47.54亿元，为调整后年度预算的100%，同比增长8.1%。医疗卫生与计划生育支出完成13.79亿元，为调整后年度预算的99.9%，同比增长11.9%。 节能环保支出完成3.95亿元，为调整后年度预算的96.9%，同比下降19.6%。城乡社区事务支出完成73.52亿元，为调整后年度预算的99.3%，同比增长11.7%。农林水事务支出完成1273万元，为调整后年度预算的100%，同比增长11.2%。交通运输支出完成1亿元，为调整后年度预算的100%。资源勘探电力信息等事务支出完成6575万元，为调整后年度预算的98.5%，同比增长24.3%。商业服务业等事务支出完成4624万元，为调整后年度预算的100%，同比增长24.9%。住房保障支出完成2.95亿元，为调整后年度预算的100%，同比下降88.2%。其他支出完成2.92亿元，完成调整后年度预算的16.5%，同比下降17%。（马建文）

【支持核心区更新改造】全面梳理全区67个重大项目资金情况，逐项研究投资需求、资金缺口及建议安排情况，落实资金来源。争取市级资金40.3亿元，支持旧城人口疏解、棚户区改造等重点任务的推进。发挥地方债推动作用，发行债券23亿元，支持天坛周边简易楼腾退、西忠实里环境整治等项目。发挥财政职能，做好望坛项目第十五分指工作，完成公示数据核实、入户调查、问题梳理等工作，了解望坛项目在税收、资产管理等方面存在问题及影响。参与直管公房改革、平房区及路侧停车、房地中心改制等难点问题研究。（马建文）

【支持城市管理与运行】支持“城市病”治理，安排资金1.5亿元支持区域环境提升、生态园林优化提升、城市空间规范治理等10类环境建设与整治，保障园林绿化、公厕维护、景观照明、垃圾分类减量和餐厨垃圾处理工作有序推进。拨付76.12亿元，支持22条重点市政道路、天坛周边、西忠实里等棚户区改造、老旧小区综合整治、历史文化名城保护、保障房建设等项目。制定《东城区平房区物业管理专项资金管理暂行办法》，将该资金纳入街道部门预算，保障街道平房区物业管理服务项目。清理收回行政事业单位出租出借用房106处，疏解影响人口1106人，完成全年疏解目标。（马建文）

【支持民生改善和节能环保】落实各项困难群众基本生活补贴等社会保障类政策性支出，以“双创”为引领，健全公共就业服务体系，社会保障和就业支出47.54亿元，同比增长8.1%。安排住房保障支出2.95亿元，用于棚户区改造、平房修缮等保障民生类重大工程资金投入，做好直管公房修缮、电梯更新维护等工作。完善商业体系建设专项资金管理，拨付840.74万元支持菜篮子工程建设。投入2.98亿元保障市区两级节能环保类重点工程，增加对大气污染防治、“清空行动”的投入，加强环境保护监测站标准化建设，加大对煤改电、机动车排放管理、全区慢行系统整治支持力度。（马建文）

【支持公共安全与服务】公共安全支出完成14.77亿元，增长17.7%。医疗卫生与计划生育支出完成13.79亿元，增长11.9%。教育支出完成49.78亿元，增长13.8%。保障公共文化体系示范区建设资金需求，助力创建全国示范区检查验收，推动街道文体中心网络建设进展。（马建文）

【预算管理】出台办法加强财政出借款项清理力度，强化主体责任，理清偿还渠道并分类处理，全年消化资金4.43亿元。将开展结余资金清理上缴工作制度化，对区属一二级单位的集中支付、实有资金及往来账户结余进行系统清理，超期一律收回。规范党政机关国内公务接待管理，完成公务用车改革，“三公经费”支出继续下降，庆典论坛活动经费连续3年零安排，因公出国（境）经费下降5%。推进盘活存量资金工作，盘活资金规模达62.2亿元，占存量资金总规模的92.5%，及时进行再次分配。坚持支出进度月度通报制度，督促各单位加快财政资金支出进度，同时通过严控预算规模，严格审批程序，杜绝公款出国旅游等行为。制发区级政府向社会力量购买服务预算管理办法及指导性目录，加强政府购买服务项目预算管理。加大对街道财政的经费保障力度，适时提高经费安排标准，上年街道财政体制财力15.22亿元，同比增加1.33亿元，增长9.6%，为街道落实区委区政府工作任务和基层政权建设提供资金保障。（马建文）

【国库集中支付改革】更新升级国库集中支付和工资统发系统，满足财政管理和预算单位使用需要。扩大国库集中支付改革范围，将所有财政预算资金纳入集中支付改革范围。扩大“公务卡”改革范围，发卡量2600张，较上年增加800张，增长45%，实现公务卡对公务支出人员全覆盖。建立规范国库现金操作管理机制。通过国库集中支付改革、公务卡改革、预算执行动态监控、预算单位银行账户管理等改革措施，为财政资金编制一张“安全网”。（马建文）

【财政监督】把落实党风廉政建设责任制牵头任务作为财政监督工作重点，统筹规划。拟定管理办法，健全预警处理工作机制，通过预算执行动态监控系统，对307家单位“三公经费”、会议费、培训费等项支出实施全方位监控。以财经纪律执行情况检查为抓手，依托会计信息质量、专项资金等项检查，围绕预算编制、执行、资金资产和政府采购等各环节开展检查，重点检查违反中央八项规定、挥霍浪费、虚报冒领财政资金、违反招投标规定和“小金库”等问题。加大向纪检监察机关移送问题线索的落实力度并严格追责问责。（马建文）

【政府采购监管】加强对政府采购过程监管，完善操作规程，优化工作程序，规范专家抽取流程和专家库网络终端管理，建立健全事前、事中和事后监督管理机制。加强协议采购电子竞价系统建设，将服务类政府采购项目纳入电子竞价范围。强化宣传培训，提升政府采购队伍管理水平。全年采购规模11.14亿元，节约资金3654.13万元。（马建文）

【预算支出绩效评价】选取商业体系建设资金相关政策，开展东城区首次政策绩效评价，对32个预算单位38个

7月29日，区财政局组织政府采购电子竞价专题培训

1月6日，区财政局完成人大代表、政协委员现场咨询工作

财政预算项目进行事后评价，涉及预算资金2.78亿元。对历史文化名城保护等3个项目进行大额专项资金绩效评价，涉及预算资金2.18亿元，绩效管理范围和规模持续扩大，体系不断完善。推进部门整体支出绩效评价，完善分类指标体系，纳入部门整体支出绩效评价单位同比增7个达到17个。纳入事前绩效评估范围的项目同比增12个达到19个，资金额度3.18亿元。考评结果在编制下年部门预算时得到运用，初步实现绩效评价结果与预算安排挂钩。（马建文）

【预决算信息公开】做好预决算信息公开，部门预算信息公开实现单位范围、公开内容、科目级次“三个突破”。部门决算信息公开实现部门广度、内容深度、绩效评价“三个首次”。全年主动公开信息703条，向查阅场所移送24件。加强对人大代表建议、议案和政协委员提案办理工作支持力度，加大财政资金保障力度，承办案件实现全程留痕并提前办结，主办件均获非常满意评价。推进政务公开工作，厘清“放管服”界限，规范行政审批行为，对行政处罚清单进行再梳理，分项公开275项行政处罚事项。（马建文）

【行政事业单位内控规范】启动财政内部控制工作，成立局内控工作委员会，建立内控基本制度及8类风险防控规范，针对重点领域，制定风险防控操作规程，强化权力集中部门和岗位实行分事行权、分岗设权、分级授权的财政内控机制。推进全区行政事业单位内控规范工作，对全区行政事业单位进行类别划分，分类建立内控手册模板，分级分批系统培训，完善工作机制和工作程序，强化对权力运行制约和监督。完成区属行政事业单位资产清查，全区纳入清查范围的行政事业单位404户，资产总额280.62亿元。对全区符合条件的327个事业单位及所办企业开展国有资产产权登记，全面掌握行政事业单位资金资产情况。（马建文）

# 税务

## 国家税务

【概况】北京市东城区国家税务局（简称区国税局）是东城区国家税收工作的行政管理机关，受北京市国家税务局（简称市国税局）和东城区政府双重领导。主要职能是贯彻执行国家税收法律、法规、规章，组织中央税、中央地方共享税和部分地方税税收，规范和维护税收秩序，为东城区经济建设服务。有机构48个，其中内设办公室、政策法规科、货物和劳务税科、所得税科、收入核算科、纳税服务科（纳税服务中心）、征收管理科、财务管理科、人事科、教育科、监察室、大企业和国际税收管理科、进出口税收管理科13个科室（另设机关党委办公室、离退休干部科）；直属机构2个（稽查局、车辆购置税管理分局，其中稽查局内设10个机构）；事业单位3个；派出机构（税务所）18个。行政编制634人、事业编制30人，在编人员656人。

年内，全面推行营改增试点，实现4.73万户纳税人的税制转换，发行增值税税控设备2.21万户。金税三期系统上线，由18个委办局共同组织成立保障工作小组，新旧系统切换后，单笔业务平均办理时间居全市前列。组织各项收入1020亿元，其中海关代

征收入493.3亿元，国内税收收入524.5亿元；国内税收收入中，中央级收入360.1亿元，地方级收入164.4亿元。继续保持全国文明单位荣誉称号，第十二税务所获北京市三八红旗集体荣誉称号，档案管理工作蝉联市级优秀单位荣誉称号。

单位地址：东城区小黄庄二区1号院

联系电话：56090600

邮政编码：100013（肖欣　曲冬梅）

【组收措施】围绕组收中心工作，落实各项税收政策，挖掘税收增长潜力，落实收入目标管理责任制，按税种和部门对全年税收计划指标进行分解。动态监测税收收入完成情况，形成固态分析、动态分析、定向分析和后续分析相结合的税收收入分析体系，提升税收预测水平。将收入分析会常态化，每月召开组收碰头会，加强各部门间的横向联动和沟通。加强对重点行业及重点企业的税源监控和涉税情况管理，加大对风险企业的监控力度。通过对同期分派股息企业的摸底调查，确保收入的相对稳定。利用第三方信息加强对外资企业股权转让的持续监控，捕捉涉税突破点。加强国地税合作，严格把控税源流出，密切联系区政府和相关委办局，吸引大企业迁入。（肖欣　曲冬梅）

【国地税合作】定期与区地税局召开联席会议，互设窗口及自助办税机；与区地税局联合开展定向稽查；协同管理欠税、非正常和高风险纳税人，清欠税款5245万元。筹建国地税联合办税服务厅，囊括85个人工受理窗口、24小时自助办税区、纳税人免费学堂等诸多功能，打造东城品牌、北京税务优质窗口。联合与中国银行北京东城分行等8家银行签署“银税互动”战略合作框架协议。落实“一带一路”促发展，联合对走出去的企业培训，在完成清册的基础上开展境外税收风险调查。联合开展税收分析，累计报送联合税收分析2篇。联合开展税收宣传进火车站、进高铁；在《北京晚报》新闻版面开辟东城税务宣传专栏，打造东城税务宣传品牌；联合编写纳税辅导手册《您知道吗？》。联合助力非首都功能疏解，对4家集贸市场进行清理注销，升级、转型、注销低端业态个体工商户2068户，直接疏解5000余人。（肖欣　曲冬梅）

【征收管理】规范办税服务厅办税流程，提高办税效率；推进实名办税试点，全部业务事项均纳入实名管理，《中国税务报》、北京电视台等新闻媒体报道。规范行政处罚程序，累计执行行政处罚简易程序罚款78.60万元，执行行政处罚一般程序罚款180.06万元。为纳税人办理税务登记1.62万户（包括营改增登记8320户），完成三证合一变更8368户，办理注销税务登记2106户，跨区迁移303户。完成局首次欠税强制扣缴，先后对8户欠税企业采取强制执行措施，从银行账户中强制扣缴税款及滞纳金4893.96元。对2005—2015年的667万页存量纸质档案进行电子化扫描，实现档案数字化管理，推进税收征管档案随业务进行电子化采集。（肖欣　曲冬梅）

【风险防控】以风险防控为核心，依托国家税务总局及市国税局下发的相关文件，重新梳理风险监控实施方案，加强日常评估及后续监控管理，堵塞漏洞，严格执法。开展两级风险应对，统筹应对市国税局推送一级风控任务74批次，涉及纳税人5636户次；统筹自行组织二级风控指标16批次，涉及纳税人664户次。（肖欣　曲冬梅）

【纳税服务】成立营改增临时办税服务厅，利用多种形式开展政策宣传，发送短信1.8万余条、微信平台信息12期、动态相册宣传视频10期，印制宣传资料6万余份，增设16个办税服务窗口，设置营改增绿色通道、咨询台。开展问需求、优服务、促改革活动，依托微信公众平台开设互动版块，回复咨询300余条。严格落实纳税服务规范2.3版，对涉及的167项服务逐一落实。实现375项窗口事项全市通办，按需求增设增值税发票自助代开机6台、自助售票机6台。全年受理纳税人投诉回复率和问题解决率均为100%。全面升级微信公众平台，推出7×24小时微信智能语音服务，提供掌上取号、预约办税等服务，解答纳税人咨询1.2万余条。发放《纳税服务需求调查问卷》3000份，纳税人满意度99.66%。（肖欣　曲冬梅）

【货物和劳务税管理】营改增期间出台25项措施，实现4.73万户纳税人税制转换，发行增值税税控设备2.21万户次，完成开好票工作要求。组织近50场外部培训，培训纳税人2.6万户次，在首个申报征期完成对新增

11月4日，区国税局联合王府井商会进行税法宣传

11月10日，区国税局大企业管理所系统培训

近1万户改征纳税人报好税的工作要求。以国家税务总局样本企业为抓手，推出8项举措，全面跟踪行业税负变化，完成分析好的工作要求。根据税负分析结果指导企业开展业务，确保企业尽享政策红利，保证改进好措施到位。制作营改增专刊42期，向区委、区政府做专题汇报10余次，拍摄公益广告，并借助各类媒体，宣传营改增政策。以风控为抓手，打击虚开专用发票等违法犯罪行为，形成良好有序的税收环境。落实新能源汽车免征车辆购置税优惠政策，全年办理免税业务6.79万辆，免税金额15.53亿元。（肖欣　曲冬梅）

【所得税管理】组织汇算清缴专题培训，完成上年度企业所得税汇算清缴工作，年度纳税申报率100%。实际应纳所得税额485.86亿元，较上年增加63.01亿元，同比增加14.9%。加强预缴管理，完成全年预缴72%的要求。享受固定资产加速折旧优惠政策132户次，加速折旧额1.69亿元。开展总机构分配比例核查工作，提升北京总机构的分配比例。保证小型微利企业优惠政策落实，符合条件的小型微利企业减免税款1915.62万元，落实率100%。（肖欣　曲冬梅）

【出口退税管理】落实国家税务总局《全国税务机关出口退（免）税管理工作规范（1.1版）》；根据国家税务总局新《出口退（免）税企业分类管理办法》，开展年度出口企业分类评定工作，实施企业分类管理。转变服务理念，优化服务手段，多项措施提速出口退税办理，落实国家支持商品出口相关政策，支持外贸发展。全年办理出口退税1.57亿元，其中零税率应税服务退税0.95亿元，占比60.51%。（肖欣　曲冬梅）

【大企业和国际税务管理】成立3个重点税源所。针对绿色通道企业实施发票直送、诉求升级、风险提示、自我遵从免查和专用微信服务号五大承诺事项服务。采集1000户集团信息，对企业名册管理信息进行核实。协调大企业参与市国税局大企业税收与经济总量匹配度研究课题。探索针对外国企业常驻代表机构服务与管理相结合工作方法，全年实现非居民税收收入29.4亿元。办理非居民企业对外支付备案业务1703笔，代表处办理1711笔。受理非居民企业核定征收92户次，依企业自行申报完成非居民纳税人享受税收协定待遇176户次，开具《中国税收居民身份证明》134户次。监控关联申报，关联申报率达100%。（肖欣　曲冬梅）

【税务稽查】利用选案软件实现稽查选案分级分类智能化管理，电子查账软件使用率78.82%。规范稽查工作流程，明确案件移送工作流程及追责要求，建立内部案情通报制度，建立稽查、法规、所得税政策联动机制。开展行业性检查；加大涉税违法犯罪打击力度，打造税警联合、国地联合、京津冀统一办案“三联合”的办案机制；开展打虚打骗专项检查工作和团队式检查工作。强化稽查干部队伍建设，加强业务学习，完善和落实惩防体系。组织入库税款1.71亿元。（肖欣　曲冬梅）

【廉政建设】成立党风廉政建设主体责任办公室和监督责任办公室2个系列，将廉政要求贯穿税收中心任务，召开专题会议11次。加强营改增、金三上线期间监督检查。搭建局领导和科级领导班子两级架构，制定主体责任清单和监督责任清单，将落实情况与绩效考评相结合，形成任务分解、考核、追责的闭合全链条。制定区国税局监督执纪“四种形态”实施方案，对日常工作落实不力单位开展提醒谈话2次；以密码管理等税收工作风险点为重点，开展执法监察和“一案双查”。增设专职纪检监察员3人，建立由副科级人员45人组成的纪检监察员队伍。区纪委领导讲座3次，党组书记讲专题党课2次。制作电子杂志3期全局发放，打造“明章知纪 树德立行”廉政文化长廊，展示书画作品21件和摄影作品40余件，开展“一局一品”廉政文化创建活动。（肖欣　曲冬梅）

## 地方税务

【概况】北京市东城区地方税务局（简称区地税局），受北京市地方税务局和东城区政府双重领导，职能为贯彻执行国家的各项经济、税收政策，组织各项地方税收收入，维护和规范税收秩序，促进国家经济持续、快速、健康发展。设办公室、法制科、国际税务管理科、税政管理一科、税政管理二科、税政管理三科、征收管理科、收入核算科、数据管理科、纳税服务科、档案科、残保金管理科、工会经费管理科、科技信息

科、计划财务科、基层工作科（机关党委办公室、工会）、督查内审科、宣传教育科、人事科（保卫科）、监察科20个科室，1个稽查局（内设11个科）、22 个税务所、机关后勤服务中心。公务员编制655人、在编621人，工勤编制54人、在编27 人，事业编制8 人、在编2人。管辖各类纳税单位8.33万户（正常户）。

年内，完成各项税费收入339.8亿元，增长9.7%；完成区级公共财政预算收入83.6亿元，增长17%。成立“营改增”专项工作领导小组，明确形势分析、舆情监控、实时汇报、跟踪督导、国地联合5项工作机制。制定“金税三期”推广实施方案，按照时间节点落实市局部署，完成“金税三期”上线。拓宽与区国税局合作领域，打造国、地税深度融合的“东城品牌”。强化与相关委办局数据共享，配合区政府开展非首都功能疏解工作。将开展“问需求、优服务、促改革”专项活动与“便民办税春风行动”结合，建立与媒体合作长效机制。做好“两学一做”主题教育活动，开展集中学习研讨20次，刊发“两学一做”学习教育专刊83期，开设“红色东城”党建微信群。地税局连续多年被评为全国文明单位，收入核算科获北京市三八红旗集体荣誉称号，局机关党委被市局评为先进基层党组织。通过建立大比武微信群、开发掌上答题系统、利用税务数字图书馆等形式，组织开展岗位大练兵、大比武活动。全年完成各类培训项目31项、参训4100人次。

单位地址：东城区安定门外西滨河路18号院首府大厦6座

联系电话：64515797

邮政编码：100011 （姜喆）

【组织收入】完成各项税费收入339.8亿元，同口径（剔除营业税）增收25.8亿元，增长9.7%；地方公共财政预算完成242.2亿元，同口径增收15.9亿元，增长8.9%；区级公共财政预算收入完成83.6亿元，同口径增收8.6亿元，增长17%。 （姜喆）

【税源管理】采集“走出去”企业信息82户，提供自动情报交换数据132份，涉及国家10个，向境外发出专项情报2份。加强对股权转让所得税源泉控制。应对残保金改地税代征为征收，加强与残联等部门协调配合和对用人单位的宣传辅导。把握工会经费“重点费源、新增费源”2个关键，建立健全税务代收与后续管理联动机制。 （姜喆）

【征收管理】通过税务约谈、暂停提供发票、定期查询欠税企业存款账户、阻止法定代表人出境等方式，加强对陈年积欠的清理，全年阻止欠税企业法定代表人出境5次。与济南市中级人民法院联手对某房产事项涉及税款采取措施。通过风控提示、加强日常检查、开展税务约谈等风控措施，加强风险管理，其中税务约谈396户次、日常检查398户，有问题率达84.4%。 （姜喆）

【征管改革】区地税局推动建立与区国税局税源监管互动机制，开展国、地税并联审批工作，实现一窗受理、内部传递、一窗发证。联合筹建办税服务大厅，下年一季度投入使用。联合区国税局、公安局建立税警联合办案机制，设立税警联合办公室，共同打击违法行为。创建房屋建筑物资产原值与房产税比对执法督察模型，利用国、地税数据比对生成执法风险提示疑点数据1263条。 （姜喆）

【纳税服务】区地税局将问需求、优服务、促改革专项活动与开展便民办税春风行动相结合，召开纳税人座谈会22次，参加企业332户；调研企业66户，征集意见建议120余条。联合区国税局与9家金融机构签订《“银税互动”合作框架协议》。向全局党员干部发出加强纳税服务工作倡议书，落实限时办结、预约服务、延时服务、24小时服务等纳服举措。全年收到纳税人赠送表扬信、锦旗等33户次。 （姜喆）

【税收政策扶持】落实小型微利企业税收优惠政策，落实率100%，减免营业税870万元。做好城镇土地使用税级次调整、房产税从租计征和属地征收工作，引入第三方服务开展土地增值税清算审核，全年清算14个项目。 （姜喆）

【税务稽查】落实稽查改革和稽查市级全覆盖工作部署，以东城区地税局稽查局及市局第三稽查局2个执法机构身份开展稽查工作。重新修订《重大税务案件审理办法》，调整充实重大税务案件审理委员会，实施案件分级审理，对查补金额等达到标准的6起案件进行4次集体审理。在大要案件查办中实现国地税联合选案、共同实施、统一定案、协同执行。全年联合开展检查案件20件，实现全税种检查，向公安机关移送案件3件。 （姜喆）

3月29日，区国税、地税局在区地税局南办公区设立营改增临时办税服务厅

【服务区域经济】区地税局强化与区各相关委办局数据共享，首次以批量方式从区相关委办局获取涉税信息。配合区政府开展非首都功能疏解工作，联系区国税局对880户商家重新进行税收定额核定。配合区综治委（办）开展挂账地区整治，与有关部门通力协作、联合执法，对故宫周边、南锣鼓巷、朝阳门街道南小街实施清理腾退综合治理，得到市人力资源和社会保障局肯定。（姜喆）

【依法行政】以全国法治税务示范基地创建为抓手，推动全局依法行政工作。试点总法律顾问制度，修订行政调解工作联席会议制度。落实行政处罚裁量基准，开展税收规范性文件清理和执法职权事项梳理，规范行政处罚系统使用。组织干部旁听行政案件审理3次，提升干部队伍法治意识和依法行政工作能力。（姜喆）

【"金税三期"上线】制定"金税三期"推广实施方案，严格按照时间节点落实市局部署。搭建"金税三期"系统共享服务器，全面升级软硬件系统。通过视频教学、邀请"外脑"上课等形式，组织开展全覆盖式"金税三期"培训。"金税三期"上线前后，各业务科室派专人一线办公，现场解决突发问题。编制征管业务详细流程15项下发全局，编制《东城区地方税务局"金税三期"工程双轨运行工作材料汇编》。（姜喆）

【存量房管理】对契税申报未入库数据进行整理核查，加强契税退税审核。连续4年对存量房税收管理开展持续督察，按月开展存量房日常执法督察，全年督察案卷401份。成立存量房涉税违法案件追征工作小组，依法开展追征工作。（姜喆）

【税收宣传】区地税局与区国税局联合制作《选择》《全面"营改增"企业税负轻》公益宣传片，宣传月期间在北京站、王府井等主要街区循环播放。共同接受北京电视台专访，《中国税务报》《北京日报》等多家媒体报道区"营改增"工作。区地税局编制《您知道吗？》宣传手册3期在办税服务厅发放。与媒体建立合作长效机制，在《北京晚报》开辟税法宣传专栏《生活中的税》，围绕社会热点刊发文章13篇。（姜喆）

【行政管理】制定绩效考评结果运用办法、公务交接管理办法、安全工作检查考核办法，修订税收宣传工作管理办法、涉税舆情管理办法，出台局政府采购管理办法，编制内部控制规范建设手册，规范党组会、局长办公会议事程序，完成办公用房清理整改、公车改革和固定资产清查工作，行政管理正规化、痕迹化、高效化。绩效考核成绩全市地税系统排名第二。（姜喆）

【党风廉政建设】开展"为官不为""为官乱为"问题专项治理，以及整治和查处侵害群众利益不正之风和腐败问题专项工作。出台《规范税务干部婚丧喜庆事宜报备工作办法》。采用工作对接单方式对部分"三重一大"事项决策和实施进行全过程监督、痕迹化管理。配合市、区两级督察组、审计组完成督察审计4次。全年开展巡查检查18次。（姜喆）

# 金　融

【概况】年内，东城区域内有规模以上金融企业223家，其中货币金融服务企业49家、资本市场服务企业68家、保险业企业41家、其他金融企业65家。全区金融业实现增加值476.9亿元，同比增长4%，占全区GDP的比重为23.7%。金融业经济量居各行业首位，在"二三一"产业体系中位列第一，是东城区经济发展的支柱产业。全年迁入驻金融机构19家，新设金融机构51家。至年底，37家企业挂牌上市，其中境内37家：新三板37家（数据来源：东城区统计局、东城工商分局）。（孙聪）

## 中国工商银行股份有限公司北京东城支行

【概况】中国工商银行股份有限公司北京东城支行（简称工行北京东城支行），主要办理人民币业务、外汇业务和其他中间业务等。设机构金融业务部、综合管理部等11个部室，下辖15家网点支行，从业人员506人。

年内，个人贷款增幅、公司存款增量及对公寿险销售量均排名分行第一，电子银行交易额分行排名第二，私人银行业务中收排名第六。支行被北京分行授予本外币资金管理优秀单位、个人信贷业务条线先进集体荣誉，下辖支行营业室获年度服务五星级网点、年度总行级青年文明号、年度服务效率提升先进单位荣誉，东四网点支行获年度重点城市行优质服务网点、年度厅堂服务提升先进单位荣誉，交道口网点支行获年度重点城市行优质服务网点、年度厅堂服务提升先进单位荣誉，东直门网点支行获年度服务效率提升先进单位荣誉。

10 月 11 日，工行东城支行获客户赠送锦旗

单位地址：东城区东四十条24号
联系电话：81026156
邮政编码：100007　　（张丙翊）

【贷款业务】加快融资业务转型升级，强化资产质量管理。以稳健经营、控制风险的发展战略为准则，持续增强风险敏感性和前瞻性，保持信贷资产质量持续优化。紧抓实质性风险管理，不断提高资产质量，从源头上保障信贷资产健康发展。至年底，全行法人不良贷款率连续7年保持为零，连续11年未发生法人信贷资产下迁徙及新增不良，实现资产质量与信贷规模同步发展。本年人民币贷款日均较年初新增24.48亿元，其中个人贷款完成全年增贷任务161.32%。排名分行第一。　　（张丙翊）

【存款业务】推进客户结构优化，推动存款稳定增长。按照分行存款工作要求，结合自身情况，合理控制存款时点、日均增量水平，开展存款结构调整，加大日均存款管理力度，推动支行存款提升。本年人民币公司存款完成全年增量任务的2542%，排名分行第一，人民币储蓄存款日均余额较年初增长11.95亿元，完成日均任务192.74%。　　（张丙翊）

【中间业务】以客户为中心，以价值创造为导向，构建多元化创收增收新局面。以资产业务为抓手，在国际融资、品牌类投行、资产推介等方面尝试业务创新，紧抓增收重点，克服业务短板，培育新的创收增长点，拓展创收渠道，有序促进支行中间业务收入稳步增长。　　（张丙翊）

【内控管理】落实总分行内控合规战略方针，开展案例巡展、内控大巡讲、网络内控知识学习与竞赛等内控活动，增强全行员工合规意识。由内控保卫部牵头，组织全行员工按照责任分工，逐级签订案防责任书，加强廉洁从业和案防履职警示教育，完善反洗钱内部协查岗工作职责，提高员工风险防范意识。　　（张丙翊）

## 中国工商银行股份有限公司北京崇文支行

【概况】中国工商银行股份有限公司北京崇文支行（简称工商银行北京崇文支行）主要办理人民币存贷款、外汇存贷款和其他中间业务等。内设综合管理部、人力资源部等11个部室，私人银行团队、电子银行团队等4个直营团队，下辖体育馆路、新世界等16家综合网点支行。在职员工517人。

年内，贯彻总行、分行决策部署和金融监管要求，结合外部环境及自身发展特点，坚持以结构调整为主线，以改革创新为动力，以提高效益为目标的原则，谋划创新发展思路，各项业务保持健康发展势头。

单位地址：东城区永定门外大街86号
联系电话：87205462
邮政编码：100075　　（张建）

【贷款业务】按照优化结构总体思路，规模实现和项目储备一起抓，核心客户和新兴市场一起抓，提高信贷经营发展质量。公司客户融资总量较年初增加17.99亿元，小企业法人贷款余额较年初增加11.87亿元，个人贷款余额较年初净增9.1亿元。　　（张建）

【存款业务】紧抓资金源头，持续扩大存款规模，人民币存款日均余额较同期增长9.53亿元，对公存款日均余

7 月 26 日，工行崇文支行开展“红动崇文 歌唱祖国”主题歌咏比赛

额较年初增加10.73亿元，外汇存款余额新增4084万美元。（张建）

【风险管理】推进内控合规"基础强化年"活动，健全现场与非现场、线上与线下相结合监测体系，开展十大重点领域和关键风险专项治理，可控风险暴露水平保持分行前列，运营风险管理基础坚实。抓实声誉风险、法律风险、IT风险、洗钱风险等各类风险统筹管理，巩固稳健运营良好态势。（张建）

【党建工作】贯彻落实中央和总行分行党委有关从严管党治党精神，抓好巡视问题整改，开展"两学一做"学习教育和《准则》《条例》学习贯彻，强化党风廉政建设，推动各党支部全面从严治党主体责任到位。（张建）

## 中国工商银行股份有限公司北京王府井支行

【概况】中国工商银行股份有限公司北京王府井支行（简称工行北京王府井支行），原称中国工商银行北京市王府井支行，2000年8月1日成立，工商银行实行股份制改革后变更为现名称。主要办理本外币存款、贷款、结算、汇兑、外汇、个人金融、银行卡业务、各类理财业务及金融代理业务。内设综合管理部、机构金融业务部、运行财务管理部等10个部室及私人银行业务团队等4个直营团队，辖金街支行、北京站支行、东长安街支行、东四南支行、新东安支行、禄米仓支行、华润大厦支行、电信大楼支行、灯市口支行、朝内大街支行、东华门支行、正义路支行、支行营业室13个网点支行及东交民巷分理处和朝南储蓄所。从业人员503人。

年内，推动支行三大发展战略，探索城区支行转型发展道路。各项业务成绩保持稳定，年末本外币全口径存款时点余额825.30亿元，本外币各项贷款余额184.56亿元。改造网点，引进智能化机具，完善网上硬件设施。加强支行服务垂直管理，打造特色服务网点，提升服务水平。支行服务满意度排名分行前三。新东安支行获中国银行业文明规范服务千佳示范单位及总行五星级服务先进单位。

单位地址：东城区金宝街18号

联系电话：65270666

邮政编码100008（赵敏）

【贷款业务】个贷业务方面，加强对开发商、中介机构维护工作，拓展一手房、二手房按揭贷款市场，保持个人贷款业务规模持续增长。完成一二手房贷款主体地位建设，成功准入多个中高端个人按揭贷款项目；整合运用行内各专业条线资源，开展客户挖掘维护工作，发展消费和经营贷款。全年个人贷款发放比年初净增12亿元。公司信贷业务方面，发展非传统信贷业务，发展债券承销和理财融资业务。做好大客户维护，结合客户业务发展需要提供融资方案，加强客户粘性；紧跟信贷经营模式转型，探索新业务，拓展网络融资客户群、尝试各类网络融资产品，提升客户体验。实现人民币贷款新增以及国际业务投放双增长，完成全年任务的113.57%。（赵敏）

【存款业务】对公存款方面，盘活存量拓新户，优化客户结构，为存款业务发展提供稳定资源池。日均金融资产1万元以上客户增加70户。储蓄存款方面，注重源头性资源，通过直销等方式打破城市空心化限制，挖掘代发工资业务。直销企业涉及102家。年末储蓄存款时点同比增幅40%。（赵敏）

【中间业务】坚持多元引领战略，加强公私联动，部室配合，推动各专业、各中间业务条线以综合化、多元化视角开展工作。坚持创新引领战略，以信用卡、信贷业务、国际业务为重点领域，学习新产品与新业务，抢占市场先机，争夺客户资源。增强客户粘性，加大中收贡献度。（赵敏）

【内控管理】坚持从严标准，提升整体风险管理能力和内控案防水平，严防各类风险。加强信贷审查、作业监督和贷后管理，采取措施清收处理不良贷款。年末，法人客户不良贷款比年初减少50万元；个人不良贷款余额比年初减少2180万元。开展内控合规基础强化年工作，提高全员风险防控意识。制定《案防工作计划和措施》，重新修订《案件防范工作责任书》。开展案件风险排查典型案例学习，开展防范和处置非法集资宣传活动，加强非法集资和员工私售行为打击排查。（赵敏）

8月15日，工行王府井支行邀请私人银行客户参加"花语七夕"主题沙龙活动

## 中国建设银行股份有限公司北京东四支行

【概况】中国建设银行股份有限公司北京东四支行（简称建行北京东四支行），1954年成立，是股份制商业银行。主要经营公司银行业务、个人银行业务和资金业务。东四支行作为综合营业中心，内设综合管理部、业务管理部、纪检监察部、公司业务部、集团客户部、机构业务部、个人金融部、住房金融业务部8个部门，下辖东四支行营业部、海油支行、朝内大街支行、东方广场支行、平安大街支行、王府井支行和王府井大街支行7个网点。有员工242人。

年内，深化“两个责任”落实，开展“两学一做”学习教育，在加强员工行为管控从严治行基础上，加大员工队伍建设与人文关怀，激发内生动力。本外币全口径存款时点余额844.38亿元。本外币各项贷款时点余额451.05亿元。被东城区委区政府授予东城区百强企业称号，被总行党委授予先进基层党组织称号，被分行党委授予先进基层党组织、文明创建工作先进单位称号。

单位地址：东城区美术馆后街8号

联系电话：51997809

邮政编码：100010（谷琛婷　冯洁）

【公司业务】打破以单一产品为导向的经营管理理念，综合筹资增长明显。将客户需求端进行跨界定制，探索转型新模式，发展资产收益权理财业务。开立区社保中心事业单位年金专户、南中轴路拆迁项目专户、区房管局存量房资金监管账户，营销东城区房屋土地经营管理二中心新增一户通财政专用存款账户。以综合金融服务方案，推进“三大一高”客户营销工作。围绕“三增一降”活动，加强综合定价，提升综合算账能力。至年底，本外币对公筹资日均余额836.78亿元，系统排名第三，较年初增加190.71亿元，增长额系统排名第六，增速27.25%，系统排名第十二。（谷琛婷　冯洁）

1月26日，建行东四支行开办住房公积金归集业务

【个人业务】发展私人银行业务，聚焦需求，深度定制，通过专业化的资产管理服务、多元化的顾问咨询开拓新的业务增长点。加大对私行业务的资源配置，开展决战百日加时冲刺营销竞赛活动。上年支行完成营业部网点改造，建立自助机具服务区、移动金融体验区、公共教育服务区。通过对网点功能区划分，加快渠道转型，提升客户的服务体验与办理效率，提高柜面业务迁移率、电子银行客户覆盖率和价值创造的动能。坚持零售业务批发化，通过公私联动对现有资源高效整合。至年底，本外币个人存款日均（纯）余额65.11亿元，较年初正增3.8亿元。（谷琛婷　冯洁）

【住房金融业务】选择客户资质有保障、刚性购房需求为主的公积金委托贷款和二手房贷款为重点发展的业务品种，将公积金市中心和国管中心的操作系统、担保中心的专员和链家的客户三位一体请进东四支行，实现二手房公积金贷款“一站式”服务。全年公积金贷款余额突破300亿元大关，保持三项第一，即二手房贷款在链家地产的受理发放额排名保持分行第一，国管公积金发放贷款投放额、余额保持分行第一，房改金融中收保持分行第一。一手房楼盘签约实现零突破，与北京屹泰房地产开发有限公司开发的位于门头沟区四季怡园项目签订合作协议。（谷琛婷　冯洁）

【内控管理】深化党风廉政建设，组织领导干部学习《习近平关于严明党的纪律和规矩论述摘编》，调整党风廉政建设责任制领导小组，将主体责任的内容和要求覆盖到业务管理各个环节。加强“三道防线”建设，业务经营部门严守底线、按章办事，优化完善业务操作的流程与制度；中后台部门负责揭示经营管理中风险隐患和违规问题；纪检部门发挥好协调、督办职能，严格执纪问责，增强责任追究的严肃性。（谷琛婷　冯洁）

## 中国农业银行股份有限公司北京东城支行

【概况】中国农业银行股份有限公司北京东城支行（简称农行东城支行），1990年成立，主要提供商业银行、投资银行、保险、资产管理和其他金融服务。内设公司业务部、个人金融部等8个部门，下辖1家营业部、14家二级支行（东四北支行、青年湖支行、和平里东街支行、东直门支行、建国门支行、健德支行、惠新里支行、长安支行、交道口支行、东

3月12日，农行东城支行职工举行健步走比赛

单支行、奥园支行、银街支行、朝阳门支行、太阳宫支行）。在册员工393人。

年内，本外币核心存款时点余额增长13%，对公存款余额增长19%，储蓄存款余额增长1%，个人贷款余额增长17%。

单位地址：东城区金宝街58号华丽大厦

联系电话：65281871

邮政编码：100005　（陈丛丛）

【负债业务】采取总、分、支行三级联动营销模式，将营销重点定位为区域性、集团型大客户和大项目。优化客户结构，对内创造良好营销环境，对外加大拓展力度，构建面向客户、上下联动、分层负责、协调高效的营销体系。个人大资金、私人银行业务、个人贷款、三方存管业务、代发工资等客户基础型业务进展明显。对公存款余额增长19%，储蓄存款余额增长1%。　（陈丛丛）

【资产业务】年内，突出营销重点，优化资产业务，把控风险防范。深挖石油、能源、烟草等央企在京总部及央企金融板块业务需求，增强业务深度，配合推进国企改革及业务创新。开展银医合作、银政合作，拓展合作品种。调整、优化信贷客户结构，拓展优质客户、储备优质项目，加强与房地产企业、二手房中介公司合作，扩大个人住房贷款规模。个人贷款余额增长17%。　（陈丛丛）

【中间业务】加大客户拓展、重点产品营销考核力度，在保持传统结算业务存量份额不下降基础上，依靠投行业务和电子银行等业务，提升新兴业务对中间业务收入占比。同时拓展大客户、大项目带来的投资银行业务收入，创新完成理财融资业务品种。　（陈丛丛）

【内控管理】加强管理能力建设，促进业务健康发展。推进全面风险管理体系建设，明确责任，健全机制，及时揭示风险隐患，严防新业务领域风险。持续开展“三化三铁”（通过持续推进临柜业务标准化、规范化、制度化，促进营业机构实现“铁账、铁款、铁规章”的管理要求）创建，网点“三铁”率达到40%，被分行推选申报总行运营质量管理先进单位。推进网点内控管理建设，加强制度学习，通过职工大会、网络学习、NOTES通知、案例学习、观影活动等，增强员工风险防范意识。本年内控评价，从二类行上升到一类行。　（陈丛丛）

## 中国农业银行股份有限公司北京崇文支行

【概况】中国农业银行股份有限公司北京崇文支行（简称农行北京崇文支行），主要提供商业银行、投资银行、保险、资产管理和其他金融服务。内设公司业务部、个人金融部等8个部门，下辖营业室1家，二级支行14家。在岗员工282人。

年内，主体业务指标稳中有增，客户建设类指标持续推进，客户结构优化，价值创造能力有所提升，风险控制能力增强。本外币核心存款时点余额较年初增长10%，对公核心存款时点余额增长20%，个人核心存款

8月10日，农行崇文支行举办小小银行家暑期拓展活动

时点余额增长2%。个人贷款余额增长9%。

单位地址：东城区珠市口东大街1号新阳商务楼A座

联系电话：67089993

邮政编码：100062 （刘孟涵）

【对公业务】深挖现有资源，创新合作品种，抢抓非首都核心功能疏解和棚户区改造机遇，开展银政合作、银企合作，储备优质项目。通过上下联动、全程跟踪服务，拓展优质客户，优化客户结构。锁定重点行业，营销部队、保险公司、房地产企业，同业存款增长显著，托管业务客户及份额不断扩大，提高重点行业小微企业金融服务水平。 （刘孟涵）

【个人业务】树立天天抓存款，日日是时点思想，加强客户分层管理和高端客户的拓展维护，实现偏离度管理下存款业务稳步增长。将个人住房贷款作为全年个人贷款业务主要发展目标，加深与房地产企业和二手房中介公司合作。发展大型商户收单业务，扩大农行在崇文门商圈的市场份额。定期为前台营销人员开展专题培训，提高营销能力和服务水平。 （刘孟涵）

【内控管理】持续加强操作风险监督管理和对拟授信行业与客户的风险审查。不良贷款清收工作效果显著，不良贷款金额较年初下降35%。加强费用管理，强化资源配置 。代表分行接受总行“三化三铁”验收，获得总行好评，4个网点被总行认定为“三铁”单位。建立健全案防工作机制，加大员工行为管理排查力度，加强员工守法合规培训教育，推进平安农行创建工作。 （刘孟涵）

## 中国银行股份有限公司北京崇文支行

【概况】中国银行股份有限公司北京崇文支行（简称中行崇文支行）1986年成立，是北京市分行辖属第一家管辖支行。主要提供商业银行、投资银行、资产管理等金融服务。内设公司业务部、个人金融部等9个部室，下辖崇文门支行、针织路支行等19家网点支行。有职工483人。

年内，以争做区域最好银行为目标，继续深化业务转型、细化内部管理、强化风险内控、优化服务质量、加强作风建设，求真务实，推进各项工作，业务发展和内部管理均取得一定成效。支行党委获中国银行年度总行、分行级先进基层党组织，支行营业部获中国银行业年度千佳网点服务示范单位称号。

单位地址：东城区广渠门内大街47号雍贵中心A座1-4层

联系电话：67017776

邮政编码：100062 （杨悦）

【贷款业务】年内，深化业务转型、优化业务结构，实现资产业务规模提升。公司授信方面，坚持项目储备及工作进程管理，推动重点业务、项目落地，在“京津冀一体化”战略指引下，拓展优质授信客户，实现贷款投放新突破。鼓励全员贡献人脉资源，促进分支行重大项目落地，成功介入望坛棚户区改造、中国广播电视网络有限公司专项产业基金、通州环球影城项目。零售贷款方面，抓住北京房地产市场变化契机，实现零售贷款业务历史性突破；开拓二手房贷市场，寻找合作渠道，年内二手房贷业务总量实现210%跨越式增长。 （杨悦）

【存款业务】年内，多措并举，全员出力，助力存款业务稳健增长。公司板块：做好客户分层管理、分层营销，客户结构进一步优化；拓展营销行政事业客户，争揽集团客户存款，发展养老金、代发薪、现金管理业务，推动公司存款规模稳步提升。个金板块：发挥中行品牌优势，以稳健的表内理财吸引客户；每日紧盯头寸变化，精准营销，深度挖潜代发薪客户资源，做好理财资金衔接，保障客户闲置资金尽早落地。金融机构板块：加强对存量金融机构客户深度挖潜，非银存款人民币日均存款和金融机构低成本日均存款实现新增。 （杨悦）

【中间业务】顺应市场变化，推进重点工作，核心指标稳中有进。公司板块：紧抓国际结算机会型业务，践行客户跟随，拓展保函新户，实现国际结算中收稳定增长。个金板块：成立基金、保险、外汇资金业务小组，组织资本市场讲座、贵金属品鉴会、音乐会、儿童话剧、观影、油画鉴赏、养生讲座等特色活动28场，开展进企业、进社区营销活动110场，定

8月3日，中行崇文支行开展金融知识进万家活动

期梳理保险到期客户和产品推荐清单、及时下发外汇黄金市场信息，保险业务、外汇资金业务有效发展。（杨悦）

【内控管理】完善内控管理、加强业务检查监督、促进网点业务质量、保障合规经营，进一步完善内控机制。将风险管理与内部控制委员会、内控联席会、内控专题会制度化，每月制定支行内控工作情况月度通报，完善员工内控百分考核系统，每季度分析网点业务质量与效能，强化业务监督力度。开展内控、安保、服务三周行动及专项检查、突击检查、业务检查100余次。结合微信、微视频等形式，加强日常沟通，提升工作效率。根据网点出现的问题热点、业务的薄弱环节，分期编制银承业务操作风险提示、出纳操作合规、反洗钱操作合规提示等视频，鼓励员工亲身参与，采用漫画、快板、微电影等形式自制宣传片。丰富培训模式，寓教于乐，提升员工合规意识，提升网点风险防控能力和制度执行力。（杨悦）

【优质服务】多措并举，实现辖区内网点整体服务规范度进一步提升。开展网点优秀柜员、大堂经理巡礼活动，树立支行服务先进典型40余人，发挥榜样带动作用，改善客户体验。制定业务技能考核方案、开展专项技能竞赛，有计划、有步骤地提升员工技能水平。制定五、四星级柜员培养方案，锁定培养对象开展集中培训练习，给予绩效加分激励。通报网点服务情况50余次，结合现场、非现场检查，点评网点服务优缺点，分享各单位服务管理好经验、好做法及员工心得体会，营造良好服务工作氛围。（杨悦）

## 中国人民财产保险股份有限公司北京市东城支公司

【概况】中国人民财产保险股份有限公司北京市东城支公司（简称人保财险北京东城支公司），是国有独资金融机构。主要经营机动车辆保险、企业家庭财产保险、货物运输保险、各类工程保险、各种责任保险、信用保证险、人身意外伤害保险等各类财产保险业务。设车商业务一部、车商业务二部、团体业务部、代理业务部、非车险业务部、出单分中心、综合部等7个部门。有员工92人。

年内，贯彻分公司各项要求，坚持有效益、稳步发展的经营思路，保费、效益快速增长。实现保险费收入5.65亿元，同比增长23.56%；实现利润2359万元。参加3月人保财险北京第一届购车节活动。40余个汽车品牌经销商参展，仅2天客流量达2.8万余人。现场汽车成交326台，回店成交客户615台。10月，公司党支部为党员15人制作党员先锋岗桌牌，要求党员先锋岗桌牌必须放置在办公桌上，以明示党员身份，主动接受群众监督。

单位地址：东城区王家园胡同16号（阳光国际大厦）

联系电话：65548700　65548701

邮政编码：100027　（杨金凯）

【保险业务】实现机动车辆险保费4.50亿元，同比增长17.12%，占公司业务总收入的79.67%；责任险保费1亿元，同比增长97.98%，占公司业务总收入的17.70%；意外健康险保费310万元，同比增长24.50%，占公司业务总收入的0.55%；各类财产（企财、家财、工程）保险保费1087万元，同比增长-14%，占公司业务总收入的1.92%。（杨金凯）

【承保东城区公共管理综合保险】2月，人保财险北京分公司与区政府签署2016-2017年度东城区公共管理安全综合保险项目协议，约定由东城区政府作为投保人，投入财政资金200万元，为全区党政机关、事业单位和人民团体组织统一投保，包括行政区域公众责任保险以及自然灾害、见义勇为、恐怖主义袭击、重大食品安全、职业中毒、突发环境污染、甲类传染病、精神病人伤人等在内的多项无责救助责任保险。人保财险东城支公司、崇文支公司共同组建专业团队负责全区公共管理综合保险项目对接服务。东城支公司和崇文支公司联合服务团队在总结上年服务经验基础上，加强服务措施，简化理赔手续，重新设计印制《2016-2017年度东城区政府公共管理安全综合保险服务手册》，发放至全区各有关单位，加大宣传服务力度。（杨金凯）

【快速处理居民火灾事故案】夕照寺西里6号楼上年12月31日发生火灾，造成少数人员伤亡和居民财产损失。按照区政府统一投保的东城区公共管理

11月28日，人保财险东城公司召开领导班子会议

安全综合保险内容，人保财险东城支公司快速处理赔案，用时3个多月完成查勘、定损、结案、付款等理赔程序。3月18日，人保财险东城支公司赔付火灾事故案保险理赔金64.64万元。

（杨金凯）

【推广安全生产责任保险】4月5日，区安全生产委员会组织召开东城区安全生产责任保险推广动员部署会。区安监局、区住建委等11个推广责任单位、全区20个街道（地区）以及区发改委、区财政局等15家相关单位主要领导、人保财险北京市分公司主要领导参加会议。会议宣读并下发《东城区安全生产责任保险制度推广“东安工程”工作方案》，作为本年东城区安全生产领域“一号工程”。会议明确餐饮、超市、交通运输、建筑施工、加油站等11个行业的推广范围和职责分工。作为“东安工程”联席会议的成员单位，人保东城支公司和崇文支公司联合成立由总经理挂帅的32人服务团队，专门负责全区安全生产责任保险日常工作对接及关键举措服务。按照工作方案中提出的保险提供全方位服务，简化承保手续、提高理赔时效等保险服务要求，建立“一对一”服务对接机制。至年底，全区近2000家单位参加安全生产责任保险，保险赔付40余笔。

（杨金凯）

【电梯安全责任保险交流会】6月21日，人保财险东城支公司与北京市质监局、北京市保监局、东城区质监局共同召开北京市电梯安全责任保险工作研讨交流会。市保监局介绍全市电梯及电梯安全工作相关情况。全市各类电梯数量已达20余万台，占特种设备数量的70%以上，建议在全市电梯领域尽快建立、健全电梯安全责任保险制度。质监部门希望保险公司能够参与电梯安全管理，发挥保险的风险控制和经济补偿职能，使保险成为政府转变职能、利用市场手段辅助社会管理、提高社会管理效率的重要工具。会议还交流全国其他省市地区开办电梯安全责任保险的情况及国际先进经验。

（杨金凯）

【深化商业车险费改】上半年，深化商业车险条款费率管理制度改革工作（简称商车费改）在全市部署实施。东城支公司落实“商车费改”各项具体工作。成立领导小组、制定工作方案、开展巡回演讲、印制宣传手册、通过市保监局的上线验收、对客户进行追踪回访。6月30日，全市“商车费改”后的新条款费率机制正式上线运行，废除实行多年的各家保险公司统一条款统一费率状况。

（杨金凯）

## 东城区典当行业

【概况】年内，东城区有注册的典当法人单位46家：北京运通典当有限公司、北京昊融兴业典当行有限公司、北京博泰典当有限公司、北京如家典当有限公司、北京中合典当有限责任公司、北京通银典当有限公司、北京泰和典当有限责任公司、北京兴源典当行有限公司、北京嘉义典当有限责任公司、北京恒盛通典当有限责任公司、北京市华夏典当行有限责任公司、北京宝恒典当有限责任公司、北京福中达典当有限公司、北京鑫富天宏典当有限责任公司、北京金柜典当有限公司、北京同祥典当有限公司、北京融达典当有限责任公司、北京市恒生源典当行有限公司、北京中欣典当有限公司、北京融合汇通典当有限公司、北京泰富亨通典当行有限公司、北京汇金典当有限公司、北京东方鼎业典当行有限公司、北京汇德典当有限责任公司、北京富贵典当行有限公司、北京广信典当行有限公司、北京顺德发典当有限责任公司、北京融百佳典当有限公司、北京华诚典当有限责任公司、北京鑫敏恒永平典当有限公司、北京隆德典当有限公司、北京晟源典当行有限责任公司、北京鑫汇融泰典当有限责任公司、北京瑞益丰典当行有限公司、北京鼎丰典当有限责任公司、北京汇银典当有限公司、北京德荣典当有限责任公司、北京东方艺宝典当有限公司、北京汇融典当有限公司、北京中泰万和典当有限责任公司、北京信达典当有限公司、北京民生典当有限责任公司、卓世恒立（北京）典当有限公司、北京兆和典当有限公司、北京恒金典当有限公司、北京龙禹典当有限公司，分支机构14家。全行业实收注册资本20.58亿元，资产总额30亿元，全年典当总额174.21亿元。

（朱迎）

# 东城区金融及保险机构负责人

中国工商银行股份有限公司北京东城支行
行长、党委书记　苗鸿祥

中国工商银行股份有限公司北京崇文支行
行长、党委书记　肖　斌

中国工商银行股份有限公司北京王府井支行
行长、党委书记　聂建文

中国建设银行股份有限公司北京东四支行
行长、党委书记　尹国建

中国农业银行股份有限公司北京东城支行
行长、党委书记　广　淼

中国农业银行股份有限公司北京崇文支行
行长、党委书记　陈　婷

中国银行股份有限公司北京崇文支行
行长、党委书记　张　娅

中国人民财产保险股份有限公司北京市东城支公司
总经理、党支部书记　宋玉森

·2017·
北京东城年鉴
BEIJING DONGCHENG NIANJIAN

# 城市建设

# 建设管理

【概况】东城区住房和城市建设委员会（东城区历史风貌保护办公室）（简称区住建委）是负责全区住房和城市建设行政管理及历史文化名城保护工作的区政府工作部门。主要职责为负责全区工程建设管理工作，负责区属重点工程项目建设的协调、调度和监管工作；负责建设工程招投标监督管理和工程施工许可初审工作；负责全区保障性住房建设的统计、督促及协调管理等工作。设办公室、监察科、法制信访科、工程建设管理科、招投标管理办公室、建筑市场管理科、行政审批科、施工安全管理科、历史文化保护事务中心、组织人事科10个机构，下设东城区建筑行业管理处、东城区历史文化保护办公室、东城区建设工程发包承包交易中心3个事业单位。公务员编制42人、在编40人，事业编制79人、在编63人。

年内，玉河南区河道景观工程竣工亮相，长巷三条1号、临汾会馆文物修缮完工，陈独秀旧居布展结束。编制完成《东城区历史文化街区保护复兴行动计划》《十三五期间历史文化名城保护规划》。超额完成保障性住房建设、平房修缮任务。完成老旧小区抗震加固转结27栋楼。地铁机场线西延等部分站点入场施工。完成行政许可事项和行政管理事项1215件，新开工建筑面积121万平方米，竣工建筑面积33万平方米，监督在施工程97项、198.07万平方米，推进王府井国际品牌中心、桥苑艺舍等重点商业项目。

单位地址：东城区花市枣苑10号

联系电话：67051079

邮政编码：100062 （刘艺萌）

【重点工程】王府井国际品牌中心、桥苑艺舍、崇文门商业、国瑞城项目基本达到竣工验收条件。利山大厦二期、西部会馆、三利大厦等项目按计划推进。安定门、东花市、前门街道养老照料中心完成建设，和平里、东四、龙潭街道养老照料中心开工。 （刘艺萌）

【名城保护】玉河南区河道景观工程竣工。长巷三条1号、临汾会馆文物修缮完工，陈独秀旧居布展结束。东堂子胡同4、6号签约腾退居民8户，占居民总数47%。落实清华寺二期腾退资金，制定腾退工作方案。编制完成《东城区历史文化街区保护复兴行动计划》《十三五期间历史文化名城保护规划》，提出3个方面、10大行动、31项具体任务，构建“一轴六片三网多点”保护格局，为后5年历史街区保护发展行动纲领。安排年度专项资金8800余万元，牵头完成《关于探索历史文化街区有机更新路径的研究》调研课题及市区两级相关汇报材料撰写工作。 （刘艺萌）

【老旧小区综合整治和平房修缮】完成老旧小区抗震加固27栋楼，建筑面积7.18万平方米；节能改造13栋楼，建筑面积8.91万平方米。平房修缮完工3626户，超额完成市里下达的平房修缮任务。实际签约1526户。 （刘艺萌）

【工程质量安全监督】全区监督在施工程97项、198.07万平方米，全年实施行政处罚62起、罚款391.87万元，行政处理54起，参建各方违法违规行为记分208分，形成“三增长”局面，规范参建单位质量安全行为。全年未发生亡人的安全生产责任事故，未出现工程质量事故。 （刘艺萌）

【招投标管理】全年完成147个项目发包监管，建设规模83.78万平方米，合同金额28.36亿元。 （刘艺萌）

【依法行政与信访】年内，重新梳理行政处罚事项，完善和细化自由裁量权标准，筛选执行的行政处罚裁量基准307项备案。制定并实行会前学法制度，加强依法行政。行政检查556件、人均行政检查量39件，行政处罚（含不予处罚量）55件、人均行政处罚量4件。接待信访2730件，其中受理信访187件、接访约167人次、接电话约2376通、日均9通。办理信访复查复核事项1件。受理依申请公开32件，其中

两站一街项目结构施工

建设施工许可17件、经适房建设6件、建设行为处罚1件、夜间施工许可1件、拆除备案1件、拆迁档案1件、其他事项5件，公开8件、部分公开3件、不予公开21件。发生行政复议2件、行政诉讼2件。受理人大代表建议、政协委员提案22件，全部办结，议案、建议和提案代表、委员满意率、同意率100%。（刘艺萌）

【施工许可现场踏勘】年内，进行工程现场踏勘61项，建筑总面积63.22万平方米，其中新建工程6项、25.64万平方米，装修工程53项、37.48万平方米，市政道路2项、道路长度1000米。（刘艺萌）

【保障房建设】新筹建棚改项目对接安置房9348套。全年实现开工建设3592套，超额完成92套；筹集房源5756套。落实区“十三五”期间棚改定向安置房工作，顺义、大兴2万套保障房基本完成选址，与两区政府对接，推动前期工作。与北京市测绘设计研究院合作，搭建东城区保障性住房建设管理平台，以信息化为手段，科学、规范、准确、高效开展保障房建设筹集、分配和管理工作。（刘艺萌）

# 建设工程

## 公建工程

【翻建C1、B区商业房】位于东四路口东北、东南、西南角。翻建C1区商业房2009.33平方米，地上2层，檐高9.85米；翻建B区商业房面积2997.45平方米，地上3层，檐高13.25米。框架结构。为商业用房。工程造价820.6万元。1月13日竣工备案，2009年2月15日开工，上年12月28日竣工。北京东方信达资产经营总公司建设，北京城建设计发展集团股份有限公司设计，中天建设集团有限公司施工，北京宏远工程建设管理有限责任公司监理。（赵琳艳）

【南锣鼓巷社区用房】位于南锣鼓巷与前圆恩寺胡同西口交汇处东南角。建筑面积2903.38平方米，地上2层、檐高6.3米，地下6层、高度-21.39米。框架结构。地上为社区服务、卫生服务用房，地下为停车库、机房及设备用房。工程造价3825.03万元。1月7日竣工，2014年4月10日开工。交道口街道办事处建设，北京筑福建筑事务有限责任公司设计，中城建第五工程局有限公司施工，北京明德工程管理有限公司监理。（赵琳艳）

【东四邮局工程】位于朝阳门内大街东四路口东南角，建筑面积3336平方米，地上3层、檐高16.5米，地下1层、高度-3.55米。框架结构。为自用办公用房。工程造价1738.32万元。1月23日竣工备案，2012年2月10日开工，上年12月17日竣工。北京市邮政公司建设，北京城建设计研究总院有限责任公司设计，中天建设集团有限公司施工，北京宏远工程建设管理有限责任公司监理。（赵琳艳）

【金宝街6号地高端旗舰店】位于金宝街，建筑面积4209平方米，地上4层、檐高21.94米，地下2层、高度-10.85米。框架剪力墙结构。地下1层为商业，地下2层为库房；地上均为商业。工程造价1620万元。3月7日竣工，2014年10月31日开工。北京华富金宝房地产开发有限公司建设，中国建筑科学研究院设计，北京六建集团有限责任公司施工，北京华建恒工程建设监理有限公司监理。（赵琳艳）

【安和菜市场改扩建工程】位于和平里西街69号，建筑面积9774平方米，地上4层、檐高18米，地下3层、高度-15.5米。框架剪力墙结构。地

6月15日，区城建工作动员部署会

下1层为商业，地下2层为设备间及库房，地下3层为停车场；地上均为商业。工程造价4015.13万元。4月25日竣工，2013年9月29日开工。北京东方奥天资产经营有限公司建设，中国建筑科学研究院设计，南通启益建设集团有限公司施工，北京新森智业工程咨询有限公司监理。（赵琳艳）

【朝阳门SOHO中心南区商业加建项目】位于朝阳门西南侧，建筑面积3724平方米，地上4层，檐高17.6米。框架结构。由原1层加建为4层，为商务办公用房。工程造价3317.47万元。4月28日竣工，2014年12月10日开工。北京凯恒房地产有限公司建设，北京市建筑设计研究院有限公司设计，中建一局集团建设发展有限公司施工，北京国金管理咨询有限公司监理。（赵琳艳）

【消防支队及龙潭湖消防站工程】位于北京游乐园东侧，建筑面积5830平方米，地上5层，檐高18米。框架结构。为区消防支队办公用房及消防站。工程造价1315.35万元。6月21日竣工，2007年11月20日开工。北京市公安局消防局建设，北京东方华太建筑设计工程有限责任公司设计，中建城市建设发展有限公司施工，北京中联环建设工程管理有限公司监理。（赵琳艳）

【外城东南角楼修复工程】位于左安门桥东滨河路东南转角处，建筑面积1160平方米，地上3层，檐高12.1米，脊高14.4米。城台及城墙为框架结构，角楼和值房为木结构。建成后对北京外城东南角楼及部分城墙进行复原，用途为仓库。工程造价1645.76万元。7月7日竣工，上年6月4日开工。东城区文物管理所建设，北京兴中兴建筑设计事务所设计，北京房修一建筑工程有限公司施工，北京北咨工程管理有限公司监理。（赵琳艳）

## 住宅工程

【2#地下车库、1-04号住宅楼工程】位于朝阳区豆各庄乡。2#地下车库建筑面积4.16万平方米，地上1层、檐高4.18米，地下2层、高度-9.45米。框架结构。地上主要为人防出口，地下1层为车库及设备用房，地下2层为人防工程，平时为车库。工程造价1.54亿元。6月24日竣工，2013年3月11日开工。1-04号住宅楼建筑面积4602.21平方米，地上13层、檐高36.15米，地下1层、高度-3米。框架结构。地下1层为自行车库和设备用房，地上为对接安置房。工程造价1219.24万元。6月23日竣工，上年1月25日开工。东城区住宅发展中心建设，北京墨臣工程咨询有限公司设计。2#地下车库中铁电气化局集团北京建筑工程有限公司施工，北京东方华太建设监理有限公司监理；1-04号住宅楼北京东兴建设有限责任公司施工，北京方正建设工程管理有限公司监理。（赵琳艳）

4月11日，豆各庄部分经适房竣工交付

【3-2#、3-3#、3-5#、3-6#、3-8#、3-9#住宅楼】位于朝阳区豆各庄乡。3-2#住宅楼建筑面积2.18万平方米，地上29层、檐高79.99米，地下3层、高度-10.485米；3-3#住宅楼建筑面积1.05万平方米，地上29层、檐高79.99米，地下2层、高度-8.785米；3-5#住宅楼建筑面积1.80万平方米，地上29层、檐高79.99米，地下3层、高度-10.485米；3-6#住宅楼建筑面积2.24万平方米，地上29层、檐高79.99米，地下2层、高度-7.235米；3-8#住宅楼建筑面积2.19万平方米，地上29层、檐高79.99米，地下3层、高度-10.485米；3-9#住宅楼建筑面积2.24万平方米，地上29层、檐高79.99米，地下2层、高度-7.235米。均为框架剪力墙结构。地下为自行车库和设备用房，地上为对接安置房。东城区住宅发展中心建设。3-2#、3-3#、3-5#住宅楼工程造价1.17亿元；10月13日竣工，2014年1月28日开工；北京墨臣工程咨询有限公司设计，北京住总第二开发建设有限公司施工，建研凯勃建设工程咨询有限公司监理。3-6#住宅楼工程造价5863.2万元；10月13日竣工，2014年1月28日开工；北京墨臣工程咨询有限公司设计，北京东兴建设有限责任公司施工，北京照普博伦工程管理有限公司监理。3-8#住宅楼工程造价5549.04万元；9月29日竣工，2014年1月28日开工；北京墨臣工程咨询有限公司设计，北京城乡建设集团有限责任公司施工，北京磐石建设监理有限责任公司监理。3-9#住宅楼工程造价5863.2万元；10月13日竣工，2014年1月28日开工；北京墨臣工程咨询有限公司设计，北京东兴建设有限责任公司施工，北京照普博伦工程管理有限公司监理。（赵琳艳）

【1#住宅楼等7项工程】位于香河园3号，总建筑面积7.94万平方米。1#住宅楼建筑面积1.72万平方米，2#住宅

楼建筑面积1.89万平方米，3#住宅楼建筑面积1.73万平方米，均为地上19层、檐高60米，地下1层、高度-3.3米。1#人防出入口建筑面积35.5平方米，2#人防出入口建筑面积35.5平方米，门卫房建筑面积15平方米，均为地上1层、高度3.5米；1#地下车库面积2.59万平方米，地下4层、高度19.05米。框架剪力墙结构。均为商品住宅及配套公建。工程造价3.52亿元。11月11日竣工，2014年5月20日开工。北京香园大道实业有限公司建设，悉地（北京）国际建筑设计顾问有限公司设计，中建二局第三建筑工程有限公司施工，中航工程监理（北京）有限公司监理。（赵琳艳）

## 市政工程

【概况】地铁3号线、8号线三期、机场线西延入场施工，地铁7号线珠市口站征收项目22户、完成19户，地铁14号线陶然桥站征收项目142户、完成136户，工程收尾。（赵琳艳）

# 重大项目协调

【概况】东城区重大项目协调办公室（简称区重大办），是东城区政府派出机构。主要职责为负责全区重大项目、棚户区改造和环境整治项目、危改遗留项目的统筹调度、综合协调、督促落实工作，负责定向安置房源统筹调配工作，承担全区棚改及环境整治指挥部办公室和城市更新改造指挥部办公室工作，整体协调调度全区重大项目。设综合管理科、项目管理科、重点工程协调科和配套管理科4个科室。行政编制14人，在编12人。

年内，确定全区重大项目67项。天坛周边简易楼腾退项目、南锣鼓巷四条胡同修缮整治项目、西忠实里项目环境整治项目、宝华里危改项目、西河沿危改项目等取得重要进展。全年完成棚户区改造5133户，完成市政府下达的年度任务。

单位地址：东城区东四北大街265号
联系电话：64010699
邮政编码：100010（解启明）

【协调推进全区重大项目】年内，召开指挥部会议24次，研究通过议题76个。玉河（南区）河道基本亮相，桥苑艺舍、崇文门商业、国瑞、嘉德艺术中心、王府井国际品牌中心、文化活动中心、景山社区服务中心、国瑞项目基本完工；利山大厦二期项目结构封顶；三利大厦改扩建项目开工建设。开展全区待改造区域基本情况摸底调查，就全区历史文化街区、棚改、危改、城中村边角地等各类项目用地及未纳入项目待改造区域进行调查统计，形成数据库，梳理形成基础数据项目册和国有企业对接项目册。完成《东城区非文保区更新改造行动计划》编制。做好全区重大项目房源调度保障工作，申请、新拨和调整房源6100余套。（解启明）

6月3日，区重大办代表区政府与市城建集团签约

【棚户区改造5133户】市政府要求东城区本年棚改任务指标为4500户。年内完成搬迁修缮5133户，完成率114%。其中望坛项目完成一次性招标工作，启动征收程序。天坛周边简易楼腾退项目整体签约率达96%，完成选房工作。西忠实里项目一期、二期征收基本完成，累计签约299户，签约率达96.76%。南锣鼓巷四条胡同项目接受居民申请登记470户，年内签约407户。搁置10年的南中轴路周边环境整治项目10月8日启动，涉及75户，年内签约58户，签约比例达77.3%，达到预签协议生效比例，12月16日，发布征收决定。西河沿项目停滞多年滞

留的234户全部搬迁，其中强制搬迁8户；完成12栋楼的整体拆除，启动回迁楼建设。宝华里危改项目完成主体变更的全部手续，继续推进分流安置及规划方案调整。 （解启明）

# 地区建设管理

## 王府井地区建设管理

【概况】1989年，北京市东城区王府井地区商业管理委员会成立，隶属东城区，负责王府井商业企业的监督、检查和管理。1994年，王府井地区开发建设办公室成立，隶属市政府，负责王府井地区开发建设工作的统一调度。1997年12月，市政府将王府井开发办交由东城区管理。1999年2月，王府井地区开发建设办公室与东城区王府井地区商业委员会合并，更名为王府井地区建设管理办公室（简称王府井建管办），为全额拨款事业单位。主要职责是研究制定王府井商业区建设管理和发展的有关规划、规定和措施并组织实施；协调工商、公安、交通等部门对王府井商业区进行综合管理，统计分析运营指标，促进经济发展；会同有关部门办理王府井商业区市政基础设施建设立项、可行性报告、方案设计、开工建设事宜；会同有关部门审定王府井商业区各项户外活动等。设行政办公室、组织人事部、商业发展部、综合管理部、项目工程部5个部门。编制48人，在编44人。

年内，举办第五届北京王府井国际品牌节；制定发布《东城区“十三五”时期王府井商业区发展规划》；发挥王府井商会作用，构建王府井地区管理新格局，开展地区业态全方位调查和品牌升级路径研究；修订步行街户外活动管理办法，策划举办100余项高质量精品商业活动，繁荣街区氛围；协调、配合、推进地铁8号线三期王府井段建设，推进地区基础设施提升；完成16项重大安全服务保障任务；完善综合执法体系，应对日益复杂的消防安全、食品安全、环境扰序等综合管理问题。王府井大街获北京市服务贸易示范基地称号。

单位地址：东城区柏树胡同40号

联系电话：65129999

邮政编码：100006 （武曼）

【非首都功能疏解】年内，完成东华门美食坊夜市撤市工作，涉及经营区域1500平方米、工商登记照主158人、摊位90个。动员商家单位实施品牌升级战略，推进不符合地区产业发展的品牌退出工作。加强城市环境秩序综合整治工作力度，推进非法小广告治理、无照游商治理和对黑车、黑摩的查处。 （武曼）

【社会投资项目】年内，完成的《王府井商业区改建规划》涉及王府井地区建设项目64项，竣工项目24个，分别是东方广场、工美大厦、丹耀大厦、新东安市场、王府井北厦、协和医科院综合楼、澳门中心、丽苑公寓、国旅大厦、商务部综合楼、御都大厦、王府世纪停车楼、王府井名车港、吉祥大厦、天元利生体育商厦、世纪大厦、景山柏宁顿、新中原大厦、社科院综合楼、中央保健基地、协和医院改扩建工程、二商综合楼、北京饭店二期、王府国际商城。项目投资总额298亿元人民币，建筑总面积242万平方米。地区在建及启动项目8个，包括在建项目4个，即国际品牌中心、海港城、王府井西部会馆、嘉德艺术中心，投资总额143亿元，规

9月22日，第五届王府井国际品牌节开幕式

9 月 23 日，王府井消费地图发布仪式

划总建筑面积48.9万平方米。其中嘉德艺术中心、王府井国际品牌中心项目主体结构封顶，进行机电安装、外立面装修工程施工；西部会馆项目进行地下结构地板和土方施工，项目取得立项核准批复；海港城项目进行方案设计和土地合并的推进工作。处于停滞项目4个，分别是宗苑大厦、黄土岗危改3号地、帅府大厦、君豪大厦。剩余14个项目，尚无开发条件和意向。（武曼）

【精品商业文化活动】年内，举办中国世界遗产文化展、中国自然保护区60周年图片展、北京国际摄影周图片展、百姓摄影家展、低碳发展 绿色生活活动及三沙、赤城、日照、江西、河北等区域摄影展等近20余项商业及公益文化活动和70余项商家活动。其中与中国海洋报社签署海洋宣传框架合作协议，约定每年5.12海洋减灾日、6.8世界海洋日等重要宣传日期间，联合举办以海洋文化为主题的宣传展示活动。春节期间，在步行街搭建金猴献瑞、星光闪耀、灵猴闹春等灯组，烘托渲染猴年春节氛围。（武曼）

【中国世界遗产文化展】1月31日至2月22日，王府井商会与《文明》杂志社合作举办中国世界遗产文化展。作为王府井金猴迎新春、金街过大年文化板块的组成部分，展览通过图文并茂形式，展示中国世界遗产资源，春节期间消费者到王府井地区切身感受文化氛围，提升王府井步行街的文化展示功能。展览期间，教育部副部长郝平、国家文物局副局长宋新潮、国家新闻出版广电总局新闻报刊司司长李军、故宫博物院院长单霁翔、中国期刊协会常务副会长余昌祥等参观展览。（武曼）

【探索新媒体整合营销方式】2月1日（农历小年），由王府井建管办携王府井商会邀请地区商家举办的“金街过大年　手机摇好礼”活动启动。活动首次采用新媒介联合地区商家方式，凡是农历腊月二十三至正月十五，到王府井街区的消费者，可通过微信摇一摇方式，随机摇出街区内主要商家和品牌商推出的100余种优惠红包，优惠力度为全年之首。用信息化手段和技术提升商家与消费者互动参与度，吸引更多消费者到王府井体验和消费，实现王府井街区内不同行业、不同业态、不同主体间的整合营销。（武曼）

【王府井商会一届二次会员大会】9月8日召开。会议通报第五届北京王府井国际品牌节活动方案，审议通过《王府井商会章程（修改草案）》。常务理事会选举新任会长。（武曼）

【第五届北京王府井国际品牌节】9月22日，第五届北京王府井国际品牌节开幕式暨“王府井-荟萃历史美誉 创新现代经典”论坛在北京王府半岛酒店举行。品牌节由北京市商务委、北京市旅游发展委、北京市政府外事办公室、中国贸促会北京分会、东城区政府联合举办，由王府井地区建管办和王府井商会共同承办。品牌节将新形势下“品牌再造”贯穿活动之中，研讨品牌发展趋势，展示王府井的国际形象，提升知名度和影响力。构建“3811”的内容，即举办开幕式暨主论坛、国际友好城区论坛和“以珠宝之名致敬未来”中国品牌供给侧改革3场论坛；品牌小屋展、丝路名品汇、文创精品汇、中华老字号技艺展、VR体验月、中国照相进京60年图片展、“未来有趣”球幕影院、百年灵手表飞行体验等8个品牌秀场活动；1个王府井地区商家的整合营销大PARTY；1个新王府井消费地图评选发布活动，评选出十大不可错过餐厅、十大舒适落脚地、十大北京印记、十大任性剁手地、十大趣玩部落，以卡通手绘地图的形式提供给消费者一个全新的王府井消费指南。全国政协副主席林文漪、商务部副部长房爱卿、北京市人大副主任孙康林、区领导张家明及中国商业联合会、中国世界贸易组织研究会、中国步行商业街工作委员会、北京市相关部门的领导、国际友好城区代表、国际知名品牌商代表、商业领域专家、东城区相关单位代表、王府井商会会员、香港置地合作伙伴、新闻媒体等300余人参加开幕式暨论坛活动。品牌节受到媒体和消费者广泛关注。（武曼）

【王府井消费地图】9月23日发布。作为第五届王府井国际品牌节重点推出的产品，消费地图评选过程历经商家自荐、消费者投票、专家和媒体多轮评审，最终从王府井商业街，上万品牌中精选出50大消费坐标，包括十大北京印记、十大舒适落脚地、十大不可错过餐厅、十大任性剁手地和十大趣玩部落等。首批地图通过各大报刊、杂志的投递和知名酒店、商街发放的形式，投放10万余份。这份官方

版的消费攻略，向外界传递王府井商业街最前沿和个性消费指导，也是王府井对外宣传的重要载体。（武曼）

## 前门大街建设管理

【概况】北京市前门大街管理委员会（简称前门管委会）2009年9月30日成立，是负责前门商业区综合管理和促进地区经济发展工作的区政府派出机构。主要职能是负责研究制定前门商业区建设、发展规划及管理规定和措施并组织实施；负责协调相关部门挖掘、整理、展示前门历史文化；负责前门地区产业发展；负责协调相关部门实施前门商业区综合管理和社会治安综合治理；协调市、区相关部门对前门商业区的公共设施、市政基础设施、户外广告、牌匾进行规划管理；负责前门商业区的对外宣传、联络和重要信息发布。设办公室（纪检监察科）、产业发展科、综合管理科。行政编制12人，在编9人；下属事业单位北京市前门商业区服务中心编制20人，在编18人。

年内，理顺管理机制，实现前门商业区招商运营工作从事前准入向事中事后监管转变。完成非首都功能疏解任务。转型升级，北京文化产权交易中心新址启用，全年交易额将近300亿元，鲜鱼口老字号美食街通过全国知名品牌创建示范区专家组验收，广和剧场项目主体结构完工。治理黑导游等综合管理工作形成常态机制，文化体验式消费街区走向成熟。前门商业区日均接待游客8万人次，实现销售额6.5亿元，实现街区进一步繁荣发展。

单位地址：东城区珠市口东大街19号
联系电话：67018526
邮政编码：100051（崔银玲）

【地区非首都功能疏解】制定《2016年前门商业区转型升级人口调控工作实施方案》《前门商业区失信企业黑名单管理办法》，牵头成立前门商业区转型升级人口调控工作领导小组，做好部门联动和信息互通共享，建立科学有效人口调控机制，按照“人随产业走”“以业控人”原则，推进前门商业区非首都功能疏解工作。至9月，疏解商户17家（含转型升级商户5家）、经营人员240人，完成本年疏解工作。（崔银玲）

9月，开展鲜鱼口老字号美食街创建活动

【文化体验式消费街区建设】至10月，招商工作领导小组先后召开5次例会，对20家、个意向入驻商户、品牌进行审议，准入商户15家（含2家办公商户），重点商户包括Little Big City（京城记）、传统文化艺术中心、姚慧芬刺绣艺术馆、得意典藏、杏林茶馆、正阳艺术馆、龙驭德——经典国宴京味菜等优质品牌商户，业态类型涵盖餐饮、艺术中心、文化馆、博物馆等，提升街区商业品质，丰富业态类型。北京文化产权交易中心入驻前门商业区，带动文化资源、文化要素的集聚，促进前门历史文化与现代创意、高端业态相融合。理顺管理机制：深化“放管服”改革工作，完善街区招商运营监管工作机制，制定《前门商业区招商运营监督管理方案》，明确各相关部门具体职责，推动前门商业区招商运营工作从事前准入向事中事后监督管理转变，形成街区统一管理、各司其职、协调配合、企业主体、强化监管的商业管理机制。（崔银玲）

【推进重点工程建设】推进前门西区剩余地块工程建设。前门西区规划建筑面积40万平方米，建成22万平方米，建成面积占规划总建筑面积55%。前门西区有52个地块，完成40个地块工程建设，B4地块地下土方工程完成；B5地块地上主体结构完成，进行外墙砌筑施工及地下二层排水沟清理、地面养护作业施工；编制完成B14地块与B12原建筑结构衔接方案，进行基础施工；B15地块地下施工审批手续完成；B16地块进行护坡桩施工；G10、G11地块取得水评批复文件，开展立项手续办理工作。推进市政设施改造升级，编制完成前门西区市政梳理优化工作方案。（崔银玲）

【智慧街区项目推进】根据智慧前门项目规划设计方案专家研讨会专家建议，协同赛迪公司对《智慧前门总体顶层规划报告》《智慧前门总体可行性研究报告》《智慧前门一期初步设计方案》修改和完善。9月，组织召开智慧前门项目方案专家验收会，经成果汇报、文档审阅、质询研讨等环节，通过专家组验收。（崔银玲）

【鲜鱼口街品牌创建工作通过验收】落实鲜鱼口老字号美食街争创全国传统饮食文化产业知名品牌示范区各项筹备工作，街区商户服务质量、菜品质量提高，标准化程度提升，街区美

9月，区振兴老字号宣传活动

誉度、顾客满意度与核心竞争力提高。8月，通过区财政局项目资金使用绩效考评。9月，经听取汇报、现场考察、问询及查阅资料等环节，鲜鱼口老字号美食街创建工作通过专家组现场验收。（崔银玲）

【展示前门历史文化】举办春节民俗文化展，展出由中国美术家协会会员、著名书画家张坤绘制的39幅图文并茂组图；举办鲜鱼口美食街老字号展，弘扬民族传统文化；整理、制作、播放街区对外宣传广播录音，以文化宣传推动商业、旅游发展；完成京交会等活动参展工作，提升前门文化品牌传播力、影响力。（崔银玲）

【综合治理】完成商业区安保服务公开招投标工作，严格安保工作日常管理，建立健全安保工作监督反馈机制，提升安保工作质量。统筹驻街各职能部门、业主单位以及街区保安、街区商户等各方力量，完成全国"两会"、G20峰会、国庆67周年、"黔货进京"、十八届六中全会等重大活动和重要敏感时期安全保障工作。加强行业监管督导，解决街区的管控难点与重点，基本取缔黑导游等无照游商现象，维护街区环境与商业秩序。做好商户室内外装修、户外广告牌匾及临时占用公共区域等工作的协调监管服务，将服务商户寓于日常管理中。加强组织领导、综合协调，完成国家卫生区复审迎检工作。完成年度餐饮商户安全生产责任险推广工作及街区企业三级安全生产标准化评定工作，实现街区安全生产零事故。成立前门商业区防火安全委员会，签订消防安全责任书，形成三级联管工作机制，加强防灾减灾消防演练。网格化管理工作保持高效，案卷处理率达100%，月度、季度考核等均名列全区前列。（崔银玲）

# 规划管理

【概况】北京市规划委员会东城分局（简称东城规划分局）是北京市规划委员会派出机构，主要职能是在市规划委领导下，依法负责本行政区域的规划编制、规划管理和规划监督工作。设办公室、综合业务科、规划科、建设用地管理科、建设工程管理科、市政交通工程管理科、法制科、纪检监察科、规划监察执法队；下属事业单位有东城区规划信息中心、崇明规划信息服务中心。行政编制31人、行政执法专项编制15人、事业编制24人、工勤编制2人，在编50人。

年内，受理各类行政许可事项197件，核发197件，其中批准同意148件。编制《南锣鼓巷历史文化街区风貌保护管控导则》《南锣鼓巷主街风貌保护管控图则》（报审稿）。配合南锣鼓巷四条胡同腾退整治，研究试点院落修缮方案。配合办理全区22条疏堵道路工程规划建设手续，畅通道路微循环。研究局历年被诉讼的典型案例，制作行政诉讼实例汇编。规划分局被评为市规划委年度优秀分局。

单位地址：东城区和平里五区甲19号楼
联系电话：84225641
邮政编码：100013（文卷）

【规划审批】办理行政许可事项84件。其中选址意见书4件，用地面积1.63万平方米；建设用地许可证：市政类1件，用地面积1.21万平方米；建设工程许可证：建筑类64件，建筑面积7.29平方米；市政类13件，道路及管线长度5360.2米；延期2件。（文卷）

【名城保护】1月29日，完成城市更新改造指挥部东城区城市规划沙盘模

8月11日，南锣鼓巷风貌保护专家意见征求会

型制作。3月31日，完成南锣鼓巷历史文化街区三维模型制作。6月21日，开展东四三至八条历史文化街区三维模型制作。7月22日，完成南锣鼓巷主街两侧建筑高度测绘。（文卷）

【重点工程】3月8日，核发前门东片保护整治项目B3地块建设工程规划许可证。3月28日，办理宝华里危改项目规划手续。5月30日，核发景山社区服务用房项目建设工程规划许可证。6月3日，完成文化部朝阳门内大街203号院南北楼增设电梯备案事项。12月9日，完成望坛方案审查意见复函。12月29日，核发西河沿房改带危改项目西区建设工程规划许可证。（文卷）

【无障碍工作】5月4日，制定区无障碍设施建设和改造工作计划及成员单位重点任务分解表，以区政府名义报市规划委。5月，向各属地街道办发放相关宣传资料和设计指南图册。（文卷）

【地名工作】7月，完成17个街道所属182个社区地名普查外业调查，采集地名属性信息6.3万条。（文卷）

【公共服务】核发规划条件7件，建筑面积8.2万平方米；规划意见复函2件，建筑面积17.24万平方米；地名命名1件；建筑物名称核准1件。（文卷）

【规划监督】完成建设工程竣工验收52件，建筑面积7.77万平方米；建筑工程规划验线1件，建筑面积2138.45平方米。（文卷）

【违法建设查处】立案未按规划许可进行建设的工程，查处违法建设28处，总建筑面积3100平方米。移送60件，出具规划审批情况函984件。（文卷）

【党建工作】5月27日，召开党建廉政工作会，部署年度党建廉政工作，各副局长与党政主要负责人签订《党风廉政建设工作责任书》。7月，规划分局机关党支部被市规划委评为先进基层党组织，2人分别被评为优秀党务工作者和优秀共产党员。9月，以“两学一做”为契机，在全体党员中开展《中国共产党廉洁自律准则》《中国共产党纪律处分条例》百题知识测试。11月22日，召开领导班子年度考核测评会。12月20日，邀请20个服务对象进行座谈并进行评议打分。（文卷）

# 国土资源管理

【概况】北京市国土资源局东城分局（简称市国土局东城分局），是北京市规划和国土资源管理委员会派出机构，负责东城区域内国土资源的监督管理、权属管理、政策宣传、执法监察、信息化建设、信息统计、档案管理等工作，承办北京市国土资源局和区委、区政府交办的其他事项。设办公室、综合科、地籍科、国土资源利用科、重点工程科、财务科、政工科、执法监察科和纪检监察科9个科室。下设北京市东城区不动产登记事务中心、北京市东城区土地利用事务中心、北京市土地整理储备中心东城区分中心3个事业单位。行政编制40人、工勤编制6人、事业编制75人，行政在编39人、工勤在编5人、事业在编（含参公事业单位）65人。

年内，完成望坛棚户区改造项目一次性招标工作。完成建设项目用地预审18件，用地面积63.53公顷；办理国有建设用地使用权划拨批准3件，用地面积1.34公顷；完成国有建设用地供应项目3宗，用地面积1.34公顷。完成地籍调查271件，开具权属审查告知单26件。9月，开展不动产登记历史档案数据整合工作。房屋档案扫描完成进度100%，房屋档案数据处理完成55.79%；土地档案数据处理完成进度17.05%；完成3次基础数据入库试验，数据整理成果达到市局工具入库要求。组织开展“4.22地球日”“6.25全国土地日”“12.4国家宪法日”等

6月21日，区国土局青年宣讲团宣传节约用地、保护耕地

主题宣传活动，采取进社区、进学校、进机关、进用地单位，摆展台等形式，普及科普知识，宣传国土资源国情国策。

单位地址：东城区东直门内大街3号

联系电话：84061496

邮政编码：100007 （马洁）

【不动产登记】工作整合以来，加强服务大厅建设，加强大厅现场引导、强化登记业务事前指导、采取实名制发号措施、适时调整号源分配、增设绿色通道服务。全年受理申请5.22万件，颁发不动产权证书2.06万本，不动产登记证明1.31万份。 （马洁）

【土地供应】提前超额完成东城区年度土地供应计划指标。完成经营性用地24.05公顷、完成率400.8%，其中住宅用地完成23.59公顷、完成率1179.5%。 （马洁）

【土地储备开发】完成望坛棚户区改造项目一次性招标工作。5月3日，完成东交民巷29、31号院联储项目最后1家被拆迁单位搬迁。加快前门东区棚户区改造，12月30日，向社会发布区前门东区三里河周边B1地块棚户区改造项目招标公告。 （马洁）

【土地利用】完成建设项目用地预审18件，用地面积63.53公顷；办理国有建设用地使用权划拨批准3件，用地面积1.34公顷；完成国有建设用地供应项目3宗，用地面积1.34公顷。完成东城区年度开发区土地集约利用更新评价，12月中旬，项目成果通过市局技术项目专家组验收合格。 （马洁）

【批后监管】对辖区内已供应土地进行监督管理，系统上报57个项目。启动第四批至第七批闲置土地调查，28个项目。国家土地督察北京局对全区开展督察工作3次，督察组对8个空闲地块、26宗出让项目现场踏勘。根据督察组提出的5大类涉及50个项目问题，制定整改台账，明确整改措施和整改时限，完成整改18个项目。根据市规土委要求，督察整改涉及3个方面、44个项目，完成整改项目2个、整改面积28.05亩，占总面积3.46%； 开展已供土地擅自改变用途调查，通过普查踏勘、分片落实方式，用时11天完成289宗地块的外业调查，查出5宗擅自改变用途土地，形成踏勘记录表、位置图、现场照片等成果档案，并出具《东城区2009-2015年已供土地擅自改变用途调查情况报告》。 （马洁）

【地籍管理】年内，委托新兴华安测绘公司对上年部分院落地籍管理数据更新进行复查，复查结果合格。完成地籍调查271件，开具权属审查告知单26件。 （马洁）

【违法用地查处】完成青年湖公园高尔夫练习场违法用地查处工作。核查“12336”土地违法举报1件，按照相关程序处理。 （马洁）

【信访、诉讼工作】开展4次矛盾隐患排查。做到情况清、底数明、数字准。全年办理信访事项196件次，全部在时限内答复。办理行政诉讼案件105件、行政复议10件。 （马洁）

【政府信息公开】撰写本年度信息公开年报、修订信息公开指南。上网公开政府信息1105条，受理依申请政府信息公开198件，全部在时限内答复。 （马洁）

4月22日，开展地球日宣传活动

# 房地产开发与建筑业企业

【概况】年内，区内有建筑业企业217家。按资质等级分，施工总承包企业51家（其中一级18家，二级19家，三级14家），专业承包企业160家（其中一级22家，二级92家，三级46家），劳务分包企业6家；按行业类别分，房屋建筑企业25家，市政施工企业16家，设备安装企业22家，装饰装修企业78家，其他企业76家。（王守月）

## 东城区建筑业企业统计表

（单位：家）

| | 资质类别 | 特、一级 | 二级 | 三级 | 合计 |
|---|---|---|---|---|---|
| 总承包 | 房屋建筑 | 12 | 9 | 4 | 25 |
| | 机电安装 | 1 | 1 | | 2 |
| | 通信工程 | 1 | | | 1 |
| | 市政公用 | 1 | 8 | 7 | 16 |
| | 公路工程 | 3 | | | 3 |
| | 石油工程 | | 1 | | 1 |
| | 矿山工程 | | | 1 | 1 |
| | 电力工程 | | | 2 | 2 |
| 小计 | | 18 | 19 | 14 | 51 |
| 专业承包 | 装饰装修 | 13 | 65 | | 78 |
| | 消防 | 4 | 5 | | 9 |
| | 电信 | | 1 | | 1 |
| | 隧道工程 | | | | |
| | 送变电 | | | 9 | 9 |
| | 体育场地设施 | | | | |
| | 地基基础 | 2 | 1 | | 3 |
| | 建筑防水 | | 1 | | 1 |
| | 园林古建 | 2 | | | 2 |
| | 爆破与拆除 | | | | |
| | 机电安装 | | 2 | 17 | 19 |
| | 城市照明 | | | 8 | 8 |
| | 设计施工一体化 | | | | |
| | 无损检测 | | | | |
| | 建筑智能化 | | 12 | | 12 |
| | 建筑幕墙 | | | | |
| | 环保工程 | | 1 | 9 | 10 |
| | 防腐工程 | 1 | 4 | | 5 |
| | 电子工程 | | | | |

续表

| | 资质类别 | 特、一级 | 二级 | 三级 | 合计 |
|---|---|---|---|---|---|
| | 起重设备 | | | 1 | 1 |
| | 钢结构 | | | 1 | 1 |
| | 特种专业 | | | 不分级1 | 1 |
| | 金属门窗 | | | | |
| 小计 | | 22 | 92 | 46 | 160 |
| 劳务分包 | | | | 不分级6 | 6 |
| 总计 | | 40 | 111 | 66 | 217 |

（王守月）

## 北京东兴建设有限责任公司

【概况】北京东兴建设有限责任公司（简称东兴建设）1958年成立，是建设部批准的施工总承包一级资质企业，拥有起重设备安装、建筑装修装饰、园林古建筑工程专业承包和文物保护工程施工的一级资质。设组宣部、工程部、技术质量部、安保部、办公室等9个业务部室及7个基层单位，有职工301人。

年内，认清形势寻机遇、坚定信心解难题，企业在困难中立稳脚跟，在挑战中平稳运营，完成公司职代会三届三次会议确定的主要经济技术指标，取得较好成绩。全年完成产值3.25亿元，实现利润1106.12万元，缴纳税金1203.14万元。公司党委被评为北京市社会领域先进基层党组织，公司获上年北京市“安康杯”竞赛优胜班组称号，2-07#、2-08#住宅楼（豆各庄3、4号地通惠灌渠西侧地块东城区旧城保护定向安置项目）工程获年度北京市绿色安全工地称号。

单位地址：东城区礼士胡同75号
联系电话：64156699
邮政编码：100010　（孙丽娟）

【职代会】1月7～8日，召开三届三次职代会。会议通过《工资集体协商专项协议（草案）》《北京市企业实行综合计算工时工作制和不定时工作制申报表》及配套文件，通过行政工作报告、安全生产工作报告等文件，形成综合决议。　（孙丽娟）

【董事会股东会】1月11日，召开第三届第十八次董事会。会议审议通过《2015年工作报告》《2015年财务预算执行情况和2016年财务预算的报告》《2015年企业利润分配方案》等。当日，召开第二十四次股东会。会议审议通过《董事会工作报告》《监事会工作报告》《2015年财务预算执行情况和2016年财务预算的报告》《2015年企业利润分配方案》。　（孙丽娟）

【迎春茶话会】1月13～15日，召开迎春茶话会。会上宣读《2015年各单位履行〈工效挂钩经营责任书〉情况的考核通报》；上年《工效挂钩经营责任书执行通知》《2015年度“长城杯”工程奖励决定》《关于对获得北京市绿色安全工地单位进行奖励的决定》。向有关部门和人员颁奖。　（孙丽娟）

【2-07#、2-08#住宅楼工程】3月16日，公司承接的2-07#、2-08#住宅楼工程开槽施工。公司在开工前做充分准备，要求严格施工现场标准化管理，确保工程质量和成本控制。　（孙丽娟）

【安全教育】3月24日，对东城区职业技能培训管理指导中心抗震节能改造工程外施作业人员和现场管理人员进行进场安全教育培训，外施作业人员88人、施工现场管理人员6人参加培训。5月18日、25日，对金鱼胡同10号办公楼及平房综合维修工程外施作业人员43人、五十五中地下学生食堂及附属用房工程外施作业人员53人及现场管理人员进行安全教育培训。6月8日，对2-07#、2-08#住宅楼工程外施作业人员和现场管理人员113人进行安全教育培训。7月26日，对二中装修工程外施作业人员37人和现场管理人员4人进行安全教育培训。安全教育培训会针对国务院《建设工程安全生产管理条例》安全法律法规等相关内容进行讲解学习，结合施工现场在安全防护、施工机械、保卫消防、生活区管理和环境保护、绿色施工等方面存在的问题，提出纠正和解决的办法。　（孙丽娟）

【经济运行检查】3月24～25日，公司领导及工程、财务、人事等相关业务人员组成检查组，听取各基层单位本年主要经济指标预测情况汇报。各单位高度重视，就提高本单位工程项目的过程管理、流程管理、成本控制等工作汇报，结合各自生产实际制定切实可行的措施。经济运行检查整体情况良好。7月19～20日，公司领导及有关业务部室人员组成的检查组，分别听取各单位上半年经济运行情况汇报。各单位分别按照公司《关于听取各单位2016年上半年经济运行情况汇报的通知》汇报，汇报的内容全面、数据统计清晰。（孙丽娟）

【三证合一工作完成】5月初，依据《工商总局等六部门关于贯彻落实<国务院办公厅关于加快推进“三证合一”登记制度改革的意见>的通知》精神，北京市全面实行“三证合一、一照一码”（指企业登记分别由工商部门核发工商营业执照、质监部门核发组织机构代码证、税务部门核发税务登记证，改为一次申请、由工商部门核发一个营业执照）的登记制度。三证合一后，组织机构代码证、税务登记证、统计登记证即时撤销。5月10日，公司收到工商行政管理部门核发的加载统一社会信用代码的营业执照，三证合一工作完成。（孙丽娟）

【长城杯创优】6月24日，公司总工程师带领技术质量部人员到2-08#住宅楼工程项目部，进行创结构长城杯首次业务培训。主要对《建筑结构长城杯工程质量评审标准》B11/T1074-2014以及结构长城杯对施工现场资料、试验、原材料的要求等进行讲解并指导。7月1日，公司总工程师等对2-08#住宅楼工程施工现场钢筋、模板、混凝土工程等结构实体的施工做法和具体标准进行第二次创优工作业务指导。（孙丽娟）

【献爱心活动】七一期间，公司各党支部组织党员、积极分子开展共产党员献爱心捐款活动，党员102人、入党积极分子17人和群众3人参加捐款活动，捐款4660元。捐献活动所得款项，用于东城区慈善协会在全区开展的助老、助学、助困等救助项目。（孙丽娟）

【安全管理体系认证】7月6～8日，北京东方纵横认证中心对公司质量、环境、职业健康安全管理体系进行认证审核。审核组对工程部、技术质量部、安保部、体系办等部室及五十五中地下学生食堂及附属用房工程的“三体系”运行情况进行审核。7月21日，公司收到北京东方纵横认证中心签发的认证保持通知书和体系认证证书。（孙丽娟）

【青年湖东里改造工程开工】7月11日，公司承接的东城区2012年老旧小区抗震节能综合改造工程（北片第一标段）青年湖东里3#、4#、5#号楼加固改造工程开工。（孙丽娟）

【结构长城杯检查】8月10日，北京市工程建设质量协会专家组对公司承建的2-08#住宅楼工程的外观质量和资料进行第一次结构长城杯检查。11月20日，北京市工程质量协会专家组对2-08#住宅楼工程进行第二次结构长城杯检查。专家对该工程结构施工工程质量及资料管理予以肯定。（孙丽娟）

【三类人员安全培训】8月25日，公司召开三类人员（各单位负责人、项目负责人、安全生产管理人员）安全培训会。会上，对公司三类人员进行《中华人民共和国安全生产法》等相关法律、标准规范的宣传教育和业务指导。对与会人员进行现场考试，考试成绩均合格达标。53人参加培训。（孙丽娟）

【劳务资料检查】年内，公司根据施工现场劳务管理检查项目要求，对各单位8个在施工程的劳务分包合同、备案书、备案花名册、劳务分包企业资质、进出场记录，劳务作业人员花名册、考勤、工资单及劳务作业人员劳动合同等劳务管理资料进行4次大检查。要求各单位劳资人员加强工程劳务资料管理，每月定期收集真实、有效的劳务资料，并在项目部备案。（孙丽娟）

东兴建设承建的2-08#住宅楼工程施工现场

## 北京筑邦建设有限责任公司

【概况】北京筑邦建设有限责任公司（简称筑邦公司），由原北京市东城区第二建筑工程公司和北京市东城区第三建筑工程公司合并改制而成，2000年11月22日成立。注册资本2261.38万元，总资产6969万元，是国家二级资质建筑施工企业。经营范围为建筑施工、仿古建筑工程及古建筑修缮的施工、房屋拆除、室内装饰装修、市政管道、防水工程施工、铁木器加工、水电工程、锅炉安装、机械设备租赁等。设工程部、经营管理部、财务部等7个部门，辖7个分公司、1个施工处。有工程技术人员11人及经营管理人员20人。

年内，完成开复工面积4.5万平方米，完成产值4838万元，缴纳各项税

8月，二十四中学校园校舍维修改造工程

收251万元。

单位地址：东城区东四三条67号

联系电话：64041224

邮政编码：100010（王勇涛　田景焕）

【董事会】5月13日，董事会举行第三十四次会议。听取审议公司董事会、执行层2014—2015年工作报告，公司2014-2015年财务报告。会议要求团结一心，搞活经营，全面完成全年公司经营生产任务和各项工作。（王勇涛　田景焕）

【党建工作】年内，开展“两学一做”学习教育，公司所属3个党支部党员25人参加，覆盖面100%。总支书记集中讲党课2次。召开庆祝建党95周年党员大会，举行重温入党誓词仪式。发动党员献爱心，为本市困难群体捐款815元。组织参观“英雄史诗不朽丰碑——纪念中国工农红军长征胜利80周年”主题展览，收看纪念长征胜利80周年大会录像，学习习近平总书记重要讲话。完成公司党总支换届选举工作。（王勇涛　田景焕）

【航天试验技术所吊装厂房工程】5月竣工。四公司施工，建筑面积392.96平方米，钢结构，地上1层。北京龙安华诚建筑设计有限公司设计，北京京航联工程建设监理有限责任公司监理。（王勇涛　田景焕）

【航天试验技术所6#楼维修工程】8月开工，10月竣工。四公司施工。（王勇涛　田景焕）

【河北定兴恒源御景住宅楼群体工程】12月竣工。一公司施工，建筑面积4万平方米，工程造价5200万元。钢筋混凝土剪力墙结构，地下2层地上12层。工程历时3年。（王勇涛　田景焕）

## 北京崇文·新世界房地产发展有限公司

【概况】北京崇文·新世界房地产发展有限公司（简称崇新公司）1993年8月成立，是香港新世界中国地产有限公司与北京正阳恒瑞置业公司组建的京港合作企业，注册资本2.25亿美元。主要对崇文门外大街1号、5号、6号地进行旧城改造、房地产开发、商品房销售，并对建成的商场、公寓、写字楼等进行租赁经营管理等业务。完成开发建设项目有：新世界中心一期、新世界酒店、燕京大厦、新怡商务楼、新裕商务大厦、新景家园、新裕家园、新怡家园等，开发面积138万平方米。竣工项目中，新世界中心获北京市20世纪90年代十大建筑称号。有员工135人（含北京崇裕房产开发有限公司、中国新世界电子有限公司、北京新康房地产发展有限公司）。

年内，实现销售收入1073万元，租赁收入9684万元。公司力求创新、追求卓越，注重履行社会责任，提高社会公信力和企业品牌实力。缴纳各项税金6248万元。连续12年获区50强企业和百强企业称号；获市国税局、地税局联合颁发的纳税信用A级企业奖牌及证书。

单位地址：东城区崇文门外大街9号正仁大厦10层

联系电话：67088989

邮政编码：100062（赵谦）

新裕外立面效果图

## 北京崇裕房产开发有限公司

【概况】北京崇裕房产开发有限公司（简称崇裕公司）1993年3月成立，是香港新世界中国地产有限公司与北京兴隆置业有限公司组建的京港合作企业，注册资本1.72亿美元。主要从事房地产开发、商品房销售及建成的商场、公寓、写字楼经营管理等业务。完成开发项目有：新世界中心二期、新世界家园、正仁大厦、新成文化大厦、新阳商务楼等，建筑面积42.8万平方米。

年内，未有销售收入，租赁收入3594万元，缴纳各项税金1749万元。连续10年获区50强企业称号，获市国税局、地税局联合颁发的纳税信用A级企业奖牌及证书。

单位地址：东城区崇文门外大街9号正仁大厦10层
联系电话：67088989
邮政编码：100062　（赵谦）

## 中国新世界电子有限公司

【概况】中国新世界电子有限公司（简称新电公司）1993年6月成立，是香港新世界发展有限公司与原电子工业部4家企业、北京正阳恒瑞置业公司共同组建的京港合作企业，注册资本5720万美元。主要从事建成后的商场、公寓、写字楼的租赁经营管理业务。

年内，实现租赁收入4599万元，缴纳各项税金1177万元。连续9年获区50强企业称号，获市国税局、地税局联合颁发的纳税信用A级企业奖牌及证书。

单位地址：东城区崇文门外大街9号正仁大厦10层
联系电话：67088989
邮政编码：100062　（赵谦）

## 北京新康房地产发展有限公司

【概况】北京新康房地产发展有限公司（简称新康公司）1999年4月成立，是香港新世界中国地产有限公司与北京正阳恒瑞置业公司组建的京港合作企业，注册资本1200万美元。主要从事房地产开发业务，在亦庄开发区建设新康家园居住小区，建筑面积22万平方米。

年内，实现租赁收入496万元，缴纳各项税金535.9万元。

单位地址：东城区崇文门外大街9号正仁大厦10层
联系电话：67088989
邮政编码：100062　（赵谦）

## 北京住总第六开发建设有限公司

【概况】北京住总第六开发建设有限公司（简称北京住六）1983年成立，2002年整体改制为国有控股的大型建筑安装施工企业。公司集房地产开发、建筑施工、多元经营为一体，具有国家一级房屋建筑工程施工总承包、建筑装修装饰专业承包、机电设备安装工程专业承包以及国家二级市政公用工程施工总承包、钢结构工程专业承包、地基与基础工程专业承包等多项企业资质，经营范围辐射与建安施工相关的多个领域。注册资本1.06亿元。公司成立以来，先后获中国建筑工程鲁班奖3项、中国土木工程詹天佑大奖1项、国家优质工程奖12项、市级优质工程9项、北京市长城杯精品工程114项。名列中国建筑业企业500强、北京市企业100强，并在首都建筑业持有质量、环境、职业安全健康国际标准“三标一体”认证。多次获全国优秀施工企业、全国工程建设质量管理优秀企业、全国守合同重信用企业、全国用户满意施工企业、全国五一劳动奖状、全国职工职业道德建设十佳单位、全国创建学习型组织优秀单位、中国企业文化建设先进集体、全国模范职工之家、首都文明单位标兵等荣誉，创造8项国家专利、35项全国及北京市优秀QC成果等建筑业新技术应用示范工程。公司设市场营销中心、项目管理部、安全监管部、技术部、质量部等22个部室，下属4个专业公司，在天津、银川、龙口设有分公司。有职工879人，其中高级职称52人、中级职称108人、初级职称141人、一级建造师37人、二级建造师27人。

年内，完成综合经营额13.3亿元，施工规模114.9万平方米，其中全年新开工31.9万平方米，竣工32.2万平方米。全年中标面积53.9万平方米，新签合同额19.1亿元。全年完成结算11项，合同金额8.3亿元，结算金额8.7亿元。

单位地址：东城区龙须沟北里1号
联系电话：67062097
邮政编码：100050　（赵播）

【职代会】1月6日，召开三届九次职代会暨年度工作会议。审议通过行政工作报告、党委工作报告、年度公司业务招待费使用情况，与所属各单位签订《2017年度基层单位经营管理目标责任书》。职工代表150人参加会议。　（赵播）

【生产安全环保体系建设】强化施工组织管理，确保合同履约。全年11项在施工程，施工规模114.9万平方米，其中新开工31.9万平方米，竣工32.2万平方米。对京内外工程现场检查，掌握现场进度情况。定期召开重点工程现场协调会，提高组织协调层次，指导、协助、督促项目部优化施工组织，完善现场管理。协助各工程加大对专业分包的管理力度，确保项目整体合同履约。强化安全文明施工管理，坚持标准化、常态化。落实市住建委、住总集团公司安全管理要求，坚持安全管理策划、现场隐患排查、安全隐患排查治理信息系统上线、安全质量测评、安全生产标准化考评、强化8小时外、节假日现场管理等一系列安全管理措施，保证所属各工程现场安全管理可控。强化扬尘环保治理，落实上级扬尘治理措施要求，与所属各工程签订环保责任书，加强日常监督检查。朝阳区小红门乡肖村保障性住房、北京银行顺义科技研发中心、天津宝坻状元城和朝阳区黑庄户定向安置房项目等在施工程均增设雾炮车等扬尘治理设备，提高环保降尘效率。空气重污染预警期间，通过局域网、微信平台及时转发上级相关要求，及时落实各级会议精神，强化现场检查、夜查，保证现场环保管理符合要求。（赵播）

【质量创优】公司所属各项工程质量受控，北京银行顺义科技研发中心、北京第二儿童福利院、中外运空港物流中心工程获得结构长城杯金奖；朝阳区小红门乡肖村保障性住房工程完成第一次结构长城杯金奖检查；北京航空航天大学沙河校区公共实验楼（组团4）工程通过竣工长城杯金奖现场验评。门头沟西长安壹号工程在融创集团近几年来第三方竣工交用质量测评中，获北京区施工企业第一名，列入表彰行列；肖村保障房工程，在首开集团第三方测评中，实测实量结果名列榜首。（赵播）

【技术成果】北京航空航天大学沙河校区公共实验楼（组团4）工程和北京银行顺义科技研发中心工程获全国建筑业绿色施工示范工程。北京航空航天大学沙河校区公共实验楼（组团4）工程获全国工程项目管理优秀成果一等奖；北京银行顺义科技研发中心工程获2项北京市QC成果一等奖，其中1项获得全国QC成果二等奖；获国家实用新型专利2项（北航沙河项目施工外电梯栈桥式马道做法、信标塔项目圆形高空悬挑钢结构桁架吊挂操作架）。北京银行顺义科技研发中心工程被评为年度全国AAA安全文明工地；北京第二儿童福利院工程通过市住建委市级绿色安全样板工地检查验收；朝阳区小红门乡肖村保障性住房、平谷首城汇景湾工程通过市级绿色安全工地检查验收。（赵播）

【技术创新】公司技术以BIM技术为引领，在天津大光明商城、北京银行顺义科技研发中心、朝阳区小红门乡肖村保障性住房、北京第二儿童福利院等工程中，应用BIM技术指导施工。从管线设备碰撞检查和管线综合布线优化等方面入手，向施工进度配合协调与工程量计算、成本控制相衔接的5D方向推进。通过运用，各项工程以4D模型向建设方、业主方展示项目设计、进展、运行等情况，企业管理向智能化、精细化方向转变。（赵播）

5月25日，龙泽华府工程竣工

【航空航天大学新建教学楼工程】位于海淀区学院路37号，北侧为北航大学家属区，东侧为北航附中教学楼，西侧为家恩德运医院，南侧为大运村学生公寓。工程总建筑面积1.37万平方米。地上4层、地下2层、框架结构，其中地上面积8500平方米、地下面积5224平方米。6月25日竣工，2013年5月25日开工。北京航空航天大学建设，北京中天正通工程设计有限公司设计，北京国金咨询管理有限公司监理。（赵播）

【门头新城073地块工程】位于门头沟区永定镇桥户营村，工程总建筑面积4.90万平方米，其中新建建筑面积4.28万平方米，保留改造建筑面积6206.20平方米。工程包括新建建筑：G1特教康复楼、G2行政办公楼、G3医务楼、G4综合楼（餐厅及多功能厅）、1#儿童宿舍楼、2#儿童宿舍楼、3#儿童宿舍楼；装修改造：4#儿童宿舍楼；室外工程：室外道路、人行道、广场、停车场；室外构筑物：化粪池1个，消毒池1个，雨水调蓄池2个，花架连廊1个；室外运动场：篮球场1个，乒乓球场4个，健身场地1个，操场（100米跑道）1个；变配电工程、红线内的市政工程、地下降水工程、公用工程、围墙大门、运动场、室外连廊等。12月15日竣工，2014年7月1日开工。北京市民政局建设，北京维拓石代建筑设计股份有限公司设计，北京方圆工程监理有限公司监理。（赵播）

【中外运空港物流中心工程】位于顺义区顺义新城第24街区，北临天纬4街，东临天柱东路，西、南两侧分别与新华航空食品与开发区热力中心相邻。工程总建筑面积4.12万平方米，包括1、2#办公楼、3、4#仓库工程、门卫室、消防水池等，其中办公楼6层，建筑面积1224.38平方米；3、4#库房分别为2层和3层，局部设置夹层，建筑面积4万平方米，工程无地下室。12月25日竣工，2014年10月30日开工。中外运空运发展股份有限公司建设，北京世纪豪森建筑设计有限公司设计，北京中联环建筑工程管理有限公司监理。（赵播）

【龙泽华府四期工程】位于山东龙口市，工程总建筑面积6.07万平方米。

42#楼地下1917.24平方米，地上2.34万平方米；43#楼地下1264.48平方米，地上1.55万平方米；45#楼地下1094.00平方米，地上9956.02平方米；地下车库7546.74平方米。42#-45#楼及地下车库组成新建高层单元式住宅楼。主楼地下共2层，地下车库为地下1层，其中主楼地下1层为戊类物品储藏及设备用房，地下2层为戊类物品储藏、车库及设备用房；3栋楼层数分为42#楼26层，43#楼26层，45#楼18层。5月25日竣工，2013年11月10日开工。龙口住总鸿运房地产开发有限公司建设，烟台市建筑设计研究股份有限公司设计，山东新世纪工程项目管理咨询有限公司监理。 （赵璠）

# 东城区开发及建筑业企业单位负责人

北京东兴建设有限责任公司

董事长、党委书记 张建忠

总经理 韩　威

北京筑邦建设有限责任公司

董事长、党总支书记 陈小虎

总经理 何广林

北京崇文·新世界房地产发展有限公司

董事长 陈　艳

总经理 孙　雷

党支部书记 黎　霞

北京崇裕房产开发有限公司

董事长 马艳荣

总经理 孙　雷

中国新世界电子有限公司

董事长、总经理 孙　雷

北京新康房地产发展有限公司

董事长 陈　艳

总经理 孙　雷

北京住总第六开发建设有限公司

董事长、党委书记 靳国忠

总经理 郭顺祥

·2017·
北京东城年鉴
BEIJING DONGCHENG NIANJIAN

# 城市管理

# 网格化服务管理

【概况】东城区网格化服务管理中心（简称区网格中心）2014年12月10日更名，是区政府负责全区网格化服务管理事项监督评价与统筹协调工作的正处级行政机构。主要职责为负责对行政区域内城市服务管理网格和为民服务热线中反映的问题进行指挥协调，对街道和职能部门处置情况进行监督评价；统筹协调区城市服务管理监督指挥平台各项工作，负责平台运行、维护和管理，汇总分析各类数据和基本情况。新“三定方案”将区综治办所属的区社会服务管理综合事务中心和区政府办所属北京市非紧急救助服务中心东城分中心职责划入网格中心。设办公室、考评科、城市管理科、社会服务科、社会治理科、督察科、信息采集一科、信息采集二科、信息采集三科、信息采集四科、科技信息科、体系建设办公室、监察科、人事科、宣传科、财务科16个行政科室和北京市非紧急救助服务中心东城分中心、为民服务中心、城管事务处理中心3个全额拨款事业单位。行政执法专项编制83人、在编74人，事业编制48人、在编39人。聘用城市管理监督员500人。

年内，巩固多网在系统平台、业务标准、工作流程、人员力量上的融合效果，深化网格化服务管理体系在社会治理中作用。完善以街道为枢纽，以社区为基础，以社会力量为重要组成部分的服务管理体系，实现一体化运行。编制发布《东城区“十三五”时期网格化服务管理规划》，各街道网格化服务管理分中心和为民服务分中心全部成立，开展市“三网融合”示范点建设。探索热线事项回访流程及考核方式，出台《东城区便民事项网格化办理规定》，全年通过网格平台受理民众诉求5.26万件，办结4.97万件，办结率94.32%。城市管理监督运行高效。强化违法建设监督，拆除违法建设3078处，面积9.20万平方米。与区环保局对接监管方案，出台《东城区网格化环境监管工作方案》。组织、协调信息系统开发公司，及时更新基础数据，完成平台日常维护，开展企业隐患自查和重点时段安全普查等工作。编制《内部控制手册》《内部控制评价手册》《内部控制制度汇编》等内控制度文件。全年接待国内外团体考察调研862批次。全体党员开展“两学一做”学习教育。获年度首都文明单位标兵、年度北京市三八红旗集体、通联工作优秀组织单位荣誉称号。

单位地址：东城区钱粮胡同3号

联系电话：84050608

邮政编码：100010　　（李霞）

【网格化城市管理】全年立案56.97万件，同比增加12%。派发55.23万件，有效结案54.22万件，有效结案率98.17%。强制结案6337件，强制结案量较多的为施工废弃料、无照经营游商、暴露垃圾3类。监督员自行处理5.06万件，是上年的9.4倍，增幅较大。　　（李霞）

【及时处置为民服务热线问题】全年受理“96010”热线、“12345”电子派单、微信举报、舆情媒体曝光、领导批示、微博上报、政风行风7种渠道的民众诉求 5.26万件，办结4.97万件，办结率94.32%。其中“12345”派单、“96010”热线两类来源事项5.17万件，占98.25%。立案派发99件城市管理类曝光问题、38件非城市管理类曝光问题，问题均及时处置。　　（李霞）

【出台便民事项网格化办理规定】网格中心依据上年下发的《东城区便民热线事项办理暂行办法》，强化结案标准及附件上传相关要求，完善派发及考核等系统功能，探索热线事项回访流程及考核方式，出台《东城区便民事项网格化办理规定》，重点通过推诿率、准办结率、实际办结率、强制结案率、返工率、反复举报率、反馈率、满意率等9项指标督促各部门对热线、微博、媒体等7类来源事项的办理质量。11月，对全区各参评部

7月4日，北京市督导组检查东城区网格化体系建设工作

门进行便民事项办理培训，12月8日，新系统上线实施。（李霞）

【完成发布“十三五”规划】10月，网格中心编写完成并发布《东城区“十三五”时期网格化服务管理规划》，明确网格化服务管理以人为本、统筹发展、智慧应用、共治共享的客观要求和发展方向。将深化网格化城市管理体系建设纳入《北京市东城区国民经济和社会发展第十三个五年规划纲要》。（李霞）

【系统功能建设】完成《区级网格化城市管理信息系统升级改造项目》，完善系统平台案件受理子系统、协同工作子系统、综合评价子系统等功能建设；增加热线系统的回访、录音质检、去电显示等功能，优化系统接口；升级改造城管通系统，新增即时通讯，方便人员沟通；搭建移动端办公平台，启动《东城区移动智信办公平台与街道系统对接项目》，解决一线办理人员案件处置的“最后一公里”问题，确保案件高效流转；建设网格中心微网格公众号参与城市管理监督、参与社会服务，整合资源与社区微网格平台、“96010”热线系统对接工作；分2批对全区109处、总面积1.08平方公里的重点变化区域进行地形图测量并进行城市部件更新；新增平房区物业化管理、环境卫生责任区等专题图层并纳入系统平台监管范围；调整街道、社区、社会服务网格、城市管理网格、监督员责任区，完成全区地理编码数据核对和更新工作。（李霞）

【建立开墙打洞违法经营台账】建立开墙打洞违法经营整治台账，11月，与城管执法局共同对全区22条开墙打洞示范街的封堵情况进行验收，上账点位446处，实际封堵583处。（李霞）

【标准化建设】网格中心主编的国家标准《数字化城市管理信息系统第3部分：地理编码》和《数字化城市管理信息系统 第4部分：绩效评价》8月29日发布，下年3月1日正式实施。（李霞）

【违法建设监督】全区拆除违法建设3078处、面积9.20万平方米。各部门申请验收2111处，网格中心全部验收，其中通过验收2033处、6.83万平方米，未通过验收78处、3484.6平方米。（李霞）

【专项普查】全年完成流浪乞讨、市级设施、防汛普查、大件废弃物和垃圾渣土、垃圾不落地、可燃物等专项普查59次。加强35条重点整治大街监管力度，每周将案件情况报主管区领导，并在月考核中设置专门模块考核。（李霞）

【监督员队伍建设】全年招录监督员38人，现有监督员450人。组织召开4次监督员管理工作联席会。根据工作需要，合并普查队和督察队2支队伍。采用GPS定位、酒精检测仪等先进设备和手段，发现违纪现象164件，督报各类遗漏问题1.13万件。开展年度监督员军训，根据《监督员分级管理实施细则》评定标准，通过分级考试共评定出高级监督员84人，中级监督员比例明显增加。（李霞）

【法制工作】开展网格调整及数据更新、监理等各类项目合同审查，出具书面审查意见40余份，对内控制度、信息公开、应诉案件等咨询50余次；进行出庭应诉、司法鉴定；制定实施网格中心合同管理办法；完成信息公开行政复议申请答复3件，全部获得维持；与亿达律师事务所签订法律顾问协议，依法保障网格中心和监督员合法权益；加强普法宣传，完成“七五”普法相关工作。（李霞）

【宣传工作】制作对外宣传通稿、PPT、硬质条幅18块、宣传册2000份、宣传海报5600份、折页1万份。参加“两会”期间区人大代表、政协委员咨询活动及“法治东城、幸福东城”建设的主题新闻发布会。举办“96010”为民服务热线市民开放日活动和网格服务进社区宣传活动10次。借助《网格东城》宣传平台，加大对热线及业务工作的宣传，《网格东城》报纸出刊12期。发展新媒体宣传模式，网格中心政务微博粉丝量2813人，发布信息1000余条，获得转发3391条次。（李霞）

【廉政监察】修订和完善相关责任制，逐级签订廉政责任书，多形式开展监督检查。梳理“三个清单”，形成网格中心涉权事项269项、集体决策事项15项、岗位说明书104张，权力运行流程图75张、廉政风险点63个。加强党纪党规执纪审查，做牢做实2个专项治理工作，强化“一把手”监督规范权力行使专项工作。严格落实公车管理、公务接待、网络违规、考勤管理等制度，网格中心干部未发生网络违规违纪行为。利用中心网站、《网格东城报》、内部局域网AM和微信版《30秒速读》、中心领导干部微信群、党总支和各支部等渠道，开展多种形式的廉政专题教育。（李霞）

5月27日，东城区网格中心开放日活动

# 城市综合管理

【概况】东城区城市综合管理委员会（以下简称区城管委），挂东城区城市环境建设委员会办公室（简称区环境建设办）和东城区交通委员会牌子（简称区交通委）。东城区爱国卫生运动委员会办公室（简称区爱卫会）设在区城管委。区城管委（区环境建设办、区交通委）是负责全区城市综合管理、城市环境建设综合协调和市政基础设施、公用事业、市容环境卫生管理，城市环境综合整治和统筹协调本区交通发展和管理工作的区政府工作部门。设办公室、综合执法督察考核科、市容管理科、市政设施科、环境建设科、景观管理科、交通管理科（东城区国防动员委员会交通战备办公室）、交通综合协调科、供暖燃气协调科、东城区爱国卫生运动委员会办公室、指挥中心（研究室）、纪检监察科、党群工作办公室、法制科、财务内审科、人事教育科16个科室。行政编制85人、在编78人。下属6家事业单位，区节约用水办公室编制28人，在编22人；区环境卫生管理中心编制23人，在编14人；区城市运行管理服务中心编制12人，在编10人；区静态交通管理中心编制5人，在编3人；区市政工程管理一所编制145人，在编51人；区市政工程管理二所编制100人，在编50人。

年内，完成春节环境景观布置。完成第二届中美气候城市峰会环境保障。开展5个区域、10条大街、34条胡同、49个老旧小区整治提升。开展地铁14号线周边环境整治。开展公共空间专项整治。完成前三门大街4栋楼体夜景照明设计和施工招标。16个片区实行平房区物业管理服务。实施12条道路架空线入地。推进38处占压燃气管线隐患治理。推行44条大街垃圾不落地。完成7座社会单位产权、15座区属产权公厕提升改造。签订市容环境卫生责任区告知书1.3万家。完成扫雪铲冰及供暖工作。推进热力并网。实施19条城市道路大修。推进84条其他产权道路移交。整体提升16条胡同道路。实施7项疏堵工程。实施地坛—青年湖区域慢行系统示范区建设。安装30条道路阻车桩。清理25公里自行车道。推进22条次支路建设。开展8条禁停街和47条停车规范街违法停车专项整治。办理居住区居民停车优惠证2750个。建立占道停车经营企业资格入围项目库。新增31个停车场3891个停车位。完成70个网点2000套公共自行车服务系统设备安装，更换1600组自行车存车架。推进育树立体停车设施建设。完成雨洪利用工程5处。换装节水器具3000套。完成17家单位水平衡测试。发放陶瓷毒鼠站2万个。通过国家卫生区复审。获北京市国防交通理论研究组织先进单位。表彰北京市控烟示范单位30家、控烟先进集体8家、控烟先进个人22人。加大城市管理宣传报道力度。编制《东城区燃气使用安全管理办法》《东城区实行最严格水资源管理制度考核办法》《东城区节水型区创建实施方案》《关于推行平房区物业管理服务的意见》《平房区物业管理服务标准》《东城区环卫系统减少道路扬尘污染工作方案》《东城区基础设施优化提升行动计划（2016—2020年）》等。

单位地址：东城区东花市大街2号

联系电话：67073700

邮政编码：100062

（杨慧平）

## 市政市容环境管理

【概况】东城区城市环境建设委员会办公室（简称区环境建设办），设在区城管委。负责组织编制区环境建设中长期发展规划及专项规划，组织落实首都城市环境建设标准，承担东城

10月，广渠门中学南侧路道路大修施工后

7月5日，在新世界百货广场举办主题宣传周活动

区城市环境建设委员会办公室的具体工作，监督检查区城市环境建设委员会议定事项落实情况，协调解决工作中遇到的问题。

年内，完成春节环境景观布置。开展簋街环境综合提升工程。完成第二届中美气候城市峰会环境保障。开展5个区域、10条大街、34条胡同、49个老旧小区整治提升。专项整治公共空间。实施19条城市道路大修。推进84条其他产权道路移交。推行44条大街垃圾不落地。新增3个再生水上水点。完成12条道路架空线入地。16个片区实行平房区物业管理服务。完成7座社会单位产权、15座区属产权公厕提升改造。新增3个环卫再生水点。开展垃圾分类与再生资源回收两网融合试点工作。规范收集1920家餐饮单位餐厨垃圾。开展环境建设"月检查"，治理市级上账问题546处、区级问题23万余处。与1.3万单位签订市容环境卫生责任区告知书。（杨慧平）

【春节景观布置】以"喜庆、热烈、美观、适度"为主题，在57条重点大街、北京站等人流密集区、地坛、龙潭庙会周边、6座过街天桥布置红灯笼1.2万余个、节日宣传看板28块，开启明城墙遗址公园等6条道路沿线景观照明设施。（杨慧平　郑鼎）

【中美气候城市峰会环境保障】成立峰会期间组织领导机构，制定专项保障方案，开展专项整治及执法行动，出动1260人次、165车次24小时重点管控北京国际饭店周边。查处无照经营、露天烧烤行为156起，清理违章停车69起，清理垃圾14吨、小广告210处。（杨慧平　郑鼎）

【提升5区域10条大街环境】完成柏林寺、东四北、东四十一条至十三条、苏州胡同、簋街5个区域环境整治规划设计。长安街拆除违规广告19块、整改违规围栏3处，6、12号楼外立面和11处公共空间整治方案上报审批，完成环卫、园林、公安设施更换工作，完成交叉路道路铺装工程深化设计；完成簋街西段燃气主管线铺设任务80%，路北侧燃气进户11家，完成燃气报装85户设计，拆除违规广告牌匾718块、违法建设207处；完成青年沟路（东城段）153户沿街"开墙打洞"商户封堵，拆除违法建设85处；完成平安大街3条大街达标建设工程70%，改造外立面800平方米、道路铺装400平方米，交道口东大街、东皇城根南街、西花市大街、东直门内大街完成规划设计。（杨慧平　郑鼎）

【34条背街小巷49个老旧小区整治】开展34条背街小巷环境整治，其中雨儿、帽儿、蓑衣、福祥、前后圆恩寺等22条背街小巷完成整治，灯草、演乐等7条开工在建。开展49个老旧小区环境整治，其中34个在建，5个完工，10个完成规划设计。（杨慧平　郑鼎）

【地铁14号线周边环境整治】完成景泰站、永定门外站2个站点4个站口周边环境建设提升工作规划设计。安装水泥隔离墩和治安、环境执法岗亭，施划站外引导线，街道、城管、公安、交通、工商、卫监等部门出动执法力量120余人次、40余车次联合执法9次，清理无照经营30余起，清理堆物堆料10余处，拆除地锁50余个。（杨慧平　郑鼎）

【专项整治城市公共空间】清理违规户外广告693处909块，完成93辆早餐车退路或进社区工作，完成10条试点大街1000余处公共服务设施二维码管理试点工作，完成前三门大街夜景照明设计提升方案和其中4栋楼施工招标工作。（杨慧平　郑鼎）

【平房区物业管理】安定门、交道口、景山、东华门、北新桥、东四、朝阳门、建国门、前门、体育馆路等10个平房区集中街道划分16个片区，推广平房区物业管理服务试点工作。审议通过《关于推行平房区物业管理服务的意见》《东城区平房区物业管理服务标准1.0（试行）》《东城区平房区物业管理服务专项资金管理暂行办法》配套标准、文件。完成物业服务企业政府采购，搭建平房区物业管理资源平台，确定合作企业5家。物业企业设立固定办公场所，投入管理人员939人，4个街道实行定时定点收运+巡逻拾捡胡同垃圾不落地模式，1个街道配备快速保洁车、小广告清洗车、小型机械作业车"四小设备"。物业管辖区域实行17-24小时巡逻，建立防汛安全值班制度，10个街道组建义务消防队和微型消防站，配备消防车、灭火器等消防器材。协助街道开展治理"开墙打洞"、拆违、清理废品回收站等专项整治行动80余次，封堵"开墙打洞"586处1.4万平方米。（杨慧平　郑鼎）

【市政道路管理】完成春季道路病害和雨后水毁道路专项治理。完成道路日常维修养护5.97万平方米。办理占用挖掘城市道路行政许可58件。修复建国门北顺城街等19条城市道路12万平方米。完成南锣鼓巷周边16条胡同道路整体提升设计工作及路面施工。（杨慧平 张梦雅）

【市政道路设施保障】完成区管城市道路3276座检查井治理工作。配合地下管线权属单位完成263项地下管线消隐工程。完成38处地下占压燃气管线隐患治理工程。协调井盖权属单位处理井盖案件219件。（杨慧平 张梦雅）

【架空线入地】完成《北京市架空线入地任务书》，实施东华门大街、南站幸福路等10条主次干路、2条支路胡同通信架空线入地任务，清理废弃线缆1万余米，撤除废弃电杆30余根。开展苏州胡同、邮通街等50条胡同架空线梳理工作。（杨慧平 张梦雅）

【公厕升级改造】根据《北京市公共厕所管理办法》，在保留原社会单位产权基础上，升级改造7座，区环卫中心负责日常维护。提升区属产权公厕15座，其中整体装修10座，无障碍改造5座。（杨慧平 刘昊）

【环卫再生水使用】区环卫部门再生水日使用量峰值达1350立方米。协调区环卫中心与中水公司对接，新增东南二环辅路3个再生水上水点，推进香河园1个中水点、6个取水口建设工作。（杨慧平 刘昊）

【试点垃圾分类与再生资源回收两网融合】在巩固达标小区分类成果基础上，在东花市街道白桥苑、广渠门内5号楼和东花市北里西区3个小区试点开展垃圾分类与再生资源回收两网融合工作，通过APP再生资源回收平台宣传垃圾分类，逐步增加实际参与比例，每日测量厨余垃圾量，餐厨垃圾收运率达14%。（杨慧平 刘昊）

【生活垃圾分类与处理】制发本年主要大街垃圾不落地工作方案，相关街道办事处开展垃圾不落地前期宣传。与44条主要大街沿线餐饮单位、食堂签订餐厨垃圾收运协议，每天定时规范收集。完成216个居住小区垃圾分类达标建设任务。开展25场3230余人参加的垃圾减量日宣传活动。委托专业第三方月检查垃圾分类小区68个。规范收运餐饮企业1920家。（杨慧平 刘昊）

【建筑垃圾管理】完善建筑工地联合执法督导检查制度，召开联席会4次，实行主管部门每月轮流牵头督导，组织日间、夜间联合执法检查108次，出动人员4110人次，查扣违规运输车辆89辆。开展日常检查2860次，出动人员6432人次。汇编政策宣传材料1000余份，撰写信息资料110余篇。办理渣土消纳证146件，运输车辆准运证509个，制发消纳证公示牌166块。约谈26家工地项目部、运输企业负责人，解决问题60余起。利用北京市建筑垃圾运输车辆管理系统，处理各类问题98件。每月考核评估在册2家运输企业6辆运输车辆。试点开发北京龙潭DGS平台装修垃圾监管系统，管理背街小巷建筑垃圾。（杨慧平 于祥乐）

【环境卫生大扫除】开展大扫除活动5次，发动8340家单位8.61万人次，清理堆物堆料、积存垃圾2729吨，清理白色污染2.7吨，清除擦拭非法小广告3.2万张（处）。（杨慧平 刘昊）

## 交通管理

【概况】东城区交通委员会（简称区交通委），2011年3月18日成立，设在区城管委。主要职责为落实市委、市政府关于交通工作方面的方针、政策、总体规划；负责组织编制全区交通基础设施建设的中长期发展规划和专项规划，提出全区交通发展措施的建议；负责统筹协调全区交通基础设施建设、养护和管理工作，负责区管道路和区级交通基础设施养护和管理工作；负责统筹协调全区交通运输管理工作，负责全区个体出租、人力三轮客运的管理工作；负责统筹协调全区交通秩序管理工作，负责全区静态交通管理工作；负责全区交通战备工作。

年内，畅通局部交通微循环，开展22条次支路建设。交通运行监测分中心（TOCC）终端实时发送交通情况，引导居民出行。开展8条禁停街和47条停车规范街违法停车专项整治。完成7项疏堵工程。新增31个停车场、3891个停车位。推进玉树立体停车设施建设。确定占道停车经营资格入围企业10家。建设安装70个自行车租赁网点2000套租赁设备。完成和平里北街公共汽车站扩大改造站台面积82.40平方米。完成自行车停车架拆旧更新、路面恢复。受理小客车指标申请9995份。（杨慧平）

【落实交通缓堵措施】制定《2016年东城区缓解交通拥堵工作方案》，成立缓解交通拥堵工作领导小组。实施灯市口大街等7项疏堵工程，改造完善规划红线范围内既有道路设施，增加车道、增设公交港湾、路口渠化。推进慢行系统专项整治，实施地坛—青年湖区域慢行系统示范区建设。启动慢行系统违规乱停车专项治理，清查梳理步道、自行车道违规停车、违规占道行为，增加机非护栏、增设阻车桩，完成30条道路阻车桩安装、25公里自行车道清理工作。开展学校周边、重点大街、商业区及医院周边“拥堵九月”停车秩序专项治理。（张梦雅 赵冰蕾）

【22条次支路建设】畅通局部微循环，方便居民交通出行，开展22条次支路建设。完成前期立项手续，体育馆西路北段、西兴隆街、新革路、西花市西街等10条次支路完工，正义路南延南段、西晓市街等12条道路开工。（杨慧平 何晓蒙）

【停车管理】制定东城区停车管理经营服务规范，强化机动车静态管理。区交通委、区发改委、区城管执法局、区交通支队联合开展道路停车管理和停车场专项整治执法检查17次，检查停车场25家，处罚3家，查处未佩戴收费牌2人，警告驱离黑收费人员4人，没收停车票据500余张，查没违法广告锥桶370个。开展机动车公共停车场登记备案及归档工作，完成575个停车场年度换证及变更，新增31个停车场、3891个停车位。核实备案路侧占道停车场停车泊位，完成路侧占道停车电子收费试点路段车位线、编号复划，新增夕照寺街等路段停车位。完善路侧占道停车企业准入退出机制，完成占道停车经营企业资格入围项目库筹备建立，公开招标确定占道停车经营资格入围企业10家。完成全区停车场库改扩建信息。龙潭、地坛庙会期间，制定统一制式庙会专用收费证、庙会专用停车场收费牌，企业持证上岗，确定临时停车道路、停车位位置，设置停车场20处、停车位1800个。（赵冰蕾　何晓蒙）

【改善区域交通环境】完成南锣鼓巷南口地铁扩拆项目地面停车场建设。编制交道口街道、东四街道停车场库建设规划。交道口街道南锣鼓巷、东四街道东四三至八条居住区停车纳入物业化管理，实行胡同停车居民自治管理引导机动车停放。完成南锣鼓巷周边主路交通组织标识建设，新建交通导行设施、交通电子执法标识。实施前圆恩寺胡同等机动车停车入库。新建南锣鼓巷南口机动车停车场，引导雨儿等胡同机动车停车入库。改善协和医院周边主路交通，开辟专用机动车行车道，“物理”导引进出医院机动车驶入主路，停车管理专业单位规范管理周边胡同停车。完成停车设施选址现场踏勘70余处。（杨慧平　赵冰蕾）

【公共自行车租赁系统建设运营】开通运营公共自行车网点166处，运营设备5000套，运营公共自行车3500辆。办卡11.1万张（其中非京籍办卡2.5万张，外籍人员办卡1117张），租、还车2710万次。解答咨询电话101万次。调度车辆85万辆次。完成公共自行车服务系统二期70个网点2000套租赁设备建设，开展外电源建设及调试工作。做好系统运营维护，规范运行行为，加大设备维修、清运力度；做好网点、设备调度、保洁。（杨慧平　何晓蒙）

【个体出租汽车管理】确保个体出租汽车重大活动和节假日期间安全运营。完成城乡道路客运燃油消耗信息申报和更换车辆信息收集。完善个体出租汽车管理档案和个人信息。完成个体出租车营运证换发。更换个体出租汽车三元催化器115辆。组织18批次270余人次个体出租驾驶员参加教育培训。协助个体出租汽车车主办理车辆过户5人、从业人员44人、更新车辆8辆。申请发放油料补贴173万余元。接待来访40余次，解决咨询、投诉34起，收到表扬信19封、电话表扬38起，拾金不昧28起。（杨慧平　郭凤林）

【受理小客车指标申请9995份】受理小客车指标申请9995份，其中个人新购车辆申请2811份、个人更新车辆申请536份、个人信息变更申请4103份、个人普通小客车延期申请1184份、单位新购车辆申请234份、单位更新车辆申请178份、单位信息变更的申请623份、打印申请人指标通知书295份、被盗抢车辆指标申请31份。接听咨询电话1.19万人次。（杨慧平　何晓蒙）

## 公共事业管理

【概况】东城区防汛、燃气保障、供暖、节水等工作机构设在区城管委，承担节约用水、防汛工作。负责制定防汛预案，指挥防汛抢险工作，承担相应管理责任；负责全区供暖管理和供暖单位资质管理工作，督促供暖企业定期进行供暖安全检查。

年内，安全度汛。新建、改造雨水利用工程7处。换装节水器具3000套。完成水平衡测试单位17家。检查用水单位160家。完成7个水影响评价项目行政许可。创建节水型单位（社区）35家。开展109家供热行业三级安全生产标准化评审工作。完成夕照寺西里6号楼燃气改造。开展燃气安全应急演练宣传5次。（杨慧平）

【节水工作】制定《东城区实行最严格水资源管理制度的工作方案》。委托北京市水科院编制《东城区“十三五”时期节水型社会建设规划》。下发预警通知单546户次、超计划用水加价通知单930户次。更新、调整管户信息39户次。梳理园林绿化系统水表450块、环卫系统水表1472块、房地中心系统水表117块。收取超水加价80户。完成17家单位水平衡测试。创建35家节水型单位（社区）。审批9个单位节水三同时和临时施工用水。摸排2801个院落1.74万户未进行用水一户一表改造居民。调查30家单位、小区中水处理设施使用情况。统计5家洗车行中水使用情况。环卫系统使用中水22万余吨。成立节水执法工作组，确定4个A类执法岗位，检查用水单位63家，行政处罚1起，出动执法检查人员150人次，车辆20余台次，参加各级行政执法培训4次。新建、改造雨水利用工程7处。换装节水器具3000套。（杨慧平　卢文静）

【安全防汛】修订《东城区2016年防汛工作方案》，签订区年度防汛责任书，严格24小时值班和领导带班制度，开展进单位、进社区、进家庭、进工地防汛知识宣传周活动，印制防汛通讯录，完善汛期防疫工作职责，确定第六医院、和平里医院和普仁医院为防汛医疗救护医院。检测雨量站40个，落实应急避险场所17处。组建122支2702人的抢险队伍，补充储备225台水泵、59台发电机、2万余条麻袋等抢险物资器材。建立工作台账，加大老旧房屋维修力度，发放查房挂号信1400余封、通知1.7万余份，发布阵雨提示性信息26次、暴雨预警信息5次。排查59.982万平方米四类房、375个低洼积水院落；修剪危险树木8700余株，伐除枯死树118株，支撑危险树100余株，存在安全隐患树木登记造册。制定7处500平方米重点隐患工程安全保护措施。制定主要道路清除排水口垃圾和推水作业方案，排查垃圾楼、公厕、化粪池安全隐患。检查建筑工地和13个基坑。制定23座下凹式立交桥“一桥一策”应急预案。督促产权单位检查、加固广告牌匾。应对7.20特大暴雨，接听各类报险电话2397个，出动抢修抢险人员5119人次、391车次，调动水泵189台次，使用沙袋2.4万条、苫布8000余平方米、檩木318根，处理倒伏树木128株（折枝522株），处置交通信号灯故障7处，处置漏雨房屋3766间，抽排地下室雨水倒灌9处、低洼院落积水11处，回填路面下沉44处，转移居民11户19人。

（杨慧平　卢文静）

【河湖水污染防治】制定《东城区实施河湖生态环境管理“河长制”工作方案》《东城区水污染防治工作方案》。分解25个涉及东城区水污染防治工作督查项目，填报项目管理责任制和督查落实预案。完成月督查报表填报。委托北京市水科院编写《东城区水质达标方案》。制作河湖水污染检查记录表，召开河长制工作例会，开展河湖水污染实地巡查。成立东城区加强船舶污染防治工作协调小组，落实河湖排污口、雨污管网分布、点源污染、面源污染、河湖污泥等数据收集工作，开展龙潭公园水上游船安全防污情况船舶污染防治检查。

（杨慧平　卢文静）

【冬季供暖】东城区住宅锅炉供暖单位165个，居民供热锅炉房309座，居民供热面积835.3万平方米，受热居民近18万户。其中燃气锅炉房218座，供热面积771.7万平方米；燃油锅炉房69座，供热面积38.7万平方米；电蓄热锅炉房21座，供热面积24.6万平方米；液化石油气罐锅炉房1座，供热面积0.3万平方米。推进区供暖一、二中心38座锅炉房供热并网工作，移交热力集团34座，委托其他单位管理4座。发放供暖季居民供暖补贴8191.57万元。修订《东城区2016-2017年度居民供热工作方案》《东城区供热突发事件应急预案》， 出动检查人员100余人次，检查锅炉房25座，责令整改安全隐患10余处。供暖期间组建南北7支供热应急抢险队，受理解决居民供热投诉1.12万件，其中热力集团9603件、区属锅炉房1158件。供暖信息管理系统平台投入使用。开展109家供热行业三级安全生产标准化评审工作。配合区环保局完成锅炉低氮宣传、改造。

（杨慧平　董文昊）

【燃气安全管理】制定《东城区燃气使用安全管理办法》，制发燃气使用安全监督检查培训片DVD光盘2000份。区城管委、区安监局、区质监局、区城管执法局、区消防支队、街道联合开展燃气使用安全执法检查，出动检查人员300余人次，检查餐饮商户132家次，整改隐患245处，宣传教育132家次；出动检查人员242人次，检查液化石油气供应站7个、站点89座次。开展以“家中隐患勤排查，燃气安全有保障”为主题宣传5次，出动宣传人员156人次，设置条幅和展板60余块，发放宣传资料9800余份。完成夕照寺西里6号楼燃气改造。

（杨慧平　董文昊）

## 爱国卫生管理

【概况】东城区爱国卫生运动委员会办公室（简称区爱卫办），设在区城管委。主要职责为组织开展爱国卫生运动活动，负责对爱国卫生运动有关规定的督促检查落实，承担爱国卫生运动委员会办公室的具体业务工作。

年内，通过国家卫生区复审。完成春冬季灭鼠、夏季灭蚊蝇活动，开展公共场所病媒生物防制。30家单位被评为北京市控烟示范单位，8家单位被评为北京市控烟先进集体，22人获北京市控烟先进个人称号。完成第28个爱国卫生月活动。

（杨慧平）

【国家卫生区复审】通过全国爱卫会复审。3月，召开迎复审培训动员会，制定本年国家卫生区复审工作方案及任务分解表。4月，北京市爱卫办明察、暗访。5月至8月，区各级爱卫会、有关单位解决城市管理难点问题。各部门和责任单位加强爱国卫生组织管理、健康教育和健康促进、市容环境卫生、环境保护、重点场所卫生、食品和生活饮用水安全、公共卫生和医疗服务、病媒生物预防控制8个方面40项工作，整改发现的问题。

（杨慧平　马灵）

【爱国卫生月】4月，配合全国爱卫办开展以“灭蚊防病 健康你我”为主题爱国卫生月系列活动。动员辖区内社会单位和社区居民群众清洁室内外环境卫生，重点防控寨卡病毒病等蚊媒传播疾病。印发《居家虫害防制宝典》17.5万册，印发《清洁家园灭蚊防病》宣传海报1.3万张。

（杨慧平　马灵）

【灭蚊蝇灭鼠工作】6月，开展夏季灭蚊蝇活动。4月和11月开展以市政地下管线，中小餐饮、宾馆（饭店），农贸市场及近两年发生过流行性出血热的区域为重点春、冬灭鼠活动，发放陶瓷毒鼠站2万个。（杨慧平　马灵）

3月21日，区节水办开展“世界水日”宣传活动

【公共场所控烟禁烟活动】组织10家控烟示范单位参加北京市控烟示范单位专业戒烟服务培训班。申报创建30家控烟示范单位。区政府机关南区、德惠写字楼等11处场所及南新仓美食街餐饮业通过市区两级控烟情况检查。开展第28个世界无烟日宣传活动。30家北京市控烟示范单位，8家控烟先进集体，22位控烟先进个人受到北京市爱卫会表彰。（杨慧平　马灵）

【公共区域病媒生物防制】委托专业公司进行公共区域病媒生物防制作业，街巷和社区内部按照属地原则由各街道办事处负责，由区爱卫办、街道及北京市有害生物防制协会共同监督管理，保障作业质量。（杨慧平　马灵）

# 城市管理监察

【概况】东城区城市管理综合行政执法监察局（简称区城管执法监察局）是负责全区城市管理综合行政执法监察工作的区政府直属行政执法机构，对城管执法队伍实行统一管理，行使12个方面402项行政处罚权。设办公室、法制科、装备财务科、宣教科、政工科、党群工作办公室、后勤科、信访科、纪检监察科、执法业务科、拆违办公室11个内设机构和指挥中心、督察队、直属执法队（3个）、街道和特殊地区执法队（17个街道执法队、6个特殊地区执法队）26个直属机构及全额拨款事业单位事务中心。行政执法编制552人，在编510人；工勤编制16人，在编16人；事业编制150人，在编96人。

年内，出动执法人员15.1万人次、执法车辆4.6万车次。开展违法建设查处、露天烧烤与无照经营专项整治、非法小广告专项整治、施工工地管理、燃气安全执法检查等市区交办的专项执法任务179次，部署春节两坛（潭）庙会、全国“两会”、清明节期间、高考环境秩序保障、工体球赛等大型活动外围环境管控69次，部署领导出行期间特勤保障72次、空气重污染防控等临时性执法保障任务23次。开展违法建设拆除工作，拆除违法建设3078处、9.20万平方米，同比增长103.1%，完成市级挂账任务，通过拆违疏解人口2.18万人。治理“开墙打洞”1045处，封堵面积3.04万平方米，疏解影响人口7369人。收到群众表扬1252件，其中来电表扬1143件、来信表扬50件、锦旗59面。

单位地址：东城区老钱局胡同甲14号
联系电话：85120652
邮政编码：100005（马婷婷）

【重点时期环境秩序保障】春节期间查处各类违法形态872起，其中查处庙会周边游商无照经营572起，没收非法小广告965张，查处店外经营63起，查处非法运营24起，劝离流浪乞讨23起。全国“两会”保障期间，出动执法人员1.15万人次、执法车辆3874车次，检查辖区重点地区、主要大街3357次，检查门前三包1.13万家次。街面巡查立案处罚各类违法行为407起，同比上升36.58%。五一期间出动执法人员1256人次、保安796人次、执法车辆488台次，检查门前三包单位1103家，查处无照经营、店外经营、非法小广告等违法行为388起。国庆期间，核心地区出动队员3337人次、执法车辆1192台次，查处无照经营、店外经营、非法小广告等违法行为1388起。（马婷婷）

【违规户外广告牌匾整治】结合重大节日、重要活动环境秩序保障，持续开展波次整治，对各主要大街实行挂

3月15日，崇文门外执法队拆除违规户外广告牌匾

9月8日，整治开墙打洞

销账，治理一条，见效一条，巩固一条；兼顾对违规窗贴、牌匾破损、堆物堆料、倚门售货等违法形态管理，确保门前管理成效立体提升。全年拆除违规户外广告牌匾1422块。（马婷婷）

【无照经营整治】全面梳理问题，建立整治台账。深化联勤联动机制，加大联合执法力度，依托区联合执法队资源整合机制，联系协调公安、工商等部门，开展联合执法，提高联合执法效率和效果。实行高峰勤务制与弹性工作制，压减违法行为生存空间。"96310"热线查处无照经营1.76万起，受理无照经营举报5598件，同比下降12.13%。（马婷婷）

【旅游市场整治】年内，开展旅游市场"春雷一号"专项执法行动及"畅夏"暑期旅游市场环境秩序专项整治。推广北京旅游城管执法终端，对全区重点旅游集散点开展常态化执法检查。旅游类小广告停机处罚数量再创新高，立案处罚非法旅游大巴67起，检查导游、旅游团800余次，查处景区周边无照经营200余起。（马婷婷）

【违法建设拆除】本年市级挂账任务由不少于4万平方米增至不少于8万平方米，提前完成全年拆违任务。拆除新生违法建设172处、面积4489.7平方米，拆除市级挂账任务违法建设2888处、面积8.64万平方米，拆除非市级挂账任务存量违法建设18处、面积1065平方米。（马婷婷）

【露天烧烤专项治理】对露天烧烤高发态势进行量化分析，专项执法做到季节特点明确，点位分布、地理状况、经营特点等情况清晰，底数明了。以"96310"群众举报情况为导向，对举报高发点位，根据具体数据，分别纳入局级、责任区级和执法队级挂账督办，落实责任到人。强化与各街道、公安、环保、工商、卫生等职能部门的沟通配合，开展夏季联合执法，立案查处露天烧烤行为568起。（马婷婷）

【垃圾不落地整治行动】在东华门、建国门、朝阳门、东四、景山、交道口、安定门、北新桥等街道、北京站地区44条大街持续开展每周"垃圾不落地，东城更美丽"专项执法行动。出动执法队员1.13万人次，检查主要大街3066条次；宣传告知沿街商户8669家，发放宣传材料1.46万份；查处无照经营、店外经营、门前三包、非法小广告等各类违法行为5213起，立案1221起。提升各主要大街环境秩序并实现两个转变，即末端垃圾清理向源头污染防治转变、政府单向管理向社会参与共治转变。（马婷婷）

【无煤化治理】根据辖区特点，确定围堵运煤进城区、清掏燃煤存放、清查燃煤使用、严查街头流动商贩使用小煤炉等方法，1月、12月对查处的小煤炉进行2次集中销毁行动。全年销毁小煤炉300个，清掏燃煤4万块，查处无照售煤（运煤进城区）行为1起，并予以没收。（马婷婷）

【治理非法小广告】上报非法小广告停机警示系统3422个，审核通过3234个，移送停机1970个，分别同比上升56.9%、74.1%、43.7%。处罚小广告类案卷820个，清掏小广告窝点36个，没收小广告30万张。（马婷婷）

【大气污染专项执法】加大对施工工地检查频次，遇大风、雾霾等恶劣天气，启动局领导带队检查机制，确保施工工地合格达标率高于90%。结合"质量强市"工作部署，重点防范施工扬尘，开展源头整治，利用施工工地视频监控设备，采取远程实时管控；设立道路联合检查岗严查违规运输行为，对渣土车违规运输行为高限处罚。全年查处施工工地扬尘违法行为112起，查处运输车辆不符合要求等违法行为566起，通过北京市建筑垃圾系统处理违法违规信息150条。（马婷婷）

【信息宣传】编辑信息普刊115期、专刊3期，其中信息841条、简讯690条；向市城管执法局上报信息864条，市局采用681条；向区两刊上报信息475条，采用209条；向局外网上传信息267条。上报宣传报道新闻稿件685条，其中中央级媒体77条、市级媒体刊登515条、区级媒体刊登93条。各执法队利用"城市文明加油站"、设置站点、进社区等开展宣传活动215次；通过《志愿北京》平台发布活动项目或主动承办、接待等形式开展专题志愿活动45次，受众1万人次，参与志愿者1000人次。（马婷婷）

# 北京站地区管理

【概况】北京市人民政府北京站地区管理委员会（简称北京站地区管委会），为负责组织协调北京站地区管理工作的市政府派出机构，委托东城区政府代管。负责北京站地区的综合管理，组织协调北京站地区公安、工商管理、城市管理、园林绿化、市政市容、环境卫生等工作。设办公室（监察处）、行政财务处、综合治理办公室、商务管理处、城建管理处、联防指挥中心（应急指挥办公室），均为副处级，直属事业单位北京站地区环卫所。行政编制28人，在编23人；事业编制10人，在编6人。

年内，客运管理正常有序，全年发送旅客1146.70万人次，下车旅客1109.3万人次，完成专运及警卫任务317 次。社会防控工作平稳，交通、安保、环境以及安全生产、防火整治有效。借助站区环境建设改造工程破解治理难题，地区整体风貌显著改善，站西街建成免费即停即走落客区、打通西街南侧断头便道，有效缓解北京站西街交通拥堵。实现以平安站区建设为主线，环境秩序综合治理为抓手，全面提升地区环境品质工作目标，打造安全稳定、秩序良好、卫生整洁、服务一流窗口地区。11月5日，协调做好在北京站广场举办的全国保障农民工工资支付集中宣传活动启动仪式。通过北京市区县机关档案工作测评复查，保持市级优秀单位荣誉称号。

单位地址：东城区北京站东街6号金谷琪珑大酒店四层
联系电话：85267207
邮政编码：100005
（李红杰）

【客运管理】1月24日至3月3日春运期间，发送旅客410.3万人次，下车旅客413.8万人次；高峰日2月5日，发送旅客18.48万人次； 2月14日，下车旅客17.68万人次。7月1日至8月31日暑运期间，发送旅客736.4万人次，下车旅客695.5万人次。高峰日8月27日，发送旅客14.47万人次，8月8日，下车旅客13.16万人次。春运期间，清理各类扰序人员3263人，破获刑事、治安类案件139起，拘留91人；查扣非法运营车辆294辆，查处出租汽车违章186起；查处无照经营50余起，没收小商品1000余件；查扣小广告300余张，查获各类危险品8356件，组织安全检查40次。发放夜班公交乘车指南1万份、倡导文明行为宣传品3568份，发动志愿者维护秩序5000余人次。编发手机报及动态31期，上报市春运办信息47篇，区综治办13篇，被市春运办转发12篇。管委会制定春运（暑运）工作方案和应急预案，由主管副区长（北京站地区管委会主任）组织市、区相关单位主管领导和北京站地区各相关单位主要领导召开春运（暑运）动员部署会，明确各单位工作任务，提出工作要求；管委会在春运（暑运）工作中，发挥平台作用，统筹协调各相关单位落实各项工作措施，有效维护北京站地区秩序，确保春运（暑运）期间北京站地区安全稳定。

（李红杰　陆江）

【“两会”期间社会面防控】全国“两会”前，管委会制定北京站地区社会面控制工作方案，召开专项会议动员部署，统筹协调站区各相关执法单位，加强对北京站地区治安、交通、环境、市场等各项秩序维护控制，确保北京站地区安全稳定。按照市、区相关工作要求，启动社会面等级防控，发动站区群防群治力量180余人，维护商户门前环境卫生和秩序，参与站区各项秩序维护工作，在北京站广场、东西过街桥、代表行车线路周边等部位设立6个治安志愿者守望岗，每天7：00至22：00专人维护守望岗周边秩序，确保从北京站抵离京代

8月11日，北京站地区暑运期间联合执法

表、委员安全，确保北京站地区各项秩序稳定良好。（李红杰　陆江）

【建成即停即走落客区】适应北京站日均20万人次，高峰期30万人次的客流及落客停车需要，年内管委会将站西街一处收费停车场改建为免费即停即走落客区，1月20日开始试运行，引导从北京站西街方向来的送站车辆进入落客。建成后常态日均停靠3000辆次以上，高峰期日均停靠6000辆次以上，并调整北京站停车场出入口，打通西街南侧断头便道，理顺车流人流，有效缓解北京站西街交通拥堵。（李红杰　耿亚男）

【站区设施改造】北京站环境改造工程项目属北京市城市综合治理项目，位于北京站东街西街前街及北京站广场。9月6日竣工，上年12月15日开工。地面工程，更换（新增）地面砖1.32万平方米（其中华联广场更换地面砖4759.51平方米，恒基广场更换地面砖4277.66平方米，北京站广场更换地面砖3204.4平方米，落客区施工地面砖919.34平方米）。道路工程，修复沥青路面4183.96平方米，修复人行道路面4816.44平方米。更换及新做人行道栏杆2415.65 米，更换及新做交通护栏1667.52 米。各路口安装止车石150个，更换果皮箱71个。更换门面广告牌464.24平方米，拆除违法广告18处。翻新户外广告牌562.8平方米，更新工艺宣传栏167平方米。新增监控探头31处、交通标识21处、人行引导标识13处。新增盲道326.91平方米。（李红杰　邢国建）

【开通西过街桥电梯】北京站西过街桥电梯2013年起因故封闭，行人过街只能走步道天桥，给携带行李出行的旅客带来极大不便，引起旅客、媒体关注。11月4日，《北京日报》对北京站西过街桥电梯未开通问题进行报道，市、区领导高度重视。11月 8日，副区长陈献森到北京站地区召开现场会，召集相关单位领导实地查看西过街桥南侧电梯封闭情况，研究解决问题。管委会组织各职能部门召开协调会4次。12月7日，区城管委、北京站地区管委会、北京铁路公安处、东城公安分局、北京站派出所在北京站地区管委会召开北京站西天桥南侧电梯运行协调会，会议研究议定打开北京站西天桥南侧电梯栅栏门，旅客可乘电梯正常通行，解决旅客出行困难，城市公共设施起到服务于民作用。（李红杰　邢国建）

【联合执法】管委会在全年各项重点工作时期，针对站区存在的各类扰序问题，组织站区公安、交通、城管、救助、环卫等单位，开展联合执法行动。全年组织联合执法行动130余次，出动执法人员400余人次、保安300余人次，清理各类扰序人员700余人次，清理无照摊商273起，清理无主物品73车，暂扣小商品800余件，劝离违章停车410起，劝离流浪乞讨人员210起，查处出租车违章运营7起。（李红杰　陆江）

【安全生产防火专项整治】年初与站区116家社会单位签订《安全生产责任书》。根据不同时期工作重点组织站区各相关职能部门、社会单位参加安全生产、消防安全工作动员、部署、宣传、教育会议10次，用电安全培训会17次，发放宣传品2000余份。在春运、暑运、G20峰会、文明城区复查、十八届六中全会等重点时期，开展多次安全生产、消防安全联合检查及夜间错时检查11次，检查生产经营单位150家次，发现安全隐患107处，对站区11家使用液化石油气罐的餐饮单位反复检查。全年日常检查生产经营单位509家次，针对检查中突出问题下发《整改告知书》92份，发现安全隐患315处，全部整改。安装沿街店铺、小单位独立式烟感火灾探测报警器315个，完成率100%。（李红杰　吴国红）

【打击非法小广告】打击非法小广告散发和张贴行为。全年清理粘贴类小广告4.77万张，收缴散发类小广告2.21万张。完成清理小广告外包工作。在清理小广告工作中发现、控制小广告张贴人员25人，查扣作案三轮车1辆，移送执法部门查处。（李红杰）

# 环境卫生

【概况】北京市东城区环境卫生服务中心（简称区环卫中心）是负责全区环境卫生技术性、服务性、事务性工作的区政府财政补助事业单位，是区公共环境卫生服务保障的执行部门。内设办公室、市容业务管理科、市容业务监督检查科、基建科、设备安全保卫科（武装部）、劳动人事科、行政科、财务科（审计科）、法制科、纪检监察科、党委办公室（团委）、工会12个科室。下设区环卫中心一所至十所、机械清扫队、经济开发管理所、材料站以及北京市东城区渣土消纳管理所、北京市王府井地区环境卫生管理所、北京环境科技开发中心16

人工推水作业

个事业单位。编制2591人，在编1594人，编外3530人。

年内，保洁主要大街162条、立交桥13座、过街天桥44座、道路保洁面积545.49万平方米、绿地保洁面积50.55万平方米；保洁管理公厕1335座，管理密闭式清洁站77座。清运生活垃圾49.3万吨、抽运粪便31.36万吨，清除非法宣传品小广告200余万张。干路机扫率98.6%、洗地率95.5%、冲刷率97.9%，生活垃圾粪便无害化处理率、垃圾密闭式收运率达到100%，道路保洁新工艺作业覆盖率达90%。全年渣土处检查得分99.47分，列核心区第二名。

单位地址：东城区小雅宝胡同34号

联系电话：64032275

邮政编码：100005 （何淑梅）

【环卫保障】完成春节、五一、十一等重要节假日和全国“两会”、G20峰会、中美气候低碳城市峰会、联合国教科文组织创意城市峰会等重要活动的环卫保障及防风防汛、道路遗撒、落叶清理、扫雪铲冰等环卫应急管理工作。针对重度污染天气，及时启动应急预案，加大清扫保洁和洒水降尘力度，降低污染物浓度。（何淑梅）

【接管事权下放市属道路】1月1日，接管南池子、南河沿等59条市属道路的冲刷降尘作业。此前，环卫中心负责上述道路的人工保洁和机械清扫工作，市环卫集团负责道路冲刷降尘工作。（何淑梅）

【垃圾不落地作业】3月31日前完成招标工作，4月1日，在全区44条大街开展垃圾不落地作业。主要措施是撤销大街沿线摆放的垃圾桶，由沿街商户居民定时定点投放垃圾，区环卫中心定时定点收运垃圾。为减少垃圾暴露，环卫中心采取定时定点收运与巡回收集相结合的收运方式，垃圾暴露时间不超过15分钟。（何淑梅）

【便道冲刷作业】5月1日，在前门东侧路等25条大街便道开展冲刷作业，白天出动5个车组，夜间出动10个车组，每周循环1次，覆盖率达25%。每个车组配备水车1台和职工4人。实施作业时，司机1人控制车辆、职工1人抱管冲刷、职工1人负责疏导车辆行人，同时协助抱管人员作业、职工1人负责收集冲刷出的污物。（何淑梅）

【渣土管理】协助区城管委办理建筑垃圾消纳证110件、运输车辆准运证375件，进行工地现场勘查134次，开展联合执法检查60次，有效减少道路遗撒。（何淑梅）

【委托作业】年内，部分专业实行委托作业，通过公开招标方式确定被委托单位。实施干路委托作业128条、面积427.44万平方米，占道路总面积78%；实施公厕委托作业435座，占管理公厕总量32%；辖区内大街非法小广告清除作业、44条大街垃圾不落地作业及25条大街便道冲刷作业均实施委托作业。为确保委托作业质量，中心加强对被委托作业管理人员及作业人员的业务技能培训，严格按照标准对委托作业项目进行检查考核，确保达到北京市规定的作业质量要求。（何淑梅）

【环卫设施设备】完成2座密闭式清洁站大修和1座密闭式清洁站加固工程，更新密闭式清洁站2套吊装设备及1套除臭设备；改造公厕36座、粪井33座、公厕排污管线1条，开展公厕日常零修作业1.6万余次，在交北头条、蒋宅口、地坛举重馆分别摆放1座移动卫生间，解决附近居民及行人如厕难问题。更新果皮箱660个，方便行人投放垃圾杂物。完成环卫作业车

6月，纯电动小型扫地车在王府井大街投入使用

16辆、环卫新能源车114辆购置招标。（何淑梅）

【环卫办公用房管理】贯彻非首都功能疏解战略，开展出租房屋清理回收工作，年内收回出租房屋31处、4842.75平方米，占出租房屋总数的48.4%。投入资金，加强办公用房和职工工作站的维修工作，对一所八条分队、三所、经管所、青云胡同14号等办公用房进行维修改造。（何淑梅）

【科技创安】年内，新建改建安保视频监控系统4处，建设公厕烟感报警系统11处，安装行车记录仪294台，安保技防水平不断提高。（何淑梅）

【信访工作】年内，集中矛盾排查4次，接待群众来访58次，办理群众来信34件次、来电300余件次，全部按时办复。推进网上信访工作，网上信访事项办结率达100%，全年未发生到区级部门以上的群体访和非正常上访。（何淑梅）

【人大代表建议政协委员提案办理】办理人大代表建议、政协委员提案12件，全部按时办复，其中反映朝内大街厕所少、织染局公厕破旧、中国强胡同公厕未启用等问题的建议，经中心协调，均得到解决。（何淑梅）

【接受捐赠】11月24日，韩红爱心慈善基金会在区环卫中心开展陪你一起过冬天慰问活动。为环卫工人捐送冬日温暖包5000余个，内含羽绒棉马甲、棉帽子、棉手套、保温杯、急救包等保暖及应急物品。（何淑梅）

# 环境保护

【概况】东城区环境保护局（简称区环保局），是区政府依法监督管理辖区内环境保护工作的行政主管部门。主要职责是贯彻落实国家和北京市关于环境保护的法律、法规、规章和政策；建立健全环境保护工作制度，编制区环境保护规划和计划；负责区环境问题统筹协调和监督管理，承担落实区污染减排目标责任，制定主要污染物排放总量控制计划并监督实施；负责环境监察，组织开展环境保护执法检查；负责限期治理、排污申报登记、排污收费等制度实施；参与促进清洁生产，负责建设项目竣工环境保护验收；负责区环境监测，组织实施环境质量监测和污染源监督性监测；组织环境保护宣传教育工作。设办公室、综合规划科、法制宣教科、纪检监察科、污染减排科、环境影响评价科、环境监理科、辐射安全监管科8个科室，辖东城区环保监察一队、东城区环保监察二队、东城区环保监测一站、东城区环保监测二站、东城区机动车排放管理一站、东城区机动车排放管理二站6个事业单位。公务员编制36人、事业编制93人，在编115人。

年内，实施北京市控制大气污染措施，办理建设项目环境保护审批333项，建设项目环境保护备案104项，建设项目环境保护验收180项，依法征收排污费200余万元。办理群众来信1823件，办理人大代表建议6件、政协委员提案7件、党代表建议2件。

单位地址：东城区东四六条甲17号

联系电话：64043663

邮政编码：100007（马春华）

【环保宣传】年内，组织东城绿色志愿者参加“志愿服务 爱满东城”学雷锋志愿服务高潮日活动和“减少灾害风险 建设安全城市”防灾减灾日宣传

11月，检查加油站油气回收系统

活动，发放环保宣传材料3000余份，接待现场咨询100余人。与东直门街道合作开展水文化节活动、与龙潭街道共同举办节水禁烟 食品安全主题宣传活动；在贯穿东城区域的公交车身喷涂同呼吸 共责任 齐努力、倡导绿色出行 减少大气污染等环保宣传口号进行环保知识的宣传。向区所有社区和中小学赠送《中国环境报》400份。围绕“六·五”世界环境日“改善环境质量 推动绿色发展”主题，在社区、街巷胡同内人流密集区利用板报、宣传橱窗、电子显示屏等进行宣传和展示，开展每天徒步一小时、拥抱蓝天每周少开一天车、环保讲座等活动。由区环保局联合区教委在全区范围选拔的中小学生10人，参加北京市第十八届小学生“我爱地球妈妈”演讲比赛和北京市第十四届中学生中英双语演讲比赛，获中学组一等奖，小学组1个二等奖、1个三等奖和2个优秀奖。（马春华　王祎）

【散煤燃烧治理】落实禁售、禁运、禁存、禁燃要求，集中开展本年储煤季散煤治理专项执法月活动，各部门加强联合执法和督导检查，各街道落实属地管理职责，有效遏制燃煤反弹，区挂账的945户燃煤居民、255家商户，全部实现销账。启动东四地区、交道口地区煤改电设备更新工作。（马春华　孟魁）

【环境质量】年内，落实清洁空气行动计划各项措施，细颗粒物PM2.5：77微克/立方米。可吸入颗粒物（PM10）年均值95微克/立方米。二氧化氮年均值50.5微克/立方米。二氧化硫年均值10.5微克/立方米。降尘年均值4.8吨/平方公里·月。辖区水环境质量有所改善。区域环境噪声平均值53.3dB（A）。道路交通噪声平均值68.9dB（A）（公里路长计权LeqdB（A）），道路平均车流量4304辆/小时。（马春华　赵华）

【污染物总量减排】本年，市里考核东城区大气主要污染物总量减排指标氮氧化物和挥发性有机污染物2项。氮氧化物比上年削减4.53%。治理挥发性有机污染物排放企业1家，削减挥发性有机污染物6.72吨。完成市政府下达3%和6吨的年减排计划。全年淘汰老旧机动车2.6万辆，削减氮氧化物280吨。（马春华　陈鸣）

10月，遥感检测行驶机动车尾气排放

【环境统计年报】年内，纳入环统调查范围的工业企业20家，确定15家工业企业为年度环境统计重点调查对象。环境统计数据通过规范性审核、平均水平合理性审核、完整性审核、突变指标审核，并对突变情况逐一进行数据分析，通过市局环统会审，完成工业源数据库上报。据环境统计制度开展工业源监督性监测，工业企业废水、废气稳定达标率和锅炉烟气排放达标率均为100%。（马春华　赵华）

【行政处罚】年内，细化监察执法考评要求，每个执法组对所管辖区污染源主动巡查，运用法律法规对环境违法行为做出相应处理。出动执法人员 8100人次，检查各类单位 3900个次；做出行政处罚 93件，处罚金额88.2万元，下达噪声类限期治理8件。（马春华　孙敬敏）

【危险废物管理】年内，对5家工业企业、16家二级以上汽修厂、19家二级以上医院、4家印刷企业和6家实验室废液开展危险废物管理。完善危险废物规范处置制度，规范落实措施，区内的危险废物均交有资质单位处置并填报转移联单，贮存场所符合环保标准。医疗废物医疗废水管理规范，医疗污水处理设施运行正常。（马春华　吕小军）

【机动车排放监管】年内，淘汰老旧机动车2.69万辆，完成全年任务1.53万辆的176%。检查机动车48万辆，其中入户抽查2.99万辆，完成全年任务的107%；夜查0.6万辆，完成全年任务的107%；路检、遥测42.78万辆，完成全年任务的118%；巡查检测场1.64万辆，完成全年任务的117%；处罚超标车422辆，遥感非现场超标车1597辆，处罚非道路施工机械11台。巡查辖区内13家经营性加油站840座次，抽测54座次，处罚非正常使用油气回收装置加油站4座。（马春华　李建新）

【辐射安全行政许可】年内，受理各类辐射安全行政许可事项135件，全部办结。其中辐射类建设项目审批21件、辐射类建设项目验收14件、辐射安全许可证相关手续39件、放射性同位素备案61件。（马春华　陈雷）

【辐射安全监管】全区辐射工作单位174家，其中涉源单位18家、放射源301枚，射线装置单位156家、射线装置652台（套）。全年检查辐射工作单位154家次，出动人员320余人次，

检查各类密封放射源301枚、各类开放性场所18处、各类射线装置539台（套）。（马春华　陈雷）

【污染企业调整退出】本年，市经济信息化委未给东城区下达污染企业调整退出任务。按照疏解一般制造业工作要求，调整退出5家不符合首都功能定位的工业企业。分别为：北京迎时万佳纺织品有限公司、北京华隆兴业印刷有限公司、北京班纳发迅时装有限公司、北京市天环工贸发展中心、北京齐力轻型印刷厂。（马春华　吕小军）

【完成VOCs减排任务】完成东城区全年6吨清洁计划中挥发性有机物VOCs的减排任务。对辖区内挥发性有机物排放单位进行日常监管与监测，环保设施运行正常，污染物排放达标。（马春华　吕小军）

【大气污染专项执法年】4月至12月，开展大气污染执法年行动。围绕散煤、重点区域、按照行业管理和属地监管相结合的原则，开展治散煤、净四气（燃煤废气、挥发性有机物废气、工业废气和机动车废气）、降三尘（施工扬尘、道路扬尘、因烧致尘）专项执法行动。出动执法人员6100余人次，检查单位3260家次，做出处罚69起，罚款金额56.9万元。（马春华　孟魁）

【餐饮行业油烟检查】7月至8月，出动执法人员810人次，检查餐饮企业390家次，发现餐饮企业存在环境违法行为10家，处罚金额10.5万元。（马春华　孟魁）

【重污染日应急处理】全年启动空气重污染应急15次36天。其中蓝色4次4天，黄色7次18天，橙色3次8天，红色1次6天。落实指挥部办公室职责，对各成员单位工作落实情况进行监督，加强与成员单位信息沟通，及时通报反馈检查情况，确保信息及时有效。（马春华　张剑）

【锅炉低氮改造】建立健全区领导调度、牵头单位统筹、街道办事处推进的三级联动工作机制，完成调试164处锅炉房，拆除49处锅炉房，签订改造合同62处锅炉房，超额完成任务。（马春华　李思伦）

【扬尘污染控制】区网格中心落实精细化管理职责，加强环境问题监督。区住建委、区城管执法局开展联合执法，处罚违法违规行为，施工工地达标率保持92%以上。区园林绿化局与园林绿化管理中心采取覆盖、围挡等措施，有效控制绿化工程的扬尘污染。环卫中心保持吸、扫、冲、收清扫保洁新工艺作业覆盖率95%以上，重点道路每日机械冲洗2次以上。（马春华　卢欣）

【信访工作】全年接到群众来信1823件，其中大气污染类1010件（其中餐饮油烟类750件）、噪声污染类743件（其中固定声源噪声类529件）、固废危废类2件、水污染类7件、建设项目类6件、辐射类55件。办理中央环保督察组转办投诉举报案件7件，其中发现2起环境违法行为，实施处罚15.2万元。经监察队复查，2家违法企业均整改。重要信件领导阅批率、信访答复率、信访按时办结率100%。全年未出现市、区级集体访和重复集体访，未出现重点地区非正常个访和集体访。（马春华　李思伦）

【环保督察】11月29日，中央第一环境保护督察组进驻东城。东城区制定专门工作方案，成立由区委书记、区长任组长，主管副区长任执行组长的区级协调工作领导小组，负责督察组在东城期间保障工作组织领导和统筹协调。领导小组下设办公室，负责日常工作。领导小组办公室每日召开工作协调会，推进案件办理、材料准备、新闻宣传及其他重点工作。上报3批次29项督察资料均一次通过。至12月23日，东城区收到中央环保督察组转办信访案件71件，反映问题101项。其中粉尘污染8项、环境秩序33项、违法建设28项、扰民问题28项、拆迁安置2项、信息公开1项、公房转租1项。办结65件，责令整改62家，立案处罚31家，罚款3.97万元。（马春华　席俊）

【绩效管理环境保护专项考评】市政府绩效管理工作领导小组对东城区年度环境保护专项考评认定：PM2.5年均浓度同比下降8.3%，超额完成年度同比降幅目标值（5%）；与2013年相比，累计下降18.1%，未完成累计降幅19.5%的目标。主要污染物减排完成年度目标。（马春华　赵华）

# 园林绿化

【概况】东城区园林绿化局挂区绿化委员会办公室牌子，是负责全区园林绿化工作的政府工作部门，主要职责为负责全区绿化规划的编制监督实施，组织指导监督园林绿化美化、资源保护，进行园林绿化行政执法，负责园林绿化的行业管理，监督指导区管公园的管理和服务，承担区绿化委员会日常工作等。设办公室、绿化

4月2日，东城区全民义务植树活动

科、园林管理科、规划发展科、资源保护科、法制宣传科（监察科）、组织人事科、计划财务科8个科室，编制30人，在编29人。

年内，完成改造扩大绿地面积15万平方米，完成屋顶绿化1.2万平方米，完成垂直绿化2公里，公园绿地500米服务半径覆盖率达到87%，人均公园绿地面积达到7平方米。栽摆花卉200万株盆，复壮濒危衰弱古树60株。推进公园精细化、差异化管理，按照市园林绿化局要求进行公园分类分级评定工作。5月23日，召开区绿化委员会第四次全体会议，通过《关于"十二五"期间绿化美化工作情况、"十三五"绿化美化工作发展思路及2016年工作安排意见的工作报告》。创建区园林绿化管理中心市花园式单位1个、永外街道松林里社区市花园式社区1个。

单位地址：东城区东直门内北中街甲1号

联系电话：64041796

邮政编码：100007（姬遇）

【绿化养护管理】抓好绿地清理、防寒风障和挡盐板拆除、春季浇水、施肥、植物修剪、行道树补植等各项绿地养护管理。发挥区园林资源一体化管理平台作用，探索绿化养护管理体制机制，推进绿化养护第三方监理机制。完成绿地等级评定和绿地养护检查，正义路大街及街心绿地、北官厅绿地、百花深处、台基厂大街、金宝街西口南北绿地、环二环城市绿廊（东便门至永定门桥段、鼓楼至东直门桥段）被评为特级绿地，特级绿地面积增加36.85万平方米。历次绿化养护检查均排名全市第一。（姬遇）

【杨柳飞絮治理工程】采取药物治理和嫁接技术结合方式，开展杨柳飞絮治理。3月30日，在柳荫公园举办杨柳飞絮治理工作技术培训。采购并分发药品84箱、配套机械70台。对区属公园、主要道路、重点街巷及重点小区的8000余株杨柳树雌株注射抑制飞絮的药物，对221株柳树嫁接金丝垂柳枝条。（姬遇）

【全民义务植树】4月2日，东城区全民义务植树活动在地坛公园北部园区改造提升工程现场启动。全区参加各项绿化美化活动12万人，植树1.5万株，养护树木18万株，清扫绿地35万平方米，发放宣传材料15万份。（姬遇）

【古树名木保护】4月，召开区古树名木复壮专家评审会。5月，完成《古树名木保护管理责任书》签订工作，落实管护单位，明确管护责任。8月，对80株濒危、衰弱古树名木进行复壮。（姬遇）

【野生动物和湿地保护】督促指导区属4个监测点加强巡护和监测，做好春季候鸟等野生动物保护和疫源疫病监测防控。4月，在区属公园设立宣传点10处，开展第20个世界湿地日、爱鸟周、保护野生动物宣传月等宣传活动，发放《湿地保护条例》、爱护鸟类宣传折页、环保袋等宣传资料2.16万份，悬挂横幅10余条，摆设展板40余块。（姬遇）

【园林绿化行政执法】5月至11月，集中开展非法侵占绿地清理排查专项行动。梳理园林绿化涉及行政职权事项62项，其中行政处罚35项、行政审批12项、行政检查7项、行政确认2项、行政强制1项、行政给付1项、行政奖励1项、其他3项。依法做好行政审批，受理行政许可事项293项，移植树木1137株，砍伐462株，临时占用绿地9820平方米。通过现场踏勘，要求申报单位优化方案，减少伐移树木150余株，减少占用绿地3950余平方米。（姬遇）

【有害生物监测防控】全区设立美国白蛾成虫监测点500个，全年监测到美国白蛾成虫1398头，监测并防治美国白蛾网幕1245株，向各街道、社区、驻区单位、居住区购置并发放防控药品8645公斤。组织打药普防4次，集中普查3次，释放周氏啮小蜂4000万头。5月，在全区范围内开展植物检疫检查专项行动。对全区600株枣树进行枣疯病防治。做好林木有害生物普查，发现林木有害生物197种。（姬遇）

【乐享自然 快乐成长系列活动】4月至10月，在龙潭西湖、柳荫、明城墙、永定门、青年湖、劳动人民文化宫6所公园面向少年儿童开展"乐享自然 快乐成长"系列主题活动。各公园面向社会招募活动对象，开门办课堂，以自然游戏、自然笔记、自然观察等形式，开展自然体验课40余次，活动通过与大自然近距离接触，加强少年儿童自然认知，建立情感链接，提高环境保护意识和文化归属感。（姬遇）

【世界月季洲际大会参展工程】5月18日，世界月季洲际大会在大兴区举办。东城区围绕"美丽月季，美好家

9月4日，乐享自然快乐成长系列活动

园”主题，以月季为主要造景素材展示东城区特色和文化，完成室外造景工程。工程占地面积302平方米。2月24日进场施工，4月30日竣工。工程获室外造景展特等奖、最佳贡献奖。（姬遇）

【市委机关幼儿园周边绿化工程】位于光明路市委机关幼儿园南侧和西侧，绿化建设面积410平方米，包含绿化种植、砌筑种植池和绿地喷灌工程等。4月工程筹备，5月底竣工。清理渣土、回填好土480立方米，绿化种植池内栽植王族海棠21株、色带植物255平方米，围墙外种植攀缘月季130延米，砌筑仿古花池33立方米。绿地内布设快速取水阀4套。（姬遇）

【东直门卫生服务中心工程】东直门卫生服务中心代征绿地建设工程绿化总面积1195平方米。建设以“春景园”为特色，利用色彩丰富的乔、灌、草来围合空间，形成不同的季相变化，打造都市精品小微绿地，建成一处高品质的城市休闲公园。将绿地局部做成下凹式，将部分雨水收集在绿地中，实现“海绵公园”环保理念。6月1日工程开工，8月中旬竣工。累计栽植乔灌木4794株、早园竹750株、地被270平方米、时令花卉4900盆，铺设丹麦草200平方米；完成地面铺装260平方米；安装坐凳11个、廊架1处、花池及花箱17个、庭院灯5个。（姬遇）

【绿道建设工程】建设前三门大街绿道、龙潭片区绿道、南中轴绿道共12公里绿道，绿化空间3公顷。建设内容主要为绿化工程、标识系统、配套设施等。工程建设以绿荫漫步，文化随行为目标，通过整合、串联、提升手段，打造舒适、便捷、连续的步行慢行空间。6月15日工程启动，11月8日竣工。建设景观节点9处，完成铺装3000平方米，安装花箱组合60组，搭设廊架4处，种植乔灌木1050余株，栽植地被、草坪2.85万平方米。（姬遇）

【月季绿植进家庭、军营、校园】6月22日，在松林里社区开展万株月季绿植进家庭活动暨松林里社区“花园式社区”创建启动仪式。7月底，向武警一支队、空军后勤部等3家驻区部队，中央工艺美术学院附中、回民实验小学、北京市第一幼儿园分园等11家学校和松林里社区等17个社区开展赠送活动。赠送月季、绿植1.2万余株。（姬遇）

【国庆花卉布置】国庆67周年花卉布置工程以“祝福祖国，践行五大发展理念，共创美好生活”为主题，对全区九横八纵主干路网和重点地区、区属公园进行花卉布置，形成“一轴、一环、多节点”的花卉布置格局。全区摆放主题立体花坛21组，结合地栽花卉、花卉装饰小品，营造喜庆祥和氛围。9月18日工程开始，9月25日完成花坛布置，10月23日完成撤花及绿地恢复。全区栽摆花卉150余万株盆。（姬遇）

【美丽胡同绿化工程】以“广栽攀援、多种花卉、不露黄土、成片进行、点缀大树”为原则，对东四南门仓、流水巷等5条胡同进行绿化景观改造提升。10月11日开工，年底完工。（姬遇）

【大通滨河公园景观建设工程】位于东城区通惠河与东二环护城河交汇处，占地面积9.5公顷。项目建设以生态景观为主，同时融入文化展示功能、体育健身功能，营造富有特色的生态景观带，打造“一河、三区”的景观架构，完善公园服务配套设施，建成具有自然、生态、野趣特色景观的免费开放公园。11月2日项目开工。（姬遇）

【屋顶绿化工程】完成五十五中学、中央工艺美术学院附属中学、东城区社区服务中心婚姻登记处、天坛网球中心售票处、史家小学（低年级部）等处屋顶绿化1.2万平方米。（姬遇）

【市花月季和乡土植物进社区】选取龙潭华城滨河世家社区、东四豆瓣社区、富贵园3个社区开展市花月季和乡土植物进社区工作。全年栽植乡土植物国槐、鸢尾、马蔺、玉簪、黄栌等2万余株，丰花、粉和平、光谱等适应北京气候土壤环境的16个优良月季品种4375平方米。（姬遇）

【六美创建工作】开展美丽胡同、美丽屋顶、美丽小区、美丽单位、美丽校园、美丽家庭“六美创建”工作。评选出美丽胡同5条、美丽屋顶4个、美丽小区5个、美丽单位4个、美丽校园5个、美丽家庭100个。（姬遇）

【认建认养绿地绿植】指导各街道、各单位挖掘优势资源，做好服务接待，吸引社会单位和个人参与树木、绿地认养。认养树木1039株、绿地9800平方米、古树名木22株。（姬遇）

【园林绿化科技工作】参与绿色科技多彩生活，园林绿化科技创新暨科学普及系列活动等市、区举办的各项科普文化活动。组织专业人员参加北京园林学会、北京林学会等组织的各种学术会议。上报科技计划专项4项，其中《东城区杨柳飞絮综合治理研究与示范》项目被采用。（姬遇）

## 天坛公园

【概况】北京市天坛公园管理处（简称天坛公园）隶属北京市公园管理中心，全民所有制事业单位，承担保护天坛，合理利用其文化价值，组织、接待、参观、游览等项管理职能。天坛历史坛域面积273公顷，管辖面积201公顷，古建筑面积2.52万平方米，绿地面积170公顷，古树3562株，绿化覆盖率84.37%。天坛始建于明永乐十八年（1420年），是明清帝王祭天祈谷的场所，是中国现存规模最大、形制最完整的古代祭天建筑群，也是世界上最大的祭天建筑群。1918年，天坛正式作为公园对公众开放。1961年3月，天坛被国务院公布为首批全国重点文物保护单位。1998年12月，联合国教科文组织世界遗产委员会将“天坛——北京的皇家祭坛”列入世界遗产名录。2005年，被国家旅游局评为国家首批5A级旅游景区。2008年，被评为“全国文明风景旅游区示范单位”。2012年，获全国首批旅游标准化示范单位、国家旅游系统先进单位等荣誉称号。内设办公室、党委工作部等14个科室，下设殿堂部、票务部等14个队级建制。在册职工862人，其中管理人员81人、专业技术人员322人、技术工人459人。

年内，接待中外游客1631万人次，同比下降6.9%。完成韩国总理黄教安等外事接待任务45批380人。处理非紧急救助服务事项5.4万余件。为游客提供便民服务措施69.7万件次，组织游客调查3次、游客满意率95%。开展噪音治理，成果显著。完成5A级景区复核考评。抓住非首都功能疏解机遇，做好天坛周边被占坛域规划，完成天坛外坛墙坛界界定及被占坛域古迹遗址区勘察勘探项目任务书，编印《天坛文物保护规划》。完成喷灌主管线改造、祈谷坛门粉刷等工程。启动安全生产标准化建设，强化安全文化建设。挖掘历史名园文化资源，举办晚间文化活动。开展馆际之间交流合作，和常熟博物馆等单位联合举办精品文物特展，与天津盘山、安徽黄山风景名胜区签订区域合作框架协议。出版发行《天坛古树》，建立数字档案，整理一史馆移交的1100件数字档案。百花园、双环亭景观提升，种植芍药1388平方米、牡丹1300平方米，改造道路4万平方米。举办春迎月季花开天坛月季展和古坛京韵菊花展。参加月季洲际大会、唐山世界园艺博览会和北京市第三十六届菊花展览会获奖。

单位地址：东城区天坛内东里7号
联系电话：67013778
邮政编码：100061（张群）

5月，春迎月季花开天坛月季展

【绿化养护基础工作】开展病虫害防控工作，采取生物防治、物理防治、园林养护措施、化学防治相结合的综合防治措施，考虑环境保护和防控效果，将药剂污染降至最低。释放天敌昆虫肿腿蜂15万头、蒲螨4000管，受益古树400株。施放饵木1000根诱集古柏蛀干害虫1000余头。释放周氏啮小峰2000万头，防治美国白蛾。悬挂美国白蛾、梨小食心虫、国槐小卷蛾等性诱捕器400个，人工清理病枝虫枝，刮除腐烂病、蚧虫，打药防治蚜虫、红蜘蛛、国槐尺蠖，有效控制全园主要病虫害发生。（刘育俭）

【古树保护】对30株古树（或准古树）实施清理树洞、药物消毒及防腐固化。对古树破损树皮进行仿真修复等保护、修饰措施。采用专利技术进行防腐、固化、防水、加固处理，达到减缓或终止局部自然朽蚀，保持原有外观，修旧如旧，确保保护古树的同时增强景观效果。对10株古树进行支撑工作，1株古树安装拉纤，保护古树正常生长，防止古树折枝伤人或损伤古建。对21株古树采取单株围栏形式加强保护，防蹭防磨。（王卉）

【更新维护园容设施】更新丹陛桥西下坡至西门道路两侧、丹陛桥两侧，百花园、双环亭景区等地区的实木路椅103把。更新东北外坛地区老旧路椅80把，在百花园、双环亭景区新安装路椅30把。在北二门西侧新铺装地安装实木路椅6把。将祈年殿、回音壁、圜丘、斋宫、北神厨、神乐署等景点及周边地区的玻璃钢果皮箱更换为铝制果皮箱，更换主要景区和游览线周边老旧果皮箱160个。在祈年殿、回音壁、圜丘、斋宫、北神厨、神乐署等景点内新安装保洁工具箱7个。（李哲）

【历史遗留物品调查回收】启动腾退天坛西南外坛57栋简易楼及划定范围内平房，拆迁区域及坛内外区域留存建筑构件、砖瓦石块等历史遗留物。按保护为主、抢救第一、合理利用、加强管理原则，开展调查回收工作。成立领导小组、调查回收办公室。与市文物局、区文委、街道拆迁办等单位沟通，共同参加。对外坛拆迁、坛内露陈散落石构件建立巡查管理制度，按回收范围划片走访调研。根据搬迁进度调整调查区域，建立遗留物回收表，标注地点、发现时间。至年底，回收城砖、筒瓦1126块，将150块大城样砖交工程科用于斋宫御河修缮工程。（王恩明）

【向中小学生开设礼乐文化课】神乐署雅乐中心把礼乐知识重新进行梳理和编排，将每一件乐器、每一首曲目、每一个仪程用通俗易懂的语言解释，并结合互动、展示、体验等多种形式，为广大师生讲述中国传统礼乐文化。全年接待十一中学、定安里小学、五十中分校、清华附小、精忠街小学等学校师生1100余人来园参观，开展志愿服务讲解13次，学生专场互动教学演出12个场次。（霍燚）

【国家及市文物局调研】1月12日，国家文物局遗产处、北京市文物局文保处来园调研国务院参事“兑现我国对外庄严承诺·加快落实天坛世遗保护”提案中涉及天坛坛域被占用地情况。了解天坛三南外坛所有外单位占地情况，查看582电台占地、牺牲所历史遗存及南坛墙现状，西南外坛57栋简易楼及天坛医院、药检所、口腔医院拆迁进度。（张群）

【苏格兰文物保护专家考察】3月15日，苏格兰历史古迹及环境公共管理机构文物保护局局长David Mitchell 博士，文物保护局技术科研部部长Ewan Hyslop 博士，文物保护局技术教育及培训部部长Colin Tennant，斯特灵大学副校长Malcolm MacLeod 教授，艺术人文学院院长、文物修复专家Richard Oram教授等一行8人到天坛交流考察文物保护经验。专家现场考察祈年殿、皇穹宇、圜丘、北宰牲亭、七星石等处，双方就石质文物保护修复、中国古建传统营造修缮技艺、文物保护利用等进行交流。（段超）

【天坛文物展网上预约】4月19日，北神厨北宰牲亭、斋宫景区采取游客凭本人有效证件现场免费换票，以及网上预约方式参观，预约游客可通过在门区及景点入口通过扫描二维码方式参观北神厨、北宰牲亭、斋宫等景点。景区每周一闭馆，其他时间正常开放，预约时段分每日上、下午，同一证件，每个景点、每场仅限预约1次、每次最多预约2人。北神厨北宰牲亭景区每日发票5000张，上、下午各2500张；斋宫景区每日发票3000张，上、下午各1500张。（李腾飞）

【翁同龢及翁氏家族文物特展】5月15日至8月1日，《两朝帝师翁同龢及翁氏家族文物特展》在天坛北神厨开幕，展览是天坛北神厨修缮开放以来首个外展。特展由天坛公园管理处与常熟市文化广电新闻出版局共同主办，常熟博物馆承办，国家文物局文物交流中心支持。展出 66 件（套）文物，由书画、瓷器、古籍、文献、文玩5部分组成。接待游客7.88万人次。（李岩）

【参加世界月季洲际精品展】5月18～24日，由世界月季联合会、中国花卉协会、北京市政府在大兴共同举办世界月季洲际大会，中国花卉协会月季分会、北京市园林绿化局、北京花卉协会、大兴区政府承办。第十四届世界古老月季大会、第七届中国月季展和第八届北京市月季文化节同时举办。天坛公园选送精品月季76盆，获10项大奖及最佳贡献奖，其中金奖3个、银奖3个、铜奖4个。（韩捷）

【举办第三十五届月季展】5月20～27日，天坛公园在北门广场、祈年殿西砖门区、祈年殿内及月季园4个区域举办主题为“春迎月季花开天坛”月季展。展出月季1万株，其中祈年殿院内摆放精品盆栽月季、树状月季42桶，大型精品盆栽月季34桶，展出100余个品种、300余盆；月季园地栽月季200个品种。同时举办系列科普宣传活动。（王安）

【参加园艺国际赛获金奖】5月，在唐山举办世界园艺博览会国际竞赛—精品月季竞赛，天坛公园参赛，选送的精品月季9盆。竞赛主题为“流芳溢彩最美世园”。展赛设盆栽月季、盆景月季、月季造景、月季花艺、新品种及创新5类竞赛内容。评审专家以整体效果、株丛圆整、花枝分布、花色、花型、特点等为标准，进行评选。来自世界57家参展单位的246件作品参展。天坛公园获金奖3项，获创新类银奖1项。（李连红）

【安全生产月活动】6月16日，开展安全生产宣传日咨询活动。悬挂横幅3幅，摆放展板30块，发放各类宣传

5月，举办翁同龢及翁氏家族文物特展

资料5000份。利用LED大屏幕播放公园安全版《伤不起》MV视频宣传片，向游客展示消防车、灭火器等公园消防装备。开展“公园是我安全的家”游客满意度调查，公园褐色袖标安全志愿者6人收集游客调查问卷100份。（冀婷立）

【百花园双环亭景观提升工程】6月18日，开始施工。8月3日，在科普园组织召开百花园牡丹芍药种植养护专家咨询会，专家3人考察，在品种选择、移植方案、种植后养护管理等方面提出意见。9月26日，百花园、双环亭景区景观提升工程完成验收。栽种麦冬草1.99万平方米，移植芍药1363平方米，种植乔木14株，种植花灌木116株，回填种植土1268立方米，移植牡丹1267平方米，铺设园路2300平方米，铺设路牙3386米，安装座椅46个、铁艺栏杆1129米。（王安）

【出版发行《天坛古树》】6月，《天坛古树》一书由中国农业出版社出版发行。全书379页，设置古树资源、古树历史、古树文化、古树管理、古树养护、古树研究、古树景观7章。展示天坛古树资源、景观，介绍古树形成、存毁历史，养护、管理经验，现阶段在古树方面的研究成果。（袁兆晖）

【回音建筑声学问题综合研究】7月21～23日，北京天坛回音建筑声学问题综合研究项目组进入回音壁、圜丘，进行夏季潮热环境下的声学研究测试。测试组由公园文研室3人和黑龙江大学4人共7人组成。使用建筑声学分析测试系统，以击掌声和气球爆破声为声源，在皇穹宇殿前甬道、圜丘天心石进行声学现象实验测试，旨在通过对测得的声脉冲响应图分析，研究并调整实验验证方案，通过实验测试结果给出科学结论。测试同时使用全站仪对天坛回声建筑平面结构进行测量，建立天坛回音壁建筑模型，为后续声学现象理论模拟计算提供精确的平面及3D模型。课题为国家自然科学基金支持项目，也是国家文物局支持项目。（段超）

【东城区非物质文化遗产图板展】9月9日，天坛公园与东城区委、东城区非物质文化遗产保护中心联合举办东城区非物质文化遗产图板展。图板展设置在天坛北天门至皇乾殿道路两侧，设展板60块，展览以图文并茂形式介绍天坛神乐署中和韶乐等59项市级非物质文化遗产项目。（段超）

【天坛文化赴苏州、上海展示】9月12～26日，天坛神乐署雅乐团在苏州虎丘景区和上海豫园举办国内文化展示。此次文化展示和交流包括天坛文化图片展、天坛祭天乐器展和祭天礼仪音乐展示。用静态展览与动态展示相结合的设计，展现天坛在历史、建筑、园林、文物、人文等领域蕴含的独特文化魅力。展示期间，所有中和韶乐使用的八音乐器都从北京天坛运至苏沪，游客们在互动现场亲身体验，聆听中华最古老最传统的音色。展览展示活动是继2014年赴法交流之后首次在国内举办，展示34场，参观游客和同行景区管理者1万余人。两地各类媒体报道20余次，自媒体专访1篇。（霍燚）

【“天坛杯”武术太极拳（剑）比赛】9月20日举办。活动由市体育局、市公园管理中心主办，天坛公园管理处、北京武术院、市武术运动管理中心、市武术运动协会承办。来自全市10个区县的32支社区代表队进行24式太极拳、32式太极拳和自编自选项目等3个单项和团体比赛。北京电视台、《北京日报》《北京青年报》《法制晚报》等7家媒体现场报道，BTV-《特别关注》栏目播出。（马倩）

【国庆花卉环境布置】花卉布置使用原有旧花架，结合自身特色和文化内涵，以古坛京韵庆佳节为主题，通过风筝、大鼓、灯笼等造型展示中国传统文化，营造节日气氛。全园采用四点两线布置形式：即4个主题花坛，分别为北门花坛华灯溢彩庆佳节、南门花坛古都风韵、神乐署花坛古都风韵、祈年殿院内月季花坛；两线是北大门至祈年殿西下坡主游览路线摆放花钵盆栽月季花带，西二门至丹陛桥游览干道摆放花钵30个、叶子花40桶，用花6.64万盆。（韩捷）

【古坛京韵菊花展】11月1～20日，在祈年殿内展出，共6个展室，主题分别为：古街贩花、京城雅室、礼乐菊赞、孩童戏鸢、灯彩辉映、寿客竞花。展出品种菊800余盆，展出品种500余个；展出大立菊、悬崖菊，菊花大盆景、小菊盆景20余盆，案头菊 10余盆，用大立菊裱扎人物造型、风筝造型、灯笼造型等，布置科普展板18块。展览期间举办菊花知识讲座及花瓣画制作等活动。（李连红）

9月，礼乐天坛—苏州、上海天坛礼乐文化展览展示活动在苏州开幕

# 绿化中心

【概况】东城区园林绿化管理中心（简称区绿化中心）2012年7月26日成立，为区政府所属全额拨款事业单位，归口区园林绿化局（区绿化办）管理。主要职能为承担全区园林绿化等技术性、服务性和事务性工作，对区属公园和下属园林绿化队伍进行管理。设办公室、工程建设科、养护科、服务管理科、公园科、活动管理科、资源保护科、人力资源科、监察科、财务科、安全保卫科、行政科12个科室。辖绿化一队、绿化二队、地坛公园、青年湖公园、柳荫公园、南馆公园、龙潭公园、龙潭西湖公园、北京市明城墙遗址公园、永定门地区公园、园林市政服务中心、龙潭湖体育馆12个基层差额拨款事业单位。中心机关编制62人，在编58人；基层单位编制892人，在编565人。

年内，完成地坛公园北部园区改造、柳荫公园驳岸改造及护坡修缮、龙潭西湖公园南北柳堤泊岸改造及景观提升、东南二环中央隔离带绿化、区属公园公厕改造等7项区财政投资绿化工程。完成北京站地下直径线绿地建设、东南角楼、永定门桥区及陶然亭桥区雨水泵站等6项自筹资金建设项目。配合市、区完成地铁8号线三期、14号线和机场线西延相关站点、22条微循环道路停车示范街项目绿地占用、树木移植等22项工程的相关绿化配合工作。中心专业绿地养护继续保持城六区第一名，落实首环办考评实施细则，实现全年月考评零失分；年度网格化管理考核保持A级；保障重点时段、重点区域专业绿地环境保洁水平，完成五一、十一期间区属专业绿地地栽花卉布置。加强绿化资源保护，制止破坏绿化资源违法行为4起，完成古树复壮49株。开展美国白蛾、草履蚧等林木有害生物和禽流感防控，加强野生动物疫情监测，全年无重大病虫害疫情发生。推进区属公园景观改造及基础设施建设，完成地坛公园门球场、龙潭公园双星桥、柳荫公园东门、明城墙公园赏梅栈道铺设等16项基础设施升级改造。开展园林特色文化活动，实现地坛、龙潭春节文化庙会初步调整转型，举办地坛义务植树活动、第九届明城墙梅花文化节、第六届柳文化节、青年湖首届游人艺术节等特色文化活动；完成中心公车改革，推进基层单位事业单位分类改革。落实防汛、空气重污染等应急机制及措施，中心安全工作持续保持零指标。按时完成代表、委员提案、建议办理工作，中心信息继续保持区委办局三类部门排名第一，信息公开、信访工作、便民事项办理等考评成绩在全区委办局中均名列前茅。中心被评为首都绿化美化花园式单位。

单位地址：东城区龙潭路8号

联系电话：67142585

邮政编码：100061　　（程亚宏）

【节约型园林建设】年内，根据各基层单位实际用水情况，建立园林节水管理长效机制，实现园林绿地节约灌溉。利用再生水资源灌溉，优化传统园林绿地灌溉方式，加大节水型园林绿地建设投入。完成绿地节水改造项目15个，设置喷灌、滴灌、快速取水口等节水设施，改造总面积4.44万平方米，其中铺设透水铺装面积1.3万平方米，对龙潭西湖公园绿地中水管线及出水口、柳荫公园雨水收集系统和灌溉系统进行改造。

（程亚宏）

【专业绿化养护管理】加强养护队伍技术培训，提高技术含量和力量贮备；探索养管检查办法，建立科学考评机制。全年绿化网格案件处理率100%。累计乔灌木浇水326.51万株次，修剪乔灌木21.68万余株、草坪346.07万平方米，补植各类乔灌木、绿篱、色块等20.79万株、草坪16.67万平方米，埋施肥料257.69吨，拆除风障2.96万平方米；加大常发性病虫害的早期预防，悬挂叶柄小蛾等诱捕器4264套，红蜘蛛等常发性病虫害控制及时有效；冬季园林植物防寒防盐害搭设色带绿篱防寒棚8.5万平方米，搭设乔木风障0.91万平方米，灌木缠绕草绳2.68万株，搭设挡盐板11.3万延米；按照突出重点、节俭实效原则，营造五一、十一节日喜庆氛围，对二环路沿线、九横八纵等重点道路、区属8个公园、5个开放式公园等专业绿地进行花卉布置，花卉栽摆覆盖面积1.97万平方米，栽摆时令花卉249万株盆。　　（程亚宏）

【专业绿地资源保护】配合市区相关部门，完成地铁8号线三期、14号线、首都机场线西延项目等22项工程绿地腾退、增绿补绿、临建拆除、工程费用支付、施工方案优化及相关手续申报等工作。理清备案永久占用绿地439平方米，临时占用绿地1.21万平方米，伐除乔木50株，移植乔、灌木1093株；加大古树名木保护管理，开展古树日常检查18次，完成古树复壮48株。辖区古树368株，其中一级古树114株、二级古树254株，新增古树1株。　　（程亚宏）

【公园服务管理】年内，落实服务管理规章制度，进行服务和技能培训，提高职工综合素养，依托《中心公园服务管理考核办法》，加大对各园的检查管理，组织各类检查70余次，下发公园检查记录单64份，反馈问题200余项。协

4月2日，柳文化节中非文化交流

调区体育局，对北二环城市公园、龙潭西湖、柳荫、青年湖、地坛公园老旧健身器材更新换代。协助市、区和街道社区等相关单位开展各类便民活动50余项。全年游人投诉回复率100%，游人满意度98%。（程亚宏）

【地坛龙潭春节文化庙会】2月8～12日，举办第三十一届地坛春节文化庙会、第三十三届龙潭春节文化庙会，历时5天。庙会围绕“压规模、调结构、强文化、转方式、明主题、保安全”思路进行调整转型，突出庙会民俗性、文化性、精品性、公益性，得到区委区政府肯定。地坛、龙潭庙会分别以“欢庆祥和迎盛世，协同发展奔小康”和“激情冬奥，冰雪龙潭”为主题，举办各种民俗、文化、体育、公益活动，设置文化惠民乐万家、京津冀地方民俗展、非遗精品展等大型文化展览展示13项，组织各类文化演出活动170余场次。设置商展展位163个，均为老字号、非遗、国有企业和精品名优商户，其中地坛86个、龙潭77个，参展面积3620平方米。投入各类安防、服务保障人员4000余人，接待游人162.1万人次。新华社、《人民日报》等50余家中外新闻媒体报道300余篇。（程亚宏）

【明城墙梅花文化节】3月18日至4月2日，在明城墙遗址公园举办北京市第十一届赏梅会暨第九届北京明城墙梅花文化节。以“赏梅花古楼新春 品城垣悠久文化”为主题，以城为依、以梅为介、以文聚神，传承梅花精神，展现历史文化内涵。开展赏梅、画梅、摄梅、咏梅系列特色主题活动，包括赏梅会及梅花科普展、“红路”主题画展及梅花盆栽造型展示、中小学生摄影展示、“绿色使者”树木认养、花卉展卖等项目，向游人展示梅花的形态、品质，接待游人17万人次。（程亚宏）

【全民义务植树日】4月2日，在地坛公园北部园区开展以“服务保障核心功能、建设和谐宜居之区”为主题的全民义务植树活动。区领导、驻区部队和中心系统园林职工66人参加。栽植油松、银杏等乔灌木200余株。中心各园队开展爱绿护绿宣传、家庭养花培训、绿地清扫修剪、认建认养等活动，设置宣传点13个，发放宣传材料1万余份；植树650株，养护树木9万余株，绿地浇水50万平方米；市民认养树木478株，认养绿地1万平方米。（程亚宏）

【柳文化节】4月2～4日，柳荫公园举行第六届柳文化节。以“赏柳荫春色，绘园林美景”为主题，突出传统文化传承，组织东城、朝阳区中小学生近100人和北京国际汉语学校非洲媒体记者留学班的外国朋友，穿汉服、戴柳帽，开展画柳写柳和插柳植柳活动。举办“柳与传统”趣味国学问答、“柳风格”科普展板、非物质遗产项目展示、湿地保护、野生动物保护、爱鸟、生物多样性宣传、公园树木认养、爱心捐书、捐物等活动。（程亚宏）

【地坛公园北部园区改造工程】4月22日竣工，上年10月10日开工。施工面积2.25万平方米，主要包括绿化种植、建筑装修、广场铺装、庭院改造、园林小品、给排水、广播监控等。栽植乔灌木423株、色带161平方米、草坪6411平方米，安装座椅坐凳21座、灯具61套，完成部分廊架等景观设施改造。（程亚宏）

【北京站地下直径线代征工程】4月25日开工，6月20日竣工。北京站地下直径线代征绿地恢复工程按照整体协调统一原则，提取北京站特征元素，强化区域特征，延续前期改造景观设计元素的同时丰富植物种类与层次，整体展现北京悠久历史文化底蕴。工程清理渣土720立方米，回填种植土930立方米；种植乔灌木200余株、绿篱340平方米、宿根花卉720平方米、时令花卉1万株、草坪1279平方米，铺装800平方米，码放景石3处。（程亚宏）

【柳荫公园驳岸改造工程】5月5日开工，8月22日竣工。主要包括公园东湖驳岸线景石调整、北湖驳岸景石修复、西湖景石驳岸修复、南湖驳岸修复、湖心岛景石驳岸修复及曲桥改造，改造总面积1.2万平方米。完成驳岸勾缝修复1122米、驳岸抹灰修复300米、驳岸砌筑65米；完成青白石板铺装242平方米、仿木栏杆227米、仿木装饰面395平方米；景石码放1314.22吨、翻建曲桥1座、新建亲水平台1座。（程亚宏）

【公益惠民演出】5月至10月，绿化管理中心与市文化局、区文委联合举办东城区“百姓周末大舞台”公益惠民演出活动。活动分别在地坛公园和玉蜓公园设置舞台场地。活动期间每个周末安排惠民演出，剧目包括综艺、杂技、魔术表演、戏剧等，还邀请中国杂技团、北京银海民族管弦乐团、北京市百花深处艺术团等专业演出团体，为群众带来丰富多彩的文化生活。活动期间，举办演出86场，接待观众2万人次。（程亚宏）

【龙潭端午文化节】6月8日，龙潭公园在中心岛举办第九届龙潭端午文化节。区文明办、文化委、体育局、园林绿化局、旅游委、园林绿化管理中心等单位领导出席开幕式。开展赛龙舟、讲端午、赏演艺、习民俗等活动，园内设置非遗、老字号10个展位和10组端午文化展览，向游客介绍端午习俗及来历，组织各类端午文化亲子活动，接待游人1万人。千龙网、中国文明网、《中国绿色时报》等媒体进行报道。（程亚宏）

【龙潭西湖公园驳岸改造工程】6月13日开工，9月27日竣工。工程包括完成仿古亭一座、木栈道建设和荷花广场园路铺装。建设木栈道207平方米，铺设花岗岩园路1100平方米，铺设青石板园路430平方米，安装路缘石380延米；栽植玉兰8株、碧桃15株、紫薇9株、大叶黄杨球96株、丁香8株、美国海棠4株、花卉及地被2.5万株、沙地柏及迎春3500株。（程亚宏）

【东南二环中央隔离带绿化工程】7月10日开工，9月2日竣工。工程位于二环主路，车流量大、车速快，仅能在夜间施工，每天5点前确保道路恢复正常行驶，施工任务艰巨。改造长度3144.3延米，改造面积4716.45平方米，栽植大叶黄杨2365.95平方米，栽植宿根2350.5平方米，栽植藤本月季3144.3延米，拆除栏杆947延米，新增栏杆1033.3延米，全线增设滴灌。（程亚宏）

【区属公园厕所改造工程】7月15日开工，10月底竣工。工程涉及6个公园16间厕所，其中地坛公园5间、青年湖公园4间、柳荫公园3间、西湖公园2间、龙潭公园和南馆公园各1间。有针对性地解决存在的问题，重新铺贴地砖墙砖，更换设备管线，加固主体结构，增设通风设备、洗手池、干手机、无障碍通道等设施。（程亚宏）

【地坛公园外坛西南环境整治工程】7月29日开工，9月26日完工。工程改造面积3500平方米，土方倒运2800立方米，道路铺装3302平方米，铺设电缆900米。通过整治施工，治理外坛西南区域脏、乱、差等问题，消除积水、消防等安全隐患，提升该区域整体环境水平。（程亚宏）

【陶然桥区泵站占地绿地工程】9月3日开工，9月27日竣工，工程位于南二环路中轴路偏西1000米处。改造范围为桥南匝道围合成的两个楔形绿地，原有绿地被蓄洪调蓄池开挖占据、破坏。绿地恢复工程总绿化面积7000余平方米，栽植乔木64株、灌木260株、色带3万株、花卉520平方米、草坪5000平方米。（程亚宏）

6月20日，北京站地下直径线代征绿地恢复工程竣工

【地坛公园银杏文化节】10月28日至11月6日，地坛公园第四届金秋银杏文化节以“金色地坛，银杏传情”为主题，围绕“赏杏、品杏、知杏”举办系列活动。公园邀请中医院专家开展秋季常见病预防及食疗养生专题讲座，开展银杏文化历史、食药同源生态价值及药用价值的银杏知识展、回顾历届地坛金秋银杏节精彩瞬间的图片展，安排银杏工艺包、风筝、料器、内画、风车、糖画、毛猴、火绘葫芦、漆雕等老字号及非遗项目展示。活动期间接待游人23.7万人次。（程亚宏）

【明城墙遗址公园劳模墙揭幕】12月28日，北京市总工会在明城墙遗址公园举办劳模墙揭幕仪式。全国总工会、市总工会、区委领导及劳模代表30人和部分职工代表参加揭幕仪式。劳模广场位于明城墙遗址公园最西端，涉地面积5170平方米。劳模墙由5块天然房山青白石组成，镌刻全市中华人民共和国成立以来由党中央、国务院表彰，获得全国劳模称号的1197人名录。（程亚宏）

# 房屋管理

【概况】东城区房屋管理局，挂东城区政府住房保障和改革办公室（简称区住保办）和东城区政府房屋征收办公室（简称区房屋征收办）牌子。是负责东城区房屋行政管理、住房保障、住房制度改革及房屋征收与补偿工作的区政府工作部门。设办公室、住房制度改革科、房屋市场管理科、房屋登记管理科、住房保障科、房屋安全管理科、租赁管理科、法制科、物业管理科、信访工作科、落实私房政策办公室、房屋执法科、财务科、人事科、机关党委办公室、离退休干部科、纪检监察科、征收管理科、征收补偿科、征收法规科、第一房屋管理所、第二房屋管理所、第三房屋管理所、第四房屋管理所24个科室，及区住宅小区管理中心、区住房保障事务中心、区房屋鉴定管理所、区房管局测绘一所、区房管局测绘二所、区房管局机关事务管理服务中心6个事业单位。行政事业编制186人，在编150人。

年内，推进机构改革、直管公房运营管理体系改革、老旧小区管理改革三大改革任务；持续推动涉及城市更新改造、城市精细化管理、民生保障等8大类重点领域56项重点任务；房屋征收拆迁、小区物业管理、住房保障、房屋市场监管、房屋安全与防汛等各项工作取得成效。认真开展“两学一做”学习教育活动。

单位地址：东城区育群胡同21号
联系电话：64041939
邮政编码：100010　　（陶小林）

【直管公房运营管理体系改革】年内，拟定《东城区直管公房（平房）改革工作方案（讨论稿）》和《东城区直管公房违规转租转借清理整治工作方案》，确定直管公房改革基本原则、工作目标与改革思路，梳理10项重点改革任务。8月31日，区长李先忠就东城区直管公房改革工作向市长王安顺进行专题汇报，王安顺充分肯定东城区直管公房管理方面的探索和取得的成效。参加研讨市住建委直管公房改革工作，并提出意见建议。区房地一中心转企改制工作基本完成，区房地二中心转企改制工作启动。直管公房违规转租转借清理整治工作进展顺利，对全区7030户承租人（承租单位）违规转租转借行为进行挂账整治。9月28日，向辖区内所有房地产经纪机构下发《关于房地产经纪机构禁止为直管公房提供房地产经纪服务的通知》，年内采取的各项措施均取得较好效果，超额完成全年清理任务。

（陶小林）

【老旧小区管理改革】年内，组织成立老旧小区管理改革政策研究工作小组，拟定《东城区老旧小区综合整治和物业管理工作方案（讨论稿）》、《东城区老旧小区物业管理试点工作方案（讨论稿）》和《东城区老旧小区综合整治和物业管理基础数据调查工作方案（讨论稿）》，会同北京市第三方物业评估监理协会行业专家开展工作调研、实地考察、基础数据摸底、居民需求调查、定期座谈。在龙潭街道、东直门街道选取不同类型的老旧小区开展物业管理改革试点，边试点边总结，探索老旧小区长效管理机制以及资金保障机制；从“治、建、管”三方面入手，引导居民参与小区治理。11月11日，副区长张立新在龙潭街道主持召开东城区老旧小区管理工作试点推进会，肯定试点街道前期工作，部署下一步工作。至年底，试点项目环境整治工作完成。

（陶小林）

【征收拆迁】年内，推进项目进展，天坛周边简易楼腾退项目完成签约2319户、西忠实里环境整治项目完成签约300户，签约率均达90%以上。7月31日，发布《暂停公告》，启动北京市首都功能核心区最大的棚改项目——望坛征收项目。完成18个标段评估机构选定工作，在项目征收范围和市住建委网站公布《关于望坛棚户区改造项目国有土地上房屋征收补偿方案征求公众意见的通告》，此方案是东城区最为精准细致的征收补偿方案，将为今后征收项目提供精细化范本。12月16日，启动南中轴路周边棚户区改造项目，签约58户。完善东城区国有土地上房屋征收工作办法，拟定完成《房屋征收操作手册》。加大拆迁滞留项目管理，全年完成拆迁居民108户，拆迁总建筑面积3809.05平方米。受理拆迁裁决案件并作出裁决5件，进行拆迁现场检查68次。完成《关于加大搬迁滞留区综合管理力度，进一步改善居民生活环境议案办理情况审议意见的研究处理报告》，并向区人大常委会进行专题汇报。

（陶小林）

【住房保障】年内，严格资格审核和资金发放。完成新增保障性住房申请审核4233户，完成备案家庭信息变更5922户，资格终止1356户，被锁定家庭解锁5829户。发放保障性住房租金补贴5111.07万元，其中发放廉租补贴2143.17万元、公租补贴2105万元、市场化租房补贴862.9万元。开展选房配售工作。完成2014年6月26日已摇号仍符合经济适用房选房资格的4103户经适房备案家庭选房活动，3832户选定住房，选房率93.4%。完成全区限价房“大摇号”未配售2789户家庭的最后一次选房配售，1909户家庭选定住房，选房率68.4%。完成管庄北二里等7个项目公租房意向登记数据汇总及上报，4851户家庭登记，4月底参加由北京市保障性住房建设投资中心组织开展的全市公租房摇号。完成市住建委2.6万套公租房意向登记。针对后期管理问题，研究制定《关于东城区保障性住房后期管理有关情况的调研报告》。到7个廉租房项目现场巡查24次，入户宣传政策及租金催缴330户，纠正对受托后期管理单位房地一中心问题200余处，清理安全通道堆积物1000余处，保证后期管理工作正规有序。参与区棚户区改造项目，开展公租房对接棚户区改造项目，通过7次直配公租房选房，为130户家庭配租公租房。加强保障性住房廉政风险防控工作，建立防范措施，与区监察局对接，建立长效动态监管机制，进行数据共享。及时发现、制止项目单位违规违纪事件2起，其中1起转交纪委并处理完毕，另1起正在调查中。

（陶小林）

【物业管理】年内，加强物业资质管理。区内实施物业管理项目449处、建筑面积2772.34万平方米。注册的物业服务企业248家，其中一级资质企业16家、二级资质企业34家、三级资质企业188家、三级暂定资质企业10家。北京市物业管理示范项目评选中，五矿广场等3个物业项目被评定为北京市四星级物业管理示范项目，中青旅大厦等2个物业项目被评定为北京市五星级物业管理示范项目。完成《东城区平房区物业服务企业选取、考核及退出相关要求》《东城区平房区物业管理服务标准1.0（试行）》等平房区物业文件的制定。加大物业纠纷调解和处理力度，加强对物业公司服务行为规范的监督执法检查，办理城市管理类网格案件、便民热线案件1.94万件，月均办理1619件。

（陶小林）

【房屋防汛】年内，汛前建立房屋防汛体系，组建3支38人的房屋防汛抢险队，开展房屋防汛演习。在局网站、数字东城刊登《防汛公告》，印发《致居民一封信》2万份，对居民进行防汛宣传。汛期，备勤937人次，出动巡查300余人次，巡查房屋3000余间次，房屋苫盖300余间，处理突发事件22处。在应对“7.20”“7.24”“8.18”雨情过程中，安全科、征收办、物业科、租赁科、4个房管所、局机关服务中心等相关部门配合，启动防汛应急预案，出动3支抢险队260人次备勤值守，确保对险情迅速做出反应，确保居民房屋的住用安全。

（陶小林）

【廉政建设】年内，执行《区房管局关于落实党风廉政建设责任制党组主体责任和纪检组监督责任的实施细则（试行）》《区房管局关于落实党风廉政建设责任制党组主体责任和纪检组监督责任的责任清单（试行）》，在区党风廉政监督员对区房管局的3次考核中，均取得好成绩。加强廉政风险防控，纪检关口前移，特邀区党风廉政监督员全程参与保障性住房摇号配售、招聘人员面试工作，联合网络管理部门抽查规范使用计算机网络情况。制定《东城区房屋管理局关于深化“为官不为”“为官乱为”专项治理和整治查处侵害群众利益不正之风和腐败问题专项工作实施方案》，开展专项治理，督促方案落实。编发党风廉政教育资料8期，向《古韵政声》报送党风廉政建设宣传信息12篇。更新区权力公开透明运行平台数据，至年底，“权力库”中有涉权事项189项、集体决策事项21项、岗位说明书101张、权力运行流程图80张、廉政风险点103个。

（陶小林）

【法制建设】年内，受理诉讼、复议案件389件，已审结案件273件，116件尚在审理中。389件案件中，征收类161件、拆迁类119件、信息公开类45件、登记类19件、执行类36件、其他类9件。落实局长办公会前学法计划，完成会前学法9次。完成局下年度法律顾问及综合法律服务合同起草、修改、报会及签订工作，委托专业律师团队作为局常年法律顾问、提供相关综合法律服务。加强局各类合同文本的法制审查，注重对各类重点案件分析、研讨，降低全局诉讼风险。

（陶小林）

【行政执法】年内，研究执法工作，创新执法手段，拟定《东城区房屋管理局行政执法工作实施意见（征求意见稿）》《东城区房屋管理局行政处罚工作流程（征求意见稿）》《东城区房屋管理局行政执法工作重大问题会商制度》等9个文件，明确违法案件处理程序、诉讼和复议程序、执法平台录入、执法数据报送以及台账管理和档案管理等方面内容，并从行政

7月31日，望坛棚户区改造项目召开项目暂停办理事项发布会

处罚流程、行政执法工作重大问题会商、行政执法责任追究、行政处罚案件处理程序管理、行政执法督查考核等方面进行明确规定。全年执法检查751处，下发责令改正通知书15件次，一般行政处罚立案69起，作出行政处罚9起，罚没金额11.08万元。（陶小林）

【信访维稳工作】年内，受理来信496件，接待来访群众1957批次3371人次。其中接待集体访14批次408人次，局领导接待21批次269人次。按照《信访条例》和《东城区房管局关于进一步规范信访工作秩序的意见》等要求，通过信访维稳机制，耐心倾听群众心声，严格按照工作程序，化解信访问题。集中开展2次矛盾纠纷排查调处工作，做到“两查两清”；加强“两节”“两会”、五一、国庆等重点时期信访维稳工作力度，落实排查稳控化解工作。（陶小林）

# 房屋征收事务中心

【概况】东城区房屋征收事务中心（简称区房屋征收中心），受区政府房屋征收办公室委托，承担东城区房屋征收与补偿具体实施工作，为全额拨款纳入规范事业单位。4月8日，经区编委会批准，在原机构基础上在综合办公室中内设监察科，保留财务管理科，原征收调查科、征收补偿科、工程管理科、房源管理科变更为征收补偿一科、征收补偿二科、征收补偿三科、征收补偿四科。机构编制40人，在编33人。

年内，承担全区征收补偿项目7个，为望坛棚户区改造项目，北京国际戏剧中心扩建工程征收补偿项目，革新南路道路工程征收补偿项目，地铁七号线珠市口站东南出入口用地项目，天坛周边简易楼腾退项目，西忠实里环境整治项目，宣仁庙周边环境整治。

单位地址：东城区法华南里甲17号

联系电话：67138997

邮政编码：100061（李英）

【望坛棚户区改造项目】涉及居民产籍5700余户，户籍人口2万余人，社会单位70余家，建筑面积30.81万平方米。3月，开始望坛棚户区改造项目征收补偿方案拟订工作；5月，城建集团中标为实施主体；7月31日，发布暂停公告；9月23日，张贴《征收补偿方案（征求意见稿）》，公开征求被征收群众意见；11月24日至12月30日，组织征收范围内居民现场参观兴悦居楼盘；12月，建设美澜湾样板展示区，拟订《望坛棚户区改造项目国有土地上住宅房屋征收补偿方案》《望坛棚户区改造项目国有土地上非住宅房屋征收补偿方案》；12月23日，在项目征收范围内进行为期30天的公示并征求公众意见。（李英）

【北京国际戏剧中心扩建工程项目】涉及产权人及公房承租人109户（含3户非住宅），占地面积6522.05平方米，其中3户非住宅已腾退。至年底签约48户，签约比例44%。（李英）

【革新南路道路工程项目】涉及居民和单位13户，占地面积2600平方米。至年底签约10户，签约比例76.92%。（李英）

【地铁珠市口站东南出入口项目】涉及居民及单位22户，占地面积689.26平方米。至年底签约17户，签约比例77.27%。（李英）

【天坛周边简易楼腾退项目】涉及57栋简易楼及划定范围内平房，涉及居

5月28日，西忠实里环境整治项目预签房屋征收协议首日，居民签约

民2410户，总建筑面积7.2万平方米。至年底签约2321户，搬家交房2267户，整体拆除简易楼9栋，签约比例96%。（李英）

【西忠实里环境整治项目】涉及居民445户，占地面积5.6万平方米。第一期总户253户，至年底签约245户，签约比例96.84%；第二期总户56户，至年底签约54户，签约比例96.43%。中心还协助东花市街道做好项目三期环境整治工作。（李英）

【宣仁庙周边环境整治项目】东至银闸胡同，南至宣仁庙南墙，西至北池子大街，北至银闸胡同，涉及10个院落、占地面积7200平方米。自上年7月开展综合执法行动后，至年底关停经营商户6家，区域内商业经营环境治理成效显著，流动人口大幅减少。基本完成居民院落腾退工作，妥善解决宣仁庙内历史遗留问题，同步开展违法建设房屋拆除以及道路改造工作，在北侧新建一条长72米、宽6.6米的道路，改善该区域交通通行及周边环境状况。（李英）

# 房屋土地经营管理

## 房屋土地经营管理一中心

【概况】东城区房屋土地经营管理一中心（简称区房地一中心）是东城区（北片）直管公房管理机构，为全民所有制自收自支事业单位。主要负责东城区（北片）直管公房的经营管理、房屋修建、修缮服务、物业管理、房地产经营开发、危旧房改造、房屋置换及交易中介服务、拆迁服务，电梯、水泵、供暖等设备的运行管理。设综合办公室、党委工作部、房产经营部、修缮工程部、纪检监察室、信访室、督查室、研究室、劳动人事部、工会、策划投资部、安全保卫部、审计财务部、数据资料室等14个科室，下设19个企、事业单位。编制2175人，在编719人。在区委区政府的领导下，上年7月开始，由区国资委牵头开展转企改制工作。本年10月21日职工代表大会审议并通过《东城区房屋土地经营管理一中心转制方案》《东城区房屋土地经营管理一中心年金方案》，11月18日，区委常委会审议通过《东城区房屋土地经营管理一中心转制方案》，11月25日，取得转制后企业北京京诚集团有限责任公司营业执照。

年内，强化管理、规范服务，加强队伍建设，提升工程项目管理水平，推进转企改制工作，在直管公房经营管理、房屋修缮、重大项目与重点工程建设等方面取得成绩。

单位地址：东城区美术馆东街甲24号
联系电话：64026854
邮政编码：100010（朱菲）

【直管公房经营管理】一中心辖区内直管公房4.77万户、10.03万间、总建筑面积158.30万平方米。其中平房4.06万户、7.34万间、建筑面积104.46万平方米，占管房总面积65.99%；正规楼375栋、4394户、1.29万套、1.99万间、建筑面积43.65万平方米，占管房总面积的27.57%；简易楼103栋、2185户、5296间、建筑面积7.52万平方米，占管房总面积4.75%；中式楼137栋、554户、1720间、建筑面积2.67万平方米，占管房总面积1.69%。直管公房租金应收尽收。年内办理更名464户、分户24户、翻建变动2137户，其他变动1141户。加强日常检查督办和指导协调，规范各类租赁变动手续及台账，问题均已督促整改。加大直管公房转租转借、“开墙打洞”和地下空间清理力度，清理直管公房转租转借2839户，影响人口7949人。完成区政府下达的东直门内北中街20号楼等9处地下空间清理任务；配合街道办事处封堵“开墙打洞”200余处；参与簋街、南北池子大街专项整治工作，清理转租转借及违建占道行为。（朱菲）

【修缮服务】9月，下汛后组织冬季查房，组建23个小组，投入4586个工日，检查平房7.16万间，楼房383栋，对存在的问题和薄弱环节，发现一起整改一起。完成房屋安全中修项目，拆砌山墙16个、平房局部挑顶90间、屋面维修3167间；完成零维修1.16万户次，及时率100%；落实区政府折子工程，对具备改造条件的21处低洼、积水院落进行排水管线改造、地面平整、铺装透水砖，完成下水管线改造287处。（朱菲）

【防汛工作】落实各项防汛部署，以危旧房屋和低洼院落为重点，加强雨前排查、雨中巡查抢险、雨后复查维修，巡查平房2.14万间次、楼房962幢，苫盖房屋3332间，疏通排水、抽水39处；汛期备勤4972人次。在“7.20”“7.24”强降雨中，各防汛单位全员在岗在位，开展不间断巡查，实现不塌房、不死人、少漏雨、少投诉防汛目标。（朱菲）

【平房区物业管理】平房区物业管理服务覆盖交道口、北新桥、东四等7个街道辖区，服务面积（保洁面积）42.87万平方米、胡同121条、居民4.82

7.20 大暴雨后，房地一中心工作人员修缮漏雨房屋

万户。物业公司与各分中心配合，提供秩序维护、环境卫生、风貌保护、便民服务等物业服务，落实历史文化保护区管理措施，所管平房区居住安全状况、生活环境、停车秩序得到改善，得到居民群众和社会各界肯定。（朱菲）

【设备设施及供暖工作】加强对区内及外管界直管公房的电梯、消防、水泵和配电等设备设施维修保养，完成东四北大街303号等直管公房高层居民楼电梯更新工程，更新改造电梯8部。推进供热并网工作，10月30日，所管20处锅炉房供热业务全部移交市热力集团，涉及供暖面积70万平方米，运行良好。（朱菲）

【重大项目】南锣鼓巷四条胡同修缮整治项目取得成效，申请式腾退签约407户，腾空房屋292户、477间、7114.54平方米； 4月15日，与金隅集团合作成立北京金隅东成投资有限公司，共同推进南锣鼓巷历史文化保护区的保护、更新、复兴，加快推动停车场专项工作，选取雨儿胡同10个试点院落，推动共生院落的整治、修缮与利用，完善留住居民房屋的基本使用功能。东堂子胡同4号、6号文物保护修缮项目涉及房屋68间，建筑面积1290平方米，项目启动后，完成签约8户，推进外迁腾退工作。西河沿危改项目搬迁工作基本完成，西区现场完成基坑支护、止水帷幕及大部分土方工程。12月，与首创集团共同出资成立北京首创东恒投资有限公司，合作开展东四三至八条环境综合治理项目，对保护区内胡同、院落风貌进行整治。（朱菲）

【重点工程】以危旧直管公房为重点推进棚户区平房修缮工程，完成上年度修缮任务3129户，本年度签约1326户。完成煤改电电取暖设备更新工程东四地区施工、监理及电暖气招标，涉及2006年前参加煤改电工程的居民6353户、设备9662台，销售电取暖设备3181台，维护线路658个院；完成交道口地区电暖气招投标。东城区（北片）老旧小区综合整治项目涉及楼房65栋、建筑面积27.5万平方米，基本完工45栋；新开工宝钞胡同107号楼等5栋基本完工。（朱菲）

【信访及法律事务】减少信访增量，化解存量，做到关口前移，专人负责协调解决西河沿危改、退休职工待遇等重点信访问题。全年受理群众来信、来访、来电620件562批1902人次，市、区人大代表建议、政协委员提案、议案及党派提案25件，办结率100%。加强法律风险控制，各单位严格工作程序、依法依规办事。办理一案一报案件121件，涉及房屋租金、物业管理费等简单诉讼案件249起，挽回损失160万元，收取转租转借违约金137万元，受理各类法律事务咨询336人次。（朱菲）

## 房屋土地经营管理二中心

【概况】东城区房屋土地经营管理二中心（简称区房地二中心），是东城区（南片）直管公房管理机构，为自收自支事业单位。主要负责区政府授权直管公房的保值工作，负责直管公房租赁、经营、使用交易和租金收缴工作，负责直管公房及设备设施的修缮、维护，负责小区物业的经营管理工作，负责组织区域直管公房雨季防汛抢修及房屋修缮，负责直管公房的集中供暖，接受委托为社会供暖单位维修供暖设备、代管、代烧等。设党委工作部、纪检监察室、工会、行政办公室、人力资源部、财务审计部、资产管理部、直管公房营运部、物业部、房屋修缮与设备维修部、生产和设备安全管理部、企划开发部、多种经营部。下属16个企、事业单位。为便于开展经营，成立北京崇房投资公司、北京京房为民置业公司。编制1959人，在编433人。

年内，以“不塌房、不死人”为工作目标，以便民服务工作为出发点和落脚点，以重大工程项目为发展机遇，履行房屋管理职能，完成直管公房管理、修缮服务、防汛、市区重点工程、小区物业管理等各项工作。

单位地址：东城区光明西街绿景苑4号楼中门

联系电话：67165872　67165802

邮政编码：100061（薛伟）

【直管公房经营管理】年内，民租平房9114户、1.20万间、19.08万平方米；正规楼4498户、254栋、21.87万平方米；简易楼829户、36栋、2.89万平方米；中式楼5户、2栋、82.9平方米。企租平房186户、976.5间、1.69万平方米；正规楼87户、47栋、3.19万平方米；简易楼5户、3栋、627.59平方米；中式楼1户、1栋、188平方米。

锅炉房11处、4650.55平方米；人防地下室23处、9993.4平方米。已售房屋8981套、49.43万平方米。（薛伟）

【修缮服务】年内，结合上年棚户区改造500户任务，对四类平房进行挑顶和落架大修，基本完成修缮任务。分解本年棚户区改造200户修缮任务，资金到位后启动实施。一类完好房1.86万平方米，占全部查房面积的1.68%；二类基本完好房12.59万平方米，占11.37%；三类一般破损房76.82万平方米，占69.39%；四类严重破损房19.43万平方米，占17.55%。对比上年查房数据分析，本年房屋的健康状况好转。（薛伟）

【防汛工作】汛期，建立健全防汛组织机构，7个分中心组建17个查房小组55人，历时3个月，投入工日2332个。组建9支防汛抢险队137人，储备木材44.5立方米、麻袋60条、编织袋700条、砂石料22立方米、铅丝340公斤、运输车辆5台、水泵23台、大型作业灯7台以及砖瓦水泥等，用以应对一般突发险情。开展汛前防汛演习与防汛宣传培训，开展自查活动，备足防汛物资。各防汛责任单位做到职责明确、预警及时、响应到位，坚守防汛一线，领导24小时带班、值班，遇有中到大雨和连续阴雨天气，全员上岗备勤。巡查平房3519间次、楼房226栋次，出现积水23处、地下室倒灌1处，接到群众报修2184个，房屋漏雨平房2476间、楼房111栋。大部分漏雨报修问题都得到解决。（薛伟）

7月20日，房地二中心工作人员雨中巡视

【供暖工作】按照区政府要求，经城管委牵头组织，中心与市热力集团沟通，供暖系统并网改造工作有序进行。供暖二中心对现有部分锅炉房管理运营权进行移交，热力集团负责供暖保障工作，11月15日启动供暖。（薛伟）

【市区重点工程】平房区煤改电工程。1月31日，完成无煤化工程内线施工，涉及无煤化居民1.53万户，其中正式煤改电1.38万户，简易煤改电1555户。抗震节能综合改造。推进老旧小区抗震节能综合改造工程，10月，完成101栋，在施7栋。南中轴路棚户区改造项目。落实房源，筹措资金，10月8日，启动预签约工作，11月6日（第一奖励期）之前完成预签约56户，签约比例74.67%，完成预期目标。前门东区抢占房清理工作。集中清理472间，剩余37.5间；前门火神庙文物修缮工程设计基本完成，确定招标代理公司；前门地区风貌恢复工程委托招标代理公司进行招标实施试点修缮。定福庄定向安置房项目。京房为民置业有限公司与北京仟禧集团合作开发定福庄定向安置房项目资金到位。（薛伟）

【信访及法律事务】年内，完成人大代表建议政协委员提案6件，其中主办2件、协办4件，均按时办结。办理北京市信访综合办公系统交办单148件次、156人次，接待群众来访205人次，接听群众来电287次，均得到解决。依申请信息公开133件。（薛伟）

# 科技·教育·文化

# 科　技

【概况】东城区科学技术委员会（简称区科委），加挂北京市东城区知识产权局牌子。区科委（区知识产权局）是负责东城区科技工作和知识产权工作的区政府工作部门。主要职责：贯彻落实国家和北京市关于科技工作方面的法律、法规、规章和政策，研究制定东城区科技发展和科技促进经济社会发展的行政措施和管理办法并组织实施。机构设置4个，即：办公室、科学技术管理科、科学技术普及科、专利管理科。有公务员编制12人，实有12人；工勤编制1人，实有1人；事业编制3人，实有3人。

年内，制定《区科委强化“一把手”监督规范权力行使专项工作实施方案》，召开专题民主生活会2次，查找问题并提出意见、建议。组织在职、退休党员开展各种学习活动30余次，党组成员讲党课4次。报送高新技术企业207家、增长66%。东城区技术合同成交额474.7亿元、增长13.02%，位列全市第四，超额完成462亿元目标。专利申请量为1.05万件、同比增长8.29%，专利授权量为6629件、同比增长0.26%，全区年专利电子申请率95.79%，位居全市第二。经市科委认定众创空间5家，比上年增加2家，即：嘉润孵化平台、歌华创意设计服务中心DSC；由科技部认定的区域内国家级科技企业孵化器3家，比上年增加1家，即：嘉润孵化平台。面向重点产业征集区科技计划项目79个，其中立项支持31个。完成市级绿通项目申报，推荐市科委绿通项目2个。北京联飞翔科技公司“柴油车燃烧排放氮氧化物深度净化关键材料的制备与应用开发”项目获市科委支持240万元。新增盖兰德生物科技公司等10家单位为市专利试点单位，全区专利试点单位达152家。新增中油瑞飞等北京市专利示范单位2家，已达到10家。为北京建工四建等178家企业出具费减证明1119份，减免申请费近143万元；查处假冒专利违法行为23件。开展东城区科技周活动，组织各项活动129场、受益1.9万人。建成南馆中水科普展览馆、东华门街道银闸社区科普体验厅、东四九条小学可持续发展科普中心、南馆公园室外科普互动体验设施系统、东华门街道家居安全社区科普体验厅5个科普专项。开展基层特色科普活动7项、科普志愿者活动11项，对符合要求的活动予以资金支持。

单位地址：东城区东四十一条83号
联系电话：64041867
邮政编码：100007
（邓天）

【科普工作】3月1日，与南馆公园共同承担南馆中水科普展览馆项目，经专家组评审正式验收结题。南馆中水科普展览馆，围绕中水主题，通过实物、模型、互动、游戏、动画、视屏等多种形式，向观众普及中水知识，倡导节能、低碳、生态的环保理念。28日，东华门街道社区科普体验厅通过市科委组织的专家验收，科普互动设备7台，科普书吧2千余册，放映室、手工室各1个。4月11日，区科普基地景泰蓝艺术博物馆被市科学技术委员会正式命名为北京市科普教育基地。中国景泰蓝艺术博物馆是景泰蓝行业第一个市级科普教育基地，面向各大专院校、中小学及社会各界，开展多样、活泼的非遗科普教育活动。7月18日，区科普志愿者北京自然博物馆分队，在青青藤幼儿园广渠分园表演科普剧“妈妈宝贝”。面向东城区科普志愿者开展一系列科普志愿者活动，组织科普宣传、讲座、制作、表演、参观等科普活动10余次，2000余人次参加。4月19日，组织市、区、街道科普干部开展非遗科普教育-走进珐琅厂活动，参观景泰蓝的生产制作现场和艺术博物馆，开展景泰蓝制作工序掐丝体验比赛。（邓天）

【知识产权】3月18日，联合市保护知识产权举报投诉服务中心，邀请国家工商行政管理总局商标局志愿专家，到区老字号企业便宜坊、大道信通科技股份有限公司开展“一对一”知识产权服务。专家指导、解答2家企业在知识产权创造、管理中出现的问题，重点对疑难问题进行专业指导，提出建议意见和解决方案。3月24日，邀请北京“12330”参加东城分中心、工作站工作交流会，会上，北京“12330”介绍年度考核情况及重点工作，东城分中心及工作站分别汇报工作计划，就如何推进知识产权保护培训，完善分中心、工作站管理机制，加强信息沟通等问题进行探讨和交流。4月22日，联合开展知识产权进校园活动。邀请北京君合律师事务所知识产权资深律师2人，到中央戏剧学院为创业大学生商标侵权一事进行维权服务，创业大学生30余人参加现场答疑互动。同日，与北京“12330”、区知识产权局、东城工商分局等联合举办东城区老字号协会“12330”知识产权保护服务工作站成立大会。“12330”与区知识产权局、东城区老字号协会签署东城区老字号协会“12330”工作站合作协议，市、区有关领导朱建红、颜华共同为工作站揭牌。区商务委、文化委、法院、工商分局、东城园及区域内老字号企业和部分科技企业近50人参加。4月26日，在南锣鼓巷开展东城区年度知识产权日主题宣传活动，有关单位领导20余人参加现场宣传咨询服务活动，发放知识产权宣传材料5000余份。7月22日，联合北京知识产权信息服务中心，在北京大宝饭店举办北京市知识产权公共信息服务平台使用培训会，市、区有关领导，单位负责人80余人参加。会上专家5人分别就信息平台总体功能、东城区分平台使用、信息平台专利检索及管理使用等内容做辅导培训，并现场解答提问。9月20日，在中华珍品艺术博物馆，中国版权保护中心等部门专家，为东城区文创科技园等近20家企业开展专家问诊活动。10月13日，区知识产权局联合东城区老字号协会，举办老字号企业知识产权保护座谈会，启元茶叶、月盛斋、吴裕泰等7家老字号企业及北京“12330”、北京中伦律师事务所相关负责人参加。与会专家对老字号企业在生产经营中遇到的外观设计专利申请、海外商标布局、商标防御性注册等知识产权问题、线上运营中出现的问题，进行分析解答，提出相应的建议和意见。10月17日，在歌华大厦联合东城园组织知识产权专题培训。北京嘿哈、北京桥融科技有限公司等企业，航星园、科技寺、嘉润创业等创新创业孵化器负责人近40人参加。北京“12330”有关领导做企业知识产权要论专题讲座。（邓天）

【科技计划项目】4月15日，在北京大宝饭店召开区级科技计划项目专家评审会。北京网络多媒体实验室研究员、中国环境保护产业协会技术部高级工程师等相关领域专家15人，评审综合电子信息、生物医药及医疗器械三组62个项目。5月12日，在北京大宝饭店召开区级科技计划项目结题验收评审会。北京理工大学相关专家5人对电子信息、高技术服务、节能环保、医疗器械和医药卫生等领域22个项目进行验收评审。7月15日，召开东城区年度科技计划项目交办会。承担计划项目的企事业单位负责人、项目主管近50人参加，项目承担单位代表现场签订任务书。8月2～3日，有关领导、科室项目负责人，实地调研、督查，现场解答立项单位疑问，就科技政策、经费使用管理、考核指标等进行指导。9月9日、10月28日，在北京大宝饭店，举办2场科技政策法规培训会。专家讲解北京市科技经费最新使用规定、科技项目申报需把握的原则及注意事项，全区130余家科技企业170余人参加。（邓天）

4月15日，在大宝饭店召开东城区科技计划项目专家评审会

【科普基地与有关单位对接】8月3日，在北京古观象台，正式启动科普基地与街道（社区）和中小学校对接科普活动。经过“一加一”自愿组合申报，征集到中国景泰蓝艺术博物馆和体育馆街道办事处共同申报的“走进珐琅厂，探秘景泰蓝”、北京自然博物馆和广渠门中学共同申报的“自然科学学习之旅”等24项对接科普活动。涉及体育馆、交道口等7个街道，东直门中学、崇文小学等6所中小学，自然博物馆、北京电力展厅等15个市、区科普基地。对接的19项科普活动，包括参观、展示展览、讲座、入校教学、科技制作、课堂实践、课题研究、动手体验等形式，内容涉及景泰蓝技艺、古代天文科技、电力知识与安全、绿色城市、高速铁路、中医药、中水知识、科学健身等方面，受益4500人。（邓天）

## 东城园管委会

【概况】东城园管委会是区政府派出机构，是统筹协调和管理服务部门。中关村雍和园根据国务院公布的《中关村示范区空间规模和布局调整规划》，更名为“中关村科技园区东城园”，总面积603公顷，是科技部、中宣部、文化部、新闻出版广电总局认定的国家级文化和科技融合示范基地，国家版权局认定的国家版权贸易基地，北京市首批认定的文化创意产业集聚区，也是国家网络游戏动漫产业（北京）发展基地。园区有国家级文物5处（钟楼鼓楼、柏林寺、国子监、孔庙和雍和宫），市级文物7处，保护院落4处，歌华、雍和大厦等大型现代化楼宇设施85座，建筑面积约570万平方米，胡同工厂21处、建筑面积约39万平方米。东城园有良好的商务氛围和便捷的交通等服务环境，享受中关村示范区、国家网络游戏动漫产业（北京）发展基地优惠政策等。成为新兴产业金融服务功能区，园区经济实现平稳运行。机构设置7个，有公务员编制32人，实有28人；事业编制20人，实有20人。

年内，完成东城区“十三五”时期中关村东城园建设发展规划。调整退出低端业态，推进人口疏解任务。

制定东城园本年非首都功能疏解与人口调控工作方案，全年动员67家企业净疏解人口485人，完成任务量的121.25%。挖潜产业空间资源，提升整体运行环境。整合存量土地资源433宗、180.51公顷，建筑规模约530.88万平方米。改扩建三利大厦、航星园技术中心二期项目。经东城区政府批准，出台中关村东城园创新孵化集聚区管理办法。落实中关村现代服务业中、小企业创业孵化试点资金考核分配拨付工作，为8家孵化机构拨付资金2775万元。加速产业聚集，推动重点项目建设。国际版权交易中心实现版权交易额111亿元。文筹网文化众筹平台与移动APP同时上线运营、项目178个，募集金额10.7亿元。筹建北京文化产业众筹联盟，发展首批意向会员35家。组织园区企业参加科博会，接待观众1万余人，达成合作意向33项、签约2项。以青龙街区为中心，本年北京国际设计周东城园分会场暨“创意点亮北京”活动，历时5个月，组织近100场活动。与世界体育总会亚太总部和国际举联（北京）总部签约，年内入驻园区。完成中关村东城园政策摘编（2016版）；召开园区政企联谊、沙龙、座谈、政策宣讲、培训活动等12场， 300余家企业1万余人次参加。走访企业200余家，收集企业资金、人才需求125项，融资需求6.97亿元。11月21日，中国—瑞典创新创业基地落户东城园。

单位地址：东城区藏经馆胡同11号77文化园

联系电话：59260100

邮政编码：100007　（刘晓霞）

【京津协同发展重点项目对接会】4月26日在天津市召开。会上介绍东城园发展基本情况，北京东方嘉诚文化产业发展有限公司介绍创业街区项目规划，与天津市制造业信息化生产力促进中心、天津市激光技术研究所分别签署合作协议，与天津市桑菩景观艺术设计有限公司、天津美域文化传播股份有限公司签署三方战略合作协议。　（刘晓霞）

【东城园企业参展科博会】5月19～22日，在第十九届中国北京国际科技产业博览会上，组织园区9家科技文化融合型企业参展，通过展板与互动体验产品等方式，展示东城区文化与科技相融的创新环境及科技产业的进步和发展。现场互动项目：北京一数科技有限公司投影类可穿戴设备、北京震宇翱翔文化创意有限公司VR密室体验馆、乐动天下（北京）体育科技有限公司智能摇摆动感单车、北京视联动力国际信息技术有限公司视联网通用功能互动体验、北京自在科技有限责任公司Nut智能寻物防丢贴片、北京瑞盖科技有限公司“中国鹰眼”技术等。会上，签约项目2个，达成合作意向项目33个。　（刘晓霞）

【北京国际设计周（东城分会场）】6月17日，在歌华大厦举行“青龙范儿新生态——新邻里·青龙胡同文化创新街区项目分享会”暨东城园创意家俱乐部第十期主题沙龙活动。“青龙范儿创意市集”同时开幕，年度启动北京国际设计周东城分会场“创意点亮北京”活动。活动以新邻里关系为主题，以打造青龙胡同文化创意街区为中心，通过社会策展人、设计师、企业、公众的参与，以在地设计、主题展览、互动活动、主题论坛、商业服务等形式，借力北京国际设计周平台，联动区内各类创新企业，举办涵盖设计、诗歌、展览、创业、创意等多个领域和板块的近100场活动。分会场在活动期间，分别举办市集青龙、诗意青龙、创意青龙、设计青龙活动，5000余人次参加。　（刘晓霞）

【诗意青龙活动】7月7～24日在东城区青龙街区举办。活动由北京歌华创意设计服务中心DSC、伦敦设计中心等为执行单位，联合多家机构、艺术家、设计师、诗人及诗歌爱好者共同以诗意为主题创新设计的系列公益文化活动。北京青龙、藏经馆、炮局、戏楼等10条北京老胡同居民、行人和街区里上班族吟诵诗歌，感受胡同文化归属感和邻里间亲密感，并与西藏布达拉宫广场、拉萨河边、八廓街居民同步读诗。活动期间分别举办诗意咖啡杯、诗歌橱窗、可触摸的诗歌、寻访青龙4场活动。　（刘晓霞）

【青龙胡同创园战略联盟成立】8月9日，发布会在东城区东雍创业谷举行。中关村管委会，区工商联、科委等单位相关负责人近150家机构和企业代表参加。联盟是在东城园管委会、园商会指导下，由创园国际、科技寺、东方嘉诚等12家“胡同里的创园”共同成立的创新孵化平台及创新服务资源供应组织，通过资源整合、经验共享，对园区内在孵企业提供沟

5月19日，东城园企业参展科博会

通与对接服务。至年底，联盟组织创业专业培训16场，举办市级创业大赛22场，推荐优秀项目26个。15个智能硬件和文创项目获资本机构的下一轮投资。（刘晓霞）

【创意点亮北京活动】9月23～30日由中关村东城园管委会主办。活动包括青龙街区环境改造升级、城市更新展览、青龙胡同肖像、设计论坛、创意市集、青龙生活节等。其中“城市更新点·城市空间复活”通过创意设计，形成充满艺术感的胡同景观；“树木投影”利用架设在树上的投影器，将青年诗人的原创诗作垂直投影于胡同地面，为社区和城市构造诗意空间。青龙胡同街区更新和再生体验展通过影像、模型、概念设计、景观表现等方式，展现青龙胡同文化创新街区的调研及设计成果，体现传统居民社区与新兴创意产业的新邻里关系。创新实验室专场聚合创新实验室和Maker Faire的创客资源，带来创新+设计+产业结合的专场设计服务。77文创园、东城人才创业园等胡同创意工厂，同时举办“传统银盐照片展”、“77文创艺舍灯光秀影像展”、立和空间“设计的自然之道”展览、NC.SPACE“一张胡同桌子的可能性”、“汉字之美”全球青年设计大赛等分项活动。（刘晓霞）

【参加北京国际设计主题市集】9月24～28日在青龙胡同举行。以“设计-未来-生活——寻找身边的设计师”为主题，设有独立设计、复古收藏、原创手作、健康食品等创意市集，有专为儿童策划的儿童创意义卖、儿童独立手工作品义卖、VR互动体验、手工课程体验等活动。市集位于青龙胡同入口处，占地面积0.16公顷。活动期间6000余人次参加。（刘晓霞）

【政金企对接促进活动】9月23日在东城园举行。中关村管委会、东城区国税局、产业促进局等单位相关负责人及驻区银行、保险、担保、投资公司、企业等代表100余人参加。东斓视觉科技发展（北京）有限公司、大卫之选信息技术（北京）股份有限公司、北京九麦文化传媒有限公司、北京云中游科技有限公司等15家企业参加项目路演，文资担保、华盖资本、凯兴资本等12家金融机构进行项目路演和宣传推介。东城园管委会通过创新孵化器与楼宇征集融资的45个项目进行筛选编辑成册，在对接活动上发放给驻区的金融企业与合作机构，推动投融资机构与文化科技类企业间沟通，搭建合作发展平台，解决企业融资困难。（刘晓霞）

【2016文化+创新创业大赛】10月18日，在北京台湾会馆由东城区委组织部、东城园管委会等单位共同举行颁奖仪式。大赛于7月6日启动，以“文化筑梦·创新东城”为主题，首次在天津市设立分赛区。赛区设分赛场5个，历时3个月征集参赛项目556个，涉及教育、科技、国学、艺术等领域。12个晋级项目进入决赛，绘本舞蹈获一等奖，奇力空间、蛋解创业获二等奖，新品有戏、一起走员工运动激励平台、奇喵英语获三等奖，蛋解创业、梵高先生新式偶剧、苇韵、乐盒教育戏剧及北京蛋解创业科技有限公司创始人分获年度创业人气奖、年度投资价值奖、年度创业新秀奖、年度创业丽人奖和年度超级导师奖5个单项奖。市、区有关单位负责人，各方代表，专家学者等近200余人参加。（刘晓霞）

【未来领袖文化创意大赛颁奖典礼】11月30日举办。东城园管委会、东城区人才工作领导小组、北京大学文化产业研究院共同发起“2016未来领袖文化创意大赛”，大赛采用定向征集方式，重点征集文化与科技融合项目，并为东城区“老字号”征集创新发展解决方案。采取项目动态孵化方式，参赛项目从报名开始就对接专家导师、银行、投资基金、担保公司、优秀企业家等资源，通过赛前培训、公开课、一对一辅导等培训课程，实现对参赛项目的边孵化边评比。经过多轮筛选，最终评出团体一、二、三等奖及单项奖在内的7个奖项。创意领袖论坛由主题演讲和沙龙对话两部分组成。北京大学文化产业研究院、中央财经大学文化与传媒学院、东方意象文创机构专家分别作“创意者经济：互联网＋文创的创新模式”、“互联网消费金融与创意创业”、“十三五文创发展机遇”主题演讲。东城区委、东城园工委、北京大学艺术学院等单位相关负责人及区相关委办局、孵化器平台、企业、投资机构代表等55人参加。（刘晓霞）

【东城园工会联合会成立】12月16日，在东城园管委会，召开中关村科技园区东城园工会联合会成立大会暨第一次代表大会，东城区委、总工会等单位相关负责人参加。会议审议通过东城园工会联合会章程（草案），选举产生第一届委员会委员7人、经审委员会委员3人、联合会主席1人；大会同时成立东城园工会服务站。东城园工会联合会日常办公机构设在东城园管委会，成立后已在街道建会的高新技术企业工会可结合企业的意愿，逐步将工会组织关系转至东城园工会联合会。（刘晓霞）

【创新孵化集聚区管理办法】12月17日出台，东城区人民政府发布“关于印发中关村国家自主创新示范区东城园创新孵化集聚区管理办法的通知”共19条，明确创新孵化集聚区的基本条件、认定程序、管理制度、考核、入驻企业退出机制、享受政策等内容。创新孵化集聚区实行联席会管理制度，由东城园管委会牵头成立联席会，办公室设在东城园管委会。创新孵化集聚区建筑面积500平方米以上、场所为管理服务机构自有或租期5年以上、入驻企业数量不低于20家等条件。《办法》2017年2月1日起施行，原《中关村东城园创新孵化平台认定管理办法》同时废止。（曾佳）

【37家企业上市】东城园内中青博联整合营销顾问股份有限公司、北京长江文化股份有限公司，在新三板挂牌上市。至年底，东城园累计上市企业37家，其中境外企业2家、主板企业4家、创业板企业2家、新三板企业29

家，行业涉及影视娱乐、文化教育、电子信息等。（刘晓霞）

## 科协工作

【概况】东城区科学技术协会（简称东城区科协）是东城区科技工作者的群众组织，是中共东城区委领导下的人民团体，是党和政府联系科技工作者的桥梁和纽带，是推动科学技术事业发展的重要力量。机构设置3个，有公务员编制8人，实有9人；工勤编制1人，实有1人。撤销东城区园林学会，东城区环保学会。至年底，有基层学会（协会）33个，其中街道科协17个、专业学协会16个，会员2万余人。

年内，召开第二次科协代表大会。开展决策咨询、学术研究与交流、科学知识普及、科技成就宣传、科普平台建设、科普工作者培训等工作，完成区科协全委会确定的工作任务。组织开展科普宣传、科普咨询、科普展览、科普讲座等多种形式活动。开展科普大篷车进社区活动15场1000余人参加。中国科协年统计数据显示，东城区具备科学素质的公民上年达16.9%，比2013年的13.2%提升3.7个百分点，超额完成"十二五"东城区公民科学素质水平达到15%的目标任务。

单位地址：东城区东四十一条83号

联系电话：64033034

邮政编码：100007（李海曼）

【科普之夏活动】7月至9月，组织辖区17个街道开展东城区第十八届科普之夏活动。期间，各街道围绕"科技改变生活 提升科学素质"主题活动，开展暑期青少年科技制作、参观科普基地、广场科普舞、节能环保、食品安全、防灾减灾、心理健康进社区等科普活动100余项，其中重点活动36项。8月9日，与东城区妇联共同举办东城区青少年暑期科技一日营活动，青少年80余人参观大兴区"义利DIY体验中心"，参观博物馆、手工制作面包等，感受现代化、工业化生产技术，学习了解民族品牌，激发创新意识，培养探索精神。（李海曼）

【首都科学讲堂入驻东城区】8月，邀请市科协高端科普品牌"首都科学讲堂"入驻东城区第一图书馆，东城居民可近距离聆听院士专家科技科普讲座。8月7日，首都科学讲堂走进东城图书馆启动仪式，暨在东城区第一图书馆举办"航天技术与中国航天"演讲活动。热心读者、居民400余人参加。市科学技术协会副主席刘晓勘、科普发展中心副主任严俊、霍利民，市、区领导刘晓勘、宋甘澍、颜华等及有关部门负责人出席、市科协副主席、区领导上台揭"首都科学讲堂"牌匾。《中国科学报》等多家媒体现场报道。与会领导分别向戚发轫、张履谦、赵文津院士授予首都科学讲堂形象大使荣誉证书；中国工程院院士赵文津、张履谦讲话。中国工程院院士戚发轫做航天技术与中国航天主题演讲。首都科学讲堂成立后，每周均为热心读者举办1次讲座。（李海曼）

【全国科普日】9月24日，在自然博物馆，举办年度东城区全国科普日主场活动，市、区领导陈维成、汤钦飞等参加。活动邀请中国实验动物学会、中国铁道博物馆、北京古观象台、北京口腔医院、北京市珐琅厂、东城区青少年科技馆、崇文青少年科技馆等国家级学会及市区权威科普机构参加。科普日主题"创新放飞梦想，科技引领未来"，科普内容丰富、形式多样，涵盖VR虚拟现实体验、青少年科技制作、口腔健康咨询、实验动物实体展示、高铁模型演示、景泰蓝手工技艺制作、雕版天文图印刷、4D影院科学实验乐翻天等互动、趣味、科学性科普活动。向前来参加活动的青少年和社区居民普及科学知识，提升科技技能，倡导健康文明的生活方式。活动展出展板近100块、发放宣传资料2万余份，8000余人受益。科普日期间，区各科普基地、所、协会、各街道科协围绕科普日主题和东城区的实际，面向社区居民、青少年，开展丰富多彩的科普活动，向公众普及科学知识，营造学科学、爱科学、用科学的良好氛围。（李海曼）

【东城区科协第二次代表大会】10月11日在京东宾馆举行。全区各个领域和行业科技工作者代表224人，共商科协事业发展大计；会议听取、审议并通过科协一届委员会工作报告。选举产生东城区科协第二届委员会委员85人，召开东城区科协第二届委员会第一次全体会议，选举产生东城区科协主席1人，副主席9人，常委29人。委员涵盖医疗、教育、高校、驻区央企及高新技术企业各个领域，常委、副主席人选包括社科院首席研究员、北京大学督查室主任、协和医院副院长等多名高端人才。市科协党组书记马林、科普部部长、区领导张家明等参加。（李海曼）

【科技下乡活动】10月27日，向延庆县旧县镇华海田园科普基地赠送价值3万元科普图书、电教设备等。区、县有关领导参观科普基地后交流科普工作经验。（李海曼）

【青少年科技教育】组织全区近100所中、小学校开展青少年科技创新大赛、青少年机器人竞赛、自然科学知识竞赛、动手做竞赛、数字生活技能大赛等大型竞赛活动，7万余人次参加。组队分别参加第30届全国、第36届北京青少年科技创新大赛，第16期北京青少年后备人才培养计划，第14届北京青少年科技创新市长奖评比，第16届北京市青少年机器人竞赛，第21届北京中小学生自然知识竞赛，第13届北京百万家庭数字生活技能大赛等活动。（李海曼）

【社区科普益民计划】完成上年社区科普益民计划检查，实施年度社区科普益民计划。为8个社区配送图书、科普互动展品、数字科普视窗，为获奖社区和场馆拨付益民计划专项资金51万元。建成全国科普示范社区体育馆路街道法华南里社区数字科普活动室。更换、维护东四南门仓社区数字科普画廊内容。组织科普益民计划申

10月11日，在京都宾馆召开区科协第二次代表大会

报社区10个，科普场馆1个。优秀科普宣传员10人获奖。（李海曼）

【创办科普微信公众号】与北京科技报协作，创建东城科普微信公众号，内容每周更新一次。以信息化助推科普工作，实施科普信息化建设和“互联网+科普”行动，推进科普内容、表达形式、传播方式、运营管理的机制创新。（李海曼）

【金桥工程】向市科协申报9家单位31个项目，2个项目获市级资金支持。首都医科大学附属北京天坛医院“急性心力衰竭急诊早期诊断及风险分层临床研究”获种子资金6万元。北京青圃教育科技股份有限公司交互型手机软件“智慧医院”的使用。对北京三甲综合医院服务质量的影响的应用型研究获种子资金4万元。（李海曼）

【学术活动】各学协会开展学术交流、研讨、征文等活动，征集论文78篇、召开研讨会15场、举办培训交流11次、开展软课题研究2项。区医学会召开14个专业学组会，申报年度市级继续教育认可项目。振动学会主办参加地球物理新技术研讨会，区预防医学会召开科技年会，收集论文55篇、获奖 24篇，其中大会交流优秀论文2篇。区科普协会为培智学校送精美图书300余册，丰富孩子们课余生活。区科协所属团体举办医务工作者、科技辅导员、财会人员、建筑业和档案技术人员各类继续教育培训班22余期，学员近1.5万人次参加。（李海曼）

# 教　育

【概况】中共东城区委教育工作委员会、东城区教育委员会（简称两委）合署办公。中共东城区委教育工作委员会是负责辖区教育系统党的建设、思想政治工作和干部管理工作的区委派出机构，东城区教育委员会是负责辖区地方教育事业的行政职能部门。机构设置29个，其中教工委8个、教委21个。有公务员编制148人，实有134人；工勤编制10人，实有5人；事业单位169个，编制1.84万人，实有1.51万人。下属教育单位199个，有教职工1.61万人，其中幼儿园2605人、中小学1.15万人、中等职业学校634人。特殊教育教职工120人，北京市特级教师50人、市级学科带头人16人、市级骨干教师165人、区级学科带头人32人、区级骨干教师1483人。其中幼儿园52所，收托幼儿2.72万人。6所半日班试点幼儿园开园，在一师附小、花市小学开办幼小衔接班。实施优化教育结构布局，汇文一小站东校区部分教室改建成大方家回民幼儿园分园，回民幼儿园东八角分园开园。推进东城二幼崇外分园、春江小学改建幼儿园工程，增加学位1000余个。有小学63所，中学42所，特殊教育学校2所。小学招生9318人、初中6637人、普通高中5310人、特殊教育学校14人，小学毕业7360人、初中7048人、普通高中4962人、特殊教育学校33人，在校生小学5.46万人、初中2万人、普通高中1.62万人、特殊教育学校211人。有中等职业学校6所、工读学校1所、成人教育学校4所。中等职业学校招生215人、毕业1154人、在校生2516人。工读学校招生65人、毕业40人、在校生120人。

年内，围绕中国学生发展核心素养框架体系，立德树人、全面育人，整体提升学生综合素养，推进学区制建设，完善学院制运行机制，协调发展各级各类教育，增强百姓教育获得感，全面推进人才战略。召开东城区点燃中国梦 舞动青春情、五四表彰大

会，举行好家风 中国梦、庆祝六一国际儿童节主题活动，表彰市区三好学生、优秀学生干部、优秀学生、十佳少先队员、少先队员标兵、美德少年、孝心少年等19 类奖项学生2万余人。完成教育云平台一期工程建设，区、校45个应用系统迁移到云平台运行，完成71所学校103所校址无线网与物联网建设，实现全区无线全覆盖。利用综合视频应用平台开展教研活动20次，保障空气重污染红色预警停课不停学等8次重大活动，开设直播课堂72节，学生4.4万余人次参加学习。完成精品常态同步课程600余节。公赴境外出访团组131批次3901人次，赴台文化教育交流出访团组17批次369人次。接待近30个国家和地区92个政府及教育代表团组1433人次。正式启动北京东城·澳大利亚新南威尔士州教师交换项目。推进国际理解教育课程，涉及神奇的DNA、思辨表达、英语公共演讲、逻辑和思维导图、STEM等12门课程，50余所学校1.3万学生参加。东城区教育工会正式开通微信公众号。让广大教职工通过图文、音视频等方式直接与教育工会进行沟通交流。建立每年5500万元教育综合改革奖励保障机制，成立东城区教师发展中心，推进干部教师3139人轮岗交流。新增分司厅、黑芝麻胡同、培新小学3条教育优质资源带，汇文中学、景山学校2个教育集团，探索“革新里小学——11中实验学校（114中）——11中”小初高12年一体化管理、“回民小学——春江小学”民族教育幼小衔接联合贯通育人机制。至年底，有九年一贯制学校10所，优质教育资源带7条，深度联盟学校34对，教育集团7个，初中双优建设项目27个，教研部门支持普通中学项目2个，合作办学实验学校12所，社会机构支持项目3个。小学就近入学率达98.1%、初中达96.6%，优质资源覆盖率达91.9%，群众满意率达85.9%。评选表彰东城区杰出校长、杰出教师、优秀校长、人民教师、优秀教育工作者、优秀教师791人。开展“做‘四有’好老师 争当优秀引路人”师德师风建设年主题活动，多人获全国“五一”劳动奖章等荣誉称号。

单位地址：东城区朝内大街192号
联系电话：89945516
邮政编码：100010

（关英　李银娅）

【教育综合改革】1月19日，在东直门中学召开东城区教育综合改革推进大会。国家、教育部有关专家、领导，市教委领导，中、小学校教育、教学主管领导，研修部门代表，各学区代表等近600人参加。会上观看专题片《家门口的幸福》，回顾综合改革成果。一六六中学、五中教育集团、东城区青少年学院等分别从中小衔接实施构想等6个方面，汇报东城教育综合改革的情况。作“统合资源，深化供给改革 完善治理，提高教育质量”主题报告，明确深化教育综合改革系列举措和发展格局。2月20日，在第十一中学举行贯通培养实验学校揭牌仪式。该项目为革新里小学一年级学生，6年后可直升一一四中学，9年后可直升十一中学。3所学校形成12年一贯制培养体系，探索学校文化、课程建设、学生成长等方面协同发展，是东城区深化基础教育领域综合改革的系列重要举措。3月24日，推动东城区教育改革和发展，落实管、办、评分离。与市教科院评价研究中心，举行2015-2016学年度东城区“盟贯带”改革政策监测评估签约仪式。签约项目包括：推进“盟贯带”改革相关政策分析，区域基础教育均衡发展相关经验研究，区教育改革背景下学校发展评估研究。4月14日，召开教育综合改革座谈会，区领导听取两委关于教育综合改革进展情况和加强人才队伍建设的专题汇报。（肖彦霖　李银娅）

【德育管理】3月30日，在东城区工读学校，举行援助中心挂牌成立仪式。援助中心成员包括学区心理顾问、法治顾问、分局内保警官、各校法治副校长和心理教师组成的志愿者团队及各学区分中心德育管理团队，中心为东城区问题生、学困生及需要特别帮助的学生群体，提供法治、心理、不良行为矫治、职业生涯规划及技能培训等援助和指导。3月31日，在龙潭湖公园，举办“缅怀英雄树壮志 青春梦想照京华”东城区中小学生清明节公祭英烈活动。有关领导，国旗护卫队，中、小学师生代表120人参加。4月16日，在史家小学分校，举办“纪念长征胜利80周年——我讲长征故事”大赛。由学校自主推荐的小学4至6年级及初中参赛选手，围绕“弘扬长征精神”主题，选择讲述与红军长征相关故事的内容。评选出一等奖32人，二等奖46人，三等奖35人。辖区近60所中、小学学生113人参加。5月4日，在东城区第一图书馆，召开“点燃中国梦 舞动青春情”年度东城区中学“五四”表彰大会。大会表彰感动东城学子、三好学生、优秀学生干部、优秀团干部、特优生等学生个人奖项，东城区先进班集体、五四红旗团支部等集体奖项，为42所学校获奖学生代表颁奖。区四套班子有关领导，部分中学生、家长及教师代表600人参加。7月11日，在光明小学广渠校区，举办“缤纷暑假微公益 志愿家庭我先行”北京市中小学生暑期志愿家庭服务活动启动仪式。市教委、首都文明办、志愿服务指导中心及东城区400余师生代表参加。11月29日，在东城区工读学校（古城职业高中），召开区第二届专普教育论坛暨区学生援助中心工作推进会，有关单位领导及区学生援助中心、各中小学德育干部、特需学生管理专项工作负责人100余人参加。12月22～23日，召开东城区中、小学德育工作培训会。会议以“培育社会主义核心价值观 培养学生核心素养 提高育人质量”为主题，培训内容为专家专题业务培训、分论坛交流研讨、心理行为训练，总结、部署下年工作。各中、小学德育校长、主任、研修学院德育部研修员180余人参加。

（李肇元　李银娅）

【学前教育】1月14日，在市第一幼儿园召开第五届“童心杯”展评活动总结表彰大会，评选表彰一、二、三等奖176人，指导教师奖56人。市教委、早教所、《学前教育》杂志社有关领导、专家，骨干教师等100余人参加。9月1日，大方家胡同回民幼儿园扩大半日班招生，在本部及小牌坊、春松、站东分部开办8个半日班，招幼儿150余人，缓解建国门、朝阳门地区适龄幼儿入园难问题。至年末，东城区在6所幼儿园中开展17个半日班试点工作，收托幼儿385人。

（王娟　李银姬）

【基础教育】1月11日，在西总布小学，举行东城区特殊教育研究中心揭牌仪式。与会人员观摩特殊教育学校、培智中心、西总布等校特殊教育课程。与会领导为东城区特殊教育研究中心揭牌，为北师大、协和医科大学、协和医院等单位首批特聘专家颁发聘书。教育部及市、区领导，高等院校、科研院所、医疗机构专家、学者，各中小学、幼儿园等校长150余人参加。3月3～4日，召开东城区2015-2016学年度第二学期小学工作培训会，大会作“教育供给侧改革的思考与实践——新中高考方案背景下的小学课程改革与学校治理变革”、‘教育+’教育4.0时代的东城教育格局”专题报告，研讨新形势下财务工作及政府采购工作，部署新学期小学工作。青年湖小学、史家教育集团、崇文小学—新景小学深度联盟校、分司厅小学优质教育资源带作为小组代表分别发言。（市、区教委有关领导，东城区各小学校长、教学干部、教师研修中心、教育技术装备部等相关人员180余人参加。）3月25日，召开北京市数字学校混合式学习研究，即第一七一中学初三“翻转课堂”研讨会。市、区教委有关领导，各区教研员、教学管理干部，东城区各中学教学干部300余人参加。4月13日，召开“把握核心素养，落实课程改革，提升教育质量”高三年级一模质量分析会。语文、数学、英语、文综、理综教研员5人分别从命题思路、试卷特点、数据分析，教学建议等方面对学科情况做精确分析。4月至5月，召开东城区初中课程改革系列推进会。分别以“着力学生综合素养提升 发挥课程整体育人功能”和“立足核心素养，追求精致教育，成就精彩人生”为主题，由市五十和第五中学分校承办。五十中学汇报学校在构建活力课程建设中对于新课程改革的认识和实践探索，并呈现生物、政治、综合学科5节研究课，任课教师在学科教学基础上，打破传统学科界限，着重提升学生在课堂学习中的获得感，将社会主义核心价值观教育融入到课程当中，开阔学生视野、提高学生综合素养。五中分校、国子监中学初二年级学生进行50分钟“我眼中的故宫”综合实践活动课汇报。学校展示10节课，有史地政生学科的国家课程，也有主题性融合课程。市、区教科院基教研中心有关专家、教研员，区教学干部、教师代表350余人参加。4月22日，在史家胡同小学，举行东城区小学第21个“世界读书日”主题活动。依托“攀登阅读”数字化智能阅读平台，史家胡同小学展示语文阅读课《汤姆索亚历险记》，区教师研修中心进行现场点评；一零九中学小学部、史家小学分别介绍校园阅读共同体建设情况和成效；和平里四小优质教育资源带、天坛东里小学等11个单位被评为第二批东城区书香校园，与会领导为获奖单位颁发铜牌。现场嘉宾就技术变革给语文教学及校园阅读带来的变化进行交流。市教委、教科院有关领导和专家出席，各小学校长、主管干部200余人参加。5月18日，在宏志中学举办以“课堂·技术”为主题的和平里学区教学研讨活动，研讨会分课堂展示、研讨交流。宏志中学、一七一中学、五十四中学从不同学科、不同年级构建生生互动、师生互动、人机互动的生态课堂，呈现6节展示课为不同个性的学生营造弹性学习空间，课堂中教与学即时生成，促进学生深度学习。市、区有关领导、专家，北师大李玉顺教授研究团队，新东方教育行业研究院等8个学区学术委员会主任，全区各中学教学干部、学科教师100余人参加。5月31日，在北京汇文中学召开“学习方式系统变革——虚拟现实技术（VR）等技术与课堂教学深度融合研讨会”。教育部、北京教科院课程中心有关领导和专家，区教师研修中心等单位技术人员，各中学教学校长及相关学科教师100余人参加。汇文中学虚拟现实探究实验室3月建成。9月22日，在教育研修学院召开东城区初三教学工作研讨会。交流研讨，分析初三年级学生情况、提升质量措施及建议等，各中学初中教学干部50余人参加。9月27日，在史家胡同小学，举行“民族文化浸润心田 多彩课堂魅力绽放——东城区第十届中小学民族团结教育周主题活动”启动仪式。启动式前，文汇、东直门中学、中央工艺美院附中及附属艺美小学、天坛东里小学、金台书院小学、北京国际职业教育学校及回民小学、回民实验小学师生代表，为到场嘉宾展示书法、剪纸、茶艺、脸谱等民族团结教育课堂教学成果。史家教育集团与国家博物馆合作编写博物馆综合实践课程——《博悟之旅》系列教育丛书，为主题活动礼物赠送给全区中小学校。区人大、政府、政协有关领导，中小学主管干部、学生代表300余人参加。

（刘哲　杨学银　李银姬）

【职业与成人教育】3月5日，在东城区社区学院，举行北京大学国子监大讲堂本学年度开学典礼。北京大学首都发展研究院、北京大学中文系有关专家出席，东城区社区学院、国子监中学负责人、各区县市民100余人参加。24日，在东城社区学院召开社区教育工作会，总结、部署年度工作计划，专家汇报5个社区教育示范项目，安排相关科研课题申报和区级“学习之星”培育工作。宣布社区教育联盟正式成立。下发《关于建立社区儿童早期教育工作助理队伍的意见》。教育协会有关专家，17个街道、市社区儿童早教基地负责人、文教助理组长80人参加。3月至4月期

4月15日，和平里四小在奥林匹克公园举办运动会

间，市教委专家组40人对北京国际职业教育、北京现代职业、第一七九中学和北京国际美术4所学校进行两轮课堂教学视导，听课172节。专家组充分肯定东城区职业学校课程改革成果，在教学设计精细化、增加教师下企业实践、真正实现“有用、有趣、有效”课堂等方面提出意见和建议。7月6日，在北京国际职业教育学校和平里校区，举行东城区中等职业学校青年教师培训班结业典礼。培训内容包括青年教师职业素养、教学基本功、信息技术教学工具使用3个模块，共180学时。与会领导为学员46人颁发结业证书，为优秀学员12人颁发优秀学员证书。10月28日，区全民终身学习活动周开幕，表彰区级市民学习之星17人、优秀市民学习指导教师40人；启动北京·东城·学网微信移动端，参观朝阳门社区文化生活馆、史家胡同博物馆，观摩市民、学生职业体验课程。市、区有关部门、北京大学首都发展研究院、故宫博物院有关领导和专家出席。　（连莲　杨成莲　李银姬）

【民办教育】年检167所民办学校，换发《办学许可证》。对不参加年检及年审不合格的17所学校公示出具限期改正告知书。首次将25个民办学历学校、幼儿园教师纳入职称评审。18人首次获评区教育系统优秀教师和先进教育工作者，培训各类人员31万人次。受理并准予行政许可事项22件，其中变更举办者事项6件、学校名称事项4件、学校地址事项10件，办理终止事项2件、备案事项36件。执法检查98次，对86所民办学校进行安全标准化达标评审。　（李银姬）

【启动健康·成长2020工程】全面启动“健康·成长2020 ”工程，调整成立东城区中、小学体质健康管理中心。推进学生配餐综合服务中心和体育综合项目活动中心工程建设。完成1.5万余人第9届《国家学生体质健康标准》抽测工作。完成高中体育会考和初中毕业升学体育考试，涉及全区38所学校1.3万余学生。与区食品药品监督管理局到十一中学、东交民巷小学专项视导校园饮用水。实地考察校园厨房操作间、粗加工间、库房、消毒间、分餐间等场所，询问食堂供餐、学生用餐及食品采购、索证、加工、留样和食堂卫生、防鼠灭蟑、从业人员持证上岗及学生就餐环境卫生状况等。3月，成立东城区学生体质健康管理中心。　（李银姬）

【文艺与科技】3月，分别举办第19届、20届学生艺术节个人项目比赛，第36届中小学生科技节，学校参赛率达100%。5月26日，在崇文科技馆，召开区青少年科技教育协会第一届会员代表大会，通过该届理事会工作报告，表决通过崇文区青少年科技教育协会更名为东城区青少年科技教育协会。选举产生东城区青少年科技教育协会第一届理事会、理事会成员35人，新一届理事会成员具有中、高级以上职称的科技人员占理事会总人数94.2%。会议期间，召开东城区青少年科技教育协会第一届理事会一次会议。选举出第一届理事会理事长、副理事长、秘书长、副秘书长。协会办公室设在区青少年科技馆和区崇文青少年科技馆。5月27日，在崇文青少年科技馆，由区青少年科学技术学院、崇文青少年科技馆主办“创意制汇 创新未来”六一少年创客嘉年华活动。龙潭-体育馆路学区、东花市-崇文门-前门学区、天坛-永定门外学区14所小学少年儿童近300余人参加。11月2日，在二十二中礼堂，东城区第36届学生科技节正式开幕。　（周末　李银姬）

【交流与合作】2月26日，在广渠门中学，举行平谷中学纳入广渠门中学教育集团管理签约仪式，双方教委50余人参加。3月3日，在景山学校召开东城区教育系统京港澳校际交流座谈会。区教委汇报开展京港澳校际教育交流总体情况，景山学校、汇文中学、宏志中学、史家胡同小学、区特殊教育学校、新鲜胡同小学分别汇报开展京港澳教育活动情况。会议肯定东城、港澳开展教育交流的成果，提出京港澳工作是一项育人为重、人心回归、关注未来的政治工作，港澳工作教育是根本、教师是关键、学生是主体，要关注教师的交流，在政策、机制、经费等各方面支持京港澳工作，打造京港澳交流工作品牌。市委统战部、教工委、教委有关领导参加。　（李倩　李银姬）

【教育信息化】3月11日，在区教育研究中心，召开区教育系统网络与信息安全培训会，作“教育网络与信息安全政策要求与工作思路”培训报告，从4个方面讲解，通报区网络、信息安全及近期发生的案例，要求学校及时开展等级保护备案工作并提出要求。教育部教育管理信息中心、区网安大队有关专家、教育系统140个单位参加，100余单位通过网络视频形式参会。

（邢少伟　李银姬）

【队伍建设】9月8日，召开年度东城

区庆祝教师节大会；东城区四套班子有关领导，各委办局、街道、教育系统各单位主要负责人，教师代表、优秀党员教师代表500余人参加；24日，开展“甘守三尺讲台 争做‘四有’好教师”东城区教育系统优秀教师师德报告会。北京市汇文一小、东城区崇文三幼、五中及五中分校、109中学、史家胡同小学、特殊教育学校教师代表分别作报告。新任教师近500人参加，报告会在微信平台上直播。（李银娅）

【姜波工作室成立】3月15日，北京国际职业教育学校“姜波名师工作室”正式揭牌，老北京民俗文化——“蜜供会”申遗工作同期启动。市教委有关领导、著名民俗学家、北京老字号协会专家委员会、老北京饮食名家等领导和专家出席并为工作室揭牌。（李银娅）

【首届区中小学生传统文化节】5月28日，东城区首届中小学生民族民间传统文化节在地坛公园拉开帷幕。文化节融参与、体验、互动、趣味为一体，设传统文化展示表演、交流互动、师生书画展览3个板块活动， 50余所学校学生展示京剧、曲艺、腰鼓、民乐、吟诵、民间手工创意、手工编制、书法等民族民间传统艺术项目，展现各校开展民族民间传统文化教育教学的成果。著名书法家赵普先生到活动现场，当日成立赵普先生书法工作室，部分骨干书法教师成为工作室首届学员。中小学校师生、家长及社会各界代表近500人参加活动。（周末　李银娅）

【核心价值观教育成果展示】6月20日，在广渠门中学召开“展核心成果创文明校园”——北京市东城区中小学社会主义核心价值观教育成果展示暨文明校园创建推进会。推进会征集360余份社会主义核心价值观教育成果。市、区有关部门、学校领导出席活动，区各中小学德育干部、教学干部近250人参加活动。（薛凌瑶　李银娅）

## 教育督导室

【概况】东城区人民政府教育督导室（简称教育督导室），主要职责：由区政府授权对东城区教育工作实施监督、检查、评估和指导。机构设置2个，即：督政科、督学科；有公务员编制10人，实有6人；主任1人、副主任3人，专职督学5人，见习督学2人、兼职督学34人。

年内，围绕办人民满意教育宗旨和教育改革发展重点任务，贯彻落实全国及北京市教育督导工作和教育督导改革各项任务，履行督政、督学、评估监测各项职责，完成对学区挂牌责任督学培训。专项督导、调研各中、小学依法办学，学校安全，减轻过重课业负担，师德和学生行为礼仪教育，学校课堂教学，学校综合实践课推进，德育课堂——升旗仪式等工作。督导学校560余校次、听课300余节次，完成学校督调报告500余份。完成对40余个委办局、街道执行教育法律法规督导检查，调研性督导2个直属单位。11月，会同基建科、财务科等，完成年度教育执法检查自查报告。

单位地址：东城区朝内大街192号
联系电话：89945647
邮政编码：100010（李菊）

【督导室建设】健全文件收发、管理、审阅、登记制度，完成信息、督学薪金管理和财务审核等常规工作制度。收办文件34份，全年制、发文件15件。调整督学队伍，建立、完善《东城区责任督学考核评价指标体系》《东城区督学责任区考核评价指标体系》，制定《东城区责任督学考核自评表》《东城区责任督学考核评价统计表》《东城区责任督学挂牌督导征求意见表》。组织督学参加北京市督学大讲堂，聘请市、区专家开展对责任督学专题培训，召开计划解读、工作总结交流会，全年各类学习培训500余人次。加强督导信息平台建设，提高督导工作效率和督导信息化水平。（李菊）

【督政工作】研究对直属单位开展专项督导方案，调整完善相关委办局、街道等职能部门，落实、实施素质教育职责具体条目和责任分解。汇总47个区委、办、局、街道办事处年度自查报告。12月12～13日，与教委专项督导辖区中、小学体质健康管理中心、卫生保健所，落实区青少年“健康·成长2020工程”实施意见、履行工作职责及运行情况。12月14～16日，督导检查文化、卫计委，食药监局、安定门、北新桥街道5个单位，落实教育法律法规及实施素质教育职责情况。审议各单位年度自查报告并听取工作汇报，召开有关人员座谈会，查阅相关资料，形成督导意见后向各单位反馈督导意见。（李菊）

【专项督导】3月至7月、9月至12月，分别完成对各中小学依法办学、

10月24日，市教育督导室专项检查东城区中小学教师校外有偿补课

减轻过重课业负担、学校安全、师德和学生行为礼仪、学校课堂教学、学校综合实践课推进、德育课堂——升旗仪式、校园欺凌专项治理等专项督导和调研工作，各学区督导组听取汇报，访谈干部、教师、学生、家长，召开座谈会、听课、实地查看等方式，共督导中、小学560余校次，听课300余节次，完成学校督导报告500余份。10月24日，市政府教育督导室领导、专家20余人，实地核查东城中小学责任督学挂牌督导创新区。市督导评估认定东城区督学挂牌督导工作汇报，实地考查东直门、汇文中学，史家小学，分别召开各类代表座谈会。市领导、专家组肯定东城区中、小学责任督学挂牌督导工作成果。（李菊）

【评价课题研究】市级专家评审东城区“十二五”评价研究课题20项，评审结果，一等奖6个、二等奖11个、三等奖3个、获奖率100%，一等奖在市里名列前茅。（李菊）

【教育督导改革】3月24日，与教委、市教科院评价研究中心举行“2015-2016学年度东城区‘盟贯带’改革政策监测评估”签约仪式。签约项目为深化教育综合改革背景下东城区推进“盟贯带”改革相关政策分析，推进区域基础教育均衡发展相关经验研究，区教育改革背景下学校发展评估研究。配合第三方教育评价机构，完成69校次“盟贯带”改革政策、背景、学校具体实施方式和实施效果的访谈，干部、教师调查问卷2778份、家长7926份、学生3079份，并印制评估监测报告。（李菊）

【督导调研】4月20日，市教委、教育督导室联合督导调研组一行16人，对东城区中、小学办学情况开展督导调研。听取工作汇报，实地调研二十五、二十七、文汇、天坛东里中学、前门外国语学校，西中街、天坛东里小学，听取汇报、实地考察，开展教师、学生座谈和随机访谈。问卷调查学校设施建设、设备配置、管理和使用、队伍建设等；25日，市教育督导室实地考察、调研汇文中学、光明小学，落实减轻中小学生过重课业负担情况。11月18日，市教育督导室调研东城区开展基础教育综合改革情况。市政府教育督导室副主任刘莉、部分督政处干部参加调研，区两委一室领导、相关科室部门负责人、10所中小学校长参加。（李菊）

# 文　化

【概况】东城区文化委员会（简称区文委），是负责主管东城区文化、文物、新闻出版和广播电影、电视事业管理工作的职能部门。负责制定东城区文化事业、演艺产业发展规划并组织实施，负责区域内文化和非物质文化遗产保护。机构设置10个，即党委办公室、监察科、办公室、公共文化事业科、文化市场管理科、文物管理科、综合审批科、演艺产业发展促进科、人事科、财务科。行政执法队设办公室及第一、二、三、四执法分队。有公务员编制85人，实有78人；工勤编制4人，实有4人；事业单位17个，编制569人、实有305人。

年内，开展“两学一做”学习教育活动，交流、讨论、查摆党员队伍存在的问题，完成党员组织关系集中排查，排查出长期失联党员2人，经查找取得联系和未取得联系各1人，分别予以停止党籍和自行脱党除名。开展党费收缴工作，共补缴党费45万余元。成功举办龙潭庙会、非遗庙会、地坛庙会，新春游乐会，清明节风筝放飞，钟鼓楼中秋诗会，第二届“曹灿杯”全国青少年朗诵大赛，第十三届科举制与科举学国际研讨会等活动。以“传承红色经典　建设文化东城”为主题，群众文化展演季推出10余个原创剧目，举办大型文化活动160余项，文艺演出350余场，系列主题活动1000余场，群众演员近1万人、受益百姓30余万人次。开展送欢乐　下基层活动66场，百姓周末大舞台演出100场。全年文艺表演团体增至82家，备案营业性演出场所30家，演出7000余场次、观众300余万人次，营业收入3亿余元。建成东城区文物资源数据库系统，完成356家不可移动文物数据录入和普查登记文物保护标志挂牌工作。整治玉河南区河道景观、修复北京外城东南角楼。修缮朝阳门内大街81号院、新革路20号工程，抢险火德真君庙屋面及围墙地基加固工程。改造东四清真寺等7处文保单位8项安技防设施。立案查处朝内大街头条203号近代建筑群等2起违法行为。办理营业性演出许可证延续换证49件，完成印刷企业年度核验预审49家、出版物零售企业年度核验、换证、补验与台账整理，办理换证及核验盖章281件。执法队获年度全国“扫黄打非”先进集体称号。开展“扫黄打非”专项行动，净化文化市场。完成文化市场集中整治，开展旅游市场秩序治理及打击“一日游”非法地图专项行动，制定本年东城区非法演出专项整治工作实施方案，强化演出市场日常监管；举办法律法规专题培训班4批次。妥善处置多起突发应急事件，维护文化市场安全。获国家级荣誉19项，市级奖励68项，区级奖励14项。

单位地址：东城区崇外大街7号正仁大厦第二文化馆八层

联系电话：67091092

邮政编码：100062　　（刘晶伟）

【特色文化活动】2月8～12日（正月初一至初五），举办地坛、龙潭庙会。地坛庙会推出传统仿清祭地表演、秦腔古风、黄梅雅韵、燕赵风情、民间花会、综艺舞台等文化演出，毛猴、兔儿爷、津门贡掸、蔚县剪纸等非遗手工艺品。龙潭庙会以体育文化为特色打造庙会五大板块，即：非遗精品展示区，京津冀文化展示区，文体互动区，京城文化展示区展现从老北京到新北京的文化发展脉络，第六届冰雪嘉年华等特色活动。两个庙会接待中外游客162.1万人次，其中地坛庙会游客93.2万人次，龙潭庙会游客68.9万人次。京津冀三地传统特色文化首次汇集，亮相庙会现场。2月8～12日（正月初一至初五），东城区第一文化馆举办第26届新春游乐会，有花会表演、皮影戏、快板评书、秧歌舞蹈大赛活动。2月19～22日元宵节期间，在东城区第二文化馆，举办非遗闹元宵——东城区新春非遗庙会，体现京味民俗特色。4月1日，在永定门城楼南广场，举行本年东城区清明节风筝放飞活动。在非遗项目传承人北京扎燕风筝带领下，风筝爱好者100余人共同放飞风筝，保护非物质文化遗产。4月1日，在文天祥祠，举行丙申（2016）年春祭祀有宋丞相信国公文公讳天祥活动，120人参加。祭祀活动议程和服饰严格按明制进行，祭祀完成就位、迎神、进馔、初献、亚献、终献、饮福、撤馔、送神、望瘗10个步骤，展现明代祭祀礼仪原貌。活动每年定期举办，成为文天祥祠的品牌活动和东城区爱国主义教育主题活动。5月28～29日，第一图书馆承办的第十三届科举制与科举学国际学术研讨会在北京召开，海内外专家学者100余人参加。6月3日，在府学胡同小学，举办非遗项目传承人——文天祥诞辰780周年纪念活动，活动由区文委、教委、府学小学、文天祥祠文保所承办。现场播放文坛泰斗文怀沙为活动录制的视频讲话，演唱“七子之歌”，朗诵“过零丁洋”、“正气歌及序”；学生780人齐声合唱正气歌。6月8～15日，在区第二文化馆，举行“一带一路非遗风情”展示活动。通过历史图片、非遗表演及非遗DIY体验等内容，为百姓呈现非遗风情。 图片展向观众展示区非遗项目历史路程和发展现状，介绍非遗走出国门，与“一带一路”沿途国家交流的情况。6月11日，第11个文化遗产日，展示数来宝、老北京叫卖、宝三跤场跤艺、群英同乐小车圣会、祁家通背拳、京韵大鼓、抖空竹等非遗项目。7月14～18日，在第一文化馆举行第19届亚洲及太平洋地区管乐大会暨2016北京管乐节。活动期间举办中外小型演出20场、大师讲课5场，来自韩国、日本、港澳台等地区的53支乐团200余艺术家、音乐爱好者3000余人参加。7月22日，组织表演艺术家为武警战士和社区群众500余人演出；25日，在北京红剧场，举办第二届“曹灿杯”全国青少年朗诵大赛颁奖典礼。713人进入第二届“曹灿杯”青少年朗诵大赛决赛，是从57个赛区20余万人中选拔出来，最终评出特等奖9人、金奖51人、银奖134人、铜奖227人，集体金奖8个、银奖12个、铜奖24个。7月29日，与东城区消防支队共庆八·一建军节军民联欢晚会。著名艺术家、区文化馆馆员、文化志愿者共同演出歌曲、评剧、舞蹈、相声、小品等节目。8月7日，在东城区第一图书馆，举行北京市科普品牌活动“首都科学讲堂”揭牌仪式。宇航科学专家作“航天技术与中国航天”演讲，200余人参加。9月7～10日，在银川市宁夏图书馆，举办出版、图书馆界全民阅读年会，东城区第一图书馆报送的全民阅读优秀案例“作家与读者见面会”、“我和电影有个约会——共享工程优秀外文影片赏析”分别获一、三等奖。9月14日，在钟鼓楼举办中秋诗会，著名表演艺术家现场表演，有关领导和社区群众700余人参加。12月5～15日，在第一文化馆风尚美术馆，举办“驻足南锣鼓巷街区”历史文化展览，展览由舒展的蜈蚣街、历史遗存、教化育人和名人与轶事4个部分构成，共54块展板，以南锣鼓巷为轴线，以分布其两侧的胡同为延伸，多维度地讲述其胡同街巷的历史渊源、遗存和历史故事。12月21日，在东城区举办第八届北京快板邀请赛暨京津冀快板邀请赛决赛。京津冀各地文化馆选送的15组选手按现场抽签顺序参加比赛。著名快板表演艺术家、相声名家等担任评委。评出一、二、三等奖，东花市街道选送的“内当家”获一等奖，观众近300人观看比赛。第一文化馆报送的参赛选手2人，获大赛二等奖。　　（刘晶伟）

【戏剧演出】5月25日，北京南锣鼓巷戏剧展演季在中央戏剧学院实验剧场开幕。700余人观看开幕大戏“曲韵钟鼓楼”。展演季以戏剧让生活更美好为主题，推出由区文委出品、讲述“东城故事”的原创剧目8部，包括讲述拆迁故事的“将军里”、展示非遗传承的“摔出一片天”、反映四合院百姓生活的“情系四牌楼”等。由东城区各委办局、街道干部群众创作的、非专业演员演出的“老院”等原创剧目5部40部剧目在区12个剧场演出100余场次，展演季历时100天，期间还组织戏剧专业知识讲座、戏剧表演辅导、戏剧工作坊等多种交流活动。“戏剧东城”微信公众号送出惠民观戏票1万张。 北京南锣鼓巷戏剧展演季历经6届，推出原创剧目近20部、邀演剧目近300部，演出600余场次，开展戏剧普及活动120余次，受

6月28日，群众文化展演季开幕式

众15万人，已成为戏剧东城的品牌活动。7月8日，由中国儿童艺术剧院、东城区区委、区政府联合主办的第六届中国儿童戏剧节，在中国儿童艺术剧院开幕。有关领导出席开幕式，并观看“马兰花”。第六届中国儿童戏剧节7月8日至8月25日，历时49天，以“点亮童心塑造未来—共筑中国梦”为主题，涵盖优秀剧目展演、儿童戏剧交流及戏剧嘉年华活动，汇聚美国、罗马尼亚、立陶宛、日本、韩国、西班牙、澳大利亚和中国台湾地区的25家儿童戏剧团体，优秀剧目46部，演出215场、惠及观众16万人次，并在济南、成都、宁波设立分会场。10月，举办北京喜剧节，演出19场，国内喜剧作品4部25场。开展50场戏剧进校园、社区、军营活动。在菊隐剧场上演21个剧目。全新演绎“怀疑”、“钱家有新屋”等经典剧作，创新改编“老院”、“家和万事兴”等身边故事，表演新编越剧等传统戏曲艺术，展示“逆转”等新兴艺术形式。举办戏剧开讲17期，定期邀请一线戏剧专家、青年戏剧艺术家，讲授戏剧知识、传授表演艺术、欣赏戏剧艺术，受益群众7万余人。免费举办零基础表演训练29期，戏剧表演爱好者共同设计场景或演出，体验戏剧，戏剧表演爱好者1000余人参加。采取市场运作和政府购买服务相结合方式，通过政策引导，调动社会单位主动参与，推出11部讲述东城故事的原创剧目。有讲述四合院百姓生活的话剧“情系四牌楼”、“胡同深处”、“天坛人家”，反映非遗传承的话剧“炒肝”、“摔出一片天”、“竹韵新声”，关于老北京传说的话剧“铸钟记”，反映青年人创新创业的话剧“食味书店”、“过却春光东城客”，讲述拆迁的话剧“将军里”，反映非公组织建立工会的话剧“我就是我，不一样的烟火”。原创数量超过历年总和。开展“东城故事”展演暨戏剧进基层演出，共演出79场，全区140余家单位、观众1万人观看。

（刘晶伟）

【戏剧教育实践基地】协调中国儿艺、北京人艺、北京儿艺等三大院团，与区内小学联合建立戏剧教育实践基地。通过演员、编剧进校园开展戏剧讲座，组织与指导学校组建戏剧社团，上半年，在中国儿童艺术剧院专家指导和帮助下，分司厅小学金帆话剧团排练的话剧“我想对你说”、灯市口小学排练的儿童音乐剧“马兰花”先后在中国儿童艺术剧院公演。

（刘晶伟）

【群众文化活动】4月22日，在东城区第一图书馆举办第八届“聆听经典 品味书香”暨世界读书日经典诵读会，同时举办“书香东城”数字阅读平台运行一周年阅读推广活动，增印10万张数字阅读卡。向公众发起北京阅读季“阅读＋我”行动计划。5月至9月，完成百姓周末大舞台演出100场。6月28日晚，在玉蜓公园文化广场，举行“文化东城·欢乐东城”纪念建党95周年、长征胜利80周年文艺演出暨本年区群众文化展演季开幕式。以传承红色经典、建设文化东城为主题，突出群众性特点。节目以歌舞、快板、武术、戏曲多种形式展现东城百姓的精神面貌和丰富的文化生活。观众1000余人冒雨观看演出，东城区公共文化服务导航网全程直播。10月8日，在北京喜剧院，上演本年区群众文化展演季闭幕演出——原创舞台剧“祖国颂”。历时3个月的展演季，282人参加演出。群众文化展演季历时100天，举办大型文化活动160余项，文艺演出350余场，系列主题活动1000余场，群众演员近1万人，受益百姓达30余万人次。8月10日，东城区与怀柔区“文化手拉手”专场演出。平均年龄50岁以上的区文化馆华风合唱团与东方管乐团200余人，复排长征组歌，在怀柔滨湖公园演出受到欢迎。11月12日，区第一文化馆舞蹈队“醉梦荷塘” 舞蹈夺得“舞动北京——全民广场舞大赛”冠军，获“京城舞王”称号。12月24～25日，区第一文化馆文化志愿者服务分中心携文化志愿者戏剧项目带头人14人接受北京人民广播电台专访，现场录制志愿者表演的话剧《龙须沟》和《茶馆》片段。介绍“爱心文化种社区”东城文化志愿服务5年行动开展和未来发展，特别介绍戏剧艺术进社区项目的开展和与北京人艺的合作情况。年内形成区、街两级21个图书馆一体化图书借阅数字化服务网络，并延伸到17个街道图书馆。制定《东城区公共文化设施配置无线网络实施方案》，与中国联通公司接洽采购互联网接入服务，为17个街道文体中心配置无线网络。

（刘晶伟）

【行政执法检查】1月22日，区文化委执法队邀请市总队法制监督处开展规范行政处罚案卷专题培训； 28日，北京市新闻出版广电局对辖区工人日报社印刷厂、第一图书馆会议中心电影院进行安全生产大检查。4月19日，执法队对参加展映的北京万国城百老汇电影院有限公司、北京中影联安乐新东安影院有限公司开展专项执法检查。4月21日，在永定门城楼前，举行年度全国侵权盗版及非法出版物集中销毁活动（北京主会场）。全国、北京市“扫黄打非”工作领导小组领导及成员单位负责人、执法人员、社区居民和学生代表等500余人参加。5月12日，与区公安分局治安支队，联合召开东城区文化娱乐场所规范经营工作部署会，全区歌舞厅及电子游戏厅80余家法人参加；同日，区有关领导、部门，对北京市康络网络上网服务中心进行联合执法检查，未发现问题。5月16日，召开落实文化娱乐场所“东安工程”工作会，辖区电影放映、演出、歌舞娱乐场所，互联网经营场所负责人近60人参加。8月16日，文委执法队联合区公安分局治安支队全面检查第五届全国少数民族文艺汇演演出场所周边、北京保合利佳文化俱乐部有限公司；16～19日，与市、区安监局检查组检查辖区10家三级安全生产标准化达标文化娱乐场所。出动检查人员50余人次，检查文化娱乐场所10家。12月24日，与市文化执法总队分两路，检查东方铭悦酒店、好苑建国酒店、东方君悦大酒店、北京保利剧院、北京糖果餐饮娱乐有限公司等6家单位，未发现问题。全年出动执法检查2700余人次，检查文化娱乐场所500余家次、印刷企业40余家次、出版物经营单位390余家次、卫星接收单位140余家次，实地检查网络文化公司180余家次，在线监测文化类网站1600余家次；回复文化市场各类举报47起；行政处罚案件立案91起，办结88起，罚款65.31万元。没收非法图书及假地图823册，音像制品248张，收缴宣传封建迷信光盘180张、书籍89本、单页235张、“法轮功”非法传单300余份，拆除“小耳朵”17套。

（刘晶伟）

【文物保护】2月2日，区领导金晖带领区文化委、发改委、安监局、公安分局、城管执法监察局、质监局、消防支队、房地一中心、街道等部门负责人，对东城区部分文物及文化娱乐场所开展春节前安全生产联合大检查，提出3点要求。2月5日，国家文物局局长刘玉珠一行与市、区领导8人，到东城区检查文物安全；先后到孔庙和国子监博物馆、雍和宫、崇礼住宅详细检查安防和消防设施设备，询问节前安全工作部署情况，并对春节期间文物安全工作提出明确要求。2月22日元宵节，市领导王宁、市文物局局长舒小峰到钟鼓楼、玉河遗址等全国重点文物保护单位，检查文物保护和文物安全工作，慰问坚守在岗的干部、职工。5月26日，区委书记张家明到袁崇焕祠、文天祥祠、于谦祠参观调研，对三祠廉政内容提出针对性意见，建议成立专家调研小组，挖掘袁崇焕等人物事迹，围绕廉政元素丰富展览内容。6月29日，联合区公安分局、消防支队、安监局、城管执法局成立联合检查小组，开展对市级文物保护单位北京大学女生宿舍、嵩祝寺及智珠寺、京师大学堂建筑遗存安全检查。联合检查小组对各文保单位进行巡视检查，并提出整改意见。圣诞节期间出动10人次检查全区重点文物单位，重点检查文物管理使用单位在政策落实、制度建设、人员管理、清理可燃物易燃物等方面工作，要求管理使用单位完善文物安全制度和应急预案，加强应急演练，规范用火用电，落实安全责任，管理责任到位，确保文物安全。

（刘晶伟）

【少儿出版市场专项整治】年内，对出版物经营单位检查范围覆盖到全区中、小学，高校周边。专项整治教辅、教材、学习工具类出版物，打击无证、无照、无资质经营教辅教材行为。执法检查校园周边书店、音像店、印刷经营单位及出版物经营单位，做到“五个无”（校园周边无非法经营出版物的单位，经营单位无色情类出版物，经营单位无盗版教辅、教材类出版物，印刷厂无盗印未成年出版物行为，印刷厂无非法印制教、辅材行为，在出版物市场检查中，查处涉嫌投递散发非法出版物案件15起。

（刘晶伟）

【创建国家公共文化服务示范区】3月7日，接待第二批国家公共文化服务体系示范区创建城市相关负责人60余人，到东城区史家胡同博物馆、东总布社区图书馆、建国门文体中心参观考察公共文化设施建设及运营情况。4月，对示范区进行实地验收。区长李先忠代表东城区作《共创共享 大力推进文化东城建设》工作报告，市文化局副局长庞微肯定东城区创建工作，会后验收组进行实地验收、审阅材料。示范区第一验收组分别实地验收检查东四、北新桥街道文体中心，东城区非遗博物馆，东总布社区图书馆，史家胡同博物馆。4月20日，召开文化部第二批国家公共文化服务体系示范区东城区实地验收反馈会。副区长颜华代表东城区发言。4月20日，文化部党组副书记、副部长杨志今调研区公共文化服务体系示范区建设情况，观看示范区工作宣传片，听取创建工作汇报，查阅相关档案材料，并到广外南里社区文化活动中心、史家胡同博物馆、建国门文体中心与文化志愿者交谈，询问街道活动中心情况，听取残疾人群体对公共文化服务的需求。5月16日，市文化局、区领导组成答辩组参加专家评审会，李先忠作《共创共享 大力推进‘文化东城’建设》》示范区创建工作成果汇报。10月26日，在安徽铜陵，文化部举办的中国图书馆年会开幕式上，东城区接受“国家公共文化服务体系示范区”牌匾，成功创建国家公共文化服务体系示范区，成为北京市第二家国家公共文化服务体系示范区，也是唯一一家既有示范项目也是示范区的创建城区。（刘晶伟）

【春雨工程】4月23日“春雨工程”——东城区文化志愿者保亭行活动启动仪式，在海南省保亭县七仙广场举行。探讨东城区与保亭县国家公共文化服务体系示范区建设等工作。保亭群众参观东城区书画作品展暨非物质文化遗产代表性项目展。保亭县展出黎族纺染织绣技艺、黎族竹木乐器、黎族钻木取火、黎族树皮衣制作技艺、黎族滕竹编织技艺等非物质文化遗产。4月25～28日，东城区赴海南省三沙市开展“春雨工程”文化志愿者边疆行活动。艺术大师15人展示技艺、赠送作品，与驻市军警民交流文化，并慰问三沙水警区部队。8月21～24日，东城区与湖南省岳阳市开展文化交流；22日，东城区·湖南省岳阳市两地非物质文化遗产代表项目交流展暨书画家现场笔会仪式，在岳阳文化艺术会展中心启动。东城区文化志愿者向岳阳市文广新局赠送16件国家级非物质文化遗产工艺品和书画作品，岳阳市美术馆回赠绘画作品一幅。（刘晶伟）

【京津冀文化一体化协同发展】1月28日，在营子区青少年活动中心影剧院，举办“春节文艺晚会暨京津冀文化共享·北京市东城区文艺惠民展示演出”。著名表演艺术家、文化馆及中国煤矿文工团专业演员20余人，以朗诵、京剧、双簧、相声、魔术、民乐合奏等形式表演节目，现场观众300余人观看；承德市电视台现场直播整场演出。5月21日，在朝阳区蟹岛，举行首届京津冀民间花会展演。东城区非遗项目群英同乐小车圣会参加展演。小车会是北京民间花会的主要会档之一，以小车为主要表演道具，服饰鲜亮，演技精湛，动作难度大，“单脚朝天蹬”、“背起打卷”等是该会的独门绝技。5月26日晚，在承德大剧院举办“京津冀文化行”东城区赴承文化惠民演出暨承德市“艺术盛会魅力承德”第二届文化艺术展演季系列活动开幕。知名艺术家为承德百姓奉献曲艺、歌曲、京剧、民乐等精彩综艺节目，6月26～27日，参加“京津冀公共文化服务示范走廊”发展联盟第一次轮值主席总结会；会议内容包括发展论坛、成果展览、交接仪式、京剧票友联谊活动4个板块。会议期间，区文化委代表演讲“非遗的生产性保护与文化创新”，汇报东城区京津冀文化协同发展工作情况。6月27日，在长安大戏院，与河北省秦皇岛市文化广电新闻出版局共同主办京津冀文化协同发展——秦皇岛市小海燕评剧团赴北京市专场演出，观众1000余人观看。9月30日，天津和平“蓝调Blues”专场音乐会在民园下沉式广场举办，京津冀三地8个演出团队参演。北京管乐交响乐团艺术家8人演绎《西班牙女郎的面纱》等曲目。（刘晶伟）

【公益电影放映】全年17个基层公益数字电影放映单位为辖区单位、居民放映影片869场，观众2.5万人次观看，各单位均完成50场/年的放映任务，发放补贴17万元。（刘晶伟）

## 故宫博物院

【概况】故宫博物院成立于1925年10月10日，是建立在明清两代皇宫（紫禁城）基础上，兼容建筑、文物与蕴含其中的丰富宫廷历史文化为一体的中国最大的博物馆，也是世界上极少数同时具备艺术博物馆、建筑博物馆、历史博物馆、宫廷文化博物馆等特色，且符合国际公认的“原址保护”“原状陈列”基本原则的著名博物馆。故宫占地112万平方米，现存古建筑面积约17万平方米，馆藏文物数量186万件。1961年被国务院公布为第一批全国重点文物保护单位，1987年被联合国教科文组织列入《世界遗产名录》，2007年被评为首批国家5A级旅游景区，2008年被国家文物局列为首批国家一级博物馆。1925年故宫博物院正式成立并对外开放。1931年“九·一八”事变后，故宫文物被迫避敌南迁。历时10余年，行程数万里，文物基本无损，创造第二次世界大战中保护人类文化遗产的奇迹。中华人民共和国成立前夕，南迁文物中的极少部分被运往台湾。建院以来，尤其是中华人民共和国成立以来，故宫博物院在各界的支持和历届同仁的努力下，在古建筑保护、文物管理、陈列展览和学术科研等方面，取得很大的进步。故宫博物院为隶属于文化部的事业单位，内设处级机构37个，在职职工1000余人，离退休人员近1000人。

年内，开展“两学一做”学习教育活动，召开“平安故宫”工程领导协调小组第四次全体会议，推动“平安故宫”工程建设，举办世界古代文明保护论坛，促进世界文明古国文化遗产保护的交流与合作，建立国内面积最大的文物科技保护机构“故宫文物医院”，设立故宫博物院教育中心增强博物馆公共教育功能。全年接待中外观众1602万人次，再次刷新年度最高观众数量，门票收入7亿余元。获国家旅游局中国人文旅游示范基地称号、第十五届首都旅游紫禁杯先进集体奖、第二届全球华人国学传播奖之年度公共服务大奖，并被评为北京市唯一一家秩序最佳景区。

单位地址：东城区景山前街4号

联系电话：85007026

邮政编码：100009（马翔宇）

【2016世界古代文明保护论坛】10月19～20日在故宫博物院举办。论坛由文化部、新华通讯社、国家文物局举办，故宫博物院、北京故宫文物保护基金会主办。包括大会主旨发言、分场论坛、紫禁城夜话等环节。来自国际文物保护与修复研究中心、国际博物馆协会、埃及、希腊、印度、中国等代表10人依次发言。分场论坛围绕针对世界古代文明保护当前亟待采取的措施、世界古代文明遗产领域交流合作的规划与前景、世界古代文明保护的挑战与机遇3个议题，进行深入交流与对话，增强与会代表对世界古代文明保护传承现状及所面临

挑战与机遇的相互了解，推动各国文化遗产保护传承国际交流与合作。代表们共同发起《太和宣言》。来自国际文物保护与修复研究中心，国际博物馆协会，国际古迹遗址理事会及埃及、希腊、印度、伊朗、伊拉克、意大利、墨西哥、中国的文化与外交官员、考古学家、历史学家和博物馆工作者约70人出席。（马翔宇）

【平安故宫工程】本年是实现“平安故宫”工程中长期目标的第一年，工程七大子项目：故宫北院区项目建议书已报请国务院批准同意，地下文物库房改造项目完成初步设计及投资概算的编制正开展评审，基础设施维修改造一期（试点）工程于12月开工，世界文化遗产监测完成木材材质状况勘查项目、中和殿变形监测、观众动态监测一期改造工程，故宫安全防范新系统项目中视频监控系统无缝隙加密工程，门禁系统升级改造，立体安防喷雾器项目，消防报警系统、消防高压给水系统改造工程先后竣工并投入使用。院藏文物防震项目启动地面库房改造、部分文物搬迁移库，并利用囊匣、密集柜和简易防震方法推进防震工作，完成钦安殿防震对策研究报告和故宫博物院防震应急预案报告的验收。完成院内修复保护文物530件，合作修复保护文物171件。故宫文物医院竣工并投入使用，是国内面积最大、功能门类最完备、科研设施最齐全、专业人员数量最多的文物科技保护机构。国际文物修护学会培训中心设立于此，建筑面积1.3万平方米，分为文物保护科技实验室、文物保护修复工作室、文物保护修复辅助业务三大部分。（马翔宇）

【古建筑保护】年内，创新提出从传统修缮走向技艺传承，从土木工程走向科研探索的研究性保护项目并加以实施。加强人才培养，建立故宫博物院自己的修缮队伍，加强零修岁修工作，保证故宫古建筑群整体安全。研究性保护项目注重研究，突出综合项目的性质。以宫殿建筑代表——养心殿、园林建筑的代表——乾隆花园、宗教建筑代表——大高玄殿、防御建筑代表——城墙等四项研究性保护工程竣工，为故宫古建筑整体维修保护工程画上句号。大高玄殿研究性修缮保护项目完成第一期工程，对外发布最新研究成果；推进养心殿研究性保护项目，开展33项课题研究。开工城墙保护修缮工程，竣工毓庆宫建筑群修缮工程。加强官式古建筑营造技艺人才培养，完成派遣制学员9人的培养、考核。（马翔宇）

10月10日，在故宫太和殿开展消防实兵演习

【文物管理】完成文物3年清理工作，确定院藏文物最新数字。至年底，故宫博物院文物藏品总数186.27万件，提交影像50.46万张。完成乾隆二十六年（1761）以前累计5150个分号的乾隆御稿整理和著录工作。将1.78万件（通）明清尺牍影像关联到文物管理信息系统，并完成采集札卷类尺牍的影像工作，开展尺牍定名、释文等基础编目。全部完成旧存残瓷28箱6481件整理，完成甲骨1.65万件资料的排架、7638件照相，甲骨拓片6300件、摹文2700件。完成故宫图书馆藏清宫照片1.81万张的著录，全部完成2.78万张玻璃底片的清理。年内收购《宋拓兰亭续帖》《旧拓萧思亮墓志帖》2件。接受捐赠唐兰手稿121卷，其他捐赠39件（套）。（马翔宇）

【安全保卫】全年实现无责任投诉，无安全事故，组织反恐处突演习2次、电工实际操作培训3次、电梯救援演练1次、防汛安全检查7次、电气安全隐患排查2次，开展联合安全大检查5次，共查出安全隐患54个，召开隐患整改现场会32次。在寿康宫消防实战演习，出动消防官兵、志愿消防队、驻院武警中队、驻院派出所100余人。组织太和殿消防实兵演习，参演武警官兵、职工500余人，参演规模为历年之最。实行民警驻点巡视与安保人员经常性巡视相结合，清理非法散发小广告3000余人次、黑导游800人次、无证游商30人，没收非法小广告9000余张，各类假证件30余个。全年查没警用甩棍电棍类56根、各类刀具853把，查验出易燃物（酒类）3442余瓶，处理观众自愿丢弃的打火机100万余个。（马翔宇）

【开放管理】本年，是故宫博物院全面实施限分流措施的第一年，全年启动限流48次，其中春节4次，端午节、五一各2次，7月12次，8月22次，国庆节6次。全年观众参观突破历史性1600万人次大关，淡季约431万人、平均日流量4.8万人，旺季约1170万人、平均日流量5.4万人。扩大开放面积，新开放西部断虹桥至慈宁宫、东部箭亭南至文华殿，打开两处之间南北向通道，首次向公众开放断虹桥、十八槐古迹。建于清乾隆年间的冰窖变为故宫西部区域的观众服务区，改造提升冰窖的建筑特色。做好特殊接待安全服务，完成勤务81次1149人、各类大型活动安保任务76次、疏导活动车辆973台次，保证交通安全。（马翔宇）

【陈列展览】以讲好故宫故事，展示中国文化为宗旨，制定故宫博物院2017-2020年展览规划。举办玲珑万象——来自美国的俄罗斯皇家法贝热装饰艺术展、梵天东土 并蒂莲华：公元400-700年印度与中国雕塑艺术大展、天下无双品，人间第一花——洛阳牡丹与故宫博物院牡丹题材文物联展、明代御窑瓷器——景德镇御窑遗址出土与故宫博物院藏传世成化瓷器对比展等10项高质量展览。点亮中轴线上前三殿与后三宫室内照明，满足保护文物和优化参观效果双重要求。赴境内文博机构举办展览20个，在成都博物馆新馆举办“盛世天子：清高宗乾隆皇帝展”，前两日观众超8万人次，在首都博物馆举办走进养心殿展，观众踊跃参观。（马翔宇）

【宣教与公众服务】建立故宫博物院教育中心，午门内西侧、熙和门南北庑房内，由4个不同主题功能的教室和辅助空间组成，面积约800平方米，作为重要的公众教育基地。第十一届故宫知识课堂，举办4次主题活动，近1000个家庭约2400人次参加。组织334场学生主题教育活动，1.81万人次参加。5月18日国际博物馆日举办主题为博物馆与文化景观活动，6月11日是中国文化遗产日，举办让文化遗产融入现代生活活动。与北京市妇联合办“看我的2016环卫子女成长计划·故宫艺术实验活动”。故宫博物院教育项目输送至马耳他和新加坡中心及当地其他机构传播中华文化。故宫书画教育中心先后举办书法类、篆刻类等课程30期。故宫讲坛举办讲座21场，在秦皇岛市举办11场故宫文化大讲堂活动，观众2000余人参加。故宫博物院与北京市旅游发展委员会联合，对持有中高级导游资质600人进行系统培训。（马翔宇）

【文化产品研发】研发文创新品1000余种。参加年度香港国际授权展、第三届中国西藏旅游文化国际博览会、第七届博物馆及相关产品与技术博览会、第五届北京国际旅游商品及旅游装备博览会等。在中国文物交流中心驻香港历史博物馆、首都博物馆等多处开设故宫文化产品专卖柜，在安徽省黄山市建立故宫博物院驻安徽省黄山市徽州传统工艺工作站。故宫文创远赴美国国际品牌授权博览会、2016东方文化元素国际特展等国际舞台。故宫文化创意同多行业跨界交融，举办首届紫禁城杯中华老字号文化创意大赛，与皇家加勒比游轮公司、阿里巴巴集团、腾讯集团、凤凰卫视集团开展合作。（马翔宇）

【数字故宫】发布故宫展览APP，“紫禁城祥瑞”“每日故宫”两款APP全面改版提升，在第四届文化遗产保护与数字化国际论坛上，故宫出品系列App+V故宫，获首届数字遗产最佳实践案例大赛最高奖——最佳实践奖。官方微信公众号“微故宫”发布各类图文信息150余篇，关注29万余人，单篇最高阅读量超过66万次，完成设计制作猴年主题H5游戏、数说故宫院庆年视频等节目，完成并发布“故宫大冒险”卡通表情包，发布上线“全景故宫”专题，完成寿康宫区摇一摇试点、开放区域免费WiFi覆盖微信接入。官方微博三大账号累计粉丝量570余万，其中新浪微博粉丝量223万，发布微博近1000条。官方网站群全年运行平稳，中文主站发布各类信息277篇，英文网站发布各类信息162篇，英文编审译稿10万余字。青少网站发布各类专题、信息183篇。整个网站群设计制作拍摄上传各类影像图片4000余张，全年访问量超1000万次，访问人数超过650万人，网站会员达4.6万人。官方网站获年度文化部政府网站群绩效评估在线服务领先奖。（马翔宇）

【学术科研】成立中国书法研究所，在景德镇建立陶瓷考古研究所。国家社科基金重大项目“新中国出土墓志”（二期工程）阶段性成果陕西卷【叁】出版，《故宫博物院藏文物精品集》（英文10卷版）已出版4卷5册。博士后工作站进站6人、出站3人。考古调查慈宁宫广场长信门西北侧基建勘探，在紫禁城内首次发现明代大型宫殿建筑墙基及建筑基槽遗迹。《故宫博物院院刊》被中国期刊协会、《中国期刊年鉴》评选为年度中国最美期刊。故宫学院在景德镇、西安、深圳成立分院，并设立故宫讲坛，面向公众举办讲座130余场。（马翔宇）

【出版工作】故宫出版社成书168种，其中新出121种、重印47种。《赵孟頫书画全集》《文徵明书画全集》《唐寅书画全集》《徐渭书画全集》《故宫博物院藏戏本与戏画研究》入选“十三五”国家重点图书出版规划项目。《故宫藏画的故事》在第24届上海市中小学、幼儿园优秀图书评选活动中获二等奖。《北京城中轴线古建筑实测图集》《故宫博物院藏清宫戏本及戏画研究》获年度国家出版基金资助。《故宫博物院藏清宫南府升平署戏本》（下编）获年度国家古籍整理出版专项资助。《故宫书谱——中国历代书法珍品临读系列》（第一辑）获年度普及类国家古籍整理图书专项资助。北京故宫文化传播有限公司故宫文化创意中心——紫禁书院运营项目获文化部支持特色文化产业发展基金。故宫猫创意项目获年度文化部国家动漫品牌建设与保护计划基金。（马翔宇）

## 故宫博物院负责人

故宫博物院院长　　单霁翔

# 医药卫生·体育

# 卫生和计划生育

【概况】东城区卫生和计划生育委员会（简称区卫生计生委），是区政府职能部门，负责全区卫生事业管理和人口及计划生育工作。有下属单位34个，编制7571人（含机关工勤9人），其中行政机构3个，公务员编制226人，实有207人；医疗机构单位10个，事业编制4967人，实有3884人；公共卫生机构及其他单位21个（含集体单位2家），事业编制2566人，实有1767人。辖区有医疗卫生机构576个，其中医疗机构556个。医疗机构中营利性机构261个，非营利性机构295个，社会办医459个。卫技人员2.6万人，其中执业（助理）医师1.01万人，注册护士1.06万人，实有床位1.12万张。平均每千常住人口拥有卫技人员29.60人、执业（助理）医师11.53人、注册护士12.04人，实有床位12.73张。全区常住人口87.8万人，户籍人口97.41万人，流动人口24.22万人。户籍育龄妇女计划生育率99.46%。出生人口性别比107：98。办理一孩生育服务登记5305例、二孩3093例，办理再生育行政确认73例。因病死亡6709人，占死亡总人数97.42%。死因顺位前10位依次为：恶性肿瘤、心脏病、脑血管病、呼吸系统疾病、内分泌营养和代谢疾病、消化系统疾病、损伤和中毒、神经系统疾病、传染病、泌尿生殖系统疾病。

年内，信息化建设总投入499.23万元。完成政务外网接入，实现全部委属单位网络互联互通。完成手术与麻醉临床信息管理系统项目建设，实现委属医院麻醉、手术、监护全过程数字化记录。完成东城区区域人口健康信息平台建设项目（一期）建设，实现部分委属医院及全部社区卫生服务机构的数据采集和校验。获批市、区级科研课题13项资助91万元，第六医院等5家单位、5个项目获批东城区科技计划项目立项、资助20万元；隆福医院2个项目、北京市鼓楼中医医院3个项目获批东城区优秀人才资助项目、资助14万元，发表SCI论文8篇，科技统计源核心期刊论著123篇。卫生经费总收入42.54亿元，其中财政拨款13.30亿元、业务收入28.59亿元、总支出41.07亿元。计划生育财政总投入0.34亿元，其中流动人口计生经费113万元。12月29日，国家卫生计生委授予东城区2014-2016年全国计划生育优质服务先进区荣誉称号。

单位地址：东城区东四十一条83号
联系电话：64040302
邮政编码：100007
（贾英仙）

【改革与管理】推进城市公立医院综合改革，做好医药分开三项改革筹备工作，编制实施方案、强化组织领导、细化任务分工，组织调研培训研讨，开展改革叠加影响测算分析、风险研提及应对准备，为启动改革打好基础。继续探索落实政府投入与绩效考核相结合的补偿方式，完成区属公立医院医改绩效考核并依据结果兑现6000万元经费，进一步引导公立医院深化改革。北京市医改办上年度医改督导考核工作继续保持全市领先，四项考核内容中取得三项一档好成绩。北京市卫生计生委本年发布《北京市卫生发展综合评价研究报告（2010-2013年）》，16区县卫生发展综合评价东城区位居全市之首。完成本年非首都功能疏解与人口调控。研究制定区卫生计生委工作方案，提出疏存量、控增量、强监管、严执法措施。开展新增医疗机构疏解长效机制建设研究，探索制定医疗服务领域新增机构管控工作实施意见。全年禁限目录内新增产业为零，清理不规范运营医疗机构12所，诉讼到期出租公房案件1起，监督7934次，行政处罚513户次，罚没款66万元。疏解影响人口114人，超额完成62%。落实公立医院用人自主权，推行聘用制岗位管理，完善公开招聘制度，建立人才公平竞争和绩效评价机制，实行按需设岗、公开招聘、竞聘上岗、科学考核、合同管理、人才引进。（贾英仙）

【社区卫生】辖区有社区卫生服务中心7个、社区卫生服务站57个，卫生人员1336人，其中在岗医生360人、全科医生209人、护士320人。总诊疗238.15万人次，上门服务8938人次。家庭医生式服务团队227支，签约并管理居民42.37万人、家庭医生签约率48.3%。社区卫生医疗机构同辖区15家二、三级医院签订分工协作协议，社区卫生机构上转患者1.25万人，医院下转患者5147人。建立居民个人电子健康档案71.38万份，健康档案电子化率78.87%。推出以“互联网+家庭医生”为特色的“佳医东城”健康服务管理平台。全科医生每人拥有个人专用二维码，居民通过扫描医生二维码，即可绑定自己的家庭医生，通过登陆“佳医东城”平台可与医生进行网上签约，获东城社区卫生服务面向全体签约居民提供各种健康服务信息。签约后居民可在平台上获取各种健康知识，了解社区卫生服务机构各种公示公告，和签约团队进行线上一对一交流。开展城市早诊早治项目，完成2412人次的临床筛查工作，获北京市卫生计生委优秀组织奖。开展2015-2016年度肿瘤随访，完成本市户籍肿瘤患者随访4216人、外地患者信息核实63人；本市户籍肿瘤患者成功随访3651例，其中死亡384例、失访

554例，失访率13.14%。开展国家脑卒中高危人群筛查和干预项目，完成筛查5029人、筛查高危人群1035人、进行实验室生化检测602人次，颈动脉彩超检查602人次。开展社区脑卒中筛查及防控项目，随访管理4475人。完成17个街道69个居委会社区诊断调查问卷7925人、体格检查和血样采集7450人。开展65岁及以上老人免费体检4.81万人。8月31日，举办基层卫生岗位练兵和技能竞赛决赛。9月1日，鼓楼中医医院在东花市社区卫生服务中心，举办名老中医传承工作室进社区工作启动仪式，与会领导为名老中医传承工作室等6个社区名医工作室（站）颁牌。完成和平里社区卫生服务中心、清水苑站、新中街站基本建设并投入使用。景山中心站、魏家胡同站、圆恩寺站、朝内头条站进入公开招标，完成安定门社区卫生服务中心设计，进行预算控制价编制工作。

（贾英仙）

【疾病控制】传染病防治。无甲类传染病；乙类传染病发病1374例、死亡13例，发病前三位是痢疾、梅毒、肺结核；结核病患者312人，无死亡病例。性病患者338人，无死亡病例；艾滋病患者819人，其中新发病120人、死亡2人。人畜共患病中，手足口病发病572例，无死亡病例，未发生手足口病及人感染禽流感病例。12月1日，举办“世界艾滋病日”主题宣传活动。活动主题是“携手抗艾，重在预防”。有关领导、辖区各医疗机构、17个街道办事处居民、社区防艾志愿者代表350余人参加。与会领导为年度防治艾滋病先进集体和先进个人颁奖。当日，区卫生计生委系统通过讲座、咨询、发放免费药具等形式开展红丝带主题活动，宣传艾滋病预防治疗知识。（贾英仙）

【慢性非传染性疾病防治】培养健康生活方式指导员324人，组织技术培训3场427人次，开展健康社区、食堂、餐厅等支持性环境创建7家，举办东城区优秀健康生活方式指导员评选活动和“万步有约”职业人群健走激励大赛。开展区域整合后第二次社区诊断工作，完成问卷调查7904人，收集身体指标6043人，采集血生化指标6003人，完成社区诊断现场调查工作。完成高危人群规范化管理与随访9716人次，恶性肿瘤患者生存状态随访核实4279人。完成五癌问卷筛查评估5465例，高危人群筛查出2549例。完成国家和北京市脑卒中高危人群规范化管理与随访9716人次，恶性肿瘤患者生存状态随访核实4279人。新增高血压/糖尿病自我管理小组各10个，高血压自我管理小组社区覆盖率达56.6%、糖尿病达22 %。开展适龄儿童免费窝沟封闭防龋及氟化泡沫防龋项目，窝沟封闭筛查2.64万人、封闭2.33万颗。氟化泡沫防龋2.24万人。

（贾英仙）

【精神卫生】有精神障碍患者5154人，发病率3.93‰，其中6类重性精神病3663人。免费服药7742人次，投入经费170.16万元。家属护理教育1360人次，免费体检573人，心理健康宣传17个街道800余人次，进学校、社区宣传6次。开展精神卫生工作相关培训15次，工作例会10次。精神分裂症康复适宜技术50人。（贾英仙）

【学校卫生】全区有中小学生9.25万人，体检8.9万人，检出学生视力不良6.13万人、营养不良1.65万人、肥胖1.78万人、贫血1547人、龋齿检出1.53万人。处理中小学集中发热疫情14起（含暴发1起），幼儿园集中发热疫情4起（含暴发1起）。中小学集中腹泻疫情7起、幼儿园集中5起，幼儿园手足口病聚集性疫情11起，未发生学校集体食物中毒事件。（贾英仙）

【计划免疫】全年预防接种建卡率100%。乙肝、脊灰、百白破、白破、麻风、麻风腮、流脑A、流脑A+C、乙脑、甲肝疫苗接种率100%，接种15.97万针次。完成麻风、麻风腮、流脑和水痘应急接种4247针次，狂犬疫苗接种4.15万针次，免疫球蛋白2563支。回收并移交销毁三价脊灰减毒活疫苗3519剂次。完成适龄儿童查漏补种5.1万人，调查覆盖率100%，无漏管漏种儿童。流动儿童强化免疫调查外来儿童9234人，漏种儿童补卡、补证、补种率均为100%。外来务工人员接种麻疹疫苗5166针次，流脑A+C群3380针次，免费接种流感疫苗4.47万人。全年报告疑似预防接种异常反应85例，涉及17种疫苗。85例疑似预防接种异常反应最终分类一般反应61例，异常反应19例，偶合症5例。

（贾英仙）

【职业卫生】全区有职业病危害因素企业30家、职工7921人，职工应体检2810人、实体检2796人。在岗人员检出职业禁忌症10人、岗前检出1人，全区报告尘肺病7例，其中石棉肺病3例、矽肺病2例、其他尘肺病2例，职业性肿瘤1例。梳理辖区存在的10种职业病危害因素，分析24家企业基本信息和523条个案体检数据，撰写《东城区2016年重点职业病监测与职业健康风险评估报告》。专项开展辖区铅、汞、铬、砷4种重金属污染监测。对辖区内26家职业病报告医疗机构进行职业病报告培训40余人次，对重点职业病危害因素用人单位负责人及主管领导进行职业卫生知识培训100余人次。（贾英仙）

【健康促进】开展健康大课堂1940场，受众11.18万人次。利用区内杂志、网站和微信平台等媒体资源开展全方位健康知识普及，发布微博825条，其中原创551条，微信200余条，阅读6.12万人次，粉丝1.01万人。通过市级验收，建立健康社区3个、健康食堂2家、健康餐厅2个，评选健康家庭182个，培养全民健康生活方式指导员254人。控烟工作出动卫生监督员7948人次，监督检查各类场所3974户次，处罚违法吸烟242人、罚款1.29万元；处罚违法单位22户、罚款5.4万元。责令改正209户不合格单位和违法吸烟232人。（贾英仙）

【卫生监督】辖区有公共场所1795户。量化分级1729户，A级389户、B级1308户、C级28户、不予评级4户。监督公共场所9058户次，监督覆盖率99.71%，合格率93.15%，行政处罚

596户次罚款69.71万元。完成快捷酒店、游泳池卫生等重点监督检查及卫生监督抽检等专项工作。生活饮用水卫生监督检查1692户次、监督覆盖率97.78%，合格率99.33%，行政处罚27户次、罚没款8万元。完成生活饮用水宣传周活动，涉水产品专项检查，医疗机构饮用水卫生，居民住宅区二次供水储水设备卫生管理情况重点监督检查及卫生监督抽检等专项工作。

（贾英仙）

【医疗卫生监督检查】对辖区医疗机构、母婴保健、血液管理监督1464户次，合格率98.45%，监督覆盖率100%，行政处罚34户次、罚没款40.41万元，吊销医疗机构执业许可证1起。全年处罚无证行医机构13户，罚没款22.94万元。对54家医疗机构积分125分。处理各类投诉举报案件194件、其中无证行医投诉69件，开展美丽盾牌、打击两非、血液安全等专项检查及医疗卫生监督执法台账销账、人口疏解等工作。打击非法行医，接无证行医举报投诉69件，处罚无证行医13户、罚没22.94万元。综合执法联合行动27次。涉刑案件移送公安部门2起，吊销医疗机构执业许可证1起。

（贾英仙）

【妇幼保健】建立孕产妇健康档案1万余份，产前健康管理率99.89%，高危孕妇管理率98.21%，产后访视率96.33%，孕前优生健康检查目标人群覆盖率100%，剖宫产率45.5%，孕产妇死亡率9.3/10万。婚前检查1386人，婚检率4.43%，疾病检出数11.47%。新生儿死亡8人、死亡率0.82‰，婴儿死亡19人、死亡率1.95‰，5岁以下儿童死亡22人、死亡率2.26‰，0-6岁儿童3.5万人，系统管理率97.42%。召开海峡两岸老年医疗及医养结合学术交流会。北京市隆福医院与台湾中山医科大学附设医院签订合作交流意向，正式启动海峡两岸老年医疗机构及学者间的长期合作。马拉维共和国总统夫人格特鲁德·穆塔里卡女士考察东城区第一妇幼保健院。走访保健院门诊、病区，实地考察保健院基础设施，了解妇幼保健工作开展情况和艾滋病防治工作，介绍马拉维政府在开展妇幼保健服务项目和对艾滋病防治工作情况。

（贾英仙）

【计生服务】全面落实二孩政策，与各街道签订2016-2018年度计划生育目标管理责任书，建立计划生育兼职委员制度。计生药具免费发放点267处，身份证式药具自主发放机83处、开放式药具自取架184处，发放各类口服避孕药1780板、外用避孕药6600盒、男用避孕套409.4万只、纳米银隐形避孕套700盒、各类宫内节育器360枚，投入92.10万元。享受独生子女父母奖励1.66万人，发放独生子女父母奖励费559.24万元。开展计划生育特殊家庭服务，投入资金21.37万元、为219户家庭开展家政服务，投入资金35.36万元、为442人开展健康体检。投入资金29.32万元，为全区特殊家庭投保“安康险”和“住院补贴险”。建立博爱·生育关怀基金的特困救助机制，救助老人5人、发放救助金2.08万元。开展科学育儿试点区工作，开展0—3岁婴幼儿、儿童早期综合认知能力定向调研项目，向全区目标家庭发放调查问卷1600份，收回有效问卷1300余份，完成调研报告，开展系列培训讲座50场次。

（贾英仙）

【医疗工作】年内，出院40.62万人次，病床使用率86.15%，平均住院日（不含精神专科医院）8.37大，住院手术24.38万人次。开展医师多点执业438人次。辖区7家二级医院分别对平谷、昌平区卫生院进行对口支农，派出医师、护士104人。与张家口市卫生计生委签定对口合作框架协议，确定医院帮扶关系。派出专家1人赴西藏自治区开展包虫病流行情况调查。接待新疆农垦224团医院赴京考察，湖北省十堰市郧阳区医务人员2人进行岗位培训和学习。设固定街头采血点6个，临时采血点1个。自愿无偿献血11.47万人次，其中单位团体无偿献血2932人次、街头采血点无偿献血11.18万人次。辖区医疗机构临床用血6.05万单位。开展“服务百姓健康行动 东城区大型义诊周”首日义诊活动。北京协和医院等16家二、三级医院专家36人，涵盖心内科、神内科、外科、骨科、妇科、眼科等10余个专业。中医医院院长带领中医专家为群众进行健康咨询、养生保健、基本体检、病情分析及治疗建议，受到群众好评。

（贾英仙）

【中医管理】3月25日，通过北京市中医、药品行政管理，中医药、中医科研及养生保健领域专家对中药集中煎制场所现场验收。加强中医医疗机构管理，开展行业专项清扫行动。规

1月4日，国务院副总理刘延东视察区第一妇幼保健站

5月13日，举办第八届地坛中医药健康文化节

范管理、督导检查中药饮片，按20%比例抽查，覆盖区内二级及以上中医医院及设中医科的医疗机构。在全区医保范围医疗机构中开展“冬病夏治三伏贴服务社区百姓”主题活动，18家医院及社区卫生服务中心、卫生服务站全部参与，为4604人贴敷。完成中医医疗机构变更17家，医师变更738人，多地点执业438人，中医师承初审40人。9月7日，在鼓楼中医医院，启动北京市中医药健康养老“身边工程”试点。鼓楼中医医院与辖区安定门、朝阳门养老照料中心、花园社区服务站、钟楼湾社区养老服务驿站组建为东城区中医健康养老联合体。

（贾英仙）

【医学教育】全年批准449项区级继续医学教育项目，举办继续教育项目4401场、培训51万余人次，其中举办区级继续医学教育项目1946场、培训29万余人次。卫技人员继续教育达标率99.93%，区属医疗机构82人参加住院医师规范化培训。推荐13家单位学员25人，参加市卫生计生委区级医院专业骨干培训，骨干医师、护士5人参加中法急救培训中心高级模拟专项培训。10月28日，在普仁医院举行皖南医学院教学医院揭牌仪式。皖南医学院与普仁医院签署教学医院合作协议，普仁医院正式成为皖南医学院的教学医院。

（贾英仙）

【国家中医药发展综合改革试验区】活动由市中医药管理局、东城区人民政府主办。5月13～15日，在地坛公园举办第九届北京中医药文化宣传周暨第八届地坛中医药健康文化节。活动现场分为市中医药“十二五”发展纪实系列展览区、中医精品图书阅览区、中医国际交流体验区、中药传统技艺鉴赏区、中药名店名厂文化区、东城发展改革试验区、中医健康乡村（社区）服务区、中医药主题长廊展示区等展览板块。以地坛公园为中心辐射东城区各社区健康中心、卫生服务站及全市各区卫生计生委、中医医疗机构等同期开展中医药文化走近百姓身边专项行动、中医药科技惠及百姓生活专题巡展、中医药服务促进百姓健康专业咨询等系列相关活动。青年志愿者40人参加服务保障。5月14日，在北京国子监彝伦堂举行中医药发展论坛。

（贾英仙）

## 北京医院

【基本情况】北京医院是一所以干部医疗保健为中心、老年医学研究为重点，向社会全面开放的医、教、研、防全面发展的现代化综和性医院，是直属国家卫生和计划生育委员会的三级甲等医院。有职工2583人，其中医生711人、护士1008人、医技人员327人、其他技术人员162人、行政人员233人、工勤人员142人。有正高级职称205人、副高级职称241人、中级职称1070人、初级职称692人。医疗设备总值16.2亿元。新购置医疗设备总值8306.04万元，其中10万以上医疗设备133台、100万以上医疗设备17台。全年门、急诊198.81万人次，日均门诊7784人次，其中急诊10.5万人次，危重症抢救7251人次、成功率97.4%。有床位1031张，入院3.7万人次、出院3.71万人次，病床周转35.9次、使用率93.1%，平均住院日9.34天，七日确诊率93 %。住院手术1.89万例。剖宫产率32.5%，无孕产妇、围产儿、新生儿死亡。医院基础护理合格率为96.97%，专科护理合格率为98.69%。成立日间手术中心，装修制定门诊手术室改造方案。启动内窥镜室改造，将检查室由原5间增至10间。实现在1个工作日内完成CT、核磁平扫检查工作。医保住院2.15万人次，总费用4.89亿元。门诊129.9万人次，总费用7.38亿元。强化医保指标管理，开展医保核心指标的过程监控，落实医保管理考核奖惩。

【主要工作】年内，成立北京医院医联体胆石症微创诊治中心、肾脏疾病诊疗中心、肺癌多学科诊疗小组、乳腺疾病多学科诊疗小组等7个多学科联合诊疗项目，保障患者得到综合性诊疗方案，提高诊疗水平。组建临床试验研究、临床生物样本管理中心等临床科研平台。通过临床试验“121”工程，有专家10人经遴选入选首批“121”工程项目。组建随访中心，改进医疗服务质量。代表全国13家医疗机构，组织召开“全国人体器官捐献缅怀纪念暨宣传普及活动”。首次在中国承办国际器官捐献大会，提高中国在世界器官移植领域的国际形象和学术地位。组建国家医疗队赴瑞金开展大型义诊活动，派遣骨干7人分别到西藏、新疆、内蒙古、青海挂职工作，派出15批77人次组成高年资医务人员医疗队，参加对口支援帮扶。无偿接收受援单位进修101人次。全年接待外国团组、专家来访11个147人次，派出出国学习、交流198人次，其中长期出国学习25人次。完成信息中心职能重组，合并PACS和HIS系统的管理职能及人员。完成信息化重点建设项目即：全面推行门诊自助挂号、分诊叫号和手机移动医疗系统等。成立互联互通项目建设小组，消除信息孤岛，信息系统互联互通成熟度达到四级甲等标准。完成北楼B座九层血管外科和肿瘤微创治疗中心病房、生物治疗中心、新核磁机房的加固和附属设施改造工程，院内通信网络建设三期工程。获“全国文明单位”，“五四”红旗团委荣誉称号。

单位地址：东城区东单大华路1号

联系电话：85132266

邮政编码：100730　（孙可　马燕）

## 北京协和医院

【基本情况】中国医学科学院北京协和医院（简称协和医院），是集医疗、教学、科研于一体的三级甲等大型综合医院，是国家卫生计生委指定的全国疑难重症诊治指导中心。有职工4248人，其中专业技术人员4016人（含卫生专业技术人员3752人、其他专业技术人员264人）。在职博士生导师169人、硕士生导师251人，博士点16个、硕士点29个。正高级职称313人、副高级职称455人、中级职称1493人、初级职称1755人，其他职称232人。有院士4人，省部级以上“突出贡献”专家18人，享受政府特殊津贴专家26人，“万人计划”科技创新领军人才2人，“百千万”人才国家级人选7人，中国医师奖7人，南丁格尔奖1人，全国政协委员3人。首批招录优秀博士20人。升级院内“百人计划”培训项目，新选拔第四批学员132人。开展全球人才招聘，拓宽人才引进渠道，完善人才梯队建设。医疗设备总价值6.33亿元（折旧后），新购置医疗设备总价值1.05亿元。通过手机App、院内自助机、网银和预约平台、114等多种预约方式，推进预约诊疗。全年预约挂号254万人次，占门诊总人次的70%。调整单元门诊量，增加预约放号量，开设周末特需门诊，国际医疗部夜间门诊。全年门诊341.94万人次，急诊21.12万人次，急诊危重症抢救3586人次，抢救成功率92.30%，手术5.04万例；入院9.49万人次，出院9.49万人次，开放床位1985张，床位使用率92.6%，平均住院日7.1天，7日确诊率99.9%，出入院诊断符合率99.9%。全年医保住院2.75万人次，总费用4.57亿元，次均费用1.66万元。机构改革设党委办公室、院办公室，撤销党政办公室；成立绩效与运营、国际合作办公室，成立转化医学综合楼项目管理部。开启与美国中华医学基金会（CMB）就中国住院医师规范化培训工作，举办2016协和住院医师培训国际论坛，完成住院医师精英教学医院联盟教学平台建设。建立新版不良事件信息管理系统，实现“医疗、药品、器械、输血”四统一，收集医疗不良事件和安全隐患850例。建立分级分层参加多科会诊机制，完成院内多科会诊2195人次。院内网开设意见征集专题网页，收集意见、建议110余条。医疗纠纷参加医疗责任保险3982人、费用286.5万元，发生医疗纠纷2例，通过第三方调解结案。

【主要工作】年内，开展“两学一做”学习教育活动，召开院第八届党代会。举办“健康中国 协和行动”首届健康科普能力大赛，收到科普文章370篇，参加演讲大赛113人，被列为科技部、中宣部和科协共同主办的“2016年科技活动周”重点项目。召开年度医疗委员会4次，批准新技术、新项目16项。完成新型一体化自助机功能设计，门诊布位104台。完善手机APP应用功能，开放15省市无卡预约，年内注册量79万人次，预约挂号93万人次。组建8支义务医疗队，全年派出46人次，涉及23个科室；全年抽查出院患者病历443份，优秀率97.06%。组织护理教学管理研讨会3次，教学检查活动9次。临床带教各类学生872人、进修护士582人，中华护理学会、北京护理学会专科护士培训521人。申报年度国家级继续教育项目2项，组织科研组活动8次、科研沙龙活动6次。召开护理科研开题报告会，成功申报协和医学院科研基金5项，中华护理学会科研基金1项、经费54.45万元。在核心期刊发表论文197篇，SCI文章4篇。获国家级实用新型专利19项。接待国内外及港澳台参访护理504人。参加国内学术会议、交流145人，选派护理骨干赴国外学习培训11人。申报纵向课题

5月18日，协和医院与东城区医联体合作签约仪式

562项、中标192项，资助经费1.95亿元。在研课题310项，结题123项。赵玉沛院士牵头的科技成果“胰岛素瘤诊治体系的建立及临床应用”获年度国家科学技术进步奖二等奖，获授权专利33项。组织协和中青年科研基金项目申报276项。在中文核心期刊发表论文1366篇，SCI文章653篇。有科研平台14个，验收北京市重点实验室2个，获批人类遗传资源项目38项。完成老门诊楼拆除及场地平整，转化医学综合楼工程取得国家发改委项目可行性研究报告批复。完成西院区北楼战略定位和规划设计，筹开国际医疗部。完成食堂、放疗科等7项改造工程。

单位地址：东城区帅府园1号
联系电话：69156144
邮政编码：100730　　（王子姝）

## 东直门医院

【基本情况】北京中医药大学东直门医院创建于1958年，是一所集医疗、教学、科研于一体的大型综合性中医院，是全国唯一一所进入国家“211工程”建设的高等中医药院校--北京中医药大学的第一临床医学院，并率先成为全国示范中医医院、三级甲等中医院。有职工1293人，其中卫生技术人员1043人，含正高级职称129人、副高级职称174人、中级职称327人、初级职称306人、其他人员107人。东区在岗职工889人，其中卫生专业技术人员771人，包括高级职称72人、中级职称194人、初级职称487人，未取得专业技术职务人员18人，行政工勤人员118人。有注册护士494人，其中合同护士279人，医护比例0.88：1。西区医疗设备总值2.94亿元，年度新购医疗设备2486.8万元，其中10万元以上27台，100万元以上6台。东区医疗设备总值2.12亿元，年度新购置医疗设备850.16万元，其中10万元以上设备12台、100万元以上设备1台。年内脑外科并入脑一科、成立新脑一科，科内成立脑病重症监护单元。以财务核算为中心，整合医院财务核算、后勤资产管理、人事管理、薪资管理，建立医院财务管理一体化平台。全年门诊184.6万人次，日均门诊7252人次。出院1.81万人次，较上年增长1.6%。平均住院日10.8天，床位周转30.8次，床位使用率91.9%。中医4项指标平均增长约2%，中药收入增长2%。实施临床路径科室18个，临床路径病种46种。全年用血2168U，自体采血输血719U。预约挂号采取医生工作站、官网、微信、电话等预约。门诊挂号184.63万人次、其中预约挂号43.73万人次，占门诊总量的23.68%。经市卫生计生委、中医药管理局审批新技术6项，起搏器介入诊疗技术、心脏导管消融技术、先天心脏介入诊疗技术、人工膝关节置换技术、人工髋关节置换技术等。全年医疗费用13.05亿元、住院费3.32亿元，医保门诊185.14万人次、住院1.78万人次。参加医疗责任保险1084人、费用67.86万元，发生医疗纠纷20起，调解17件，诉讼3件，赔偿336.96万元。成立7个护理专项小组，年度发表护理论文15篇。

【主要工作】年内，组织申报科研课题487项，中标172项，获科研经费2090万元，其中国家级课题12项资助经费491万元、省部级课题33项资助经费768.5万元。获授权专利4项，其中发明专利1项，实用新型专利2项，软件著作权专利1项。完成科技成果转让1项250万元。获批北京中医药大学III类研究所5个。发表SCI收录的学术论文47篇，核心期刊文章320余篇，出版专著49部。国家中医临床研究基地完成第一阶段建设，分别通过重点病种研究、临床科研一体化信息系统应用和基地综合验收。医院医学伦理委员会通过世界中医药学会联合会组织的中医药研究伦理审查体系（CAP）认证。在东区开设《中医现代名家学术传承》课程，举办第一届名医经验传承论坛，在东区设立师承专项经费165万元。承担国家级继教项目12项。承担习近平总书记与澳大利亚总理共同见证的重大国际合作项目-北京中医药大学与澳大利亚西悉尼大学的合作交流项目。完成一期京医通项目建设，实现办卡、储值、交费等功能，与北京市属24家医院京医通卡通用。完成体检软件建设和验收。完成国际医疗部远程会诊系统建设，与宁夏、河北等地开展远程会诊业务。完成4个站点的多站式考核系统建设。配合医院主力东迁，与东区统一OA系统，进行本部OA系统的实施。进行医院分诊叫号系统建设，进行LIS系统升级和输血系统建设。改造导管室，核磁共振室，国际部中央空调系统冷却塔工程。配合疏解非首都核心功能及京津冀一体化协同发展，重新申报医院住院楼（医疗、科研）项目。

单位地址：东城区海运仓5号
联系电话：84013211
邮政编码：100700　　（王红）

## 北京同仁医院

【基本情况】首都医科大学附属北京同仁医院，是一所以眼科、耳鼻咽喉科和心血管疾病诊疗为重点的三级甲等大型综合性医院。有卫技人员3033人，含正高级职称207人，副高级职称313人，中级职称1278人，初级师957人，初级士278人。有护士1432人，其中研究生3人、本科715人、大专628人、中专44人。录取研究生115人，其中硕士研究生94人、博士研究生21人。外出进修10人次，专科护士认证培训19人次，继续医学教育卫技人员2858人。医护比例1：1.39；医院三区ICU床位53张。医疗设备总价值12.43亿元，新购置医疗设备9594.91万元，其中乙类医用设备2台。全年出院8.94万人次，床位周转次数57.29、使用率98.98%，平均住院日6.33天，死亡率0.27%。住院手术6.37万例。全年实施临床路径24个科室48个病种，医保出院2.61万人次，总费用5.03亿元。成立普外三科。医疗纠纷参加医疗责任保险1600人，保费305.13万元。发生医疗纠纷53件，其中调解28件、诉讼22件，院内协议3件，年度赔付226.13万元。

【主要工作】年内，申报各类科研课题354项，获批154项、经费3013.25万元，在研课题591项、结题114项。张罗教授牵头完成《过敏性鼻炎治疗技术的创新与应用》项目，获北京市科学技术一等奖。眼科吕岚教授牵头完成《下颌下腺移植治疗重症干眼关键技术体系的创建及应用》项目获教育部科技进步二等奖和华夏医学科技一等奖。全年获授权职务发明专利5项。有国家级实验室1个，市级重点实验室5个，国家重点专科3个。4月，代表首都医科大学参加第七届全国高等医学院校大学生临床技能竞赛华北赛区比赛获第一名，5月，晋级参加竞赛全国总决赛获二等奖。修订医保持卡实时结算应急预案和持卡实时结算医保设备管理制度。制定出台改善门诊医疗秩序五项措施，统筹调剂2个国家重点学科普通号资源，延长眼科专家门诊出诊时间。加强号源统一管理，统一复诊患者约号，前移门诊窗口导诊服务等；建立7个专家层级转诊团队，形成普通门诊、知名专家的双向转诊机制；加强挂号预约规则管理，通过京医通、微信公众号和自助机等开展初诊预约服务。取消医保患者院内就诊卡，实现所有患者门诊就诊只持一张就诊卡，减轻患者非医疗流程负担。建立“基层首诊、双向转诊、急慢分治、上下联动”的分级诊疗模式，在东城、大兴、通州区，分别建立3个区域医联体。实行非急诊全面预约挂号，多种预约渠道满足不同患者需求，实现除急诊患者外均可通过电话、移动平台、网站、医生工作站、医院自助机具、医联体内社区医生终端等多种方式进行实名制预约挂号，大力拓展APP、微信等基于移动互联技术的预约渠道。预约挂号人次占门诊总人次的比例74.97%。开展医疗支援。6月，第十四批医师24人赴基层，完成教学查房675次、会诊638次，手术示范267例，病例讨论307次，门诊1839天、接诊患者2.05万人，举办专题讲座1038人次，技术培训605人次，巡回医疗等义诊56次。派出第15批医师21人赴大兴基层工作。与内蒙古乌兰察布市中心医院、包头市眼科医院分别签署2016-2020年度京蒙省际医院对口支援框架协议书、对口支援协议书。建立疑难重症会诊、转诊绿色通道。组织全员护士培训4个项目8场，N1-N4分层培训6项12场。全年外派培训146人次，护理管理者培训率约达43.4%；接收来自22个省市外院进修护士41人，安排在眼科、耳鼻喉科、手术室等科室进修；接收中华护理学会及北京护理学会学员88人，完成其培训考核工作。全年出版各类著作7部，其中专著1部，编著5部，教材1部。接待美国、加拿大、德国、英国、日本、比利时、新加坡等10余个国家来访外宾100余人次，因公出国62批94人次。完成三区HIS系统、临床数据中心项目、新物流系统建设，改造三区非急诊全面预约信息系统。建立微信公众服务号，实时发布健康科普知识及医院动态，并开展网络健康咨询。2月，完成院区扩建项目文件批复，扩建项目主体工程施工和监理招标，并取得主体《施工许可证》；北京同仁医院北京经济技术开发区院区正式破土开启南区二期扩建工程。完成临时动力中心工程、迁移原动力中心内的热力系统、制冷系统和电力系统工程、消防水池及泵房工程。

单位地址：东城区东交民巷1号

联系电话：58269911

邮政编码：100730（郑洁）

## 北京天坛医院

【基本情况】首都医科大学附属北京天坛医院，是一所以神经科为重点的三级甲等大型综合医院。在编卫技人员1653人，其中高级职称493人、中级职称617人、初级士543人。有护士1044人，其中本科438人、研究生13人；录取研究生77人，接收进修医师224人。医护比例 1:1.27，ICU床位57张。6月，经北京市医院管理局同意增设全科医疗科，将体检科并入全科医疗科；关闭门诊输液室，对确需门诊输液患者，由医师开具医嘱到社区输液治疗。预约挂号可通过现场预约、114电话/网络预约、京医通微信预约、自助机具预约方式挂号。年内院内医疗机构执业许可证增加重点医疗技术包括肿瘤消融治疗技术、颅底肿瘤（颅内外沟通肿瘤）切除术技术、颅内重要功能区及大型血管畸形切除术和头、面、颈部（巨大）神经纤维瘤切除及成形术。预约挂号开放号源80%，占门诊比例60%。3月，京医通自助挂号缴费工作，作为北京市医院管理局第一批“非急诊全面预约挂号”试点单位，自助挂号每日达2800人以上，自助挂号率和自助缴费率分别达到44.9%和23.7%。8月，京医通微信、自助机具预约方式挂号94.28万人次，占门诊比例67.57%。承担市医管局首批知名专家团队服务试点工作，推出王拥军、张俊廷、冯涛、张东4位教授，组成知名专家团队，3月1日起正式运行。北京天坛医院（张家口）脑科中心共诊治门诊患者1.66万例，收治患者5746例。全年门诊127.73万人次，急诊10.59万人次，急诊危重症抢救5984人次，抢救成功率92%。编制床位950张、实有1162张。年出院4.20万人次，床位周转率次数36.03，床位使用率94.15%，平均住院日9.56天，死亡率0.64%；住院手术2.33万例。医保出院1.55万人次，总费用2.71亿元，次均费用1.75万元。医疗设备总价值2.55亿元，新购置医疗设备总值8148.01万元。全年发生医疗纠纷35例，其中通过医调委调解27件、遗留案件19例，全年赔付465万元。

【主要工作】年内，申报上级课题350余项、中标课题149项，其中国家级课题26项、立项经费6981万元，省部级课题29项、立项经费2797万元，局级课题94项、获批经费3908万元。在研课题312项、结题60项。受理新技术、新项目申报12项，组织召开专家论证会4次，批准开展7项。监控院内开展24项新技术新项目。完成城乡对口支援工作：派出医生31人到顺义区空港医院，开展技术支援、服务900余工作日，实现空港医院乃至顺义区多项微创手术零的突破。6月，空港医院疼痛科挂牌为北京天坛医院疼痛诊疗中心顺义分中心。成立空港医院甲状腺诊疗中心，免费为辖区居民筛查甲状腺疾病，完成甲状腺次全切除术及甲状腺癌根治术。开展新适宜技术6项，医疗新项目1项。完成各项应急工作，组织应急演练5次，其中桌面演练2次、现场3次，医务人员43人次参加。派出骨科、放射科大夫各1人援疆、援藏。送外院护士参加培训、进修，各类培训203人次。接受权威学术团体专科护士培训与认证14人。组织护士岗位培训和考核4次，分阶段完成护理管理岗位的培训。完成国家级继续教育项目4项836人次，覆盖全国15省市。首批规范化培训护士全部通过北京市医管局验收考核，接收外院进修护士94 人（23个省市自治区）、基地学员125人、为新华医院代培护士50人。获实用新型专利4项，外观设计专利2项。现有北京市重点实验室3个，北京市工程中心3个，教育部工程研究中心1个。完成本、专科医学教育教学，开展教育教学改革工作，完成应届毕业生就业工作。年内录取博士25人，硕士71人，长学制硕士阶段30人，留学生博士1人，留学生硕士1人。全年实际因公临时出国46次73人。完成京医通配套各项信息化改造工作，实现114预约自助机取号、自助机挂号缴费、医生诊室扣费功能，开通和张家口等合作医院及多家社区医院转诊业务。起草信息化配套改造技术方案，为全市医院进行培训。电子病历的数字签名居国内领先，参与国家与北京市相关标准制定。6月1日正式上线使用病案打印功能，接待患者2.11万人。完成移动OA程序试点应用。远程会诊会员医院超过1200家，包括为医院对口支援医院7家,新增合作医院36家，完成新院智能化系统设计方案技术文档、预算及深化设计图纸。新院迁建项目二次结构砌筑、机电管线、装饰装修等各项工程施工均已全面开始实施。至年底，基本完成医疗专项招标工作除弱电工程10项。确认材料112项，其中建筑类材料39项、暖通工程材料29项、电气工程材料17项，其他材料27项。

单位地址：东城区天坛西里6号

联系电话：67096611

邮政编码：100050 （郝蕊）

## 北京中医医院

【基本情况】北京中医医院是北京市综合性、现代化三级甲等中医医院。有卫生技术人员1333人，其中正高级职称134人、副高级159人、中级职称407人，初级师489人、初级士144人。本科学历161人，研究生学历4人。有专科护士62人，注册护士491人，其中非在编护士231人。医护比例为1.14：1；ICU床位10张。医疗设备总价值2.12亿元（折旧后），新购置医疗设备5438万元。医疗特色及医疗服务的核心是中西医并重，发挥中医药特色优势。成立临床药学科、重症医学科、物价与成本管理办公室。定期召开医疗例会，通报医疗安全不良事件管理情况。多学科诊疗和远程会诊工作，已开展多学科诊疗（MDT）8次，涉及肿瘤、疮疡、普外、肾病、肛肠、口腔等专业，开展远程会诊2次，分别与顺义医院和张家口中医院对接。全年引进人才121人，其中招聘应届毕业生105人，调入16人。出院2.1万人次，床位周转次数34.66，床位使用率103.17%，平均住院日10.88天，死亡率0.93%。住院手术6176例。预约挂号为京医通预约（自助机、微信）、北京市预约挂号统一平台预约（网站、电话114）、首都医科大学附属北京中医医院微信预约、医生工作站复诊预约。现场挂号为老年人、残疾人综合服务窗口，京医通自助机，医生工作站现场加号。全年预约挂号151.53万人次，占门诊总人次71.02%。全年医保出院1.45万人、费用2.66亿元，同比增长12.85%。自11月起，特殊病种的审批、注销等工作由医院医疗保险办公室负责。接受上转病人38人次、下转11人次，申报医疗责任保险1019人次、费用98.4万元，医疗纠纷案件18例，其中通过调解12件、医患和解2件、未达成调解协议4件，由患方转为诉讼途径。医疗纠纷案件赔付款9.99万元。

【主要工作】年内，申报科研课题201项，中标纵向课题91项，其中国家级课题19项，省部级课题24项，局级课题48项。获批科研经费2494.37万元，其中纵向课题经费2284.37万元，北京市重点学科经费210万元。在研课题188项，课题结题41项。获得实用新型专利15项，申请发明专利14项。参加第四届北京中医药专家宁夏行活动，开展义诊500余人次。举行中、蒙中医药对口支援签约仪式，与承德中医医院签署对口帮扶协议；配合北京市中医药管理局和各专家团队完成健康乡村义诊患者2000余人，开展健康宣教活动20余场、赠送健康科普资料6000余份。组织第9期中医基础知识培训班，国家级中医护理骨干6人通过答辩结业。建立“桂梅芬护理老专家传承工作室”，遴选传承人12人。成功申报并实施继续教育国家、市级各1项，区级项目8项。有市科委重点实验室2个，首都医科大学留学生96人，临床见习8学时。招录首都医科大学、北京中医药大学博士研究生10人，硕士研究生58人。通过执业医师资格考试35人，毕业研究生26人，其中硕士23人、博士3人、本科生39人（含1名台湾生）。接待瑞典、瑞士、美国、德国等来宾学习、参观20批320余人次。办理因公出访团组24个43人次，出访国家有美国、奥地利、西班牙、捷克、俄罗斯、瑞典、加拿大、英国、日本等。医院信息化建设总投入952.04万元，其中购买设备及软件869.08万元，服务及线路租用费用支出82.96万元。由财政资金支持的医院核心硬件升级改造项目全部完成，涉及小型机2台、服务器和多个网络设备10台，升级HIS数据库。完成第二机房的设备集成，并投入使用；更新2台核心交换机，扩容医学影像信息存储系统（PACS）。开发医生、护士2个移动工作站，进行试运行。利用现有远程会诊系统，开展多次远程会诊工作。在应用系统建设方面，升级体检、高值耗材管理系统和OA系统，上线抗菌药物管理、医学工程部设备管理系统。建立患者无线互联网接入管理系统，患者可在首都医科大学附属北京中医医院使用就诊卡信息实名登录互联网，在门诊大厅建立出诊资源大屏和宣教屏，方便患者就诊。

单位地址：东城区美术馆后街23号

联系电话：52176677（总机）

邮政编码：100010

（芦云珊）

## 北京口腔医院

【基本情况】首都医科大学附属北京口腔医院是集医疗、教学、科研、预防为一体的三级甲等口腔专科医院。有职工1171人，其中在编653人、劳务派遣518人，有卫技人员953人，含正高级职称80人、副高级职称82人、中级职称191人，初级师373人、初级士227人。有护士373人，其中本科67人。医护比例1.04：1。ICU床位6张。医疗设备总价值2.2亿元，新购置医疗设备3376.74万元，无甲、乙类医用设备。全年门诊75.79万人次、急诊4042人次。实有床位62张，出院2263人次，床位周转36.5次、床位使用率89.92%，平均住院日9.02天，死亡率0.04%。住院手术2129例。医保患者出院868人次，总费用635.24万元，次均费用7318.48元。为医师、护士399人投保医疗责任险44.59万元。调整职能部门设置，规范职能处室23个。机构变动将原设备处和采购中心合并成立医学工程处，信息中心由医技部门二级科室调整为职能部门的一级科室。调整21个临床医技科室名称，门诊部下设医患关系协调办公室，门诊部挂牌成立患者投诉中心。正式上线非急诊全面预约，上线微信预约，推广多渠道预约方式，取消窗口现场排队挂号。特诊特需科成立医学美容门诊，口腔修复工艺中心整体搬迁至王府井部，原房屋用于成立口腔无痛治疗中心，隶属于麻醉科管理。预约挂号管理，实行非急诊全面预约后，初诊预约号源投放率100%，预约挂号人次占门诊患者总人次100%。组织全市16个区县为适龄儿童提供免费窝沟封闭预防龋齿，30.7万儿童免费窝沟封闭恒磨牙37.57万颗。为学龄前儿童提供免费氟化泡沫预防龋齿服务59.4万人次。举办健康大讲堂和科普知识讲座28场。北京口腔医院399人参加医疗责任保险，保费44.6万元。医疗纠纷302件。新增医疗诉讼5件，再审医疗诉讼案件1件。赔偿13.3万元。完成王府井部二期二、三层临床科室改造及特诊科VIP诊室改造，正畸科数字化诊室及候诊大厅改造，天坛部楼顶防水大面积修缮工程，教学楼教室、办公室、实习室、气泵房等系列改造。

【主要工作】年内，信息化建设总投入700万元。完成非急诊全面预约接口系统改造、流程再造、测试、上线维护等，完成非急诊全面预约多渠道取号，实现114预约号自助机取号。取消诊间手工加号条，全面采用电子病历预约功能进行加号及复诊预约。按照市人社局要求，完成医保个人账户封闭改造，通过人社局现场验收。对新入职护士16人，开展为期1个月的口腔专科基础知识及技能岗前培训。参加半脱产学历教育的护士13人完成颌面外科病房临床实习。派出91人次参加护理管理、质量改进、护理科研、技能培训等学习班18项。有外省市医疗技术协作单位16家，支援外省10家协作单位，派出正、副高级主治医师24人，授课33天，会诊病人600余人次，手术试教59人次，健康教育讲课6次，受益人群1083人。派出医生5人前往怀柔牙防所、西红门医院、顺义区医院，帮扶区县诊治病人1357人次，疑难会诊61人次，培训讲座12次，完成手术112例。举办国家级继续教育《口腔专科医院护理人员岗位管理及专业培训学习班》，学员70余人次参加；完成护理专业区级继续教育4项18讲继续教育培训等。申报各类课题160余项，中标立项43项，总经费1736万元。其中国家自然科学基金资助11项，直接经费679万元；国家重点研发计划子课题1项，经费145万元；北京市自然科学基金资助4项，经费60万元；北京市科委科技计划项目4项，经费63万元等；北京市优秀人才培养资助-青年拔尖团队、青年骨干个人项目各1项，经费分别为200万元和4万元；局级课题18项，经费542.69万元；横向合作课题1项，经费10万元。全年在研课题147项，结题75项。“基于宿主免疫调节的颅颌骨修复再生研究”课题组，获北京医学科技奖二等奖。获发明专利1项，实用新型专利6项。发表科技论文145篇，北京口腔医院拥有1所北京市重点实验室—全牙再生与口腔组织功能重建北京市重点实验室。承担首都医科大学口腔医学专业五年制、“5+3”一体化、口腔医学技术高职班的理论授课及实习带教工作，研究生、博士后各阶段的培养。派遣7人到美国、德国进行科研进修、学习。接待美国、德国、丹麦等国专家20人到院参观、讲学、探讨合作项目。口腔医学院与英国普利茅斯大学签署谅解备忘录，双方拟在口腔教育、研究领域开展探索与合作。因公出国（境）自组团组39批99人次赴美国、日本、法国、英国等国参加国际会议和学术交流访问。编辑出版《北京口腔医学》全年收稿件350篇，刊登稿件101篇，发行量1000册。

单位地址：东城区天坛西里4号

联系电话：57099618

邮政编码：100050　（李丽璇）

## 北京妇产医院

【基本情况】首都医科大学附属北京妇产医院 北京妇幼保健院是集医疗、教学、科研、预防、保健为一体，以诊治妇产科常见病、多发病和疑难病症为重点的三级甲等妇产专科医院。有卫生技术人员1305人，其中正高级职称85人、副高级职称103人、中级职称353人，初级师747人，初级士17人。有护士105人，医护比例1：1.5。新生儿重症监护病房（NICU）床位30张。医疗设备总值4.83亿元，新购置医疗设备总值4695.65万元，其中乙类医用设备2台。采购中心与医学工程处合并，为医学工程处二级科室，独立设置；医患关系协调办公室、宣传中心为一级职能科室。遗传代谢实验室并入检验科，隶属检验科。全年出院4.12万人次，床位周转81.15次、使用率108.01%，平均住院日4.81天，死亡率0.01%。住院手术3.47万例，剖宫产率32.45%，无孕产妇死亡，新生儿死亡率0.72‰，围产儿死亡率4.8‰。预约挂号即：114、网络、京医通微信平台、院内预约，预约挂号116.34万人次、占门诊总人次84.86%。医保预付基金1.08亿元，实际医保基金申报1.14亿元。医保出院1.35万人次费用8236.65 万元、次均费用 6104元，医保住院基金支出4627.36万元。医保门诊57.26万人次、总费用1.85亿元，次均费用323元，门诊医保基金6444.48万元。参加医疗责任保险1279人212.31万元。发生医疗纠纷67例，其中调解12例、诉讼8例、自行和解45例，化解率97.01%。举办首期助产士规范化学习班，与北医三院助产士规范化培训基地联合招生第一批助产士58人，承接第一批助产专业护生临床实习。接收护理进修人员82人、中华助产班学员47人、实习生59人、见习生257人，首届接收助产规培人员29人。继续教育课程110场次7802人次参加。引进海外留学就业2人，接收博士后3人、调入19人、派遣转编43人。统招研究生57人，组织学位论文答辩会10场，获硕士学位17人、博士7人。就业率94.12%，签约率94.12%。实现自助预约、挂号与取号功能，增加微信等移动支付途径。完成东院新机房扩建与配套设施改建、核心服务器等设备安装。

【主要工作】年内，科研工作申报课题137项，获局级以上课题立项67项、资金7575.48万元，首次获批国家重点研发计划重大专项。在研主持局级以上课题141项，结题27项。申请专利《多功能培养箱内的婴儿气管插管固定装置》《一种早产儿复苏保暖包》《一种气管插管和固定管的组合装置》3项获实用新型专利。入选北京市海外高层次人才项目（海聚工程）2人，申报国家级项目7项、备案4项，市级项目8项、备案5项，完成国家级培训项目13项2995人次、市级13项3867人次。举办大型学术会议8次、全国学术研讨会6次，邀请美国、德国、英国、澳大利亚等12个国家国际知名专家39人来京讲学及科技合作、临床教学、疑难病症会诊等交流。派出31批专家49人分别赴美国、意大利、日本、澳大利亚、加拿大、瑞士、西班牙等国家参加大型国际学术会议、短期培训及合作项目交流。完成中国首例冻存卵巢组织移植手术。建立北京妇科内分泌疑难病研究会诊中心。完成医院信息管理系统（HIS）大版本改造20余项，电子签名系统、无线护理系统、医改监测平台系统、京医通二期、三期系统等11个新系统上线实施。举办北京市妇幼健康教育师资培训670人参加。全市筛查新生儿24.59万人、覆盖率98.4%，确诊CH 患者140人、高TSH血症46人、PKU54人。为25.99万适龄妇女提供免费宫颈癌筛查，检出宫颈癌前病变555人，宫颈微小浸润癌4例，宫颈浸润癌17例。为 27.79万适龄妇女提供免费乳腺癌筛查，检出乳腺癌前病变17人，乳腺微小浸润癌21例，乳腺浸润癌135例。全市剖宫产率下降至38.75%。规范儿童保健，搭建北京市危重新生儿转会诊网络，确定7家市级抢救指定医院和8家具有新生儿特殊专病救治能力市级会诊指定医院。修订北京市0-6岁儿童听力与耳聋基因联合筛查相关制度。首次进行区级丹佛发育筛查（DDST）技术师资培训。开展妇幼二期信息系统应用的运维管理，接受市级妇幼二期系统应用培训700余人次。启动妇幼三期建设工作，开展业务需求调研、三网监测工作。修订《北京市出生医学证明管理规范》，督导全市16城区出生医学证明管理工作。向4.17万妇女发放叶酸，服药率和服药依从率分别为97.00%和79.04%。

单位地址：东城区骑河楼街17号

联系电话：52276666

邮政编码：100026　　（刘雪姣）

# 东城区三级甲等医院负责人

北京医院

|  |  |
|---|---|
| 党委书记 | 王　耀 |
| 院长 | 王建业 |

北京协和医院

|  |  |
|---|---|
| 党委书记 | 姜玉新 |
| 院长 | 赵玉沛 |

| | | | |
|---|---|---|---|
| 东直门医院 | | 北京中医医院 | |
| 党委书记 | 叶永安 | 党委书记 | 信　彬 |
| 院长 | 王耀献 | 院长 | 刘清泉 |
| 北京同仁医院 | | 北京口腔医院 | |
| 党委书记 | 张　罗 | 党委书记 | 郑东翔 |
| 院长 | 王宁利 | 院长 | 白玉兴 |
| 北京天坛医院 | | 北京妇产医院 | |
| 党委书记 | 宋茂民 | 党委书记 | 陈　静 |
| 院长 | 王　晨 | 院长 | 严松彪 |

# 食品药品监督管理

【概况】东城区食品药品监督管理局（简称区食药监局），负责辖区食品、药品、医疗器械、保健食品、化妆品监督管理工作，受理食品药品行政许可申请及食品药品安全问题举报的派出机构，加挂东城区食品药品安全委员会办公室牌子，承担东城区食品药品安全委员会具体工作。区食药监局由区、街道两级监管机构构成，机构设置12个，稽查大队1个，事业单位2个，即政务服务中心、食品药品安全监控中心。增设档案、应急、信息中心；街道设立食品药品监管所17个，加挂街道食品药品安全委员会办公室牌子。有公务员编制185人，实有178人；事业编制23人，实有16人，工勤编制6人，实有6人。食品药品安全监察员117人。

年内，坚持人、财、物向基层倾斜，增强基层监管力量，争取区财政经费1503.36万元，同比增长39.53%。加大对各街道食品药品监管所经费投入692.18万元，验收全面完工的食品药品安全监控中心基础建设。17个街道食品药品监管所办公用房总面积从2013年783.2平方米增至4128.5平方米，平均面积242.9平方米，基本解决行政办公用房，有9个街道食品药品监管所获示范所称号、6个街道食药监管所获达标所称号。全年发放许可证7337件，完成抽验1.61万件，受理投诉举报3159件，查办行政处罚案件791件、罚没款637.3万元，出动检查4.6万余人次。完成重大活动及重要节日食品药品安全保障22次。

单位地址：东城区东四北大街什锦花园胡同7号

联系电话：84082858

邮政编码：100007　　（吴晓斌）

【日常执法监管】通过数据分析研判划分监管企业风险等级，加大对重点地区、领域，高风险企业监管频次和抽检力度。在农贸市场推行市场超市化运营和畜禽产品市场直销升级改造，从食品源头加强安全防控。在美博城、世纪天鼎、百荣世贸3家大型中低端化妆品集散地设立流动检测站，监控市场风险。针对辖区不同特点，采用峰时执法、错峰执法、飞行检查等多种监管方式，进行全天候监管。出动检查人员4.6万余人次，检查“四品一械”生产、经营、使用单位2.7万余家次。　　（吴晓斌）

【专项检查整治】年内，下发《东城区关于治理无照无证餐饮单位工作方案》，强化属地责任，建立联动机

9月5日，第三届东城区食品药品安全科普展

制。对不同成因，采取约谈房主、集中整治、联合拆违、信息化管理等多种方式，打击无证无照经营行为；清理无照无证餐饮单位321户，销账率达100%。对无证餐饮，下半年联合执法68次、出动执法人员1298人次，整治反弹和新增无证餐饮177户。完成东华门夜市、隆福寺早市撤市工作。调集全局力量，监管即将关闭的市场，对东华门夜市连续3个月进行夜间专人值守、巡查，连续1个月每日组织20人6点30分到岗。有序完成隆福寺早市、东华门夜市撤市，出动执法人员2000余人次、检查1200余户次，查处不法行为6起，其中东华门夜市撤除餐饮经营摊位90个、疏解人口1407人，隆福寺早市撤除食品销售摊位336个、疏解人口841人。完成人口疏解6019人、任务指标的233.6%。开展专项检查整治行动及卫生区复审，与区卫计委、教委、住建委、城管委等部门组成执法联盟，执法1358次、出动执法人员7865人次，纠正违法行为2587起。（吴晓斌）

【案件查办工作】与公安等部门联合打击销售不合格牛羊肉、餐饮单位非法添加等违法行为。办理行政处罚案件791件、罚没637.3万元，向公安机关移送涉刑案件3起，行政拘留嫌疑人1人。（吴晓斌）

【投诉举报办理】对各类投诉举报“有诉必应、有应必查、有查必复”，受理3159件，按期办结率和回复率达100%。（吴晓斌）

【监测抽验工作】制定抽检计划，加大对重点地区、领域、高风险企业监管频次和抽检力度。食品抽检1.46万件、合格率99.5%，重点食品抽检合格率99.8%，流通环节食品抽验涵盖63类品种，重点抽验对象覆盖全区大型商超、品牌便利店，加大对旅游景区、建筑工地、学校食堂等场所检查。药品抽检1057件、合格率99.9%，基本药物抽验120件、合格率100%，医疗器械抽检92批次、合格率98.9%，保健食品抽检190件，化妆品抽验90件，未收到不合格报告。辖区药品不良反应监测、医疗器械不良事件监测相关工作指标按规定完成。达到区折子工程食品抽检合格率不低于98%、药品抽验合格率不低于98.5%的要求。食品药品安全监控中心基础建设完工，并完成验收。17个食药所均设立快检室，配备相关检测设备，可检测食品药品问题100余项，完成快检工作4599件。铺开社区监测点，辖区有药店70家、农贸市场15家、商超便利店20家设置快检设备，为辖区市民提供食品药品检测服务。（吴晓斌）

【大型活动保障】采取“三维立体”保障模式，以会议驻地为中心，重点街道为防线，整个辖区为重点，通过地毯式风险排查、靶向性重点整治、多点位布控防范，完成全国两会，龙潭、地坛庙会，G20峰会第一次协调人会议，北京第六届国际电影节，第二届中美气候智慧型/低碳城市峰会，中德领导人晚宴等22次重大活动及重要节日期间食品药品安全保障任务。保障60余万人次实现零事故目标。（吴晓斌）

【培育市场环境】落实“先照后证”改革，制定“先照后证”实施方案，优化审批流程，受理食品、保健食品、化妆品、药品、医疗器械许可7337件，按时办结率100%。实现对辖区餐饮服务企业、食品流通企业和药品零售企业动态评级率达100%。94家餐饮企业实现明厨亮灶，诚信经营。服务企业发展，约谈企业2415次，开展GSP认证、食品安全等企业培训93次1.24万人次。完成隆福寺早市、东华门夜市闭市，簋街和南锣鼓巷主街商业街整治，新建、改造、规范化社区菜市场17家。（吴晓斌）

【食药安全宣传】开展科普展览、讲座、开放日等宣传活动176次，印制无证治理宣传标语、海报2800张，制发各类宣传册6万余本，宣传用品3万余件，服务社区居民、中小学生、部队官兵、外来务工人员近4万人次。全年发放投诉举报奖励27件、发放奖金2.7万余元。（吴晓斌）

# 体育

【概况】东城区体育局（简称区体育局），是区政府主管辖区体育工作的行政职能部门，贯彻执行国家和北京市关于体育工作的方针、政策和法律、法规、规章，负责辖区体育体制改革、体育事业管理，推动多元化体育服务体系建设，推进辖区体育公共服务。机构设置7个，即办公室、党委办公室（监察科）、群众体育科、体育法制科、青少年体育科、体育产业发展科、人事财审科。有公务员编制33人，实有33人；工勤编制2人，实有1人；下属事业单位9家，其中全额拨款单位5家，即东城区社会体育管理中心、体育科学研究所、体育运动学校、青少年业余体校、体育后勤服务中心；差额拨款4家，即北京市东单体育中心、北京市地坛体育馆、北京地坛体育中心、东城区天坛体育活动中心；事业编制348人，实有274人。

年内，完成17个街道群众工作调研报告，制定《东城区全民健身实施计划（2016-2020年）》。实施奥林匹克·体育生活化试点社区环境建设20

5月15日，东单体育中心举行“快乐周末”篮球活动

个。开展全民健身体育节、和谐杯、足球联赛、徒步大会等重点全民健身体育活动，全国活动5项、市级活动13项、区级活动21项，35万余人次参加。举办北京市民快乐周末群众体育品牌活动，2万余人次参加。举办第九套广播操比赛、“青春梦想 活力飞扬”冬奥知识竞赛、“最美家庭”趣味运动会、“双拥杯”军民拔河比赛、“外联杯”乒乓球赛、端午节龙舟赛、“喜迎冬奥 快乐健身”残疾人旱地冰壶球等赛事和活动。组织开展健身操舞、球类运动等10余项体育活动，20余家单位干部、职工1万余人次参加。东城区社会体育管理中心被授予首都劳动奖状、北京市第十届“和谐杯”乒乓球比赛优秀组织奖。1人被国家体育总局健身气功管理中心评为年度双百基层骨干称号。

单位地址：东城区和平里中街18号

联系电话：64263729

邮政编码：100013　（刘丽）

【全民健身活动】完成3000余人次体质测试数据分析，邀请乒乓球世界冠军郭焱到国家博物馆、北京公交总公司等20个驻区单位、社区开展送乒乓球服务活动，2万余体育爱好者参加。对北京第一师范学校附属小学开展学生控制近视和预防的试点调研。在东单体育中心、地坛体育馆、天坛体育活动中心，组织群众参加全年免费健身操舞、太极拳、健身气功等培训200余场次，3.3万人次参加；体育节期间，通过电视、平面、网络等媒体进行宣传报道100余次。与区团委、妇联、残联、双拥办、外联办、老龄办等多部门联动，组织老干部秋季运动会、冰蹴球培训及冬奥知识竞赛等体育活动。组建讲师团，在全区开展63场冰雪运动推广与科学健身指导宣讲活动。在龙潭湖及青年湖公园组织开展系列冰雪健身活动，累计冰雪健身参与者达10万人次。组建全民健身科学指导讲师团进学校、军营、社区，开展冰雪运动推广与科学健身指导宣讲68场，受益近7000人。在龙潭、青年湖公园开展系列冰雪健身活动，参与群众达10万人次。培养及完善全区17个街道“一街一品”精品赛事与品牌活动，开展“一街一品”评选。开展东城区优秀全民健身团队和星级社会体育指导员评选，培养东城区社会体育指导员6164人，全年组织相关培训200场，3.3万人次参加。推进区属公共体育场馆免费或低偿对外开放，发挥公共体育场馆在全民健身公共体育服务体系中的作用。（刘丽）

【青少年体育】与区教委研究制定青少年体育锻炼实施方案，落实每天锻炼一小时。举办球类、棋类、轮滑、跳绳、击剑、武术、跆拳道、定向越野、体质健康测试等16项中小学生阳光体育赛事，1万余人参赛。做好全区40所体育传统项目学校和31家青少年体育俱乐部的管理，组织传统项目校参加北京市传统项目学校系列比赛。完成年度国家级青少年体育俱乐部评估检查，一七一中学青少年体育俱乐部被国家体育总局命名为“国家示范性青少年体育俱乐部”。在东城区“三大球”网点校分别举办快乐少年足球节、足球网超联赛、足球精英训练营；篮球网点校“校际约战”、“快乐篮球课堂”进校园、阳光小篮球嘉年华、篮球裁判员教练员培训班；排球冬令营、排球精英训练营等系列活动。（刘丽）

【赛事活动】在第31届里约奥运会上，东城区培养并输送运动员曹缘获跳水项目男子单人3米板金牌、双人10米板铜牌；张楠获羽毛球男双金牌、混双铜牌；王妍获女子体操团体铜牌、跳马第五名、自由操第五名、全能第六名；苗甜获赛艇女子双人单桨第七名；赵蓉所在的中国女足国家队首次挺进前八名；于静瑶获女子200米蛙泳第24名。（刘丽）

【体质测定活动】对全区成年及老年人3238人次的身体形态、机能、素质指标11项进行测试、评价，上报体质测试数据。优秀率17.7%、良好率26.8%、合格率46.2%、不合格率9.3%，合格率以上占90.7%。对东城区2所体校学生运动员700人进行体能及FMS功能性筛查测试，其中10～16岁运动员518人、男队员319人、女队员199人。参与FMS功能性筛查运动员524人、男子323人、女子201人。（刘丽）

【场馆建设】计划在东城区百果园15号投资建设东城区全民健身活动中心项目，总占地面积1.5万平方米，规划建筑面积4.07万平方米。计划启动和平里中街地下空间建设长300米、宽6米、面积1800平方米的冰场项目。完成青年湖公园冰场建设设计方案，完成组织“奥林匹克·体育生活化社区”二期工程建设。（刘丽）

# 社会生活

# 民　政

【概况】东城区民政局（简称区民政局）是负责区民政事业管理工作的区政府工作部门。内设办公室、法制宣传科、基层政权和社区建设科、社会工作科、社会救助科、双拥工作办公室、优抚和复退军人安置科、军队离退休干部安置办公室、东城区民间组织管理办公室（慈善工作科）、婚姻登记科、福利科、救灾科、财务科、党群工作办公室（监察科）、人事教育科15个科室，行政编制58人，实有55人。下设社区服务中心、社会组织指导服务中心、救助管理咨询站、接收捐赠工作站等26个事业单位，事业编制289人，实有235人。

年内，聚焦社会救助、社会福利、社区治理、社会组织、社会服务、双拥优抚安置工作和自身建设。出台《东城区关于加强居家养老服务工作的实施意见》，确立以居家老年人为中心、以医养结合为重点、以专业运营机构为突破、以标准化体系建设为保障的工作思路，探索建立“三级五方联动 分类精准供给”居家养老服务模式；完成全国社区治理和服务创新实验区创建工作；推进区、街、社区三级社会组织服务平台建设，培育发展社会组织；落实各项社会救助政策，建立健全以最低生活保障为基础，医疗、教育、供暖等专项救助相配套，临时救助、应急救助、社会互助为补充的救助体系，探索实施精准救助；立足军地融合式发展，实现全国双拥模范城七连冠；持续规范婚姻登记、区划管理、殡葬服务和见义勇为确认等行政程序，提升为民服务水平。

单位地址：东城区幸福大街32号
联系电话：84012469
邮政编码：100061　　（何花）

【社区建设】制定出台《东城区关于加强社区协商的实施意见》，完成182个社区议事厅规范化建设，围绕民事民提、民事民议、民事民决、民事民办、民事民评首创社区协商共治“五民工作法”，规范社区协商运行流程，形成以居民为主体的利益相关方充分参与社区公共事务协商讨论和决策实施的闭环流程，推进社区民主协商制度化、规范化和程序化。多元参与协商共治社区新模式入选中国社区治理十大创新成果。　　（何花）

【基层政权建设】出台《东城区关于进一步开展社区减负工作的实施意见》《关于建立东城区社区工作准入制度的实施意见》。梳理社区工作清单，清理社区挂牌，建立社区工作准入制度，指导社区依法组织开展公共服务、公益服务和便利服务，提高社区自我服务能力，确保社区减负工作有制可依、有章可循。　　（何花）

【行政区划管理】开展行政区划重点问题调研，形成《东城区街道办事处设置标准调研报告》，完成东西线、东朝线、东丰线、东西朝三交点、东朝丰三交点的联合勘定工作，配合西城区完成东西丰三交点联合勘定。制作新版东城区行政区划图、东城区街道地图集，开展平安边界创建，维护地区稳定。　　（何花）

【社会救助】1月1日，城市低保标准从家庭月人均710元上调为800元。至12月，全区有低保对象及生活困难补助人员7601户1.25万人，累计支出救助资金1.23亿元。新增低保及生活困难补助对象296户442人。低保、低收入以及资助参保人员享受医疗救助人员9235人次，支出救助资金1309.53万元。为370人办理临时救助，发放救助资金112.62万元。享受供暖救助3764户，支出救助资金428.5万元。享受高等教育新生入学救助94人，支出教育救助资金41.95万元。享受城市特困供养待遇人员188户190人，支出特困供养资金441.44万元。　　（何花）

【流浪乞讨人员救助】全年救助流浪乞讨人员 1347人次，完成网格案卷3500余件。实施医疗救助123人次，救助未成年人23人次，救助精神病、危重病人127人，联系亲属、单位接回39人，妥善处理死亡人员后事15件。出动巡视救助车辆2000余次，救助站护送返乡9人，涉及辽宁、河南、河北、山东、内蒙古等省区。　　（何花）

【扶贫济困送温暖活动】春节期间，与区财政局、人力社保局、总工会、老龄办、老干部局、团区委、妇联、残联、红十字会和各街道办事处等部门联合开展走访慰问活动。走访慰问低保人员、优抚对象、百岁老人等32类对象2.06万人，发放慰问金1090.92万元。区领导30人重点走访全区60户困难家庭，为每户送去400元慰问品和1000元慰问金。　　（何花）

【社会组织管理与服务】全区有社会组织601家，其中社会团体212家，民办非企业单位389家。完成行政许可93项，其中社会团体35项，民办非企业单位58项。年内，应检社会组织368家，办理社会组织年检316家，年检率85.9%。其中，社会团体97家，基本合格9家，合格88家，应检已检率78.2%；民办非企业219家，基本合格19家，合格200家，应检已检率89.7%。开展第三批社会组织评估工作，评审42家社会组织，其中5A级社会组织3家，4A级社会组织29家，3A级社会组织10家。推进区、街、社区三级社会组织服务平台建设，区级平台指导北新桥、建国门、体育馆路、崇文门外、前门等街道建立街道级平台。为5家社会组织提供固定办公室，为3家社会组织提供流动办公工位。支持24个社会组织开展77场公益活动，直接参与人数约3000人。引入专业机构，为社会组织提供一对一咨询服务，帮助链接服务资源。开通东城区创益汇微信订阅号，全年推介宣传社会组织情况信息90余条，累计阅读量超过2万人次。举办首届居家养老服务对接洽谈会，发布政府为老服务需求等，33家参展单位接待近4000人次咨询，与167个咨询方达成洽谈意向。开展第三届公益创投活动，面向社会征集项目书179份，支持15个社会组织和社区社会组织深入社区开展项目，涉及资金85万元，项目实施过程中完成实地监测26次，开展联席会议8次，举办中期及结项评审会并形成评审报告。实施区三级社会组织服务平台人才培养计划，分三个阶段进行分层次、分批次、分专题专业培训，全区相关委办局和17个街道的182个社区295人参加。（何花）

【地方退休人员经费发放】年内，为全区地退人员调整基本养老金200万余元。春节前夕，为所有地退人员（含征地超转人员）发放慰问金21.87万元。为地退人员中的建国前老工人、劳模、高级专家以及特困人员送去慰问金1.97万元。五一前夕，为地退人员中的劳动模范4人送去每人300元慰问金。中秋、国庆两节，为全区所有地退老人（含征地超转人员）发放慰问品668份，并送去节日问候。按照京人社养发[2016]142号文件中调整后的标准为全区征地超转人员发放生活补助4.72万元。（何花）

【军队离退休干部管理】元旦、春节等重大节日，走访慰问军休干部2167人、遗属21人，累计发放慰问金50余万元。全年接收安置军休干部38人、军休职工1人。召开移交部队领导、退休干部、军休办“三见面会”7场次，实现“三满意”工作目标。完成安贞里4个所、门诊部及四块玉的墙裙、暖气、楼道防水、路面维修改造工程，大红门门诊部维修改造工程。组织军休干部到革命圣地西柏坡参观纪念馆，敬献花篮，重温入党誓词。组织万人普及千人展示太极拳活动，纪念建党95周年、红军长征胜利80周年暨庆八一书画、摄影展系列活动及军休办纪念长征胜利80周年暨庆祝建国67周年文艺汇演等。（何花）

【养老机构建设】全区有养老机构15家，实置床位1169张。鼓励社会资本参与，对非营利性养老机构收住老年人实际运行床位，按月给予100元至200元资助支持。召开公办养老机构改革推进部署会，指导公办养老机构划分基本养老服务保障对象收住区域，制定床位升级改造方案，增加机构托底保障能力。探索公办机构收费改革，将汇晨老年公寓作为试点先行机构，提出价格核算意见，与第三方会计师事务所沟通，推进全区公办养老机构收费调整。与东城消防支队联合下发《关于做好养老机构安全工作的意见》，各养老机构开展消防安全现场观摩及经验交流会，介绍机构消防安全工作经验，邀请消防部门现场点评指导。强化日常运营管理，落实非营利性养老机构运营资助政策；加强标准宣传贯彻，在全市启动养老机构图形符号及标志设置规范工作；指导汇晨老年公寓建立服务标准化体系，并通过养老机构服务质量“三星级”区级初评；组织全区优秀养老护理员30余人参加市第四届职业技能大赛，并与农家女居家养老服务社、瑞健国际护理暨瑞典皇家护理学院合作举办老年失能失智症照护培训、养老护理考证培训及养老照料中心护理培训等课程，提升全区养老服务人员综合素质和职业技能。（何花）

【优抚工作】全区有残疾军人786人，烈属591人，享受定期抚恤补助因公牺牲军人遗属9人，病故军人遗属45人，老复员军人20人，参战退役人员14人。全区享受定期抚恤补助优抚对象75人免费参加医疗保险，全年为优抚对象报销医疗费用84.7万元。办理一次性抚恤金152人，发放抚恤金4300余万元，为烈士遗属1人垫支烈士褒扬金93.59万元，发放一次性抚恤金82.90万元。全区有22人办理残疾评定和转入手续，其中新评残疾警察5人，换发残疾军人证6人，补发残疾军人证4人，为残疾军人1人调整残疾等级，办理转入手续3人，新评“8023”人员3人。组织优抚对象代表100余人开展为期3天的参观疗养活动。在龙潭公园举办以“铭记历史、缅怀英烈、开创未来”为主题的烈士公祭活动，区领导、中小学生代表、部队官兵、区属机关干部、优抚对象代表及各界群众600余人参加。（何花）

8月起，规范全区养老机构图形符号与标志的使用和设置

【安置工作】全年接收退役士兵261人，其中义务兵211人，士官50人。安置符合安排工作条件的士官30人。召开退役士兵教育培训动员暨咨询会，技能培训学校由6所增至9所，增加调音师、导游、消防中控等职业技能免费培训。36人参加高等院校学历教育和短期技能培训。区财政支付教育培训经费3.1万元。发放自主就业补助金1499万元，待分配期间生活补助金6.1万元。全年接待转运老兵6493人，新兵1.60万人，动用短途车辆38台（次）。（何花）

【双拥工作】春节、八一期间和新兵入伍期间，区领导带队走访慰问驻区部队，为驻区部队赠送慰问金、慰问品以及各项服务资金累计500余万元。为部队官兵提供心理咨询、健康保健、技能培训、慰问演出11场次，受益官兵3000余人次。开设等级厨师培训班，战士44人获等级厨师资质。向驻区部队赠送图书1.2万册。在20余个驻区部队设立法律援助工作点，开展法律援助和咨询服务。开展“双拥杯”军民拔河比赛、羽毛球赛、篮球赛和文艺演出进军营、戏剧进军营等活动。为驻区部队赠送绿植、花卉、蔬菜种子1万余份，提供绿植培育讲座10场，赠送绿植花卉3000盆。投入资金100余万元，支持驻区部队更新改造篮球场地2块，为驻区部队改善食堂设施，购买食堂餐具，添置文化体育设备。驻区部队出动官兵800余人参与扫雪铲冰。12支驻区部队建立便民服务联盟组织，安排官兵200余人开展“两学一做”便民服务活动，为社区居民提供家电维修、身体检查、自行车修理、理发等10余项便民活动，受益群众1000余人次。（何花）

【接收捐赠】全年接收各类捐款993419.3元，其中日常捐款43966元，定向捐款249300元，“春风送暖”捐款672111.3元，“冬衣送暖”捐款28042元。累计接收捐赠物资75397件，其中“冬衣送暖”集中捐赠47271件，每月“敞开收”接收捐赠21239件，日常接收6887件。增设“敞开收”站点20个。区确立8家第一批进楼宇的基层捐赠站点。8家慈善超市开展慈善大集、爱心家园救助、困难群众送温暖等救助活动，缓解困难家庭生活压力。（何花）

【福利彩票发行】全年总销售额2.5亿余元，其中电脑福利彩票销售233638634元、即开型福利彩票销售16760200元，创造公益金8512万元。（何花）

3月15～21日，举办首届“北京社工宣传周”主题活动

【福利企业审核】全区有福利企业13家，职工720人，其中残疾职工271人，销售及营业收入4.72亿余元，利税总额6111.77万元，应上缴税款1452.58万元，应退增值税1346.58万元。依法完成13家福利企业换证工作。审批职工变更103次。落实残疾职工岗位、企业超比例安置及社会保险补贴政策，为福利企业审核残疾人就业岗位补贴、企业超比例安置补贴、社会保险及精神残疾职工安置补贴350.49万元。（何花）

【慈善协会工作】建立完善区慈善救助资源数据库并适时更新，设立专项基金18个，覆盖全区17个街道。开展共产党员献爱心捐献活动，全区511个单位、党员3.77万人、群众6330人参加捐款，募集善款217.76万元。全年累计救助困难家庭453户，发放救助款315.53万元。组织全区17个街道慈善分会、多个社会公益慈善组织开展首都慈善信息平台培训。组织各街道慈善分会举行慈善法普法展暨“慈善北京”巡展，出展板31组、62块。（何花）

【孤儿保障工作】全年新批准社会散居孤儿1人，向社会散居孤儿和视同孤儿的事实无人抚养儿童21人发放基本生活费33.74万元。（何花）

【见义勇为权益保护】全区有见义勇为人员127人，其中新确认8人。为见义勇为人员发放春节慰问金及困难补助款26.54万元。夏季走访伤残见义勇为人员1人和牺牲见义勇为人员亲属2人，发放慰问金2.5万元。组织见义勇为人员80余人疗养。组织见义勇为人员125人体检。对有特殊困难的见义勇为人员4人，发放3万元特殊救助款。为去世的见义勇为人员家属2人，分别发放一次性慰问金1万元。表彰获上年“京华见义勇为奖”见义勇为人员3人各5000元和“社区安全保卫之星”的30人各1000元。为见义勇为人员发放公园、博物馆年卡及免费乘车卡。（何花）

【婚姻登记管理】启动婚姻登记中心标准化改造工程。开展法律咨询、婚

姻家庭辅导、社工组织助力婚姻家庭建设3项公益服务，构建以婚姻登记处为平台，以社会组织为载体，以专业律师、婚姻辅导师、社工师等专业人才为支撑的婚姻登记社会服务管理新模式。全年办理结婚登记1.51万对，离婚登记8205对，补领婚姻证件3792件，同比增长19.21%。（何花）

**【防灾减灾】**结合第八个全国防灾减灾日和第二十七个国际减灾日，全区组织各类主题宣传培训活动111场、应急演练86场次，开展其他形式的宣传21场次，悬挂横幅500余条，展出展板、挂图1200余块（面），发放宣传材料6万余份、宣传品近2万份，受教育群众8万余人次。创建永定门外街道安乐林社区、建国门街道金宝街北社区、东直门街道东环社区、崇文门外街道崇文门西大街社区4个全国综合减灾示范社区；创建和平里街道二区社区、东四街道七条社区、龙潭街道绿景苑社区、东华门街道正义路社区、安定门街道北锣鼓巷社区、永定门外街道定安里社区6个北京市综合减灾示范社区。全区创建全国综合减灾示范社区43个，市综合减灾示范社区87个。（何花）

3月23日，对辖区殡葬用品销售网点进行执法检查

**【殡葬管理】**联合执法组对医疗机构太平间及部分丧葬用品销售网点开展执法检查，对助仁寿衣铺、北京迎路通顺综合商店等10家丧葬用品网点销售封建迷信用品行为进行行政处罚，并制作行政处罚案卷。开展以“节地生态安葬、平安文明祭扫”为主题的清明节殡葬执法及宣传。全年审批符合无丧葬补助居民丧葬补贴待遇人员284人，发放丧葬补贴142万元。办理尸体外运行政许可2起。（何花）

# 居民生活

**【居民收入】**居民人均可支配收入为66084元，同比增长7.0%。在人均可支配收入中，工资性收入37821元，占人均可支配收入的57.2%，同比增长11.9%。经营净收入1539元，占人均可支配收入的2.3%，同比下降29.5%。财产净收入10355元，占人均可支配收入的15.7%，同比增长7.4%。转移净收入16369元，占人均可支配收入的24.8%，同比增长1.4%。（李成寿）

**【居民支出】**居民人均消费支出为43923元，同比增长7.5%。其中：人均食品烟酒支出10295元，占人均消费支出的23.4%，同比增长4.4%。人均衣着支出3171元，占人均消费支出的7.2%，同比增长9.5%。人均居住支出为14306元，占人均消费支出的32.6%，同比增长11.3%。人均生活用品及服务支出为2679元，占人均消费支出的6.1%，同比增长16.5%。人均交通和通信支出为4777元，占人均消费支出的10.9%，同比增长1.5%。人均教育、文化和娱乐支出为4429元，占人均消费支出的10.1%，同比增长0.2%。人均医疗保健支出为2765元，占人均消费支出的6.3%，同比增长14.1%。人均其他用品及服务支出为1501元，占人均消费支出的3.4%，同比增长7.4%。（李成寿）

# 老龄工作

【概况】东城区老龄工作委员会办公室（简称区老龄办）是东城区老龄工作委员会常设办事机构，承担协调、推动老龄事业发展规划落实和维护老年人合法权益保障工作，指导、监督和检查区老龄工作，贯彻执行市政府和市业务主管机构关于老龄工作各项政策规定。副处级全额拨款事业单位，工资待遇和干部管理在职期间按照国家公务员制度有关规定执行。设办公室、为老服务科，事业编制9人，工勤编制1人，实有事业编制7人。

年内，区委、区政府印发《东城区关于加强居家养老服务工作的实施意见》，在全市率先提出“以居家老年人为中心、以医养结合为重点、以专业机构运营为突破、以标准化体系建设为保障”的居家养老服务工作思路，明确精准化、标准化、社会化、信息化及医养一体化工作目标，提出建立“三级五方联动、分类精准供给”居家养老服务模式。召开区老龄工作委员会全体会议，调整老龄委成员，健全老龄委工作机制。向区老龄委各成员单位印制下发《养老服务工作文件汇编》。新华通讯社—《北京参考》栏目专访区养老工作整体情况及朝阳门、建国门试点街道工作，并在养老观察专题板块中刊登出版。做好居家养老服务保障工作；落实各项老年人优待政策，提升为老服务质量和全面保障水平。全区60周岁以上老年人口26.70万人，占全区人口总数27.41%；80周岁以上老年人口5.79万人，占老年人口总数21.69%；100周岁以上老年人口112人，纯老年人家庭人口3.94万人，占老年人口14.77%。区老年大学被中国老年大学协会评为全国示范老年大学。

单位地址：东城区幸福大街32号
单位电话：87556141
邮政编码：100061　　　　（李慧娟）

【走访慰问】春节、元旦期间，走访高龄特困老人206人，发放慰问金22.1万元；走访百岁老年人112人，发放慰问金11.2万元。其中区委、区政府领导走访慰问东直门、景山、朝阳门、体育馆路、前门、崇文门外6个街道困难群众。　　　　（李慧娟）

【居家养老服务】6月底，通过政府购买服务，开展第一期老年人能力评估，累计评估全区老年人9792人，并根据老年人自理能力、家庭成员状况、特殊困难等情况，科学分类，确定托底保障群体1587人、扶助保障群体2333人，为不同群体老年人分类设置居家养老服务项目。10月9日，区首届居家养老服务对接洽谈会在中国妇女儿童博物馆举行，涵盖居家养老跨界协作、医养深度融合的实践探索和案例分享、互助式养老愿景展望未来等主题研讨会，养老领域优秀社会组织、企业机构等社会力量推介展示、洽谈等内容，命名表彰区级“孝星”500人，“孝星”代表、社区老年人等4000人次参加。区级成立社区志愿者协会，开展扶老助残、心理健康、法律咨询、医疗保健等十大类志愿服务。成立由区耆乐融长者关爱中心等多家专业为老服务社会组织为成员的东城区为老服务联盟，会员单位34家，服务领域涵盖居家养老服务、机构养老服务、老年餐饮、老年精神关怀、老年健康管理、养老服务信息系统等，开展为老服务大集、主题沙龙、交流考察、业务培训、会员联谊等活动。全年签约居家养老服务商848家，其中养老（助残）餐桌206个、非餐饮类服务商642家。安装紧急医疗救助呼叫器（“一按灵”）320部。

（李慧娟）

【福利服务设施】街道级养老照料中心累计建成17家，分别是安定门、景山街道各2家，交道口、东华门、建国门、朝阳门、东四、北新桥、东直门、前门、崇文门外、东花市、体育馆路、天坛、永定门外街道各1家，

10月9日，在中国妇女儿童博物馆举行东城区首届居家养老服务对接洽谈会

合计床位801张，开展辐射社区居家养老服务项目33个，提供短期照料、助洁、助浴、助医、精神关怀、教育培训等服务，平均每个养老照料中心开展2～3项服务。社区级养老服务驿站累计建成19家，具备日间照料、呼叫服务、助餐服务、健康指导、文化娱乐及心理慰藉等六大功能，分别是朝阳门、前门街道各2家，和平里、安定门、交道口、景山、北新桥、东直门、东四、建国门、东华门、崇文门外、东花市、天坛、体育馆路、龙潭、永定门外街道各1家。通过政府招投标，建立区级养老服务运营商目录，引进20家实力强、资质优、服务好的专业机构实现连锁运营，各街道通过竞争性磋商方式确定运营商。全区老年活动站（中心、室）209个。（李慧娟）

6月18日，崇文门外街道养老照料中心建成

【老年协会】全区17个街道、182个社区有街道级老年人协会8个，分别是和平里、北新桥、交道口、建国门、东花市、东华门、崇文门外和体育馆路街道。除部分部队大院社区外，其余社区实现全覆盖，社区级老年人协会181个。开展心理养生咨询师继续教育督导培训，各街道老龄工作人员及社区工作者近200人参加，养老工作者182人持证上岗。（李慧娟）

【老年人优待工作】落实优待政策，免费、优惠向老人提供服务项目。累计办理老年人优待卡1.35万张，为全区80岁及以上老年人3.84万人办理养老助残卡，全年累计发放金额4609.6万元；为90岁以上老年人5220人按时足额发放高龄津贴5.98万人次，百岁以上老年人发放高龄津贴1209人次，两项合计发放632.1万元；为全区95岁及以上高龄老年人464人次进行医疗补助报销，累计金额157.2万元；联合区卫计委为全区65周岁以上老年人4.8万人免费体检，为60周岁以上低保无养老保障老年人1738人免费体检。卫生部门建立常住老年人电子健康档案13.4万份，建档率100%；为老年人提供法律宣传和维权服务。（李慧娟）

【老年维权】年内，加大对老年人法律专业服务社会组织培育扶持力度，投入近20万元资助老年人意定监护（具备完全民事行为能力的老年人，可以在近亲属或其他自己关系密切、愿意承担监护责任的个人、组织中协商确定自己的监护人。监护人在老年人丧失或者部分丧失民事行为能力时，依法承担监护责任）法律服务项目和“敬老帮”法律服务等项目。意定监护作为一项新兴的为老公益服务在区首创。该项目在天坛10个社区开展法律培训讲座和一对一上门服务，跟踪个案服务；建立与社区老年自治组织合作机制，延伸服务资源，扩大服务对象。“敬老帮”法律服务项目落地在建国门街道，创新服务方式，开展上门指导立遗嘱和指定监护人服务。继续发挥38个消费维权指导中心（站）作用，开展送法进社区、法援进家门活动，做好认定责任后，小金额先行赔付；对单笔消费金额1000元以上的产品实施质量追查；本年累计接受老年人法律咨询5000余人次，受理批准老年人维权案件41件。为65岁以上老年人免费代写法律文书50余人次。举办专题宣传活动20余场，发放宣传资料3000余份。与区司法局联合在前门东社区，以法援牵手敬老爱老为主题，通过悬挂条幅、发放宣传材料和解答法律咨询等形式，宣传法律援助工作。（李慧娟）

【老年教育】全区有老年学校70所，开办91个教学班，在校学员4415人次，结业21个班，结业学员2174人次。（李慧娟）

### 东城区百岁老人一览表

| 序 号 | 姓 名 | 性 别 | 年 龄 | 街 道 |
|---|---|---|---|---|
| 1 | 张春英 | 女 | 104 | 和平里 |
| 2 | 张景繁 | 男 | 103 | 和平里 |
| 3 | 谢 健 | 男 | 103 | 和平里 |
| 4 | 孙菊生 | 男 | 103 | 和平里 |

续表

| 序　号 | 姓　名 | 性　别 | 年　龄 | 街　道 |
|---|---|---|---|---|
| 5 | 汤炳光 | 男 | 103 | 和平里 |
| 6 | 施复华 | 女 | 101 | 和平里 |
| 7 | 任　珍 | 女 | 101 | 和平里 |
| 8 | 秦　萃 | 男 | 101 | 和平里 |
| 9 | 果光瑞 | 男 | 100 | 和平里 |
| 10 | 徐淑华 | 女 | 100 | 和平里 |
| 11 | 张　刚 | 女 | 100 | 和平里 |
| 12 | 阎增卿 | 女 | 100 | 和平里 |
| 13 | 李化天 | 男 | 104 | 安定门 |
| 14 | 宋奉勤 | 女 | 102 | 安定门 |
| 15 | 朱瑛如 | 女 | 100 | 安定门 |
| 16 | 陈玉梅 | 女 | 100 | 安定门 |
| 17 | 沈长慧 | 女 | 100 | 安定门 |
| 18 | 朱毓静 | 女 | 100 | 安定门 |
| 19 | 邢汉辉 | 男 | 100 | 安定门 |
| 20 | 姚兰英 | 女 | 100 | 安定门 |
| 21 | 邵美贞 | 女 | 100 | 安定门 |
| 22 | 那会山 | 女 | 100 | 安定门 |
| 23 | 黄梅卿 | 女 | 104 | 交道口 |
| 24 | 秦冬英 | 女 | 102 | 交道口 |
| 25 | 金树春 | 女 | 101 | 交道口 |
| 26 | 王景霞 | 女 | 100 | 交道口 |
| 27 | 鲍淑德 | 女 | 100 | 交道口 |
| 28 | 夏伯群 | 女 | 100 | 交道口 |
| 29 | 童桂英 | 女 | 100 | 交道口 |
| 30 | 岑铁华 | 女 | 100 | 交道口 |
| 31 | 齐　岳 | 男 | 104 | 景　山 |
| 32 | 周亨巽 | 男 | 103 | 景　山 |
| 33 | 张静云 | 女 | 102 | 景　山 |
| 34 | 吕家俊 | 男 | 104 | 东华门 |
| 35 | 孟　英 | 男 | 104 | 东华门 |
| 36 | 王定国 | 女 | 104 | 东华门 |
| 37 | 张守方 | 女 | 103 | 东华门 |
| 38 | 翟敏华 | 女 | 102 | 东华门 |
| 39 | 李果珍 | 女 | 101 | 东华门 |
| 40 | 贺警民 | 男 | 101 | 东华门 |
| 41 | 焦若愚 | 男 | 101 | 东华门 |
| 42 | 柯　华 | 男 | 101 | 东华门 |
| 43 | 钟炳昌 | 男 | 101 | 东华门 |

续表

| 序号 | 姓名 | 性别 | 年龄 | 街道 |
|---|---|---|---|---|
| 44 | 王慧珍 | 女 | 101 | 东华门 |
| 45 | 杨凤琴 | 女 | 100 | 东华门 |
| 46 | 许俊荣 | 女 | 100 | 东华门 |
| 47 | 陈秀兰 | 女 | 100 | 东华门 |
| 48 | 杜泽洲 | 男 | 100 | 东华门 |
| 49 | 王柱国 | 男 | 100 | 东华门 |
| 50 | 戈允达 | 女 | 100 | 东华门 |
| 51 | 徐湛华 | 女 | 100 | 东华门 |
| 52 | 惠静华 | 女 | 100 | 东华门 |
| 53 | 金昌璈 | 男 | 100 | 东华门 |
| 54 | 李　忠 | 男 | 108 | 东直门 |
| 55 | 景文英 | 女 | 103 | 东直门 |
| 56 | 刘月珍 | 女 | 102 | 东直门 |
| 57 | 谭以贞 | 女 | 102 | 东直门 |
| 58 | 王桂兰 | 女 | 101 | 东直门 |
| 59 | 訾安春 | 男 | 105 | 北新桥 |
| 60 | 陈封氏 | 女 | 105 | 北新桥 |
| 61 | 高文荣 | 女 | 104 | 北新桥 |
| 62 | 闫兆凤 | 男 | 103 | 北新桥 |
| 63 | 苏翠连 | 女 | 102 | 北新桥 |
| 64 | 高福增 | 男 | 100 | 北新桥 |
| 65 | 朱秀兰 | 女 | 100 | 北新桥 |
| 66 | 吴玉凤 | 女 | 100 | 北新桥 |
| 67 | 宋玉贞 | 女 | 100 | 北新桥 |
| 68 | 周景兰 | 女 | 107 | 东　四 |
| 69 | 陈秋兰 | 女 | 101 | 东　四 |
| 70 | 赵进先 | 男 | 100 | 东　四 |
| 71 | 周有光 | 男 | 111 | 朝阳门 |
| 72 | 佟敏正 | 女 | 100 | 朝阳门 |
| 73 | 冯传汉 | 男 | 102 | 建国门 |
| 74 | 葛继英 | 女 | 102 | 建国门 |
| 75 | 严秀宜 | 女 | 101 | 建国门 |
| 76 | 吴祖秀 | 女 | 101 | 建国门 |
| 77 | 张育文 | 女 | 101 | 建国门 |
| 78 | 王慧贤 | 女 | 100 | 建国门 |
| 79 | 张汝珍 | 女 | 100 | 建国门 |
| 80 | 何秀女 | 女 | 105 | 前门街道 |
| 81 | 张伦信 | 男 | 103 | 前门街道 |
| 82 | 张世宏 | 女 | 100 | 前门街道 |

续表

| 序 号 | 姓 名 | 性 别 | 年 龄 | 街 道 |
|---|---|---|---|---|
| 83 | 王蕴华 | 女 | 100 | 前门街道 |
| 84 | 王济民 | 男 | 100 | 前门街道 |
| 85 | 刘子梅 | 女 | 102 | 崇文门外 |
| 86 | 张俊崇 | 男 | 101 | 崇文门外 |
| 87 | 尚友亮 | 男 | 100 | 崇文门外 |
| 88 | 刘向一 | 男 | 103 | 东花市 |
| 89 | 刘泰芬 | 女 | 101 | 东花市 |
| 90 | 关淑兰 | 女 | 101 | 东花市 |
| 91 | 张雪竹 | 女 | 100 | 东花市 |
| 92 | 李增平 | 女 | 104 | 龙 潭 |
| 93 | 张子芳 | 女 | 102 | 龙 潭 |
| 94 | 王增涛 | 男 | 100 | 龙 潭 |
| 95 | 陈永年 | 男 | 100 | 龙 潭 |
| 96 | 沈 宪 | 男 | 100 | 龙 潭 |
| 97 | 张广居 | 男 | 100 | 龙 潭 |
| 98 | 冯乃光 | 男 | 100 | 龙 潭 |
| 99 | 陈玉珠 | 女 | 101 | 体育馆路 |
| 100 | 吴江平 | 男 | 101 | 体育馆路 |
| 101 | 黑碧兰 | 女 | 100 | 体育馆路 |
| 102 | 尚崇山 | 男 | 101 | 天 坛 |
| 103 | 刘熙何 | 女 | 101 | 天 坛 |
| 104 | 冯秀果 | 女 | 100 | 天 坛 |
| 105 | 刘德芳 | 男 | 100 | 天 坛 |
| 106 | 郭淑敏 | 女 | 100 | 天 坛 |
| 107 | 李秀兰 | 女 | 100 | 天 坛 |
| 108 | 胡秀贞 | 女 | 107 | 永定门外 |
| 109 | 侯金贵 | 男 | 102 | 永定门外 |
| 110 | 范三妮 | 女 | 101 | 永定门外 |
| 111 | 张嘉禾 | 男 | 100 | 永定门外 |
| 112 | 严蔼君 | 女 | 100 | 永定门外 |

注：享受政府高龄津贴的老人　　　　（李慧娟）

# 街 道

# 东华门街道

【概况】东华门街道办事处是区政府派出机构。位于首都中心街区，东起崇文门内大街、东单北大街、东四南大街，南至前门东大街、崇文门西大街，西依天安门广场西侧、中山公园西缘、故宫西墙、景山前街东段，北到五四大街、东四西大街。面积5.35平方千米，有大街巷22条、胡同68条。设社区居委会12个，户籍人口2.19万户5.81万人，流动人口2175户1.01万人，有回、满、蒙古等少数民族2580人。辖区有中华人民共和国公安部、民政部、商务部、最高人民法院、最高人民检察院，故宫博物院、中国国家博物馆、中国美术馆、北京协和医院、北京同仁医院、北京妇产医院、北京市百货大楼、东安市场等中央、市、区属单位200 余家，内资企业5352家、外资企业735家、个体工商户1029家，有职高、中、小学、幼儿园12所。机构设置23个，有公务员编制100人，实有93人；工勤编制7人，实有7人；事业单位5个，编制50人，实有47人。

年内，落实党的十八届三、四、五、六中全会和习近平总书记系列重要讲话精神，围绕东城区“一条主线、四个重点”战略任务，街道“和谐东华 首善街区”总体目标，立足本职、服务大局，直面问题、主动作为，敢于担当、真抓实干，全面落实区委、区政府各项中心工作，贴近居民群众，注重民生实事，全力保证街道各项工作平稳发展。按照东城区整体工作部署，依法关闭东华门美食坊夜市。完成街道年度疏控工作任务，常住人口下降3.2%1690人，疏解影响人口8497人。被北京市残疾人联合会、人力资源和社会保障局授予北京市残疾人之家称号，计划生育协会、全聚德烤鸭店王府井店被评为2011年～2015年度全国计划生育协会工作先进单位。

单位地址：东城区东安门大街55号

联系电话：65130245

邮政编码：100006（陈燕　赵柏涵）

【城市管理】完成辖区居民煤改电补贴报销674户，开展“五禁”专项整治行动，回收燃煤3730块，炉具、土暖器14个，清理整治商户6家、4户居民使用燃煤销账任务。环境建设竣工验收大街5条，胡同49条，老旧小区8个。评审1条大街2个老旧小区环境建设资金，即北河沿大街107～111号楼、东黄城根南街、同福夹道2号楼。开展招、投标工作，居民53人认建、认养树木68棵。完成190中学、中国人民对外友好协会燃气切改线工程，销账市级挂账5处燃气占压的安全隐患。5月，在报房胡同进行为期4个月先期试点工作；10月，在多福巷、南池子、智德、银闸4个社区的平房区全面推行平房区物业管理服务。完善修订街道空气重污染应急分预案，落实空气重污染各等级预警措施。改造燃气（油）锅炉低氮，完成辖区10家单位销帐任务。开展辖区4700余辆老旧机动车淘汰宣传工作。处置房屋漏雨100余处，低洼院雨水倒灌、地基下陷、后房檐脱落、顶棚漏雨、大树折枝压房等16处，转移地下室进水居民2人4人次。汛前，签订责任书45份，排查整理低洼院、地下室、工地基坑等隐患，开展防汛宣传和演练。清理腾退煤渣胡同5号242平方米违规住人的早期人防工程。

（赵柏涵）

【民生保障】年内，受理公租房申请149份，发放市场化租房补贴审核表184份，受理134份，补发三房轮候家庭备案通知单230份，受理各类资格变更171户。复查信息核验锁定家庭60余户，接受三房申请家庭政策咨询、备案查询1600余人次。做好各类保障房补贴签订工作、涉及200万元，签约廉租房补贴77份73.92万元，为32户签订市场化租房补贴合同57.6万元，完成公租补贴复核、发放51户 60万余元。为低保户4741人次发放低保金386.8万元、105人次发放医疗救助26.18万元，完成北京市民政局低保复查抽检工作。组织 “春风送暖”爱心募捐活动，接收捐款15.7万元、募捐衣物1800余件。为困难家庭95户发放爱心物资3.85万元，为15人发放助老慈善款7174.57元。办理老年证362人、优待卡849人。为符合条件的老人做好卡变卡发放卡3010张，80岁居家养老助残卡289人，90岁高龄91人发放津贴5.49万元。审批上报95岁及以上老年人医疗保险补助25人次13.1万元。改造社区养老驿站前期建设，并投入运营。完成街道残联、社区残协换届工作，有残疾人1689人，成立残疾人辅助器具服务中心。落实两项补贴申请受理和发放工作，其中受理两项补贴申请139人，做好护理补贴A类 883人次、B类4274人次共5157人次。生活补助 A类1128人次、B类259人次共1387人次。对辖区困难、特困残疾人家庭133户，发放慰问款9.28万元；为10户贫困残疾人家庭申请补助2万元。新办残疾证92人，补办16人，残损换新26人，残疾人变更20人。排查规范故宫周边用人单位276家，巡查用人单位458家7000余人，完成区人保局月均检查单位20家指标。接受群众投诉举报案件19件，受理区人保局批转案件10件、结案率100%，追讨工资6.17万元、追缴社会保险费1.9万元。为外地来京务工48人，追回工资33.35万元。全年计生窗口接待2600余人次，户籍上报出生648人，计划生育率98.6%。发放独生子女父母奖励费、失独老人补助等1150人114.68万元。推行生育登记服务网上办理，一站式服务和承诺制，办理生育服务证1867人，办理流动人口生育服务单253份。开展各类宣教活动20余场，活动32次650余人次参加。

（赵柏涵）

【社会治安综合治理】年内，落实春节、“两会”、G20峰会、十八届六中全会等重要时期社会面防控工作，启动一级防控38天，出动治安志愿者2.04万人次，确保东华门地区治安状况良好，实现社会面防控整体安全无事故工作目标。综合整治和专项治理50余次，出动治安巡逻车724部次执法2954人次，查扣各类黑车、取缔轮椅存放窝点、清理乞讨人员、查处无照经营、规范门前三包、店外经营、清理堆物堆料等，治安拘留扰序36人、刑事拘留2人、治安警告654人。治理违法群租房58处3914平方米215间、群居居住779人，清退疏解群租房居住443人。开展平安大走访“相约星期三”活动，走访居民1150户，寻访居民1350人，收纳群众反映需求和突出问题190个。推进科技创安，安装监控探头82处，实现全地区、要害部位视频监控全覆盖，在社区推广安装更换“C”型锁160把。开展专项矛盾纠纷排查17次、排查重点人100余人次、问题20余件次，建立重点人台账12人、重点问题台账16件。处理来访620件次，市、区长信箱220件次，接待来访1670人次，劝返信访人50件次96人次，群体访5批13人次，均给予回复，信访人基本满意。全年来访来信化解720件，化解率94.3%。初访化解率100%，全年未发生重大越级群体访事件。（赵柏涵）

【社区建设】完成上年度社区工作者考核，辖区12个社区有社区工作者181人，评出优秀40人、合格141人。完善社区工作者相关制度，修订《东华门街道社区工作者考核评比办法》《东华门街道社区工作者管理办法》《东华门街道社区工作者休假制度》等相关制度。招录社区工作者27人，并进行岗前教育培训；诫勉谈话7人次，通报批评2人，罢免、辞退居委会副主任各1人。在12个社区实行弹性工作制，延长为民服务时间，提升服务水平。社区晚6：00-9：00开放社区场所、开展各种活动、建立居民议事厅、办理居民服务事项等。申报正义路社区为年度北京市规范化示范社区，并通过市、区验收。灯市口社区通过年度老旧小区自我服务管理试点社区验收工作。申报银闸社区“跳蚤集市”为第三届北京市社会组织公益服务品牌、韶九社区“关门队”的区级年度优秀志愿服务项目。成立东华门街道社会组织联合会，以志愿服务进社区为主题开展活动14场，针对社区居民看病挂号难，组织居民进行工商银行银医卡、电脑挂号平台操作培训，制作114电话挂号宣传展板发放到社区。春节期间发动地区服务商及社区志愿者开展两节系列便民服务活动。与中国狮子联会北京圆梦服务队合作，为地区50余户高龄老人免费拍摄制作全家福照片。完成第二批国家公共文化服务体系示范区验收。完成1100平方米南河沿大街19号、800平方米北河沿大街143号两处三合一社区联合文化室，多福巷社区文化室硬件装修及设备购置。各社区文化活动室服务面积达200平方米以上，解决文化室用房面积近2500平方米。升级改造街道文体中心、社区文化活动室、图书室、电子阅览室的设施设备，满足各类文化项目活动需要。制定《东华门街道社区文化组织员管理办法》，招聘社区文化组织员21人，社区活动室每周开放时间延长至56小时。举办感动东华、和谐东华大舞台、群众文化展演季等特色品牌活动。年内陈独秀旧居对外开放，完成社区科普体验厅结题验收。

（赵柏涵）

【党建工作】完成基层党组织换届摸排工作，指导各党委、支部走访摸排，梳理信息、查阅资料、甄别核实党员中存在违纪违法未给予相应处理的情况。完成非公有制企业和社会组织“两个覆盖”工作，地区1171个非公企业中，已建党组织62家，覆盖非公企业998家，覆盖率达80%；完成党员缴纳党费自查2591人。完成东城区第十二次党代会代表选举，选出街道党员代表130人，差额选举产生出席东城区第十二次党代会代表10人。官方微博“这里是东华”发布微博4779条，微信公众号信息139条，在第一时间妥善处理网民诉求10起，开展“我

12月29日，多福巷社区老年养老服务站营业。

们的价值观 我们的新生活”百姓宣讲活动，完成稿件征集、机关、社区选拔专场比赛，组成“和谐东华”百姓宣讲团，在全地区开展巡讲、宣讲活动12场次，受宣群众1000余人次。全年建会、发展会员完成率100%，1639家建会企业签订集体合同，数据录入率、准确率100%。工会会员“京卡·互助服务卡”推出特色项目5项，惠及职工3.34万人次。组织各类文体活动、赛事11场，区文体活动16次职工5411人次参加，举办各类培训31场1500余人次参加。在《劳动午报》、“12351”网站发表信息16篇，微信公众号发布信息217篇。妇联走访慰问辖区单亲母亲、下岗失业及残疾妇女、特困儿童家庭92户。组织12个社区、4个楼宇姐妹驿站家庭，举办东华门地区最美家庭话家风演讲活动。新建非公企业团组织5家。开展“新春送祝福 冬衣送温暖”、“粽叶飘香 相伴端午”等志愿、亲情陪伴活动9次。（赵柏涵）

【经济工作】制定东华门街道防范和打击非法集资专项整治工作方案，打击非法集资宣传方案，选取韶九社区和商务楼宇、大饭店较密集的灯市口社区，作为打非工作重点区域，先后在韶九、灯市口、多福巷、银闸、智德、东厂、黄图岗7个社区开展专题宣传活动20余场次。核查辖区范围内涉及P2P网络借贷、股权众筹业务等领域企业1383家，涉及12个社区及4个楼宇工作站，3天内完成社区范围建立底数台账工作。调查辖区餐饮，食品、日杂，五金、建材销售，旅馆、洗浴服务，歌厅，美容美发7个行业，涉及1966家单位。（赵柏涵）

# 景山街道

【概况】景山街道办事处是区政府派出机构。位于东城区西部，东起东四北大街；南至东四西大街、五四大街、景山前街；西依景山东街、后街，地安门内大街东侧；北靠地安门东大街、张自忠路。面积1.62平方千米，有大街6条，胡同73条。设社区居委会8个，户籍人口1.55万户4.06万人，常住人口1.17万户3.12万人，流动人口1125户3855人，有回、满、蒙古、朝鲜、壮、藏、锡伯等少数民族19个3012人。辖区有法人单位996家，中央、市、区属单位235个，文物保护单位国家、市、区级16个，大、中、小学、幼儿园9所，医院、卫生站各2个，银行、储蓄所4所。辖区有隆福寺特色商业街，由乾隆年间的隆福寺庙会发展而来，曾在京都庙会中列为“诸市之冠”。有各级文保单位19家，77文化创意园，聚集文化创意产业企业48家。地区75%以上的面积为北京市第一、二批历史文化保护区，面临着老旧平房不能轻易改造和重建的问题。机构设置23个，有公务员编制85人，实有80人；工勤编制8人，实有8人；事业单位4个，编制37人，实有33人。

年内，推进“两学一做”学习教育，“两代表一委员”换届选举等中心工作。完成隆福寺早市整治，改善居民生活环境，做好环境整治、低洼院改造、违法建设拆除、垃圾不落地，提升城市综合素质。落实信访代理制，巩固地区安全稳定。深化社会服务管理创新，完善“三网三会一包一对接”工作模式，推动网格化管理向精细化延伸。加强社会治理，实现网格自治组织全覆盖。落实社会救助和社保惠民政策，老、幼、困、残、病等特殊群体基本得到全面保障和救助。推进非首都核心功能疏解、社区服务中心暨市民文化休闲中心建设，完成统战、人大、政协、武装部等工作任务。街道办事处被评为年度平安建设优秀街道，总工会获首都劳动奖章，城市综合管理科被授予首都环境建设样板单位，团委被评为年度中期考核优秀社区青年汇，钟鼓社区获首都学雷锋志愿服务示范站，景山东街社区被评为北京市先进社区居民委员会等荣誉。

单位地址：东城区美术馆东街1号

联系电话：64041147

邮政编码：100010　（赵海莹）

【城市管理】完成煤改电报销1965户194万元，处理“12345”为民服务热线15件，解决煤改电遗留问题3件。回收燃煤107处5.58万块、炉子179个，发放油汀电暖气48个。开展除“四害”、禁烟宣传，发放、张贴宣传品9600余份，黑板报150余块。清理广告2万余张，处理“12345”非紧急救助案件153件。对辖区投放鼠药、灭蚊药品40箱。下发门前三包责任书530份。种植各类花卉18万余株，新增、补种乔木50株。除虫打药7000余棵树木，伐除危险树木30棵，修剪树木1600余株，完成古树复壮5棵。出资450万元，改造低洼院落53个。拆除地桩地锁70余处，取缔无照游商65起，查纠店外占道经营43家，清理大件废弃物和渣土52车（执法车），清理违规广告牌匾39处。拆除违建239处3947平方米，地桩、地锁379个，违规广告牌匾54块。查处无证无照经营26户，销账率100%。处理建筑渣土及大件废弃物案件8000余件，清理大件废弃物、无主建筑渣土1800余车6000余吨。规范门前三包110余户（次），新增、更新垃圾桶410个，日保洁面积22万平方米，日清运生活垃圾27吨。开展“垃圾不落地，景山更美丽”等宣传活动5次，发放致居民一封信800余份；在7个垃圾分类达标小区全部实行分类运输。做好居民房屋1.44万间，学校、幼儿园、医院14家，重点单位32家，低洼院落163个，路面积水点、排水井、污水井1372个，井盖6350个，高空广告牌匾等211处，挂牌古树、行道树8298棵的防汛工作。在北京中医、隆福医院等建立8个社区物资储备仓库，确定织染局小学为临时安置点，东方旅馆为塌房居民长期安置点。汛期处理险情90次，修复房屋579间，解危排险131处。解决居民涉及防汛问题信访件15件，“12345”热线6件，处理重大险情5次。开展防灾减灾宣传教育活动7次、发放宣传材料7000余份，维护、检查、处理人防工事22次。（赵海莹）

【民生保障】2月，符合经适房申购资格家庭28户，限价房60户。3月，专项核查保障性住房家庭，涉及廉租家庭1户、经适房10户、公租房8户，完成公租房住户复审工作，参加东城区首次经济适用住房选房配售264户、签约256户、放弃8户。7月至9月，复审入住满一年廉租房家庭109户，不再享受廉租补贴转为公租补贴22户，终止不再复核廉租资格13户，审核通过74户。8月至9月，参加东城区限价房第7次选房160户。11月，复审未配售限价房，符合限价房申购资格家庭17户。受理市场租金补贴161份，已备案并办理补贴领取手续家庭50余户。有低保家庭408户664人，新申低保家庭10户15人0.9万元，停发24户33人2.4万元。有特困供养20人，发放供养费25.57万元，支取供养费4.51万元。开展临时救助148人次53万元，完成魏家、汪芝麻社区，养老服务驿站建设并运行。发放阶梯电补贴1244户1.80万元，清洁能源补贴72户7.48万元，发放困难919户1165人春节慰问金44万元，义务兵优待金8人30万余元。办理老年证228张、老年优待卡424张，发放北京通2582张。受理80岁养老助残卡1537人16.13万元。发放90岁以上高龄津贴299人3.27万元，报销95岁以上高龄老人医药费30人12.76万元。开展春风送暖和冬衣送暖慈善募捐活动，集资6.68万元、衣物2342件。办理残疾证67个、补办44个，残疾证升级16人。办理一卡通73人，补办26人。发放免费辅助器具89人，康复体育健身器材50户，无障碍改造肢体残疾人家庭9户。组织残疾人就业招聘会3次，安置就业22人。开展法律知识讲座6次128人参加。初审非京籍儿童入学47人，解答政策咨询100余人次。更新健身乐园4处46件器材。新增登记失业472人、就业 463人。新发社会保障卡359张，变更退休人员及城镇居民定点医疗机构1318人，补、换卡1964人次。报销、发放退养人员退养费128人次35.65万元。办理失业人员退休45人、接收新转入社会退休278人，现有退休4248人。办理一孩生育服务证91个、二孩21个，3月24日后，办理一孩生育服务登记159人次。再生育行政确认受理咨询16例，申请2例。上报出生人口268人，计划生育率100%。发放避孕药具130箱。办理家庭安康保险93户2790元；完成34对孕前优生健康检查。开展家和社区免费早教活动25次。（赵海莹）

【社会治安综合治理】为辖区居民发放消防应急包500个，新置消防救援设备设施。检修、更换8个社区灭火器、消防水喉。开展公共安全集中宣传活动，设置主题宣传展板10块，悬挂宣传标语7条，发放安全生产宣传资料3000余份，接待居民咨询300余人次，受教育群众达6000余人。“两节”期间，发放燃放烟花爆竹安全提示1.7万余份，悬挂横幅32条，张贴宣传画600余张。出动安全检查组157人次，下达检查通知单97份，发现安全隐患256处，整改233处。组织机关干部、保安人员、其他力量491人，死看死守辖区禁放点64处、无人院和重点防火点位65处。与派出所、城管分队、工商、食药监管等部门出动车辆15台、社区消防电动自行车16辆，在辖区开展巡逻检查。专项整治简易楼消防安全隐患和社区应急车通道，开展联合执法行动17次400余人次参加，打击游商224起、规范占道经营门店105户次约谈责任人10人，清理僵尸车24辆，取缔占用消防通道商户8家，清理废弃杂物60余车。专项治理出动117人次、检查36家，消除安全隐患9处。出动执法人员118人次，检查餐饮使用燃气经营单位109家，发现安全隐患184处、整改隐患85处，下达检查整改通知书64份。受理申诉41件、举报32件，接待消费者投诉6起，为消费者挽回经济损失300元。开展消费维权进社区活动16次320余人次参加，发放材料900余份。受理人民群众来信来访837件次1023人次，领导批阅率100%。接待来电来访10批12人次结案2件，查办区转信访举报5件、自办1件，立案2件。（赵海莹）

【社区建设】备案社区会议19次，准入临时性工作10项。聘用社区工作者17人，成立社会组织服务中心。开展地区30届文化艺术节，在一六五中学举行社区文体风采展示，8个社区借助公共文化服务体系示范区建设，筹建发展社区文体团队。举办东城区第四届“奥林匹克体育生活化”健身舞比赛暨景山街道第三十一届科普消夏纳凉广场活动。举办八路军老战士文工团纪念红军长征胜利80周年专场演出。举行“春之韵”迎新春文艺演出，引进优质文化服务项目，成立景山京味曲艺社演出33场。完成皇北社区阳春胡同浮雕墙建设工程，召开汪芝麻社区奥体社施工居民听证会、开工建设协调会，完成汪芝麻奥林匹克·体育生活化社区建设。“96156”和小呼叫平台，接到各类服务需求和咨询电话300余个，办结率100%。（赵海莹）

【党建工作】开展“两学一做”学习

11月15日，选民在人大代表换届选举流动投票箱投票

教育活动，为地区党员2000余人发放学习材料，组织学习14次，党课教育26次。为基层党组织订阅党刊8类650套，开展先锋活动日26次，解决群众困难160余件，开展“双十百千”党建服务活动215次，办好事7300余件，受益群众达2.6万余人次。“两节”期间走访慰问困难群众1636人次、困难党员414人次39.72万元，结成70个帮扶“对子”，为群众办实事2614件，七一慰问困难党员125人、发放慰问金5.2万元，解决党员、群众困难1985件。开展献爱心活动，党员、群众捐款3.83万元。举办主题讲座6次，“学党章”知识竞赛1次，党员干部撰写学党章心得体会并编辑《悦读集萃》23期。新增建会企业82家，其中独立建会22家199人。加入联合工会企业60家161人，建会企业705家5878人。开展“最爱是景山”典型人物评选活动，评出优秀治安巡逻志愿者、优秀社工、优秀党员、好邻居、敬老孝亲模范和劳动模范等30人。开展爱国主义教育活动，参观红军长征胜利80周年主题展览和圆明园爱国主义教育基地。 （赵海莹）

【经济工作】开展调研，走访重点企业10余家，电话询问100家。推进综合服务体系建设，信息平台发布政策、经济、工作动态等信息10条，解决企业实际困难4件。诉求服务平台解决企业困难10余件，提供入驻、政策咨询、人员招聘、融资担保等服务，介绍入驻政策咨询4起、政策信息8起。制定景山街道互联网金融风险专项整治工作方案，拉网排查互联网金融企业178家。落实总量控制原则，结合集中办公区内企业现状，以信用度、贡献值、风险度为标准，清退汪魏新巷、紫龙宾馆2家企业。搭建服务平台，提供普惠型和个性化服务，宣传法律法规，增强入驻企业稳定性，参与企业65家。 （赵海莹）

【整治环境闭市隆福寺早市】隆福寺早市前身是美术馆花园早市，是核心区最大的露天农产品及百货交易市场。早市扰民严重，存在社会不稳定因素，年内发生治安警情51起，接到网格案件184件。为保证治安稳定5月6日开始整治现场，调度力量1.4万余人次，并联合发布闭市公告。6月12日完成闭市工作。 （赵海莹）

【疏非控人工作】辖区封堵1959平方米84处“开墙打洞”房屋、影响人口306人。完成直管公房转租转借339户，治理群租房7处，地下空间1处，劝退疏解群租房和地下空间424人。完成北京实创电梯工程有限公司调整退出，疏解影响人口68人。疏解77文化创意产业园区企业2家，广场企业1家，疏解影响人口310人。完成棚户区改造372户549间。 （赵海莹）

# 交道口街道

【概况】交道口街道办事处是区政府派出机构。位于东城区西北部，东起东四北大街，南至地安门东大街、张自忠路，西依地安门外大街，北到鼓楼、交道口东大街。面积1.47平方千米，有大街5条、胡同42条。设社区居委会7个，户籍人口1.9万户5.5万人，流动人口1.2万人，有回、满、蒙古等少数民族20个。辖区有中央、市、区属单位180家，商业企业526家。大、中、小学、幼儿园7所。有国家级文物保护单位5处、市级13处、区级11处。除交东小区外均属于北京市40片历史文化风貌保护街区。南锣鼓巷作为北京最古老的街区之一，既是北京

规划中25片旧城保护区之一，也是完整保存800多年元大都里坊的历史遗存。地铁六、八号线，13、60、104、107、108等10余条公交车途经地区。机构设置26个，有公务员编制88人，实有84人；工勤编制6人，实有6人；事业单位5个，编制53人，实有40人。6月，南锣鼓巷地区服务中心、社区服务中心、为民服务分中心、环卫所4个事业单位22人，均纳入工资规范管理。

年内，巩固党的群众路线教育实践活动和“三严三实”专题教育成果，完成全国“两会”、G20峰会、十八届六中全会等重要时期和重大活动安全保障任务，第十六届东城区人大代表、新一届东城区政协委员换届选举。为民办实事专项督查38件，开展目标责任制折子工程专项督查4次。办理人大代表建议、政协委员提案9项，接待选民100余人次，收集环境卫生、城市建设、社区医疗、停车管理等问题35项。全年南锣鼓巷接待国内外考察团20余个280余人次。南锣鼓巷“5811”志愿服务队被北京市推荐为全国志愿服务“四个100”最佳志愿服务候选项目。评为北京市优秀党员、优秀党务工作者各1人，居民7人被评为北京市孝亲敬老之星。

单位地址：东城区雨儿胡同乙15号
联系电话：64033210
邮政编码：100009　　　（宋娟娟）

【城市管理】推进无煤化改造，专项整治散煤和取缔露天烧烤，回购、回收59户居民7户商户1.4万余块燃煤和62个炉具。发放1985户居民煤改电低谷电补助210.26万元，更换987户1909台电暖器。开展卫生大扫除、集中整治等48次，清运生活垃圾2.4万余吨、渣土和大件废弃物340余吨、落叶71车，清理卫生死角3984个，清除各类广告2.69万张、粉刷小广告1.16万处，集中清理商户卷帘门涂鸦463处，清刷南锣鼓巷主街地面150余次、清掏雨水口407个。4月，开展“首都植树日”活动，义务种植侧柏、黄栌40余株。组织“清洁家园、灭蚊防病”主题爱国卫生运动。制定环境建设工作实施方案，完成南锣鼓巷地区内福祥、蓑衣、雨儿、帽儿、前圆恩寺、后圆恩寺6条背街小巷环境治理工程。粉刷外立面墙面4500平方米，铺设步道350平方米，拆除、安装广告牌匾各8块，梳理架空线1200余米，更换门窗4套，安装雨搭146个、旗杆座133个、不锈钢扶手15米、自行车架60组。拆除挂账违法建设179处、新生违建28处5266.96平方米，销账率100%。受理各类违法建设举报539件，完成封堵南锣鼓巷地区开墙打洞，整治台账84处挂账任务和封堵开墙打洞32家。专项调研平房区物业管理、公共区域面积测算，探索平房区物业管理服务，提升城市化水平，改善居民生活环境。南锣鼓巷地区四条胡同试点实施平房区物业管理；前圆恩寺、后圆恩寺胡同纳入物业管理服务范围；南锣鼓巷平房区物业实行半封闭管理，涉及胡同29条、物业服务保洁面积9.45万平方米。建成并启用前圆恩寺胡同立体停车库，6层74个停车位、车辆凭证入库存放，胡同内禁停机动车。蓑衣、福祥胡同实现无机动车停放目标。胡同内拆除地桩地锁，安放花箱303个。设专人引导，禁止外来车辆停放和三轮车穿行。筹建地下立体停车设施，选定南锣鼓巷5处新建地下停车库点位，规划车位525个；启动建设7号地下车库项目、2号地下车库地上物腾退工作。受理城市管理案件2.02万件，办结2万件办结率99.27%。更换电动保洁车50辆、垃圾桶600余个。开展垃圾不落地，取缔垃圾桶352个。举办主题讲座7次，开展宣传活动10余次，发放宣传材料1500余份。建立防汛责任事故追究制及安全迎汛抢险队伍责任制。整合应急处置队伍，成立5支120人防汛抢险队，配合专业抢险队及时处置险情。　　　（宋娟娟）

【民生保障】完成限价房轮候家庭认购登记和选房配售161户，初审申报保障性住房232户、公租补贴47户，完成廉租房变更30户、限价房41户、经适房15户、保障性住房83户。调整公租补贴家庭102户，完成市场化租赁备案、签约86户。有低保家庭347户615人，发放低保金及各类补贴627万余元；新增低保家庭12户18人1.2万元，取消低保家庭待遇39户74人4.5万元。发放医疗救助147人次42.2万元，临时救助金10人次3.1万元。发放低保家庭冬季燃煤自采暖补贴31户3.1万元，清洁能源自采暖补贴31户3.33万元，阶梯电补助3.5万元。发放低保家庭大学新生教育救助金5人1.77万元，特困大学生助学善款6人6000元。开展春风送暖和冬衣送暖主题捐赠活动，募捐筹集善款1.4万元、棉毛衣被2712件。做好爱心家园特困救助，为特困家庭105户发放生活必需品4.5万元，辖区企业为150户捐款6万余元。为特困低保户3人办理重特大疾病慈善救助，为特困居民20人申请红十字会救助款10.4万元。为优抚对象、见义勇为人员发放定期补助、抚恤金、优待金108万余元。完成街道养老照料中心1780平方米、60张床位的装修改造及基础设施建设。投入25万元建成府学社区老年驿站，为交东、大兴、府学3个社区60岁以上老年人3100余人服务（日间照料、呼叫服务、助餐服务、健康指导、文化娱乐、心理慰藉六大项目）。为80岁以上1765人发放居家养老服务补贴212万元，90岁以上老年人282人发放高龄津贴35万元，95岁以上老年人42人发放高龄医疗补助金17万元。办理优待卡1200人、优待证298人。为14户80岁以上空巢老人家庭，安装一按灵紧急医疗救援呼叫器。完成街道残联换届选举工作，为残疾人1958人办理一卡通激活和更新，合格率100%。走访慰问残疾人97人发慰问金7.32万元，为无业残疾人174人办理保险补贴37万元，为低保残疾人家庭180户办理生活补助23万元，为重残无业残疾人30人办理生活补贴25万元。发放重度精神病人看管补贴77人次16.94万元。对残疾人开展编织、书画、按摩等就业技能培训60人，举办专场招聘会3次，安置残疾人就业30人。为残疾、重度残疾人60

人提供入户康复服务，为残疾儿童10人办理康复训练补贴、重度低保残疾人7人办理入住医疗机构、重度脊髓损伤87人、两便失禁残疾人15人办理终身领取护理用品。举办康复知识系列巡回讲座6期，残疾人120人参加。残疾选手10人参加北京市残疾人第八届职业技能大赛，4人进入决赛。失业人员就业492人，就业率113%，实现创业45人，带动就业193人。劳动监察实现无工资拖欠，规范交道口南大街（东侧）32家用人单位，创建劳动用工规范一条街。办理一胎生育服务证315个、二胎173个、三孩以上再生育确认手续4人、发独生子女证62个，完成计划生育率98.58%。建立避孕药具免费发放网点19个，发放药具70箱，实现免费药具发放网点全覆盖。

（宋娟娟）

2月19日，在南锣鼓巷举办民俗文化活动

【社会治安综合治理】加强治安防控、群防群治，以7个社区22个网格为单位，实行一级超常规防控等级，部署守望岗点位105个，完成全国“两会”、G20峰会、十八届六中全会等重要时期、重大活动安全保障。组织工商、食药、公安、城管等部门开展各类环境秩序综合执法30余次近100余人次，集中清理大件废弃物，打击黑车拉客，违规设置户外广告牌匾等。专项整治取缔南锣鼓巷地区无证无照商户84家，完成无证无照经营商户挂销账103家。拆除地锁综合执法60余次，清理地桩、地锁、废弃自行车1000余个。整治北剪子巷、南下洼子环境脏乱问题，规范香饵胡同停车秩序。专项清理街面商户LED显示屏，查处58块、清理23块，发放告知书60份。启动等级防控80余次，出动干部、干警、治安志愿者、民兵、巡防队员、单位内保等其他力量3万余人次、应急处突力量400余人次参与社会面防控。召开发案专题分析会39次，举办压发案宣传活动15次，发放宣传材料2000余份。开展社区平安专项行动，投入130余万元雇用保安100余人，加强重点时段、地域巡逻力量。加大物防技防建设，投入49万元升级改造交东小区图像监控系统，安装摄像头27个，并与派出所图像信息指挥系统联网。投入5万余元，对平房区居民装置门磁报警500个、门阻报警600个，为楼房区居民更换安全锁。检查清理地下空间26处268间、查处封闭违法群租房75处2.15万平方米，清退违规住人地下空间。受理便民热线诉求案件2043件、接收区长信箱案件27件，办结率均达100%。检修更换灭火器2108具，开展消防安全应急演练8次。完成300家小微企业和10家三级企业标准化安全创建，120家单位安全生产责任保险制度规范化建设。开展法律讲座、知识竞赛系列活动60余场次，发放宣传资料2万余份，受教育群众1万余人次。7个社区配齐法律顾问，审查合同30余件，调解疑难房产纠纷9件。调解矛盾纠纷543件，化解527件，成功率97%。接待群众来访60余批、处级领导接访7批，接待群众来电80余人次，受理群众来信来访41件、行政投诉2件。办理信访件40余件160批次，区政府接访3次。日常接访量同比下降50%，未发生重大群体性事件及重点难点纠纷事件。（宋娟娟）

【社区建设】发放社区工作者工资643万余元、老积极分子生活补助19万余元。调整社区工作者工资142人。专题培训社区工作者、专职党务工作者140人，社区工作者公开招录11人，持有国家社工专业证书72人。投入14万元购置电脑、相机等办公设备，投入67万余元完善各社区硬件设施，重新制作标牌标识，维护修缮6个社区办公、服务用房，南锣鼓巷社区新址投入使用。支出社区办公经费52万元、公益事业活动专项经费61万元，维护修缮社区办公用房8.3万元，购置LED电子屏等设备4.3万元。7个社区志愿者之家84支志愿服务队伍，开展健身、互助、为老服务等系列志愿服务活动1100余场次，入户服务300余户次2万余人次参加，志愿服务对象达3万余人次。通过“96156”社区服务平台网络咨询、热线电话提供服务900余次，回访办结率99%。完成南锣鼓巷生态（社区）博物馆规划，公共文化服务体系示范区31项指标建设。投入40余万元，完成沙井胡同文化活动室装修改造和设备购置，实现图书阅览、讲座培训、演出排练等多项功能。办理借书卡300余张，借阅图书1万册、阅览6955人次。开展文化体育活动800场次，南锣鼓巷系列民俗文化活动2000余人次参加。开展全民健身系列活动100余场次5000余人次参加。

（宋娟娟）

【党建工作】开展“两学一做”学习教育，组织理论中心组学习29次，开展党课报告学习、交流研讨10余次；党员教育、培训2.1万人次。表彰先进基层党组织5个、优秀共产党员70人、优秀党务工作者14人。开展平房区物业管理党建联建工作，建立完善“一组两会三队四机制”工作模式。开展非公企业和社会组织党组织“两覆盖”，实施“双培养工程”，对172家企业逐一摸排建立台账，实现“一企业一表”。成立15个派驻型党支部，对111家无党员非公企业派驻社区党员124人，派驻率达90%以上。召开街道党代表大会，选举产生东城区第十二次党代会代表9人。发展新党员9人、预备党员转正11人，排查党员组织关系，失联党员152人找回147人重新纳入党组织管理。投入22.7万元，走访慰问老党员、困难党员等167人次、老干部101人次，解决医疗及异地“两费”等问题8人次。召开党风廉政建设工作会，处、科级、社区逐级签订党风廉政建设责任书，干部签订廉政承诺书120人，对新任职科级干部进行廉政谈话14人。受理纪内信访举报9件次，新增独立建立工会企业22家，新纳入联合工会企业60家会员335人。独立建会123家企业、加入联合工会411家企业会员4025人。召开企业工资协商座谈会，签订工资集体协商企业499家职工3852人，协商工资额度提升4%。职工书屋已达24家。为15个独立建会企业下拨职工书屋建设资金1.4万元。投入4万余元，为职工书屋配置书架、配送图书1400余册。成立南锣职工足球社、曲艺社、书画社等3个职工社团，举办职工文化活动100余场。开展百人法律大讲堂，各类法律服务活动84次、惠及职工1000余人。开展新青年城市体验营、知识竞赛等主题活动60余场次5000余人次参加。家庭困难青少年122人与基层团支部签订“阳光伙伴牵手计划”意向书，向特困青少年16人发放慰问金1.28万元。开展“情系东城、温暖西部”爱心捐赠衣物141包，投入4.5万元为街道和社区儿童之家配备图书2000余册。组织官兵400余人参观航空博物馆等爱国主义教育基地。（宋娟娟）

【经济工作】完成年度市级社会建设大额专项资金审计，上年预算执行和其他财政收支情况自查自纠内部审计，街道财务收支内部审计，公共文化资金管理使用情况审计，民政大额专项资金监督检查，财政资金安全检查，财政局会计监督检查等7项专项审计和检查。办理“南锣鼓巷”、“南锣”、“锣鼓巷”、“south luogu lane”等10个类别40件商标重新申请注册手续，保护南锣鼓巷知识产权。打击非法集资，对100余家企业开展10余次摸排、走访、暗访等专项整治，全面排查存在风险隐患的涉嫌非法集资企业。开展打击非法集资百千万宣教工程，投入16万余元，印发宣传品8万余份，宣传教育2万余人次。（宋娟娟）

【南锣鼓巷整治工作】年内，区长李先忠主持召开南锣鼓巷地区整治工作专题会，听取南锣鼓巷地区四条胡同修缮整治、房屋腾退修缮情况，与金隅集团合作方案及南锣鼓巷交通规划和环境整治等情况汇报。成立南锣鼓巷地区修缮整治工作领导小组下设办公室，完善南锣鼓巷地区管理委员会工作制度。举办商户培训、座谈会13次1300余人次参加。建立南锣鼓巷地区风貌保护管控机制，调查南锣鼓巷主街商户经营内容、证照资质、房屋情况等19类指标，更新核对南锣鼓巷主街商户基本信息表数据4000余项，建立南锣鼓巷基础数据电子台账1000余份，实现一户一档。建立南锣鼓巷无证无照商户台账和一照多店商户台账，拟定商户关停台账和自行整改台账。关停主街无证无照商户28家，一照多店由92家减量合并为39家，转型10家低端小吃类业态。南锣鼓巷联合工商、食药、城管、公安等职能部门，综合整治经营秩序、环境秩序等150余次，出动执法人员1900余人次。查处问题商户210余家次，取缔无证无照、超范围经营商户70余家次，规范违规店外经营商户140余家次，清理游商摊贩1600余次，没收违法经营物品60余箱300余件。拆除违规广告牌匾标识、可移动式灯箱190余处，查扣、清除无照三轮车100余辆，制止噪音扰序等行为70余起，暂扣音箱37台，处理环境卫生问题30余起。取消南锣鼓巷国家3A级旅游景区资质。建成南锣鼓巷地区应急指挥中心，投入438.7万元建设南锣鼓巷地区应急广播、大人流监测和监控系统，采取激光技术统计人流、实时监控主街人流状况。制定南锣鼓巷节假日期间安全保障工作方案，启动南锣鼓巷大人流管控应急处置专项预案，建立四级预警机制，合理设定管控点位，实施五一、十一等重要节假日大人流管控，实现重大节日安保“两无两零”即公安无警情、交通无堵塞，工商、食药零投诉目标。重新铺装南锣鼓巷主街路面6982平米，制作安装井盖365个。投入29.68万元，完成地区标识导览系统项目（二期）建设，设计制作安装14块胡同标识牌；修缮完成南锣鼓巷牌楼。整治南锣鼓巷主街商户外立面，封堵主街开墙打洞32处，拆除二层露台7处，改造213家商户中160家外立面，保

7月18日，开展违规开墙打洞专项整治

护南锣鼓巷地区风貌。　　（宋娟娟）

【修缮整治项目】启动南锣鼓巷福祥、蓑衣、雨儿、帽儿四条胡同修缮整治项目。召开市、区领导牵头项目协调会、现场办公会、工作推进会50余次，实地调研30余次。按照《南锣鼓巷地区四条胡同修缮整治工作方案》《南锣鼓巷地区四条胡同修缮整治项目群众工作方案》，抽调区、街道及社区干部做好群众工作，参与依申请腾退和院落修缮。至上年底，接受居民腾退申请登记470户、涉及59个院落，其中整院登记10个，占前期发放申请表总数的71%。累计签约407户676.5间，建筑面积1万平方米1231人，其中整院签约12个。货币补偿38户、定向安置369户。对接安置房源现房623套、期房240套，已使用现房498套、期房14套。腾空交接房屋177户311.5间，面积4695.64平方米，其中含4个单独院落。接收款18.2亿元，实际支出12.87亿元、剩资金7.35亿元。通过363户腾退补偿方案，实现“零误差、零纠纷、零上访”。实施雨儿胡同示范区10个院落修缮整治工作，完成10个示范院落公共空间清理、部分院落地面铺装。修缮整治雨儿胡同15号院。　　（宋娟娟）

# 安定门街道

【概况】安定门街道办事处是区政府派出机构。位于东城区西北部，东起雍和宫大街，南至鼓楼东大街，西依旧鼓楼大街，北到北二环护城河岸，辖区处在古都风貌保护区和故宫缓冲区内。面积1.76平方千米，有大街3条，胡同69条。设社区居委会9个，户籍人口2.17万户5.42万人，常住人口3.65万人，流动人口7760人，有回、满、蒙古等少数民族29个。辖区有中央、市、区属单位60个，企业500余家、其中70%以上属于规模以下民营企业，中、小学、幼儿园15所。有国家、市、区级文物保护单位10个，历史遗存32处。驻区部队有空军后勤部机关和北京卫戍区四团。机构设置23个，有公务员编制87人，实有85人；工勤编制7人，实有7人；事业单位4个，编制38人，实有34人。

年内，开展“两学一做”学习教育活动，增强党员、干部责任意识，发展社区建设。落实区委、区政府重点工作，以街道发展规划为引领，夯实党建工作基础，加强和创新工作品牌亮点，提升城市建设和管理水平，坚持一流标准，抢抓机遇，有序推进各项工作稳步开展。

单位地址：东城区方家胡同19号
联系电话：64066979
邮政编码：100007　　（张宏）

【城市管理】5月31日，完成辖区15条胡同环境整治，涉及居民5429户1.35万人，整治面积0.45平方千米。整治重点胡同、旅游景区周边环境，清理卫生死角180余处、垃圾杂物50余车次。对辖区25条主要大街、胡同推行平房区物业管理，面积0.5平方千米、保洁面积7.84万平方米。6月1日平房区物业管理正式试运行。平房区物业管理实施，加大城市环境建设和整治力度，建立城市管理和环境建设考核情况通报制度、解决疑难问题制度和月例会制度。运行5个月，实现4个结合，即建管结合，物业管理与环境整治区域结合，整治后交给物业管理单位固化整治成果；物业管理与居民自治结合；物业管理与综合执法结合；物业管理与历史文化保护相结合。拆除违章建筑49处5855平方米、疏解1185人。清理地下空间1471平方米，疏解126人。整治违法建设，确保新生违法建设的“零增长”。拆除违法建设113处5219.96平方米，其中市级台账80处3399.52平方米，新生违法建设33处1820.44平方米，疏解人口1283人。2月22日，副市长王宁到钟鼓楼广场实地调研，听取情况汇报、查看钟鼓楼广场环境整治情况。5月9日，市委书记郭金龙视察安定门内大街，查看规范广告牌匾、停车秩序，修饰门脸和外立面等环境整治情况。11月9日，陈本宇副区长一行视察宝钞胡同开墙打洞整治情况，走访治理难度较大的宝钞胡同南段地区，对下步整治工作进行现场指导。　　（张宏）

【民生保障】续签发放廉租补贴227户17.92万元，年度资格复审实物配租家庭179户，资格复审、租金核算公租补贴家庭129户，限价商品房登记选房289户。为低保576户965人发放低保金628.38万元，医疗救助158人次、发放救助金43.39万元。发放残疾人生活困难补助18万元，三险补贴60余万，护理补贴12万余元，助残券7万余元。升级改造原钟楼湾胡同11号敬老院，实现照料中心和养老驿站建设，并投入使用。选择优质为老服务企业与街道签订合作协议，为老年人提供助浴、助洁、助餐、助医等服务。推进居家养老建设，做好为老服务商的签约工作，加强为老服务志愿者队伍建设。

8月10日，在钟鼓楼广场开展消防安全演习

组织社区开展养老健康讲座，走访慰问孤寡、特困老人。开展就业援助，完成489人次再就业工作指标，连续5年完成全区第一重点指标。完成登记失业人员就业率74.51%，城镇登记失业率控制在0.36%，就业困难人员就业374人，就业率为80.26%。为失业的82人次调整失业保险金。空岗信息采集1988个，职业指导522人次。做好两孩内生育登记服务等工作。（张宏）

【社会治安综合治理】完成重大节日、重点时间等安全保卫工作。组织各类培训31场，群众及志愿者3000余人参加，入院张贴宣传提示4.5万余张。投入资金98万元，安装监控探头25个，在发案较高的花园社区启动为低保、残疾和困难党员无偿更换C级锁芯的“暖芯行动”，投入13万元更换锁芯365个。与城管、消防、公安、工商、卫生等部门联合整顿后肖家胡同9号一非法经营的幼儿园场所，副区长颜华及有关部门负责人，讨论对该处非法办园场所存在的问题及处理措施。陈献森副区长视察宝钞胡同环境整治工作，肯定前期治理开墙打洞工作成效，对后期工作提出要求；调研实行平房区物业管理的区域，召开座谈会听取街道工作汇报，与社区、物业公司等部门负责人进行交流。开展各类安全联合检查行动45次、专项检查91次569人次。检查地区中小型企业、个体经营者，宾馆、饭店服务业、地下空间等单位436家，保障地区安全稳定。信息系统平台处置便民服务热线2130件，城市管理监督4.19万件，社会服务管理平台2.32万件。接待人民群众来访94批次117人次，办理人民群众来信41件次，领导阅办率为100%，网上信访件依据条例要求，按时办结，网上办结率为100%。（张宏）

【社区建设】建立、完善社区“参与式协商”民主自治模式。推进社区治理和服务创新实验区建设，在9个社区建立社区议事厅，加强楼院自管会、网格议事会建设，健全社区听证、社区评议等对话机制，推进社区民主协商制度化。宝钞南社区作为多元参与协商共治的试点社区，在胡同治理拆墙打洞工作中发挥“三社联动”作用，推动社区多元参与共治。将“走、访、解”工作形成制度，社区工作者每周下户时间不少于10小时，并将走访情况、居民需求和服务反馈记录在百姓家话记录本中，并将走访工作落实到包片区、责任人、落实到工作日。对走访收集来的问题分类解决，追踪办理结果、及时反馈居民，做好记录，做到居民问题解决不过夜。（张宏）

【党建工作】完成街道党代表、人大代表选举工作。开展严肃换届纪律学习教育活动，依法依资格审查人大代表、党代表候选人161人。辖区有基层党组织71个党员2568人，参加党代表推荐和选举工作，差额选举产生出席东城区第十二次党代表大会代表10人。人大地区分会选举产生区人大代表15人，投票率达99.4%。开展党费收缴专项核查工作，依纪依规收缴党费48万元，建章立制，规定党员交纳党费标准。成立街道“两学一做”学习教育工作协调小组，研究出台学习教育实施方案，制定整体活动安排。街道领导班子指导基层党组织开展学习教育活动，处级领导走上讲台，结合自身实际给党员讲党课。理论中心组学习中结合自身工作，谈差距，提整改措施。组织中心组成员到前门、景山、潘家园街道开展联学活动、座谈交流，全年开展学习教育活动20次。利用社区报、理论精品选读、分享与收获专刊等宣传载体，开辟学习专栏，刊登理论学习文章。全年编辑制作理论精品选读22期、收获与分享理论增刊3期，增设导读、进行点评，加强干部理解与认知，探讨和研究。（张宏）

【经济工作】完成十三五规划，坚持文化强街发展思路。完善五道营、安内大街商会自治管理模式，实现特色商业街精细化、常态化管理。开展对北锣鼓巷片区商户的前期实地走访、考察，形成区域内商户意向数据分析表。完成“国家公共文化服务体系示范区”达标验收工作。（张宏）

【疏非控人工作】完成疏解影响人口7121人、任务量的131%。疏解工作中，采取“点、线”相结合。在“点”上，通过“一个区域、二条街”清理整治，至年底，四无示范片区完成疏解任务100%，影响疏解人口91人。二条街，即国子监、五道营，清理无证无照经营11人、低端业态调整疏解21人。在“线”上，整顿机关、事业单位出租房屋17处408.66平方米、疏解64人。加大直管公房非法转租转借，清理305户451间；中小企业转型升级中柴棒胡同39号完成转型清理面积1950平方米、疏解380人。重点工作与日常工作相结合。地毯式排查辖区七小，疏解13家146人。结合“金融打非”专项整治，对辖区内注

册403家企业进行地毯式摸排，联合工商、税务清理关闭“僵尸”公司17家，疏解人口50人。管理与调控相结合。加强房屋管理，做到以房控人。封堵辖区205处871平方米开墙打洞房屋，疏解人口394人。（张宏）

【治理开墙打洞现象】宝钞胡同有居民、商户和单位112户，其中商户89户、居民院落17个、单位6个。在824米的胡同内，“开墙打洞”现象普遍，业态杂乱低端，广告牌匾杂而无序，周边环境脏乱。7月至10月，违规开墙打洞的199处全部封堵完毕，其中违规开门93处、开窗106处；门窗全部封堵84家，其中商户69家、住宅15家；部分封堵26家，其中商户20家、住宅2家、单位4家。恢复院内门42处，拆除违法建设20处665平方米，实现疏解人口489人。同时整治低洼院落11个，并为沿街住户加装保温层。人民网、新华网、北京日报、北京青年报、北京电视台、新东城报等9家媒体给予报道。（张宏）

# 北新桥街道

【概况】北新桥街道办事处是区政府派出机构，位于东城区东北部，东起东二环路，南至平安大街，西依东四北大街、雍和宫大街，北到北二环路。面积2.62平方千米，有主要大街5条、胡同84条。设社区居委会12个，户籍人口3.01万户8.09万人、常住人口8.55万人、流动人口1.68万人，有回、满、蒙古等少数民族5400人。辖区有中央、市、区属单位233个，私、民营企业3536个，商务楼宇15座，中、小学、幼儿园8所，医院3所，社区卫生站4个。辖区有著名商业特色餐饮街—簋街、雍和宫（全国第一批重点文物保护单位）、柏林寺、北新仓、通教寺等重点文物保护单位，北京市第一座以中水造景的生态水景园—南馆公园，稻香村、吴裕泰等中华老字号知名企业，中石油、中青旅、北京移动等大型企业总部。机构设置25个，有公务员编制102人，实有93人；工勤编制6人，实有6人；事业单位4个，编制42人，实有38人。

年内，组织辖区党员开展“微党课”、专家辅导、学习研讨、组织生活会等活动100余场次。完成人口疏解任务影响人口1.52万人，完成进度的121.9%，改造簋街综合环境第一阶段工程。换届选举东城区第十二次党代会代表、第十六届人大代表及区第十四届政协委员工作。加强制度建设，修订街道管理制度13项，推动干部轮岗交流、选拔任用、职级并行、素质培训等活动100余场。街道总工会职工书屋获全国示范点称号，海巢HOT·社区青年汇被团中央认定为首批全国示范性“青年之家综合服务平台”，街道被评为北京市“六五”法治宣传教育先进集体、北京市第十届全民健身体育节优秀组织奖。发行北新桥风采报24期，发布北新桥街道微信信息301条、微博信息4149条。

单位地址：东城区东直门内北小街草园胡同6号

联系电话：64043994

邮政编码：100007（王潇）

【城市管理】为13户低保家庭发放冬季燃煤取暖补贴1.3万元，为67户低保家庭发放冬季清洁能源分户自采暖补贴6.4万元。完成辖区2178户居民煤改电补贴报销工作，巡视检查29个冬季供暖单位。开展“弘扬生态文明、建设美丽东城”全民义务植树宣传活动，发放各类绿化美化知识宣传册500份、花卉种子200袋，栽种大叶黄杨2600株、玉簪600株、丹麦草450平方米。在东四十一条、藏经馆——戏楼片区试点准物业化服务管理，清运大件堆积物等158小车、垃圾28车，清理废旧花箱22个、植物花池圈48处，腾退路面200余平方米。拆除地桩、地锁及障碍物322处，发现制止新生违建3处。拆除违法建设541处1.52万平方米。实施环境执法和综合保障工作，治理开墙打洞48处。清运生活垃圾2.4万余吨，渣土、废弃大件物1万余立方。汛前检查直管公房1.22万间、标准租私房103间、楼房77栋，伐除危险树木8棵、修剪压房、压线树枝240处，疏通下水道110米。与东旭佳业、燕厦物业等36个设有人防工程和地下车库的管理单位，签订安全防汛责任书。处理网格案件3.71万件，其中执法类3400件，包括处理店外经营195件、乱堆物堆料233件、商业噪音1842件，违规标语宣传品330件、户外广告89件，无照经营游商279件、占道废品收购25件。（王潇）

【民生保障】新申请保障性住房132户，公租补贴35户，市场租赁补贴66户。变更25户、复核53批次，涉及2351户家庭。有低保家庭887户1590人，发放低保金145万元，新增低保40户67人，停发67户108人。受理医疗救助433人次117.3万元，临时救助37人次9.3万元，因病致贫医疗救助2人次6710元，救急、救助17人次9万元。

5月，拆除簋街通乐餐馆违建

为低保老年人159人办理助老慈善医疗卡，救助42人2.02万元。为困难家庭办理爱心卡125户。慈善分会筹集善款7.8万元、物资331包，大病救助困难群众2人11万元。两节期间为高龄特困、百岁老年21人发放慰问金1.4万元。办理老年证865张、居家养老助残卡1528张；全年发放养老助残卡3.2万人次279万元，高龄津贴4348人次45.3万元，高龄老年人医疗费用补助54人次16.4万元。全年实现就业891人，新增申请灵活就业765人，停止享受灵活就业712人。城镇居民医疗保险参保6336人，其中享受财政补贴免缴1038人。管理退休人员6833人，其中新增退休477人，办理死亡或户迁转出93人。管理退休和超龄人员档案7060份。检查用工单位416家职工7575人，施工工地1家民工75人。处理劳动纠纷24起、拖欠工资22起，追讨工资7.09万元。办理一孩生育服务证199人、二孩生育服务证88人，办理独生子女父母光荣证102人、发放独生子女父母一次性奖励395人。办理新生儿入户登记210个，独生子女家庭一次性经济帮助14人。（王潇）

【社会治安综合治理】联合派出所、物业在楼房区设立巡更点位37个，为巡逻保安11人配备肩灯、手提探照灯、巡更棒等装备，每天巡逻4次从凌晨零点30分至4时30分，每小时巡逻1次，在平房区建立夜间巡视制度。建设各类群防群治力量7000余人，守望岗点位251个。联合派出所民警、协警、11家企业安保力量组成红袖标巡逻队，在东北二环沿线开展治安巡逻、治安协防，维护社会面秩序等工作。开展专项整治行动20余次，检查出租房屋3770户，核录、核查流动人口8160人，排查治理安全隐患86处，治安乱点7处。专项整治群租房和地下空间，出动各类力量62人次，拆除隔断间36间，约谈中介公司、承租商户及单位15家，发告知书22份。治理完成挂账群租房47处2806平方米，完成率100%。清退410人，返还承租人租（押）金2.65万元。整治挂账地下空间11处2.08万平方米，疏散清退801人。聘请保安20人，配合城管、工商等部门管控店外经营、无照游商等。开展安全隐患大摸排、大整治、大清理活动，走访各类人员4700余人次，办理暂住证490余份，排查“六小”行业1180余家。对辖区2027家单位开展“地毯式”安全隐患排查，查出存在隐患单位850家，已全部责令整改。排查胡同平房院和居民楼门院可燃物和安全隐患，清理可燃物223车80吨。为33栋简易楼494户家庭配发灭火器，免费更换燃气软管。全面普查、维护保养社区灭火器4794具，消防水喉300个。全年受理群众来信来访289件（批）448人次，处级领导接访128批195人次，批阅来信、来访、复查事项21件，召开信访工作协调会9次，化解重点信访问题8件。重点时期开展大排查5次、专项排查3次、重点人排查2次，排查重点矛盾纠纷35件、信访人18人。召开协调会10余次，约谈重点信访人35次，带案下访15次，督查3次，受理信访事项复查申请3件办结3件，按期办结率100%。（王潇）

【社区建设】建立社区居民代表常务会成员联络制度、居民代表参与社区工作者考核机制，每周一例会、每月一交流、每季一汇报的“三个一”工作模式，办理、解决居民事务11.3万件，办结率100%。以“心手相牵”志愿者指导中心为依托，开展志愿者服务，有志愿者队伍133支、注册志愿者9162人，组织开展志愿服务活动9万余人次。为规范社会组织服务与管理，引导立林社会组织参与社会治理。与京演集团签署公共文化服务战略协议，开启街道文体中心运营新模式，举办特色文体活动300场，放映公益电影近100场，服务群众5万余人次。完成文化部第二批国家公共文化服务体系示范区验收工作。综合整治4家涉及非法办学机构，保障学校周边社会环境。为来京务工人员随迁子女办理入学110人，解答咨询389人次。为困难群体165人次，申领办理严重精神障碍患者看护管理补贴、红十字会困难补助、大病救助等。完成“奥林匹克·体育生活化社区”建设，组织群众性全民健身活动2万余人次受益。（王潇）

【党建工作】在“两学一做”学习教育活动中，党政领导、班子成员带头讲党课。调整班子成员和处级干部分工，完善工委会议事规则。修订出台街道13项管理制度，推动干部轮岗交流、选拔任用、职级并行、素质培训等工作，轮岗交流科级、干部27人，选拔任用干部14人，落实干部职务、职级待遇20人，解决干部混岗混编3人，调整社区党委班子6人。辖区非公在职党员在“红云东城”注册率达

95%以上，组织发起活动40余次。开展辖区非公企业和社会组织排查，加大非公企业党组织管理，整改、调整软弱涣散非公党组织12个。完成东城区第十二次党代会代表、第十六届人大代表、第十四届政协委员换届选举，制定工委《落实两个责任“清单式”管理办法》。规范党政主要领导带队检查基层履行“两个责任”工作机制，建立“主体责任”班子成员月汇报、科室负责人和社区“一把手”季汇报制度。发展职工之家、非公团组织等170余家，成立涵盖46家单位的区域化团建、青年志愿服务联盟，6个社区妇女之家成立巧娘手工坊；组织举办工匠精神、寻找最美家庭、读书演讲等活动近1000余场次2万余人次参加。接待中央政治局委员、国家副主席李源潮到街道调研，接待外省市领导视察、参观活动26次。（王潇）

【经济工作】年内，核查上报辖区16家楼宇的类型、资质、面积等基础信息。按照东城区产促局（金融办）防范和打击非法集资工作安排，对辖区集中办公区注册地区开展摸排和清理工作，对涉及到的5个地址及自制状况进行如实上报，为智能部门规范市场经营提供详实信息。（王潇）

【簋街环境提升工程】9月20日正式启动。成立指挥部，从8个单位抽调干部63人，建立簋街临时党支部、党员突击队。成立簋街商会，召开商户动员大会，协调中央、市属单位及部队发挥带头作用，实现让簋街明天更美好的总目标，着力擦亮古都餐饮文化特色街区这张“金名片”，推进提升簋街五大综合整治工程，历经3个月，拆除违规广告牌匾718块、违法建设207处近1万平方米，改造燃气主线工程1270米。完成第一阶段预定目标。（王潇）

【疏非控人工作】围绕“疏功能、控人口”主线，调查辖区7个行业经营单位业态，在6个社区12个小区中开展人口抽样调查，清理直管公房转租转借、治理开墙打洞、食品安全整治等项目，促成6家企业实行转型，清理地下空间16处、群租房93处，清退直管公房26处，取缔无证无照经营49起，完成人口疏解任务影响人口数1.52万人。（王潇）

# 东四街道

【概况】东四街道办事处是区政府派出机构。位于东城区东中部，东起东二环路西侧，南至朝内大街北侧，西依东四北大街，北到平安大街东四十条。面积1.53平方千米，有大街4条、胡同31条。设社区居委会7个，户籍人口1.71万户4.58万人，常住人口1.61万户4.22万人，流动人口9903人，有回、满、蒙古等少数民族22个4517人。辖区有中央、市、区属单位61个，中、小学、幼儿园5所，医院、社区卫生服务站8家，国家、市级文物保护单位3处，中国工商银行、农业银行在北京分行各1个。机构设置23个，有公务员编制85人，实有80人；工勤编制5人，实有5人；事业单位4个，编制37人，实有32人。

年内，完成东城区第十六届人大代表换届选举工作。打造东四三条至八条历史文化精华区，整治开墙打洞、直管公房转租转借、违法建设行为，优化街区交通秩序，推进居民、社会组织共同参与维护街区治理，被市民政局评为政社合作示范单位。推行平房区物业管理，加强网格化服务管理建设，提升城市管理水平。提高公共服务水平，升级改造八条社区办公用房。购置二条、六条社区办公用房，建成东四街道养老照料中心。在豆瓣社区开设老年餐桌，实现豆瓣、南门仓社区老人用餐服务全覆盖。深化“奥林匹克·体育生活化社区”建设，社区文化室达标率100%，通过国家公共文化服务体系示范区验收。投入100万余元，升级改造辖区监控系统，新增探头85个。成立东四街道网格化服务管理分中心，东四街道社会服务管理分中心办公室更名为东四街道为民服务分中心。完成150家小微企业安全生产规范化达标。出版《东四奥林匹克社区》报21期等，新闻报道上稿量332篇。街道获年度无偿献血公益事业先进集体、首都绿化美化先进单位，北京华信石油集团有限公司和北京市中青雄狮数码传媒科技有限公司获北京市构建和谐劳动关系先进单位。1人获年度首都无偿献血宣传组织动员工作先进个人，1人获北京市先进老干部工作者，社区居民1人被市委宣传部、首都文明办评为“北京榜样”。

单位地址：东城区东四六条17号

联系电话：64044922

邮政编码：100007（温雨晰）

【城市管理】为辖区居民发放煤改电清洁能源补贴95万余元。见缝插绿拓展街巷胡同绿化空间，改造流水巷、流水东巷等支线胡同绿化20余处，利用南门仓胡同拆违空地建设400平方米绿地公园，升级改造辖区10余处绿地，在六、七、八条等胡同摆放花箱200个，在豆瓣社区种植月季2万余株，向居民赠送芦荟、长寿花、绿萝等植物300盆。修建危险树木150余棵，处理压房树木87棵，伐除存在重大安全隐患树木10棵。处理南门仓胡同倒伏大树断路、流水巷28号古树断枝压房事件。汛期，接险情报告100余起、漏雨房屋报告627.5间，抢险救援出动300余人次。推行环卫工作标准化，即：保洁员服装标准化，作业车辆标准化，购置32辆新型电动环卫车、提高工作效率，垃圾桶设置管理标准化。东四西片平房区主干胡同撤除垃圾桶，改定时收运。继续推广垃圾分类，在八条社区开展“绿家园”环保知识讲座，指导垃圾分类试点小区物业管理。设立13处大件废弃物集中堆放点，定期清理，规范平房区大件废弃物堆放。建立东四街道城市治理中心指挥调度平台，整合各种业务系统统一登录，加强案件查询统计效率。全年受理派遣案件8693件，反馈8693件，反馈率100%。向居民发放市民防汛安全应急手册、家庭安全度汛常识1000余份，制作东四防汛小卡片告知险情应对方法和保修电话，并发至居民手中，提高自救技能。

（温雨晰）

【民生保障】受理公租房申请115户，经审核备案83户。完成街道残联第七次代表大会换届选举工作，选举主席团委员15人。开展残疾人技能培训和自主创业“面塑”项目，为11户残疾人家庭升级改造无障碍设施。举办现场慈善拍卖活动，拍卖所得4.2万元全部上缴东城区慈善捐助中心。依托北京枫华老年资源互助中心运营东四街道居家养老服务中心，全年提供服务6000余人次。在豆瓣社区开办老年餐桌，现场就餐、打包及送餐日均60余人次，实现豆瓣、南门仓社区老年人用餐服务全覆盖。按照公助民营的模式与北京汇晨养老机构管理有限公司合作，在东四七条19号，建成东四街道养老照料中心，设置全托床位20张、日间照料床位4张，开设老年餐桌，推进医养结合和居家养老服务。联合城管、工商查证七条106号非法养老机构，并责成限期整改。全年巡查用人单位100余家，纠正用人违法行为、处理投诉举报9件、工地群体事件6起，涉及工人360人180余万元，维护劳动者合法权益。安置失业人员就业501人、就业困难人员400人，登记失业率控制在0.6%，实现自主创业44人，带动就业193人。计划生育率达97.8%。在中华遗嘱库预约登记网点登记填表入库35人。

（温雨晰）

【社会治安综合治理】加强社会面防控，全年启动等级防控8次56天，发动群众力量6万人次。为治安志愿者制作统一防寒服，为守望岗人员发放补贴19.02万元。整治违法出租行为，治理46处4050平方米，清退1138人。组织4121人次，检查生产经营单位1031家，发现安全隐患1086处、开具限期整改通知书487份，复查490家已整改846处。清理平房院落可燃物600余个、屋顶堆物100余起、树枝杂草10吨，出动500余人次，安装烟感报警器1222个。推广安全生产责任保险制度，全年投保84家，发生火灾事故2起、火情4起，无人员伤亡。受理信访案件626件815人次，开展矛盾纠纷预测排查36次、排查纠纷96件，解决86件，处理复杂属地问题56件。举办普法讲座45场、受教育2.19万人。举办第二届东四街道法律知识灯谜会，创作法制灯谜150条，群众300人参与竞猜。全年调处纠纷266件，成功260件；调解重大矛盾纠纷13件，涉案金额34.95万元。

（温雨晰）

【社区建设】改造八条社区办公用房，并投入使用。完成三条45号、流水巷38号社区办公用房翻、扩建工程立项审批。招录社区工作者18人。依据市、区相关文件精神，规范工资待遇，核实、调整、补发社区工作者工资131人。在市民政局召开全市大会上，代表街乡系统作“创新三社联动机制 实现社区有效治理”典型发言，并被市民政局评为政社合作示范单位。投资28万元，委托东城区荣德社会创新中心和北京市枫华老年互助中心，为7个社区分别培育出社区社会组织，推进社会治理创新。开展“微网格”微信公众号试点建设，指导二、六、八条社区建设“微网格”微信公众号，并有专人负责内容更新，及时反馈处理居民反映事件。豆瓣社区参加第七届“北京魅力社区”评选表彰，获北京魅力社区单项奖。举办“传清明文化 承东四家风”—第九届清明节主题教育，“风雅静巷东四合，琴瑟和鸣百姓乐”—2016年东四奥林匹克社区大舞台演出暨民乐专场展演，第八届“金猴报春”等活动。举办首场“冬奥文化进社区”活

12月8日，东四街道举办胡同迷你马拉松竞赛

动和冬奥冰雪项目知识讲座4场。文化部验收东四街道公共文化服务体系示范区建设，完成七条社区奥林匹克体育生活化工程验收。关、停七条45号非注册托幼机构，做好日常检查和监管。组织辖区单位中国人保财险北京分公司、南新仓商贸有限公司职工开展应急救护培训，取得急救员证109人。升级改造东四奥林匹克社区体育文化中心图书馆借书系统，阅览1.11万人次、借阅图书1.2万册。放映数字公益电影50余场，接待国内外参观9次208人次。（温雨晰）

【党建工作】开展“两学一做”学习教育活动，举办“红色文化之旅—寻访胡同旧记忆”特色系列活动。开展支部结对子，党员手牵手活动，党员110人志愿帮扶低保家庭、困难党员42户，月末周五举办“党员先锋日”活动，开展义诊等志愿服务5场服务1000余人。发展党员10人，开展党员组织关系集中排查、查找失联党员173人。开展党费收缴专项检查，党员114人补缴党费38万余元。评选表彰优秀共产党员51人、优秀党务工作者16人、先进基层党组织13个。建立由党政机关、非公企业、学校等37家驻地单位组成党建协调委员会，共同推进区域化党建工作。推进南门仓社区物业管理党建联建试点，建立6+X联席会，构建以社区党委为核心、自管会为依托、多部门联动的物业管理党建联建工作格局。新成立社会组织党组织和非公联合党组织各1个，完成3个非公企业党组织换届。选举产生出席东城区第十二次党代表大会代表10人。处理违法党员2人。开展“我们的价值观 我们的新生活”百姓宣讲活动。成立街道文联诗词分会，开展创作交流。树立身边榜样，七条社区1人为东城区唯一候选人荣登在9月“中国好人榜”，并成为2016年“北京榜样”年度候选人之一，获“2016·感动东城道德模范”提名奖。接待印度、孟加拉国及新疆、西藏自治区等国内外妇女参观交流5次，为边疆援建对口地区贫困儿童编制爱心毛衣200件。（温雨晰）

【经济工作】对辖区商务楼宇及时了解企业信息变化情况，通过主动“送政策”、“解难题”，加大对企服务力度。按照《东城区产业发展指导目录》，严格控制高能耗、高污染等不符合辖区产业发展的项目进入。加大打击非法集资整治力度，成立打击非法集资整治行动协调小组，摸排P2P网贷平台22家、中恒融投连锁企业6家、商务楼宇16座，未发现非法融资活动。（温雨晰）

【历史文化街区建设】完成区域内东四三条至八条整体规划、交通治理专项规划初稿的编制，明确保护内容、标准、实施路径、合作机制，提出“扩容、限外、收费、共享”四大交通治理理念和初步举措，启动示范街区业态规划工作。围绕开墙打洞、直管公房转租转借、违法建设，开展三大专项整治。全年封堵开墙打洞150处3500平方米，拆除违法建设107处1.01万平方米。在四、五、六条胡同施划机动车停车位192个、非机动车停放区域10余处。完成停车场建设点位选址8处并拟定设计方案。统筹党组织、社区、社会组织、物业公司等多方资源，参与社区多元治理，以美化胡同日、展望未来研讨会、四条胡同停车管理试点为抓手，动员地区居民参与家园建设。连续28个周末居民3197人次清理胡同卫生。召集居民100余人讨论家园建设，收集停车管理、环境治理等7个方面38条意见建议，起草平房区胡同居民公约（讨论稿）；召开胡同停车协商会2场，讨论制定停车资格、收费及管理办法。（温雨晰）

【平房区物业管理】6月1日，东四西片平房区全面实施物业管理服务。联合北京东旭佳业物业管理有限公司，开展“城市管理、公共安全、环境卫生、绿化养护、市政设施巡查、交通秩序”六类物业管理服务。包括4小时巡逻，配合政府联合执法，开展停车秩序治理，参与每周末行动起来、美化胡同清洁日活动，试点平房区垃圾不落地，加强汛期等特殊时期抢险应急，实施胡同施工工地登记制度等措施，提高历史文化街区管理水平，群众安全感满意度调查全区17个街道第一，网格案件数量明显下降。（温雨晰）

# 朝阳门街道

【概况】朝阳门街道办事处是区政府派出机关。位于东城区东中部，东起朝阳门南大街与朝阳区朝外街道为邻，南至干面胡同、禄米仓胡同与建国门街道毗连，西依东四南大街与东华门街道接壤，北到朝阳门内大街与东四街道相邻。面积1.24平方千米，有主要大街4条、胡同23条。设社区居委会9个，户籍人口1.55万户4.37万人，常住人口3.56万人，流动人口8120人，有回、满、蒙古等少数民族3795人。辖区驻有中共中央对外宣传

8月16日，庆“七一”各党支部组织党员参加歌咏比赛活动

办公室、中央机构编制委员会办公室等重点单位，北京市方圆公证处、新闻出版局等市属单位。主要商业区为东四南大街，朝阳门SOHO、三友商场等100余个商业网点。有医院、大专院校各1所，北京二中、史家胡同等中、小学校7所，幼儿园1所。机构设置23个，有公务员编制86人，实有82人；工勤编制2人，实有2人；事业单位4个，编制38人，实有39人。

年内，开展“两学一做”学习教育活动，建立微信交流群、组织讲党课、设立“党员先锋日”活动。开展法律咨询、健康讲座、专家义诊等为民服务活动，开展结对帮扶低保困难家庭。各基层党支部组织集中学习78次2624人次，党员、志愿服务活动29次1353人次参加，讲党课13次 494人次参加。开展大型综合执法行动，拆除朝内南小街西侧二层、森林大地酒店2处违建。完成春节、元宵节、“两会”等重点时段安全保障工作。做好东城区第十六届人大代表换届选举。举办朝阳门街道新春音乐会、社区民俗文化庙会等品牌活动。街道司法所获北京市法制宣传教育先进集体称号。

单位地址：东城区朝阳门内南小街西水井胡同3号
联系电话：65129256
邮政编码：100010 （李天娇）

【城市管理】验收104台煤改电蓄热式电暖气，采暖季低谷电补贴69.14万元。发动社区居民开展爱国卫生月、城市清洁日活动，清理堆物堆料3.4吨、白色垃圾0.14吨。修缮四类直管公房162户237间、面积3232.5平方米，与房地一中心共同出资排险改造地区低洼院落29个。完成西辅路道路交通规划设计方案论证，方案实施后将优化其与朝内大街交汇处和银河SOHO北侧路的行车路线，打通大方家胡同与二环西辅路之间的断头路，形成2个小型循环线路，打造区域一纵三横的微循环交通体系。局部修复辖区胡同公共区域内设施，修补破损墙面1.05万平方米、油饰各类设施2244平方米、粉刷防广告涂料571平方米，安装空调罩、护栏、雨搭593平方米，更换树池60套，安装各类标志牌13处，统一胡同外环境整体风貌。打造灯草-演乐胡同精品线路，设置7处景观节点，以立体绿化方式，实现胡同绿量的增加，形成东四南文保区东西的第2条具有特色老北京胡同。汛期逐棵排查辖区树木，修剪71棵存在安全隐患的树木。出动230余人，巡查地区房屋2100余间，处理各类突发情况15起，苫盖漏雨房屋114.5间，未出现房屋倒塌、人员伤亡等情况。 （李天娇）

【民生保障】为352户601人发放低保金592万余元，通过爱心家园项目救助90户142人3.54万元。为3户因灾困难群众申请慈善医疗救助15万元。为老年人230人发放高龄津贴29.44万元，为空巢、高龄特困、孤寡、失独等老年人开展无创健康检测服务活动2次140人参加，免费为老年人25人安装紧急救援一按灵、烟感器等。重阳节慰问百岁、困难老人和东篱老人乐园、街道养老照料中心的老人。推荐、评选北京市孝星9人、东城区孝星25人。为老人1400余人发放养老助残券175万余元，为残疾人401人发放生活护理补贴60.95万元，伤残军人42人发放抚恤金57万元，义务兵8人发放优待金30.48万元。实现就业440人、完成全年任务的121%，困难人员就业268人、完成全年任务 116%。登记失业率控制在0.67%以内，接收失业人员档案486份，为失业861人办理灵活就业、享受社会保险补贴参保续保手续。全国人大内司委主任委员马馼、副主任委员秦光荣带队调研居家养老服务工作，实地参观街道社区服务中心。 （李天娇）

【社会治安综合治理】春节、“两会”等重点时期，发动驻地单位300余家，安保力量3000余人值班巡逻。全年出动6万余人次参加社会面值守防控。加大科技创安力度，为辖区平房院落安装防盗门20樘，背街小巷加装监控探头24个，发放门磁报警器800个、门阻300个、防撬锁1000把。开展消防安全三清三查、春夏平安行动、今冬明春火灾防控、平房院落隐患摸底、应急车道专项治理、电气安全隐患排查等各项工作，清理可燃物500余吨，检查生产经营单位1433家次，排查各种隐患1710条，全年出动检查2466人次。在各社区建立微型消防站，灭火器年检815个、补充报废灭火器165个、配备灭火器箱659个。全年接收上级转送交办来访件51批次、来信4封，接访251批次304人次。 （李天娇）

【社区建设】通过笔试、面试、体检和政审，招聘社区工作者15人。系列培训在职社区工作者，举办社区公益讲堂专题讲座，提高社工履职能力。通过指导社区建立居民议事厅、居民事务协调委员会，推广“开放空间”

工作法等多种方式实行居民自治。以纪念中国共产党成立95周年、长征胜利80周年为主题，组织各社区开展文艺汇演暨群众文化展演季活动。完成史家5号、45号院，本司48号，礼士125号院提升工程。举办《打开老北京的记忆》史家胡同博物馆新年特展活动，活动设老北京画展、老物件展，组织书法、毛猴、糖人、版画、插花等多项文化民俗活动，辖区居民285人参加。泰国公主诗琳通、台湾高雄市盛兴社区参访团等到史家胡同博物馆参观交流。（李天娇）

【党建工作】开展纪念建党95周年系列活动，举办做合格共产党员主题党日活动，新、老党员宣誓，重温入党誓词，辖区72家单位党员现场签名，践行为民服务承诺。平房区物业管理公司党委成立城市服务中心党支部，设立党员先锋岗，定期召集党建联席例会。利用“红云东城”党建信息化平台，完成非公党员361人注册，落实网上缴纳党费、发布活动信息、党员学习教育等网络办公。完成党代表换届选举工作，考察区党代表候选人初步人选7人、街道党代表候选人初步人选161人。11月9日，召开街道党代会，选举出席街道党代会代表110人，出席东城区第十二次党代会代表9人。处级领导、科室负责人、社区书记开展谈话162批次，上报朝阳门街道“红脸扯袖”工作记录单109张。（李天娇）

【经济工作】为8家入驻银河SOHO的企业办理入驻手续。重新调查梳理地区14家商务楼宇，了解空置等情况。召开南小街片区可持续性再生与发展方案研讨会。调整南小街商会理事会成员。举办营改增税收知识培训、工商年报工作专题培训会，地区企业、商户等400余人次参加培训，联合有关部门明察暗访企业，每周3次跟踪了解非法集资高危企业，发现问题及时上报，规范地区金融环境。（李天娇）

【疏非控人工作】全年累计完成疏解影响人口4969人，完成任务总量的110.30%。拆除前拐棒胡同大型违法建筑森林大地酒店、朝内南小街13处临街二层、朝内大街137号孚王府院内等58处违法建筑。封堵大方家胡同开墙打洞8处，摸排内务部街门店26家。全年封堵开墙打洞27处面积1055平方米，疏解人口265人。入户宣传排查违法群租房，约谈中介、房主、承租人，下达整改通知，组织综治、安全、消防、公安、房管、工商、城管等部门开展联合执法整治30余次，完成整治群租房87处，清理租住878人。在史家社区治理无证无照商户1家，开墙打洞19处，直管公房转租转借32户53.5间483平方米，片区内实现“四无”目标。（李天娇）

【监督执纪试点】成立朝阳门街道运用监督执纪“四种形态”试点工作领导小组，制定下发《朝阳门街道运用监督执纪“四种形态”试点工作实施方案》和运用“四种形态”街道规章制度梳理清单，明确制度梳理主要责任部门。实行“红脸扯袖”工作记录单月报制度，处级领导、科室负责人、社区书记开展谈话155批次，上报“红脸扯袖”工作记录单104张，推进防腐关口前移，体现抓早抓小，动辄则咎。建立发现、核查、协商、处置、反馈、归档“六步闭环”工作机制，强化组织部门对党员的管理、监督责任，实现管党治党部门联合、联动，不断释放从严执纪的强烈信号，加强对党员干部提示力度。（李天娇）

# 建国门街道

【概况】建国门街道办事处是区政府派出机构。位于东城区东中部，东起二环路与朝阳区建外街道相接，南至明城墙外崇文门东大街与东花市街道为邻，西依崇雍大街与东华门街道毗连，北至干面胡同、禄米仓胡同与朝阳门街道接壤。面积2.66平方千米，有主要大街8条、胡同72条。设社区居委会7个，户籍人口2万户5.76万人，常住人口4.57万人，流动人口1.63万人，有回、满、蒙古等少数民族2400余人。辖区有中央、市、区属单位361个，大型商务楼宇28栋，学校8所，医院4家。有古观象台、智化寺等国家级文物保护单位3个，区级文物保护单位6个。机构设置23个，公务员编制103人，实有97人；工勤编制5人，实有5人；事业单位 5个，编制46人，实有43人。

年内，开展“两学一做”专题教育活动，完成东城区党代会、十八届六中全会服务保障工作。推进非首都功能疏解和人口调控，创建公共文化示范区，完成建国67周年、十八届六中全会服务保障工作，整治社区胡同环境和服务创新实验街道，完成“两会”、G20峰会联络人会议等安全服务保障工作，加强制度建设完善街道各项工作。

单位地址：东城区赵堂子胡同16号

联系电话：65126891

邮政编码：100005（胡璇）

【城市管理】完成辖区居民报销电暖

气补贴253户21.59万元。协调有关部门帮助居民抢修无煤化线路、维修电暖气等后续问题3起。开展月末清洁日主题活动12次、5000余人次参加，入户灭蟑8060户。清运生活垃圾3.29万余吨，清运渣土及大件废弃物2512车1.53万吨，铲除小广告9万余条。修剪树木74株次，打药16处，伐树23棵。整治苏州、邮通街、南八宝等11条胡同。投入资金1200余万元，开展粉刷胡同墙面、修整道路、更换广告牌匾等环境建设。与3家物业公司正式签约，在金宝街、外交部街、苏州胡同开展平房区物业管理，服务内容为：环卫保洁、绿化养护、交通疏导、秩序维护、安全防护、设施巡查6项工作，运行良好。受理办结城市管理、环境整治案件4.7万件，至年底办结4.69万件，办结率99.79%。普查人防工程安全隐患，更新建国门地区民防设施台账，在建国门博物馆开展民防知识宣讲。全面做好防汛工作，推进东堂子4、6号院修缮及外迁工作。

（胡璇）

【民生保障】开展经济适用房摇号复核、登记76户，复核通过上报37户。办理限价房摇号复核，登记96户、复核通过上报47户。组织已摇号家庭选房。公共租赁住房配租登记334户，审核受理公租房、廉租房补贴345户。享受低保待遇343户580人，特困供养24人。受理审核发放慈善两节大病救助7户39.6万元。办理老年证216人次，老年优待卡465人次，高龄津贴44人次。发展居家养老和专业机构养老，建成建国门街道养老管理中心、苏州社区和金宝街北社区养老服务驿站，驿站提供日间照料、配送餐、健康保健、精神慰藉、紧急呼叫和文化娱乐6项服务。运营4个月，为地区近1万人次老年人提供服务。评选出孝星市级7人、区级19人。新办残疾证67人次、变更残疾证17人次，对残疾人进行居家和日间康复训练服务35人达350次，申请、发放辅具服务116人。发放残疾人各类补贴256.41万元，重大节日慰问10万余元。登记失业人员实现就业482人，就业困难人员实现就业360人，实现创业49人，带动就业220人。规范用工单位14家，补签劳动合同116份。受理劳动纠纷案件8起，涉及111人，经调解结案8起，结案率100%，追回拖欠工资24.95万元。受理便民服务热线便民事项1304例，办结1229件，办结率94.23%。办理、审核生育服务登记单840份，其中：一孩493份、二孩235份、三孩3份、流动人口109份，发放独生子女父母光荣证81份，开具存档人员婚育证明801份，新生儿入户登记533人，发放独生子女奖励费280人，查验流动人口婚育证1.01万人。

（胡璇）

【社会治安综合治理】“两节”期间，出动872人参加烟花爆竹禁放工作，辖区内未发生因烟花爆竹引起火灾事故。重点整治协和医院周边地区，开展宣传活动7次、巡逻防范15次、治理整顿14次。建立台账排查邮件、快件寄递企业19家。举办国际禁毒日、平安东城宣传月等活动。与平房区物业公司，多次协调开展胡同环境综合提升专项行动，拆除地桩、地锁200余个，清运堆积物10余车，规范店外经营近20起，拆除违规广告牌70余处，消除易燃堆积物安全隐患，疏通扩展公共空间，为群众提供安全室外活动场地。整合资源，保障在社会面一级防控启动时每日3233人次的守望岗力量。完善硬件建设，投入40余万元、为辖区4个社区安装43个监控设备，提高平安社区“技防”水平。企业开展“安责险”签署132家。全年受理群众来访154批次228人次，处级领导干部接访55人次，党政一把手接访32人次，重点协调解决各类矛盾。

（胡璇）

【社区建设】改善站东社区办公和服务用房。西总布社区申报老旧小区自我服务管理试点，苏州社区申报规范化建设示范点，通过市、区检查验收。站东社区健身广场正式投入使用，推进体育生活化社区配套设施建设，完成西总布、赵家楼、苏州3个社区健身广场建设。选举产生科协第二届委员会，审议通过《东城区建国门街道科协管理规定》。6月23日，街道社区社会组织孵化基地正式揭牌运营，采取街道资金资助、社区办管理指导，社组联具体运作、社会民众监督的运营模式，为社会组织免费提供办公和活动场地、提供部分后勤综合服务、政策咨询、项目策划、交流培训、资源对接等各项服务。揭牌后，孵化培育近20家社区社会组织。对社工开展职业认知、综合能力、社会组织培育与发展、社工师继续教育、考前辅导、新社工入职6个方面培训，提升社工的综合水平和业务能力。

（胡璇）

5月8日，非物质文化遗产走进社区

【党建工作】开展“两学一做”学习教育活动，领导班子成员分别为辖区党员讲党课6次。举办基层党组织负责人、机关干部培训班，开展“彩虹讲堂”、“党务驿站”、“青年沙龙”等学习活动10余次。召开建党95周年表彰大会，表彰先进基层党组织17个、优秀共产党员85人、优秀党务工作者34人。街道工委被人民网评为年度优秀党建云平台暨基层党建宣传示范单位。开展党员组织关系集中排查、党费收缴工作专项检查、非公有制企业和社会组织“两个覆盖”等基层党建重点工作，新建2个非公企业和社会组织党支部。全年发展党员6人，预备党员转正13人。管好用好社区党组织服务群众经费，聘请第三方进行小型工程审计。全年审批党组织服务群众项目17个经费121.75万元，使用率达87%。重点实施监控系统安装项目，安装监控探头72个，提升居民安全感。完善区域化党建“五位一体”共建平台，打造“蓝志愿”、“老少+”、“党建同心结”等党建品牌，全年开展服务活动159次，服务党员群众4314人次。面向地区青年、职工和妇女、儿童等群体开展宣传教育和服务活动，动员地区企业对低收入青少年65人开展精准帮扶。地区职工入会率达98.21%，完成年度征兵任务、文明城区复检工作。（胡璇）

【经济工作】把控人口关，清理集中办公区企业，疏解辖区低端业态，促进实现经济转型升级。落实国家营业税改增值税政策，做好房产税代征清理工作，征收85.39万元。打击非法集资行为，开展互联网金融风险专项整治，排查企业789家，初步摸清地区互联网金融企业基本情况。联合东方嘉诚公司、街道博物馆地下空间，通过优化空间、共同利用的方式，建立北京金宝和空间企业孵化器，吸引广大有志创业者加入，调整区域产业结构。（胡璇）

【疏非控人工作】以苏州胡同、泡子河东巷北京站周边为重点，拆除违法建设44处4204平方米，疏解影响2623人。组织协调地区执法部门综合整治毛家湾、干面、外交部街、东堂子等胡同及周边地区，疏解影响941人；集中整治干面、西总布、宝珠子、北总布等胡同开墙打洞和无证无照行为，北京电视台、《北京日报》、《北京青年报》多家媒体报道109起，疏解影响456人。综合整治协和医院周边日租房、黑旅店和小雅宝胡同50号楼等群租房，疏解影响925人，集中整治北总布13号地下室等7处地下空间，疏解影响598人。整治直管公房转租转借1488平方米，疏解影响513人。全年疏解影响6051人，超额完成全年5726人的疏解任务。（胡璇）

【立春文化节】在辖区举办牛童春姑娘选募、冬至民俗萃、春日DIY、寻春送福、社区迎春才艺展、腊八节放粥送福、风车迎春、鞭打春牛、立春民俗庙会等系列活动20余场次，5000余人次参加。《人民日报》、中央电视台、《北京日报》《新京报》、北京电视台、腾讯网、中国新闻网等30余家媒体进行报道。在年度彩虹文化节中开展红歌赛暨彩虹文化节开幕式、文化探访路、胡同大碗茶、群众文化展演等活动。辖区单位、居民2000余人次参加。（胡璇）

# 东直门街道

【概况】东直门街道办事处是区政府派出机构，位于东城区东部偏北、东二环路以东。东起春秀路、工体西路与朝阳区三里屯街道相接，南至潘家坡胡同、吉市口八条北侧与朝阳区朝外街道交界，西依东二环路与东四、北新桥街道相邻，北到香河园北街、柳芳南里与朝阳区左家庄街道、和平街街道相接。面积2.2平方千米，有大街5条、胡同20个。设社区居委会10个，户籍人口1.79万户5.23万人，常住人口2.06万户5.03万人，流动3774户1.23万人。有回、满、蒙古等21个少数民族2988人。辖区有中央、市、区属单位72个，大、中、小学、幼儿园11所，医疗卫生机构6个，清真寺1座。机构设置23个，有公务员编制89人，实有85人；工勤编制4人，实有4人；事业单位5个，编制40人、实有38人。

年内，立足“首都文化中心区，世界城市窗口区”总体定位，围绕建设“国际化、现代化新东城”的目标，以城市精细化管理和作风建设为重点，继续抓基础、抓队伍、创特色、创和谐，落实《东直门街道2016年工作目标责任制（折子工程）》，提升城市环境品质，推进地区经济、文化建设，创新社会治理和社会服务，维护地区安全稳定。街道被评为年度北京市科学技术普及工作先进集体、北京市劳动用工规范一条街工程先进单位等荣誉。

单位地址：东城区新中街66号
联系电话：65920199
邮政编码：100027（马存智）

【城市管理】做好无煤化工作，加大整治擅自售运和使用燃煤行为，治理散煤燃烧过程中回收居民燃煤2.06万块，燃煤回收费用3.1万元、回收清运费用8000元，无煤化工作中为社区居民采购电暖器6台4194元。推进简易煤改电发放补贴资金11.34万元。配合区房屋土地经营管理一中心，与电暖器销售、监理公司共同完成辖区内简易楼电暖器验收工作，涉及电暖器设备1073台居民643户。开展第28个清洁环境卫生、春季灭鼠爱国卫生月活动。发放灭鼠药品16桶1500公斤。专业消杀重点地区中、小型餐饮单位200余家。发放氯氟氰菊600瓶，喷雾器8个，喷壶10个，粘蟑板7箱，爬虫清5箱。组织辖区10个社区、开展植树日宣传活动，发放宣传材料1600册、花种3000袋。与潭柘寺镇赵家台村开展“城乡手拉手，共建新农村”主题义务植树活动60余人参加。修剪树木75株，清除杂物垃圾树叶、清运树枝树杈等杂物60余车，喷洒农药30余车次、出动90余人次。改造新中街社区，新中西里老旧小区，潘家坡4号院，东营房八、九条，工体北里等小区项目，召开环境建设工作现场调度会，征求居民意见和建议。排危修缮新中街、东营房等危房、简易楼，解决汛期房屋漏雨问题。加固改造玻璃厂、计算机公司7栋家属楼的抗震工程。治理开墙打洞违法行为119处。做好防汛工作，全面检查二里庄平房院、新中街1至4条、新中西里地下室等重点区域存在安全隐患的房屋、私房院、重点街巷、重点楼门院、人防工事。成立防汛抢险队伍，配备值班车辆。做到24小时值班电话有人接听，值班记录不间断。街道防汛自6月1日至9月7日，加、值班1350人次，备勤89次。（马存智）

【民生保障】参加东城区第7批限价房选房家庭116户、经适房171户，已入住廉租房家庭117户、享受租金补贴家庭75户，已入住公租房家庭116户。有低保户402户695人，发放低保金 725.12万元。救助困难居民169人30.48万元，发放困难学生助学金1.65万元。发放伤残军人抚恤金66.08万元、烈属慰问金1.6万元，义务兵优待金44.92万元。办理老年优待证297个、优待卡633张，办理老年人居家养老卡2014张。为90岁以上高龄老人191人、百岁以上5人发放高龄老人津贴24万元，为95岁及以上老年人11人次发放医疗费补助2.1万元，为老年141人进行无创健康检查，有需求的独居老年人16人安装紧急医疗救援呼叫器和独立式感烟报警器。扩建街道敬老院400平方米、增加床位22张，增设日间照料、理疗、文化、心理咨询、免费义诊等多项服务，开展助洁、精神关怀、教育培训、志愿服务4项，新建9个理疗室，为老人们配备高压电位治疗仪、玉石系列理疗坐垫及多功能按摩椅等设备。至年底提供助洁服务110人次，精神关怀服务260人次、志愿服务105人次，教育培训150人次。为残疾人190人发放低保生活补助金、办理重残无业残疾人补助27人，为残疾人167人办理社会保险补贴130余万元，为低保边缘残疾家庭1户落实“阳光家园”政策、每年发放人民币600元，为符合条件残疾人475人办理护理补贴70余万元，辅助器具租、借、配发93人次，为残疾人1381人激活“一卡通”残疾人服务卡。登记失业人员实现就业347人，城镇登记失业率66%，困难人员就业235人，实现创业50人，带动就业181人。调解劳动纠纷5件，处理群体性讨薪事件4起，涉及农民工89人，追回劳动报酬125万元。推进0-3岁婴幼儿早期教育工作，在艺时光综合文化服务中心设立早教活动室，开展亲子活动、早教讲座、庆“六一”大型亲子运动会、“奥运”主题活动等42次。开展计划生育家庭意外伤害保险—安康计划，辖区居民、职工参险1174人、参保1.3万元。（马存智）

【社会治安综合治理】召开维稳部署会10次，进社区宣传反恐防暴防范知识6次。敏感时期发动社区群防群治力量8万余人次防控执勤。聘用巡防保安队员128人，日夜不间断防护东直门交通枢纽、东四十条桥等重点区域。“两会”期间，出资50万元，聘请保安100人防控重点路段、重要场所。开展“6.26”禁毒宣传日，发放宣传材料等2000余份。交通枢纽站部署各类社会力量1000人次。协调公共安全办、公安、交通、城管等部门，对东外大街、工体北路、春秀路等重点大街和新中街、工体等社区背街小巷黑车、黑摩的吡活揽客非法营运现象，突击检查20次，查扣“黑摩的”50余辆，治安拘留非法营运50余人，净化群众出行环境。协调派出所开展流动人口和重点出租房屋安全隐

11月15日，新中西里选民在选举站投票

患排查整治行动，清理群租房和地下空间。与派出所等职能部门清理整治群租房举报件治理41件、地下空间13处，结案率100%。治理无证无照经营挂账单位46户，挂账核销率100%。拆除新中西里小区地桩、地锁200余个。在主要街巷、治安乱点重点地区、部位安视频监控探头286个，更换楼房小区单元门门禁系统和平房院简易物技防设施100余个。通过《家园报》等，在社区开展宣传活动6次，发放各类宣传材料8000余份，制作展板30块、条幅26条、标牌580块，张贴通告50余张。接待人民来信（访）121件184人次，其中市信访26件，受理来访群众95件。矛盾排查6次涉及重点问题9件，重点人4人次；领导接访2次16人；信访121件全部办结。（马存智）

【社区建设】投资4万元，为十字坡社区租赁办公用房44.2平方米，工人体育馆社区正式迁入面积690平方米王家园胡同37号院，购买办公家具16.63万元、年缴纳物业费8万元。对社区工作者开展集中专业培训，请专业社会组织恩派指导，分层次、批次组织社区人员参加提案大赛相关培训，800余人次参加。公开招考社区工作者，经网上报名、笔试、现场资格审查、面试、公示、体检、政审等环节，入选考生12人，经试用期后7人签订合同。加大文化基础设施投入，街道斥资6000万元建成1714平方米社区文体中心，5月正式向居民免费开放。组织演出、讲座各6场1500余人次参加，承办各类活动 20场2000余人参加。5月至10月，免费开设培训班25次、受益居民1.3万人次。开展“文化惠民”系列活动，演出28场、演员2500余人次，观众6000余人观看演出。成立东直门王文永摔跤俱乐部，让京跤回归发源地。此项目成功申报为东城区非遗项目。（马存智）

【党建工作】开展“两学一做”学习教育活动。举办讲党性、顾大局，爱岗敬业、拒腐防变为内容的党员承诺制、队伍建设月活动2800余人次参加。开展微春晚、摄影沙龙、企业家论坛、缘分人家相亲嘉年华等系列活动，有企业家150余人、白领2000余人进入“企业人·家”资源库。完成街党代表和区党代表选举工作，选举产生街道党代表120人，推选东城区第十二次代表大会代表10人。街道总工会建会206个，发展会员4360人，办理京卡3370张，为职工3200人投保，补贴困难企业、职工参保。慰问困难劳模、职工112人次7万余元，为困难女职工体检41人。购买《反家暴法》300册，发给社区居民反家暴法宣传画300张、维权手册5000份、各类维权书籍6000册，受益群众达2万余人。开展团建工作，涵盖地区34家，社区实现建团100%。选举产生参加共青团北京市第11次代表人会代表4人。（马存智）

【经济建设】召开经济工作会20次，组织工商、税务、统计所等综合部门，开展一对一服务活动16次，重点解决经济工作中的问题和企业实际需求。做好辖区内防范和处置非法集资相关事宜，全年开展宣传活动32次，清理涉嫌非法集资广告8000余份，发放宣传品1.45万份，与区打非办开展重点涉嫌非法集资企业排查6次，开展互联网金融企业风险排查，走访企业1058家。落实街道属地管理责任，提高群众防范意识，保护金融消费者权益。（马存智）

【疏非控人工作】制定街道非首都功能疏解及人口调控工作方案，建立疏解工作周调度、月例会制度。完成疏解任务，全年完成疏解影响人口减少7146人，完成全年目标任务118%，重点环境整治新中街拆迁滞留区，通过拆除违法建设、“多合一”场所整治、食品安全治理等工作，减少影响人口5204人，通过人口管控、地下空间整治、群租房治理，减少影响人口1681人，在治理开墙打洞、无证无照，整治消防安全、提升生活性服务业品质等领域，提前完成全年影响人口减少6077人的工作目标。（马存智）

# 和平里街道

【概况】和平里街道办事处是区政府派出机构。位于东城区最北端，东起东土城路西侧、远东仪表公司、国家林业局东墙，南至北护城河中心线，西依人定湖北巷、旧鼓楼外大街，北到青年沟路、北京第三机床厂南墙、柳荫公园北墙，整个辖区呈“凸”字形。面积5.02平方千米，有大街20条、胡同12条，地下通道9处、过街天桥9座。设社区居委会20个，户籍人口5.1万户14.2万人，常住人口4.8万户12万人，流动人口2.5万人，有回、满、蒙古等少数民族32个6229人。辖区有中华人民共和国人力资源和社会保障部、国家林业局、解放军总政治部、第二勘察设计院等中央、市、区属单位3818个，中、小学、幼儿园26所。机构设置23个，有公务员编制103人，实有95人；工勤编制9人，实有9人；事业单位4个，编制50人，实有40人。3月31日起，按照东编办［2016］43号文件精神，北京市东城区和平里街道社会服务管理分中心更名为北京市东城区和平里街道为民服务分中心。

年内，开展“两学一做”学习教育活动，坚持党建引领，增强党员干部责任意识，发展社区建设和民生保障。完成区党代表、人大代表选举工作，开展党风廉政和反腐败教育，改进党员、干部工作作风。加大重点社区整治力度，改善地区环境，安全隐患得到有效管控，提高居民安全感。在和平里第九小学举办以“共创团结进步，共享和谐宜居”为主题的第九届“5.6民族团结日”活动，让学生了解民族文化，增强民族团结意识。获全国民族团结进步创建活动示范单位，首都拥军优属拥政爱民模范单位称号。

单位地址：东城区和平里六区5-1

联系电话：84221886

邮政编码：100013　（陈珊）

【城市管理】开展散煤禁售、禁运、禁存、禁燃联合执法行动，查没燃煤2640块、煤炉41台。开展冬春季灭鼠、夏季灭蚊、秋季灭蟑及公共场所禁烟等宣传。组织社区开展月、周末城市清洁日活动，社区环境卫生志愿者100余人定期开展志愿服务活动。投资263.1万元，改造和平里九小南侧与地坛北里1、2号楼间自管绿地2处，补植西营房9号院失管绿地绿化，新增绿化面积3248平方米。养护自管绿地6.77万平方米，完成地区树木打药、危树抢险和47号院的11010100073号古树复壮等工作。投资230.78万元，整治老旧小区8处，铺设、修复路面6076.5平方米，墙面抹灰280平方米，油漆栏杆、新做栏杆220平方米，安砌、拆除路牙各652米。金属护栏制作130米，拆除墙体装饰字60个。协助二三九厂、三利、融坤养老等工地，发放施工扰民费229万元。清运在施工地建筑垃圾11处、检查噪音扰民及安全，清理大件废弃物、无主渣土7000余吨。开展垃圾分类，更换标识110余套、维修垃圾容器103个，49家物业小区步入正轨。开展专项清理整顿人防工程，关停人防地下室6处，即和平里七区31号楼、32号楼，小黄庄一区9号楼，青年湖东里10号楼、11号楼，胜古中路1号院3号楼。（陈珊）

【民生保障】完成第一批经适房选房247户、限价房选房253户，受理新申请保障性住房备案资格367户，复核廉租补贴家庭94户、收回补贴550元。审核经适房轮候家庭369户、限价房1549户、公租房意向登记316户。有低保357户526人、新申请25户44人、停发59户88人，发放低保金451.80万元。办理医疗救助205人次51.3万元，临时救助9人3.95万元，住院押金减免12人次3.75万元、垫付2人3.6万元，扶贫捐款6人3.5万元，慈善大病救助13人14万元，应急救助35人次6.24万元，丧葬补贴39人19.5万元。办理65岁以上养老助残卡1.23万张、80岁以上养老助残卡6304人、助残金750万元，90岁以上高龄津贴634人64万元、百岁以上老人10人2.4万元。为伤残军人、警察等133人发放伤残金199.59万元，补发优抚定补工资19人9882元。持证残疾人2740人，新办残疾人证96人、新发残疾人一卡通109张。发放扶残助学金、儿童康复补助、残疾人生活补助金500余万元，开展残疾人职康站特色活动50余次。7月，召开和平里街道残疾人第七次代表大会，残疾人代表108人参加。选举产生由13人组成的和平里街道残疾人联合会第七届主席团。新转入失业档案995份，新登失业人员929人、登记失业率0.66%；失业人员就业913人、就业率90.76%。开展再就业援助月、民营企业招聘周和用工需求调查等活动，搜集空岗信息3868个。摸查就业困难92人、求职实现就业80%，帮扶零就业家庭实现公益性就业2户，确保零就业家庭动态为零。巡查规范用工单位104个2893人，抽查劳动合同单位67个3308人，下达询问通知书33份，责令8家单位为67人补签劳动合同，为员工14人补缴社会保险费1.48万元。处理7起10人以上集体讨薪农民工120余人，追讨拖欠工资146万元。接待劳务纠纷33起45人，解决拖欠工资9万元，结案率100%。接待计生咨询3万人次，办理一胎生育服务证363件、二胎173件，生育登记服务单一孩768件、二孩494件、独生子女父母光荣证91件；发放独生子女父母奖励费1790人10.74万元、独生子女父母年老时一次性奖励356人35.6万元。上报新生儿901人，计划生育率为100%。12月2日，在安定路20号院北5楼，安贞苑社区养老服务驿站正式挂牌运营服务。（陈珊）

【社会治安综合治理】完成辖区“两节”烟花爆竹禁限放安全管理工作，有烟花爆竹销售点1处、禁放点199处、燃放点19处，出动警力150人、机关干部100人、社区志愿者2055人、其他安保力量2288人。组织联合检查23次、夜查10次，专职安全员检查单位2394家，查处各类隐患1.09万处、约谈175家单位，下达书面整改书2141份。完成100家企业投保安责险。摸排梳理地区应急车通道，督促居民产权或管理单位、社区居委会履行社区应急车通道管理职责，出动449人次、检查应急消防车通道150个，查处违法行为105起，拖移、挪移机动车60辆，发放宣传单953份。在兴化、二区等社区开展消防演练13场、讲座7场2000余人次参加。投入经费274万元，为15个社区安装技防监控系统233个，刑事、治安案件及城管热线接报数量均同比下降20%，群众满意度上升3%。调查、处理人民群众来信、来电举报各类隐患65起，便民热线、网格管理平台案件2万余件，受理群众来信来访64件，其中来信56件、来访8批8人；接访化解矛盾纠纷29批101人次，信访事项办结率达100%。领导亲自协调处理重大信访2件，坚持周三领导信访接待日制度接访51人次。（陈珊）

【社区建设】投入130余万元，修缮改造社区基础设施。投入29万元，开展购买社会组织服务安贞家园社区报项目，惠及14个社区、服务老人100人。招录社区工作者25人。20个社区文化活动室面积均达到200平方米，达标率100%。扶持、培育14支街道级精品文化团队和83支社区级优秀文化团队。建立文化志愿者队伍，招募文化组织员7人、文化志愿者19人。20个社区举办各类文体活动260余场，受益居民5万余人次。社区服务中心办理借书卡200余张，外借图书新增1000册现达1.5万册，期刊、报纸近70余种，到馆1.2万人次，借阅8000人次。开办2期智慧父母大课堂，开展25场亲子活动进社区，为辖区1000余婴幼儿家长提供免费科学育儿知识的学习。加强对“一刻钟智慧生活服务圈”服务商的管理和梳理，精简服务网点，清退、取缔服务不达标服务网点。为社区工作者开展为期一周素质能力培训班。开展非本市户籍适龄儿童少年入学初审工作，审核318人次、通过126人次，为辖区内非京籍学生96人转学办理借读证明。根据市、区《关于规范社区工作者工资待遇实施细则（试行）》的通知，自本年1月1日起调整社区工作者工资结构，并补发相应差额。（陈珊）

【党建工作】梳理、排查辖区党员组织关系6588人，确认失联党员53人，对违法违纪党员3人按照《党章》规定开除党籍。170个党支部补缴党费108万余元。完成44个非公企业党组织换届。新建基层党组织45个，地区党组织覆盖率达83%。完成东城区第十二次党代会代表选举工作，45个单位的党员代表110人参加，选举产生东城区党代表13人。完成人大代表换届选举，在18个选举分会场，登记选民5.82万人，投票5.7万人，投票率97.86%，选举产生东城区人大代表29人。完成街道总工会换届选举，举办纪念建党95周年第十一届红歌会等，党员、群众200余人次参加。各社区妇联开展“六送”服务活动77次3068人次参加。全年查处案件6起处理3人，落实区监察局行政问责1人。在地坛西门4个党建协助组，开展“志愿者服务一条街”党员志愿服务活动，2000余人次受益。举办纪念中国共产党成立95周年暨表彰大会，宣读和平里街道工委命名表彰先进基层党组织、优秀共产党员、优秀党务工作者、优秀基层党建单位等决定，宣读交通社区党委等10个基层党组织为先进基层党组织，116人为优秀共产党员，51人为优秀党务工作者称号。街道工会法律服务站揭牌成立，正式签订合同文本，聘请专业律师团队协助工会服务站处理法律相关事宜，至年末为20个社区职工、居民提供法律咨询129件，讲座25场450人参加，律师指导职工解决纠纷5次，指导居民办理遗嘱公证20余件。（陈珊）

【经济工作】5月至8月，在辖区4个事业单位开展资产清查和事业单位产权登记工作，通过资产清查，确认上年12月31日为资产清查日，资产清查数2.24亿元、负债清查数4651.72万元、净资产清查数1.86亿元，坏账损失10万元，固定资产盘亏损失10.26万元。6月1日起，原为全额拨款事业单位的为民服务分中心、社区服务中心、环卫所经批准实行纳入工资规范管理事业单位。8月2日，召开和平里街道内部控制规范建设启动暨培训会，北京金诚立信会计师事务所，街道领导、科室负责人等40余人参加，启动街道内部控制规范工作，至年底完成《和平里街道内部控制手册（试行）》初稿组织编写工作。（陈珊）

【疏非控人工作】年内，计划疏解影响人口9559人，实际疏解影响人口1.02万人，占年度总任务量的106.5%。其中产业调整提升疏解2201人，商品交易市场疏解474人，教育、医疗卫生资源疏解48人，城市更新改造疏解284人，城市精细化管理疏解1255人，“七小”等低端业态退出疏解143人，人口管控疏解3633人，青年沟路“开墙打洞”专项综合整治疏解2142人。拆除违法建设115处5057平方米，清理挂账地下空间23处，其中清理民旺园32号楼地下室5300平方米、出租房465间1130人，清理和平里中街甲14号地下室2300平方米630人，清理群租房35处308人。（陈珊）

【专项综合整治】青年沟路地处东城区北部，与朝阳区和平街街道毗邻，西起安外大街，东至和平里东街，全长1430米，其中安外大街至兴化路段长510米的南北两侧、兴化路至和平里东街段长920米的路南侧属东城区管辖。沿线有中央、市、区属单位，学校、幼儿园14家，楼房26栋，其中居民楼17栋，直接影响居民1300余户，

6月至11月，青年沟路东段整治前后

间接影响居民5000余户。6月至11月，历时5个月，投入2100余万元，封堵开墙打洞153处3661平方米，拆除违法建设85处 821平方米，拆除违规广告牌匾260处，取缔无证无照商户12家，实现疏解影响人口2142人。经有效硬隔离、道路改造、绿化美化、统一广告牌匾、墙体粉刷、安装配套公共设施和规范停车等，青年沟路已整洁、舒适、有序，博得百姓好评。（陈珊）

# 前门街道

【概况】前门街道办事处是区政府派出机构。位于天安门广场东南部，东起祈年大街与崇文门外街道相邻，南至两广大街与天坛街道接壤，西依前门大街与西城区大栅栏街道相邻，北到前门东大街与东华门街道毗连。面积 1.09 平方千米，有大街6条，胡同街巷67条。设社区居委会4个，户籍人口8503户2.09万人，常住人口9678人，流动人口1748人，有回、满、蒙古等少数民族1825人。辖区位于前门历史文化风貌保护区，以平房居住为主，胡同多曲折狭窄，走向不规则。有商业、企业 261家，中、小学、幼儿园 4所，现仍遗存著名的阳平、汀州、临汾会馆129处，曾有寺庙25座，其中22座均始建于明清两代，现有文保单位62家。机构设置23个，有公务员编制77人，实有74人；工勤编制7人，实有7人；事业单位4个，编制34人，实有30人。

年内，按照东城区整体工作部署，结合前门地区地理位置、平房区拆迁改造等特点，以打造首都文化金名片为立足点，打造“老胡同、新生活”的国际一流宜居社区为目标，搞好环境综合整治，着力精细化管理，统筹推进各项工作。全面完成“四无”示范片建设。前东社区刘汉臣家庭被评为全国文明家庭，刘汉臣在京西宾馆的表彰大会上受到习近平总书记接见。（张娜）

单位地址：东城区南芦草园 1 号

联系电话：67015051

邮政编码：100051（张娜）

【城市管理】全年统一收缴回购居民燃煤2万余块。9月30日至11月11日，审核、发放208户居民采暖季煤改电居民低谷电补贴12.82万元。开展环境卫生大扫除城市清洁日活动，450余人参加。开展除四害活动10次，发放鼠药32箱，投入灭鼠药100余公斤，聘请专业消杀公司3次。补充、更换禁烟指示牌200余张，开展控烟培训3次，发放宣传品500余份。开展节水宣传活动，发放宣传材料200余份、宣传品1000余份、悬挂宣传横幅10条，出黑板报6块，设立社区宣传站3处。整治前门东大街12号楼南侧绿化工程，拆除原有绿化池、道路1046立方米，拆除违法建设128平方米，完成园路施工1846平方米、人行道施工988平方米、树池砌筑26座、井盖升降104座，完成预埋电管788米、水管645米。完成草厂三条树池口透水材料铺装。种植月季、黄杨等树苗1200余棵，鼠尾草500余株，组织群众在胡同和院内见缝插绿200余处。国庆期间完成花卉布置10处4943盆。开展月季进社区活动，发放月季花300盆。清理枯树、枯枝190余车，养护草坪3000余平方米。防汛期间准备膨胀麻袋400条、编织袋4000余条、铁锹300把、塑料布约9000平方米、污水泵17台、施工机械（挖掘机）4台、运输车辆5台、手推车20辆等。发放《市民防汛安全应急手册》600本、前门街道防汛联系卡2000张，组织1000余人次参与防汛演练和宣传活动。主汛期间，接到险情报告287

12月16日，举办养老服务项目落成仪式

起、群众电话300余次，接收各部门、各社区报告危险房屋（漏雨、开裂）245起（公房202处、私房41处、单位自管房2处），墙体部分坍塌6处、积水点15处，地面、路面坍塌8处，危险树木7棵，断电11起。组织出动排险280人、车辆8辆，排除院内积水点11处，处理路面塌陷8处，修剪危险树木7棵，苫盖房屋漏雨及加固墙体开裂等险情200余处。转移并安置居民8户17人。处理区网格中心案件405件，清除非法小广告1.24万余处。协调、改造珠市口东大街185号、草厂十条31号对面的空置场地，设立环卫车辆冲洗停放工作站。（张娜）

【民生保障】受理保障性住房申请42户，市场租房补贴申请55户，公租房租金补贴申请10户。保障性住房及租金补贴年审91户，廉租房续期26户，取消廉租房租金补贴25户，公租房租金补贴8户。保障性住房选房4批次231户、接待咨询700余人次。全年发放低保金369.49万元，低保金标准从710元调至800元，上调低保263户442人。为150人次发放医疗救助金47.3万元，为80周岁以上老人569人发放养老券72.3万元，完成“券变卡”工作。为90周岁以上老年人160人发放高龄津贴19.81万元。建成并投入使用前门街道居家养老服务管理中心、前东养老服务驿站和草厂养老服务驿站，为托底老人服务563次，为扶助老人服务553人次，普惠老人服务1000余人次，主要有安全访视、健康监测、发放定位腕表等服务。办理优待证201人、老年优待卡322人，补办社保卡485张，变更社保医院716人次。为95周岁以上老年人8人报销医疗费5.58万元，为伤残16人发放抚恤金42.38万元、护理费3.1万元，为重点优抚对象5人发放定期优抚补助金13.39万元。为地、军退32人发放退休金及过节费204.13万元。为残疾人发放三险补贴、子女助学、护理补贴、助残券、生活补贴、残疾儿童康复训练补助等各类生活补贴153.92万元，免费发放各类残疾人辅助器具89件，专业康复机构为残疾人康复服务200余次。全年失业人员再就业306人，为155人办理失业保险金申领110万余元。新办城镇居民基本医疗保险参保162人。新生儿出生131人，计划生育率100%。办理一孩生育服务证129人、二孩61人、三孩1人。办理独生子女父母光荣证17人，发放独生子女父母一次性奖励费156人次15.6万元。办理外地来京人员生育服务联系单13份。为社会化退休673人、失业人员66人发放自采暖补贴59万余元。为城镇居民、退休等各类人员手工报销医药费226万余元。（张娜）

【社会治安综合治理】开展平安前门大讲堂4期，群众近1000余人参加。平安东城主题宣传月入户走访调查并收回问卷300份，“我为平安北京支一招”活动收到居民建议100余条。上报综治类信息300余条，被首都政法网采用35条。重点时期布控守望岗54处，发动志愿者3000余人次。对重点350人重新风险评估，最终确认重点人13人。升级改造辖区76个普通探头为111个网格高清数字探头。开展地下空间检查整治6次、专项工作部署会5次，集中开展主题宣传活动3次。对4处挂账地下空间，开展联合执法检查清理专项行动10次，出动力量85人次、清退地下空间内流动人口30人。开展违法出租房屋清理整治行动6次，检查出租房屋150户次。拆除违法建筑联合行动5次，开展建筑施工工地专项检查4次，涉及检查施工单位14家农民工516人。处理突发事件1起，涉及农民工21人、工资5万余元。接待群众来访347批424人次、约访39批48人次、外出接访51批67人次、接待群体访13批128人。参加各项维稳工作57天158人次，办理网上信访29件，解决群众诉求28件。（张娜）

【社区建设】在社区治理、社区公益金使用、队伍建设等方面，营造“我的社区我做主”前门社区建设品牌，推动地区社区建设发展。委托助人社工事务所策划实施前门街道社工“菁英计划”项目，采用“专业集训+小组学习+团体拓展+专家督导+风采展示”方式，对4个社区志愿者及居民开展关爱凝聚、培育督导等工作。建立街道层面居民参与公共事务协商议事平台，邀请专业社会工作机构——社区参与行动中心策划，并主持“老胡同，新生活，我支招，我奉献——居民参与宜居社区协商平台”，开展街道、社区层面讨论会3场，居民100余人参加。开展公益项目22个，使用资金21万余元。前东社区开展邻里和谐、亲情一家、文明楼院、文明家庭主题活动，大江社区开展胡同卫士、平安建设项目，草厂合暑社区开展老胡同新生活我支招、我奉献和谐宜居社区建设沙龙、环胡同健步走等活动，促进社区居民之间情感交流与互通互联，调动居民参与社区建设积极性。举办各类群众文化活动26场次5000余人次参加，各类培训、讲座25场次3000余人次参加。为居民放映电影51场次1560人次观看，居民借阅图书336人次1489册次。开展博爱在京城红十字募捐活动，筹集善款1.95万元。（张娜）

【党建工作】开展“两学一做”学习教育活动，成立学习教育协调小组、巡回督导组，召开专题协调会12次，指导基层党组织开展学习教育30余次。制定两方案一清单一计划，通过送学上门、邮寄送学等方式覆盖地区党员1058人，发放学习材料1000余套，利用“红云东城”平台，开辟线上学习教育专区。通过外请专家学者讲座、播放教育片、讲党课等方式组织学习20余次。组织开展“五个一”行动，结合千名党员齐奉献、服务群众零距离，开展五大专项行动，即我与居民面对面、百名党员大走访、结对帮扶一助一、志愿服务星期五、线上线下共助力活动20余次，接待群众200余人，收集意见建议和问题60余个，办结率达100%。结对帮扶家庭9户，开展各项志愿服务180人次。发展党员8人，开展各项电教活动32期。召开庆祝中国共产党成立95周年暨表彰大会，表彰优秀党员50人、党务工作者12人、先进基层党组织4个。组织培训非公企业党组织负责人、党建工作指导员100余人次。前东社区党组织使用经费40万元，安装社区楼门监控探头。完成地区27个党支部换届工作，选派优秀党员15人进驻企业，成立5个派驻型党组织，实现地区非公企业党的工作和党的组织“两个覆盖”达到100%。排查党员组织关系，与失联党员226人重新取得联系；做好党费收缴工作，27个党支部补交党费40余万元。召开总工会第二届委员会，新建工会组织 17个发展会员203人。签订集体合同12份，覆盖企业91家职工1103人。协调企业资助困难职工子女学费9600元。办理职工互助保障462份，落实二次报销和保险赔付29人次8.4万元；开展法律宣传、咨询活动40余次，解决职工法律问题30余件，指导企业开展技能大赛、在职培训7次。社区青年汇开展活动40余次600余人次参加。“两节”走访慰问贫困青少年8户慰问金6400元，与青少年22人签订精准帮扶协议、发放帮扶物资22份。（张娜）

【经济工作】年内地税入库2.91亿元，同比增长3.27%。集中办公区企业509家，疏解清理迁出企业42家，实现地税收入68万元。全年完成重点企业排查197户、完成101％。全年为住街纳税企业解决问题31件。（张娜）

【疏非控人工作】全年完成人口疏解1029人，完成年度任务256.6%，影响人口2060人，完成年度任务的108.1%。完成“四无”示范片建设工作。拆除违法建设12处1051.9平方米，疏散人口251人影响人口259人。清理废品收购站影响人口30人；取缔无证无照影响人口23人。开展整治旅游市场、专项整治“黑票提”违法行为，疏解人口44人影响44人，关停万泰弘基旅行社正阳门门市部，影响人口6人，查处违法旅游大巴车10辆，影响人口30人。地下空间综合整治影响人口30人。整顿清理区属产房（青云胡同14号）影响人口30人。清理抢占房屋疏解人口635人，影响人口1240人。通过拆迁疏解人口79人，影响445人。区属房产清理整顿影响人口370人。取缔座商小型餐饮单位5家，影响20人。道路微循环建设影响人口30人。基础设施建设影响人口60人。调整前门大街产业， 17户商户退出调整，影响人口240人。全年累计影响人口2897人，经统计局审核认定影响人口2060人。（何文谱）

【居家养老服务】8月，街道被确定为东城区居家养老服务工作试点单位。建立前门街道居家养老服务管理中心，前东、草厂养老服务驿站分别位于西打磨厂街62号中楼、北楼和草厂六条40号，2个养老驿站10月建成并开始试运营。分别签订《前门街道居家养老服务协议》，并发放定位腕表，开展日间照料、呼叫服务、助餐服务、健康指导、文化娱乐、心理慰藉服务。12月7日，街道分别与2个驿站运营商北京诚和敬驿站养老服务有限公司、海阳养老事业发展服务中心签订《运营承包协议》。12月16日，2个驿站和居家养老服务管理中心正式开始运营。（张娜）

# 崇文门外街道

【概况】崇文门外街道办事处是区政府派出机构。位于东城区中南部，东起南、北花市大街与东花市街道为邻，南至两广路即珠市口东大街、广渠门内大街与天坛、体育馆路街道毗连，西依北官园、戴家胡同与前门街道接壤，北到崇文门东、西大街与建国门、东华门街道相邻。面积1.12平方千米，有大街15条、胡同6个。设社区居委会12个，户籍人口 1.6万户3.7万人、常住人口4.4 万人、流动人口0.48万人，有回、满、蒙古、朝鲜、土家等少数民族14个1456 人。辖区有中央、市、区属单位109个，中、小学3所。 有非物质文化遗产9项，新世界百货、国瑞购物中心、搜秀商城等大型购物、休闲、娱乐中心。机构设置23个，有公务员编制77人，实有77人；工勤编制8人，实有6人；事业单位4个，编制37人，实有30人。

年内，开展“两学一做”学习教育活动，落实市、区部署，发展经济、文化、养老、社会等各项工作。组织专家讲座、党课教育49次党员3000余人次参加。完成全国“两会”、G20峰会等7次重点时期安保维稳，东城区第十六届人大代表换届选举工作。与区教委、第二幼儿园正式签署三方协议，崇外分园进入实际建设工程中。投入683万元修复新景家园消防管道一期工程，整改新景家园小区火灾自动报警系统和机械防排烟系统。投入近200万元建设国瑞城小区垃圾楼，完工并整体移交东城区环卫中心，实现垃圾处理良性循环。街道社会信用信息基层服务平台项目一期上线，并开展业务培训5次，采集企业基础信息4947家，个体户信息750家，高管信息1.03万个，企业信用信

7月1日，组织党员参观焦庄户地道战遗址

息731条，个人信用信息41条。副市长程红调研社会信用信息基层服务平台项目。区领导张家明一行到崇文门新世界商场检查春节期间安保工作。社工1人被评为北京市第五届首都最美社工。

单位地址：东城区西花市南里东区14号

联系电话：67013683

邮政编码：100062　（吴婧）

【城市管理】开展平房区煤改电前期入户普查，完成内、外电网施工，电采暖设备销售审批及后续费用报销等工作，做好国家卫生区迎检工作。在辖区养护树木2万余株，清扫绿地15.5万平方米，改造新景家园6号楼周边绿地。投入环境建设资金824万元，打造西花市精品街，开展西花市西街、国瑞北路、北羊市口街次支路建设。投入23万元，重新规划东兴隆街，交通拥堵下降100%、事故下降94%，引进正规停车公司规范管理东后河沿道路单行单停。修补崇东、祈年大街，西兴隆街、戴家胡同、南武圣巷等6条多处破损路面1200平方米。拆除手帕胡同、健康里西巷私搭乱建、堆物堆料39处，重新铺设沥青796平米，铺砖1138平方米，粉刷破损墙面1147.65平方米。取缔祈西地段的无照经营，重新规划2处废品回收经营场所。清理各类垃圾300余车、建筑垃圾1167立方米，大件家具1300余件。组建防汛值班小组4个，做好各类物资储备，检查可能出现灾情防汛隐患4次，做好应对强降雨。　（吴婧）

【民生保障】开展经适、限价、保障性住房资格家庭备案和第一批入住公租房合同复核工作，申请公租房备案家庭9户。办理低保调标251户343人，发放低保金、电价补贴、医疗救助款。发放平房低保户冬季煤火费3.1万元。两节期间重点走访慰问困难家庭148户送慰问金1.1万元，为100户困难家庭发放价值3.66万元爱心家园物资。为困难群众申请慈善大病医疗救助款16万元，开展春风送暖、冬衣送暖，社会募捐2次募集资金1.27万元、衣物2662件。在11个社区建立老年餐站点，成立由家福宁居家养老服务有限公司运营的第一家社区居家养老服务驿站。建成面积859.49平方米街道养老照料中心，设床位48张，配有居家养老呼叫中心，已入住老人20人。新增办理、发放养老助残卡149张，月发放补贴1789人次196.79万元。有残疾人1019人，新办残疾证51人，激活残疾人一卡通1020人次。完成街道残疾人联合会第七次代表大会换届选举。为200余残疾人提供系列特色康复服务，复审残疾人养老保险和培训工作。接收失业人员档案434份、办理失业登记424人、安置就业389人，完成任务指标120%。开展春节前农民工工资支付专项执法大检查，监察15家单位591人，签订劳动合同334人，建立检查台账。完成60家小企业劳动关系状况调查。被市人力社保局评为规范一条街工程先进单位。办理一孩生育登记269例、二孩198例，计划生育率100%，完成区政府下达97.5%的指标任务。办理《独生子女父母光荣证》37例，发放独生子女父母年老时一次性奖励费24.1万元。　（吴婧）

【社会治安综合治理】形成联合执法常态化机制，出动执法人员245人次，日常巡检工地57次，查处违规渣土车87辆、立案处罚67起。落实“四公开一监督”制度，联合执法122次，查处无证无照占道经营早餐，取缔露天烧烤，无证无照经营摊贩、商户等违法行为。拆除崇文门东、广渠门内大街，国瑞东路等处私装地锁384个。签订门前管理责任书300余份。每日巡查在建施工工地不少于2次、每月夜间联合执法不少于10次，查处违规渣土车87辆、立案处罚67起，安全检查661家大小单位。委托北京阳光企业注册安全工程师事务所有限公司，对266家生产经营单位负责人、现场安全监管人员，进行集中教育培训5期。完成餐饮单位上险90家，发动群防群治力量6.84万余人次，参与社会面防控工作。整治新世界商场及周边商场、路面扒窃案件高发市级挂账重点地区，案件发案同比下降23.7%、商场内部发案率下降52.1%，路面扒窃发案同比下降4.5%。投入70余万元增设国瑞城小区53个楼门物技防设施。建立崇外网格微信平台，开创城市服务管理工作新模式，案件处理时间缩短3小时。全年处理各类城市管理案件8390件，城市管理、便民事项考核在全区排名第一。接访416人次、信访31件，受理各类信访代理、反映诉求187件，完成185件结案率98%。　（吴婧）

【社区建设】辖区有社区工作者174人，通过社会工作资格考试21人，有社会工作者职业水平证书69人，占社工总数33%。新录用社区工作者21人到岗20人，建立崇外社区基础台账，解决新景小区屋顶漏雨等难题，推动都市馨园停车管理。投入36万元引进北京惠泽人公益发展中心、东城区引行社工事务所、朝阳区玖诚社会工作服务中心专业组织，有注册志愿者4200余人。全年居民文体活动围绕社会主义核心价值观、创建国家公共文化服务体系示范区主题，完成创建国家公共文化服务体系示范区验收。开展“奥林匹克·体育生活化社区”一期建设，完成第七届“一街一品”健身操舞大赛活动，开展全民健身迎奥运，快乐冰雪圆梦想冰雪运动推广与科学健身指导宣讲活动4次。组织社区教育和科普工作，落实寒暑假中小学生社区报到。“抖空竹”人选东城区非遗名录，街道非遗项目达10项。（吴婧）

【党建工作】全年发展党员15人，开展组织关系集中排查找到失联党员120人，开展党费收缴专项检查，补缴党费47万余元。开展社区互助、平安建设等特色项目，投入资金252万元实施服务项目21个，惠及群众2.5万余人次。利用红云东城平台，非公党员392人上线注册。推进两个覆盖工作，建立各类党组织40个。组织党员集中学习《中国共产党廉洁自律准则》、《中国共产党纪律处分条例》等。辖区有工会组织129个，全年新增独立建会企业54个会员3000余人。开展特色品牌文化活动，举办“工会带您逛庙会”等京卡专享活动12次、职工1.66万人次参加。建立崇外商圈青年突击队，成立机关青年志愿服务队，有志愿者70人提供服务270小时。结合青年汇“一汇一品”项目组织活动50余次。两节期间，慰问困难单亲母亲33人、发放慰问金1.65万元。2月16日崇外街道巧娘工作室成立，每周定期开展活动。5月13日成立儿童之家，开展活动30次1500人次受益。（吴婧）

【经济工作】推进防范和打击非法集资，做好互联网金融风险摸底排查工作。完成辖区520家互联网金融企业排查，确保社会和谐与人民生活安定。寻求“互联网+”“文化+”类产业进驻的政策支持，打造富有特色的新型文化创意产业区。为京津冀产业对接协作发展合作提供支持，开展京津冀产业对接协作发展合作相关的信息报送工作，联合普仁医院，组织副高以上专家10人赴河北省涞水县医院开展义诊。联系相关部门了解政策及京津冀相关项目产业情况，争取协同发展资金扶持，为京津冀产业对接协作发展服务。（吴婧）

【疏非控人工作】疏解常住人口1351人，疏解影响人口5499人，分解任务目标后涉及拆除违法建筑、清退施工队、整治地下空间、治理群租房和开墙打洞，清理废品回收站，取缔无证无照经商等13个项目。拆除兴隆都市馨园3号楼702室、12号楼603室、604室占压天然气管线的违法建设，全年拆除市级挂账违建26处、新生违建13处3751平方米。至年底疏解影响人口7307人，占全年任务目标132.9%。（吴婧）

# 东花市街道

【概况】东花市街道办事处是区政府派出机构。位于东城区中心东部，东起朝阳区双井街道，南至龙潭、体育馆路街道，西依崇文门街道，北到建国门街道。面积2.05平方千米。交通主干道有东花市大街，南、北花市大街，白桥大街，广渠门内、外大街，崇文门东7条大街，东二环主路穿辖区而过。设社区居委会8个，户籍人口1.76万户4.49万人，流动人口1.43万人，有回、满、蒙古等少数民族3300人。辖区有中央、市、区属单位91家，中、小学、幼儿园12所，医院2所，甘肃省、黄山市驻京办事处2家。有国家级文物保护单位城东南角楼，市级文物保护单位袁崇焕祠、隆安寺等。机构设置24个，公务员编制88人，实有83人；工勤编制4人，实有4人；事业单位5个，编制41人，实有35人。

年内，开展建党95周年推荐评选优秀党员、党务工作者、先进基层党组织工作。完成全国两会、十八届六中全会等重大活动服务保障工作，东城区党代表、人大代表换届选举工作。组织召开东花市街道党员大会，选举产生东城区第十二次代表大会代表10人。民主选举产生新一届东城区人大代表17人。拆除存量违建113处4811平方米，拆除新生违建52处2600平方米，整改地下空间14处2.74万平方米，治理群租房28处面积6352.21平方米，拆违成效名列全区第一。接受网络案件1.83万件，结案率99.3%。街道被评为年度北京市信访工作先进单位。

单位地址：东城区东花市北里西区3号楼
联系电话：67188640
邮政编码：100062　（张莉莉）

【城市管理】为西忠实里搬迁区308户居民发放采暖补贴，为南里中国强、广北7号院、广外北三、北四巷100余户居民发放煤改电低谷电补贴。开展全民义务植树日活动，8个社区种植树木30余株。普查辖区危险树木，修剪树木35棵。国庆期间在北花

6月，建党95周年表彰大会文艺演出

市大街北侧、南侧，白桥大街南口摆放花坛4.5万株。开展辖区自管绿地、树木和失管绿地的养护管理工作，通过政府采购物业管理服务模式，由区园林绿化二队专业承包，养护管理。在8个社区开展夏季灭蚊蝇和百万家庭灭蟑活动，发放灭蚊蝇药18箱。通过国家卫生区复审迎检工作，组织开展集中整治、清洁日活动20余次，清理无主堆物堆料350余车、环境脏乱点43处。对辖区自管绿地、主要大街开展蚊蝇消杀作业4次。拆除违法建设1000余平方米，违规广告牌匾、LED灯80余处400余平方米，签订门前三包责任书440份。完成老旧小区，即东三条3号楼、忠实里南街4号楼的环境整治工程。与辖区90余家主要单位签订防汛责任书，疏通西忠实里、中国强、广外北三、北四巷等地区800延米雨水管线，清除杂物、淤泥，保持排水畅通，做好各责任区排险工作，转移平房区居民1户3人。检查辖区人防地下空间61处，开展民防宣传月，“5.12”防灾减灾工作，普查人防地下空间散租人口及车库情况。

（张莉莉）

【民生保障】在册低保户343户470人，发放低保金322.4万元。为低保、低收入100户家庭办理慈善爱心卡，发放救助物资3.88万元。为困难学生10人申请助学金1万元。为低保特困老年人22人办理慈善医疗卡。为90岁以上及百岁老人180人发放高龄津贴14万元，为95岁以上老年人8人发放医疗补助4万元，为高龄困难老年人10人申请慰问金6000元。救助门诊33人、危重病15人、重大特困疾病60人，发放医疗救助款37万元、临时救助8人2.05万元。资助贫困学生5人，发放助学补贴款2.22万元。为在册军工、地退33人，发放退休费140余万元，报销医药费30余万元。评选市、区级孝星30人，发放奖金3万元。筹建忠实里南里79号院2000平方米——东花市街道养老照料中心，为地区老年人提供养老照料床位41张。已建成居家养老服务管理中心1处、社区养老服务驿站2处。换届选举东花市地区残联。发放186人残摩车燃油补助，为重度肢体残疾人5户家庭装护理床。为残疾儿童9人发放康复补贴，启动受理重性精神病人85人看护管理补贴。新增独生子女死亡家庭特别扶助对象2人、年审41人，新增伤残家庭特别扶助对象1人，年审78人，健全完善122人特殊家庭联系人制度。办理北京市一孩生育服务证290个、二孩生育服务证238个、再生育行政确认2个，办理流动人口一孩生育证68个、二孩生育证21个、独生子女父母光荣证59个。开展0—3岁婴幼儿家庭早教活动11次400余人次，间接受益1000人次。办理计划生育家庭意外伤害保险953人次。

（张莉莉）

【社会治安综合治理】在“两节”、全国“两会”、十八届六中全会等重大政治活动中，组织发动群防群治力量11万人次。建立11家微型消防站，为辖区居民加装家庭独立烟感报警器200只。改接白桥大街7家餐饮单位集中区管道天然气工程。重点防控辖区禁放点18个、燃放点27处、平房院落5处，发放张贴消防安全提示5500余份。全年清理可燃物70余吨。完成辖区52家餐饮单位投保安责险，超出原定计划4%。完成辖区11家企业三级达标创建工作。对辖区企业、居民开展安全培训演练1万余人次，发放日常安全宣传手册、海报、折页等宣传品6.5万余份，悬挂横幅90余条，张贴海报800余张。组织辖区专职安全员开展日常安全检查587家，发现隐患1050处、整改617处。全年接待群众来访151件次188人次，涉及问题63件，协调化解59件、化解率94%。办理上级系统转办来信来电160批次268人次、协调化解155批次，化解率97%。

（张莉莉）

【社区建设】完成首次自主招考社区工作者工作，通过中国国家人才网、千龙新闻网、前程无忧、数字东城、《北京青年报》、《北京社区报》、《北京青年社区报》等媒体发布公告，并委托第三方进行公告及相关文件发布工作，流程公开透明，招录社区工作者42人。通过区里统一招考社区工作者7人，社工队伍180人，专题培训社区工作者。整合已有社区信息化建设资源，实践网上论坛、社区博客、微博等信息化技术，在北里西区、花市枣苑、东花市南里3个社区试点“微网格”，提供行政、社会事务和社区便民服务，拓宽政府与公众的沟通反馈渠道，保障社区居民知情权、参与权、决策权、监督权。完成政府购买服务花市枣苑“馨香印”项目3万元资金使用，开展活动6次。枣苑社区入围北京市魅力社区100强。做好社区办公用房盘查管理工作，实现办公面积有效利用，通过实地勘察，在册登记，统计房屋26处，面积达5896.39平方米，其中10处为地下空间，4处租赁房屋。装修改造北里西区社区服务站、广外南里服务中心活动站卫生间。（张莉莉）

【党建工作】开展“两学一做”学习教育活动。辖区29家单位、7个社区党组织纳入街道党建工作协调委员会范畴，完善《东花市街道党建工作协调委员会章程》。完善需求和服务认领机制，通过建立需求和服务“菜单”，实现需求和服务对接认领34项。307家非公企业和10家社会组织分别以单独建、派驻建、功能建等方式实现党的组织和党的工作两个100%覆盖目标。推进非公企业基层党建提升工程，指导成立百叶兰台（北京）档案科技有限公司党支部等3个非公企业党支部。以“向阳开非公党建主阵地”为平台，举行“牵手共建 文化共享”第二届非公企业乒乓球联谊赛、“缅怀革命先烈 弘扬民族精神”红色教育基地参观、登香山环保公益行等特色活动。以“党建引领·花缘南里”为主题，打造南里社区1500平方米党建示范点，党建示范点人口1.2万人，驻区单位168家。推进党风廉政建设。举办廉政文化专场演出、专题讲座学党规守党纪等各类廉政宣教活动10余次，受教育1万余人，利用《和谐花市报》、手机客户端等平台弘扬和培育地区廉政文化。社区青年汇举办“新青年学堂”、“新青年城市体验营”等活动49场次2000余人次参加。工会组织95家、企业452家，会员5093人，签订集体合同率达100%。开展法律服务、咨询112次，案例大讲堂1次职工500余人参加；新建“爱心妈咪屋”3家。开展京卡专享活动5次、职工1900余人参加，惠及地区会员43%。慰问非公企业职工达会员总数90%。（张莉莉）

【经济工作】全年为各类企业进行政策答疑200余次。开展打击非法集资专项整治行动，对300余家企业进行金融风险专项调查，核查10余家被举报企业，重点关注2家高危冒烟企业，分别制定工作预案。举办10余场打非专题活动。（张莉莉）

【疏非控人工作】全年疏解人口7682人、完成台账111%，拆除存量违建113处面积4811平方米。拆除新生违建52处2600平方米，治理群租房28处面积6352.21平方米，整改地下空间14处2.74万平方米。拆除违规户外广告牌匾和LED显示屏220块，面积1150平方米。取缔各类无证无照经营34户848平方米，治理开墙打洞5处，整治黑摩的车辆83辆。（张莉莉）

【西忠实里环境整治收尾工作】项目纳入征收范围309户，签约期结束签约299户、签约比例近97%，剩余居民9户、单位1家即三辰公司。8月，对未纳入征收的118户居民居住地开展环境整治，拆迁116处、剩余2处。至年底，腾退工作基本完成。11月东城区园林局进驻现场实施绿化改造。（张莉莉）

# 龙潭街道

【概况】龙潭街道办事处是区政府派出机构。位于东城区东南部，东起护城河西岸、隔河与朝阳区相望，南至左安门护城河与朝阳区、丰台区接壤，西依幸福大街、京广铁路与体育馆路街道相连，北至广渠门内大街（东段）与东花市街道分界。面积3.06平方千米，有广渠门内大街（东段）、幸福大街、光明路、夕照寺街、左安门内等主要大街，光明、广渠门2座立交桥，京广铁路线1.50平方千米。设社区居委会11个，户籍人口2.24万户6.36万人，常住人口6.06万人，流动人口1.41万人，有回、满、蒙古等少数民族2870人。辖区有中央、市、区属单位和无主管单位2450个，中、小学、幼儿园14所。有龙潭公园、北京教学植物园、北京少年宫，京城水上游南城水系沿东南环绕而过，区工人文化宫（红剧场）、京城百工坊等文化设施，袁督师庙、夕照寺等文物保护单位。机构设置23个，有公务员编制90人，实有86人；工勤编制3人，实有3人；事业单位5个，编制54人，实有37人。

年内，完成建国67周年、十八届六中全会服务保障、非首都功能疏解、环境综合整治、老旧楼房抗震加固等工作。推进夕照寺西里南区老旧小区管理全区试点工作，创新“居民自治+专业服务”小区管理模式，引入物业公司，小区安全防范、停车管理、绿化保洁等服务逐步入轨。建立楼门自治小组、片区自管会、社区民主协商议事会三级议事模式，制定公式、居民公约并公示，打造文体休闲空间和特色楼门文化。地区有志愿者7236人，实现各社区常态服务志愿者和党员志愿者1376人的动态信息管理。推进网格化体系一体化运行，顺畅两网平台即“12345”、“96010”为民服务热线办理渠道，接收网格案件1.31万件、回复率100%、办结率99.75%。街道获北京市老干部工作先进集体、北京市充分就业示范地区、首都城市环境建设样板单位、首都无偿献血工作先进集体等荣誉。

单位地址：东城区广渠门南水关胡同甲7号院
联系电话：67120375
邮政编码：100061
（牛晶晶）

【城市管理】完成煤改电电暖器设备验收1511台、回收蜂窝煤8521块，发放134户居民煤改电低价补贴经费10.79万元。治理辖区200棵杨柳飞絮工作，补种幸福社区绿植42棵。为残疾人修建夕照寺西里27号楼南侧台阶坡道，整治夕照寺西里6号楼及周边、15号院环境。配合区房管部门做好龙潭北里、夕照寺老旧小区11栋楼抗震加固工程。完成辖区60栋简易、苏式楼摸底调查工作。开展主汛期防汛和冬季扫雪铲冰工作，联系城市河湖管理处第三管理所、龙潭公园，建立河长制联系机制和定期例会制度，落实河长属地责任。完成地区老旧机动车淘汰入户宣传，发放宣传材料1934份，核实地区国I国Ⅱ排放标准轻型汽油车1702辆。创新“互联网+城市管理”工作模式，建立龙潭街道城市管理微信群，形成第一时间发现，第一时间处置，第一时间反馈工作机制。北京龙潭装修垃圾监管（DGS）平台有效运行，登记装修业主和单位325户，到期业主自清率达100%，遏制无主渣土产生与囤积，在15个小区设立17个分类垃圾收集点。配备指导员30人，制作积分卡1.22万张，居民持卡率达23.8%，日参与率16%。

（牛晶晶）

【民生保障】新申请保障性住房、住房补贴市级备案237户，经济适用房、限价房轮候家庭现场选房440户。发放廉租补贴、市场租房补贴150余万元。发放低保金3944人次339万余元。两节期间，为355户低保家庭发放节日补贴14.2万元，发放电价补贴559户1.22万元，燃煤、清洁能源补贴33户3.31万元，集中供暖补贴91户12.12万元，丧葬补贴6人3万元。办理老年优待证450个、老年优待卡1652张，发放养老助残卡3.25万人次330.32万元。与“50+生活馆”企业开展双向为老服务合作，引入北京小棉袄爱老科技有限责任公司。升级华城、左安漪园、幸福社区惠老服务功能，建成街道为老服务技能实训和失能老人康复中心、街道南区惠老服务中心、幸福社区养老驿站，为地区老年人提供健康管理、康复训练等惠老服务。安置失业、就业困难人员964人，零就业家庭保持动态为零，登记失业率控制在1.45%，辖区内就业服务对象对公共就业服务机构办事效率、时效、态度满意度达97%；完成残联换届选举工作，残疾人温馨家园成功申报市级志愿者服务站项目。完成领行国际大厦A座劳动用工规范一条街建设。全年办理一胎生育服务证447例，二胎生育服务证387例，计划生育率达99.8%。

（牛晶晶）

【社会治安综合治理】发动各类群防群治力量15万余人次，做好“两节”、“两会”等重点敏感时期社会面防控、反恐维稳工作。在地区安装监控探头85个，基本实现主要大街、重点部位信息图像全覆盖。完成夕照寺社区实有人口信息采集核录。组织生产经营单位安全检查1740家次，整改隐患856处，在全区安全生产综合考核街道中排名第一。幸福安家、左安和家综合治安消防工作站投入使用，其中幸福安家作为全区首家24小时防消一体化社区微型消防站，做到早发现、早报告、早处置火情。完善处、科级领导信访接待日制度，处级领导接访和主动约访97人次，接待办理群众来信来访来电等信访件1602件，案件回复率达100%、解决率达95%。启动“七五”普法工作，完成街道行政复议受理点建设，检查食品流通经营单位、餐饮药品等单位200余家。

（牛晶晶）

【社区建设】巩固全市参与式协商治理试点街道工作成果，在新家园社区地下活动用房使用、龙潭北里社区车辆管理、左安浦园社区公益项目认领等事项，引导居民通过开发空间讨论会等参与式协商方法讨论和实施。联合首都信息发展股份有限公司打造全区首家社区综合服务平台，实现地区人、地、事、物、组织信息一站式共享和管理，以及志愿者、社会组织、公益项目综合性动态管理。培育“幸福夕阳手拉手”空巢老人互助团、“夕阳天使”志愿服务队等志愿活动品牌，为地区空巢老人提供理发、维修等服务。指导幸福家园等小区居民成立业委会，处理绿景馨园等小区物业矛盾纠纷和群众聚集事件。做好夕照寺西里6号楼、幸福南里10号楼火灾善后居民情绪安抚、周转安置等

5月10日，市领导调研街道漫艺汇文化服务中心

工作。探索社区建设“三化标准”，统一各社区常用信息及序列，按照人口数量、房屋类型等情况进行分类，建立动态基础数据库，提高社区管理标准化、规范化、精细化水平；创新社区后备人才培养模式，采取区街上挂、兄弟单位间外挂形式，选派优秀后备4人到区文明办等单位挂职锻炼。联合引行社工事务所，向社区工作者、居民带头人等人群，开展魔方人生沙盘模拟训练，社区实务、心理助力课程等培训，提升专业素质和工作能力。（牛晶晶）

【党建工作】创新主旋律讲坛、“微论慧”中心组学习微信群、感观课堂3个载体，组织中心组学习32场，主题研讨、观摩调研8次。开展处级领导干部“微党课”13场，利用“微论慧”推送理论文章时事新闻300余篇。落实意识形态工作责任制，上报舆情174篇。“及幼国学课堂”未成年人思想道德建设品牌活动获市级创新案例提名奖。街道领导班子和党员干部深入基层2830人次，指导梳理工作387次，解决突出问题75件。开展“两学一做”学习教育，细化规定动作任务17项、创新自选动作12项，确保地区党员3643人全覆盖；以坚定信念走在前列、发展建设干在实处、服务群众做在当下为干部队伍建设月活动主题，干部1500人次参加。在中组部老干部工作会上作为全国唯一街道代表做典型发言，被《中国组织人事报》《北京老干部》刊载。选举产生街道党代表100人，区党代表10人，10个人大代表选区，一次性成功选举产生人大代表23人，选民投票率达99%，提名推荐区政协委员3人全部当选。完成商会注册、征兵工作，打造全市首家妇女之家微信平台，辖区已建会企业签订工资专项集体合同全覆盖。领导班子带头履行一岗双责，带队检查联系社区落实“两个责任”工作情况。对三公经费、折子工程、党风廉政责任制落实重点工作抽查33次。（牛晶晶）

【经济工作】依托网格管理服务、街道自身媒体、社区户外媒体三平台，社区工商工作站、老年消费维权指导站两个站点，开展防范和打击非法集资专项整治宣传教育。开展互联网金融风险专项整治摸底排查，对集中下发的企业名册进行3轮查找、核对、确认，最终认领505家属于龙潭地区企业，对排查内容、完成时间、工作流程等内容进行逐一明确，按时上报505个单位核查信息。联合工商所，结合经营异常名录，核查北京大宝饭店、幸福南里17号楼内企业信息，并通过全国企业信誉信息网逐一核实注册信息，完善集中办公区236家企业基础台账。（牛晶晶）

【疏非控人工作】完成区下达非首都功能疏解与人口调控工作。全面摸清地区户籍和常住人口、违法建设、非法教育机构、无证无照经营等基础数据，建立7项工作台账。落实拆违工作，拆除违法建设356处8805平方米，拆违处数连续3年名列全区前列，均在区级会议上介绍经验。培新街打造为东城区无开墙打洞示范街，封堵开墙打洞39处1211平方米，依法取缔无证无照生产经营单位34家，整治无照游商、露天烧烤、私装地锁等违法行为2000余起。以“三查三访”，即信息核查、入户走访，执法检查、谈话约访，重点督查、电话回访长效机制。治理群租房16处、左安漪园2号楼等地下空间7处面积1.24万平方米，中央电视台等多家媒体报道。（牛晶晶）

【龙潭幸福成长营】5月24日，全区首家生活好课堂·龙潭幸福成长营，在龙潭街道“漫艺汇”综合文化服务中心正式启动。引进专业化人才，挖掘地区文化资源，在全区首次采用街道与北京第四届“十大”创业青年李向显创办的“生活好课堂”文化公益品牌合作形式，搭建互动交流平台，利用企业高端人才招募渠道，打造优质品牌活动。实现社会资源与居民需求有效对接，通过微信微博互动、座谈会、发放调查问卷等方式调研社区居民的需求，结合居民关注的热点问题调整现有课程，开展互动、体验和实践性课程，供居民所需，推出以家庭关系、家庭沟通、亲子教育、个人成长为主题的幸福系列课程8期，采取交流、课后访谈、微信群等多种方式和艺术形式，增强居民文化交流的感受，让居民在思想的碰撞中探索幸福家庭经营好方法。（牛晶晶）

# 体育馆路街道

【概况】体育馆路街道办事处是区政府派出机构，位于东城区东南部，东起幸福大街、幸福东街和京广铁路，南至玉蜓桥、京广铁路与丰台区接壤，西依磁器口大街、天坛路、天坛东路与天坛街道为邻，北至广渠门内大街。面积1.84平方千米，有街巷胡同59条。设社区居委会10个，户籍人口1.59万户3.35万人，流动人口1.08万人，有回、满、蒙古等少数民族2520人。辖区有国家体育总局、中国棋院、红桥市场、天坛饭店等重点单位161个，有中、小学、幼儿园5所，特殊教育学校1所，医院4所，社区卫生服务中心、服务站3个，区级文物保护单位法华寺、南岗子天主教堂2处。机构设置27个，有公务员编制87人，实有82人；工勤编制3人，实有3人；事业单位4个，编制35人，实有31人。

年内，完成元旦、全国“两会”、G20峰会等重大活动服务保障工作。超额完成人口调控任务，疏解影响人口5982人，完成率为121.8%。开展平房区物业管理服务模式，建立体育馆路地区物业服务管理领导小组、成立体育馆路地区物业服务管理工作联席会。推进体育馆西路北段等5条次支路建设，完成体育馆西路北段、红桥市场南路、四块玉中街等主体工程。成立社区工作者联合会，完成人大换届选举，推选地区分会第十六届人大代表20人。街道被评为北京市构建和谐劳动关系先进单位、劳动用工规范一条街工程工作先进单位、年度银龄婚姻家庭建设公益活动组织奖、第八届北京快板邀请赛暨2016年京津冀快板邀请赛优秀组织奖。北京市天坛出租车有限责任公司天坛雷锋车队被评为全国学雷锋活动示范点。社区服务中心1人被授予北京市“三八”红旗奖章荣誉称号。

单位地址：东城区体育馆西路1号
联系电话：67199622
邮政编码：100061
（康佳宁）

【城市管理】审核采暖季煤改电补贴40余万元，在121台煤改电大型电力设备周边增设隔离护栏。发放城市环境建设法律法规宣传品2700余份，悬挂横幅40余条。防治自管绿地病虫害58条胡同、7万余平方米，修剪危树631处、砍伐132棵。在磁器口大街道路两侧安装隔离护栏680米、道路中心安装交通隔离护栏800米，安放花箱140个。推进体育馆西路北段等5条次支路建设，完成体育馆西路北段、红桥市场南路、四块玉中街主体工程。利用东西四块玉路南侧闲置土地建设车位230余个。拆除违法建设115处4765.51平方米，封堵治理体育馆西路南段违规开墙打洞商户44处。为垃圾分类小区更换新型环保密闭式垃圾箱。巡查人防工程70余次，回填18处，处置东方明宫积水险情，清理整治长青园12号楼地下空间。协调处置防空洞塌陷4处、地面5处，处置汛期险情110余起。投资216万余元，引进物业服务企业2家，在1、8、9号网格1.39万平方米平房区域，推行以公共区域保洁、维护治安秩序、开展低偿便民服务等为重点的物业管理服务，建立体育馆路地区物业服务管理领导小组，成立体育馆路地区物业服务管理工作联席会，搭建地区物业（产权）单位、职能部门、社区居委会联动沟通平台。（康佳宁）

5月4日，综合整治磁器口大街

【民生保障】完成保障房选房429户，公租房家庭租金补贴复核140户，经济适用房、限价房复核834户，公租房认租登记1051户次，廉租房实物配租家庭年审197户。依托街道养老照料中心，为2000余老年人定制居家养老服务卡，提供助洁、助医、拓展等服务17项，为10个社区老年餐桌配备送餐车。聘请专业机构开展老年人心理慰藉项目，调查辖区老年人心理健康状况并有针对性重点疏导。引进社会力量参与早教工作，建立社区早教持续发展新常态。完成街道残联第七次代表大会换届，选举产生街道残联新一届主席团委员19人。组织专场招聘会帮助困难群体实现就业，城镇登记失业率控制在1%以内，保持“零就业家庭”动态为零。开展职业技能培训，组织建设珠串加工基地，帮助辖区残疾人实现就业。举办残疾人趣味接力环湖赛、夏日文化广场专场演出等活动，辖区居民320人参加。（康佳宁）

【社会治安综合治理】完成重点时期社会面防控工作54天，发动地区群防群治力量5万余人次。实地走访、检查群租房20处，出动234人次整治3436平方米，疏解人口327人，发放宣传品及宣传牌2000余份。开展摸底排查群租房，将5处群租房纳入整治台账。开展入户大走访、平安东城主题宣传月活动，1000余人次走访入户305次，现场宣传33次，召开座谈会25次，发放调查问卷513份。走访居民765户，收集问题、建议440件，解决问题127件。建立全区第二家人民防线宣教室，组织开展国家安全工作培训会1次。办理群众来信56件、来访167批212人次，社区代理化解矛盾237件，组建七大类43家调解组织，开展劳动争议调解员培训2期。处理群体讨薪事件2起89人，追回拖欠工资157.8万元（康佳宁）

【社区建设】成立社区工作者联合会，推动社区工作者自我管理、自我服务。完成社会公益立项114项，新招录社区工作者29人。验收9个社区62个新建监控探头，在高发案地段安装太阳能警灯7盏。举办第四届社区好声音比赛，开展系列文艺演出100余场2万余人次参加。开展第七届社区体育文化节系列活动，3500余人参加。拍摄微电影《团队》，展现外来务工人员文化生活。联合天环书画院，开展百名将军书画展，举办太极推手体验、寒假趣味运动冬令营、篮球夏令营等系列活动，开展社区“和谐杯”乒乓球赛，举办地区“五人制”足球赛，辖区1000人次参加。（康佳宁）

【党建工作】召开街道工委会30次，领导班子研究决策重大事项424件，重新修订年度制度汇编，打造党群服务中心、创建法华南里社区党建示范点5个。完成服务群众项目44个经费200余万元。开展两节慰问活动，商会企业慰问困难群众105人、归侨侨眷32人、社区困难党员501人、贫困青少年14人，为青少年1人申请到“希望之星”助学金。召开地区妇联执委会，替补、增补妇联执委7人，选举兼职副主席4人，组织执委联席会1次、活动2次，开展青年文化、志愿服务活动48项。完成人大换届选举，推选出地区分会第十六届人大代表20人。（康佳宁）

【疏非控人工作】成立人口调控工作指挥部，设城市管理、流动人口、业态升级、文教综合4个分指挥部和宣传、监察小组。超额完成人口调控任务，至10月底，疏解影响人口5982人，完成率121.8%。特吉特早市正式更名为北京特吉特农副产品市场有限公司。红桥天乐市场完成整体拆除，红桥天环市场正式关停，升级改造红桥天雅市场一层。红桥市场五层成立珠宝设计师工作室，升级为原创珠宝设计中心、国际珠宝交易中心。北京天宝润德古玩文物艺术会展中心升级为文化产业园。（康佳宁）

【经济建设】全年财政收入8775.68万元。防范和处置非法集资，通过手机APP形式，录入核查416家涉非企业基本情况，向辖区居民发放1000辆便携购菜车和5000个购物袋，警示和提醒居民提高风险意识和防范能力。（康佳宁）

# 天坛街道

【概况】天坛街道办事处是区政府派出机构。位于东城区西南部，东起磁器口大街、天坛东路，南至永定门东街，西依前门大街（南段）、天桥南大街、永定门内大街，北到珠市口东大街。面积4.03平方千米，有街巷70条，其中主要大街7条，即天坛路、祈年大街、珠市口东大街、前门大街（南段）、天桥大街、永定门内大街、永定门东街。设社区居委会16个，户籍人口2.11万户6.29万人，常住人口1.89万户5.31万人，流动人口2299户1.5万人，以汉族为主，回、满、蒙古、朝鲜、土家等民族32个。辖区有中央、市、区属单位165个，中、小学、幼儿园9所。有世界文化遗产天坛公园，市级文物保护单位金台书院、正阳桥疏渠记方碑，区级文物保护单位药王庙及清末传奇人物大刀王五的源顺镖局旧址，新中国筹建的第一座大型自然历史博物馆——北京自然博物馆及中华民族艺术珍品博物馆。机构设置23个，有公务员编制96人，实有89人；工勤编制8人，实有7人；事业单位4个，编制40人，实有34人。

年内，围绕建党95周年、长征胜利80周年，举办书法比赛、重走长征路等系列活动，召开党建研讨会，组织党员观看《永远在路上》，开展“千面党旗展风采、万名党员做奉献”党员志愿服务活动。完成“两会”、十八届六中全会等各个重点时期社会面防控任务，区党代会、人大代表换届选举工作。召开天坛街道党员代表大会，差额选举产生出席中共东城区第十二次代表大会代表11人。民主投票选举产生新一届人大代表24人。街道被评为市级交通安全先进单位，副主任1人被评为市级交通安全优秀管理干部。

单位地址：东城区西草市街74号
联系电话：67021429
邮政编码：100062（赵薇）

【城市管理】完成辖区506户居民1084台正规煤改电电暖器验收，核算上年简易煤改电设备补贴，涉及西草市、红庙街、西园子、东晓市4个社区360户32.1万元。核算搬迁区域电采暖设备、电费补贴资金，涉及东里北1～8号楼、天坛南里56栋简易楼腾退区2567户资金1010.74万元。春季灭鼠2次，安放老鼠盒2000余个，投放鼠药500公斤。完成夏季灭蚊蝇4次，发放灭蟑药品1000余支，检查餐饮单位40余家。与10家责任单位签订绿化美化责任书，安装白蛾诱捕器100个。开展草履蚧防治16个社区辖区2000余棵树木，种植沿街绿植20余平方米，清除树木隐患35处。开展义务植树日宣传活动，修剪危树200余棵。完成金鱼池中区月季社区建设工程。专项整治金鱼池地区，安放交通护栏2200余米、指示牌24块，规范停车位113处。抢修漏雨平房188间、楼房16间。及时排除西园子三巷33号、天坛东侧路地面塌陷，西园子街46号墙体倒塌，大市新胡同两侧墙体坍塌等33处险患，未发生人员伤亡。清理建筑垃圾、僵尸自行车、废弃桌椅及其他占道杂物8车次。规范占道经营商户8家，治理违规占道快递公司3家。发放辖区136家单位用水指标，开展“世界水日中国水周”节水宣传活动，开展燃气安全检查安全大讲堂各3次，调查自建房家庭7000余户。回填西半壁街21～31号、复康里家属院早期人防工程400平方米。配合区民防局调试天坛地区地震应急指挥平台，5月12日，完成辖区地震应急综合演练。（赵薇）

【民生保障】受理保障性住房申请家庭212户、备案通过185户，公租补贴申请94户、备案通过70户。复核已入住公租房家庭材料150户。受理市场住房补贴申请120户、备案通过102户。组织居民参加经济适用房选房215户、限价商品房170户、公租房138户，领取市场租房补贴70户家庭。协助天坛周边简易楼腾退项目，申请公租房家庭150余户，组织选房活动7次，已选公租房家庭130户。完成低保复审调标740户1.33万人，补发1至3月低保金24.64万元。全年新批低保24户38人，发放低保金1099.93万元、药费报销52.09万元。为低保家庭大一新生9人办理教育救助3.99万元。受理并审查精神病监护人材料102份，发放精神病人补贴22.44万元。发放优抚定期补助19.33万元，发放残疾军人抚恤金55.88万元。天坛养老照料中心正式开业。报销高龄老人药费19人7.54万元，发放高龄津贴301人30.69万元，办理老年证375人、老年优待卡770人，更换老人一卡通4626人、发卡3638张。为80岁老人2283人发放补贴298.46万元，为老人31人安装燃气报警器。解决老龄人员上访20件。“两节”走访慰问特困、大病、高龄、孤寡老人61人，发慰问品1.8万元。换届选举天坛地区残疾人联合会。发放ABC残疾人生活补助4974人次83.22万元，助残券4641人次46.41万元，残疾人护理补贴5723人次92.63万元。为残疾人145人发放“两节”补贴10.24万元、残疾人三险补贴851人次186.84万元、残疾儿童康复训练补助10人次15.11万元。为14户残疾人家庭进行无障碍升级改造，为112户听力残疾人家庭安装煤气报警器。全年出生408人，办理一胎生育证129人、二胎47人，办理独生子女证57人，年审特扶家庭173例。办理独生子女父母一次性奖励393人，发放独生子女父母奖励费43万余元。开展计划生育家庭意外伤害保险投保129份323人。开展0-3岁婴幼儿早教活动15次，200余人次婴幼儿参加。走访慰问特扶家庭50余户，为特扶人员投计划生育家庭意外伤害保险134份。（赵薇）

10月8日，市、区领导姜志刚等调研天坛简易楼腾退项目

【社会治安综合治理】全年开展国家安全信息员、流管员队伍等培训21次，发动治安志愿者18万余人次，完成春节、“两会”、G20峰会、十八届六中全会等各个重点时期社会面防控工作，做好简易楼腾退及选房期间安保工作。开展社区平安大走访，走访居民1万余户，发放调查问卷1万余份。加强物技防建设，维修金鱼池西、中、东社区95个监控探头，为永内东街等6个社区安装监控探头系统。发动400人次，整治天坛、口腔医院号贩子，开展巡逻84次、宣传教育19次，清理整治18次，抓获号贩子13人。更新灭火器1300余具。组织专业部门指导服务辖区企业20家，发现并整改隐患79处，与16个社区、76家重点单位分别签订烟花爆竹安全管理责任状，重点防控辖区59个禁放点、21处燃放点，发放安全提示2万余份。开展日常安全检查1294家次、发现并整改隐患296处。（赵薇）

【社区建设】翻建东里北区社区服务用房，扩大1倍办公面积，提高软件设施。修缮金鱼池东区、永内东街东里社区服务用房，继续签订红庙街、西草市2个社区服务用房租赁合同。组织社区工作者55人参加职业水平考前辅导培训，新招录社区工作者12人。制定《天坛街道社区工作守则》，修订《天坛街道社区工作者考勤管理办法》。将原天坛北门社区平安圈并入金鱼池中区社区服务圈，整合优化形成金鱼池地区“一刻钟社区服务圈”。启动7个社区为民服务新品牌，实现16个社区品牌建设全覆盖。开展为期一周的“4·18金鱼池社区文化节”，举办摄影、书画等8项比赛12个项目；打造龙须沟话剧班精品团队，与金宝街社区联合开展重阳节“两金”居民话剧观摩联谊会；组织文艺演出20场3000余人参加，获市级合唱

一等奖和其他奖项11个。（赵薇）

【党建工作】开展“两学一做”学习教育活动。两节期间，投入慰问资金31.16万元走访慰问生活困难党员1118人，建国前无收入老党员、老干部114人。开展共产党员献爱心捐款活动，地区基层党组织43个党员960人捐款4.24万元。按照市、区委要求开展党费收缴专项检查，党员319人补缴党费32.38万元。运用“互联网+”思维，依托“红云东城”，推动非公党建信息化建设，非公在职党员注册率超过90%。对未建立党组织的非公有制企业和社会组织，按照“一企一策”、“一社一策”要求，推进两个覆盖，已完成党组织工作覆盖率100%。接待台湾高雄市鼓山区里长联谊会参访团28人，与台湾高雄市盐埕区江西里盐埕社区签订友好协议。开展清风墨韵廉政书画作品展，征集作品120幅，展出45幅。新增建会企业101家会员1000余人，夏季送清凉慰问企业40余家职工3000余人次。开展“文体乐园·社区青年汇”成立三周年主题活动、“5.4公里与青春同行百人徒步活动”、地区团干部团队建设和五四团日青年干部畅谈会活动。开展天坛杯第三届示范平安家庭特色评选，弘扬天坛地区厚德载物特殊传统美德；践行北京精神、实施家庭文明创建工程，参加东城“好邻居”、“好家长”评选活动。（赵薇）

【经济工作】全年财政收入1.07亿元。成立打击非法集资工作小组，对401家互联网金融风险企业进行实地排查、约谈嫌疑企业2家、实地核查被举报企业6家、清理非法集资广告4处。（赵薇）

【疏非控人工作】全年疏解1.16万人，完成台账的104.8%。完成拆除违建615处8110平方米，疏解人口2074人。完成西半壁街、天坛南门、珠市口东大街16号楼违规“开墙打洞”专项治理工作，疏解143人。取缔无证无照62处1134平方米，疏解人口189人。开展次支路建设，拆除房屋800平方米，疏解人口200人。整治群租房314处、腾退2063平方米，疏解2008人。疏解低端商户181户，摊位207个，1634人4426.5平方米。（赵薇）

【天坛周边简易楼腾退项目】该项目是北京市最大的成片简易楼腾退工程，涉及简易楼57栋，产籍户2414户、户籍户2589户，户籍人口8134人。工程所需资金、房源均来自政府投资，没有任何开发收益，腾退后完全变为绿地。1月15日，预签协议奖励期结束，签约比例达85%，预签协议全部生效。3月26日，4栋简易楼拆除腾空；28日，区长李先忠等到项目总指挥部调研；31日，正式签约期结束，区政府做出征收决定，累计签约2313户，占总户数2414户的95.82%，剩余101户未签约。17栋楼签约比例达100%。5月16日，正式启动选房工作，副区长张立新现场调度；17日，区委书记张家明到选房现场调研、慰问工作人员。6月2日，完成2205户居民选房3907套；20日，市委副书记苟仲文到项目总指挥部调研。8月4日起，向首批1690户被征收人发放征收补偿剩余结算款。至12月31日，共拆除9栋简易楼，签约2319户，18栋简易楼签约比例达100%。（赵薇）

【南中轴路周边棚户区改造】项目范围：北至天坛路南侧、南至天坛公园西门北侧、西至天桥南大街东侧、东至天坛公园西外墙，占地面积约8.38公顷。征收对象为2008年停滞的自然博物馆周边、自然博物馆二期“城中村”项目剩余的75户。6月2～5日，征询改建意见，同意率达90.79%。7月30日，张贴《南中轴路周边棚户区改造项目房屋征收补偿方案（征求意见稿）》，为期30天。8月至9月，张贴正式征收补偿方案，区领导李先忠、陈之常到项目总指挥部调研。10月8日，正式启动预签约，副区长陈之常、张立新现场指导。11月26日，预签协议奖励期结束，累计签约58户，签约率77.33%，预签协议生效。至12月12日，累计交房49户，拆除房屋47户。12月19日，张贴南中轴路周边棚户区改造项目房屋征收决定的通告。（赵薇）

# 永定门外街道

【概况】永定门外街道办事处是区政府派出机构。位于东城区西南部，东起蒲黄榆，南至木樨园及南三环路一线，西依北京南站，北到永定门城楼、跨南二环滨河路。面积3.33平方千米，有大街11条、胡同街巷208条、过境公交线30余条。设社区居委会20个，户籍人口3.09万户8.45万人，常住人口13万人，有回、满、布依、蒙古等少数民族4141人。辖区有中、小学、幼儿园11所，注册内资企业4865家，外资企业48家，个体工商户6699户。有全国十大服装批发市场，即：百荣世贸商城、文化用品批发市场等，永定门广场、燕墩公园、安乐林公园等文化休闲场所。机构设置24个，有公务员编制101人，实有101人；工勤编制3人，实有3 人；事业单位4个，编制49人，实有49 人。

年内，完成为民办实事工程10项，三级政务服务体系逐步健全推广并纳入街道工作目标管理考核，86项便民服务事项进驻服务大厅。上报舆情信息70余条，发行永外新报25期，创建永外街道、东城望坛棚改征收、永外街道安全生产检查队等微信公众号。完成第十六届人大代表换届选举，选民4.22万人，登记率为99.89%。疏解影响人口减少2.34万人，完成全年指标任务。启动望坛棚户区改造项目，推进宝华里危改拆迁滞留区项目，收官西革新里回迁项目。完成市、区挂账违建销账191处9446平方米，实现新增违建“零”增长目标。建立街道级微型消防站，配备消防员8人，做到有人员、有器材、有战斗力、救早、灭小、3分钟到场标准。北京市总工会均授予北京兆尊建筑工程有限公司、街道总工会服务站各1人获首都劳动奖章称号，革新里社区舞蹈队获全国社区健康舞大赛北京地区市级赛第二名。街道被北京市民防局授予民防工作先进集体。

单位地址：东城区安乐林路85号
联系电话：67214663
邮政编码：100075
（万斯懿）

【城市管理】发放辖区居民1624户煤改电补贴352.78万元。开展“五禁”专项整治，检查商户1000余家，查处无照用煤50余起，查处游商180余起，收缴煤炉20余个、燃煤6000余块，暂扣煎饼车10余辆，拆除违法建设20余处。重新规划市场周边4条道路设施，悬挂宣传横幅近200条2000平方米，增设阻车桩、隔离墩、隔离栏500米、阻车花箱60个。开展松林里社区花园式社区创建工作，组织景泰社区、松林里社区万株月季绿植进家庭活动，治理辖区1400余棵杨柳飞絮问题。推进次支路建设，检查红线内门店燃气安全、店外经营、违规广告牌匾。启动革新南路征收工作，协调丰台交通委对区域内非住宅做好征收工作。集中整治百荣、永外城商圈和地铁站点周边黑摩的，每天增派社会力量60人次，12小时不间断巡控和制止。组织11个物业小区开展垃圾分类、卫生大扫除和月末清洁日宣传活动16次，发放宣传品1100件。清理车棚和卫生死角110处、各类垃圾40吨，启动应急预案，开展综合整治行动12次，出动保洁员880人次，清运车辆75辆，收集清运大件废弃物3500余件。清理清运各种垃圾130余吨、无主垃圾和堆物堆料250车4680处，违法小广告2.48万张，清涂墙体广告7480平方米。

（万斯懿）

【民生保障】发放家庭市场租房补贴86户，轮候家庭完成经适房、限价房选房503户，参与公租房配租意向登记700余户家庭，完成9批公租房补选，38户公租房轮候家庭入住，完成年审公租房补贴领取家庭165户，确定继续享受补贴资格家庭120户、补贴档次变更家庭27户、取消资格家庭18户。完成2次低保人员调标和复核工作，零就业家庭动态为零。建立“救急难”工作机制，保障急难对象的根本利益。为各类低保、残疾、困难群体1860人送慰问款139.11万元。为65岁以上老人，启用北京通-养老助残卡。升级居家养老服务卡，办理60岁老年优待证792人、65岁老年优待卡1188人、80岁居家养老服务券518人，发放90岁以上高龄津贴442人48.14万元。开展建筑工地专项执法检查2次，日常单位巡查120余户，处理群体性讨薪事件3起，追回拖欠工资138万余元。启动“规范一条街”工程，规范性审查民主北街街区及周边区域用工相对较薄弱的18家单位。开展政策咨询活动6次，接待群众咨询500余人次。重新装修温馨家园，扩建至400余平方米，实现残疾人就业29人。召开永外街道第七次残疾人代表大会，投票选举产生永外街道残疾人联合会第七届代表大会主席团委员。落实就业政策，安置失业人员868人，完成年计划109%。办理一胎生育证607人、二胎329人，做好育龄妇女、计划生育特殊家庭及新生儿的服务。（万斯懿）

【社会治安综合治理】开展平安宣传活动43次，安装治安通告牌、监督举报牌500余块。在老旧小区、平房院落安装探头573个、太阳能警示灯100个，在琉璃井、桃杨路社区试点安装简易监控149个。重大活动、节假日期间，发动群防群治力量14.97万人次，重点管控各类重点人19人。检查生产经营单位1230家，发现安全隐患2987处，下达隐患整改通知书及复查意见书862份，整改2895处。建立街道级微型消防站，24小时值班值守，配备消防员8人，喷水电动消防三轮车2辆，装载消防装备的电动三轮平板车2辆，携带灭火器的电动消防自行车2辆及多套专业防护处置设备。火灾事故11起，未造成人员伤亡。专项整治夏季露天烧烤、非法大排档，联合整治校园周边，专项整治报刊亭、寄递物流、流浪乞讨、非法集资、拆除地锁等，打击各类违法游商、黑摩的，对居民反映强烈的难点问题，查处各类违法现象6133起，拆除户外广告244块、地锁496个，没收广告牌127块、小广告2000张，查处网格案件5548件，一般程序案件立案416件，罚款51.58万元。开展“地毯式”矛盾大排查12次，专项排查6次，调解民间纠纷220件。受理群众来信来访318件次，接待来访634人次，信访案件的排查率达95%，按期处结率达100%；完成中央环保督察组信访督查件10件，落实整改环境秩序6处，拆除新生违建2处，规范经营2处，出动执法、保洁、保安人员209人，悬挂宣传横幅、指示牌25条（块），增设垃圾桶100个。开展“七五”普法宣传50场次，举办法制讲座41场，受教育群众1万人。开展矛盾大排查12次，调解民间纠纷222件。（万斯懿）

【社区建设】综合整治管村10号、永铁苑、富莱茵等9个老旧小区及望坛地区主要街巷及沙子口路等胡同街巷环境。制定《关于社区领导职务竞争性选拔的实施方案》《永外街道社区绩效考核方案（试行）》，编辑、印制永外街道年度各科室社区任务分解表。环境整治革新南路2号楼等18个小区23栋楼的老旧小区、地铁14号线新开通站点周边区域、彭庄拆迁滞留区，完成设计、审核、立项等前期工作。公开招录社区工作者38人，竞争选拔社区正、副职10人。为社区空巢老人提供送餐、理发、探望等服务项目。构建地区“一刻钟文化圈”，开展为期5个月的永定情怀艺术节，组织演出活动近100场，服务居民1万人。制定永外街道北京新市民大课堂实施方案、培训计划、授课安排，开展大课堂培训36学时1500余人参加。推进体育生活化社区创建，举办永外街道第二届“我要上场”3v3篮球赛、第十届“和谐杯”乒乓球、广播操等比赛活动，修建笼式足球场，篮球场、景泰乒乓球长廊为周边居民提供健身场所。建成1个中心10个社区综合文化活动室，配备社区文化志愿者39人，图书馆藏书4.73万册。扶持培养文体队伍、在册文体队伍扩大到113支。开展电影放映、群众文化、暑期儿童活动167场次。与宽和茶园、杨菲鼓曲工作室、北京顺兴祥康体育文化发展有限公司签订合作协议，开展曲艺巡演活动45场。（万斯懿）

【党建工作】召开纪念建党95周年表彰大会，表彰先进基层党组织10个，优秀共产党员100人、优秀党务工作者50人。举行“两学一做”学党章党规专题知识竞赛，社区、非公企业、机关党委7支队伍参加。组织辖区党员150人，开展党员先锋日环境整治志愿服务活动。开展排查失联党员42人，完善、更新党员5400人信息。完成街工委所属党员党费收缴专项检查，补交党费76万余元。指导推选21个单位、代表130人出席街道党代会，差额选举产生出席区党代会代表14人。成立中共北京市东城区望坛棚户区改造项目临时委员会，制定望坛棚改征收工作居民联系、“三自省”日志工作等制度和“八条职责”，制作并发放《党支部工作手册》。开展任职前廉政谈话17人次，开展提醒、函询谈话25人次，对相关科室和社区下发监察建议书11份。举办街道第一届职工子女托管班，解决企业职工子女假期无人看管困难，慰问辖区困难单亲母亲65人3.25万元。推荐出席东城区妇女代表大会正式代表12人。（万斯懿）

【经济建设】财政预算支出完成1.23亿元，为年度预算的125.92%。取消街道房产税代征点，终止房产税代征代缴业务，累计征收房产税9000元与区地税局完成交接工作。完成互联网金融企业摸底排查工作，涉及在册企业253户。发挥楼宇优势，与工商、税务等部门联动，协助企业办理漯河手续，引进企业注册5家、注册资本1.13亿元。完成永铁苑、琉璃井、富莱茵和李村社区城镇住户一体化调查工作。开展法人单位经营情况调查，涉及229家。人口抽样调查6个社区12个调查小区。（万斯懿）

【疏非控人工作】制定《永外街道2016年人口疏解工作方案》，谋划永外商务区发展，建立辖区市场疏解“日报告、周汇总”制度。加速商品交易市场疏解，疏解人口1.06万人，腾退面积11.86万平方米。清理直管公房转借转租，张贴告知书400余份，清理整治337户疏解616人。动员辖区内4家工业企业生产环节外迁，清理回迁滞留区抢占房、腾空抢占房589处面积2.56万平方米，疏解影响人口减少3648人。拆除整治区域内违规户外广告21块7049平方米。拆除李村北里临门11号天景公寓C座、安乐林头条2号院历史遗留违建、永外大街101号迤西地区、富莱茵小区18号楼楼顶违法建设、车站路东侧院内违法建设等235间7742平方米。拆除新生违法建设10处547.5平方米。与公安、工商、食药、环卫等开展联合执法，整治无证照小餐饮90余次，完成无证照餐饮挂账整治36户。联合执法关停3家非法办学，疏解影响人口减少178人。群租房及地下空间专项整治“利剑行动”，整治挂账群租房44处8743. 64平方米，地下空间群租6处4933平方米，拆除隔断房601间，清理违法承租人1878人。通过政府购买服务方式建立永外地区巡控队，劝阻店外经营2120次，清理无照商贩2.27万次，制止乱贴乱发小广告7820次，清劝沿街晾晒2500次，制止破坏环境等不文明行为9430次。（万斯懿）

【望坛棚户区改造项目】该项目是核心区最大的棚户区改造项目，北靠京津城际铁路，南至安乐林路，西临永外大街，东起景泰路，用地面积46公顷。项目范围内居民产籍约5700余户、户籍人口2万余人，社会单位68家。发布致望坛居民和社会单位的一封信，建立“一对一”联系人制度，抽调机关干部、社区工作者223人。清理整治直管公房转租转借337户，拆除

4月21日，参加全国社区健康舞大赛活动现场

隔断123间2600平方米，疏解620人。8月，成立征收工作领导小组和征收工作现场总指挥部，下设1办7组、18个分指挥部、164个工作小组，4～14日，完成望坛棚改范围前期入户调查结果第一轮公示。9月8日，望坛棚改之家对外开放，设立法律咨询、司法公证、信访接待、便民4个服务站，对接6个律师事务所、律师30余人，印发居民常用法律知识宣传手册1.54万册；23日，召开望坛棚户区改造项目征收动员大会。10月15～21日，完成望坛棚改范围前期入户调查结果第二轮公示。11月，公布以自愿投票和公开摇号方式确定18家房地产评估机构，成立临时党支部。12月22日，《公布望坛棚户区改造项目国有土地上住宅房屋征收补偿方案（征求公众意见稿）》《望坛棚户区改造项目国有土地上非住宅房屋征收补偿方案（征求公众意见稿）》；24～30日，组织征收范围内约2万人次居民到北京城建·兴悦居（大兴瀛海）楼盘现场和首创·美澜湾（大兴团河）样板展示区参观。（万斯懿）

# 东城区街道工委及办事处负责人

|  |  |
|---|---|
| 东华门街道工委书记 | 陈本宇（5月免） |
| | 赵宏松（回族，5月任） |
| 办事处主任 | 赵宏松（回族，5月免） |
| | 向　愚（7月任） |
| 景山街道工委书记 | 冯建国 |
| 办事处主任 | 高永学（满族） |
| 交道口街道工委书记 | 严　岩（女，5月免） |
| | 吕德成（5月任） |
| 办事处主任 | 关　波（满族） |
| 安定门街道工委书记 | 石　勇（1月免） |
| | 赵明杰（1月任） |
| 办事处主任 | 刘俊彩（女，2月免） |
| | 王　昕（女，3月任） |
| 北新桥街道工委书记 | 武建军（1月免） |
| | 郑青云（1月任） |
| 办事处主任 | 韩新星（7月免） |
| | 安　虹（女，7月任） |
| 东四街道工委书记 | 赵凌云（女） |
| 办事处主任 | 荀连忠 |
| 朝阳门街道工委书记 | 陈大鹏 |
| 办事处主任 | 陈志坚 |
| 建国门街道工委书记 | 高　琦（回族） |
| 办事处主任 | 李卫华（5月免） |
| | 孟　锐（5月任） |
| 东直门街道工委书记 | 肖　刚 |
| 办事处主任 | 吴志辉（1月免） |
| | 石崇远（7月任） |
| 和平里街道工委书记 | 王品军（回族） |
| 办事处主任 | 丁选云 |
| 前门街道工委书记 | 张　玮（1月免） |
| 办事处主任 | 饶景东（5月免） |
| | 张　黎（7月任） |
| 崇文门外街道工委书记 | 张　伟（6月免） |
| | 韩新星（6月任） |
| 办事处主任 | 王佑明 |
| 东花市街道工委书记 | 李评修（女，1月免） |
| | 李承刚（1月任） |
| 办事处主任 | 陈　君 |
| 龙潭街道工委书记 | 杜　娟（女） |
| 办事处主任 | 郑青云（1月免） |
| | 吕晓东（3月任） |
| 体育馆路街道工委书记 | 毕博闻（满族） |
| 办事处主任 | 王景芝（女） |
| 天坛街道工委书记 | 赵秋洁（女，满族） |
| 办事处主任 | 高崇耀（1月免） |
| | 郭立峰（3月任） |
| 永定门外街道工委书记 | 赵茂杰（10月免） |
| | 陈卫兵（11月任） |
| 办事处主任 | 陈卫兵（11月免） |

# 人　物

## 全国（含系统）先进集体及先进个人

### 先进集体

全国双拥模范城

北京市东城区

中国社区治理十大创新成果

北京市东城区政府

全国计划生育优质服务先进单位

北京市东城区

全国法制宣传教育先进区县

北京市东城区

第一批国家级医养结合试点单位

北京市东城区

全国文明单位

北京市东城区国家税务局

北京市东城区地方税务局

全国工人先锋号

北京市东城区龙潭公园管理处

北京中国照相馆有限公司摄影部

全国青年文明号

北京市工商局东城分局登记注册科

天坛公园殿堂部祈年殿大殿班

全国最佳志愿服务项目

北京市东城区综治办（东城守望岗）

全国公安机关执法示范单位

北京市公安局天安门地区分局

北京市公安局东城分局看守所

全国先进基层检察院

北京市东城区检察院

全国法制宣传教育先进单位

故宫博物院

全国法律援助工作先进集体

北京市东城区老龄办

全国民族团结进步创建活动示范单位

北京市东城区和平里街道

北京市东城区东花市街道

全国人民防空先进单位

北京市东城区民防局

全国百强社区卫生服务中心

北京市东城区天坛社区卫生服务中心

中国人文旅游示范基地

故宫博物院

全国秩序最佳景区

故宫博物院

全国企业登记工作成绩突出窗口单位

北京市工商局东城分局登记注册科

全国节约型公共机构示范单位

北京市东城区行政服务中心

全国人力资源和社会保障系统优质服务窗口

北京市东城区人力社保局劳动监察大队

全国计划生育协会工作先进单位

北京市东城区东华门街道计划生育协会

全国基层职工互助保障先进单位

北京市东城区总工会

全国创建和谐寺观教堂先进集体

北京市东城区王府井天主教堂

台盟中央地市级参政议政先进集体

台盟北京市东城区委

全国五好县级工商联

北京市东城区工商联

### 先进个人

全国五一劳动奖章获得者

陈维嘉

全国先进老干部工作者

刘志敏

文化部优秀专家

宋玲平

全国妇联系统先进工作者

杨丽萍

全国技术能手

谢道云

全国纺织工业劳动模范

蔡金昌

中国好人榜身边好人

王晓军

中央国家机关优秀党员

李小城

中央国家机关优秀团员

王　戈

全国公安监管部门信息技术应用先进个人

胡　北

全国拘留所矛盾化解先进个人

许　娜

民革全国祖国统一工作先进个人

刘　峥　左　宁　孙书文　杨　菲

徐展勤

民革全国机关先进个人

郑　欣

九三学社全国先进组工干部

杨崇学

全国个私协会系统先进工作者

于军杰

全国优秀健身气功管理干部

王　龙

# 北京市（含系统）先进集体及先进个人

## 先进集体

### 北京市第十二届调查研究工作先进单位

东城区

### 北京市先进基层党组织

北京天街集体有限公司党委
东城区东华门街道韶九社区党委
北京市天同律师事务所党支部

### 北京市信访工作先进集体

东城区人力社保局

### 首都文明单位标兵

东城区网格化服务管理中心

### 首都全民义务植树先进单位

东城区财政局

### 北京市工人先锋号

东城区烟草专卖局专卖监督管理科
东城区城管执法局直属执法一队
北京市珐琅厂景泰蓝生产制作部
北京稻香村食品公司食品生产一部炸活1组
北京市第六医院神经内科医生组
北京市天坛出租汽车公司雷锋车队
英利能源（北京）有限公司系统工程部
北京京港地铁有限公司车站维修室

### 首都劳动奖状

东城区社会体育管理中心
东城区第二文化馆
北京航腾物业管理有限责任公司

### 北京市三八红旗集体

东城区板厂小学
东城区大方家回民幼儿园
北京市隆福医院康复医学科
东城区第一妇幼保健院
东城区网格化服务管理中心为民服务中心
东城区法院民事审判第二庭
东城区国税局第十二税务所
东城区地税局收入核算科
东城区东四十条桥西西行站
民革东城区委青年与妇女委员会
九三学社东城区委

### 北京市社会领域先进基层党组织

北京东兴建设有限责任公司党委

### 北京市非公有制经济组织党建示范单位

北京柯瑞生物科技有限公司
北京中和珍贝科技有限公司
恒丰苑投资管理有限公司
北京宏源餐饮管理有限公司
北京立信东华资产评估有限公司
世纪天鼎投资有限公司
北京中欣安泰投资有限公司
北京东方道朴文化资产运营管理有限公司
北京红墙旅游投资控股有限公司
北京东方燕都经贸有限公司
北京政平建设投资集团有限公司
北京汉宇兴业房地产开发有限公司
北京金丽人经济信息咨询有限公司
北京中建华通建设集团有限公司
北京明宇丽雅饭店

### 北京市五四红旗团委

东城区北新桥街道团工委

### 北京市青年文明号

东城区交道口街道南锣鼓巷地区管委会
天坛公园票务部东门票务班

### 北京市社区青年汇优秀奖

东城区天坛街道文体乐园社区青年汇

### 北京市老干部工作先进集体

东城区龙潭街道工委组织人事部
东城区委老干部局

### 首都绿化美化先进单位

东城区园林绿化局
东城区园林绿化中心绿化一队
东城区东四街道

### 首都绿化美化花园式单位

东城区园林绿化管理中心

### 北京市优秀百姓宣讲团

东城区委宣传部

### 北京市百姓宣讲工作先进单位

东城区委宣传部

### 北京市法制宣传教育先进集体

东城区交道口街道
东城区北新桥街道
东城区城管委
东城区法院

### 首都拥军优属拥政爱民模范单位

东城区和平里街道

### 首都城市环境建设样板单位

东城区网格化服务管理中心监督员管理科
东城区市政工程管理一所

### 北京市交通安全先进单位

东城区崇文门外街道
东城工商分局
东城区前门街道

### 北京市充分就业示范单位

东城区龙潭街道

### 北京市构建和谐劳动关系先进单位

东城区体育馆路街道

北京华信石油集团
北京市中青雄狮数码传媒科技公司

### 北京市劳动用工规范一条街工程工作先进单位

东城区崇文门外街道
东城区永定门外街道
东城区体育馆路街道
东城区东直门街道

### 北京市档案系统先进单位

东城区档案局

### 北京市区县机关档案工作测评市级优秀单位

北京站地区管委会
东城区民防局
东城区国税局
东城区机关事务管理服务中心
东城区国资委

### 北京市无偿献血先进单位

东城区建国门街道
东城区龙潭街道
东城区卫计委
东城区东四街道

### 北京市无偿献血公益单位

东城区城管委

### 北京市优秀社区卫生服务中心

东城区龙潭社区卫生服务中心
东城区体育馆路社区卫生服务中心
东城区永定门外社区卫生服务中心

### 首都控烟示范单位（先进集体）

东城区建国门街道
东城区爱卫办

### 首都见义勇为权益保护工作先进单位

东城区交道口街道

### 北京市先进社区居委会

东城区建国门街道苏州社区
东城区建国门街道西总布社区
东城区交道口街道福祥社区
东城区和平里街道小黄庄社区

### 北京魅力社区单项奖

东城区东四街道豆瓣社区

### 北京市民防先进集体

东城区永定门外街道

### 北京地税系统先进基层党组织

东城区地税局党组

### 北京市工商行政管理系统先进分局

东城工商分局

### 北京市工商行政管理系统先进工商所

东城工商分局前门工商所
东城工商分局天坛工商所

### 北京市工商行政管理系统先进集体

东城工商分局监察科
东城工商分局企业监督管理科

### 北京市直机关先进基层党组织

天坛公园党委

### 北京市规划委先进基层党组织

东城规划分局机关党支部

### 北京市政法系统五好党支部

天安门地区公安分局巡警四大队党支部
东城消防支队王府井中队党支部

### 北京市公安局执法示范单位

东城公安分局崇文门派出所

### 北京市公安局先进党支部

东城公安分局第一支队党支部
天安门地区公安分局巡警四大队党支部

### 北京市检察机关内设机构先进集体

东城区检察院反贪污贿赂局
东城区检察院审查逮捕部
东城区检察院公诉部
东城区检察院司法监督室
东城区检察院政治部

### 北京市检察机关办案集体三等功

东城区检察院反贪污贿赂局

### 北京市法院先进党支部

东城区法院法警大队党支部

### 首都旅游紫禁杯先进集体

天坛公园
故宫博物院

### 北京市安全生产监管监察工作改革创新奖

东城区安监局

### 北京市安全文化建设示范企业

北京便宜坊集团

### 北京市规范化清真特色餐厅

北京便宜坊集团

### 北京市绿色安全工地

北京东兴建设有限责任公司2—7号、2—8号住宅楼工程

### 北京市科普工作先进集体

东城区卫计委
东城区东直门街道

### 北京市科普教育基地

北京市珐琅厂

### 北京市残疾人之家

东城区东华门街道残联

## 先进个人

### 北京市第十二届优秀调研成果一等奖获得者

张家明

### 北京市优秀党员

徐　岩　贾宇恒　魏发团　童之磊
罗　胤　李庆君　陈丽珠　杨　诚
杨春茹　吴　晶　张　莉

### 北京市优秀党务工作者

杨春茹

### 首都劳动奖章获得者

李德亮　聂　嘉　李术军　廖　磊
石艳荣　赵　鑫　耿林培　杨　青
胡学斌　周伟良　刘振永　刘纪超
李　尧　栾艳秋　马丁一　李丽华
谷　莉

### 北京市三八红旗奖章获得者

高　翔　李海霞　门庆华　雷　杨
迟淑君　王玉梅　栾艳秋　蔡　丽
侯　波　马颖全　吴田荣　鲍宇红
王文兰　刘春萍　姚　燕　林梅梅
佟　捷　许　娜　刘志云　傅燕玲
侯淑敏　尹向敏　许　莉　尹海燕

### 北京榜样

刘清池　孙晓兰　李　颖　陈培荣
郝金明　姜学敏　陈仁吉

### 首都绿色生活好市民

庄　鹏　杨海亮　张杏芝　王毓万
荆会先　林国亮　杨士秀　陈　建
董　彬　李小安　李秀英　刘培庆

### 北京市孝星

郭化云

### 北京市绿化美化先进个人

于　辉　戈海荣　王迪生

北京市法制工作先进个人

陈慧雅

北京市政法系统优秀党员

张　晶　张钰炜

北京市政法系统群众心目中的好党员

周　杨

北京市先进老干部工作者

许卫华　李　艳　寇明珠　石雪辉

北京市百姓宣讲活动优秀宣讲员

张修竹

北京市百姓宣讲活动优秀组织员

高延秋

北京市舆情信息工作先进个人

魏晓颖

北京市理论宣讲示范基地先进工作者

杜兰珠

北京市五星级志愿者

胡雅丽

首都市民学习之星

齐艳彩

北京市优秀团干部

王　群

北京市青年岗位能手

王宗瑛　张　琪　陆　涛

北京市社区青年汇优秀总干事

韩　静　陈镇华

北京市社区青年汇优秀社工

柯　平

北京市技术能手

朱媛玫

北京市职业教育优秀教师

姜秋菊　李天舒

北京市地税系统优秀党务工作者

赵增科

北京市地税系统优秀党员

赵　雪　秦　中

北京市档案系统先进个人

胡家文　贾慧颖　鞠　艳

首都控烟先进个人

王关关　潘党普　孙海河　张　玲

北京市优秀护士

徐玲艳　任　丽

首都无偿献血工作先进个人

黄速一　张　艳　李　悦

北京市全科医学基层实践基地优秀师资

王燕宁　徐　薇　钱晨光　马海洁
闫桂霞　刘俊霞　陈广芬

北京市交通工作先进个人

程　佳　高　鹏

北京市交通安全优秀管理干部

宋玉森　何文谱　邢广胜

北京市安全生产先进个人

汪自柏

安监之星·北京榜样

郎　志　赵育贤

北京市安全生产检查队队长标兵

王治华

北京市安全生产检查业务能手

朱战英　张　晶

首都环境建设突出贡献个人奖

刘　悦

首都环境建设先进个人

储兆钰　张　磊　毛国华　郭　晶
孙治中　曹　鹏　马　超

北京市减排先进个人

董晓君

北京市工商局优秀所长

郑志洪　张炳奎

北京市工商局优秀科长

杨念中　石雪琴

北京市工商局先进工作者

陈建京　蒋依桐　侯文静

北京市工商局优秀经济卫士

朱　宁　吴　浩　赵　岚　肖燕兵
任洪波　廖　锐　侯思齐　郭海涛
丁玉祥　曹晓东

北京市规划委优秀党员

王桂荣

北京市规划委优秀党务工作者

宋志红

北京市城管执法系统先进个人

侯　亮

首都公安杰出青年卫士

冯　磊

北京市公安局优秀党员

张绍宁　周　杨

北京市公安局优秀党务工作者

祁　伟　赵　峰　程　靖　刘晓猛

北京榜样·最美警察

侯祥炜

北京市公安局优秀女民警标兵

孙　璐

北京市检察机关先进个人

王焕民　冯　莹　孙　平　刘　星
宋林生　张宝华　张家祥　杨振东
林东峰　祝宇娇　徐劲传

北京市检察机关办案集体二等功

梁权赠　刘伯辰

北京市法院优秀党务工作者

姬广胜　王筑红

北京市法院优秀党员

王海超　高　翡　周　琳　赵祥鈞

北京市构建和谐劳动关系先进个人

张淑英

北京市先进社区居委会主任

邓海红

首都最美社工

冯永刚　韩秀花

首都优秀社工

吕　军　杜进平　郝宏婷

首都旅游紫禁杯先进个人

衣福成　李　高　房洪波

北京市科普工作先进个人

黄如文　王雅婷

北京市优秀残疾人工作者

褚燕京

北京市残疾人自强模范

郭　勇

# 逝世人物

**田慧中** 原中共东城区委副书记、东城区人大常委会副主任，女，汉族，1920年8月出生，河北深县人，因病于2016年8月21日去世。1936年9月加入中国共产党。1937年9月至12月，在人民抗日自卫军、河北游击军政治部做宣传工作。后历任深泽县抗日妇救会主任、中共深泽县妇委书记；中共肃宁县委常委、妇委书记、妇救会主任；冀中九分区十专署妇委书记、民运会委员；冀东中共十三地委组织部干事，冀东区党委组织部干事。抗战胜利后，任冀东行署建国学院组织科科长。解放战争时期，任冀东中共玉田县委常委、组织部长。在冀东解放后和新中国成立初期，任中共天津市塘沽区委常委、组织部长、纪委书记，区监察室主任、中共党务委员会副主任。1952年以后，任中共天津市五区（后为和平区）区委常委、副书记、书记、纪委书记兼任区政府主席、市政协委员、市委委员。1956年到中央党校学习，毕业后分配在北京市工作。1958年1月至1982年12月，历任中共北京市前门区委常委、第二书记；中共宣武区委常委、书记处书记；东城区革委会常委、副主任，中共东城区委常委、副书记，兼区红十字会会长及区体委主任，东城区人大常委会副主任、党组副书记等职。

**杨曼芝** 原天坛公园副局级离休干部，男，汉族，1924年11月出生，河北省任丘县人，因病于2016年11月3日去世。1939年5月参加革命工作，1940年5月加入中国共产党。1939年5月至1946年9月，历任冀中军区二十三团、津南支队侦查员，侦查排长，冀中军区津南支队一中队副指导员。1946年10月至1949年10月，历任冀中军区九分区招待所指导员，华北六纵十六旅政治部组织科组织干事。1949年11月至1956年12月，历任绥远军区骑四师三团组织股长，二十三兵团二十八师五五零团二营政教，六十九军二十八师组织科副科长、直工科科长。1957年1月至1965年2月任北京动物园党支部书记、党委书记兼管理处副主任。1965年3月至1985年10月，任北京市园林局花卉处、花木公司党总支书记、主任、党委书记。

# 统计资料

表1

## 东城区国民经济主要指标

| 项　目 | 单位 | 2016年 | 2015年 | 增长速度% |
|---|---|---|---|---|
| 人口与就业 | | | | |
| 人　口 | | | | |
| 年末常住人口 | 万人 | 87.8 | 90.5 | -3.0 |
| 年末户籍户数 | 户 | 346744 | 345522 | 0.4 |
| 年末户籍人口 | 人 | 974118 | 974267 | 0.0 |
| 男性人口 | 人 | 479125 | 479987 | -0.2 |
| 女性人口 | 人 | 494993 | 494280 | 0.1 |
| 户籍人口自然增长率 | ‰ | -2.11 | -8.01 | 5.9个千分点 |
| 就　业 | | | | |
| 从业人员平均人数 | 人 | 662227 | 656568 | 0.9 |
| 从业人员年末人数 | 人 | 659912 | 656680 | 0.5 |
| 从业人员年平均工资 | 元 | 132859 | 123897 | 7.2 |
| 城镇登记失业率 | % | 0.85 | 0.87 | -0.02个百分点 |
| 城镇登记失业人员就业率 | % | 65.31 | 66.69 | -1.38个百分点 |
| 宏观经济 | | | | |
| 财　政 | | | | |
| 一般公共预算收入 | 万元 | 1663420 | 1645609 | 1.1 |
| #区级各项税收 | 万元 | 1437743 | 1525474 | -5.8 |
| 一般公共预算支出 | 万元 | 2375385 | 2371578 | 0.2 |
| 固定资产投资 | | | | |
| 全社会固定资产投资 | 万元 | 2645640 | 2351894 | 12.5 |
| #房地产开发 | 万元 | 530401 | 983178 | -46.1 |
| 消费品市场 | | | | |
| 社会消费品零售总额 | 万元 | 10466365 | 9859220 | 6.2 |
| 商品交易市场总数 | 个 | 33 | 35 | -5.7 |
| 综合市场 | 个 | 14 | 14 | 0.0 |
| 专业市场 | 个 | 19 | 21 | -9.5 |
| 商品交易市场成交额 | 万元 | 481394 | 517792 | -7.0 |
| 综合市场 | 万元 | 19948 | 20314 | -1.8 |
| 专业市场 | 万元 | 461446 | 497478 | -7.2 |
| 居民生活 | | | | |
| 人均可支配收入 | 元 | 66084 | 61764 | 7.0 |
| 人均消费性支出 | 元 | 43923 | 40865 | 7.5 |

续表

| 项　　目 | 单位 | 2016年 | 2015年 | 增长速度% |
|---|---|---|---|---|
| 恩格尔系数 | % | 23.4 | 24.2 | -0.8个百分点 |
| **能源消费** | | | | |
| 能源消费总量 | 万吨标煤 | 292.81 | 290.73 | 0.71 |
| 不变价万元GDP能耗下降率 | % | 5.61 | 2.81 | —— |
| 外经、外贸 | | | | |
| 利用外资签订协议额 | 亿美元 | 14.0 | 7.1 | 96.1 |
| 实际利用外资额 | 亿美元 | 5.0 | 5.3 | -5.2 |
| **企业经营情况** | | | | |
| 企业营业收入 | 万元 | 175666973 | 157861937 | 11.3 |
| #中央单位 | 万元 | 106121002 | 98370096 | 7.9 |
| 市属单位 | 万元 | 9392735 | 8861356 | 6.0 |
| 区属单位 | 万元 | 7387622 | 7305871 | 1.1 |
| 企业利润总额 | 万元 | 79487407 | 68777295 | 15.6 |
| #中央单位 | 万元 | 71733442 | 63614379 | 12.8 |
| 市属单位 | 万元 | 2271443 | 1597883 | 42.2 |
| 区属单位 | 万元 | -64705 | 322236 | 0.0 |
| **行　业** | | | | |
| **工　业** | | | | |
| 规模以上工业总产值（现价） | 万元 | 1959076 | 2030069 | -3.5 |
| 资产总计 | 万元 | 2203389 | 2316025 | -4.9 |
| 营业收入 | 万元 | 2237316 | 2207033 | 1.4 |
| 利润总额 | 万元 | 172250 | 204931 | -15.9 |
| 从业人员平均人数 | 人 | 13247 | 15966 | -17.0 |
| **建筑业** | | | | |
| 具有资质的建筑业企业总产值 | 万元 | 6283614 | 5528492 | 13.7 |
| 资产总计 | 万元 | 18130342 | 15136949 | 19.8 |
| 营业收入 | 万元 | 7554286 | 7141659 | 5.8 |
| 利润总额 | 万元 | 437444 | 305043 | 43.4 |
| 从业人员平均人数 | 人 | 28721 | 26793 | 7.2 |
| **信息传输、软件和信息技术服务业** | | | | |
| 资产总计 | 万元 | 9298809 | 7964911 | 16.7 |
| 营业收入 | 万元 | 5144656 | 4671873 | 10.1 |
| 利润总额 | 万元 | 776597 | 879924 | -11.7 |
| 从业人员平均人数 | 人 | 25733 | 26274 | -2.1 |
| **批发和零售业** | | | | |
| 资产总计 | 万元 | 58837085 | 54449442 | 8.1 |
| 营业收入 | 万元 | 63175872 | 58675682 | 7.7 |
| 利润总额 | 万元 | 2083098 | 1385862 | 50.3 |
| 从业人员平均人数 | 人 | 90604 | 88982 | 1.8 |

续表

| 项　目 | 单位 | 2016年 | 2015年 | 增长速度% |
|---|---|---|---|---|
| 住宿和餐饮业 | | | | |
| 资产总计 | 万元 | 3595275 | 3743455 | -4.0 |
| 营业收入 | 万元 | 2233298 | 2199045 | 1.6 |
| 利润总额 | 万元 | 127094 | 2548 | 4887.8 |
| 从业人员平均人数 | 人 | 74194 | 75554 | -1.8 |
| 金融业 | | | | |
| 资产总计 | 万元 | 1540892481 | 1372840470 | 12.2 |
| 营业收入 | 万元 | 77709089 | 66523209 | 16.8 |
| 利润总额 | 万元 | 69812558 | 58701705 | 18.9 |
| 从业人员平均人数 | 人 | 64970 | 61553 | 5.6 |
| 房地产业 | | | | |
| 资产总计 | 万元 | 38885032 | 36442687 | 6.7 |
| 营业收入 | 万元 | 2848697 | 3098054 | -8.0 |
| 利润总额 | 万元 | 270180 | 510546 | -47.1 |
| 从业人员平均人数 | 人 | 60292 | 56183 | 7.3 |
| 租赁和商务服务业 | | | | |
| 资产总计 | 万元 | 110791934 | 93498364 | 18.5 |
| 营业收入 | 万元 | 10626854 | 9544552 | 11.3 |
| 利润总额 | 万元 | 5308842 | 6346167 | -16.3 |
| 从业人员平均人数 | 人 | 91278 | 88297 | 3.4 |
| 教育、文化、体育、卫生、环境 | | | | |
| 教育 | | | | |
| 校（园）数 | 所 | 196 | 198 | -1.0 |
| #中学 | 所 | 45 | 49 | -8.2 |
| 小学 | 所 | 63 | 63 | 0.0 |
| 幼儿园 | 所 | 52 | 51 | 2.0 |
| 在校生数 | 人 | 114705 | 115023 | -0.3 |
| #小学 | 人 | 54585 | 52972 | 3.0 |
| 中学 | 人 | 38694 | 41636 | -7.1 |
| 幼儿园 | 人 | 15628 | 14464 | 8.0 |
| 文化 | | | | |
| 文物保护单位 | 个 | 163 | 164 | -0.6 |
| 国家级文物保护单位 | 个 | 35 | 35 | 0.0 |
| 市级文物保护单位 | 个 | 70 | 71 | -1.4 |
| 区级文物保护单位 | 个 | 58 | 58 | 0.0 |
| 文化馆（站）个数 | 个 | 2 | 2 | 0.0 |
| 公共图书馆个数 | 个 | 2 | 2 | 0.0 |
| 公共图书馆藏书 | 万册 | 144.3 | 138.6 | 4.1 |

续表

| 项 目 | 单位 | 2016年 | 2015年 | 增长速度% |
|---|---|---|---|---|
| **体育** | | | | |
| 体育场馆数 | 个 | 83 | 157 | -47.1 |
| 举办体育活动次数 | 次 | 245 | 224 | 9.4 |
| 举办体育活动参加人数 | 万人次 | 33 | 37 | -10.8 |
| **卫生** | | | | |
| 卫生机构数 | 个 | 576 | 570 | 1.1 |
| #医院 | 个 | 65 | 65 | 0.0 |
| #二级以上 | 个 | 19 | 18 | 5.6 |
| #三级甲等 | 个 | 9 | 9 | 0.0 |
| 实有床位数 | 张 | 11175 | 11046 | 1.2 |
| 每千常住人口拥有医院床位数 | 张 | 12.73 | 12.21 | 4.3 |
| 卫生技术人员数 | 人 | 25986 | 25449 | 2.1 |
| #执业（助理）医师 | 人 | 10123 | 9790 | 3.4 |
| 注册护士 | 人 | 10575 | 10303 | 2.6 |
| **城市环境** | | | | |
| 公园个数 | 个 | 24 | 24 | 0.0 |
| #免费公园个数 | 个 | 18 | 18 | 0.0 |
| 人均绿地面积 | 平方米/人 | 12.45 | 12.07 | 3.1 |
| 城市绿化覆盖率 | % | 32.88 | 32.84 | 0.1 |
| 年末实有道路长度 | 公里 | 439 | 439 | 0.0 |
| 年末实有道路面积 | 万平方米 | 479 | 479 | 0.0 |

## 地区生产总值汇总表

表2 单位：亿元

| 项 目 | 2016年 | 增长速度 |
|---|---|---|
| 合 计 | 2061.8 | 6.7 |
| **按产业类别分** | | |
| 第二产业 | 79.9 | 5.9 |
| 第三产业 | 1981.9 | 6.7 |
| **按行业类别分** | | |
| 工业 | 40.4 | 9.3 |
| 建筑业 | 39.6 | 2.4 |
| 批发和零售业 | 217.8 | 5.0 |
| 交通运输、仓储和邮政业 | 40.2 | 5.5 |
| 住宿和餐饮业 | 59.5 | 1.5 |
| 信息传输、软件和信息技术服务业 | 235.4 | 11.0 |
| 金融业 | 476.9 | 4.0 |
| 房地产业 | 128.3 | 12.5 |

续表

| 项　目 | 2016年 | 增长速度 |
|---|---|---|
| 租赁与商务服务业 | 212.3 | 3.1 |
| 科学研究和技术服务业 | 211.0 | 13.8 |
| 水利、环境和公共设施管理业 | 10.3 | 0.1 |
| 居民服务、修理和其他服务业 | 10.2 | 4.7 |
| 教育 | 59.8 | 13.6 |
| 卫生和社会工作 | 88.4 | 8.2 |
| 文化、体育和娱乐业 | 89.3 | 8.4 |
| 公共管理、社会保障和社会组织 | 142.5 | 3.1 |
| **按“二三一”产业体系分** | | |
| 文化创意产业 | 291.0 | 10.6 |
| 商业服务业 | 277.3 | 4.2 |
| 金融业 | 476.9 | 4.0 |
| 商务服务业 | 207.1 | 2.1 |
| 信息服务业 | 291.2 | 10.0 |
| 健康服务业 | 163.4 | 12.6 |

注：本表数据按当年价格计算；产业划分依据国家统计局2012年制定的《三次产业划分规定》；行业划分依据《国民经济行业分类》（GB/T4754-2011）。

## 全社会固定资产投资额

表3　　单位：万元

| 项　目 | 2016年 | 2015年 |
|---|---|---|
| 合　计 | 2645640 | 2351894 |
| **按隶属关系分** | | |
| 中央 | 152651 | 102371 |
| 市属 | 496639 | 312163 |
| 区属及其他 | 1996350 | 1937360 |
| **按登记注册类型分** | | |
| 国有经济 | 757473 | 568766 |
| 外商及港澳台投资经济 | 334146 | 297640 |
| 其他经济 | 1554021 | 1485488 |

注：固定资产投资统计口径为“项目建设地”原则。

表4

## 规模以上工业企业生产情况

单位：万元

| 项　目 | "工业总产值（当年价格）" | 工业销售产值（当年价格） |
| --- | --- | --- |
| 合　计 | 1959076 | 1912188 |
| 按登记注册类型分 | | |
| 内资 | 1714193 | 1669369 |
| 国有 | 1587 | 1465 |
| 集体 | 5161 | 5095 |
| 国有独资公司 | 290459 | 288272 |
| 其他有限责任公司 | 1070681 | 1062353 |
| 股份有限公司 | 301198 | 266848 |
| 私营有限责任公司 | 45107 | 45336 |
| 港澳台商投资 | 58266 | 61034 |
| 与港澳台商合资经营 | 58266 | 61034 |
| 外商投资 | 186617 | 181785 |
| 中外合资经营 | 109666 | 104130 |
| 外资企业 | 76951 | 77655 |
| 按行业类别分 | | |
| 石油和天然气开采业 | 107599 | 105411 |
| 酒、饮料和精制茶制造业 | 8426 | 8345 |
| 纺织业 | 1121 | 1345 |
| 纺织服装、服饰业 | 23573 | 27581 |
| 皮革、毛皮、羽毛及其制品和制鞋业 | 10413 | 10579 |
| 家具制造业 | 9441 | 8991 |
| 文教、工美、体育和娱乐用品制造业 | 1018387 | 1006627 |
| 医药制造业 | 300828 | 266395 |
| 金属制品业 | 162648 | 162583 |
| 专用设备制造业 | 29544 | 29587 |
| 汽车制造业 | 2459 | 2360 |
| 计算机、通信和其他电子设备制造业 | 16404 | 15672 |
| 仪器仪表制造业 | 246863 | 245493 |
| 其他制造业 | 4343 | 4193 |
| 电力、热力生产和供应业 | 17026 | 17026 |

## 具有资质等级的建筑业企业生产情况

表5

单位：万元

| 项　目 | 建筑业总产值 | #装修装饰产值 |
|---|---|---|
| 合　计 | 6283614 | 762002 |
| 按登记注册类型分 | | |
| 内资 | 6083162 | 641691 |
| 国有 | 81796 | 405 |
| 集体 | 4756 | 35 |
| 股份合作 | 5006 | 0 |
| 国有独资公司 | 2537869 | 222320 |
| 其他有限责任公司 | 3176985 | 262212 |
| 股份有限公司 | 77418 | 77418 |
| 私营有限责任公司 | 199322 | 79301 |
| 私营股份有限公司 | 10 | 0 |
| 港澳台商投资 | 166734 | 96384 |
| 与港澳台商合资经营 | 22487 | 21925 |
| 港澳台商独资 | 144247 | 74459 |
| 外商投资 | 33718 | 23927 |
| 中外合资经营 | 9933 | 9933 |
| 外资企业 | 23785 | 13994 |
| 按隶属关系分 | | |
| 中央 | 4279837 | 225451 |
| 市属 | 418908 | 139590 |
| 区属及其他 | 1584869 | 396961 |
| 按行业类别分 | | |
| 房屋建筑业 | 2293223 | 362782 |
| 土木工程建筑业 | 3156061 | 85816 |
| 建筑安装业 | 507647 | 14781 |
| 建筑装饰和其他建筑业 | 326683 | 298623 |

## 旅游业综合情况

表6

| 项　目 | 计算单位 | 本期 | 同期 | ±% |
|---|---|---|---|---|
| 旅行社 | | | | |
| 个数 | 个 | 237 | 234 | 1.3 |
| 国内旅游接待总人数 | 万人次 | 106.8 | 112.1 | -4.7 |
| 入境旅游接待总人数 | 万人次 | 24.7 | 27.9 | -11.4 |
| 首站前往地出境旅游总人数 | 万人次 | 140.9 | 130.0 | 8.4 |
| 前往地出境总人数 | 万人次 | 180.7 | 170.8 | 5.8 |

## 社会消费品零售总额

表7　　单位：万元、%

| 项　目 | 2016年 | 增长速度 |
| --- | --- | --- |
| 合 计 | 10466365 | 6.2 |
| 按限额标准分 | | |
| 限额以上 | 8786971 | 5.4 |
| 限额以下 | 1679394 | 10.5 |
| 按行业类别分 | | |
| 批发业 | 4743454 | 7.6 |
| 零售业 | 4797026 | 5.4 |
| 住宿业 | 192512 | 1.3 |
| 餐饮业 | 733373 | 3 |
| 按主要行业分 | | |
| 医药销售 | 3434998 | 7.8 |
| 计算机、软件及辅助设备零售 | 1423939 | 5.9 |
| 汽车销售 | 368973 | -8.1 |
| 百货零售 | 409608 | -10.7 |

## 限额以上批发和零售业商品销售类值

表8　　单位：万元

| 项　目 | 商品销售总额 |
| --- | --- |
| 合计 | 72621826 |
| 粮油、食品类 | 6125136 |
| 其中：粮油类 | 4312626 |
| 肉禽蛋类 | 93171 |
| 水产品类 | 43272 |
| 蔬菜类 | 40654 |
| 干鲜果品类 | 31056 |
| 饮料类 | 210757 |
| 烟酒类 | 2632878 |
| 其中：酒类 | 2339394 |
| 服装、鞋帽、针纺织品类 | 1539349 |
| （1）服装类 | 1031182 |
| （2）鞋帽类 | 336970 |
| （3）针纺织品类 | 171197 |
| 化妆品类 | 252180 |
| 金银珠宝类 | 5254781 |
| 其中：黄金及饰品、铂金饰品类 | 1594087 |
| 日用品类 | 1070699 |

续表

| 项　　目 | 商品销售总额 |
| --- | --- |
| 其中：儿童玩具类 | 90794 |
| 五金、电料类 | 74100 |
| 体育、娱乐用品类 | 1422526 |
| 其中：照相器材类 | 1381330 |
| 书报杂志类 | 750998 |
| 电子出版物及音像制品类 | 12670 |
| 家用电器和音像器材类 | 498597 |
| 其中：电视机类 | 62088 |
| 中西药品类 | 6503098 |
| 其中：西药类 | 4687623 |
| 中草药及中成药类 | 1144973 |
| 文化办公用品类 | 2253135 |
| 其中：计算机及其配套产品 | 1468248 |
| 家具类 | 106278 |
| 通讯器材类 | 8092280 |
| 其中：移动电话类 | 8037512 |
| 煤炭及制品类 | 4461595 |
| 木材及制品类 | 1620832 |
| 石油及制品类 | 10043618 |
| 化工材料及制品类 | 2687164 |
| 其中：化肥类 | 380732 |
| 金属材料类 | 6424160 |
| 建筑及装潢材料类 | 226374 |
| 机电产品及设备类 | 3708377 |
| 其中：农机类 | 2664 |
| 汽车类 | 862008 |
| 其中：汽车配件类 | 80111 |
| 其中：新能源汽车类 | 52636 |
| 种子饲料类 | 363465 |
| 棉麻类 | 473236 |
| 其他类 | 4951535 |

## 居民年人均可支配收入

表9　　单位：元

| 项　目 | 2016年 | 2015年 |
|---|---|---|
| 可支配收入 | 66083.91 | 61764.21 |
| 工资性收入 | 37821.31 | 33792.65 |
| #工资 | 33663.19 | 29846.62 |
| 实物福利 | 448.84 | 449.45 |
| 经营净收入 | 1538.53 | 2181.79 |
| 财产净收入 | 10355.45 | 9639.49 |
| 转移净收入 | 16368.62 | 16150.27 |
| （一）转移性收入 | 20931.48 | 19952.04 |
| #养老金或离退休金 | 19688.02 | 19210.91 |
| 社会救济和补助 | 19.96 | 15.00 |
| 赡养收入 | 47.39 | 67.53 |
| （二）转移性支出 | 4562.86 | 3801.77 |

## 居民家庭每百户主要耐用消费品拥有量

表10

| 项　目 | 单位 | 2016年 | 2015年 |
|---|---|---|---|
| 家用汽车 | 辆 | 36.89 | 37.10 |
| 摩托车 | 辆 | 3.78 | 4.34 |
| 助力车 | 台 | 20.22 | 11.63 |
| 洗衣机 | 台 | 91.32 | 91.90 |
| 电冰箱（柜） | 台 | 95.98 | 95.72 |
| 微波炉 | 台 | 83.62 | 82.61 |
| 彩色电视机 | 台 | 117.14 | 122.35 |
| 空调 | 台 | 152.31 | 144.42 |
| 热水器 | 台 | 84.76 | 83.59 |
| 消毒碗柜 | 台 | 9.86 | 9.65 |
| 洗碗机 | 台 | 2.67 | 3.45 |
| 固定电话 | 线 | 75.11 | 83.66 |
| 移动电话 | 部 | 206.18 | 203.25 |
| 计算机 | 台 | 108.04 | 114.60 |
| 摄像机 | 台 | 30.71 | 32.41 |
| 照相机 | 台 | 79.24 | 90.06 |
| 中高档乐器 | 架 | 11.94 | 9.02 |
| 健身器材 | 台 | 10.97 | 12.31 |
| 组合音响 | 套 | 10.14 | 10.79 |

## 常住人口百岁表

表11

| 年龄 | 总人数 | 男 | 女 |
|---|---|---|---|
| 合计 | 974118 | 479125 | 494993 |
| 0岁 | 9824 | 5043 | 4781 |
| 1岁 | 8035 | 4167 | 3868 |
| 2岁 | 13332 | 6971 | 6361 |
| 3岁 | 10154 | 5300 | 4854 |
| 4岁 | 11782 | 6078 | 5704 |
| 5岁 | 9513 | 4955 | 4558 |
| 6岁 | 7523 | 3893 | 3630 |
| 7岁 | 7953 | 4108 | 3845 |
| 8岁 | 7295 | 3722 | 3573 |
| 9岁 | 7212 | 3720 | 3492 |
| 10岁 | 5072 | 2642 | 2430 |
| 11岁 | 4546 | 2294 | 2252 |
| 12岁 | 4990 | 2568 | 2422 |
| 13岁 | 2638 | 1333 | 1305 |
| 14岁 | 4802 | 2446 | 2356 |
| 15岁 | 4140 | 2097 | 2043 |
| 16岁 | 4972 | 2557 | 2415 |
| 17岁 | 4669 | 2400 | 2269 |
| 18岁 | 4347 | 2208 | 2139 |
| 19岁 | 5477 | 2784 | 2693 |
| 20岁 | 5247 | 2559 | 2688 |
| 21岁 | 5744 | 2836 | 2908 |
| 22岁 | 6033 | 3074 | 2959 |
| 23岁 | 6358 | 3119 | 3239 |
| 24岁 | 8082 | 4003 | 4079 |
| 25岁 | 6920 | 3377 | 3543 |
| 26岁 | 12178 | 5964 | 6214 |
| 27岁 | 13790 | 6768 | 7022 |
| 28岁 | 15744 | 7876 | 7868 |
| 29岁 | 16652 | 8155 | 8497 |
| 30岁 | 15213 | 7424 | 7789 |
| 31岁 | 15590 | 7599 | 7991 |
| 32岁 | 16926 | 8334 | 8592 |
| 33岁 | 19544 | 9616 | 9928 |
| 34岁 | 22312 | 10741 | 11571 |
| 35岁 | 18898 | 9376 | 9522 |
| 36岁 | 16769 | 8274 | 8495 |
| 37岁 | 14398 | 7191 | 7207 |
| 38岁 | 14492 | 7198 | 7294 |
| 39岁 | 11765 | 5871 | 5894 |
| 40岁 | 10412 | 5311 | 5101 |
| 41岁 | 9964 | 4930 | 5034 |
| 42岁 | 10211 | 5166 | 5045 |
| 43岁 | 12204 | 6128 | 6076 |
| 44岁 | 12640 | 6405 | 6235 |
| 45岁 | 12538 | 6226 | 6312 |
| 46岁 | 13223 | 6487 | 6736 |
| 47岁 | 13804 | 6623 | 7181 |
| 48岁 | 15380 | 7370 | 8010 |
| 49岁 | 10092 | 4833 | 5259 |
| 50岁 | 10646 | 5295 | 5351 |
| 51岁 | 12534 | 6308 | 6226 |
| 52岁 | 17409 | 8760 | 8649 |
| 53岁 | 26918 | 13569 | 13349 |
| 54岁 | 22016 | 11284 | 10732 |
| 55岁 | 15877 | 7985 | 7892 |
| 56岁 | 19167 | 9707 | 9460 |
| 57岁 | 18613 | 9399 | 9214 |
| 58岁 | 20320 | 10152 | 10168 |
| 59岁 | 22230 | 10851 | 11379 |
| 60岁 | 19680 | 9696 | 9984 |
| 61岁 | 19329 | 9431 | 9898 |
| 62岁 | 19530 | 9407 | 10123 |
| 63岁 | 17646 | 8653 | 8993 |
| 64岁 | 16170 | 7841 | 8329 |
| 65岁 | 14804 | 7245 | 7559 |
| 66岁 | 13037 | 6594 | 6443 |
| 67岁 | 10993 | 5555 | 5438 |
| 68岁 | 8680 | 4388 | 4292 |
| 69岁 | 8169 | 4128 | 4041 |
| 70岁 | 7524 | 3728 | 3796 |
| 71岁 | 6606 | 3182 | 3424 |
| 72岁 | 5550 | 2731 | 2819 |
| 73岁 | 5111 | 2456 | 2655 |
| 74岁 | 5572 | 2586 | 2986 |
| 75岁 | 5573 | 2540 | 3033 |
| 76岁 | 5870 | 2561 | 3309 |
| 77岁 | 6148 | 2473 | 3675 |
| 78岁 | 6361 | 2523 | 3838 |
| 79岁 | 6718 | 2771 | 3947 |
| 80岁 | 6447 | 2744 | 3703 |
| 81岁 | 6613 | 2769 | 3844 |
| 82岁 | 6148 | 2690 | 3458 |
| 83岁 | 5724 | 2546 | 3178 |
| 84岁 | 4989 | 2216 | 2773 |
| 85岁 | 4196 | 1902 | 2294 |
| 86岁 | 4021 | 1732 | 2289 |
| 87岁 | 3501 | 1528 | 1973 |
| 88岁 | 3075 | 1401 | 1674 |
| 89岁 | 2398 | 1010 | 1388 |
| 90岁 | 2058 | 926 | 1132 |
| 91岁 | 1705 | 737 | 968 |
| 92岁 | 1411 | 615 | 796 |
| 93岁 | 1144 | 485 | 659 |
| 94岁 | 909 | 387 | 522 |
| 95岁 | 725 | 298 | 427 |
| 96岁 | 585 | 248 | 337 |
| 97岁 | 410 | 172 | 238 |
| 98岁 | 347 | 142 | 205 |
| 99岁 | 301 | 143 | 158 |
| 100岁以上 | 1211 | 515 | 696 |

## 常住人口变动情况统计表

表12

| 项目 | | 上月末实有 | 增加 | | | | | | | 减少 | | | | | | | 本月增减比较 | 本月末实有 |
|---|---|---|---|---|---|---|---|---|---|---|---|---|---|---|---|---|---|---|
| | | | 合计 | 市外迁入 | 出生 | 市内移动 | | 本管界转化 | 其他 | 合计 | 迁往市外 | 死亡 | 市内移动 | | 本管界转化 | 其他 | | |
| | | | | | | 区县 | 本县区他、所 | | | | | | 区县 | 本县区他、所 | | | | |
| 非农业 | 户数 | 345513 | 10807 | 211 | 26 | 8270 | 1534 | | 766 | 9584 | 46 | 1910 | 5915 | 1098 | | 615 | 1223 | 346736 |
| | 人数 | 974249 | 50074 | 5935 | 11711 | 27135 | 5202 | | 91 | 50222 | 1058 | 13776 | 30106 | 5202 | | 80 | -148 | 974101 |
| | 男数 | 479977 | 24602 | 2743 | 6016 | 13407 | 2390 | | 46 | 25463 | 492 | 7647 | 14893 | 2390 | | 41 | -861 | 479116 |
| | 女数 | 494272 | 25472 | 3192 | 5695 | 13728 | 2812 | | 45 | 24759 | 566 | 6129 | 15213 | 2812 | | 39 | 713 | 494985 |
| 农业 | 户数 | 9 | | | | | | | | 1 | | | 1 | | | | 1 | 8 |
| | 人数 | 18 | | | | | | | | 1 | | | 1 | | | | 1 | 17 |
| | 男数 | 10 | | | | | | | | 1 | | | 1 | | | | 1 | 9 |
| | 女数 | 8 | | | | | | | | | | | | | | | | 8 |

# 主要统计指标解释

一、地区生产总值　是按市场价格计算的地区生产总值的简称。它是一个地区所有常住单位在一定时期内生产活动的最终成果。地区生产总值有三种表现形式，即价值形态、收入形态和产品形态。从价值形态看，它是所有常住单位在一定时期内所生产的全部货物和服务价值超过同期投入的全部非固定资产货物和服务价值的差额，即所有常住单位的增加值之和；从收入形态看，它是所有常住单位在一定时期内所创造并分配给常住单位和非常住单位的初次分配收入之和；从产品形态看，它是最终使用的货物和服务减去进口货物和服务。在实际核算中，地区生产总值的三种表现形态表现为三种计算方法，即生产法、收入法和支出法。三种方法分别从不同的方面反映地区生产总值及其构成。

二、规模以上工业企业　指年主营业务收入2000万元及以上的工业法人单位。

三、有资质等级的建筑业企业　指具有建筑业施工总承包、专业承包、劳务分包资质的建筑业法人单位。

四、全社会固定资产投资　包括城镇固定资产投资（含房地产开发投资）和农村固定资产投资。

五、城镇固定资产投资　指城镇各种登记注册类型的企业、事业、行政单位及个体户进行的计划总投资在500万元及以上的建设项目投资。镇及镇以上各级政府及主管部门直接领导、管理的建设项目和企事业单位的投资均为城镇固定资产投资。

六、房地产开发投资　指从本年1月1日起至本年最后一天止完成的全部用于房屋建设工程和土地开发工程的投资额，以及公益性建筑和土地购置费等投资。

七、社会消费品零售总额　指企业（单位、个体户）通过交易直接售给个人、社会集团非生产、非经营用的实物商品金额，以及提供餐饮服务所取得的收入金额。个人包括城乡居民和入境人员，社会集团包括机关、社会团体、部队、学校、企事业单位、居委会或村委会等。

八、实际利用外资　指利用外资协议（合同）的实际执行金额。包括现汇，实物和双方同意计价投资的劳务，技术等无形资本。

九、可支配收入　指调查户在调查期内获得的、可用于最终消费支出和储蓄的总和，即调查户可以用来自由支配的收入。可支配收入既包括现金，也包括实物收入。按照收入的来源，可支配收入包含四项，分别为：工资性收入、经营净收入、财产净收入和转移净收入。

十、工资性收入　指就业人员通过各种途径得到的全部劳动报酬和各种福利，包括受雇于单位或个人、从事各种自由职业、兼职和零星劳动得到的全部劳动报酬和福利。

十一、消费支出　指住户用于满足家庭日常生活消费需要的全部支出，包括用于消费品的支出和用于服务性消费的支出。根据用途不同，消费支出可划分为食品烟酒、衣着、居住、生活用品及服务、交通通信、教育文化娱乐、医疗保健、其他用品及服务八大类。

十二、消费品市场　又称生活资料市场、最终产品市场。它是指生产经营者从事消费品经营，满足人们生活消费需要的经济活动领域，或指消费者为满足生活消费需要而购买商品的场所。

十三、期末人数　指调查单位年（季）末的最后一日24小时的全部人员。包括：（1）在岗职工；（2）聘用的离退休人员；（3）聘用的港澳台和外籍人员；（4）其他从业人员；（5）不在岗职工。不包括最后一日当天及以前已经与单位解除劳动合同关系的人员。

十四、在岗职工年平均工资　指本单位在岗职工在报告期内平均每人所得的工资额。计算公式为：

$$在岗职工工资总额=\frac{在岗职工平均工资}{在岗职工平均人数}$$

十五、工业总产值　指工业企业在报告期内生产的以货币形式表现的工业最终产品和提供工业劳务活动的总价值量。它包括：在本企业内不再进行加工，经检验、包装入库（规定不需包装的产品除外）的成品价值，对外加工费收入，自制半成品、在产品期末期初差额价值。工业总产值采用“工厂法”计算，即以工业企业作为一个整体，按企业生产活动的最终成果来计算，企业内部不允许重复计算，不能把企业内部各个车间（分厂）生产的成果相加。但在企业之间、行业之间、地区之间存在着重复计算。

十六、工业销售产值　指以货币形式表现的，工业企业在报告期内销售的本企业生产的工业产品或提供工业性劳务价值的总价值量。包括企业在报告期内实际销售（包括本期生产和非本期生产）的全部成品、半成品的总价值，报告期内完成的对外承接的工业品加工的加工费收入，对外工业品修理作业可获取的加工费收入和对内非工业部门提供的加工修理、设备安装等收入。已销售的成品、半成品不论是本期生产的、还是非本期生产的，只要是本期销售出去的均包括在内。企业为本单位基本建设部门、生活福利部门等提供的产品和工业性作业及自制设备也应视同销售，这部分也应作为销售统计。

工业销售产值的计算价格和计算方法与工业总产值一致，但两者计算的基础不同，工业销售产值计算的基础是产品销售总量，工业总产值计算的基础是工业产品生产总量。工业销售产值不包括自制半成品、在制品期末期初差额价值，而工业总产值包括这部分内容。

**十七、建筑业总产值** 指以货币表现的建筑业企业在一定时期内生产的建筑产品和服务的总和。它包括建筑工程产值、设备安装工程产值、其他产值三部分内容。

（1）建筑工程产值 指列入建筑工程预算内的各种工程价值。

（2）安装工程产值 指为设备安装而发生的安装工程费用，并不是以建筑业企业的行业类别为依据，而是以建筑业企业的施工对象为依据。

（3）其他产值 建筑业总产值中除建筑工程、安装工程以外的产值，包括房屋构筑物修理产值、非标准设备制造产值、总包企业向分包企业收取的管理费，以及不能明确划分的施工活动所完成的产值。

**十八、资产总计** 指企业过去的交易或者事项形成的、由企业拥有或者控制的、预期会给企业带来经济利益的资源。资产一般按流动性分为流动资产和非流动资产。其中流动资产可分为货币资金、交易性金融资产、应收票据、应收账款、预付款项、其他应收款、存货等；非流动资产可分为长期股权投资、固定资产、无形资产及其他非流动资产等。根据会计“资产负债表”中“资产总计”项目的期末余额数填报。

**十九、利润总额** 指企业在一定会计期间的经营成果，是生产经营过程中各种收入扣除各种耗费后的盈余，反映企业在报告期内实现的亏盈总额。

**二十、营业利润** 指企业从事生产经营活动所取得的利润。

**二十一、商品销售总额** 指对本企业以外的单位和个人出售的商品金额（包括售给本单位消费用的商品，含增值税）。本指标反映批发和零售业在国内市场上销售商品以及出口商品的总量。

# 附　录

## 中共北京市东城区委员会主要文件目录

### 中共北京市东城区委主要文件

京东发［2016］1号　中共北京市东城区委关于印发《区委常委会2016年工作要点》的通知

京东发［2016］2号　中共北京市东城区委印发《中共北京市东城区委关于加强和改进党的群团工作的实施意见》的通知

京东发［2016］3号　中共北京市东城区委关于成立统一战线工作领导小组的通知

京东发［2016］4号　中共北京市东城区委印发《关于加强社会主义协商民主建设的实施办法（试行）》的通知

京东发［2016］5号　中共北京市东城区委北京市东城区人民政府印发《关于促进红十字事业发展的实施意见》的通知

京东发［2016］6号　中共北京市东城区委北京市东城区人民政府印发《关于推行平房区物业管理服务的意见》的通知

京东发［2016］7号　中共北京市东城区委北京市东城区人民政府北京市东城区人民武装部印发《关于深入推进人民防空改革发展的实施方案》的通知

京东发［2016］8号　中共北京市东城区委关于中共北京市东城区第十二次代表大会代表选举工作的通知

京东发［2016］9号　中共北京市东城区委北京市东城区人民政府印发《东城区关于加强居家养老服务工作的实施意见》的通知

京东发［2016］10号　中共北京市东城区委北京市东城区人民政府印发《关于以首善标准做好新形势下东城区民族工作的实施意见》的通知

京东发［2016］11号　中共北京市东城区委关于构建“大党建”工作格局调整优化区委党的建设工作领导小组的通知

京东发［2016］12号　中共北京市东城区委关于印发《中国共产党北京市东城区第十一届委员会全体会议议事规则（修订）》《中国共产党北京市东城区第十一届委员会常委会工作规则（修订）》《区委书记专题会议议事规则（试行）》的通知

京东发［2016］13号　中共北京市东城区委关于印发《东城区运用监督执纪“四种形态”实施办法（试行）》的通知

京东发［2016］14号　中共北京市东城区委北京市东城区人民政府转发《中共东城区委宣传部、东城区司法局关于在全区开展法治宣传教育的第七个五年规划（2006-2020年）》的通知

京东发［2016］15号　中共北京市东城区委印发《关于进一步加强区域化党建工作的实施意见》的通知

京东发［2016］16号　中共北京市东城区委关于推荐提名北京市出席党的十九大代表工作的通知

京东发［2016］17号　中共北京市东城区委北京市东城区人民政府关于印发《北京市东城区环境保护工作职责分工》的通知

### 中共北京市东城区委办公室主要文件

京东办发［2016］1号　中共北京市东城区委办公室印发《关于学习贯彻〈中国共产党廉洁自律准则〉和〈中国共产党纪律处分条例〉的通知》

京东办发［2016］2号　中共北京市东城区委办公室北京市东城区人民政府办公室关于切实加强2016年春节期间烟花爆竹安全管控工作组织领导的通知

京东办发［2016］3号　此文件为涉密文件

京东办发［2016］4号　中共北京市东城区委办公室关于印发《东城区加强和改进优秀年轻干部培养选拔工作实施办法》的通知

京东办发［2016］5号　中共北京市东城区委办公室关于印发《区委2016年工作目标责任制（折子工程）》的通知

京东办发［2016］6号　中共北京市东城区委办公室关于印发《区委常委会2016年议题计划》及《区委常委会2016年议题计划任务分解表》的通知

京东办发［2016］7号　中共北京市东城区委办公室关于印发《区政协十三届五次会议民主党派（团体）和委员提案办理工作目标责任制（折子工程）》的通知

| | |
|---|---|
| 京东办发［2016］8号 | 中共北京市东城区委办公室北京市东城区人民政府办公室关于印发《2016年东城区贯彻落实党风廉政建设责任制推进惩治和预防腐败体系建设主要任务分工》的通知 |
| 京东办发［2016］9号 | 中共北京市东城区委办公室关于印发《东城区落实党风廉政建设责任制党委主体责任“清单式”分值管理办法》的通知 |
| 京东办发［2016］10号 | 此文件为涉密文件 |
| 京东办发［2016］11号 | 中共北京市东城区委办公室印发《关于在全区党员中开展“学党章党规、学系列讲话，做合格党员”学习教育的实施方案》的通知 |
| 京东办发［2016］12号 | 中共北京市东城区委办公室印发《关于进一步加强政协协商民主建设的实施办法》的通知 |
| 京东办发［2016］13号 | 中共北京市东城区委办公室印发《关于进一步丰富机关文体生活的实施意见》的通知 |
| 京东办发［2016］14号 | 此文件为涉密文件 |
| 京东办发［2016］15号 | 中共北京市东城区委办公室关于印发《东城区推进领导干部能上能下实施细则（试行）》的通知 |
| 京东办发［2016］16号 | 中共北京市东城区委办公室印发《关于在全区中心工作中引导干部奋发有为、履职担当的若干意见》的通知 |
| 京东办发［2016］17号 | 中共北京市东城区委办公室印发《东城区落实党风廉政建设责任制“两个责任”若干规定》的通知 |
| 京东办发［2016］18号 | 中共北京市东城区委办公室北京市东城区人民政府办公室印发《北京市东城区关于加强和改进新形势下档案工作的实施办法》的通知 |
| 京东办发［2016］19号 | 中共北京市东城区委办公室关于印发《重大工作事项请示报告规则（试行）》的通知 |
| 京东办发［2016］20号 | 中共北京市东城区委办公室印发《关于开展强化“一把手”监督规范权力行使专项工作的实施方案》的通知 |
| 京东办发［2016］21号 | 中共北京市东城区委办公室关于做好2017年度《人民日报》、《求是》杂志和《北京日报》、《前线》杂志发行工作进一步规范报刊发行秩序的通知 |

# 北京市东城区人民政府主要文件目录

## 北京市东城区人民政府主要文件

| | |
|---|---|
| 东政发［2016］1号 | 北京市东城区人民政府关于天坛周边简易楼腾退项目范围内房屋征收的决定 |
| 东政发［2016］2号 | 北京市东城区人民政府关于西忠实里环境整治项目（第一期）范围内房屋征收的决定 |
| 东政发［2016］3号 | 北京市东城区人民政府转发区产业投资促进局关于东城区中小企业服务分中心小企业创业基地管理办法的通知 |
| 东政发［2016］4号 | 北京市东城区人民政府关于刘斌等七名同志免职的通知 |
| 东政发［2016］6号 | 北京市东城区人民政府关于印发东城区关于促进产业发展暂行办法的通知 |
| 东政发［2016］7号 | 北京市东城区人民政府关于印发东城区文化创意产业发展专项资金管理办法（试行）的通知 |
| 东政发［2016］8号 | 关于印发进一步促进东城区中医药发展指导意见的通知 |
| 东政发［2016］9号 | 北京市东城区人民政府关于印发东城区文化创意产业发展引导基金管理办法（试行）的通知 |
| 东政发［2016］10号 | 北京市东城区人民政府关于张晓峰等二十三名同志任免职的通知 |
| 东政发［2016］11号 | 北京市东城区人民政府关于印发东城区全面加强政务服务工作的意见的通知 |
| 东政发［2016］12号 | 北京市东城区人民政府关于印发东城区加强三级政务服务体系建设的意见的通知 |
| 东政发［2016］13号 | 北京市东城区人民政府关于印发东城区加强政务服务人才队伍建设的意见的通知 |
| 东政发［2016］14号 | 北京市东城区人民政府关于印发东城区政务服务窗口运行管理制度的通知 |
| 东政发［2016］15号 | 北京市东城区人民政府关于印发北京市东城区提升生活性服务业品质三年行动计划的通知 |
| 东政发［2016］16号 | 北京市东城区人民政府关于陈博军等三名同志任免职的通知 |
| 东政发［2016］17号 | 北京市东城区人民政府关于王丽萍等七名同志任免职的通知 |
| 东政发［2016］18号 | 北京市东城区人民政府关于印发2016年东城区迎接国家卫生区复审工作方案的通知 |
| 东政发［2016］20号 | 北京市东城区人民政府关于印发建立东城区依法行政教育培训基地强化法治教育培训工作意见的通知 |

| | |
|---|---|
| 东政发［2016］22号 | 北京市东城区人民政府关于印发东城区2013-2017年清洁空气行动计划重点任务分解2016年工作措施的通知 |
| 东政发［2016］23号 | 北京市东城区人民政府关于王昕等十二名同志任免职的通知 |
| 东政发［2016］25号 | 北京市东城区人民政府关于印发东城区棚户区改造前期工作及拟改造土地使用权一次性招标工作实施细则的通知 |
| 东政发［2016］27号 | 北京市东城区人民政府关于印发东城区网格化环境监管工作方案（试行）的通知 |
| 东政发［2016］30号 | 北京市东城区人民政府关于印发东城区人民政府设立行政复议街道受理点工作方案的通知 |
| 东政发［2016］32号 | 北京市东城区人民政府关于李焱等两名同志任免职的通知 |
| 东政发［2016］33号 | 北京市东城区人民政府关于周平等三名同志任免职的通知 |
| 东政发［2016］34号 | 北京市东城区人民政府关于陈本宇等十五名同志任免职的通知 |
| 东政发［2016］35号 | 北京市东城区人民政府关于印发进一步推进东城区公共法律服务体系建设意见的通知 |
| 东政发［2016］36号 | 北京市东城区人民政府关于西忠实里环境整治项目（第二期）范围内房屋征收的决定 |
| 东政发［2016］37号 | 北京市东城区人民政府关于印发东城区行政机关负责人出庭应诉工作规定的通知 |
| 东政发［2016］39号 | 北京市东城区人民政府关于张俊刚等两名同志任职的通知 |
| 东政发［2016］40号 | 北京市东城区人民政府关于许健等三名同志任免职的通知 |
| 东政发［2016］41号 | 北京市东城区人民政府关于张伟等十二名同志任免职的通知 |
| 东政发［2016］42号 | 北京市东城区人民政府关于唐勇等六名同志任免职的通知 |
| 东政发［2016］43号 | 北京市东城区人民政府关于李辉良等两名同志任职的通知 |
| 东政发［2016］46号 | 北京市东城区人民政府关于印发《东城区突发事件总体应急预案（2016年修订）》的通知 |
| 东政发［2016］49号 | 北京市东城区人民政府关于印发东城区责任督学挂牌督导工作实施意见的通知 |
| 东政发［2016］50号 | 北京市东城区人民政府关于落实粮食安全区长责任制的实施意见 |
| 东政发［2016］51号 | 北京市东城区人民政府关于印发东城区便民事项网格化办理规定的通知 |
| 东政发［2016］54号 | 北京市东城区人民政府关于贯彻落实国务院第一批和第二批取消中央指定地方实施行政审批事项的通知 |
| 东政发［2016］56号 | 北京市东城区人民政府关于印发《东城区"十三五"时期环境保护规划》的通知 |
| 东政发［2016］57号 | 北京市东城区人民政府关于印发东城区燃气（油）锅炉低氮改造以奖代补资金管理办法的通知 |
| 东政发［2016］59号 | 北京市东城区人民政府关于建立区政府部门权力清单责任清单制度的通知 |
| 东政发［2016］60号 | 北京市东城区人民政府关于印发北京市东城区法治政府建设实施意见（2015-2020年）的通知 |
| 东政发［2016］62号 | 北京市东城区人民政府关于高伟等十二名同志任免职的通知 |
| 东政发［2016］63号 | 北京市东城区人民政府关于李连喜等四名同志任免职的通知 |
| 东政发［2016］64号 | 北京市东城区人民政府关于印发东城区空气重污染应急预案（2016年修订）的通知 |
| 东政发［2016］65号 | 北京市东城区人民政府关于南中轴路周边棚户区改造项目范围内房屋征收的决定 |
| 东政发［2016］66号 | 北京市东城区人民政府关于印发东城区"十三五"时期中关村东城园建设发展规划的通知 |
| 东政发［2016］67号 | 北京市东城区人民政府关于印发中关村国家自主创新示范区东城园创新孵化集聚区管理办法的通知 |
| 东政发［2016］68号 | 北京市东城区人民政府关于肖燕等七名同志任免职的通知 |
| 东政发［2016］69号 | 北京市东城区人民政府关于王玺东等十五名同志任免职的通知 |
| 东政发［2016］70号 | 北京市东城区人民政府关于田正英等六名同志任免职的通知 |
| 东政发［2016］71号 | 北京市东城区人民政府关于印发《东城区国民经济和社会发展第十三个五年规划纲要》折子工程的通知 |
| 东政发［2016］72号 | 北京市东城区人民政府关于印发东城区"十三五"时期消防事业发展规划的通知 |

## 北京市东城区人民政府办公室主要文件

| | |
|---|---|
| 东政办发［2016］2号 | 北京市东城区人民政府办公室关于印发东城区2016年在直接关系群众生活方面拟办的重要实事的通知 |
| 东政办发［2016］3号 | 北京市东城区人民政府办公室关于印发区长副区长工作分工及区领导班子互为AB角工作制度的通知 |
| 东政办发［2016］5号 | 北京市东城区人民政府办公室转发区文化委关于公共文化服务标准化建设工作方案的通知 |
| 东政办发［2016］6号 | 关于印发2016年人大代表议案建议和政协提案办理工作目标管理责任制(折子工程)的通知 |
| 东政办发［2016］7号 | 北京市东城区人民政府办公室关于贯彻落实区政府全会及人大代表建议、政协提案交办会议精神全面加强2016年办理工作的通知 |
| 东政办发［2016］8号 | 北京市东城区人民政府办公室关于印发东城区2016年拆除违法建设工作方案的通知 |
| 东政办发［2016］10号 | 北京市东城区人民政府办公室关于印发东城区2016年非本市户籍适龄儿童少年入学审核实施细则的通知 |
| 东政办发［2016］11号 | 北京市东城区人民政府办公室关于进一步落实《东城区党政机关与纪检监察机关移送问题和线索暂行办 |

| | |
|---|---|
| | 法》的通知 |
| 东政办发［2016］13号 | 北京市东城区人民政府办公室关于印发东城区推广随机抽查规范事中事后监管工作方案的通知 |
| 东政办发［2016］14号 | 北京市东城区人民政府办公室关于印发区长副区长工作分工及区领导班子互为AB角工作制度的通知 |
| 东政办发［2016］15号 | 北京市东城区人民政府办公室关于印发贯彻落实东城区促进非公有制经济健康发展大会折子工程的通知 |
| 东政办发［2016］16号 | 北京市东城区人民政府办公室关于印发区长副区长工作分工及区领导班子互为AB角工作制度的通知 |
| 东政办发［2016］17号 | 北京市东城区人民政府办公室关于转发首都中心区立体化火灾防控体系建设实施方案的通知 |
| 东政办发［2016］18号 | 北京市东城区人民政府办公室关于印发督促整改东城区突出（重大）火灾安全隐患的通知 |
| 东政办发［2016］19号 | 北京市东城区人民政府办公室关于转发东城区2016-2018年区域性火灾隐患整治规划的通知 |
| 东政办发［2016］20号 | 北京市东城区人民政府办公室关于印发东城区“十三五”时期应急体系发展规划的通知 |
| 东政办发［2016］21号 | 北京市东城区人民政府办公室关于成立东城区政务公开领导小组的通知 |
| 东政办发［2016］22号 | 北京市东城区人民政府办公室关于印发东城区2016年政务公开工作要点的通知 |
| 东政办发［2016］23号 | 北京市东城区人民政府办公室转发《区统计局关于进一步加强和完善部门统计工作的意见》的通知 |
| 东政办发［2016］24号 | 北京市东城区人民政府办公室关于印发区长副区长工作分工及区领导班子互为AB角工作制度的通知 |
| 东政办发［2016］26号 | 北京市东城区人民政府办公室关于印发加强社区协商实施意见的通知 |
| 东政办发［2016］28号 | 北京市东城区人民政府办公室关于印发区长副区长工作分工及区领导班子互为AB角工作制度的通知 |

# 学校及幼儿园（所）

## 幼儿园（所）

| 园 名 | 地 址 | 电 话 |
|---|---|---|
| 北京市第一幼儿园 | 东四北大街汪芝麻胡同19号 | 64041825 |
| 北京市第一幼儿园（分园） | 南吉祥胡同28号 | 64035681 |
| 北京市第一幼儿园附属实验园 | 青年沟路小黄庄7号楼 | 84288913 |
| 北京市第一幼儿园海晟分园 | 东直门外十字坡东小街1号 | 84532478 |
| 北京市第二幼儿园 | 北新桥三条38号 | 84018171 |
| 北京市第二幼儿园（分园） | 东直门南小街5号 | 69945979 |
| 北京市第三幼儿园 | 中山公园内 | 66056886 |
| 北京市第五幼儿园 | 夕照寺街3号 | 67123410 |
| 北京市第七幼儿园 | 宝钞胡同23号 | 64045040 |
| 东城区东四五条幼儿园 | 东四五条41号 | 64040197 |
| 东城区东四五条幼儿园（藏经馆园） | 藏经馆胡同27号 | 64017401 |
| 东城区东华门幼儿园 | 北河沿大街149号 | 65236194 |
| 东城区分司厅幼儿园 | 分司厅胡同57号 | 84037302 |
| 东城区新中街幼儿园 | 东直门外胡家园小区24号楼 | 64602141 |
| 东城区新中街幼儿园（鼓楼分园） | 草厂胡同24号 | 64457007 |
| 东城区华丰幼儿园 | 和平里六区21楼 | 84220194 |
| 东城区大方家回民幼儿园 | 朝内南小街后芳嘉园3号楼 | 65223556 |
| 东城区东棉花胡同幼儿园 | 东棉花胡同20号 | 64075246 |
| 东城区第二幼儿园 | 广渠门内大街31号 | 67116076 |
| 东城区第二幼儿园（安化北里） | 安化北里64号 | 67113328 |
| 东城区崇文第三幼儿园 | 幸福北里甲12号 | 67115628 |
| 东城区光明幼儿园 | 光明楼甲25号 | 67116906 |
| 东城区崇文回民幼儿园 | 东花市北里东区12号楼 | 67192709 |

| | | |
|---|---|---|
| 东城区安乐幼儿园 | 永外杨家园路10号 | 67212868 |
| 东城区永东幼儿园 | 永内东街中里23号 | 67025321 |
| 东城区永定门幼儿园 | 永外车站路12号 | 83107043 |
| 东城区崇文幼儿园 | 法华南里甲14楼 | 67155731 |
| 东城区前门幼儿园 | 东花市北里西区9号 | 67115191 |
| 东城区景山魏家幼儿园 | 魏家胡同19号 | 64035690 |
| 东城区安定门大经厂幼儿园 | 北下洼子胡同16号 | 64024656 |
| 东城区红湖幼儿园 | 龙潭北里3条3号 | 67123029 |
| 商务部幼儿园 | 台基厂三条2号 | 65246084 |
| 财政部幼儿园 | 西扬威胡同12号 | 64018360 |
| 中国民用航空局机关幼儿园 | 地安门外大街胡同2号 | 64014883 |
| 国家林业局幼儿园 | 和平里七区21号楼 | 64212759 |
| 国家安全生产监督管理总局机关服务中心幼儿园 | 和平里九区甲3号 | 64250516 |
| 中国人民解放军总政治部幼儿园 | 安德里北街21号 | 66791070 |
| 中国人民解放军空军后勤部蓝天幼儿园 | 北锣鼓巷99号 | 66725225 |
| 北京军区空军育翔幼儿园 | 板厂南里11号 | 66912137 |
| 中共北京市委机关幼儿园 | 光明路1号 | 67111793 |
| 北京鸿运达物业管理有限责任公司第一幼儿园 | 旧鼓楼外大街64号 | 62360237 |
| 东城区卫生局第一幼儿园 | 锡拉胡同19号 | 65274213 |
| 东城区卫生局第三幼儿园 | 和平里民旺园丙7号 | 65283571 |
| 北京市艾毅幼儿园 | 东湖别墅C-101 | 84511381 |
| 东城区精英未来幼儿园 | 青年湖西里4号院甲1号 | 84130379 |
| 北京市大地实验幼儿园 | 东花市北里西区9号 | 67115191 |
| 东城区金鼎实验幼儿园 | 和平里中街29号 | 64206209 |
| 北京市第五幼儿园分园 | 法华南里33楼 | 67161804 |
| 东城区青青藤幼儿园 | 安化北里18号院6号楼 | 87926513-308 |

## 小　学

| 校　名 | 地　址 | 电　话 |
|---|---|---|
| 东城区和平里第一小学 | 和平里中街甲21号 | 84223287 |
| 东城区和平里第二小学 | 和平里民旺南胡同20号 | 64211804 |
| 东城区和平里第三小学 | 和平里兴化路9号 | 84279923 |
| 东城区和平里第四小学 | 和平里交林夹道 | 64207723 |
| 东城区和平里第九小学 | 和平里七区20号楼 | 64213889 |
| 东城区安外三条小学 | 安外上龙北巷3号 | 84132605 |
| 北京市第一七一中学附属青年湖小学 | 安外安德里北街20号 | 64123026 |
| 东城区师范学校附属小学 | 安定门外东河沿乙7号 | 64268313 |
| 东城区地坛小学 | 和平里九区甲2号 | 64262206 |
| 东城区分司厅小学 | 鼓楼东大街小经厂2号 | 64041261 |
| 东城区北锣鼓巷小学 | 安定门内千福巷5号 | 84044198 |
| 北京市第五中学分校附属方家胡同小学 | 方家胡同17号 | 64014841 |
| 东城区黑芝麻胡同小学 | 黑芝麻胡同11号 | 84034383 |
| 东城区黑芝麻胡同小学（前圆恩寺校区） | 后圆恩寺胡同甲20号 | 84034383 |
| 东城区府学胡同小学（中高年级部） | 府学胡同65号 | 64045995 |
| 东城区府学胡同小学（低年级部） | 香饵胡同9号 | 64045995 |
| 东城区帽儿胡同小学 | 帽儿胡同17号 | 64067114 |
| 东城区东四十四条小学（1分部） | 东四十四条100号 | 64031726 |
| 东城区东四十四条小学（2分部） | 板桥胡同乙3号 | 84084823 |
| 东城区史家小学分校 | 北门仓1号 | 84070090 |

| | | |
|---|---|---|
| 东城区北新桥小学 | 东直门北大街乙2号 | 64649199 |
| 北京市东直门中学附属雍和宫小学 | 藏经馆胡同27号 | 64045703 |
| 东城区史家实验学校（曙光小学） | 东中街铜厂子胡同8号 | 64169554 |
| 东城区西中街小学 | 东直门外十字坡东里10号 | 64172386 |
| 中央工艺美院附中艺美小学 | 东直门外胡家园20号 | 64677028 |
| 东城区美术馆后街小学 | 美术馆后街57号 | 64043310 |
| 东城区什锦花园小学 | 美术馆后街48号 | 64042123 |
| 东城区东高房小学 | 沙滩北街东高房胡同13号 | 64032310 |
| 东城区织染局小学 | 水簸箕胡同甲5号 | 64032065 |
| 北京市第一六六中学附属校尉胡同小学 | 校尉胡同8号 | 65273307 |
| 东城区灯市口小学（高年级部） | 灯市口北巷14号 | 65250582 |
| 东城区灯市口小学（低年级部） | 礼士胡同123号 | 65252957 |
| 东城区北池子小学 | 北池子大街46号 | 65235708 |
| 东城区东交民巷小学（东校区） | 台基厂大街14号 | 65131284 |
| 东城区东交民巷小学（东校区） | 船板胡同63号 | 65131595 |
| 东城区春江小学 | 南水关胡同60号 | 65252712 |
| 东城区东四七条小学 | 东四七条31号 | 64043873 |
| 东城区东四九条小学 | 东四九条67号 | 64043778 |
| 东城区回民小学 | 朝内大街124号 | 65246872 |
| 东城区新鲜胡同小学 | 新鲜胡同36号 | 65252498 |
| 东城区史家胡同小学（中高部） | 南弓匠营2号 | 64065588 |
| 东城区史家胡同小学（低部） | 史家胡同59号 | 65255588 |
| 东城区西总布小学 | 西总布胡同19号 | 65231053 |
| 东城区新开路东总布小学 | 新开路胡同55号 | 65251340 |
| 东城区遂安伯小学 | 金宝街65号 | 64065588-976 |
| 北京市汇文第一小学（高部） | 丁香胡同7号 | 65241994 |
| 北京市汇文第一小学（低中部） | 盔甲厂胡同9号 | 65241376 |
| 东城区前门小学 | 西河沿甲211号 | 67036606 |
| 东城区文汇小学 | 广渠门外忠实里南街乙58号 | 87715309 |
| 北京市崇文小学 | 花市枣苑小区12号 | 67122908 |
| 东城区回民实验小学 | 东花市大街99号 | 67122965 |
| 北京市广渠门中学附属花市小学 | 东花市北里西区1号 | 67192707 |
| 东城区新景小学 | 西花市南里西区7号楼 | 87186763 |
| 东城区板厂小学 | 板厂南里7号 | 67189481 |
| 北京光明小学 | 光明路甲12号 | 67123839 |
| 北京光明小学（北院校区） | 福光路5号 | 67162078 |
| 北京光明小学（城南校区） | 丰台区和义东里四区6号 | 67968590 |
| 北京光明小学（广渠门校区） | 广渠家园14号 | 67495076 |
| 东城区培新小学（本校区） | 幸福巷4号 | 67111890 |
| 东城区培新小学（红桥校区） | 东马尾帽胡同22号 | 67188082 |
| 东城区永生小学 | 永生巷6号旁门 | 67144816 |
| 东城区体育馆路小学 | 法华南里21号 | 67111786 |
| 东城区精忠街小学 | 精忠街11号 | 67075025 |
| 东城区金台书院小学 | 东晓市街203号 | 67020173 |
| 东城区天坛东里小学 | 天坛东里内8号 | 67057864 |
| 东城区天坛南里小学 | 天坛南里西区16号 | 67018518 |
| 东城区景泰小学 | 永定门外杨家园路10号 | 87819508 |
| 北京第一师范学校附属小学 | 永定门外桃杨路7号 | 87921073 |
| 东城区革新里小学 | 永定门外管村5号 | 67259383 |
| 东城区宝华里小学 | 永定门外沙子口路63号 | 67221380 |

| | | |
|---|---|---|
| 东城区定安里小学（本部） | 北安里26号 | 87277890 |
| 东城区定安里小学（分址） | 琉璃井路14号 | 67127892 |
| 北京汇文实验小学朝阳学校 | 朝阳区弘善家园119号楼 | 67119481 |
| 北京市第一零九中学（附设小学部） | 幸福大街43号 | 67119431 |
| 东城区新怡小学 | 新怡家园9号 | 67086196 |

## 中　学

| 校　名 | 地　址 | 电　话 |
|---|---|---|
| 北京市第一中学 | 宝钞胡同甲12号 | 64043280 |
| 北京景山学校（本部） | 灯市口大街53号 | 65267755 |
| 北京景山学校（北校区） | 北官厅11号 | 64007996 |
| 北京市和平北路学校 | 安外大街168号 | 64211049 |
| 北京市第一一五中学 | 天坛东路13号 | 67011604 |
| 北京市第二中学 | 内务部街15号 | 65255945 |
| 北京市第二中学（国际部） | 内务部街15号 | 65252231 |
| 北京市第二中学分校 | 南竹杆胡同81号 | 65279032 |
| 北京市第五中学 | 细管胡同13号 | 64068564 |
| 北京市第五中学分校（地安门校区） | 地安门东大街127号 | 64039669 |
| 北京市第五中学分校（鼓楼校区） | 鼓楼东大街152号 | 64039669 |
| 北京市第十一中学（金鱼池校区） | 金鱼池西街1号 | 67025095 |
| 北京市第十一中学（东晓市校区） | 东晓市大街101号 | 67013206 |
| 北京市第十一中学分校 | 天坛南里14号 | 67051885 |
| 北京市第二十一中学 | 交道口北三条57号 | 64058672 |
| 北京市第二十二中学 | 交道口东大街77号 | 64042225 |
| 北京市第二十二中学（交道口北二条校区） | 交道口北二条43号 | 64041325 |
| 北京市第二十四中学 | 外交部街31号 | 65254402 |
| 北京市第二十四中学（东四十二条校区） | 东四十二条26号 | 65254402 |
| 北京市第二十五中学 | 灯市口大街55号 | 65257525 |
| 北京市第二十七中学 | 东华门大街智德前巷11号 | 65255586 |
| 北京市第五十中学 | 夕照寺街13号 | 67121822 |
| 北京市第五十中学分校 | 永定门外安乐林路14号 | 87264492 |
| 北京市第五十四中学（本部） | 和平里六区9号 | 84221682 |
| 北京市第五十四中学（分部） | 和平里中街甲37号 | 84221682 |
| 北京市第五十五中学 | 新中街12号 | 64164252 |
| 北京市第五十五中学（国际部） | 新中街12号 | 64173343 |
| 北京市第六十五中学 | 北河沿大街115号 | 65251745 |
| 北京市第九十六中学 | 崇文门西小街3号 | 65114904 |
| 北京市第九十六中学（新世界家园校区） | 新世界家园甲5号 | 65114904 |
| 北京市第一零九中学 | 幸福大街43号 | 67119431 |
| 北京市第一零九中学（法华寺校区） | 葱店西街56号 | 67119431 |
| 北京市第一一四中学 | 永定门外西革新里114号 | 67225817-8023 |
| 北京市第一二五中学 | 后沟胡同乙2号 | 65246227 |
| 北京市第一四二中学（宏志中学） | 和平里中街43号 | 64219035 |
| 北京市第一六五中学 | 大佛寺东街18号 | 64004843 |
| 北京市第一六六中学 | 灯市口同福夹道3号 | 65255651 |
| 北京市第一六六中学（东四六条校区） | 东四六条甲44号 | 65255651 |
| 北京市第一七一中学 | 和平里北街8号 | 64212702 |
| 北京市第一七一中学（分部） | 青年沟路9号 | 64212702 |
| 北京市第一七七中学 | 安定门外青年湖南街23号 | 84121145 |

| | | |
|---|---|---|
| 北京市国子监中学 | 国子监街26号 | 64039667 |
| 中央工艺美术学院附属中学 | 东直门外小街甲27号 | 64686672 |
| 北京市东直门中学 | 东直门内北顺城街2号 | 64014988 |
| 北京市东直门中学（南校区） | 北沟沿甲4号 | 64014988 |
| 北京市前门外国语学校 | 前门东大街甲14号 | 67023169 |
| 北京市崇文门中学 | 东花市北里西区5号 | 67182515 |
| 北京市文汇中学 | 忠实里东区9号楼 | 87757385 |
| 北京汇文中学 | 培新街6号 | 67119016 |
| 北京市广渠门中学 | 白桥大街甲1号 | 67126591 |
| 北京市龙潭中学 | 板厂南里3号 | 67174149 |
| 北京市翔宇中学 | 东直门北大街甲2号 | 84111886 |
| 北京阳光情中学 | 开发区天宝北街甲2号 | 67871129 |

## 职业高中

| 校　名 | 地　址 | 电　话 |
|---|---|---|
| 北京国际职业教育学校（总部） | 南河沿大街19号 | 65265578 |
| 北京国际职业教育学校（鼓楼校区） | 宝钞胡同21号 | 64059402 |
| 北京国际职业教育学校（北京站校区） | 柳罐胡同2号 | 65226307 |
| 北京国际职业教育学校（安定门校区） | 分司厅胡同14号 | 64045567 |
| 北京国际职业教育学校（和平里校区） | 和平里南口民旺园33号 | 64277917 |
| 北京现代职业学校 | 永定门东街7号 | 67014116 |
| 北京市国际美术职业高中 | 东直门外小街甲27号 | 64686672 |
| 北京市第一七九中学 | 左安浦园4号 | 67125384 |
| 北京市东城区古城职业高中 | 顺义后沙峪古城村裕民大街11号 | 80484523 |
| 北京市育人中等职业学校 | 黄化门街5号 | 84242284 |
| 北京百年农工子弟职业学校 | 大方家胡同芳嘉园8号 | 64790702 |
| 中央音乐学院鼎石实验学校 | 南河沿大街19号 | 65388475 |

## 高等院校

| 校　名 | 地　址 | 电　话 |
|---|---|---|
| 北京市财贸管理干部学院 | 礼士胡同40号 | 65592215 |
| 中国协和医科大学 | 东单三条9号 | 65105915 |
| 中央戏剧学院 | 东棉花胡同39号 | 84026936 |
| 北京市东城区职工业余大学 | 朝阳门外潘家坡1号 | 65520824 |
| 北京开放大学东城分校 | 朝阳门外潘家坡1号 | 65520824 |
| 北京市东城区职工大学 | 板厂南里5号 | 67153071 |
| 北京开放大学崇文分校 | 板厂南里5号 | 67153071 |

## 特殊教育

| 校　名 | 地　址 | 电　话 |
|---|---|---|
| 东城区特殊教育学校 | 安外小黄庄路一区16号楼 | 84270773 |
| 东城区培智中心学校 | 体育馆西路23号 | 67022687 |

# 医疗机构

| 单位名称 | 地　址 | 电　话 |
|---|---|---|
| 卫生部北京医院 | 东单大华路1号 | 85132114 |
| 中国医学科学院北京协和医院 | 帅府园1号 | 69155810 |
| 首都医科大学附属北京同仁医院 | 东交民巷1号 | 58269911 |
| 首都医科大学附属北京天坛医院 | 天坛西里6号 | 67096611 |
| 首都医科大学附属北京口腔医院 | 天坛西里4号 | 67099114 |
| 首都医科大学附属北京妇产医院 | 姚家园路251号 | 52276666 |
| 首都医科大学附属北京中医医院 | 美术馆后街23号 | 52176677 |
| 北京中医药大学东直门医院 | 海运仓5号 | 84013212 |
| 北京市疾病预防控制中心 | 和平里中街16号 | 64407014 |
| 北京市第六医院 | 交道口北二条36号 | 64035566 |
| 北京市普仁医院 | 崇文门外大街100号 | 87928287 |
| 北京市和平里医院 | 和平里北街18号 | 64215431 |
| 北京市隆福医院（北京市东城区老年病医院） | 美术馆东街18号 | 64040116 |
| 北京市鼓楼中医医院 | 豆腐池胡同13号 | 64069506 |
| 东城区第一人民医院 | 永外大街130号 | 67253464 |
| 东城区第一妇幼保健院 | 交道口南大街136号 | 64040066 |
| 东城区第二妇幼保健院 | 天坛东里南小区79号 | 67122966 |
| 东城区精神卫生保健院 | 东直门外察慈小区7号 | 64681578 |
| 东城区朝阳门医院 | 东四南大街灯草胡同31号 | 65138019 |
| 东城区建国门医院 | 后赵家楼胡同9号 | 65256218 |
| 东城区东外医院 | 东直门外察慈小区7号楼 | 64681578 |
| 东城区口腔医院 | 交道口东大街4－28号 | 64043465 |
| 崇文口腔医院 | 东花市北里西区24号楼 | 67120052 |
| 北京市东四中医医院 | 东四六条甲62号　朝内大街97号 | 84049919 |
| 东城区老年康复护理院 | 东四6条甲62号 | 64018363 |
| 东城区北新桥社区服务中心 | 东直门内大街184号 | 64040500 |
| 东城区结核病防治所 | 和平里北街18号 | 64298123 |
| 东城区皮肤性病防治所 | 东直门内大街184号 | 64010046 |
| 东城区急救站 | 安内中绦胡同甲2号 | 64035289 |
| 东城区疾病预防控制中心 | 北兵马司胡同5号 | 64040807 |
| 东城区卫生局卫生监督所 | 安内大街永恒胡同甲6号 | 64043529 |
| 东城区卫生教育中心 | 和平里民旺园甲7号 | 64215178 |
| 东城区结核病防治所 | 和平里北街18号 | 65114353 |
| 东城区卫生学校 | 天坛南里12号 | 67023904 |
| 东城区卫生科技开发中心 | 东晓市街109号 | 67061605 |

# 社区卫生服务机构

| 单位名称 | 地 址 | 电 话 |
|---|---|---|
| 东城区社区卫生服务中心 | 朝阳门内大街192-1号 | 65125503 |
| 东城区龙潭社区卫生服务中心 | 光明中街25号楼 | 67111096 |
| 东城区天坛社区卫生服务中心 | 粉厂胡同57号 | 67074337 |
| 东城区东花市社区卫生服务中心 | 广渠门外南街5号 | 67118044 |
| 东城区朝阳门社区卫生服务中心 | 东四南大街灯草胡同31号 | 65138019 |
| 东城区永定门外社区卫生服务中心 | 蒲黄榆二里2号院 | 67020979 |
| 东城区体育馆路社区卫生服务中心 | 驹章胡同43号 | 67120019 |
| 东城区建国门社区卫生服务中心 | 后赵家楼胡同9号 | 65256218 |
| 崇文门外街道都市馨园社区卫生服务站 | 兴隆都市馨园13号楼D102-103 | 67021437 |
| 永定门外街道望坛社区卫生服务站 | 永定门外桃杨路二条2号 | 51335257 |
| 永定门外街道永建里社区卫生服务站 | 永定门西滨河路8号院 | 67020979 |
| 龙潭街道左安门社区卫生服务站 | 左安浦园1号楼 | 67199867 |
| 龙潭街道龙潭北里社区卫生服务站 | 夕照寺街35、37号 | 67183342 |
| 东华门街道多福巷社区卫生服务站 | 东四南大街报房胡同45号 | 65127470 |
| 东华门街道韶九社区卫生服务站 | 韶九胡同22号 | 65240100 |
| 东华门街道台基厂社区卫生服务站 | 台基厂大街台基厂二条3号 | 65126450 |
| 崇文门外街道新景家园社区卫生服务站 | 西花市大街62、64号 | 87186099 |
| 体育馆路街道长青园社区卫生服务站 | 长青园16号楼迤南2-2-1-72-29 | 67120567 |
| 东花市街道铁辘轳把社区卫生服务站 | 东花市大街33号 | 67120077 |
| 东花市街道忠实里社区卫生服务站 | 忠实里西区7号楼1层106 | 67118044 |
| 东花市街道东花市南里社区卫生服务站 | 东花市南里东区13号楼107-108 | 87103147 |
| 永定门外街道富莱茵社区卫生服务站 | 沙子口路72号富莱茵小区9-1-101 | 87817703 |
| 永定门外街道景泰西里社区卫生服务站 | 景泰西里西区8号楼底商 | 67222060 |
| 天坛街道天坛南里社区卫生服务站 | 永内东街西里11号 | 67073468 |
| 安定门街道花园社区卫生服务站 | 安定门内花园东巷25号 | 64013430 |
| 北新桥街道海运仓社区卫生服务站 | 海运仓小区南颂年3号楼 | 84073206 |
| 东华门街道甘雨社区卫生服务站 | 西堂子胡同15号 | 65240060 |
| 东四街道东四社区卫生服务站 | 东四北大街东四六条甲62号 | 64017470 |
| 东四街道南门仓社区卫生服务站 | 朝阳门北小街南门仓4号楼 | 84068240 |
| 东直门街道东直门社区卫生服务站 | 东直门外察慈小区7号楼 | 64610470 |
| 东直门街道清水苑社区卫生服务站 | 清水苑小区4号-2-107 | 64611494 |
| 东直门街道十字坡社区卫生服务站 | 东直门外十字坡西里10号楼北 | 64161320 |
| 东直门街道王家园社区卫生服务站 | 新中街西街12号 | 65519556 |
| 和平里街道安德里社区卫生服务站 | 安德里北街21号 | 84127060 |
| 北新桥街道青龙社区卫生服务站 | 东直门北小街青龙胡同甲1号 | 64027190 |
| 安定门街道五道营社区卫生服务站 | 安定门内大街永康胡同9号 | 64012290 |
| 朝阳门街道朝内头条社区卫生服务站 | 朝内大街203号 | 64015610 |
| 朝阳门街道大方家社区卫生服务站 | 小牌坊胡同30号 | 85111691 |
| 朝阳门街道内务社区卫生服务站 | 内务部街73号 | 65136054 |
| 东华门街道东华门社区卫生服务站 | 南河沿大街磁器库南巷1号 | 65597833 |
| 东四街道东四三条社区卫生服务站 | 东四三条45号 | 64006790 |
| 东直门街道新中街社区卫生服务站 | 新中街四条乙20号 | 64165425 |
| 和平里街道安德路社区卫生服务站 | 安外青年路南街11号 | 84130209 |
| 景山街道宽街社区卫生服务站 | 美术馆后街12号 | 64006540 |

| | | |
|---|---|---|
| 和平里街道和平里社区卫生服务站 | 和平里北街18号西门 | 64213168 |
| 和平里街道和平里中街社区卫生服务站 | 和平里六区六号一层 | 84220399 |
| 和平里街道交通社区卫生服务站 | 交林夹道甲2号 | 64213430 |
| 和平里街道青年湖社区卫生服务站 | 青年湖东里9号楼北 | 84112543 |
| 和平里街道小黄庄社区卫生服务站 | 小黄庄前街2院3楼 | 84282143 |
| 交道口街道圆恩寺社区卫生服务站 | 前圆恩寺胡同28号 | 64072317 |
| 景山街道魏家社区卫生服务站 | 魏家胡同55号 | 84032330 |
| 永定门外街道东革新里社区卫生服务站 | 东革新里40号 | 87265202 |
| 龙潭街道幸福家园社区卫生服务站 | 幸福家园19号楼1101、1102号 | 67111096 |
| 体育馆路街道法华寺社区卫生服务站 | 体育馆西路1号 | 67133157 |
| 天坛街道天坛东里社区卫生服务站 | 天坛东里中区12楼西门旁 | 67010624 |
| 安定门街道安定门社区卫生服务站 | 豆腐池胡同13号 | 64007169 |
| 北新桥街道北新桥社区卫生服务站 | 东直门大街184号 | 64053216 |
| 北新桥街道民安社区卫生服务站 | 民安14号楼 | 84078626 |
| 北新桥街道十三条社区卫生服务站 | 东四北大街168号 | 64053927 |
| 和平里街道东河沿社区卫生服务站 | 东河沿甲7号 | 64205058 |
| 建国门街道苏州社区卫生服务站 | 崇文门内大街苏州胡同120号 | 65124640 |
| 建国门街道外交部街社区卫生服务站 | 东单北大街东堂子胡同24号 | 65281974 |
| 交道口街道交东社区卫生服务站 | 土儿胡同10号楼 | 84046916 |
| 天坛街道金鱼池社区卫生服务站 | 金鱼池小区西区13楼1单元001室 | 67023088 |
| 前门街道前门社区卫生服务站 | 草厂六条4号 | 67073468 |

# 东城公安分局派出所

| 单位名称 | 地　址 | 电　话 |
|---|---|---|
| 东城区东四派出所 | 东四五条170号 | 84081552 |
| 东城区东直门派出所 | 新中街9号 | 84081554 |
| 东城区安外大街派出所 | 地坛公园西门外 | 64213026 |
| 东城区建国门派出所 | 金宝街69号 | 84081550 |
| 东城区安定门派出所 | 豆腐池胡同11号 | 84081556 |
| 东城区朝阳门派出所 | 朝阳门南小街121号 | 84081551 |
| 东城区北新桥派出所 | 西羊管胡同10号 | 84081553 |
| 东城区东交民巷派出所 | 东交民巷甲9号 | 65129302 |
| 东城区东华门派出所 | 锡拉胡同8号 | 65253779 |
| 东城区和平里派出所 | 和平里中街六区5号 | 84081555 |
| 东城区交道口派出所 | 板厂胡同7号 | 84081557 |
| 东城区景山派出所 | 什锦花园33号 | 84081558 |
| 东城区北京站派出所 | 盔甲厂胡同4号 | 65132281 |
| 东城区王府井大街派出所 | 菜厂胡同5号 | 84081561 |
| 东城区东方广场派出所 | 王府井大街218-1号 | 85118110 |
| 东城区隆福寺派出所 | 隆福广场B 座2层 | 84081560 |
| 东城区东花市派出所 | 东花市北里西区2号楼 | 67189133 |
| 东城区前门派出所 | 草厂九条8号 | 67022491 |
| 东城区天坛派出所 | 珠市口东大街甲18号 | 67022125 |

| | | |
|---|---|---|
| 东城区龙潭派出所 | 光明西街3号 | 67116335 |
| 东城区前门大街派出所 | 长巷二条1号 | 84081178 |
| 东城区永外派出所 | 永外大街88号 | 84081435 |
| 东城区体育馆路派出所 | 东壁街16号 | 67122619 |
| 东城区天坛公园派出所 | 天坛西里甲1号 | 67021104 |
| 东城区崇文门派出所 | 国瑞城中区9号楼33号底商 | 67112012 |

# 驻区公证处

| 单位名称 | 地 址 | 电 话 |
|---|---|---|
| 东方公证处 | 安定门外大街168号 | 84217035 |
| 信德公证处 | 珠市口东大街3号 | 67124408 |

# 驻区律师事务所

| 单位名称 | 地 址 | 电 话 |
|---|---|---|
| 北京市安律律师事务所 | 东皇城根南街84号 | 65140912 |
| 北京市翱翔律师事务所 | 朝内大街188号鸿安国际商务大厦A座601 | 65170813 |
| 北京市奥东律师事务所 | 安定门东大街28号雍和大厦东楼B座507室 | 64097155 |
| 北京市秉源律师事务所 | 安德里北街甲17号 | 84124573 |
| 北京市博人律师事务所 | 北三环东路36号环球贸易中心B座1205室 | 58256761 |
| 北京市博圣律师事务所 | 安外大街11号 华府景园C座403 | 84122481 |
| 北京市采信律师事务所 | 王府井大街99号A512 | 65267550 |
| 北京市创世律师事务所 | 新中街68号聚龙花园8号楼804 | 65510006 |
| 北京市大成律师事务所 | 东直门内南大街3号国华投资大厦 | 58137799 |
| 北京市大正-国都律师事务所 | 东直门外大街48号东方银座B座6G | 62272573 |
| 北京市德克律师事务所 | 东交民巷28号红都商务会馆A座401 | 65140217 |
| 北京市地平天成律师事务所 | 和平里东街18号林11楼首层4门 | 64200855 |
| 北京市鼎昊律师事务所 | 朝阳门内南小街6号楼302 | 65281828 |
| 北京市鼎尚律师事务所 | 建国门北大街5号11层1126 | 65170355 |
| 北京市东方公益律师事务所 | 沙滩北街15号社科院法学所院内 | 84035495 |
| 北京市东方恒信律师事务所 | 朝内大街188号鸿安国际商务大厦 | 65181255 |
| 北京市东方昆仑（北京）律师事务所 | 东四十条甲22号 | 64096552 |
| 北京市东卫律师事务所 | 朝阳门北大街8号富华大厦D3B | 65542826 |
| 北京市铎声律师事务所 | 府学胡同甲1号4009室 | 64016667 |
| 北京市法准律师事务所 | 东直门南大街9号华普花园D座602 | 84094244 |
| 北京市方略律师事务所 | 鼓楼外大街45号工人出版社8层 | 82081700 |
| 北京市孚晟律师事务所 | 东长安街1号东方广场东一办公楼9层04-05A | 85189170 |
| 北京市富睿康道律师事务所 | 王府井大街99号世纪大厦A702室 | 65280089 |

| | | |
|---|---|---|
| 北京市冠腾律师事务所 | 朝阳门内大街298号622 | 58121022 |
| 广东安华理达北京分所律师事务所 | 东长安街1号东方广场西三办公楼707 | 85151326 |
| 广东圣天平北京分所律师事务所 | 国华投资大厦311 | 58199538 |
| 北京市贵银律师事务所 | 东直门大街9号华普花园B座2401 | 84094464 |
| 北京市国宏律师事务所 | 东长安街1号东方经贸城西-807室 | 85189889 |
| 北京市国乐律师事务所 | 建国门赵堂子胡同2号楼205、206室 | 63519781 |
| 北京市国理律师事务所 | 沙滩北街15号法学研究所南楼二层 | 64069888 |
| 北京市海维律师事务所 | 东四十条甲22号南新仓商务大厦A座603 | 51665728 |
| 北京市汉坤律师事务所 | 东长安街东方广场C1座9层906 | 85255500 |
| 北京市航舵律师事务所 | 建国门内大街七号光华长安大厦2座1118 | 65185680/1 |
| 北京市昊方律师事务所 | 朝阳门南小街22号楼5单元204 | 85870325 |
| 北京市恒方永圆律师事务所 | 东长安街6号137、141 | 51019879 |
| 北京市恒盈律师事务所 | 崇文门西大街9号北京紫金宾馆2A房间 | 65265707 |
| 北京市衡蓝律师事务所 | 海运仓一号国际大厦一层919-A | 84646488 |
| 北京市泓清律师事务所 | 东方银座A座17D | 81396266 |
| 北京市华澳律师事务所 | 东中街29号29-2南写字楼五层504 | 64152296 |
| 北京市华龙律师事务所 | 府学胡同甲一号4001 | 64046956 |
| 北京市汇佳律师事务所 | 雍和大厦C座7层709 | 64097966 |
| 北京市嘉宋律师事务所 | 建国门内大街金成建国5号827室 | 51296373 |
| 北京市鉴杜律师事务所 | 崇文门西大街7号 | 65125885 |
| 北京市金德律师事务所 | 东直门南大街14号保利大厦写字楼12层B座 | 65512727 |
| 北京市金开律师事务所 | 朝阳门北大街8号富华大厦D座14层G室 | 65542868 |
| 北京市金颐律师事务所 | 东直门内草园胡同35号 | 65127681 |
| 北京市京博律师事务所 | 东直门外大街48号东方银座C座15H | 51600627 |
| 北京市京昌律师事务所 | 交道口北2条20号 | 64047987 |
| 北京市京德律师事务所 | 安定门东大街28号雍和大厦A座808 | 64097493 |
| 北京市京工律师事务所 | 安定门外大街189号天鸿宝景1508 | 64401097 |
| 北京市久瑞律师事务所 | 安定门东大街28号立骏大厦1号楼12层03号 | 84195380 |
| 北京市居庸律师事务所 | 东直门内海运仓1号海运仓国际大厦522室 | 51239363 |
| 北京市君合律师事务所 | 建国门北大街8号华润大厦20层 | 85191300 |
| 北京市君致律师事务所 | 朝阳门北大街乙12号天晨大厦909 | 65518581 |
| 北京市凯锐律师事务所 | 朝内大街190号建地写字楼4层 | 65140734 |
| 北京市宽信律师事务所 | 建国门南大街乙1号金龙温泉公寓1110房间 | 65594012 |
| 北京市旷博律师事务所 | 朝内北小街二号凯龙大厦503、205-206室 | 84045112 |
| 北京市立方律师事务所 | 东四十条甲22号南新仓国际大厦A1105 | 64096099 |
| 北京市立天律师事务所 | 东直门南大街9号华普花园A－201 | 84094991 |
| 北京市联法律师事务所 | 建内大街18号恒基中心一座22层 | 65180808 |
| 北京市六合金证律师事务所 | 安定门东大街28号 | 64097055 |
| 北京市陆通联合律师事务所 | 东中街58号美惠大厦D座2层 | 65544518 |
| 北京市马林江律师事务所 | 恒基中心一座1705 | 85910091 |
| 北京市普贤律师事务所 | 建国门内大街18号恒基中心办二517 | 65176246 |
| 北京市润禾律师事务所 | 建国门内大街8号中粮广场B座1001室 | 65546660 |
| 上海江三角北京分所律师事务所 | 东直门外大街48号东方银座大厦c栋23-H | 84476762 |
| 上海锦天城律师事务所 | 东四十条甲22号南新仓国际商务大厦B820 | 51690115 |
| 北京市尚公律师事务所 | 长安俱乐部三层 | 65288888 |
| 北京市尚荣信律师事务所 | 安定门东大街28号雍和大厦F座802A座 | 84195130 |
| 北京市盛法律师事务所 | 海运仓国际大厦一层5-012室 | 85809826 |
| 北京市世嘉律师事务所 | 朝阳门北大街8号富华大厦D座14A | 65543621－27 |
| 北京市四方律师事务所 | 王府井大街277号好友世界商场写字楼2406 | 65230114 |
| 北京市孙中伟律师事务所 | 王府井大街277号2503室 | 65221448 |

| | | |
|---|---|---|
| 北京市天济律师事务所 | 朝阳门外大街8号富华大厦A座11层J室 | 65546647 |
| 北京市天澜律师事务所 | 东水井胡同5号楼A801 | 58643259 |
| 北京市天伦怡达律师事务所 | 王府井大街172号丹耀大厦712 | 65590128 |
| 北京市天睿律师事务所 | 朝阳门北大街17号人保大厦6层 | 58151199 |
| 北京市天同律师事务所 | 东交民巷28号红都商务会馆B座3层 | 51669666 |
| 北京市天宇律师事务所 | 东交民巷27号旁门 | 65241973 |
| 北京市天咨律师事务所 | 东直门外小街甲2号正东国际大厦A座25I | 84479588 |
| 北京市万企律师事务所 | 安定路20号1号楼303 | 68711130 |
| 北京市维诗律师事务所 | 建国门内大街7号光华长安大厦1009号 | 65101010 |
| 北京市沃尔森律师事务所 | 东直门外大街46号天恒大厦608A | 84608473 |
| 北京市玺恒律师事务所 | 前门东大街3号首都大酒店303、304、305 | 84478165 |
| 北京市新能源律师事务所 | 首都大酒店415 | 68928883 |
| 北京市信利律师事务所 | 建内大街18号恒基中心一座609-611 | 65186980 |
| 北京市颐合律师事务所 | 建内大街7号光华长安大厦2座1910 | 65178866 |
| 北京市亿嘉律师事务所 | 建国门内大街19号 | 85112986 |
| 北京市易理律师事务所 | 东城区东中街58号美惠大厦D-1403 | 65545498 |
| 北京市毅弘律师事务所 | 建国门内贡院6号E座7层 | 65186611 |
| 北京市寅嘉律师事务所 | 东直门门南大街9号华普花园C902 | 84094429 |
| 北京市雍鼎律师事务所 | 永和家园8号楼301室 | 51026267 |
| 北京市雍泽律师事务所 | 雍合家园5号楼703 | 51026630 |
| 北京市永邦律师事务所 | 东中街58号美惠大厦C-602 | 65546677 |
| 北京市永凯律师事务所 | 交道口东大街4号楼2层211 | 64062264 |
| 北京市元昊律师事务所 | 朝内大街188号鸿安国际商务大厦B座1202 | 65235981 |
| 北京市远望律师事务所 | 朝内大街75号院8号楼7-101 | 84031646 |
| 北京市展达律师事务所 | 东中街9号东环广场B座写字楼5层5Q | 64156655 |
| 北京市正义律师事务所 | 东交民巷29号 | 65247544 |
| 北京市志德律师事务所 | 和平里兴化路甲9号 | 84095359 |
| 北京市中地律师事务所 | 分司厅17号院3-5-001号 | 84091288 |
| 北京市中广承平律师事务所 | 新中街3号东外公馆一栋605 | 51662369 |
| 北京市中鸿律师事务所 | 东长安街10号长安大厦之综合大厦704室 | 65251878 |
| 北京市中京律师事务所 | 东中街58号美惠大厦A座1201、1204室 | 65543496 |
| 北京市中凯律师事务所 | 安德路甲61号红都商务会馆6层B1-616 | 64522110 |
| 北京市中鹏律师事务所 | 朝阳门北大街8号富华大厦D座18层 | 65544858 |
| 北京市中瑞律师事务所 | 北三环东路36号环贸中心B栋1805室 | 58257666 |
| 北京市中天智通律师事务所 | 新中街68号聚龙花园7号楼4N | 65526880 |
| 北京市中闻律师事务所 | 东直门外大街46号天恒大厦A座8层 | 84608688 |
| 北京市中誉威圣律师事务所 | 建内大街7号光华长安大厦1座818 | 65171299 |
| 北京市众贺律师事务所 | 交道口北头条5号 | 84019684 |
| 北京市众一律师事务所 | 东四十条甲22号南新仓国际大厦A座502 | 64096085/86 |
| 北京市重华律师事务所 | 张自忠路3号 | 85868086 |
| 北京市纵横律师事务所 | 东长安街12号纺织工业局347、345 | 85229377 |
| 北京市立圣律师事务所 | 长阳门外北大街6号首创大厦1203A 1205 | 85283200 |
| 北京市资略律师事务所 | 北三环东路环球贸易大厦A2107 | 58257456 |
| 北京市健强律师事务所 | 朝阳门东水井胡同11号A308 | 13801390261 |
| 北京市王海平律师事务所 | 王府井大街2号华侨大厦3层303A室 | 13910006958 |
| 北京市甲子律师事务所 | 东四十条富华大厦D座 8E | 65547796 |
| 北京市星林律师事务所 | 东长安街10号长安大厦七层709室 | 57160178 |
| 北京市渡象律师事务所 | 雍和大厦D座1201 | 84195448 |
| 北京市营天律师事务所 | 东郊民巷28号红都写字楼A506室 | 65135039 |
| 上海九州丰泽律师事务所 | 东长安街1号东方广场经贸城E1803 | 85183285 |

| | | |
|---|---|---|
| 北京市魏启学律师事务所 | 北三环东路36号环球贸易中心C栋16层 | 58256366 |
| 北京市朗新律师事务所 | 东中街29号东环广场B座写字楼5层5G | 64181023 |
| 广东广大北京分所律师事务所 | 东长安街1号东方广场C1座601室 | 85870068 |
| 北京市慎默律师事务所 | 东长安街33号北京饭店C座2209 | 85009211 |
| 北京市永勤律师事务所 | 新中街3号东外公馆一栋605 | 51316040 |
| 北京市高思律师事务所 | 东方广场经贸城东三办公楼1003室 | 85181133 |
| 北京市曹圣明律师事务所 | 安外东后巷28号商务部研究院1-423室 | 67589792 |
| 北京市观道律师事务所 | 东方银座D座19D | 84549481 |
| 北京市乾理律师事务所 | 东长安街33号北京饭店6050 | 65232365 |
| 广东唯杰律师事务所 | 安定门外大街189号宝景大厦1804 | 64401431 |
| 北京市金沃律师事务所 | 朝阳门北大街8号富华大厦D座9层B-C | 65545039 |
| 北京市恒都律师事务所 | 东直门南大街9号华普花园C座2206 | 84098069 |
| 北京市君永律师事务所 | 安定门外大街2号安贞大厦1101室 | 64482400 |
| 北京市施融律师事务所 | 鼓楼外大街56号教师大厦809 | 84129410 |
| 北京市安衡律师事务所 | 天坛东路72号万福大厦 | 67185418 |
| 北京市百度律师事务所 | 龙潭路甲3号翔龙大厦C23室 | 67158618 |
| 北京市包诚律师事务所 | 左安溪园2号楼5单元1703号 | 67180166 |
| 北京市包律师律师事务所 | 东花市北里西区24号楼宝润苑C座1212号 | 67186046 |
| 北京市博颢律师事务所 | 光明路11号天玉大厦608室 | 51902336 |
| 北京市博仁律师事务所 | 天坛东里5号 | 51023325 |
| 北京市长歌律师事务所 | 领行国际1号楼2单元708室 | 67118247 |
| 北京市达奥律师事务所 | 广渠门南小街领行国际3号楼1单元23层 | 67156446 |
| 北京市德律珩律师事务所 | 左安门内大街左安漪园 1 号楼 5 单元 | 87197602 |
| 北京市德政律师事务所 | 光明路11号天玉大厦605室 | 51902058 |
| 北京市鼎基律师事务所 | 广渠门南小街领行国际1号楼2单元2201室 | 51289289 |
| 北京市董人友律师事务所 | 忠实里西区5号楼803室 | 87749023 |
| 北京市逢时律师事务所 | 龙潭路乙3号伟图大厦507室 | 67110422 |
| 广东德法理律师事务所 | 崇外大街新怡家园甲3号六层610室 | 67091903 |
| 北京市国晟律师事务所 | 夕照寺16号院(华城)2号楼2单元302 | 87184008 |
| 北京市国泰世良律师事务所 | 广渠门南小街领行国际1号楼2单元701-702室 | 67111263 |
| 北京市翰佳律师事务所 | 广渠门南水关甲7号华威国际公寓1302室 | 67151166 |
| 北京市昊凯律师事务所 | 北京新世界中心写字楼B座1109-1112室 | 67085553 |
| 北京市浩都律师事务所 | 崇外大街3号新世界中心公寓1019室 | 67084599 |
| 北京市浩林律师事务所 | 夕照寺街14号富瑞苑公寓5号楼10-A | 67104976 |
| 北京市泓天律师事务所 | 广渠门北里36号院3-1-302 | 51231620 |
| 北京市泓韵律师事务所 | 广渠门内大街16号中国环境新闻出版大厦 | 67112939 |
| 北京市金博大律师事务所 | 西花市南里东区2号楼底商7-11单元15号 | 87189569 |
| 北京市金韬律师事务所 | 兴隆都市馨园9号楼2-241 | 87643731 |
| 北京市京一律师事务所 | 天坛东里乙48号北京爱华宾馆6002室 | 84477697 |
| 北京市雷盾城律师事务所 | 东花市北里西区宝润苑A-403 | 59105858 |
| 北京市李雅琼律师事务所 | 永定门外大街86号4号楼418 | 13671171218 |
| 北京市刘安元律师事务所 | 东花市大街花市枣苑 3 号楼 2004 室 | 13366336678 |
| 北京市刘松涛律师事务所 | 广渠门内大街80号通正国际大厦912室 | 51696633 |
| 北京市普诚律师事务所 | 东兴隆街58号513室 | 67091471 |
| 北京市秦华律师事务所 | 崇外大街5号新世界太华公寓B座515 | 67081171 |
| 北京市勤道律师事务所 | 广渠门内白桥大街22号北京市工商联大厦 | 67186802 |
| 北京市沁润源律师事务所 | 忠实里南街甲6号楼远洋德邑A座909号 | 87758360 |
| 北京市融商律师事务所 | 光明东路1号办公楼A座5层室 | 67080211－0217 |
| 北京市融泰律师事务所 | 崇外大街甲3号写字楼6层623、625室 | 67083356 |
| 北京市时信律师事务所 | 广渠门内大街80号通正国际大厦1016室 | 51655033 |

| | | |
|---|---|---|
| 北京市双利律师事务所 | 广渠门内大街16号环境新闻出版大楼10层 | 67167813 |
| 北京市泰明律师事务所 | 广渠门内大街 36 号幸福家园 1- 5- 1402# | 67126363 |
| 北京市同一源律师事务所 | 广渠门内大街80号通正国际大厦10层 | 67060988 |
| 北京市现代律师事务所 | 东打磨厂街7号宝鼎中心B座1001室 | 67083101 |
| 北京市欣然律师事务所 | 东兴隆街56号北京商界A723 | 67016878 |
| 北京市泽和律师事务所 | 东花市南里富贵园1区9号7-901室 | 67166713 |
| 北京市志元律师事务所 | 东打磨厂街7号宝鼎中心B座545室 | 87555029 |
| 北京市中北律师事务所 | 前门东大街4号楼6门101、102、103号 | 65288769 |
| 北京市中通策成律师事务所 | 绿景馨园13号楼605-609 | 67192880 |
| 北京市中政律师事务所 | 幸福大街甲39号德惠写字楼B座111 | 67146613 |
| 北京市力盾律师事务所 | 前门东大街华丰宾馆 | 65662629 |
| 北京市宝鼎律师事务所 | 王府井大街201号凯旋国际酒店7118 | 59458911 |
| 北京市贝朗律师事务所 | 前门东大街3号首都大酒店写字楼5层 | 65120341 |
| 北京市致新律师事务所 | 前门东大街5号华风宾馆一层 | 65251733 |
| 北京市法度律师事务所 | 东单大华路甲2号海诚商务会馆608 | 65593630 |
| 北京市万悦律师事务所 | 交道口北二条20号 | 64069655 |
| 北京市誉明律师事务所 | 东直门外大街乙36号海晟国际公寓26号1座 | 15901161941 |
| 北京市天用律师事务所 | 北三环东路37号 | 84109598 |
| 北京市兆实律师事务所 | 安定门外东河沿乙9号 | 13701075618 |

# 东城区司法所

| 单位名称 | 地 址 | 电 话 |
|---|---|---|
| 和平里司法所 | 和平里6区5号 | 84226030 |
| 安定门司法所 | 方家胡同19号 | 64067183 |
| 交道口司法所 | 雨儿胡同乙15号 | 64029694 |
| 景山司法所 | 美术馆东街1号 | 84017954 |
| 东华门司法所 | 东安门大街55号王府世纪5层 | 65248621 |
| 东直门司法所 | 新中街66号 | 64165479 |
| 北新桥司法所 | 民安小区北新桥社区服务中心 | 64034116 |
| 东四司法所 | 东四六条17号 | 64001548 |
| 朝阳门司法所 | 西水井胡同3号 | 65125881 |
| 建国门司法所 | 赵堂子胡同16号 | 65142699 |
| 前门司法所 | 前门东小街甲2号 | 67016543 |
| 崇文门外司法所 | 西花市南里东区14号楼 | 67010401 |
| 东花市司法所 | 东花市北里中区甲25号楼301室 | 67188642 |
| 天坛司法所 | 西草市东街74号 | 67025835 |
| 体育馆路司法所 | 法华南里26号 | 67199645 |
| 龙潭司法所 | 光明楼23号 | 67166372 |
| 永定门外司法所 | 永外安乐林路85号 | 67227507 |

# 文物保护单位

## 全国重点文物保护单位

| 名 称 | 时 代 | 地 址 | 公布年份 |
|---|---|---|---|
| 正阳门及箭楼 | 明、清 | 天安门广场南侧 | 1988 |
| 北京城东南角楼 | 明 | 崇文门东大街9号 | 1982 |
| 北京大学红楼 | 民初 | 五四大街29号 | 1961 |
| 天安门 | 明 | 天安门广场 | 1961 |
| 人民英雄纪念碑 | 1958年 | 天安门广场内 | 1961 |
| 故宫 | 明、清 | 景山前街4号 | 1961 |
| 天坛 | 明 | 永定门内大街路东 | 1961 |
| 智化寺 | 明 | 禄米仓胡同5号 | 1961 |
| 国子监 | 明 | 国子监街15号 | 1961 |
| 北京孔庙 | 元、明、清 | 国子监街13号 | 1988 |
| 雍和宫 | 清 | 雍和宫大街12号 | 1961 |
| 皇史宬 | 明、清 | 南池子大街136号 | 1982 |
| 古观象台 | 明 | 东裱褙胡同2号 | 1982 |
| 太庙 | 明、清 | 东城区东长安街 | 1988 |
| 社稷坛 | 明、清 | 东城区西长安街 | 1988 |
| 崇礼住宅 | 清 | 东四六条63、65号 | 1988 |
| 北京鼓、钟楼 | 明、清 | 钟楼湾临字9号 | 1996 |
| 可园 | 清 | 帽儿胡同9号、11号 | 2001 |
| 孚王府 | 清 | 朝阳门内大街137号 | 2001 |
| 柏林寺 | 元、清 | 戏楼胡同1号 | 2006 |
| 地坛 | 明、清 | 安定门外大街 | 2006 |
| 京师大学堂分科大学旧址 | 清 | 安德里北街21号 | 2006 |
| 清陆军部和海军部旧址 | 清 | 张自忠路3号 | 2006 |
| 孙中山行馆 | 民国 | 张自忠路23号 | 2006 |
| 协和医学院旧址 | 清、民国 | 帅府园胡同1号 | 2006 |
| 亚斯立堂 | 清 | 后沟胡同丁2号 | 2006 |
| 袁崇焕墓和祠 | 清初 | 东花市斜街52号、左安门内龙潭路8号 | 2006 |
| 明北京城城墙遗迹 | 明 | 崇文门东左安门桥北 | 2013 |
| 文天祥祠 | 明 | 府学胡同63号 | 2013 |
| 普度寺 | 清 | 普庆前巷35号 | 2013 |
| 大运河(玉河遗址、南新仓) | 元明清 | 东不压桥胡同南口至帽儿胡同西口、东四十条22号 | 2013 |
| 东堂 | 清 | 王府井大街74号 | 2013 |
| 基督教中华圣经会北京分会旧址 | 民国 | 东单北大街21号 | 2013 |
| 北京大学地址学馆旧址（质） | 1934年 | 沙滩北街15号 | 2013 |
| 东交民巷建筑群 | 近代 | 东交民巷地区 | 2001 |
| 包括：奥匈使馆旧址 | 1910年 | 台基厂头条3号 | |
| 比利时使馆旧址 | 1910年 | 崇文门西大街9号 | |
| 东方汇理银行 | 1917年 | 东交民巷34号 | |
| 法国使馆旧址 | 1910年 | 东交民巷15号 | |
| 花旗银行旧址 | 1914年 | 东交民巷36号 | |
| 日本公使馆旧址 | 1886年 | 东交民巷21、23号 | |

| | | |
|---|---|---|
| 日本使馆旧址 | 1909年 | 正义路2号 |
| 意大利使馆旧址 | 1910年 | 台基厂大街1号 |
| 英国使馆旧址 | 1910年 | 东长安街14号 |
| 正金银行旧址 | 1910年 | 正义路甲4号 |
| 法国兵营 | 清 | 台基厂三条3号 |
| 国际俱乐部 | 1912年 | 台基厂大街8号 |
| 淳亲王府 | 清 | 东长安街14号 |

## 北京市文物保护单位

| 名　称 | 时　代 | 地　址 | 公布年份 |
|---|---|---|---|
| 毛主席纪念堂 | 1977年 | 天安门广场 | 1979 |
| 毛主席故居 | 民国 | 吉安所左巷8号 | 1979 |
| 东四清真寺 | 明 | 东四南大街13号 | 1984 |
| 嵩祝寺及智珠寺 | 清 | 嵩祝院北巷4号6号、嵩祝院23号 | 1984 |
| 宣仁庙 | 清 | 北池子大街2号 | 1984 |
| 凝和庙 | 清 | 北池子大街46号 | 1984 |
| 和敬公主府 | 清 | 张自忠路7号 | 1984 |
| 于谦祠 | 明、清 | 西裱褙胡同23号 | 1984 |
| 老舍故居 | 现代 | 丰富胡同19号 | 1984 |
| 茅盾故居 | 现代 | 后圆恩寺胡同13号 | 1984 |
| 旧宅院（婉容故居） | 清 | 帽儿胡同35号、37号 | 1984 |
| 礼士胡同129号四合院 | 清 | 礼士胡同129号 | 1984 |
| 内务部街11号四合院 | 清 | 内务部街11号 | 1984 |
| 圆恩寺后街7、9号四合院 | 民国 | 后圆恩寺胡同7号、9号 | 1984 |
| 国祥胡同2号四合院 | 清 | 国祥胡同甲2号 | 1984 |
| 方家胡同13、15号四合院 | 清 | 方家胡同13号、15号 | 1984 |
| 府学胡同36号四合院 | 清 | 府学胡同36号、交道口南大街136号 | 1984 |
| 国子监街 | 元、明、清 | 国子监街 | 1984 |
| 北新仓 | 明、清 | 北新仓胡同甲16号 | 1984 |
| 禄米仓 | 明、清 | 禄米仓胡同71号、73号 | 1984 |
| 原中法大学 | 民国 | 东皇城根北街甲20号 | 1984 |
| 顺天府学 | 明、清 | 府学胡同65号 | 1984 |
| 京师大学堂建筑遗存 | 清、民国 | 沙滩后街55号、59号 | 1984 |
| 福建汀州会馆北馆 | 始建于明 | 前门长巷二条48号 | 1984 |
| 阳平会馆戏楼 | 始建于元 | 前门小江胡同34、36号 | 1984 |
| 新革路20号四合院 | 民国初年 | 崇外新革路20号 | 1984 |
| 隆安寺 | 建于1454年 | 白桥南里3号 | 1984 |
| 金台书院 | 建于1750年 | 天坛东晓市203号 | 1984 |
| 正阳桥疏渠记方碑 | 建于1797年 | 天桥红庙街78号 | 1984 |
| 燕墩 | 始建于元代 | 永定门外大街31号 | 1984 |
| 大慈延福宫建筑遗存 | 明 | 朝内大街203号 | 1990 |
| 西堂子胡同25-37号四合院 | 清 | 西堂子胡同25-37号 | 1990 |
| 北京饭店初期建筑 | 1917年 | 东长安街33号 | 1990 |
| 军调部1946年中共代表团驻地 | 民国 | 南河沿大街1号 | 1995 |
| 孑民堂 | 1947年 | 北河沿大街甲83号 | 1995 |
| 法国邮政局旧址 | 1910年 | 东交民巷19号 | 1995 |
| 圣弥厄尔教堂 | 1904年 | 东交民巷甲13号 | 1995 |
| 美国使馆旧址 | 1903年 | 前门东大街23号 | 1995 |
| 荷兰使馆旧址 | 1909年 | 前门东大街11号 | 1995 |

| | | | |
|---|---|---|---|
| 帽儿胡同5号四合院 | 清 | 帽儿胡同5号 | 2001 |
| 美术馆东街25号四合院 | 清 | 美术馆东街25号 | 2001 |
| 棉花胡同15号及拱门砖雕 | 民国 | 东棉花胡同15号 | 2001 |
| 前鼓楼苑胡同7、9号四合院 | 清 | 前鼓楼苑胡同7号、9号 | 2001 |
| 鼓楼东大街255号四合院 | 民国 | 鼓楼东大街255号 | 2001 |
| 宁郡王府 | 清 | 北极阁三条71号、新开路胡同94号 | 2001 |
| 陈独秀旧居 | 民国 | 箭杆胡同20号 | 2001 |
| 京奉铁路正阳门东车站旧址 | 1906年 | 前门大街北端东侧 | 2001 |
| 僧王府 | 清 | 板厂胡同30号、32号、34号<br>炒豆胡同77号 | 2003 |
| 黑芝麻胡同13号四合院 | 清 | 黑芝麻胡同13号 | 2003 |
| 绮园花园 | 清 | 秦老胡同35号 | 2003 |
| 沙井胡同15号四合院 | 清 | 沙井胡同15号 | 2003 |
| 前永康胡同7号四合院 | 清 | 前永康胡同7号、9号 | 2003 |
| 皇城墙遗址 | 明、清 | 天安门东侧、景山东街等 | 2003 |
| 原麦加利银行 | 清末 | 东交民巷39号 | 2003 |
| 总理各国事务衙门建筑遗存 | 清 | 东堂子胡同49号 | 2003 |
| 恒亲王府 | 清 | 朝阳门内大街55号院内 | 2003 |
| 协和医院住宅群 | 清 | 外交部街59号、北极阁三条26号 | 2003 |
| 北京大学女生宿舍 | 1935年 | 沙滩北街乙2号 | 2003 |
| 花市火神庙 | 建于1568年 | 崇外西花市113号 | 2003 |
| 东皇城根南街32号宅院 | 清 | 东皇城根南街32号 | 2011 |
| 大清邮政总局旧址 | 清 | 小报房胡同7号 | 2011 |
| 史家胡同51、53、55号宅院 | 清、民国 | 史家胡同51、53、55号 | 2011 |
| 顺天府大堂 | 明 | 东公街9号 | 2011 |
| 魏家胡同18号宅院 | 民国 | 魏家胡同18号 | 2011 |
| 全聚德烤鸭店门面 | 民国 | 前门大街30号 | 2011 |
| 北平电话北局旧址 | 民国 | 东皇城根大街14号 | 2011 |
| 欧美同学会 | 清 | 南河沿大街111号 | 2011 |
| 蔡元培故居 | 民国 | 东堂子胡同75号 | 2011 |
| 北总布胡同2号宅院 | 民国 | 总布胡同2号 | 2011 |
| 清末自来水厂旧址 | 清 | 东直门外香河园3号 | 2011 |
| 袁崇焕庙 | 1917年 | 左安门内龙潭路8号 | 1984 |

## 东城区文物保护单位

| 名　称 | 时　代 | 地　址 | 公布年份 |
|---|---|---|---|
| 杨昌济旧居 | 民国 | 豆腐池胡同15号 | 1984 |
| 通教寺 | 明清 | 针线胡同19号 | 1984 |
| 惠王府 | 清 | 富强胡同3号 | 1984 |
| 吉安所 | 清 | 吉安所右巷8号 | 1984 |
| 朱启钤旧宅 | 清 | 赵堂子胡同3号 | 1984 |
| 段祺瑞宅 | 民国 | 仓南胡同5号 | 1984 |
| 东兴隆街52号四合院 | 清 | 东兴隆街52号 | 1984 |
| 花市清真寺 | 明 | 西花市30号 | 1984 |
| 夕照寺 | 清 | 夕照寺中街13号 | 1984 |
| 田汉故居 | 民国 | 细管胡同9号 | 1986 |
| 欧阳予倩故居 | 民国 | 张自忠路5号 | 1986 |
| 北沟沿胡同23号宅院 | 清 | 北沟沿胡同23号 | 1986 |
| 僧格林沁祠堂 | 清 | 地安门东大街47号 | 1986 |

| | | | |
|---|---|---|---|
| 东直门外清真寺 | （1988年移建于此） | 东直门外察慈小区6号 | 1986 |
| 当铺旧址 | 清 | 门楼胡同3号、5号 | 1986 |
| 黄米胡同四合院 | 清 | 黄米胡同5号、7号、9号 | 1986 |
| 旧宅院 | 清 | 菊儿胡同3号、5号寿比胡同6号 | 1986 |
| 桂公府 | 清 | 芳嘉园胡同11号、新鲜胡同40号 | 1986 |
| 雨儿胡同四合院 | 清 | 雨儿胡同13号 | 1986 |
| 板厂胡同四合院 | 清 | 板厂胡同27号 | 1986 |
| 东四六条55号四合院 | 清 | 东四六条55号 | 1986 |
| 东四四条5号四合院 | 清 | 东四四条5号 | 1986 |
| 东四五条55号四合院 | 清 | 东四五条55号 | 1986 |
| 东四八条71号四合院 | 清 | 东四八条71号 | 1986 |
| 富强胡同四合院 | 清 | 富强胡同6号甲6号、23号 | 1986 |
| 什锦花园四合院 | 清 | 什锦花园胡同19号 | 1986 |
| 东总布胡同旧宅院 | 清 | 东总布胡同53号 | 1986 |
| 法华寺碑 | 明 | 多福巷胡同44号 | 1986 |
| 傅恒征多川碑 | 清 | 沙滩北街15号，北京石刻艺术博物馆 | 1986 |
| 慧仙女校碑 | 清 | 南吉祥胡同21号，现存北京石刻艺术博物馆 | 1986 |
| 文昌庙碑 | 清 | 帽儿胡同21号院内 | 1986 |
| 皇帝敕谕碑 | 明 | 帽儿胡同21号院内 | 1986 |
| 慧照寺碑 | 明 | 东四十三条19号 | 1986 |
| 宝和店碑 | 明 | 灯市口北巷7号，现存北京石刻艺术博物馆 | 1986 |
| 皇帝敕谕碑 | 明 | 柏树胡同21号，现存钟鼓楼文物保管所 | 1986 |
| 法华寺 | 明 | 法华寺街65、67号 | 1989 |
| 安乐禅林 | 明 | 安乐林路63号、琉璃井8号 | 1989 |
| 药王庙 | 1627年 | 天坛东晓市101号 | 1989 |
| 天主教堂 | 1910年 | 永生巷6号 | 1989 |
| 三一八烈士纪念碑 | 1926年 | 龙潭培新街6号 | 1989 |
| 奋章胡同四合院 | 1928年 | 奋章胡同53号 | 1989 |
| 玉河庵 | 元、明、清 | 东不压桥胡同南口至帽儿胡同西口 | 2009 |
| 东安门遗址 | 明 | 东安门大街西口 | 2009 |
| 贝子宏昨府 | 清 | 大取灯胡同9号 | 2009 |
| 承恩公志钧府 | 清 | 大佛寺东街2、4、6号 | 2009 |
| 正白旗觉罗学建筑遗存 | 清 | 新鲜胡同36号 | 2009 |
| 镶黄旗官学建筑遗存 | 清 | 后圆恩寺胡同甲20号 | 2009 |
| 莲园 | 清 | 红岩胡同19号及新鲜18号 | 2009 |
| 宏恩观 | 元、明、清 | 豆腐池胡同21、23号及张旺胡同2、4号 | 2009 |
| 翠花胡同27号四合院 | 民国 | 翠花胡同27号 | 2009 |
| 朝阳门内大街头条203号近代建筑 | 民国 | 朝阳门内大街头条203号 | 2009 |
| 朝阳门内南小街头条439号近代建筑 | 民国 | 朝阳门内南小街头条439号 | 2009 |
| 朝阳门内大街81号近代建筑 | 民国 | 朝阳门内大街81号 | 2009 |
| 贝满女中建筑遗存 | 清 | 灯市口大街55号 | 2009 |
| 同福夹道4号近代建筑 | 民国 | 同福夹道4 号 | 2009 |
| 东堂子胡同4、6号近代建筑 | 民国 | 东堂子胡同4、6号 | 2009 |
| 原北京大学图书馆 | 民国 | 北河沿大街甲83号 | 2009 |
| 菊儿胡同7号近代建筑 | 民国 | 菊儿胡同7号 | 2009 |

（东城区文化委员会提供）

# 北京市历史文化保护区

## 一、景山前街

该保护区位于故宫紫禁城筒子河与皇家园林景山之间，全长740米。明清时，景山与故宫之间建有北上门、北上东门、北上西门。1931年各门拆除辟路，划分三段：中为景山前街，东为景山东前街，西为三座门大街，1965 年统一定名为景山前街。

## 二、景山后街

该保护区位于景山公园北侧，东起景山东街，西至景山西街，中与地安门内大街相连，全长482米。元代为大都御苑；明清为皇城。临街南侧古建筑是清乾隆年间所建寿皇殿，为清代皇家供奉先祖神像之所。街北东、西两侧建国后建设的办公楼，屋顶采用中国传统建筑坡屋顶形式，立面为传统建筑形式的装饰，与南侧景山相互呼应、衬托，形成对景，是保持古都历史风貌的范例。

## 三、景山东街

该保护区位于景山公园东侧，全长546米。街旁明代曾设有司礼监、都知监、印绶监等衙署。因西邻景山，清末称景山东大街，1956年定现名。街两侧绿树成荫。街东有清光绪二十四年（1898年）开办的中国第一所大学——京师大学堂。吉安所左巷8号是毛泽东1918年在北京时住过的地方。

## 四、五四大街

该保护区东起东四西大街，西至景山前街，全长740米。1965年曾定名汉花园大街，后改五四大街至今。街北侧为北京大学“红楼”。1919年5月4日的游行队伍，即从“红楼”北边的广场集合出发，1947年被命名为“民主广场”。陈独秀、李大钊、鲁迅、蔡元培、胡适等革命先辈和文化巨匠曾在此任教。共产党北京小组诞生于此。“红楼”内现保存李大钊工作室。“红楼”在中国近代史上具有重要的地位和作用。街东段北侧的中国美术馆是二十世纪五十年代著名的大型文化设施。现在“红楼”为新文化运动纪念馆。

## 五、南池子 六、东华门

该保护区位于北京皇城内,故宫东南侧,北起东华门大街,南至长安街,西临筒子河、劳动人民文化宫、东接东黄城根南街，总用地面积34.5公顷。该地区处于喧闹的王府井商业街与森严僻静的故宫城墙之间，独特的城市环境造成地段内具有传统风貌的居住街区的独特建筑环境。

## 七、北池子

该保护区紧邻紫禁城东侧，规划范围东以东黄城根南街为界，西以筒子河为界，北至五四大街，南邻东华门大街，东与东黄城根北街相连，总用地面积39.22公顷。该地区传统居住区的特色构成故宫一侧较为幽静的居住环境，其灰色宁静的形式更有益衬托、表现宫城的宏伟气度。就北京旧城整体而言，其低矮、平缓、匀质的建筑格局也是风貌构成的重要组成部分。

## 八、东交民巷

该保护区位于天安门东侧，东接崇文门内大街，南临前门东大街，西至天安门广场东侧，北面东长安街，总用地面积62.84公顷。该地区建筑多为西式风格。现以机关办公为主，兼有办公与居住的混合使用形态，在整体上保持了历史文化街区原有的异域风貌特色，在老城区的传统建筑文化基调中独显特质。

## 九、东四三至八条

该保护区位于朝阳门内大街以北、东四十条以南、东四北大街以东、朝阳门北小街以西。包括整个头条至九条广大地区，总用地面积65.70公顷。该地区是典型传统的四合院落为主的居住性成片街区，从“一进院”到“四进院”都有留存，风貌与质量相当完好是展示传统四合院的极佳场所。

## 十、雍和宫－国子监

该保护区位于旧城东北部，西至安定门内大街、北至北二环、东至东直门北小街西侧的育树胡同、炮局头条、后永康北条、东城煤炭一厂和华侨饭店用地东边界、南至北新桥三条、方家胡同，总占地面积约74公顷。该地区是北京旧城内重要寺庙建筑和重要文物集中的街区，包括国子监、孔庙、国子监街、雍和宫、柏林寺等。

## 十一、南锣鼓巷

该保护区位于北京北中轴东侧，四至为地安门外大街、平安大街、地安门东大街、鼓楼东大街，总用地面积83.80公顷，该地区是北京最老的街区之一。与元大都同期建成，现仍保持了传统的胡同结构和大量的传统四合院，是目前北京旧城保存最完整、四合院最集中的地区。

## 十二、北锣鼓巷

该保护区南至鼓楼东大街，北至车辇店、净土胡同，西至什刹海保护区东界，东至安定门内大街，总面积约45.27公顷。该地区与什刹海、南锣鼓巷、国子监等3个历史文化保护区相邻，是皇城的重要背景，也是保护旧城整体风貌和沿中轴线对称格局不可缺少的地段。

## 十三、张自忠路北

该保护区南至张自忠路，北至香饵胡同，东至东四北大街，西至交道口南大街，总面积约为42.11公顷。该街区集中了和敬公主府、段祺瑞执政府旧址、孙中山逝世纪念地、欧阳予倩故居等多家文物保护单位。

## 十四、张自忠路南

该保护区南至钱粮胡同，北至张自忠路，东至东四北大街，西至美术馆后街，总用地面积约为62.81公顷。该区域处于皇城与东四三条至八条保护区之间，现有胡同格局完整，有马辉堂花园等文物保护单位。

## 十五、新太仓

该保护区南至东四十条，北至东直门内大街，东至东直门内南小街，西至东四北大街，总用地面积约为56.88公顷。该区域现有胡同格局完整，有梁启超旧居、当铺遗址区级文物保护单位。

## 十六、东四南

该保护区南至干面胡同，北至前炒面胡同，东至朝内南小街，西至东四南大街，总面积约为34.32公顷。该区域是以典型传统四合院落为主的居住性成片街区，风貌与质量相当完好，是展示传统四合院的极佳场所。现有礼士胡同129号院，内务部街11号院，史家胡同51、53、55号四合院等文物保护单位。

## 十七、皇城

是北京旧城整体保护的重点区域，包括景山地区、北池子、南池子。内含紫禁城、太庙、社稷坛、北海、中南海及14片第一批历史文化保护区，占地面积约6.8平方公里。

## 十八、鲜鱼口

该保护区西至前门大街，北至经西打磨厂、长巷四条路东至西兴隆街，东至草场十条，南至薛家湾胡同、北芦草园胡同、青云胡同、得丰东巷、得丰西巷、小席胡同、大席胡同。规划用地36.245公顷，净用地面积32.47公顷，现状总建筑面积26.5万平方米（不含私搭乱建的建筑），规划总建筑面积为44.50万平方米。鲜鱼口地区主要是以居住功能为主的街区，居住用地面积26.81公顷，占整个保护区的73.96%。

## 十九、什刹海(钟鼓楼属此片，东城占半片）

该保护区位于北京旧城中轴线北部，属东城区的部分四至为草厂胡同一线以西、旧鼓楼大街以东、鼓楼东大街以北、北二环以南，总占地面积26.96公顷。

# 非物质文化遗产

### 国家级非物质文化遗产名录
（31 项）

| 名 称 | 类 别 |
|---|---|
| 便宜坊焖炉烤鸭技艺 | 传统技艺 |
| 全聚德挂炉烤鸭技艺 | 传统技艺 |
| 景泰蓝制作技艺 | 传统技艺 |
| 雕漆技艺 | 传统技艺 |
| 都一处烧麦制作技艺 | 传统技艺 |
| 月盛斋酱（烧）牛（羊）肉制作技艺 | 传统技艺 |
| 京作硬木家具制作技艺（龙顺成） | 传统技艺 |
| 北京料器 | 传统技艺 |
| 东来顺涮羊肉制作技艺 | 传统技艺 |
| 盛锡福皮帽制作技艺 | 传统技艺 |
| 北京金漆镶嵌传统技艺 | 传统技艺 |
| 象牙雕刻 | 传统美术 |
| 北京玉雕 | 传统美术 |
| 北京绢花 | 传统美术 |
| 剧装戏具制作技艺 | 传统美术 |
| 北京宫灯 | 传统美术 |
| 围棋 | 传统体育、游艺与杂技 |
| 象棋 | 传统体育、游艺与杂技 |
| 同仁堂中医药文化 | 传统医药 |
| 智化寺京音乐 | 传统音乐 |
| 古书画临摹复制技艺 | 传统技艺 |
| 青铜器修复及复制技艺 | 传统技艺 |
| 中国传统书画装裱修复技术 | 传统技艺 |
| 葡萄常料器 | 传统技艺 |
| 吴裕泰茉莉花茶制作技艺 | 传统技艺 |
| 风筝制作技艺（北京风筝制作技艺） | 传统美术 |
| 天坛传说 | 民间文学 |
| 数来宝 | 曲艺 |
| 古代钟表修复技艺 | 传统技艺 |
| 官式古建筑营造技艺 | 北京故宫 |
| 中国传统制剂方法 | 医药 |

### 市级非物质文化遗产名录
（61 项，其中国家级 31 项）

| 名 称 | 类 别 |
|---|---|
| 意拳 | 传统体育、游艺与杂技 |
| 前门的传说 | 民间文学 |
| 老北京叫卖 | 传统音乐 |
| 天坛神乐署中和韶乐 | 传统音乐 |
| 北京杠箱 | 传统舞蹈 |
| 北京绢人 | 传统美术 |

| 名 称 | 类 别 | 名 称 | 类 别 |
|---|---|---|---|
| 泥人张彩塑（北京支） | 传统美术 | 绒布唐工艺 | 传统技艺 |
| 北京补花 | 传统美术 | 红都中山装制作技艺 | 传统技艺 |
| 北京绒花(绒鸟) | 传统美术 | 京式旗袍制作技艺 | 传统技艺 |
| 北京刻瓷 | 传统美术 | 北京蒙镶 | 传统技艺 |
| 北京扎彩子 | 传统美术 | 王氏装裱技艺 | 传统技艺 |
| 北京木雕小器作 | 传统美术 | 花市元宵灯会 | 民俗 |
| 京派内画鼻烟壶 | 传统技艺 | 掌礼司太狮老会 | 传统舞蹈 |
| 毛猴制作技艺 | 传统技艺 | 北京鸽哨制作技艺 | 传统技艺 |
| 壹条龙清真涮肉制作技艺 | 传统技艺 | 谭家菜制作技艺 | 传统技艺 |
| 厨子舍清真菜民间宴席制作技艺 | 传统技艺 | 吴式太极拳 | 传统体育、游艺与杂技 |
| 北京豆汁制作技艺（锦馨） | 传统技艺 | 北京绢人 | 传统美术 |
| 北京花丝镶嵌制作技艺 | 传统技艺 | 京作硬木家具制作技艺 | 传统技艺 |

## 区级非物质文化遗产名录

（136 项，其中国家级 31 项、市级 61 项）

| 名 称 | 类 别 | 名 称 | 类 别 |
|---|---|---|---|
| 传统理发技艺 | 传统技艺 | 琢玉（印章） | 传统美术 |
| 群英同乐小车圣会 | 传统舞蹈 | 人物剪纸（张秀兰） | 传统美术 |
| 北京面人 | 传统美术 | 京绣（于美英） | 传统美术 |
| 崇文门的传说 | 民间文学 | 京绣（仝玉英）（已故） | 传统美术 |
| 北京的传说 | 民间文学 | 京绣（王淑卿）（已故） | 传统美术 |
| 藏头诗 | 民间文学 | 竹刻 | 传统美术 |
| 同聚公乐云车老会 | 传统舞蹈 | 大北照像黑白照片人工着色技艺 | 传统美术 |
| 花棍舞词 | 传统舞蹈 | 北京彩塑“金光洞兔儿爷” | 传统美术 |
| 拉洋片 | 曲艺 | 京剧脸谱绘制 | 传统美术 |
| 牛骨数来宝 | 曲艺 | 毛猴制作技艺 | 传统技艺 |
| 常氏中幡圣会 | 传统体育、游艺与杂技 | 内画鼻烟壶制作技艺 | 传统技艺 |
| 众友同心中幡圣会 | 传统体育、游艺与杂技 | 天兴居炒肝制作技艺 | 传统技艺 |
| 白猿通背拳 | 传统体育、游艺与杂技 | 正阳楼螃蟹宴制作技艺 | 传统技艺 |
| 宋氏形意拳 | 传统体育、游艺与杂技 | 中国结技艺 | 传统技艺 |
| 老北京冰嬉 | 传统体育、游艺与杂技 | 样式雷烫样技艺 | 传统技艺 |
| 陈式太极拳 | 传统体育、游艺与杂技 | 蒙镶制作技艺 | 传统技艺 |
| 祁家通背拳 | 传统体育、游艺与杂技 | 天字号首饰套件制作技艺 | 传统技艺 |
| 宝三跤场跤艺 | 传统体育、游艺与杂技 | 毛绣制作技艺 | 传统技艺 |
| 京绣 | 传统美术 | 锦芳元宵制作技艺 | 传统技艺 |
| 北京骨刻 | 传统美术 | 老正兴寿桃制作技艺 | 传统技艺 |
| 北京剪纸（徐阳） | 传统美术 | 都一处炸三角制作技艺 | 传统技艺 |
| 北京真丝手绘 | 传统美术 | 全聚德全鸭席制作技艺 | 传统技艺 |
| 北京火绘葫芦 | 传统美术 | 北京金鱼培育技艺 | 传统技艺 |
| 北京传统风筝（王廼新） | 传统美术 | 都一处马莲肉制作技艺 | 传统技艺 |
| 北京传统风筝（张世德） | 传统美术 | 庆林春茉莉小叶花茶制作技艺 | 传统技艺 |
| 金·马派风筝 | 传统美术 | 压金银丝嵌宝技艺 | 传统技艺 |
| 北京面人（张俊显） | 传统美术 | 万隆合青铜器制作技艺 | 传统技艺 |
| 北京纸扎花灯 | 传统美术 | 风车制作技艺 | 传统技艺 |
| 北京彩蛋 | 传统美术 | 面人汤面人制作技艺 | 传统技艺 |

| 名 称 | 类 别 | 名 称 | 类 别 |
|---|---|---|---|
| 面人曹面人制作技艺 | 传统技艺 | 千芝堂中药炮制技术 | 传统医药 |
| 白魁烧羊肉制作技艺 | 传统技艺 | 长春堂闻药 | 传统医药 |
| 金糕张金糕制作技艺 | 传统技艺 | 前门上元灯会 | 民俗 |
| 西德顺爆肚王爆肚制作技艺 | 传统技艺 | 雍和宫密宗金刚驱魔神舞 | 民俗 |
| 聚宝斋装裱 | 传统技艺 | 普天同乐开路圣会 | 民俗 |
| 玉印制作 | 传统技艺 | 来今雨轩红楼饮食文化 | 民俗 |
| 随园官府菜制作技艺 | 传统技艺 | 清明习俗之家训格言 | 民俗 |
| 京作硬木家具烫蜡技艺 | 传统技艺 | 立春习俗之鞭打春牛 | 民俗 |
| 南庆仁堂中药制剂方法 | 传统医药 | | |

# 非物质文化遗产项目代表性传承人名单

## 国家级非物质文化遗产项目代表性传承人名单

（33人）

| 姓 名 | 类 别 | 公布年份 | 姓 名 | 类 别 | 公布年份 |
|---|---|---|---|---|---|
| 孙 森 | 象牙雕刻 | 2007年 | 胡庆学 | 智化寺京音乐 | 2012年 |
| 王树文 | 象牙雕刻 | 2007年 | 柴慈继 | 象牙雕刻 | 2012年 |
| 钱美华（已故） | 景泰蓝制作技艺 | 2007年 | 李春珂 | 象牙雕刻 | 2012年 |
| 张同禄 | 景泰蓝制作技艺 | 2007年 | 柳朝国 | 北京玉雕 | 2012年 |
| 文乾刚 | 雕漆技艺 | 2007年 | 李博生 | 北京玉雕 | 2012年 |
| 卢广荣 | 同仁堂中医药文化 | 2007年 | 钟连盛 | 景泰蓝制作技艺 | 2012年 |
| 金霭英 | 同仁堂中医药文化 | 2007年 | 殷秀云 | 雕漆技艺 | 2012年 |
| 关庆维 | 同仁堂中医药文化 | 2007年 | 费保龄 | 北京扎燕风筝制作技艺 | 2012年 |
| 田瑞华 | 同仁堂中医药文化 | 2007年 | 柏德元 | 金漆镶嵌髹饰技艺 | 2012年 |
| 张本兴（已故） | 智化寺京音乐 | 2008年 | 孙丹威 | 吴裕泰茉莉花茶窨制技艺 | 2012年 |
| 宋世义 | 北京玉雕 | 2009年 | 王有亮 | 青铜器修复及复制技艺 | 2012年 |
| 金铁铃 | 北京绢花 | 2009年 | 徐建华 | 古字画装裱修复技艺 | 2012年 |
| 邢兰香 | 北京料器 | 2009年 | 祖 莪 | 古书画临摹复制技艺 | 2012年 |
| 种桂友 | 京作硬木家具制作技艺 | 2009年 | 李永革 | 官式古建筑营造技艺（北京故宫） | 2012年 |
| 孙 颖 | 剧装戏具制作技艺 | 2009年 | 刘增玉 | 官式古建筑营造技艺（北京故宫） | 2012年 |
| 李金善 | 盛锡服皮帽制作技艺 | 2009年 | | | |
| 白永明 | 便宜坊焖炉烤鸭技艺 | 2009年 | | | |
| 满运来 | 月盛斋酱（烧）牛（羊）肉制作技艺 | 2009年 | | | |

## 市级非物质文化遗产项目代表性传承人名单

（75人，其中国家级33人）

| 姓 名 | 类 别 | 公布年份 | 姓 名 | 类 别 | 公布年份 |
|---|---|---|---|---|---|
| 马元良 | 北京宫灯 | 2008年 | 崔 洁 | 北京补花 | 2008年 |
| 张 錩 | 泥人张彩塑（北京支） | 2008年 | 郭石林 | 北京玉雕 | 2008年 |

| 姓名 | 类别 | 公布年份 | 姓名 | 类别 | 公布年份 |
|---|---|---|---|---|---|
| 舍增泰 | 厨子舍清真菜民间宴席制作技艺 | 2008年 | 李连贵 | 北京扎彩子 | 2011年 |
| 程淑美 | 北京花丝镶嵌制作技艺 | 2008年 | 吴中凤 | 北京蒙镶 | 2011年 |
| 唐玉婕 | 绒布唐工艺 | 2008年 | 屈永增 | 智化寺京音乐 | 2015年 |
| 闫瑞环 | 红都中山装制作技艺 | 2008年 | 董　云 | 掌礼司太狮老会 | 2015年 |
| 黄荣贵 | 北京杠箱 | 2008年 | 李秉慈 | 吴式太极拳 | 2015年 |
| 赵树昌 | 北京宫灯 | 2008年 | 张铁城 | 北京玉雕 | 2015年 |
| 张志平 | 北京玉雕 | 2008年 | 杨根连 | 北京玉雕 | 2015年 |
| 戴嘉林 | 景泰蓝制作技艺 | 2008年 | 王希伟 | 北京玉雕 | 2015年 |
| 米振雄 | 景泰蓝制作技艺 | 2008年 | 栾燕军 | 象牙雕刻 | 2015年 |
| 马启斌 | 盛锡福皮帽制作技艺 | 2008年 | 李志刚 | 雕漆技艺 | 2015年 |
| 万　紫 | 金漆镶嵌髹饰技艺 | 2008年 | 李　静 | 景泰蓝制作技艺 | 2015年 |
| 常　弘 | 葡萄常料器 | 2008年 | 衣福成 | 景泰蓝制作技艺 | 2015年 |
| 舍源泰 | 厨子舍清真菜民间宴席制作技艺 | 2008年 | 王　旭 | 王氏装裱技艺 | 2015年 |
| 李　侃 | 京式旗袍制作技艺 | 2008年 | 王兆琪 | 北京木雕小器作 | 2015年 |
| 陈立新 | 东来顺涮羊肉制作技艺 | 2008年 | 李燕春 | 京式旗袍制作技艺 | 2015年 |
| 赵小刚 | 同仁堂中医药文化 | 2008年 | 蔡金昌 | 红都中山装制作技艺 | 2015年 |
| 姚承光 | 意拳 | 2011年 | 何永江 | 北京鸽哨制作技艺 | 2015年 |
| 滑树林 | 北京绢人 | 2011年 | 吴华侠 | 都一处烧麦制作技艺 | 2015年 |
| 茅子芳 | 北京刻瓷 | 2011年 | 王　悦 | 同仁堂安宫牛黄丸传统制作技艺 | 2015年 |

## 区级非物质文化遗产项目代表性传承人名单

（196 人，其中国家、市级 75 人）

| 姓名 | 类别 | 公布年份 | 姓名 | 类别 | 公布年份 |
|---|---|---|---|---|---|
| 孙忠喜 | 群英同乐小车圣会 | 2010年 | 于美英 | 京绣（于美英） | 2010年 |
| 王玉书（已故） | 白猿通背拳 | 2010年 | 刘更生 | 京作硬木家具制作技艺 | 2010年 |
| 崔比德 | 北京补花 | 2010年 | 耿英建 | 景泰蓝制作技艺 | 2010年 |
| 刘锦茹 | 北京彩蛋 | 2010年 | 李佩卿 | 景泰蓝制作技艺 | 2010年 |
| 王迺新 | 北京传统风筝（王迺新） | 2010年 | 陈起环 | 拉洋片 | 2010年 |
| 张世德 | 北京传统风筝（张世德） | 2010年 | 田秋生 | 老北京冰嬉 | 2010年 |
| 郭燕青 | 北京宫灯 | 2010年 | 萧掌华 | 毛猴制作技艺 | 2010年 |
| 翟玉良 | 北京宫灯 | 2010年 | 萧掌柜 | 毛绣制作技艺 | 2010年 |
| 季　顺 | 北京火绘葫芦 | 2010年 | 张景民 | 蒙镶制作技艺 | 2010年 |
| 徐　阳 | 北京剪纸（徐阳） | 2010年 | 张宏岳 | 泥人张彩塑（北京支） | 2010年 |
| 滑淑玲 | 北京绢人 | 2010年 | 赵洪泉 | 庆林春茉莉小叶花茶制作技艺 | 2010年 |
| 刘　星 | 北京料器 | 2010年 | 张秀兰 | 人物剪纸（张秀兰） | 2010年 |
| 刘　宇 | 北京料器 | 2010年 | 马秀峰 | 天宇号首饰套件制作技艺 | 2010年 |
| 彭小平 | 北京面人（彭小平） | 2010年 | 陆建国 | 同仁堂中医药文化 | 2010年 |
| 张俊显 | 北京面人（张俊显） | 2010年 | 殷顺海 | 同仁堂中医药文化 | 2010年 |
| 耿鸿国 | 北京木雕小器作 | 2010年 | 刘建华 | 象牙雕刻 | 2010年 |
| 马慕良(已故) | 北京木雕小器作 | 2010年 | 于正勋 | 样式雷烫样技艺 | 2010年 |
| 蔡志伟 | 北京绒花（绒鸟） | 2010年 | 赵占强 | 中国结技艺 | 2010年 |
| 员向阳 | 北京玉雕 | 2010年 | 黄　勇 | 众友同心中幡圣会 | 2010年 |
| 续　清 | 北京真丝手绘 | 2010年 | 杨宝忠 | 琢玉（印章） | 2010年 |
| 邱志刚 | 北京纸扎花灯 | 2010年 | 杨广佳 | 白魁烧羊肉制作技艺 | 2010年 |
| 石金栓 | 京绣 | 2010年 | 王华安 | 北京骨雕 | 2010年 |

| 姓 名 | 类 别 | 公布年份 |
|---|---|---|
| 徐汶静 | 北京绢花 | 2010年 |
| 崔 欣 | 北京绢人制作技艺 | 2010年 |
| 姜文斌（已故） | 北京玉雕 | 2010年 |
| 蔚长海 | 北京玉雕 | 2010年 |
| 杨利平 | 北京扎燕风筝制作技艺 | 2010年 |
| 王国华 | 风车制作技艺 | 2010年 |
| 吕铁智 | 金·马派风筝 | 2010年 |
| 高东升 | 京派内画鼻烟壶 | 2010年 |
| 陈继凯（已故） | 景泰蓝制作技艺 | 2010年 |
| 张 颜 | 剧装戏具制作技艺 | 2010年 |
| 邱贻生 | 毛猴制作技艺 | 2010年 |
| 刘荫茹 | 面人曹面人制作技艺 | 2010年 |
| 汤 岭 | 面人汤面人制作技艺 | 2010年 |
| 郑旭晔 | 内画鼻烟壶 | 2010年 |
| 时贵新 | 牛骨数来宝 | 2010年 |
| 范永利 | 普天同乐开路圣会 | 2010年 |
| 梅 群 | 同仁堂中医药文化 | 2010年 |
| 孟宪忠 | 万隆合青铜器制作技艺 | 2010年 |
| 王 欣 | 西德顺爆肚王爆肚制作技艺 | 2010年 |
| 潘德珠 | 压金银丝嵌宝技艺 | 2010年 |
| 安全来 | 月盛斋酱（烧）牛（羊）肉制作技艺 | 2010年 |
| 边溪良 | 竹刻 | 2010年 |
| 屈炳庆 | 智化寺京音乐 | 2015年 |
| 王 玲 | 天坛神乐署中和韶乐 | 2015年 |
| 李世儒 | 数来宝 | 2015年 |
| 王 哲 | 白猿通背拳 | 2015年 |
| 周常仁 | 祁家通背拳 | 2015年 |
| 翁福麒 | 吴式太极拳 | 2015年 |
| 王凤明 | 陈式太极拳 | 2015年 |
| 姚晓静 | 泥人张彩塑（北京支） | 2015年 |
| 常 燕 | 葡萄常料器 | 2015年 |
| 赵 琦 | 北京玉雕 | 2015年 |
| 王 建 | 北京玉雕 | 2015年 |
| 林爱幸 | 北京彩塑金光洞兔儿爷 | 2015年 |
| 张新超 | 北京补花 | 2015年 |
| 马 宁 | 雕漆技艺 | 2015年 |
| 孙 贺 | 北京扎燕风筝制作技艺 | 2015年 |
| 张树中 | 象牙雕刻 | 2015年 |
| 张 颖 | 景泰蓝制作技艺 | 2015年 |
| 肖 静 | 毛猴制作技艺 | 2015年 |
| 杨晓樱 | 聚宝斋装裱 | 2015年 |
| 于建国 | 北京金鱼培育技艺 | 2015年 |
| 郑建华 | 天兴居炒肝制作技艺 | 2015年 |
| 田振江 | 北京鸽哨制作技艺 | 2015年 |
| 孙凤山 | 北京木雕小器作 | 2015年 |
| 李德伦 | 金漆镶嵌制作技艺 | 2015年 |
| 马万兰 | 盛锡福皮帽制作技艺 | 2015年 |
| 陈江山 | 盛锡福皮帽制作技艺 | 2015年 |
| 彭 天 | 北京面人（彭小平） | 2015年 |
| 吴秀敏 | 传统理发技艺 | 2015年 |
| 耿进兴 | 传统理发技艺 | 2015年 |
| 张志红 | 同仁堂中医药文化 | 2015年 |
| 王志举 | 同仁堂中医药文化 | 2015年 |
| 卢振英 | 同仁堂中医药文化 | 2015年 |
| 杜月新 | 同仁堂中医药文化 | 2015年 |
| 赵 军 | 同仁堂中医药文化 | 2015年 |
| 张冬梅 | 同仁堂安宫牛黄丸传统制作技艺 | 2015年 |
| 于葆墀 | 同仁堂安宫牛黄丸传统制作技艺 | 2015年 |
| 谢振茂 | 同仁堂安宫牛黄丸传统制作技艺 | 2015年 |
| 刘天良 | 同仁堂安宫牛黄丸传统制作技艺 | 2015年 |
| 王立梅 | 同仁堂安宫牛黄丸传统制作技艺 | 2015年 |
| 项英福 | 同仁堂安宫牛黄丸传统制作技艺 | 2015年 |
| 郭凤华 | 同仁堂安宫牛黄丸传统制作技艺 | 2015年 |
| 冯秀茜 | 陈式太极拳 | 2015年 |
| 盛 华 | 京剧脸谱绘制 | 2015年 |
| 柏 群 | 金漆镶嵌髹饰技艺 | 2015年 |
| 王宝双 | 景泰蓝制作技艺 | 2015年 |
| 罗淑香 | 景泰蓝制作技艺 | 2015年 |
| 杨之新 | 雕漆技艺 | 2015年 |
| 王来凤 | 京作硬木家具制作技艺 | 2015年 |
| 王燕英 | 京作硬木家具制作技艺 | 2015年 |
| 陈翠路 | 京作硬木家具制作技艺 | 2015年 |
| 于鸿雁 | 京作硬木家具烫蜡技艺 | 2015年 |
| 刘 忠 | 谭家菜制作技艺 | 2015年 |
| 舍英旗 | 厨子舍清真菜民间宴席制作技艺 | 2015年 |
| 舍 鸥 | 厨子舍清真菜民间宴席制作技艺 | 2015年 |
| 鲍志东 | 同仁堂中医药文化 | 2015年 |

# 东城区街道社区居委会

## 东华门街道

| 居委会名称 | 管辖户数 | 主　任 | 联系电话 | 办公地址 | 邮政编码 |
|---|---|---|---|---|---|
| 银　闸 | 1750 | 熊　英 | 65260109 | 北河沿大街141号 | 100009 |
| 东　厂 | 1474 | 郑雅丽 | 65277860 | 东厂北巷甲4号-1 | 100006 |
| 多福巷 | 3295 | 宫肇美 | 65250793 | 多福巷甲22号 | 100010 |
| 智　德 | 2239 | 张兆军 | 65288454 | 北池子大街60号 | 100006 |
| 黄图岗 | 1535 | 杨永力 | 65256682 | 东厂胡同乙14号楼 | 100006 |
| 灯市口 | 1396 | 周彦茹 | 85114338 | 灯市口大街14号楼后 | 100006 |
| 韶　九 | 1249 | 吴祥明 | 65252874 | 锡拉胡同21号 | 100006 |
| 甘　雨 | 1334 | 孙长江 | 65251579 | 甘雨胡同2号 | 100006 |
| 南池子 | 2797 | 朱玉杰 | 65288447 | 缎库胡同18号 | 100006 |
| 王府井 | 2067 | 叶建华 | 65237989 | 煤渣胡同11号 | 100005 |
| 正义路 | 2337 | 张健玲 | 65251105 | 东交民巷32号 | 100006 |
| 台基厂 | 1921 | 郭晓彤 | 85112056 | 台基厂二条3号 | 100005 |

## 景山街道

| 居委会名称 | 管辖户数 | 主　任 | 联系电话 | 办公地址 | 邮政编码 |
|---|---|---|---|---|---|
| 隆福寺 | 2270 | 皇甫秉燕 | 84014007 | 崔府夹道5号 | 100010 |
| 魏　家 | 2364 | 秦　来 | 84018582 | 什锦花园15号 | 100007 |
| 汪芝麻 | 1533 | 张凯淇 | 84017307 | 南剪子巷40号 | 100007 |
| 皇城根北街 | 2142 | 宋　良 | 84018656 | 东皇城根北街40号 | 100010 |
| 吉　祥 | 1461 | 孙剑飞 | 84017693 | 织染局小学北侧 | 100009 |
| 钟　鼓 | 2134 | 刘美英 | 84018563 | 嵩祝院北巷41号 | 100009 |
| 黄化门 | 1941 | 高建荣 | 84017928 | 黄化门街8号 | 100009 |
| 景山东街 | 2037 | 贾　伟 | 84018627 | 沙滩后街47号 | 100009 |

## 交道口街道

| 居委会名称 | 管辖户数 | 主　任 | 联系电话 | 办公地址 | 邮政编码 |
|---|---|---|---|---|---|
| 交　东 | 3572 | 杨春茹 | 84023661 | 交东大街6号楼 | 100007 |
| 大　兴 | 2388 | 李德青 | 64018251 | 北吉祥胡同13号 | 100007 |
| 府　学 | 3290 | 陶　聪 | 64029725 | 中剪子巷17号旁门 | 100007 |
| 菊　儿 | 2021 | 李　媛 | 64009703 | 菊儿胡同21号 | 100009 |
| 南锣鼓巷 | 2732 | 马东梅 | 64013341 | 前圆恩寺胡同28号 | 100009 |
| 鼓楼苑 | 3678 | 孟立新 | 64017898 | 前鼓楼苑胡同10号 | 100009 |
| 福　祥 | 2879 | 李　娜 | 64084603 | 东不压桥胡同12号 | 100009 |

## 安定门街道

| 居委会名称 | 管辖户数 | 主　任 | 联系电话 | 办公地址 | 邮政编码 |
|---|---|---|---|---|---|
| 交北头条 | 2540 | 张燕华 | 64068329 | 交北头条76号 | 100007 |
| 国子监 | 2718 | 李　箐 | 64068513 | 官书院胡同40号 | 100007 |
| 五道营 | 2873 | 赵金颖 | 64068350 | 永康胡同5号院 | 100007 |
| 花　园 | 3108 | 刘爱国 | 64067702 | 谢家胡同40号 | 100009 |

| 分司厅 | 3128 | 王玉莲 | 64067692 | 小经厂胡同8号 | 100009 |
|---|---|---|---|---|---|
| 北锣鼓巷 | 1568 | 杨 燕 | 64067517 | 北锣鼓巷5号旁门 | 100009 |
| 宝钞南 | 2327 | 刘 佳 | 64066617 | 琉璃寺8号 | 100009 |
| 钟楼湾 | 3121 | 黄 伟 | 64067668 | 草厂北巷51号 | 100009 |
| 国 旺 | 2559 | 张明生 | 64067076 | 国祥胡同13号 | 100009 |

## 北新桥街道

| 居委会名称 | 管辖户数 | 主 任 | 联系电话 | 办公地址 | 邮政编码 |
|---|---|---|---|---|---|
| 北官厅 | 1931 | 李桂珍 | 84064928 | 北小街8号院3号搂 | 100007 |
| 民 安 | 3053 | 张春梅 | 64027401 | 民安14号楼附属 | 100007 |
| 北新仓 | 2578 | 胡进贤 | 84072141 | 东直门内大街10号楼 | 100007 |
| 海运仓 | 2448 | 佟爱香 | 84073272 | 南颂年3号楼 | 100007 |
| 门 楼 | 3112 | 刘彩团 | 64027400 | 西门仓胡同甲2号 | 100007 |
| 十三条 | 1850 | 王荣华 | 64027569 | 东四十四条7号 | 100007 |
| 小 菊 | 2596 | 刘素欣 | 64020638 | 大菊胡同16号 | 100007 |
| 九道湾 | 2216 | 王淑梅 | 64015936 | 九道湾西巷1号 | 100007 |
| 草 园 | 2615 | 王静松 | 64066547 | 雍和宫大街165号 | 100007 |
| 前永康 | 2654 | 朱践明 | 64040317 | 北新胡同三巷3号 | 100007 |
| 青 龙 | 3023 | 王学义 | 64010858 | 青龙胡同3号 | 100007 |
| 藏经馆 | 1528 | 张志华 | 64004112 | 戏楼胡同一巷25号 | 100007 |

## 东四街道

| 居委会名称 | 管辖户数 | 主 任 | 联系电话 | 办公地址 | 邮政编码 |
|---|---|---|---|---|---|
| 东四二条 | 3130 | 田 卫 | 64059534 | 东四北大街460号 | 100010 |
| 东四六条 | 2472 | 李 玲 | 84036571 | 东四六条45号 | 100007 |
| 东四七条 | 2035 | 刘桂芬 | 84043699 | 东四北大街303号-1 | 100007 |
| 东四八条 | 2064 | 刘志颖 | 64024538 | 东四八条139号 | 100007 |
| 总 院 | 2464 | 郎海鹏 | 84043799 | 朝内北小街2号 | 100700 |
| 南门仓 | 2407 | 杨 波 | 84045399 | 罗家大院1号二层 | 100010 |
| 豆 瓣 | 2544 | 吕 军 | 84045893 | 豆瓣胡同3号楼一6 | 100010 |

## 朝阳门街道

| 居委会名称 | 管辖户数 | 主 任 | 联系电话 | 办公地址 | 邮政编码 |
|---|---|---|---|---|---|
| 史 家 | 1316 | 赵博言 | 65244161 | 史家胡同21号 | 100010 |
| 内 务 | 1408 | 史海宁 | 65257583 | 内务社区73号 | 100010 |
| 演 乐 | 1998 | 杜伟伟 | 65230389 | 演乐胡同59号 | 100010 |
| 礼 士 | 1086 | 于金凤 | 65230385 | 礼士胡同121号 | 100010 |
| 朝 西 | 1304 | 于春明 | 65122956 | 前拐棒胡同17号 | 100010 |
| 朝内头条 | 1336 | 姜 靓 | 84040087 | 朝内大街97号 | 100010 |
| 竹 杆 | 2389 | 郑红强 | 65230279 | 西水井6号楼1层 | 100010 |
| 新 鲜 | 2747 | 陈 雷 | 65254679 | 新鲜胡同63号 | 100010 |
| 大方家 | 1921 | 陈 波 | 65251577 | 小牌坊甲48号 | 100010 |

## 建国门街道

| 居委会名称 | 管辖户数 | 主　任 | 联系电话 | 办公地址 | 邮政编码 |
|---|---|---|---|---|---|
| 金宝街北 | 5781 | 李全红 | 65224493 | 禄米仓胡同42号楼 | 100005 |
| 大雅宝 | 2550 | 马红兵 | 65134594 | 南小街18-29号 | 100005 |
| 赵家楼 | 6585 | 田文伟 | 85115993 | 小羊宜宾胡同5-2号 | 100005 |
| 站　东 | 2668 | 贺　山 | 65126997 | 柳罐胡同甲2号 | 100005 |
| 苏　州 | 5828 | 郭　华 | 65138239 | 苏州胡同79号 | 100005 |
| 西总布 | 4850 | 李晓康 | 651429604 | 新开路胡同94号 | 100005 |
| 外交部街 | 2902 | 高晓霞 | 65255724 | 东堂子胡同25号 | 100005 |

## 东直门街道

| 居委会名称 | 管辖户数 | 主　任 | 联系电话 | 办公地址 | 邮政编码 |
|---|---|---|---|---|---|
| 工人体育馆 | 2821 | 李　罡 | 65523201 | 新中西街12楼1单元 | 100027 |
| 新中西里 | 1355 | 姜春燕 | 64165148 | 新中西里10楼B座2层 | 100027 |
| 东　环 | 1801 | 石　威 | 64166798 | 东直门南大街甲2号楼 | 100027 |
| 十字坡 | 1648 | 张立英 | 64167798 | 新中街5号 | 100027 |
| 新中街 | 1679 | 王瑞新 | 64165396 | 新中街4条乙20号 | 100027 |
| 东外大街 | 2048 | 韩秀花 | 64170442 | 春秀路17号楼东侧平房 | 100027 |
| 胡家园 | 2339 | 王　华 | 64675276 | 东外小街10号 | 100027 |
| 东外大街北 | 1979 | 高明发 | 64673320 | 察慈小区8号楼一层 | 100027 |
| 清水苑 | 1127 | 宋淑贤 | 64653698 | 东直门北大街甲6号院 | 100027 |
| 香河园北里 | 1113 | 焦　燕 | 64616394 | 东外香河园北里华夏出版社 | 100028 |

## 和平里街道

| 居委会名称 | 管辖户数 | 主　任 | 联系电话 | 办公地址 | 邮政编码 |
|---|---|---|---|---|---|
| 交　通 | 816 | 邵伟民 | 64292535 | 和平里东街10号院东南侧 | 100013 |
| 林　调 | 912 | 李　国 | 64289228 | 和平里东街12号院2宿舍旁平房 | 100013 |
| 民　旺 | 5360 | 崇凯军 | 84214137 | 和平里民旺园8号楼西侧 | 100013 |
| 和平里 | 3982 | 王京朝 | 84214298 | 和平里六区7号楼 | 100013 |
| 二　区 | 2063 | 尉红梅 | 84221986 | 和平里中街3号院1号楼一层 | 100013 |
| 七　区 | 2351 | 邓海红 | 64228347 | 和平里七区16号楼北平房 | 100013 |
| 化　工 | 734 | 鞠苏华 | 64291097 | 兴化东里23号楼地下一层 | 100013 |
| 兴　化 | 3083 | 彭银东 | 64289631 | 兴化西里8号楼前平房 | 100013 |
| 小黄庄 | 4000 | 赵跃桀 | 84286550 | 小黄庄一区13号楼东平房 | 100013 |
| 安贞苑 | 1710 | 张明花 | 64441201 | 安定路20号院北五楼一层 | 100013 |
| 地　坛 | 2283 | 沈　清 | 64290996 | 地坛北里9号楼一层东侧 | 100013 |
| 东河沿 | 2016 | 张桂苓 | 64255840 | 安外东河沿乙6号楼 | 100011 |
| 西河沿 | 1580 | 张　莉 | 84116346 | 安外西河沿18号楼后平房 | 100011 |
| 青年湖 | 4100 | 张玉兰 | 84136505 | 青年湖东里9号楼北侧 | 100011 |
| 安德路 | 2210 | 李　微 | 51697010 | 安德路47号5号楼7单元D02 | 100011 |
| 安德里 | 3522 | 杨青华 | 84138422 | 安外六铺炕甲7号 | 100011 |
| 人定湖 | 980 | 陈　雨 | 62013450 | 安德里北街甲25号 | 100011 |
| 总　政 | 3100 | 任　霞 | 66794475 | 安德里北街21号 | 100120 |
| 黄　寺 | 836 | 王　兰 | 66740841 | 黄寺大街甲1号4号楼3门1号 | 100011 |
| 新建路 | 2670 | 郑成富 | 84112941 | 安外大街3号院 | 100011 |

## 前门街道

| 居委会名称 | 管辖户数 | 主 任 | 联系电话 | 办公地址 | 邮政编码 |
|---|---|---|---|---|---|
| 前门东大街 | 1162 | 刘 宁 | 67013876 | 前门东大街甲12楼 | 100051 |
| 草厂东 | 1761 | 朱耿亭 | 67018571 | 薛家湾胡同27号 | 100051 |
| 草厂西 | 1282 | 朱耿亭 | 67018442 | 草厂十条35号 | 100051 |
| 大 江 | 4298 | 李文生 | 67012590 | 北芦草园81号 | 100051 |

## 崇文门外街道

| 居委会名称 | 管辖户数 | 主 任 | 联系电话 | 办公地址 | 邮政编码 |
|---|---|---|---|---|---|
| 大 桥 | 919 | 王 喆 | 67062438 | 东兴隆街58号 | 100062 |
| 兴隆都市馨园 | 2832 | 刘 燕 | 67050080 | 都市馨园白依庵 | 100062 |
| 崇文门西大街 | 991 | 李影丽 | 65594948 | 崇西4-9-102 | 100062 |
| 新怡家园 | 402 | 刘 婧 | 67010793 | 新怡家园1-1-67 | 100062 |
| 新世界家园 | 318 | 刘嘉琪 | 67091980 | 新世界家园会所 | 100062 |
| 崇文门东大街 | 1087 | 李冬捷 | 67176503 | 崇东大街12—2 | 100062 |
| 国瑞城西区 | 1334 | 常 军 | 67168950 | 国中3号楼一层 | 100062 |
| 国瑞城中区 | 1772 | 贾艳华 | 67188748 | 国中1号楼3单元 | 100062 |
| 国瑞城东区 | 693 | 孙 哲 | 67169260 | 国东1号楼3单元 | 100062 |
| 西花市南里西区 | 1970 | 苏 丹 | 87186871 | 西花市大街102号 | 100062 |
| 西花市南里东区 | 2516 | 冯永刚 | 87186861 | 西花市大街30号 | 100062 |
| 西花市南里南区 | 1937 | 兰凌燕 | 67152721 | 西花市南里西区10号楼 | 100062 |

## 东花市街道

| 居委会名称 | 管辖户数 | 主 任 | 联系电话 | 办公地址 | 邮政编码 |
|---|---|---|---|---|---|
| 东花市北里东区 | 3381 | 马 林 | 67126577 | 东花市北里东区13号楼 | 100062 |
| 东花市北里西区 | 2128 | 李淑红 | 67152150 | 东花市大街61号楼 | 100062 |
| 花市枣苑 | 2608 | 李红彤 | 67164745 | 花市枣苑10号楼 | 100062 |
| 东花市南里 | 4776 | 杨立新 | 67118926 | 东花市南里三区1号楼 | 100062 |
| 东花市南里东区 | 2939 | 张欣惠 | 87135158 | 白桥大街12号楼 | 100062 |
| 广渠门北里 | 2857 | 王素花 | 67155386 | 京城仁合1号楼西一层 | 100022 |
| 忠实里 | 5378 | 王天长 | 67785089 | 忠实里西区7号楼1-103 | 100022 |
| 广渠门外南里 | 4054 | 耿立新 | 67750681 | 广渠家园11号楼2-103 | 100021 |

## 龙潭街道

| 居委会名称 | 管辖户数 | 主 任 | 联系电话 | 办公地址 | 邮政编码 |
|---|---|---|---|---|---|
| 左安浦园 | 2485 | 郝宏婷 | 87197554 | 左安门内大街73-1 | 100061 |
| 左安漪园 | 1722 | 刘 娜 | 87196358 | 左安漪园3号楼5单元101号 | 100061 |
| 龙潭北里 | 2055 | 黄 悦 | 67118537 | 龙潭北里五条三楼东侧 | 10006 |
| 板厂南里 | 1750 | 孙来喜 | 67169188 | 板厂南里6号楼东侧 | 100061 |
| 光 明 | 2526 | 王京京 | 67187400 | 光明楼13楼北侧 | 100061 |
| 华 城 | 2095 | 王东欣 | 87185281 | 宝达大厦1层107室 | 100061 |
| 绿景苑 | 1695 | 李永红 | 87190302 | 绿景馨园11-2单元地下室 | 100061 |
| 夕照寺 | 1595 | 陈莉霞 | 67160489 | 领行国际3号楼1单元底层 | 100061 |
| 安化楼 | 3463 | 朱兴海 | 67171326 | 培新街9号院保利蔷薇苑小区 | 100062 |
| 新家园 | 2536 | 王 璀 | 67176170 | 幸福家园5楼2-102 | 100062 |

| 幸　福 | 2960 | 姜　萌 | 67152600 | 幸福北里甲17号 | 100061 |
|---|---|---|---|---|---|

## 体育馆路街道

| 居委会名称 | 管辖户数 | 主　任 | 联系电话 | 办公地址 | 邮政编码 |
|---|---|---|---|---|---|
| 西　利 | 2123 | 吕建华（代） | 67143019 | 驹章胡同43号 | 100061 |
| 西　唐 | 2174 | 杜进平 | 67119761 | 驹章胡同43号 | 100061 |
| 葱　店 | 2150 | 田立萍 | 67111910 | 驹章胡同43号 | 100061 |
| 东　厅 | 2078 | 黄　樱 | 67115298 | 驹章胡同43号 | 100061 |
| 南岗子 | 1663 | 王世杰 | 67113397 | 驹章胡同43号 | 100061 |
| 国家体育总局 | 1338 | 李广华 | 67114632 | 体育馆路13号院内 | 100061 |
| 法华南里 | 2218 | 陈淑凤 | 67185167 | 法华南里甲8楼 | 100061 |
| 双玉南街 | 870 | 张　婧 | 67112895 | 东四块玉南街甲11楼 | 100061 |
| 东玉北街 | 1092 | 毛沪花 | 67192348 | 双玉中街2号楼1层 | 100061 |
| 长青园 | 1378 | 孙树梅 | 67195213 | 长青园3楼1门101号 | 100061 |

## 天坛街道

| 居委会名称 | 管辖户数 | 主　任 | 联系电话 | 办公地址 | 邮政编码 |
|---|---|---|---|---|---|
| 西园子 | 1575 | 黄海霞 | 67027573 | 东晓市街一巷48号院 | 100062 |
| 东晓市 | 1874 | 杨志娟 | 67014035 | 东晓市街48号院 | 1000650 |
| 金鱼池东区 | 1108 | 黄婉庭 | 67021600 | 金鱼池东区11号楼1单元 | 100062 |
| 金鱼池中区 | 948 | 宋莉筠 | 67023463 | 金鱼池中区22楼2单元101号 | 100062 |
| 金鱼池西区 | 553 | 王　焘 | 67014028 | 金鱼池西区1号楼底商 | 100050 |
| 红庙街 | 1790 | 周雅楠 | 67071205 | 山涧口一巷32号 | 100050 |
| 西草市 | 1300 | 赵伯良 | 67018582 | 西草市街52号 | 100050 |
| 西里北区 | 1222 | 左　铭 | 67016113 | 西里北区甲2号 | 100050 |
| 永内大街 | 1379 | 王兰印 | 67024191 | 西里东区8号楼 | 100050 |
| 永内东街东里 | 1201 | 马英乾 | 67025949 | 永内东街东里6号楼北侧 | 100050 |
| 永内东街中里 | 990 | 程　敏 | 52171598 | 永内东街中里7号楼西侧平房 | 100050 |
| 永内东街西里 | 844 | 黄　刚 | 67024193 | 永内东街西里5号西侧 | 100050 |
| 东里南区 | 791 | 何洪伟 | 67025209 | 天坛东里南区4号楼北侧二层 | 100061 |
| 东里北区 | 1316 | 张慧平（代） | 67022681 | 天坛东里中区1号楼旁 | 100061 |
| 东市场 | 671 | 董　浩 | 67025763 | 东市场七巷 | 100050 |
| 东半壁街 | 1393 | 刘长娟 | 67026916 | 金鱼池中街2号院4号楼 | 100050 |

## 永定门外街道

| 居委会名称 | 管辖户数 | 主　任 | 联系电话 | 办公地址 | 邮政编码 |
|---|---|---|---|---|---|
| 彭　庄 | 1036 | 李福山 | 51332951 | 车站路12号南面 | 100075 |
| 永建里 | 1538 | 周　宇 | 87923881 | 中海紫御小区8号楼03、04号底商 | 100075 |
| 松林里 | 1082 | 高卫东 | 87923707 | 中海紫御小区1号楼19、20号底商 | 100075 |
| 永铁苑 | 1232 | 王　艳 | 51332982 | 永铁苑7号楼109号 | 100075 |
| 西革新里 | 1825 | 侯广库 | 51333031 | 西革新里108号院2号楼19号底商 | 100075 |
| 革新里 | 1510 | 陈龙华 | 51333053 | 东革40号院内西侧 | 100075 |
| 革新西里 | 1825 | 胡彦玲 | 51333061 | 西革新里124号院 | 100075 |
| 管　村 | 2230 | 郑晓丽 | 51333091 | 建予园3号楼底商 | 100075 |
| 桃杨路 | 2206 | 邓丽靖 | 52172716 | 桃杨路2条2号 | 100075 |
| 杨家园 | 2287 | 赵远荣 | 52172736 | 琉璃井东街2号楼6门101号 | 100075 |

| | | | | | |
|---|---|---|---|---|---|
| 李 村 | 2402 | 吴 晶 | 52172772 | 李村东里7号楼3门003号 | 100075 |
| 桃 园 | 1047 | 徐 蕊 | 51233087 | 桃园南街10号院 | 100075 |
| 景 泰 | 2582 | 冯富珍 | 52172786 | 景东小区5号楼6门001号、002号 | 100075 |
| 定安里 | 2031 | 周红艳 | 87291275 | 景泰西里7号楼前平房 | 100075 |
| 宝华里 | 3040 | 陈鑫鑫 | 67213606 | 宝华头条乙17号 | 100075 |
| 富莱茵 | 1536 | 郝俊丽 | 51076631 | 富莱茵13号楼109号 | 100075 |
| 天天家园 | 2490 | 王 策 | 51076556 | 天天家园小区1号楼1号底商 | 100075 |
| 安乐林 | 2193 | 韩 艳 | 52172785 | 景泰西里西区8号楼底商 | 100075 |
| 民主北街 | 3203 | 王宗生 | 51076551 | 民主北街97号 | 100075 |
| 琉璃井 | 2306 | 张亚芬 | 51076552 | 琉璃井南里61号 | 100075 |

# 索引

## 说明

• 本索引为主题索引，又称内容分析索引，主题词（标目）以《北京东城年鉴》（2017 年卷）正文出现的专业名词、名词词组、机构名、地名为主。

• 综述、大事记、专文、特载、统计资料、人物、附录等类目内容不在索引范围内。

• 本索引按汉语拼音音序排列，首字相同时，则以第二字排序，以此类推。以数字、字母、符号开始的主题词，排在最前。

• 主题词之后的数字表示所在页码，数字后面的英文字母 a、b、c 分别表示该页的左、中、右栏。

# C

# D

# E



# F



# G

# H

# K



# L

# M



# N



# P



# Q

## R



## S

# T



# W

# X



# Y

## Z